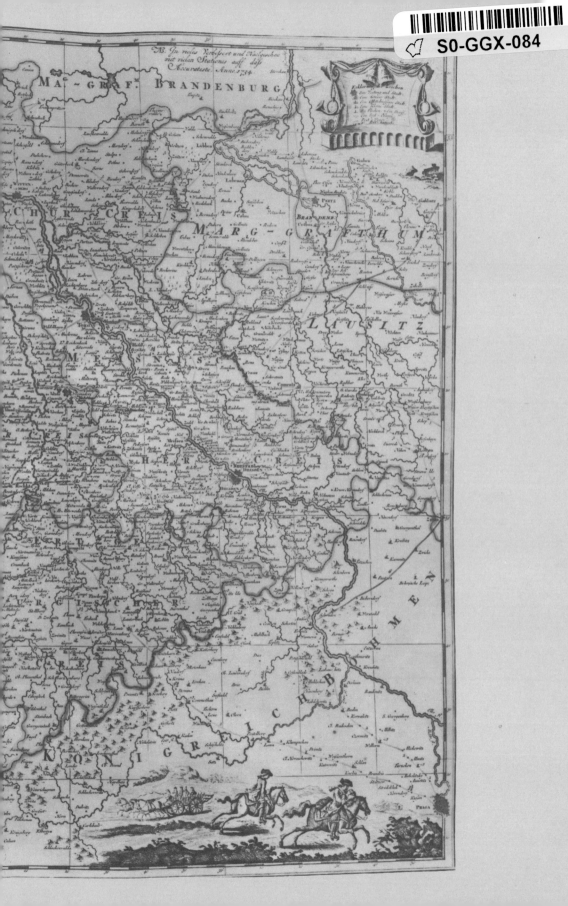

GOTTFRIED SILBERMANN

GOTTFRIED SILBERMANN

PERSÖNLICHKEIT UND WERK

———

Eine Dokumentation
von
Werner Müller

1982
Verlag Das Musikinstrument
Frankfurt am Main

Verlag Das Musikinstrument, Frankfurt/Main
Lizenzausgabe mit Genehmigung des Originalverlages
VEB Deutscher Verlag für Musik Leipzig
für die Bundesrepublik Deutschland, Berlin (West),
die Schweiz und Österreich

1. Auflage
© VEB Deutscher Verlag für Musik
Leipzig 1982
Lizenznummer 418-515/A 12/82
Printed in the German Democratic Republic
Gestaltung Hans-Joachim Walch
Gesamtherstellung Offizin Andersen Nexö, Leipzig
ISBN 3 920112,92, X

Gottfried Silbermann

Hoff und. Land Orgel

bauer.

INHALT

VORWORT

Die vorliegende Dokumentation ist das Ergebnis tiefgründiger, wissenschaftlicher Forschungsarbeit, die über zwei Jahrzehnte in Anspruch nahm. Dabei wurden hunderte von archivalischen Quellen aufgespürt. Nicht nur mehr oder weniger umfangreiche Aktenbände mit Orgelbauverträgen und Originalbriefen Gottfried Silbermanns, mit Briefkonzepten, Aktenvermerken und anderen Aufzeichnungen, mit Ausgabebelegen und Quittungen, sondern auch Kirchenbücher und -rechnungen, einzelne Dokumente, alte Druckschriften und anderes.

Das Quellenmaterial befindet sich in staatlichen, städtischen und kirchlichen Archiven, in Bibliotheken und Museen. Ich bin den Leitern und Mitarbeitern der betreffenden Institutionen und einzelnen Persönlichkeiten zu besonderem Dank verpflichtet. Sie gaben mir wertvolle Auskünfte und Hinweise und machten mir die Originalquellen zugänglich.

Die vorliegende Dokumentation berücksichtigt alle gegenwärtig bekannten und erreichbaren schriftlichen Quellen, soweit sie wissenschaftlichen Wert besitzen. Trotzdem liegt noch manches im Dunkel, da die einschlägige urkundliche Überlieferung aus dem 18. Jahrhundert Lücken aufweist. Sie dürften vor allem durch Brände und Kriege, manchmal aber auch durch unachtsame oder gar bewußte Vernichtung wertvollen Archivgutes entstanden sein. Andererseits ist in früheren Zeiten auch nicht alles, was uns jetzt wichtig und wissenswert erscheint, schriftlich festgehalten worden. In vielen Fällen ist es aber möglich, die bestehenden Überlieferungslücken zu überbrücken. Allerdings habe ich mich stets bemüht, meine Mutmaßungen durch beweisbare, analoge Tatsachen zu begründen.

In dem sogenannten »Schwabenspiegel« aus der Zeit um 1270 heißt es: »Wir sprechen, daß Briefe besser sind als Zeugen, sterben diese, so bleibt der Brief...« Jahrhunderte später hat Leopold von Ranke (1795–1886) diese Wahrheit in die Worte gefaßt: »Es sind zwar nur alte Akten und verstaubte Papiere, aber es steckt das Residuum des lebendigen Lebens darin.« So sind auch alle Briefe, Dokumente und Urkunden aus der Zeit Gottfried Silbermanns für uns heute wahrhaftige Zeugen damaligen Lebens. Der Meister selbst und seine Zeitgenossen haben federführend die Hand über das inzwischen vergilbte Papier gleiten lassen. Ihre Augen haben die Schriftzüge betrachtet. Die Briefe und Urkunden gingen von Hand zu Hand. In diesem Sinne ist jedes Dokument für sich selbst ein Stück Geschichte.

Was in diesem Buch dokumentiert wird, war einmal lebendige Gegenwart. Die in den Archiven verwahrten Schriftstücke widerspiegeln und vergegenwärtigen die Arbeits- und Lebensverhältnisse der Menschen, die Jahrhunderte vor uns wirkten und lebten. Wir müssen uns erst in ihre Zeit hineindenken, um auch ihre Leistungen voll würdigen zu können.

Ich legte besonderen Wert darauf, Gottfried Silbermann und seine Zeitgenossen anhand der originalen Quellen selbst sprechen zu lassen. Der Leser wird daher viele Zitate in Schreibweise und Stil der damaligen Zeit finden und oft Ausdrücken begegnen, die nicht mehr üblich sind oder heute in anderem Sinne verwendet werden.

Gottfried Silbermann hat während seines

über vierzigjährigen Wirkens viele Persönlichkeiten seiner Zeit kennengelernt: Fürsten, Grafen, Adlige, Hofräte, Amtmänner, Bürgermeister, Ratsherren, Superintendenten, Pfarrer, Lehrer, Musiker, Organisten, Kantoren, Handwerker, Kaufleute, Arbeiter und auch »Berufskollegen«. Darüber wird ausführlich berichtet. In vielen Fällen wurden auch die Geburts- und Todesjahre der betreffenden Persönlichkeiten und weitere bemerkenswerte biographische Daten beigefügt. Sie stützen sich größtenteils auf meine eigenen Quellenforschungen. Nur wenn der quellenmäßige Nachweis nicht unbedingt notwendig erschien, wurden einschlägige Lexika oder andere Nachschlagewerke benutzt. Manchmal mußte auf biographische Daten verzichtet werden, weil sie nicht bekannt oder nicht nachweisbar waren.

Der Übersichtlichkeit wegen ist der Textteil der Dokumentation verhältnismäßig knapp abgefaßt worden. Alle notwendigen und wünschenswerten Erläuterungen, Hinweise und Ergänzungen erscheinen als Anmerkungen.

Das Studium des Buches erfordert keine besonderen Vor- und Fachkenntnisse. Orgelbautechnische Fragen wurden nur behandelt, soweit es thematisch notwendig war. Wer sich für den technischen Aufbau, die Funktionsweise und die Klangeigenschaften einer Orgel und die damit zusammenhängenden mechanischen, mathematischen und physikalischen Probleme interessiert, sei auf das sehr aufschlußreiche Buch »Einführung in den Orgelbau« von Wolfgang Adelung (VEB Breitkopf & Härtel, Musikverlag, Leipzig 1976) hingewiesen.

Und nun noch eine persönliche Bemerkung. Ich wurde in Frauenstein geboren. Gottfried Silbermann hat Frauenstein sein »Vaterland« genannt und in einer an Kurfürst Friedrich August I. von Sachsen gerichteten Bittschrift betont, »aus Frauenstein gebürtig« zu sein. Ich fühle mich als Frauensteiner Sproß deshalb über Jahrhunderte hinweg mit Gottfried Silbermann verbunden. Durch eine besondere Fügung in meinem Leben durfte ich mich der Erforschung seines Lebenswerkes widmen. Vor zwanzig Jahren ahnte ich allerdings noch nicht, daß diese selbstgewählte Aufgabe fast mein »eigenes« Lebenswerk werden soll. Die Persönlichkeit Gottfried Silbermanns und sein Werk ließen mich einfach nicht mehr los, sondern nahmen mich mehr und mehr gefangen.

Ich hoffe, daß meine gegenwärtige Arbeit bei allen Orgelfreunden und historisch Interessierten eine ebenso gute Aufnahme finden wird wie das Lebensbild »Auf den Spuren von Gottfried Silbermann«.

Frauenstein, im September 1980

Werner Müller

ABKÜRZUNGSVERZEICHNIS

Wortabkürzungen

a.a.O.	am angegebenen Ort
Anh.	Anhang
BB.	Bürgerbuch
Bd.	Band
Bl.	Blatt
f.	folgende (Seite)
ff.	folgende (Seiten)
fl.	Gulden
GB.	Gerichtsbuch
Gr.	Groschen
H.	Heft
Kap.	Kapitel
KR.	Kirchrechnung
KWZ.	Kirchliche Wochenzettel
M(ag.)	Magister
OWS.	Orgelweiheschrift
PfA.	Pfarrarchiv
RKR.	Rentkammerrechnung
RPr.	Ratsprotokoll
RR.	Ratsrechnung
rt.	Reichstaler
s.	siehe
S.	Seite
SD.	Silbermann-Dokument
Sign.	Signatur
Sp.	Spalte
StA.	Stadtarchiv
STA.	Staatsarchiv
SupA.	Superintendenturarchiv
TaR.	Taufregister
ToR.	Totenregister
TrR.	Trauregister
Thlr.	Taler
vgl.	vergleiche
Vol.	Band

Literaturabkürzungen

Adelung
  Wolfgang Adelung, Einführung in den Orgelbau, Leipzig ³1976
Bahn
  Christian August Bahn, Das Amt, Schloß und Staedtgen Frauenstein, Friedrichstadt bey Dresden 1748
Dähnert
  Ulrich Dähnert, Die Orgeln Gottfried Silbermanns in Mitteldeutschland, Leipzig 1953
Flade
  Ernst Flade, Gottfried Silbermann, Leipzig 1952
Grünberg
  Reinhold Grünberg, Sächsisches Pfarrerbuch, Freiberg 1939/1940
Hüllemann
  Herbert Hüllemann, Die Tätigkeit des Orgelbauers Gottfried Silbermann im Reußenland, Leipzig 1937
MGG
  Die Musik in Geschichte und Gegenwart, Kassel 1949 ff.
Müller
  Werner Müller, Auf den Spuren von Gottfried Silbermann – Ein Lebensbild des berühmten Orgelbauers nach urkundlichen Quellen gezeichnet, Berlin ⁶1982
Thieme–Becker
  Ulrich Thieme und Felix Becker, Allgemeines Lexikon der bildenden Künstler von der Antike bis zur Gegenwart, Bd. 1–36, Leipzig 1907 – 1947

EINLEITUNG

Der Name Gottfried Silbermanns wird schon in zwei zeitgenössischen Lexika genannt: in dem von Johann Gottfried Walther[1] (1684–1748) verfaßten und 1732 erschienenen »Musicalischen Lexicon« und in dem vom Verlag Johann Heinrich Zedler, Halle/Leipzig, ab 1732 in vierundsechzig Teilen herausgegebenen »Großen vollständigen Universal-Lexikon aller Wissenschaften und Künste«. Beide Werke bieten aber keine »Biographie« Gottfried Silbermanns.[2]

Jacob Adlung[3] (1699–1762) hat in dem erst sechs Jahre nach seinem Tode in Berlin erschienenen Werk »Musica Mechanica Organoedi«[4] Silbermann und seine Orgeln gewürdigt.

Der »Fürstl. Schwarzburg-Sonderhausische Kammermusikus und Hof-Organist«, Ernst Ludwig Gerber (1746–1819), widmete in seinem 1790 von Johann Gottlob Immanuel Breitkopf (1719–1794) in Leipzig verlegten »Historisch-Biographischen Lexikon der Tonkünstler« Gottfried Silbermann fast vier Spalten.[5]

Im Jahre 1800 veröffentlichte der Frei-

---

1 Er wirkte ab 1707 als Stadtorganist in Weimar und wurde dort 1720 Hofmusikus. Übrigens war Walther ein naher Verwandter Johann Sebastian Bachs.

2 Bei Walther heißt es: »Silbermann, ein Meißner, hat an[no] 1724 [?] den Charakter eines Hof- und Land-Orgelbauers zu Dreßden erhalten und ein Instrument erfunden, so er Cembal d'Amour nennet« (S. 569) bzw. »Cembal d'Amour also nennet Hr. Silbermann sein neu-erfundenes Schlag-Instrument« (S. 151). In Zedlers Lexikon (1733, Bd. 5) wurde unter dem Stichwort »Cembal d'Amour« (Sp. 1803) dieses Instrument kurz beschrieben. Dann heißt es: »Sonst hat auch dieser berühmte Künstler nicht allein sehr kostbare und grosse Orgel-Wercke gebauet, sondern auch die schönsten Clavessins ... verfertiget [und] ein neues Instrument erfunden, so er Piano Fort nennet...« Im 37. Band (1743) heißt es unter dem Stichwort »Silbermann (Gottfried)«: »...berühmter Künstler zu Freyberg in Meissen...« Das übrige ist ein fast wörtlicher Auszug aus einem bereits im Juli 1721 in den »Breslauischen gedruckten Sammlungen von Natur-, Medecin-, Kunst- und Literatur-Geschichten« (S. 110 ff.) erschienenen Artikel.

3 Er wurde in Erfurt 1727 als Organist und 1741 als Gymnasialprofessor angestellt und wirkte dort als geschätzter Musiklehrer.

4 Der deutsche Untertitel lautet: »Gründlicher Unterricht von der Struktur, Gebrauch und Erhaltung der Orgeln, Clavicymbel, Clavichordien und anderer Instrumente...«

5 Hier ein kurzer Auszug: »Silbermann (Gottfried) ... geb. zu Frauenstein [?] in Meißen ... und starb ums Jahr 1756 [?] ... Seine großen Kenntnisse in der Mechanik, sein Eigensinn und sein ansehnliches Vermögen, welches ihn im Stand setzte, beständig einen großen Vorrath von ausgesuchten alten Holze zu haben, gaben seinen Instrumenten diejenige Vollkommenheit, welche so sehr daran bewundert wird ... Und wer kennt endlich Herrn Silbermann nicht als einen unserer größten Meister in der Orgelbaukunst? Er hatte selbige bey seinem Bruder in Strasburg erlernet. Und schon im Jahre 1714 gründete er seinen Ruhm, durch das im Dom zu Freyberg erbauete Werk von 45 Stimmen ... Kenner tadeln zwar an seinen Werken die allzueinförmige Disposition, welche seiner übertriebenen Behutsamkeit, nichts von Stimmen zu wagen, wovon er nicht ganz versichert war, daß ihm nichts daran mißrathen würde, zuzu-

berger Kantor Johann Gottfried Fischer (1751–1821) »Einige Nachrichten von dem berühmten Orgelbauer Gottfried Silbermann, in Freyberg, und seinen Werken«.[6] Das war die bis dahin ausführlichste Arbeit über Silbermanns Leben und Wirken. Allerdings sind Fischer einige grobe Fehler unterlaufen.[7]

Das 19. Jahrhundert brachte eine ganze Reihe volkstümlicher Veröffentlichungen über den berühmten Orgelbauer hervor. Aber auch in unserem Jahrhundert wurde einiges getan, um Silbermanns Werk zu würdigen.[8] Es wäre deshalb keine leichte Aufgabe, jetzt eine vollständige Silbermann-Bibliographie zu erarbeiten.[9] Ob sich die

schreiben ist ... Dagegen bewundert man aber auch allgemein: die vortreffliche Sauberkeit, Güte und Dauerhaftigkeit, der Materialien sowohl als der Arbeit, die große Simplicität der innern Anlage, die ungemein prächtige und volle Intonation, und die überaus leicht und bequem zu spielenden Klaviere ...«

6 Vgl. »Freyberger gemeinnützige Nachrichten«, 1800, Nr. 9 (S. 79–83), Nr. 11 (S. 101 bis 104) und Nr. 13 (S. 125–130).

7 Er schrieb zum Beispiel: Gottfried habe bei »seines Vaters Bruder« gelernt. Für die erste Frauensteiner Orgel habe er »über 700 Thlr.« bekommen. Der nächste Orgelbau sei der in der Freiberger Jacobikirche gewesen. Es sei unrichtig, wenn ihm (von dem Frauensteiner Chronisten C. A. Bahn) »das Prädicat eines Hof- und Landorgelbauers beygelegt« wurde. Tatsache ist, daß Gottfried Silbermann bei seinem leiblichen Bruder lernte, daß ihm für die Frauensteiner Orgel nur die baren Auslagen erstattet wurden, daß sein nächstes Werk die Freiberger Domorgel war und er 1723 von Kurfürst Friedrich August I. von Sachsen zum »Hof- und Landorgelbauer« ernannt wurde. Außerdem gingen in Fischers Arbeit Dinge ein, die völlig unverbürgt sind und einer kritischen Prüfung nicht standhalten, aber von späteren Autoren begierig aufgegriffen, »ergänzt« und weiterverbreitet wurden. Einige dieser Legenden spuken sogar heute noch in den Köpfen von Leuten, denen nicht nur die nötige Sachkenntnis, sondern auch jedes kritische Urteilsvermögen fehlt.

8 Der Verfasser vorliegender Dokumentation hat bisher u. a. folgende Arbeiten veröffentlicht:

1. Die erste Silbermann-Orgel in Frauenstein (in: Die Blende, Heimatblätter für die Kreise Freiberg/Brand-Erbisdorf, Nr. 12/1956)

2. Das Geburtshaus des Orgelbauers Gottfried Silbermann (in: Sächs. Heimatblätter, H. 1/1967, S. 37 bis 41)

3. Gottfried Silbermanns letztes Werk – Ein Beitrag zur Baugeschichte der Dresdner Hof-

kirchenorgel aus Anlaß ihrer Wiederherstellung (in: dgl., H. 3/1973, S. 129–133)

4. Eine Orgelbauurkunde aus dem Jahre 1584 (in: dgl., H. 6/1975, S. 282–284)

5. Silbermann-Orgeln auf Briefmarken (in: dgl., H. 5/1976, S. 193–198)

6. Die letzten Tage des berühmten Orgelbauers Gottfried Silbermann – Eine Untersuchung anläßlich seines 215. Todestages (in: Glückauf, Nr. 10 und 11/1968, S. 119 bis 122 und 133–137)

7. Aus dem Leben Gottfried Silbermanns (in: Unsere Heimat, Marienberg; Nr. 3, 4 und 5/1967, S. 1–4, 12–14 und 6–8)

8. Zur Geschichte der Silbermannorgeln im Kreis Marienberg (in: dgl., Nr. 8/1970, S. 13–16)

9. Die »erzgebirgischen« Silbermannorgeln (in: Jahrbuch »Erzgebirge 1974«, Stollberg; S. 55–63)

10. »Dich läßt Deine Kunst nicht sterben« (in: URANIA, H. 12/1975, S. 50–53)

11. Gottfried Silbermann in Greiz – Ein Beitrag zur Baugeschichte der 1802 zerstörten Silbermannorgel in: Heimatbote; Greiz, H. 4, 5 und 6/1975, S. 87–88, 114–116 und 133–135)

12. Die »vogtländischen« Silbermannorgeln (in: Kulturbote für den Musikwinkel, Klingenthal; H. 12/1973, S. 314–319 und H. 1/1974, S. 5–6)

13. Nochmals: Die »vogtländischen« Silbermannorgeln (in: dgl., H. 8/1977, S. 153–155)

14. Gottfried Silbermann und das »Pianoforte« (in: dgl., H. 12/1977, S. 247–249)

15. Die Silbermannorgel im Freiberger Dom – ein Gemeinschaftswerk (in: Der Heimatfreund für das Erzgebirge, Stollberg; H. 12/1977, S. 275–279)

16. FRAUENSTEIN – Burg und Stadt, Heimat des Orgelbauers Gottfried Silbermann (Broschüre, mit 25 Abbildungen)

dafür aufzuwendende Mühe lohnt, ist eine andere Frage; denn nur wenige Publikationen haben wissenschaftlichen Wert.

Paul Stöbe (1863–1935), Zittau, schrieb 1921 in der Zeitschrift »Der Kirchenchor« (S.85): »Die Musikwissenschaft sowohl wie die Altertumskunde und Denkmalspflege sind dem berühmten sächsischen Orgelbaumeister Gottfried Silbermann (1683 bis 1753) bisher bedauerlicherweise noch nicht gerecht geworden. Wir besitzen weder eine ausreichende Biographie über ihn noch eine genaue Inventarisierung seiner kostbaren Orgelwerke und Klaviere, geschweige denn eine auf eingehende Sach- und Fachkenntnis beruhende Würdigung seiner Werktechnik, von der wir wissen, daß sie ihm mit einem Schlage die überragende und führende Stellung im Orgel- und Klavierbau verschaffte und schließlich auch die Anerkennung eines Johann Sebastian Bach und des in musikalischen Dingen sehr bewanderten preußischen Königs Friedrich des Großen sicherte. Wohl findet man hin und wieder z.B. in den Veröffentlichungen des Freiberger Altertumsvereins, in verschiedenen Ortschroniken und Jubiläumsschriften oder in früheren Jahrgängen der sächsischen Schulzeitung einiges wertvolle und wichtige Material, das meiste aber ruht noch in den Archiven und bedarf des Ausgrabens...«

Im Jahre 1926 brachte Ernst Flade (1884 bis 1957) bei dem Verlag Kistner & Siegel in Leipzig sein Werk »Der Orgelbauer Gottfried Silbermann« als Beitrag zur Geschichte des deutschen Orgelbaues im Zeitalter Bachs heraus. Es kann als die erste zusammenfassende Arbeit über Leben und Werk Silbermanns betrachtet werden. Im Jahre 1952 erschien bei VEB Breitkopf & Härtel, Musikverlag in Leipzig, eine zweite, erweiterte Auflage. Inzwischen ha sich herausgestellt, daß Flades Arbeit sehr viel Fehler und Irrtümer aufweist, wodurch der ihr einst zugesprochene wissenschaftliche Wert stark beeinträchtigt wird. Offensichtlich hat Flade es an einem gründlichen Quellenstudium fehlen lassen. Das kommt darin zum Ausdruck, daß er nur selten, meistens aber überhaupt keine Quellen angibt. Er scheint sich vorwiegend auf andere Literatur gestützt zu haben, ohne sie erst anhand urkundlicher Quellen auf ihre Zuverlässigkeit zu prüfen.

Über die Orgeln Gottfried Silbermanns gibt es nur ein Buch, das als Standardwerk bezeichnet werden kann. Es stammt aus der Feder des Dresdner Orgelsachverständigen Ulrich Dähnert und erschien 1953 unter dem Titel »Die Orgeln Gottfried Silbermanns in Mitteldeutschland« bei dem Leipziger Verlag Koehler & Amelang. Hier werden alle Werke des Meisters nicht nur hinsichtlich Prospekt, Spielschrank, Spiel- und Registermechanik, Pfeifenwerk, Windladen, Bälgen usw., sondern auch nach ihrer Disposition, Intonation und Stimmung beschrieben und miteinander verglichen. Leider ist das instruktive Buch

(Herausgeber: Heimatmuseum Frauenstein, 1978 ff.)

17. Musiker und Organisten um den Orgelbauer Gottfried Silbermann
(in: Beiträge zur Musikwissenschaft, H.2/1977, S.83–98)

18. Dein Ruhm verwelkt nie – Eine Betrachtung zum 225.Todestag des Orgelbauers Gottfried Silbermann am 4.August
(in: DIE UNION, Nr.183/1978, 5./6.August, Beilage 31)

19. Zur Baugeschichte der großen Silbermannorgel im Dom zu Freiberg
(in: Deutsches Jahrbuch der Musikwissenschaft, 1973–1977, Leipzig 1978, S.201 bis 210)

20. Der Orgelbauer Andreas Silbermann – Ein Gedenkblatt zu seinem 300.Geburtstag, zugleich ein Beitrag zur Silbermannschen Familiengeschichte
(in: Sächs. Heimatblätter, H.3/1979, S.113 bis 118)

9 Eine Zusammenstellung der bis Anfang der fünfziger Jahre erschienenen Silbermannliteratur ist in der Bibliographie zur sächsischen Kunstgeschichte (Akademieverlag Berlin 1960) auf Seite 225 f. zu finden.

schon lange vergriffen.[10] Wohlgemerkt: In Ulrich Dähnerts Werk werden nur die Orgeln Silbermanns untersucht, nicht aber ihre Baugeschichte.

Trotz der vielen Schriften, die in mehr als eineinhalb Jahrhunderten verfaßt und veröffentlicht wurden, gab es bis vor einem reichlichen Jahrzehnt noch keine authentische und umfassende Lebensbeschreibung des großen Orgelbauers. Andererseits wurden in jüngster Zeit die Orgeln Gottfried Silbermanns durch Konzerte, vor allem aber durch Rundfunk, Fernsehen und Schallplatten, weitesten Kreisen, auch über die Grenzen der Deutschen Demokratischen Republik hinaus, mehr und mehr zu einem Begriff. Das Fehlen einer Gottfried-Silbermann-Biographie mußte deshalb immer wieder als Mangel empfunden werden.

Dem Verfasser blieb es vorbehalten, mit dem im Frühjahr 1968 bei der Evangelischen Verlagsanstalt in Berlin erschienenen Buch »Auf den Spuren von Gottfried Silbermann« ein nach urkundlichen Quellen gezeichnetes Lebensbild des sächsischen Orgelbaumeisters vorzulegen.[11] Auf die Baugeschichte der Orgeln konnte hier nicht in dem wünschenswerten Maße eingegangen werden. Die Werke des Meisters verdienen aber eine eingehende Untersuchung ihrer Geschichte, deren Ergebnis nun vorliegt.

Abschließend noch einige Erläuterungen zum thematischen Aufbau unserer Dokumentation. Zunächst werden Gottfried Silbermanns Herkunft, Jugend und Lehrzeit behandelt. Die folgenden Abschnitte beschäftigen sich dann allgemein mit seinem Wirken als Instrumenten- und Orgelbauer und dem Umfang seines Schaffens. Anschließend werden alle Fragen untersucht, die den Mitarbeiterkreis Gottfried Silbermanns betreffen.

Der Hauptteil des Buches bietet eine umfassende Dokumentation zur Baugeschichte seiner Orgeln.

Der nächste Abschnitt behandelt die nicht zur Ausführung gekommenen Orgelbauprojekte Silbermanns. Endlich wird einiges über den Lebensabend des Meisters gesagt, die näheren Umstände seines Todes werden untersucht, und schließlich wird auch die Frage beantwortet, was mit dem Nachlaß des »ledigen Standes« verstorbenen Orgelbaumeisters geschah. Der Textteil schließt mit einem kurzen Epilog.

Der sich anschließende Anmerkungsapparat wurde sehr breit und umfassend gestaltet. Er bietet eine Fülle von Material, das kultur-, sozial- und musikgeschichtlich aufschlußreich und wertvoll ist.

Der Anhang des Buches bietet zunächst zwei größere Abschnitte. Im ersten werden fünfzig bemerkenswerte »Silbermann-Dokumente« im Wortlaut wiedergegeben und kurz erläutert. Der zweite behandelt ein bisher unbeachtet gebliebenes Gebiet: die Gottfried Silbermann anläßlich der Orgelweihen gewidmeten Druckschriften.

Die im Anhang zu findenden Verzeichnisse sind für das Studium des Buches wichtig. Die »Worterklärungen« sollen das Verständnis der aus den Quellen zitierten und heute ungebräuchlichen Ausdrücke erleichtern und nichtalltägliche Fremdwörter und un-

---

10 Die 1971 bei dem holländischen Verlag Frits Knuf in Buren herausgegebene Faksimileausgabe ist für unsere Orgelfreunde leider nicht erreichbar. Dähnert brachte hier (auf fünf Seiten) die seit Erscheinen der 1. Auflage notwendig gewordenen Berichtigungen und Ergänzungen. Er wies freundlicherweise darauf hin, daß seine Ausführungen über Silbermanns Leben durch die Forschungen des Frauensteiner Museumsleiters Werner Müller überholt sind.

11 Der Verfasser hat sich bereits seit 1955, zunächst nur sporadisch, später aber immer intensiver, mit der Erforschung von Silbermanns Leben und Wirken beschäftigt. Das genannte Buch ist 1982 in 6. Auflage erschienen. Es wurde von Auflage zu Auflage, den neuesten Forschungsergebnissen entsprechend, ergänzt. Der 4. Auflage (1975) wurde zum erstenmal ein Verzeichnis aller Werke Silbermanns mit den wichtigsten baugeschichtlichen Daten beigegeben. Diese sehr bescheidene Arbeit regte den Verfasser schließlich zur Erarbeitung der vorliegenden umfangreichen Dokumentation an.

16

vermeidliche Fachausdrücke erläutern. Die Personen- und Ortsverzeichnisse erschließen das gesamte Werk hinsichtlich aller darin vorkommenden Personen- und Ortsnamen. Wichtig ist auch das Verzeichnis der verwendeten Abkürzungen.

Den Abschluß bildet ein instruktiver Bildteil mit zahlreichen Faksimiles und Fotos. Hier erscheinen – in Gestalt ihrer Unterschriften – viele Persönlichkeiten, die im Leben Gottfried Silbermanns eine Rolle spielten, einige bemerkenswerte Dokumente, seine Orgeln und anderes.

Wo aber erscheint Gottfried Silbermann selbst? Gibt es von ihm kein Bildnis? Ernst Ludwig Gerber hat in seinem 1790 erschienenen Lexikon am Schluß alle Tonkünstler aufgeführt, von denen damals Bildnisse bekannt bzw. vorhanden waren. Gottfried Silbermann ist nicht mit dabei. Als im Jahre 1883 in Freiberg des 200. Geburtstages Gottfried Silbermanns gedacht wurde, sagte der Dresdner Konsistorialrat Dibelius in einem Vortrag: »Ein Bild des Meisters von Malerhand scheint nicht auf uns vererbt zu sein...« Das inzwischen vergangene weitere Jahrhundert hat auch kein Bildnis Gottfried Silbermanns ans Tageslicht gebracht. Ob der große Orgelbaumeister es selbst so gewollt hat, daß die Nachwelt nur seine Orgeln und nicht auch sein Bildnis besitzen soll, wissen wir nicht.

Berühmter Silbermann!
Vergönne mir zu schreiben,
Was DU mit Recht verdienst:
Dein Ruhm wird ewig bleiben,
Den DU durch Deine Kunst
mit gantz geschickter Hand
Bereits erworben hast
in unserm Sachsen-Land.

Wilhelm Friedemann Bach
(Dresden 1736)

HERKUNFT, JUGEND UND LEHRZEIT

»Silbermann« war ein alter bergmännischer Fachausdruck.[12] Der Familienname Silbermann ist vermutlich in dem einstigen Silberbergbaugebiet um Freiberg entstanden.[13] In einem Steuerregister aus dem Jahre 1546 tauchen jedenfalls schon fünf Namensträger auf.[14] Es ist möglich, aber bisher noch nicht bewiesen worden, daß einer von ihnen der Stammvater des Geschlechts war, aus dem später die Orgelbauerfamilie hervorging.[15]

12 In dem Universallexikon, das von 1732 bis 1754 von Johann Heinrich Zedler herausgegeben wurde, heißt es im 37. Band: »Silber-Mann oder Silberner Mann, heißt es, wenn etliche Gänge sich an einander lehnen, edele Geschicke und Fälle aus hangenden und liegenden dazu stehen, davon sich Gänge aufthun, einen Bauch werffen, und der natürlichen Würckung einen solchen Raum geben, daß daraus ein Stock-Ertz entstehet.«

13 Die Freiberger Silbererze wurden um das Jahr 1168 entdeckt. Der Ortsname »Friberch« taucht erst, zusammen mit dem Namen »Vrounsten« (Frauenstein), 1218 urkundlich auf. Vgl. Originalurkunde Nr. 211 (STA. Dresden). Im sogenannten »Türkensteuerregister« von 1501 (STA. Dresden, Loc. 10505, IV, Bl. 53 ff.) taucht unter »Freyburgk dy Stadt« allerdings noch kein Silbermann auf.

14 Im Landsteuerregister Nr. 326 (STA. Dresden) finden wir:
Mates Silbermann (Bl. 221)
Greger Silbermann (Bl. 267)
Franze Silbermann (Bl. 268)
Merten Silbermann (Bl. 302) und
Valten Silbermann (Bl. 302b)
Die beiden Letztgenannten waren in Oberschaar bei Freiberg ansässig, die übrigen in Freiberg. Kantor Hingst, Leisnig, hat sie kurzerhand als »Vorfahren des berühmten Orgelbauergeschlechts« bezeichnet, ohne dafür einen Beweis zu erbringen (vgl. Mitteilungen des Freiberger Altertumsvereins, 1882, H. 19, S. 33 ff.).

15 Zur Orgelbauerfamilie Silbermann gehörten:

1. Andreas	(1678–1734)	Bruder von 2
2. Gottfried	(1683–1753)	Bruder von 1
3. Johann George	(1698–1749)	Neffe von 1 und 2
4. Johann Andreas	(1712–1783)	Sohn von 1
5. Johann Daniel	(1717–1766)	Sohn von 1
6. Johann Heinrich	(1727–1799)	Sohn von 1
7. Johann Daniel	(1745–1770)	Sohn von 4
8. Johann Josias	(1765–1786)	Sohn von 4

Andreas und seine Söhne bzw. Enkel wirkten in Straßburg, Gottfried und sein »Vetter« Johann George dagegen in Freiberg. Tatsache ist, daß der Name Silbermann bereits im 16. Jahrhundert in Freiberg und Umgebung (bis hinüber nach Hainichen) derart oft vorkommt, so daß es unmöglich ist, »alle unter einen Hut zu bringen«. Das teilte dem Verfasser der (inzwischen verstorbene) Freiberger Kirchenarchivpfleger Heinz Lehmann am 4. Juni 1965 brieflich mit. Ernst Flade (S. 56) bezeichnete dagegen einen angeblich um 1530 in Graupen (Böhmen) geborenen »Bildschnitzer« Silbermann als »Ahnherrn« der Orgelbauerfamilie. Er berief sich – unverständlicherweise – auf Aufsätze, die der Frauensteiner Schulrektor Gottlob Ernst Wagner (1857 bis 1929) im Jahre 1919 im »Frauensteiner Anzeiger« über Gottfried Silbermann veröffentlicht hat. Die Aufsätze befinden sich im Besitz des Heimatmuseums zu Frauenstein, so daß sich heute noch jeder davon überzeugen kann, daß Wagner die Silbermannsche Familiengeschichte im wesentlichen richtig dargestellt, den »Graupener Bildschnitzer« aber mit keinem Wort erwähnt hat! Übrigens reichen die Graupener Kirchenbücher, wie das Bezirksarchiv zu Teplice (ČSSR) dem Verfasser auf Anfrage am

Der erste nachweisbare Urahn war ein Georg Silbermann. Wann und wo er geboren wurde und was er von Beruf war, wissen wir nicht. Im Jahre 1595 wohnte er jedenfalls in dem erzgebirgischen Dörfchen Kleinbobritzsch[16] und ließ bis 1608 in der Frauensteiner Stadtkirche sieben Kinder taufen, deren Schicksale unbekannt sind. Von Georg Silbermanns Sohn Veit, dem späteren Großvater Gottfrieds, liegen Ge-

31. August 1964 brieflich mitteilte, nur bis zum Jahre 1624. Vermutlich ist der Graupener »Ahnherr« der Orgelbauerfamilie Silbermann eine Erfindung von Albrecht Wagner (gest. 1969), einem Sohn des genannten Frauensteiner Rektors. Er veröffentlichte 1933 im »Tharandter Tageblatt« einen Gedenkartikel für Johann Andreas Silbermann. Darin stellte er die kühne, aber völlig unbewiesene Behauptung auf, daß (gleich drei) böhmische Bildschnitzer, namens Hans, Valentin und Georg Silbermann, »einst um ihres Glaubens willen uralten Heimatboden in Graupen verlassen mußten«. Der Artikel befindet sich ebenfalls im Frauensteiner Museum. Es gibt keine Anhaltspunkte dafür, daß der »Ahnherr« der Orgelbauerfamilie Silbermann als Exulant aus Böhmen nach Sachsen einwanderte. Siehe hierzu die folgende Anmerkung.

16 Kleinbobritzsch tritt 1335 als »die weninge bobricz« in das Licht der Heimatgeschichtsforschung (STA. Dresden: Originalurkunde Nr. 2683). Im Türkensteuerregister von 1501 (STA. Dresden: Loc. 10505, IV, Bl. 205) werden unter »Dy klein boberz« allerdings zwar einundzwanzig Bauern namentlich aufgeführt, aber kein Silbermann. Einen solchen finden wir in dem »Erb-Register des Amptes Frawenstein«, das Heinrich von Schönberg (1549–1616) im Jahre 1581 von seinem Schösser Georg Sander anlegen ließ, unter der »mannschafft tzür Bobrischaw« auch noch nicht. Vgl. STA. Dresden: Loc. 37930, Rep. XLVII, Bl. 83 ff. Selbst in dem Landsteuerregister von 1589 wird Georg Silbermann »zur Bobericzsch« ebenfalls (noch) nicht erwähnt, obwohl sonst einundzwanzig Bauern, fünf Häusler und acht »Hausgenossen« namentlich aufgeführt werden (STA. Dresden: Landsteuerregister 814/4, Bl. 197b). Aller Wahrscheinlichkeit nach ist Georg Silbermann überhaupt erst kurz vor 1595 nach Kleinbobritzsch gekommen. Als er am 6. März 1595 einen Sohn auf den Namen »Christophorus« taufen ließ (PfA. Frauenstein, TaR. 1595), waren Lorenz Horn und Balthasar Braun, beide von Oberbobritzsch, Paten. Und am 7. Mai 1593(!) hatte (lt. TrR. PfA. Oberbobritzsch) ein Nicol Braun von Oberbobritzsch die Jungfer Magdalena, eine Tochter von Benedix Silbermann »außen Grunde« geheiratet, wie Horst Schlechte, Dresden, dem Verfasser am 10. April 1964 brieflich mitteilte. Offensichtlich haben zwischen den Genannten enge verwandtschaftliche Beziehungen bestanden. Es wäre z. B. denkbar, daß Georg und Magdalena Silbermann Geschwister gewesen sind. Dann wäre Benedix Silbermann eventuell auch der Vater »unseres« Georg Silbermann, und die Lebensspur würde dann nach dem Dorf Grund (urkundlich 1569 »im Grunde« genannt, jetzt Ortsteil von Mohorn) führen. Andererseits hatte im Jahre 1593 ein George Silbermann in Freiberg vor dem Erbischen Tor ein Stück Feld, den sogenannten »Lerchenbergk« gekauft (STA. Dresden: GB. Freiberg Nr. 275, Bl. 349). In den Kirchenbüchern von Niederschöna (unweit von Grund gelegen) sind weitere Silbermänner zu finden, z. B. starb 1600 ein »Hieronimus« Silbermann und 1603 wurde ein Jacoff Silbermann getraut. Die Quellenlage gestattet es offensichtlich nicht, die Vorfahren des Orgelbauers Gottfried Silbermann weiter als bis zu seinem Urgroßvater Georg zurückzuverfolgen, der uns 1595 in Kleinbobritzsch begegnete.

Nachdem Georg Silbermann im Jahre 1608 in Kleinbobritzsch ein »Heußlein« gekauft hatte (STA. Dresden: GB. Frauenstein Nr. 112, Bl. 239), erscheint sein Name vier Jahre später auch unter den Häuslern von »Klein Bobritzschaw« im Landsteuerregister (STA. Dresden: Landsteuerregister 869, Vol. 5, Bl. 162). Außerdem wurde Georg Silbermann noch in das alte Amtserbregister eingetragen (Bl. 88). Er hatte der Frauensteiner Grundherrschaft nämlich jährlich 4 Groschen »vom Hause« und 6 Groschen» Erbdienstgeld« zu zahlen, »ein tagk zur Hasen- vnd Fuchs Jagt Vnd zur Hohen Jagt mit dem treiben« zu dienen. Georg Silbermann muß gute Beziehungen zur Schloßherrschaft in Frauenstein gehabt haben; denn bei seinen Kindern waren u. a. der »Edle gestrenge ehrenvehste Herr Heinrich von Schönberg«, die Jungfrauen Christina und Martha von Bünau und der Amtschösser Paul Kielmann, aber auch die Jungfrau Regina von Dippoldiswalde, eine Dienerin oder »Zoffe« auf dem

burtsjahr und -ort auch noch im Dunkel.[17] Wir wissen, daß er in Kleinbobritzsch zunächst als Handarbeiter[18] und später als Bauer[19] lebte. Veit Silbermann war, wegen

Frauensteiner Schloß, Taufpaten (PfA. Frauenstein).

17 Im Frauensteiner Taufregister, das zwar 1559 beginnt, aber leider eine Lücke (1584 bis 1591) aufweist, ist Veit Silbermann nicht zu finden. Vielleicht wurde er in dem früheren (uns unbekannten) Wohnort seines Vaters geboren (vgl. vorige Anm.).

18 In der Traubeurkundung von 1619 heißt es: »...Vity Silbermann, Handarbeiter, Sohn des Georg Silbermann, weiland Häusler in Kleinbobritzsch ...« (PfA. Frauenstein: TrR. Nr. 12/1619). Das Wort »weiland« bedeutet, daß Vater Georg damals (1619) nicht mehr lebte. Da ihm 1607 und 1608 noch Kinder geboren worden waren, scheint er kein sehr hohes Alter erreicht zu haben. Sein Todesjahr ist nicht nachweisbar, da die Totenregister (PfA. Frauenstein) erst 1636 beginnen.

19 Veit Silbermann wird unter »Kleine Bobrizsch« in einer (im Heimatmuseum Frauenstein befindlichen) »Specification Derer Angeseßenen undt anitzo vorhandenen Mannschafften« aus dem Jahre 1655 ausdrücklich und namentlich als »Bauer« genannt (Bl. 14b). Die »Specification« umfaßt alle zum Amt Frauenstein gehörenden Dörfer und wurde damals auf Befehl des Kurfürsten Johann Georg I. geschrieben. Veit Silbermann hat zweifellos aber schon seit rund zwei Jahrzehnten Landwirtschaft betrieben. Er hatte nämlich 1634 Justina Seifert geb. Bellmann geheiratet (PfA. Frauenstein, TrR. 5/1634), nachdem deren Mann, der Halbhüfner Paul Seifert, gestorben war. Veit Silbermann wurde daraufhin als neuer Besitzer des Gutes (heute Haus Nr. 5) im Amtserbbuch von 1581 eingetragen (Bl. 86). Bemerkenswert sind seine Verpflichtungen gegenüber der Grundherrschaft: »Dienet kegen Frauenstein mit der Handt, item mit 2 Pferden in der Heu-, Flachs- undt weitten fuhre, Dienet kegen Hartmannsdorff vf den Eckern 3½ tagk, Inn der Mist-, Heu- undt getreide einfuhr mit 4 Pferdten, Zinset 2½ g[roschen] Walpurgis, 2½ g[roschen] Michaelis«, und außerdem hatte er noch bestimmte Mengen an Korn und Hafer abzuliefern. Veit Silbermanns Gut gehörte nach dem Dreißigjährigen Krieg zu den sechs Gütern, die in Kleinbobritzsch noch bewohnt waren. Die übrigen sechzehn waren (lt. Amtserbbuch) verwüstet und herrenlos. Es ist deshalb nicht verwunderlich, daß damals viele Menschen bestrebt waren, die schwere Landarbeit zu meiden und auf leichtere Art und Weise Geld zu verdienen. Die Bauernknechte beschäftigten sich »so wohl zu Hause als auch über Lande [mit] Crämerey und andere Bewerbs-Händel ..., [um möglichst] Dienstfrey und ungebunden zu leben ...«. Die Bauernmägde hingegen legten sich »aufs Wollstricken, Klöppeln, Strümpffstrücken und andere Handthierung...«. Der Landesherr, Kurfürst Johann Georg I., sah sich deshalb gezwungen, entsprechende Maßnahmen zu ergreifen, damit die »wüsten Güter [wieder] zum Anbau gebracht werden können«, da der »Acker-Bau als das beste Kleinod eines Landes« zu betrachten war. Vgl. die »Gesinde-, Tagelöhner- und Handwercks-Ordnung« vom 24. Mai 1651 (in: Codex Augusteus I, Sp. 1524). Andererseits hatte der Bauer, besonders im Gebirge, in früheren Zeiten kein leichtes Los. Johann Gottlieb Näke, der von 1770 bis 1789 in Frauenstein als Amtmann wirkte, schrieb in einem Bericht vom 18. November 1783 über die »Beschwerlichkeit des Feldbaues« u.a. folgendes: »Die Arbeit des gebirgischen Landmannes bey dem Feldbaue und der Holzarbeit ist äußerst beschwerlich und angreifend, wegen der steinigten und gebirgigten Felder, wegen der grosen Kälte und lange anhaltenden Winter, tiefen Schnees und ungestümen Witterung. Des steinigten Bodens und der Berge wegen wird viel Geschirr verdorben, welches sehr tüchtig angeschaffet werden muß und viel Eisenwerck erfordert. Starke Regengüsse schlemmen die Düngung von den abhängigen Äckern und Wiesen [und] das Erdreich hinweg, welches ohnehin viel Düngung, Asche und Kalk erfordert. Schloßen-Wetter beschädigen das Getreyde, oder grose Sturmwinde schlagen die Körner aus und führen den Flachs von den Feldern weg, auch füget das roth- und schwarz Wildpret dem Getreyde, Flachße, Feldern und Wiesen grosen Schaden zu ... Dabey begnügt sich der Landmann mit schlechter, daneben aber wegen der strengen Witterung und größeren Abnutzung nicht minder kostbaren Kleidung und geringer Kost, Wasser oder Milch und Mehlspeisen, Brod von Gemenge oder Hafer mit Korn, oft auch von Hafer allein, sind seine tägliche Speise, Fleisch und Bier aber genießet

des frühzeitigen Todes seiner ersten Frauen, dreimal verheiratet.[20] Aus der dritten Ehe gingen vier Söhne hervor. Uns interessiert hier nur der 1640 geborene Michael[21], weil er der Stammvater der Orgelbauerfamilie war. Michael Silbermann war zunächst Bauer oder Hüfner.[22] Er hat mit knapp zwanzig Jahren, am 9. Juli 1660, die Kleinbobritzscher Hüfnerstochter Christina Tröger geheiratet.[23] Nach sechzehnjähriger Ehe, aus welcher sich eine Tochter und drei Söhne nachweisen lassen[24], starb Michaels Frau.[25]

er nur an hohen Festtagen. Diese geduldige Genügsamkeit und die unermüdete Arbeitsamkeit allein machen es möglich, daß der gebirgische Bauer, bey der drückenden Last der Steuern und Abgaben noch kümmerlich bestehen kan...« (Heimatmuseum Frauenstein: Amtsakte Den Nahrungs-Zustand und die Landwirthschaft im Amt Frauenstein betr., Bl. 79b f.). Übrigens gehen aus dem Bericht von Näke noch zwei bemerkenswerte Tatsachen hervor: Kinder vom 5. und 6. Lebensjahr an wurden schon mit »Garnspinnen« beschäftigt. Und Ende des 17. Jahrhunderts gab es in dem kleinen Dorf Randeck (im Amt Frauenstein) einige Geigenbauer! Erwähnenswert ist noch, daß Veit Silbermann, Gottfrieds Großvater, von 1640 bis 1666 als »Schöppe« des Kleinbobritzscher Lehngerichtes erwähnt wird (STA. Dresden: GB. Frauenstein Nr. 59). Veit und seine Frau Justina sind beide im Jahre 1666 (am 1. März bzw. am 22. Februar) gestorben (PfA. Frauenstein: ToR. Nr. 6 und 5/1666).

20 PfA. Frauenstein: TrR. Nr. 12/1619, Nr. 1/1623 und Nr. 5/1634. Die Väter der beiden ersten Frauen Veits waren Hüfner bzw. Handarbeiter in Kleinbobritzsch. Der Vater der dritten Frau, Justina Bellmann (geb. 1600; PfA. Frauenstein: TaR. Nr. 20/1600), ist in Kleinbobritzsch Hüfner gewesen. Justina hatte 1627 (PfA. Frauenstein: TrR. Nr. 14/1626) den verwitweten Halbhüfner Paul Seifert aus ihrem Heimatdorf geheiratet und nach dessen Tod dann den (schon zweimal verwitwet gewesenen) Veit Silbermann, der sich übrigens schon im Jahre 1622 in Kleinbobritzsch ein Haus gekauft hatte (STA. Dresden: GB. Frauenstein Nr. 113, Bl. 428).

21 Sein Tauftag war der 28. August (PfA. Frauenstein: TaR. Nr. 15/1640). Der Geburtstag geht aus dem Kirchenbuch nicht hervor. Über die Lebensverhältnisse der übrigen Söhne Veit Silbermanns siehe Müller (Kap. »Das Heimatdorf und die Vorfahren«). Hier sei nur kurz erwähnt, daß Abraham (1637–1684) und Andreas (1646–1674) ebenfalls Bauern gewesen sind. In Kleinbobritzsch waren einmal drei

nebeneinanderliegende Güter im Besitz von Silbermännern:

Haus-Nr.	Zeitraum	Besitzer
4	1652–1661	Veit Silbermann
	1661–1686	Michael Silbermann sen.[1]
	1686–1700	Michael Silbermann jun.[2]
5	1634–1666	Veit Silbermann
	1666–1674	Andreas Silbermann
6	1660–1684	Abraham Silbermann

1 Vater von Gottfried Silbermann
2 Sohn aus der ersten Ehe von Gottfrieds Vater

22 Das beweisen die Frauensteiner Taufregister, in welchen er mehrmals erwähnt wird: z. B. Nr. 15/1661 ($^3/_4$-Hüfner), Nr. 33/1666 (Halbhüfner und gemein Mann) und Nr. 9/1671 (Halbhüfner). Michael Silbermann mußte offenbar erst noch kurze Zeit (und obwohl er inzwischen auch geheiratet hatte) im väterlichen Gut mit arbeiten und wohnen. Am 31. August 1660 wurde nämlich »Christina, Michael Silbermanns, Hausgenossen [!] Eheweib« als Taufzeugin erwähnt (PfA. Frauenstein: TaR. Nr. 23/1660). Aber Veit Silbermann, Michaels Vater, hatte sehr vorausschauend gehandelt und 1652 ein neben seinem Gut (heute Haus Nr. 5) gelegenes Halbhufengut gekauft, obwohl es »viel geraume Jahre hehr wüste gelegen, die Gebewde darbey abgangen [= verfallen] und Felder und Wiesen verpuschet« waren (STA. Dresden: GB. Nr. 59, Bl. 10). Dieses Gut hat Veit Silbermann dann, nachdem darauf »ein Wohngebäude und Scheune von Grund auf neu erbauet« worden waren, am 4. August 1661 an seinen Sohn Michael verkauft (STA. Dresden: GB. Frauenstein Nr. 59, Bl. 44). Nun hatten die jungen Eheleute Michael und Christina Silbermann einen eigenen Hof!

23 PfA. Frauenstein: TrR. Nr. 4/1660. Christinas Geburtstag konnte bisher noch nicht nachgewiesen werden.

24 Das Töchterchen Sabina, es war Michael »sein erst Kindt«, hat nur sechs Wochen gelebt und starb am 24. September 1661 (PfA. Frauen-

Inzwischen hatte Michael Silbermann noch einen zweiten Beruf ergriffen. Er arbeitete als Zimmermann.[26] Später wurde er »Hof-zimmermann« beim kurfürstlich-sächsischen Amt zu Frauenstein.[27] Am 17. September 1676, ein reichliches halbes Jahr nach dem

stein: ToR. Nr. 6/1661). Die drei Söhne waren:
Michael (geb. 1666–gest. 1733)
Georg (geb. 1670–gest. 1735)
Christian (geb. 1673–gest. 1728)
Sie hatten sehr verschiedene Berufe. Michael war – wie sein Vater – zunächst Bauer und dann Zimmermann, Georg lebte in Glashütte als Bader, Chirurgus und Wundarzt und Christian arbeitete als Müller (zuletzt in Wilmsdorf bei Possendorf). Auf ihre weiteren Familien- und Lebensverhältnisse soll an dieser Stelle nicht näher eingegangen werden (siehe aber: Müller, Kap. »Die Stiefbrüder«).

25 Die Todesursache ist unbekannt. Es heißt nur, daß sie am 6. März 1676 früh um 2 Uhr gestorben ist (PfA. Frauenstein: ToR. Nr. 5/1676). An ihrer Bahre standen, neben ihrem Mann, ihre erst zehn, sechs und drei Jahre alten Jungen.

26 Wann und bei wem Michael Silbermann das Zimmererhandwerk gelernt hat, wissen wir nicht. Aber Mitte des 17. Jahrhunderts gab es in Kleinbobritzsch jedenfalls einen Zimmermann namens Abraham Lehmann. Von ihm existieren sogar noch vier eigenhändig unterschriebene Quittungen (StA. Frauenstein: RR. 1659, Bl. 182, 191, 215 und 220). Zur gleichen Zeit gab es in Frauenstein zwei Zimmerleute: Caspar Reichelt und Paul Lippmann (ebenda, Bl. 58b). Einer von den dreien könnte Michaels Lehrmeister gewesen sein. Der älteste, noch auffindbare Beleg (Quittung) über Michael Silbermanns selbständige Zimmerertätigkeit stammt vom 28. Februar 1669 (StA. Frauenstein: RR. 1669, Bl. 207). Hiernach hat er für 8 Groschen »2 Neue waßerschleiffen« verfertigt. Im Jahre 1673, als sein Sohn Christian getauft wurde, ist Michael Silbermann zum ersten Male als »Hüfner undt Zimmermann« bezeichnet worden (PfA. Frauenstein: TaR. Nr. 21/1673). Die Frauensteiner Ratsrechnungen der Jahre 1669 bis 1695 enthalten insgesamt 139 Belege über die verschiedensten Zimmererarbeiten, die Michael Silbermann entweder allein oder mit seinen (bis zu drei) Gesellen ausgeführt hat. In einer umfangreichen Rechnung vom 1. November 1683 schrieb Meister Michael: »Demnach ich uff dem Kirchthurme alhier die wandelbaare Wohnung des Stadtpfeifers alß Stube, Kammern, Böden, Treppen ganz und gar müßen abreißen undt neu machen, auch bey Reparatur des wandelbaren Kupffer-Tachs Gerüste umb und umb biß an den Knopff hinaus fertigen …« Abschließend berechnete Michael Silbermann noch zwei Taler, »so mihr bey Antritt dieser gefährlichen Arbeith vom Rathe noch alß ein Trinckgeldt versprochen« (StA. Frauenstein: RR. 1683, Bl. 182 ff.). Im Jahre 1687 ließ der Rat das Stadttorhaus in der Böhmischen Gasse neu bauen, weil es »an Mauern zum Theil eingefallen, zum Theil auch nebenst dem Holzwerck ganz baufällig und wandelbar gewesen …«. Die notwendigen Zimmererarbeiten führte Michael Silbermann aus und bekam als Meister 5 Groschen Tagelohn (StA. Frauenstein, z. Z. im Heimatmuseum: RR. 1687, Bl. 37b). Übrigens hat der Rat insgesamt 30 Groschen für zwölf Kannen »Brandtwein« ausgegeben, »so denen Mäurern und Zimmerleuthen frühe morgens und des Tages über dem Herkommen und abgehandeltermaßen nach gereicht worden« (ebenda, Bl. 39b). Michael Silbermann besaß übrigens ein Siegel. Wir finden es das erstemal im Jahre 1674 (StA. Frauenstein: RR. Bl. 182 [19. Mai]). Gleichzeitig nannte er sich »Zimmermeister«. Das Siegel zeigt das Monogramm »MS« und drei verschiedene Zimmermanns-Äxte.

27 Wann ihm diese Stellung übertragen wurde, ist nicht genau nachzuweisen. Im Jahre 1676 hatte er sie jedenfalls schon inne; denn es wurde erwähnt: »Anna Maria, Michael Silbermanns, des Hof-Zimmermanns [!] Eheweib …« (PfA. Frauenstein, TaR. Nr. 39/1676). Erwähnenswert ist in diesem Zusammenhang folgendes Ereignis: Am 6. Oktober 1678 tobte in der Frauensteiner Gegend ein »grausamer Windt«. Er riß vom Schloßturm die Wetterfahne samt Turmknopf herunter. Als letzterer in Gegenwart des damaligen Amtmannes Johann Gottfried Gau und anderer Persönlichkeiten geöffnet wurde, war auch der »Ambts-Zimmermann« Michael Silbermann mit Zeuge, als eine Urkunde über die von 1585 bis 1588 erfolgte Erbauung des Schlosses zum Vorschein kam. Der Amtmann ließ von dem Dokument sofort eine Abschrift anfertigen. Sie befindet sich im Staatsarchiv Dresden (Loc. 9864, Das Schloß Frauenstein betr.). Über den Verbleib des

23

Tode seiner ersten Frau, heiratete Michael Silbermann wieder.[28] Die Braut, Anna Maria Preußler, hatte beim damaligen Frauensteiner Bürgermeister Gottfried Kaden (1637–1705) »in Diensten« gestanden[29]. Sie stammte aus Böhmisch-Einsiedel und wurde dort (Ende März) 1652 geboren.[30] Ihre Eltern wohnten später in Großwaltersdorf. Hier hat ihr Vater, Caspar Preußler »von Einsiedel«, im Jahre 1671 ein Haus nebst Garten gekauft.[31]

Michael Silbermann wohnte mit seiner jungen Frau in Kleinbobritzsch in einem sogenannten Halbhufengut (heute Haus Nr. 4), welches ihm sein Vater Veit bereits 1661 verkauft hatte.[32] Hier gebar Anna Maria Silbermann am 16. Mai 1678 einen Sohn namens Andreas[33], den späteren »weit und breit berühmten Rathsorgelbauer der Stadt Straßburg«[34].

Im Jahre 1680 baute sich Michael Silbermann in Kleinbobritzsch ein neues Wohn-

Originals ist nichts bekannt. Der Wortlaut der Urkunde ist allerdings schon 1754 im »Neueröffneten Historischen Curiositäten-Cabinet« wiedergegeben worden. – Vermutlich ist Michael Silbermann von dem genannten Amtmann Gau, der ab 1673 in Frauenstein wirkte (vgl. Bahn, S. 90), zum Amtszimmermann ernannt worden. Unbedingt erwähnenswert ist, daß Michael Silbermann (nach dem Tode seines Vaters) von 1668 bis 1686 beim Kleinbobritzscher Lehngericht das Schöffenamt bekleidet hat (STA. Dresden: GB. Frauenstein Nr. 59). Am 26. März 1680 hat der Frauensteiner Amtmann Johann Gottfried Gau eine Gebührenordnung erlassen (STA. Dresden: GB. Burkersdorf, 1678 bis 1745). Hiernach kostete die Verfertigung eines Kaufvertrages 6 Groschen und die entsprechende Eintragung im Gerichtsbuch 3 Groschen. Die Gebühren erhielten (zu je einem Drittel) der Richter, die Schöffen und der Gerichtsschreiber. Für eine Reise »in Gerichtssachen ins Ambt Frauenstein« bekam jeder Schöffe 2 Groschen.

28 PfA. Frauenstein: TrR. Nr. 4/1676. Michael war damals sechsunddreißig Jahre alt, und seine Braut zählte erst reichlich vierundzwanzig Jahre.

29 Das geht aus der Eintragung im Aufgebotsregister (Nr. 5) hervor. Michael und Anna Maria sind am 27. August 1676 das erstemal öffentlich aufgeboten worden. Wir dürfen annehmen, daß sie sich schon einige Zeit kannten, denn Michael hatte als Zimmermeister ja oft mit dem Bürgermeister zu verhandeln und da kann er auch dessen »Dienstmädchen« kaum übersehen haben. Übrigens gehörten – wie sich aufgrund der Kirchenbücher feststellen läßt – im August 1675 fünf Kinder (im Alter zwischen neun Jahren und fünf Monaten) zum Haushalt des Bürgermeisters Kaden. Anna Ma-

ria, Michael Silbermanns spätere Frau, hat also ganz bestimmt »gelernt«, wie man mit Kindern umgehen muß, so daß ihr dann die eigene Mutterrolle vielleicht nicht schwergefallen ist.

30 Die Taufe erfolgte am 1. April in Katharinaberg (STA. Litomerice/CSSR: TaR. der Pfarrei Katharinaberg, 1604–1693, S. 255).

31 STA. Dresden: GB. Brand-Erbisdorf Nr. 47, Bl. 454 f. Im vorhergehenden Jahre (3. April 1670) war in Großwaltersdorf allerdings schon ein totgeborenes Kind beerdigt worden (lt. brieflicher Mitteilung des Pfarramtes Großwaltersdorf vom 24. März 1964 an den Verfasser). Wann Anna Maria Preußler nach Frauenstein gekommen ist, wissen wir nicht.

32 Siehe hierzu Anm. 22. Die Eltern von Anna Maria Silbermann sind übrigens 1682 bzw. 1688 im Alter von fünfundfünfzig bzw. neunundfünfzig Jahren in Großwaltersdorf gestorben (lt. Mitteilung des Pfarramtes an den Verfasser). Es soll nicht unerwähnt bleiben, daß die Eltern von Andreas und Gottfried Silbermanns Mutter am 24. Mai 1649 in Ober-Georgenthal (Böhmen) getraut wurden (STA. Litomerice/CSSR: Traubuch Ober-Georgenthal, 1639/84). Der Vater, Caspar Preußler, wurde am 16. August 1623 in Gebirgsneudorf (Böhmen) getauft (STA. Litomerice: TaR. Pfarrei Gebirgsneudorf, 1608–1760, Bl. 31 b). Mutter Margaretha, Tochter »Christoph Gläßers ufn Einsiedel«, ist dagegen am 18. Juli 1628 in Neuhausen getauft worden (PfA. Neuhausen: TaR. Nr. 155/1628). Anscheinend war Caspar Preußler von Beruf Schuhmacher. Er wird nämlich 1666 als »Schuster in Einsiedel« bei einer Seiffner Taufe erwähnt (PfA. Neuhausen: TaR. Nr. 33/1666). Vermutlich ist die Familie Preußler dann bald nach Großwaltersdorf gezogen.

33 Der Eintrag im Taufregister lautet wie folgt: »Den 17. Maii ist Andreas, Michael Silbermanns,

haus[35] (heute Haus Nr. 2). Hier wurde am 14. Januar 1683, »morgents umb 5 Uhr«, Gottfried Silbermann geboren[36], der spätere »Königlich-polnische und churfürstlich-

sächsische Hof- und Landorgelbauer«. Das ehemalige Wohnhaus der Familie Silbermann, und damit auch Gottfrieds Geburtshaus, ist erhalten geblieben. Es trägt seit

Einwohners in Kleinbobritzsch u. Hof-Zimmermanns eh[e]leibl[icher] Sohn Christlich getaufft u. den 16. huj. [= dess. Monats] früh umb 3 uhr gebohren worden. uxor [= Ehefrau (des Vaters)] Anna Maria, Caßpar Preußlers, Einwohners zu Großwaltersdorf eh[e]leibl. Tochter. Testes [= Zeugen, Paten] (1) Michael Wünsch, Bauer zu Kleinboberitzsch (2) Martin Wiesener, Churf[ürstlicher] Voigt zu Neubau (3) Salome, Christoph Trögers, Bauers daselbst, Eh[e]weib. Gott gebe dem lieben Kinde Leben u. Seegen.« (PfA. Frauenstein: TaR. Nr. 17/1678) Die Taufe vollzog Johann Siegemund Stoltze (1640–1722). Er stammte aus Pirna und wirkte in Frauenstein zunächst als Diaconus und dann als Pfarrer. Im Jahre 1685 ging er nach Frankenberg. Über ihn wurde gesagt: »... Er heisset Stoltze zwar, und ist die Demuth gantz ...« (vgl. Bahn, S. 100).
34 So hat Gottfried seinen Bruder (und Lehrmeister) bezeichnet. Vgl. die Eingabe vom 10. Juni 1723 an Kurfürst Friedrich August I. von Sachsen (s. Anh. SD. Nr. 15).
35 Das geht aus einer Urkunde vom 14. April 1680 hervor, wonach Michael erklärt hatte, die »wüste Häusel-Baustadt« seines Vaters »wiederumb anzunehmen undt auffzubauen« (STA. Dresden: GB. Frauenstein Nr. 59, Bl. 144). Diese Urkunde war bisher völlig unbekannt und ist erst vom Verfasser aufgefunden worden. Der vollständige Wortlaut des Dokuments wurde in der in Anm. 8 unter 2. genannten Arbeit wiedergegeben.
36 Die Eintragung im Taufregister hat folgenden Wortlaut: »Den 16. [Januar] ist Gottfriedt, Michael Silbermanns, Einwohners in Kleinbobritzsch u. Hofe-Zimmermanns eheleibl. Sohn öffentl. getäufft u. den 14. hs. [= dess. Monats] Morgents umb 5 Uhr gebohren worden. Uxor: Anna Maria, Caspar Preußlers, Einwohners zu Groswaltersdorf eheleibl. Tochter. Off. [= Paten] 1) H. Gottfriedt Danneberck, Rathsverwander, Bürger und Leineweber alhier, 2) Michael Häber, Voigt auf dem Churf. Schloße, 3) Sophia, Hanns Grimmers, Erb-Richters zu Kleinbobritzsch, Eheweib. Gott gebe dem Kinde Leben und Segen!« (PfA. Frauenstein: TaR. Nr. 4/1683)

Nach der Kirchenmatrikel von Anno 1617 hatte der Diaconus u.a. die Taufen vorzunehmen. Dieses Amt versah ab 1680 in Frauenstein Caspar Satler (1651–1717). Er wurde aber schon 1685 nach Nassau versetzt, weil er sich mit dem Amtmann nicht verstehen konnte (vgl. Bahn, S. 106).
Über Gottfried Silbermanns Paten ist folgendes bekannt:
Gottfried Tanneberg wurde 1639 in Frauenstein geboren und starb am 17. September 1702 daselbst. Drei Tage vorher hatte ihm seine (zweite) Frau Anna Rosina Tamme, Tochter eines Burkersdorfer Kunst- und Blumengärtners (!), noch eine Tochter geboren! Tannebergs Vorfahren müssen jahrhundertelang in Frauenstein ansässig gewesen sein: 1573/75 wird ein Wolf Tanneberg als Bürgermeister erwähnt, und der erste »Tanbergk« taucht bereits 1501 auf (STA. Dresden: Loc. 10505, IV, Bl. 204).
Michael Häber (oder Heber) wurde um 1635 als Häuslerssohn in Hartmannsdorf bei Frauenstein geboren. Im Jahre 1660 stand er schon »auf dem Hof [Schloß] zum Frauenstein in Diensten« (PfA. Frauenstein: TaR. Nr. 34/ 1660), dann war er (um 1662/63) »Voigt auffn [Vorwerk] Neubau« (bei Frauenstein). Im Jahre 1671 erwarb er das Frauensteiner Bürgerrecht (StA. Frauenstein: RR. 1671, Bl. 7b). Im folgenden Jahre ließ er als »Churf[ürstlicher] Voigt allhier« (in Frauenstein) eine Tochter taufen (PfA. Frauenstein: TaR. Nr. 28/1672). Michael Heber ist achtundsechzig Jahre alt geworden und 1703 in Frauenstein gestorben. Sophia Grimmer geb. Heinrich wurde 1634 in Wolkenstein (Erzgebirge) geboren, wo ihr Vater Bürger und »Borthen-Händler« war. Im Jahre 1679 heiratete sie den Kleinbobritzscher Erbrichter Johann Grimmer und starb am 4. März 1702.
37 Die Gedenktafel wurde von dem Freiberger Bildhauer Groß angefertigt und aus freiwilligen Spenden finanziert. Aus dem verbliebenen Überschuß entstand eine »Silbermann-Stiftung«. Darüber geben zwei Aktenbände Aufschluß: 1) Die Silbermann-Stiftung betr., 1861 (STA. Dresden: Ministerium für Volksbildung

dem Jahre 1861 eine Gedenktafel[37], außerdem steht es unter staatlichem Denkmalschutz.[38]

Gottfried Silbermann hat nur etwa drei Jahre in Kleinbobritzsch »verlebt«; denn

um den Jahreswechsel 1685/86 zog Michael Silbermann mit seiner Familie nach Frauenstein.[39] Hier hatte er am 1. August 1685 ein »ganz eingegangenes« Haus gekauft und wieder aufgebaut.[40] Im April 1686 war

---

Nr. 313) und 2) Acta des Stadtraths zu Frauenstein, die Silbermann-Stiftung betr. (StA. Frauenstein, Kämmereisachen Nr. 56). Nach dem Statut vom 20. Januar 1864 bezweckte die Silbermannstiftung insbesondere, »Seminaristen oder angehende Lehrer aus Kleinbobritzsch oder Frauenstein, welche in der Kunst eines wahrhaft erbaulichen Orgelspiels sich auszuzeichnen bemüht sind oder auch angehende Orgelbauer aus beiden Orten durch eine Geldprämie zu weiterem Fleiße zu ermuntern ...« (Bl. 10 ff. der oben genannten Frauensteiner Ratsakte). Zu denen, die als Lehrer bzw. Organisten aus der Stiftung unterstützt worden sind, gehörten u.a. Albrecht Wagner († 1969), Sohn des 1929 verstorbenen Frauensteiner Schulrektors Gottlob Ernst Wagner, und Alfred Gössel († 1979), der zuletzt in Sayda als Kirchenmusikdirektor wirkte (siehe hierzu Anm. 755). Wagner (bzw. sein Vater) haben im Laufe von Jahrzehnten viele Zeitschriftenartikel über Gottfried Silbermann zusammengetragen bzw. selbst verfaßt, die sich jetzt im Besitz des Heimatmuseums zu Frauenstein befinden. Exakte und wissenschaftliche Quellenforschungen haben beide nicht betrieben (oder nicht betreiben können). Beide waren aber – auf ihre Art – Verehrer des großen Orgelbaumeisters. Mit Alfred Gössel hat der Verfasser jahrzehntelang in freundschaftlicher Verbindung gestanden. Bedauerlicherweise ist nur ein einziger »angehender« Orgelbauer in den Genuß der Zinsen aus der Silbermannstiftung gekommen: Rudolf Wagner (vgl. Anm. 541). Sie wurden deshalb vielfach (und dem Statut gemäß) zur Auszeichnung fleißiger Schulkinder verwendet. Im Jahre 1888 sind 24 Mark für die Vergoldung der Inschrift der Gedenktafel aus den Stiftungszinsen ausgegeben worden. Der damalige Eigentümer des Hauses, Ernst Müller, erhielt auf seine Bitte 10 Mark Beihilfe, um es abputzen zu können. Die Silbermannstiftung wurde schließlich ein Opfer der Inflation nach dem ersten Weltkrieg. Über die festliche Einweihung der Gedenktafel erschien am 10. August 1861 im »Freiberger Anzeiger« (Nr. 186) ein Artikel. Das Heimatmuseum Frauenstein besitzt davon eine Fotokopie. Die letzte Restaurierung

der Gedenktafel und Neuvergoldung der Inschrift erfolgte im Juni 1972. Die Initiative zur Errichtung der Gedenktafel ist im Jahre 1860 von dem Frauensteiner Schulrektor und Organisten Köhler ausgegangen. Die oben erwähnte Akte des Staatsarchivs Dresden enthält einen gedruckten Aufruf zur Erlangung von Geldspenden. Er wurde neben Köhler von Hoforganist Johann Schneider in Dresden und Superintendent Dr. Haan in Leisnig unterzeichnet und fand starken Widerhall. Wilhelm Haan (1801–1884) hatte von 1826 bis 1832 in Frauenstein als Schulrektor (und Organist) gewirkt.

38 Über Gottfried Silbermanns Geburtshaus und seine Geschichte berichtet ausführlich Müller (Kap. »Das Geburtshaus«) und insbesondere (mit genauen Quellenangaben) die in Anm. 8 unter Nr. 2 der vorliegenden Dokumentation aufgeführte Arbeit. Das Heimatmuseum Frauenstein besitzt von Gottfried Silbermanns Geburtshaus ein Ölgemälde. Es wurde (in den zwanziger Jahren) von dem Frauensteiner Kunstmaler Johannes Georg Neuber (1892–1968) geschaffen. Die älteste bekannte Darstellung des Silbermannhauses ist eine Lithographie aus der Zeit um 1861 (siehe Müller: Abb. 5).

39 Das beweisen die Frauensteiner Kirchenbücher. Am 23. November 1685 hieß es noch: »Michael Silbermann, Hüfner in Kleinbobritzsch« und am 25. Januar 1686 dagegen: »Michael Silbermann, Zimmermann allhier«. (Vgl. TrR. Nr. 7/1685 bzw. TaR. Nr. 6/1686)

40 StA. Frauenstein: GB. Nr. 5, Bl. 222 f. Auch diese Urkunde war bisher völlig unbekannt geblieben und ist erst vom Verfasser entdeckt worden. Er stellte auch fest, an welcher Stelle das Haus gestanden hat: in der Haingasse. Hier ist Gottfrieds Vater, der »Bürger, Brau- und Zimmermeister« Michael Silbermann, am 24. Mai 1713 gestorben (PfA. Frauenstein: ToR. Nr. 15/1713). Die Witwe verkaufte das Haus im Januar 1714 an einen Verwandten, den Böttcher Christian Dorn, behielt darin aber auf Lebenszeit »freye Herberge« (StA. Frauenstein: GB. Nr. 5, Bl. 520). Gottfried Silbermanns Mutter ist hier am 20. Mai 1724 verstorben

Michael Silbermann schon Bürger der Stadt Frauenstein.[41]

Gottfried Silbermann wuchs, nachdem er sein drittes Lebensjahr vollendet hatte, in der kurfürstlich-sächsischen Amtsstadt Frauenstein[42] auf. Über seine Jugendzeit

(PfA. Frauenstein: ToR. Nr. 21/1724). Das Haus fiel 1728 einem Stadtbrand zum Opfer. An dem jetzt dort stehenden Grundstück (Nr. 102) wurde am 31. Juli 1955 auf Anregung des Verfassers eine Gedenktafel angebracht.

41 StA. Frauenstein: RR. 1686, Bl. 7b. Hier sind unter den Einnahmen für Bürgerrecht von ihm zwei Gulden eingetragen. Da Michael Silbermann als Zimmerer 5 Groschen Tagelohn forderte, entsprachen die 2 Gulden (= 42 Groschen) dem Arbeitsverdienst von rund acht Tagen.

42 Wie haben wir uns Frauenstein vor rund drei Jahrhunderten vorzustellen? Es hatte damals schätzungsweise etwa 600 Einwohner. Genaue Einwohnerzahlen sind erst seit Ende des 18. Jahrhunderts bekannt (1794: 736). Das Städtchen zählte rund sechzig (schindel-, teilweise strohgedeckte) Häuser innerhalb der Stadtmauer und achtunddreißig in den »Vorstädten«. Die vier, vom Marktplatz ins Freie führenden Gassen waren mit Torhäusern versehen. Vom einstigen Torhaus in der »Freybergischen Gasse« existiert noch ein Stadtwappen von Frauenstein (Sandsteinrelief) aus dem Jahre 1694. Es befindet sich im Heimatmuseum. (Siehe hierzu: Werner Müller, Name, Siegel und Wappen der Stadt Frauenstein; in: Sächs. Heimatblätter, H. 5/1976, S. 199 ff.) – Die Stadt wurde überragt von einem Schloß und einer Burg. Das Schloß wurde 1585/88 unter Heinrich von Schönberg (1549–1616) »nach der Italiänischen Architectur« (Renaissancestil) erbaut, aber durch Brände (1728 und 1814) in Mitleidenschaft gezogen. Nach 1647 war es Sitz eines kurfürstlich-sächsischen Amtes, später königlichen Gerichtsamtes. Jetzt beherbergt es ein Kinderferienlager und Naherholungsobjekt und das Heimatmuseum. – Die (um 1200 erbaute) Burg war zur Jugendzeit Gottfried Silbermanns längst (seit 1588) nicht mehr bewohnt. Sie stand mit ihren beiden großen Türmen, dem Palas und einer langen Ringmauer mit sieben Wachttürmen noch unter Schindeldachung und wurde erst (bei dem Stadtbrand) im Jahre 1728 Ruine. Heute ist sie ein wertvolles Bau- und Geschichtsdenkmal mit jährlich über sechzigtausend Besuchern. – Auf dem großen Marktplatz standen dicht nebeneinander

die Stadtkirche und das Rathaus. Die Kirche (1507 als »Kyrchenn unßer liben frawen« urkundlich erwähnt) war 1491 geweiht und nach dem Stadtbrand von 1534 wieder aufgebaut worden. Das Rathaus, ein stattlicher Bau mit hohem Rundturm, stammte aus den Jahren 1602/06. Es wurde nach dem Stadtbrand von 1869 nicht wieder aufgebaut. – Von den Frauensteiner Besonderheiten aus der damaligen Zeit seien besonders genannt: die öffentliche »Baderei« (bereits 1495 urkundlich bezeugt), die Apotheke (1620 wurde urkundlich ein »Apotecker« genannt), die »Schwartz- und Schönfärberei« (1562 urkundlich erwähnt) und endlich ein großes, 1668 erbautes »Maltzhaus« für die Bierbrauerei. – Die Frauensteiner Bürger »nährten sich durch ihren Fleiß und ihrer Hände Arbeit«. Es gab hier zahlreiche Handwerker und Gewerbetreibende, denn sie hatten ja auch die Bedürfnisse der Bauern der umliegenden, zum Amt Frauenstein gehörenden »Dorfschafften« mit zu befriedigen. Aber auch »Viehzucht und Feldbau machten einen großen Theil der Nahrung« der Frauensteiner Bürger aus. »Frauensteinische Butter und Käse« waren weithin bekannt. Sie wurden besonders »von den Dreßdnischen Händlern aufgekaufft«. Hinzu kam noch »die starcke Passage [Verkehr] aus Böhmen, denn da die Haupt-Strasse aus Prag und Töplitz nach Freyberg durch Frauenstein gehet, so profitiren die Frauensteiner auch davon ...«, schrieb der Chronist Christian August Bahn im Jahre 1748. Aus der Zeit um 1723, als August der Starke die sogenannten »Postmeilensäulen« setzen ließ, wird berichtet, daß die durch Frauenstein führende Straße »von Böhmen aus nach Freyberg, Leipzig und anderen weiteren und näheren Orthen nicht nur von Kauff- und Fuhr-Leuten sehr frequentiret, sondern auch bey der Töplitzer Bade-Zeit durch Frauenstein gereiset« wird. Vgl. den Bericht von Adam Friedrich Zürner (1679 bis 1742) vom 5. Oktober 1721 (STA. Dresden: Loc. 35547, Akte Nr. 26, Bl. 4 f.) – Alles in allem: Frauenstein muß damals schon ein interessantes Städtchen mit buntem Leben und Treiben und allerhand »Fremdenverkehr« gewesen sein. Eine sehr interessante Beschreibung der Frauensteiner Verhältnisse ist in dem 1725 zusammengestellten »Geographischen Hand-Re-

ist begreiflicherweise nichts Zuverlässiges bekannt. Auf jeden Fall besuchte er die Frauensteiner Stadtschule[43]. Hier wirkte als Rektor ab Ende November 1690 (bis Ostern 1726) Christian Leipoldt[44]. Er war Gottfried Silbermanns Lehrer und übte zugleich das Organistenamt mit aus[45]. Etwa siebzig »Knäblein und Mägdlein«, bisweilen auch achtzig Kinder, besuchten damals die Frauensteiner Schule.[46] Wie es dort zu-

gister des Amts Frauenstein« (STA. Dresden: Loc. 9765) zu finden. Hier werden »Eine Haupt-Kirche und Gottesacker-Kirche« erwähnt. Letztere wurde vermutlich um 1384 durch Burggraf Berthold von Meißen gestiftet (vgl. Bahn, S. 60) und wird heute für Andachten noch benutzt. Frauenstein hatte im Jahre 1725 genau einhundert »Feuer-Städte« (Häuser) und zwar 64 innerhalb und 36 außerhalb der Stadtmauer. Selbstverständlich wurden auch die »2 Wirthshäuser zum göldenen Stern und [goldenen] Löben [Löwen]« mit erwähnt. Sie standen damals (nebeneinander) an der Südostecke des Marktes (heute Hausnummern 64 und 65); denn der Fahrverkehr ging früher über die »obere« (südliche) Seite des Marktes. Aus diesem Grunde ist auch die Postmeilen- oder Distanzsäule einst dort aufgestellt worden. Übrigens steht sie heute vor dem Postamt. Die genannten »Wirtshäuser« von einst (»Goldener Stern« und »Goldener Löwe«) sind heute Betriebsferienheime mit öffentlichen Gaststätten. Das Frauensteiner Ratskollegium bestand im Jahre 1725 aus neun Personen. Der Bürgermeister wurde »alle Jahr von der Bürgerschafft auß denen Rathsgliedern erwehlet« (Bl. 1 f.). In Frauenstein gab es auch eine »Richtstätte«. Hier ist am 22. März 1747 eine siebenundzwanzigjährige, aus Böhmen gebürtige Magd durch den Scharfrichter »durchs Schwerd vom Leben zum Tode gebracht« worden, weil sie (angeblich?) ihr uneheliches Kind ermordet hatte (vgl. Bahn, S. 209).
43 Sie befand sich damals noch in der Böhmischen Gasse, »allernechst an der Pfarre«, und muß sehr »enge« gewesen sein (vgl. Bahn, S. 51). Schulrektor Christian Jacobi beschwerte sich 1674 darüber, daß »bey dem engen Schulgebäudel weder Keller, Stall noch Scheuer vorhanden [sei], da man ein Stücklein Vieh halten könnte, als muß alles, was man zur Noth bedarfff, umb den baaren Pfennig erkaufft werden, da denn öffters einen Tag kaum 6 Groschen zulangen wollen« (STA. Dresden: Acta Visitationis, Vol. II, Freyberg 1674; Loc. 1995, Bl. 215 b).
44 Er wurde 1652 als Sohn eines vornehmen Bürgers und Handelsmannes in Ortrand geboren, hatte vom 14. Lebensjahr an die Dresdner Kreuzschule besucht, verblieb dort »als ein Alumnus bis 1676 und ging dann nach Leipzig« (vgl. Bahn, S. 109), bis er 1690 nach Frauenstein kam. Leipoldt war in erster Ehe mit einer Tochter des Frauensteiner Kirchenvorstehers Johann Zacharias verheiratet. Der »wohlverordnete Rector« war allerdings ganze zwanzig Jahre älter als seine Frau, die im Alter von neunundzwanzig Jahren starb. Auch Leipoldts zweite Frau muß wesentlich jünger gewesen sein; denn aus der 1704 geschlossenen Ehe gingen noch drei Söhne hervor. Der letzte wurde 1716 geboren, als Leipoldt schon 63 Jahre alt war.
45 Er erhielt vom Rat jährlich 16 Gulden als Schulrektor und 20 Gulden als Organist (StA. Frauenstein, RR. 1690, Bl. 29 bzw. Beleg 25). Hinzu kamen noch verschiedene »Zulagen« und »Accidentia«, d. h. Gelegenheitseinnahmen bei Trauungen, Beerdigungen usw. Ein Amtsvorgänger Leipoldts, Christian Jacobi, der von 1652 bis 1684 wirkte, hat sein gesamtes Jahreseinkommen, »welches [er] vor seine vielfältige Mühe und Verrichtungen ... zu genüssen« hatte, auf rund 90 Gulden beziffert. Davon mußte er sich »nebst seinem Weib und Kindern in Nahrung und Kleidung verpflegen« (Bl. 215 a der in Anm. 43 genannten Akte). Übrigens bekam der Rektor die Hälfte der »Schul-Pfennige«, d. h. der Schulgeldeinnahmen. Für jedes Kind, »sowohl Knaben als Mägdlein«, mußten wöchentlich 4 Pfennige bezahlt werden. Der dem Rektor zustehende Anteil betrug »ohngefähr« 15 Gulden jährlich. Jacobis Amtsnachfolger war Christian Liebe, ein aus Freiberg gebürtiger Weißbäckerssohn. Er wirkte als Rektor und Organist in Frauenstein aber nur von August 1684 bis Oktober 1690, dann ging er nach Zschopau (vgl. Bahn, S. 109). Sein (1687 in Frauenstein geborener) Sohn Christian Siegesmund ist »wegen seiner Gelehrsamkeit sehr berühmt« geworden (ebenda, S. 128). Unzweifelhaft hat Andreas Silbermann, Gottfrieds Bruder, die Frauensteiner Stadtschule besucht, als Christian Liebe Rektor war. Ab (spätestens Januar) 1686 wohnte die Familie Silbermann ja in Frauenstein, und um diese Zeit zählte Andreas schon fast acht Jahre.

ging, können wir uns aufgrund eines Dekrets des Kurfürsten August von Sachsen
aus dem Jahre 1580 und eines »Synodalischen General-Decrets« von Kurfürst Johann Georg II. vom 15.September 1673
lebhaft vorstellen.[47] Da es damals noch
keine Schulpflicht gab[48], wissen wir nicht,
wie lange Gottfried Silbermann zur Schule
gegangen ist.

Schulrektor und Organist Christian Leipoldt dürfte, neben Gottfrieds Eltern, der
erste gewesen sein, der die musische Be-

gabung des Knaben und das Interesse für
eine Orgel bemerkt und gefördert hat.[49]
Allerdings hatte die Orgel in der Frauensteiner Stadtkirche damals schon das ansehnliche Alter von über hundert Jahren.
Sie war 1584 von Bartholomäus Zencker
aus Eilenburg erbaut worden.[50]

In der Amtsstadt Frauenstein gab es außer
dem Organisten noch zwei weitere »musikalische« Persönlichkeiten: einen Kantor[51]
und einen Stadtpfeifer[52]. Sicher hat der
junge Gottfried Silbermann auch von ihnen

46 Bl.50 (Vol.I) der in Anm.43 genannten
Akte. In der Stadt Frauenstein herrschte hinsichtlich des Schulbesuches unzweifelhaft eine
bessere Disziplin als auf den Dörfern. Bei den
Kirchenvisitationen mußten die Dorfschulmei-
ster oft darüber Klage führen, daß die Kinder
»aussen« bleiben, also nicht zur Schule kommen,
»wenn böse Wetter were oder der Sommer an-
hebt« (Bl.48 ders. Akte). Trotzem gab es – als
Gottfried Silbermann geboren wurde – in
Kleinbobritzsch schon einen »Kinderlehrer«
namens Michael Lotze. Er war der Sohn eines
Webers aus Oberkunnersdorf, hat 1682 eine
Kleinbobritzscher Bauerntochter geheiratet und
ließ im folgenden Jahre eine Tochter taufen
(PfA. Frauenstein: TrR. Nr.2/1682 bzw. TaR.
Nr.6/1683). Auch das nach Frauenstein ge-
pfarrte Dorf Reichenau hatte 1682 »seinen«
Kinderlehrer: Michael Schmid (vgl. PfA.
Frauenstein: TaR. Nr.14/1682). Im benachbarten Hermsdorf begegnet uns zwei Jahrzehnte früher Elias Weiße: »ein Schuster [!] und
jetzt Schulmeister ...« (PfA. Frauenstein: TaR.
Nr.20/1662).
47 Siehe: Codex Augusteus I, Sp. 595 ff. bzw.
833 f.
48 Kurfürst Johann Georg II. hatte mit seinem Dekret die Untertanen nur »allerseits« aufgefordert, »ihre Kinder fleißig zur Schulen zu
halten, und GOtt dem HErrn für die Gnade,
daß sie dergleichen Mittel haben können, danck-
zusagen«. Andererseits hatte der Landesfürst den
Lehrern zur Pflicht gemacht, »ihre Stunden
nicht [zu] versäumen; [und] mit der Disciplin
eine solche Moderation [zu] gebrauchen, daß
denen Sachen weder zu wenig noch zu viel geschehe. Führnehmlich [sollten sich die Schuldiener und Lehrer] des allzugroßen und stätigen
Schmeissens und Schlagens auf die Köpffe [der

Kinder] und ins Angesicht, so wohl anderer un-
mäßiger und allzuhefftiger Züchtigung enthalten...«. Vgl. §§ 56 und 49 des »Synodalischen
General-Decrets« vom 15.September 1673 (Codex Augusteus I, Sp. 833/834).
Eine ähnliche Anweisung hatte Kurfürst August
von Sachsen bereits im Jahre 1580, also rund ein
Jahrhundert früher, erlassen: »... Es sollen aber
die Schulmeister in dem Züchtigen die Ruthe
gebührlichen gebrauchen, die Kinder nicht übel
anfahren, bey dem Haar oder denen Ohren
ziehen, umb den Kopff schlagen, oder dergleichen; sondern in dem Straffen ziemliche Maß,
zu Besserung derer Kinder halten, und sie von
der Schule nicht abschrecken ...« (Codex Augusteus II, Sp. 596)
49 Gottfrieds Vater scheint selbst musik-
liebend, vielleicht sogar musikverständig gewesen
zu sein. Sowohl seine erste als auch die zweite
Trauung erfolgten nämlich, wie im Kirchenbuch
ausdrücklich vermerkt wurde, »figuraliter«, das
heißt mit Figuralmusik. Michael Silbermann
ließ sogar sein nur wenige Wochen altes Töchterchen Sabina am 24.September 1661 »figuraliter« bestatten (PfA. Frauenstein: ToR.
Nr.6/1661).
50 Darüber wird in dem in Anm.8 erwähnten
Artikel Nr.4 ausführlich berichtet.
51 Die ersten nachweisbaren Kantoren waren
Martin Rechenbergk und Greger Teicher »von
Freyberg«. Sie werden 1575 bzw. 1577 in den
ältesten Taufbeurkundungen (PfA. Frauenstein) erwähnt. Nach Bahn (S.110) hat letzterer
bis 1592 in Frauenstein gewirkt.
52 Der erste Stadtpfeifer wurde im Juni 1612
angestellt, also noch zur Regierungszeit des
Frauensteiner Schloß- und früheren Burgherrn
Heinrich von Schönberg († 1616). Er hieß Simon Saher und stammte »vonn Zlabing«, einer

musikalische Eindrücke empfangen und behalten.

Als Kantor wirkte ab Mai 1685 Gottfried Sigmund Nitzsche[53]. Er erhielt vom Rat 16 Gulden Jahresbesoldung.[54] Nitzsche ist mit nur achtundvierzig Jahren am 3. Oktober 1702 in Frauenstein gestorben.[55]

Das Stadtpfeiferamt wurde in Gottfried Silbermanns Jugendzeit von Gabriel Müller bekleidet.[56] Er war vorher in Scheibenberg (Erzgebirge) tätig gewesen und Ostern 1672 in Frauenstein angestellt worden. Seine Bestallungsurkunde ist noch vorhanden.[57] Sie gibt Aufschluß über seine vielseitigen Aufgaben und Pflichten.[58] Da Gabriel Müller und seine Gehilfen bei

kleinen Stadt, im südwestlichen Mähren, hart an der österreichischen Grenze gelegen (vgl. Bl. 1 ff. der »ACTA Das Stadtpfeiffer-Dienst zum Frawenstein«, z.Z. im Heimatmuseum).

53 Er wurde am 22. November 1654 in Dippoldiswalde geboren, wo sein Vater Apotheker, Stadtrichter und zeitweise sogar Bürgermeister war (PfA. Dippoldiswalde, TaR. 1654, vgl. auch Bahn (S. 111)).

54 StA. Frauenstein: RR. 1685, Bl. 25 bzw. Beleg 26. Über weitere Einkünfte ist nichts bekannt. Nitzsche hat 1686 die einzige Tochter des Frauensteiner »Schwarz- und Schönfärbers« Thomas Hartmann geheiratet. Sie war zur Zeit der Trauung erst vierzehneinhalb Jahre alt (geb. 6. August 1671) und gebar am 20. März 1687, also noch vor ihrem 16. Geburtstag, das erste Kind.

55 PfA. Frauenstein: ToR. Nr. 51/1702.

56 Müllers Heimat war das ehemalige Fürstentum Schlackenwerth in Böhmen. Er wurde am 9. März 1647 in Bärringen (in hiesigen Urkunden »Börnichen« oder »Bernigen« geschrieben, jetzt Pernink) geboren, wo sein Vater Ratsmitglied war (STA. Kadan/CSSR: Matrikel der Pfarrei Pernink, 1585–1711, Sign. VII/ 366).

57 Bl. 31 ff. der in Anm. 52 genannten Akte.

58 In der Urkunde heißt es u.a.: »Er soll zeit seiner Bestallung seine wesentliche Wohnung nirgend anders als auf dem... Stadt-Thurm [Kirchturm] haben und behalten und alle Tage auff vier Stimmen, frühe im Sommer umb 3 Uhr undt Winterszeit umb 4 Uhr, zu Mittage aber allezeit umb 10 undt des Abendts im Sommer umb 5 und Winterszeit umb 4 Uhr, das Abblasen gebräuchlichermaßen verrichten. An Sonn-, Fest- undt Feyertagen, auch Hochzeiten ist er schuldig undt verbunden nebenst seinen Gesellen mit zu Chore zu gehen undt den Gottesdienst mit seinen Instrumenten stercken und zieren zu helffen, zu welchem ende er sich dann jederzeit auf gute düchtige undt der Musik wohlerfahrne Gesellen befleißigen soll...

Am Tage soll er alle Stunden mit der Posaune oder Trompeten, des Nachts aber alle Vierdtelstunden mit dem gebräuchlichen Hörnel uff allen vier Orthen [Himmelsrichtungen] der Stadt heraußen uf dem Gange [des Kirchturmes] blaßen und melden, damitt man vernehmen könne, daß die Wache richtig bestellt sey ... So offt er die Wache verschlaffen oder versäumen würde, soll er jede Stunde [die er nicht anzeigt] umb ein halb Wochenlohn, jede Vierdtelstunde aber umb 5 Groschen gestrafft und an seiner Besoldung innebehalten werden...« Stadtpfeifer Müller erhielt vom Rat eine jährliche Barbesoldung von 52 Gulden und rund 14 Gulden an Naturalien (Korn, Holz und Unschlitt für Kerzen). Vgl. StA. Frauenstein: RR. 1687, Bl. 24 b. Eine zusätzliche Einnahmequelle hatte der Stadtpfeifer durch »Aufwartten« bei Hochzeiten, Verlöbnissen, Kindtaufen und anderen Zusammenkünften; denn im gesamten Frauensteiner Amtsgebiet durften ohne Wissen und Willen des Stadtpfeifers keine fremden Musikanten ausgerichtet werden. Diese Bestimmung wurde aber oft nicht beachtet oder wissentlich nicht eingehalten. Am 27. September 1689 beschwerte sich Gabriel Müller beim Kurfürsten darüber, daß auf den »Ambtts-Dorffschafften« andere Musiker »und zwar Pfuscher und Stöhrer« tätig waren, er aber »zurückgelaßen« werde. In der Beschwerdeschrift heißt es weiter wörtlich: »...aber gleichwohl mehrbesagte Dorffschafften noch immer nach Ihren eigenen Gutbedüncken leben und uff Ihren Hochzeiten gemeine Dorff-Pfuscher und Stöhrer, so nur eitel grobe Zothen und Schandtpoßen reißen und treiben und garstige Lieder singen, dadurch denn die liebe Jugend nicht wenig geärgert wird, zu Spielleuthen nach ihren Gefallen außrichten wollen...« (Bl. 30 ff. der in Anm. 52 genannten Akte). Aufgrund landesherrlicher Anordnung mußte der Stadtpfeifer mit 12 Groschen entschädigt werden, wenn an seiner Stelle »fremde Musicanten« spielten. Wir erfahren aus der Akte auch, wel-

Hochzeiten in der Kirche »mit zu Chore gehen« mußten, haben sie mit ihren bescheidenen Musikinstrumenten gewiß auch die Trauungszeremonie bei Gottfried Silbermanns Eltern »zieren helffen«. Und Gottfried selbst wird als Kind oft Gelegenheit gehabt haben, dem Spiel Gabriel Müllers und seiner »düchtigen undt der Musik wohlerfahrnen Gesellen« zu lauschen. Der »Kunstpfeifer und Selbstdichter« Gabriel Müller ist, kurz vor seinem fünfundzwanzigjährigen Frauensteiner Dienstjubiläum, am 7. Januar 1697 gestorben.[59] Sein Nachfolger war Johann Samuel Schubert.[60]

che »Gebühren« Gabriel Müller fordern durfte: Für eine Hochzeitsmusik in der Stadt 9 Groschen, bei einer solchen »in der Vorstadt, bey Haußgenoßen« oder «uffn Dörffern« 6 Groschen je Tisch (Bl. 32 b). Manchmal mußte Müller lange auf sein Geld warten. Wir besitzen von ihm noch ein Verzeichnis, in welchem fünfzehn Personen aufgeführt werden, die ihn »uff Ihren Hochzeiten nicht gebrauchet«, aber auch die 12 Groschen (aufgrund des Befehls von Kurfürst Johann Georg IV. vom 30. Oktober 1693) nicht entrichtet hatten. Bemerkenswerterweise befanden sich unter Müllers Schuldnern auch die »Geigenmacher« Caspar und Michael Clemm aus Randeck (Bl. 45 ders. Akte). Möglicherweise hat es in Randeck eine ganze Geigenbauerfamilie namens »Clemm« gegeben. In der »Specification« aus dem Jahre 1655 (vgl. Anm. 19) werden bei Randeck nur vier »Gärtner« aufgeführt, aber alle hießen »Clemm[e]«: Abrahamb, George, Merten und Daniel, und dann gab es noch einen Bauern Michael Clemme (Bl. 10 b). Unter einem Gärtner verstand man damals einen Hausbesitzer mit einer »Gartennahrung« von wenigen Ar, der noch einer anderen Tätigkeit gewerblicher oder sonstiger Art nachging. Wir erinnern in diesem Zusammenhang daran, daß der Vater von Gottfried Silbermanns Mutter, Caspar Preußler, »Gärtner« und Schuhmacher gewesen ist. Daß es früher in Randeck Geigenbauer gab, bezeugt auch Christian August Bahn (S. 5), indem er 1748 schrieb: »Die … Geigen- und Uhrmacher, die in Randeck wohnen [!], haben diesen Ort gar bekannt gemacht...« Nach Amtmann Näkes Bericht vom 18. November 1783 soll es in Randeck aber nur Ende des 17. Jahrhunderts »einige Geigenmacher« gegeben haben und »seit diesem Seculo [Jahrhundert] aber hat diese Handthierung ... daselbst aufgehöret...« Vgl. hierzu Anm. 19. Es ist aber auf jeden Fall sehr bemerkenswert, daß zur gleichen Zeit, als in Kleinbobritzsch bei Frauenstein zwei später so berühmte Orgelbauer geboren wurden, nicht weit davon entfernt »Geigenmacher« leb-

ten, von denen heute allerdings niemand mehr spricht! In einer weiteren Liste Gabriel Müllers (aus den Jahren 1689 bis 1695) stehen siebzehn Personen aus fünf Dörfern, die die Gebühren für die Hochzeitsmusik noch nicht bezahlt hatten (Bl. 45 b f.). Es handelte sich um einen Gesamtbetrag von immerhin 16 Talern und 9 Groschen. Unter diesen Umständen hat Gabriel Müller oft Sorgen gehabt, um »Weib und Kinder, nebenst den [meist vier] Gesellen zu ernähren«. Der letzte Frauensteiner Stadtpfeifer war übrigens Friedrich Gottlieb Seyfried. Er stammte aus Cunnersdorf bei Reinhardtsgrimma und hat Frauenstein im Frühjahr 1870, vermutlich wegen der Auswirkungen der Feuersbrunst von 1869, verlassen.

59 PfA. Frauenstein: ToR. Nr. 1/1697. Gabriel Müller war dreimal verheiratet. Die ersten beiden Frauen starben drei Wochen bzw. zwei Stunden nach der Geburt eines Kindes. Aus der dritten (1688 geschlossenen) Ehe mit der (1666 geborenen) Frauensteiner Stadtpfeiferstochter Anna Magdalena Barth gingen noch fünf Kinder hervor. Bemerkenswert sind drei Söhne:
Johann Christian (1689–1747), Apotheker in Schlettau;
Johann Gabriel (1693–1749), Amtsschreiber und Amtslandrichter des Amtes Frauenstein;
Christian Gottfried (1696–1758), Stadtmusikus in Frauenstein.

60 Den »Kunst-Pfeiffer« Peter Wagner wollen wir nur nebenbei erwähnen, da er nur etwa ein Jahr tätig war. Der Stadtpfeifer Schubert ist 1755 im Alter von einundachtzig Jahren in Frauenstein gestorben. In der Beurkundung (Nr. 3/1755) heißt es: »Dieser Mann ist lange Zeit alhier Stadtmusicus gewesen und hat viel 100 Thaler Geld verdienet, aber nichts gesparet, [so] daß er sich in seinem Alter [hat] elend behelffen müßen, [und] auch um Allmosen gebeten.« Zur Ehre Schuberts sei erwähnt, daß er 1711 für Gottfried Silbermanns erste Orgel einen ganzen Taler gespendet hat, wie das noch vorhandene Spendenverzeichnis beweist.

Nachdem Gottfried Silbermann seine Schulzeit beendet hatte, mußte er einen Beruf erlernen. Warum gerade den eines Orgelbauers, sagt er uns selbst: »Nachdem ich in meiner Jugend besondern Trieb zur Orgelbaukunst gehabt...«[61] Die Vorstufe dazu war das Tischlerhandwerk. Wir können annehmen, daß Gottfried es bei einem Frauensteiner Meister erlernte.[62] Die Ausbildung eines Tischlergesellen erforderte damals maximal sechs Jahre. Die »Lossprechung«

konnte aber auch schon vorzeitig erfolgen, wenn der Lehrling (und der Meister) tüchtig waren.[63] Es ist anzunehmen, daß Gottfried durch den väterlichen Beruf schon einige Kenntnisse in der Holzbearbeitung mitbrachte.

Gottfried Silbermanns Lehrmeister in der Orgelbaukunst war sein Bruder Andreas.[64] Bei wem Andreas selbst gelernt hat, liegt noch völlig im Dunkel.[65] Er tauchte 1699, als Einundzwanzigjähriger, »plötzlich« in

61 Diese Worte leiten eine Eingabe Silbermanns vom 9. Juni 1733 an Kurfürst Friedrich August II. von Sachsen ein (STA. Dresden: Loc. 383, Varia das Theater ..., 1680–1784, Bl. 98). Er hatte damals einen Rechtsstreit mit dem Meißner Orgelbauer Johann Ernst Hähnel.

62 Leider gibt es darüber begreiflicherweise keinen urkundlichen Beleg. Was im vorigen Jahrhundert über eine angebliche Buchbinder- oder Spielzeugmacherlehre Gottfrieds publiziert wurde, hat natürlich keinerlei Quellenwert.

63 Ein naher Verwandter Gottfrieds, der Freiberger Tischler Abraham Silbermann (1708 bis 1753), hatte einen Vetter, Immanuel Silbermann (geb. am 6. August 1730 in Schönfeld), der »bereits $4^{1}/_{4}$ Jahre das Tischlerhandwerk erlernet, dergestalt, daß selbiger alle Tage könnte losgesprochen werden ..., welches ordentlicher weise erst in $^{7}/_{4}$ Jahren geschehe ...«. So steht es in dem am 7. Dezember 1749 errichteten Testament Abraham Silbermanns (STA. Dresden: GG. Freiberg Nr. 35, Bl. 110b ff.). Aufgrund der gegebenen Daten können wir leicht berechnen, daß Immanuel seine Tischlerlehre im Alter von fünfzehn Jahren begonnen hat.

64 Das wurde 1720 in einer Beschreibung der Dresdner Sophienorgel erwähnt: »Er hat diese Kunst von seinem ältern Bruder, Herrn Andreas Silbermann, als einem weit und breit berühmten Raths-Orgelbauer ... [der] Stadt Straßburg, ordentlich erlernet ...« (vgl. Kurtzgefaßte Sächs. Kern-Chroniken, 1720, S. 37 f.). Gottfried Silbermann selbst schrieb am 10. Juni 1723 an Kurfürst Friedrich August I. von Sachsen: »Welchergestalt ich ... von ... meinem leiblichen Bruder, die Orgelbauerkunst erlernet ...« (vgl. Anh. SD. Nr. 15).

65 Was im vorigen Jahrhundert darüber geschrieben wurde, hat nicht den geringsten wissenschaftlichen Wert. Am ehesten ist noch zu

akzeptieren, was Lobstein in seinen »Beiträgen zur Geschichte der Musik im Elsaß« (Straßburg 1840) auf Seite 107 schrieb: «Andreas Silbermann, geboren zu Gravenstein [sic!] in Sachsen, am 19. [?] Mai 1678, war der Sohn von Michael Silbermann, Zimmerwerkmeister daselbst. Er widmete sich der Orgelbaukunst und gieng im Jahr 1700 [?] auf Reisen, er kam am 18ten Januar 1701 in Hagenau an, wo er sich einige Zeit aufhielt. Von da begab er sich nach Straßburg ...«

Eine sehr wichtige Quelle zur Aufhellung der ersten Jahre von Andreas' Tätigkeit im Elsaß ist ein Brief Gottfried Silbermanns vom 7. Februar 1747 an seinen Straßburger Neffen Johann Andreas. Das Dokument soll sich im sogenannten »Silbermann-Archiv« befunden haben. Darunter versteht man fünf Manuskriptbände, die Johann Andreas verfaßte und die sich in Paris befinden (lt. brieflicher Mitteilung des Stadtarchivs zu Strasbourg vom 26. Februar 1965 an den Verfasser). Filmaufnahmen werden in der Pariser Nationalbibliothek verwahrt. Leider ist der Brief nicht mehr aufzufinden. Das teilten dem Verfasser nicht nur die genannte Bibliothek (am 29. März bzw. 1. August 1966), sondern auch Marc Schaefer, Strasbourg, (am 5. November 1966 bzw. 17. Dezember 1974) brieflich mit. Ernst Flade hat von Fr. X. Mathias, Straßburg, noch eine Abschrift des Briefes bekommen und 1938 in »Musik und Kirche« (S. 80 f.) veröffentlicht.

66 Nach Flade (S. 58, ohne Quellenangabe) soll auf einem Brett der alten Orgel zu Buchsweiler, mit Rotstift geschrieben, folgendes gestanden haben: »Andreas Silbermann von Freiberg aus Sachsen hat diese Orgel 1699 renoviert.« Inzwischen teilte Marc Schaefer, Strasbourg, dem Verfasser am 2. Juni 1975 mit, daß Andreas' Tätigkeit in Buchsweiler aktenkundig nachweisbar ist.

Buchsweiler (Elsaß) auf und reparierte die dortige Orgel.[66] Es steht auch fest, daß Andreas »kurze Zeit« bei dem Orgelbauer Friedrich Ring[67] gearbeitet und »nachgehends aber hin und wieder im Elsaß sich mit Reparierung einiger Orgeln in Klöstern abgegeben« hat.[68] Im Frühjahr (oder Sommer) 1701 ließ Andreas sich in Straßburg nieder, wo er am 15. März 1702 das Bürgerrecht erhielt.[69] Um diese Zeit dürfte – aller Wahrscheinlichkeit nach – Gottfried bei seinem Bruder angekommen sein.[70] Über seine Lehrzeit bzw. -bedingungen äußerte er sich (im Verlaufe des Rechtsstreites mit seinem Gesellen Zacharias Hildebrandt) in einer Eingabe vom 10. Oktober 1724 an Kurfürst Friedrich August I. von Sachsen wie folgt: »...ich nahm ihn [Hildebrandt] auf und lehrete ihm [die Orgelbaukunst] ... mit weit mehrerer avantage, als mein leibl. Bruder gegen mir gethan, inmasen ich in meiner Lehrzeit von selbigen kein Lohn erhalten und mich dennoch wo Er [Andreas] sich aufhält nichts zu arbeiten obligiren müßen...«[71] Über Gottfried Silbermanns Lehrzeit bei seinem Bruder Andreas ist sonst nichts weiter bekannt. Wir wissen aber, daß die beiden Brüder einige Arbeiten gemeinsam ausgeführt haben. Über den Orgelbau im St.-Margareten-Kloster zu Straßburg schrieb Andreas Silbermanns Sohn, Johann Andreas (1712–1783): »Diese Orgel war die erste, die mein Vatter in eine Kirche gantz neu gemacht hat. Sein Bruder Gottfried Silbermann war bey Ihme. Sie verfertigten alles im Closter ... und 1703 wurde er mit der Orgel fertig. Er reyßte dann ... nach Paris.«[72]

Von Ende April 1704 bis Anfang Mai 1706, also volle zwei Jahre, weilte Andreas Silbermann bei dem Orgelbauer Thierry in Paris. Völlig unbekannt bzw. noch ungeklärt ist, was Gottfried während dieser Zeit gemacht hat.[73]

Am 18. Januar 1707 wurde mit Andreas und Gottfried Silbermann, »beeden Gebrüderen und Orgelmachern«, ein Vertrag über einen Orgelneubau zu St. Nicolaus in Straßburg geschlossen. Beide unterschrieben den Kontrakt, wobei Gottfried noch die Worte »Beyde Orgel Macher« hinzufügte.[74] Daraus müssen wir schließen, daß seine Lehrzeit von offensichtlich vier Jah-

67 Er wurde 1666 zu Berstett (Niederrhein) geboren, war Bürger der Stadt Straßburg und ist dort am 16. März 1701 gestorben.

68 Das geht aus Gottfried Silbermanns Brief (vgl. Anm. 65) an seinen Neffen Johann Andreas hervor.

69 Nach Gottfrieds Worten hat sich sein Bruder Andreas nach Straßburg aufgemacht, nachdem er vom Tode des Orgelbauers Ring erfahren hatte. Der Eintrag im Straßburger Bürgerbuch IV (S. 735) lautet: »Andreas Silbermann, der schreiner [!] von Freyberg aus Meissen, Michael Silbermanns ehelicher Sohn, empfangt das Bürgerrecht durchaus gratis ...« (lt. brieflicher Mitteilung des Stadtarchivs Strasbourg vom 26. Februar 1965 an den Verfasser). Über den Lebensweg von Andreas Silbermann siehe auch Anm. 8, Nr. 20.

70 Gottfried hat, wie er in dem Brief an seinen Neffen (s. Anm. 65, 2. Absatz) erwähnte, die Weihe der (von Friedrich Ring angefangenen und von Claude Legros aus Metz vollendeten)

Orgel in der »Neuen Kirche« zu Straßburg miterlebt. Sie habe an einem Johannisfest (24. Juni) stattgefunden. Das muß im Jahre 1702 gewesen sein, denn Legros war (nach Marc Schaefer) am 15. Oktober 1701 mit der Vollendung der Orgel beauftragt worden.

71 STA. Dresden: Loc. 13845, Cantzley-Acta Zacharias Hildebrandten ... contra Gottfried Silbermannen ... Anno 1724, Bl. 11 ff.

72 Dieses wertvolle Zitat aus dem »Silbermann-Archiv« (vgl. Anm. 65, 2. Absatz), Band »Orgeln von A[ndreas] Silbermann« (S. 2), teilte Marc Schaefer, Strasbourg, dem Verfasser brieflich mit.

73 Marc Schaefer, Strasbourg, teilte dem Verfasser brieflich mit, daß es während dieser Zeit in Straßburg keine nachweisbare »Silbermanntätigkeit« gegeben hat.

74 Der Verfasser besitzt, dank der Vermittlung durch Marc Schaefer, eine Fotokopie der letzten Seite des Kontrakts mit den Unterschriften des berühmten Brüderpaares.

ren bereits beendet war.[75] Nach Johann Andreas Silbermanns Angaben wurde das Werk noch »Anno 1707« vollendet, und Gottfried »war noch bey meinem Vatter«.[76]

Die von Friedrich Ring bzw. Claude Legros in der »Neuen Kirche« zu Straßburg erbaute Orgel[77] hatte ursprünglich kein Pedal. Es wurde erst später noch hinzugefügt, befriedigte aber in keiner Weise. Schließlich wurde Andreas Silbermann darüber zu Rate gezogen. Er »hat aber nichts thun können, als daß er ein anderes Pedal machte, welches ich habe helfen mit verfertigen...«, schrieb Gottfried 1747 in seinem Brief an Johann Andreas.[78] Nach dem im Kirchenarchiv befindlichen, aber leider nicht unterzeichneten Kostenanschlag vom 7. Oktober 1707 über ein siebenstimmiges Pedal sollten die Arbeiten bis Pfingsten (Ende Mai) 1708 ausgeführt werden. Vermutlich hat Gottfried seinen Bruder dann verlassen. Der Vertrag vom 10. August 1708 über einen Orgelneubau zu Alt-Sankt-Peter in Straßburg wurde nur mit Andreas Silbermann geschlossen. Johann Andreas hat auch nichts von einer Mitarbeit Gottfrieds an diesem Werk erwähnt.[79]

Gottfried Silbermann hat – seinen eigenen Worten zufolge – »nach ausgestandenen Lehrjahren ... überall in der Fremde« gearbeitet,[80] bevor er im Frühjahr 1710 in seine erzgebirgische Heimat zurückkehrte. Wir gehen darauf an anderer Stelle noch besonders ein.

Der Frauensteiner Rat hat am 8. August 1711 festgestellt, daß Gottfried Silbermann die Orgelbaukunst in Straßburg »an die 10 Jahr lang exerciret« habe.[81] Diese Angabe ist zwar nicht ganz exakt, aber immerhin ein Anhaltspunkt. Da Gottfried nachweislich im Juni 1710 mit dem Bau der kleinen Orgel in Frauenstein begonnen hat, also wieder »zu Hause« war, müßte er eventuell schon 1701 (oder gar 1700) zu seinem Bruder gegangen sein. Das ist aber sehr unwahrscheinlich. Viel eher ist anzunehmen, daß er die Reise nach Straßburg erst antrat, nachdem Andreas dort festen Fuß gefaßt hatte.[82] Vielleicht ist Gottfried erst einige Zeit als junger Tischlergeselle auf Wanderschaft gewesen, bevor er bei Andreas »anklopfte«. Er könnte dann – von Frauenstein aus betrachtet – durchaus »an die 10 Jahr lang« abwesend gewesen sein, ohne die ganze Zeit bei seinem Bruder zugebracht zu haben. Wir müssen uns wohl damit abfinden, daß Gottfried Silbermanns Jugend- und Lehrzeit größtenteils in Dunkel gehüllt ist.

---

75 Als Gottfried Silbermann zu Ostern 1724 den Tischlergesellen Johann Jacob Graichen in die Orgelbauerlehre nahm, wurden vertraglich vier Jahre Lehrzeit vereinbart (STA. Dresden: GB. Freiberg Nr. 130, Bl. 6 f.; siehe auch: Anh. SD. Nr. 17). Das ist hinsichtlich der Ausbildungszeit eine bemerkenswerte Parallele zu Gottfrieds eigener Lehrzeit bei seinem Bruder.
76 Laut brieflicher Mitteilung Marc Schaefers vom 17. Dezember 1974 an den Verfasser.
77 Der Vertrag mit Ring ist (nach Marc Schaefer) im Oktober 1700 geschlossen worden. Nach dessen Tod wurde das Werk von Legros vollendet (vgl. Anm. 70).
78 Vgl. hierzu Anm. 65, 2. Absatz.

79 Nach brieflicher Mitteilung (2. Juni 1975) Marc Schaefers an den Verfasser.
80 Vgl. seine Bittschrift vom 10. Juni 1723 an Kurfürst Friedrich August I. von Sachsen (siehe: Anh. SD. Nr. 15).
81 StA. Frauenstein: ACTA, Das vom Herrn Gottfried Silbermannen alhier zu Frauenstein neu verfertigte Orgel-Werck ... betr., 1711, Bl. 7 f. Die Akte befindet sich z. Z. im Heimatmuseum Frauenstein.
82 Ob Andreas seinen Bruder gerufen hat oder ob Gottfried aus eigenem Antrieb nach Straßburg ging, wissen wir nicht. Zwischen den Brüdern kann durchaus eine briefliche Verständigung stattgefunden haben.

DER ERFOLGREICHE INSTRUMENTENBAUER

Es ist allgemein bekannt, daß Gottfried Silbermann ein berühmter Orgelbauer war. Dagegen wissen nur wenige, daß er auch als Instrumenten- oder Klavierbauer sehr erfolgreich gearbeitet hat. Leider gibt es darüber nur relativ wenig zeitgenössische Quellen.

Der Leipziger Thomaskantor Johann Kuhnau (1660–1722), ein Landsmann Silbermanns,[83] erwähnte in einem Brief vom 8. Dezember 1717 an Johann Mattheson (1681–1764) in Hamburg, daß der junge Meister schon in Frankreich, das heißt bevor er nach beendeter Lehrzeit in seine sächsische Heimat zurückkehrte, »Clavicins« verfertigt habe.[84]

Auf jeden Fall hat Gottfried Silbermann dann in seiner 1711 in Freiberg gegründeten Werkstatt von Anfang an »Clavichordia« und »Clavecins«[85] gebaut. Wir wissen allerdings nicht, wieviel solche Instrumente er während seines über vierzigjährigen Wirkens geschaffen hat,[86] außerdem ist kaum eines erhalten geblieben.[87]

Es sind zwei Briefe Silbermanns bekannt, in welchen er sein Wirken als Klavierbauer nebenbei erwähnte. Am 13. März 1723 schrieb er an den Altenburger Stadtorganisten Johann Martin Angermann (1691 bis 1742): »...habe ein Clavecin nach Dresden zu machen in Arbeit, welches gewiß noch vor den Oster-Ferien hinunter

---

83 Kuhnau stammte aus Geising im Erzgebirge.
84 In dem Brief heißt es u. a.: »Jener [Silbermann] kam vor etlichen Jahren aus Straßburg mit guten Attestatis, daß er nicht nur in Straßburg, sondern auch an unterschiedenen Orten in Franckreich, herrliche Orgelwerck und Clavicins verfertiget...« (vgl. Matthesons Criticamusica, Bd. 2, 1725, S. 235)
85 Zwischen beiden Instrumenten bestand – mit wenigen Worten ausgedrückt – folgender technischer Unterschied: Beim Clavichord wurde die Saite mittels einer von unten anschlagenden Tangente zum Erklingen gebracht. Beim Clavicin dagegen entstand der Ton, indem die Saite durch einen Kiel oder Metallstift gerissen wurde. Er klang hell und durchdringend, aber kurz und abgerissen. Vgl. Albert Schweitzer, J. S. Bach, Leipzig 1952, S. 174f.
86 In einer an Kurfürst Friedrich August I. von Sachsen gerichteten Bittschrift vom 10. Juni 1723 behauptete Silbermann, daß er »des Jahrs über eine große Anzahl an Clavisins [und] Clavichordien ... theils nach Engelland, theils nach andern Orten zu verfertigen habe«. Der

vollständige Wortlaut der Bittschrift ist im Anhang SD Nr. 15 zu finden.
Daß sich Gottfried Silbermann bereits im ersten Jahrzehnt seines Wirkens mit dem Bau von Instrumenten beschäftigte, geht auch aus einem Attest hervor, das drei Mitglieder der Dresdner Hofkapelle am 3. Juni 1723 ausstellten. Sie bestätigten, »Clavicordia« und »Claviceins« von Silbermann »gesehen und gehört« zu haben (vgl. SD Nr. 14).
87 Im Musikinstrumentenmuseum Markneukirchen befindet sich ein Clavichord, das Gottfried Silbermann zugeschrieben wird. Es soll aus dem Nachlaß von Christian Wolfgang Hilf († 1912) stammen, der in Bad Elster als Musikdirektor wirkte. Das Instrument wurde von Maria Hilf, Bad Elster, im Jahre 1934 dem genannten Museum gestiftet. Leider ist es nicht mehr spielbar. Im Innern befindet sich ein Zettel mit Silbermanns Namen. Außerdem hat das Instrument auf den Untertasten drei Einkerbungen, die quer über den Ebenholzbelag laufen. Sie sind nach Ulrich Dähnert (S. 77) ein Kennzeichen für die Werke Silbermanns und seiner

muß ...«[88] Das Instrument war für den Kammerorganisten Christian Pezold bestimmt.[89] In dem anderen Brief vom 28. Juli 1724 an den Reichenbacher Pastor, Magister Johann Balthasar Olischer (1685 bis 1751), heißt es: »Des Herrn Mag. Clavichordium ist fertig, welches ich auch bey Überbringung der Orgel zugleich mit überbringen werde...«[90]

Um 1720 erfand Gottfried Silbermann durch »unermüdetes Nachsinnen und länger als Jahr und Tag dauernden Fleiß und Arbeit ein gantz neues, niemahls in der Welt gewesenes ... musicalisches Instrument«, welches in seinem Klange »der Laute und Viol d'Amour« sehr nahe kam.[91]

Die Öffentlichkeit erfuhr von dieser Erfindung durch einen im Juli 1721 in den »Breslauischen gedruckten Sammlungen von Natur-, Medecin-, Kunst- und Literatur-Geschichten« erschienenen, auf Johann Friedrich Henckel[92], »gelehrter Medicus und Physicus« in Freiberg, zurückgehenden Artikel.[93] Hiernach hatte die Gemahlin des kurfürstlichen Geheimen Sekretärs und Hofpoeten Johann Ulrich König, »Fr[au] Secretair Königin in Dreßden«[94], Silbermann angetragen und gebeten, »auf ein solches Instrument zu gedencken, welches die Krafft und Dienste eines kleinen Clavessins, und doch die Zärtlichkeit eines Clavichordii behaupten könte«. Nachdem sie ihren Wunsch schon »bey [anderen] nicht schlechten Meistern vergeblich angebracht« hatte, fand sie in Silbermann endlich »einen Mann..., der in seiner Kunst nichts für unmöglich ansiehet und ihr ein solches Saiten-Schlage-Werck gefertiget [hat], wovon sowol sie selbst, als [auch] das allerzärtlichste Gehör grosser Musicorum und Music-Liebhaber ein vollkommenes Vergnügen gefunden..., [so] daß es [auch] denen Königlichen Polnischen Virtuosen in Dreßden einstimmig gefallen hat«. Sie nannten es »Cymbal d'Amour«. In dem Artikel wird gesagt, »daß man Ursache hat, dasselbe [Instrument] als ein warhafftes neues Kunst-Stück, zu seinem [Silbermanns] unsterblichen Nachruhm, öffentlich bekandt zu machen«. Nachdem »die auf diesem Instrument einzig berühmte Frau Geheime Secretair Königin« vor Kurfürst Friedrich August I. persönlich »darauff zu spielen die Gnade gehabt« hatte[95], war Silbermann »damahln über ... dieses Instrument ein ... Privilegium mündlich zugesaget«[96] worden. Mit seiner Bittschrift vom 10. Juni 1723[97] ersuchte Silbermann den Landesherrn dann selbst um die schriftliche Ausfertigung des Privilegiums. Seinem Wunsche wurde am 30. desselben Monats entsprochen. Die Urkunde ist »zu Dreßden, am 30ten Monats Tag Juny« 1723 ausgefertigt, von »August dem Starken« mit dem Namenszug »Augustus Rex« eigen-

Schüler. An der Echtheit des Instruments ist deshalb nicht zu zweifeln.

88 STA. Weimar, Außenstelle Altenburg: Akte Sign. Domänenfidei-Kommiß, Repos. F. VI 22, Bl. 34.

89 Vgl. das Attest der Dresdner Hofvirtuosen Voulmyer, Pezold und Pisendel vom 3. Juni 1723 (s. Anh. SD. Nr. 14).

90 PfA. Reichenbach: Acta das ... in der Kirchen zu St. Petri und Pauli erbauete neue Orgel-Werck betreffend ... 1723, Sign. B 7 a, Bl. 7.

91 Vgl. die in Anm. 86 erwähnte Bittschrift.

92 Henckel wurde 1678 in Merseburg geboren (vgl. Walter Saal: Bergrat Henckels Jugendzeit; in: Sächs. Heimatblätter, H. 5/1976, S. 219), erlangte 1721 als »Stadt-Physicus« das Freiberger Bürgerrecht (StA. Freiberg: BB. I

Bc 3, S. 277 b) und starb als »Bergrat und Doctor Medicina« am 26. Januar 1744 in Freiberg (St. Petri, ToR. Nr. 11/1744).

93 Der auf S. 110ff. abgedruckte Artikel hat folgende Überschrift: »Von einem neuen Cymbal d'Amour, das ist, Herrn Gottfried Silbermanns zu Freyberg in Meissen neu-erfundenem Saiten-Schlag-Instrument oder Clavichordia«.

94 Ihr Name und ihre Lebensdaten konnten noch nicht nachgewiesen werden. Sie muß vor Mitte März 1744 gestorben sein, weil Johann Ulrich (von) König damals als »Wittber« starb (StA. Dresden: KWZ, 1744, 17. März).

95 Das geht aus Silbermanns Bittschrift vom 10. Juni 1723 hervor (s. Anh. SD. Nr. 15).

96 Ebenda.

97 Siehe Anh. SD. Nr. 15.

händig unterschrieben und mit dem landesherrlichen Siegel bekräftigt worden.[98] Damit erhielt Gottfried Silbermann auf sein »Cimbal d'amour« ein auf fünfzehn Jahre befristetes Privilegium[99] und zugleich das Prädikat eines »Hof- und Landorgelbauers«.

Gottfried Silbermann hat sich an seiner Erfindung aber nicht lange freuen können. Obwohl das Instrument geschützt war, wurde es von dem Meißner Orgelbauer Johann Ernst Hähnel (1697–1777) nachgebaut. Silbermann hatte 1728 davon erfahren, und es entstand ein langwieriger Prozeß.[100] Hähnel wurde am 12. September 1731, also noch zur Regierungszeit von Friedrich August I., zu 40 Gulden Geldstrafe und Tragung der Kosten von über 100 Talern[101] verurteilt.[102] Die Vollstreckung des Urteils wurde aber ausgesetzt. Am 7. Januar 1733 erstattete Pantaleon Hebenstreit[103] ein Gutachten, wonach das Hähnelsche Instrument dem Silbermann-

schen nicht völlig gleich gewesen sein soll.[104] Kurz darauf, am 1. Februar 1733, starb Kurfürst Friedrich August I. Sein Sohn, Friedrich August II., hob das Urteil gegen Hähnel auf und entschied am 27. August 1734, »daß so wohl Hähnel, als Silbermann zu ungehinderter Fertigung ihrer bereits erfundenen oder annoch inventirenden musicalischen Instrumente gleiches Befugnis und Freyheit haben«[105] sollen. Gottfried Silbermann wurde aufgefordert, sein Privilegium von 1723, weil es »anders eingerichtet werden soll«, nach Dresden einzusenden.[106] Er weigerte sich aber, das Original aus Verehrung für Friedrich August I., »so es eigenhändig unterschrieben«, aus der Hand zu geben.[107] Weiteres ist nicht bekannt.[108]

Das von Silbermann erfundene »Cymbal d'Amour« wurde 1733 in Zedlers »Universal-Lexikon aller Wissenschaften und Künste« erwähnt und kurz beschrieben.[109] Gottfried Silbermann hat in seiner Bitt-

---

98 Siehe Anh. SD. Nr. 16.
99 Hiernach war das Instrument geschützt und durfte von anderen Instrumentenbauern »bey 50 Rheinisch Goldgülden Straffe« nicht nachgemacht werden (vgl. Anh. SD. Nr. 16).
100 Siehe im STA. Dresden:
1. Cantzley-Acta Hannß Ernst Hähneln … contra Gottfried Silbermannen … Anno 1730 (Loc. 13676),
2. Varia das Theater … 1680–1784, Bl. 98 ff. (Loc. 383) und
3. Die von Gottfried Silbermannen wieder Johann Ernst Hähneln wegen eines von dem letzteren gefertigten musicalischen Instruments erhobene Klage betr. (Loc. 5577).
101 Silbermann hatte allein 99 Taler Unkosten in Rechnung gestellt (Bl. 23 ff. der in Anm. 100 unter 3 genannten Akte).
102 Ebenda, Bl. 25.
103 Hebenstreit (geb. um 1667) wurde 1714 mit einem Jahresgehalt von 1200 Talern zum Kammermusiker in Dresden ernannt (STA. Dresden: Loc. 383, Bande französischer Komödianten und Orchester, Bd. 1, 1703–1720, Bl. 125). Er ist 1750 im Alter von 83 Jahren in Dresden als »der Evang. Hoff-Capelle Director« gestorben und am 18. November beerdigt wor-

den (StA. Dresden: KWZ. 1750/51, Bl. 381; vgl. auch: Historischer Kern Dresdnischer Merkwürdigkeiten, Nov. 1750, S. 87).
104 Bl. 5 f. der in Anm. 100 unter 3 genannten Akte.
105 Ebenda, Bl. 32b f.
106 StA. Freiberg: RPr. 1735 (S. 241) vom 21. Februar 1735.
107 Ebenda (S. 250) vom 7. März 1735.
108 Das »Original-Privilegium als Hoff- und Land-Orgel-Bauer« vom 30. Juni 1723 befand sich in Silbermanns Nachlaß (vgl. Anm. 2600).
109 In dem Artikel (Bd. 5, Sp. 1803) heißt es, Silbermann sei »aus Engelland sehr vielmal in Briefen ersuchet worden, daß er insonderheit ein Stück von diesen Cembal d'Amour hineinschicken möchte; Es hat aber derselbe solches nicht gethan, und also haben wir an diesen schönen Instrument etwas besonders, welches auch kein anderer nachmachen darff, weil der erwehnte Künstler [Silbermann] … darüber privilegiret ist«. Wenn es in derselben Quelle heißt, Silbermann habe das Instrument »vor ohngefehr 6 Jahren verfertiget«, dann stimmt das nicht, denn es war ja schon 1721 (in den »Breslauischen gedruckten Sammlungen«) öffentlich bekanntgemacht worden.

schrift vom 10. Juni 1723 auch besonders auf seine Tätigkeit als Instrumentenmacher aufmerksam gemacht.[110] Aber schon zwei Jahre vorher war (in den »Breslauischen gedruckten Sammlungen«) darauf hingewiesen worden, daß Silbermann »nicht allein an einigen neuen Orgeln … sondern auch an vielen gefertigten, theils nach Engelland verschickten, ungemein schönen Clavessins, … seine sonderbare Geschicklichkeit vor denen grösten Musicis in der Welt, so Wissenschafft und Geschmack haben, zu ihrer grösten Vergnügung sehen« ließ.[111] Zwölf Jahre später hieß es in Zedlers Universallexikon, daß Silbermann »die schönsten Clavessins« verfertigt habe und einige davon »nach Engelland gekommen und daselbst mit besondern Applaus aufgenommen worden« seien.[112]

Am 3. Juni 1723 »attestirten« drei Dresdner Hofvirtuosen, Konzertmeister Jean Baptiste Voulmyer (1665–1728), Kammerorganist Christian Pezold (1677–1733) und Kammermusiker Johann Georg Pisendel (1687–1755), daß sie »verschiedene Werke … Gottfried Silbermanns, und darunter sowohl Clavicordia, Claviseins, als auch Positive und Orgeln gesehen und gehört, dieselben auch so unvergleichlich sauber gearbeitet, so vortrefflich von Klange und mit einem Worte in allen Stücken so vollkommen befunden« haben.[113] Sie wünschten deshalb, »einen solchen habilen Mann beständig in Sachsen zu behalten«. In seiner Bittschrift hat Silbermann durch-

blicken lassen, daß das erbetene Prädikat »Hof- und Landorgelbauer« ihn dazu bewegen würde, »aller andern aus der Fremde mir gethanen sehr vortheilhafften Vorschläge ungeacht, mein Vaterland vorzuziehen, und meinen Auffenthalt wie bißhero ferner in Freyberg zu behalten«.[114]

Gottfried Silbermann hat nicht nur das »Cymbal d'Amour« erfunden und »Clavichordia« und »Claviseins« gebaut, sondern er soll auch, wie etliche Zeitgenossen (offenbar unabhängig voneinander) behaupteten, der Erfinder des »Pianoforte« gewesen sein. Inzwischen ist die Streitfrage nach dem ersten Erfinder des Hammerklaviers endgültig zugunsten des italienischen Klavierbauers Bartolommeo Cristofori (1655 bis 1731) entschieden worden. Seine Erfindung wurde im Jahre 1711 durch den italienischen Gelehrten Francesco Scipiono Maffei (1675–1735) im »Giornale dei letterari d'italia«[115] angezeigt und beschrieben. Cristoforis Instrumente sollen aber über Italien nicht hinausgekommen sein und überhaupt nur geringes Aufsehen gemacht haben. Seine Erfindung gelangte erst durch Gottfried Silbermann zu allgemeiner Bedeutung.[116]

Seit wann hat sich Gottfried Silbermann mit dem Pianoforte beschäftigt? Leider konnte das bis heute noch nicht genau genug ermittelt werden. Nach Hans Klotz soll Silbermann bereits seit 1717 an der Entwicklung des Hammerflügels gearbeitet und 1721 die ersten Instrumente geliefert ha-

---

110 Vgl. Anm. 86.

111 Vgl. die auszugsweise Abschrift des Artikels im STA. Dresden: Confirm. Privil. … 1718/24, XXXV, Bl. 552a/b.

112 Bd. 5, Sp. 1803.

113 Das Attest (s. Anh. SD. Nr. 14) diente offenbar als Unterlage, weil beabsichtigt war, Silbermann das Prädikat »Hof- und Landorgelbauer« zu verleihen. Bemerkenswert ist nur, daß es schon vor Eingang von Silbermanns Bittschrift ausgefertigt wurde.

114 Im Frühjahr 1723, also etwa zur gleichen Zeit, ist Silbermann nämlich nach Prag gerufen worden, um die alte Orgel im Veitsdom zu

untersuchen und eventuell zu reparieren. Der von ihm daraufhin vorgeschlagene Neubau wurde nicht verwirklicht. Vgl. hierzu: Zdeněk Culca, Silbermanns Reise nach Prag (in: Ars organi, H. 44, Mai 1974, S. 1940 f.). Zeitgenössische Quellen bestätigen, daß Silbermann nach Petersburg und Kopenhagen gerufen wurde; er »deprecirte es aber« (vgl. Bahn, S. 146). Wir gehen darauf an anderer Stelle noch ausführlich ein.

115 Bd. 5, S. 144 f.

116 Vgl. Riemanns Musiklexikon, 11. Auflage, Berlin 1929, Bd. 1, S. 902 (Stichwort: Klavier).

ben.[117] Dafür gibt es aber überhaupt keinen Beweis.[118] Hätte Silbermann diese Instrumente tatsächlich schon 1721 auf den Markt gebracht, wäre das den Hofvirtuosen in Dresden bestimmt nicht verborgen geblieben. Sie hätten in ihrem Attest vom 3. Juni 1723[119] eine solche Neuheit auf jeden Fall erwähnt. Hier war aber nur von »Clavicordia« und »Claviseins« die Rede. Silbermann selbst hätte erst recht keinen Grund gehabt, in der eine Woche später an Kurfürst Friedrich August I. von Sachsen eingereichten Bittschrift über das neue Instrument zu schweigen.[120] Auch Johann Gottfried Walther (1684–1748) hat in seinem 1732 erschienenen »Musicalischen Lexicon« unter dem Stichwort »Silbermann« nur dessen »Cembal d'Amour« erwähnt.[121] Wir können nach alledem mit Sicherheit annehmen, daß Gottfried Silbermann sein Pianoforte erst zu Beginn des dritten Jahrzehnts seines Wirkens herausbrachte.

Die erste Nachricht über dieses Instrument erschien im Jahre 1733 in Zedlers Universallexikon[122]. Hier heißt es unter dem Stichwort »Cembal d'Amour« zum Schluß: »Ferner hat auch dieser berühmte Herr Silbermann vor kurtzen wiederum ein neues Instrument erfunden, so er Piano Fort nennet, und in vorigen Jahre [1732?] Ihro Königl. Hoheit dem Cron-Printzen von Pohlen und Littauen etc. auch Churfürsten in Sachsen[123] übergeben, und soll dasselbe wegen seines ausserordentlichen angeneh-

men Klanges sehr gnädig aufgenommen worden seyn.« Daß Silbermanns Instrument den Beifall des Landesherrn gefunden hat, bezeugte auch der Freiberger Domorganist Johann Christoph Erselius (1703–1772)[124]. In einem Gedicht, das er 1735 zur Weihe der von Silbermann erbauten Freiberger Petriorgel herausgab[125], heißt es u.a.: »August... Schätzt gleichfalls Deine Kunst, Du zeigst Ihm Deine Stärcke in Deiner Wissenschaft, durch neu erfundne Wercke, Durch Dein Piano-Fort, daß Du zuerst erdacht, Dadurch des Königs Ohr selbst aufmerksam gemacht, Hast Du Desselben Huld Dir also zugezogen, Daß kaum ein Künstler ist, dem ER so wohlgewogen...«

Ein Jahr später erschien in »Curiosa Saxonica«[126] ein Beitrag mit der Überschrift »Von des Königl. Hof- und Land-Orgelbauers Herrn Silbermanns neuerfundenen curieusen Musicalischen Instrument«. Hier heißt es u.a.: »...Gottfried Silbermann... hat in diesem 1736sten Jahre [?] abermahls ein neues Musicalisches Instrument, welches er piano & forte nennet, der curieusen Welt vor Augen geleget...« Es folgt dann eine kurze Beschreibung des Instruments, und zum Schluß heißt es: »Durch den blossen Druck der Finger aber bringet man das forte und piano in einer so unvergleichlichen und anmuthigen Raisonence... heraus, daß man mit Recht sagen kan, daß dieses Instrument seines gleichen nirgends habe, auch alle Kenner der Music erstau-

---

117 Vgl. MGG, Bd. 12, Sp. 700 (unter Stichwort »Silbermann«).

118 Anscheinend liegt eine Verwechslung mit der 1763 aufgestellten, aber höchst fragwürdigen (und unbewiesenen) Behauptung Christoph Gottlieb Schröters (1699–1762) vor. Schröter will nämlich bereits 1717 »angefangen haben, auf seine Erfindung [des Pianofortes] zu denken« und sie am 11. Februar 1721 am Hofe zu Dresden gezeigt haben (vgl. Adlungs »Musica mechanica organoedi«, Bd. 2, S. 116).

119 Vgl. Anh. SD. Nr. 14.

120 Vgl. Anh. SD. Nr. 15.

121 Auf Seite 151 erwähnte Walther das »Cembal d'Amour« Silbermanns nochmals be-

sonders. Das Stichwort »Pianoforte« kannte Walther offenbar noch nicht.

122 Bd. 5, Sp. 1803 f.

123 Es handelt sich um Friedrich August II., der 1696 geboren wurde und 1733 seinem verstorbenen Vater (August dem Starken) in der Regierung nachfolgte.

124 Erselius wurde Ende Mai 1731 nach Freiberg berufen. Vorher hatte er, nach seinen eigenen Worten, »die Hohe Gnade«, dem sächsischen Kurfürsten »als Musicus zu dienen« (StA. Freiberg: Akte Sign. Aa II I 42b, Bl. 47).

125 Siehe Anh. OWS. Nr. 17; vgl. auch: Curiosa Saxonica, 1736, S. 55.

126 S. 42 f.

nend mache.« In demselben Jahrgang von »Curiosa Saxonica«[127] heißt es in einer »Kurtzen Nachricht« über die von Silbermann in Freiberg gebauten vier Orgeln: »Er [Silbermann] belebet die metallene Sayten des Clavecins auf eine besondere Art, daß der zitternde Thon derselben sich nicht so leicht ... verliehret ...«

Im Jahre 1736, zur Weihe der Dresdner Frauenkirchenorgel, ließ ein »Bekannter Freund«[128] ein Carmen drucken.[129] Darin heißt es: »Dein Fort-Piano zeigt auch ausserdem der Welt, Was Dein geschicktes Haupt vor Witz und Kunst enthält: Denn dieses Instrument, das Du zur erst erfunden, Erhält noch deinen Ruhm, wenn längst dein Leib verschwunden.«

In einer Druckschrift, die Gottfried Silbermann von dem Altenburger Hofadvokaten Johann Georg Brem (1689–1746) im Jahre 1737 anläßlich der Weihe der Ponitzer Orgel gewidmet wurde[130], heißt es u.a.: »Ich habe schon vor 13 Jahren [= 1724] unsers Freybergischen Bezaleels[131] gantz

besondere Kunst in Orgel-Wercken, Clavessins und Clavieren gesehen ... Nach der Zeit [= später] habe in Dreßden unter denen Händen einer Virtuosin[132] die Delicatesse von seinem neu inventirten Cembal d'amour admiriret, als welches unserm Herrn Silbermann nach Walthers Bericht bereits Anno 1724 in Hamburg besondern Ruhm erworben,[133] und nachgehends [!] ist mir auch von der Schönheit eines von ihm selbst erfundenen Piano Fort so viel Vortheilhafftiges erzehlet worden ...«

In einem Gedicht, das ebenfalls 1737 zur Ponitzer Orgelweihe erschien[134] und von dem Meeraner Kantor Christian Gotthilf Sensenschmidt (1714–1778) stammt, heißt es: »Was schafft Dein Orgel-Bau? Und andre saubre Wercke? ... Dein schönes Fort-Pian?«

Ein Frauensteiner Zeitgenosse Gottfried Silbermanns, der Diaconus Christian August Bahn[135], schrieb in seinem 1748 erschienenen Werk »Das Amt, Schloß und Staedtgen Frauenstein«[136] u.a.: »Er [Gott-

---

127 S.58.

128 Sein Name ist leider nicht zu ermitteln.

129 Vgl. Anh. OWS. Nr.23.

130 Vgl. Anh. OWS. Nr.28.

131 In etlichen Orgelcarmina ist Silbermann mit Bezaleel, einer biblischen Gestalt (vgl. 2.Mose, 31, 2–5), verglichen worden.

132 Damit ist zweifellos die Gemahlin des Dresdner Hofpoeten Johann Ulrich König gemeint, die Silbermann – wie bereits erwähnt – zur Erfindung des »Cembal d'amour« angeregt hatte. Wir müssen annehmen, daß Königs Frau Klaviervirtuosin war. Nach Flade (S.108, Anm.283) soll der Hofpoet aber mit einer Sängerin (namens Schwarze) verheiratet gewesen sein. Eine Sängerin Regina Schwarz ist 1718/19 in Dresden nachweisbar (STA. Dresden: Loc. 907, Die Operisten, Musiker und Sänger, Bd.1, 1717–1720, Bl.77/78). In einer relativ ausführlichen Lebensbeschreibung von König (in: Allgemeine deutsche Biographie, Leipzig 1882, Bd.16, S.516ff.) wird seine Frau nicht erwähnt.

133 Brem gab als Quelle Walthers Musiklexikon von 1732 (S.596) an. Dort steht aber kein Wort über Silbermanns Instrument. Gottfried

Silbermann muß allerdings etliche Jahre früher einmal in Hamburg gewesen sein und dort Johann Mattheson aufgesucht haben. Das geht aus Matthesons Brief vom 1.Januar 1718 an Johann Kuhnau hervor. Er schrieb: »... ich habe ihm [Silbermann] auch, weil es seine gute Wissenschaft und Kunst wohl verdiente, so viel an mir war, alle Höfflichkeit erwiesen ...« (vgl. Matthesons Critica musica, Bd.2, 1725, S.243). Leider sind sowohl der Zeitpunkt als auch der Anlaß zu Silbermanns Hamburgreise unbekannt.

134 Siehe Anh. OWS. Nr.31.

135 Bahn wurde 1703 in Johnsbach geboren, besuchte ab 1719 das Freiberger Gymnasium, studierte ab 1723 in Wittenberg und kam 1736 nach Frauenstein (vgl. Bahn, S.107f.). Es möglich, daß er als Gymnasiast Silbermanns Werkstatt und den Meister selbst kennenlernte. Spätestens ist er 1738 mit ihm bekannt geworden, als Silbermann für Frauenstein ein zweites Orgelwerk schuf.

136 Section V. Von den geehrten Frauensteinern, welche zwar nicht studiret, aber doch sich hervorgethan haben ... § 3. Durch Künste ... 5) Gottfried Silbermann ... (S.145f.).

fried Silbermann] hat die Menschen-Stimme[137] aufs höchste gebracht, und … erfunden das Cymbal-Fort und piano, und das Cymbal d'Amour …«

Alle diese zeitgenössischen Quellen sprechen übereinstimmend davon, daß Gottfried Silbermann das Pianoforte erfunden hat. Wie verträgt sich das aber mit der Tatsache, daß die erste Nachricht über das von Cristofori erfundene Instrument bereits 1711 erschien, also über zwei Jahrzehnte eher, bevor (in Zedlers Universallexikon) erstmalig auf Silbermanns Erfindung hingewiesen wurde. Handelt es sich bei Silbermanns Instrument um eine selbständige, unabhängige Erfindung oder um eine Nacherfindung?

Jacob Adlung (1699–1762) beantwortete diese Frage sehr treffend: »Hr. Gottfried Silbermann ist sonst noch wegen seiner schönen Flügel und Claviere, wegen der Erfindung des Cembal d'Amour und wegen der Verbesserung [!] des Piano forte berühmt. Von diesem Piano forte ist zwar der erste Versuch in Italien ersonnen und ausgeführt worden, Hr. Silbermann aber hat so viele Verbesserung daran gemacht, daß

er nicht viel weniger als auch hiervon der Erfinder selbst ist.«[138]

Hat Gottfried Silbermann von der Erfindung Cristoforis Kenntnis gehabt? Das kann bzw. muß man annehmen, obwohl weder er selbst noch einer seiner Zeitgenossen sich darüber geäußert haben.[139] Die 1711 in Italien veröffentlichte Beschreibung des von Cristofori erfundenen Instruments wurde »aus dem Welschen ins Teutsche von König[140] übersetzet« und 1725 von Johann Mattheson publiziert[141]. Auf diese Weise dürfte Silbermann davon Kenntnis bekommen haben. Er kann aber auch schon vorher unmittelbar von König von der Erfindung seines italienischen Kollegen unterrichtet worden sein. Johann Ulrich König und Gottfried Silbermann haben sich vermutlich in Dresden anläßlich des Baues der (im November 1720 vollendeten) Sophienorgel kennengelernt.[142] König verfaßte übrigens von dieser Orgel eine Beschreibung, die 1720 bei dem Dresdner Hofbuchdrucker Johann Conrad Stößel gedruckt wurde[143], und war über Silbermanns Leben und Wirken offenbar gut informiert.[144]

---

137 Damit ist das Orgelregister »vox humana« gemeint, das in elf Werken Silbermanns zu finden ist bzw. war: Freiberg (Dom und St. Petri), Dresden (Sophien-, Frauen- und Hofkirche), Reichenbach (St. Peter und Paul), Rochlitz, Glauchau (St. Georg), Ponitz, Greiz und Zittau (St. Johannis).

138 Vgl. Musica mechanica organoedi, Bd. 1, S. 212.

139 Bei Adlung (Bd. 2, S. 115) heißt es, daß man von Silbermann »eine Erklärung auf sein Gewissen haben [müßte], nach welchem Modelle, oder nach welcher Angabe er die Verfertigung des ersten dieser Instrumente in Deutschland angeleget habe. Diese Erklärung hat Hrn. Silbermann niemand bey seinem Leben abgefordert, und itzo ist er schon seit einigen Jahren … todt.«

140 Es wird allgemein angenommen, daß Johann Ulrich König, der Dresdner Hofpoet (und spätere Hofrat) der Übersetzer war (vgl. Adlung, a. a. O.).

141 Vgl. Critica musica, Bd. 2, S. 335 f.

142 Königs Bestallung als »Hoff-Poet« wurde am 30. März 1720 ausgefertigt. Die Besoldung (von insgesamt 1000 Talern jährlich) wurde ihm aber bereits ab Januar 1720 bewilligt (vgl. STA. Dresden: Loc. 896, Bestallung verschiedener Hof-Bedienten, 1698–1722, Bd. 1, Blatt 138).

143 Ein Exemplar der Beschreibung befindet sich in der Bauakte der nicht mehr existierenden Silbermannorgel zu Rochlitz (STA. Leipzig; Sign. Amt Rochlitz Nr. 261, Bl. 206 ff.). Die Beschreibung wurde außerdem in den »Kurtzgefaßten Sächs. Kern-Chroniken«, 1720, S. 37 ff., abgedruckt.

144 König schrieb u. a.: »… Herr Gottfried Silbermann, von Frauenstein in Meissen [ge]bürtig, ist einer von solchen geschickten Sachsen: Er hat nicht nur in einer Zeit von wenigen Jahren mehr als 12 gantz neue Orgeln hin und wieder in seinen Vaterlande, zu geschweigen der vielen kleinen, auch theils von ihm verbessert-

Nach Adlung[145] soll Silbermann anfangs nur zwei Instrumente verfertigt haben. Das eine habe Johann Sebastian Bach (1685 bis 1750) »gesehen und bespielet« und dabei »den Klang desselben gerühmet, ja bewundert«, aber auch kritisiert, »daß es in der Höhe zu schwach lautete und gar zu schwer zu spielen sey«. Leider fehlt in dieser wichtigen (und wohl auch einzigen) Quelle eine exakte Angabe, wann Bach das Silbermannsche Instrument kennengelernt hat. Bach konzertierte am 19./20. September 1725 und am 14. September 1731 auf der Silbermannorgel der Dresdner Sophienkirche.[146] Ob Silbermanns Pianoforte um diese Zeit schon soweit gediehen war, um es Bach vorführen zu können, wissen wir nicht. Es ist leider auch nicht nachweisbar,

ob Gottfried Silbermann dem großen Tonmeister damals persönlich begegnet ist.[147] Am 1. Dezember 1736 ließ sich Johann Sebastian Bach auf der (wenige Tage vorher geweihten) neuen Silbermannorgel der Frauenkirche zu Dresden hören.[148] Bei dieser Gelegenheit hätte Silbermann ihm sein »Fortepiano« vorstellen können. Es gibt aber leider keinen Beweis dafür, ob sich die beiden berühmten Männer damals getroffen haben.[149]

Gottfried Silbermann kann Johann Sebastian Bach natürlich auch in Leipzig aufgesucht haben; denn er hat oftmals Reisen unternommen und erwähnte das auch manchmal in den Briefen an seine Auftraggeber, ohne allerdings Reiseziel und -zweck anzugeben.[150] In Silbermanns Nachlaß

und erneuerten Wercke, erbauet; worunter 3 allein in der benachbarten Berg-Stadt Freyberg in unterschiedenen Kirchen von ihm gantz neu-verfertigte, und darunter die in Dohm daselbst durch ihn von Grund aus neu-aufgerichtete Orgel die grösseste und berühmteste zu nennen. Sondern es sind auch in andern Ländern verschiedene Wercke, und besonders zu Straßburg 2 gantz neue, eines zu St. Niclas, und das andere bey St. Peter, zu seinem nicht geringen Ruhme von ihm verfertiget worden; Nachdem er diese Kunst von seinem ältern Bruder, Herrn Andreas Silbermann, als einem weit und breit berühmten Raths-Orgelbauer gemeldter Stadt Straßburg, ordentlich erlernet...«

145 Vgl. Musica mechanica organoedi, Bd. 2, S. 116.

146 Vgl. Hamburger Relationscourier, 1725, Nr. 151, vom 27. September (nach Bach-Dokumente, Bd. II, Nr. 193) und Kern Dreßdnischer Merckwürdigkeiten, 1731, September, S. 73.

147 Im September 1725 wäre eine Reise nach Dresden für Silbermann durchaus möglich gewesen: Am 3. September sandte er von Freiberg aus einen Orgelbauriß nach Rochlitz, war also offenbar zu Hause. Am 17. Oktober untersuchte er in Reinhardtsgrimma das alte Orgelwerk. Anschließend arbeitete er dann (bis Anfang Februar 1726) in Forchheim. Im Jahre 1731 dagegen wurde am 3. Dezember die Orgel zu Mylau übergeben, so daß Silbermann, als Bach in Dresden das Konzert gab, schon in Mylau gearbeitet

haben muß, also eine Reise von dort aus nach Dresden kaum infrage kam.

148 Vgl. Kern Dreßdnischer Merckwürdigkeiten, 1736, Dezember, S. 90, bzw. Bach-Dokumente, Bd. II, Nr. 389.

149 Johann Sebastian Bach ist damals zum kursächsischen »Compositeur bey dero Hof-Capelle« ernannt worden. Das entsprechende Dekret wurde am 19. November 1736 ausgefertigt und am 28. dem Baron von Keyserling zugestellt, der es Bach wohl überreicht hat (STA. Dresden: Loc. 907, Italienische Sänger, Bd. 2, 1733–1802, Bl. 57). Übrigens hat von Keyserling dem Bachschen Konzert in der Frauenkirche beigewohnt (vgl. die in Anm. 148 genannten Quellen). Es ist mit Sicherheit anzunehmen, daß Bach, genau wie im September 1731, auch zu dem neuerlichen Konzert schon »wenige Tage vorhero« aus Leipzig in Dresden eingetroffen ist. Gottfried Silbermann hielt sich nachweislich am 27. November noch in Dresden auf (StA. Dresden: Akte Sign. D XXXIV 28a, Bl. 7). Damit ist ein Zusammentreffen der beiden großen Männer zumindest sehr wahrscheinlich. Ob Silbermann die wenigen Tage noch in Dresden verweilte, um Bachs Konzert am 1. Dezember »Nachmittags von 2 biß 4 Uhr« zu erleben, wissen wir nicht. Die zeitgenössische Nachricht (vgl. vorige Anm.) schweigt sich darüber aus.

150 Der Meeraner Pastor Johann Gerhard Leopold schrieb 1737 in einem Orgelcarmen (s. Anh. OWS. Nr. 31): »Es fordert Deine Kunst

wurden u.a. »Briefe ... von ... Bachen« gefunden.[151] Ob sie etwa das Pianoforte betrafen, wissen wir nicht, denn sie sind verschollen. Es ist nicht einmal mehr zu klären, ob die Briefe von Johann Sebastian Bach oder von seinem Sohn Wilhelm Friedemann stammten.[152]

Nach Johann Friedrich Agricola[153] (1720 bis 1774) hat Silbermann »viele Jahre« gearbeitet, um seine Instrumente aufgrund der Kritik Bachs zu verbessern.[154] Auf Agricola geht auch die Nachricht zurück, daß »kurz darauf«, nachdem Silbermann ein solches verbessertes Instrument »an den Fürstlichen Hof zu Rudolstadt« verkauft hatte, König Friedrich II. von Preußen »eines dieser Instrumente, und als dies Dero allerhöchsten Beyfall fand, noch verschiedene mehr, vom Hrn. Silbermann verschreiben« ließ. Das muß auf jeden Fall nach 1740 gewesen sein, denn Friedrich II. gelangte bekanntlich am 31. Mai 1740 auf den preußischen Thron.

Leider hat Agricola, der einzige Gewährsmann in dieser Sache, keine Zeitangaben gemacht. Archivalische Quellen über den Ankauf der Silbermannschen Instrumente durch Friedrich II. von Preußen scheinen auch nicht vorhanden zu sein.[155] Nach solchen hat übrigens schon der Musikhistoriker Robert Eitner (1832–1905) gesucht.[156]

Nach Adlung hat Silbermann »den löblichen Ehrgeiz« gehabt, ein verbessertes Instrument Bach »zu zeigen und von ihm untersuchen zu lassen« und von Bach schließlich »völlige Gutheißung erlangt«.[157] Leider fehlt auch hier eine Zeitangabe, so daß unbekannt bleibt, wann (und wo) Silbermann Bach das verbesserte Pianoforte vorgeführt hat.[158]

Am 27. September 1743 schrieb Silbermann an Regierungsrat Thomas Heydrich in Greiz: »Ew. Hoch-Edelgebohrnen nehmen nicht ungütig, daß das schon längst versprochene Clavier nicht eher als anietzo

von Dir ein öffters Reisen ...« In einem Brief vom 3. September 1725 an Amtmann Weidlich in Rochlitz heißt es: »Daß auf Dero Schreiben nicht eher geantwortet, bitte nicht übel zu deuten, maaßen ich von meiner Reise heute erstlich nach Hauße kommen bin ...« Am 8. April 1732 schrieb Silbermann an Bürgermeister Schwarzbach in Dresden: »...werden nicht ungütig nehmen, daß auf Dero wertheste Zuschrifft nicht alsbald geantworttet, immaasen ich vorige Woche verreiset gewesen ...« Am 24. August 1739 schrieb Silbermann an den Pastor zu Fraureuth: »... indem bißhero einige Reisen ... mich vom Schreiben abgehalten ...«

151 STA. Dresden: Acta Commissionis, Des verstorbenen Hoff-Orgelmachers Herr Gottfried Silbermanns Nachlaß betr. ... 1753; Amtsgericht Dresden Nr. 4609, Bl. 49.

152 Beides ist möglich: Wilhelm Friedemann Bach hat von 1733 bis 1746 in Dresden als Sophienorganist gewirkt und Silbermann zur Weihe der Frauenkirchenorgel (1736) ein Gedicht gewidmet (vgl. Anh. OWS. Nr. 20). Andererseits deutet die Formulierung »von Bachen« mehr auf den »alten« Bach, also auf Johann Sebastian, hin. Allerdings war er, als man die Briefe fand, schon drei Jahre tot.

153 Agricola war Bach-Schüler, wirkte (seit 1751) als Hofkomponist und dann (ab 1759) als Dirigent der königlichen Kapelle zu Berlin. Er war Mitarbeiter an Adlungs Musica mechanica organoedi.

154 Vgl. Musica mechanica organoedi, Bd. 2, S. 116.

155 Briefliche Mitteilung der Staatlichen Schlösser Potsdam-Sanssouci vom 3. Juli 1978 an den Verfasser.

156 Vgl. Eitners Beitrag »Ein altes Piano-Forte« in den Monatsheften für Musik-Geschichte, 1873, Nr. 2, S. 17 ff.

157 Musica mechanica organoedi, Bd. 2, S. 116 f.

158 Das dürfte wenige Jahre vor Bachs Tod gewesen sein. Johann Sebastian Bach starb bekanntlich am 28. Juli 1750 (StA. Leipzig: Ratsleichenbuch, Bd. 28, Bl. 292b). Im September 1746 begegneten sich Bach und Silbermann in Naumburg (Saale), um die von Zacharias Hildebrandt (1688–1757), einem Schüler Silbermanns, zu St. Wenzel gebaute Orgel zu prüfen.

159 STA. Weimar, Außenstelle Greiz: Akte Sign. a Rep. C. Cap. II C 8, Fraureuth Nr. 22, Bl. 24.

überschicke.«[159] Es handelte sich mit großer Wahrscheinlichkeit um ein Pianoforte.[160]

In dem 1743 herausgegebenen 37. Band des Zedlerschen Universallexikons ist ein Artikel über Gottfried Silbermann zu finden. Hier ist aber eigenartigerweise nur von seinem »Cembal d'Amour« die Rede.[161] Das »Pianoforte« wird mit keinem Wort erwähnt. Ein Jahrzehnt früher war in demselben Nachschlagewerk auf diese Erfindung Silbermanns ausdrücklich hingewiesen worden. Für diesen bemerkenswerten Tatbestand bietet sich eine einfache Erklärung an. Nach den Worten Agricolas[162] hatte sich Silbermann, aufgrund der Kritik Johann Sebastian Bachs, dazu entschlossen, »nichts weiter von diesen Instrumenten auszugeben«. Er arbeitete aber »desto fleißiger« an ihrer Verbesserung. Es scheint also, trotz anfänglicher Begeisterung, um Silbermanns Instrumente einige Jahre still geworden zu sein, bis sie dann in verbesserter Gestalt erschienen. Und das ist offenbar geschehen, nachdem die Arbeiten für die Drucklegung des genannten Nachschlagewerkes schon abgeschlossen waren; denn andernfalls wäre das Instrument wohl wieder erwähnt worden.

Nach alledem dürfte das verbesserte Modell des Silbermannschen Pianofortes um 1743 herausgekommen sein.[163] Im Jahre 1744 erschien zur Weihe eines (Silbermannschen) »Pian et Forte« eine vierseitige Druckschrift.[164] Darin heißt es u.a.:

»Drum rühmt auch dieses Werck,
So dort in Freybergs Mauren
Ein ächter Schüler deiner [= Gottes]
Weißheit hat erdacht,
Anjetzt der Weißheit Geber und die
Gaben ...

160 Als Grund für die verspätete Lieferung könnte man annehmen, daß es Silbermann erst im Sommer 1743 gelungen ist, das Instrument in der verbesserten Form fertigzustellen. Wenn wir nämlich seine Hauptbeschäftigung als Orgelbauer betrachten, müssen wir feststellen, daß er von Mitte Juni 1740 bis Mitte April 1743 fast pausenlos (mit den Orgeln zu Zittau, Großhartmannsdorf, Zöblitz, Fraureuth und Schloß Burgk) beschäftigt war. Es dürfte ihm deshalb einfach an der Zeit und der nötigen Ruhe gefehlt haben, um sich auch noch mit dem Pianoforte zu befassen.

161 Das übrige ist eine fast wörtliche Wiedergabe des bereits 1721 in den »Breslauischen gedruckten Sammlungen« veröffentlichten Beitrages (vgl. Anm. 2).

162 Vgl. Musica mechanica organoedi, Bd. 2, S. 116.

163 Nachdem Gottfried Silbermann ohne »Ruhepausen« fast drei volle Jahre mit Orgelbauten in Anspruch genommen war (vgl. Anmerkung 160), fand er vermutlich erst im späten Frühjahr 1743, nachdem Mitte April die Orgel der Schloßkapelle zu Burgk vollendet war, die Zeit, um sich seinem Pianoforte widmen zu können. Es standen ihm, wie wir annehmen dürfen, einige Jahre zur Verfügung, zumal der Nassauer Orgelbaukontrakt zwar am 24. August 1745 geschlossen wurde, das Werk aber erst am 4. August 1748 übergeben werden konnte. Gottfried Silbermann scheint sich demnach in den Jahren 1743/47 vorwiegend mit dem Klavierbau beschäftigt zu haben. In diese Zeit fielen wohl auch seine Lieferungen an den preußischen Hof. Leider ist völlig unbekannt, wieviel Hammerklaviere der große Meister überhaupt geschaffen hat und wer die Abnehmer waren.

164 Das anscheinend einzige noch vorhandene Exemplar befindet sich in der Stadtbibliothek zu Strasbourg in Frankreich (Sign. A 12183). Durch die freundliche Vermittlung Marc Schaefers erhielt der Verfasser eine Kopie der bemerkenswerten Schrift. Die Titelseite lautet wie folgt: »Die grosse und manchfaltige Weißheit des grossen GOttes wollte, Als Bey einem hohen Liebhaber der MVSIC ein unvergleichliches PIAN ET FORTE, welches ein ächter Kenner dieser Weißheit dort in Freyberg verfertiget, den 22. May 1744 in Marienberg eingeweihet wurde, erheben, loben und preißen, in einem DRAMATE MVSICO, ein nICht unbeKandter Verehrer dieser Weißheit.«

Der »Kenner dieser Weißheit dort in Freyberg« war ohne jeden Zweifel Gottfried Silbermann. Unbekannt ist, welcher Marienberger Musikliebhaber sich das Pianoforte anschaffte. Als Autor der Schrift können wir mit größter Wahrscheinlichkeit Johann Christoph Klemm annehmen, und zwar aufgrund des in den Wor-

Drum steckt in jeder Sayte auch der
    Inbegriff von allen Tönen,
Und jede ist der andern gleich.
Drum ist der Ton auch Kugel rund,
Drum hat er gleichweg seine Stärcke.[165]
Drum schlägt der Hammer auch am
    rechten Orte.
Drum kan sein Movement auch gar
    nicht anders seyn.
Drum gehet selbst das todte Holtz an
    diesem Wercke
Die schönsten Harmonien ein...«

Als Johann Sebastian Bach im Mai 1747 in
Begleitung seines Sohnes Wilhelm Friede
mann nach Potsdam reiste, ist er von König
Friedrich II. von Preußen empfangen und
»genötigt« worden, die in »mehrern Zimmern des Schlosses herumstehenden Silbermannschen Fortepiano zu probiren«.[166]
Über die Begegnung Bachs mit dem Preu-
ßenkönig erschien am 11. Mai 1747 ein
Bericht in den »Berlinischen Nachrichten
von Staats- und gelehrten Sachen«.[167]
In Potsdam-Sanssouci befinden sich noch
zwei Silbermannsche Flügel, die allerdings
restaurierungsbedürftig und daher gegen-

---

ten »nICht unbeKandter« verborgenen Mono-
gramms »ICK«. Klemm wurde am 24. Mai 1711
in Marienberg (als Sohn des Zinngießers Johann Andreas Klemm) geboren (PfA. Marienberg, TaR. Nr. 34/1711), hat in Leipzig reichlich fünf Jahre Theologie, Orgelspiel und Komposition studiert und währenddessen ein Jahr
die Vertretung des Organisten Johann Gottlieb
Görner (1697–1778) übernommen (StA. Freiberg: Akte Sign. Aa II I 20b, Bl. 82). Nach Beendigung seiner Studien hielt sich Klemm einige
Jahre in seiner Heimatstadt Marienberg auf und
hat »seine Zeit mit Information bey der Jugend
fleißig und rühmlich zugebracht«. Das geht aus
einem Attest hervor, das der Marienberger Pfarrer Christoph Rösch (1684–1750) für Klemm
ausgestellt hat. Darin heißt es weiter: »... Hierbey führet er iederzeit einen stillen Wandel, be-
fleißiget sich, Gott und seinen Nebenchristen
aufrichtig zu dienen und ist ihm ein Vergnügen,
dem andern Liebe und Gefälligkeit zu erweisen...« (ebenda, Bl. 83). Am 6. Mai 1742 bewarb
sich Klemm (unter Vorlage des Attestes) um die
Freiberger Petriorganistenstelle und wurde als
solcher am 23. desselben Monats berufen (StA.
Freiberg: Akte Sign. Aa II I 20b, Bl. 82 und
84 f.), nachdem er sich schon zu Pfingsten in der
Petrikirche hatte »gar wohl hören lassen« (StA.
Freiberg: RPr. 1742, 16. Mai, S. 646). Klemm
ist am 28. Juli 1761 in Freiberg gestorben
(St. Petri, ToR. Nr. 124/1761). Gottfried Silbermann war mit Klemm befreundet und hat
ihn 1751 testamentarisch mit einem Legat von
50 Talern bedacht (s. Anh. SD. Nr. 49). –
Übrigens hatte sich Klemm zweimal erfolglos
um das Freiberger Kantorat beworben: 1744
(nach dem Tode von Johann Samuel Beyer)
und 1755 (nach dem Weggang von Johann

Friedrich Doles) (StA. Freiberg: Akte Sign. VIII
II 1 II, Bl. 6 f. bzw. 70 f.). Obwohl bei der zweiten Bewerbung dem Rat ein von Reichsgraf
Heinrich von Brühl unterzeichnetes Empfehlungsschreiben für Klemm vorlag (ebenda, Bl. 74),
wurde er nicht berücksichtigt, und zwar wegen
seiner »Incapacitaet und anstößigen Lebens-Arth«
(ebenda, Bl. 76), wodurch er sich »bey jederman
dergestalt anstößig gemacht«, daß ihm »ohne
Nachtheil der Jugend kein Schul-Amt anvertrauet
werden mag...« (ebenda, Bl. 78 f.). Dem Rat miß-
fiel auch Klemms »sonderbahre Meynung in der
Religion«. Näheres darüber ist nicht bekannt.
165 Das kann als Hinweis auf die von Silbermann erdachte Verbesserung verstanden werden,
nachdem (nach Johann Sebastian Bachs Urteil)
bei den ersten Instrumenten die hohen Töne
noch zu schwach »lauteten«.
166 Vgl. Forkel: Über Johann Sebastian Bachs
Leben, Kunst und Kunstwerke, 1802, S. 9 f.
167 Darin heißt es u. a.: »... Des Abends,
gegen die Zeit, da die gewöhnliche Cammer-
Music in den Königl. Apartements anzugehen
pflegt, ward Sr. Majest. berichtet, daß der Capellmeister Bach in Potsdam angelanget sey ...
Höchstdieselben [Friedrich II.] ertheilten sogleich Befehl, ihn herein kommen zu lassen, und
giengen bey dessen Eintritt an das sogenannte
Forte und Piano, geruheten auch, ohne einige
Vorbereitung in eigner höchster Person dem
Capellmeister Bach ein Thema vorzuspielen,
welches er in einer Fuga ausführen solte. Es geschahe dieses von gemeldetem Capellmeister so
glücklich, daß nicht nur Se. Majest. Dero allergnädigstes Wohlgefallen darüber zu bezeigen beliebten, sondern auch die sämtlichen Anwesenden in Verwunderung gesetzt wurden ...« (Vgl.
Bach-Dokumente, Band II, 1969, Nr. 554).

wärtig nicht spielbar sind.[168] Albert Schweitzer konnte mit Recht schreiben: »Wir besitzen also noch eines der Instrumente, auf dem der alte Bach dem alten Fritz vorgespielt hat.«[169]

Übrigens soll ein Nachfolger Johann Sebastian Bachs, der Leipziger Thomaskantor Johann Friedrich Doles[170], ein Pianoforte von Gottfried Silbermann besessen haben.[171]

Der berühmte Orgelbaumeister hat sich offenbar bis an sein Lebensende auch mit der Instrumentenmacherkunst beschäftigt. In seinem am 20. Juli 1751 errichteten Testament[172] heißt es, daß die Werkzeuge »mit allen und ieden meinen zum Orgelbau und Instrumentmachen gehörig und vorhandenen Materialien« dem Gesellen Johann Georg Schön zufallen sollen, falls der Universalerbe Johann Daniel Silbermann »nicht zugegen« ist.[173] In dem von Notar Traugott Friedrich Langbein aufgestellten Verzeichnis der von Gottfried Silbermann hinterlassenen Werkzeuge und Geräte wird u.a. ein »eisernes Spinn-Rad zum Saiten-Spinnen« aufgeführt.[174] In Silbermanns Nachlaß befand sich auch ein »ganz neues gefertigtes Clavier« im Werte von 20 Talern.[175]

Der Freiberger Kantor Johann Gottfried Fischer[176] schrieb im Jahre 1800: »Das einzige von Silbermann selbst noch verfertigte und allhier [in Freiberg] bisher befindliches Pianoforte besitzt die hiesige

---

168 Das Instrument im Schloß Sanssouci trägt unter dem Stimmstock eine Aufschrift mit dem Datum 11. Juni 1746 und der Angabe, daß es von Gottfried Silbermann verfertigt wurde. Der andere Flügel steht im Neuen Palais und wird auf das Jahr 1749 datiert (briefliche Mitteilungen der Staatlichen Schlösser Potsdam-Sanssouci vom 13. Dezember 1976 und 3. Juli 1978 an den Verfasser).

169 Vgl. Albert Schweitzer: J.S. Bach, Leipzig 1952, S. 177.

170 »Johannes Fridericus« Doles wurde am 23. April 1715 in Steinbach-Hallenberg getauft (TaR. Nr. 35). Sein Vater (Johann Andreas) war dort Kantor. Doles bewarb sich am 29. April 1744, noch zu Lebzeiten Johann Samuel Beyers († 9. Mai 1744 in Karlsbad), um das Freiberger Kantorat. In der Bewerbung heißt es: »... und ich mich seit 5 Jahren alhier [in Leipzig] in studiis und in der Music so viel geübet, daß ich mir einem Cantorat vorzustehen, mit gutem Gewissen zutraue...« (StA. Freiberg: Akte Sign. VIII II 1. II, Bl. 1 f.). Am 17. August 1744 wurde Doles als Kantor nach Freiberg berufen (ebenda, Bl. 35), und am 14. Januar 1756 reichte er sein Abschiedsschreiben ein (ebenda, Bl. 53 f.) und folgte dem Ruf nach Leipzig.

171 Es soll ein Geschenk Silbermanns gewesen sein. Als Mozart (im April 1789) das Instrument kennenlernte, soll er »einen ansehnlichen Preis dafür« geboten haben, »wiewol vergeblich, weil der würdige Greis [Doles] das Geschenk seines verewigten Freundes (des Verfertigers selbst) nicht weggeben wollte«. (Vgl. Allgemeine musikalische Zeitung, IX. Jahrg., Jan. 1807, S. 259 f.). Diese interessante Nachricht geht auf Christian Friedrich Michaelis (1770–1834) zurück. Es ist mit größter Wahrscheinlichkeit anzunehmen, daß er Doles persönlich gekannt hat. Leider enthält Doles' Testament (StA. Leipzig: Stadtgerichtstestamente, Rep. V, Paket 255, Nr. 13) keine genauen Angaben über seinen gegenständlichen Besitz. Über ein eventuelles freundschaftliches Verhältnis zwischen Silbermann und Doles ist bis jetzt nichts bekannt geworden. Übrigens hat Zacharias Hildebrandt 1744/45 nachweislich ein »Clavcymbel« für 185 Taler an »He. Dohliushen, Cantorn in Freyberg«, geliefert (vgl. Dähnert: Zacharais Hildebrandt, Leipzig 1962, S. 231, Anm. 510).

172 Siehe Anh. SD. Nr. 49.

173 Johann Daniel ist (aller Wahrscheinlichkeit nach) schon im Frühjahr 1752 zu seinem Onkel gekommen und stand (gemeinsam mit den anderen Gesellen) an Gottfried Silbermanns Sterbebett (siehe Bl. 33b der in Anm. 151 genannten Akte).

174 Ebenda, Bl. 59b.

175 Ebenda, Bl. 51.

176 Fischer wurde am 13. September 1751 in Naundorf bei Freiberg geboren (PfA. Naundorf, TaR. Nr. 24/1751) und besuchte das Freiberger Gymnasium. Hier war er auch Schüler des Domorganisten Erselius († 1772). Im Jahre 1778 wurde Fischer als Organist an die Hauptkirche zu Eisleben berufen. Nach elfjähriger Dienstzeit

Freymaurerloge zu den drey Bergen.«[177] Was aus dem Instrument geworden ist, wissen wir nicht.

In Silbermanns Nachlaß wurde ein Brief von Johann Tobias Peinemann aus Leipzig gefunden, »worinnen 30 Thaler in Spanischen Golde liegen, so dem Defuncto [Silbermann] vor ein Clavier überschicket worden...«[178]. Da Silbermann das Instrument nicht geliefert hatte, wurde das Geld am 9.Oktober 1753 an Peinemann zurückgesandt.

Gottfried Silbermann hat seine Gesellen nicht nur in der Orgelbau-, sondern auch in der Instrumentenmacherkunst ausgebildet. In einem am 5.Oktober 1724 abgeschlossenen Vertrag verpflichtete er sich, den Tischlergesellen Johann Jacob Graichen »in der Orgel- und Instrumentenmacher-Kunst treulich und fleißig zu informieren«[179]. Johann Georg Schön, der langjährige Gehilfe Silbermanns, der nach dem

Tode des Meisters die Freiberger Werkstatt fortführte, baute »Claviere und Pianoforte von vorzüglicher Güte und nach Silbermannscher Art«[180]. Adam Gottfried Oehme, ein anderer Geselle des Meisters (und Nachfolger Schöns), schuf ebenfalls »viele besonders schöne Claviere…, ganz in Silbermanns Geschmack und Ton«[181]. Schön und Oehme sind in den Todesbeurkundungen (1764 bzw. 1789) deshalb auch als »Orgel- und Instrumentenmacher« bezeichnet worden. Auch Johann Daniel Silbermann, Gottfrieds Neffe und Universalerbe, hat sich als Instrumentenbauer einen guten Ruf erworben; denn »seine Clavecins können von Kennern nicht genung gerühmt werden, ingleichen auch seine Claviere«[182].

Die uns überlieferten zeitgenössischen Zeugnisse beweisen, daß Gottfried Silbermann auch als Instrumentenbauer hervorragende Leistungen vollbracht hat, die ihm Ruhm und Anerkennung eintrugen.

wurde er als Kantor an der gleichen Kirche angestellt. Vgl. sein Bewerbungsschreiben vom 4.Oktober 1798 um das Freiberger Kantorat (StA. Freiberg: Akte Sign. VIII II 1 II, Bl. 115). Am 10.Dezember 1798 wurde Fischer nach Freiberg berufen und damit Nachfolger seines ehemaligen Lehrers Johann Friedrich Kessel († 1798). Vgl. Bl. 117 und 123 f. ders. Akte. Fischer ist am 7.September 1821 in Freiberg gestorben (Domgemeinde, ToR. Nr.46/1821).

177 Vgl. Freyberger gemeinnützige Nachrichten, 1800, Nr.13, 27.März, S.127.
178 Bl.61 b der in Anm.151 genannten Akte.
179 Vgl. Anh. SD. Nr.17.
180 Vgl. Freyberger gemeinnützige Nachrichten, 1800, S.126.
181 Ebenda.
182 Vgl. Wöchentliche Nachrichten und Anmerkungen die Musik betreffend, Leipzig 1766, S.40.

DER ORGELBAUER UND SEINE WERKSTATT

Gottfried Silbermann hat seine selbständige Tätigkeit als Orgelbauer anscheinend nicht erst im Kurfürstentum Sachsen, sondern schon in Frankreich aufgenommen.[183]

Der Leipziger Thomaskantor Johann Kuhnau (1660–1722) teilte nämlich dem Hamburger Komponisten und Musikschriftsteller Johann Mattheson (1681 bis 1764) am 8. Dezember 1717 brieflich mit, Silbermann sei »vor etlichen Jahren aus Straßburg mit guten Attestatis« gekommen, wonach »er nicht nur in Straßburg, sondern auch an unterschiedenen Orten in Franckreich, herrliche Orgelwerck und Clavicins verfertiget« habe. »Daher«, schrieb Kuhnau, »ich ihm auch damahls eine Recommendation nach Freyberg mitgab, wo ihm gleich der Bau eines grossen Orgelwercks [im Dom] anvertrauet wurde …«[184] Hiernach muß Gottfried Silbermann Johann Kuhnau in Leipzig persönlich aufgesucht

und ihm Zeugnisse über seine bisherige Tätigkeit vorgelegt haben, die den Thomaskantor veranlaßten, den jungen Meister nach Freiberg zu empfehlen.[185]

Im Jahre 1720 erschien eine gedruckte »Beschreibung der neuerbaueten vortrefflichen Orgel in der Sophien-Kirche zu Dreßden«.[186] Sie wurde vom damaligen Hofpoeten Johann Ulrich König (1688 bis 1744) verfaßt. Er schrieb, daß von Gottfried Silbermann in Straßburg zwei neue Orgeln verfertigt worden seien: »zu St. Niclas und … bey St. Peter«.[187] Das beruht aber auf einem Irrtum.[188]

Johann Christian Langbein (1687–1760) verfaßte 1721 eine »Kurtze Beschreibung« der von Silbermann in der Georgenkirche zu Rötha gebauten Orgel.[189] Darin heißt es: »Was Er [Silbermann] vor herrliche Orgel-Wercke, sowohl gantz neue, als verbesserte,[190] in und ausser seinem Vater-

---

183 Auf die von Gottfried gemeinsam mit seinem Bruder und Lehrmeister Andreas in Straßburg ausgeführten Arbeiten ist an anderer Stelle schon eingegangen worden.

184 Vgl. Matthesons Critica musica, Bd. 2, 1725, S. 235.

185 Kuhnau dürfte bekannt gewesen sein, daß man in Freiberg den Neubau einer Orgel im Dom schon seit Jahren plante, aber noch kein Auftrag vergeben worden war.

186 Siehe Anm. 143.

187 Vgl. Anm. 144.

188 Der Vertrag über die Niclasorgel ist, wie an anderer Stelle schon ausgeführt, am 18. Januar 1707 mit Andreas und Gottfried Silbermann abgeschlossen worden (vgl. auch Anm. 74). Sie war demnach ein gemeinschaftliches Werk der beiden Brüder. Dagegen erfolgte der Ver-

tragsabschluß wegen der Petersorgel am 10. August 1708 nur mit Andreas. Gottfrieds Name taucht in diesem Zusammenhang nicht auf. Am 23. März 1966 übersandte das Stadtarchiv Strasbourg dem Verfasser freundlicherweise eine Fotokopie des Vertrages, woraus dies hervorgeht. Am 2. Februar 1975 teilte Marc Schaefer, Strasbourg, dem Verfasser brieflich mit, daß sich auch dort ein Exemplar der von König verfaßten Beschreibung befinde, worin aber – bemerkenswerterweise – der ganze Zwischensatz »und besonders zu Straßburg …« bis »… bey St. Peter« von unbekannter Hand gestrichen worden sei.

189 Siehe Anh. OWS. Nr. 3.

190 Bisher konnte nur in einem einzigen Fall nachgewiesen werden, daß Gottfried Silbermann eine fremde Orgel repariert hat: das alte Werk

land, in wenig Jahren verfertiget, ist schon sehr vielen bekannt...«[191]

Nun soll Gottfried Silbermann selbst noch zu Wort kommen. In einer Eingabe vom 10. Juni 1723 an Kurfürst Friedrich August I. von Sachsen schrieb er: »... ich nicht nur nach ausgestandenen Lehrjahren in Straßburg und Elsaß hin und wieder, sondern auch überall in der Fremde und hernach an vielen Orten in Sachsen ... verschiedene große Capital-Orgeln mit allgemeinem Beyfall der Kunstverständigen erbauet...«[192]

Obwohl Gottfried Silbermann maximal nur etwa zwei Jahre Zeit zur Verfügung standen,[193] lassen seine eigenen Worte und insbesondere auch der Brief Johann Kuhnaus eine rege Tätigkeit des jungen Meisters »in der Fremde« vermuten. Andererseits hatte er sich seinem Bruder und Lehrmeister Andreas gegenüber verpflichten müssen, »wo Er [Andreas] sich aufhält nichts zu arbeiten«.[194] Dieses Versprechen wirkte sich noch in dem Lehrvertrag aus, den Silbermann am 9. Dezember 1713 mit Zacharias Hildebrandt abschloß.[195]

Aufgrund der von Andreas gestellten Bedingungen hätte Gottfried in Straßburg bzw. im Elsaß also nur im Auftrage oder mit Einwilligung seines Bruders, aber niemals auf eigene Rechnung, arbeiten können. Diese »Fessel« mag Gottfried veranlaßt haben, bald in seine sächsische Heimat zurückzukehren und hier eine eigene Werkstatt zu gründen. Jahrzehnte später hat sich Gottfried Silbermann aber noch lebhaft an das erinnert, was er einst in Frankreich kennenlernte. Am 11. Mai 1740 schrieb er nämlich in einem Brief nach Zittau: »... ich habe auch weder in Elsaß noch in Franckreich ein marmorirtes Orgel-Gehäuse gefunden...«[196]

Trotz der glaubwürdigen zeitgenössischen Nachrichten liegt Gottfried Silbermanns erste Tätigkeit, die er »in der Fremde« ausübte, für uns heute völlig im Dunkel. Die Atteste, die er einst Johann Kuhnau vorgelegt hatte, könnten uns allerdings Aufschluß geben. Über den Verbleib dieser Dokumente ist aber nichts bekannt.[197]

Gottfried Silbermanns nachweisbare Tätigkeit in Sachsen begann in seiner Heimatstadt Frauenstein. Der genaue Zeitpunkt seiner Ankunft ist allerdings nicht mehr feststellbar: etwa Anfang Mai 1710.[198] Nachdem der junge Meister mit dem Bau

im Freiberger Dom, nachdem er die neue große Orgel vollendet hatte (SupA. Freiberg: Akte Sign. II I¹ 15, Beleg 1 b).

191 Langbein berief sich dabei auf die – von uns schon zitierte – Beschreibung der Dresdner Sophienorgel aus dem Jahre 1720.

192 Siehe Anh. SD. Nr. 15.

193 Wir haben an anderer Stelle schon ausgeführt, daß Gottfried seinen Bruder – aller Wahrscheinlichkeit nach – im späten Frühjahr 1708 verlassen hat, und seine Ankunft in der Heimat ist – mit ziemlicher Sicherheit – auf Anfang Mai 1710 zu datieren.

194 Vgl. die in Anm. 71 genannte Quelle.

195 Siehe Anh. SD. Nr. 4.

196 Da die Johannisorgel wie Marmor bemalt werden sollte, nahm Gottfried Silbermann mit den zitierten Worten entschieden dagegen Stellung (PfA. Zittau: Akte Sign. I 1 16, Bl. 150 f.).

197 In Silbermanns Nachlaß befanden sich »Vierzehn Attestata, so [ihm] von denen Stadt-Räthen und andern Orten, wo er Orgeln gebauet, zu seiner Legitimation ertheilet worden...« (Bl. 49 der in Anm. 151 genannten Akte). Aufgrund der noch vorhandenen Bauakten lassen sich zehn Atteste nachweisen, die Silbermann für die folgenden, innerhalb Sachsens geschaffenen Orgeln bekommen hat: Freiberg (Dom- und Peterskirche), Dresden (Sophien- und Frauenkirche), Rötha, Ponitz, Greiz und Rochlitz. Für die Freiberger Domorgel erhielt Silbermann sogar zwei Atteste: am 2. Oktober 1714 und am 1. Dezember 1719 (nach Ablauf der Garantiezeit). In Greiz bekam er ebenfalls zwei Atteste: vom Gräflichen Amt und vom Konsistorium. Zahlenmäßig betrachtet, könnten sich die von Kuhnau erwähnten Zeugnisse also mit im Nachlaß befunden haben. Silbermann kann aber auch noch für weitere sächsische Orgeln Atteste bekommen haben, was wir nur nicht beweisen können. Leider ist der gesamte Nachlaß Silbermanns verschollen.

198 Der Frauensteiner Rat stellte am 8. August 1711 fest, daß Gottfried Silbermann »bereits

der kleinen Orgel in der Kirche seiner Heimatstadt »33 völlige Wochen zugebracht« hatte, nahm ihn die große Orgel im Dom der Bergstadt Freiberg dreieinhalb Jahre voll in Anspruch. Der Rat stellte Silbermann in dem sogenannten »Regiments-Hauße frey Logiament« zur Verfügung.[199] Im Februar 1712 wurde dem Orgelbauer zugesichert, daß er »auf sein Verlangen« auch nach Vollendung des Werkes noch zwei Jahre in dem Hause seine freie Wohnung behalten könne, nur hätte er Holz, Licht und übriges auf seine Kosten anzuschaffen.[200] Im Dezember 1711 bzw. 1712 hat der Rat in seiner Wohnung Maurerarbeiten ausführen lassen.[201]

Nach Ablauf der »Freyjahre« setzte der Rat ab Michaelis 1716 für das Haus eine jährliche Miete von 20 Gulden fest.[202] Gottfried Silbermann war damit aber nicht einverstanden, und man setzte daraufhin

die Miete auf 12 Gulden herab.[203] Am 24. Mai 1723 jedoch wurde »der Zinnß, so H. Gottfried Silbermann vor das in Pacht habende Regimentshauß bezahlen soll«, vom Rat rückwirkend ab Michaelis 1721 auf jährlich 16 Gulden (oder 14 Taler) festgesetzt und ihm »zugeredet«, das Grundstück »lieber käufflich anzunehmen«. Die Kaufsumme sollte mindestens 200 Gulden betragen.[204] Gottfried Silbermann hat sich aber nicht zum Kauf des Hauses entschließen können, sondern zahlte lieber jedes Jahr die Miete.[205]

Das einstige »Regimentshaus«[206] ist mit dem heutigen Grundstück Nr. 6 am Freiberger Otto-Nuschke-Platz identisch. Hier hat der Orgelbaumeister vier Jahrzehnte lang nicht nur gewohnt, sondern auch seine Werkstatt gehabt.[207] Silbermanns Wohnung war vermutlich sehr einfach eingerichtet.[208]

vor 1¼ Jahren von Straßburg … hinwiederumb in Patriam anhero revertiret…«, d.h. in seine Heimat zurückgekehrt ist (vgl. die in Anm. 81 genannte Quelle).

199 Das geht aus dem Kontrakt vom 8. Oktober 1710 hervor (vgl. Anh. SD. Nr. 2).

200 StA. Freiberg: a) RPr., Sign. I Ba 12b, S. 704, 15. Februar 1712; b) Akte Sign. Aa II I 60a, Bl. 50.

201 SupA. Freiberg: Akte Sign. II I¹ 15, Belege 110 und 111. Die Belege sind wegen ihrer Orthographie bemerkenswert: »…in Orgell Macherß wonung gearbeitet, die Oberstobe außgeweißt, die Fenster in allen Stoben om und om verstrigen« und »Verzäuchnieß Eineß Maurers waß er bei den ArgelMacher in seiner Stobe hat gearbeitet…«

202 StA. Freiberg: RPr., S. 389 (17. August 1716).

203 Ebenda, S. 390 (19. August 1716).

204 Ebenda, S. 1166 (24. Mai 1723).

205 In Silbermanns Nachlaß befanden sich »Bezahlte Hauß-Mieth-Zinnß-Quittungen biß Michael[is] 1751«. Nachdem er am 4. August 1753 in Dresden gestorben war, ist die rückständige Miete »vor des Defuncti Quartier in Freyberg auf 2 Jahr, als von Mich. 1751 biß und mit Mich. 1753« in Höhe von insgesamt 28 Talern aus seinem nachgelassenen Vermögen

bezahlt worden (Bl. 49 f. bzw. 63 b der in Anm. 151 genannten Akte).

206 Im Jahre 1665 war dort eine Wache eingerichtet worden, wo Soldaten aufzogen. Im Volksmund hieß das Haus »Reiterwache«, amtlich aber »Regimentshaus«, weil darin der Stab und Teile des in und um Freiberg garnisonierenden Reiterregiments lagen. Da Freiberg zur Zeit Silbermanns keine Garnison hatte, konnte ihm das Haus überlassen werden (nach brieflichen Mitteilungen des Freiberger Stadtgeschichtlers Walther Herrmann an den Verfasser).

207 In der 1721 gedruckten »Kurtzen Beschreibung« der Röthaer Orgel (s. Anh. OWS. Nr. 3) war schon zu lesen: »Gottfried Silbermann, gebürtig von Frauenstein in Meissen, und wohnhafft in Freyberg…« Fünfzehn Jahre später hieß es in »Curiosa Saxonica« (S. 56): »Die Haupt-Berg-Stadt Freyberg, alwo dieser Künstler [Silbermann], welcher noch in Coelibatu, und auser der Ehe lebet, sein eigentliches Domicilium und Wohnung hat…« Gottfried Silbermanns Name findet sich auch in einem Freiberger Einwohnerbuch von 1752 (StA. Freiberg). Hiernach wohnte er als »Haußgenosse« oder Mieter im »Kirchspiel Virginia« (Domgemeinde) in dem Hause Katasternummer 359, und das war das Regimentshaus. Nach Silbermanns Tod (1753)

Das Haus trug schon zu Beginn unseres Jahrhunderts eine Gedenktafel. Da ihre Inschrift aber fehlerhaft war, wurde sie 1953 durch die jetzige Tafel ersetzt.[209] Für Silbermanns erstes Werk mußte der Frauensteiner Tischler Daniel Übermann noch seine Handwerkszeuge leihweise zur Verfügung stellen.[210] Dann hat sich der junge Orgelbaumeister selbst die erforderlichen Werkzeuge und Geräte angeschafft.[211] Nach Silbermanns Tod hat der Dresdner Notar Traugott Friedrich Langbein den gesamten Nachlaß des Orgelbauers, darunter auch das sogenannte »Kunst-Zeug«, das heißt die Werkzeuge, listenmäßig verzeichnet.[212] Hiernach waren vorhanden:

42 verschiedene »Huffel« (Hobel), wie Fügebank, Rauhbank, Schlichthobel, kleine Fausthobel, Grundhobel, Kehl- und Nuthobel
3 Hobelbänke
13 verschiedene Sägen
63 Schraubenzwingen in verschiedenen Größen
4 Leimtiegel aus Messing
5 Schmiegen
1 hölzerne Bleiwaage
54 Stech-, Stemm- und Hohleisen
4 Beißzangen
53 Bohrer in verschiedenen Ausführungen
27 Feilen
6 Winkelhaken
7 Winkelmaße
18 Holz- und Zinnraspeln
5 eiserne Zirkel in verschiedenen Größen
1 Reißzeug
1 hölzerne Stimmpfeife
2 kupferne Kolben zum Löten
20 eiserne Lötkolben
8 Stimmhämmer aus Messing
2 eiserne Stängelchen »zum Pfeiffen rund machen«
2 Schraubenzirkel
3 Zinnscheren
6 verschieden große Zinnhobel
1 eiserner Schraubstock
94 Pfeifenformen und zwar große, mittlere und kleine aus hartem und weichem Holz
12 eiserne Fußformen

hatten hier seine ehemaligen Gehilfen Johann Georg Schön (bis 1764) und Adam Gottfried Oehme (bis 1789) ihre Werkstatt. Mitte des 19. Jahrhunderts diente das Grundstück als »Zeughaus«. Nach einem Freiberger Stadtführer von 1911 befand sich in dem Haus damals eine Zigarrenfabrik. Jetzt dient es als Wohngrundstück.

208 Gottfrieds Erbe, Johann Daniel Silbermann, stellte in einem Schreiben vom 14. Juli 1755 an Kurfürst Friedrich August II. fest, daß sein Onkel in Freiberg nur »wenige Mobilien von geringem Werth« hinterlassen habe, so daß eine »Inventur« gar nicht erst stattfand (STA. Dresden: Cammer-Acta, des verstorbenen Hoff-Orgelmachers Silbermanns Verlaßenschafft betr., Anno 1753; Loc. 32480, Rep. XXI, Dresden Nr. 43, Bl. 12 f.). In Silbermanns zeitweiliger Dresdner Wohnung befanden sich an Möbelstücken: »... Vier lederne Stühle, Ein Viereckigter Tisch von TannenHolze, worunter 2 Schube-Kasten, Ein hölzernes Spahn-Bette ...« (vgl. Bl. 56 der in Anm. 151 genannten Akte).
209 Die Inschrift der alten Tafel lautete: »Hier arbeitete Gottfried Silbermann 1710–1741«.

Die jetzige Gedenktafel wurde von dem Freiberger Graphiker Helmut Rudolph entworfen. Die Inschrift lautet: »In diesem Hause war 1711 bis 1751 die Werkstatt des berühmten Orgelbauers Gottfried Silbermann. Errichtet im Gedenkjahr 1953.« Ist »1751« nicht fehlerhaft, weil Silbermann erst 1753 starb? Nein, denn er ging 1752 nach Dresden, um an der Hofkirchenorgel zu arbeiten, kehrte aber nicht wieder nach Freiberg zurück, sondern starb in Dresden. Seine Werkstatt hat in Freiberg zwar bis zu seinem Tode bestanden, er selbst arbeitete aber nicht mehr dort (vgl. auch Anm. 205). Anläßlich der ersten »Gottfried-Silbermann-Tage« im Bezirk Karl-Marx-Stadt (September 1978) ist die Gedenktafel restauriert worden.
210 Bl. 23 der in Anm. 81 genannten Akte.
211 Am 24. Juni 1710 legte er für den Freiberger Rat seine Bedingungen für den geplanten Domorgelbau nieder und verlangte »zwey biß 300 Thlr. bey Schließung des Contracts, damit ich ein und anders an nötigen Werckzeug anschaffen kann ...« (StA. Freiberg: Akte Sign. Aa II I 60a, Bl. 9 ff.).
212 Bl. 57 ff. der in Anm. 151 genannten Akte.

2 Blasebälge »zum Arbeiten«

93 »Stimm-Disteln«

19 Mensuren von Metall und Zinn

1 »bleyerne Windprobe«

19 Feilen und Raspeln

6 Hämmer

1 »Schoß-Loth« aus Messing

4 »Intonnir-Schnizer«

2 »Gehr-Model«

1 Beil

6 »Schnizer«

8 »Streich-Model«

5 »Zieh-Klingen«

2 harte Meißel

2 Spitzzangen

1 Breitzange

2 Lötsteine von Sand- bzw. Serpentinstein

3 eiserne Brennkolben

6 Brenneisen

1 Polierstahl

1 Reibeisen

1 »Stock-Scheere«

2 Ambosse

12 Zinnkratzen

7 »Labbier-Eisen«

2 Schleifsteine, davon einer mit einer hölzernen Welle

6 Leimzwingen

1 eiserner runder Lötofen

1 Mundstückform aus Messing

24 dazugehörige eiserne »Dorne«

5 »Intonir-Dräthe« u.a.

Ob Gottfried Silbermann zur Arbeit an der Hofkirchenorgel alle seine Werkzeuge mit nach Dresden genommen hat oder ob er einiges in der Freiberger Werkstatt zurückließ, wissen wir nicht.

Für die ersten beiden Werke (Frauenstein und Freiberger Dom) hat sich Silbermann die Materialien vom jeweiligen Rat liefern lassen. Für alle folgenden Werke schaffte er sie selbst an. Wir können annehmen, daß er fast alles von Freiberger Händlern kaufte. Jedenfalls schrieb er am 10. Juni 1723 in seiner schon mehrfach zitierten Bittschrift an den sächsischen Kurfürsten: »Weil diese Stadt [Freiberg] mir wegen des Holtzes und anderer zu meiner Profession gehörigen Materilien vor andern [Städten] sehr wohl gelegen ist...«[213] Wegen des Holzes hat Silbermann eine besonders gute Vorratswirtschaft betrieben. An Pastor Johann Balthasar Olischer in Reichenbach schrieb er einmal: »...da ich noch selbst Holz Gott sey Danck in Vorrath habe ... und kommt mich das Holz in Reichenbach theurer als hier [in Freiberg] an...«[214] Dem Rat zu Dresden berichtete er am 13. Juni 1732, »vorräthige Pfosten und Bretter bereits vor 16 bis 18 Jahren erkaufft« zu haben.[215] Gottfried Silbermann muß sich demnach bald nach Vollendung der Freiberger Domorgel einen großen Holzvorrat zugelegt haben. Der Dresdner Pastor Johann Jacob Gräfe (1708–1759) schrieb in einem Bericht vom 9. April 1758, also einige Jahre nach Silbermanns Tod, sehr treffend: »Es ist auch nicht zu leugnen, daß Herr [Zacharias] Hildebrand die Vorteile im Einkauff nicht hat haben können, die ehemals dem Herrn Silbermann zu statten gekommen sind, der zu gelegenen Zeiten das beste Holz in Wäldern in großer Menge einkaufen und in Freyberg aufbehalten können ...«[216] Übrigens befanden sich in Silbermanns Nachlaß Quittungen (vom 1. Mai bzw. 12. Juni 1748), wonach er an die Freiberger und Grillenburger Amtsschreiber über 147 Taler für Holz bezahlt hat.[217]

In Gottfried Silbermanns Werkstatt herrschte eine gute Arbeitsorganisation. Wir werden bei der Darstellung der Baugeschichte einzelner Orgeln darauf noch eingehen. Jetzt nur ein Beispiel. Am 8. November 1738 bat er den Greizer Hofrat Johann Oßwald Fickweiler, am 1. Dezember »vier recht große Land-Fuhrmanns-Fracht-Wagen« zur Abholung der Orgel-

213 Siehe Anh. SD. Nr. 15.
214 Bl. 8 f. der in Anm. 90 genannten Akte.
215 StA. Dresden: Akte Sign. B II 27, Vol. III, Bl. 136 f.

216 StA. Dresden: Akte Sign. D XXXIV 20, Bl. 82 f.
217 Blatt 49 b der in Anm. 151 genannten Akte.

teile nach Freiberg zu schicken. Falls es zu diesem Zeitpunkt nicht möglich wäre, erbat er sich »durch ein paar Zeilen Antwort« aus, wann die Wagen in Freiberg ankommen, »weil ich mich mit dem Einpacken darnach richten muß, und wenn das Werckzeug eingepacket, können alsdenn meine Leute nichts arbeiten, sondern müßen müßig gehen…«[218]

Alle mit einem Orgelneubau zusammenhängenden Dinge wurden von den »Kontrahenten« zunächst mündlich »wohlbedächtig abgehandelt« und dann schriftlich in Form eines Vertrages niedergelegt. Diese sogenannten »Orgelcontracte« wurden stets »in duplo«, das heißt zweifach, ausgefertigt.

Ein Exemplar behielt der jeweilige Auftraggeber, und das andere bekam der Orgelbauer. In Silbermanns Nachlaß befanden sich der Vertrag vom 27. Juli 1750 über die Dresdner Hofkirchenorgel und weitere »Drey und Vierzig Stück Orgel-Bau-Contracte«, die er »mit denen Räthen in Städten, Aemtern [und] Geistlichen wegen Erbauung Neuer Orgel-Wercke« geschlossen hatte.[219] Leider hat der Notar die Kontrakte nicht einzeln verzeichnet, außerdem ist über ihren Verbleib nichts bekannt. Aber auch ein großer Teil der Duplikatstücke ist verschollen. In den gegenwärtig bekannten Orgelbauakten sind noch vierzehn Kontrakte im Original und neun in Form von zeit-

218 STA. Weimar, Außenstelle Greiz: Akte Sign. C II Ae 17 e, Bl. 42 f.
219 Bl. 48 ff. der in Anm. 151 genannten Akte.
220 Die zeitgenössischen Angaben über die Anzahl der von Silbermann geschaffenen Orgeln geben uns einige Rätsel auf. Nach Bahn (S. 145) soll er bis 1748 schon »allbereit 48 Orgeln gebauet« haben. In dieser Zahl können Silbermanns letzte Werke (Nassau, Frankenstein und Hofkirche Dresden) noch nicht inbegriffen sein. Hiernach hätte er insgesamt einundfünfzig Orgeln gebaut. In der 1720 gedruckten Beschreibung der Dresdner Sophienorgel (vgl. Anm. 143) wurde behauptet, Silbermann habe bereits »mehr als 12 gantz neue Orgeln hin und wieder in seinem Vaterland, zu geschweigen der vielen kleinen … erbauet …« (vgl. Anm. 144). Wir kennen aber nur acht Orgeln, die in dem Zeitraum von 1710 bis 1720 entstanden: Frauenstein (1710/11), Freiberg Dom (1711/14), Pfaffroda (1715), Oberbobritzsch (1716), Niederschöna (1716), Freiberg St. Jacobi (1717/18), Großkmehlen (1718) und Freiberg St. Johannis (1719). In den Carmina (s. Anh. OWS.) wurden hin und wieder Opuszahlen angegeben, allerdings erst relativ spät. Das erstemal 1735 bei der Weihe der Freiberger Petersorgel. Sie soll Silbermanns 38. Werk gewesen sein. Es folgten die Orgeln in der Frauenkirche zu Dresden (1736), zu Ponitz (1737) und Frauenstein (1738) mit den Opuszahlen 39, 40 und 41. Die nächsten Werke zu Greiz (1739) und Zittau (1741) hätten demnach als op. 42 und 43 gezählt werden müssen. Das Greizer Werk wurde

aber einmal als 41., ein andermal als 42., und das Zittauer als 42. bzw. 44. Werk bezeichnet. Der Zittauer Orgel folgte die zu Großhartmannsdorf (1741). Sie wurde einmal als 44. Werk und andermal Silbermanns »Fünf und Vierzigstes Meisterstück« genannt. Es folgten: Zöblitz (1742) ohne Opuszahl, Fraureuth (1742) als op. 46 und Schloßkapelle Burgk (1743) als op. 47. Von den letzten drei Orgeln Gottfried Silbermanns (Nassau, Frankenstein und Hofkirche Dresden) sind keine Opuszahlen überliefert. Es ergibt sich demnach eine Gesamtzahl von genau fünfzig Orgeln. Im Widerspruch hierzu steht die Tatsache, daß sich in Silbermanns Nachlaß nur vierundvierzig Baukontrakte befanden, wie die bereits zitierten Aufzeichnungen des Notars Langbein unzweifelhaft beweisen. Sollte Silbermann nicht alle Kontrakte aufbewahrt haben? Das ist kaum anzunehmen. Und daß er eine Orgel baute, ohne einen Kontrakt zu schließen, von der »Ausnahme Frauenstein« abgesehen, kommt erst recht nicht in Betracht. Viel eher müssen wir annehmen, daß sich Silbermanns Zeitgenossen bei den Opuszahlen geirrt haben, zumal sie erstmalig angegeben wurden, nachdem Gottfried Silbermann schon zweieinhalb Jahrzehnte gewirkt hatte. Die unterschiedlichen Opuszahlen bei Greiz, Zittau und Großhartmannsdorf beweisen, daß wir uns nicht auf ihre Richtigkeit verlassen können. Wir müssen das Problem einfach auf sich beruhen lassen, denn die »fehlenden« Orgeln wären doch inzwischen irgendwann und irgendwo »entdeckt« worden.

genössischen Abschriften bzw. Entwürfen aufzufinden. Einundzwanzig Silbermannsche Orgelbauverträge sind demnach, wie wir annehmen müssen, verlorengegangen.

Der Anzahl der vorgefundenen Kontrakte entsprechend muß der berühmte Meister auch vierundvierzig Werke geschaffen haben. Hinzu kommt noch seine erste Orgel für Frauenstein, die er ohne Lohnanspruch und ohne einen Kontrakt zu schließen gebaut hat.[220]

Obwohl von den vierundvierzig Orgeln, deren Bauverträge Gottfried Silbermann offensichtlich aufbewahrt hatte, dreizehn nicht mehr existieren, so sind doch ihre ehemaligen Standorte zweifelsfrei bekannt. Eigenartigerweise besitzen wir von manchen Orgeln Gottfried Silbermanns, die abgebrochen oder zerstört wurden, noch sehr aufschlußreiche Bauakten. Andererseits nennen wir heute etliche Werke des großen Meisters unser eigen, über deren Baugeschichte keine Akten aufzufinden sind.

Die nachstehenden Verzeichnisse bieten einen Gesamtüberblick über Gottfried Silbermanns Schaffen als Orgelbauer und die mit ihm abgeschlossenen Orgelbauverträge und deren Verbleib.

Lfd. Nr.	Ort (und Kirche)	vollendet	Manuale Stimmen	Bemerkungen über Vernichtung bzw. den heutigen Zustand
1	Frauenstein	1711	I/15	1728 zerstört
2	Freiberg (Dom)	1714	III/45	sehr gut
3	Pfaffroda	1715	I/14	sehr gut
4	Oberbobritzsch	1716	I/13	umgebaut[1]
5	Niederschöna	1716	I/14	gut
6	Freiberg (St. Jacobi)	1718	II/20	sehr gut
7	Großkmehlen	1718	II/22	sehr gut
8	Freiberg (St. Johannis)	1719	I/14	gut (jetzt im Dom)
9	Dresden (St. Sophien)	1720	II/31	1945 zerstört
10	Rötha (St. Georg)	1721	II/23	gut
11	Rötha (St. Marien)	1722	I/11	gut
12	Chemnitz (St. Johannis)	1722	I/14	gut (jetzt in Bad Lausick)
13	Reichenbach (Peter und Paul)	1725	II/29	1927 umgebaut, jetzt rekonstruiert (Neubau)[1]
14	Forchheim	1726	II/20	gut
15	Dittersbach bei Stolpen	1726	I/14	gut
16	Oederan	1727	II/24	gut[2]
17	Rochlitz	1727	II/20	1894 abgebrochen
18	Helbigsdorf	1728	II/17	gut
19	Püchau	1729	II/20	nach dem 1. Weltkrieg abgebrochen
20	Lebusa	vor 1730	I/14	gut
21	Glauchau	1730	II/27	gut
22	Reichenbach (Trinitatis)	1730	?	1773 zerstört
23	Reinhardtsgrimma	1731	II/20	sehr gut
24	Mylau	1731	II/21	verändert[2]
25	Crostau	1732	II/20	gut
26	Freiberg (St. Petri)	1735	II/32	gut
27	Dresden (Frauenkirche)	1736	III/43	1945 zerstört

Lfd. Nr.	Ort (und Kirche)	vollendet	Manuale Stimmen	Bemerkungen über Vernichtung bzw. den heutigen Zustand
28	Ponitz	1737	II/27	gut
29	Frauenstein	1738	II/20	1869 zerstört
30	Greiz	1739	II/31	1802 zerstört
31	Zittau (St. Johannis)	1741	III/44	1757 zerstört
32	Großhartmannsdorf	1741	II/21	sehr gut
33	Zöblitz	1742	II/20	gut
34	Fraureuth	1742	II/20	gut
35	Burgk	1743	I/12	gut
36	Nassau	1748	II/19	sehr gut
37	Frankenstein	1753 (?)	I/13	gut
38	Dresden (Hofkirche)	1755	III/47	1944 ausgelagert, bis 1971 wiederhergestellt
39	Wegefarth	?	?	verschollen
40	Conradsdorf	1714	I/6	verschollen
41	Ringethal	1723 (?)	I/6	gut
42	Tiefenau	vor 1730	I/9	1945 größtenteils zerstört
43	Freiberg (St. Nicolai)	nach 1732	I/5	verschollen
44	Etzdorf	1745 (?)	I/8	gut (seit 1939 im Dom zu Bremen/BRD)
45	Schweikershain	1750 (?)	I/5	sehr gut

1 Das Werk kann nicht mehr als Silbermannorgel angesprochen werden.
2 Das originale Orgelgehäuse wurde durch ein sogenanntes »neugotisches« ersetzt.

Bei den unter lfd. Nr. 39–45 aufgeführten Werken handelt es sich um Positive (pedallose Kleinorgeln), deren Entstehungszeit sich nicht genau datieren läßt.
Gottfried Silbermann muß schon im ersten Jahrzehnt seines Wirkens einige Positive geschaffen haben. Drei namhafte Mitglieder der Dresdner Hofkapelle bestätigten nämlich in einem Attest vom 3. Juni 1723 ausdrücklich, nicht nur Orgeln, sondern auch »Positive« des Meisters »gesehen und gehört« zu haben (vgl. Silbermann-Dokument Nr. 14). Leider wissen wir nicht, um welche Werke es sich handelte.

Übersicht über die von Gottfried Silbermann abgeschlossenen Orgelbauverträge und deren Verbleib

Lfd. Nr.	Ort (und Kirche)	Datum des Vertrages	Verbleib
1	Frauenstein	—1	—
2	Freiberg (Dom)	1710 Oktober 8.	Original erhalten
3	Pfaffroda	?2	nicht auffindbar
4	Oberbobritzsch	?3	nicht auffindbar
5	Niederschöna	1715 Januar 10.	Original erhalten
6	Freiberg (St. Jacobi)	1716 April 28.	Entwurf vorhanden
7	Großkmehlen	1717 Januar 11.	Entwurf vorhanden

Lfd. Nr.	Ort (und Kirche)	Datum des Vertrages	Verbleib
8	Freiberg (St. Johannis)	1718 April 11.	Entwurf vorhanden
9	Dresden (St. Sophien)	1718 Dezember 10.	Original erhalten
10	Rötha (St. Georg)	1718 Dezember 22.	Original erhalten
11	Rötha (St. Marien)	1721 November 12.	Original erhalten
12	Chemnitz (St. Johannis)	1721 Dezember 18.	Abschrift vorhanden
13	Reichenbach (Peter/Paul)	1723 Dezember 18.	Abschrift vorhanden
14	Forchheim	?[4]	nicht auffindbar
15	Dittersbach	?[5]	nicht auffindbar
16	Oederan	1724 Juni 9.	Original erhalten
17	Rochlitz	1725 Mai 28.	Original erhalten
18	Helbigsdorf	1726 Mai 19.	Original erhalten
19	Püchau	1727 Dezember 23.	Original erhalten
20	Lebusa	?[6]	nicht auffindbar
21	Glauchau (St. Georg)	?[7]	nicht auffindbar
22	Reichenbach (Trinitatis)	?[8]	nicht auffindbar
23	Reinhardtsgrimma	?[9]	nicht auffindbar
24	Mylau	1730 August 21.	Original erhalten
25	Crostau	?[10]	nicht auffindbar
26	Freiberg (St. Petri)	1734 August 3.	Abschrift vorhanden
27	Dresden (Frauenkirche)	1732 November 13.	Abschrift vorhanden
28	Ponitz	1734 September 12.	nicht auffindbar
29	Frauenstein	1734 Dezember 28.	Entwurf vorhanden
30	Greiz	1735 Oktober 18.	Original erhalten
31	Zittau (St. Johannis)	1738 Februar 12.	Original erhalten
32	Großhartmannsdorf	?[11]	nicht auffindbar
33	Zöblitz	?[12]	nicht auffindbar[13]
34	Fraureuth	1739 März 20.	Original erhalten
35	Burgk	?[14]	nicht auffindbar[15]
36	Nassau	1745 August 24.	Original erhalten
37	Frankenstein	?[16]	nicht auffindbar
38	Dresden (Hofkirche)	1750 Juli 27.	beglaubigte Abschrift erhalten
39	Wegefarth	?	nicht auffindbar
40	Conradsdorf	?	nicht auffindbar
41	Ringethal	?	nicht auffindbar
42	Tiefenau	?	nicht auffindbar
43	Freiberg (St. Nicolai)	?	nicht auffindbar
44	Etzdorf	?	nicht auffindbar
45	Schweikershain	?	nicht auffindbar

1 Silbermann baute die Orgel, ohne einen Kontrakt abzuschließen.
2 Der Vertrag muß spätestens Anfang 1715 geschlossen worden sein (vgl. Anm. 732).
3 Der Vertrag wurde vermutlich im Jahre 1715 abgeschlossen.
4 Siehe Anm. 1163.
5 Siehe Anm. 1190.
6 Siehe Anm. 1417.

7 Der Vertrag ist vermutlich vor Ende August 1727 abgeschlossen worden (vgl. Anm. 1425).

8 Der Vertragsabschluß erfolgte vermutlich vor Anfang Juli 1729 (vgl. Anm. 1455).

9 Der Bauvertrag ist vermutlich Ende des Jahres 1729 abgeschlossen worden (vgl. Anm. 1472).

10 Der Kontrakt wurde vermutlich nach Januar 1731 geschlossen (vgl. Anm. 1536).

11 Vermutlich erfolgte der Abschluß des Bauvertrages Ende des Jahres 1737 (vgl. Anm. 1956).

12 Der Vertrag wurde vermutlich im April (oder Mai) 1737 abgeschlossen (vgl. Anm. 2008).

13 Es ist aber ein (auf den 25. April 1736 datierter) Dispositionsentwurf vorhanden (siehe Anm. 2007).

14 Der Bauvertrag ist möglicherweise erst im Jahre 1742 abgeschlossen worden (vgl. Anm. 2110).

15 Es ist nur eine (von Silbermann unterschriebene, aber undatierte) Disposition vorhanden.

16 Siehe hierzu Anm. 2175.

Bevor wir Gottfried Silbermanns Orgelbauverträge betrachten, wollen wir versuchen, sein Lebenswerk als Orgelbauer statistisch zu erfassen. Wir gelangen dabei zu folgenden Ergebnissen.

Silbermanns Wirken umfaßte rund vier Jahrzehnte: von 1710 bis 1753. In den ersten beiden Jahrzehnten schuf er dreiundzwanzig Orgeln, darunter eine dreimanualige und drei mit zwei Manualen, aber 27, 29 bzw. 31 Stimmen. In den letzten zwei Jahrzehnten gingen aus Silbermanns Werkstatt zwar nur fünfzehn Orgeln hervor, darunter aber drei dreimanualige und drei größere mit zwei Manualen und 27, 31 und 32 Stimmen.[221] Wir können also sagen, daß Silbermann in der zweiten Hälfte seiner Schaffenszeit kaum weniger produktiv war als in der ersten.

Hinsichtlich der Manualzahl ergibt sich bei Gottfried Silbermanns Orgeln folgendes Bild:

18 Orgeln haben nur ein Manual[222] (und bis zu 15 Stimmen)

22 Orgeln haben zwei Manuale (und 17 bis 32 Stimmen) und

4 Orgeln haben drei Manuale (und 43 bis 47 Stimmen).

Die (bereits 1773 zerstörte) Orgel der Trinitatiskirche zu Reichenbach konnte nicht berücksichtigt werden, da ihre Disposition unbekannt ist.

Wir sehen also, daß Gottfried Silbermann vorwiegend Orgeln mit zwei Manualen gebaut hat. Hinsichtlich der Stimmen- oder Registerzahl überwiegen die zwanzigstimmigen Werke, wie die nachstehende Übersicht beweist.[223]

221 In den Zahlen sind allerdings die Orgeln zu Frankenstein (von Gottfried Silbermann »angefangen« und von seinem Neffen Johann Daniel vollendet) und in der Dresdner Hofkirche (erst nach Gottfrieds Tod vollendet) inbegriffen.

222 Hier sind sieben Positive inbegriffen. Die ehemalige Reichenbacher Trinitatisorgel konnte nicht berücksichtigt werden; denn wir wissen nicht, ob sie ein- oder zweimanualig war.

223 Nicht berücksichtigt werden konnten das verschollene Positiv zu Wegefahrt und die 1773 zerstörte Trinitatisorgel zu Reichenbach, da ihre Dispositionen unbekannt sind.

Anzahl der Orgeln	jeweilige Stimmenzahl	Ort (bzw. Kirche)
2	5	Freiberg (St. Nicolai), Schweikershain
2	6	Conradsdorf, Ringethal
1	8	Etzdorf
1	9	Tiefenau
1	11	Rötha (St. Marien)
1	12	Burgk
2	13	Oberbobritzsch, Frankenstein
6	14	Pfaffroda, Niederschöna, Freiberg (St. Johannis), Chemnitz (St. Johannis), Dittersbach, Lebusa
1	15	Frauenstein
1	17	Helbigsdorf
1	19	Nassau

Anzahl der Orgeln	jeweilige Stimmen- zahl	Ort (bzw. Kirche)
9	20	Freiberg (St. Jacobi), Forchheim, Rochlitz, Püchau, Reinhardts- grimma, Crostau, Frauenstein, Zöblitz, Fraureuth
2	21	Mylau, Groß- hartmannsdorf
1	22	Großkmehlen
1	23	Rötha (St. Georg)
1	24	Oederan
2	27	Glauchau, Ponitz
1	29	Reichenbach (Peter/Paul)
2	31	Dresden (St. Sophien), Greiz
1	32	Freiberg (St. Petri)
1	43	Dresden (Frauen- kirche)
1	44	Zittau (St. Johannis)
1	45	Freiberg (Dom)
1	47	Dresden (Hofkirche)

Gottfried Silbermanns Orgelbauverträge wurden nach einem einheitlichen Schema klar und deutlich abgefaßt, so daß über die Pflichten der Kontrahenten kaum Zweifel auftauchen konnten.[224] Worin bestanden die Pflichten des Auftraggebers, und wozu verpflichtete sich der Orgelbauer? Wir betrachten zunächst die Pflichten des Auftraggebers, ganz gleich, ob es sich um den Rat einer Stadt, einen Amtmann, einen Kirchenpatron oder andere Persönlichkeiten handelte. Sie versprachen, den für die Orgel vereinbarten Geldbetrag an Silbermann zu zahlen.

Das nachstehende Verzeichnis gibt einen Überblick über die Beträge, die Gottfried Silbermann für seine Orgeln empfangen hat. Es ist dabei allerdings zu beachten, daß der Meister von seinen Auftraggebern manchmal noch zusätzliche Leistungen (freie Beköstigung, Holz und andere Materialien) erhalten hat. Die mit (?) versehenen Angaben sind unsicher, da die Bauverträge fehlen.

224 Im Anhang SD. ist unter Nr. 2, 6, 10, 13, 28, 47 und 48 der Wortlaut ausgewählter Orgelkontrakte zu finden.

Lfd. Nr.	Ort (und Kirche)	Gesamtbetrag lt. Vertrag Taler	zusätzliche Zahlungen Taler
1	Frauenstein	—[1]	—
2	Freiberg (Dom)	1500[2]	350[3]
3	Pfaffroda	600 (?)	—
4	Oberbobritzsch	?	—
5	Niederschöna	525	—
6	Freiberg (St. Jacobi)	800	—
7	Großkmehlen	1000	—
8	Freiberg (St. Johannis)	550	—
9	Dresden (St. Sophien)	1500	600[4]
10	Rötha (St. Georg)	1000	—
11	Rötha (St. Marien)	200	—[5]
12	Chemnitz (St. Johannis)	500	—
13	Reichenbach (Peter/Paul)	1500	—
14	Forchheim	?[6]	—
15	Dittersbach	400 (?)	—
16	Oederan	1000	—
17	Rochlitz	575	60[7]

Lfd. Nr.	Ort (und Kirche)	Gesamtbetrag lt. Vertrag Taler	zusätzliche Zahlungen Taler
18	Helbigsdorf	430[8]	–
19	Püchau	600	200[9]
20	Lebusa	?	–
21	Glauchau (St. Georg)	1 200 (?)	–
22	Reichenbach (Trinitatis)	?	–
23	Reinhardtsgrimma	800 (?)	–
24	Mylau	800	50 (?)
25	Crostau	?	–
26	Freiberg (St. Petri)	3 000	–
27	Dresden (Frauenkirche)	4 200	500[10]
28	Ponitz	1 500 (?)	–
29	Frauenstein	500[11]	–
30	Greiz	2 000	–
31	Zittau (St. Johannis)	7 000	150[12]
32	Großhartmannsdorf	600 (?)	–
33	Zöblitz	800 (?)	–
34	Fraureuth	800	–
35	Burgk	600	42[13]
36	Nassau	740	60[14]
37	Frankenstein	?	–
38	Dresden (Hofkirche)	20 000[15]	–
39	Wegefarth	?	–
40	Conradsdorf	200 (?)	–
41	Ringethal	?	–
42	Tiefenau	?	–
43	Freiberg (St. Nicolai)	?	–
44	Etzdorf	?	–
45	Schweikershain	?	–

1 Silbermann schuf das Werk ohne Anspruch auf Lohn. Ihm wurden lediglich die Auslagen erstattet, die Materialien zur Verfügung gestellt und ein wöchentliches Kostgeld gezahlt.

2 Der Rat hatte sich darüber hinaus zur Lieferung sämtlicher Materialien verpflichtet.

3 Die Nachzahlung erfolgte aufgrund eines Kontraktnachtrages (März 1712) und eines Schreibens von Silbermann (vom 4. Dezember 1713).

4 Die Nachzahlung wurde aufgrund eines von Silbermann eingereichten Schreibens (vom 16. November 1720) bewilligt.

5 Vermutlich hat Silbermann noch eine Nachzahlung bekommen, weil er das Werk über den Kontrakt hinaus mit zwei zusätzlichen Stimmen nebst einem Pedal versehen hatte (vgl. Anm. 1055 und 1060).

6 Das Werk hat vermutlich 800 Taler gekostet (vgl. Anm. 1164 und 1165).

7 Siehe hierzu Silbermanns Quittung (SD. Nr. 23).

8 Die Kontraktsumme betrug 450 Taler. Silbermann wurden 20 Taler für die alte (von ihm übernommene) Orgel angerechnet.

9 Die zusätzliche Summe hat die Gemahlin des Kirchenpatrons aus ihrem eigenen Vermögen gegeben (vgl. Anm. 1398).

10 Die Nachzahlung erfolgte aufgrund eines Schreibens von Gottfried Silbermann vom 20. November 1736 (vgl. Anm. 1630 und 1631).

11 Gottfried Silbermann hat seiner Heimatstadt (von den geforderten 800 Talern) 300 Taler »geschencket« (vgl. Anm. 1711).
12 Die Nachzahlung erfolgte aufgrund eines am 8. August 1741 getroffenen Vergleichs.
13 Der Betrag ist von Graf Heinrich III. als persönliche »Discretion« gezahlt worden (vgl. Anm. 2112).
14 Für diesen Betrag hat die Gemeinde (laut Bauvertrag) Holz geliefert (vgl. SD. Nr. 47).
15 Gottfried Silbermann hat (wegen seines am 4. August 1753 erfolgten Ablebens) persönlich nur 10000 Taler empfangen. Die andere Hälfte wurde seinem Erben ausgezahlt.

Die Gesamtsumme war stets in mehreren Raten, sogenannten »Terminen«, fällig. Nach den noch vorhandenen Verträgen zu urteilen, verlangte Gottfried Silbermann den ersten Termin fast ausnahmslos bei Abschluß des Kontrakts und den letzten bei Übergabe der Orgel. Von diesem Prinzip wich er nur selten ab.[225] Er überwachte auch den pünktlichen Eingang des Geldes. Bei Reichenbach drohte er, weil die zu Ostern und Johannis 1724 fällig gewesenen Termine von insgesamt 300 Talern Ende Juli noch nicht bezahlt waren, »etwas anders vorzunehmen und … dieses Werck liegen zu laßen«[226].
Die Auftraggeber mußten sich verpflichten, die in der Werkstatt gefertigten Orgelteile, insbesondere die Pfeifen, Windladen usw., und den Meister nebst seinen Gesellen in Freiberg abzuholen und nach vollendetem Orgelbau wieder nach Hause zu fahren. In den Kontrakten nannte man das »freye Ab- und Zufuhr«. Hinzu kam die wichtige Verpflichtung, dem Orgelbauer und seinen Mitarbeitern ein freies Quartier nebst Brennholz und Kohlen zur Verfügung zu stellen, solange sie an Ort und Stelle zu arbeiten hatten. Nach Greiz schrieb Silbermann deswegen: »… ich hoffe, … daß ich 3 große Stuben bekomme, die Kammern und Küche nicht gerechnet, indem ich selb 8 Personen dahin kommen werde …«[227]

Mancher Kirchenpatron gewährte Gottfried Silbermann, entweder vertraglich oder über den Kontrakt hinaus, noch besondere Vergünstigungen. In Rötha erhielt der Meister zum Beispiel für sich und »die bey sich habenden 5 Personen« für fünfundzwanzig Wochen freie Beköstigung.[228]
Hin und wieder verlangte Gottfried Silbermann, daß die Gemeinde auf ihre Kosten einen »Calcanten« stellt, der beim Intonieren und Stimmen der Orgelpfeifen die Blasebälge zu bedienen hatte.
Die in einem Orgelkontrakt festgelegten Pflichten Gottfried Silbermanns waren wesentlich vielseitiger und umfangreicher als die der Auftraggeber. Er bemühte sich stets, sie genauestens zu erfüllen, und erwartete dasselbe auch von seinen Vertragspartnern. Dem Greizer Hofrat Johann Oßwald Fickweiler hat er das einmal sehr deutlich zu verstehen gegeben, indem er ihm am 28. Mai 1737 brieflich mitteilte: »… werde auch, wenn Gott Leben und Gesundheit geben wird, meinem Contracte Genüge leisten, lebe aber auch der guten Hoffnung, daß an der andern Seite daran nichts ermangeln werde …«[229]
Gottfried Silbermann versprach, in jedem Falle ein »tüchtiges Orgelwerck« zu verfertigen und es »in völligen Stand zu überliefern«. Der Bau der Orgel erfolgte nach einem vorher gefertigten Riß.[230]

225 Bei der Baugeschichte der Orgeln werden wir unter »Baukosten« darauf näher eingehen.
226 Bl. 7 der in Anm. 90 genannten Akte.
227 Bl. 41 der in Anm. 218 genannten Akte.
228 Christian August Freiherr von Friesen veranschlagte pro Person wöchentlich 1 Taler (= 24 Groschen); demgegenüber bekam damals ein Zimmermann 30 Groschen Wochenlohn (PfA. Rötha: Akte Sign. Loc. XIII, 1, Bl. 14), wovon er wohl den gesamten Lebensunterhalt (und nicht nur die Beköstigung) bestreiten mußte. Petriorganist Johann Gabriel Spieß in Freiberg mußte mit 24 Groschen fester Besoldung (ohne Gelegenheitseinnahmen) in der Woche zufrieden sein.
229 Bl. 36b der in Anm. 218 genannten Akte.

Im Kontrakt wurde die Disposition der Orgel, das heißt sämtliche Stimmen oder Register, im einzelnen genau festgelegt. Bei der Übernahme des Werkes achteten die »Examinatoren« dann genau darauf, ob auch alles mit dem Vertrag übereinstimmt. Manchmal versah Silbermann eine Orgel noch mit einer oder gar mehreren zusätzlichen Stimmen, was ihm meistens besonders vergütet wurde.

Gottfried Silbermann verpflichtete sich, das Pfeifenwerk seiner Orgeln aus den im Kontrakt genannten Materialien anzufertigen, das waren sogenanntes »englisches Zinn«, Metall (eine Zinn-Blei-Legierung) und Holz. Selbstverständlich hat das Pfeifenmaterial entscheidenden Einfluß auf die Klangfarbe. Silbermann verarbeitete überwiegend englisches Zinn. Für einzelne Register, zum Beispiel »Nasat« und Rohrflöte, verwendete er allerdings »Metall«, und Holz nahm er nur für bestimmte Pedalstimmen.[231] Die nachstehende Übersicht gibt für zwanzig Orgeln Gottfried Silbermanns Aufschluß über das für das Pfeifenwerk verwendete Material.[232]

230 In Silbermanns Nachlaß befanden sich folgende Utensilien: »Ein Reiß-Zeug bestehend in 3 Circuln und 1 Musicalischer Proportional-Circul und 1 eiserner Haar-Circul, ein Stück Circul nebst 3 Einsez-Federn, Eine doppelte Reiß-Feder« (Bl. 59 f. der in Anm. 151 genannten Akte). Trotzdem ist zweifelhaft, daß Silbermann seine Orgelrisse selbst zeichnete. Für die Freiberger Domorgel hat nämlich Domorganist Elias Lindner († 1731), der auch ein »berühmter Mathematicus« war, nachweislich alle Zeichnungen und Risse angefertigt. Silbermann und Lindner haben wohl auch später zusammengearbeitet. In Helbigsdorf ist das 1726 aufgrund der Kirchrechnung nachweisbar. Lindner zeichnete für die Freiberger Jacobiorgel einen Prospektentwurf, dessen Original sich in der Bauakte befindet (Stadt- und Bergbaumuseum Freiberg). Weiter ist ein Stahlstich (Gesamtansicht der Freiberger Domorgel) vorhanden, der auf eine Zeichnung Lindners zurückgeht. Der Stich befindet sich ebenfalls im Besitz des genannten Museums. Übrigens hat Silbermanns ehemaliger Geselle David Schubert im Jahre 1766 noch behauptet, für seinen Meister »alle Orgelzeichnungen ...« verfertigt zu haben. Er ist aber erst ab 1746 bei Silbermann tätig gewesen. Leider sind die in Silbermanns Orgelbauverträgen erwähnten Risse nicht mehr auffindbar.

231 Die im Anhang (vgl. Anm. 224) wiedergegebenen Kontrakte geben darüber weitere Aufschlüsse.

232 Die Übersicht wurde aufgrund der entsprechenden Kontrakte erarbeitet. Die Angaben für die Freiberger Domorgel stützen sich auf das Attest des Rates vom 2. Oktober 1714, nachdem Silbermann, von den Festlegungen im Bauvertrag abweichend, weitere acht Stimmen aus englischem Zinn verfertigt hatte. Im Falle Glauchau diente die in einer Druckschrift (s. Anh. OWS. Nr. 9) wiedergegebene Disposition als Quelle.

Orgel	Stimmen insgesamt	davon aus				
		engl. Zinn	Metall	Holz	Holz/ Zinn[1]	Holz/ Metall[2]
Niederschöna	14	11	—	1	2	—
Chemnitz	14	10	2	2	—	2
Helbigsdorf	17	9	3	2	2	1
Nassau	19	12	2	2	1	2
Püchau	20	13	2	2	1	2
Frauenstein	20	12	2	3	1	2
Fraureuth	20	14	1	2	1	2
Mylau	21	13	2	3	1	2
Rochlitz	21	14	2	2	1	2

Orgel	Stimmen insgesamt	davon aus				
		engl. Zinn	Metall	Holz	Holz/Zinn[1]	Metall/Holz[2]
Großkmehlen	22	15	3	2	–	2
Rötha	23	16	3	2	–	2
Glauchau	27	18	3	3	1	2
Reichenbach	29	20	3	3	1	2
Greiz	31	22	3	3	1	2
Dresden (St. Sophien)	31	23	3	3	–	2
Freiberg (St. Petri)	32	24	4	4	–	–
Dresden (Frauenkirche)	43	34	7	2	–	–
Zittau (St. Johannis)	44	34	7	2	1	–
Freiberg (Dom)	45	33	7	3	1	1
Dresden (Hofkirche)	47	37	7	2	1	–

1 Die Prinzipalstimme (8 Fuß) der Nassauer Orgel ist ein Beispiel für ein Holz/Zinn-Register. Hier hat Silbermann die Pfeifen für die Töne C–Fis aus Holz gefertigt und die übrigen (ab G) aus englischem Zinn. Die ersteren stehen »innwendig« und die anderen »auswendig«, d.h. im »Gesicht« (oder Prospekt) der Orgel.

2 Es handelt sich um Register, bei denen die Pfeifen der »tiefen« Oktave aus Holz, die übrigen aus Metall gefertigt wurden, z.B. die Rohrflöte (8 Fuß) in Nassau. Bei manchen Registern, z.B. dem Posaunenbaß (16 Fuß) in Nassau, machte Silbermann die Pfeifenkörper aus Holz und die Mundstücke aus Metall.

Aufgrund unserer Übersicht läßt sich sagen, daß Gottfried Silbermann im Durchschnitt und prozentual ausgedrückt für die Pfeifen seiner Orgeln 71% Zinn, 13% Metall, 9% Holz, 3% Zinn/Holz und 4% Metall/Holz verwendet hat.

Manche Orgelbauer haben – zu ihrem finanziellen Vorteil – versucht, hinsichtlich des Pfeifenmaterials von den vertraglichen Festlegungen abzuweichen. Gottfried Silbermann kamen solche Betrügereien gar nicht in den Sinn. Ein dem Namen nach leider unbekannter »Liebhaber Künstlicher Orgel-Wercke« hat das 1737 in einem Gedicht ausgedrückt.[233]

Gottfried Silbermann versprach in seinen Kontrakten, alle notwendigen Materialien »an Zien, Holz, Leder, Leim, Eisenwerck, Meßing und Drat, und was sonsten hierzu erfordert werden mag, auf eigene Kosten und ohne jemand weiteres zuthun, anzuschaffen« und weiter die »benöthigten Handwercks-Leuthe, Als Tischler, Schloßer, Circkel- und Huff-Schmiede, desgl. Nadler und Gürtler, oder wie sie sonst Nahmen haben mögen ... auf seine Kosten zu halten und zu befriedigen...«.[234] Der Meister muß demnach beachtliche kaufmännische Fähigkeiten besessen haben. Er mußte die für das Material und die Zuarbeit anderer Handwerker entstehenden Kosten kennen bzw. genau berechnen. Hinzu kamen seine eigenen Aufwendungen, insbesondere an Löhnen und Kostgeldern für die Gesellen und für sich selbst. Der von Silbermann veranschlagte Preis einer Orgel setzte sich aus vielen einzelnen Posten zusammen.[235]

233 Siehe Anh. OWS. Nr. 29.
234 So heißt es in dem am 18. Dezember 1723 geschlossenen Kontrakt über die Reichenbacher Peter-Pauls-Orgel (PfA. Reichenbach: Akte Sign. B 7 a, Bl. 2 ff.).
235 Bei der Freiberger Domorgel ist das bis in

Bei kleinen und mittleren Orgeln lieferte Gottfried Silbermann, wie aus den Kontrakten hervorgeht, auch die Gehäuse, »sauber und geschickt mit Bildhauer-Arbeit«.[236] Oft wurde in den Verträgen festgehalten, daß die Windladen der Orgel aus bestem Eichenholz, die Blasebälge aus Tannenholz und die »Claviere«, das heißt die Manualtasten, »von guten schwarzen Ebenholz und Elfenbein« verfertigt werden sollen.

Die Kosten für Malerarbeiten, das heißt für die »Staffierung« bzw. Vergoldung des Orgelgehäuses, waren nie in den Kontraktsummen inbegriffen, sondern gingen besonders zu Lasten der Auftraggeber. Auch mit der Zimmererarbeit, die insbesondere für das Lager der Blasebälge und bei der Orgelempore notwendig war, hatte Silbermann nichts zu tun.

Eine besondere Verpflichtung übernahm Gottfried Silbermann mit der Zusicherung einer »Gewährszeit«. Sie betrug, von wenigen Ausnahmen abgesehen, ein Jahr. Wenn an einer Orgel binnen Jahresfrist »etwas wandelbahr werden solte«, versprach er, »solches ohne Entgeldt zu repariren«. Es ist nicht bekannt, ob das einmal praktische Bedeutung erlangt hat.

Die Werke Gottfried Silbermanns sind übrigens bei der Übergabe geprüft worden. An diesen »Orgelexaminationen« waren nachweislich folgende sachkundige Persönlichkeiten beteiligt:

> Immanuel Lehmann, praktischer Arzt in Freiberg;
>
> Johann Kuhnau, Universitätsmusikdirektor und Thomaskantor in Leipzig;
>
> Gottfried Ernst Bestel, Hoforganist in Altenburg;
>
> Elias Lindner, Domorganist in Freiberg;
>
> Johann Samuel Beyer, Musikdirektor und Kantor in Freiberg;

> Christian Pezold, Kammer- und Sophienorganist in Dresden;
>
> Heinrich Raphael Krause, Kantor in Olbernhau;
>
> Theodor Gerlach, Organist in Rochlitz;
>
> Johann Gottlieb Görner, Musikakademiedirektor und Nicolaiorganist in Leipzig;
>
> Emanuel Benisch, Kreuzkirchenorganist in Dresden;
>
> Johann Christoph Erselius, Domorganist in Freiberg;
>
> Johann Georg Pisendel, königlicher Konzertmeister in Dresden;
>
> Theodor Christlieb Reinhold, Kreuzkantor in Dresden;
>
> Johann Heinrich Gräbner, Hoforgelbauer in Dresden;
>
> Christian Heinrich Gräbner, Frauenkirchenorganist in Dresden;
>
> Carl Hartwig, Musikdirektor in Zittau;
>
> Johann Friedrich Fleischer, Pauli-Organist in Zittau;
>
> Johann Gottlieb Tamitius, Orgelbauer in Zittau;
>
> Johann Gottfried Donati, Organist in Greiz.

Nähere Einzelheiten sind im Abschnitt »Übergabe, Prüfung und Weihe« der Baugeschichte folgender Orgeln zu finden: Frauenstein (erstes Werk), Freiberg (Dom), Niederschöna, Freiberg (St. Jacobi), Großkmehlen, Freiberg (St. Johannis), Rötha (St. Georg), Reichenbach (Peter/Paul), Dittersbach, Forchheim, Rochlitz, Püchau, Reinhardtsgrimma, Freiberg (St. Petri), Dresden (Frauenkirche), Frauenstein (zweites Werk), Greiz, Zittau (St. Johannis), Großhartmannsdorf, Fraureuth, Burgk und Conradsdorf. Bei allen übrigen Werken Silbermanns ist nicht bekannt, wer sie prüfte. Die Glauchauer Orgel wurde ohne »Examen« übernommen.

Eine weitere große Verpflichtung und Ver-

---

alle Einzelheiten nachweisbar, weil die Ausgabebelege noch vorhanden sind (SupA. Freiberg: Akte Sign. II I¹ 15). Hier hat zwar der Rat alle Aufwendungen für Material usw. bestritten, aber auf diese Weise wird überhaupt erst erkennbar, was Silbermann sonst für seine Orgeln alles selbst anschaffen mußte.

236 Silbermann muß demnach mit Bildhauern zusammengearbeitet haben. Wir gehen darauf an anderer Stelle noch ein.

antwortung übernahm Gottfried Silbermann, indem er seine Orgeln innerhalb einer im Kontrakt festgelegten Zeit zu liefern versprach. Hier zeigte er sich als guter Arbeitsorganisator und Planer, indem er sich bemühte, in diesem Punkte sein Wort zu halten. Am 28. Juli 1724 schrieb er beispielsweise nach Reichenbach: »Nachdem ich an dem Reichenbachischen Orgelwerck nebst denen Meinigen fleißig arbeite, daß ich zu Michaelis geliebts Gott! meinen gethanen Versprechen werde nachleben und die Orgel überliefern können...«[237] Tatsächlich ist Silbermann »zu Michaelis 1724 ... mit 5 Arbeitern und einer Magd« in Reichenbach eingetroffen und hat »angefangen zu arbeiten«.[238] Manchmal ist es dem Meister aber auch nicht gelungen, die Orgel zum festgelegten Zeitpunkt zu übergeben. So schrieb er am 4. Dezember 1726 an Amtmann Carl Erdmann Weidlich in Rochlitz: »...aniezo aber ich unmöglich von der nöthigen Arbeit von hier [in Oederan] abzukommen vermag, versichere aber ..., daß mein Versprechen zu aller Vergnügen zu erfüllen nicht ermangeln werde, gestalt ich denn mit Gottes Hülffe alle Wercke die ich gebauet mit guter Renomee und Ehre übergeben, ein solches auch in Rochlitz zu erlangen keinen Zweiffel trage...«[239]

Die nachstehende Gegenüberstellung zeigt, soweit es quellenmäßig nachweisbar ist, wann die einzelnen Werke Gottfried Silbermanns übergeben werden sollten und wann die Weihe bzw. Übergabe tatsächlich erfolgte. Dabei treten zum Teil recht erhebliche Differenzen zwischen dem geplanten und dem wirklichen Übergabetermin zutage. Nicht in allen Fällen ist es möglich, die Ursachen dafür zu ermitteln. Wir gehen darauf bei der Darstellung der Baugeschichte der einzelnen Orgeln noch näher ein.

237 Bl. 7 der in Anm. 90 genannten Akte.
238 Ebenda, Bl. 10.

239 Der volle Wortlaut des Briefes ist im Anhang SD. Nr. 20 zu finden.

Lfd. Nr.	Ort (und Kirche)	Übergabetermin lt. Vertrag	Weihe bzw. Übergabe
1	Frauenstein	–[1]	1711 Juli 26.[2]
2	Freiberg (Dom)	1712 Weihnachten	1714 August 20.
3	Pfaffroda	?	1715 Dezember 25. (?)
4	Oberbobritzsch	?	1716 Mai 21.
5	Niederschöna	1716 April	1716 November 22.
6	Freiberg (St. Jacobi)	1717 August (?)	1718 Februar 2.[3]
7	Großkmehlen	1718 Pfingsten	1718 November 20. (?)
8	Freiberg (St. Johannis)	1719 Anfang Januar	1719 Juli 16. (?)
9	Dresden (St. Sophien)	1720 Ende Juni	1720 November 18.
10	Rötha (St. Georg)	1720 Ende September	1721 November 9.
11	Rötha (St. Marien)	1722 Anfang April	1722 April (?)
12	Chemnitz (St. Johannis)	1722 Mitte Dezember	1722 Dezember 25.
13	Reichenbach (Peter/Paul)	1725 Mai 20.	1725 Mai 13.
14	Forchheim	1725 Jahresende (?)	1726 April 23.[4]
15	Dittersbach	1725 Jahresende (?)	1726 November 10.
16	Oederan	1725 Ende September	1727 Mai 25.[5]
17	Rochlitz	1726 Mitte November	1727 Juli 20.
18	Helbigsdorf	1727 Ende Juni	1728 November 18.

Lfd. Nr.	Ort (und Kirche)	Übergabetermin lt. Vertrag	Weihe bzw. Übergabe
19	Püchau ·	1729 Ende Juni	1729 Oktober 15.
20	Lebusa	?	?
21	Glauchau (St. Georg)	?	1730 Juni 11.
22	Reichenbach (Trinitatis)	?	1730 September 10.
23	Reinhardtsgrimma	1730 Mitte Oktober (?)	1731 Januar 6. ·
24	Mylau	1731 Ende September	1731 Dezember 2.
25	Crostau	?	1732 Oktober (?)
26	Freiberg (St. Petri)	1736 Ende Juni	1735 Oktober 31.[6]
27	Dresden (Frauenkirche)	1735 Mitte November	1736 November 25.
28	Ponitz	?	1737 November 18.
29	Frauenstein	1736 Ende September	1738 Juli 2.
30	Greiz	1738 Pfingsten	1739 Juni 21.
31	Zittau (St. Johannis)	1741 Ende September	1741 August 3.
32	Großhartmannsdorf	?	1741 Dezember 3.
33	Zöblitz	?	1742 Juli 15.
34	Fraureuth	1742 Ende September	1742 Dezember 2.
35	Burgk	?	1743 April 14.
36	Nassau	1746 Mitte November	1748 August 4.
37	Frankenstein	?	?
38	Dresden (Hofkirche)	1754 Ende September[7]	1755 Februar 2.
39	Wegefarth	?	?
40	Conradsdorf	?	1714 September 29. (?)
41	Ringethal	?	?
42	Tiefenau	?	?
43	Freiberg (St. Nicolai)	?	?
44	Etzdorf	?	?
45	Schweikershain	?	?

Die mit ? bzw. (?) versehenen Angaben sind nicht mehr bzw. nicht mit Sicherheit nachweisbar.

1 Hier wurde kein Übergabetermin festgelegt, da der Bau der Orgel ohne Abschluß eines Kontraktes erfolgte.
2 Die Orgel ist im Februar 1711 im wesentlichen vollendet, aber erst später geweiht worden.
3 Das Werk ist bereits Ende November 1717 vollendet, die Übergabe aber ohne triftigen Grund hinausgezögert worden.
4 Die Orgel ist Anfang Februar fertig gewesen. Die Weihe erfolgte aber erst zu Ostern.
5 In den ersten Februartagen war das Werk fertig, wurde aber erst am 25. Mai geweiht.
6 Die Orgel ist schon Anfang Oktober vollendet worden. Die Weihe erfolgte aber (auf Wunsch des Superintendenten) erst zum Reformationsfest.
7 Gottfried Silbermann ist ein reichliches Jahr vorher, am 4. August 1753, gestorben. Die Arbeiten wurden kurze Zeit unter Leitung von Zacharias Hildebrandt und dann (ab Ende Oktober 1753) unter der Verantwortung von Gottfrieds Erben, Johann Daniel Silbermann, weitergeführt.

Beim Bau einer Orgel sind zwei Arbeitsabschnitte zu unterscheiden: die Arbeit in der Werkstatt und die Arbeit in der betreffenden Kirche. Im ersten Arbeitsabschnitt erfolgte insbesondere die Anfertigung der Einzelteile, z.B. der Pfeifen, Windladen, Traktur usw. Der zweite Arbeitsabschnitt umfaßte den Aufbau des Gehäuses und das Aufsetzen des Orgelwerkes an dem vorherbestimmten Platz, das Anlegen der Blasebälge und endlich das Intonieren und Stimmen sämtlicher zu den einzelnen Registern gehörenden Pfeifen.

Bei den meisten Werken Gottfried Silbermanns, von den Positiven abgesehen, läßt sich entweder ziemlich genau nachweisen oder mindestens mit großer Wahrscheinlichkeit feststellen, wann und wie lange Meister und Gesellen an Ort und Stelle gearbeitet haben, bis die Orgel vollendet war und übergeben werden konnte. Die nachstehende Übersicht ist das Ergebnis diesbezüglicher Untersuchungen aufgrund der gegenwärtig noch vorhandenen Orgelbauakten oder anderen verläßlichen Quellen. Die mit (?) versehenen Zeitangaben sind allerdings nicht völlig sicher. Auf Einzelheiten des Bauablaufs gehen wir bei der Darstellung der Baugeschichte der betreffenden Orgeln noch ein.

Lfd. Nr.	Ort (und Kirche)	Arbeit in der Kirche Beginn	Ende
1	Frauenstein	1710 nach Mitte Juni[1]	1711 Mitte Februar[2]
2	Freiberg (Dom)	1713 Februar (?)	1714 Mitte August
3	Pfaffroda	1715 September (?)	1715 Weihnachten
4	Oberbobritzsch	1716 März (?)	1716 nach Mitte Mai
5	Niederschöna	1716 Juli (?)	1716 nach Mitte Nov.
6	Freiberg (St. Jacobi)	1717 Juli (?)	1717 Ende November
7	Großkmehlen	1718 Juni (?)	1718 nach Mitte Nov.
8	Freiberg (St. Johannis)	1719 März (?)	1719 Mitte Juli
9	Dresden (St. Sophien)	1720 Juni (?)	1720 Mitte November
10	Rötha (St. Georg)	1721 Mai 22.	1721 Anfang November
11	Rötha (St. Marien)	1722 März (?)	1722 Ende April (?)
12	Chemnitz (St. Johannis)	1722 Ende Mai	1722 Weihnachten
13	Reichenbach (Peter/Paul)	1724 Ende September	1725 Anfang Mai
14	Forchheim	1725 Ende Oktober (?)	1726 Anfang Februar[3]
15	Dittersbach	1726 Mitte Juni[4]	1726 nach Anfang Nov.
16	Oederan	1726 Juni (?)[5]	1727 Anfang Februar[6]
17	Rochlitz	1727 Ende Februar	1727 Mitte Juli
18	Helbigsdorf	1728 Mitte August (?)	1728 Mitte November
19	Püchau	1729 Anfang Juli	1729 Mitte Oktober
20	Lebusa	?[7]	?[8]
21	Glauchau (St. Georg)	1729 Ende Oktober (?)	1730 Anfang Juni
22	Reichenbach (Trinitatis)	1730 Mitte Juni	1730 nach Anfang Sept.
23	Reinhardtsgrimma	1730 Mitte September	1731 Anfang Januar
24	Mylau	1731 August	1731 Ende November
25	Crostau	1732 Juli (?)	1732 Ende Oktober (?)
26	Freiberg (St. Petri)	1735 Februar (?)	1735 Anfang Oktober[9]
27	Dresden (Frauenkirche)	1736 Ende Januar	1736 nach Mitte Nov.
28	Ponitz	1737 Anfang Juni	1737 Mitte November
29	Frauenstein	1738 nach Anfang März	1738 Ende Juni

Lfd. Nr.	Ort (und Kirche)	Arbeit in der Kirche Beginn	Ende
30	Greiz	1738 Anfang Dezember	1739 Mitte Juni
31	Zittau (St. Johannis)	1740 Mitte Juni	1741 Ende Juli
32	Großhartmannsdorf	1741 Mitte August	1741 Ende November
33	Zöblitz	1742 Februar (?)[10]	1742 Mitte Juli
34	Fraureuth	1742 Anfang August	1742 Ende November
35	Burgk	1742 Anfang Dezember	1743 Mitte April
36	Nassau	1748 Mitte April (?)	1748 Anfang August
37	Frankenstein	?[11]	?[12]
38	Dresden (Hofkirche)	1754 Mitte April (?)[13]	1755 Ende Januar
39	Wegefarth	?	?
40	Conradsdorf	?	1714 Ende September
41	Ringethal	?	?
42	Tiefenau	?	?
43	Freiburg (St. Nicolai)	?	?
44	Etzdorf	?	?
45	Schweikershain	?	?

1 Um diese Zeit hat Gottfried Silbermann mit der Arbeit überhaupt begonnen. Wann die Werkstattarbeiten beendet waren und mit dem Aufbau des Werkes der Anfang gemacht wurde, geht aus den Quellen nicht klar hervor.

2 Silbermann hat etwa von Mitte April bis Anfang Mai 1711 nochmals an dem Werk gearbeitet.

3 Die Weihe des Werkes erfolgte erst zum Osterfest. Silbermann hat die Orgel in der Woche vorher nochmals durchgestimmt.

4 Silbermann arbeitete hier mit drei Gesellen. Die übrigen (drei) Gehilfen begannen (zur gleichen Zeit) mit der Arbeit in Oederan.

5 Mit großer Wahrscheinlichkeit haben drei Gesellen Silbermanns mit der Arbeit in Oederan angefangen, während der Meister mit den übrigen drei Gehilfen erst das Werk in Dittersbach baute.

6 Die Orgelweihe erfolgte erst am 25. Mai.

7 Siehe hierzu Anm. 1419.

8 Siehe dieselbe Anm.

9 Die Weihe des Werkes erfolgte erst zum Reformationsfest (31. Oktober).

10 Da Gottfried Silbermann erkrankt war und in Freiberg bleiben mußte, begannen seine Gesellen inzwischen allein mit der Arbeit in Zöblitz. Der Meister folgte später (im April?) nach.

11 Siehe hierzu Anm. 2178.

12 Siehe dieselbe Anm.

13 Die Werkstattarbeiten sind zunächst in Freiberg und dann (ab Sommer 1752) in Dresden ausgeführt worden. Nach Gottfried Silbermanns Tod (4. August 1753) hatte zunächst Zacharias Hildebrandt die Bauleitung. Ende Oktober 1753 übernahm Silbermanns Erbe, Johann Daniel Silbermann, die Verpflichtung und Verantwortung, um den Bauvertrag zu erfüllen und das Werk zu vollenden.

Leider ist es nur bei relativ wenigen Orgeln Gottfried Silbermanns möglich nachzuweisen, wann der Meister und seine Gesellen die Werkstattarbeiten ausgeführt haben und wie lange sie damit beschäftigt waren. Nachdem aber – aufgrund der vorhandenen Quellen – die Zeitspannen für die an Ort und Stelle ausgeführten Arbeiten einigermaßen sicher abgegrenzt werden können, müssen die Werkstattarbeiten logischerweise in den »dazwischenliegenden« Zeiträumen ausgeführt worden sein. Es kann demnach mit einiger Wahrscheinlichkeit gesagt werden, daß sich Gottfried Silbermann und seine Gesellen in den nachstehend aufgeführten Zeitspannen in Freiberg aufhielten und in der Werkstatt beschäftigt gewesen sind.

Ende Februar 1711 bis Januar (?) 1713

Mitte August 1714 bis Mitte September (?) 1714

Anfang Oktober 1714 bis August (?) 1715

Januar 1716 bis März (?) 1716

Mitte Mai 1716 bis Ende Juni (?) 1716

Ende November 1716 bis Juli (?) 1717

Anfang Dezember 1717 bis Anfang Juni (?) 1718

Ende November 1718 bis Februar 1719

Mitte Juli 1719 bis Juni (?) 1720

Mitte November 1720 bis Mitte Mai 1721

Mitte November 1721 bis Februar (?) 1722

Ende April 1722 bis Ende Mai 1722

Ende Dezember 1722 bis Mitte September 1724

Mitte Mai 1725 bis Oktober 1725

Februar 1726 bis Mitte Juni 1726

Anfang Februar 1727 bis Ende Februar 1727

Mitte Juli 1727 bis Anfang August 1728

Mitte November 1728 bis Ende Juni 1729

Mitte Oktober 1729 bis Ende Oktober 1729

Anfang Januar 1731 bis Juli 1731

Anfang Dezember 1731 bis Juni 1732

November 1732 bis Januar 1735

Mitte Oktober 1735 bis Januar 1736

Ende November 1736 bis Ende Mai 1737

Mitte November 1737 bis Anfang März 1738

Anfang Juli 1738 bis Ende November 1738

Ende Juni 1739 bis Mitte Juni 1740

Anfang Dezember 1741 bis Anfang Februar 1742

Mitte Juli 1742 bis Ende Juli 1742

An welcher Orgel Gottfried Silbermann zu einem bestimmten Zeitpunkt gearbeitet hat, läßt sich allerdings nicht immer mit Sicherheit sagen, zumal er manchmal mehrere Werke zugleich in Arbeit hatte. Wir gehen hierauf noch ein, wenn wir die Baugeschichte der einzelnen Orgeln behandeln. Im April 1743 kehrte Gottfried Silbermann, nachdem er die Orgeln zu Fraureuth und Schloß Burgk übergeben hatte, wieder nach Freiberg zurück. Dann hat er — soweit nachweisbar — nur noch die Orgel zu Nassau vollendet. Sie wurde am 4. August 1748 übergeben. Es ist anzunehmen, daß der Meister sich damals einige Jahre dem Bau von Klavieren (Pianoforte) gewidmet hat, bis er Ende Juli 1750 den Auftrag zum Bau der großen Orgel für die katholische Hofkirche zu Dresden bekam. So hat Gottfried Silbermann im Laufe von rund vier Jahrzehnten Werk um Werk geschaffen. Sein Arbeitsprinzip hat er selbst, in einem Brief vom 27. April 1739 nach Zittau, in folgende Worte gefaßt: »...weil das Meinige und meinen Fleiß zu sparen, nicht gewohnt bin, sondern dahin sehe ... eine schöne Orgel zu liefern...«[240] Leider hat ihn der unerbittliche Tod daran gehindert, sein größtes Werk in der Hofkirche zu Dresden selbst noch zu vollenden. Erfüllt hat sich aber die Prophezeiung des Reinhardtsgrimmaer Schulmeisters Gottlieb Schlegel aus dem Jahre 1731[241]:

»Dich läßt Deine Kunst nicht sterben.« Gottfried Silbermann selbst konnte zwei Jahre später, am 9. Juni 1733, an Kurfürst Friedrich August II. von Sachsen schreiben[242]:

»Nachdem ich ... durch unermüdeten Fleiß mich dergestalt recommendiret, daß [ich] ... sehr viele Orgeln in hiesigen Landen ohne Tadel erbauet ...«

---

240 PfA. Zittau: Akte Sign. I 1 16, Bl. 120 f.
241 Siehe Anh. OWS. Nr. 12.
242 Bl. 98 der in Anm. 100 unter 2 genannten Akte. Übrigens hat Gottfried Silbermann in dieser Eingabe nichts von seiner früheren Arbeit »in der Fremde« erwähnt. Er schrieb nur, die Orgelbaukunst in Straßburg erlernet, sich »in hiesige Lande gewendet [und] zu Freyberg häußl. niedergelaßen« zu haben. Das Schriftstück trägt Silbermanns Unterschrift mit dem eigenhändigen Zusatz »Hoff und land Orgelbauer«.

DER MITARBEITERKREIS

ALLGEMEINES

Ein Meister wie Gottfried Silbermann, der in reichlich vier Jahrzehnten fünfundvierzig Orgeln schuf,[243] muß tüchtige und zuverlässige Mitarbeiter gehabt haben. Der Freiberger Kantor Johann Gottfried Fischer[244] schrieb im Jahre 1800: »Er [Silbermann] unterhielt zu allen Zeiten eine große Anzahl Gesellen, so daß immer an zehne und mehrere in seiner Werkstatt arbeiteten.«[245] Das mag glaubwürdig erscheinen, wenn man weiß, daß Fischer den letztverstorbenen Gehilfen Silbermanns, Adam Gottfried Oehme († 1789), noch persönlich gekannt und seine Arbeit gelobt hat.[246] Außerdem ist Fischer ein Schüler des 1772 verstorbenen Freiberger Domorganisten Johann Christoph Erselius gewesen,[247] der mit Gottfried Silbermann viele Jahre befreundet war. Trotz dieser Beziehungen stimmen Fischers Angaben nicht. Andere Autoren haben sie später ungeprüft übernommen und sogar von fünfzehn Gesellen gesprochen.[248] Das ist um so unverständlicher, weil in zahlreichen Orgelbauakten genaue Angaben darüber zu finden sind, wieviel Gesellen Gottfried Silbermann wirklich beschäftigt hat.

Als er am 24. Juni 1710 dem Freiberger Rat seine Bedingungen für den geplanten Domorgelbau bekannt gab, schrieb er u.a.: »... so verlange ich vor meine Arbeit und die 3 Gesellen zu bezahlen 1200 Thlr. ...«[249]

Am 27. Juli 1711 legte Gottfried Silbermann einen »Auffsaz« über seine baren Auslagen vor, die er beim Bau der Frauensteiner Orgel gehabt hat. Hiernach hatte er einen Gesellen zweiunddreißig Wochen, »den andern Gesellen« nur achtzehn Wochen und einen »Jungen« siebenundzwanzig Wochen lang beschäftigt.[250]

In dem Kostenanschlag vom 19. Februar 1715 für die geplante neue Freiberger Jacobiorgel hat der Meister u.a. »500 Thlr. vor Kost und Lohn auf 5 Personen vor 1 Jahr« aufgesetzt. Zu den »5 Personen« gehörte offenbar auch Gottfried Silbermann selbst.[251] Zwei Tage später erwähnte er nämlich, daß er in Pfaffroda »bey der Auffsez- und Stimmung [des Werkes] ... samt seinen 3 biß 4 Leuten Kost, Wohnung und Lager« bekomme.[252]

Drei Tage nach der Weihe der Johannisorgel, am 19. Juli 1719, faßte der Freiber-

243 Hinzu kommt noch sein Wirken als Instrumentenbauer, dessen Umfang sich zahlenmäßig leider nicht bestimmen läßt.
244 Siehe Anm. 176.
245 Vgl. Freiberger gemeinnützige Nachrichten, 1800, Nr. 9, 27. Februar, S. 82.
246 Ebenda, Nr. 13, 27. März, S. 126.
247 Vgl. Fischers Bewerbung um das Freiberger Kantorat vom 4. Oktober 1798 (StA. Freiberg: Akte Sign. VIII II 1 II, Bl. 115).
248 Emile Rupp z.B. schrieb in seiner »Entwicklungsgeschichte der Orgelbaukunst« (Einsiedeln 1929) auf Seite 67: »Unter den 12 bis 15 Gehilfen, die stets in der Reitbahn [?] beschäftigt waren ...« Dähnert (S. 16) schrieb von »fünfzehn Gesellen« und berief sich auf Rupp.
249 StA. Freiberg: Akte Sign. Aa II I 60a, Bl. 9 ff.
250 Siehe Anh. SD. Nr. 3.
251 Siehe Anh. SD. Nr. 7.
252 Stadt- und Bergbaumuseum Freiberg: Akte Bibliotheksnummer 4813, Bl. 6b.

ger Rat den Beschluß, »Silbermanns drey Gesellen einem ieden 2 Thlr.« Trinkgeld zu geben.[253]

Nachdem die Sophienorgel zu Dresden vollendet war, wurden »6 Thlr. denen Orgelmacher-Gesellen [an] Trinckgeld« gezahlt.[254] Es handelte sich offenbar um fünf Personen.[255]

In der Röthaer Orgelbauakte wurde (wegen der »verdungenen Kost«) von »Gottfried Silbermann, dem Orgelmacher, nebst bey sich habenden 5 Personen« gesprochen.[256]

Zu Michaelis (Ende September) 1724 ist »Herr Silbermann mit 5 Arbeitern und einer Magd« in Reichenbach angekommen, um in der Peter-Pauls-Kirche eine Orgel zu bauen.[257]

Am 10. Oktober 1724 schrieb Silbermann an Kurfürst Friedrich August I. von Sachsen: »...ja ich habe iezo drey Gesellen in der Lehre...«[258]

Von Oktober 1725 bis Anfang Februar 1726 arbeitete Gottfried Silbermann in Forchheim. Hier hat er nicht nur die Orgel,

---

253 StA. Freiberg: RPr. 1719 (19. Juli), S. 711. Wer waren diese drei Gesellen? Mit ziemlicher Sicherheit: Zacharias Hildebrandt und Johann George Silbermann. Der dritte könnte Joachim Wagner, der spätere berühmte Berliner Orgelbauer, gewesen sein. Er hat nämlich, wie wir noch beweisen werden, vor 1720 zwei Jahre bei Silbermann gearbeitet.

254 StA. Dresden: Akte Sign. D XXXIV 28 x, Bl. 31 b.

255 Bei der am 15. November 1720, anläßlich der Übergabe der Orgel, gehaltenen Mahlzeit haben »des Orgelmachers Leute« fünf Kannen Wein (à 4 Groschen) bekommen. Vgl. Beleg 95 der Orgelbaurechnung (StA. Dresden: Sophienkirchrechnung Nr. 111, Walpurgis 1720/21, Bl. 56 ff.).

256 PfA. Rötha: Akte Sign. Loc. XIII, 1, Bl. 14. Ob sich Zacharias Hildebrandt mit darunter befand, wissen wir nicht. Vermutlich war aber Silbermanns Magd in der Personenzahl inbegriffen, denn im Dezember 1722 finden wir in Chemnitz auch fünf Personen: drei Gesellen, einen Lehrling und die Magd. Das geht aus den Trinkgeldausgaben hervor (StA. Karl-Marx-Stadt: Johanniskirchrechnung 1722/23). Bei dem Lehrling handelte es sich unzweifelhaft um den damals fünfzehnjährigen Johann Georg Schön. Er war vermutlich schon in Rötha mit dabei. In der von dem Röthaer Pfarrer Johann Ludwig Ritter (1765–1840) verfaßten Druckschrift »Etwas zur Feyer des ersten Jubiläums der beyden Silbermannischen Orgeln zu Rötha« (Leipzig 1821) heißt es auf Seite 19: »Nach einigen Bemerkungen in unsern Kirchenrechnungen hielt sich Silbermann bey diesem Orgelbaue, mit 3 Gesellen [!] und einem Lehrburschen [!], 25 Wochen in Rötha auf und wohnte

in dem Hause, welches jetzt dem hiesigen Wundarzte Herrn Werner gehört.«

257 PfA. Reichenbach: Akte Sign. B 7a, Bl. 10. Wer waren die fünf Arbeiter? Zacharias Hildebrandt scheidet aus, weil er sich um diese Zeit von Silbermann schon getrennt hatte. Es bleiben Johann George Silbermann und Johann Georg Schön und der Tischlergeselle Johann Jacob Graichen, der sich seit Ostern 1724 bei Silbermann in der Orgelbauerausbildung befand. Wer die übrigen zwei »Arbeiter« waren, wissen wir nicht.

258 STA. Dresden: Loc. 13845, Cantzley-Acta Zacharias Hildebrandten ... contra Gottfried Silbermannen ..., Anno 1724, Bl. 17. Wenn Silbermann von »Gesellen in der Lehre« sprach, meinte er damit wohl Lehrlinge, aus denen erst noch Gesellen werden sollten. Wer mögen die drei in der Ausbildung befindlichen »Gesellen« gewesen sein? Mit Gewißheit Johann Georg Schön. Der zweite könnte Johann Jacob Graichen gewesen sein, dessen Lehrzeit als Orgelbauer Ostern 1724 begonnen hatte und bis Ostern 1728 lief. Vgl. den Vertrag vom 5. Oktober 1724 (s. Anh. SD. Nr. 17). Da Silbermann in seiner Eingabe aber ausdrücklich betont hatte, daß die drei »Gesellen« ihm »Lehr-Geld geben«, gehörte Graichen wohl doch nicht zu ihnen. Er hat nämlich kein Lehrgeld bezahlt, sondern von Silbermann 9 Groschen Wochenlohn bekommen, wie der zitierte Vertrag beweist. Graichen war ja Tischlergeselle und als solcher für Silbermann von Anfang an eine vollwertige Arbeitskraft. Wer der dritte »Geselle« war, wird wohl für immer ein Geheimnis bleiben. Es sei denn, wir wollen annehmen, daß Gottfried Silbermann damals Johann Christoph Leibner, der gerade dreizehn Jahre alt geworden war, schon auf-

sondern auch die Kanzel, den Altar und den Taufstein verfertigt.[259] Er wohnte »nebst 8 Gesellen und einer Köchin« in der »Pfarre«.[260] Zu den acht Gesellen gehörten offensichtlich einige Tischler,[261] die Silbermann wegen des Kanzel- und Altarbaues zusätzlich noch brauchte und mitgenommen hatte.

Wenig später, etwa ab Mitte Juni 1726, arbeitete Silbermann in Dittersbach bei Stolpen »nebst 3 Gesellen auf ein halbes Jahr«, wie Pastor Michael Lobegott Marggraff in einer Niederschrift festgehalten hat.[262] Hier liegt ein wohl einmaliger Fall vor: Gottfried Silbermann hat nur drei Gesellen mit nach Dittersbach genommen,[263] während die übrigen (drei?) schon in Oederan arbeiteten.[264]

Am 18. Februar 1727 antwortete Gottfried Silbermann auf eine Anfrage des Rochlitzer Amtmannes Carl Erdmann Weidlich: »Ich werde 4 Gesellen, 2 Jungen und 1 Magd mitbringen…«[265] Er hat Wort gehalten. In der »Rechnung über Einnahmen und Ausgaben bey dem verführten Orgelbau« erscheinen nämlich 15 Taler und 10 Groschen »H. Silbermanns Leuten beym Schluß der Arbeit als Trinkgeld, als deßen Vetter [Johann George Silberman], 3 Gesellen und beyden Jungen«.[266]

Beim Orgelbau zu Püchau sind nach einer Bestätigung des damaligen Pfarrers, M. Friedrich Ehrenreich Weiner, rund 95 Taler »vor 15 wöchentl. Beköstigung des Orgelmachers u. meist 8 Personen von seinen

---

genommen hatte, zumal er bei dessen Taufe Pate gewesen war (Dom Freiberg: TaR. Nr. 52/1711).

259 Silbermann hat sich dabei der »Beyhülffe eines geschickten Bildhauers« bedient. Vgl. Christian Gotthold Wilisch: Kirchenhistorie der Stadt Freiberg, Leipzig 1737, S. 320.

260 Das geht aus dem Taufregistereintrag Nr. 44/1725 (PfA. Forchheim) hervor, in welchem Gottfried Silbermann als Pate genannt wird.

261 Vermutlich ist der Bildhauer (Johann Friedrich Lücke?) in diesem Falle auch als »Geselle« Silbermanns gezählt worden.

262 PfA. Dittersbach: Baurechnung über den von 1721 bis 1725 neu aufgerichteten Kirchturm, S. 8.

263 Hier handelte es sich ja nur um ein einmanualiges Werk mit vierzehn Stimmen.

264 Das muß aus folgendem geschlossen werden: Am 15. November 1726 schickte der Rochlitzer Amtmann Weidlich seinen Amtsboten Andreas Wolfgang Engel mit einem Brief für Gottfried Silbermann nach Oederan. Bei der Rückkehr berichtete der Bote, »H. Silbermann wäre in Dittersbach und wollen seine Leute [!] den Brief dahin schleunig übernehmen«. Am 4. Dezember antwortete Silbermann selbst von Oederan aus und teilte mit, daß der Brief »gleich eingelauffen [sei], als ich mich in Dittersbach befunden und das alda gebaute Werckgen übergeben…« (STA. Leipzig: Akte Amt Rochlitz Nr. 261, Bl. 183b f.). In demselben Brief versicherte Silbermann, er wolle den Rochlitzer Orgelbau »bestmöglichst beschleunigen« und den »bisherigen Verzug dadurch wieder ersezen, weiln, da sonst nur selb vier Personen dahin gekommen [!], nunmehro selbst Achten einzukehren Anstalt gemachet…« Silbermann hat es also für besser gehalten, nicht sogleich nach Vollendung der Dittersbacher Orgel mit den drei dort beschäftigt gewesenen Gesellen die Rochlitzer Orgel zu bauen, sondern mit allen Gesellen zunächst die Oederaner Orgel zu vollenden und dann »selbst Achten«, d. h., er selbst und sieben Personen, wozu wohl auch die Köchin gehörte, nach Rochlitz zu gehen. Wir können aus alledem schließen, daß Silbermann damals sechs Gesellen beschäftigte und drei davon in Oederan schon vorgearbeitet haben, während der Meister mit den übrigen (drei) Mitarbeitern in Dittersbach beschäftigt war.

265 STA. Leipzig: Akte Amt Rochlitz Nr. 261, Bl. 191 f.

266 Ebenda, Bl. 218 ff. Es ergibt sich folgende Frage: Waren die »beyden Jungen« mit zwei der »Gesellen« identisch, die sich – wie bereits erwähnt – nach Silbermanns Worten im Oktober 1724 bei ihm »in der Lehre« befanden. Oder hatte der Meister inzwischen zwei neue Lehrlinge angenommen? Beides ist möglich. Einer der »Jungen«, die mit in Rochlitz arbeiteten, dürfte mit ziemlicher Sicherheit Johann Georg Schön (geb. 1706) gewesen sein. Es wäre jedenfalls nicht ungewöhnlich, wenn er – trotz seines Al-

Leuten«[267] ausgegeben worden. Andererseits zahlte man 8 Taler als »Douceur« oder Trinkgeld »für [nur] 2 Gehilfen des Herrn Orgelbauers«[268]. Am 18.Oktober 1729 quittierte Johann George Silbermann über diesen Betrag, der »mir ... zusamt meinen andern Cameraden ... dargereichet worden«[269] ist.

An dem Orgelbau zu Mylau sollen im Jahre 1731 folgende Mitarbeiter Silbermanns beteiligt gewesen sein: die Orgelmachergesellen Johann George Silbermann und Johann Georg Schön, die Tischlergesellen Peter Hilßmann und Michael Bottner, der Lehrjunge (Johann) Christoph Leibner und die Köchin Justina Reinhard.[270] Nach der Mylauer Kirchrechnung (Laetare 1731/32) haben »H.Silbermanns Leute« 4 Taler und 16 Groschen »als ein Honorarium« bekommen.[271]

Gottfried Silbermanns Mitarbeiter legten wenige Jahre später in der Dresdner Frauenkirchenorgel ein Schriftstück nieder.[272] Darin wurden genannt: die Orgelbauer Johann George Silbermann und Johann Georg Schön, die Tischlergesellen Michael Bottner und Abraham Silbermann, der »Lehr-Junge« Johann Christoph Leipner und die Köchin Magdalene Bley. Es mag fast unglaublich erscheinen, daß Gottfried Silbermann die dreimanualige (im zweiten Weltkrieg leider zerstörte) Dresdner Frauenkirchenorgel nur mit zwei Orgelbauer- und zwei Tischlergesellen nebst einem Lehrling geschaffen haben soll. Und doch ist das durch ein anderes, noch vorhandenes Schriftstück indirekt zu beweisen.[273]

Am 2.November 1735 faßte der Rat zu Freiberg den Beschluß, »des Orgelmachers

ters von einundzwanzig Jahren – noch als »Junge« bezeichnet wurde. Ein anderer Lehrling Silbermanns, Johann Christoph Leibner, wurde noch »Lehr-Junge« genannt, obwohl er nachweislich schon fast dreiundzwanzig Jahre zählte. Vgl. das in der Dresdner Frauenkirchenorgel aufgefundene Schriftstück (s. Anm. 1635).

267 STA. Leipzig: Akte Gutsarchiv Püchau Nr.1948, Bl.13. Die angegebene Personenzahl scheint nicht ganz zuverlässig zu sein. Es ergibt sich nämlich für die Beköstigung nur ein Betrag von rund 6 Talern pro Woche, und das ist für Silbermann und acht Personen etwas wenig. Freiherr von Friesen in Rötha bewilligte ebenfalls 6 Taler pro Woche, aber für Silbermann und nur fünf Personen. Vermutlich gehörten in Püchau zu den »meist 8 Personen« noch Hilfskräfte (Handlanger!) aus der Gemeinde, die nur zeitweise beschäftigt waren.

268 Ebenda, Bl.15f.

269 Ebenda, Bl.12.

270 Nach Flade (S.125) ist 1888 eine neue Kirche gebaut, die Silbermannorgel zunächst abgebrochen und mit einem »neugotischen« Gehäuse in der neuen Kirche wieder aufgestellt worden. Im Originalgehäuse, das als Brennholz verkauft worden sei, ist ein Schriftstück von 1731 gefunden worden, das die Namen der damals am Orgelbau Beteiligten nannte. Leider gab Flade nicht an, was aus dem Dokument ge-

worden ist. Auf Anfrage teilte das Pfarramt zu Mylau dem Verfasser mit, daß über den Verbleib der Urkunde nichts bekannt sei.

271 Weitere Einzelheiten bietet die Kirchrechnung leider nicht.

272 Nach Flade (Erstauflage 1926, S.84) ist das Schriftstück im Jahre 1912 (?) aufgefunden worden, als Johannes Jahn (1868–1933) die Orgel (in stilwidriger Weise) umbaute und erweiterte. »Es befindet sich heute im Pfarrarchiv der Frauenkirche«, schrieb Flade. Dort ist es 1945 mit vernichtet worden. Der Verfasser besitzt aus dem Nachlaß des (1969 verstorbenen) Albrecht Wagner, einem Sohn des 1928 verstorbenen Frauensteiner Rektors und Silbermannverehrers Gottlob Ernst Wagner, eine »buchstäbliche Abschrift« des Schriftstücks, an deren Zuverlässigkeit nicht zu zweifeln ist. Wagner hat auf der Abschrift vermerkt, daß der Orgelbauer Johann Gotthold Jehmlich (1781 bis 1862) das Original bereits Mitte des 19. Jahrhunderts in einer Baßwindlade gefunden habe, als er die Orgel reparierte. Anscheinend ist die Urkunde damals in der Orgel belassen und dann Jahrzehnte später von Jahn wieder aufgefunden worden. Die Originalurkunde wurde am 10.Februar 1734 geschrieben. Der noch als »Lehr-Junge«bezeichnete Johann Christoph Leipner war damals dreiundzwanzig Jahre alt (s. Anm.266). Der Wortlaut ist in Anm.1635 zu finden.

Gesellen 20 Thaler zur Ergötzlichkeit auszuzahlen«, nachdem zwei Tage zuvor die Petriorgel geweiht worden war.[274] Leider wurde die Zahl der Gesellen nicht angegeben.[275]

Der Frauensteiner Rat zahlte dagegen (am 2. Juli 1738) zur Weihe der Orgel an Silbermanns Gesellen nur 6 Taler »TrinckGeldt«.[276] Auch hier wurde leider verschwiegen, wieviel Gesellen es waren.

Ein Vierteljahr später, am 6. Oktober 1738, schrieb Gottfried Silbermann an Hofrat Johann Oßwald Fickweiler in Greiz: »... indem ich selb 8 Personen dahin kommen werde ...«[277] Am 8. November desselben Jahres schrieb er nochmals, daß er »selb 8 Personen hinauskommen« werde,[278] das heißt: Gottfried Silbermann selbst, sechs Gesellen und die Magd. Nachdem Hofrat Fickweiler sich erkundigt hatte, welche Trinkgelder Silbermanns Gesellen andernorts bekommen haben, meinte er: »... da nun der Gesellen 5 sind ... man könnte ... jedem 6 Thaler bezahlen laßen ...«[279] Gottfried Silbermann arbeitete demnach in Greiz mit einem Gesellen weniger, als er ursprünglich mitgeteilt hatte.

Beim Bau der großen (Ende Juli 1741 vollendeten) Zittauer Johannisorgel standen dem Meister wieder sechs Mitarbeiter (außer der Köchin) zur Seite. Schon am 25. Januar 1738 hatte Gottfried Silbermann in Zittau erklärt, daß er »über dem [geplanten] Wercke nebst 7 Personen 3 völlige Jahr unausgesetzt arbeiten ... müsse ...«[280] Über zwei Jahre später, am 11. Mai 1740, teilte er brieflich mit: »... Übrigens bitte ... mir die Gefälligkeit zu erweisen ..., daß in meinem quartier drey zweymännische und zwey einmännische Bettladen nebst Stroh angeschaffet werden ..., die benöthigten Betten aber bringe ich mit ...«[281] Übrigens hatte Silbermann wegen der Arbeit in Rochlitz auf eine Anfrage des Amtmannes Weidlich vom 16. Februar 1727 genau dieselbe Bettenzahl angegeben.[282]

An der Großhartmannsdorfer Orgel hat Gottfried Silbermann von Mitte August bis Ende November 1741 mit vier Gesellen gearbeitet. Das waren: sein Vetter Johann George Silbermann »als Obergeselle«, der »andere« Orgelmachergeselle[283] und die »beyden Tischler-Gesellen«. Die letzteren erhielten je einen Taler, der Orgelbauergeselle zwei Taler und Gottfrieds Vetter zwei Taler und 18 Groschen Trinkgeld.[284]

Bei dem im ersten Halbjahr 1742 erfolgten

273 Gottfried Silbermann hat nämlich im Mai 1732 eine »Genaue Specification« der voraussichtlichen Kosten des geplanten Orgelbaues vorgelegt. Darin berechnete er für Kost und Lohn nur 14 Taler pro Woche (StA. Dresden: Akte Sign. B 27 II, Vol. III, Bl. 139b). Da man pro Woche je Person mindestens 2 bis 2¹/₂ Taler für Lohn und Kost rechnen muß, kann Silbermanns Mitarbeiterkreis tatsächlich nur aus fünf Personen (und der Köchin) bestanden haben. Wieviel Gottfried Silbermann für sich persönlich veranschlagte, erfahren wir nicht, weil die Spezifikation nur seinen »Verlag«, der für den Orgelbau »unumgänglich erfordert« wird, betrifft.

274 StA. Freiberg: RPr. 1734/38, S. 368.

275 Wir dürfen annehmen, daß es sich (wie beim Dresdner Frauenkirchenorgelbau) um fünf Gesellen handelte, so daß auf jeden ein Trinkgeld kam, das einem vollen Monatslohn

entsprach. Aller Wahrscheinlichkeit nach hat sich der Greizer Hofrat Fickweiler Freiberg zum Vorbild dienen lassen, als er einige Jahre später vorschlug, den Gesellen Silbermanns sogar je 6 Taler als Trinkgeld auszuzahlen.

276 Bl. 5b der (verschollenen, aber abschriftlich vorhandenen) Orgelbaurechnung.

277 STA. Weimar, Außenstelle Greiz: Akte Sign. C II Ae 17e, Bl. 41.

278 Ebenda, Bl. 43.

279 Ebenda, Bl. 51, bzw. Bl. 36f. der Akte Sign. a C II Ae 17.

280 PfA. Zittau: Akte Sign. I 1 16, Bl. 57 ff.

281 Ebenda, Bl. 150f.

282 Bl. 191 f. der in Anm. 265 genannten Akte.

283 Das kann nur Johann Georg Schön gewesen sein.

284 PfA. Großhartmannsdorf: zeitgenössische handschriftl. »... Beschreibung von der Neuen Kirche und Orgel ...«, ohne Sign., S. 61.

Zöblitzer Orgelbau wurde nur von Silbermanns »bey sich habenden Orgel- und Tischlergesellen« gesprochen.[285]

Vom Orgelbau zu Fraureuth liegen dagegen wieder genaue Angaben über Silbermanns Mitarbeiter vor. An Trinkgeldern wurden ausgezahlt: 4 Taler an »H. Silbermannen jun.« (Johann George), 6 Taler an »H. Silbermanns Gesellen jeden 2 Thlr.«, je 1 Taler und 8 Groschen an »H. Silbermanns Lehrpurschen« und die Köchin.[286] Gottfried Silbermann wurde demnach 1742 in Fraureuth von vier Gesellen und einem »Lehrpurschen«[287] unterstützt.

Von Fraureuth ist Gottfried Silbermann in den ersten Dezembertagen des Jahres 1742 direkt nach Schloß Burgk gereist, um in der dortigen Schloßkapelle eine zwölfstimmige Orgel zu bauen. Der gräfliche Amtsverwalter (und spätere Hofrat) Rudolph August Heinrich Geldern schrieb darüber einen sehr aufschlußreichen Bericht.[288] Darin heißt es: »...[Silbermanns] Suite bestund in 6 Personen, als seinen Vetter [Johann George], einen Jungen Silbermann[289], und 2 Orgel-Machers- nebst 2 Tischlers-Gesellen und einer Köchin, wegen der selbst zu haltenden Menage...«

Wir finden in Burgk, wie sollte es auch anders sein, dieselbe Personenzahl wie in Fraureuth, nur der »Lehrpursche« ist inzwischen »Geselle« geworden.[290]

Die letzten authentischen Angaben über Gottfried Silbermanns Mitarbeiter stammen vom 4. August 1753, dem Todestag des Meisters. Der Notar Traugott Friedrich Langbein hat sich, nachdem er am Abend des genannten Tages von Gottfried Silbermanns Ableben in Kenntnis gesetzt worden war, »alsofort« in dessen zeitweiliges Dresdner Quartier begeben. Dort traf er folgende Mitarbeiter des eben verstorbenen großen Orgelbaumeisters an: den Orgelmacher Johann Daniel Silbermann, Zacharias Hildebrandt und dessen Sohn Johann Gottfried, Johann Georg Schön, David Schubardt und Adam Gottfried Oehme, »allerseits Orgelmacher-Gesellen«, und den Tischlergesellen Nicolaus Wilhelm Manner, somit insgesamt sieben Personen.[291]

Es gibt also genügend Quellenmaterial, um die Frage beantworten zu können, wieviel Mitarbeiter Gottfried Silbermann gehabt hat. Der besseren Übersicht wegen wollen wir die aus den Akten zitierten Angaben tabellarisch zusammenstellen.

285 Vgl. Wilhelm Steinbach: Historie des Staedtgens Zoeblitz, Dresden 1750, S. 71. Steinbach wirkte von 1727 bis zu seinem Tode (1752) als Pfarrer in Zöblitz.

286 PfA. Fraureuth: Akte Sign. II E a 3, Bl. 14 b.

287 Der »Lehrpursche« könnte – mit großer Wahrscheinlichkeit – Adam Gottfried Oehme gewesen sein, obwohl er damals schon über dreiundzwanzig Jahre alt war (s. hierzu Anm. 266 und 272). Im Alter von fast sechzig Jahren (1778) sprach Oehme noch von Silbermann als »meinen noch im Grabe verehrenden Lehrmeister« (StA. Freiberg: Akte Sign. II I Nr. 17, Bl. 83 ff.). Gottfried Silbermann ist 1753 gestorben!

288 STA. Weimar, Außenstelle Greiz: Familienarchiv von Geldern-Crispendorf, Akte Kap. 17, Kirche Nr. 1, Bl. 3 ff. Siehe auch: Herbert Hüllemann, Die Tätigkeit des Orgelbauers Gottfried Silbermann im Reußenland, Leipzig 1937, S. 56 und 58 ff.

289 Johann George zählte damals allerdings schon fast fünfundvierzig Jahre. Er war demnach nur dem sechzigjährigen Meister gegenüber noch »jung«.

290 Wenn es sich bei dem Fraureuther »Lehrpurschen«, wie wir annehmen müssen (vgl. Anm. 287), um Adam Gottfried Oehme handelte, dann dürfte er mit seinen nunmehr reichlich vierundzwanzig Jahren gerade Geselle geworden sein. Johann George Silbermann bezeichnete sich schon mit reichlich zweiundzwanzig Jahren als »Orgelmacher[ge]selle«, als er am 20. November 1720 (nach vollendetem Sophienkirchorgelbau) »vor mich und meine Cameraden« über die vom Dresdner Rat bewilligte »Discretion« von 6 Talern quittierte (Beleg 6 der in Anm. 255 zitierten Quelle). Gottfried Silbermann selbst nannte sich als Vierundzwanzigjähriger allerdings schon »Orgelmacher«, wie der an anderer Stelle zitierte Vertrag vom 18. Januar 1707 über die Niclasorgel zu Straß-

Jahr	Zahl der Gesellen (einschl. Lehrlinge)	Ort (und Kirche)
1711	3	Frauenstein
1715	3–4	Pfaffroda
1715	4	Freiberg (St. Jacobi)
1719	3	Freiberg (St. Johannis)
1720	5	Dresden (St. Sophien)
1721	5[1]	Rötha (St. Georg)
1722	4	Chemnitz (St. Johannis)
1724	5	Reichenbach (St. Peter/Paul)
1725	8[2]	Forchheim
1726	3 }[3]	Dittersbach
	(3) }	Oederan
1727	6	Rochlitz
1729	8 (?)[4]	Püchau
1731	5	Mylau
1734	5	Dresden (Frauenkirche)
1739	5	Greiz
1741	6	Zittau (St. Johannis)
	4	Großhartmannsdorf
1742	5	Fraureuth
1743	5	Burgk
1753	7	Dresden (Hofkirche)

1 Vermutlich ist hier in der Personenzahl die Magd mit inbegriffen gewesen (vgl. Anm. 256).
2 In dieser Zahl sind andere Handwerker inbegriffen, die nicht unmittelbar (bzw. nur zeitweise) »Gehilfen« Silbermanns waren.
3 Siehe hierzu Anm. 264.
4 Diese Angabe ist nicht verläßlich (siehe Anm. 267).

Unsere Übersicht gibt fast ausnahmslos über die Zahl der Gesellen Aufschluß, mit denen Gottfried Silbermann an Ort und Stelle, also in der betreffenden Kirche, arbeitete. Hat er zur gleichen Zeit darüber hinaus noch Gesellen in seiner Freiberger Werkstatt beschäftigt? Dafür gibt es weder Anhaltspunkte noch Beweise, außerdem wäre es völlig unwahrscheinlich.[292] Es deutet vielmehr alles darauf hin, daß stets sämtliche Gesellen daran beteiligt waren, wenn in irgendeiner Kirche eine Orgel aufgesetzt wurde.[293]

Wir können also mit Gewißheit sagen, daß Gottfried Silbermann durchschnittlich nur fünf Mitarbeiter beschäftigt hat. Es ist dabei zu beachten, daß sich das Quellenmaterial ziemlich kontinuierlich über seine gesamte Schaffenszeit (1710 bis 1753) erstreckt. Gottfried Silbermanns Leistungen als Orgel- und Instrumentenbauer sind demnach, unter Berücksichtigung der relativ wenigen Mitarbeiter, sowohl hinsichtlich der Qualität als auch der Quantität sehr hoch zu bewerten.

Über die Arbeitsbedingungen, die Gottfried Silbermann seinen Gesellen bot, gibt es zwei positive zeitgenössische Äußerungen. Ein dem Namen nach unbekannter »Liebhaber künstlicher Orgel-Wercke« schrieb 1737 in einem Gedicht[294]: »... Du gönnest jedermann gern sein Verdienst und Brod; Hergegen wenn Du auch ein Werck einmal gedungen, so leidest Du auch nie an den Gehülffen Noth, Du weißt, wie Künstler zu tractiren, derhalben läßt Du sie auch

burg beweist. Wann aus einem »Lehrpurschen« ein »Geselle« wurde, hing wohl vor allem vom Talent und der Tüchtigkeit des Betreffenden ab und erst in zweiter Linie vom Lebensalter.
291 Bl. 33b der in Anm. 151 genannten Akte. Bei der Rekonstruktion der Hofkirchenorgel ist u.a. eine Reparatur einer Pedalwindlade notwendig gewesen. Infolge der Auslagerung (gegen Ende des 2. Weltkrieges) hatte sie durch Feuchtigkeit gelitten und mußte neu verleimt werden. Bei dieser Gelegenheit kam, wie Frank-Harald Gress aus Dresden dem Verfasser mitteilte, ein

Schriftstück zum Vorschein. Gress übermittelte dem Verfasser am 1. Dezember 1979 freundlicherweise eine Abschrift bzw. eine Fotokopie der Urkunde. Sie hat folgenden Wortlaut: »Anno 1752 [?]. Ist dieses Werck erbaueth worden. Von S[alvo] T[itulo] HErrn Gottfrid Silberman Mit gehülfen seynd geweßen S[alvo] T[itulo] HErr Zacharias Hildebrand von Leipzig [vgl. Anm. 508] und deßen HErr Sohn Mons[ieur] Gottfrid Hildebrandt. Orgelmacher Gesellen seynd geweßen David Schubert [vgl. Anm. 2236] Johann Georg Schön [vgl. An-

merkung 2231], Adam Öhme [vgl. Anm. 2232]
Wilhelm Eraßmus [?], und ein Tischler Geselle
Nicolaus Wilhelm Manner [vgl. Anm. 532].
Dieses Werck hat gekost 20000 thl. ohne das Ge-
heiß [= Gehäuse] ohne Mahler und Bildthauer
[vgl. SD. Nr. 48]. Ich als ein mitgehülfe bekam
darvon 2000 thl. und wöchentlich wärender
Arbeith 6$\frac{1}{2}$ thlr. [vgl. Anm. 2230].
Zacharias Hildebrandt.

dem dieses zu gesichte kömt der gedencke an uns
ob wir gleich nicht mehr werden zu finden sein
Vale [lat. ›Lebe wohl!‹]«
Das Schriftstück ist vermutlich – spätestens –
Anfang des Jahres 1752 geschrieben worden. Es
fällt nämlich sofort auf, daß Johann Daniel Silbermann, der unzweifelhaft im Frühjahr 1752
nach Freiberg gekommen war, (noch) nicht erwähnt wird, obwohl er aus dem Nachlaß seines
(am 4. August 1753 verstorbenen) Onkels Gottfried Silbermann »Salarium auf 1$\frac{1}{4}$ Jahr« bekommen hat (vgl. Anm. 2614). Er muß dem-
nach an dem Werk auch mitgearbeitet haben.
Vermutlich ist das Schriftstück aber schon geschrieben und vielleicht auch schon in die fertige
Windlade eingelegt worden, bevor Johann Daniel mitarbeitete. Der Orgelbauergeselle »Wilhelm Eraßmus« wird sonst nirgends genannt. Er
wurde auch von Notar Langbein, der Silbermanns Gesellen am Sterbebett des großen Orgelbaumeisters antraf, nicht erwähnt. Der Namenszug »Zacharias Hildebrandt« unter dem Schriftstück stammt nicht von Hildebrandt selbst! Das
zeigen Vergleiche mit noch vorhandenen eigenhändigen Unterschriften. Wer die Urkunde geschrieben hat, wird sich kaum mehr ermitteln
lassen. Die Handschrift deutet jedenfalls auf
einen geübten Schreiber und nicht auf einen
»Gelegenheitsschreiber« hin. Vermutlich hat
Hildebrandt die Urkunde von einem (uns unbekannten) schreibgeübten Mann ausfertigen
lassen. Jedenfalls sind alle in dem Schriftstück
enthaltenen Angaben quellenmäßig belegbar.
Übrigens hatten Gottfried Silbermanns Gesellen
auch beim Bau der Frauenkirchenorgel zu Dresden in einer Pedalwindlade ein Schriftstück
niedergelegt, wovon allerdings nur noch eine
(verhältnismäßig späte) Abschrift existiert (vgl.
Anm. 1635). Möglicherweise haben wir in dem
Schriftstück aus der Hofkirchenorgel nur eine
(spätere) Abschrift vom Original vor uns. Es wäre
jedenfalls denkbar, daß die Originalurkunde
irgendwann entdeckt und damals gegen eine
Abschrift ausgetauscht worden ist.

292 In der Rochlitzer Orgelbauakte ist eine

Begebenheit überliefert, die uns veranlaßte, der
gestellten Frage nachzugehen. Am 9. April 1725
schickte Amtmann Weidlich den Amtsboten
Johann George Held mit einem Brief für Gottfried Silbermann nach Freiberg. Als der Bote am
nächsten Tage zurückkehrte, berichtete er, »daß
er zwar zu Freyberg in H. Silbermanns Wohnung geweßen [sei], dießen aber zu Hauße nicht
angetroffen, sondern die Nachricht erhalten
hätte, daß er sich dermahlen zu Reichenbach im
Voigtlande befände, wohin ihm die Seinen [!]
das zugeschickte Schreiben mit nächster Post
übersenden wollen, und würde von da ehestens
Antwort einlaufen« (STA. Leipzig: Akte Amt
Rochlitz Nr. 261, Bl. 108 f.). Das ist auch geschehen. Am 15. April 1725 antwortete Silbermann von Reichenbach aus und bestätigte, daß
er den Brief Weidlichs vom 9. April drei Tage
später (!) »mit der Freybergischen Post allhier
zu Reichenbach« erhalten habe. Da Silbermann
keine Familie hatte, können mit »den Seinen«,
die der Bote in Freiberg in Silbermanns Wohnung antraf, nur Gesellen gemeint sein. Also
waren doch Gesellen in Freiberg, während Silbermann in Reichenbach arbeitete? Der Grund
dafür war offenbar sehr einfach: Das Reichenbacher Werk ist rund vier Wochen später, am
11. Mai 1725, übergeben und am übernächsten
Tag geweiht worden. Silbermann teilte in seinem
Brief vom 15. April dem Rochlitzer Amtmann
mit, daß die Reichenbacher Orgel »nunmehro
[noch] in die Reine zu stimmen« sei. Dazu
brauchte der Meister aber nicht mehr alle fünf
Mitarbeiter. Da damals noch weitere Aufträge
vorlagen, denn es waren vier Orgeln (Dittersbach, Forchheim, Oederan und Rochlitz) zu
bauen, hat Silbermann offensichtlich einige Gesellen nach Freiberg zurückgeschickt und sie an
diesen Werken arbeiten lassen.
In einem anderen Fall hat Gottfried Silbermann
uns selbst bewiesen, daß er keine Zeitvergeu-
dung duldete. Am 8. Dezember 1736 teilte er
dem Hofrat Fickweiler in Greiz mit, daß die
Dresdner Frauenkirchenorgel »Gottlob übergeben« worden sei. Im Frühjahr (1737) wolle
er in Ponitz die Orgel aufsetzen und »von da . . .
alsbald nach Graitz« gehen. Ende September
(1736) habe er, schrieb Silbermann, ». . . sogleich
nach Ausstimmung der [Dresdner] Orgel, da ich
meine Leute nicht mehr gebrauchet, nach Freyberg geschicket und [sie] pur eintzig und allein
und noch bis dato« an der Greizer Orgel arbeiten
lassen (STA. Weimar, Außenstelle Greiz: Akte
Sign. C II Ae 17e, Bl. 28).

niemals Mangel spüren...« Hiernach hat Silbermann immer genügend Gehilfen bekommen, weil er ihnen gute Arbeitsbedingungen bot. Zur Weihe der Fraureuther Orgel sind im Jahre 1742 »Einige Discurse Zweyer Orgelfreunde« im Druck erschienen.[295] Darin heißt es, daß »Herr Silbermann ... die besten Leute hält, welchen er einen raisonablen Lohn giebt...«[296] Gottfried Silbermann konnte deshalb den Zittauer Orgelbaudeputierten, weil sie seine finanziellen Forderungen zunächst nicht akzeptieren wollten, mit Nachdruck erklären, daß er »seine Leuthe ... mit guter Kost und hohen Lohne versorgen ... müsse...«.[297] Silbermann zahlte demnach seinen Mitarbeitern nicht nur Lohn, sondern gewährte ihnen auch freie Beköstigung sowie freie Unterkunft.[298] Über die Höhe des Lohnes und den Geldwert der Beköstigung geben drei Quellen Aufschluß.

Nach Silbermanns Aufsatz über seine Auslagen für die erste Frauensteiner Orgel haben die Gesellen 16 Groschen Wochenlohn[299] und einen Taler (oder 24 Groschen) Kostgeld pro Woche bekommen; nur der »Junge« mußte mit 16 Groschen Kostgeld zufrieden sein.[300] In dem Kostenanschlag vom 19. Februar 1715 für die Freiberger Jacobiorgel berechnete Silbermann pro Person und Woche $1\frac{1}{2}$ Taler (oder 36 Groschen) an Lohn und ebensoviel für Beköstigung.[301] Verhältnismäßig genaue Angaben über die den Gesellen zustehenden Barlöhne sind dem Bericht des Notars Traugott Friedrich Langbein zu entnehmen. Es bestanden nämlich zur Zeit des Todes des Meisters noch Lohnrückstände. Sie wurden aus dem nach-

293 Bei der Zittauer Johannisorgel ist das sogar aktenkundig zu beweisen. Silbermann hatte erklärt, daß er an dem Werk mit sieben Personen drei Jahre arbeiten müsse. Davon entfielen reichlich dreizehn Monate auf Arbeiten an Ort und Stelle. Die übrige Zeit brauchte Silbermann für die Arbeit in der Freiberger Werkstatt. Mit wieviel Gesellen er hier arbeitete, läßt sich natürlich nicht nachweisen. Wichtig ist aber, daß er mit sieben Personen in Zittau war. Das wird durch seinen Brief bewiesen, in dem er um Bereitstellung von »drey zweymännischen und zwey einmännischen Bettladen« bat. Demnach können niemals einige Gesellen in Freiberg geblieben sein.

294 Siehe Anh. OWS. Nr. 29.

295 Der Autor war mit großer Wahrscheinlichkeit der Greizer Organist (und Stadtschreiber) Johann Gottfried Donati. Ein Exemplar dieser Schrift befindet sich im Besitz des Heimatmuseums zu Frauenstein (s. Anh. OWS. Nr. 62).

296 Die zitierten Worte sind auf Seite 12 der Druckschrift zu finden.

297 Vgl. die in Anm. 280 angegebene Aktenstelle.

298 Jedenfalls waren »sämmtliche Betten, worauf die Orgel-Macher-Gesellen schlaffen«, persönliches Eigentum von Gottfried Silber-

mann. Das hat der mit der Nachlaßaufnahme beauftragte Notar ausdrücklich bestätigt. Es handelte sich um »zwey zweymännische Feder-Betten« und um »Drey so genannte Ein-Männische Betten«, jeweils aus Ober- oder Deckbett, Unterbett und Kissen bestehend. Ein (gebrauchtes) zweimännisches Deckbett hatte damals einen Geldwert von etwa 4 Talern. Vgl. hierzu Bl. 35 b f. der in Anm. 151 zitierten Akte. Übrigens hatte Silbermann 1727 bzw. 1741 sowohl nach Rochlitz als auch nach Zittau geschrieben, daß er in das bereitzustellende Quartier die Federbetten für sich und die Gesellen mitbringen werde.

299 Bei diesem relativ niedrigen Lohn dürfte es sich nur um Tischlergesellen gehandelt haben. Den einen hat Gottfried Silbermann vermutlich als Orgelbauer angelernt, denn er zahlte ihm für die letzten drei Wochen je einen Taler Lohn.

300 Siehe Anh. SD. Nr. 3.

301 Vgl. Anh. SD. Nr. 7. Am 5. Oktober 1712 hatte Silbermanns Dresdner Berufskollege, Johann Heinrich Gräbner, einen Kostenanschlag für eine Reparatur der dortigen Sophienorgel vorgelegt und für einen Gesellen »vor Kost und Lohn« 2 Taler und 16 Groschen (oder 64 Groschen) pro Woche verlangt (StA. Dresden: Akte Sign. D XXXIV 28x, Bl. 3), also 8 Groschen weniger als Silbermann.

gelassenen Barvermögen Silbermanns bezahlt.[302] Es haben erhalten:

40 Taler Johann Georg Schön (Januar bis August)

39 Taler 8 Groschen Adam Gottfried Oehme (Januar bis September)

36 Taler 8 Groschen David Schubardt (Januar bis September)

26 Taler Tischler Manner (Januar bis September)

Mit 5 Talern pro Monat war Johann Georg Schön demnach der bestbezahlte Mitarbeiter Gottfried Silbermanns. Oehme und Schubardt bekamen dagegen »nur« rund 4 Taler Monatslohn, wobei die kleine Differenz von 8 Groschen monatlich zugunsten Oehmes zu beachten ist. Bemerkenswert ist der Unterschied zwischen den Löhnen der drei Orgelbauergesellen und dem Lohn des Tischlergesellen Manner, der nur knapp 3 Taler monatlich erhielt. Gottfried Silbermann hat seine Gehilfen offensichtlich nach ihrer zu leistenden Arbeit entlohnt.[303]

Leider ist es nicht möglich, die Namen aller Gesellen festzustellen. Beim Bau der Orgeln zu Mylau und in der Frauenkirche zu Dresden haben sich die Mitarbeiter des Meisters sozusagen selbst vorgestellt, indem sie Dokumente mit ihren Namen in die Werke einlegten. Vielleicht gibt es auch

in anderen Orgeln Gottfried Silbermanns solche Schriftstücke, die nur noch nicht entdeckt worden sind? Es wäre für die Amtmänner, Pfarrer, Stadtschreiber und anderen Leute damals eine kleine Mühe gewesen, in den Akten nicht nur die Anzahl der Gesellen, sondern auch die Namen festzuhalten. Leider haben sie das nicht getan. Lediglich Gottfried Silbermanns Vetter, Johann George Silbermann, wurde viermal erwähnt: in Rochlitz (1727), Großhartmannsdorf (1741), Fraureuth (1742) und Burgk (1743). Er nahm unter den Gesellen insofern eine Sonderstellung ein, weil der Meister ihn als seinen Erben vorgesehen hatte. Das geht aus einigen Orgelbauverträgen hervor. Wir kommen später noch darauf zu sprechen.

Sehr wertvoll ist der Bericht des Notars Traugott Friedrich Langbein, weil darin die letzten Mitarbeiter Gottfried Silbermanns namentlich aufgeführt werden.

Wir kennen von elf Gesellen, die über kürzere oder längere Zeit bei Gottfried Silbermann arbeiteten, die Namen und einige Lebensdaten. Von zwei Tischlergesellen wissen wir nur die Namen. Wir geben zunächst eine kurze Übersicht über die nachweisbaren Mitarbeiter Silbermanns und werden uns anschließend mit jedem besonders beschäftigen.

302 Siehe Bl. 63b der in Anm. 151 zit. Akte.
303 Das tat auch der Meißner Orgelbauer Johann Ernst Hähnel. Beim Bau einer Orgel zu Oschatz zahlte er (1744/46) seinen Gesellen Wochenlöhne von 1 Taler, 20 bzw. 16 Gro-

schen (StA. Oschatz: Akte Sign. I II XXᶠ 13, Bl. 79), also nicht viel weniger als sein berühmter Berufskollege. An Kostgeld gewährte Hähnel seinen Gehilfen ohne Unterschied 28 Groschen pro Woche.

Name des Gesellen	geb.	gest.	Tätigkeit bei Gottfried Silbermann	
			von	bis
Orgelbauergesellen				
Hildebrandt, Zacharias	1688	1757	1713	1722[1]
			1750	1753[2]
Wagner, Joachim	1690	1749	1718 (?)	1719 (?)
Silbermann, Johann George	1698	1749	1710 (?)	1749

Name des Gesellen	geb.	gest.	Tätigkeit bei Gottfried Silbermann von	bis
Schön, Johann Georg	1706	1764	1721	1753[3]
Graichen, Johann Jacob	1701	1760	1724	1728
Leibner, Johann Christoph	1711	1760	1729 (?)	1738 (?) oder 1741 (?)[4]
Oehme, Adam Gottfried	1719	1789	1737 (?) 1746	1743[5] 1753[6]
Schubert, David	1719	1772	1746	1753[7]
Hildebrandt, Joh. Gottfried	1724	1775	1750	1753[8]
Tischlergesellen				
Bottner, Michael	1704	1760	1731 (?)	1737 (?)[9]
Silbermann, Abraham	1708	1753	1734 (?)	?
Hißmann, Peter	?	?	1731 (?)	1733 (?)
Manner, Nicolaus Wilhelm	?	?	?	1753[10]

1 Hildebrandt trennte sich damals von Silbermann und arbeitete selbständig.

2 Nach Silbermanns Tod arbeitete er unter dessen Erben (vermutlich bis Sommer 1754) weiter an der Hofkirchenorgel mit.

3 Nach Vollendung der Hofkirchenorgel (Ende Januar 1755) arbeitete er in Freiberg selbständig.

4 Leibner verließ Silbermann (frühestens) im November 1738 oder (spätestens) im Sommer 1741, arbeitete als Geselle bei Tobias Schramm und dann selbständig in Dresden.

5 Oehme arbeitete 1744/45 als Geselle bei Johann Ernst Hähnel.

6 Er vollendete (unter Johann Daniel Silbermann) die Hofkirchenorgel, war dann Gehilfe bei Schön in Freiberg und arbeitete nach dessen Tod selbständig.

7 Schubert wirkte ebenfalls unter Gottfried Silbermanns Erben noch an der Hofkirchenorgel mit und arbeitete dann selbständig in Dresden.

8 Er arbeitete gemeinsam mit seinem Vater (bis Sommer 1754) mit an der Hofkirchenorgel.

9 Er machte sich (nach 1738?) als Tischler selbständig.

10 Manner hat vermutlich auch nach Silbermanns Tod weiter an der Hofkirchenorgel mitgearbeitet.

ZACHARIAS HILDEBRANDT

Hildebrandt wurde 1688 geboren[304] und stammte aus der niederschlesischen Stadt Münsterberg, wo sein Vater, Heinrich Hildebrandt, als Wagner ansässig war.[305] Vermutlich hat Zacharias bei einem schlesischen Meister gelernt und sich dann auf Wanderschaft begeben. Im Spätherbst 1713 kam er nach Freiberg. Gottfried Silbermann nahm ihn in seine Werkstatt auf und verpflichtete sich, Hildebrandt »in der Orgelmacher-Kunst zu informiren und ihn in solcher Wißenschafft zu perfectioniren«[306]

304 Das Geburtsjahr ist urkundlich nicht belegt, sondern nach der Altersangabe (69 Jahre) in der Todesbeurkundung von 1757 errechnet worden.

305 Das geht aus dem Eintrag im Freiberger Bürgerbuch (s. Anm. 312) hervor.

306 In dem am 9. Dezember 1713 abgeschlossenen Vertrag (s. Anh. SD. Nr. 4) wurde Hildebrandt schon als »Orgelmacher-Geselle« bezeichnet. Die Ausbildung sollte drei Jahre dauern: von Martini (11. November) 1713 bis Martini 1716. Offenbar hat Hildebrandt erst einen Monat Probezeit absolvieren müssen, bevor Silbermann den Vertrag abschloß.

und ihm 10 Groschen Wochenlohn zu geben. Hildebrandt dagegen versprach, später »in Sachßen und Elsaß in keinerley Wege etwas zu arbeiten oder arbeiten zu laßen«, damit Silbermann keine Nachteile hat.

Das Verhältnis zwischen Silbermann und Hildebrandt scheint über acht Jahre lang gut gewesen zu sein. Ende April 1716 hat Gottfried Silbermann darauf hingewiesen, daß er »einen tüchtigen Gesellen« habe, der die Arbeit (an der Freiberger Jacobiorgel) »schon vollends zu Ende bringen werde«, falls er selbst sterben sollte, was er aber »doch nicht hoffen wolle«.[307] Obwohl kein Name genannt wurde, kann Silbermann nur Zacharias Hildebrandt gemeint haben, dessen Ausbildungzeit in wenigen Monaten zu Ende ging. Hildebrandt muß, dem vertraglich festgelegten Zeitraum entsprechend, zunächst noch an der Freiberger Domorgel und dann an den Werken zu Pfaffroda, Oberbobritzsch und Niederschöna mitgearbeitet haben. Da er auch nach Ablauf der »Lehrzeit« noch bei Silbermann »in Arbeit« stand, ist seine Mitarbeit an vier weiteren Orgeln anzunehmen: St. Jacobi und St. Johannis in Freiberg, Großkmehlen und Sophienkirche Dresden.

Der Vertrag vom 22. Dezember 1718 über den Orgelbau in der Georgenkirche zu Rötha wurde nicht nur mit Gottfried Silbermann, sondern auch mit Zacharias Hildebrandt, welcher »bei ersten aniezo in Arbeit stehet«, geschlossen.[308] Gottfrieds Vetter, der damals reichlich zwanzigjährige Johann George Silbermann, war wohl noch nicht soweit, um schon in Erscheinung zu treten. Welchen Anteil Hildebrandt an dem Werk hatte, wissen wir nicht.[309] Vermutlich ist er an der Mitarbeit in Rötha verhindert gewesen, weil ihn sein eigenes Meisterstück, die Orgel zu Langhennersdorf, beschäftigte.[310] Dieses Werk wurde nämlich am 12. Mai 1722, also rund ein halbes Jahr nach Vollendung der Röthaer Orgel, von Kantor und Musikdirektor Johann Samuel Beyer (1668–1744) und Domorganist Elias Lindner (1677–1731), beide aus Freiberg, in Gegenwart Gottfried Silbermanns geprüft.[311] Reichlich drei Monate später, am 26. August 1722, wurde Hildebrandt Bürger der Bergstadt Freiberg[312], und am 14. September desselben Jahres vermählte er sich mit der Freiberger Böttcherstochter Maria Elisabetha Dachselt. Die Trauung erfolgte in Langhennersdorf[313] und – wie wir annehmen dürfen – unter den Klängen von Hildebrandts Meisterstück.

Um diese Zeit kam es zwischen Hildebrandt und Silbermann zum Bruch, weil der junge Meister das seinem Lehrherrn gegebene Versprechen »vergaß«.[314] Daraus entstand ein sehr unerquicklicher Streit.[315] Gottfried Silbermann hatte sich zwar »durch vieles gütliches Zureden dahin bewegen lassen«, am 21. September 1722[316] mit Hildebrandt einen neuen Vertrag zu schließen, der ihm die selbständige Aus-

---

307 Bl. 21 f. der in Anm. 252 genannten Akte.
308 Bl. 1 ff. der in Anm. 256 genannten Akte.
309 Es muß nochmals darauf aufmerksam gemacht werden, daß in dem am 10. November 1721 ausgefertigten Bericht über die Prüfung der Orgel von einer Mitarbeit Hildebrandts nichts erwähnt wurde (vgl. Anh. SD. Nr. 12 und Anm. 256).
310 Gottfried Silbermann schrieb am 10. Oktober 1724 an Kurfürst Friedrich August I. von Sachsen: »...[Hildebrandt] wuste sich gegen mich so aufrichtig anzustellen, daß ich nach vollendeten Lehrjahren [!] ihm in Langhennersdorf eine neue Orgel zum Meisterstück zu bauen

gab...« (Bl. 11 ff. der in Anm. 258 zitierten Akte) In einem anderen Schriftsatz Silbermanns vom 1. September 1724 an den Rat zu Freiberg heißt es: »...nun habe ich Hildebranden in der Kunst treulich instruiret und so weit perfectioniret, bis er zu Lang-Hennersdorff eine neue Orgel zum Meisterstück verfertigen und aufsezen können...« (StA. Freiberg: Akte Sign. Ib IX 24, Bl. 11 ff.)
311 Das Original des am 16. Mai darüber ausgefertigten Berichts befindet sich eigenartigerweise in der Bauakte der Freiberger Jacobiorgel (Stadt- und Bergbaumuseum Freiberg: Akte Bibliotheksnummer 4813, Bl. 45 ff.) und ist bis-

übung der Orgelbaukunst unter bestimmten Bedingungen gestattete,[317] doch es kam zu erneuten Differenzen.[318] Hildebrandt hat sich zum Beispiel am 17. Mai 1724 um den Rochlitzer Orgelbau beworben, obwohl von dort aus schon mit Silbermann Verbindung aufgenommen worden war.[319] Das konnte Hildebrandt aber kaum wissen. Er gab an, »bey H. Silbermann diese Kunst erlernet« zu haben.[320]

her übersehen worden. Beyer und Lindner haben Hildebrandts Meisterstück sehr gelobt. Er hatte z.B. »einige Stimmen, welche den Contract nach von metall seyn sollen, von Zien gearbeitet« und das Gehäuse »viel größer und mühsamer sowohl an Bildhauer- alß Tischlerarbeit verfertiget, alß es anfänglich nach einen vorgezeigten Riß hat werden sollen«. Weiter hatte Hildebrandt »das gesamte Pfeiff-Werck wohl gelöthet, auf das netteste und sauberste auch starck genug ausgearbeitet, helle und reine intoniret und poliret«. Der junge Meister hatte sich jedenfalls in allem »gar fleißig erwiesen«. Das Urteil von Beyer und Lindner über Hildebrandts Meisterstück fiel so gut aus, daß es kaum hätte besser sein können, wenn Silbermann die Orgel selbst gebaut hätte.

312 StA. Freiberg: BB., Sign. I Bc 3, S.279.
313 PfA. Langhennersdorf: TrR. Nr.7/1722.
314 Silbermann schrieb darüber am 1.September 1724 an den Freiberger Rat: »...Nachdem aber Hildebrand die Orgel-Macher-Kunst bey mir gelernet hatte, vergaß er die von mir genoßene Wohlthat und gedachte sowenig an den mit mir getroffenen Contract [vom 9.Dezember 1713], daß er so gar gleichsam vor meinen Augen in der Kirche zu St.Petri alhier die Reparatur der Orgel und zu Störmenthal eine ganz neue zu bauen übernahm...« (Bl. 11ff. der in Anm.310 zitierten Akte im StA. Freiberg). Hierzu noch eine Bemerkung: Die alte Petriorgel ist am 1. Mai 1728 einer Feuersbrunst zum Opfer gefallen. Das Störmthaler Werk ist am 2.November 1723 geweiht worden. Es soll von Johann Sebastian Bach »für tüchtig und beständig erkannt und gerühmt« worden sein.
In ähnlicher Weise wie an den Freiberger Rat drückte sich Silbermann in seiner schon zitierten Eingabe vom 10.Oktober 1724 an den Kurfürsten aus: »...als Hildebrand sein Meisterstück gemachet und ein Attestat seiner Geschicklichkeit halber von mir erlanget hatte, fing er gleich an die von mir genoßenen Wohlthaten zu vergeßen ..., da er sahe, daß ich viele Arbeit auf mir hatte, nicht aber genug Leute darzu bekommen kunte, er ... mich nöthigte, daß ich ihm so viel Lohn als er verlangte geben mußte,

nachgehends aber ginge er gar von mir, sezte den zwischen uns errichteten Contract vollends außer Augen...« (Bl. 11ff. der in Anm.258 zitierten Akte). Für Gottfried Silbermann war Zacharias Hildebrandt der »allerundankbarste Mensch von der Welt ..., [der] alle von seinen Lehrmeister genoßenen, mehr als brüderlichen Wohlthaten in Wind schlägt...«.
315 Er fand in zwei Aktenbänden seinen schriftlichen Niederschlag:
a) Cantzley-Acta Zacharias Hildebrandten, Orgelmachern ... contra Gottfried Silbermannen, Hoff- und Land-Orgelbauern zu Freyberg ... Anno 1724 (STA. Dresden: Loc. 13845) und
b) ACTA H. Zacharias Hildebrand, Orgelmacher, Klägern an einen, contra H. Gottfried Silbermannen, Hoff- und Land-Orgelbauer, Bekl[agten] an andern theil, wegen eines von ihm ausgestellten nachtheiligen Reversus ... 1724 (StA. Freiberg: Sign. Ib IX 24).
Erwähnenswert ist auch ein eigenhändiges Schreiben Hildebrandts vom 27.August 1724 an den Freiberger Rat, in welchem er seine Lage mit herzbewegenden Worten schilderte. Der Brief befindet sich in der Akte Sign. Aa II I 49 (StA. Freiberg).
Der Verfasser widmete in seinem Werk »Auf den Spuren von Gottfried Silbermann« (Berlin 6 1982) dem Rechtsstreit zwischen Silbermann und Hildebrandt ein besonderes Kapitel.
316 Das war genau eine Woche nach Hildebrandts Trauung!
317 Der Wortlaut des Vertrages ist in der in Anm.315 unter b) genannten Akte (Bl. 8ff.) zu finden.
318 Dähnert hat darüber in seiner Monographie »Der Orgel- und Instrumentenbauer Zacharias Hildebrandt« (Leipzig 1962) auf Seite 33ff. ausführlich (mit Quellenangaben) berichtet.
319 Auf eine Anfrage des Amtmannes Weidlich vom 13.Januar 1724 hatte Silbermann am 12.Februar geantwortet. Der Kontraktabschluß (mit Silbermann) erfolgte erst am 28.Mai 1725.
320 Außerdem verwies Hildebrandt mit berechtigtem Stolz darauf, daß er »vorm Jahre in

Über zwei Jahrzehnte später, Ende September 1746, begegneten sich Gottfried Silbermann und Zacharias Hildebrandt in Naumburg an der Saale. Hier hatte letzterer in der Stadtkirche St. Wenzel eine dreimanualige Orgel, und damit sein größtes Werk, erbaut. Der Rat hatte beschlossen, es »von zweyen bekanten düchtigen Meistern und Kunstverständigen visitiren und examiniren zu lassen«. So wurden »der Capellmeister aus Leipzig, Herr Bach, als ein beruffener starcker Organist, und der in seiner Kunst bekante Orgelmacher, Herr Silberman aus Freyberg« nach Naumburg

berufen, um Hildebrandts Werk zu prüfen. Das ist auch geschehen.[321] Bach und Silbermann legten am 27. September 1746 darüber einen schriftlichen Bericht vor.[322]

Da Gottfried Silbermann damals schon mit dem Auftrag zum Bau der Orgel in der (noch im Bau befindlichen) Hofkirche zu Dresden rechnen durfte,[323] hat er in Naumburg möglicherweise mit Hildebrandt über dessen Mitarbeit an diesem Werk gesprochen.[324] Die in Silbermanns Nachlaß aufgefundenen (aber leider verschollenen) Briefe von Hildebrandt[325] könnten durchaus den Dresdner Hofkirchenorgelbau zum

---

der Kirche zu Störmthal … eine gantz neue Orgel erbauet [habe], welche durch Herr Bachen, Cantorem aus Leipzig, visitiret und … ohne Tadel erfunden worden« sei (Bl. 73 der in Anm. 265 genannten Akte).

321 Bach und Silbermann trafen am Sonnabend, dem 24. September, in Naumburg ein. Sie wurden »mit ihren Bedienten« im Gasthof »Zum Grünen Schilde« bewirtet. Nach der Rechnung des Gastwirts Christian Schröter sind von Sonnabend bis Montag jeweils sechs Personen, davon drei »Bediente«, verpflegt worden. Für einen »Herren« kostete eine Mittags- bzw. Abendmahlzeit je 6 Groschen (= damaliger Tagelohn eines Zimmerermeisters), für einen Bedienten aber beide Mahlzeiten zusammen nur 7 Groschen. Für »Caffee« und »Canasder Doback« wurden 1 Taler und 16 Groschen bzw. 16 Groschen aufgewendet. Am Dienstag und Mittwoch hat wohl die übliche Orgelmahlzeit (in kleinem Kreise) stattgefunden. An diesen Tagen wurden nämlich sechs bzw. acht »Herren« bewirtet. Dazu gehörten neben Bach und Silbermann u.a. der Naumburger Kämmerer Edelmann, der Orgelbauer Zacharias Hildebrandt und der Organist Kluge. Insgesamt wurden für Herren und Bediente 23 Taler und 6 Groschen ausgegeben. Dazu kamen noch 7 Taler und 8 Groschen für Wein und zwar achtundzwanzig Kannen »Blancken« und zwei Kannen »Rothen«. Die letzteren und drei Kannen Weißwein sind am 28. September, »früh Bey der Abreise«, getrunken worden. Den »Beyden Herrn Examinatoribus, He. Bachen und He. Silbermannen, [sind] zur Discretion vor ihre Bemühungen [zusammen] 16 Stück Ducaten [= 44 Taler!] gegeben wor-

den«. Zacharias Hildebrandt aber ist durch den Naumburger Orgelbau »in die euserste Armuth gerathen und in das gröste Unglück gestürtzet worden«. Er hatte auf den Orgelbau »würcklich 3000 Thaler verwendet«, der Kontrakt lautete aber nur über 2050 Taler. Hildebrandt hatte daher – nach seinen eigenen Worten – »auch nicht einen Groschen mehr in Vermögen«. So konnte es einem Künstler ergehen, der nicht zugleich (wie ein Gottfried Silbermann) auch Kaufmann war. Ulrich Dähnert hat in seinem Buch (vgl. Anm. 318) ausführlich über den Naumburger Orgelbau berichtet (S. 86 ff.).

Übrigens ist Zacharias Hildebrandt am Ende seines Lebens, beim Bau der Orgel in der Kirche zu »Neustadt bey Dreßden« (ehemalige Dreikönigskirche), wiederum ein schwerer »Rechenfehler« unterlaufen (s. hierzu Anm. 2442).

322 Vgl. Bach-Dokumente, Bd. I, Leipzig/Kassel 1963, S. 170 f.; ebenda, Bd. II, Leipzig/Kassel 1969, Dok. 546–550a. Bemerkenswert sind die zwischen Silbermann und dem Organisten Kluge aufgetretenen Meinungsverschiedenheiten (Dok. 551).

323 In einem Brief vom 21. Juli 1740 an den Dresdner Ratsaktuar hatte Silbermann erwähnt, er habe »lezthin Brieffe von Dreßden erhalten, daß ich die Orgel in der neuen Schloß-Kirche … bauen soll…« (StA. Dresden: Akte Sign. D XXXIV 28z, Bl. 4b).

324 Es ist aber auch denkbar, daß Gottfried Silbermann eine Mitarbeit Hildebrandts erst in Erwägung gezogen hat, nachdem Johann George Silbermann, wohl völlig unerwartet, am 3. September 1749 gestorben war.

325 Siehe Anm. 151, Bl. 49.

Inhalt gehabt haben. Jedenfalls hat Gottfried Silbermann am 10. August 1750 mit Zacharias Hildebrandt einen Vertrag abgeschlossen, »worinnen demselben wöchentlich 6 Thlr. [und] 12 Gr[oschen] und nach verfertigter Orgel 2000 Thaler versprochen« wurden.[326] Auf diese Summe hat Hildebrandt noch zu Silbermanns Lebzeiten 370 Taler »in Abschlag« empfangen.[327] Der Rest ist dann aus Silbermanns Nachlaß ausgezahlt worden.[328] Der hohe Wochenlohn und die zusätzlichen 2000 Taler beweisen, daß Hildebrandt großen Anteil an dem letzten (und zugleich größten) Werk seines ehemaligen Meisters gehabt haben muß.[329]

Zacharias Hildebrandt ist am 11. Oktober 1757 im Alter von neunundsechzig Jahren »am Durchfalle« gestorben und drei Tage später »in Neustadt bey Dreßden« begraben worden.[330] Er soll der beste Schüler Gottfried Silbermanns gewesen sein.[331]

JOACHIM WAGNER

Wagner wurde um 1690 als Pfarrerssohn in Karow (im ehemaligen Herzogtum Magdeburg) geboren.[332] Er wirkte ab 1720 vorwiegend in der Mark Brandenburg und in Pommern.[333] Sein »Erstes Werck und Meyster-Stück« war die 1720/22 erbaute dreimanualige Orgel zu St. Marien in Berlin.[334] Der Erbauer der Altenburger Schloßorgel, Heinrich Gottfried Trost[335], zählte Joachim Wagner 1727 zu den »berühmten und rechtschaffenen Orgelmachern« und stellte ihn damit in eine Reihe mit Gottfried Silbermann.[336]

Bisher gingen die Meinungen darüber, ob

---

326 Der Vertrag befand sich in Silbermanns Nachlaß (vgl. ebenda, Bl. 48 b) und ist leider ebenfalls verschollen, so daß unbekannt bleibt, was er weiter beinhaltete.

327 Ebenda, Bl. 48 b.

328 Ebenda, Bl. 63 und 75 b, und Anm. 2612.

329 Wir gehen darauf noch besonders ein, wenn wir die Baugeschichte der Hofkirchenorgel behandeln.

330 StA. Dresden: KWZ. 1757, Bl. 735 b, 14. Oktober; vgl. auch ToR. der Kirchgemeinde Neustadt/Dresden, 1757.

331 Schon Ernst Ludwig Gerber schrieb in seinem 1790 erschienenen Tonkünstlerlexikon: »Hildebrand (Zach.) ein vortrefflicher und berühmter Orgelbauer, geb. in Sachsen [?], war ein Schüler, und zwar der beste von Gottfried Silbermann ...« Dähnert hat in seiner Monographie über Hildebrandt (s. Anm. 318) dessen Wirken ausführlich geschildert.

332 Das Geburtsdatum ist urkundlich nicht zu belegen, da die Kirchenbücher 1740 verbrannt sind. Das angegebene Geburtsjahr wurde aus Wagners eigenen Angaben errechnet. Er hat in eine Windlade der Berliner Marienorgel einen Zettel geklebt, worauf u. a. zu lesen war: »Diese Orgel habe ich Joachim Wagner, aus Charo im Herzogtum Magdeburg gebürtig, im 30. Jahre meines Alters, nemlich Anno 1720 und 1721, als mein Erstes Werck und Meyster-Stück erbauet...« Vgl. Heinz Herbert Steves: Der Orgelbauer Joachim Wagner (in: Archiv für Musikforschung, 4. Jg., 1939, H. 4, S. 322). Die Inschrift ist um 1890 beim Neubau des Windwerkes der Orgel verlorengegangen, vorher aber glücklicherweise mehrfach veröffentlicht worden.

333 Vgl. den Artikel über Wagner in MGG (Bd. 14, Sp. 77) von Claus-Peter Schulze.

334 Vgl. Anm. 332.

335 Trost war mit Gottfried Silbermann persönlich bekannt. Als letzterer am 21. September 1722 mit Zacharias Hildebrandt den (an anderer Stelle erwähnten) neuen Vertrag abschloß, war Trost Zeuge (Bl. 9 b der in Anm. 315 unter b) genannten Akte).

336 Bl. 174 ff. der Akte Sign. III MM 4 (STA. Weimar, Außenstelle Altenburg: Konsistorialarchiv). Am 2. Oktober 1722, also kurz nach der Freiberger Begegnung (vgl. Anm. 335), hat Trost in einer Eingabe an das Altenburger Konsistorium die Person Silbermanns besonders herausgestellt, indem er schrieb: »...welcher ein weltberühmter Meister ist...« (STA. Weimar,

Wagner ein unmittelbarer Schüler Gottfried Silbermanns war oder nicht, auseinander. Jetzt wissen wir, daß er zwei Jahre bei Silbermann gearbeitet hat. Der Gewährsmann ist Gottfrieds Straßburger Neffe, Johann Andreas Silbermann (1712–1783). Er hat im Jahre 1741 eine Studienreise durch Sachsen unternommen[337] und kam im Frühjahr auch nach **Zittau**, wo sein Onkel gerade an der Johannisorgel arbeitete.[338] Johann Andreas Silbermann verfaßte fünf handschriftliche Bände: das sogenannte Silbermannarchiv[339]. Darin ist folgende Notiz entdeckt worden[340]: »Ao. 1741 war ich in Berlin und speißte den 6. Junij Bey Herrn Wagner zu mittag. Nachdem führte

er mich zur Garnison-Orgel[341]. Ich hatte von meinem Onkel Gottfried Silbermann, als ich aus Zittau von ihm reyßte, Commission, diese Orgel genau zu betrachten, und ihme alsdan Bericht davon zu geben, weilen Herr Wagner bey ihme 2 Jahr in Arbeit gestanden.«[342] Joachim Wagner könnte demnach spätestens etwa von 1718 bis 1719 bei Gottfried Silbermann gearbeitet haben.[343] Genaueres ist leider nicht bekannt.[344]

Wagner starb am 23. Mai 1749 in Salzwedel, wo er »an der Sanct Marien-Kirchen die Orgell machen wollen«, und wurde am nächsten Tage »in der Stille beygesetzet«.[345]

Außenstelle Altenburg: Akte Domänenfideikommiß, Repos. F. VI. 22, Bl. 5). Diese Äußerung ist ein bemerkenswerter Beweis dafür, daß Silbermann auch in Kollegenkreisen entsprechend geachtet und gewürdigt wurde.

337 Das hat Marc Schaefer, Strasbourg, in seinem Artikel über die Orgelbauerfamilie Silbermann kurz erwähnt (vgl. Dictionnaire de la musique, Paris 1970, S. 1027).

338 Dieses Werk ist am 3. August 1741 geweiht worden.

339 Vgl. hierzu Anm. 65, 2. Absatz.

340 Band II, S. 61.

341 Diese (1724/26 erbaute) Orgel war mit drei Manualen und fünfzig Stimmen Wagners größtes Werk.

342 Zitiert nach Albert Hohn: Die Orgeln von Johann Andreas Silbermann (in: acta organologica, Nr. 4/1970, S. 24). Hier wurde diese Quelle erstmals veröffentlicht.

343 Der Joachim-Wagner-Forscher Claus-Peter Schulze in Beilstein (BRD) teilte dem Verfasser am 23. Juni 1978 brieflich mit, daß Wagners erstes Werk (St. Marien Berlin) »hinsichtlich der Disposition, der Windladenbauart und der Pfeifenmensuren die Bekanntschaft seines Erbauers mit Silbermanns Praxis voraussetzt«. Steves (s. Anm. 332) hatte dagegen eine Beeinflussung Wagners durch Silbermann noch für »unwahrscheinlich« gehalten. Schulze wies schon 1966 (in MGG) darauf hin, daß die Werke von Silbermann und Wagner »volle Übereinstimmung in den Pfeifenmensuren einzelner Register, sowie eine auffallende Verwandtschaft im

Dispositionsaufbau, in der Intonation und in der Machart der Windladen und des Regierwerkes« zeigen.

344 Wagner könnte z. B. einer der drei Gesellen gewesen sein, die im Juli 1719 nach Vollendung der Freiberger Johannisorgel je zwei Taler Trinkgeld erhielten (vgl. Anm. 253). Er kann aber auch schon an der Freiberger Jacobiorgel, in Großkmehlen oder in Niederschöna mitgearbeitet haben. Das sind aber nur Vermutungen, wofür es – leider – keine Beweise gibt.

345 PfA. St. Marien Salzwedel: ToR. Nr. 39/ 1749. Der Verfasser erhielt aus Salzwedel einen Totenregisterauszug, in welchem Wagners Alter mit »50 Jahr« angegeben wurde. Auf eine Rückfrage teilte das Pfarramt mit, daß das Alter »ziemlich deutlich« zu lesen sei, man könne jedoch unter Umständen auch »59 Jahr« herauslesen. Vermutlich liegt ein Schreibfehler vor, denn Wagner müßte bei einem Alter von fünfzig Jahren etwa 1699 geboren worden sein, was seinen eigenen Angaben (vgl. Anm. 332) widerspräche. Außerdem wäre es kaum denkbar, daß er als etwa Zwanzigjähriger die große Berliner Marienorgel gebaut hat, von seinen eigenen Worten ganz abgesehen. Wagner scheint ziemlich mittellos gewesen zu sein. In der Kirchrechnung heißt es unter »Einnahme-Geld vor Begräbniß-Stellen«: »...und da er vor der Hand hier nichts gehabt, hat auch seinetwegen hier nichts berechnet werden können...« (vgl. Steves (Anm. 332), S. 324). Diese Quelle nennt auch den Todestag, während im Totenregister nur das Beerdigungsdatum erwähnt wurde.

Aus der ersten Ehe des Vaters von Gottfried Silbermann sind drei Söhne hervorgegangen.[346] Der älteste hieß ebenfalls Michael, wurde am 23. September 1666 in Kleinbobritzsch geboren[347] und war – wie sein Vater – Bauer[348] und später Zimmermann[349] von Beruf. Da seine (1685 bzw. 1692 geschlossenen) Ehen[350] nach sieben bzw. zwei Jahren durch den Tod der Frauen aufgelöst wurden,[351] heiratete Michael ein drittes Mal und wurde am 13. Januar 1696 mit der Gärtnerstochter Christina Kirchner aus Röthenbach getraut.[352] Am 14. Mai desselben Jahres kaufte er in Frauenstein eine »Hausbrandtstatt in der Freybergischen Gaße« und errichtete darauf ein neues Hausgrundstück.[353] Vermutlich noch vor Ende des Jahres 1696 zog

er – wie elf Jahre vor ihm sein Vater – von Kleinbobritzsch hinauf nach Frauenstein.[354] Am 10. Mai 1698 erwarb Michael Silbermann für zwei Gulden das Frauensteiner Bürgerrecht.[355] Eine reichliche Woche später, am 19. Mai, wurde sein Sohn Johann Georg(e) geboren.[356] Von ihm schrieb der Frauensteiner Chronist Christian August Bahn: »Herr Gottfried Silbermann nahm ihn als seinen Vetter zu sich und lernte ihn auch die Kunst Orgel[n] zu bauen.«[357] Wir erwähnten eingangs, daß Gottfried Silbermann 1710/11 bei seinem ersten Frauensteiner Orgelbau (neben zwei Gesellen) auch einen »Jungen« siebenundzwanzig Wochen lang mit beschäftigt hat.[358] Dieser »Junge« könnte Johann George Silbermann gewesen sein.[359] Als

---

346 Siehe hierzu Anmerkung 24.

347 PfA. Frauenstein: TaR. Nr. 25/1666.

348 Vgl. TaR. Nr. 38/1688 und Nr. 30/1690 (PfA. Frauenstein).

349 Vgl. ToR. Nr. 7/1692 (PfA. Frauenstein).

350 Michael hatte beide Male Bauerntöchter (aus Kleinbobritzsch bzw. Hartmannsdorf) geheiratet (PfA. Frauenstein: TrR. Nr. 15/1685 und 16/1692).

351 PfA. Frauenstein: ToR. Nr. 7/1692 und 25/1694. Die zweite Frau starb zwei Tage nach der Geburt eines toten Knaben.

352 PfA. Frauenstein: TrR. Nr. 1/1696.

353 StA. Frauenstein: GB. V, Bl. 285.

354 Michaels erster Sohn (aus dritter Ehe), Michael (der spätere Dresdner Tischlerobermeister), wurde am 16. Oktober (1696) noch in Kleinbobritzsch geboren (PfA. Frauenstein: TaR. Nr. 36/1696).

355 StA. Frauenstein: RR. 1698, Bl. 8b.

356 Der Taufregistereintrag Nr. 18/1698 (PfA. Frauenstein) hat folgenden Wortlaut: »Johann Georg, f[ilius] Michael Silbermanns jun., Bürgers und Zimmermanns alhier, uxor [Ehefrau] Christina, ward geboren d[en] 19. May frühe, getauft d[en] 21. eodem [= desselben Monats], Testes [= Zeugen, Paten]:
1. Hiob Grimmer, Bürger und Seiler
2. Samuel, Ferbergesell, filii [= Sohn] Christoph Germans, Fuhrmans alhier, und

3. Anna Maria, filia [= Tochter] Wolfgang Weisen, Schuhmacher, alle alhier.«
Die Taufe vollzog der Diaconus Heinrich Homilius. Er wurde 1655 als Pfarrerssohn in Hermsdorf (bei Frauenstein) geboren, trat sein Amt 1685 in Frauenstein an und starb am 18. Februar 1700 (PfA. Frauenstein: ToR. Nr. 7/1700).

357 Vgl. Bahn, S. 146.

358 Vgl. Anh. SD. Nr. 3.

359 Allerdings war Johann George damals gerade erst zwölf Jahre alt. Anscheinend bedeutete die Vollendung des zwölften Lebensjahres in damaliger Zeit aber schon eine gewisse Wende im Leben. Als »Beweis« sei folgendes angeführt: Nach dem Tode des Halbhüfners Andreas Silbermann (1646–1674), einem Bruder von Gottfried Silbermanns Vater, verkaufte die Witwe das Gut am 3. Juni 1675 an Jacob Zimmermann aus Nassau, den sie übrigens noch im gleichen Jahre heiratete (PfA. Frauenstein: TrR. Nr. 5/1675). Der Käufer verpflichtete sich lt. Kaufvertrag, »die beyden unmündigen Kinder [seiner künftigen Frau] biß sie das zwölffte Jahr ihres Alters erreichet, ohne entgeldt ... bey sich [zu] behalten, [zu] verpflegen undt zur Schulen [zu] halten, auch einem ieden uff solche Zeit [d. h. nach Vollendung des zwölften Lebensjahres] Eine tüchtige Kuhe undt wenn sie zu Ehen greiffen werden, Eine halbe Tonne Bier [zu]

knapp Sechzehnjähriger befand er sich dann sozusagen »offiziell« bei Gottfried Silbermann in der Lehre.[360]

Johann Georges Lehrzeit muß spätestens im Herbst 1720 beendet gewesen sein.[361] Er war an allen Werken seines berühmten Verwandten beteiligt, mit Ausnahme der Orgel in der katholischen Hofkirche zu Dresden. Gottfried Silbermann hat auch – soweit wir es noch nachweisen können – fünf Orgelbauverträge von Johann George mit unterschreiben lassen: Frauenkirche Dresden (1732), Petrikirche Freiberg (1734),[362] Stadtkirche Greiz (1735), Johanniskirche Zittau (1738)[363] und Fraureuth (1739). Das geschah, weil Gottfried seinen Vetter als Erben vorgesehen hatte. In dem Greizer Kontrakt heißt es zum Beispiel: »Sollte auch nach göttlichem Willen

auf Seiten des Herrn Orgelbauers sich vor der Fertigung [der Orgel] ein Todesfall oder langwierige Unpäßlichkeit sich zutragen, so wollen deßen Erben darzu gehalten seyn, das Werck vollends zu fertigen, zu welchem Ende sich deßen Vetter, Herr Johann George Silbermann, wohlrenomirter Orgelmacher, subscribendo [= unterschriftlich] kräfftig verbindlich gemachet ...«[364] Eine ähnliche Klausel ist schon in den Reichenbacher und Rochlitzer Kontrakten zu finden. Sie wurden 1723 bzw. 1725 abgeschlossen. Hier wird der Erbe nur noch nicht namentlich genannt. Johann George Silbermann dürfte aber damals schon in der Lage gewesen sein, notfalls die Nachfolge Gottfrieds anzutreten oder mindestens eine angefangene Orgel zu vollenden.[365]

geben undt [zu] entrichten, alles der Kauffsumma ohne Schaden...« Der Vertrag wurde vor dem Lehngericht zu Kleinbobritzsch beurkundet und vom Frauensteiner Amtmann Johann Gottfried Gau »ratificiret« (STA. Dresden: GB. Frauenstein Nr. 59, Bl. 126). Er entsprach demnach ohne Zweifel dem damaligen Recht. Man muß hiernach annehmen, daß Dorfkinder die Schule nur bis zum zwölften Lebensjahr besuchten. Johann George Silbermann ist nach alledem mit zwölf Jahren, nach der damaligen Auffassung, auch nicht mehr zu jung gewesen, um sich ein wöchentliches Kostgeld von 16 Groschen (= Kaufpreis für sechzehn Pfund Fleisch!) zu verdienen, indem er seinem Onkel Gottfried half. Für seine Eltern könnte das auch eine große Hilfe gewesen sein. Sie hatten ja, wie man aufgrund der Kirchenbücher leicht feststellen kann, noch sechs Kinder (im Alter von zehn Jahren bis zu wenigen Wochen) zu versorgen.

360 Johann George Silbermann, »die Orgelmacher-Kunst in Freyberg lernend«, wurde nämlich am 13. Januar 1714 als Zeuge erwähnt, als der Böttcher Christian Dorn sein Töchterchen »Euphrosyna« taufen ließ .(PfA. Frauenstein: TaR. Nr. 40/1714). Zwischen Dorn und der Familie Silbermann bestanden verwandtschaftliche Beziehungen. Er hatte 1709 Johanna Rosina Silbermann geheiratet, die 1688 geboren wurde und aus der ersten Ehe von Johann

Georges Vater stammte. Dorn hat – wie an anderer Stelle schon erwähnt wurde – nach dem Tode von Gottfrieds Vater von dessen Witwe das Wohnhaus in der Hayngasse zu Frauenstein gekauft. Johann George Silbermann wird übrigens 1735 noch einmal als Pate erwähnt, als am 13. Juni in Frauenstein eine Tochter seiner (1704 geborenen) Schwester Anna Maria getauft wurde. Sie hatte 1723 Gottfried Göhler, einen Nassauer Bauernsohn, geheiratet. In dem Taufregistereintrag wurde Johann George Silbermann als »Orgelbauer in Freyberg« bezeichnet.

361 Das beweist seine Quittung vom 20. November 1720, mit der er den Empfang der vom Rat zu Dresden für Silbermanns Gesellen bewilligten Trinkgelder bestätigte. Er unterschrieb die Quittung als »Orgelmacher[ge]selle« (vgl. Anm. 290).

362 Vgl. Anh. SD. Nr. 28.

363 Hier hat Johann George außerdem die Quittung vom 6. August 1741 über die vom Rat für das große Werk gezahlten 7000 Taler mit unterschrieben (s. Anh. SD. Nr. 44).

364 STA. Weimar, Außenstelle Greiz: Akte Sign. C II Ae 17e, Bl. 14.

365 Im Rochlitzer Kontrakt von 1725 heißt es allerdings: »...so sollen deßen [Gottfrieds] Erben gehalten seyn ... das Werck durch jemand anders [!] in tüchtigen Stand sezen zu laßen und zu übergeben...«

Johann George Silbermann besaß und verwendete sogar ein eigenes Siegel.[366] Auf jeden Fall nahm er im Kreise der Mitarbeiter Gottfried Silbermanns eine bevorzugte, man könnte auch sagen, eine Sonderstellung ein. Das scheint allgemein bekannt gewesen zu sein. Johann Georges besondere Berücksichtigung bzw. Erwähnung, wenn es nach vollendeter Arbeit um die Verteilung von Trinkgeldern ging, ist nur ein, in fünf Fällen sogar noch aktenkundig nachweisbarer Ausdruck dafür.[367]

Wir dürfen annehmen, daß Johann George die Werkstatt leitete, wenn der Meister verreisen mußte, was ja sehr oft vorkam. Vielleicht hat er auch 1726 die Arbeit in Oederan geleitet, solange Gottfried Silbermann mit den übrigen Gesellen noch in Dittersbach beschäftigt war.[368] Einmal hat der Meister selbst zum Ausdruck gebracht, wie wertvoll ihm die Mitarbeit seines Vetters war. Im Jahre 1740 machten sich an der Dresdner Sophienorgel Reparaturarbeiten notwendig. Gottfried Silbermann wollte auch bei seiner »Reiße durch Dreßden nach Zittau«[369] die Orgel mit ansehen.[370] Am 21. Juli 1740 schrieb er aber von Zittau aus: »... Daß ich bey meiner lezten Reise

anhero [nach Zittau] mich nicht in Dreßden aufgehalten, vielweniger mit jemand gesprochen; war einestheils eine kleine Unpäßlichkeit daran Schuld, anderntheils, weil es noch sehr frühe war ...« Da der Dresdner Rat der Meinung war, daß auch Johann George die Sophienorgel besichtigen könne, schrieb Gottfried im gleichen Brief: »... Meinen Vetter kan nicht schicken, massen ich selbigen sehr nothwendig zur ietzigen Arbeit brauche ...«[371] Johann George Silbermann soll sogar dem großen Johann Sebastian Bach einmal begegnet sein und mit ihm »discurirt« haben.[372]

Johann George Silbermann war auch mit in Schloß Burgk. Hier wurde ihm die Ehre zuteil, bei der festlichen Orgelmahlzeit am ersten Osterfeiertag (14. April) des Jahres 1743 gemeinsam mit Gottfried Silbermann und anderen Herren im »Tafel-Gemach« zu speisen, während die übrigen »Leute des Herrn Silbermann ... in einen andern Zimmer ebenfalls mit Wein gespeiset« wurden.[373]

Im Spätherbst 1746 hat Johann George Silbermann an der Greizer Orgel Reparaturen ausgeführt, die wohl durch Bauarbeiten in der Kirche notwendig wurden.[374] Es

366 Auf dem Greizer Kontrakt befindet sich ein ausgezeichneter Abdruck (Bl. 14b der in Anm. 364 genannten Akte). Das Siegel zeigt im Mittelfeld einen Zirkel und eine Orgelpfeife und das Monogramm »IGS«.

367 Wir verweisen auf Johann Georges Quittungen (1720: Sophienorgel Dresden; 1729: Püchau) und die drei weiteren Erwähnungen (1727: Rochlitz; 1741: Großhartmannsdorf; 1742: Fraureuth).

368 Vgl. Anm. 264.

369 Silbermann hat mit der Arbeit in Zittau Mitte Juni 1740 begonnen (PfA. Zittau: Akte Sign. I 1 16, Bl. 153).

370 Vgl. seinen Brief vom 20. April 1740 (StA. Dresden: Akte Sign. D XXXIV 27 z, Bl. 3).

371 Ebenda, Bl. 4.

372 Leider wissen wir nicht, wann und wo das war. Gottfried Silbermanns Neffe Johann Andreas hat auf seiner (bereits erwähnten) Reise

am 4. April 1741 die (1703 vollendete) Caspariniorgel in der Görlitzer Peterskirche besichtigt und erwähnte das in seinen Aufzeichnungen, dem sogenannten »Silbermann-Archiv« (vgl. Anmerkung 65, 2. Absatz). Er schrieb (Band II, S. 77): »... ich trückte einige Claves hinab, sie waren aber so hart und zähe und fielen dazu noch so tief hinab, daß ich nichts darauf hätte spielen können. Der alte berühmte Herr Bach von Leipzig hat diesem Werck nicht unrecht gethan, als er davon mit meinem Herrn Vetter[!] discurirte, und es eine Pferds-Orgel hieße, weilen es eine Roßmäßige Arbeit ist droben zu spielen ...« Mit dem »Herrn Vetter« soll, wie man annehmen muß, Johann George Silbermann gemeint sein (vgl. hierzu Bach-Dokumente, Band II, Leipzig/Kassel 1969, S. 389f.).

373 Das geht aus dem Bericht des Amtsverwalters Geldern vom 20. April 1743 hervor (Bl. 5 a/b der in Anm. 288 genannten Akte).

374 Am 18. November war er mit seiner Ar-

wäre möglich, daß er etwa drei Jahre vorher auch das Mylauer Werk repariert hat.[375] Johann George Silbermann und David Schubert reparierten im Herbst 1747 im Auftrage ihres Meisters die Sophienorgel zu Dresden.[376]

Die zweimanualige Orgel zu Nassau bei Frauenstein war wohl die letzte, an welcher Johann George noch mitgearbeitet hat. Er hatte am 29. März 1745 den »Entwurff einer neuen Orgel ... wie solcher in dasiger Kirche angebracht werden kann ...« gemacht und eigenhändig unterschrieben.[377] Johann George Silbermann war mit diesem Werk besonders verbunden. Es ist deshalb sehr verständlich, daß er am 5. September 1748, einen Monat nach der Weihe, vom Freiberger Superintendenten D. Wilisch und seinem »Principal« Gottfried Silbermann beauftragt wurde, das »durch böse Hand schon verletzte Orgel-Werck [zu Nassau] zu visitiren ...«[378]

Es muß für Gottfried Silbermann ein schwerer Schlag gewesen sein, als ihm sein langjähriger und treuer Mitarbeiter (und Erbe) im Alter von einundfünfzig Jahren, offenbar völlig unerwartet, durch den Tod entrissen wurde. Johann George Silbermann ist am 1. September 1749, »frühe gegen 3 Uhr«, in Freiberg »in Jesu seel[ig] entschlaffen« und am übernächsten Tag früh auf dem Donatsfriedhof »in der Stille beygesetzt worden«.[379] Über die Todesursache ist nichts bekannt. Offenbar ist Johann George Silbermann, wie sein Meister und »Principal«, auch nicht verheiratet gewesen.

Vermutlich ist Gottfried Silbermann erst durch den Tod seines Vetters veranlaßt worden, sich Zacharias Hildebrandt als Mitarbeiter für den bevorstehenden Dresdner Hofkirchenorgelbau zu sichern.[380]

Durch Johann Georges Tod war auch Gottfried Silbermanns Erbe weggefallen, so daß er in seinem Testament vom 20. Juli 1751 seinen Straßburger Neffen Johann Daniel als Universalerben bestimmte.[381] Ob Gottfried Silbermann vorher ein Testament zugunsten von Johann George errichtet hatte, ist nicht bekannt.[382]

beit fertig. Es wurde »eine kleine Probe« gemacht und die Orgel dabei »in recht gutem Stand wieder befunden«. Wegen der Bezahlung wollte es Johann George »nur auf eine gnädigste Discretion ankommen lassen«. Doch davon wurde er »aus verschiedenen ihm zu Gemüthe geführten Ursachen« abgebracht, und endlich ist man »auf 25 Thaler mit ihm einig« geworden. Dazu kamen noch reichlich 12 Taler für Transport und Zehrung »hin und her«. Das Geld wurde sofort ausgezahlt, »weil Silbermann heute noch abreisen« wollte. Der Greizer Bürgermeister Gottfried Grünrath bekam 5 Taler und 6 Groschen für das von Johann George Silbermann bei ihm »gehabte Logis und genoßene Kost« (STA. Weimar, Außenstelle Greiz: Akte Sign. a C II A e No. 21 b, Bl. 19 f.).

375 In der Kirchrechnung Laetare 1743/44 (PfA. Mylau) sind 60 aßo (= 50 Taler) verzeichnet: »Hn. Silbermann die Orgel zu repariren ...« Leider wurde kein Datum angegeben.

376 Die beiden Orgelbauer erhielten vom Rat zu Dresden je 2 Taler »recompens« oder Trinkgeld, worüber sie am 11. November eigenhändig quittierten (StA. Dresden: Sophienkirchrech-

nung 1747, Beleg 53/D). Die Arbeiten haben acht Wochen in Anspruch genommen (vom 18. September bis 10. November), wie die Quittung von Rebecca Elisabeth Haase über das »Logier-Geld« beweist (ebenda, Beleg 53/E).

377 Das Original des Entwurfs befindet sich im PfA. Nassau: Akte Sign. III 13 100, Bl. 2 ff.

378 Das Originalschreiben Willischs befindet sich im Besitz des Heimatmuseums zu Frauenstein.

379 Domgemeinde Freiberg: ToR. Nr. 58/1749. Es fällt auf, daß Johann George Silbermann hier nur als »Orgelmacher« bezeichnet wird und nicht auch als »Instrumentenmacher«, wie das bei Johann Georg Schön und Adam Gottfried Oehme der Fall war. Der Grund ist wohl, daß Johann George Silbermann »nur« Mitarbeiter Gottfried Silbermanns war und nicht selbständig tätig gewesen ist.

380 Die Tatsache, daß im Nachlaß Gottfried Silbermanns Briefe »von H. Hildebranden« aufgefunden worden sind, könnte in diesem Sinne gedeutet werden (Bl. 49 der in Anm. 151 genannten Akte).

381 Siehe Anh. SD. Nr. 49.

Der Freiberger Petriorganist Johann George Glöckner (1704–1742) hatte in einem 1738 zur Weihe der zweiten Frauensteiner Orgel erschienenen Gedicht[383] folgenden Wunsch ausgesprochen: »... Wenn sich Dein [= Gottfried Silbermanns] Geist ... Dereinst der Sterblichkeit entreist: So ruh er nur auf Deinem Vetter, Damit, wenn Dich GOtt zu sich führt, Die Welt nicht Deine Kunst verliehrt.« Diese Hoffnung hat sich durch Johann Georges frühen Tod nicht erfüllt.

Der Altenburger Hofadvokat D. Johann Georg Brem (1689–1746) hatte gewünscht, daß Gottfried Silbermanns »gantz besondere Kunst dereinst einen eben so würdigen Erben finden, und von diesem der Silbermannische Geist ferner auf würdige und habile Nachfolger fortgepflanzt werden möge«.[384] Das ist geschehen, indem nach Gottfried Silbermanns Tod Johann Georg Schön und Adam Gottfried Oehme die Freiberger Werkstatt im Sinne ihres ehemaligen Meisters fortführten.

JOHANN GEORG SCHÖN

Neben Johann George Silbermann gehörte Johann Georg Schön zu den längstjährigen Mitarbeitern Gottfried Silbermanns. Er wurde am 7. Juni 1706 in Hainewalde (Lausitz) geboren.[385] Sein Vater hieß auch Johann Georg,[386] ebenso sein Großvater.[387] Beide wirkten nacheinander in Hainewalde als Schulmeister und Organisten.[388] Der Vater des späteren Orgelbauers wurde allerdings 1716 nach Niederoderwitz berufen.[389] Der junge Johann Georg muß demnach die ersten zehn Jahre seines Lebens in Hainewalde verbracht haben und dann in Niederoderwitz weiter aufgewachsen sein. Über seine frühe Jugendzeit ist nichts bekannt.[390] Um 1721 muß er schon in Freiberg bei Gottfried Silbermann gewesen sein,[391] wie wir aus dessen Testament schließen können.[392] Johann George war damals fünfzehn Jahre alt.[393] Aller Wahr-

382 Michael und Christian Silbermann, die Brüder Johann Georges, haben behauptet, daß Gottfried Silbermann »so wohl 1744 als auch nach der Zeit unterm 20. Jul. 1751 ein Testament gemacht und lezteres [!] bey dem Rath zu Freyberg niedergeleget« hat (Bl. 5 der in Anmerkung 151 genannten Akte). Das angebliche Testament von 1744 könnte zugunsten Johann Georges gewesen sein, ist aber offenbar nicht amtlich hinterlegt gewesen.

383 Siehe Anh. OWS. Nr. 37.

384 Vgl. Brems Druckschrift, die 1737 zur Weihe der Ponitzer Orgel erschien (s. Anh. OWS. Nr. 28).

385 PfA. Hainewalde: Kirchenbuch I, S. 212, Nr. 7.

386 Er wurde am 8. April 1682 in Hainewalde getauft (PfA. Hainewalde: Kirchenbuch I, S. 93).

387 Das geht aus der in der vorigen Anmerkung zitierten Kirchenbucheintragung hervor.

388 Der Großvater von 1667 bis 1699 und der Vater von 1699 bis 1716. Vgl. Carl Wil-

helm Dornick, Hainewalde (in: Die Oberlausitz als besondere Abtheilung von Sachsens Kirchen-Galerie, Dresden [um 1840], S. 10).

389 Vgl. Korschelt, Geschichte von Oderwitz, Neugersdorf 1871, S. 118. Schön hatte am 29. November 1702 eine »nachgelassene« Tochter des Niederoderwitzer Erbrichters geheiratet (vgl. PfA. Niederoderwitz: TrR. 1702). Er ist am 5. Februar 1733 in Hainewalde gestorben (PfA. Hainewalde: Kirchenbuch II, Nr. 3/1733). Aus dem Eintrag geht hervor, daß Schön in Niederoderwitz nicht nur Schulmeister, sondern auch »Gerichts-Actuarius« gewesen ist.

390 Wir können mit Sicherheit annehmen, daß er durch den väterlichen Beruf schon als Kind Bekanntschaft mit einer Orgel gemacht hat.

391 Ob Johann Georgs Vater mit Gottfried Silbermann persönlich bekannt gewesen ist und es ihm deshalb gelang, seinen »Jungen« bei einem so namhaften Meister unterzubringen, wissen wir nicht.

392 In Silbermanns Testament heißt es wörtlich: »...Herr Johann Georg Schöne, Orgel-

scheinlichkeit nach gehörte er mit zu den »5 Personen«, die ab Ende Mai 1721 mit dem Meister in Rötha arbeiteten.[394] Vermutlich ist Johann Georg Schön – so wie Gottfried Silbermanns Vetter – mit etwa zweiundzwanzig Jahren Geselle geworden. Das könnte das Jahr 1728/29 gewesen sein.[395] Tatsächlich wurde Schön 1731 bei dem Mylauer Orgelbau als Geselle mit genannt und drei Jahre später beim Bau der Frauenkirchenorgel zu Dresden.[396]

Johann Georg Schön ist zweifellos ab 1721, zunächst als Lehrling und dann als Geselle, am Bau aller Orgeln seines Meisters beteiligt gewesen.[397] Er war sozusagen immer mit dabei, ohne daß sein Name in den Orgelbauakten auftaucht.[398]

Schön dürfte in den letzten Lebensjahren Gottfried Silbermanns im Mitarbeiterkreis des Meisters die Vertrauensstellung eingenommen haben, die vorher dessen (1749 verstorbener) Vetter Johann George Sil-

bermann inne hatte. Der beste Beweis dafür ist Gottfrieds Testament. Johann Georg Schön sollte hiernach für Silbermanns Beerdigung sorgen »und was darzu nöthig und erforderlich veranstalten«, falls der Universalerbe Johann Daniel Silbermann noch nicht anwesend ist. Gottfried Silbermann verpflichtete testamentarisch seinen Erben, an Johann Georg Schön einen Steuerschein (Staatswertpapier) in Höhe von 2000 Talern auszuhändigen. Außerdem sollte Schön Gottfried Silbermanns »gesambten Kleider, Wäsche, Geräthe und Betten« bekommen.[399] Der Meister hat damit die langjährigen treuen Dienste seines Gesellen voll anerkannt und besonders gewürdigt und entsprechend belohnt.[400]

Nach Gottfried Silbermanns letztem Willen sollte Johann Georg Schön, falls der Universalerbe nicht in Sachsen bleiben will, auch alle Werkzeuge und Materialien bekommen. Johann Daniel blieb aber hier,[401]

macher hier bey mir in Diensten, der etliche [= mehr als] Dreyßig Jahr hinter einander mir treu und redlich beygestanden...« (Bl. 9 bzw. 21 der in Anm. 151 genannten Akte; vgl. auch Anh. SD. Nr. 49).

393 Eine bemerkenswerte Parallele zu Johann George Silbermann, der sich – soweit es nachweisbar ist – mit reichlich fünfzehn Jahren auch schon in der Lehre befand.

394 Vgl. Anm. 256.

395 Gottfried Silbermann arbeitete damals an den Orgeln zu Helbigsdorf und Püchau.

396 Wir verweisen auf die (bereits erwähnten) Schriftstücke, die von Silbermanns Gesellen damals in die Werke gelegt worden sind (vgl. Anm. 270, 272 und 1635).

397 Silbermann selbst bestätigte in seinem Testament, daß Schön dreißig Jahre »hinter einander«, also ohne Unterbrechung, bei ihm gearbeitet hat (vgl. Anm. 392). Offenbar hat sich der Meister mit ihm gut verstanden.

398 Schön war einer von den »namenlosen« Gesellen, die uns begegneten, als wir aufgrund der Orgelbauakten die Anzahl der von Silbermann beschäftigten Gehilfen zu ermitteln versuchten. Sie alle hatten Anteil am Lebenswerk Gottfried Silbermanns, auch wenn ihre Namen – vielleicht für immer – unbekannt bleiben.

399 Vgl. hierzu den im Anhang (SD. Nr. 49) wiedergegebenen vollen Wortlaut des Silbermannschen Testaments.

400 Die Aufzeichnungen des Notars Traugott Friedrich Langbein beweisen, daß Johann Georg Schön, dem Letzten Willen Silbermanns entsprechend, dessen Kleider, Wäsche, Hausrat und Betten bekommen hat – und außerdem noch den Steuerschein über 2000 Taler. Von diesem Vermögen hätte er die elf Jahre, um die er seinen ehemaligen Meister überlebte, sehr gut leben können – ohne arbeiten zu müssen. Zum Vergleich: Gottfried Silbermanns langjähriger Freund, der Freiberger Ratskämmereischreiber Johann Gottfried Krauße, hatte eine Jahresbesoldung von 150 Talern (StA. Freiberg: RR. 1750/51, Beleg 171). Ein anderer Freund des Orgelbaumeisters, Elias Dietze, bekam als »Bettmeister« des kurfürstlichen Schlosses Freudenstein in Freiberg für sechs Monate 48 Taler an Besoldung (STA. Dresden: RKR. Nr. 276, 1753 (1. Halbjahr), fol. 437b).

401 Er hatte im September 1750 (nach nur zweieinhalbjähriger Ehe) durch den Tod seine erst siebenundzwanzig Jahre alte Frau verloren. Es zog ihn deshalb wohl nicht wieder nach Straßburg zurück.

402 Allerdings sollen seine Klaviere berühmt

nur betätigte er sich, von der Vollendung der Dresdner Hofkirchenorgel und der zu Frankenstein abgesehen, kaum noch als Orgelbauer.[402] Es ist deshalb anzunehmen, daß er die von seinem Onkel hinterlassenen Werkzeuge und Materialien stillschweigend an Johann Georg Schön überlassen hat. Jedenfalls führte Schön die Freiberger Werkstatt weiter fort.[403] Er hat sich insbesondere der Pflege der Freiberger Orgeln seines ehemaligen Meisters gewidmet.[404] In den Jahren von 1756 bis 1763 baute er – soweit bekannt – drei neue Orgeln.[405]

Am 21. November 1763 wurde mit Johann Georg Schön ein Vertrag über den Bau einer zweimanualigen Orgel für die Kirche zu Cämmerswalde geschlossen. Das siebzehnstimmige Werk sollte achthundert Taler kosten und binnen zwei Jahren verfertigt werden.[406] Aber Johann Georg Schön, »Kunstwohlerfahrner Orgel- und Instrument-Macher«, starb am 30. September 1764 in Freiberg.[407] Die Todesursache ist nicht bekannt. Ebenso ist unbekannt, ob Schön verheiratet war und Familie hatte.[408] Reichlich zehn Jahre nach seinem Tode schrieb sein ehemaliger Mitarbeiter, Adam Gottfried Oehme, Schön sei »in sehr

gewesen sein. Einige Jahre vor seinem Tode (1766) soll er sich »mit Verfertigung allerley künstlicher Drehe-Orgeln« beschäftigt haben. Vgl. Wöchentliche Nachrichten und Anmerkungen die Musik betreffend, Leipzig 1766, S. 40.

403 In dem um 1752 angelegten Freiberger Einwohnerbuch (StA. Freiberg) ist Johann Georg Schön (nach Gottfried Silbermann) als Mieter des Hauses Katasternummer 359 im Domviertel (vgl. Anm. 207) eingetragen worden. Schön erscheint in demselben Buch (Bl. 53 bzw. 113) als »Hausgenosse« und zwar im Nicolaiviertel Nr. 587 (jetzt Stollngasse 1) und Nr. 642 (jetzt Enge Gasse 1). Leider haben die Eintragungen kein Datum, so daß unklar bleibt, wann Schön in den genannten Häusern wohnte. Das letztere Haus gehörte dem Tischler Johann Adolph Schön. Er erhielt 1751 das Bürgerrecht (StA. Freiberg: BB. Sign. I Bc 3, S. 371) und war ein Sohn von Johann George Schön, »weiland Gerichtsaktuar zu Hainewalde« (vgl. Anm. 389), und demnach der Bruder des Orgelbauers. Vielleicht haben sie auch zusammen gearbeitet?

404 Wir kommen darauf zurück, wenn wir uns mit seinem ehemaligen Mitarbeiter Adam Gottfried Oehme beschäftigen.

405 Nach brieflicher Mitteilung von Ulrich Dähnert waren das folgende Werke:
1756/59: Hainichen (nur das Gehäuse erhalten)
1760/62: Clausnitz (um 1906 abgebrochen!) und
1758/63: Herzogswalde (erhalten, jedoch verändert).
Die Kontraktsumme für das letzte (einmanualige) Werk betrug 650 Taler. Es wurde »bey der Übergabe und Einweyhung« von Domorganist Erselius aus Freiberg gespielt, wofür er einen

Taler bekam. Dagegen erhielt der Orgelbauergeselle (Adam Gottfried Oehme?) 6 Taler Trinkgeld. Für die Orgelweihemahlzeit wurden über 27 Taler aufgewendet. Vgl. Anhang zur Baurechnung über die Kirche, Orgel, Altar und Canzel zu Hertzogswalda (Sup. A. Meißen).

406 PfA. Cämmerswalde: Akte über den Orgelbau 1763 f., Sign. I A V 5 a. Die Akte enthält einige eigenhändige Briefe von Johann Georg Schön. Der letzte ist vom 31. August 1764. Schön erinnerte damit an die Zahlung der »rückständigen Termien-Gelder« in Höhe von 300 Talern, »weil ich nicht in Stande bin, den Verlag zu thun, außerdem werde wieder meinen Willen genöthiget, eine Pause zu machen, und andere Arbeit vorzunehmen…«. Damit hat Schön fast dieselben Worte gebraucht, wie sein ehemaliger Meister Silbermann in einem Brief (vom 28. Juli 1724) nach Reichenbach. An den Cämmerswalder Briefen finden wir Johann Georg Schöns Siegel. Es zeigt im oberen Teil das Monogramm »IG S«. Im unteren Teil sind in einem ovalen Feld ein Zirkel und eine Orgelpfeife dargestellt. Schöns Siegel hat ziemliche Ähnlichkeit mit dem von Johann George Silbermann.

407 Domgemeinde Freiberg: ToR. Nr. 34/1764.

408 In dem Freiberger Einwohnerbuch ist kein diesbezüglicher Hinweis zu finden. Bemerkenswert ist ein (in der Cämmerswalder Akte befindliches) Schreiben vom 14. Februar 1765, das Johann Gottlieb Findeisen (ein Notar?) an Pastor Christian Gotthold Herrmann (1730–1792) in Cämmerswalde richtete. Hiernach hatte Schön den (von Silbermann empfangenen) Steuerschein an das Freiberger Hospital

schlechten Umständen« gestorben, obwohl er »ein Erbe von 4000 Thlr.[409] und vielen Materialien war, die er bey voller Arbeit hier zugesetzet …«[410] In dieser Hinsicht ist ein Schreiben Schöns, das er wegen der in Herzogswalde gebauten Orgel am 24. Juli 1763, also ein reichliches Jahr vor seinem Tode, an den Freiberger Superintendenten Christoph Gottlob Grundig (1707 bis 1780) richtete, sehr aufschlußreich.[411]
Die wenigen Jahre des selbständigen Schaffens von Johann George Schön waren offensichtlich, nicht zuletzt durch den

Siebenjährigen Krieg (1756–1763), überschattet durch Not und Sorgen. Das alles hatte er nicht kennengelernt, solange er noch Geselle bei Gottfried Silbermann war. Vielleicht fehlten ihm auch die kaufmännischen Fähigkeiten, die seinen ehemaligen Meister so auszeichneten. Wenn wir heute die Orgeln Gottfried Silbermanns bewundern, sollten wir Johann Georg Schön nicht vergessen. Er stand im Schatten des berühmten Meisters, trug aber durch seine redliche und treue Mitarbeit viel zum Ruhme Gottfried Silbermanns bei.

JOHANN JACOB GRAICHEN

Am 5. Oktober 1724 schloß Gottfried Silbermann mit dem Tischlergesellen Johann Jacob Graichen einen Lehrvertrag und versprach, ihn vier Jahre lang, von Ostern 1724 bis Ostern 1728[412], in der Orgel- und Instrumentmacherkunst auszubilden.[413] Graichen sollte während dieser Zeit 9 Groschen Wochenlohn bekommen.[414]

verpfändet. Schöns Werkstatt war zu dieser Zeit, also viereinhalb Monate nach seinem Tode, noch versiegelt. Die Gemeinde Cämmerswalde solle dabei aber nichts verlieren, obwohl sie bereits 200 Taler auf die Orgel bezahlt hatte. Hieraus ergibt sich, daß Schön die angemahnten 300 Taler (vgl. Anm. 406) nicht mehr bekommen hat.

409 Wie Oehme zu dieser Behauptung kam, ist unerklärlich. Spätere Autoren haben diesen Irrtum wiederholt, so z. B. Johann Gottfried Fischer (Freyberger gemeinnützige Nachrichten, 1800, Nr. 9, S. 83) und Carl Wilhelm Dornick (s. Anm. 388).

410 Vgl. Oehmes Eingabe an den Rat zu Freiberg vom 23. Juni 1774 (StA. Freiberg: Akte Sign. II I 17, Bl. 1 ff.).

411 Das Dokument befindet sich in »Acta … den Kirchen-Bau zu Hertzogswalde betr. …, 1758« (SupA. Meißen). Darin heißt es u. a.: »…Mit was für beschwerlichkeiten aber bey einem so vehementen Kriege, wie er zumahl auf unsern Gegenden öffters getroffen, und bey einer aufs äußerste gestiegenen Theuerung, deren man sich ao. 1758 bey Schließung des Contracts nimmermehr versehen hätte, dergleichen Bau geführet werden mögen? … Es ist bekannt, daß ich während dieses Baues 2mahl allhier am Hauße Geräths-Sachen sowohl als an Werck-Zeuge, von Feinde beraubet worden bin … Und ich sage nicht zuviel, wenn ich den

daher mir zugewachßenen Verlust allein auf Ein baar Hundert Thlr. angebe…« – Heute drängt sich uns die Vermutung auf, daß Johann Georg Schön ein mittelbares Opfer des Siebenjährigen Krieges war. In solchen Zeiten konnte die Orgel- und Instrumentenmacherkunst kaum gedeihen. So werden nicht zuletzt finanzielle Sorgen den einstigen treuen Mitarbeiter des großen Meisters Gottfried Silbermann ins Grab gebracht haben.

412 Ostern fiel im Jahre 1724 auf den 16. April und 1728 auf den 28. März.

413 STA. Dresden: GB. Freiberg Nr. 130, Bl. 6f. Der Wortlaut des Vertrages ist im Anhang (SD. Nr. 17) zu finden. Bemerkenswert ist der Zeitraum von über fünf Monaten, der zwischen dem tatsächlichen Beginn der Lehre und dem Abschluß des Vertrages lag. Wir dürfen ihn als eine Art von Probezeit auffassen, in der sich Silbermann ein Urteil bilden konnte, ob sich der Tischlergeselle zum Orgelbauer eignet. Bei dem Orgelmachergesellen Zacharias Hildebrandt betrug die (mutmaßliche) Probezeit nur genau vier Wochen (vgl. Anm. 306). Ob Gottfried Silbermann auch mit anderen Gesellen Lehr- oder Ausbildungsverträge abschloß, konnte bisher noch nicht nachgewiesen werden.

414 Das waren rund 19 Taler pro Jahr. Demgegenüber hat der (am Bau der Dresdner Hofkirchenorgel beteiligt gewesene) Tischlergeselle

Leider konnte Graichens Herkunft noch nicht völlig zweifelsfrei geklärt werden.[415] Mit großer Wahrscheinlichkeit ist er mit dem Jacob Graichen identisch, der am 27. Juli 1701 in »Oberwiesa« als Sohn des Bauern Jacob Graichen geboren wurde.[416] Er wäre demnach fast dreiundzwanzig Jahre alt gewesen, als er zu Gottfried Silbermann in die Lehre als Orgelbauer ging. Sehr bemerkenswert ist, daß sich Graichen vertraglich verpflichten mußte, »die er-

lernte Wißenschafft verschwiegen zu halten«.[417] Anscheinend hat er schon etwa vier Monate nach Beendigung der vertraglich vereinbarten Ausbildungszeit seinen Meister verlassen.[418] Graichen ist einige Jahre später als Geselle des Altenburger »privilegierten Hof- und Landorgelbauers« Tobias Gottfried Heinrich Trost nachweisbar[419] und wirkte (ab 1735?) bei dem Bau der (1739 vollendeten) Schloßorgel zu Altenburg mit.[420] Johann Jacob Graichen hat

Nicolaus Wilhelm Manner jährlich fast 35 Taler Lohn bekommen. Er dürfte aber älter als Graichen gewesen sein und demzufolge auch eine längere Berufspraxis besessen haben.

415 Im Lehrvertrag steht, daß er »aus Waltenburg in der Grafschaft Schönburg« gebürtig gewesen sei. In Waldenburg (Sachsen) ist aber nur ein 1717 (!) geborener Johann Graichen nachzuweisen (lt. brieflicher Mitteilung des Pfarramtes St. Bartholomäus vom 15. Oktober 1968 an den Verfasser). Nach Ernst Flades »Orgelbauerlexikon« (unveröffentlichtes Manuskript in der Musikabteilung der Deutschen Staatsbibliothek zu Berlin) soll Graichen im Juli 1700 in Niederwiesa geboren worden sein.

416 PfA. Niederwiesa: TaR. Nr. 5/1701.

417 Demnach hatte Gottfried Silbermann – verständlicherweise – bestimmte Berufsgeheimnisse, die er – nach Möglichkeit – hütete und bewahrt wissen wollte. In diesem Sinne sind auch seine Äußerungen im Rechtsstreit mit Zacharias Hildebrandt zu verstehen. Er schrieb am 1. September 1724 an den Rat zu Freiberg: »... würde ich auslachenswerth gewesen seyn, wenn ich ihm [Hildebrandt] meine Kunst umsonst mitgetheilet und dadurch einen Mann, so mir einmahl bey meiner Arbeit und Verdienst Eintrag thun könte, gezogen hette ... und mir würde zur größten Einfalt gerechnet werden, wenn ich an Hildebranden ohne einigen davon zugewartten habenden Vortheil, einen Orgel-Macher gezogen hette, der nachgehends mir meine Arbeit abspenstig machen oder mich sonsten beeinträchtigen könte ... da er die Kunst nunmehro erlernet, mich hintergehen ... und vor meine viele mit ihm gehabte Mühe, nunmehro meine Arbeit auslauffen und überall meinen Schaden befördern dürffte ...« (Bl. 11 ff. der in Anm. 315 unter b) genannten Akte).

418 Am 29. Juli 1728, nachdem er »nunmehro

die bedungene LehrJahre erfüllet« hatte, legte er das ihm von Gottfried Silbermann ausgestellte Zeugnis dem Stadtgericht zu Freiberg vor und bat, davon eine beglaubigte Abschrift »denen Gerichtlichen Documentis beyzulegen«, damit er wenn er »etwan bey seiner vorhabenden Reise [!] das Original verliehren möchte«, jederzeit wieder eine Abschrift davon bekommen könne (Bl. 7b der in Anm. 413 genannten Quelle). Der Wortlaut des Zeugnisses ist nicht bekannt, da die Abschrift bisher nicht aufgefunden werden konnte. Der Ausbildungszeit entsprechend muß Graichen an folgenden Orgeln mitgearbeitet haben: Reichenbach, Forchheim, Dittersbach, Oederan, Rochlitz und Lebusa. Als das Helbigsdorfer Werk geweiht wurde (18. November 1728), war er – aller Wahrscheinlichkeit nach – nicht mehr da.

419 Trost und Silbermann waren miteinander bekannt (vgl. Anm. 335 und 336). Trost dürfte sehr froh gewesen sein, in Graichen einen Mitarbeiter zu bekommen, der seine Ausbildung bei dem »weltberühmten Meister« Gottfried Silbermann erhalten hatte.

420 Vgl. Felix Friedrich: Die Altenburger Schloßorgel (in: Sächs. Heimatblätter, H. 5/1975, S. 232)

421 Das gab Ernst Flade in seinem Orgelbauerlexikon (vgl. Anm. 415) an. Ernst Ludwig Gerber bezeichnete in seinem (1812/14 erschienenen) neuen Tonkünstlerlexikon (Bd. 2, Sp. 373) Graichen als »Fürstl. Brandenburgkulmbachisch privilegirter Orgelbauer«. Irrtümlich gab er an, Graichen »hat die Kunst ums J[ahr] 1725 bey G. H. Trost erlernet«. Ernst Flade (Orgelbauerlexikon) schrieb: »1725 stand er bereits bei Trost in Altenburg in Arbeit ...« Diese Irrtümer sind verständlich: Graichens Lehrvertrag wurde erst vor einigen Jahren vom Verfasser vorliegender Dokumentation aufgefunden.

später im Markgraftum Bayreuth gewirkt.[421] Er kam »einige Tage vor seinem Ende« krank nach Wirsberg, wo er starb und am 26. September 1760 beerdigt wurde.[422]

JOHANN CHRISTOPH LEIBNER

Leibner[423] wurde am 5. Oktober 1711 in Freiberg als Sohn des Bergmannes Christoph »Leubtner« geboren.[424] Sein Vater war als »calicant« (Bälgetreter) tätig, als Gottfried Silbermann im Herbst 1713 bzw. vom 9. April bis 19. August 1714 die Freiberger Domorgel intonierte und stimmte.[425] Vielleicht hat der kleine Johann Christoph dabei ein wenig zugehört? Der Vater wohnte ja »am Untermarkt«[426], also ganz in der Nähe des Domes. Er ist übrigens am 16. April 1725 im Alter von erst »42 3/4 Jahren«[427] in Freiberg gestorben.[428]

Wann Johann Christoph als Lehrling in die Orgelbauwerkstatt Gottfried Silbermanns kam, ist leider nicht nachzuweisen: vermutlich um 1729.[429] Zwei Jahre später bzw. 1734 wurde er als Lehrling beim Bau der Orgeln zu Mylau und in der Dresdner Frauenkirche erwähnt.[430] Wir können annehmen, daß er bald danach, vielleicht um 1735/36, Geselle geworden ist.[431] Zwei-

422 PfA. Wirsberg: ToR. 1760. Der Todestag ist nicht vermerkt worden. Graichen wurde als »Hochfürstl. privilegierter Orgelbauer zum Hof« bezeichnet und sein Alter mit »59 1/4 Jahr« angegeben. Erfahrungsgemäß sind die Altersangaben in den Totenbüchern aus früherer Zeit nicht ganz verläßlich. In unserem Falle ergibt sich Graichens mutmaßliches Geburtsdatum mit Ende Juni 1701. Es stimmt demnach mit dem »wirklichen« relativ gut überein. Die Identität zwischen dem Bauernsohn Jacob Graichen und dem späteren Orgelbauer Johann Jacob Graichen kann daher als gesichert gelten.

423 Die Schreibweise seines Namens in den verschiedenen Urkunden wechselt: Leibner, Leipner, Leubner und Läubner. Er selbst schrieb sich »Leibner«. Nach brieflicher Mitteilung von Dähnert an den Verfasser befindet sich im Pfarrarchiv Dresden-Loschwitz eine Quittung vom 21. März 1753 über 200 Taler, die mit »Johann Christoph Leibner, Orgelbauer« unterschrieben ist.

424 Dom Freiberg: TaR. Nr. 52/1711. Pate war u. a.: Gottfried Silbermann, »Klein- und Großorgelmacher izo allhier«. Als am 26. März 1716 eine Tochter getauft wurde, war u. a. (der bei Silbermann beschäftigte) Zacharias Hildebrandt, »Tischlergeselle« (?), Pate (Dom Freiberg: TaR. Nr. 19/1716). Der Vater des späteren Orgelbauers muß demnach freundschaftliche Beziehungen zu Gottfried Silbermann (und seiner Werkstatt) gehabt haben.

425 Die von Silbermann darüber ausgestellte Bestätigung ist noch vorhanden (SupA. Freiberg: Akte Sign. II I¹ 15, Beleg 159).

426 Das geht aus der Todesbeurkundung (s. Anm. 428) hervor.

427 Dem hieraus folgenden mutmaßlichen Geburtsdatum – Juli 1683 – nach, ist der Bergmann Christoph Leibner nur wenige Monate jünger als Gottfried Silbermann gewesen.

428 Dom Freiberg: ToR. Nr. 20/1725. Woher Leibner stammte, ist noch ungeklärt. Am 19. März 1711 starb in Freiberg eine Rosina Leibner, die Witwe von Andreas Leibner, »weiland Bürger und Zimmermann in Frauenstein« (!), vgl. ToR. Nr. 14/1711 Dom Freiberg. Ihrem damaligen Alter (69 Jahre) entsprechend, könnte sie Christophs Mutter gewesen sein, die (nach dem Tode des Mannes) in Freiberg lebte. Sollte Christoph Leibner gar aus Frauenstein stammen? Das würde die Beziehungen zu Silbermann erklären können. Aber leider ist in den Frauensteiner Kirchenbüchern der Name »Leibner« (o. ä.) nicht zu finden. Die Familie kann aber trotzdem eine zeitlang hier gewohnt haben.

429 Er war damals achtzehn Jahre alt. Im gleichen Alter ist – mit großer Wahrscheinlichkeit – auch Adam Gottfried Oehme als »Lehrpursche« zu Gottfried Silbermann gekommen (vgl. Anm. 445).

430 Wir verweisen auf die Dokumente, die Silbermanns Mitarbeiter damals in beiden Werken niederlegten (vgl. Anm. 270 und 272).

431 Er war ja inzwischen schon fünfundzwanzig Jahre alt geworden. Übrigens ist Adam

fellos hat er als solcher noch einige Jahre bei Gottfried Silbermann gearbeitet.[432] Dann muß Leibner seinen ehemaligen Lehrmeister verlassen haben. Wann und warum das geschah, können wir nicht mehr feststellen. Vermutlich war Leibner bis spätestens Ende Juli 1741 noch bei Silbermann.[433] Im Frühjahr 1742 war Johann Christoph Leibner als Gehilfe bei dem Dresdner Orgelbauer Tobias Schramm (1701 bis 1771) beschäftigt.[434] Offenbar hat er sich dann spätestens Anfang der fünfziger Jahre in Dresden selbständig gemacht.[435] Am 27. Oktober 1753 erlangte »Johann Christoph Leibner von Freyberg, ein Orgelbauer«, das Bürgerrecht der Stadt Dresden.[436] Im gleichen Jahr baute Leibner in Dresden-Loschwitz eine einmanualige Orgel mit sechzehn Stimmen, die aber nicht mehr erhalten ist.[437] Außerdem reparierte er für 110 Taler die alte Orgel zu Dresden-Neustadt.[438] Laut Kontrakt vom 20. Dezember 1757[439] führte er bis Mitte März des folgenden Jahres eine größere Repa-

Gottfried Oehme in diesem Alter, wie wir (in Anm. 290) feststellten, wohl auch Geselle geworden.

432 Leider gehörte er auch zu denen, deren Namen in keiner Orgelbauakte genannt werden.

433 Falls unsere Vermutung richtig ist, könnte Leibner, nachdem er Geselle geworden war, an den Orgeln zu Ponitz, Frauenstein, Greiz und Zittau mitgearbeitet haben. Leibner kann seinen Meister aber auch schon zwei Jahre früher, spätestens im November 1738, verlassen haben. Es fällt nämlich auf, wie wir weiter oben ausführten, daß Silbermann erst »selb 8 Personen« (d. h. er selbst, sechs Gesellen und die Köchin) nach Greiz kommen wollte, dann aber mit »nur« fünf Gesellen dort gearbeitet hat. Der »fehlende« könnte Leibner gewesen sein.

434 Anfang des Jahres 1742 meinten die Dresdner Baufachleute Fehre und Winckler, daß sich das Gehäuse der Frauenkirchenorgel gesenkt habe. Der Ratsaktuar Johann Nicolaus Herold schrieb deshalb am 20. Januar an Gottfried Silbermann und bat ihn dringend, nach Dresden zu kommen und das Werk zu besichtigen. Silbermann antwortete vier Tage später, daß er »des ehestens« kommen wolle. Aber bald darauf erkrankte er und anschließend arbeitete er in Zöblitz, so daß die Reise nach Dresden unterblieb. Der Dresdner Rat faßte deshalb am 17. Mai 1742 den Beschluß, die Frauenkirchenorgel inzwischen von dem Orgelbauer Tobias Schramm »ansehen zu lassen«. Am folgenden Tage hat Schramm »nebst seinem Gesellen, der vormals bey Herrn Silbermann an der Frauenorgel mit arbeiten helfen [!] ...« in Gegenwart der Organisten Gräbner und Homilius und anderer das Werk besichtigt. Schramm hat dabei insbesondere »mit dem Gesellen, dem die Orgel genau bekannt [!], das Inwendige und Pfeifenwerk an-

gesehen, beyde [haben] aber nicht bemerken können, daß durch die Senkung einiger Schaden geschehen ...« (StA. Dresden: Akte D XXXIV 28i, Bl. 6/6b). Wer war Schramms Geselle, der die Orgel mit gebaut hatte und sie genau kannte? Nach dem Dokument vom 10. Februar 1734 (s. Anm. 272 und 1635) waren an dem Frauenkirchenorgelbau, von den beiden Tischlergesellen abgesehen, nur Johann George Silbermann, Johann Georg Schön und der Lehrling Christoph Leibner beteiligt. Da Silbermanns Vetter und Schön ohne Unterbrechung bei Gottfried Silbermann beschäftigt gewesen sind, bleibt nur Leibner übrig. Nur er kann es gewesen sein, der seinen jetzigen Meister Schramm über den Aufbau und die Anlage der Frauenkirchenorgel informiert hat. Hiernach muß Leibner allerspätestens im zeitigen Frühjahr 1742 zu Tobias Schramm gegangen sein. Er kann aber auch schon im November 1738 seinen alten Meister verlassen haben (vgl. Anm. 433).

435 Im Jahre 1751 soll er (nach brieflicher Mitteilung von Dähnert an den Verfasser) einen Dispositionsvorschlag für einen Orgelneubau in der Dresdner Kreuzkirche eingereicht haben. Nach Ernst Flades Orgelbauerlexikon (vgl. Anm. 415) soll Leibner sich dagegen am 7. Februar 1754 um eine größere Erneuerungsarbeit an der Kreuzkirchenorgel beworben haben. Das Stadtarchiv Dresden teilte dem Verfasser auf Anfrage aber mit, daß sich diese Bewerbungen nicht nachweisen lassen.

436 StA. Dresden: Bürgerbuch 1710–1763, Sign. C XXI 19d, Bl. 338.

437 Nach brieflichen Mitteilungen (6. April bzw. 26. Juli 1977) von Ulrich Dähnert an den Verfasser.

438 StA. Dresden: Akte Sign. D XXXIV 20, Bl. 1 ff. In dieser Akte befindet sich Leibners

ratur an der Orgel zu Friedrichstadt »bei Dresden« aus,[440] die er bereits am 21. Juli 1757 auf 120 Taler veranschlagt hatte.[441] Das scheint Leibners letzte nachweisbare Arbeit gewesen zu sein.

Johann Christoph Leibner, »Bürger und Orgelbauer in Dresden«, ist am 4. Juli 1760, drei Monate vor Vollendung seines neunundvierzigsten Lebensjahres, in Freiberg gestorben.[442] Er hat seinen Lehrmeister Gottfried Silbermann demnach nur um knapp sieben Jahre überlebt.

ADAM GOTTFRIED OEHME

Adam Gottfried Oehme wurde am 28. Juli 1719 in Grünhainichen geboren.[443] Sein Vater, Adam »Öhm«, war Hüfner.[444] Adam Gottfrieds Jugendzeit liegt im Dunkel. Vermutlich ist er im Alter von etwa achtzehn Jahren, also um das Jahr 1737, als Lehrling zu Gottfried Silbermann gekommen.[445] Jedenfalls hat er, Jahrzehnte später, Silbermann als seinen »Lehrherrn« bzw. »Lehrmeister« bezeichnet.[446]

Es ist anzunehmen, daß Oehme als Lehrling schon mit in Ponitz war[447] und dann anschließend beim Bau der Orgeln zu Frauenstein, Greiz, Zittau, Großhartmannsdorf und Zöblitz mitgeholfen hat. Anfang Dezember 1742, als in Fraureuth die neue Orgel geweiht wurde, erhielt auch Silbermanns »Lehrpursche« ein Trinkgeld. Wir haben hier mit großer Wahrscheinlichkeit Adam Gottfried Oehme vor uns.[448] Seine Lehrzeit war damals anscheinend gerade zu Ende, so daß er an dem kleinen Meisterwerk Gottfried Silbermanns in der Schloßkapelle zu Burgk schon als Geselle mitarbeiten konnte.[449]

Eigenartigerweise arbeitete Adam Gott-

Kostenanschlag vom 20. November 1753, wonach er 120 Taler, »frey Logie nebst einen Handlanger auf 6 Wochen« und ein Gerüst »um das Werck« verlangte (Bl. 3).

439 StA. Dresden: Akte Sign. D XXXIV 28m, Bl. 83 f. Es handelt sich allerdings nicht um das Original, sondern nur um eine Abschrift.

440 Diesen Auftrag verdankte Leibner wohl vor allem der Fürsprache des Pfarrers M. Wilhelm Hermann Schmiedt (1705–1770). Er hatte in einem Schreiben vom 20. Oktober 1757 an das Oberkonsistorium darauf hingewiesen, daß Leibner »mit guten Attestaten wegen verfertigter Orgelwercke versehen« sei (ebenda, Bl. 70b).

441 Das Schriftstück ist unterschrieben »Johann Christoph Leubner, Orgel- und Instrumentenmacher«. Die Unterschrift ist aber kaum eigenhändig vollzogen. Der Kostenanschlag und die »Unterschrift« stammen von derselben Hand und verraten einen geübten Schreiber. Übrigens verlangte Leibner auch hier wieder einen »freyen Handlanger«. Anscheinend arbeitete er allein und beschäftigte gar keinen Gesellen.

442 Dom Freiberg: ToR. Nr. 96/1760. Ob Leibner verheiratet oder noch ledig war, geht aus der Eintragung nicht hervor. Ebenso ist die Todesursache unbekannt. Wir wissen auch nicht, ob er sich vorher längere Zeit in Freiberg aufgehalten hat oder ob ihn der Tod dort plötzlich ereilte.

443 PfA. Waldkirchen: TaR. 1719. Adam Gottfried hatte zwei »Musicanten« als Paten, was bemerkenswerte Rückschlüsse auf den Bekanntenkreis seines Vaters gestattet.

444 Eine Parallele zu Gottfried Silbermann, dessen Vater ja (zunächst) auch Hüfner war.

445 Als 1767 in Cämmerswalde die von Oehme gebaute Orgel geweiht wurde, ließ der dortige Pastor M. Christian Gotthold Herrmann (1730 bis 1792) eine Schrift drucken. Darin heißt es, daß Oehme, der damals achtundvierzig Jahre alt war, »etliche [= mehr als] dreysig Jahr seines Lebens bey den besten Orgelbaumeistern zugebracht; viele Jahre [!] bey dem berühmten Herrn Gottfried Silbermann in Freyberg in Arbeit gestanden [habe]...«. Die Schrift befindet sich im PfA. Cämmerswalde (Akte Sign. I A V 5a).

446 Vgl. Oehmes Eingaben vom 23. Juni 1774 und 24. Januar 1778 an den Rat zu Freiberg (StA. Freiberg: Akte Sign. II I 17, Bl. 1 ff. und 83 ff.).

447 Die dortige Orgel ist am 18. November 1737 geweiht worden.

448 Vgl. Anm. 287.

449 Vgl. Anm. 290.

fried Oehme dann volle zwei Jahre, von Ostern 1744 bis 1746, als Geselle des Orgelbauers Johann Ernst Hähnel bei dem Oschatzer Orgelbau mit.[450] Andererseits ist das nur eine Bestätigung dessen, was der Cämmerswalder Pastor Herrmann über zwanzig Jahre später geschrieben hat: Oehme arbeitete eben nicht ununterbrochen bei Silbermann.[451]

Warum Adam Gottfried Oehme einen so hervorragenden Meister wie Gottfried Silbermann vorübergehend verlassen hat, bleibt ein Geheimnis. Vielleicht geschah es im Einvernehmen mit Silbermann.[452] Da auf die Burgker Orgel, von der Dresdner Hofkirchenorgel abgesehen, nur noch zwei Werke (Nassau[453] und Frankenstein[454]) folgten, gab es vielleicht in Silbermanns Werkstatt damals nicht genügend Arbeit.[455]

In einer Eingabe vom 23. Juni 1774 an den Rat zu Freiberg schrieb Adam Gottfried Oehme von Silbermann als dem Baumeister der Freiberger Domorgel, »der mein Lehr-

herr und bis zu seinen Todt mein Meister war«.[456] Die betonte Gegenüberstellung von »Lehrherr« und »Meister« deutet auch darauf hin, daß Oehme nicht ununterbrochen, so wie etwa Johann George Silbermann oder Johann Georg Schön, bei Silbermann tätig gewesen ist. Offenbar hat er nach Ostern 1746 wieder bei seinem ehemaligen »Lehrherrn« gearbeitet. Auf jeden Fall dürfte er an der Orgel zu Nassau mitgewirkt haben.[457] Und dann selbstverständlich an der Hofkirchenorgel zu Dresden.[458]

Am 15. Oktober 1753, also kurz nach Gottfried Silbermanns Tod, bewarb sich Adam Gottfried Oehme gemeinsam mit David Schubert erfolglos um den Orgelneubau in der Neustädter Kirche zu Dresden.[459] Oehme war übrigens verheiratet und hatte Familie.[460]

Gottfried Silbermanns ehemaliger Gehilfe, Johann Georg Schön, hat in Fortführung von dessen Werkstatt mit Adam Gottfried Oehme zusammengearbeitet.[461] Sie haben

450 Das beweist eine Lohnliste Hähnels. Sie nennt für dieselbe Zeit auch David »Schuberthen«, der später bei Gottfried Silbermann arbeitete (StA. Oschatz: Akte Sign. I II XXᶠ 13, Bl. 79). Oehme erhielt bei Hähnel einen Taler Wochenlohn, Schubert dagegen nur 20 Groschen. Wenn der Lohnunterschied auch nur 4 Groschen betrug, so war das damals Geld. Wir dürfen die Lohndifferenz in dem Sinne deuten, daß Oehme durch seine vorherige Lehrzeit bzw. Tätigkeit bei einem Meister wie Silbermann qualifizierter war als der gleichaltrige David Schubert.

451 Vgl. Anm. 445.

452 Andererseits ist es wenig wahrscheinlich, daß Silbermann seinen Gesellen zu Hähnel »geschickt« hat, mit dem er – allerdings rund ein Jahrzehnt vorher – einen Rechtsstreit geführt hatte (vgl. die in Anm. 100 genannten und darüber ergangenen Akten). Silbermann und Hähnel können sich aber ausgesöhnt haben, ohne daß es »aktenkundig« wurde.

453 Der Nassauer Kontrakt wurde am 24. August 1745 geschlossen.

454 Das Frankensteiner Werk soll Gottfried Silbermann nur »angefangen« und sein Neffe

(und Erbe) Johann Daniel dann vollendet haben.

455 Diese Tatsache führte uns andererseits zu der Vermutung, daß sich Silbermann in diesen Jahren intensiv mit seinem Pianoforte beschäftigte. Vgl. hierzu Anm. 163.

456 StA. Freiberg: Akte Sign. II I 17, Bl. 1 ff.

457 Dieses Werk sollte laut Kontrakt eigentlich schon im November 1746 übergeben werden, konnte aber – infolge der Kriegsauswirkungen – erst Anfang August 1748 fertiggestellt werden.

458 Pastor Herrmann in Cämmerswalde hatte in seiner Schrift (vgl. Anm. 445) erwähnt, Oehme habe bei Silbermann »nebst verschiedenen andern Orgeln [!], die Orgel in der ... Schloß-Capelle in Dreßden erbauen helfen«.

459 Wir kommen darauf zurück, wenn wir uns mit David Schubert beschäftigen.

460 Er wurde am 27. Oktober 1755 in Freiberg mit der Pachtmüllerstochter Johanna Dorothea Schier getraut (St. Nicolai Freiberg: TrR. Nr. 17/1755). Im Freiberger Einwohnerbuch von 1752 ff. (vgl. Anm. 207) steht hinter Oehmes Namen die Bemerkung: »Bew[eibt], 3 K[inder]«. Sonst ist über seine Familie nichts weiter bekannt.

sich gemeinsam »9 Jahre lang«[462] um die Pflege der von Silbermann im Dom und in der Petrikirche zu Freiberg erbauten Orgeln bemüht, »ohne einzige Vergütung dafür zu erhalten«.[463] Schön sei zwar von der Kircheninspektion »von Zeit zu Zeit vertröstet worden, daß er ein gewißes jährliches Wartegeld erhalten sollte«, aber er sei darüber gestorben, »ohne daß er was empfangen...«. Nach dem Tode Schöns hat Oehme die Werkstatt fortgeführt[464] und sich allein auch der Pflege der beiden Freiberger Orgeln angenommen, »als wenn ich die größte Pflicht darüber hätte«, er könne sich aber andererseits »auch nicht eines Pfennigs Besoldung erfreuen...«[465] In einer

weiterer Eingabe an den Freiberger Rat drückte Adam Gottfried Oehme am 24. Januar 1778 seine Beweggründe mit folgenden Worten aus: »...Die Wichtigkeit mehr besagter beyden Orgelwerke und die für deren Erbauer, dem berühmten Silbermann, meinen noch im Grabe verehrenden Lehrmeister getragene Liebe, haben bey mir zeithero die Entschlüßung angefeuert, gegen die mäßigste Vergütung alles mögliche zu deren Conservation beyzutragen und in Rücksicht deßen versichere ich auch fernerhin hieran nichts, auch mit Zurücksetzung meiner eigenen Vortheile, erwinden zu laßen...«[466] Am 2. Dezember 1778, rund ein Jahr vor seinem Tode, sind Oehme

461 Wir zitieren wieder aus Pastor Herrmanns Schrift (vgl. Anm. 445): Oehme »... ist auch bey allen Orgelbauen ein treuer und beständiger Gehülfe obig gedachten Herrn Schönens gewesen ...« Wenn 1763 bei der Übergabe der von Schön erbauten Orgel der »Orgelbauer-Geselle« 6 Taler Trinkgeld bekommen hat, dann dürfte mit ziemlicher Gewißheit Oehme der Glückliche gewesen sein (vgl. Anm. 405).

462 Das muß von 1755 (Vollendung der Dresdner Hofkirchenorgel) bis 1764 (Schöns Tod) gewesen sein.

463 Silbermanns Gesellen haben sich offenbar schon zu Lebzeiten ihres Meisters – anscheinend aber ohne dessen Wissen und Willen – um die Domorgel gekümmert. Oehme schrieb nämlich in seiner bereits zitierten Eingabe vom 23. Juni 1774 an den Freiberger Rat: »...Schon der seel. Silbermann eiferte stark, daß es zu keinen Schluß gelangen konnte (ob er deshalb Ansuchung gethan, kann ich nicht sagen) und verbot uns seinen Gesellen zuweilen sehr hart, nicht einen Schritt nach der Dom-Orgel fortzusetzen, denn es müßte ihn bezahlet werden, und dennoch wurden wir sehr oft dahin verlanget, welches Seiten unserer nach den Feyerabend zum Vergnügen geschah, da wir wußten, daß er [Silbermann] ohnediß schon ein großer Capitaliste war...« Bemerkenswert ist eine zeitgenössische Definition von »Kapitalist«. Wir finden sie in dem Zedlerschen Universallexikon (Bd. V, Sp. 657): »Capitalist, der baare Gelder und grosses Vermögen hat, und von seinem Interesse [= Zinsen] und Renten leben kan«.

464 Oehme erscheint deshalb (nach Schön)

als Mieter des sogenannten »Regimentshauses« im Freiberger Einwohnerbuch von 1752 ff. (StA. Freiberg). In diesem Zusammenhang ist sehr bemerkenswert, was Oehme in seiner Eingabe vom 23. Juni 1774 an den Freiberger Rat geschrieben hat: »...Es hat der verstorbene Herr Silbermann, und nach diesen der gleichfalls verstorbene Orgelbauer Schöne, die ... [dem] Rath gehörige Wohnung, in welcher auch ich gegenwärtig wohnhaft bin, von ao. 1714 an bis 1765 miethweiße innengehabt...« (StA. Freiberg: Akte Sign. II I 17, Bl. 1 ff.) Während Silbermann und Schön jährlich nur 14 Taler Miete zu zahlen brauchten, forderte der Rat von Oehme aber 25 Taler im Jahr. Oehme befand sich in sehr schlechten finanziellen Verhältnissen und war mit der Miete drei Jahre in Rückstand geraten. Er hatte sich deshalb »mit Verklagen, Auspfänden, Versiegelung dräuen lassen müssen ... ohne Rücksicht der unerhörten großen Theuerung, wo ich vielmals zu ganzen Wochen lang mit bittern Thränen mit den Meinigen den lieben Brode entgegen gesehen habe...«. Oehme schrieb dann wörtlich: »...Wie wehe es aber einen ehrl. Mann thut, der ... als ein Künstler weit genug bekannt ist und dem man sonst nichts ungebührliches nachsagen kann, als daß er arm ist, erfahre an mir nachdrücklich mit größter Betrübniß ...« Einerseits werde er wegen der rückständigen Miete »sehr gedrückt«, andererseits habe er »so lange umsonst dienen müßen ...«.

465 Das geht alles aus Oehmes Eingabe vom 23. Juni 1774 an den Freiberger Rat hervor (StA. Freiberg: Akte Sign. II I 17, Bl. 1 ff.).

466 Ebenda, Bl. 83 ff. Wir haben nicht den

dann endlich 16 Taler »jährliches Gedinge-geld« für die Pflege der Dom- und Petri-orgeln bewilligt worden.[467]

Johann Georg Schön sollte – wie an anderer Stelle bereits erwähnt wurde – in Cämmers-walde eine neue Orgel bauen. Nach seinem unerwarteten Tod (1764) mußte sich die Gemeinde nach einem »andern geschickten Orgelbauer umsehen«, der das (angefan-gene) Werk verfertigen konnte. Die Wahl fiel auf Adam Gottfried Oehme, da er »mit H. Schönen gemeinschafftlich bereits verschiedene Orgeln erbauet« hatte.[468] So wurde am 24. Juni 1765 mit Oehme der Kontrakt geschlossen.[469] Die Orgel konnte dann am 19. Oktober 1767 geweiht wer-den.[470]

Adam Gottfried Oehme baute in der Frei-berger Umgebung noch folgende Orgeln: Weigmannsdorf (1768), Erbisdorf (1770/74),[471] Kleinwaltersdorf (1774), Tutten-dorf (1782).[472]

Im November 1785, vier Jahre vor seinem Tode, hat sich Oehme, allerdings erfolglos, um den Neubau einer dreimanualigen Orgel für die Dresdner Kreuzkirche beworben.[473] Oehmes letztes Werk war die zweimanu-alige Orgel zu Zethau, deren Disposition »völlig im Sinne Gottfried Silbermanns« war und deren Zustand außerdem heute noch sehr gut ist.[474]

Adam Gottfried Oehme, »Kunsterfahrner Orgel- und Instrumentenmacher«, ist am 25. November 1789, früh um 7 Uhr, in Freiberg gestorben.[475] Er hat demnach das-selbe Alter wie sein ehemaliger Lehrherr

---

geringsten Anlaß, die Wahrheit von Oehmes Worten anzuzweifeln. Wir müssen vielmehr feststellen, daß er sich von sehr edlen Motiven leiten ließ.

467 StA. Freiberg: RPr. Sign. I Ba 22, S. 1086 (2. Dezember 1778).

468 Diese Worte wurden aus dem mit Oehme geschlossenen Kontrakt zitiert. Die Wahl Oehmes hatte aber noch einen anderen, bemerkenswerten Grund. Nach Pastor Herrmanns Druckschrift (vgl. Anm. 445) ist Oehme durch seine Mit-arbeit an der Dresdner Hofkirchenorgel Gott-fried Silbermanns Erben bekannt geworden. Jo-hann Daniel Silbermann hat Oehme daraufhin als einen »in seiner Kunst verständigen und be-währten Mann« für den Orgelbau in Cämmers-walde »bestens empfohlen«.

469 Das in der Akte (PfA. Cämmerswalde: Sign. I a V 5 a) befindliche Schriftstück ist nicht der Originalvertrag.

470 Das Datum geht aus Pastor Herrmanns Druckschrift hervor.

471 In seiner Eingabe an den Freiberger Rat (vgl. Anm. 465) schrieb Oehme: »... Wie kost-bar [= teuer] ich sey und was vor Schätze ich erübrigen kann, ist aus meinen schlechten Um-ständen leichte zu schließen, und noch jetzo kann ich mich rühmen, daß an dem in Erbisdorf erbauenden Orgelwerk mehr als Einhundert Thaler Einbuse [er]leide ...«

472 Die alte Tuttendorfer Orgel stammte aus der Freiberger Jacobikirche (vgl. Curiosa Saxo-nica, 1736, S. 56) und mußte dann durch ein neues Werk (von Oehme) ersetzt werden.

473 Das Werk sollte neunundvierzig Stimmen bekommen, exclusive Gehäuse (nur) 16.000 Ta-ler kosten und innerhalb von sechs Jahren ver-fertigt werden. Gottfried Silbermanns Dresdner Hofkirchenorgel hat »nur« siebenundvierzig Stimmen, sollte 20.000 Taler kosten und in vier Jahren gebaut werden. Eine sehr interessante Gegenüberstellung. Oehme hat offensichtlich im Alter noch denselben Mut wie sein ehemaliger Meister gehabt. Falls er den Auftrag bekommen hätte, wäre er bei der veranschlagten Bauzeit vor Vollendung des Werkes gestorben. Oehmes Disposition ist noch vorhanden und trägt seine eigenhändige Unterschrift (StA. Dresden: Akte Sign. B III 36, Bl. 14 ff.).

474 Nach brieflicher Mitteilung von Dähnert (vom 26. Juli 1977) an den Verfasser.

475 Dom Freiberg: ToR. Nr. 51/1789.

476 Bei Oehme hat Johann Christian Knöbel »viele Jahre als Geselle gearbeitet«. Da er »nun dieses Metier auf eigene Rechnung allhier fort-zusetzen willens [war], auch bekanntermasen gute Geschicklichkeit hierinnen besitzet«, über-trug ihm der Freiberger Rat am 2. Dezember 1789 (nach Oehmes Tod) »die Stimm- und Re-parirung der beyden Orgeln zu Dom und St. Petri« gegen eine jährliche Vergütung von 16 Talern (StA. Freiberg: Akte Sign. II I 17, Bl. 107). Damit ist in Erfüllung gegangen, was sich Oehme gewünscht hatte: »... daß ich wieder

und Meister erreicht. Über die Todesursache ist nichts bekannt. Mit Oehme ist der letzte echte und unmittelbare Schüler Gottfried Silbermanns dahingegangen.[476]

DAVID SCHUBERT

Schubert wurde um 1719 geboren.[477] Seine Herkunft ist noch unbekannt.[478] Wir wissen auch nicht, bei welchem Meister er die Orgelbaukunst erlernt hat.[479]

Von Ostern 1744 bis Ostern 1746 arbeitete David Schubert (gemeinsam mit Adam Gottfried Oehme) als Geselle Johann Ernst Hähnels an der Oschatzer Orgel mit.[480] Vermutlich hat er auch bei Hähnel gelernt.[481] Zu Gottfried Silbermann ist Schubert offenbar gleich nach Ostern 1746 gekommen.[482] In seinem (allerdings erfolglosen) Gesuch vom 14. Mai 1766 um Übertragung der Dresdner Hoforgelbauerstelle schrieb er nämlich wörtlich: »...Weil ich ... siebenundeinhalb Jahr bey dem verstorbenen Hof- und Landorgelbauer in Freyberg in Condition gestanden,[483] auch

einen jungen Menschen heranziehen könnte, der nach meinem Tode gleiches zu thun vermögend sey, welches denn auch nicht unmöglich, und der Stadt Freyberg bey ihren kostbaren Orgelwerken nützlich wäre ...« (Vgl. Oehmes Eingabe vom 23. Juni 1774 im StA. Freiberg: Akte Sign. II I 17, Bl. 1 ff.) Hiernach dürfte Knöbel erst nach 1774 zu Oehme gekommen sein. Im Herbst 1780 hat Oehme mit seinem Gesellen Johann Christian Knöbel die 1741 von Silbermann in Großhartmannsdorf gebaute Orgel repariert. Wir gehen darauf bei der Behandlung der Baugeschichte dieses Werkes noch näher ein. Übrigens wurde Knöbel um 1752 geboren und starb als »ledige Mannsperson, Orgelbauer und geschickter Instrumentenmacher« am 10. April 1822 im achtzigsten Lebensjahr in Freiberg (Dom Freiberg: ToR. Nr. 17/1822). Es hat in Freiberg noch einen zweiten Orgel- und Instrumentenbauer namens Wilhelm Gottlob Knöbel gegeben. Er wurde um 1775 geboren, heiratete am 8. Oktober 1801 in Freiberg (St. Jacobi: TrR. Nr. 14/1801) und starb daselbst am 10. September 1859 im Alter von vierundachtzig Jahren (Dom Freiberg: ToR. Nr. 75/1859). Sein Vater, Johann Gottlieb Knöbel, war Bürger und Tischlerobermeister in Polkwitz (Schlesien) (vgl. die Trauerurkundung des Sohnes von 1801). Die beiden Knöbel (Johann Christian und Wilhelm Gottlob) waren offenbar miteinander verwandt. Als 1802 ein Sohn von Wilhelm Gottlob getauft wurde, war Johann Christian Pate (St. Nicolai; TaR. Nr. 25/1802). Übrigens hat es in Freiberg nach Wilhelm Gottlob Knöbel im 19. Jahrhundert weitere Orgelbauer gegeben und zwar Leberecht Trepte und Guido Hermann Schäf (1840–1911). Sie werden in der Niederschönaer Orgelakte genannt (PfA. Niederschöna: Akte Sign. I A 5, Bl. 9 und 29).

477 Geburtsdatum und -ort konnten urkundlich noch nicht nachgewiesen werden. Das angegebene mutmaßliche Geburtsjahr wurde aus dem in der Todesbeurkundung (vgl. Anm. 495) vermerkten Alter errechnet.

478 In MGG (Bd. 12, Sp. 101) wird David Schubert als erster Namensträger Dresdner Musiker des 18./19. Jahrhunderts erwähnt.

479 Ernst Ludwig Gerber schrieb in seinem Neuen Tonkünstlerlexikon (1812/14, Bd. 4, Sp. 129), Schubert habe »seine Kunst bey Gottfr. Silbermann zu Freyberg erlernt«. Dafür gibt es aber keinen Beweis. Schubert selbst hätte das wohl nicht verschwiegen, als er sich 1766 (nach dem Tode von Johann Daniel Silbermann) um die Dresdner Hoforgelbauerstelle bewarb. Er schrieb aber nur: »...Weil ich nun diesem Metier seit vielen Jahren zugethan ...« (STA. Dresden: Loc. 910, Akte Das Churf. Orchester, Bd. 1, Bl. 147 f.).

480 Das beweist eine (von Dähnert aufgefundene) Lohnliste Hähnels (StA. Oschatz: Akte Sign. I II XXf 13, Bl. 79).

481 Vgl. Anm. 491.

482 Ostern fiel im Jahre 1746 auf den 10. April. Vielleicht hat Gottfried Silbermann Schubert geworben? Schubert könnte sich aber auch schriftlich bei Silbermann angeboten haben. Die Briefe »von H. Schubardten«, die sich in Silbermanns Nachlaß befanden (vgl. Bl. 49 der in Anm. 151 genannten Akte), wären ein diesbezüglicher Hinweis. Leider sind sie verschollen, und ihr Inhalt ist unbekannt.

483 Silbermann ist am 4. August 1753 gestor-

von ihm dergestalt habe gebraucht werden können, daß ich alle seine Orgelzeichnungen,[484] nicht weniger den Riß zu dem ansehnlichsten Werke in hiesiger Hofcapelle verfertiget, selbst zuerst mit daran gearbeitet und in seiner Abwesenheit sogar den Bau dirigieret...«[485] Die letzten Worte Schuberts stehen in Widerspruch zu dem Bericht des Notars Traugott Friedrich Langbein.[486] In einem weiteren Gesuch vom 6. Juni 1769 hat David Schubert, etwas bescheidener, nur darauf hingewiesen, daß er bei dem Hoforgelbauer Silbermann in Freiberg »als Alt-Geselle in Arbeit gestanden« habe, will aber den Bau der Hofkirchenorgel »angeleget« haben, weil Silbermann selbst aus Alters- und Krankheitsgründen »nicht viel mehr zu verrichten vermögend« gewesen sei.[487]

Kurz nach Gottfried Silbermanns Tod, am 15. Oktober 1753, bewarben sich David Schubert und Adam Gottfried Oehme um den Orgelneubau in der Neustädter Kirche zu Dresden.[488] Einen Monat später wiederholten sie ihre Bewerbung und baten den Rat, doch in Erwägung zu ziehen, daß wir »...eine ziemliche Zeit bey dem verstorbenen Orgel-Bauer Silbermann gearbeitet [haben] ... wir können auch versichern, daß, da Silbermann unsern unermüdeten Fleiß und Application gesehen, er mit uns allezeit zufrieden gewesen, daß er an unserer Arbeit niemahls etwas ausgeseet, vielmehr uns als denn vieles allein zu dirigiren überlaßen, welches er seiner bekannten Accuratesse nach gewiß nicht gethan haben würde, wenn er nicht gewußt, daß wir von seinen uns gegebenen Principiis den nöthigen Gebrauch machen könnten...«[489] Damit wollten Schubert und Oehme offensichtlich die Argumente von Johann Ernst Hähnel entkräften, der sich am 26. Oktober 1753 um denselben Orgelneubau beworben hatte. Hähnel sprach nämlich »diesen jungen Leuten«[490] die Fähigkeiten »zur Ausführung eines dergl. Baues« ab, da sie »unter

ben. Schubert müßte demnach etwa im Februar 1746 seine Tätigkeit bei ihm aufgenommen haben. Um diese Zeit war er aber noch bei Hähnel beschäftigt, wie die in Anm. 480 erwähnte Lohnliste beweist. Schuberts Angabe scheint demnach nicht ganz exakt zu sein. Von der Dresdner Hofkirchenorgel abgesehen, kann Schubert nur an der (am 4. August 1748 geweihten) Orgel zu Nassau (und eventuell an dem Frankensteiner Werk) mitgearbeitet haben.

484 Es bleibt ein Geheimnis, welche Orgelzeichnungen Schubert gemacht hat. Der Riß für das Nassauer Werk ist zum Beispiel bereits am 23. Mai 1745 (durch Johann George Silbermann) vorgelegt worden (PfA. Nassau: Akte Sign. III 13 100, Bl. 1/1b), als Schubert noch bei Hähnel in Oschatz arbeitete. Wir haben an anderer Stelle erwähnt, daß Silbermann mit dem Freiberger »Mathematicus« (und Domorganisten) Elias Lindner zusammenarbeitete. Er könnte für Silbermann die Orgelrisse gezeichnet haben (vgl. Anm. 230). Wer das nach Lindners Tod (1731) getan hat, wissen wir nicht. Es bleibt nur die unbeweisbare Vermutung, daß Schubert – allerdings weit später – für Silbermann Zeichnungen machte, obwohl er noch nicht unmittelbar bei ihm beschäftigt war.

485 STA. Dresden: Loc. 910, Akte Das Churf. Orchester, Bd. 1, Bl. 147 f.

486 Danach hat nämlich Zacharias Hildebrandt »die Direction jedesmahl bey Abwesenheit ... [Silbermanns] über die übrigen Gesellen, Arbeiter und Gehülffen« gehabt (Bl. 37 der in Anm. 151 genannten Akte). Nach Silbermanns Tod sind alle Gesellen zunächst an Hildebrandt »gewiesen« worden, hatten nach seinen Anordnungen »ihr Officium treulich fortzusetzen« und erst Ende Oktober 1753 trat Silbermanns Erbe Johann Daniel die Nachfolge seines Onkels an (ebenda, Bl. 37b und 65 sowie Bl. 65 ff. der Akte »Die Kosten zur Erbauung eines großen Orgelwercks...«, Loc. 32825, STA. Dresden).

487 STA. Dresden: Loc. 910, Akte Das Churf. Orchester, Bd. 2, Bl. 68.

488 Sie wollten für 3500 Taler »nebst der alten Orgel« ein zweimanualiges Werk mit vierunddreißig Stimmen bauen. Die von Schubert und Oehme unterschriebene Originaldisposition ist noch vorhanden (StA. Dresden: Akte Sign. D XXXIV 20, Bl. 5 ff.).

489 Ebenda, Bl. 13b/14a.

490 Oehme und Schubert waren damals vierunddreißig Jahre alt, Hähnel dagegen etwa sechsundfünfzig (vgl. Anm. 542).

ihrer eigenen Invention noch nicht einmal eine Dorforgel erbauet« hätten.[491]

Die Bewerbungen der beiden Silbermannschüler Schubert und Oehme, aber auch Hähnels Bewerbung, waren erfolglos. Der Neustädter Orgelbau wurde an Zacharias Hildebrandt und seinen Sohn vergeben.[492]

Schuberts Bewerbungen um die Hoforgelbauerstelle zu Dresden hatten übrigens auch keinen Erfolg.[493] Er soll nicht nur ein »braver Orgelbauer«, sondern vor allem auch ein »geschickter Instrumentenmacher« gewesen sein, »dessen Klaviere besondern Beyfall fanden«.[494] David Schubert ist 1772 im Alter von dreiundfünfzig Jahren in Dresden »an einem Fieber« gestorben und wurde am 23. Mai auf dem Neustädter Friedhof begraben.[495]

JOHANN GOTTFRIED HILDEBRANDT

Johann Gottfried, ein Sohn von Zacharias Hildebrandt (1688–1757), der 1713 als junger Orgelmachergeselle zu Gottfried Silbermann kam, um sich in seiner Werkstatt zu »perfectioniren«, wurde um 1724 geboren.[496] Johann Gottfried hat die Orgelbaukunst bei seinem Vater erlernt und arbeitete als Geselle mit an der (1746 vollendeten) St.-Wenzel-Orgel zu Naumburg.[497] Er wirkte, vermutlich schon ab Herbst 1750, gemeinsam mit seinem Vater an Gottfried Silbermanns Dresdner Hofkirchenorgel mit.[498]

Am 10. Oktober 1768 bewarb sich Johann

---

491 Bl. 12 der in Anm. 488 genannten Akte. Hähnel hat seine beiden Mitbewerber als »bey mir vor wenig Jahren ausgelernte Gesellen« bezeichnet. Damit meinte er wohl ihre Mitarbeit beim Oschatzer Orgelbau (1744/46). Wenn Hähnel ihnen damals schon einen Taler bzw. 20 Groschen Lohn gezahlt hat, dann müssen sie jedenfalls schon recht brauchbar gewesen sein. Wenn er ihnen trotzdem die Fähigkeit zu eigenem Schaffen absprach, können wir den Grund nur in Neid oder Mißgunst sehen. Oehme und Schubert hatten sich ja inzwischen auch bei Silbermann weiter qualifiziert, so daß ihr Wunsch, nun gemeinsam und selbständig ein Werk zu schaffen, sehr verständlich ist.

492 Der Originalkontrakt vom 15. Juni 1754 ist noch vorhanden (Bl. 41 ff. der in Anm. 488 genannten Akte). Bemerkenswert ist ein Satz aus einem Schreiben vom 12. März 1754, das der Dresdner Rat an das Oberkonsistorium richtete: »... besonders der alte Zacharias Hildebrand, nunmehro, nachdem Silbermann verstorben, in seiner Orgel-Bauer-Kunst in bester renommé stehet, wovon wir von vielen Orten, wo er gebauet ... zuverlässige Erkundigung eingezogen ...« (ebenda, Bl. 27).

493 Nachfolger von Johann Daniel Silbermann (1717–1766) wurde vielmehr der Dresdner Stadtorgelbauer Tobias Schramm (1701–1771), »weil er durch seine langjährige Praxis der allhiesigen kostbaren Orgel [in der Hofkirche] wohl am besten vorzustehen imstande sein wird« (Bl. 151 ff. der Acta, die Schauspiele und Redouten ... betr., 1766, Bd. 3, Loc. 908, STA. Dresden). Schramm wurde dann durch Johann Gottfried Hildebrandt abgelöst.

494 Das schrieb Gerber in seinem Neuen Tonkünstlerlexikon von 1812/14 (Bd. 4, Sp. 129). Wir dürfen annehmen, daß Schubert seine Kenntnisse im Klavierbau bei Gottfried Silbermann erworben hat; denn Silbermann hat sich mit großer Wahrscheinlichkeit in den Jahren vor 1750 insbesondere mit dem Pianoforte beschäftigt (vgl. Anm. 163).

495 StA. Dresden: KWZ. 1772, Bl. 167b. Im Gegensatz zu Schramm hat Schubert das Dresdner Bürgerrecht nicht besessen. Er wird jedenfalls in den Bürgerbüchern nicht erwähnt (lt. brieflicher Mitteilung des StA. Dresden vom 18. November 1977 an den Verfasser).

496 Das Geburtsjahr wurde nach dem in der Todesbeurkundung von 1775 angegebenen Alter errechnet (vgl. Anm. 510). Das genaue Geburtsdatum konnte noch nicht nachgewiesen werden, da auch der Geburtsort noch unbekannt ist (vgl. Ulrich Dähnert, Der Orgel- und Instrumentenbauer Zacharias Hildebrandt, Leipzig 1962, S. 34).

497 Vgl. Dähnert (Anm. 496), S. 104 und 109.

498 Bisher konnte Johann Gottfrieds Mitarbeit an diesem Werk nur vermutet werden (vgl. Dähnert (Anm. 496), S. 126). Erst der Ver-

Gottfried Hildebrandt um die Anwart-schaft auf die Dresdner Hoforgelbauer-stelle, nachdem der damalige Stelleninhaber Tobias Schramm[499] aus gesundheitlichen und Altersgründen »oft nicht in Stande ist, die nötige Arbeit an der in der Hofkirche befindlichen Orgel richtig und gehörig zu besorgen«.[500] Hildebrandt wurde daraufhin Schramm zunächst »adjungirt« und rückte nach dessen Tod[501], im Oktober 1771, in die Stelle ein.[502]

Für Johann Gottfried Hildebrandts Er-nennung zum Hoforgelbauer waren ins-besondere zwei Gründe entscheidend: weil er »in seinem Metier sehr geschickt ist und [damals] bey dem Bau der großen Orgel [in der Hofkirche] mit großem Nutzen ge-brauchet worden...«[503] und »weil ihm die-ses große Werk, an welchem er unter dem alten Silbermann gearbeitet, vollkommen bekannt«[504] war.

Demnach hat Johann Gottfried Hilde-brandt, neben seinem Vater und den ande-ren Gesellen Silbermanns, auch Anteil an dem größten und letzten Werk des berühm-ten Meisters gehabt.[505] Eigenartigerweise wird in der Akte über Gottfried Silber-manns Nachlaß[506] nichts von einer Lohn-zahlung an Johann Gottfried Hildebrandt erwähnt.[507] Wir wissen auch nicht, wie

---

fasser fand die Belege, die Johann Gottfried Hildebrandts Beteiligung zweifelsfrei beweisen.
499 Schramm wurde am 9. Oktober 1701, als Sohn des »Schiffmannes« Christoph Schramm, in Schandau geboren (PfA. Bad Schandau: TaR. 1701). Anfang Juni 1766 ist er (als Nachfolger von Johann Daniel Silbermann) »zum Hoforgel-bauer angenommen« worden (vgl. Anm. 493). Im April 1742 hatte Tobias Schramm, »ein Orgelmacher von Schandau gebürttig«, das Dresdner Bürgerrecht erlangt (StA. Dresden: Bürgerbuch Sign. C XXI 19d, S. 236b). Er ist 1771 als »Wittwer« an einem »Steckfluß« in Dresden gestorben und am 17. Oktober beerdigt worden (StA. Dresden: KWZ. 1771, Kreuz-kirche). Am 14. Oktober 1771 bewarb sich Jo-hann August Schramm, der beim Vater die Orgel-baukunst erlernt hatte, um die Nachfolge, hatte aber keinen Erfolg, da Johann Gottfried Hilde-brandt (bereits seit November 1768) als Hof-orgelbauer vorgesehen war (STA. Dresden: Loc. 910, Das churf. Orchester, Band III, Bl. 192 f.). Übrigens hat Tobias Schramm zwei Töchter und drei Söhne »als bedräncte Waysen in Kummer und Sorgen hinterlassen«, die sich »ohnmächtig« fanden, die Schulden zu tilgen, in die ihr Vater durch zweimalige »gänzliche Ab-brennung« geraten war (ebenda, Bl. 203 f.). Er-wähnenswert ist noch folgendes: Nachdem die Hofkirchenorgel seit »vielen Jahren nicht repa-riert« worden war, so daß »wegen des in denen Pfeiffen sich gesammleten Staubes und Unraths auch anderer sich äußernden Mängel halber« sie einer Hauptreparatur bedurfte, hatten Schramm und Johann Gottfried Hildebrandt entsprechen-de Kostenanschläge vorgelegt. Obwohl ersterer

»diese Reparatur zu bewerckstelligen imstande« war, zog man doch Hildebrandt vor, weil er »ein feineres Gehör als der alte Schramm besitzt« (ebenda, Bl. 51).
500 STA. Dresden: Loc. 910, Das churf. Orchester, Band II, Bl. 344. Siehe hierzu auch die vorige Anmerkung.
501 Schramm ist Mitte Oktober 1771 gestor-ben (vgl. Anm. 499).
502 Bl. 338 der in Anm. 500 genannten Akte.
503 Ebenda, Bl. 352.
504 Ebenda, Band III Bl. 51/51b.
505 Wir gehen bei der Darstellung der Bau-geschichte der Hofkirchenorgel darauf noch be-sonders ein.
506 Siehe Anm. 151.
507 Gottfried Silbermann hatte am 10. August 1750 mit Zacharias Hildebrandt wegen dessen Mitarbeit an der Hofkirchenorgel einen Ver-trag geschlossen. Vermutlich war dabei auch die Mitarbeit von Johann Gottfried Hildebrandt eingeschlossen. Leider ist der Vertrag verschol-len (vgl. Anm. 326).
Wir haben an anderer Stelle (vgl. Anm. 631 und Anm. 12 zu SD. 7) ausgeführt, daß Gottfried Silbermann in seinen Berechnungen für die Frei-berger Domorgel für sich einen Wochenlohn von (vermutlich) etwa $4^1/_2$ Talern einkalkuliert hat. Zacharias Hildebrandt war, wie sich sein Sohn Johann Gottfried später ausdrückte (vgl. Anm. 2254), am Bau der Dresdner Hofkirchen-orgel als »Silbermannischer Mitmeister« beteiligt. Als solcher hat er (von Silbermann) $6^1/_2$ Taler Wochenlohn bekommen, also zwei Taler mehr, als Silbermann einst (in Freiberg) für sich selbst berechnet hatte. Mit dem hohen Lohn für

103

lange er an der Hofkirchenorgel mitgearbeitet hat.[508] Ab Sommer 1754 wirkten Vater und Sohn an einem eigenen großen Werk für die Neustädter Kirche zu Dresden.[509]

Johann Gottfried Hildebrandt »ist als Churfürstl. Hoforgelbauer« 1775 in Dresden gestorben und – wie sein Vater – auf dem Neustädter Friedhof bestattet worden.[510]

MICHAEL BOTTNER

Michael Bottner wurde um 1704 geboren[511] und stammte aus Nürnberg.[512] Er ist vermutlich auf der Wanderschaft nach Freiberg gekommen und fand hier als Tischlergeselle Aufnahme in Gottfried Silbermanns Orgelbauwerkstatt. Er hat 1731 bzw. 1734 an den Orgeln zu Mylau und der Dresdner Frauenkirche mitgearbeitet.[513] Seit wann bzw. wie lange er bei Gottfried Silbermann beschäftigt war, wissen wir nicht: vermutlich von 1731 bis 1737.[514] Am 31. März 1745 erlangte Michael Bottner als »Tischler« das Freiberger Bürgerrecht.[515] Er brachte es bis zum »Obermeister beim Tischlerhandwerk«. Er ist am 3. April 1760 in Freiberg gestorben.[516]

Zacharias Hildebrandt könnte demnach eventuell auch die Mitarbeit seines Sohnes abgegolten worden sein.

508 Am 26. Februar 1754 heiratete Johann Gottfried Hildebrandt eine Leipziger Posamentiererstochter namens Johanna Regina Hartmann (St. Thomas Leipzig: TrR. 1747–1762, Bl. 96). Er wurde als »Orgel- und Instrumenten-Macher alhier« (d. h. in Leipzig) bezeichnet. Das muß nicht bedeuten, daß er um diese Zeit nicht mehr mit in Dresden arbeitete. Vater und Sohn wohnten nämlich in Leipzig und haben dort 1749/50 die Nicolaiorgel repariert (vgl. Dähnert (Anm. 496), S. 120).

509 Der Bauvertrag war am 15. Juni 1754 geschlossen worden (vgl. Anm. 492). Zacharias Hildebrandt hat die Vollendung des Werkes nicht erlebt. Er starb am 11. Oktober 1757. Die letzten Arbeiten führte sein Sohn aus, so daß die Orgel am 6. Dezember desselben Jahres übergeben werden konnte (vgl. Dähnert (Anm. 496), S. 139).

510 StA. Dresden: KWZ. 1775, Bl. 849 b. Hier heißt es, daß Hildebrandt »im 51. Jahre seines Alters am Steck- und Schlagfluß« gestorben ist. Er wurde am 10. November bestattet. Der Todestag wurde nicht angegeben. Über Johann Gottfried Hildebrandts Tätigkeit nach dem Tode seines Vaters siehe Dähnert (Anm. 496), S. 139 ff.

511 Das (mutmaßliche) Geburtsjahr konnte nur aus der Altersangabe in der Todesbeurkundung (vgl. Anm. 516) errechnet werden.

512 Am 26. Februar 1738 wurde Michael Bottner, »Tischlergeselle von Nürnberg«, erwähnt (StA. Freiberg: RPr., S. 831).

513 Wir verweisen auf die Schriftstücke, die Silbermanns Gesellen damals in beiden Orgeln niedergelegt haben (vgl. Anm. 270 und 272).

514 Bottner kann schon vor 1731 bei Silbermann gearbeitet haben. Einen Beweis dafür gibt es nicht. Nach dem in Anm. 512 zitierten Freiberger Ratsprotokoll hatte sich Bottner damals (im Februar 1738) zur Gewährung des Bürger- und Meisterrechts »angegeben«. Wann er das letztere erlangte ist unbekannt. Wir dürfen aber vermuten, daß er als Meister nicht mehr mit in Silbermanns Werkstatt arbeitete. Denkbar wäre, daß er als selbständiger Tischlermeister bestimmte Aufträge für Silbermann ausführte, weil dieser ja laufend Tischler benötigte, wie seine Orgelkontrakte beweisen.

515 StA. Freiberg: BB. Sign. I Bc 3, S. 351 b. Aus dem Eintrag geht hervor, daß der Vater (Michael Bottner) »Fleischhauer in der Stadt Nürnberg« gewesen ist. Es fällt auf, daß Bottner 1745 das Bürgerrecht bekam, obwohl er es schon 1738 beantragt hatte (vgl. Anm. 514). Sollte er auch erst 1745 Meister geworden sein? Dann könnte man vermuten, daß er in der Zwischenzeit noch als Tischlergeselle bei Silbermann gearbeitet hat. Ob Bottner einer der Tischlergesellen war, die 1741/42 bei den Orgelbauen zu Großhartmannsdorf, Zöblitz und Schloß Burgk genannt wurden, ist nicht zu beweisen.

516 Dom Freiberg: ToR. Nr. 63/1760. Sein Alter wird hier mit 56 Jahren angegeben.

Abraham Silbermann wurde am 17. April 1708 in Frauenstein als Sohn des Bürgers und Zimmermanns Michael Silbermann (1666–1733) geboren.[517] Er war ein jüngerer Bruder des Orgelbauers Johann George Silbermann (1698–1749). Abraham hat als Tischlergeselle beim Bau der Frauenkirchenorgel zu Dresden mitgewirkt.[518] Zur gleichen Zeit wurde er in einem Frauensteiner Gerichtsbuch als »Tischlergeselle in Freiberg« erwähnt.[519] Seit wann Abraham in der Werkstatt Gottfried Silbermanns arbeitete, wissen wir nicht.[520] Am 1. August 1736, also noch vor Vollendung der Frauenkirchenorgel zu Dresden erlangte er das Freiberger Bürgerrecht.[521] Rund ein halbes Jahr später, am 11. Februar 1737, wurde Abraham Silbermann in Freiberg mit der neunzehnjährigen Dorothea Elisabeth Laue getraut.[522] Nachdem er nun auch Meister war, dürfte er kaum noch als Gehilfe für Gottfried Silbermann tätig gewesen sein.[523] Er könnte in seiner eigenen Werkstatt aber Arbeiten für seinen berühmten Verwandten ausgeführt haben.[524] Beweise dafür gibt es allerdings nicht.

Anfang Dezember 1749 war Abraham Silbermann krank, so daß er sich genötigt sah, seinen Letzten Willen zu erklären.[525] Sein am 7. Dezember errichtetes Testament ist erwähnenswert, weil es darüber Aufschluß gibt, wie lange damals ein Tischler lernen mußte, bis er Geselle war.[526] Abrahams Krankheit führte nicht zum Tode. Er starb vielmehr »erst« am 29. Dezember 1753[527] »in äußerster Dürfftigkeit«.[528]

---

517 PfA. Frauenstein: TaR. Nr. 17/1708.

518 Wir verweisen auf das in der Orgel aufgefundene Schriftstück (s. Anm. 1635).

519 StA. Frauenstein: GB. VI, Bl. 63 ff. Hiernach verkauften die Erben des am 11. September 1733 verstorbenen Amtszimmermanns Michael Silbermann dessen hinterlassenes Grundstück. Käufer war Michaels Sohn Johann Jacob (1706 bis 1736), der als Siebzehnjähriger geheiratet hatte. In der Urkunde werden (neben Abraham Silbermann) u.a. seine Brüder Michael (Tischler in Dresden) und Johann George (Orgelbauer in Freiberg) genannt.

520 Offenbar frühestens seit 1732, weil er in dem Mylauer Dokument von 1731 (vgl. Anm. 270) noch nicht erwähnt wurde.

521 StA. Freiberg: BB. Sign. I Bc 3, S. 324b. Abraham zahlte 5 Taler »incl. des Meisterthalers«. Er muß damals also schon Tischlermeister gewesen sein.

522 St. Petri Freiberg: TrR. Nr. 2/1737. Die Braut war die Tochter eines »gewesenen Bürgers und Glasschneiders in Berlin«. Ob der neunundzwanzigjährige Abraham die um zehn Jahre jüngere Berlinerin in Dresden kennenlernte, als er mit an der Frauenkirchenorgel baute?

523 Über persönliche Beziehungen zwischen Gottfried Silbermann und seinem »Vetter« Abraham ist nichts bekannt. Es ist aber erwähnenswert, daß Abraham keinen Einspruch gegen Gottfrieds Testament erhoben hat, wohl aber seine Brüder Michael (geb. 1696) und Christian (geb. 1710). Letzterer war in Freiberg Schuhmacher.

524 Aus Gottfrieds Orgelbauverträgen geht hervor, daß er sich immer verpflichtete, die benötigten Handwerker zu halten, wobei die Tischler stets an erster Stelle standen.

525 Auf die Bitte von Abrahams Bruder, dem Schuhmacher Christian Silbermann, sind am 7. Dezember 1749 drei Vertreter des Freiberger Stadtgerichts in Abrahams Wohnung (im Hause des Seifensieders Carl Gottlob Geithner auf der Petersgasse) erschienen. Sie trafen ihn »im Bette liegend, über Schwachheit, Leibesschmertzen und Zittern klagende, sonst aber bey seinem guten Verstande« an. Er setzte »sein Eheweib Dorothea Elisabeth« zur Erbin ein, scheint also keine Kinder gehabt zu haben. Seinem Vetter Immanuel, der bei ihm in der Lehre war (vgl. Anm. 63), vermachte er zur Ausstattung ein »gutes braunes Kleid, samt Weste und Hosen, Strümpfen und Schuhen, ingleichen den Hut, Stock und Degen«.

526 Siehe Anm. 63.

527 Dom Freiberg: ToR. Nr. 1/1754. Die Todesursache wurde nicht angegeben.

528 Das hat seine Witwe am 5. Februar 1754 vor dem Freiberger Stadtgericht erklärt. Um ihren Mann »unter die Erde« zu bringen, habe

PETER HILSSMANN

Peter Hißmann war als Tischlergeselle 1731 an dem Orgelbau zu Mylau beteiligt.[529] Seine Lebensdaten sind völlig unbekannt. Wir wissen auch nicht, wie lange er insgesamt bei Gottfried Silbermann arbeitete.[530]

NICOLAUS WILHELM MANNER

Er gehörte als Tischlergeselle beim Bau der Dresdner Hofkirchenorgel zu Silbermanns Mitarbeitern und stand mit an dessen Sterbebett.[531] Manners Lebensdaten sind unbekannt.[532] Wir wissen nicht, seit wann er bei Gottfried Silbermann tätig war und wie lange ihn dessen Erbe noch weiterbeschäftigt hat.[533] Eines aber wissen wir: Nicolaus Wilhelm Manner hat seinen bescheidenen Teil dazu beigetragen, daß ein Kunstwerk wie die Dresdner Hofkirchenorgel entstehen konnte.

ANDREAS KAYSER

Der Orgelbauer Andreas Kayser wurde am 15. November 1699 in Ohorn bei Pulsnitz geboren[534] und starb am 11. Januar 1768 in Pulsnitz.[535] Nach Ernst Ludwig Gerber[536] soll Kayser zwölf Jahre bei Gottfried Silbermann und weitere achtundzwanzig Jahre bei anderen Orgelbauern gearbeitet haben.[537] Dafür fehlt aber bis heute ein urkundlicher Beweis. In volkstümlichen Publikationen des vorigen Jahrhunderts kann man lesen, daß Kayser sogar dreißig Jahre bei Silbermann gearbeitet haben

sie »das beste von seinem Handwerkszeug versetzen müssen«, und trotzdem seien noch »an die 40 Thaler Schulden vorhanden...« (STA. Dresden: GB. Freiberg Nr. 35, Bl. 112). Dorothea Elisabeth Silbermann starb, erst vierzig Jahre alt, fast genau fünf Jahre später: am 20. Dezember 1758 (St. Petri Freiberg: ToR. Nr. 288/1758).

529 Wir verweisen auf das in der Orgel aufgefundene Schriftstück (vgl. Anm. 270).

530 In der Urkunde vom 10. Februar 1734 (vgl. Anm. 272) wurde er jedenfalls nicht mehr als Mitarbeiter Silbermanns genannt.

531 Das beweist der Bericht des Notars Langbein (vgl. Bl. 33b der in Anm. 151 genannten Akte).

532 Vermutlich stammte er – wie Michael Bottner – auch aus Nürnberg. Nach Silbermanns Tod führte einen Monat lang (vom 5. August bis 3. September 1753) Johann Georg Schön das »Haußhaltungs-Register«. Darin sind u.a. folgende Lohnzahlungen vermerkt:
»Mr. Oehm Lohn gegeben, d. 5. dito 4 Thaler
H. Hildebranden Wochen-Geld bezahlt 6 Thaler 12 Groschen
Dem Nürnberger [!] Lohn gegeben, den 11. d. 2 Thaler

habe ich vor mich Lohn behalten, den 27. d. 5 Thaler
Mons. Schubardten Lohn gegeben, den 1. Sept. 2 Thaler ...«
Es tauchen also alle uns bekannten ehemaligen Gesellen Gottfried Silbermanns auf: Hildebrandt, Oehme, Schön und Schubert. Nur einer fehlt: Manner. Wir sind davon überzeugt, daß er mit dem »Nürnberger« identisch war. Offenbar wurde er im Kollegenkreis nach seiner Heimat so genannt. Bei Silbermann war ja – mindestens von 1731 bis 1737 – schon einmal ein »Nürnberger« beschäftigt: der Tischlergeselle Michael Bottner. Vielleicht hat Manner bei seinem Landsmann, dem Tischlerobermeister Bottner, gearbeitet und nur vorübergehend bei Silbermann ausgeholfen? Das ist allerdings eine nicht beweisbare Mutmaßung.

533 Da Manner ab Januar 1753 seinen Lohn (aus Silbermanns Nachlaß bekommen hat (vgl. Bl. 63b der in Anm. 151 genannten Akte), muß er mindestens seitdem beschäftigt gewesen sein.

534 PfA. Pulsnitz: TaR. 1699.

535 PfA. Pulsnitz: ToR. 1768, S. 262.

536 Vgl. Neues Tonkünstlerlexikon, 1812/14, Bd. 3, Sp. 24.

soll.[538] Die Autoren nennen eigenartigerweise nur den Gesellen Kayser, während alle anderen Gesellen, die nachweislich bei Gottfried Silbermann tätig waren, nicht erwähnt werden. Über Andreas Kaysers Tätigkeit als Orgelbauer ist noch kein urkundlicher Beleg aufgefunden worden.[539] Genauso ist es mit dem Frauensteiner Orgelbauer Johann Gottlob Friedrich Bellmann, über dessen Wirken auch kein schriftliches Zeugnis vorliegt, obwohl seine Lebensdaten bekannt sind.[540] Frauenstein ist übrigens für fünf Orgelbauer mehr oder weniger die Heimatstadt gewesen:

Andreas Silbermann	(1678–1734)
Gottfried Silbermann	(1683–1753)
Johann George Silbermann	(1698–1749)
Johann Gottlob Friedrich Bellmann	(1741–1816)
Rudolf Wagner[541]	(1894–1916)

537 Drei Jahre bei »Damitius« in Zittau, neunzehn Jahre bei Johann Christoph Gräbner in Dresden und sechs Jahre bei Schöne in Freiberg.

538 »...arbeitete unter andern ein gewisser Kaiser über 30 Jahre...« – Engelhardt, Gottfried Silbermann (in: Denkwürdigkeiten aus der Sächs. Geschichte, um 1850)

»...so wie z.B. ein gewisser Kaiser dreißig Jahre lang bei ihm gearbeitet...« – Gottwald, Gottfried Silbermanns Leben und Wirken (in: Gaben für Geist und Gemüt, 1853)

»Zehn Gesellen [?] oder geschickte Meister [?] standen stets bei ihm in Arbeit und Kaiser oben an ... Sein alter Schulkamerad [?] Kaiser hatte ihm 30 Jahr zur Seite gestanden...« – Zschaler, Gottfried Silbermann, Hof- und Landorgelbauer zu Sachsen, 1858.

Diese »Quellen« haben natürlich nicht den geringsten wissenschaftlichen Wert.

539 Vgl. hierzu Wolfram Hackel, Der Orgelbauer Andreas Kayser (in: Ars organi, 1972, S. 1702).

540 Bellmann wurde am 4. November 1741 in Frauenstein als Sohn eines Gezeug- und Leinewebers geboren (PfA. Frauenstein: TaR. Nr. 40/1741). Pate war u.a.: George Friedrich Silbermann, ein Urenkel von Gottfried Silbermanns Vater. Bellmanns Vater war der Schwager eines Enkels von Gottfried Silbermanns Vater. Es bestanden demnach familiäre Beziehungen zum Geschlecht der Silbermänner. Bellmann kann dreimal als Orgelbauer in Frauenstein nachgewiesen werden:

1. bei seiner Trauung (PfA. Frauenstein: TrR. Nr. 8/1782),
2. bei der Taufe eines (wenige Tage nach der Geburt gestorbenen) Sohnes (PfA. Frauenstein: TaR. Nr. 62/1783) und
3. beim Tode seiner Frau (PfA. Frauenstein: ToR. Nr. 42/1806).

Bellmann ist am 7. Dezember 1816 als »Bürger und Orgelbauer in Frauenstein« gestorben (PfA. Frauenstein: ToR. Nr. 53/1816). Übrigens erlangte George Friedrich Bellmann, »ein Orgelbauer«, 1784 das Frauensteiner Bürgerrecht (StA. Frauenstein: RR. 1784, Bl. 7). Trotz der nicht übereinstimmenden Vornamen dürfte er mit Johann Gottlob Friedrich Bellmann identisch sein.

541 Wagner wurde am 5. Juli 1894 in Geyer (Erzgebirge) geboren. Sein Vater, Gottlob Ernst Wagner (1857–1929), wirkte ab 1903 in Frauenstein als Schulrektor und Organist, so daß sein Sohn Rudolf vom neunten Lebensjahr hier aufwuchs. Er lernte zunächst bei Tischlermeister Bruno Starke (1882–1944) und war dann (ab Februar 1910) Lehrling bei der Orgelbauanstalt Jehmlich in Dresden. Rudolf Wagner kam mehrmals in den Genuß der Zinsen aus der Silbermannstiftung (vgl. Anm. 37). Seine diesbezüglichen Gesuche sind noch vorhanden (StA. Frauenstein: Akte Silbermannstiftung betr., 1905 ff., Sign. I 6b 34, Bl. 28, 34, 35 und 38 f.). Am 21. Januar 1911 schrieb er: »Ich glaube umsomehr ein Anrecht zu besitzen, da ich doch im verflossenen Jahre dann und wann mal mit für das Wohl der Frauensteiner Orgel gesorgt habe.« In seinem letzten Gesuch vom 18. Dezember 1912 heißt es: »Da ich doch gewiß im vergangenen Jahre stets bemüht war, die Frauensteiner Orgel ... in vollem Umfang gebrauchsfähig zu erhalten...« Es handelte sich nicht mehr um die alte Silbermannorgel, sondern um ein (1872/73 erbautes) Werk von Urban Kreutzbach Söhne in Borna. Rudolf Wagner hatte um 1910 eine »Salonorgel« entworfen, deren Prospekt damals in der »Deutschen Tischlerzeitung« veröffentlicht wurde. Leider ist der sehr begabte junge Orgelbauer am 4. September 1916 in der Sommeschlacht des 1. Weltkrieges gefallen.

JOHANN ERNST HÄHNEL

Der (Meißner) Orgelbauer Johann Ernst Hähnel[542] scheint sich in jungen Jahren – allerdings erfolglos – um Aufnahme in Gottfried Silbermanns Werkstatt beworben zu haben. Silbermann schrieb nämlich am 2. Juni 1730 in einer Eingabe an den Stadtrichter zu Alten-Dresden, daß Hähnel, »als er bey mir aus und eingegangen und Arbeit gesuchet, zu vielen mahlen das hohe Privilegium[543] in Original gesehen«[544] habe.

Demnach dürfte sich Hähnel frühestens um 1723/24 um Arbeit bei Silbermann bemüht haben.[545] Obwohl der Meister Arbeitskräfte brauchte, hat er Hähnel nicht angenommen. Wir dürfen Silbermann soviel Menschenkenntnis zutrauen, daß er Hähnel gleich richtig eingeschätzt hat.[546] Wir erinnern daran, daß er um 1728 Silbermanns privilegiertes Cembal d'amour nachahmte.[547]

MÄGDE UND KÖCHINNEN

Gottfried Silbermann hat, zumal er unverheiratet war, eine Magd oder Köchin beschäftigt. Das wurde 1722 bzw. 1724 zum ersten Male aktenkundig: Im Dezember 1722 erhielten in Chemnitz drei Gesellen, der Lehrling und die »Magdt« insgesamt 6 Taler Trinkgeld, und im September 1724 traf Silbermann »mit 5 Arbeitern und einer Magd« in Reichenbach ein.[548] Im Jahre 1726 wurde die Köchin in Forchheim auch mit erwähnt.[549] Im Februar 1727 hat Silbermann dem Amtmann in Rochlitz ausdrücklich mitgeteilt, daß er auch eine Magd mitbringen werde.[550] In Greiz war Silbermanns Magd auch mit.[551] In den Jahren 1742 und 1743 wurde die Köchin gleich

---

542 Hähnels Geburtsdatum und -ort sind noch unbekannt. Er wurde am 14. Januar 1777 in Wermsdorf beerdigt und soll fast achtzig Jahre alt geworden sein. Das teilte Wolfram Hackel, Dresden, dem Verfasser (auf Grund einer Nachricht vom Pfarramt Wermsdorf) freundlicherweise mit.

543 Damit ist das Privilegium vom 30. Juni 1723 gemeint, das Silbermann von Kurfürst Friedrich August I. bekommen hatte (s. Anh. SD. Nr. 16).

544 Bl. 5 ff. der in Anm. 100 unter 1 genannten Akte.

545 Vermutlich hatte er erfahren, daß sich Silbermann in einer schwierigen Arbeitskräftesituation befand: »...daß ich viele Arbeit auf mir hatte, nicht aber genug Leute darzu bekommen kunte...«, schrieb Silbermann am 10. Oktober 1724 in seiner Eingabe an den Landesherrn (Bl. 12b der in Anm. 315 unter a) genannten Akte), nachdem Zacharias Hildebrandt weggegangen war.

546 Ernst Flade (Orgelbauerlexikon) schrieb: »H. war ein Konkurrent Gottfried Silbermanns, dem er aber an wirklichem Können und ehrenhaftem Charakter nicht das Wasser reichte.« Wir dürfen uns diesem Urteil anschließen.

547 Wir berichteten darüber bereits und verweisen auf die diesbezüglichen Akten (vgl. Anm. 100).

548 StA. Karl-Marx-Stadt: Joh.-KR. 1722/23; PfA. Reichenbach: Akte Sign. B 7 a, Bl. 10.

549 PfA. Forchheim: TaR. Nr. 44/1725.

550 Bl. 191 f. der in Anm. 265 genannten Akte.

551 Der Greizer Hofbaukommissar und Bürgermeister Gottfried Grünrath hat nach Jahren, am 19. Oktober 1753, über Silbermanns Ankunft und Aufenthalt in Greiz einen – vielleicht nicht ganz objektiven – Bericht geschrieben. Darin heißt es u. a.: »... ich darf post festum nicht sagen, was bey demselben thun und auch einbüßen müßen, denn erstl. habe ich wie sein Laqvai [= Diener] seyn müßen, er [Silbermann] mußte ja in großen Ehren gehalten werden ... so war ich wie sein Diener, und wurde wohl manchen Tag 3 bis 4mahl geruffen, als er hier ankam mit 12 Personen, und einer alten bösen Magd [!], da hatte ich sein gantzes Haußwesen zu versorgen, da war kein Topf, kein Teller, keine Schüßel, meine Frau, Mägde und Kinder mußten mit zu Diensten stehen, was zu so vielen Leuten gehöret, theils Betten, Stühle und was nur fehlte wurde aus meinem Hauße hingeschleppet, kam er Sontags mit seinem Vet-

zweimal erwähnt: in Fraureuth[552] und in Burgk[553].

In zwei Fällen erfahren wir sogar die Namen der Mägde: Justina Reinhard[554] und Magdalena Bley[555].

Die letzte Haushälterin, die für Gottfried Silbermann gesorgt hat, war Anna Magdalena Poltermann.[556] Sie wurde am 1. Juni 1693 in Altenburg als Tochter des Müllers Christoph Jünger geboren und heiratete 1726 den Freiberger Bürger und Böttcher Michael Poltermann,[557] der 1742 starb.[558] Vermutlich ist Anna Magdalena bald danach in Silbermanns Dienste getreten. Der unvermählte Orgelbaumeister bedachte sie in seinem Testament mit einem Legat von 50 Talern, wenn sie sich »in meinen Diensten ... wohl verhalten wird...«[559]. Anna Magdalena hat die für damalige Zeit ansehnliche Summe auch bekommen.[560] Außerdem wurden ihr aus Silbermanns Nachlaß 27 Taler »rückständiges Lied-Lohn [= Gesindelohn] und Bett-Zinß auf 1 Jahr« und noch 20 Taler »zum Trauern« ausgezahlt.[561] Anna Magdalena Poltermann hatte eine Tochter namens Maria Rosina[562] und wohnte im Freiberger Nicolaiviertel Nr. 551 (jetzt Theatergasse 8).[563] Etwa ab Juli 1757 lebte Gottfried Silbermanns ehemalige Haushälterin im Freiberger Hospital St. Johannis, und dort ist sie in der Nacht vom 26. zum 27. April 1774, fast einundachtzig Jahre alt, »unvermutet an einem Stöckfluß« gestorben.[564]

---

ter und etlichen Personen zu mir, mußte Coffee und dergleichen aufn Tische stehen, ich habe ihn etliche mahl nach Reichenbach fahren laßen, und nichts dafür angeschrieben, ihme nur gut zu behalten, weile ihme ohnedem in Greitz alles zu enge, zu schlecht und zu geringe war...« (STA. Weimar, Außenstelle Greiz: Akte Sign. a C II Ae 38, Bl. 46). Wenn (nach Grünrath) Silbermann mit zwölf Personen in Greiz angekommen sein soll, hat man offensichtlich die fünf Fuhrleute mit dazugezählt. Silbermann hatte nämlich in Freiberg vier »Fracht-Wagen« und eine Kutsche »gedungen«, wie sein Brief vom 27. November 1738 an Hofrat Fickweiler beweist (s. Anh. SD. Nr. 38). Es müssen demnach tatsächlich zwölf Personen in Greiz angekommen sein: Silbermann selbst, fünf Gesellen, die Köchin und fünf Fuhrleute.

552 Vgl. die in Anm. 286 angegebene Quelle.

553 Vgl. den Bericht des Amtsverwalters (Bl. 4b der in Anm. 288 zitierten Akte).

554 Sie wurde in dem um 1888 in der Mylauer Orgel gefundenen Dokument (vgl. Anmerkung 270) genannt. Ihre Lebensdaten sind unbekannt.

555 Ihr Name erscheint in einem Schriftstück, das in der Dresdner Frauenkirchenorgel gefunden wurde (vgl. Anm. 272 und 1635). Ob es sich bei Magdalena Bley um die »alte böse Magd« handelt (vgl. Anm. 551), wissen wir nicht. Ihre Lebensdaten sind unbekannt. Sie könnte eventuell mit Johann Christian Bley verwandt gewesen sein, der um 1704 geboren wurde, in Freibergsdorf wohnte, von Beruf Gärtner, Musikant und Händler war (vgl. Traubeurkundung seiner Tochter: St. Johannis Freiberg, TrR. Nr. 2/1759) und 1766 starb (St. Johannis Freiberg: ToR. Nr. 7/1766).

556 Sie wird in der Akte über Silbermanns Nachlaß (vgl. Anm. 151) mehrmals erwähnt: Bl. 37, 64, 64b und 74.

557 St. Nicolai Freiberg: TrR. Nr. 3/1726.

558 St. Nicolai Freiberg: ToR. Nr. 61/1742.

559 Bl. 13b und 23b der in Anm. 151 genannten Akte.

560 Ebenda, Bl. 64b.

561 Ebenda, Bl. 64 bzw. 74.

562 Ihre Lebensdaten sind noch unbekannt.

563 StA. Freiberg: Einwohnerbuch 1752 ff., Bl. 5.

564 St. Johannis Freiberg: ToR. Nr. 9/1774. Es wurde vermerkt, daß Anna Magdalena Poltermann sechzehn Jahre und neun Monate im Hospital gelebt hat.

Gottfried Silbermann hat sich in seinen Orgelbauverträgen verpflichtet, die »benöthigten Arbeits-Leuthe, als Bildhauer, Tischler, Schloßer, Circul- und Huf-Schmiede, desgleichen Nadler, Gürtler oder wie die sonst Nahmen haben mögen, auf seine Kosten zu halten und zu befriedigen«. Diese »Arbeits-Leuthe« waren keine Gesellen oder Gehilfen Silbermanns im eigentlichen Sinne, sondern selbständige Handwerker.

Die Namen der mitbeteiligten Handwerker lassen sich nur noch beim ersten Frauensteiner Orgelbau (1710/11) und bei der großen Freiberger Domorgel feststellen, da hier noch die entsprechenden originalen Belege vorhanden sind.[565]

Besonders wichtig war die Arbeit des Tischlers, der das Orgelgehäuse verfertigte. Bei großen Werken schlossen die Auftraggeber darüber mit einem geeigneten Meister einen besonderen Vertrag.[566] Gottfried Silbermann hat auch selbst Tischlergesellen in seiner Werkstatt beschäftigt, wie aus einzelnen Orgelbauakten hervorgeht.[567] Für kleinere und mittlere Orgeln lieferte der Meister die Gehäuse gleich mit.[568] Sie wurden offenbar in seiner eigenen Werkstatt gebaut.[569]

Ein weiterer wichtiger Mitarbeiter war der Bildhauer, der das Schnitzwerk für die Schauseite des Orgelgehäuses schuf. Bei der Freiberger Domorgel wurden diese künstlerischen Arbeiten von Johann Adam Georgi ausgeführt.[570] Er starb am 27. März 1719 in Freiberg,[571] hat also nur wenige Jahre mit Silbermann zusammenarbeiten können. Vielleicht stammt das Schnitzwerk für die am 16. Juli 1719 geweihte Freiberger Johannisorgel[572] noch von seiner Hand. Wir dürfen vermuten, daß Georgi an allen vorhergehenden Werken Silbermanns (z. B. Pfaffroda und Niederschöna) mit beteiligt gewesen ist. Gewiß hat er auch den bescheidenen Zierat für die kleine Frauensteiner Orgel gearbeitet, wofür Gottfried Silbermann 6 Taler »Beym Bild-Hauer verleget« hatte.[573]

Nach Georgis Tod hat Silbermann mit dem Bildhauer Johann Friedrich Lücke zusammengearbeitet.[574] Dafür spricht schon die Tatsache, daß Lücke als Zeuge den Lehrvertrag mit unterschrieben hat, den Silbermann am 5. Oktober 1724 mit dem Tischlergesellen Graichen abschloß.[575] Unmittelbar nachweisbar ist Lückes Arbeit in Großhartmannsdorf.[576] Vermutlich ist Jo-

---

565 Siehe hierzu die Baugeschichte der beiden Orgeln.

566 Das Gehäuse der Freiberger Domorgel hat der Tischler Georg Lampert(ius) und das der Dresdner Sophienorgel der »Theatral-Tischler« Johann Jacob Gotthier gebaut, wie die entsprechenden Verträge vom 13. Juni 1711 bzw. 21. November 1719 beweisen. Wir gehen bei der Darstellung der Baugeschichte darauf noch genauer ein.

567 Es wurden erwähnt: je zwei Tischlergesellen in Mylau (1731), Frauenkirche Dresden (1734), Großhartmannsdorf (1741) und Schloß Burgk (1743).

568 Das geht aus den Orgelbauverträgen hervor. Im Röthaer Kontrakt (vom 22. Dezember 1718) versprach Silbermann z. B.: »...ingleichen das Gehäuße sauber und geschickt mit Bildhauer-Arbeit nach dem Riße zu machen ...«

569 Das muß man aus einer Bemerkung schließen, die Silbermann am 8. Dezember 1740 in Zittau machte: »... Ich habe selbst dergleichen Gehäuse durch meine Leute [!] ehedem bauen lassen ...« (PfA. Zittau: Akte Sign. I 116, Bl. 185)

570 Der mit ihm geschlossene Kontrakt vom 27. Mai 1712 ist noch vorhanden (SupA. Freiberg: Akte Sign. II I¹ 15, Bl. 114).

571 Dom Freiberg: ToR. Nr. 18/1719.

572 Das Werk befindet sich seit 1939 im Dom.

573 Vgl. Gottfried Silbermanns »Auffsaz« (s. Anh. SD. Nr. 3).

574 Er war ein Sohn des Dresdner Bildhauers Ernst Friedrich Lücke und erlangte am 9. Juni 1721 das Freiberger Bürgerrecht (StA. Freiberg: Bürgerbuch Sign. I Bc 3, S. 277). Weitere Lebensdaten sind noch nicht bekannt.

575 Der zweite Zeuge war Johann Gottfried

hann Friedrich Lücke der »geschickte Bildhauer« gewesen, durch dessen »Beyhülffe« Silbermann 1725/26 in Forchheim neben der Orgel auch noch Kanzel, Altar und Taufstein verfertigen lassen konnte.[577]

Die Malerarbeiten am Orgelgehäuse waren niemals in der Kontraktsumme inbegriffen. Trotzdem hat Gottfried Silbermann sehr oft den Maler vermittelt. Er arbeitete in diesem Sinne rund zwei Jahrzehnte mit dem Dresdner königlichen »Jagd-Mahler« Johann Christian Buzäus[578] und nach dessen Tod mit seinem Sohn Christian Polycarp Buzäus[579] zusammen.[580]

Von allen anderen Handwerkern, die Gottfried Silbermann sonst noch brauchte (insbesondere Schlosser, Schmiede, Gerber, Nadler, Drechsler usw.) sind die Namen nicht bekannt. Die Belege und Quittungen vom Freiberger Domorgelbau beweisen, daß es in der Bergstadt genügend solche Handwerker gegeben hat. Gottfried Silbermann konnte sich die besten auswählen.

Gottfried Silbermanns Mitarbeiterkreis ist — im Verhältnis zum Umfang seines Schaffens als Orgel- und Instrumentenbauer — nicht allzu groß gewesen. Er setzte sich aber — und das gilt sowohl für seine Gesellen als auch für die mitbeteiligten Handwerker und Künstler — aus Leuten zusammen, die ihr Handwerk und ihre Kunst aufs beste verstanden haben.

Krauße (1692–1758), der Freiberger »Raths-Stuhlschreiber« (und spätere Ratskammerschreiber bzw. Kämmerer) — ein langjähriger Freund Silbermanns. Siehe Anh. SD. Nr. 17.

576 Vgl. S. 71 der in Anm. 284 erwähnten Handschrift.

577 Vgl. Anm. 259 und 261.

578 Er wurde um 1671 geboren, starb in Dresden am 4. Dezember 1734 »an Verzehrung« und wurde am 8. desselben Monats beerdigt (StA. Dresden: KWZ. 1734/35, Bl. 389; vgl. auch: Kern Dresdnischer Merckwürdigkeiten, 1734, S. 93).

579 Buzäus jun. wurde um 1707 geboren und lebte als Kunstmaler in Freiberg, wo er am 28. Mai 1764 starb (Dom Freiberg: ToR. Nr. 21/1764).

580 Silbermann schrieb am 9. August 1747 in einem Brief: »... Gemeldter Mahler, Herr [Christian Polycarp] Buzaues, sowohl als deßen verstorbener Vater [Johann Christian] wären diejenigen Personen, welche alle meine Orgeln vergoldet und estaffiret haben ...« (STA. Weimar, Außenstelle Greiz: Akte Sign. C II A e 21 b, Bl. 34). Aktenkundig nachweisen läßt sich die Mitarbeit von Buzäus sen. heute allerdings nur noch bei den Orgeln St. Johannis Freiberg, St. Sophien Dresden, St. Georg Rötha, Forchheim und Rochlitz. Buzäus jun. hat die Freiberger Petriorgel »staffiert«. Vgl. seine Briefe vom 30. August 1738 (StA. Freiberg: Akte Sign. Aa II I 49, Bl. 55 ff.) und vom 18. August 1755 (StA. Dresden: Akte Sign. D XXXIV 20, Bl. 59 ff.). Im Jahre 1738 vergoldete er die Freiberger Domorgel (StA. Freiberg: RPr., 1734/38, S. 835 (5. März 1738)). In Großhartmannsdorf hat Buzäus jun. im Jahre 1741 Chor, Orgel, Kanzel und Altar »etaffirt« (vgl. S. 71 und 77 der in Anm. 284 genannten zeitgenössischen Handschrift).

DIE ORGELN UND IHRE BAUGESCHICHTE

EINLEITUNG

Gottfried Silbermann hat nachweislich fünfundvierzig Orgeln einschließlich der Positive geschaffen.[581] Jedes Werk hat seine eigene Geschichte, worüber uns die in den jeweiligen Archiven verwahrten Akten und Dokumente Aufschluß geben können. Allerdings ist die Quellenlage bei den einzelnen Orgeln sehr unterschiedlich. Es ist deshalb leider nicht möglich, für jede Orgel Gottfried Silbermanns eine ausführliche

581 Die zeitgenössisch überlieferten Opuszahlen erscheinen nicht als zuverlässig (vgl. Anm. 220). Im Jahre 1800 veröffentlichte Johann Gottfried Fischer (1751–1821) »ein Verzeichniß der Orgeln, welche Gottfried Silbermann erbauet, so weit nämlich meine Nachrichten reichen« (vgl. Freyberger gemeinnützige Nachrichten, 1800, Nr. 13 (27. März), S. 129 f.). Hier werden zunächst nur dreißig Werke aufgeführt. Anscheinend hat Fischer dann weitere Forschungen betrieben. Kurz vor seinem Tode nannte Fischer in einem handschriftlichen Verzeichnis fünfundvierzig Silbermannorgeln. Das Verzeichnis, das erste dieser Art, befindet sich im Heimatmuseum Frauenstein. Daraus müssen allerdings »Meerana« und Hilbersdorf gestrichen werden. Das letztere Werk stammte von Zacharias Hildebrandt, wie Dähnert 1964 nachwies (vgl. Instrumentenbau-Zeitschrift, Jg. 18 (1964) H. 12 (Dezember), S. 406 ff.). Wichtigster Beweis ist ein Brief Hildebrandts vom 27. August 1724, worinnen es heißt: »...Gleich wie da Ichs ihm [Silbermann] gemeldet habe vom Orgelwerckgen in Hielbersdorff...« (StA. Freiberg: Akte Sign. Aa II I 49, Bl. 50). Die Orgel zu Meerane ist (nach einem Artikel in der »Meeraner Zeitung« vom 27. August 1899) im Jahre 1753 von Friderici gebaut worden (vgl. auch Flade, S. 213). In den Meeraner Akten ist jedenfalls kein Hinweis auf Silbermann zu finden (lt. brieflicher Mitteilung des Pfarramtes an den Verfasser). Endlich ist auch das völlig unbekannte »Connersdorf« zu streichen, denn »Conradsdorf« kann nicht gemeint sein, weil es besonders aufgeführt wird.
In Fischers Verzeichnis fehlen andererseits drei nachgewiesene Werke Silbermanns: Großkmehlen, Reichenbach (Trinitatis) und Freiberg (St. Nicolai). Das Reichenbacher wurde bereits 1773 zerstört. Das Freiberger Positiv hatte Fischer in dem früheren Verzeichnis (von 1800) noch mit aufgeführt. Nach den notwendigen Berichtigungen ergeben sich fünfundvierzig Werke.
Dähnert führte in seinem Buch über die Orgeln Gottfried Silbermanns sechsundvierzig Werke auf (S. 192 ff.). Davon sind zwei zu streichen: die Positive von Seerhausen und Hilbersdorf. Das erstere hatte nur Flade erwähnt, sonst war es »völlig unbekannt«. Flade mußte später selbst zugeben, daß die Echtheit »nicht verbürgt« ist. Nachzutragen ist die Reichenbacher Trinitatisorgel (1730 vollendet, 1773 zerstört). Damit ergibt sich die richtige Gesamtzahl von fünfundvierzig.
Ernst Flade brachte in einer Gedenkschrift zum 200. Todestag Silbermanns (Leipzig 1953) eine Liste von achtundvierzig Orgeln. Hier sind die Positive Seerhausen und Hilbersdorf ebenfalls zu streichen. Es bleibt dann nur noch »eine kleine pedallose Orgel« übrig, die Silbermann 1720 »für die katholische Kapelle in Dresden« geliefert haben soll (vgl. Flade, S. 111). Da Flade keine Quelle angeben konnte, dürfen wir das Werk unberücksichtigt lassen, zumal es seit 1813 verschollen ist und auch von Dähnert nicht erwähnt wurde. Damit kommen wir wiederum auf fünfundvierzig Werke Gottfried Silbermanns.
Damit stimmen alle drei Verzeichnisse, nachdem sie berichtigt bzw. ergänzt wurden, bestens miteinander überein.

Baugeschichte zu schreiben. Oft läßt sich aufgrund der vorhandenen Quellen die Vorgeschichte oder der Arbeitsablauf eines Orgelbaues gut verfolgen. In anderen Fällen ist darüber gar nichts überliefert. Bei einigen Werken Silbermanns wissen wir nicht, wer sie übernommen und geprüft hat. Bei anderen sind dagegen noch die originalen Abnahmeberichte mit den Unterschriften und Siegeln der »Examinatoren« vorhanden. Ebenso sind viele Orgelbauverträge im Original erhalten geblieben, aber etliche sind verschollen und einfach nicht mehr auffindbar. Damit fehlt dann auch das wichtigste Dokument für die Orgelbaugeschichte. Von der Silbermannorgel zu Crostau sind beispielsweise weder eine Bauakte noch der Kontrakt zu finden. In einer Chronik steht lediglich, daß die Orgel im Jahre 1732 erbaut wurde. Ähnlich ist es bei dem (später leider völlig umgebauten) Werk zu Oberbobritzsch. Hier können wir nur noch den Weihetag urkundlich nachweisen. Von der Freiberger Domorgel dagegen sind – neben anderen wertvollen Dokumenten – sogar noch alle Ausgabebelege über die Beschaffung der Materialien vorhanden, so daß wir noch feststellen können, wer die Nägel lieferte. In der Fraureuther Akte finden wir genaue Aufzeichnungen über die für die Orgelweihemahlzeit gekauften Getränke, Lebens- und Genußmittel. Aufgrund eines ähnlichen Beleges erfahren wir, daß anläßlich der Übergabe der (1945 vernichteten) Dresdner Sophienorgel sehr gut gespeist wurde und achtunddreißig Kannen Wurzener Bier getrunken worden sind. Diese extremen Beispiele sollen genügen.

Bei der Erarbeitung der Baugeschichte der einzelnen Orgeln sind alle gegenwärtig bekannten Quellen berücksichtigt worden. Das Lebenswerk Gottfried Silbermanns ist allerdings ein sehr umfangreiches und vielseitiges Forschungsgebiet, so daß in Zukunft mit weiteren Quellenfunden gerechnet werden kann.

Wir halten uns bei jeder Orgel an ein festes Schema. Zunächst werden der Ort (bzw. auch die Kirche), das Jahr der Vollendung und eventuell das Jahr der Zerstörung des Werkes, die Anzahl der Manuale und die dem Kontrakt entsprechende Anzahl der Stimmen oder Register (ohne Tremulant und andere Nebenregister) angegeben. Manchmal hat Gottfried Silbermann eine Orgel – entweder sogleich oder erst später – über den Kontrakt hinaus mit zusätzlichen Stimmen versehen. Die Anzahl dieser Register steht dann in Klammern. Dann werden die benutzten bzw. zur Verfügung stehenden Quellen aufgeführt. Im Text und in den Anmerkungen wird darauf verwiesen. Hierbei bedeutet (B/11): Bl. 11 der unter B aufgeführten Akte. Ist als Quelle nur eine Akte vorhanden, wird die entsprechende Blattzahl angegeben, zum Beispiel: (10).

Die eigentliche Baugeschichte gliedert sich in folgende Abschnitte:

Vorgeschichte
Bauvertrag
Baukosten
Bauablauf
Übernahme, Prüfung und Weihe
Bemerkungen

Die Orgeln werden in chronologischer, dem Weihetag entsprechender Reihe aufgeführt. Eine Ausnahme bilden die Positive. Sie erscheinen erst zum Schluß, weil sich nicht mit genügender Sicherheit ermitteln läßt, wann sie entstanden sind.

Das aufmerksame Studium der Baugeschichte aller fünfundvierzig Werke Gottfried Silbermanns führt zu der Erkenntnis, daß er zeitlebens rastlos tätig gewesen sein muß. Seine »Profession« verlangte den vollen Einsatz aller seiner geistigen und körperlichen Kräfte. Gottfried Silbermann mußte (unter den teilweise nicht angenehmen Bedingungen der damaligen Zeit) viele Reisen unternehmen, korrespondieren, verhandeln, planen und organisieren. Er mußte alle notwendigen Materialien beschaffen, sich die Mitarbeit anderer Handwerker und Künstler sichern, den Arbeitslauf in der Werkstatt und am Aufstellungsort seiner Orgeln leiten und überwachen, die Gesellen anleiten und auch – selbst mitarbeiten.

Wenn wir Gottfried Silbermanns Lebenswerk heute überschauen und bedenken, daß ihm all das, was wir »moderne Technik« nennen, nicht zur Verfügung stand, dann müssen wir seine Leistungen um so höher bewerten, ja aufrichtig bewundern.

Der gegenwärtige Zustand der meisten Orgeln von Gottfried Silbermann wird im allgemeinen als gut bzw. sehr gut bezeichnet. Es darf allerdings nicht verschwiegen werden, daß an den Werken des großen Meisters – nicht nur im vorigen, sondern auch noch in unserem Jahrhundert – Veränderungen erfolgt sind. Es ist hier nicht der Ort, darauf näher einzugehen. Es soll nur kurz darauf hingewiesen werden, daß wir heute leider viele Orgeln Gottfried Silbermanns (was z.B. Stimmung, Intonation, Temperatur, Winddruck, Pfeifenmaterial u.a. betrifft) nicht mehr völlig so vor uns haben, wie sie einst aus der Werkstatt des Meisters hervorgegangen sind.

Der Verfasser verweist auf die beiden Publikationen von Ulrich Dähnert: Die Orgeln Gottfried Silbermanns in Mitteldeutschland, Leipzig 1953, bzw. Historische Orgeln in Sachsen, Leipzig 1980. Hier ist, wenn auch meistens nur stichwortartig, auf die an Silbermanns Orgeln vorgenommenen klanglichen und technischen Veränderungen eingegangen worden.

In diesem Zusammenhang muß aber ganz besonders auf die verdienstvollen Arbeiten des Musikwissenschaftlers Frank-Harald Gress in Dresden aufmerksam gemacht werden. Er hat sich nämlich um die Erforschung des Originalzustandes der Orgeln Gottfried Silbermanns bemüht. Seine B-Dissertationsschrift »Die Klanggestaltung der Orgeln Gottfried Silbermanns« gibt – auf der Grundlage detaillierter Untersuchungen – Aufschluß über die klangbeeinflussenden Faktoren im Silbermannschen Orgelbau. Damit wurde zugleich eine wichtige Voraussetzung für wissenschaftlich fundierte Restaurierungen bzw. Rekonstruktionen der Werke Silbermanns geschaffen.

FRAUENSTEIN

1711 vollendet – 1728 zerstört
1 Manual – 15 Stimmen
Quelle
ACTA, Das von Herrn Gottfried Silbermannen alhier zu Frauenstein neu verfertigte Orgel-Werck und was demselben allendthalben mehr anhängig betr., Ergangen im Ambt Frauenstein Anno 1711 (StA. Frauenstein, z.Z. im Heimatmuseum daselbst)
Vorgeschichte
Die 1491 geweihte, aber bei der Feuersbrunst am 10. April 1534 zerstörte und im folgende Jahre wiederaufgebaute Stadtkirche[582] erhielt offenbar erst 1584 eine Orgel. Sie wurde von Bartholomäus Zencker aus Eilenburg erbaut[583] und 1678/79 durch Christian Gräbner aus Dresden repariert.[584]

Als Gottfried Silbermann im Frühjahr 1710 in seine Heimat zurückgekehrt war,[585] wurde er vom Frauensteiner Pfarrer Christian Weber[586] gebeten, die Orgel wiederum zu reparieren. Der junge Meister fand sie aber in einem »gar miserabeln Zustand« vor,[587] so daß »ungeachtet allen Fleisses …

582 Vgl. Bahn, S. 155.
583 Vgl. die in Anm. 8 unter 4. erwähnte Arbeit.
584 ACTA, Die Orgel undt selbige reparirung alhier zu Frawenstein betreffende, 1678, Bl. 8f. (StA. Frauenstein, z.Z. im Heimatmuseum daselbst). Um die Reparatur hatte sich auch der damalige Freiberger Nicolaiorganist und Orgelbauer George Menzer (1652–1711) beworben (ebenda, Bl. 1).
585 Vgl. Anm. 198.
586 Weber wurde 1651 in Freiberg geboren, studierte zu Leipzig und Wittenberg und wirkte ab 1699 als Pfarrer in Frauenstein (vgl. Bahn, S. 101), wo er am 27. November 1714 starb (PfA. Frauenstein: ToR. Nr. 35/1714).

dennoch nichts beständiges von solcher reparatur zu hoffen …« war. Gottfried Silbermann erbot sich aber, »weil Frauenstein mein Vaterland, Gott zu Ehren und der Kirche zu Liebe, ein gantz neues Orgell-Werck zu verfertigen«. Er verlangte dafür, außer den »nöthigen Materialien«, Lohn und Kost für seine Gehilfen und für sich ein wöchentliches Kostgeld von 27 Groschen, aber keinen Lohn, »welches sich denn die ganze Gemein[d]e gefallen lassen …«[588]

Bauvertrag

Ein Bauvertrag wurde nicht geschlossen. Gottfried Silbermann hat die Orgel für seine Heimatkirche, in der er getauft worden war, ja freiwillig und ohne jeden Anspruch auf Lohn gebaut, wie sein am 27. Juli 1711 vorgelegter »Auffsaz« beweist.[589] Übrigens hat auch der Frauensteiner Rat ausdrücklich bestätigt, daß Silbermann das Werk »ultro«, das heißt aus eigenem, freien Entschluß, geschaffen hat und dieses »Anerbieten von sämbtl. Kirchfarth acceptiret« worden sei (7).

Baukosten

Die Baukosten beliefen sich nach einer von Bürgermeister und Stadtschreiber Johann Jeremias Mäcke (1672–1744) aufgestellten Spezifikation (39) auf 270 Taler und 6 Groschen. Die Summe setzte sich wie folgt zusammen:

100 Tlr.	an Silbermann für seinen Verlag[590]
55 Tlr. 23 Gr.	für Material und andere Kosten (26)[591]
36 Tlr.	für 1½ Zentner Zinn[592]
28 Tlr. 20 Gr.	für Material, »was zur reparatur der Orgelbalgen auffgewendet« wurde (41)
16 Tlr.	für Silbermanns Arbeit »bey fortlegung der Bälge«

587 Demnach kann die von Gräbner ausgeführte Reparatur nicht viel Nutzen gehabt haben, obwohl sie (laut Kontrakt vom 29. Oktober 1678) 148 Taler kostete. Bemerkenswert ist Menzers Bericht (vgl. Anm. 584), wonach »drey große Spahn-Bälge ganz neu verferttiget« werden sollten, desgleichen »auch Neue Clavire« und »Pedaldritte«. Weiter war eine Intonierung des sämtlichen Pfeifenwerks nötig. Fast alle Pfeifen waren mit Staub verunreinigt, so daß »die allermeisten stumm« waren oder mindestens »sehr heiser« klangen.

588 Das geht alles aus Silbermanns »Auffsaz« hervor (3 f.), dessen Wortlaut im Anhang (SD. Nr. 3) zu finden ist.

589 Siehe Anh. SD. Nr. 3

590 Silbermanns Forderung betrug eigentlich 160 Taler und 19 Groschen (3 b; vgl. Anh. SD. Nr. 3). Nach Abzug der bereits empfangenen 16 Taler verblieben noch 144 Taler und 19 Groschen. Davon sind (unerklärlicherweise) nochmals 16 Taler abgezogen worden. Von dem verbliebenen Rest hat Silbermann am 27. Juli 1711 noch 28 Taler und 19 Groschen »remittiret« und sich mit genau 100 Talern zufrieden gegeben (4 b), damit das Werk »desto eher gemahlet werden« könne. Die Orgel ist also erst nach der Weihe bemalt (und vergoldet?) worden. Wann und durch wen es geschah, wissen wir nicht.

Man versprach Silbermann, die Summe von 100 Talern innerhalb von vier Wochen zu erstatten (5 b). Wann es wirklich geschehen ist, geht aus der Akte nicht hervor. Am 16. Oktober 1713 hatte Silbermann noch 7 Taler zu fordern (17).

591 Es werden u. a. aufgeführt:

14 Taler 21 Groschen	für Blei aus Freiberg
5 Taler 9 Groschen	für Eichenholz aus Fördergersdorf
2 Taler	für Eichenbretter aus Erbisdorf
1 Taler 16 Groschen	für Bergzinn zum Löten
9 Groschen	»für hölzerne Knöpffe zu denen Registern«
16 Taler 12 Groschen	Lohn für den Tischler, der in der Kirche 66 Tage mit geholfen hatte
10 Taler	an Silbermann für Materialien
1 Taler 6 Groschen	für »Spinde-Brether« nebst Fuhrlohn
16 Groschen	»Zinß vor 1 Bette, so vor des Orgelmachers Gesellen geliehen«
2 Taler 6 Groschen	Fuhr- und Botenlöhne

592 Das Zinn ist aus Geising bezogen worden, denn es wurden 6 Groschen Botenlohn »uff 2mahl Zien in Geißing zu bestellen« und 6 Gro-

8 Tlr. 17 Gr. dem Tischler Daniel
Übermann (22/23)[593]

7 Tlr. 20 Gr. dem Schlosser Gabriel
Fuhrmann (21)

6 Tlr. dem Seifensieder David
Kleinpaul (24)

— Tlr. 17 Gr. dem Schmied Christoph
Ihle (25)

2 Tlr. 21 Gr. dem Zimmermann

7 Tlr. 8 Gr. für Orgelprüfung und
-predigt nebst Fuhrlöh-
nen (42)

Nach den Angaben des Rates ist der Wert »dieses herrlichen Orgelwergs« auf 800 Taler taxiert worden (8).[594] Das ist allerdings etwas hoch gegriffen, da es sich ja nur um ein einmanualiges Instrument handelte.[595] Silbermann verlangte sonst für eine zweimanualige Orgel mit zwanzig Stimmen (z.B. in Fraureuth) 800 Taler.[596]
Die Aufzeichnungen des Bürgermeisters

geben genauen Aufschluß darüber, wie Frauenstein, Reichenau und Kleinbobritzsch das Geld für den Orgelbau aufgebracht haben (16/39b):

74 Tlr. 12 Gr. aus Kollektengeldern

50 Tlr. als Darlehen aus dem Hospitalvermögen[597]

29 Tlr. 4 Gr. aus freiwilligen Spenden[598]
und

7 Tlr. 16 Gr. von der Kirche

Der verbleibende Rest von 108 Talern und 22 Groschen wurde »nach Arth der Kirchen-Anlagen« auf Frauenstein (3/6), Reichenau (2/6) und Kleinbobritzsch (1/6) aufgeteilt (39b). Die Beschaffung des Geldes machte allerdings große Schwierigkeiten.
Reichenau und Kleinbobritzsch zeigten sich, nachdem sie am 6. Februar 1713 vom Amtmann zur Bezahlung ihrer restlichen Anteile aufgefordert worden waren (10),

schen Fuhrlohn »Zien aus Geißing anhero zu bringen« ausgegeben (26).

593 Er berechnete u.a. 4 Gulden und 6 Groschen »vor 1¼ ßo [Schock] bretter zu den Gehäuße undt Pfeiffen« und 4 Gulden und 18 Groschen für leihweise Überlassung seiner Handwerkszeuge, da Gottfried Silbermann offenbar noch keine eigenen besaß.

594 Vielleicht ist darauf der (spätere) Irrtum zurückzuführen, daß Silbermann für die Orgel über 700 Taler bekommen haben soll (vgl. Anm. 7).

595 Die Disposition des Werkes ist unbekannt. Aus Silbermanns Bemerkung, »Vor Eben-Holtz und Elffenbein zum Clavir [!] habe nichts verlanget« (vgl. SD. Nr. 3), ist zu schließen, daß die Orgel nur ein Manual hatte. Weiter kann mit Sicherheit angenommen werden, daß das Werk insgesamt fünfzehn Stimmen (zwölf im Manual und drei im Pedal) besaß. Der Schlosser Fuhrmann fertigte nämlich (für die Traktur der Orgel) folgende Teile an: »12 Regiester Eyßen, 12 starcke Arme, 12 kleinere Arme« (für die Manualtraktur) und »3 starcke Winckel Eyßen, 3 andere starcke Arme, 3 andere Arme« (für die Pedaltraktur). Das geht aus der noch vorhandenen Rechnung hervor (21). Silbermanns Werk war demnach etwas größer als das Zenckersche, welches (nach George Menzers Bericht; vgl.

Anm. 587) nur zwölf Stimmen besaß. Wie der Frauensteiner Rat behaupten konnte, Silbermanns Orgel habe 1025 Pfeifen besessen, ist nicht mehr zu klären (7b). Für das metallene Pfeifenwerk sind 1½ Zentner Zinn und reichlich 2½ Zentner Blei beschafft worden (26/39). Ob Silbermann eventuell Material aus dem alten Werk verwendete, wissen wir nicht. Auf jeden Fall muß die Orgel auch Zungenpfeifen besessen haben, da Silbermann unter den angeschafften Materialien u.a. Messingblech aufführte (vgl. SD. Nr. 3).

596 Trotz der nachweisbaren Tatsachen schrieb Ludwig Mooser im Jahre 1857: »Silbermann forderte [!] auf Befragen des Rathes für das erste Werk mit einem Klavier bescheiden und uneigennützig nur 700 Taler, welche ihm auch ohne Widerrede ausgezahlt wurden.«

597 Der »Rath und arme Bürgerschafft zu Frauenstein« hatten in einem entsprechenden Gesuch vom 8. August 1711 an den Landesherrn darauf hingewiesen, daß es »eine grose Undanckbarkeit wäre, wenn [Silbermann] sein gethaner Vorschuß ... über seine Umbsonst gethane Arbeith nicht bezahlet würde« (7b).

598 Darunter befanden sich 10 Taler von Amtmann Gensel und 12 Taler von Hof- und Landjägermeister von Leubnitz, der seit 1700 das Amt Frauenstein gepachtet hatte (vgl. Bahn, S. 47).

sehr widerspenstig. Das beweisen ihre Eingaben vom 26. April und 9. Dezember 1713 an Amtmann Gensel (11/28f.). Bürgermeister Mäcke nahm zu der zweiten Eingabe am 26. Januar 1714 ausführlich Stellung (31 f.).[599] Am 13. Februar gab Amtmann Gensel den Gemeinden von der Abrechnung, die der Bürgermeister über alle Einnahmen und Ausgaben vorgelegt hatte, schriftlich Kenntnis (33).

Es verging über ein Jahr und Ende April 1715 ergab sich folgender Stand (40):

Gemeinde	Anteil	bezahlt	Rest
Frauenstein	54 Tlr. 11 Gr.	43 Tlr. 9 Gr.[600]	11 Tlr. 2 Gr.
Reichenau	36 Tlr. 7 Gr.	16 Tlr. 6 Gr.[601]	20 Tlr. 1 Gr.
Kleinbobritzsch	18 Tlr. 3 Gr.	8 Tlr. 12 Gr.[602]	9 Tlr. 15 Gr.

Am 14. Mai 1715 forderte der Amtmann die Gemeinden auf, innerhalb von sechs Wochen die restlichen Beträge zu bezahlen (35/37). Aber es geschah nichts. Am 20. Juli 1715 erging eine erneute Aufforderung. Den Gemeinden wurde eine Frist bis 5. September gesetzt und mit »Execution und Auspfändung« gedroht (45 f.). Am 2. September erschienen Bürgermeister Theodor Schmidt und der Reichenauer Lehnrichter Christoph Wiesner beim Amt und erklärten, daß die Bezahlung der Reste bis zum 5. des Monats »eine wahre Unmöglichkeit wäre«. Sie baten um »Nachsicht«, die Amtmann Gensel auch gewährte (50). Wann die Gemeinden ihre restlichen Anteile bezahlt haben, geht aus der Akte nicht hervor.[603]

Der Leidtragende der unrühmlichen Affäre war der Lohgerber Gottfried Schindler; denn er mußte auf die Rückzahlung seines Darlehens von 36 Talern warten.[604]

599 Er schrieb u.a.: »So wäre wohl die gröste Unbilligkeit, daß die Stadt [Frauenstein] das durch so viel Mühe zusammen gebrachte Geldt … denen in Einbringung des Geldes nachlässigen Dörffern … hergeben solte …«

600 Der Betrag wurde aus folgenden Spenden aufgebracht:

4 Tlr. vom Amtsschreiber (Christian August Werner)
2 Tlr. vom Amtsaktuar (Georg Gottfried Hoffmann) und
1 Tlr. 8 Gr. vom Diaconus (George Friedrich Schulze).

35 Taler und 18 Groschen wurden von der Bürgerschaft gespendet. Das Verzeichnis der Spender ist noch vorhanden (18 f.). Es nennt insgesamt 131 Personen, davon 23 Frauen, 15 Dienstmägde, 6 Witwen, 5 Kinder und 3 Knechte. Gottfried Silbermanns siebzigjähriger Vater zeichnete 12 Groschen. Der Durchschnitt betrug rund 6 Groschen je Spender. Johann Gottlieb Gau, der Sohn des ehemaligen Frauensteiner Amtmannes (vgl. Bahn, S. 122) zeichnete 2 Taler, ebenso Bürgermeister Johann Mäcke. Bürgermeister Theodor Schmidt, Bäckermeister Süße und Stadtpfeifer Schubert spendeten je 1 Taler, aber auch die zwei Mägde des Bäckermeisters beteiligten sich mit 4 Groschen. George Schneider, ein alter Bürger und Drechsler, gab »nur« 9 Pfennige. Er starb 1717 »in Armuth und Schwachheit« und »ungefehr etliche 80 Jahre alt« (PfA. Frauenstein: ToR. Nr. 26/1717).

601 Rund 6 Taler sind in der Gemeinde gesammelt worden. Allein 6 Taler und 12 Groschen schenkte Caspar Wolf, und der Steinbrückmüller und George Richter »zu Neubau« spendeten je 8 Groschen (20/40).

602 16 bzw. 12 Groschen spendeten der Lehnrichter (Gabriel Fritzsche) und George Schmieder. Das übrige wurde innerhalb der Gemeinde gesammelt (40b).

603 Es wurde lediglich vermerkt, daß die »Uncosten«, damit waren aber wohl nur die aufgelaufenen Amtsgebühren in Höhe von 6 Talern gemeint (36), am 16. Dezember 1715 von Johann Georg Keyser (1676–1734),· einem Weißgerbermeister, bezahlt worden sind (50b).

604 Um das Zinn für die Orgelpfeifen kaufen zu können, hatte Bürgermeister Mäcke ihm (im Juli 1710) 36 Taler »bahres geldt abgeborget« und dabei »heilig versprochen«, es »binnen 3 tagen wieder zu restituiren«. Drei Jahre später

Ohne Gottfried Silbermanns großzügiges Angebot wäre Frauenstein damals nie zu einer guten Orgel gekommen, sondern hätte sich mit dem altersschwachen Werk von 1584 begnügen müssen.

Bauablauf

Gottfried Silbermann hat »das alte [Zenckersche] Werck abgetragen und das Neue angefangen« und mit dem Bau »33 völlige Wochen zugebracht« (3 b).[605] Er wohnte bei seinen Eltern in der Haingasse.[606]

Die Arbeiten begannen im Juni 1710.[607] Dem jungen Meister standen von Anfang an ein Geselle, bald auch ein »Junge«[608] und später noch ein zweiter Geselle zur Verfügung.[609]

Ab 19. Juli 1710 (bis 14. Februar 1711) stellte der Tischler Daniel Übermann sein »Handtwergkszeugk« leihweise zur Verfügung (23), und in der Zeit vom 19. Juli bis 11. Oktober hat er selbst sechsundsechzig Tage mit »in der Kirche gehollfen« (26). Vermutlich hat ihn dann der »andere« Geselle abgelöst.

Bereits am 18. Juli 1710 wurden die Fuhrlöhne für Zinn (aus Geising) und Blei (aus Freiberg) bezahlt. Um diese Zeit muß demnach das Material für die Orgelpfeifen herangeschafft worden sein. Allerdings wurde am 3. November nochmals Fuhrlohn für eine zweite Bleilieferung aus Freiberg bezahlt. Am 30. August hat Gottfried Silbermann 10 Taler »zu Materialien« bekommen (26).

Der Orgelbau ist offenbar Mitte Februar 1711 beendet gewesen, weil der Tischler nur bis dahin sein Werkzeug lieh und am 30. Januar die letzte Lieferung an Lichten erfolgte (24 b). Gottfried Silbermann hat dann Ende Februar mit den Vorarbeiten für die Freiberger Domorgel begonnen.

Eigenartigerweise lieferte der Seifensieder am 15., 20. und 26. April und am 1. Mai 1711 nochmals je ein Pfund Lichte (24 b). Vermutlich hat Silbermann erst um diese Zeit die Orgel intoniert und gestimmt[610], was fünf Wochen dauerte.[611]

Spätestens Mitte Mai 1711 dürfte das Werk

---

hatte Schindler sein Geld noch nicht zurückerhalten. Da er es zum Lebensunterhalt benötigte, wandte er sich am 8. August 1713 an Amtmann Gensel und drohte wegen dieser »Saumseligkeit« mit einer Beschwerde bei der Landesregierung (13). Mäcke erklärte, daß Schindler von den bisher eingekommenen Geldern noch nicht befriedigt werden konnte (15). Am 1. Juli 1715 schrieb Schindler wieder an den Amtmann und verlangte sein Geld, nebst Zinsen und »allen veruhrsachten Unkosten« (43). Mäcke verwahrte sich hierauf entschieden, etwa persönlich für das Geld haftbar gemacht zu werden. Schuldner wäre vielmehr die »hiesige gesambte Kirchfarth«. Übrigens habe Schindler bei dem am 16. Februar 1714 gehaltenen Termin versprochen, daß er Geduld haben und auf Zinsen verzichten wolle (44). Schindler ist Ende Januar 1717 im Alter von dreiundsechzig Jahren von einem »hitzigen Fieber« dahingerafft und am 2. Februar bei »sehr volckreicher Versammlung« beerdigt worden (PfA. Frauenstein: ToR. Nr. 2/ 1717). Wir wollen hoffen, daß er sein Darlehen noch zurückerhalten hat, denn 36 Taler waren damals ein kleines Vermögen, wofür ein Handarbeiter (bei einem Tagelohn von $2\frac{1}{2}$ Gro-

schen) achtundfünfzig Wochen arbeiten mußte.
605 Das stimmt mit den Angaben des Rates überein, wonach die Orgel »binnen $\frac{3}{4}$ Jahren … verferttiget worden« ist (7).
606 Am 6. September 1710 wurde Gottfried Silbermann, »Orgelmacher, damahls bei seinem Vater … sich aufhaltend«, als Pate erwähnt (PfA. Frauenstein: TaR. Nr. 35/1710). Am 4. Februar 1711 erschien er nochmals als Pate: »Gottfried Silbermann, wohl berühmter Künstler und Orgelmacher, damahls allhier sich aufhaltend« (PfA. Frauenstein: TaR. Nr. 2/1711).
607 Ab 20. Juni hat der Seifensieder ziemlich regelmäßig pro Woche ein Pfund »Lichte überliefert« (24).
608 Siehe hierzu Anm. 359.
609 Die Gesellen waren zweiunddreißig bzw. achtzehn Wochen und der Junge siebenundzwanzig Wochen beschäftigt (3 b; vgl. Anh. SD. Nr. 3).
610 Wenn Silbermann das Intonieren und Stimmen wirklich erst im Frühjahr vornahm, hatte das einen praktischen Grund. Bei großer Kälte konnten sich die Pfeifen nämlich leicht wieder verstimmen. Vgl. hierzu den Bericht über die Prüfung der Freiberger Jacobiorgel (Anh. SD. Nr. 9).

dann völlig fertig gewesen sein, so daß die Weihe hätte stattfinden können. Am 24. April schrieb der Freiberger Superintendent D. Christian Lehmann (1642 bis 1723) an Amtmann Johann Christian Gensel (1670–1748): »Dieweil eine Orgelpredigt zu Frauenstein von mir verlanget wird...« Er ersuchte den Amtmann, zunächst »Anstalt zu machen, daß H. Silbermann vollends befriediget [wird] ..., da wir dann wegen einer gewißen Zeit uns leichte werden vereinigen können« (1). Obwohl Silbermann seinen Verlag noch nicht erstattet bekommen hatte,[612] teilte der Superintendent dem Frauensteiner Pastor Weber am 20. Juli mit, daß Orgelpredigt und -probe am 8. Sonntag nach Trinitatis geschehen sollen, »wenn nichts wichtigers einfällt« (1b).

Übergabe, Prüfung und Weihe

Die Weihe der Orgel erfolgte am 26. Juli 1711 »solenni modo«, das heißt in feierlicher Form, mit einer von Superintendent D. Christian Lehmann aus Freiberg gehaltenen Orgelpredigt (2).[613] Danach wurde die Orgel »von einem dieses Wercks verständigen« Mann, dem »Medicina Doctori« Immanuel Lehmann aus Freiberg, geprüft oder »examiniret« (2).[614] Das geschah im Beisein des Amtmannes Johann Christian Gensel[615], der beiden Geistlichen (Pastor Christian Weber und Diaconus Georg Friedrich Schulze), des »Regirenden Bürgermeisters«[616] Johann Mäcke, weiterer Ratsmitglieder und des Amtsaktuars Georg Gottfried Hoffmann, der darüber ein kurzes Protokoll schrieb (2/2b).

Lehmann hat das Werk »allendthalben vor tüchtig befunden«.[617] Auch der Rat bestätigte, daß die Orgel »mit sonderbahrem Vergnügen sämbtl. Kirchfarth eingeweihet« und »sehr angenehm und tüchtig befunden« wurde und Gottfried Silbermann »die Gewähr uff 2 Jahr versprochen« habe (7b). Man hatte natürlich nicht versäumt, den jungen Meister, der in Freiberg schon an seinem großen Werk für den Dom arbeitete, »bey Übergabe der Orgel hohlen zu laßen«, was 16 Groschen kostete (42).[618]

Nach erfolgter Prüfung wurde die Orgel dem Organisten und Schulrektor Christian Leipoldt (1652–1733), Gottfried Silbermanns ehemaligem Lehrer, »anvertrauet«, und er versprach, »daß er solches neues Orgelwerck nach seinem besten Verstande in acht nehmen wolle« (2b).

Weitere Einzelheiten über Weihe, Prüfung und Übergabe der Orgel sind nicht bekannt.

Bemerkungen

Die Orgel wurde am 12. März 1728 bei einem Stadtbrand vernichtet.[619]

---

611 Silbermann schrieb selbst: »4 thl. den Calcanten geben auf 5 Wochen« (3b).

612 Er hat darüber am 27. Juli 1711 bei der »Local-Kirch-Rechnung« einen (von Domorganist Elias Lindner in Freiberg geschriebenen) »Auffsaz« vorgelegt (3 f./4).

613 D. Christian Lehmann hat dafür 4 Taler bekommen (42).

614 Eigenartigerweise ist die Orgel erst nach der Weihe geprüft worden. Sonst erfolgte die Prüfung stets vor der Weihe. Vielleicht dürfen wir daraus schließen, daß man zu dem jungen Meister Vertrauen hatte. Außerdem war Gottfried Silbermann in Freiberg schon mit dem Superintendenten und seinem Vetter, dem Arzt Dr. Lehmann, persönlich bekannt geworden.

615 Gensel wurde 1670 in Annaberg geboren, hatte in Leipzig studiert und 1701 das Amt Frauenstein erhalten (vgl. Bahn, S. 90). Er ist am 13. Juli 1748 in Olbernhau gestorben (PfA. Olbernhau: ToR. Nr. 43/1748).

616 Die Bürgermeister wurden damals nur auf ein Jahr gewählt.

617 Er bekam für seine Mühe 2 Taler. Für 16 Groschen hat man ihn wieder nach Freiberg gefahren (42).

618 Vermutlich ist Gottfried Silbermann gemeinsam mit Dr. Immanuel Lehmann nach Frauenstein gereist.

619 Die Feuersbrunst, die bei dem Weißbäcker Johann Heinrich Homilius vor dem Böhmischen Tor ihren Anfang nahm und deren Ursache nicht geklärt werden konnte, legte »bey hefftigen Winde« innerhalb von fünf Stunden das ganze Städtchen »bis auf 5 Häuser [in der Freiberger Gasse] ... völlig in die Asche«. Auch

1714 vollendet
3 Manuale – 43 (2) Stimmen
Quellen

A. Acta, Den neuen Orgelbau in der Dom-
   kirchen zu Freyberg betr. (StA. Frei-
   berg: Sign. Aa II I 60a)
B. Acta, Die beßerung der Kleinen wan-
   delbahren Orgel in der Churf. S. Dohm-
   und begräbnüß-Kirchen allhier betr.
   (StA. Freiberg: Sign. Aa II I 49)
C. Ratsprotokolle 1710
D. dgl.   1711
E. dgl.   1712
F. dgl.   1713
G. dgl.   1714
H. dgl.   1738
   (StA. Freiberg: Sign. I Ba 12b/c)
I. Belege zur Orgelbau-Rechnung in der
   Dom- und Churf. Sächß. Begräbnüß-
   Kirchen zu Freyberg, Ao. 1711
   (SupA. Freiberg: Sign. II I¹ 15)
K. Kurtze Nachricht von den berühmten

Königl. Hof- und Land-Orgelbauer,
Herr Gottfried Silbermann, und dessen
vier in Freyberg gebaueten neuen
Orgeln
(in: Curiosa Saxonica, 1736, S. 54 ff.)

Vorgeschichte

Im Dom befanden sich Anfang des 18. Jahrhunderts zwei alte Orgeln. Die eine stand
»wüst«, war also unbrauchbar, und bei der
anderen hatten sich die »nach so langer Zeit
eingeschlichenen Mängel etliche Jahre her
dermaßen offenbar herfür gethan«, daß der
musikalische Gottesdienst darunter litt.[620]
Man sah sich daher »genöthiget, auff einen
gar neuen und beständigen Bau zu dencken…«. So heißt es in einem öffentlichen
Aufruf, den Rat und Superintendent Lehmann[621] am 26. Januar 1711 zur Erlangung von Geldspenden erließen.[622]
Am 22. September 1710 hatte Domorganist George Menzer[623] ausführlich über
den Zustand der alten Orgel berichtet.[624]

die öffentlichen Gebäude, darunter das »Gottes-
hauß mit Glocken und Zierrath« fielen dem
Feuer zum Opfer. Vgl. ACTA Die am 12. Marty c.a. alhier zu Frauenstein endtstandene hefftige FeuersBrunst und was solcher mehr anhängig
betr. Ergangen im Ambt Frauenstein, Anno
1728 (Heimatmuseum Frauenstein).
620 Die zu Rate gezogenen kunst- und musikverständigen Männer waren der Meinung,
»daß dem Wercke mit Flickerey nicht zu helffen
[sei], zumahl der Orth, da es bißher gestanden,
zur Music nicht gar zu bequem ist, und gar
leichte soviel zur reparatur angewendet werden
müste, als man zur Helffte eines Neuen Werckes
bedürffe und bliebe dennoch ein altes wandel-
bares Werck, welches in kurzer Zeit mit großen
Kosten wieder reparirt werden müßte…«.
621 Lehmann wirkte seit 1697 in Freiberg
(vgl. Grünberg, II/1, S. 515).
622 Dieses sogenannte »Patent« (lat. ›offener
Brief‹) befindet sich in der unter I. aufgeführten
Akte (ohne Blattnummer). Es ist von Superintendent Lehmann entworfen und vom Rat gutgeheißen worden (D/569). Der Aufruf schließt
mit folgenden Worten: »Solches wird Gott im
Himmel, der auch geringe Witben Schärfflein

nicht verachtet, mit gnädigen Augen ansehen,
mit reichen Segens-Maß vergelten und allen
mildherzigen Wohlthätern einen unsterblichen
Nahmen erwecken, ihr Gedächtnüs auch, so
offt das neue Orgelwerck wird gespielet werden,
hinauf vor Gott kommen. Welches hierbey von
Grund des Herzens gewünschet wird.«
623 Menzer wurde um 1652 geboren und
stammte »von Lockwitz«. Er hat drei Jahre
Unterricht bei Hoforganist (und Heinrich-
Schütz-Schüler) Christoph Kittel in Dresden gehabt und dann noch drei Jahre bei Christoph
Henrich Bohr in Dresden »die Orgel- und Instrumentmacherkunst ehrlich gelernet«. Am
31. Januar 1676 bewarb er sich um die Freiberger Nicolaiorganistenstelle und wurde am
13. März berufen (StA. Freiberg: Akte Sign. Aa
II I 20a, Bl. 31 ff.). Um 1678 hatte Menzer
einen Vorschlag zur Reparatur der alten Frauensteiner Orgel vorgelegt (vgl. Anm. 584). Am
1. Februar 1686 bewarb er sich ohne Erfolg um
die Petriorganistenstelle (StA. Freiberg: Akte
Sign. Aa II I 20b, Bl. 60f.). Dagegen hatte seine
Bewerbung vom 24. September 1694 um die
Domorganistenstelle Erfolg. Er wurde am
19. Dezember berufen (StA. Freiberg: Akte

Außerdem liegt ein (undatierter) Bericht von Elias Lindner[625] über die Defekte der Orgel vor (A/65).[626]

Ein Orgelneubau muß schon seit einigen Jahren geplant gewesen sein, denn die Dresdner Orgelbauer Christian und Johann Heinrich Gräbner hatten sich bereits 1704 darum beworben.[627] Reichlich sechs Jahre später legte der Altenburger Hoforgelbauer

Johann Jacob Donati einen Entwurf vor.[628]

Als letzter Bewerber trat der »Orgelmacher« Gottfried Silbermann auf.[629] Unter dem Datum »Frauenstein, den 24. Juny 1710« hatte er eine Orgel mit einundvierzig Stimmen entworfen.[630] Er verlangte für seine eigene Arbeit und drei Gesellen zu bezahlen 1200 Taler[631], auf zwei Jahre Bekösti-

---

Sign. Aa II I 42b, Bl. 36 und 43). Menzer gab an, daß er sich »bey der all zu geringen Besoldung« als Nicolaiorganist habe »sehr kümmerlich hinbringen und fast crepiren müssen«. George Menzer ist am 19. Januar 1711 in Freiberg gestorben (Dom Freiberg: ToR. Nr. 2/1711). Er hat Silbermanns Werk leider nicht kennengelernt. Sein Nachfolger wurde Elias Lindner.

624 Er schrieb u. a.: »... das ... Orgell-Werck ... so falsch klingt, daß es mehr einem Geheule und Geplärre, alß einer guten Harmonie gleich kommt, sondern auch ... unter dem Spielen gar öffters, wenn gleich nur zwei Stimmen gebrauchet werden, und alle Bälge gehen, gäntzlich außen bleibet, welches denn sonderlich bey den Musiciren nicht geringe Hinderung veruhrsachet, indem die Pfeiffen, da ihnen der Windt entgehet, zu tieff klingen und also sowohl die Vocalisten als Instrumentisten confundiren ... denn das alte Werck zu repariren, dürfte wohl eine vergebliche Sache sein, indem die H. Orgelmacher offtmahls Wercke abreißen müßen, die wohl 10 mahl besser sein, als iziges Dom-Werck, welches nicht einmahl sufficient, in einem Choral durchzudringen ...« (A/17 ff.). Trotzdem faßte der Rat am 17. September 1714, vier Wochen nach der Weihe des neuen Silbermannschen Werkes, folgenden Beschluß: »Damit die alte Orgel in der Domkirche nicht vollends eingehe und sodann gar nicht weiter gebraucht werden könne, so soll selbige durch ... Silbermann repariert und ihm davor die verlangten 25 Thaler und ½ Ctr. Zien ... gegeben ... werden« (G/228). Silbermann hat die Reparatur auch ausgeführt, dafür aber nur 20 Taler »baares Geldt und ½ Centner Berg-Zien« bekommen (I/1b). Die alte Orgel soll, zur Schonung der neuen, noch bis um 1813 benutzt worden sein.

625 Lindner wurde am 25. Februar 1711 – als Nachfolger von George Menzer (vgl. Anmerkung 623) – als neuer Domorganist berufen (vgl. Anm. 678).

626 Vermutlich hat sich der Rat daraufhin entschlossen, die alte Orgel noch reparieren zu lassen (vgl. Anm. 624). Das ist übrigens der einzige bisher bekannt gewordene Fall, daß Silbermann eine alte Orgel reparierte.

627 Sie wollten für 2500 Taler (einschl. Material, Gehäuse, Bildhauer-, Tischler- und Schmiedearbeit und inklusive der beiden alten Orgeln, »von welchen nichts als das Metall zum Einschmelzen kann gebrauchet werden«,) ein Werk mit drei Manualen und achtunddreißig Stimmen liefern. Falls der Rat das »Architectur-Gebäude« (Gehäuse) selbst beschaffen wolle, sollten von der Forderung 800 Taler abgehen.

628 Er sah ein dreimanualiges Werk mit sechsunddreißig Stimmen vor. Es sollte neben freier Ab- und Zufuhr, Quartier und Lager und exklusive Gehäuse, Tischler-, Bildhauer-, Maler-, Schlosser-, Zimmerer-, Maurer- und Schmiedearbeit 2000 Taler kosten.

629 Er war erst seit wenigen Wochen wieder in der Heimat, nachdem er die Orgelbaukunst erlernt und »in der Fremde« gearbeitet hatte. Wir sind darauf an anderer Stelle schon ausführlich eingegangen.

630 Der Entwurf trägt keine eigenhändige Unterschrift Silbermanns. Der junge Meister hatte das Werk mit Hauptmanual (14 Stimmen), Rückpositiv (10 Stimmen), Brustwerk (9 Stimmen) und Pedal (8 Stimmen) projektiert.

631 Silbermann erbat »zwey biß 300 thlr. bey Schließung des Contracts, damit ich ein und anders an nöthigen Werckzeug anschaffen kan«. Diese Summe mag angemessen gewesen sein. Nach Silbermanns Tod ist der Wert seines gesamten »Kunst-Zeugs« auf rund 45 Taler geschätzt worden (Anm. 151, Bl. 65b). Das war natürlich nur der Zeitwert der viele Jahre in Gebrauch gewesenen Sachen. Der Anschaffungswert war weit höher. Die restliche Summe verlangte Silbermann erst, wenn das Werk fertig »und vor gut und tüchtig erkannt worden« ist.

gung, Logiament und Lager und das Material. Er betonte, alles in Freiberg verfertigen zu wollen, »damit die Herren Patroni selbst mit ab- und zugehen können, und sehen, daß alles durch meine eigne Hand gehen wirdt« (A/11b f.). Vermutlich hat Gottfried Silbermann gleichzeitig das Empfehlungsschreiben des Leipziger Thomaskantors Johann Kuhnau mit vorgelegt.[632] Trotz der vorliegenden Entwürfe[633] traf der Rat vorläufig noch keine Entscheidung.[634] Da man sich aber auch andernorts

für den jungen Orgelbaumeister Gottfried Silbermann interessierte,[635] hat Immanuel Lehmann[636] am 29.September 1710 dem Rat empfohlen, »diesen Künstler nicht aus den Händen zu lassen«, da man »hiesiger Lande dergleichen nicht finden werde...« (A/19f.).[637] Am nächsten Tag ist Gottfried Silbermann beim Ratskollegium »persönlich gehorsamst« vorstellig geworden, damit »ein categorischer Entschluß erfolgen möchte«.[638] Aller Wahrscheinlichkeit nach hat Silbermann dabei einen neuen Ent-

Nach alledem hat er (auf die veranschlagte Bauzeit von zwei Jahren) für sich und drei Gesellen mindestens 900 Taler an reinen Löhnen kalkuliert. In einem Kostenanschlag vom 19.Februar 1715 für die Freiberger Jacobiorgel berechnete Silbermann für eine Person pro Woche 1½ Taler für Lohn (vgl. Anhang SD. Nr.7). Für drei Gesellen auf zwei Jahre berechnet, ergibt das eine Lohnsumme von rund 470 Talern. Andererseits hat Silbermann seinen Gesellen aber nur durchschnittlich einen Taler Wochenlohn wirklich gezahlt, wie die nach seinem Tode noch vorhanden gewesenen Lohnrückstände beweisen (vgl. Anm.151, Bl.63b). War das übrige sein »Unternehmerverdienst« an der Arbeit seiner Gesellen? Nach unserer Berechnung hat Silbermann in seinem Kostenanschlag für die Freiberger Orgel für sich persönlich einen Verdienst von mindestens 430 Talern auf zwei Jahre einkalkuliert. Das ergibt pro Woche rund 4 Taler und 3 Groschen. Silbermanns Dresdner Berufskollege, Johann Heinrich Gräbner, berechnete in einem Kostenanschlag vom 5.Oktober 1712 für eine (aber nicht ausgeführte) Reparatur der Dresdner Sophienorgel: »4 Thlr. vor mich wöchentl. den Bau zu veranstalten, auch die darzu behörige Instrumenta und andere Werckzeuge zu halten...« (StA. Dresden: Akte Sign. D XXXIV 28x, Bl.3). Darin war allerdings wohl auch die Beköstigung inbegriffen. Silbermann hat in Freiberg die »Kost« (für sich und die Gesellen) extra verlangt. Wir sollten bei alledem nicht vergessen, daß sich der junge Meister ein bestimmtes »Betriebskapital« schaffen mußte, um sich Materialvorräte anlegen zu können. Das hat er ja dann auch getan (vgl. Anm.1611).

632 Daß Silbermann ein solches bekommen hat, geht nur aus Kuhnaus Brief vom 8.Dezember 1717 an Johann Mattheson in Hamburg

hervor (vgl. Matthesons Critica musica, Bd.2, 1725, S.235). Leider ist der Empfehlungsbrief verschollen und sein Wortlaut daher unbekannt. Er wird in der Freiberger Akte auch nicht erwähnt. Wir wissen aber, daß sich Kuhnau gegenüber Immanuel Lehmann über Silbermanns Kenntnisse in der Orgelbaukunst auch rühmlichst geäußert hat (vgl. Anhang SD. Nr.1).

633 Außer den Entwürfen von Gräbner, Donati und Silbermann existiert noch einer, der aber weder einen Namen noch ein Datum hat (A/1 f.). Vermutlich war es der erste, der überhaupt beim Rat eingereicht wurde.

634 In den Ratsprotokollen ab Juni 1710 wird nicht einmal etwas über eine Verhandlung mit Gottfried Silbermann erwähnt. Erst am 22.September 1710 wurde lediglich beschlossen, Zinn und Metall für eine neue Orgel zur Verfügung zu stellen, soweit das Material »von denen beyden alten Orgeln« nicht geeignet ist (C/517). Silbermann schrieb in seinem Entwurf, daß »schon ein guter Vorrath von Metall aus dem alten Werck vorhanden« sei, was er vermutlich dann auch mit verwendet hat (vgl. Anm.627.)

635 Wir gehen an anderer Stelle darauf ein.

636 Lehmann wurde 1676 in Annaberg geboren (PfA. Annaberg, TaR. 1676, S.761). 1703 war er in Freiberg schon als praktischer Arzt ansässig (St.Petri Freiberg: TrR. 1703, S.290). Sein Todestag und -ort sind noch unbekannt. Lehmann muß ein guter Orgelkenner gewesen sein, denn er prüfte am 26.Juli 1711 die Frauensteiner Orgel. Er war übrigens ein Enkel des berühmten Scheibenberger Pfarrers und Chronisten Christian Lehmann (1611–1688), der 6600 Predigten gehalten haben soll (vgl. Grünberg, II/1, S.514).

637 Der volle Wortlaut des Briefes ist im Anhang (SD. Nr.1) zu finden.

wurf[639] vorgelegt, der aber von dem früheren nur wenig abwich.[640] Die finanziellen Bedingungen hat er allerdings etwas modifiziert. Er verlangte jetzt 1500 Taler für seine Arbeit und um die Gesellen zu entlohnen und zu verpflegen. Silbermann wollte für diese Summe »das Eingebäude«, die Arbeit an den Bälgen »und alles was zum Klange dienet«, schaffen. Das Gehäuse, die Bildhauer-, Tischler- und Schlosserarbeiten sollte der Rat übernehmen.[641] Der Entwurf enthielt auch eine Aufstellung über die vom Freiberger Rat zu liefernden Materialien.[642]

Am 6. Oktober 1710 faßte der Rat den Beschluß, mit Gottfried Silbermann einen Kontrakt über 1500 Taler für seine Arbeit und für Kost und Lager für ihn und seine Gesellen abzuschließen (C/520). Am übernächsten Tag wurde »das Projekt des mit dem Orgelmacher H. Gottfried Silbermann abgeredeten Contracts« vom Rat genehmigt (C/522). Damit war die Entscheidung end-

lich zugunsten des siebenundzwanzigjährigen »Orgelmachers« aus Frauenstein gefallen.[643] Ohne Zweifel ist Johann Kuhnaus Empfehlung dabei von großer Bedeutung gewesen. Der Rat hat jedenfalls später in einem Attest zum Ausdruck gebracht, daß Silbermann »wegen seiner sonderbahren Erfahrenheit, Kunst und guten Geschicklichkeit vor andern gerühmt worden« sei (A/73 f.). Und deshalb habe man sich entschlossen, die neue Orgel »vor allen andern«[644] von Silbermann bauen zu lassen.

Bauvertrag

Der Bauvertrag vom 8. Oktober 1710 ist im Original vorhanden (A/21 ff.). Er gehört zu den interessantesten Kontrakten Silbermanns. Auftraggeber war nicht unmittelbar der Rat, sondern die »Vorsteher des Geistlichen Einkommens«. Das in der Akte befindliche Exemplar trägt außer Silbermanns Namenszug keine weiteren Unterschriften.[645] Der Vertragstext ist im Anhang (SD. Nr. 2) zu finden.

638 Das geht aus Lehmanns Schreiben (Anhang SD. Nr. 1) hervor.

639 Dieser Entwurf (A/13 ff.) ist nicht datiert, wurde aber zweifelsfrei von Elias Lidner geschrieben. Wir dürfen daraus schließen, daß Lindner (obwohl er damals das Amt des Domorganisten noch nicht bekleidete) Einfluß auf die Gestaltung der Disposition »seiner« künftigen Orgel genommen hat.

640 Er sah vor: Hauptmanual (13 Stimmen), Oberwerk (12 Stimmen), Brustwerk (8 Stimmen) und Pedal (8 Stimmen). Der neue Entwurf sah also (vermutlich auf Lindners Wunsch) kein Rückpositiv mehr vor.

641 So ist es dann auch im Kontrakt festgelegt worden.

642 Sie lautet: »An Materialien bekome ich von Einen HochEdlen Hochweisen Rath

20 Centner Zin
18 Centner Bley
100 Schaff Felle
1½ Centner Kreide
8 Pfd. Wiß Muth
12 Pfd. Calvonium
300 Eichne RahmSchenkel zun WindLaden ...
   von milden gespaltenen Holtz
150 Tännerne Dielen

50 Eichne Dielen
2 Centner Leim
12 Pfd. EbenHoltz zu 3 Claviren
3 Pfd. Elffen Bein zum Semitoniis
41 Pfosten zun Blase Bälgen
20 Pfd. Meßingen Blech
24 Pfd. Meßingen Drath
36 Ellen Bargend zun Blätter Güßen
1 Fuder Kohlen zum Löthen.«

Das Schriftstück wurde ebenfalls von Elias Lindner geschrieben, trägt aber des jungen Orgelbaumeisters eigenhändige Unterschrift mit dem Zusatz »Orgel Machger«. Übrigens hatte Silbermann schon im ersten Entwurf die notwendigen Materialien angegeben, nur »Bargend« und Kohlen fehlten.

643 Nach Lehmanns Schreiben vom 29. September 1710 war das Ratskollegium zwar schon entschlossen, den Orgelbau »Mons. Silbermann von Frauenstein« anzuvertrauen, aber ein »firmer Entschluß« war eben noch nicht gefaßt worden (vgl. SD. Nr. 1).

644 Damit waren wohl Silbermanns Mitbewerber (Gräbner und Donati) gemeint. Ob sich etwa noch weitere Meister beworben hatten, ist nicht bekannt.

645 Vermutlich ist nur das an Silbermann aus-

Gottfried Silbermann wurden – seinen Forderungen entsprechend – zunächst 1500 Taler bewilligt.[646] Im März[647] 1712 ist in einem Kontraktnachtrag vereinbart worden, daß Gottfried Silbermann noch den großen Untersatz (32 Fuß) und die dazugehörige Oktave (16 Fuß) »von Holz«, nebst Windlade, Abstrakten und Bälgen verfertigen soll (A/50). Dafür wurden ihm 175 Taler bewilligt und außerdem nach

Vollendung des Werkes noch zwei Jahre freie Wohnung im sogenannten Regimentshaus[648]. Aufgrund eines Gesuches Silbermanns (B/47 f.) bewilligte der Rat am 18. Dezember 1713 noch 200 Gulden oder 175 Taler (F/150).[649] Der junge Meister hat demnach für sein erstes großes Werk insgesamt 1850 Taler bekommen.[650] Die Orgel hat aber im ganzen rund 4165 Taler gekostet, wie die vorhandenen Belege beweisen (I/1–158).[651] Wie die beachtliche

gehändigte zweite Exemplar von den Auftraggebern unterschrieben worden. Neben Silbermanns Unterschrift (mit dem eigenhändigen Zusatz »Orgel Machern«) befindet sich sein erstes Siegel.

646 Der Betrag sollte (laut Kontrakt) in vier Teilbeträgen (zweimal je 100 Taler, 400 und 900 Taler) gezahlt werden. Er wurde aber in kleineren Raten ausgezahlt (vgl. Anm. 650).

647 Der Monatstag wurde offengelassen und dann versehentlich nicht eingesetzt.

648 Vgl. hierzu Anm. 206. Der Rat hatte bereits am 10. Februar 1712 beschlossen, diese beiden Pedalstimmen »zu rechter completirung« der Orgel verfertigen zu lassen (E/703). Vermutlich geschah das auf Wunsch des neuen Domorganisten Elias Lindner. Silbermann war aber mit den gebotenen 150 Talern nicht zufrieden, so daß der Rat am 15. Februar beschloß, mit ihm »aufs höchste noch auf 50 Taler zu handeln« (E/704).

649 Auf die Gründe gehen wir später noch ein.

650 Silbermanns Quittungen über die in dreiundzwanzig Raten empfangene Summe sind noch vorhanden (I/1). Danach wurden an ihn bezahlt:

		Fortschreibung
100 Taler	1710 7.10.[1]	100 Taler
50 Taler	1711 23.2.[2]	150 Taler
50 Taler	21.3.	200 Taler
100 Taler	18.4.	300 Taler
50 Taler	27.6.	350 Taler
100 Taler	16.9.	450 Taler
*100 Taler	12.12.	550 Taler
40 Taler	1712 17.2.	590 Taler
60 Taler	10.3.	650 Taler
100 Taler	8.4.	750 Taler
100 Taler	2.6.	850 Taler
100 Taler	27.7.	950 Taler
100 Taler	1.10.	1050 Taler
*100 Taler	15.12.	1150 Taler
*100 Taler	1713 24.2.	1250 Taler
50 Taler	26.5.[3]	1300 Taler
160 Taler	1.8.	1460 Taler
* 50 Taler	8.9.	1510 Taler
* 50 Taler	21.10.	1560 Taler
*100 Taler	1714 16.1.	1660 Taler
* 15 Taler	12.4.[4]	1675 Taler
50 Taler	11.5.[5]	1725 Taler
125 Taler	9.11.[5]	1850 Taler

Die mit einem * versehenen Quittungen schrieb Silbermann eigenhändig. Es handelte sich jeweils aber nur um wenige Worte: z. B. »Einhundert Thaler habe ferner empfangen den 12. December 1711«.

1. Wenn kein Schreibfehler vorliegt, ist der Betrag bereits am Tage vor Abschluß des Kontrakts ausgezahlt worden.

2. Die Zahlung erfolgte »bey anfang des Orgelbaues«.

3. Zwei Tage zuvor starb in Frauenstein Gottfrieds Vater.

4. Drei Tage vorher hatte Silbermann mit dem Intonieren (und Stimmen) der Orgel begonnen.

5. Diese Zahlung erfolgte aufgrund des Ratsbeschlusses vom 18. Dezember 1713.

651 In der Summe sind 210 Taler inbegriffen. Sie wurden an Johann Stephan von Schöneveldt für ein in der Domkirche »neugebautes Werck« ausgezahlt (I/115). Leider geht aus dem Beleg nichts Näheres hervor. Vermutlich handelte es sich um die Bemalung der Orgel; denn Schöneveldt war Maler und lebte in der ersten Hälfte des 18. Jahrhunderts in Sachsen (vgl. Naglers »Neues allgemeines Künstler-Lexikon, 1845, Bd. 15, S. 469).

Summe aufgebracht wurde, ist heute nicht mehr vollständig nachweisbar. Aufgrund des öffentlichen Aufrufes von Rat und Superintendent[652] gingen über 400 Taler an Spenden ein.[653] Eintausend Taler wurden aufgrund eines Oberkonsistorialbefehls vom 11. Februar 1711 dem Vermögen des Hospitals St. Johannis entnommen. Aus derselben Quelle flossen (allerdings leih- bzw. vorschußweise) weitere 1000 Taler.[654] Am 14. Dezember 1742 hat eine Freiberger Persönlichkeit, deren Unterschrift leider nicht lesbar ist, in einem Privatbrief an den

Zwickauer Bürgermeister über die Geldbeschaffung für den Freiberger Domorgelbau berichtet,[655] wodurch unsere Feststellungen bestätigt bzw. ergänzt werden.[656]

Bauablauf

Nach dem Kontrakt sollte die Orgel binnen zwei Jahren verfertigt und zu Weihnachten 1712 übergeben werden. Dieser Termin ist aber nicht eingehalten, sondern wesentlich überschritten worden. Aufgrund der Ausgabebelege kann der Bauablauf in großen Zügen rekonstruiert werden.

Gottfried Silbermann begann mit seiner

Ansonsten sind für den Orgelbau ausgegeben worden:

	Nummern der Belege
1850 Taler Orgelbauerarbeit	1
251 Taler Tischlerarbeit	113 156
242 Taler Bildhauerarbeit	114
204 Taler Zimmererarbeit	31–95
108 Taler Schmiedearbeit	124 134–137
100 Taler Schlosserarbeit	120–123 125 126 128–133
65 Taler Malerarbeit	116
38 Taler Nadlerarbeit	146–153
37 Taler Maurerarbeit	96–112
25 Taler Drechslerarbeit	28b 118 119 127 141–143
10 Taler Seilerarbeit	154 155
8 Taler Klempnerarbeit	138
2 Taler Rotgießerarbeit	144
2 Taler Gürtlerarbeit	145
2945 Taler insgesamt	

Für Materialien wurden aufgewendet:

722 Taler Zinn und Blei	2–9
151 Taler Bretter und Pfosten	10–15
57 Taler Leder, Schaf- und Ziegenfelle	21–28
32 Taler Leim	20
21 Taler Messingblech	139 140
10 Taler Ebenholz und Elfenbein	28e
7 Taler Schreibpapier, Unschlitt und Wachs	157 158
7 Taler Pergament	28c 28d
3 Taler Nägel und Zwecken	16–19 29 30
1010 Taler insgesamt	

652 Vgl. Anm. 622.

653 Es spendeten u.a.:
40 Taler Geheimrat Abraham von Schönberg
30 Taler Bürgermeister Martin Albert
20 Taler Wolff Rudolph von Schönberg auf Purschenstein
20 Taler Kammerpräsident Löwenthal
12 Taler Kanzler von Schönlebe und
10 Taler General von Milckau

654 Das geht aus den Ratsprotokollen vom 5. September und 5. Dezember 1712 bzw. vom 22. Mai 1713 hervor (E/11 u. 29 bzw. F/70).

655 Der Betreffende war zwar damals noch nicht in Freiberg wohnhaft, wußte aber »ex audito« (vom »Hörensagen«) davon, daß unter den Einwohnern eine freiwillige Kollekte gesammelt wurde, die »einige Hundert Thaler« erbrachte, »da mancher 2, 4, 5, 6 biß 10 Thaler« spendete. Fünfhundert Taler, die »von einem privato zu seinem Gedächtnüße in der Kirche per Testamentum ausgesetzt« worden waren, wurden mit für den Orgelbau verwendet. Der Name des Betreffenden ist nicht bekannt. Weiter habe der Rat »ein erkleckliches von denen freyen Dispositions-Geldern« beigesteuert. Man habe »sogar den Hospital mit angespannet, weil dieser sich in sehr geseegneten Zustande befunden …«, desgleichen auch »den Allmosen-Kasten«, weil er die Lösegebühren für die Kirchenstühle jederzeit allein bekommt (StA. Zwickau: Akte Sign. III Z⁴ o 8, Bl. 14ff.).

656 Der Brief ist insofern bemerkenswert, weil Zwickau damals die Absicht hatte, im Dom eine Orgel von Silbermann bauen zu lassen. Das Projekt scheiterte jedoch, weil das Geld nicht aufgebracht werden konnte. Wir berichten darüber an anderer Stelle noch ausführlich.

Arbeit Ende Februar 1711.[657] Vermutlich hat er um diese Zeit zunächst die notwendigen Zeichnungen angefertigt oder (von Elias Lindner) anfertigen lassen.[658]

Im März trug der Zimmermeister Adam Haupt mit seinen Gesellen die alte Orgel ab, was neun Tage in Anspruch nahm (I/32). Der Maurer George Enderlein hat auch »in der Dum Koerchen an der allden orgel hälffen Einreißen« (I/96).

Wie sah es mit der Anlieferung der für die neue Orgel notwendigen Materialien aus? In den letzten Maitagen des Jahres 1711 wurden aus Leipzig über $18\frac{1}{2}$ Zentner sogenanntes englisches Zinn[659] bezogen (I/2)[660] Gleichzeitig sind »6 Pfosten von Koltiez« (Colditz) herangeschafft worden (I/9), die vom dortigen Amtsmüller Johann Richter stammten und über 5 Taler kosteten (I/13). In den Monaten Juni/Juli lieferten Hans Georg Müller und Johann Pfeil, beide in Freiberg, über vier Zentner »Goslarisches Bley«[661] und weitere $2\frac{1}{4}$ Zentner englisches Zinn (I/4/5). Im

November 1711 und im Februar 1712 wurden von Johann Michael Zimmermann rund zwanzig Zentner Blei bezogen (I/6/8), und Johann Samuel Pfeil lieferte nochmals knapp drei Zentner englisches Zinn (I/7). Es wurde also mehr Zinn und Blei angeschafft und gewiß auch verbraucht, als Silbermann ursprünglich angefordert hatte.[662] Das lag wohl daran, weil er »dasjenige, was erstlich hat sollen von Holtz und Blech werden ... von lauter Zinn gearbeitet« hat.[663]

Vermutlich hat sich Gottfried Silbermann mit seinen Gesellen frühestens ab Juni 1711 mit der Anfertigung der metallenen Pfeifen beschäftigt, was – nach den Materialanlieferungen zu urteilen – bis in den Winter 1711/12 gedauert haben kann. Die Zinntafeln oder »Blätter«, aus denen die Pfeifen geformt wurden, sind auf einer mit Barchent bespannten Gießlade hergestellt worden.[664] Der Stoff wurde mit Zwecken befestigt.[665]

Im Februar bzw. März 1712 lieferten

657 Am 23. Februar 1711 quittierte er »bey Anfang des Orgelbaues« über 50 Taler (I/1, vgl. Anm. 650). Eigentlich sollte bzw. wollte er (laut Kontrakt) schon zu Weihnachten 1710 anfangen, aber die Frauensteiner Orgel nahm ihn noch bis Anfang Februar 1711 in Anspruch; außerdem hatte er im April/Mai nochmals mit diesem Werk (wegen der Intonierung und Stimmung) zu tun (vgl. Anm. 610 und 611).

658 Silbermann ließ bei Christian Köhler in Freiberg am 24. Februar bzw. 17. März 1711 »Maculathur« bzw. »Guth Schreibe-Pappier« holen. Am 17. September wurde nochmals »weiß Schreibe-Papier und Maculathur« geholt. Am 14. März hatte Köhler vier Pfund »fein Gelb Wax« à 9 Groschen geliefert (I/157). Vermutlich war es für Kerzen bestimmt, die der junge Meister brauchte, wenn er abends über seinen Berechnungen saß.

659 Das »englische« Zinn stammte wohl aus der Grafschaft Cornwall, deren Zinngruben schon im Altertum bekannt waren.

660 Ein Zentner dieses kostbaren Orgelpfeifenmaterials kostete damals $24\frac{1}{2}$ Taler. Der Freiberger Bürgermeister hatte deswegen per-

sönlich mit den »Handlungs-Consorten« Daniel und Hartmann Winckler in Leipzig verhandelt (D/614).

661 Ein Zentner kostete »nur« 5 Taler und 4 Groschen.

662 Vgl. hierzu Silbermanns Materialanforderung (Anm. 642).

663 Vgl. Silbermanns Schreiben vom 4. Dezember 1713 an den Rat (B/47). Wir gehen darauf noch ein (s. Anm. 693). Übrigens hatte sich Silbermann schon im Juni 1711 erboten, den Posaunenbaß (16 Fuß) nicht von Holz, sondern von Zinn zu machen, »um das vorhabende Werk zu desto mehrerer Vollkommenheit zu bringen«. Der Rat war auch bereit, hierfür »altenbergerisch« Zinn zur Verfügung zu stellen (D/630). Bürgermeister Albert lieferte reichlich acht Zentner (I/9).

664 Obwohl Silbermann 36 Ellen Barchent angefordert hatte (vgl. Anm. 642) ist doch nur ein Beleg über $4\frac{1}{2}$ Ellen »dop. Parchent«, der am 14. April 1711 gekauft wurde, auffindbar (I/157). Die gegossenen Zinntafeln wurden »geschlagen« oder gehämmert und alle Unebenheiten anschließend mit Zinnhobeln und »Zieh-

George Hermann und Johann Andreas Süße, beide in »Erbißdorff«, insgesamt 185 Bretter aus Eichenholz, die sich Silbermann zum Teil selbst »ausgelesen« hatte (I/10–13). Sie waren wohl vor allem für die Windladen, die Pedalklaviatur und die Registerschleifen bestimmt. Der Großhartmannsdorfer Teichmüller Zacharias Schmidt hatte schon im September 1711 und auch später noch verschiedene Bretter und Pfosten geliefert (I/14/15). Silbermann brauchte die Bretter für die hölzernen Pfeifen, die Windkanäle und Wellenbretter und andere Teile der Orgel. Für das »32-Fuß-Register«[666] wurden über zweihundert lange Bretter geschnitten (I/14).

Vermutlich haben Gottfried Silbermann und seine Gesellen im Frühjahr bzw. Sommer 1712 vorwiegend die hölzernen Teile der Orgel gefertigt.[667] Dafür spricht vielleicht auch ein Beleg von Gottfried Fritzsche, einem »Weiß unt Semmiesch-Gerwer«. Er berechnete 16 Taler für 96 Pfund Leim, den »ich dem H. Gottfried Sielwman [sic!] Kunsterfaren Orgelmacher gelieffert hawe von den 11. Mey an bieß den 19. September« 1712 (I/28). Fritzsche hat allerdings auch noch zu anderen Zeiten

(nochmals insgesamt 97 Pfund) Leim geliefert (I/20/28). Silbermann verwendete Leim nicht nur als Klebemittel (für die hölzernen Pfeifen u.a.), sondern auch zum Ausgießen der Windladen.[668]

Bemerkenswert sind die Belege der Freiberger Weißgerber Johann George Trautzolt und Paulus Kühne über fast zweihundert Schaffelle (I/22–26), die für die Falten der Blasebälge gebraucht wurden.[669] Die von Christoph Heckel in Dresden gelieferten 44 Bogen beschriebenes [!] Pergament hat Silbermann vorwiegend wohl zum Abdichten bzw. Auskleiden der Windladen verwendet.[670] Da er die Bälge so eingerichtet hat, daß man sie »gantz sanffte auffziehen kan«, lieferte Hans George Franze die dazu notwendigen Seile (I/154/155).

Von Paulus Kühne wurden noch »Weißgares Leder« und elf »Zickelfelgen« und von Johann Christoph Ulbrich $4^1/_2$ Pfund Leder gekauft (I/21/27). Aus dem Leder wurden vor allem die sogenannten Pulpeten gefertigt,[671] des weiteren wurde es auf die Unterseiten der Registerschleifen aufgeklebt. Das Ziegenleder brauchte Silbermann für bestimmte Teile der Spielmechanik.[672] Der Nadler Anshelm Arnold hat tausende

---

Klingen« geglättet. Dann mußten die »Blätter« mit Zinnscheren, den Pfeifengrößen entsprechend, zugeschnitten, die Pfeifen geformt und endlich gelötet werden.

665 Anna Regina Heuermann hat speziell »zur Gießlade« u.a. 2000 »Kampf-Zwecken« geliefert (I/16). Weitere 2000 Zwecken kaufte man vom Nagelschmied Hans Winckler. Bei ihm hatte »der Discher« auch $^1/_2$ Schock lange Nägel »in die Dhum-Kirchen zum Orgelbaw« machen lassen (I/17–19).

666 Damit ist der sogenannte »große Untersatz« gemeint, den Silbermann aufgrund eines Kontraktnachtrages anfertigte (A/50).

667 Unsere Vermutung wird u.a. durch folgendes gestützt: Am 28. April 1716 erbat Silbermann baldigste Entschließung wegen des Jacobiorgelbaues in Freiberg, weil er »bey iezigen langen Tagen mit guten Nuzen das Ziehn Güsen und die hölzerne Arbeit standhaftiger als im Winter bereiten könne...« (Stadt- und Berg-

baumuseum Freiberg: Akte Bibliotheksnummer 4813, Bl. 22).

668 Das hat Elias Lindner in seinem Bericht vom 24. November 1716 über die Prüfung der Niederschönaer Orgel hervorgehoben (PfA. Niederschöna: Akte Orgelsachen betr., Sign. I A 5, Bl. 4 ff.).

669 Ein Blasebalg ist ca. 3,10 m lang und 1,54 m breit (vgl. Dähnert, S. 86).

670 Mitarbeiter des VEB Orgelbau Dresden stellten nämlich 1981 bei Restaurierungsarbeiten fest, daß die Windladen der Orgel innen an der Oberseite mit Pergament beklebt sind. Andererseits hat Silbermann 1710 bei der Reparatur der Blasebälge (!) der alten Frauensteiner Orgel auch Pergament oder »alte Mönchsschrift« verwendet (Anm. 81, Bl. 41).

671 Siehe hierzu: Wolfgang Adelung, Einführung in den Orgelbau, Leipzig ³1976, S. 124.

672 Es ist auf bestimmte Stellen der Tasten (bzw. Abstrakten) aufgeklebt worden, um das

von Stiften (aus Messing und Eisen), Schrauben und 325 »lange Meßinge Federn« angefertigt (I/146–153). Diese Materialien waren ebenfalls für die Register- und Spielmechanik der Orgel bestimmt. Johann Pfeil lieferte über $^1/_4$ Zentner »Taffel-Meßing« (Messingblech) für bestimmte Pfeifenteile, zehn Pfund Messingdraht und über vierzehn Pfund eisernen Draht (I/139/140) für die mechanische Traktur des Werkes.

Als Belag für die Manualtasten sind $16^1/_2$ Pfund Ebenholz (zu je 6 Groschen) und fünf Pfund »Helffenbein« (zu je 28 Groschen) gekauft worden (I/28c).[673] Christoph Burckhart hat in »Rothgießer-Arbeit« sechs Knöpfe angefertigt, und der Gürtler Martin Tauber vergoldete sie (I/144/145). Diese Knöpfe befinden sich neben den Manualklaviaturen und dienen als Griffe, wenn der Organist die »Klaviere« miteinander koppeln will. Der Drechsler Samuel Wolff fertigte »50 Stück Register-Knöpfe von Braun Holtz und von Helffenbein Knöpchen drein«. Das Material wurde ihm geliefert. Für die Arbeit berechnete er 4 Taler und 4 Groschen, bekam aber nur 3 Taler und 3 Groschen ausgezahlt (I/143).

Sogar eine Witwe, Anna Maria Hörnig, trug zu dem großen Werk bei, indem sie $27^1/_2$ Schock (zu je 60 Stück) Nägel lieferte (I/29/30). Weitere Nägel und verschiedenes »Eisenwerk« (Schrauben, Zapfen usw.) wurden vom Zirkelschmied Christian Thümer bezogen (I/134/135).

Bemerkenswert ist noch der Beleg des Schlossers Johann Friedrich Knötzschke. Er lieferte »50 Stück lange starcke Schrauben mit Ronten breiten Köpffen zu den Balcken[674], worauff die Blätter zun Pfeiffen darauff gegoßen werden« (I/125). Der Klempner Simon Beuthner endlich machte »umb daß Orgel-Chor ein gegitter von schwarzen Blech« (I/138).

Die vergilbten Belege vermitteln uns nach weit über zweihundertfünfzig Jahren noch eine anschauliche Vorstellung davon, wieviele Handwerker, Kaufleute und Händler an dem Freiberger Orgelbau mitbeteiligt gewesen sind. Bei anderen Werken Silbermanns war es ebenso, nur kaufte der Meister die Materialien selbst. In gewissem Sinne war es gut, daß der Freiberger Rat damals alles beschafft hat und die Belege darüber aufbewahrt worden sind, sonst könnten wir heute keinen Einblick mehr gewinnen, was alles für eine »Königin der Musikinstrumente« gebraucht wurde.

Die bisher betrachteten Belege betreffen mehr oder weniger Lieferungen und Leistungen, die Gottfried Silbermann in die Lage versetzten, alles anzufertigen und zu schaffen, was zum Klange der Orgel dient. Zu einem solchen Werk gehört aber auch eine entsprechende Empore (auch Chor genannt) und ein Gehäuse mit Zierat und Schnitzwerk. Wir finden in der Akte auch hierüber viele Belege.

Wir betrachten zunächst die Schriftstücke, die die Arbeit des Zimmermanns Adam Haupt[675] und seiner Gesellen betreffen. Ihre Aufgabe war es, einen »Näuen Singe-Kohr« und den neuen »Orgel-Cohr« zu errichten und die Zimmerarbeiten »auf dem Orgel-Cohr« auszuführen. Diese Arbeiten nahmen fast eineinhalb Jahre in Anspruch. Im Frühjahr 1711 wurde die »Holtz-Arbeit zum Singe-Chor« verrichtet (I/31/33 bis 35).[676] Anfang Juni ist mit dem Bau des Singechors begonnen worden. Er dauerte etwa bis Mitte September (I/36–51). Dann nahm Adam Haupt den Orgelchor in Ar-

---

»Klappergeräusch« zu dämpfen, das beim Spielen der Orgel entsteht.

673 Damals wurden die Obertasten (oder »Semitoniis«) mit Elfenbein belegt, die Untertasten dagegen mit Ebenholz. Jetzt ist das Farbenverhältnis umgekehrt.

674 Damit war die sog. Gießlade gemeint.

675 Haupt war ein Tagelöhnerssohn aus Kleinwaltersdorf und hatte schon 1691 das Freiberger Bürgerrecht erlangt (StA. Freiberg: BB. Sign. I Bc 3, S. 183b).

676 Darunter ist das Ausschneiden und Ausarbeiten von Balkenhölzern und Klötzern zu verstehen.

beit, was ihn und seine Gesellen bis in den November hinein beschäftigte (I/52–54/56–58). Man bedenke: Weihnachten 1712 sollte die Orgel übergeben werden, und ein reichliches Jahr vorher war gerade erst die Empore fertig, worauf sie stehen sollte! Übrigens mußte der Zimmermann zwischendurch im Oktober »an dem Holtz zu der Balgen-Cammer« arbeiten (I/55). Im November bzw. Dezember 1711 wurde über drei Wochen lang an der »Pallgen-Kammer« selbst, nochmals am Orgelchor »undt sonsten« gezimmert (I/59–62). Die Blasebälge sind offenbar erst wesentlich später verfertigt worden, denn im Mai 1713 arbeitete der Zimmermann »an den Bal-

gen«, wobei vier Gesellen und vier Handarbeiter helfen mußten, sie an Ort und Stelle zu bringen (I/95).
Der Maurer George Enderlein ist während des zweiten Halbjahres 1711 auch immer mit beschäftigt gewesen (I/97–110).
Ab Ende Januar 1712 bis Ende August 1712 arbeiteten Adam Haupt und seine (meist zwei) Gesellen ziemlich laufend (insgesamt hundertundzwanzig Tage) »auf« dem Orgelchor (I/63–87).
Am 13. Juni 1711 ist mit dem Tischler George Lampert(ius)[677] schon ein Kontrakt über den Bau des Orgelgehäuses geschlossen worden (I/113). Er versprach, es nach dem von Elias Lindner[678] gezeich-

677 George Lampert muß schon älter gewesen sein, denn er hatte bereits im Juli 1680 das Bürgerrecht von Freiberg erworben (StA. Freiberg: BB. Sign. I Bc 3, S. 156).
678 Elias Lindner wurde 1677 (Tauftag 10. Januar) in Freiberg geboren (Dom Freiberg: TaR. Nr. 2/1677), wo sein Vater (1631–1681) Mittagsprediger am Dom war. Lindner hatte nicht nur Rechtswissenschaft, sondern auch Mathematik studiert. Als er 1709 heiratete, wurde er als »Jur[is] Utr[iusque] Cand[idatus]« (d. h. Kandidat beider Rechte) bezeichnet (Dom Freiberg: TrR. 5/1709). Außerdem hat sich Lindner (nach seinen eigenen Worten) »auf der Universität Leipzig von dem Berühmbten und virtuosen Musico Herrn Johann Kuhnauen, sowohl in Theoria als Praxi in musico und sonderlich auf dem Clavir und in der Composition informiren lassen« (StA. Freiberg: Akte Sign. Aa II I 42 b, Bl. 44 f.). Elias Lindner wurde aufgrund seiner Bewerbung am 25. Februar 1711 vom Rat als Domorganist (und Nachfolger George Menzers) berufen. Er hatte offenbar schon vorher Einfluß auf die Gestaltung der Freiberger Domorgel genommen. Wir dürfen annehmen, daß Lindner und Silbermann miteinander befreundet waren. Als letzterer am 9. Dezember 1713 mit Zacharias Hildebrandt den Lehrvertrag schloß, war Lindner Zeuge (s. Anh. SD. Nr. 4). Am 10. September 1714 wurden ihm vom Rat 50 Taler (das war mehr als seine damalige normale Besoldung auf ein Jahr) »zur Ergötzlichkeit« bewilligt, weil er »bey Verfertigung der Orgel im Dohm viel Mühe gehabt, sich dabei fleißig finden laßen und

zum Theil selbst Kosten auffgewendet …« (StA. Freiberg: RPr. Sign. II Ba 12 c, S. 227). Am 22. Mai des folgenden Jahres erhöhte der Rat Lindners wöchentliche Organistenbesoldung von 19 Groschen auf 30 Groschen, »weil er mit dem neuen Orgelwerk allda viel Mühe hat und sich sehr angelegen seyn lässet, dieses Werck in gutem Stande zu erhalten« (StA. Freiberg: RPr. 1712/24, S. 290). Im Juni 1721 erlangte Lindner das Freiberger Bürgerrecht (StA. Freiberg: BB. Sign. I Bc 3, S. 277). Er starb am 27. März 1731 in Freiberg als »Jur. Utr. Candidatus, berühmter Mathematicus und bestalter Organiste beym Dom« (Dom Freiberg: ToR. Nr. 19/1731).
Lindners Anteil an der Gestaltung der Domorgel wird durch zwei literarische Quellen bestätigt: »Das äuserliche Ansehen dieses Wercks ist von Herrn Elia Lindenern … erfunden, auch das gantze Gehäuse, nebst dem Chore, nach dessen Rissen und darzu verfertigten Modell aufgeführet worden …« (Johann Samuel Grübler: Ehre Der Freybergischen Todten-Grüffte …, Leipzig 1730, S. 168). »Außer seiner Kunst auf der Orgel war er auch ein guter Mathematikus und Mechanikus, wie das vortreffliche Werk von 45 Stimmen im dasigen Dome beweist, dessen Anlage und Einrichtung einzig und allein von ihm herrühren …« (Gerber: Tonkünstlerlexikon, 1812 bis 1814, Bd. 3, S. 236).
Nach Vollendung der Orgel hat Elias Lindner von ihr eine Zeichnung gemacht, die als Vorlage für einen Stahlstich diente (Foto bei der Deutschen Fotothek Dresden: Archiv-Nr. 108 902).

neten Riß[679] und nach Gottfried Silbermanns Anweisungen zu verfertigen und alle Materialien »an guten dürren Brettern, Pfosten und Stollen und was er sonst hierzu bedürffen möchte«, auf seine Kosten anzuschaffen.[680] Lampertius wollte die Arbeit »mit drey Gesellen, so er zu deßen Behuff anzunehmen gesonnen«, binnen eines halben Jahres »nach den vorgegebenen Rißen und Chablonen«[681] zu Ende bringen. Der Rat bewilligte 200 Taler.[682] Damit kam Lampertius aber nicht aus, außerdem konnte er den Termin nicht einhalten. Am 16. April 1712 wurden ihm noch 50 Taler nachbewilligt. Lampertius mußte »durch Handschlag« versprechen, das Werk nunmehr längstens binnen drei Wochen in völligem Stand zu übergeben (I/113). Da Meister Lampertius Ende Mai 1712 die letzte Rate empfangen hat (I/113), dürfte das Orgelgehäuse zu diesem Zeitpunkt – ein reichliches halbes Jahr vor dem geplan-

ten Übergabetermin der ganzen Orgel – endlich fertig gewesen sein.

Zur gleichen Zeit, am 27. Mai 1712, wurde mit dem Bildhauer Johann Adam Georgi[683] ein Vertrag über die Anfertigung der zur Ausschmückung des Orgelgehäuses dienenden »Bilder, Laubwerck und andern Zierrathen« geschlossen (I/114).[684] Dem Bildhauer wurden vertraglich 230 Taler versprochen, die »nach und nach bis zu vollendeter Arbeit« ausgezahlt werden sollten. Das ist bis Mitte Dezember 1712 geschehen (I/114). Um diese Zeit dürfte demnach aller Zierat fertig gewesen und dann bis Anfang Februar 1713 am Orgelgehäuse angebracht worden sein.[685]

So lange hat Gottfried Silbermann mit dem Aufbau seiner Orgel, insbesondere aber mit dem Aufsetzen des Pfeifenwerkes, warten müssen, denn das Gehäuse mit sämtlicher Tischler- und Malerarbeit mußte vorher »zur Perfection« gebracht worden sein.[686]

---

679 Leider sind diese wertvollen Unterlagen verschollen.

680 Ein Kollege Lamperts, der Tischler Andreas Rosenfeld, hat »Ristern Holtz zu den blint fliegeln an die Orgel« geliefert (I/156). Übrigens ist Lampert in dem Vertrag auch beauftragt worden, das »an der Wand herum lauffende Gesimße zu verfertigen« und »das am Chor befindliche Geländer mit dem im Riß vorgezeichneten Gesimße zu verkleiden« (I/113).

681 Aus dem Kontrakt (s. Anh. SD. Nr. 2) geht hervor, daß von der Orgel ein geschnitztes Modell vorhanden war. Wo mag es hingekommen sein? Es wäre heute ein willkommenes Exponat für die Silbermannabteilung des Frauensteiner Heimatmuseums.

682 Fünfzig Taler sollte Lampert sofort bekommen, das übrige in wöchentlichen Raten von 6 Talern. Letztere wurden erst ab 18. September 1711 ziemlich regelmäßig ausgezahlt (I/113).

683 Georgi wurde um 1681 geboren. Sein Vater war in Freiberg Steiger. Georgi erwarb im Februar 1716 das Freiberger Bürgerrecht (StA. Freiberg: BB. Sign. I Bc 3, S. 265). Er starb am 27. März 1719, erst achtunddreißig Jahre alt, in Freiberg (Dom Freiberg: ToR. Nr. 18/1719).

684 Dazu gehörten u.a. das gesamte Laubwerk verschiedenen Ausmaßes, »Corintische Capitaele«, runde Kapitelle, »Festonnen« (Gehänge), anderer »Zierrath« und natürlich auch die beiden, einen Kranz mit dem Freiberger Stadtwappen haltenden Engel »oben auf der Verdachung« und endlich »vier $8^1/_2$ Schuch [= ca. 2.40 m] hohe Bilder«. Damit sind die Engelstatuen gemeint. Der Engel an der linken Seite der Orgel »spielt« auf einem Positiv. Aufgrund eines Ratsbeschlusses vom 7. August 1713 ist Silbermann das »Gekräze [Abfälle], welches von den zu denen Orgelpfeiffen verbrauchten Ziene übrig geblieben«, belassen worden. Dafür versprach er, für den »ausgeschnitten« Engel an der Orgel »ein proportioniertes Positiv mit zinnern Pfeifen« anzufertigen (F/99).

685 Das muß aus einigen Belegen des Zimmermanns Adam Haupt geschlossen werden. Im November 1712 arbeitete er nämlich neun Tage »an Gerüsten und Zierrathen« und auf dem Orgelchor (I/88/89). Im Dezember verrichtete er reichlich acht Tage Zimmererarbeiten »an der Neuen Orgel« (I/90/91). Ende Januar bzw. Anfang Februar 1713 mußten drei bzw. vier »Purschen« dabei helfen, um »die Stadua« und Engel »an Orth undt Stelle« zu schaffen (I/92/93).

Wann die Bemalung der Orgel erfolgte, ist nicht nachweisbar.[687] Fest steht, daß das Werk zunächst nur »mit Metall ausgeleget« wurde und der Rat am 18. September 1715 feststellen mußte, daß es »nunmehro unscheinbar wird und einen Übelstand an diesem Werck verursachet«. Es wurde beschlossen, eine Kollekte auszuschreiben und sie dazu zu verwenden, um die Orgel »mit gutem Golde« auszulegen.[688] Die Vergoldung erfolgte aber erst im Jahre 1738.[689] Gottfried Silbermann ist es jedenfalls unmöglich gemacht worden, die Orgel termingemäß zu übergeben. Mit zwei Jahren ist die Bauzeit für ein solches Werk von vornherein überhaupt viel zu kurz bemessen worden.[690] Wenn Gottfried Silbermann schon in seinem ersten Entwurf (vom 24. Juni 1710) versprochen hat, binnen zwei Jahren »mit göttl. Hülffe dieses Werck gut und tüchtig zu liefern« (A/11b), konnte er nicht ahnen, wieviel Zeit die Zimmerer-, Tischler- und Bildhauerarbeiten in Anspruch nehmen werden.

Es ist deshalb ziemlich unverständlich, daß der Freiberger Rat am 5. Juli 1713 beschlossen hat, Silbermann »anzuhalten, daß er sich in der Arbeit fördere und die Orgel ohne weiteren Verzug in tüchtigen Stand setze...« (F/85). Soweit wir es heute beurteilen können, hatte Gottfried Silbermann an der entstandenen Verzögerung keine Schuld.

Am 4. Dezember 1713 konnte Silbermann dem Rat mitteilen, daß das Werk »in so weit zu standte [ge]kommen [ist], daß das Hauptmanual gutentheils zum Klange gebracht« werden konnte, und das übrige, »bis zu Einsezung, intonirung und Stimmung derer Pfeiffen und etlicher anderer Arbeit«, fertig sei (B/47f.). Er ließ den Rat wissen, daß bis zur Vollendung der Orgel »noch $^3/_4$ Jahr erfordert werden«. Silbermann versicherte, das Werk, »von welchem Sie selbst glori haben werden (und von dem ich ohne Ruhm sagen kan, daß dergleichen in Sachßen und weit und breit von Güte nicht seyn wird) mit solchem Fleiß, wie ichs angefangen zur Ehre Gottes und Rettung meiner Renommee gegen so viele Verläumbder« ausführen zu wollen (B/47f.).

Der Freiberger Nicolaiorganist Christian Zeiß[691] war von der Orgel, obwohl sie noch gar nicht fertig war, schon begeistert.[692]

Gottfried Silbermann hat sich übrigens in seinem Brief an den Rat bemüht, die eingetretene Verzögerung von seinem Standpunkt aus zu begründen.[693] Es muß aber

---

686 Vergleiche Silbermanns Äußerung am 6. Oktober 1734 in Dresden, als er mit dem Aufbau der Frauenkirchenorgel nicht beginnen konnte, weil Ratszimmermeister George Bähr das Gehäuse noch nicht fertig hatte (StA. Dresden: Akte Sign. B II 27, Vol. III, Bl. 227f.).

687 Die Bemalung der Orgel ist aller Wahrscheinlichkeit nach von Johann Stephan von Schöneveldt für 210 Taler ausgeführt worden (vgl. Anm. 651). Des weiteren ist ein Beleg von »Jagd-Mahler« Johann Christian Buzäus (1671 bis 1734) aus Dresden über Malerarbeiten am Chor »bey der Orgel ... und dem daran befindlichen Gatterwerk« und am Gitter »an des Organisten Sitz« vorhanden (I/116). Buzäus bekam dafür 65 Taler und $^1/_2$ Zentner Leinöl. Der Betrag ist erst am 8. Oktober 1715 ausgezahlt worden.

688 StA. Freiberg: RPr. 1715, S. 309.

689 Näheres siehe unter »Bemerkungen«.

690 Bei den vergleichbaren Orgeln der Dresdner Frauenkirche und der Zittauer Johanniskirche ist die Bauzeit (im Kontrakt) mit jeweils drei Jahren veranschlagt worden.

691 Zeiß und Silbermann waren vermutlich befreundet, zumindest gut miteinander bekannt. Als der Orgelbaumeister am 9. Dezember 1713 mit seinem neuen Gesellen Zacharias Hildebrandt einen Ausbildungsvertrag abschloß, waren Zeiß (und der Domorganist Lindner) Zeugen (s. Anh. SD. Nr. 4).

692 Am 2. März 1714 schrieb Zeiß an den Rochlitzer Bürgermeister Christian Gerlach: »... wolte wünschen, daß [Sie] ... deßen [Silbermanns] Arbeit sehen und etliche Register, so er in hiesige neue Dom-Orgel verfertigt hat, hören solte[n], so würden [Sie] ... es sehr admiren...« (Kreisarchiv Rochlitz, Akte Sign. 6835).

693 Er schrieb: »... Wie gerne nun den Contract nachkommen wollen, so hat es doch un-

noch andere »Hindernisse« gegeben haben, die er nicht erwähnte.[694]

Die Verzögerung hatte für Silbermann sehr unangenehme, finanzielle Auswirkungen, da er bei seinen Forderungen nur mit einer Bauzeit von zwei Jahren gerechnet hat. Er schrieb deshalb an den Rat: »...indeßen aber doch nebst meinen Leuthen nöthigen Unterhalt gebraucht, dahero ich denn wider Willen das bedungene Geld gutentheils vor der Zeit wegnehmen

müßen[695] ... und ich gleichwohl nicht sehe, wie mit dem, was noch zu fordern, auskommen will ...« (B/47 f.) Silbermann bat daher, »... Sie wollen die Hohe Gütigkeit vor mich haben, und mir, nebst meinen Leuten nur noch die wenige Zeit über den Unterhalt verschaffen ...«. Er versicherte, »nicht den allergeringsten Profit darbey [zu] suchen, sondern nur was tüchtiges und sonderliches« verfertigen zu wollen.

Der Rat bewilligte daraufhin am 18. De-

möglich seyn können, indem nicht nur eine und andere Stimmen mehr, als contrahiret worden, verfertiget, sondern dasjenige, was erstlich hat sollen von Holtz und Blech werden ... von lauter Zin gearbeitet, welches aber mir nebst meinen Leuten in die 32 Wochen mehr Zeit gekostet, zu geschweigen, daß die materialien auch nicht allemahl so gleich bey der Hand gewesen und ich also auch manchmahl drauf warten müßen ...« (B/47 f.). Hierzu ist folgendes zu bemerken: Der Kontrakt sah einundvierzig Stimmen vor (vgl. SD. Nr. 2). Hinzu kamen der große Untersatz mit Oktave gemäß Kontraktnachtrag vom März 1712 (A/50). Von sich aus hat Silbermann das Werk noch mit zwei zusätzlichen Stimmen versehen: »im Ober-Wercke eine 16füßige Quintaden von Zien« und »in der Brust eine einfüssige Sufflöt von Zien«. Das geht aus dem Abnahmebericht von Kuhnau und Bestel hervor (A/55b; vgl. SD. Nr. 5).

Die nachstehende Gegenüberstellung von Kontrakt und Attest des Freiberger Rates beweist, daß Gottfried Silbermann bei zehn Registern die Pfeifen nicht aus dem im Kontrakt angegebenen Material, sondern ausschließlich aus Zinn gefertigt hat.

Register	Pfeifenmaterial lt. Kontrakt vom 8.10.1710	lt. Attest vom 2.10.1714
Hauptwerk		
3. Viol de Gamba 8 Fuß	Metall	Zinn
4. Gedacktes 8 Fuß	Holz/Metall	Zinn
6. Quinta 3 Fuß	Metall	Zinn
11. Trombette 8 Fuß	Blech/Zinn	Zinn
13. Cornet 5fach	Metall	Zinn
Oberwerk		
4. Spitzflöthe 4 Fuß	Metall	Zinn
Brustwerk		
6. Quinta 1½ Fuß	Metall	Zinn
Pedal		
3. Praestant oder OctavBaß	halb von Metall	Zinn
6. Posaunenbaß 16 Fuß	Holz	Zinn
7. Trompetten-Baß 8 Fuß	Blech	Zinn

694 In einem Attest des Freiberger Rates vom 2. Oktober 1714 (vgl. Anm. 713) heißt es: »...ob nun wohl ... verabredet worden, daß dieses Werk binnen zweyen Jahren ... übergeben ... werden solle, so ist doch, weil mehr Stimmen als anfänglich kontrahiret, angeleget worden [vgl. Anm. 693], und sonst einige Hindernisse darzwischen gekommen [!], solches nicht eher als im Monat Augusto dieses Jahr zustande gekommen ...« Der Rat hat sich – leider – über die »Hindernisse« nicht näher ausgelassen. Wir dürfen annehmen, daß vor allem die sich in die Länge ziehenden Arbeiten des Zimmerers, Tischlers und Bildhauers gemeint waren.

695 Silbermann hatte bis zu diesem Zeitpunkt, wie seine Quittungen (vgl. Anm. 650) beweisen, bereits 1560 Taler (auf die vereinbarte Summe von 1675 Talern) empfangen. Es zeugt von einem gewissen Wohlwollen des Rates gegenüber dem jungen Orgelbaumeister, daß man nicht auf die Einhaltung der im Bauvertrag festgelegten Zahlungstermine geachtet hat. Eigentlich hätte Silbermann, von den beiden ersten

zember 1713 noch 200 Gulden oder 175 Taler (F/1050f.).[696] Der Betrag wurde wie folgt ausgezahlt: 50 Taler am 11. Mai 1714[697] und der Rest am 9. November 1714 (I/1)[698].

Um Ostern (Anfang April) 1714 muß die Orgel völlig aufgebaut gewesen sein, denn ab 9. April begann Silbermann mit dem Intonieren und Stimmen der Pfeifen.[699] Diese künstlerische Arbeit nahm ihn neunzehn Wochen, bis 19. August, in Anspruch. Da Silbermann im Herbst 1713 schon einmal vier Wochen lang (am Pfeifenwerk des Hauptmanuals) intoniert und gestimmt hatte, wendete er für diese wichtige Arbeit insgesamt dreiundzwanzig Wo-

chen Zeit auf (I/159). Dabei bediente der »calicant« Christoph Leubner[700] die Blasebälge. Er erhielt für seine anstrengende körperliche Arbeit einen guten Wochenlohn von einundhalb Talern.[701]

Wie mögen Gottfried Silbermann und seine Gehilfen aufgeatmet haben, als auch die allerletzte Pfeife intoniert und gestimmt und das Werk damit vollendet war.

Übergabe, Prüfung und Weihe

Nachdem der Rat sich überzeugt hatte, daß das Werk der Vollendung entgegen geht, teilte er am 26. Juli 1714 dem Leipziger Thomaskantor und Universitätsmusikdirektor Johann Kuhnau (1660–1722) und dem Altenburger Hoforganisten Gottfried Ernst

Raten in Höhe von je 100 Talern abgesehen, während der (geplanten) zweijährigen Arbeit (bis Weihnachten 1712) nur 400 Taler zu beanspruchen gehabt. Er hat aber 950 Taler bekommen.

696 Im Ratsprotokoll heißt es: Silbermann habe sich »in einem eingegebenen Schreiben [vom 4. Dezember] ... gar sehr beschweret« und man möchte ihm »gerne geholfen wissen«. Es sei aber auch zu überlegen, »daß er allbereit schon viel Geld weg, und das Werck [noch] nicht in vollkommenen Stand gesetzt hat«. Die bewilligte Nachzahlung sollte deshalb nicht eher ausgezahlt werden, »bis er das Werck vollkommen und tüchtig übergeben oder dieserwegen annehmliche Caution gemachet ...«.

697 Um diese Zeit war die Orgel längst aufgebaut, und Silbermann war schon seit einem Monat mit der letzten Arbeit, dem Intonieren und Stimmen, beschäftigt.

698 Das war über zwölf Wochen nach der Übergabe des Werkes, was nicht dem Beschluß des Rates (vgl. Anm. 696) entsprach. Unter dem gleichen Datum quittierte Silbermann nochmals über die »völlige Summe« von 1950 (?) Talern. Hier liegt ein Schreib- oder Rechenfehler vor, denn die einzelnen Quittungen ergeben nur 1850 Taler, wie es dem Kontrakt einschließlich der noch nachbewilligten 350 Taler entsprach.

699 Die Orgel besitzt 2674 Pfeifen. Die kleinste (für den Ton c^6) hat einen Durchmesser von 5 mm und eine Höhe von 10 mm. Die größten Pfeifen (für Subcontra-C bzw. Contra-C) haben lichte Weiten von 35,2 × 24,2 bzw.

25 cm und Höhen von 4,88 bzw. 4,95 m und Labienbreiten von 24 bzw. 22 cm. Vgl. Dähnert, S. 131.

700 Er wurde 1683 geboren, war Bergmann und wohnte in Freiberg am Untermarkt, also ganz in der Nähe des Domes. Hier ist er am 16. April 1725 gestorben (Dom Freiberg: ToR. Nr. 20/1725). Bei Leubners (1711 geborenen) Sohn Johann Christoph war Gottfried Silbermann Pate (vgl. Anm. 424) und bildete ihn später als Orgelbauer aus.

701 Das waren pro Woche 36 Groschen. Domorganist Elias Linder hatte demgegenüber (ab Mai 1715) nur 30 Groschen und vorher gar nur 19 Groschen feste Wochenbesoldung. Ein bemerkenswerter Vergleich! Wenn Silbermann ausdrücklich bestätigt hat, daß er den »calicanten« bis 19. August (1714) gebraucht hat, dann bedarf das noch einer Erläuterung, weil die Orgel ja bereits am 13./14. August übernommen worden war (vgl. SD. Nr. 5). Kuhnau und Bestel stellten bei der Orgelprüfung fest, daß die Pfeifen »recht intoniret sind« und einen »reinen silbernen Klang haben ... biß auf etliche wenige, die aber Herr Silbermann auff unser Zureden in continenti corrigiret ...« (A/58b). Offenbar hat Gottfried Silbermann die folgenden Tage dazu benutzt, um sein Werk in bezug auf die Intonation nochmals in aller Ruhe zu überprüfen, bis es dann am 20. August im öffentlichen Gottesdienst erklang. Übrigens geht aus Silbermanns Bestätigung vom 23. August hervor, daß Christoph Leubner »auf Befehl« des Rates als Kalkant tätig war (I/159).

Bestel[702] brieflich mit, daß die Orgel am 13. August übernommen werden soll. Kuhnau und Bestel wurden gebeten, sich »etliche Tage zuvor auf der Post« nach Freiberg zu begeben und der »Examination und Übernahme bey zu wohnen und selbige [zu] verrichten...« (A/51). Hoforganist Bestel hat die Einladung brieflich bestätigt (A/63).[703]

Kuhnau und Bestel trafen am 10. August in Freiberg ein (G/219). Am darauffolgenden Montag (13. August) wurde mit der Prüfung des Silbermannschen Werkes begonnen und auch der nächste Tag noch darauf verwendet. Der von Johann Kuhnau und Gottfried Ernst Bestel erstattete Bericht ist im Original vorhanden.[704] Über die Orgelprüfung hat aber auch der Freiberger Notar George Gregor Kraus[705] ein ausführliches und aufschlußreiches Protokoll geschrieben (A/52 ff.). Es ist eine wertvolle Ergänzung zum Bericht der beiden Examinatoren.[706]

Bereits am 13. August hatte der Rat den Beschluß gefaßt, den beiden Orgelprüfern »vor ihre Mühe« je 24 »Species-Thaler« auszuzahlen und ihnen die aufgewendeten Reise- und Zehrungskosten zu erstatten (G/219).[707] Der Rat war sich auch darüber im klaren, »daß man Ehrenthalben sich

---

702 Bestel (lt. Taufregister »Bastel«) wurde 1654 (Tauftag: 17. Februar) in Berga (Elster) als Sohn des Schulmeisters Johann Christoph Bastel geboren (PfA. Berga: TaR. Nr. 2/1654) und starb (Bestattungstag: 10. September) in Altenburg (PfA. Altenburg: ToR. Nr. 223/1732).

703 Er schrieb u.a.: »... es soll mir ein hertzliches Vergnügen seyn, mit dem so werthgeschätzten Hn. Kunau bey Ihnen einmal einzusprechen und wegen des neu erbauten Orgelwercks der Examination mit beyzuwohnen ...«

704 Der Wortlaut der wichtigen Urkunde ist im Anhang (SD. Nr. 5) zu finden.

705 Kraus war Pfarrerssohn und stammte aus der Nähe von Königsberg (Bayern). Am 17. Oktober 1681 hatte er das Freiberger Bürgerrecht erlangt (StA. Freiberg: BB. Sign. I Bc 3, S. 160).

706 Am 13. August wurde festgestellt:
1. daß die Disposition wie auch das Pfeifenwerk und die Blasebälge, wie Silbermann es versprochen hatte, »tüchtig und gut gemachet worden, wie man denn das gesamte Pfeiffenwerck genau durchgesehen, auch iedes Register von der untersten bis zur Obersten Pfeiffe schlagen lassen* und alle Pfeiffen im Klange und der Stimme vor richtig agnosciret«,
2. daß sowohl das Manual- als auch das Pedalklavier ... wie auch die Register gut funktionieren,
3. daß »alle Clavire augenblicklich angeschlagen und gäntzlich leicht zu spielen« waren,
4. daß die Bälge tüchtig und gut sind und ohne einiges Gepolter oder Schwanken gezogen werden können ...

5. daß an der Disposition des ganzen Werkes, wie auch in Sonderheit an den Bälgen, »welche man noch absonderlich wohl betrachtet, nicht das geringste, so anders oder besser zu machen gewesen wäre, zu desideriren gewesen«.
6. Haben »beyde Herren Censores [Kuhnau und Bestel] das Werck beschlagen*, und es wurde festgestellt, daß es »einen ungemein prächtigen Klang« hatte und daran nichts auszusetzen sei.

Am 14. August sind alle Register nochmals »genau durchgegangen und jedes Clavir absonderlich beschlagen* und dann im Accord zusammengenommen worden, es hat sich aber darbey weder am Klange noch der Stimmung einiger Defect gefunden«. Kuhnau und Bestel haben »mit Zusammenziehung eines und des andern Registers eine Mixtury gemachet und allenthalben eine gute annehmliche aequalität gefunden«. Man ließ außerdem »einen Discantisten darein singen«. Endlich wurden noch die Freiberger Stadtpfeifer herangezogen. Sie haben »mit Trompeten und hernach auch mit Haubois [Oboen] in die Orgel mit geblasen«, um zu erfahren, ob sie »auch nach solchen Instrumenten und sonst chormäßig gestimmet worden« ist. Man stellte fest, daß die Orgel mit den Instrumenten »im Thone richtig eingetroffen«.

* Der Ausdruck stammt aus der Zeit, als die Orgeln noch so schwer spielbar waren, so daß ihre wenigen, etwa handbreiten Tasten mit der Faust »geschlagen« werden mußten.

707 Darüber ist bisher noch kein Beleg aufgefunden worden. Am 4. Dezember 1715(!) hat der Rat beschlossen, die für Kuhnau und

nicht werde entbrechen können, noch eine solenne Mahlzeit zu geben« (G/219). Sie sollte bei Bürgermeister Martin Albert stattfinden.[708]

Johann Kuhnau hat sich, auch im Namen von Gottfried Ernst Bestel, am 23. August brieflich von Leipzig aus nochmals »für das ansehnliche Praesent« und für die »uns erzeigte hohe Gnade und Ehre« und »die völlige Erstattung aller unserer Zehrungs- und Reisekosten« bedankt (A/62).

Für Kuhnau muß die Freiberger Orgelprüfung ein besonderes Erlebnis gewesen sein. Er konnte sich davon überzeugen, daß er »damahls«, im Frühjahr 1710, mit Gottfried Silbermann einen wirklich befähigten jungen Künstler empfohlen hatte.[709] Es mag ihn auch befriedigt haben, seinen ehemaligen Schüler Elias Lindner[710] als Organisten an dem prächtigen Werk zu wissen. Vielleicht hat es Kuhnau andererseits geschmerzt, daß seine Bemühungen um ein Silbermannsches Werk für die Leipziger

Universitätkirche erfolglos geblieben waren.[711]

Die Weihe der Orgel erfolgte wohl am 20. August 1714.[712] An diesem Tage wurde das Werk jedenfalls »zum erstenmahl bey öffentlichen Gottesdienste gespielet« (K/56).

Am 2. Oktober 1714 stellte der Rat »auf H. Silbermanns Begehren« ein ausführliches Attest aus.[713] Daraus geht hervor, daß die Orgel am Sonntag, dem 20. August 1714, im Gottesdienst »zum Ersten Mahl angestimmet worden« ist und sich »in Gegenwarth einer großen Menge Zuhörer mit guten Vergnügen hören« ließ.[714]

Der Dresdner Frauenkirchenorganist Christian Heinrich Gräbner (1705–1769) schrieb reichlich zwei Jahrzehnte später:

»Das große Werck im Dom, das Du zu
    erst gesetzet,
Wird ja von Jedermann, wie billig, hoch-
    geschätzet,
Der stärckste Organist giebt diesem
    Werck den Preis,

Bestel aufgewendeten »6 Thaler und etl. Groschen« aus der Kämmereikasse zu bezahlen. Um welche Kosten es sich handelte, ist nicht bekannt (StA. Freiberg: RPr. 1715, Sign. I Ba 12c, S. 328).

708 Näheres ist leider nicht bekannt.

709 Johann Kuhnau hat in seinem Brief vom 8. Dezember 1717 an Johann Mattheson in Hamburg (vgl. Critica musica, 1725, Bd. 2, S. 235) seinen Eindruck von der Freiberger Orgel in wenige Worte zusammengefaßt. Er schrieb: Silbermann habe das Werk »mit grossem Ruhme verfertiget, und eine ganz ungemein saubere und accurate Arbeit geliefert«.

710 Lindner hatte in seiner Bewerbung um die Domorganistenstelle mit berechtigtem Stolz darauf hingewiesen, daß er sich bei Johann Kuhnau in Leipzig in der Musik sowohl theoretisch als auch praktisch habe »informiren lassen« (vgl. Anm. 678).

711 Wir gehen darauf noch ausführlich ein.

712 In den Quellen ist darüber leider nichts Näheres zu finden. Nach Ernst Flade (S. 99, ohne Quellenangabe!) soll Superintendent D. Christian Lehmann die Festpredigt gehalten haben und eine von Elias Lindner komponierte »solenne Kirchenmusik« aufgeführt worden sein.

713 Dasselbe umfaßt achtzehn Seiten und bringt wörtliche Auszüge aus dem Abnahmebericht von Kuhnau und Bestel. Es trug die Unterschrift des Bürgermeisters Martin Albert und war in der Ratssitzung am 3. Oktober verlesen und genehmigt worden (G/232). Der Text des Attestes ist abschriftlich überliefert (StA. Dresden: Akte Sign. XXXIV 28x, Bl. 4 ff.). Die Abschrift wurde für den Rat zu Dresden angefertigt, der sich daraufhin entschloß, den Orgelneubau in der Sophienkirche Gottfried Silbermann zu übertragen. Der Freiberger Rat stellte Silbermann übrigens am 1. Dezember 1719 ein weiteres Attest aus (A/73). Daraus geht hervor, daß Silbermann (über die im Kontrakt festgelegte zweijährige Garantiezeit) noch weitere drei, insgesamt also fünf Jahre, Gewähr geleistet hat. Nach Ablauf dieser Zeit (vermutlich im September oder Oktober 1719) sei er »das ganze Werck nach allen und jeden Stücken aufs fleißigste durchgegangen« und habe es in einen Stand versetzt, »das es ... wenn es jederzeit wohl in acht genommen ... wird, viele Jahre ohne nöthig habende Renovation ... unverändert bleiben« kann.

714 Bl. 12b der in voriger Anm. genannten Dresdner Akte.

Und saget ohne Falsch: Daß ers nicht
    besser weiß.«[715]

Bemerkungen

Am 25.Oktober 1719 beschloß der Freiberger Rat (auf Vorschlag von Domorganist
Lindner), daß beim Trompeten- und Posaunenbaß die Zungen der Pfeifen, »damit
selbige nicht so sehr gellen, sondern mehr
Annehmlichkeit von sich hören lassen«, gefüttert und die Pfeifenkörper des Posaunen-
basses mit neuen Mundstücken versehen
werden sollen. Silbermann hat für diese Arbeiten 30 Taler verlangt,[716] wann er sie
ausführte, geht aus den Quellen nicht hervor.[717]

Am 2.November 1735 stellte der Rat fest,
daß sich infolge von Bauarbeiten im Dom
»vieler Staub in die Pfeifen [der Orgel] geleget« hatte und verschiedene Register

»schadhaft« geworden waren und auch die
Bälge einer Reparatur bedürfen. Man gedachte auch, die schon früher geplante Vergoldung der Orgel[718] nun vorzunehmen,
nachdem »die vormals daran gemachte Auszierung das Werk ganz unscheinbar gemachet...«. Es wurde beschlossen, zunächst
»den Orgelmacher Silbermann zu sondiren,
wie hoch die Reparatur ... sowohl die Ausstaffierung mit gutem Golde ... zu stehen
kommen dürfte«.[719] Es scheint aber zunächst nichts weiter unternommen worden
zu sein.[720] Am 5.Februar 1738 brachte
Superintendent D. Christian Friedrich
Wilisch (1684–1759)[721] beim Rat die
Orgelreparatur »und deren Beschleunigung«
schriftlich in Erinnerung (B/54). Er wies
darauf hin, daß der Organist Johann Christoph Erselius (1703–1772)[722] »beständig

---

715 Das Gedicht erschien am 31.Oktober
1735 zur Weihe der Freiberger Petriorgel
(s. Anh. OWS. Nr.15).

716 StA. Freiberg: RPr. 1719, S.751. Aus
dem von Kuhnau und Bestel erstatteten Prüfungsbericht vom 17.August 1714 (s. Anh. SD.
Nr.5) geht hervor, daß Silbermann den Posaunenbaß (und die übrigen Rohrwerke) absichtlich nicht gefüttert hatte, damit sie »auff solche
Arth desto natureller diejenigen Stimmen, die sie
bedeuten sollen, agiren ...«. Der zum vollen
Werk gezogene Posaunenbaß müsse »von einem
starcken Effect seyn«. Er wäre auch wirklich
»nicht unangenehm, sondern in guter Gravität
zu hören«. Der Freiberger Rat hat in seinem
Attest vom 2.Oktober 1714 (vgl. Anm.713)
denselben Standpunkt vertreten.

717 Vermutlich im Rahmen der im Attest des
Rates vom 1.Dezember 1719 erwähnten »Ga-
rantiedurchsicht« oder kurz darauf.

718 Nach der in Anm.688 angegebenen Quelle
hatte der Rat schon im Herbst 1715 beschlossen,
deswegen eine Kollekte auszuschreiben. Vermutlich ist das aber unterblieben.

719 Das geht alles aus dem Ratsprotokoll vom
2.November 1735 hervor (StA. Freiberg: RPr.,
S.369). Zwei Tage vorher war die neue Orgel
in der Petrikirche geweiht worden, so daß Freiberg nun zwei große Werke von Silbermann
besaß. Es ist verständlich, daß man über dem
neuen Werk das ältere nicht vergessen wollte.

720 Vermutlich hätte Silbermann damals die
Zeit gefunden, um sein erstes großes Werk in-
standzusetzen, denn er ging erst Ende Januar
1736 nach Dresden, um die dortige Frauenkirchenorgel zu bauen.

721 Er war der Nachfolger des 1723 verstorbenen D. Christian Lehmann.

722 Erselius war am 28.Mai 1731 (als Elias
Lindners Nachfolger) berufen worden. Ihm
wurde nahegelegt, »sich in praeludiis der Kürze
[zu] befleißigen«, damit der Gottesdienst nicht
»allzulange aufgehalten« wird. Außerdem müsse
er »mit der bisherigen Besoldung zufrieden seyn«
(StA. Freiberg: RPr. 1731, S.437f.). Am
10.Oktober 1735 beschloß der Rat (auf schriftliches Ersuchen von Erselius), ihm »wegen seines
geringen Einkommens und bedürfftigen Zustandes« eine wöchentliche Zulage von 8 Groschen zu gewähren (StA. Freiberg: RPr. 1735,
S.359). Damit betrug die Besoldung des Freiberger Domorganisten 1 Taler und 14 Groschen pro Woche (vgl. Anm.701), also genau
das Doppelte von dem, was Elias Lindner vor
1715 bekommen hatte. Auf die schlechte wirt-
schaftliche Lage der Organisten wurde in den
1742 zur Fraureuther Orgelweihe erschienenen
»Discursen Zweyer Orgel-Freunde« (s. Anh.
OWS. Nr.62) geschickt, aber unmißverständ-
lich hingewiesen. Es heißt dort (auf S.8): »...
was praetendiren [= verlangen] sie von einem
Organisten? Es ist ja notorisch, daß sich wenige

klaget, daß die Dom-Orgel jemehr und mehr einginge, uns aber ... bey unsern Nachkommen zu großer Verantwortung und schlechten Nachruhm gereichen dürfte, wenn wir solch kostbares Werck ... eingehen ließen«. Der Erbauer sei auch noch am Leben und habe sich erboten, die Orgel »um ein geringes« zu reparieren. Am 10. Februar nahm der Rat von Wilischs Schreiben Kenntnis. Man war sich darüber einig, daß »bey diesem sehr eingegangenen Orgelwerke eine Ausbesserung unvermeidlich« sei. Silbermann hatte dafür 300 Taler gefordert.[723] Am 5. März desselben Jahres beschloß der Rat, den Maler Christian Polycarp Buzäus[724] mit der »Ausstaffierung der Orgel nach dem gefertigten Riß« und den

Orgelbauer Gottfried Silbermann mit der Reparatur des Werkes zu beauftragen. Sie sollten für ihre Arbeit 250 bzw. 300 Taler (exklusive der Zimmererarbeit bei den Bälgen und bei der Aufstellung des Gerüsts) bekommen und darüber noch »schriftliche Contracte aufgerichtet werden« (H/835). Fünf Tage später, am 10. März, wurden die »abgefaßten Contracte« vom Rat bereits genehmigt (H/835) und dabei »erinnert«, daß die Bälge der Orgel »nicht wie bishero gezogen, sondern getreten werden sollen«.[725] Wann Silbermann die Reparatur ausführte, geht aus den Quellen nicht hervor.[726] Buzäus hat die Vergoldung bis Ende August 1738 vorgenommen.[727] Nach Gottfried Silbermanns Tod haben

ihres zulänglichen Unterhalts zu erfreuen haben, und recht dürfftig leben müssen. Wie räumet sich denn das zusammen: Viel Requisita [= Kenntnisse und Fähigkeiten] besitzen, aber wenig Solarium [= Besoldung] bekommen? Das ist wieder eine andere Frage, die mir als ein Freund habiler Organisten sehr nahe gehet, und worüber auch schon Werckmeister, Matheson und viele andere geklaget haben. Inzwischen wolte doch Exempel anführen, daß gnädigste Landes-Herrschafften und Stadt-Obrigkeiten manchen braven Organisten, welcher dergleichen Capacité [= Können] besitzet, ein merckliches, zu seinem bessern Auskommen, zugeleget ...«

723 Das geht aus dem Ratsprotokoll hervor (H/819f.). Es muß sich demnach um eine ziemlich umfängliche Reparatur gehandelt haben. Näheres ist leider nicht feststellbar (vgl. Anm.725).

724 Das war der Sohn des Dresdner Jagdmalers Johann Christian Buzäus († 1734), mit dem Silbermann rund zwei Jahrzehnte zusammengearbeitet hatte. Buzäus jun. (1707–1764) hatte 1735 die Freiberger Petriorgel »staffiert«.

725 Anscheinend hat sich Silbermanns neue »Manier«, daß die Bälge zum Ziehen eingerichtet waren (vgl. den Kontrakt; SD. Nr. 2), nicht bewährt. Die mit Buzäus und Silbermann geschlossenen Kontrakte sind nicht auffindbar, so daß wir nicht wissen, was insbesondere letzterer an der Orgel repariert hat.

726 Die Reparatur kann erst im zweiten Halbjahr 1738 ausgeführt worden sein, denn am

8. März ist Silbermann »mit einer Kutzsche und vier Pferdten Bey sehr Bösen Wege von Freybergk« nach Frauenstein geholt worden und kehrte erst am 5. Juli zurück. Das geht aus der Frauensteiner Orgelbaurechnung hervor.

727 Am 30. August 1738 richtete Buzäus ein Schreiben an den Rat und legte ausführlich dar, daß er mit der Kontraktsumme von 250 Talern nicht ausgekommen sei. Er habe, besonders auf Wunsch des »Hoff- und Landorgelbauers Sielbermann« am Orgelprospekt viel mehr vergolden müssen, als im Kontrakt vorgesehen war. So habe er zum Beispiel »die großen Flügell an denen Engeln, welche sonst nur auf denen Höhen vergoldet werden sollen, ... ganz über und über vergolden müßen ...«. Die Summe von 250 Talern habe »kaum zu denen Materialien an Golde, Sielber und Farben gelanget ...« Buzäus hatte – nach seinen Angaben – außerdem noch »ganzer 7 Wochen mehr Zeit« gebraucht, als er nach dem Kontrakt gerechnet hatte. Er bat zu bedenken, »was die ehemahlige Staffirung nur mit bloßen Metall gekostet« habe. Die Bemalung der Orgel hat – mit großer Wahrscheinlichkeit – Johann Stephan von Schöneveldt für 210 Taler ausgeführt (siehe hierzu Anm. 651). Es ist ein Kostenanschlag von Johann Christian Buzäus vorhanden, wonach er für die Staffierung der Dresdner Sophienorgel »von Medalle mit einen Ferntz überzogen« 89 Taler angesetzt hat (StA. Dresden: Akte Sign. D XXXIV 28x, Bl. 17). Jedenfalls forderte Buzäus jun. für die Freiberger Domorgel eine Nachzahlung von

sich seine ehemaligen Gehilfen Johann Georg Schön († 1764) und Adam Gottfried Oehme († 1789) uneigennützig bemüht, die Freiberger Domorgel in ihrem »völligen Glanze zu erhalten«.[728] Spätere Generationen haben dasselbe getan, so daß anläßlich des 250. Orgelweihejubiläums im Jahre 1964 Kirchenmusikdirektor und Domorganist Artur Eger (1900–1967) feststellen konnte: »Wie der Meister sie schuf, so steht sie heute noch da.« Nach Dähnert befindet sich das Werk, dank ständiger gewissenhafter Pflege, gegenwärtig in einem sehr guten Zustand. Die Silbermannorgel des Domes hat im Musikleben der Bergstadt Freiberg einen festen Platz. Sie wurde auch – wie sollte es anders sein – in die vom VEB Deutsche Schallplatten Berlin herausgegebene Reihe »Bachs Orgelwerke auf Silbermannorgeln« aufgenommen.

PFAFFRODA (KREIS MARIENBERG)

1715 vollendet
1 Manual – 14 Stimmen[729]
Quellen
ACTA betr. die Reparatur des Orgelwerckes bey der Kirche zu St. Jacobi allhier zu Freyberg. Ergangen de ao. 1715

(Stadt- und Bergbaumuseum Freiberg: Bibliotheksnummer 4813)
Die angeblich vorhanden gewesenen »Kirchen-Acten« sind verschollen.[730]
Vorgeschichte
Über die Vorgeschichte ist nichts bekannt.[731]

50 Talern, »damit ich armer Mann nicht in so gar großen Schaden gerathe und in Schulden darüber komme, sondern doch etwas weniges vor meine sehr mühsame Arbeit genieße und nicht schlechter als ein Tagelöhner von diesem Werke komme ...« (B/55 ff.). Aus der Akte geht nicht hervor, was der Rat auf Buzäus' Gesuch beschlossen hat.

728 Am 23. Juni 1774 schrieb Adam Gottfried Oehme an den Rat zu Freiberg u. a. folgendes: »... Weltbekannt ist, daß jedwede Maschine ... ohne menschliche Beyhülfe niemals bestehen ... [kann], ingleichen, daß Orgelwerke unter allen Maschinen, wegen ihrer vielen Theile, Gelenken, Subtilheiten und mechanischer Bewegung derselben, die größten und künstlichsten sind ... Nicht sage ich, daß in andern berühmten Städten nicht auch kostbare Orgelwerke zu finden wären, ... die von großen Meistern erbauet worden, alleine der mehresten Glanz ist dahin ... Die Frage: woher dieses entstanden? ist leichte zu beantworten: denn diese Werke sind hernach andern Meistern, denen das Talent des Baumeisters unbekannt geblieben, oder gar wohl solchen anvertrauet worden, die ... gewinnsüchtig darinnen herumgepfuscht, und solchermaßen den größten Schaden veruhrsachet haben ... Freyberg aber kann sich rühmen, daß ihre fürtrefliche Orgelwerke immer noch die nehmlichen sind, wie sie bey der Erbauung gewesen, obgleich, besonders im Dom

die Orgel schon auf die 60 Jahre her stehet. Sie ist aber auch niemals einem Fremden in die Hände gerathen, das Intent ihres Baumeisters, der mein Lehrherr und bis zu seinen Todt mein Meister war, war mir bekannt, stets lies ich mir es zum Augenmerk seyn, ... auch niemals ist mir in [den] Sinn gekommen, mit diesen Werken gewinnsüchtig umzugehen, sondern ich habe jederzeit alles mögliche beygetragen, es in seinen völligen Glanze zu erhalten ...« (StA. Freiberg: Akte Sign. II I 17, Bl. 1 ff.). Nach diesen Prinzipien hätten sich alle Orgelbauer, besonders im vorigen Jahrhundert, richten müssen, dann wäre manche wertvolle Orgel vor Eingriffen und Verstümmelungen verschont geblieben. Oehmes Brief ist sehr wertvoll. Er beweist, daß es damals schon Menschen gab, die intuitiv das taten, was heute auf gesetzlicher Grundlage Anliegen und Aufgabe unserer staatlichen Denkmalpflege ist: Bewahrung und Pflege des Kulturerbes.

729 Die Disposition ist bei Dähnert (S. 193) zu finden.

730 Die im STA. Dresden vorhandenen Bestände (Familienarchiv von Schönberg bzw. Grundherrschaft Pfaffroda) enthalten nichts über den Pfaffrodaer Orgelbau (lt. schriftlicher Auskunft vom 29. Dezember 1964).

731 Nachdem Wolff Rudolph von Schönberg auf Purschenstein 20 Taler für den Freiberger Orgelbau gespendet hat (vgl. Anm. 653), darf

Bauvertrag

Der Kontrakt ist nicht mehr auffindbar. Er muß spätestens Anfang 1715 geschlossen worden sein.[732] Auftraggeber soll Caspar Heinrich von Schönberg gewesen sein.[733]

Baukosten

Die Kontraktsumme betrug nach Silbermanns Worten 600 Taler.[734] Ihm wurden aber außerdem »zum Wercke das Holtz« geliefert, während »der Auffsez- und Stimmung« der Orgel »samt seinen 3 biß 4 Leuten« freie Kost, Wohnung und Lager gewährt und »auch alles Fuhr- und Handlanger-Lohn« vergütet, was zusammen »weit mehr denn 100 Thlr.« ausmachte.[735] Die Bemalung des Gehäuses durch »Hofjagd-Maler Pute [?] aus Dresden« soll »incl. der reichen Vergoldung« 100 Taler gekostet haben.[736] Weitere Einzelheiten sind nicht bekannt.

Bauablauf

Silbermann veranschlagte die zur Aufsetzung und Stimmung der Orgel erforderliche Zeit auf »ohngefehr 15 Wochen«.[737] Da das Werk zu Weihnachten 1715 geweiht worden sein soll, dürfte er etwa ab Anfang oder Mitte September in Pfaffroda gearbeitet haben. Weiteres ist nicht bekannt.

Übergabe, Prüfung und Weihe

Wer die Orgel übernommen bzw. geprüft hat, ist nicht nachweisbar.[738] Die Weihe soll »laut den Kirchen-Acten« am 25. Dezember 1715 stattgefunden haben.[739] Der erste Organist an Silbermanns Pfaffrodaer Werk scheint Theophilus Richter aus Olbernhau gewesen zu sein.[740]

Bemerkungen

Die Orgel befindet sich (nach Dähnert) in einem sehr guten Zustand.[741]

---

man vermuten, daß sich seine Verwandten auf Pfaffroda entschlossen haben, von dem befähigten Meister in ihre Kirche eine neue Orgel bauen zu lassen.

732 Am 21. Februar 1715 erklärte Silbermann (bei den Verhandlungen wegen der Freiberger Jacobiorgel), daß er jetzt »in Begriff sey, in die Adl[ige] Schönberg[ische] Kirche zu Pfaffroda« eine Orgel »für 600 Thlr. zu fertigen«, wie »solches der dabey producirte Contract bestärcket ...« (6 f.).

733 Vgl. Fritz Oehme, Handbuch über ältere und berühmte Orgelwerke im Königreich Sachsen, Dresden 1889/97, Teil 1, S. 141. Dieses Werk ist allerdings eine wenig zuverlässige Quelle.

734 Vgl. Anm. 732.

735 Das hat Silbermann ebenfalls in Freiberg erklärt (vgl. Anm. 732). Nach Oehme (s. Anm. 733) soll Silbermann insgesamt 800 Taler »baares Geld« bekommen haben, was nur auf einem Irrtum beruhen kann.

736 Vgl. Oehme (Anm. 733) S. 141. Der Maler kann nur Johann Christian Buzäus (oder Butze) gewesen sein. Er lebte von 1671 bis 1734 und hat viele Orgeln Silbermanns »estaffiret« (vgl. Anm. 580).

737 Das geht aus der Freiberger Akte (6 f.) hervor.

738 Es ist zu vermuten, daß der Freiberger Domorganist Elias Lindner das Werk prüfte. Er hat nachweislich das Conradsdorfer Positiv (September 1714) und die Niederschönaer Orgel (November 1716) übernommen. Außerdem prüfte er (allerdings gemeinsam mit Kantor und Musikdirektor Johann Samuel Beyer) die Werke zu St. Jacobi und St. Johannis in Freiberg (Januar 1718 bzw. Juli 1719).

739 Vgl. Oehme (Anm. 733) S. 140.

740 Richter wurde am 5. April 1679 in Olbernhau als Schuhmacherssohn geboren (PfA. Olbernhau: TaR. Nr. 17/1679). Aufgrund der Olbernhauer Kirchenbücher läßt sich seine außergewöhnliche berufliche Entwicklung verfolgen:

1700: »Vocal- undt Instrumental-Musicus« und Schuhmacher in Olbernhau (TrR. Nr. 4/1700; 1. Ehe)

1701/13: Schuhmacher und Adjuvant »beim Choro Musici« (Kantorei) in Olbernhau (TaR. Nr. 57/1701, 23/1703, 26/1705, 12/1707, 77/1708; TrR. Nr. 5/1713 (2. Ehe))

1716: Organist zu Pfaffroda (TaR. Nr. 59/1716). Als Paten bei der Taufe einer Tochter erscheinen: die Frau des Gerichtshalters Lehmann und der Steuereinnehmer Klemm von Pfaffroda.

1718: Landrichter in Olbernhau (TaR. Nr. 62/1718)

1716 vollendet – 1915/16 umgebaut
1 Manual – 12 (1) Stimmen[742]

Quellen

Freiberger Ratsprotokolle 1716 (20.Mai) und 1743 (21.Oktober)
(StA. Freiberg: Sign. I Ba 12c)
Eine Bauakte ist bisher nicht aufgefunden worden.[743]

Vorgeschichte

Über die Vorgeschichte ist keine urkundliche Quelle bekannt.[744] Nach Christian Friedrich Seyfert (1825–1895)[745] soll die alte Orgel mehrfach (1604 und 1671) repariert worden sein. Im August 1676 sei sie, »wie eine alte Kirchennachricht sagt«, nachts durch einen »bösen Buben absichtlich verderbt« und dabei »viele Pfeifen zerbeugt und zerbrochen« worden, so daß sie nicht mehr gespielt werden konnte.[746] Vermutlich hing der Orgelneubau (durch Silbermann) mit der um 1710 erfolgten Kirchenerneuerung zusammen.

Bauvertrag

Der Kontrakt könnte im Jahre 1715 geschlossen worden sein, ist aber nicht auffindbar, so daß auch der Auftraggeber nicht nachweisbar ist.[747]

Baukosten

Die Orgel dürfte – im Vergleich zu ähnlichen Werken Silbermanns – etwa 450 bis 500 Taler gekostet haben. Genaueres ist nicht bekannt.

Bauablauf

Silbermann muß die Orgel unmittelbar nach Vollendung des Pfaffrodaer Werkes geschaffen und etwa ab März 1716 in Oberbobritzsch gearbeitet haben. Näheres ist nicht bekannt.

Übergabe, Prüfung und Weihe

Wann und von wem die Orgel geprüft

1757: Amtslandrichter des Amtes Lauterstein (ToR. Nr.73/1757; Tod der 2.Frau)

Richter ist am 21.Januar 1767 als Landrichter des Amtes Lauterstein und Einwohner von Olbernhau daselbst gestorben (PfA. Olbernhau: ToR. Nr.14/1767). Ungeklärt ist, wann und wo er eine entsprechende juristische Ausbildung erlangt hat.
Am 15.März 1733 erschien Richter als Landrichter der Ämter Lauter- und Frauenstein (!) in Forchheim als Pate (PfA. Forchheim: TaR. Nr.11/1733). Richter war mit größter Wahrscheinlichkeit der Autor einer Druckschrift, die 1726 zur Weihe der Forchheimer Orgel erschien (siehe Anh. OWS. Nr.5).

741 Im Heimatmuseum Frauenstein befindet sich der abgenutzte (und daher wohl originale) Ebenholzbelag von zwei Manualtasten der Pfaffrodaer Orgel. Er wurde von Orgelbaumeister Wilhelm Rühle, Moritzburg bei Dresden, nach der 1968 erfolgten Restaurierung des Werkes dem Museum übergeben.

742 Die Disposition ist bei Dähnert (S.193) zu finden.

743 Eine solche wäre am ehesten im Stadtarchiv Freiberg zu vermuten. Der Freiberger Kantor Johann Gottfried Fischer (1751–1821)

hat in seinem »Verzeichniß der Orgeln, welche Gottfried Silbermann erbauet« das Oberbobritzscher Werk mit erwähnt (vgl. Freyberger gemeinnützige Nachrichten, 1800, Nr.13, 27.März, S.129, lfd. Nr.22).

744 Nach Flade (S.103, ohne Quellenangabe) soll das alte, von Caspar Löwe in Weißenborn erbaute »Werkchen« unbrauchbar gewesen sein.

745 Seyfert wirkte von 1866 bis zu seiner Emeritierung (1894) als Pfarrer in Oberbobritzsch (vgl. Grünberg, II/2, S.871).

746 Vgl. C.F.Seyfert, Chronik von Oberbobritzsch, Sohra und Süßenbach, Freiberg 1882, S.71.

747 Da Oberbobritzsch damals grundherrlich dem Rat zu Freiberg unterstand, müßte der Orgelbau von diesem in Auftrag gegeben oder mindestens genehmigt worden sein. In den Freiberger Ratsprotokollen konnte aber kein entsprechender Hinweis gefunden werden. Andere Quellen sind nicht bekannt. Offenbar haben solche im vorigen Jahrhundert auch nicht (mehr) existiert, weil sich Seyfert (Anm.746) auffallend kurz faßte: »Die jetzige Orgel ist im Jahre 1716 von dem berühmten Orgelbauer Gottfried Silbermann … gefertigt und als ein mehrfach von Sachkennern gerühmtes Meisterwerk … zu nennen.«

wurde, ist nicht nachweisbar.[748] Dagegen steht der Weihetag fest: 21. Mai 1716.[749] Das Werk ist von dem Freiberger Superintendenten D. Christian Lehmann geweiht worden.[750] Näheres ist nicht bekannt.

Bemerkungen

Am 21. Oktober 1743 hat der Richter von Oberbobritzsch beim Freiberger Rat vorgebracht, daß die Orgel »vom Staube wandelbar und teils unbrauchbar geworden, auch eine Reparatur höchst nötig« sei. Die Gemeinde wollte die Orgel auch gern »noch mit einem Posaunenbaß verstärkt wissen«.[751] Silbermann hatte für alles 80 Taler beansprucht. Der Freiberger Rat war damit einverstanden, daß die Gemeinde »wegen Ausbesserung und Verstärkung der Orgel« mit Gottfried Silbermann auf diese Summe abschließt.[752] Wann Silbermann die Arbeiten ausführte, ist nicht bekannt.[753]

Das Werk kann nicht mehr als Silbermannorgel angesprochen werden, nachdem es 1915/16 durch Johannes Jahn aus Dresden umgebaut wurde.[754]

Im Heimatmuseum zu Frauenstein befinden sich zwei originale, gedackte Labialpfeifen aus Holz, die aus dem Oberbobritzscher Werk stammen.[755]

748 Nachdem u.a. das Niederschönaer Werk von Domorganist Elias Lindner aus Freiberg examiniert wurde, kann man annehmen, daß er auch die Orgel zu Oberbobritzsch prüfte.

749 Das Datum ergibt sich zweifelsfrei aus dem Freiberger Ratsprotokoll vom 20. Mai 1716 (369). Dort wurde festgehalten, daß die Gemeinde Oberbobritzsch darum gebeten hatte, die in den Klingelbeuteln gesammelten Gelder zur Unterhaltung der Armen verwenden zu dürfen. Der Rat wollte darüber aber erst mit dem Superintendenten sprechen, was »morgen bey Einweyhung der Orgel [!] am füglichsten geschehen könnte«.

750 Das kann aus dem eben zitierten Ratsprotokoll geschlossen werden.

751 Die Orgel hatte im Pedal nur eine Stimme: Subbaß 16 Fuß (vgl. Dähnert, S. 193).

752 Vgl. RPr. vom 21. Oktober 1743 (S. 908).

753 Vermutlich noch im Jahre 1743 oder Anfang 1744, denn um diese Zeit lagen keine weiteren Aufträge vor. Vielleicht hat Gottfried Silbermann auch seinen Vetter Johann George mit der Arbeit beauftragt. Er führte im Spätherbst 1746 auch selbständig eine Reparatur der Greizer Orgel aus. Außerdem reparierte Johann George (gemeinsam mit David Schubert) ein knappes Jahr später die Dresdner Sophienorgel.

754 Über den Umbau gibt eine Akte »[die] Orgel, ihre Erneuerung betreffend« Aufschluß (PfA. Oberbobritzsch, Sign. I A 7). Hiernach hat Jahn das Werk im Juni 1915 untersucht und festgestellt, daß es »im jetzigen Zustand vollkommen unbrauchbar« und eine Reparatur nicht zu empfehlen sei. Die Orgel wäre zwar »von Haus aus grundsolid und meisterhaft veranlagt gebaut«, es zeigten sich aber doch »die

naturgemäßen Mängel der Abnutzung«. Nach Jahns Bericht waren »die meisten Holzteile stark vom Wurm angegriffen«, die Pfeifen zwar verstaubt, »aber sonst in noch sehr gutem tadellosen Zustand«. Jahn war der Meinung, daß die Disposition der Orgel »für die heutigen Verhältnisse unzureichend« sei. Er schlug vor, die Orgel »unter Benutzung des prächtigen alten Pfeifenwerks und herrlichen Gehäuseprospekts« umzubauen. Der damalige Orgelsachverständige Ernst Schnorr von Carolsfeld hat Jahns Vorschlag (unverständlicherweise) gutgeheißen (Bl. 4 ff.). Am 30. August 1915 wurde mit Jahn ein entsprechender Vertrag geschlossen (Bl. 10 ff.) und am 10. Februar 1916 erfolgte die Übernahme und Prüfung der umgebauten Orgel durch den genannten Sachverständigen. Am 20. Februar wurde die »erneuerte und vergrößerte« Orgel geweiht. Während des 2. Weltkrieges (1942/43) bestand offenbar der (bis heute nicht verwirklichte) Plan, die Orgel wieder in den originalen Zustand zu versetzen. Am 14. August 1943 schrieb der Orgelsachverständige (und Frauenkirchenorganist) Hanns Ander-Donath aus Dresden, daß im Falle Oberbobritzsch »... einer jener bedauerlichen Fälle vorliegt, bei denen in geradezu unverantwortlicher Weise Eingriffe in ein wertvolles altes Instrument vorgenommen wurden, die durch nichts gerechtfertigt werden können ... Zu der Maßnahme kann weder der Zustand des Pfeifenwerks noch der Windladen Anlaß gegeben haben, da Silbermann bekanntlich so solid gebaut hat, daß seine noch erhaltenen Orgelwerke in diesen Teilen Jahrhunderte überdauert haben.« Ander-Donath stellte fest, daß »von einer Silbermannorgel nicht mehr gesprochen werden kann«.

1716 vollendet

1 Manual – 14 Stimmen[756]

Quelle

Akte Orgelsachen betr. – Ergangen 1715 (PfA. Niederschöna: Sign. I A 5)

Vorgeschichte

Über die Vorgeschichte und den Grund des Orgelneubaues ist nichts bekannt. Wir wissen nur, daß das Werk auf Vorschlag »und geleisteten Verlag« des Kirchenkollators Martin Albert[757] gebaut wurde.[758]

Bauvertrag

Der Bauvertrag ist im Original erhalten (1 ff.).[759] Er wurde am 10. Januar 1715 in Freiberg »auf einhälliges Verlangen und belieben der sämbtl. Nieder-Schönischen Kirchfarth« abgeschlossen und von sieben Abgeordneten unterschrieben.[760] Die Urkunde trägt Gottfried Silbermanns Unterschrift mit dem eigenhändigen Zusatz »Orgel Macher« und sein Siegel[761].

Silbermann verpflichtete sich, das Werk »untadelhafft ... zu liefern und auf zu sezen«. Weiter versprach er, »alles und iedes allenthalben tüchtig und von guten Zien, Holz und andern Materialien ... auch das Gehäuße von Tüchtiger Tisch[l]er-, Bildhauer-,[762] Schlößer- und anderer nöthigen Arbeit, biß aufs ausstaffieren und mahlen[763], zu verfertigen oder verfertigen zu laßen«.

Die Kirchfahrt verpflichtete sich, Silbermann »mit freyer Ab- und Zufuhr, wie auch Logiament und Lager Stadt unter wehrender Saz- und Stimmung des Wercks ohne Entgeld« zu versehen.

Die Disposition sah vierzehn klingende Stimmen vor, davon zwei im Pedal.[764]

---

755 Die 93,5 bzw. 82,0 cm großen Pfeifen wurden 1916 von dem damaligen Lehrervikar Alfred Gössel (1897–1979) auf dem Kirchenboden vorgefunden und zunächst sichergestellt. Gössel wirkte ab 1930 als Lehrer und Kantor (ab 1952 als Kirchenmusikdirektor) in Sayda. Im Jahre 1955 ließ er die beiden Orgelpfeifen dem Museum seiner Heimatstadt Frauenstein übergeben, wo sie in einer Vitrine der ständigen Silbermannausstellung einen Platz gefunden haben.

756 Wegen der Disposition s. Anh. SD. Nr. 6.

757 Albert war um diese Zeit Bürgermeister von Freiberg. Bei ihm hatte (im August 1714) die anläßlich der Übergabe der Domorgel veranstaltete »solenne« Mahlzeit stattgefunden. Martin Albert hat für das prächtige Werk persönlich 30 Taler gespendet (vgl. Anm. 653). Er unterschrieb das von Silbermann begehrte Attest vom 2. Oktober 1714 (vgl. Anm. 713).

758 Das geht aus Silbermanns Quittung (4, vgl. SD. Nr. 8) und der Titelseite des Weihegedichtes (26, vgl. OWS. Nr. 1) hervor.

759 Siehe Anh. SD. Nr. 6.

760 Das waren: Hans Schmidt, »Richter«; George Müller, »Schöppe«; Caspar Ufer, »Gemeinmann«; Hans George Hirschbächer, Jacob Börner, Christian Simon und George Zeller. Der Oederaner Kontrakt trägt acht Unterschriften und der Helbigsdorfer sogar zehn.

761 Es handelt sich um das nur von 1710 bis 1715 nachweisbare Siegel. Von ihm sind noch drei weitere Abdrücke bekannt:

1. Quittung über 100 Taler vom 7. Oktober 1710 (SupA. Freiberg: Akte Sign. II I¹ 15, Bl. 7),

2. Kontrakt über die Freiberger Domorgel vom 8. Oktober 1710 (StA. Freiberg: Akte Sign. Aa II I 60a, Bl. 26b) und

3. Kostenanschlag für die Freiberger Jacobiorgel vom 19. Februar 1715 (Stadt- und Bergbaumuseum Freiberg: Akte Bibliotheksnummer 4813, Bl. 7b).

Das Siegel zeigt einen großen Zirkel, dessen gespreizte Schenkel auf einem gerollten Bogen Papier stehen. Als Unterlage dient ein »Klotz«, auf dessen Vorderseite Silbermanns Monogramm »GS« zu sehen ist. Die Siegelumschrift lautet: QUIA SECRETIS AB OMNIBUS. Ihr Sinn konnte noch nicht endgültig gedeutet werden.

762 Vermutlich sind die Bildhauerarbeiten von Johann Adam Georgi (1681–1719) aus Freiberg ausgeführt worden. Er hatte 1712 sämtlichen Zierat für die dortige Domorgel angefertigt (vgl. Anm. 684).

763 Die Malerarbeiten dürfte Johann Christian Buzäus (1671–1734) ausgeführt haben (vgl. Anm. 580).

764 Vgl. Anh. SD. Nr. 6.

Baukosten

Im Kontrakt wurden 525 Taler vereinbart. Die Summe sollte in drei »Terminen nach und nach« an Silbermann gezahlt werden und zwar »200 Thlr. bey Schließung des Contracts, 125 Thlr. unter währender Arbeit und 200 Thlr. nach Uebergabe des Wercks«. Wann die Zahlungen wirklich erfolgten, ist nicht feststellbar. Noch vorhanden ist Silbermanns Originalquittung vom 28. November 1716 (3).[765] Damit bestätigte er, daß ihm vom Kirchenkollator »Fünff Hundert und Fünff und Zwanzig Thlr. richtig ausgezahlet« worden sind.[766] Gottfried Silbermann fügte seiner Unterschrift wiederum eigenhändig »Orgel Macher« hinzu und versah die Quittung mit seinem neuen Siegel[767]. Wann die Gemeinde ihrem Kirchenkollator den immerhin ansehnlichen Betrag erstattet hat, ist nicht bekannt. Wir wissen auch nicht, ob bzw. welche Nebenkosten mit dem Orgelbau verbunden waren.

Bauablauf

Einzelheiten über den Bauablauf sind nicht überliefert. Silbermann wollte – laut Kontrakt – die Orgel »binnen $1\frac{1}{4}$ Jahr« liefern.

Das Werk hätte demnach bis April 1716 vollendet sein müssen. Der Termin ist nicht eingehalten, sondern um rund sieben Monate überschritten worden. Die Gründe sind nicht bekannt.[768]

Es ist anzunehmen, daß Silbermann im Juli 1716 mit dem Aufbau des Werkes begonnen hat,[769] nachdem das vorhergehende (in Oberbobritzsch) am 21. Mai geweiht worden war.[770]

Übergabe, Prüfung und Weihe

Superintendent D. Christian Lehmann und Kirchenkollator Martin Albert beauftragten den Freiberger Domorganisten Elias Lindner (1677–1731) mit der Prüfung der Orgel.[771] Der von Lindner unter dem Datum »Freyberg, den 24. Novembris Ao. 1716« über die Examination erstattete Bericht[772] ist im Original vorhanden (4 ff.). Das Datum der Orgelprüfung geht daraus leider nicht hervor.[773] Der Examination wohnten bei: der Kirchenkollator Martin Albert aus Freiberg, der Niederschönaer Pfarrer Johann Gottfried Dedekind, der (namentlich nicht genannte) Niederschönaer Schulmeister[774] und andere.

Elias Lindner ist die Orgel »aufs fleißigste

---

765 Das Dokument zeigt zweifelsfrei die Handschrift von Domorganist Elias Lindner in Freiberg.

766 Vgl. Anh. SD. Nr. 8.

767 Es taucht hier zum erstenmal auf und zeigt einen »Mann«, der einen Zirkel und eine Orgelpfeife in den Händen hält, und das Monogramm »GS«. Im unteren Teil des Siegelfeldes ist ein Positiv dargestellt. Gottfried Silbermann hat dieses Siegel bis an sein Lebensende benutzt. Es wurde im Verzeichnis seines Nachlasses erwähnt: »Des Defuncti in Stahl gestochenes Petschafft mit G. S.« (Anm. 151, Bl. 55b).

768 Vermutlich ist Silbermann mit dem Werk zu Pfaffroda länger aufgehalten worden, zumal er im Frühjahr (April/Mai) 1715 »an die 5 Wochen sich unpaß befunden« (vgl. Anm. 761, 3., Bl. 14). Außerdem hat Silbermann in den ersten Monaten des Jahres 1716 an dem Oberbobritzscher Werk arbeiten müssen. Wir wissen nicht, welche Übergabetermine bei diesen beiden Orgeln vorgesehen waren, da die Kontrakte nicht auffindbar sind.

769 Bis zur Übergabe (November) standen ihm rund vier Monate Zeit zur Verfügung. Bei der vergleichbaren Pfaffrodaer Orgel hatte Silbermann für die Arbeit an Ort und Stelle »ohngefehr 15 Wochen« vorgesehen. Durch solche Vergleiche ist es möglich, einen Zeitpunkt, der quellenmäßig nicht nachweisbar ist, ungefähr festzulegen.

770 Vgl. Anm. 749.

771 Das hat Lindner in seinem Bericht (4) selbst erwähnt. Reichlich zwei Jahre vorher, im September 1714, hatte er in Conradsdorf das sechsstimmige Positiv von Silbermann übernommen.

772 Der Bericht zeigt die Handschrift von Silbermanns Freiberger Freund Johann Gottfried Krauße (1692–1758), der damals beim Rat als »Stuhlschreiber« tätig war (vgl. Dom Freiberg: TrR. Nr. 6/1716).

773 Vermutlich erfolgte die Prüfung zugleich mit der Weihe (am 21. November) oder tags zuvor.

774 Das Schulmeisteramt war damals meistens

und accurateste durchgegangen«. Er erwähnte in seinem Bericht u.a. folgendes: »...alles und jedes, sowohl an Stimmen als andern Dingen [ist] dem Contract gemäß aufs fleißigste verfertiget worden ... sowohl die Manual- als Pedal-Windladen [sind] aufs sauberste und fleißigste aus guten eichenen Holz gearbeitet, wohl mit Leim ausgegoßen[775] und so geleget gewesen, daß man zu denen Ventilen und Federn gar comode [= bequem] kommen könne ... das Pedal-Clavir gar leichte und ohne Raßeln tractiren [= bedienen] lassen ... das Pfeifwerck insgesamt [ist] nicht nur nach guter Proportion mensuriret, sondern auch stark genug gearbeitet, fleißig gelöthet, jede Stimme nach ihrer geforderten Art aequal [= gleich] und scharf intoniret ... und alles nach einer guten Temperatur fein rund und ohne ein- und ausbiegen abgestimmet gewesen ... das Gehäuße [ist] von guten Holz und tüchtiger Bildhauer- und Tischler-Arbeit also ver-

fertiget worden, daß es sich im Gesichte gar wohl praesentiret...«[776]
Lindner erwähnte noch, daß Silbermann »ein Jahr Gewährzeit gesetzet«[777] und versprochen habe, danach das Werk »nochmahls aufs accurateste in der Stimmung und andern Dingen zu durchgehen«[778].
Die Orgelweihe erfolgte am 22. November (24. Sonntag nach Trinitatis) des Jahres 1716.[779] Pfarrer M. Johann Gottfried Dedekind[780] ließ aus diesem Anlaß ein Gedicht drucken, wovon leider nur noch eine Abschrift existiert (26 f.).[781] Das war das erste Mal — soweit heute noch nachweisbar —, daß Gottfried Silbermann zur Weihe einer Orgel ein Carmen gewidmet wurde.[782]
Näheres über die Orgelweihe ist nicht bekannt.[783]

Bemerkungen
Im Jahre 1817 ist das Werk durch den Freiberger Orgelbauer Johann Christian

mit dem des Organisten verbunden. So dürfte auch dem Niederschönaer Lehrer Silbermanns neue Orgel anvertraut worden sein, wie es z.B. (nachweislich) in Frauenstein und Nassau geschah.
775 Daß Silbermann die Windladen mit Leim ausgoß, ist nur hier ausdrücklich erwähnt worden. Wir dürfen annehmen, daß er es auch bei den anderen Orgeln getan hat. Vermutlich hatte er dabei die Absicht, das Holz gegen Wurmbefall zu schützen.
776 Nachdem Lindner das »äuserliche Ansehen« der Freiberger Domorgel entworfen hatte (vgl. Anm. 678), für die Jacobiorgel einen Prospektentwurf zeichnete und seine Mitarbeit auch in Helbigsdorf nachweisbar ist, muß man annehmen, daß er auch Anteil an der Gestaltung der Orgel zu Niederschöna gehabt hat.
777 Sonst wurde die Garantiezeit im Bauvertrag festgelegt. In Niederschöna hat man das offenbar »vergessen«, so daß Lindner darauf besonders hinweisen mußte.
778 Eine solche Verpflichtung hat Silbermann sehr selten übernommen. Der Reichenbacher Kontrakt vom 18. Dezember 1723 enthält folgende Klausel: »...Endlich verspricht Herr Silbermann ... 5. nicht nur nach Verfließung des Gewehr-Jahres das Werck nochmahlen

persönl. durch zu gehen und aufs reineste ein zu stimmen, sondern 6. bey Bezahlung des lezten Termins [Michaelis 1726] solches nochmahlen [zu] wiederholen ...« (PfA. Reichenbach: Akte Sign. B 7 a, Bl. 6).
779 Das Datum geht lediglich aus der Titelseite des Orgelcarmens hervor (26; vgl. OWS. Nr. 1).
780 Er wirkte seit 1690 bis zu seinem Tode (1729) in Niederschöna (vgl. Grünberg, II/1, S. 116).
781 Die Abschrift wurde von Isidor Oscar Schulze (1815–1888) angefertigt. Er war von 1864 bis 1882 Pfarrer in Niederschöna. Schulze fand den Originaldruck des Gedichtes 1883 im »Verein emeritirter Geistlicher zu Dresden« und fertigte sogleich für das Pfarrarchiv Niederschöna eine »wortgetreue und genaue Abschrift« davon an.
782 Gegenwärtig sind noch weitere siebzig Orgelcarmina bekannt, die Gottfried Silbermann gewidmet wurden. Wir werden sie noch eingehend betrachten.
783 Es ist anzunehmen, daß Superintendent Christian Lehmann aus Freiberg die Weihepredigt hielt und Domorganist Elias Lindner die Orgel im Weihegottesdienst zum erstenmal öffentlich gespielt hat.

Knöbel (1752–1822)[784] instandgesetzt worden.[785] Es befindet sich heute (nach Dähnert) dank ständiger Pflege in einem guten Zustand.

FREIBERG (ST. JACOBI)

1717 vollendet
2 Manuale – 18 (2) Stimmen[786]
Quelle
ACTA betr. die Reparatur des Orgelwerckes bey der Kirche zu St. Jacobi allhier zu Freyberg. Ergangen de ao. 1715 (Stadt- und Bergbaumuseum Freiberg: Bibliotheksnummer 4813)
Vorgeschichte
Am 30. August 1714[787] berichtete der Freiberger Kreisamtmann Michael Weidlich[788] an Kurfürst Friedrich August I. von Sachsen, daß »das Orgelwerck in der Lehenkirche zu St. Jacobi[789] höchst baufällig« sei[790] und deshalb »nechstens eine hauptreparatur« vorgenommen werden müsse. Weidlich wies darauf hin, daß jetzt »ein berühmter Orgelmacher allhier vorhanden, der in allhiesiger Dom-Kirch ein … Werck verfertiget« und von jedermann »gelobet und beliebet wird«. Der Amtmann meinte, daß dieser Orgelmacher – nämlich Gottfried Silbermann – die alte Jacobiorgel wieder »in vollkommen guten Stand« setzen könne (1).[791]
Michael Weidlich bat Gottfried Silbermann, das Werk »zu durchgehen und zu sehen, ob es durch Reparatur in solchen Stand zu setzen [wäre], daß man sich was tüchtiges davon verspreche« könne (2). Der junge Meister hat die Orgel daraufhin untersucht und erstattete Ende Dezember 1714 darüber schriftlich Bericht und lehnte eine Reparatur ab (2 ff.).[792] Er legte viel-

784 Knöbel hat bei dem ehemaligen Gehilfen Silbermanns, Adam Gottfried Oehme, »viele Jahre« als Geselle gearbeitet und sich nach dessen Tod (1789) in Freiberg selbständig gemacht (vgl. Anm. 476).
785 Der von Knöbel eigenhändig unterschriebene Kostenanschlag vom 31. Mai 1817 ist noch vorhanden (7 ff.) und lautete über 60 Taler. Hiernach war es notwendig, das Pfeifenwerk der Orgel abzutragen und vom Staube zu reinigen, die Prinzipalpfeifen neu zu polieren, scharf zu intonieren und rein zu stimmen. Weiter mußten Blasebälge, Windladen und Regierwerk »visitiert« und die etwa festgestellten Mängel beseitigt werden.
786 Die Disposition siehe bei Dähnert (S. 194).
787 Das war zehn Tage nach der Weihe der von Gottfried Silbermann erbauten Orgel im Dom.
788 Michael Weidlich wurde 1659 »zu Neusaltz« geboren, stand vierzig Jahre in landesherrlichen Diensten und starb am 23. Juni 1731 auf dem »Herren-Hofe« zu Wernsdorf. Er wurde in der Kirche zu Forchheim bestattet (PfA. Forchheim: ToR. Nr. 11/1731). Die Grabplatte mit Inschrift ist heute noch erhalten. Die Leichenpredigt hielt der Freiberger Superintendent Wilisch. Sie wurde gedruckt und befindet sich in der Sächs. Landesbibliothek zu Dresden (Sign. H. Sax D 333).
789 St. Jacobi wurde nach der Reformation kurfürstliche Lehenskirche und unterstand nicht dem Stadtrat, sondern dem Oberkonsistorium zu Dresden. Kircheninspektoren waren der jeweilige Superintendent und der Kreisamtmann. Vgl. Ernst Müller, Musikgeschichte von Freiberg, Freiberg 1939, S. 91.
790 Nach seinen Worten waren die »Pfeiffen verrostet, von Sallpeter durchfressen und die Bälge ganz auffgegangen«, so daß »dieselben einen ganz unförmlichen Laut von sich« gaben.
791 Amtmann Weidlich hatte Silbermanns Kunst beim Bau der Domorgel kennengelernt und deshalb Vertrauen zu ihm gefaßt. Er konnte allerdings nicht wissen, daß auch der beste Meister nicht imstande ist, eine alte, verdorbene Orgel wieder in Ordnung zu bringen.
792 Silbermann schrieb u. a.: »… ich habe befunden, daß mit einer Reparatur nichts also zu thun sey, daß es Bestand haben könne … Weil sich nun alles so befindet, wie ich hier gesetzt, welches ich mit meinem Gewissen bezeugen und mich unmögl. zu einer Reparatur verstehen kann, weil ich wenig Ehre davon haben würde, auch die Kosten vergebl. darauff würden gewendet werden …«

mehr für eine neue Orgel zwei verschiedene Entwürfe vor (2 ff.).[793] Silbermann versicherte, daß er an Materialien »alles und jedes dazu schaffen« und auch das Gehäuse, »nach Architectonischer Art gearbeitet« und mit »schöner Bildhauerarbeit ausgezieret«, liefern wolle. Ein »dergleichen Werck [wäre] nicht nur beständig«, sondern würde »auch die Kirche mit dem Klange gar wohl füllen«.

Silbermanns Bericht hat bei Kreisamtmann Weidlich allerdings den Eindruck erweckt, daß der Orgelbauer nur einen »sonderbaren Gewinn dabey« suche, weil er sich zu einer Reparatur der alten Orgel »in keinerley Weise verstehen wollen«. Silbermann dagegen hatte mündlich mehrmals betont, daß er durch die verlangte Reparatur »keine Ehre einlegen« und dem Kirchenvermögen auch kein Nutzen entstehen würde, weil das Pfeifenwerk der Orgel »von schlechter und meistentheils bleyener Materia sey, so allbereit von Sallpeter angegriffen und verderbet ...«.

Der Amtmann entschloß sich daher, das »Silbermannische Vorgeben« zu überprüfen und zwar gemeinsam mit Superintendent D. Christian Lehmann (1642–1723), Jacobipfarrer Georg Albin Platner (1676 bis 1726) und Domorganist Elias Lindner.[794]

Das geschah am 4. Februar 1715 mit dem Ergebnis, daß man Silbermann beipflichten mußte (5 f.).[795]

Michael Weidlich hat hierauf mit dem Orgelbauer wegen des Preises für ein neues Werk verhandelt. Dabei hat Silbermann »beständig« darauf »beharret«, die projektierten Orgeln »durchaus nicht anders« als für 950 bzw. 700 Taler fertigen zu können (6).[796] Weidlich forderte den hartnäckigen Orgelbauer auf, »über jedes eine richtige Specification auffzusetzen«. Das ist auch geschehen, und am 21. Februar legte Silbermann sie dem Kreisamtmann vor (6 b). Sie lauteten über 972 bzw. 851 Taler und waren für eine Orgel mit zwei Manualen (oder Rückpositiv) bzw. für ein einmanualiges Werk berechnet (7/7 b).[797] Elias Lindner zeichnete einen Prospektentwurf.[798] Amtmann Weidlich ließ von Zimmermeister Martin Drechsler noch einen Kostenanschlag machen, wonach Fußboden und Brüstung des Orgelchores 78 Taler kosten sollten (9).

Weidlich reichte alles nach Dresden ein. Am 8. April 1715 erhielt er den Befehl: »... du wollest dich wegen derer entworffenen Geldkosten ... welche uns sehr hoch angesetzt vorkommen, mit dem Orgelmacher eines billigern vergleichen ... [und]

---

793 Der eine sah ein achtzehnstimmiges Werk mit Rückpositiv für 1000 Taler und der andere eine vierzehnstimmige Orgel für 800 Taler vor.

794 Lindner hatte, was die Gestaltung der Domorgel betraf, mit Silbermann zusammengearbeitet (vgl. Anm. 678) und kannte ihn. Es mag ihm deshalb nicht angenehm gewesen sein, sich jetzt sozusagen »gegen ihn« einspannen lassen zu müssen.

795 Man stellte fest, daß die Orgel unmöglich rein gestimmt, »viel weniger die defecta corrigiret werden können«. Wenn sie aber ein neues Pfeifenwerk bekäme, »müste es eben, als das alte, so hornicht werden«, außerdem wäre »hernach die Windlade nebst den Bälgen nichts nüze ... und würden also die Kosten vergeblich angewendet werden ...«. Man mußte sich also davon überzeugen, daß man dem Urteil eines

Gottfried Silbermann bedenkenlos vertrauen kann, ohne es erst nachprüfen zu müssen.

796 Zuerst hatte er 1000 bzw. 800 Taler veranschlagt (vgl. Anm. 793). Wegen des zweiten Entwurfs erklärte Silbermann, daß er jetzt eine gleiche Orgel für die Kirche zu Pfaffroda baue, »zwar á 600 Thlr«, wie der Kontrakt beweise. Es würden ihm aber das Holz geliefert, bei der Aufsetzung und Stimmung auf etwa fünfzehn Wochen samt seinen »3 biß 4 Leuten Kost, Wohnung und Lager« gewährt und auch alles Fuhr- und Handlangerlohn vergütet, »was weit mehr denn 100 Thlr. ausmache« (6 b).

797 Der Wortlaut der Kostenanschläge ist im Anhang (SD. Nr. 7) zu finden.

798 Er ist »E. L.« signiert und befindet sich mit in der Akte (20). Fotografische Reproduktion bei der Deutschen Fotothek Dresden (Archivnummer 108 899).

146

die alte Orgel auffs theuerste zu verkauffen bedacht seyn...« (11)[799]

Am 22. Mai 1715 fand daraufhin in der Superintendentur eine Beratung statt,[800] zu der Amtmann Weidlich wiederum den Superintendenten, die Jacobigeistlichen[801] und den Domorganisten und natürlich auch Gottfried Silbermann eingeladen hatte (14 f.). Der Orgelbauer wurde von dem aus Dresden eingegangenen Befehl in Kenntnis gesetzt. Er wollte aber »mit weitläuffiger Hererzählung der erforderten Materialien an Zien, Holze, Brettern und Arbeits-Kosten von denen 700 Thlr. nicht abstehen«. Als ihm daraufhin »von allerseits beweglichst zugeredet« wurde, die Sache »wohl zu erwegen und bey dieser Churf. Lehenskirche keinen sonderbaren Profit zu suchen«, blieb er trotzdem dabei, daß es ihm unmöglich sei, von der geforderten Summe »etwas fallen zu laßen«. Er wolle dann lieber, wenn er 800 Taler bekäme, die mit Rückpositiv projektierte Orgel bauen.

Kreisamtmann Michael Weidlich berichtete am 25. Mai 1715 nach Dresden (16). Er erwähnte besonders, daß man sich »allerseits höchlich bemühet« habe, Silbermann zu einer Herabsetzung seiner Forderung zu veranlassen, doch sei er »schlechter Dings nicht zu gewinnen gewesen«. Nach acht Monaten, am 30. Januar 1716, kam aus Dresden der Bescheid, daß man »allergnädigst zufrieden« sei. Dem Amtmann wurde befohlen, die Orgel »in guten und tüchtigen Stande verfertigen« zu laßen, das alte Werk »aber auffs theuerste zu verkauffen« (17).

Am 28. April fand dann endlich die entscheidende Beratung statt,[802] an der Amtmann Weidlich, Superintendent Lehmann, Pfarrer Platner und Gottfried Silbermann teilnahmen (21 ff.). Obwohl man in Dresden »zufrieden« war, haben die Freiberger Herren nochmals »alle möglichste Mühe und Fleiß gehabt«, um Silbermann »zu disponiren, von denen geforderten 800 Thlr. abzustehen und es bey 700 Thlr. bewenden zu laßen«. Man erreichte aber nichts. Silbermann erklärte vielmehr, daß er »andernorts vor dergleichen Wercke ein mehrers bekommen« habe,[803] und es »kähmen ihm die Materialien allesamt sehr theuer an, und würde den wenigsten Gewinn daran haben«, weil er »alles tüchtig und gut« verfertigen wolle. Um zu beweisen, daß er »keinen Profit suchete«, habe er die Absicht, »damit er bestehen möge und Ehre davon habe, noch mehreres Pfeiffenwerck ... in das Werck zu bringen[804] und die Pfeifen insgesamt ... von besten geschlagenen Zien zu verfertigen ...«.[805] Man nutzte

---

799 Der Erlös für die alte Orgel sollte nämlich mit zur Deckung der Baukosten für das neue Werk verwendet werden.

800 Sie konnte nicht eher stattfinden, da Silbermann sich »an die 5 Wochen unpaß befunden, nunmehr aber reconvalesciret...«.

801 Das waren Pfarrer Platner und Diaconus Adam Böhme (1659–1726). Letzterer hatte sich aber entschuldigt, da »er andere Verrichtungen habe«.

802 Sie mußte so lange hinausgeschoben werden, weil Silbermann »sich bißhero seiner Profession und verrichten halber meistentheils abwesend befunden und nicht zu erlangen gewesen...«. Der Meister arbeitete etwa ab März 1716 in Oberbobritzsch. Da die dortige Orgel erst am 21. Mai geweiht wurde, hat er seine Arbeit unterbrechen müssen, um an der Beratung in Freiberg teilnehmen zu können.

803 Wir wissen nicht, was Silbermann mit »andernorts« meinte, da er ein »dergleichen Werck« nach unseren Kenntnissen um diese Zeit noch gar nicht gebaut hatte. Sollte er gar eine Orgel gemeint haben, die er »irgendwo« in der Fremde gebaut hat, bevor er im Frühjahr 1710 in seine Heimat zurückkehrte? Man vergleiche hierzu Silbermanns Ausführungen in seiner Bittschrift vom 10. Juni 1723 (SD. Nr. 15).

804 Aus dem Abnahmebericht vom 3. Februar 1718 geht hervor, daß Silbermann das Werk mit zwei zusätzlichen Registern versehen hatte: im Hauptwerk eine 8füßige Rohrflöte von Metall und im Oberwerk eine Tertia »aus 2 Fuß« von Metall (35).

805 Ausgenommen waren lediglich Sub- und Posaunenbaß und die unterste Oktave »in grob gedackten Achtfuß, so von Holze werden müßen«.

Silbermanns Entgegenkommen gleich aus und schlug ihm vor, das alte Orgelwerk »auff ein gewißes an sich zu handeln und anzunehmen«. Er erwiderte aber sehr selbstbewußt, daß er »bey seiner Kunst dergleichen geringes Zeug gar nicht brauche, noch anzuwenden wiße,[806] So solle man Ihn mit dem Ansinnen verschonen«.[807]

Und noch eine Forderung stellten Silbermanns Verhandlungspartner: sie »begehrten Caution«, daß er die Orgel auch »gehörig verfertigen und ausführen« werde. Er wies dieses Ansinnen ebenfalls scharf zurück: »Caution bestelle er nicht, ... [das] were Ihm etwas befrembtliches, und Ihme sein Tage noch nicht angesonnen worden...«[808]

Silbermann versprach, die Orgel »binnen fünffviertel Jahren« zu liefern. Er könne »jedoch so genau nicht wißen, ob einige Wochen noch darüber kommen möchten«.[809]

Er sicherte zu, ein »ganzes Jahr die Gewehr zu leisten« und erbat »baldige resolution, weil Er sonsten hin und wieder viele Arbeit und Orgelwercke vor sich habe und deshalber verreißen müße«.[810] Gottfried Silbermann machte noch darauf aufmerksam, daß er »bey iezigen langen Tagen mit guten Nuzen das Ziehn Güßen[811] und die hölzerne Arbeit standhafftiger als im Winter bereiten könne«.

Damit war man (nach zwanzig Monaten) endlich zu einer Übereinkunft gelangt. »Creyßambtmann« Michael Weidlich schrieb über die Verhandlung einen ausführlichen Aktenvermerk (21 ff.), so daß die Nachwelt von allem Kenntnis erhalten hat. Noch am selben Tage (28. April 1716) wurde der Orgelbauvertrag entworfen (23 ff.) und ein Bericht nach Dresden abgefertigt (25).[812]

Die Vorgeschichte der Freiberger Jacobi-

---

806 Das Material muß wirklich sehr schlecht gewesen sein, denn andererseits hat Silbermann, wie wir aus seinem Kostenanschlag vom 24. Juni 1710 schließen müssen, für die neue Domorgel das Metall aus den alten Werken mit verwendet. Bei der alten Jacobiorgel bestand – nach Silbermanns Worten – das Pfeifenwerk »einzig und alleine in Wißmuth und Bley«, außerdem wären die Pfeifen »ganz verschnitten und aus 3en und mehr Stücken zusammen gefliecket...«.

807 Silbermann war lediglich bereit, sich mit darum zu bemühen, die alte Orgel in eine Dorfkirche zu verhandeln.

808 Silbermann erklärte, er habe ja das wichtige Werk in der Domkirche »und sonst auffen Lande bißhero verschiedene andere verfertigt«, und er hoffe, »dieses auch zu Stande zu bringen, solle Er aber nach Gottes Willen versterben ... So habe Er einen tüchtigen Gesellen, der gegen Zahlung des Geldes, die Arbeit schon vollends zu Ende bringen werde...«. Dieser Geselle war offenbar Zacharias Hildebrandt, der seit November 1713 bei Silbermann arbeitete.

809 Diese Äußerung ist sehr bemerkenswert. Auch ein Meister wie Gottfried Silbermann konnte den Termin, wann eine Orgel fertig sein wird, im voraus nicht exakt bestimmen. Das hing von vielen Faktoren ab, auf die er oft gar keinen Einfluß hatte. Man vergleiche hierzu unseren

Bericht über den Bauablauf bei der Freiberger Domorgel.

810 Welche Orgeln er »vor sich« hatte, ist nicht ganz klar, da zu diesem Zeitpunkt (Ende April 1716) lediglich für das Niederschönaer Werk schon ein Kontrakt geschlossen worden war. Für die nächsten Orgeln (Großkmehlen, St. Johannis Freiberg, St. Sophien Dresden und St. Georg Rötha) sind die Bauverträge erst im Januar 1717 bzw. im Laufe des Jahres 1718 abgeschlossen worden. Wir müssen aber annehmen, daß man manchmal lange vor Kontraktabschluß mit Silbermann schon Verbindung aufnahm, ohne daß dies aus den betreffenden Akten direkt hervorgeht. Silbermann mag also im April 1716 schon gewußt haben, daß einiges auf ihn zukommt. Vielleicht sollten wir beachten, daß er von »Arbeit« und »Orgelwercke« gesprochen hat. Mit der »Arbeit« könnte er seine Instrumentenmachertätigkeit gemeint haben. Vielleicht hat er damals schon an seinem »Cymbal d'Amour« gearbeitet? Daß Silbermann viel verreisen mußte ist völlig klar. Vor Abschluß eines Orgelbauvertrages informierte er sich an Ort und Stelle über die räumlichen Verhältnisse der betreffenden Kirche wie z.B. im Falle Rochlitz belegt.

811 Damit ist das Gießen der Zinntafeln oder »Blätter« gemeint, woraus dann die Körper der Orgelpfeifen geformt wurden.

orgel zeigt mit aller Deutlichkeit, daß der dreiunddreißigjährige Bauern- und Zimmermannssohn Gottfried Silbermann schon eine recht eigenwillige Persönlichkeit war und es verstanden hat, sich zu behaupten und durchzusetzen.

Bauvertrag

Der Kontrakt wurde am 28. April 1716 geschlossen, nachdem die Bedingungen am selben Tage ausgehandelt worden waren (21 f.). Amtmann Weidlich sandte den Kontrakt nach Dresden. Von dort kam er am 12. August, nach über einem Vierteljahr, endlich mit landesherrlicher »Ratification« wieder zurück.[813]

Bei der in der Akte befindlichen Urkunde (23 f.) handelt es sich allerdings nur um einen Entwurf (oder eine Abschrift). Das Original ist noch nicht aufgefunden worden.[814]

Gottfried Silbermann verpflichtete sich, »ein tüchtiges Orgelwerck mit einem Oberwerck anstatt des Rückpositivs und zweyen Clavieren«[815] mit insgesamt achtzehn Stimmen zu bauen. Er wollte alle erforderlichen Materialien, »als Ziehn, Holz, Leder, Leim, Eisenwerck, Meßing auch dergleichen Trat«, anschaffen und die »benöthigten Handwerksleute, als Bildhauer, Tischler, Schloßer, Circkel- und Huffschmiede, desgleichen Nadler, Gürtler oder wie die Nahmen haben mögen«,[816] auf seine Kosten halten und befriedigen.

In der vereinbarten Summe von 800 Talern war auch das »nach architectonischer Art« gearbeitete und »mit schöner Bildhauer-

---

812 Kreisamtmann Weidlich schrieb u.a.: »... ist zwar alles Ernstes mit dem Orgelmacher Gottfried Silbermannen nochmahls auffs genaueste ... gehandelt worden. Es ist aber derselbe unmöglich zu gewinnen gewesen, daß Er von denen ehmahls geforderten 800 Thlr. abgestanden und nur etwa 10 Thlr. nachgelaßen ... ob man wohl sehr bemühet gewesen, ... daß er das iezige alte Werck ... annehme, so hat er sich denn auch darzu nicht verstehen wollen ... Über dieses will Er auch wegen erhaltenen Geldes und biß zu Verfertigung des neuen Werckes keine Caution bestellen ...«

Wegen der alten Orgel berichtete Amtmann Weidlich am 15. Februar 1717 nach Dresden: »So hat sich aber dennoch biß dato nicht die geringste Gelegenheit, diese Orgel in eine Dorfkirche zu bringen, ausfinden wollen.« Weidlich hatte sie deshalb »dem Orgelmacher selbsten nochmahls angeboten«. Silbermann war »nach wahrhafftig gegebenen vielen guten Worten« endlich auch bereit, das Werk für 50 Taler, »Höher aber nicht«, anzunehmen (27). In Dresden war man anderer Meinung und nicht damit einverstanden, die Orgel »um diesen Preiß wegzulaßen«. Amtmann Weidlich wurde angewiesen: »Als hast du dich um andere Käuffer fernerweit besten Fleißes umzuthun und daferne ... keiner zu erlangen«, sollte die Orgel doch an Silbermann überlassen werden, »wenn er sein iziges Geboth annoch mit 10 Thlr. erhöhet« (28). Das hat Silbermann offenbar nicht gemacht, denn die Orgel kam nach Tuttendorf

bei Freiberg (vgl. Curiosa Saxonica, 1736, S. 56). Für welchen Preis, ist unbekannt. Nachdem sie »ganz und gar den Dienst versagte«, wurde sie 1782 durch ein neues Werk von Adam Gottfried Oehme, einem ehemaligen Gehilfen Silbermanns, ersetzt (vgl. Neue Sächs. Kirchengalerie, Ephorie Freiberg, 1901, 1. Abt., S. 457 f.).

813 Zugleich erhielt Weidlich den Befehl, »... du wollest alles hiernach zu wercke richten und daß dem Contracte in allen abgehandeltermaßen ein Genüge geschehe, besten Fleißes bedacht seyn ...« (26). Ein prächtiges »Amtsdeutsch« des 18. Jahrhunderts.

814 Es wurde als Beleg zu der Michaelis 1718 abgeschlossenen »Rechnung« genommen (26, Randvermerk!). Diese Rechnung ist aber noch nicht aufgefunden worden. Die Kontrakte (mit dem Orgelbauer, dem Tischler und dem Maler) für die Dresdner Sophienorgel befinden sich in der Kirchrechnung (StA. Dresden) und wurden vom Verfasser erst kürzlich aufgefunden.

815 Silbermann ist also von seinem ursprünglichen Plan, eine Orgel mit Rückpositiv zu bauen, abgegangen. Sein erster Entwurf für die Freiberger Domorgel sah übrigens auch ein Rückpositiv vor, der zweite aber nicht mehr. Näheres über Rückpositive bei: Wolfgang Adelung, Einführung in den Orgelbau, Leipzig 1972, S. 183.

816 In diesem Zusammenhang erinnern wir daran, wieviele »Handwerksleute« am Bau der Freiberger Domorgel beteiligt gewesen sind.

Arbeit«[817] verzierte Orgelgehäuse inbegriffen.

Der Vertrag entsprach sonst allen anderen ähnlichen Verträgen Gottfried Silbermanns und hatte keine Besonderheiten.

Baukosten

Im Kontrakt sind mit Gottfried Silbermann 800 Taler vereinbart worden, die in fünf Raten ausgezahlt werden sollten.[818] Ob die Termine eingehalten wurden, ist nicht nachweisbar. Die letzte Rate von 200 Talern hat Silbermann am 4. Februar 1717 bekommen (44).

Über weitere, mit dem Orgelneubau zusammenhängende Bau- und Nebenkosten ist nichts Sicheres bekannt.[819]

Bauablauf

Gottfried Silbermann hatte im Kontrakt zugesichert, das Werk »binnen fünffviertel Jahren und einigen Wochen« zu liefern und zwar »von derjenigen Zeit an zu rechnen, da ihme ... die ersten 200 Thlr. ausgezahlet werden« (23f.). Wir wissen nicht, wann das geschah – vermutlich bald nach Abschluß des Kontraktes.[820]

Der Meister hat den festgesetzten Termin jedenfalls ungefähr eingehalten. Offenbar war er im September 1717 mit dem Aufbau der Orgel fertig und schon mit dem Intonieren und Stimmen beschäftigt. Am 22. September 1717 berichtete Kreisamtmann Weidlich nämlich nach Dresden: »Es hat der allhiesige Orgelmacher Gottfried Silbermann, das gedungene neue Orgelwerck ... nunmehro fast zum Stande gebracht und giebet Er vor, Er wolle solches auff den dritten Feyertag des ... bald herannahenden Jubiläen[821] oder sonst an einem gewissen Sonntag in erfordernder Tüchtigkeit übergeben« (31).

Gottfried Silbermann hat es aber bis zum Reformationsfest (31. Oktober) doch nicht ganz geschafft. Am 7. Januar 1718 meldete Kreisamtmann Weidlich nach Dresden, daß die Orgel »bereits vor 6 Wochen vollständig fertig« geworden ist (32). Das war also in den letzten Novembertagen.

Weitere Einzelheiten über den Bauablauf sind nicht bekannt.

Übergabe, Prüfung und Weihe

Nachdem die Orgel in den letzten Novembertagen des Jahres 1717 fertig geworden war,[822] hat Gottfried Silbermann die Übernahme »hefftig urgiret«, das heißt darauf gedrängt, um »zu seiner völligen Bezahlung« zu gelangen (32).[823] Amtmann Weidlich berichtete das am 7. Januar 1718 mit nach Dresden und erwähnte dabei,

---

817 Es ist anzunehmen, daß die Bildhauerarbeiten von Johann Adam Georgi (1681–1719) aus Freiberg ausgeführt wurden.

818 200 Taler »alsobald« zum Einkauf von Zinn und Holz,
100 Taler ein Vierteljahr »hernach«,
150 Taler »abermahls« nach einem weiteren Vierteljahr,
150 Taler »nochmahls ein Vierteljahr hernach« und endlich
200 Taler »wenn Er das Werck tüchtig gefertigt, auffgesetzt und übergeben« hat und es »in allem untadelhafft von verständigen Musicis und Organisten erkannt und übernommen« worden ist (21f.).

819 Vermutlich ist ein vollkommen neuer Orgelchor gebaut worden. Die Akte enthält nämlich einen »Anschlag, was zu Erbauung eines neuen Orgel-Chors in der Kirche zu St. Jacobi ... an Gelde erfordert wird«. Er ist »Dreßden, am 10. Septembris 1716« datiert und stammte von dem berühmten Dresdner Baumeister Matthäus Daniel Pöppelmann (29f.).

820 Quittungen oder andere Belege sind bisher nicht aufgefunden worden.

821 Damit dürfte das 200. Reformationsjubiläum gemeint sein. Der 31. Oktober fiel im Jahre 1717 auf einen Sonntag.

822 Vgl. den Bericht von Kreisamtmann Weidlich vom 7. Januar 1718 nach Dresden (32).

823 Die letzten 200 Taler hatte er ja erst nach der Übergabe des Werkes zu beanspruchen (vgl. Anm. 818). Wurde sie hinausgezögert, war Silbermann der Geschädigte, denn er konnte die am Orgelbau mit beteiligt gewesenen Handwerker wohl kaum auf ihr Geld warten lassen, sondern mußte inzwischen alles verlegen. Sein Drängen war deshalb mehr als berechtigt.

Silbermann habe »ohne dem mit vielen Wehklagen bejammert«, daß er »beynahe an die 100 Thlr. einbüßen müße«, da mit ihm »allzu genau gedungen worden« wäre.[824] Weidlich erbat aus Dresden »allergnädigste Resolution« darüber, ob die Prüfung der Orgel durch »hiesigen Stadt-Cantor und Organisten[825] verrichtet« werden kann und »was iedem zu ihrer Ergözligkeit« dafür vergütet werden soll (32). Am 26. Januar kam aus Dresden der Bescheid, daß mit der Orgelübernahme »je eher je beßer« zu verfahren sei. Der Amtmann solle sie von Kantor Beyer und Organist Lindner verrichten lassen, »doch ohne Entgelt« (34).[826] Dafür wurde aber der Kalkantenlohn von jährlich zwei Gulden auf das Doppelte erhöht.[827]

Am 31. Januar 1718 haben Johann Samuel Beyer[828] und Elias Lindner[829] die Orgel gründlich geprüft und untersucht.[830] Sie erstatteten über das Ergebnis einen ausführlichen Bericht, der »Freyberg, den 3. Febr. Ao. 1718« datiert und noch im Original vorhanden ist (35 ff.).[831] Die Orgel ist am 2. Februar 1718 geweiht worden.[832] In welcher Weise das geschah, ist nicht bekannt.

Bemerkungen

Die Orgel befindet sich (nach Dähnert) seit der letzten Überholung (1974) in einem sehr guten Zustand.

824 Damit meinte er, daß die im Kontrakt festgesetzte Summe zu niedrig gewesen sei.

825 Damit waren Kantor Beyer und Domorganist Lindner gemeint.

826 Der Freiberger Rat war da großzügiger. Er zahlte Beyer und Lindner, obwohl sie sozusagen bei ihm angestellt waren, für die Prüfung der Johannisorgel zusammen 8 Taler (StA. Freiberg: RPr. 1719, S. 711).

827 Er hatte nun 7 Groschen – im Monat! Wieviel Stunden er dafür arbeiten mußte, wissen wir nicht. Die Kalkanten in einer Dorfkirche hatten (lt. Kirchrechnungen) noch weniger: in Dittersbach bei Stolpen 42 Groschen und in Helbigsdorf 30 Groschen – im Jahr.

828 »Hans« Samuel Beyer war der Sohn eines Schuhmachers. Er wurde 1668 (Tauftag: 26. April) in Herbsleben geboren (PfA. Herbsleben: TaR. Nr. 20/1668) und hat zunächst Theologie studiert. Im Jahre 1694 wurde er (aufgrund seiner Bewerbung vom 12. Mai) Stadtkantor zu Weißenfels (StA. Weißenfels: Akte Sign. A I 1939, Bl. 17). Hier heiratete er die Fleischerstochter Anna Günther (PfA. Weißenfels: TrR. 1694, S. 405). Am 28. August 1699 wurde Beyer als Kantor nach Freiberg berufen. Er hatte sich bei der Probe gegenüber seinem Mitbewerber (Johann Martin Steindorff aus Zwickau) »mit einer deutlicheren Vocalstimme und besser eingerichteten Music hören lassen« und sich »darbey gar modest [= bescheiden] aufgeführet« (StA. Freiberg: RPr. 1699, S. 123 f.). Aus Beyers Bewerbungsschreiben vom 27. April 1699 geht hervor, daß er seine Ausbildung in Vokal- und Instrumentalmusik bei dem Weißenfelser Konzertmeister (und Hofbibliothekar) Johann Beer (1655–1700) und dem Weißenfelser Hofkapellmeister Johann Philipp Krieger (1649–1725) erhalten hat (StA. Freiberg: Akte Sign. Aa VIII II 1, Bd. 1, unnumeriert). Beyer bekleidete das Kantoren- und Musikdirektorenamt in Freiberg vierundvierzig Jahre lang, bis zu seinem Tode. Er starb am 9. Mai 1744 »in Carlsbade«, wo er sich offenbar zur Kur aufgehalten hatte. Am 11. dess. Monats, »früh nach 4 Uhr«, ist sein »verblühener Cörper« in Karlsbad beigesetzt worden (Dom Freiberg: ToR. Nr. 16/1744). Beyers Eltern, Martin Beyer (1640–1716) und Anna Catharina (1640–1729), sind in Freiberg gestorben (Dom Freiberg: ToR. Nr. 50/1716 und Nr. 38/1729). Nachfolger von Johann Samuel Beyer wurde Johann Friedrich Doles (vgl. Anm. 170).

829 Über seinen Lebenslauf s. Anm. 678.

830 Beyer und Lindner haben reichlich vier Jahre später in Langhennersdorf die von Silbermanns Gehilfen Zacharias Hildebrandt als Meisterstück erbaute Orgel geprüft (45 ff.; s. Anm. 311). Des weiteren hatten sie (am 16. Juli 1719) die Freiberger Johannisorgel von Silbermann übernommen (s. Anm. 826). Vermutlich übernahm Kantor Beyer auch das Werk zu Helbigsdorf (vgl. Anm. 1379).

831 Der Wortlaut des Berichtes ist im Anhang (SD. Nr. 9) zu finden.

832 Das Datum ist in der »Kurtzen Nachricht von den berühmten Königl. Hof- und Landorgelbauer, Herr Gottfried Silbermannen, und dessen vier in Freyberg gebaueten neuen Orgeln« überliefert (vgl. Curiosa Saxonica, 1736, S. 56).

1718 vollendet

2 Manuale – 22 Stimmen[833]

Quellen

A. Kontrakt vom 11. Januar 1717

B. Attest der Patronatsherrin vom 20. November 1718

C. Gottfried Silbermanns Quittung vom 20. November 1718

(PfA. Großkmehlen)

Bei den Dokumenten zu A. und B. handelt es sich nicht um Originale, sondern nur um Konzepte oder (zeitgenössische) Abschriften.

Vorgeschichte

Aus dem Kontrakt geht lediglich hervor, daß das alte Orgelwerk »dermaßen eingegangen« war, daß ihm »auch durch keine Reparatur geholfen werden« konnte. Die Kirchenpatronin entschloß sich deshalb, von Gottfried Silbermann, »berühmten Orgelmachern zu Freyberg«, ein »gantz neues Orgelwerck bauen zu laßen«. Es ist anzunehmen, daß sie vorher mit Silbermann korrespondiert hat. Leider ist darüber nichts Näheres bekannt und auch nichts mehr aufzufinden.[834]

Bauvertrag

Der Bauvertrag wurde am 11. Januar 1717 in Großkmehlen abgeschlossen.[835] Das Original ist verschollen.[836] Auftraggeber war die damalige Patronatsherrin Johanne Eleonore »vermählte Generalin« von Brause geborene Borck.[837]

Gottfried Silbermann versprach, ein »tüchtiges und wohl proportionirtes Orgelwerck« mit insgesamt zweiundzwanzig Stimmen[838] zu verfertigen. Das Werk sollte »drey tüchtige Bälge mit einer Falte von Tännen-Holtz« bekommen. Silbermann wollte – wie üblich – alle Materialien beschaffen und »die benöthigten Handwercksleute« halten, exklusive der Malerarbeit. Das Pfeifenwerk

---

833 Wegen der Disposition siehe Dähnert, S. 195.

834 Anscheinend haben die Patronatsherrschaften und ihre Nachkommen (oder Nachfolger) Archivalien nicht so sorgfältig aufbewahrt wie eine Behörde. Wir müssen heute immer wieder feststellen, daß insbesondere dort, wo die Patronatsherrschaft, also in gewissem Sinne eine Privatperson, Auftraggeber für einen Orgelbau war, kaum urkundliche Quellen vorhanden sind. Vieles mag ganz einfach durch die »Zeitläufe« verlorengegangen sein.

835 Das war knapp zwei Monate nach der Übergabe der Orgel zu Niederschöna. Vermutlich ist Silbermann im Januar 1717 nicht das erste Mal in Großkmehlen gewesen. Wir dürfen vielmehr annehmen, daß er schon das Jahr vorher (im Juni?) die Kirche besichtigt und mit der Kirchenpatronin verhandelt hat. Am 28. April 1716 hatte Silbermann in Freiberg erklärt, daß er »viele Arbeit und Orgelwercke vor sich habe und deshalber verreißen müße« (vgl. Bauakte der Freiberger Jacobiorgel, Bl. 22 b). Er kann dabei durchaus Großkmehlen gemeint haben. Am 21. Mai wurde die Oberbobritzscher Orgel geweiht, und etwa ab Juli arbeitete Silbermann dann in Niederschöna. Er könnte demnach im Juni 1716 nach Großkmehlen gereist sein. Hier

bietet sich eine sehr interessante, aber leider unbeweisbare Möglichkeit an: Silbermann könnte, da der Sommer eine gute Reisezeit war, damals in Hamburg gewesen sein und gleichzeitig in Großkmehlen einen Besuch gemacht haben. Leider hat uns Johann Mattheson verschwiegen, wann Silbermann bei ihm war. Er teilte dem Leipziger Thomaskantor Johann Kuhnau in seinem Brief vom 1. Januar 1718 nur mit, daß es »einsten« war (vgl. die in Anm. 133 angegebene Quelle).

836 Ein Exemplar der »doppelt zu Pappier gebrachten« Urkunde muß sich im Besitz der Patronatsherrin befunden haben. Das heute im Pfarrarchiv verwahrte Schriftstück ist nur als Entwurf (oder zeitgenössische Abschrift) anzusprechen, denn es fehlen die Unterschriften. Am Schluß des Vertrages hieß es aber, daß er »von beyden Theilen durch Hand und Siegel vollzogen worden« ist. Außerdem befindet sich unmittelbar nach den letzten Worten »Geschehen Groß-Kmehlen, den 11. Januarij ao 1717« Silbermanns originale Quittung über die empfangenen eintausend Taler.

837 Ihre Lebensdaten sind nicht bekannt.

838 Sie verteilten sich auf Hauptwerk (10), Oberwerk (9) und Pedal (3). Vgl. Dähnert, S. 195.

der Orgel sollte »von dem besten geschlagenen Zinn[839], Metall und Holtz« gefertigt und das Gehäuse »sauber und geschickt mit Bildhauer-Arbeit nach dem Riße« gemacht werden.[840]

Silbermann leistete nach der Übergabe Gewähr »auf ein gantzes Jahr« und versprach, wenn binnen Jahresfrist »etwas wandelbar werden solte, solches ohne Entgelt zu repariren«.[841]

Baukosten

Die Patronatsherrin versprach, für das Werk an Gottfried Silbermann »Ein Tausendt Thaler« zu folgenden Terminen zu zahlen:

200 Taler Ostern 1717[842]
100 Taler Johannis 1717
150 Taler Michaelis 1717 und
150 Taler Weihnachten 1717.

Der Rest von 400 Talern sollte ausgezahlt werden, wenn die Orgel »aufgesetzt und von verständigen Musici untadelhaft befunden« worden ist. Wann die Raten wirklich gezahlt worden sind, ist nicht feststellbar. Es ist lediglich noch Silbermanns Originalquittung vom 20. November 1718 vorhanden, womit er den Empfang der Gesamtsumme bestätigte (C).[843]

Johanne Eleonore von Brause gewährte Gottfried Silbermann über die 1000 Taler hinaus noch »freye Kost vor seine Person und die Seinigen« während der Arbeit in Großkmehlen, freies Quartier, Kohlen, Brennholz und die »benöthigten Zu- und Abfuhren«. Sie verpflichtete sich auch, »einen beständigen Calcanten zu halten«, der während des Intonierens und Stimmens die Bälge treten mußte.

Ob mit dem Orgelbau noch weitere Kosten verbunden waren, ist nicht bekannt.[844]

Bauablauf

Gottfried Silbermann wollte die Orgel (laut Kontrakt) »binnen dato und Pfingsten ao. 1718« liefern. Sie ist aber erst im November vollendet worden. Die Quellen geben über den Grund der Verzögerung keinen Aufschluß.[845] Silbermann dürfte – in Anbetracht der Größe des Werkes – etwa ein halbes Jahr in Großkmehlen zu tun gehabt haben.[846] Vermutlich hat er im Juni 1718, also rund vier Monate nach der (verspäte-

---

839 Vgl. Anm. 664.

840 Wer die Bildhauerarbeiten ausführte und den Riß zeichnete, ist nicht bekannt. Wie bei dem Ponitzer Werk schließt das Gehäuse oben mit der Decke ab, und die drei »Türme« haben gleiche Höhe.

841 Zu einer Durchsicht der Orgel nach Ablauf des Garantiejahres verpflichtete sich Silbermann nicht. Der Reichenbacher Kontrakt enthält darüber eine besondere Klausel (vgl. Anm. 778).

842 Ostern fiel 1717 auf den 28. März. Silbermann sollte die Anzahlung demnach erst rund zweieinhalb Monate nach Kontraktabschluß bekommen. Sonst verlangte er sie immer sofort.

843 Diese Quittung hat einen besonderen Wert, weil sie von Gottfried Silbermann eigenhändig geschrieben wurde. Sonst ließ er sich nämlich seine Briefe und andere Dokumente von schreibgeübten Personen schreiben. Kontrakte und Quittungen wurden ihm sowieso »vorgeschrieben«, so daß er sie nur mit seiner Unterschrift (und eventuell auch mit seinem Siegel) zu bekräftigen brauchte. Die Großkmehlener Quittung hat folgenden Wortlaut: »Daß die in vorherstehenden Contracte, veraccordirten Ein Tausendt Thaler, von ihre Excell. der Frau Generalin von Brause, ich richtig und bare bekommen, Thue nicht nur hiermit quittirende bekennen, Sondern verspreche auch von itzo und zu Ewigen Zeiten weder von hoch gedachter Frau Generalin Excell. noch den ihrigen oder der Kürche weiter mehreres zu fordern. gesch[eh]en Groß Kmehlen den 20. Nov. 1718
[Siegel] Gottfried Silbermann
Orgel Macher«
Das Siegel ist beschädigt.

844 Vermutlich war die neue Orgel größer als die alte. In diesem Falle hätte (höchstwahrscheinlich) die Orgelempore vergrößert oder überhaupt neu gebaut werden müssen.

845 Wir erinnern daran, daß Silbermann wegen der Jacobiorgel zu Freiberg erklärt hatte, er könne nicht genau wissen, »ob einige Wochen noch darüber [d.h. über die geplante Bauzeit] kommen möchten« (vgl. auch Anm. 809).

846 An der dreiundzwanzigstimmigen Orgel zu St. Georg in Rötha hat Silbermann nachweislich fünfundzwanzig Wochen an Ort und Stelle gearbeitet.

ten) Übergabe der Freiberger Jacobiorgel, mit dem Aufbau des Werkes begonnen. Einzelheiten über den Bauablauf sind nicht bekannt.

Übergabe, Prüfung und Weihe

Nach dem Attest der Patronatsherrin vom 20. November 1718 (B) soll die Orgel »am 31. hujus« übergeben worden sein. Hier liegt offensichtlich ein (nicht mehr aufklärbarer) Schreibfehler vor.[847] Wahrscheinlich erfolgte die Übergabe der Orgel am 20. November oder tags zuvor.[848]

Die Kirchenpatronin brachte in ihrem Attest zum Ausdruck, daß Silbermann das Werk nach allen im Kontrakt enthaltenen Bedingungen verfertigt habe, »also seinem Versprechen allenthalben rechtschaffen und ehrlich nachgekommen« sei, »ja noch ein mehreres geleistet« habe.[849] Das hätten auch die zur Examination und Übernahme »requirirten Herren Musicis, inspecie der König. Pohln. und Churfürstlich Sächß. Capell-Organist Herr Pezold[850] zu Dresden mit großer Lobes-Erhebung attestiret«.[851] Wann die Orgel geweiht wurde, geht aus den Quellen nicht hervor.[852]

Bemerkungen

Das gegen Ende des 2. Weltkrieges ausgelagert gewesene Pfeifenwerk der Orgel ist 1945 infolge von Kampfhandlungen teilweise zerstört worden.[853] Inzwischen wurde das Werk durch Gebrüder Jehmlich (jetzt VEB Orgelbau) in Dresden wiederhergestellt. Die Orgel zu Großkmehlen gehört, nach dem Urteil von Dähnert, zu den wertvollsten Werken Silbermanns.

847 »hujus« bedeutet »dieses« (Monats). Der Übergabetag wäre demnach der 31. November gewesen, den es aber gar nicht gibt. Außerdem kann die Kirchenpatronin das Attest erst nach geschehener Übergabe ausgestellt haben und nicht schon vorher. Das Datum der Übergabe ist demnach nicht genau nachzuweisen.

848 Das ist auch daraus zu schließen, weil Silbermann an diesem Tage die Quittung ausstellte. Die Weihe der Orgel zu Nassau erfolgte allerdings am 4. August 1748, und Silbermann stellte erst am folgenden Tage die Quittung über die empfangenen 740 Taler aus.

849 Worin die Mehrleistung bestand, wissen wir nicht. Ein zusätzliches Register kann es kaum gewesen sein. Dähnert (S. 195) gab nämlich die Anordnung der Registerknöpfe an, und hiernach hat die Orgel keine Stimme mehr, als im Kontrakt steht.

850 Christian(us) Pezold war der Sohn von George Pezold, »Steinbrechers [!] zu Weißig«, und wurde am 1. Januar 1678 in Königstein getauft (PfA. Königstein: TaR. Nr. 1/1678). Als Geburtstag kann der 30. Dezember 1677 angenommen werden. Pezold hat sich schon (kurz vor Vollendung seines achtzehnten Lebensjahres) an den Weihnachtsfeiertagen 1695 auf der Orgel der Dresdner Frauenkirche hören lassen. Im Februar 1696 wurde er zum Sophienorganisten berufen. Man vermutete, daß er (wegen seines außergewöhnlichen Könnens) »wohl nicht lange darbey bleiben, sondern seine Beßerung suchen« werde (StA. Dresden: Akte

Sign. D XV, Bl. 457 f.). Pezold hat dieses Organistenamt aber über siebenunddreißig Jahre (bis zu seinem Tode) ausgeübt. Ab November 1720 konnte er an der Silbermannorgel wirken, die 1945 zerstört wurde. Neben dem Organistenamt an der Sophienkirche bekleidete Christian Pezold (ab 1709) noch die »Cammer-Componisten«- und Organistenstelle am Dresdner Hof mit einer Jahresbesoldung von 450 Talern (STA. Dresden: Loc. 910, Acta das churf. Orchester, Vol. I, Bl. 5 bzw. Loc. 383, Acta Engagements einiger zum Theater gehöriger Personen, 1699, Bl. 121, 138 und 162). Christian Pezold, »Churf. Sächß. Cammer-Musicus und berühmter Organist bey der Sophien-Kirche«, ist 1733 (Beerdigungstag: 28. Mai) in Dresden an einem »Steckfluß« gestorben und nach St. Johannis bestattet worden (StA. Dresden: KWZ. 1732/33, Bl. 610).

851 Da von den »Herren Musicis« die Rede ist, muß (außer Pezold) an der Übernahme der Orgel mindestens noch ein weiterer Musiker oder Organist beteiligt gewesen sein. Leider wissen wir nicht, wer es war. Das Wort »attestiret« läßt mit Sicherheit darauf schließen, daß die Orgelprüfer einen schriftlichen Bericht erstatteten, der leider nicht mehr auffindbar ist.

852 Der 20. November 1718 (Datum von Silbermanns Quittung) fiel auf einen Sonntag. Vermutlich ist die Orgel an diesem Tage geweiht worden. Christian Pezold dürfte das Werk im Weihegottesdienst gespielt haben.

853 Vgl. Dähnert, S. 195.

FREIBERG (ST. JOHANNIS)

(seit 1939 im Dom)

1719 vollendet

1 Manual – 13 (1) Stimmen

Quellen

A. Akte Signatur Aa II I 145
   (StA. Freiberg)

B. Ratsprotokoll 1718

C. Ratsprotokoll 1719
   (StA. Freiberg: Sign. I Ba 12c)

D. Kurtze Nachricht von den berühmten
   Königl. Hof- und Landorgelbauer, Herr
   Gottfried Silbermannen, und dessen vier
   in Freyberg gebaueten neuen Orgeln
   (in: Curiosa Saxonica, 1736, S. 54–59)

Vorgeschichte

In der »Hospital«- oder Johanniskirche war
»anstatt der Orgel bishero nur ein Positiv[854]
gebrauchet worden« (A/56). Da es aber
»sehr eingegangen und ganz unbrauchbar«
geworden war (A/56), faßte der Rat am
21. März 1718 den Beschluß, mit Genehmigung des Superintendenten »ein gantz
neues Werck durch Herrn Gottfried Silbermann bauen zu laßen« (B/549).[855] Nachdem der »darüber gefertigte Riß«[856] beraten
worden war, einigte man sich, daß mit Silbermann »auf 5 bis 600 Thaler hoch ... gehandelt und darüber ein gesonderter Contract aufgerichtet« werden soll (B/549).

Bauvertrag

Der Baukontrakt wurde am 11. April 1718,
»nach vorher beschehener Deliberation und
Überlegung«, zwischen dem Rat[857] und
dem Superintendenten D. Christian Lehmann (1642–1723), einerseits, und Gottfried Silbermann, »berühmten Orgelmachern
allhier«, andererseits, »wohlbedechtig abgehandelt und geschloßen« (A/56f.). Der
Originalvertrag ist allerdings nicht mehr
auffindbar.[858]

Die Orgel sollte dreizehn Stimmen bekommen. Sie besitzt aber vierzehn.[859] Demnach
muß Silbermann den Trompetenbaß (8 Fuß)
über den Kontrakt geliefert haben.[860] Er
übernahm – wie üblich – auch die Verfertigung des Gehäuses mit guter Bildhauer-
arbeit[861] und aller anderen notwendigen
Arbeit »bis auf das Ausstaffiren und mahlen« und wollte »bey Sez- und Stimmung
des Wercks vor sich und seine Leuthe« weiter nichts verlangen.

Baukosten

Gottfried Silbermann war (laut Kontrakt)
bereit, das Werk für 550 Taler zu bauen.[862]
Es wurden folgende Ratenzahlungen vereinbart:

200 Taler »bey Schließung des Contracts«,

---

854 Es stammte (erst) aus dem Jahre 1681,
hat 125 Gulden gekostet und war von dem
Handelsmann Balthasar Mende der Kirche
»vorehret« worden. Vgl. Ernst Müller, Musikgeschichte von Freiberg, 1939, S. 71 (Quelle:
Ratsprotokoll 1681, S. 440).

855 Der Beschluß wurde sieben Wochen nach
der Weihe der neuen Jacobiorgel gefaßt. Und
wegen dieser hatte Kreisamtmann Weidlich
schon zehn Tage nach der Weihe der Domorgel
mit Silbermann die erste Fühlung genommen
bzw. ihn beim Landesherrn für eine Reparatur
in Vorschlag gebracht. Silbermanns Arbeit hat
irgendwie »anregend« gewirkt.

856 Der Riß ist – wie alle anderen in den
Kontrakten erwähnten Risse – nicht mehr vorhanden. Vermutlich ist er von Elias Lindner,
dem Domorganisten und »berühmten Mathema-

ticus«, gezeichnet worden. Lindner hatte ja für
die 1714 vollendete Domorgel auch alle Risse
und für die Jacobiorgel einen Prospektentwurf
angefertigt.

857 Wer den Vertrag für den Rat unterzeichnete, wissen wir nicht.

858 Das in der Akte (A/56f.) befindliche
Schriftstück ist nur als Konzept anzusehen,
denn es fehlen die Unterschriften.

859 Vgl. Dähnert, S. 195.

860 Aller Wahrscheinlichkeit nach ist das
gleich beim Bau der Orgel geschehen und nicht
erst nach Jahrzehnten wie in Oberbobritzsch,
wo Silbermann die 1716 vollendete Orgel erst
1743 (auf Wunsch der Gemeinde) mit einem
Posaunenbaß verstärkte.

861 Vermutlich hat der (am 27. März 1719
verstorbene) »berühmte Bildhauer« Johann Adam

150 Taler »unter wehrender Arbeit« und
200 Taler »nach der Übergabe des Wercks
und wenn selbiges vor tüchtig
erkannt worden«.
Wann und in welcher Weise die Bezahlung wirklich erfolgte, ist nicht bekannt.[863] Ebenso ist aus den Quellen nicht zu ersehen, welche weiteren Kosten für den Orgelbau entstanden sind.[864]

Bauablauf

Das Werk sollte nach dem Kontrakt »binnen drey Vierthel Jahr« geliefert werden. Es hätte demnach etwa Anfang 1719 übergeben werden müssen. Der Termin wurde aber um ein halbes Jahr überschritten.[865] Weitere Einzelheiten über den Bauablauf sind nicht bekannt.[866] Bemerkenswert ist allerdings, daß der Rat erst am 6. November 1719, das heißt vier Monate nach der Orgelweihe, den Beschluß faßte, mit dem Maler

Johann Christian Buzäus (1671–1734) einen Kontrakt wegen der Bemalung der Orgel »nebst dem darzu gehörigen Chore« abzuschließen.[867] Buzäus sollte für seine Arbeit 120 Taler bekommen und seine Gesellen, »wenn das Werck fertig« ist, 2 Taler Trinkgeld.[868] Wann die Arbeiten ausgeführt wurden, ist nicht bekannt.

Übergabe, Prüfung und Weihe

Die Orgel ist von Domorganist Elias Lindner[869] und Kantor Johann Samuel Beyer[870], beide aus Freiberg, geprüft worden.[871] Ein Bericht darüber ist nicht aufzufinden. Die beiden Examinatoren erhielten auf Beschluß des Rates zusammen acht Taler.[872] Der Stadtpfeifer[873] bekam drei Taler.[874] Er wurde hinzugezogen, um zu prüfen, ob die Orgel nach seinen Instrumenten gestimmt worden ist.[875] Der Rat bewilligte (laut Ratsprotokoll vom 19. Juli 1719

Georgi, wie schon für die Domorgel, das benötigte Schnitzwerk für das wesentlich kleinere Werk auch (noch) gefertigt.

862 Nach dem Ratsbeschluß vom 21. März 1718 (B/549) sollte mit Silbermann in den Grenzen von 500 bis 600 Talern »gehandelt« werden. Silbermann dürften 500 Taler zu wenig und dem Rat 600 Taler zuviel gewesen sein, so daß man sich auf 550 Taler einigte.

863 Belege oder eine ganze Orgelbaurechnung sind bisher nicht ans Tageslicht gekommen.

864 Mit großer Wahrscheinlichkeit mußte ein Orgelchor errichtet werden (vgl. Anm. 867).

865 Der Grund geht aus den Quellen nicht hervor. Vermutlich hat Silbermann es einfach nicht geschafft, weil er fast das ganze zweite Halbjahr 1718 in Großkmehlen arbeitete.

866 Silbermann dürfte – analog zu dem vergleichbaren Werk in Pfaffroda – knapp vier Monate in der Johanniskirche mit dem Aufsetzen, Intonieren und Stimmen der Orgel zu tun gehabt haben. Er könnte demnach etwa nach Mitte März 1719 mit diesen Arbeiten begonnen haben.

867 Da Buzäus auch den Chor mit malen und »nach dem gemachten Riß« arbeiten mußte, handelte es sich zweifellos um eine neue (für die Orgel errichtete) Empore (vgl. Anm. 864), zumal Silbermanns Werk viel größer war, als

das alte »kleine Positivgen«. Vielleicht lag die bei der Orgelübergabe eingetretene Verzögerung auch an einer verspäteten Fertigstellung des Chors. Wir erinnern dabei an die Schwierigkeiten, die es deswegen beim Bau der Domorgel gegeben hatte.

868 Das wurde alles in dem Ratsbeschluß vom 6. November 1719 mit festgehalten (C/756).

869 Sein Lebenslauf wurde in Anm. 678 skizziert.

870 Beyers Lebensweg wurde in Anm. 828 kurz nachgezeichnet.

871 Das geht aus dem Ratsprotokoll vom 19. Juli 1719 (C/711) hervor.

872 Dafür mußten sie (auf landesherrlichen Befehl) die Prüfung der Jacobiorgel am 31. Januar 1718 »ohne Entgelt« verrichten.

873 Als Stadtpfeifer wirkte damals Christoph Fischer. Er wurde um 1664 geboren, war Pfarrerssohn und stammte aus der (ehemals ungarischen) Stadt Kaschau. Fischer ist als Exulant nach Sachsen gekommen und am 27. August 1688 vom Freiberger Rat als Stadtpfeifer gewählt worden (StA. Freiberg: RPr. 1688, S. 314 bzw. 316). Am 22. Oktober desselben Jahres erlangte er das Freiberger Bürgerrecht (StA. Freiberg: BB. Sign. I Bc 3, S. 175). Fischer starb am 5. Mai 1730 im Alter von sechsundsechzig Jahren »unvermutet durch einen Schlagfluß« (Dom Freiberg: ToR. Nr. 16/1730).

(C/711)) großzügigerweise Silbermanns »drey Gesellen«[876] je zwei Taler »zur Discretion«, das heißt als Trinkgeld.

Das Datum der Orgelprüfung geht aus den Quellen nicht hervor. Der Weihetag ist auch nicht mehr mit absoluter Sicherheit festzustellen. Die Orgel soll am 16. Juli 1719, dem 9. Sonntag nach Trinitatis, »übergeben und zum erstenmahl zum Lobe GOttes gehört worden« sein (D/56).[877] Andererseits hatte der Rat am 7. Juli beschlossen, daß die vom Superintendenten »vorgeschlagene Einweyhung der Orgel im Hospital« am 15. Juli »vor sich gehen« könne, und der Hospitalverwalter werde sich »wohl nicht entbrechen können, dabey eine Mahlzeit vor diejenigen, so dabey zu thun haben, auszurichten« (C/707). Sonst ist über die Orgelweihe nichts weiter bekannt.[878]

Der Dresdner Frauenkirchenorganist Christian Heinrich Gräbner (1705–1769) widmete Gottfried Silbermann zum 31. Oktober 1735, als in Freiberg die Petriorgel geweiht wurde, ein Gedicht.[879] Darin erwähnte er auch die Freiberger Johannisorgel mit folgenden Worten:

»Das Werck im Hospital so auch von
    Deiner Hand,
Ist seiner Würckung nach mit Ruhme
    uns bekandt.«

Bemerkungen

Ernst Flade schrieb im Jahre 1926: »Das Werk klingt noch heute vorzüglich.«[880] Ein Jahrzehnt später war die Orgel größter Gefahr ausgesetzt, denn »Wind, Regen und Schnee dringen durch die zerbrochenen Fenster und durch das defekte Dach in das Innere der Kirche« ein. Es gab nur zwei Möglichkeiten, um die Orgel zu retten: Verkauf nach auswärts[881] oder anderweite Unterbringung in Freiberg. Das erstere kam »für eine Kulturstadt wie Freiberg nicht in Betracht«. Von allen Kirchen war nur der Dom für die Aufnahme der Orgel geeignet. Im September 1938 wurde sie durch die Orgelbauanstalt Eule aus der Johanniskirche ausgebaut und die überholungsbedürftigen Teile in die Bautzner Werkstatt gebracht. Das übrige, und das war erfreulicherweise sehr viel, wurde zunächst in den Kreuzgängen des Domes aufbewahrt. Am 4. Januar 1939 schlugen die Orgelbauer ihre Werkstatt im Dom auf. »Fleißige Hände regten sich, und die kleine Silbermannorgel wurde wieder aufgestellt und zwar auf dem geräumigen Lettner, in der linken Ecke, das Gesicht der großen Orgel zugewandt. Und man ist überrascht ... wie wundervoll sich die alte Orgel mit ihrem schönen Barockgehäuse in den Dom einfügt ... Der Freiberger Dom ist durch sie nicht nur um ein Klangwunder, sondern auch um eine Sehenswürdigkeit bereichert worden!«

Die Bautzner Orgelbauer haben das kostbare Werk damals ganz im Sinne seines Schöpfers wieder aufgebaut. In den Abendstunden des 1. Februar 1939 war auch die letzte künstlerische Arbeit, das Intonieren und Stimmen, vollendet. Der damalige Domkantor und Kirchenmusikdirektor Arthur Eger (1900–1967) weihte die Orgel an ihrem neuen Standort ein.

Wenn dieses kleine, aber hervorragende und klangschöne Werk damals für die Nachwelt erhalten worden ist, dann war das insbesondere der Initiative und Tatkraft

---

874 Vgl. das in Anm. 871 zitierte RPr.

875 Diese Probe ist auch bei der Dom- und der Jacobiorgel gemacht worden (vgl. die Prüfungsberichte: Anhang SD. Nr. 5 und 9).

876 Siehe hierzu Anm. 253.

877 Hiernach hätten Übergabe (bzw. Prüfung) und Weihe am gleichen Tage stattgefunden, was bei einem kleineren Orgelwerk durchaus wahrscheinlich ist.

878 Es ist anzunehmen, daß Superintendent D. Christian Lehmann die Orgel weihte und Domorganist Elias Lindner sie das erste Mal öffentlich erklingen ließ.

879 Siehe Anh. OWS. Nr. 15.

880 Vgl. Der Orgelbauer Gottfried Silbermann, Leipzig 1926, S. 61.

881 Man könnte meinen, daß sich für Frauenstein damals eine Möglichkeit bot, um wieder

zweier Männer zu verdanken, die längst nicht mehr unter den Lebenden weilen: Oberbürgermeister Werner Hartenstein und Domkantor Arthur Eger.[882]

Daß der Freiberger Dom nun zwei Silbermannorgeln hat, ist von großer musikalischer Bedeutung. Die große Orgel kann wegen ihrer bis heute beibehaltenen Originalstimmung[883] nämlich nicht mit einem Orchester zusammen gespielt werden. Bei der kleinen Orgel dagegen wurde 1938/39 durch bloßes Umhängen der Mechanik die Orchesterstimmung hergestellt,[884] so daß seitdem die Aufführung von Musikwerken, die Orgel und Orchester erfordern, in vollkommener Weise möglich ist.[885]

Der gegenwärtige Zustand der kleinen Dom- und ehemaligen Johannisorgel ist gut. Sie wurde deshalb auch in die vom VEB Deutsche Schallplatten Berlin herausgegebene Reihe »Bachs Orgelwerke auf Silbermannorgeln« mit aufgenommen.

DRESDEN (ST.SOPHIEN)

1720 vollendet – 1945 zerstört
2 Manuale – 28 (3) Stimmen

Quellen

A. Acta, die Erbauung der neuen Orgel in der Sophienkirche betr.
(StA. Dresden: Sign. D XXXIV 28x)

B. Sophienkirchrechnung 1720[886]
(StA. Dresden)

C. Sophienkirchrechnung 1721
(StA. Dresden)

D. Beschreibung Der neu-erbauten vortrefflichen Orgel in der Sophien-Kirche zu Dreßden, M.DCC.XX (1720)
(StA. Leipzig: Akte Sign. Amt Rochlitz Nr. 261, Bl. 206 ff.)

E. Beschreibung der neu-erbauten schönen Orgel in der St. Sophien-Kirche zu Dreßden, und deren Inauguration (in: Kurzgefaßte Sächs. Kern-Chroniken, 1720, S. 37 ff.)

F. Acta Den durch Veränderung des Chors in der Sophien-Kirche der Orgel daselbst zugefügten Schaden, deßen Reparatur wie auch Stimmung betr. 1740
(StA. Dresden: Sign. D XXXIV 28z)

G. Acta die von Zeit zu Zeit geschehene Reparatur an der Sophien-Kirchen-Orgel betr. 1747
(StA. Dresden: Sign. D XXXIV 29a)

H. Sophienkirchrechnung 1747
(StA. Dresden)

Vorgeschichte

Die alte Orgel in der Sophienkirche stammte aus dem Jahre 1624 (A/26).[887] Sie gehörte »zwar nicht zu den schlechtesten Werken«, war aber »baufällig« geworden.[888]

---

eine Silbermannorgel zu bekommen. Selbst wenn Freiberg zu einem Verkauf des Werkes bereit gewesen wäre, hätte Frauenstein allein den Kaufpreis nicht aufbringen können.

882 Unsere Ausführungen stützen sich auf einen Artikel von Erwin Oswald: »Drei Orgeln im Freiberger Dom«. Er erschien 1939 im »Freiberger Anzeiger« (Nr. 35/36: 10./11. Februar) und in den »Dresdner Nachrichten« (22. Februar). Die entsprechenden Zeitungsausschnitte befinden sich im Besitz des Heimatmuseums Frauenstein.

883 Die Orgel steht noch im sogenannten Chorton ($^7/_8$ Ton über dem Pariser Kammer-A). Vgl. hierzu Dähnert, S. 193.

884 Vgl. Dähnert, S. 195.

885 Die 1930 aufgestellte kleine Lettnerorgel hat wegen ihrer bescheidenen Disposition diese Aufgabe nicht voll erfüllen können.

886 In dieser Rechnung befinden sich als Beleg 56 alle Einzelbelege über die mit dem Orgelbau zusammenhängenden Ausgaben und außerdem die Originalkontrakte mit Gottfried Silbermann, dem Tischler Gothier und dem Maler Buzäus und weitere Schriftstücke. Der Sammelbeleg ist wie folgt gegliedert:

1. Dem Orgelmacher (Einzelbelege 4–16)
2. Tischler- und Bildhauerarbeit (Einzelbeleg 17)
3. Dem Maler (Einzelbelege 18–19)
4. Baumaterial (Einzelbelege 20–28)
5. Fuhrlohn (Einzelbelege 29–30)
6. Maurerarbeit (Einzelbelege 31–50)
7. Zimmererarbeit (Einzelbelege 51–90)

Sie konnte daher schon »von vielen Jahren her nicht mehr völlig gebrauchet« werden. Man hat aber immer wieder versucht, sich mit Reparaturen zu behelfen.[889]

Am 5. April 1712 reichte der Dresdner Organist und Hoforgelmacher Johann Heinrich Gräbner (1664–1739) »Anschlag und Disposition zu einen neuen Orgelwercke« ein (A/1 ff.).[890] Der Rat ist darauf aber nicht eingegangen.[891]

Im Jahre 1718 kam man endlich zu der Überzeugung, »es werde die aller Orten nöthige Ausbeßerung [der alten Orgel] sich entweder nicht mehr thun laßen oder ... so viel kosten, daß dagegen ein Neu Werck guthentheils zu erbauen sey« (A/26). Daher wurde »die Sache vor die Hand genommen« und ein Orgelneubau an Gottfried Silbermann »verdungen« (A/26b). Die alte Orgel ist abgebrochen und nach Radeburg verkauft worden.[892]

Wann mit Gottfried Silbermann die erste Verbindung aufgenommen worden ist, geht aus den Quellen leider nicht hervor.[893] Es ist lediglich eine nicht datierte Disposition für eine neue Orgel vorhanden (A/14f.).

8. Schmiede- und Schlosserarbeit (Einzelbelege 91–92)
9. Insgemein (Einzelbelege 93–95)

Manche Einzelbelege setzen sich wieder aus mehreren Belegen zusammen. Zu dem Einzelbeleg 4 gehören z.B. der Kontrakt mit Silbermann und drei Quittungen. Ähnlich ist es bei den Einzelbelegen 17 und 18 (Verträge mit dem Tischler bzw. Maler und jeweils drei Quittungen).

887 Nach anderen Quellen (D/207 bzw. E/38) soll sie 1622 von »Mr. Wellern« erbaut worden sein.

888 Vgl. Weinart, Topographische Geschichte der Stadt Dresden, 1777, S. 174

889 Das Werk soll 1695, 1697, 1705 1711 und 1719 (!) repariert worden sein (A/45).

890 Gräbners Plan sah eine Orgel mit zwei Manualen und zweiundzwanzig Stimmen vor. Der Entwurf trägt einen Vermerk von Sophienorganist Pezold: »Was die Disposition der Stimmen anlanget, weiß ich nichts auszusetzen.« Gräbner wollte, da »in dem alten Wercke das Zienerne Pfeiffenwerck noch gut«, es wieder mit verwenden. Allerdings müßten die Pfeifenkörper »verlängert« werden, um sie »zum Chorthon zu gebrauchen«. Insgesamt sah Gräbners Plan 1278 Pfeifen vor, davon sollten 543 neu gemacht und die übrigen dem alten Werk entnommen und »in Chorthon gebracht« werden. Der Rat sollte das neue Gehäuse, alle Handwerkerarbeiten und die Materialien bezahlen. Alles, was von der alten Orgel übrig bleibt (Gehäuse, drei Windladen, drei Bälge, ein alter Subbaß und »ein Höltzern [!] Principal«, ein Regal und »alles Regierwerck«) könne – so meinte Gräbner – für 200 Gulden »anderweit« verkauft werden. Gräbner wollte alles innerhalb von achtzehn Monaten (!) bewerkstelligen und verlangte für seine Arbeit »auf 4 Personen und einen Handlanger« monatlich 50 Taler Arbeitslohn. Am 5. Oktober legte Gräbner eine besondere Spezifikation vor, wonach er »4 Thlr. vor mich wöchentl. ..., 8 Thlr. auf drey Gesellen vor Kost und Lohn wöchentl. ... und 18 Groschen wöchentl. dem Handtlanger« forderte (A/3).

891 Genau wie in Freiberg, wo er 1704 einen Entwurf für eine neue Domorgel eingereicht hatte (vgl. Anm. 627), kam Gräbner auch hier nicht zum Zuge, was uns bei dem von ihm beabsichtigen »Flickwerk« allerdings nicht wundert.

892 Am 27. November 1719 schaffte man drei Vorlegeschlösser für den Kasten an, »darinnen das alte Orgel-Werck zum Theil verwahret worden« (B/9/94). Am 6. Mai 1720 bezahlte die Gemeinde Radeburg die Hälfte des vereinbarten Kaufpreises und wollte das Werk abholen, »so bald das Zugvieh von der Weyde sich ein wenig erholt« hat (A/33). Die Abholung scheint Ende desselben Monats erfolgt zu sein, denn am 27. Mai bestätigte der Kämmerer Behrisch den Empfang der 200 Taler (A/34).

893 Der Rat hatte offenbar versäumt, für den beabsichtigten Orgelbau vorher die Genehmigung des Oberkonsistoriums einzuholen. Die Kirchenbehörde verlangte deshalb einen Bericht, »wie es damit zugegangen und wer solchen Bau verfüget, auch wie hoch die Unkosten sich belauffen und woher man selbige bestritten habe« (A/44). Der Rat antwortete am 18. Dezember 1720 u.a.: »... Weil nun ein approbirter Orgelmacher Gottfried Silbermann izo zu Freyberg sich auffhelt, so haben [wir] mit demselben uns vornommen und nach angehöhrten deßen Vorschlägen ... mit Ihm contrahiret...« (A/45b).

Dieser Entwurf stammt unzweifelhaft von Silbermann.[894]

Damit sich der Dresdner Rat ein objektives Urteil über Gottfried Silbermanns Können bilden konnte, ließ er von dem Attest, das der junge Meister vom Freiberger Rat für die dortige Domorgel erhalten hatte, eine Abschrift anfertigen.[895]

Nachdem Gottfried Silbermann »hin und wieder in seinem Vaterlande« schon einige Orgeln gebaut hatte,[896] entschloß sich der Rat zu Dresden, für den in der Sophienkirche notwendigen Orgelneubau »vor andern diesen trefflichen Meister zu erwehlen« (D/206b f. bzw. E/37 f.).[897]

Sonst ist über die Vorgeschichte nichts weiter bekannt.[898]

Bauvertrag

Der Bauvertrag ist im Original erhalten geblieben (B/1/4).[899] Er wurde am 10. Dezember 1718[900] zwischen dem Rat zu Dresden und Gottfried Silbermann abgeschlossen.[901] Der »Orgelmacher« versprach, »nach dem auffgesezten und hierbey gefügten Riße[902] ein ganz neues Orgelwerck in besagter Kirche zu machen«.

Der Kontrakt sah eine Orgel mit zwei Manualen und Pedal und insgesamt achtundzwanzig Stimmen vor.[903] Silbermann hat aber von sich aus das Werk noch um zwei Stimmen erweitert,[904] so daß es schließlich dreißig klingende Stimmen besaß.[905] Im Herbst 1747 erhielt die Orgel noch ein »Unda maris«-Register.[906]

Der Dresdner Rat scheint sich demnach mit Silbermann sehr schnell geeinigt zu haben. Übrigens teilte die oberste Kirchenbehörde am 27. Januar 1721 dem Rat mit: »Nun laßen Wir es zwar ... bey besagten Bau bewenden ... [obwohl] es sich gebühret hätte, in dergleichen Fällen [vorher] mit dem Oberhoffprediger und Superintendenten behörig [zu]communiciren ..., an Uns Bericht [zu] erstatten und der Resolution gewärtig [zu] seyn ...« (A/47).

894 Er sah eine Orgel mit zwei Manualen (mit je zwölf Stimmen) und ein vierstimmiges Pedal vor. Die disponierten Register stimmen völlig mit den später im Kontrakt festgelegten überein. Das Werk sollte 1600 Taler kosten, vier Bälge bekommen und nach dem »Cammer-Thon« gestimmt werden.

895 Es handelt sich um das Attest vom 2. Oktober 1714. Die Abschrift, welche 8 Groschen kostete (B/9/93), befindet sich noch in der Akte (A/4 ff.). Die Freiberger Orgelbauakte (StA. Freiberg: Sign. Aa II I 60 a) enthält einen Entwurf des Attestes (Bl. 73 ff.). Außerdem wird das Attest im Ratsprotokoll vom 3. Oktober 1714 erwähnt (vgl. Anm. 713).

896 Es wurde besonders auf die drei Orgeln »in der benachbarten Berg-Stadt Freyberg« hingewiesen.

897 Ob sich (außer Gräbner) noch weitere Orgelbauer beworben hatten, wissen wir nicht. Es war wie in Freiberg: Neben Gottfried Silbermann hatte ein anderer Meister kaum eine Chance.

898 Auf jeden Fall muß Gottfried Silbermann

zu vorbereitenden Gesprächen persönlich in Dresden gewesen sein: vermutlich im zeitigen Frühjahr 1718, bevor er (im Juni) mit der Arbeit in Großkmehlen begann. Die abschließenden Verhandlungen könnten dann Ende November/Anfang Dezember 1718 geführt worden sein.

899 Er galt als verschollen, wurde aber vom Verfasser in der Sophienkirchrechnung Nr. 111 (StA. Dresden) aufgefunden. Die Rechnung enthält viele aufschlußreiche Dokumente und Belege (vgl. Anm. 886).

900 Das war rund drei Wochen nach der Übergabe der zweiundzwanzigstimmigen Orgel zu Großkmehlen. Gottfried Silbermann kannte offenbar keine längeren Ruhepausen.

901 In der Einleitung heißt es: »Demnach über das Orgelwerck in der Kirche zu St. Sophien alhier und deßen Baufälligkeit viele Jahre geklaget worden, auch unterschiedliche Register nicht mehr gebrauchet und dahero damit Änderung zu treffen nicht wohl länger verschoben werden können ...« Die Urkunde trägt zwar das Dresdner Stadtsiegel, aber keine Unterschrift. Gottfried Silbermann setzte seinem Namenszug eigenhändig noch »Orgel Macher« hinzu und bekräftigte den Kontrakt mit seinem Siegel.

902 Der Riß ist – wie auch bei anderen Werken Silbermanns – nicht mehr auffindbar. Wer den Orgelprospekt entworfen hat, wissen wir nicht.

903 Die Disposition entsprach genau dem von Silbermann vorher eingereichten Entwurf (A/14 f., vgl. Anm. 894).

Im Kontrakt steht, daß die Orgel nach dem »Cammer-Thon eingerichtet seyn« soll.[907] Die Manualklaviaturen sollten sich bis d³ erstrecken.[908]

Das Gehäuse hat Gottfried Silbermann nicht mit geliefert.[909] Andererseits wollte er die »Fuhren von Freyberg anhero[910] und sofort in die Kirche auff seine Kosten« übernehmen, während ihm andernorts freie Ab- und Zufuhr gewährt wurde.[911] Weil Silbermann »zur lezten Arbeit[912] ... alhier [in Dresden] eine Stube und Cammer brauchet«, war der Rat bereit, »ihm dergleichen im Waysen-Hauße vor dem Pirnischen Thore auff ein halbes Jahr« zur Verfügung zu stellen.

Der Kontrakt enthält noch zwei sehr bemerkenswerte Klauseln: Silbermann sollte die »... Vortheile, welche an der Freybergischen Dom-Orgel ... gelobet worden, bey diesem Wercke [in Dresden] ... auch

nicht hinübergehen ...«.[913] Und dann mußte er versprechen, »bey Verpfändung seines Vermögens deme [Kontrakt]« nachzukommen. Reichlich zweieinhalb Jahre früher hatte Silbermann in Freiberg (wegen der Jacobiorgel) eine Sicherheitsleistung entrüstet abgelehnt.

Baukosten

Nach zeitgenössischen literarischen Angaben soll die Orgel »über 2500 Thaler gekostet« haben.[914] Der Orgelneubau verursachte aber einen Aufwand von insgesamt rund 3040 Talern, wie die »Rechnung über den Bey der Kirche zu St. Sophien neu geführten Orgel-Bau ...« beweist (A/36 ff. bzw. B/56/1–9).[915]

Laut Kontrakt sind Gottfried Silbermann für das Orgelwerk allein 1500 Taler versprochen worden. Die Bezahlung sollte in nur drei Terminen erfolgen,[916] die der Rat auch eingehalten hat.[917]

904 Es handelte sich um »Qvintadena 8 Fuß« und »Tertia 2 Fuß«, wie Silbermann in seinem Schreiben vom 16. November 1720 an den Rat selbst angegeben hat (B/1/4).

905 Vgl. die in der von Johann Ulrich König verfaßten Beschreibung wiedergegebene Disposition (D/207).

906 Näheres hierüber unter »Bemerkungen«.

907 In seinem Schreiben vom 16. November 1720 (vgl. Anm. 918) sprach Silbermann davon, daß »das gantze Werck statt des anfänglich verabredeten Chorthones auf anderweitiges Begehren in Cammer-Thon gesetzet« worden sei. Wir gehen darauf in Anm. 919 noch einmal ein. Übrigens ·standen auch die beiden anderen Dresdner Orgeln (Frauen- und Hofkirche) im Kammerton, ebenso wie die Zittauer Johannisorgel.

908 Die Klaviaturen bestanden demnach aus fünfzig Tasten. Den gleichen Manualumfang hatten auch die in voriger Anmerkung genannten Orgeln und außerdem die zu Crostau (vgl. Anm. 1537). Sonst gingen die Manuale aller Silbermannorgeln grundsätzlich nur bis c³.

909 Im Kontrakt heißt es: »Das Gehäuße läßet die Kirche vor sich machen, darein H. Silbermann das Orgelwerck, ingl. was zu deßen Haltung und inwendigen Gebäude gehöret ... verschaffet.«

910 Die meisten Orgelteile (Pfeifenwerk) Windladen, Spiel- und Registermechanik u.a., wurden ja in der Freiberger Werkstatt gefertigt und dann an Ort und Stelle transportiert.

911 Für die drei großen, in Anm. 907 genannten Orgeln hat Silbermann die Fuhrlöhne allerdings auch selbst übernommen. Bei der Frauenkirchenorgel gab es aber erst einige Schwierigkeiten, weil der Rat Silbermanns Forderungen nicht akzeptieren wollte.

912 Damit ist das Aufsetzen, Intonieren und Stimmen der Orgel gemeint.

913 Man berief sich dabei auf das Freiberger Attest vom 2. Oktober 1714. Die Abschrift davon war angefertigt worden, »weil man deßen bey der mit [Silbermann] ... getroffenen Handlung benöthiget zu seyn erachtet« (vgl. Anm. 895).

914 Kurtzgefaßter Kern Dreßdnischer Merckwürdigkeiten, 1720, S. 84. Vgl. auch Weinart (Anm. 888), S. 175.

915 In der Rechnung werden die Beträge in Gulden angegeben. Der Verfasser rechnete sie in Taler um. Ein Gulden zählte 21 Groschen, der Taler 24 Groschen.

916 500 Taler bei Kontraktabschluß, 200 Taler zu Neujahr 1720 und 800 Taler nach Übergabe des Werkes.

917 Silbermanns Quittungen mit seinem Sie-

Nachdem die Orgel am 15. November 1720 übergeben worden war, teilte Silbermann am nächsten Tage dem Rat schriftlich mit, »daß das gesambte Werck mich wahrhaftig über 2100 Thlr. . . . zu stehen kommet«.[918] Er begründete den Mehraufwand wie folgt: »... Gleich wie aber bey der ... Examitation befunden worden, daß nicht alleine das gantze Werck statt des anfänglich verabredeten Chorthones auf anderweites Begehren im Cammer-Thon gesetzt und dadurch ein weit mehrers an Materia-

lien consumiret ...[919] [und] da insonderheit ... das theure Jahr dazugekommen[920] und mir also die Fuhren zur Anschaffung[921] samt dem Unterhalt der Leuthe[922] dergestalt kostbare gefallen ...« Gottfried Silbermann führte auch die zusätzlich gefertigten zwei Register mit an.[923]

Noch am selben Tage wurden Gottfried Silbermann aufgrund seiner der Wahrheit entsprechenden Eingabe 600 Taler bewilligt,[924] zumal Oberkapellmeister Schmidt[925] diesen Betrag für angemessen

gel, seiner Unterschrift und dem eigenhändigen Zusatz »Orgel Macher« sind original erhalten (B/1/4). Danach hat er empfangen:
500 Taler am 10. Dezember 1718,
200 Taler am 23. Dezember 1719 und
800 Taler am 20. November 1720.
Der letzte Betrag von 800 Talern ist offenbar, wie andere Aufzeichnungen zeigen (A/31b), – während Silbermann in Dresden arbeitete – in mehreren Raten bezahlt worden und zwar:
100 Taler am 17. April (1720),
100 Taler am 15. Mai,
 50 Taler am 13. Juni,
100 Taler am 20. Juli,
 50 Taler am 21. September und
 50 Taler am 26. Oktober.
Der verbleibende Restbetrag von 350 Talern scheint dann am 20. November gezahlt worden zu sein, so daß Silbermann die Quittung über den Gesamtbetrag von 800 Talern unterschreiben konnte.

918 Das Schreiben befindet sich mit in der Sophienkirchrechnung von 1720 bei dem Kontrakt und Silbermanns Quittungen.

919 Im Kontrakt war ausdrücklich festgelegt worden, daß »das Werck nach dem Cammer-Thon eingerichtet seyn« soll. Auch Silbermanns Dispositionsentwurf (A/19) sah schon den Kammerton vor. Allerdings hatte er hier 1600 Taler veranschlagt (vgl. Anm. 894). Es wurde dann aber »auf fünfzehnhundert Thlr. gehandelt«. Es ist demnach nicht klar, wann der Chorton »verabredet« worden sein soll. Sollte Silbermann, da es seine erste Kammertonorgel war, den Mehraufwand bei seiner Kalkulation irrtümlich nicht berücksichtigt haben? Seinem Berufskollegen Zacharias Hildebrandt ist bei der Dresdner Dreikönigsorgel ein solcher elementarer »Rechenfehler« unterlaufen!

920 Damit ist die 1719/20 erfolgte große Teuerung gemeint. Der Frauensteiner Chronist Christian August Bahn, der damals das Freiberger Gymnasium besuchte, schrieb darüber: »ao. 1719 ... In diesem Jahre war ein heiser Sommer, die Brunnen und Bäche vertrockneten, es wuchs wenig Getreyde ... daraus entstund eine grosse Theurung ... ao. 1720 ... Die Theurung nahm zu ... Weil aus Böhmen kein Getrayde herausgelassen ward, so musten die Armen grossen Hunger leiden ...« (S. 195f.)

921 Silbermann meinte den Transport der in Freiberg gefertigten Orgelteile nach Dresden. Er erwähnte aber auch, daß »die Rückfuhre meiner Sachen einen besonderen Aufwand erfordert«.

922 Silbermann bot seinen Gesellen ja nicht nur Barlohn, sondern auch freie Beköstigung.

923 Vergleiche hierzu Anm. 904. Des weiteren hatte er die Orgel noch mit »Tremulant und Schwebung« und einem Ventil, »so pedaliter und manualiter besonders gebraucht werden kann«, ausgestattet. Hinzu kam noch »Ein Principal von Zinn zum euserlichen Zierrath, so allein 44 Pfd. Englisch Zinn in sich hält«.

924 Ein entsprechender Vermerk von Stadtkämmerer Behrisch befindet sich auf Silbermanns Eingabe. Der Meister hatte in seinem Schreiben »das zuversichtliche Vertrauen« zum Dresdner Rat bekundet, »Sie werden bey dem unter Gottes Beystand wohlgerathenen Wercke mich nicht Schaden leyden laßen ...«.

925 Es handelt sich um Johann Christoph Schmidt (1664–1744). Er war 1696 am Dresdner Hof Vizekapellmeister und Kammerorganist und zwei Jahre später Hauptkapellmeister geworden. 1717 wurde ihm der Titel eines Oberkapellmeisters verliehen (vgl. MGG, Bd. 1, Sp. 1858).

erachtet hatte (A/46b). Auf die Summe sollten Silbermann »itzo« 500 Taler ausgezahlt werden[926] und der Rest erst nach Ablauf des Garantiejahres.[927]

Gottfried Silbermann hat demnach für die Sophienorgel insgesamt 2100 Taler bekommen. Weiter wurden verausgabt:

338 Taler für Tischler- und Bildhauerarbeiten[928]
210 Taler für Malerarbeiten[929]
119 Taler für Zimmererarbeiten[930]
81 Taler für Maurerarbeiten[931]
40 Taler für Schmiede- und Schlosserarbeiten[932]
85 Taler für Baumaterial[933]
21 Taler für Fuhrlöhne[934]
28 Taler für die Orgelmahlzeit[935]
18 Taler für Kalkantenlohn und Trinkgelder[936]

Von der Gesamtausgabe in Höhe von rund 3040 Talern gingen 200 Taler als »Einnahme« für die nach Radeburg verkaufte alte Orgel ab,[937] so daß die Sophienkirche 2840 Taler »bey diesen Bau würcklich verwendet« hat (A/41).

Bauablauf

Der Ablauf des Sophienorgelbaues läßt sich – trotz der vorhandenen Rechnungsbelege – nur in großen Zügen rekonstruieren.

Nach dem Kontrakt sollte Gottfried Silbermann die Orgel bis Johannis (Ende Juni) 1720 liefern. Der Termin konnte aber nicht eingehalten werden. Das Werk ist vielmehr erst am 15. November übergeben worden.[938]

Mit dem Orgelneubau war auch eine Veränderung des Chores verbunden. Alles was »ein Zimmer-Meister darbey zu thun, hatt H. George Behr[939]«, ein geübter Architectus ... bauen« lassen (A/27). Nach Ausweis

---

926 Der Betrag ist am 5. Dezember 1720 ausgezahlt worden. Die noch vorhandene Originalquittung (B/1/5) lautet wie folgt: »Ich Endeunderzeichneter bekenne daß mich mein Vetter [?] Herr Gottfried Silbermann anhero geschicket und für sonderheitliche Vergüttung vor das von uns [?] neue gebaute Orgel-Wercks in der St. Sophien Kirche fünfhundert Thalern von denn Herren vornehmen Patron des Raths allhier zu Empfangen, welches bar und richtig an mir bezahlet worden ist.
Dresden, denn 5ten Dezember 1720
[Siegel] Gottlieb Silbermann«
Hier stehen wir vor einem noch ungelösten Rätsel, denn ein Gottlieb Silbermann ist in Gottfrieds Verwandtschaft unbekannt, obwohl sich der Verfasser eingehend mit der Silbermannschen Familie beschäftigt hat.

927 Die 100 Taler sind am 13. Dezember 1721 bezahlt worden. Die Originalquittung von Gottfried Silbermann (C/72a) trägt sein Siegel, seine Unterschrift und den eigenhändigen Zusatz »Orgel Macher«.

928 Sie wurden von Johann Jacob Gothier und Johann Georg Adler ausgeführt.

929 Mit den Malerarbeiten wurde Johann Christian Buzäus beauftragt, der etwa zwei Jahrzehnte mit Silbermann zusammengearbeitet hat.

930 Für die Zimmererarbeiten war der bekannte »Architectus« George Bähr verantwortlich.

931 Sie wurden von Johann Gottfried Fehre ausgeführt, der ebenfalls ein Meister seines Faches war.

932 Hier waren die Meister Günther Michel und Arnold Müller tätig.

933 Es wurden verschiedene Bretter, Bauholz, Rüststangen, Mauerziegel, Kalk und Nägel angeschafft.

934 Dabei handelte es sich um Schuttabfuhr, Anfuhr von Sand, Kalk, Ziegeln und Brettern.

935 Vgl. Anm. 974.

936 Vgl. Anm. 968, 985 und 955.

937 Das Werk war »vorhero« von Silbermann taxiert worden (A/37).

938 Kämmerer Burckhardt Lebrecht Behrisch schrieb darüber am 19. November 1720: »Weil aber inzwischen wegen des allzu lange anhaltenden trocken Wetters und große Hitze des 1719. Jahres die Früchte und insonderheit das Getreyde wie nicht weniger die Fütterung vors Vieh sehr zurücke blieben, und darauf alles in Werth gestiegen ... also H. Silbermann ohne seinen Schaden nicht allzu viel Gehülffen zusammen halten können, hat es sich bis gegen Martini [11. November] verzogen ...« (A/26b f.). Ob Silbermann wegen der Teuerung wirklich weniger Gesellen beschäftigte oder gar welche entlassen mußte, wissen wir nicht.

der Originalbelege ist Bähr mit seinen Gesellen und Handlangern von Ende November 1719 bis Anfang September 1720, von einer kurzen Unterbrechung (Ende April/Anfang Mai) abgesehen, laufend beschäftigt gewesen.[940]

Die Maurerarbeiten wurden von Johann Gottfried Fehre ausgeführt.[941] Er war von Ende November 1719 bis Mitte Juni 1720 mit tätig, allerdings mit einer Unterbrechung von Mitte März bis Mitte Mai.[942]

Bereits am 16. Oktober 1719 hatte der Tischler Christoph Mägel nach dem vorgegebenen Riß einen Kostenanschlag für das Orgelgehäuse eingereicht,[943] der aber nicht berücksichtigt wurde. Der Rat schloß

vielmehr am 21. November 1719 mit dem Bürger und Tischler Johann Jacob Gothier[944] einen Vertrag ab.[945]

Wegen der Bildhauerarbeiten wurde kein Kontrakt geschlossen. Der Tischler Gothier wollte sie vielmehr selbst »von einem guten und geübten Künstler verfertigen und nichts ermangeln laßen, was zu Auszierung dieses Wercks einigermaßen gereichen könne«.[946]

Das Orgelgehäuse sollte bis Fastnacht 1720 »im Stande seyn ... damit der Orgelmacher an Auffsezung seiner Arbeit keines weges gehindert werde ...«.[947] Gothier sollte insgesamt, also für seine Tischlerarbeit und die Bildhauerarbeiten, 336 Taler bekommen,[948] und dabei blieb es auch.[949] Die

---

939 George Bähr war ein Landsmann Silbermanns und wurde 1666 in Fürstenwalde bei Lauenstein geboren. Er starb am 16. März 1738 in Dresden (StA. Dresden: KWZ. 1738, Bl. 94; Kurtzgefaßter Kern Dreßdnischer Merckwürdigkeiten, 1738, S. 22). Siehe auch Thieme/Becker, Bd. 2, S. 338 f.

940 Der erste Beleg datiert vom 25. November 1719 (B/7/51) und der letzte vom 7. September 1720 (B/7/90). Der wöchentliche Lohnaufwand betrug durchschnittlich fast 3 Taler. Leider enthalten die Belege keine Angaben darüber, welche Arbeiten im einzelnen ausgeführt worden sind. Bähr war jedenfalls so lange beschäftigt, bis Silbermann (am 9. September) mit dem Intonieren und Stimmen der Orgel begann. Seine letzte Arbeit dürfte der Abbau der Gerüste gewesen sein, die der Maler mit gebraucht hatte.

941 Fehre (1685–1753) erlangte 1715 das Dresdner Bürgerrecht (StA. Dresden: BB. CXXI 19d, Bl. 34). Um 1720 wurde er Ratsmaurermeister und arbeitete oft mit George Bähr zusammen. Die Kirche zu Forchheim (Kreis Marienberg) ist z. B. das gemeinsame Werk von Bähr und Fehre. (Vgl. hierzu Thieme/Becker, Bd. 11, S. 346.)

942 Vgl. die Originalbelege (B/6/31–50), wonach er pro Woche durchschnittlich rund 4 Taler an Löhnen empfangen hat.

943 Er belief sich auf 350 Taler »ohne die Bilthauerarbeit« (A/16). Mägel hat im Februar 1720 »Tezschner Breter« geliefert (B/4/24).

944 »Hannß Jacob Gothier von Basel« (!) hatte 1688 das Bürgerrecht erlangt (StA. Dresden: BB. CXXI 19b, Bl. 318). Sein Sohn, Johann David (ebenfalls Tischler), wurde 1719 Dresdner Bürger (BB. CXXI 19d, Bl. 54b) und wohnte damals bei seinem Vater in der Scheffelgasse. Gothier sen. war kurfürstlicher »Theatral-Tischler« (A/23).

945 Der Kontrakt ist im Original erhalten (B/2/17). Gothier versprach: »...das Gehäuße ... nebenst der Architectur nach dem diesfals verfertigten Grund- und Auff-Riße nach allen Wendungen und Schweiffungen accurat von guten und drocknen Holze zu verfertigen, alle Gesimße, so in dem Aufriße gezeichnet, sauber und fleißig zu verkröpffen, zu kählen und zu verjähren, alle Thüren und Füllungen reinlich auszuarbeiten und einzufaßen, das Gehäuße recht horizontal-vertical zu machen, auch die Lager und Böden waagrecht zu legen ...«

946 Meister Gothier mußte – wie Gottfried Silbermann – versprechen, »bey Verpfändung seines Vermögens« dem Kontrakt nachzukommen.

947 Damit wird wieder bewiesen, daß erst das Gehäuse stehen mußte, bevor Silbermann die Orgel aufsetzen konnte.

948 100 Taler sollten sofort ausgezahlt werden und das übrige »wenn die versprochene Tischler- und Bildhauerarbeit zu rechter Zeit fertig und vor tüchtig erkand wird«. Nach den Originalquittungen (B/2/17) hat Gothier am 24. November 1719 100 Taler, am 20. Juli

Bildhauerarbeiten sind von Johann Georg Adler[950] ausgeführt worden.[951] Wann das Orgelgehäuse mit allem Zierat fertig gewesen ist, geht aus den Belegen leider nicht hervor – vermutlich erst im Juni 1720.[952] Um die Malerarbeiten hatte sich der »Jagdt-Mahler in AltDreßden«, Johann Christian »Buzen«[953], beworben.[954] Am 27. Mai 1720 schloß der Rat mit ihm einen Vertrag, »das neu Verferttigte Orgel-Gehäuse zu mahlen ...«.[955] Die Vergoldung sollte mit »guten Ducaten-Golde« geschehen.[956] Die »Archi-tectur« wollte Buzäus »weiß auff Alabaster Arth planiren und die Füllungen mit zwey bis drey Coulleren [= Farben], wie es sich am besten schicket, auszieren...« und das Chor mit denselben Farben, »damit es mit dem Orgel Wercke accordire, ausstaffiren [und] auch einen rothen Vorhang um das Gehäuße mahlen«.

Die Malerarbeiten sollten »binnen dato und Margaretha [20. Juli] tüchtig und gut« ausgeführt werden. Der Rat bewilligte Buzäus 200 Taler.[957] Vermutlich hat Buzäus den

(!) 200 Taler und am 7. Dezember 1720 den Rest erhalten. Die zweite Rate scheint in zwei Terminen von je 100 Talern am 14. Mai und 20. Juli ausgezahlt worden zu sein (A/31 b).

949 Gothier hatte nämlich am 30. November 1720 für zusätzliche Arbeit noch 14 Taler gefordert und ein »Tranckgeld zur Ergözlichkeit« erbeten. Der Rat lehnte aber beides ab, da »an dem verdingten Wercke einiger Mangel und Versehen gewesen«, und ließ dem Tischler nur noch die auf den Kontrakt »restirenden 36 Thlr.« auszahlen (A/23).

950 Er stammte aus Leipzig und wurde 1729 Dresdner Bürger (StA. Dresden: BB. CXXI 19d, Bl. 117b).

951 Der einzige Hinweis darauf ist eine eigenhändige Quittung Adlers (A/25). Hiernach hat er an der Orgel »Auff verordnung des Herrn Silbermanns ... zwey Stück Zierath geändert« und dafür am 19. November 1720 zwei Taler bekommen. Die Quittung trägt als Bestätigung Silbermanns Unterschrift.

952 Vgl. Anm. 955.

953 Er selbst schrieb sich »Buzeus« oder »Buzäus«.

954 Von ihm liegt ein eigenhändiger »Anschlagk, Wie man auffs Genaueste die Orgel in der Suffien Kirche ver Golden und außstaffiren kan«, vor (A/17). Buzäus hatte drei Möglichkeiten vorgeschlagen:

1. »...von Guden Duckaten Golde Glanz vergoltet ...«,
2. »...Von Guden Golde auff Öhlfarben Matt ver Gold ...« und
3. »...von Medalle mit einen Ferntz überzogen ...«.

Er veranschlagte dafür 250, 180 bzw. 89 Taler. Nach der dritten Möglichkeit war offenbar (durch Joh. Stephan von Schöneveldt) die Freiberger Domorgel »staffirt« worden (vgl. Anm. 727), das Werk wurde bald unansehnlich.

955 Der Vertrag ist im Original vorhanden (B/3/18). Es ist zunächst anzunehmen, daß zur Zeit des Vertragsabschlusses das Orgelgehäuse (endlich) fertig war. Das scheint aber doch nicht der Fall gewesen zu sein. Buzäus behauptete nämlich in einem Schreiben vom 27. November 1720 (B/3/18), daß »solches allzu sehr genau mit mir damahls behandelt worden« sei und zwar »nach dem mir vorgezeigten Riße ... [da] die Tischler- und Bildhauer-Arbeit noch nicht fertig gewesen...«. Buzäus hatte in seinem »Anschlagk« (vgl. vorige Anm.) 250 Taler berechnet. Deswegen behauptete er nun, »gleich bey Anfange des Contracts« darauf hingewiesen zu haben, daß er mit dem »Accord unmöglich zufrieden seyn und damit auskommen« könne. Der Rat bewilligte ihm daraufhin noch 10 Taler, obwohl Buzäus 24 Taler erbeten hatte, zumal er »über 12 Thlr. an Golde darbey [habe] mehr zusetzen müßen ...«. Am 14. November 1720 reichten die vier Gesellen des Malers ein Gesuch ein und erbaten ein Trinkgeld. Sie haben zusammen 2 Taler und 16 Groschen »zu einer Ergözligkeit« bekommen (B/3/19).

956 Im Vertrag war genau festgelegt worden, was alles zu vergolden ist, entweder »glanz« oder »matt«.

957 Davon sollten 60 Taler sofort ausgezahlt werden und die restlichen 140 Taler »wenn die versprochene Arbeit zu rechter Zeit ferttig und vor tüchtig erkandt worden« ist. Nach den noch vorhandenen Originalquittungen hat Buzäus am 30. Mai 60 Taler, am 28. August 100 Taler und am 10. Dezember 50 Taler empfangen, da man ihm »wegen verschiedener über den Contract verferttigter Arbeit« noch 10 Taler bewilligt hatte (vgl. Anm. 955).

Termin nicht einhalten können, sondern seine Arbeit erst Ende August beendet.[958]

Es traten offenbar bei der Arbeit der beteiligten Handwerker ähnliche Verzögerungen ein, wie wir es bei der Freiberger Domorgel kennenlernten. Es läßt sich auch nicht mit Sicherheit feststellen, wann Gottfried Silbermann mit der Arbeit in Dresden begonnen hat. Es ist anzunehmen, daß er gleich nach Abschluß des Kontraktes die Werkstattarbeiten in Angriff nahm.[959]

Nach dem Kontrakt sollte schon zu Anfang des Jahres 1720 »mit Auffsezung des Wercks der Anfang gemachet« werden.[960] Damit paßt aber nicht zusammen, daß der Tischler – kontraktgemäß – das Gehäuse »erst« bis Fastnacht fertigstellen sollte, was aber außerdem als praktisch unmöglich erscheinen muß, nachdem der Kontrakt erst am 21. November 1719 geschlossen worden war.

Vermutlich hat Silbermann im März oder April 1720 die Orgelteile von Freiberg nach Dresden transportieren lassen. Es heißt, daß die Orgel »im Breyhahnhause[961] auf der Breiten Gasse zusammen gebracht worden« ist (E/38).[962]

Gottfried Silbermann hat – allem Anschein nach – erst im Juni 1720 mit dem Aufsetzen der Orgel anfangen können, weil das Gehäuse kaum eher fertig gewesen ist. Trotzdem kann er sich seit April in Dresden aufgehalten haben,[963] weil vorher noch andere Arbeiten zu erledigen waren.

Nach alledem mögen Silbermann zum Aufbau, Intonieren und Stimmen der Orgel rund fünfeinhalb Monate als minimalste Zeitspanne zur Verfügung gestanden haben,[964] und das dürfte ausreichend gewesen sein.[965]

Allerdings hat Silbermann, was wohl sonst nur in Rötha und Rochlitz vorkam, seine Orgel aufsetzen müssen, während der Maler noch am Gehäuse und dem Zierat arbeitete; denn Buzäus ist – wie wir annehmen mußten – erst etwa Ende August mit allem fertig gewesen.[966]

Anfang September 1720 war das Werk so-

958 Das ist einfach daraus zu schließen, weil Buzäus erst Ende August Geld bekommen hat (vgl. vorige Anm.). Um diese Zeit muß Gottfried Silbermann auch mit dem Aufbau der Orgel fast fertig gewesen sein.

959 Gottfried Silbermann hatte am 22. Dezember 1718 einen Kontrakt über eine zweiundzwanzigstimmige Orgel für die Georgenkirche zu Rötha abgeschlossen. Offenbar hat er im Jahre 1719 in seiner Werkstatt demnach gleich an zwei Orgeln gearbeitet. Darüber hinaus hatte er (etwa ab März) bis Mitte Juli desselben Jahres noch mit dem Aufbau der Freiberger Johannisorgel zu tun. Silbermann konnte sich wohl nur deswegen soviel vornehmen, weil er damals in Zacharias Hildebrandt einen besonders befähigten Gesellen und außerdem in seinem Vetter Johann George eine Stütze hatte.

960 Zu diesem Zeitpunkt sollte Silbermann ja auch 200 Taler bekommen, die ihm auch ausgezahlt wurden (vgl. Anm. 916 und 917).

961 Das Haus hatte seinen Namen von der 1652 dort gegründeten »Breihahn-Brauerei«. Seit Anfang des vorigen Jahrhunderts befand sich dort ein Speisehaus. Das Grundstück blieb Gaststätte, zuletzt unter dem Namen »See-Tor-

gaststätte«, bis es im Februar 1945 einem Luftangriff zum Opfer fiel.

962 Vermutlich hatte Silbermann hier eine zeitweilige Werkstatt. Wahrscheinlich waren die Gesellen auch dort untergebracht, denn die vom Rat im Waisenhaus zur Verfügung gestellte Kammer und Stube war wohl nur für Silbermann selbst ausreichend. Sechzehn Jahre später, beim Bau der Frauenkirchenorgel, hatte der Meister sein »Logier auf der Breiten Gaße in dem Breyhahn-Hauße« (STA. Weimar, Außenstelle Greiz: Akte Sign. C II Ae 17e, Bl. 21 b).

963 Dafür spricht die Tatsache, daß ihm am 17. April und 15. Mai je 100 Taler ausgezahlt worden sind (vgl. Anm. 917).

964 Viel mehr war auch gar nicht eingeplant, weil im Kontrakt das Quartier in Dresden nur für ein halbes Jahr eingeräumt werden sollte.

965 Das läßt sich damit begründen, daß Silbermann an den vergleichbaren Orgeln zu Reichenbach und Greiz jeweils siebeneinhalb bzw. sechseinhalb Monate am Ort arbeitete, obwohl er die Gehäuse mit lieferte. In Dresden brauchte er sich darum aber nicht zu kümmern.

966 Jetzt wird auch klar, warum es im Kontrakt mit Buzäus hieß, daß er sich »möglichster

weit vollendet, daß sich Gottfried Silbermann der letzten Arbeit, dem Intonieren und Stimmen, widmen konnte.[967] Das nahm noch fast zehn Wochen Zeit in Anspruch.[968] Kurz nach Martini konnten Gottfried Silbermann und seine Gesellen ihre Werkzeuge weglegen. Trotz der durch die Teuerung verursachten Notzeit hatten sie ein Werk geschaffen, daß wesentlich zum Ruhme des Meisters beitrug.[969]

Mit berechtigtem Stolz konnte Gottfried Silbermann zweieinhalb Jahre später, am 10. Juni 1723, an Kurfürst Friedrich August I. von Sachsen schreiben, daß er »an vielen Orten in Sachsen, sonderlich aber … zu Freyberg und allhier in Dero … Residenz Dreßden verschiedene große capital-Orgeln mit allgemeinem Beyfall der Kunstverständigen erbauet« habe.[970]

Übergabe, Prüfung und Weihe

Die Orgel ist am Freitag, dem 15. November 1720, übernommen bzw. geprüft worden (A/29).[971] Man stellte fest, daß das Werk »dem Contract gemäß gebauet« worden war,[972] so daß die Übernahme »mit allgemeinem Beyfall vieler anwesenden Kenner und dazu erbethenen Zeugen« geschehen konnte (D/207). Eine andere Quelle berichtet, daß die Orgel »durch viel anwesende Kenner dieser Kunst examiniret und approbiret« worden ist (E/38). Ein Bericht über die Orgelprüfung – wie in Freiberg – ist nicht auffindbar. Nirgends werden die Namen derer genannt, die das Werk prüften.[973] Der Rat hat anläßlich der Orgelübergabe eine entsprechende Mahlzeit veranstaltet, die einen Aufwand von rund 28 Talern verursachte.[974]

Die Weihe der neuen Orgel erfolgte an

---

967 Dabei gab es anfangs Ärger und Verdruß. Silbermann hatte nämlich, ungeachtet der Einwendungen des Superintendenten, »sich unterfangen«, trotz der in der Kirche gehaltenen »so nöthigen Predigten derer Candidatorum Ministeriy«, die sich auf das Examen vorbereiteten, »in stimmen [der Orgel] fortzufahren«. Am 18. September wies das Oberkonsistorium den Superintendenten an, Silbermann »solches allen Ernstes zu verweisen [und] mit solchen Nachdruck zu untersagen, damit Wir … zu anderer Verordnung nicht bewogen werden mögen …« (A/42 f.).

968 Das beweisen die Originalquittungen von Christian Richter, der »bey Stimmung des Wercks als Calcante gebraucht worden« ist. Seine Arbeit begann am 9. September (B/1/7) und endete am 16. November (B/1/16). Er bekam einen Taler »Handarbeiterlohn« pro Woche. Christoph Leubner hat für die gleiche Arbeit bei der Freiberger Domorgel eineinhalb Taler Wochenlohn bekommen (vgl. Anm. 701).

maßen in Acht nehmen [soll], daß dem Orgelmacher an seiner Arbeit nicht Schade oder Hindernis veruhrsacht werden möge«. Buzäus und Silbermann hatten ja schon mehrmals zusammen gearbeitet und nahmen wohl aufeinander entsprechend Rücksicht. Dagegen gab es in Zittau mit dem Maler Dietrich Christian Vierling Differenzen und Schwierigkeiten.

969 Sechzehn Jahre später wurde Silbermanns Orgel in der Frauenkirche zu Dresden geweiht. Der Rat hat dem Meister diesen (noch größeren) Auftrag erteilt, weil Silbermann »mit dem Wercke in der Sophien-Kirche sich bey uns in guten Estim gesetzet …« (s. Anh. SD. Nr. 31).

970 Siehe Anh. SD. Nr. 15.

971 Das Datum geht auch aus den beiden »Beschreibungen« (D/207 bzw. E/38) hervor. Es hat sich demnach – dem Kontrakt gegenüber – eine Verzögerung von fast fünf Monaten ergeben. Der Kämmerer Behrisch schrieb darüber in einem Bericht, daß Silbermann wegen der Teuerung »nicht allzu viel Gehülffen [hätte] zusammen halten können …« (vgl. Anm. 938). Das kann aber nicht der einzige Grund gewesen sein, denn die anderen Handwerker mußten ja auch unter den Auswirkungen der »teuren Zeit« leiden! In Freiberg wollte man ja auch Silbermann allein die Schuld an der verspäteten Übergabe der Domorgel zuschieben.

972 Vgl. das vom Rat für Silbermann am 20. November ausgestellte Attest (Anh. SD. Nr. 11).

973 Es ist anzunehmen, daß »Cammer«- und Sophienorganist Christian Pezold und andere Mitglieder der Dresdner Hofkapelle mit der Prüfung der Orgel beauftragt worden sind.

974 An der Mahlzeit haben vermutlich acht-

einem Montag, dem 18. November, »mit einer Predigt und vortrefflichen Music«.[975] Die Predigt hielt Superintendent D. Valentin Ernst Löscher (1673–1749).[976] Anschließend wurde von der Hofkapelle unter Leitung des Vizekapellmeisters[977] »eine incomparable Music« aufgeführt, »die durch ihre Annehmlichkeiten aller Augen und Hertzen an sich« zog (E/40). Die geistliche Poesie hierzu stammte von dem Hofpoeten Johann Ulrich König (1688 bis 1744)[978] und war von Christian Pezold (1677–1733), dem »vornehmlich in Kirchen-Sachen berühmten Componisten, in Noten gesetzt« worden (E/40).[979] Pezold, »ein qualificirter Musici«, hat die Orgel im Gottesdienst auch das erste Mal »gebrauchet«.[980]

Der Hofpoet Johann Ulrich König[981] verfaßte eine beachtenswerte Beschreibung der Orgel.[982] Darin rühmte er das Werk.[983] An Gottfried Silbermann, »den Weitberühm-

unddreißig Personen teilgenommen. Der Originalbeleg (B/9/95) verzeichnet folgendes:

Tlr.	Gr.	Pfg.*	
—	19	6	für 13 Pfd. Rindfleisch (à 18 Pfg.) mit Senf
1	8	—	für 2 Gänse (mit Sauerkraut)
1	16	6	für 24 »Krambs Vogel«
1.	4	—	für 17 »Porsche« (mit Sardellensoße)
4	—	—	für eine Pastete (von Lammfleisch und Gänseleber)
1	12	—	für »ein Wilts Zimmel« (?)
1	7	—	für 2 geräucherte Schinken
—	20	—	für 2 Rindszungen
—	8	—	für 1 Pfd. »Parmesankäße«
2	—	—	für »ein Martins Horn« (?)
—	20	9	für »Eingemachtes« und Salat
—	12	—	für Butter und Speck
—	19	6	für Zitronen, Gewürze und Sardellen
—	7	—	für Eier
—	10	—	für Brot und Semmel
—	17	6	für »6 Loth Coffe« und 1 Pfd. Zucker
—	10	6	für »Sechserley Frisch Obst«
1	7	8	für 38 Kannen Wurzener Bier (à 10 Pfg.)
7	22	—	für 47 ¹/₂ Kannen Wein (à 4 Gr.) »incl. 5 Kannen, so des Orgelmachers Leute bekommen und 4¹/₂ Kannen, so in der Küche aufgangen«

* 12 Pfennig = 1 Groschen
   24 Groschen = 1 Taler

975 Vgl. Kurtzgefaßter Kern Dreßdnischer Merckwürdigkeiten, 1720, S.84. Das Weihedatum wird auch durch die von Johann Ulrich König verfaßte Beschreibung belegt (D/207b). Vgl. auch die andere Beschreibung der Orgel (E/40). Die letztere Quelle berichtet, daß der Gottesdienst schon morgens um 7.30 Uhr begann, also zur damaligen Jahreszeit etwa bei Sonnenaufgang.

976 Nach den Worten des Kämmerers Behrisch hatte Löscher selbst »in Scientio Musices eine nicht geringe Wißenschafft« (A/27b). Er sprach über Luthers sogenannte »Haus-Tafel« und brachte in seiner Predigt »ungemein schöne Allegorien auf die Orgeln« (E/41).

977 Sein Name wird nicht genannt. Es könnte eventuell Pantaleon Hebenstreit (1667–1750) gewesen sein (vgl. MGG, Bd.6, Sp.4).

978 König wirkte seit Anfang 1720 am Dresdner Hof (vgl. Anm.142).

979 Es handelte sich um ein Oratorium mit zwei Chören. Bei dieser »erstaunenswürdigen Music« war anfangs der 150. Psalm »in Musicalischer Vorstellung aller darinnen mentionirten Instrumente« zu hören. Die daran beteiligten Virtuosen »legten eine rechtschaffene Probe ihrer Kunst ab« (E/41).

980 Diese wertvolle Mitteilung verdanken wir dem Kämmerer Behrisch und seinem Bericht vom 19. November 1720 (A/27b). Pezold hatte sich bei der Übernahme der Orgel zu Großkmehlen schon von Silbermanns Kunst überzeugen können. Es muß daran erinnert werden, daß der »berühmte Componist« und »qualificirte Musici« Christian Pezold der Sohn eines »Steinbrechers« war (vgl. Anm.850).

981 Über sein Leben und Wirken vgl. Allgemeine Deutsche Biographie, Leipzig 1882, Bd.16, S.516ff., bzw. MGG, Bd.7, Sp.1364ff.

982 Die Beschreibung wurde gedruckt, trotzdem scheint es von ihr nur noch zwei Exemplare zu geben: im STA. Leipzig (D) und in Strasbourg (s. Anh. OWS. Nr.2). Der Name des Autors findet sich, etwas versteckt, auf S.5 der Druckschrift. Die andere Beschreibung der Orgel (E) lehnt sich stark (teilweise wörtlich) an Königs Werk an.

983 König schrieb u.a.: »Die beyde Claviere

ten und vortrefflichen Künstler«, richtete er folgende Worte:

> »Wo seinen Meister je ein schönes
>   Werck gepriesen,
> So hat dein Kunst-Bau dieß, mein
>   Silbermann, erwiesen;
> Denn keine Pfeiffe kan in diesem
>   Werck erklingen,
> Sie muß zugleich dein Lob und deine
>   Kunst besingen.«

In einem am 20. November 1720 ausgestellten Attest brachte der Rat zu Dresden zum Ausdruck, daß Silbermann »seine Profession wohl verstehe« und das Werk »so wohl gerathen« sei, daß die Kirche damit »ein gutes Kunststück« besitze.[984]

Der Rat der kurfürstlichen Residenzstadt Dresden hat auch die Gesellen des großen Orgelbaumeisters nicht übersehen, sondern bewilligte ihnen ein sozusagen kollektives Trinkgeld von 6 Talern. Gottfried Silbermanns Vetter, Johann George, hat darüber quittiert.[985]

sind von Eben-Holtze und Elffenbein, wie die Auszüge der Register, sehr zierlich verfertigt. Das gantze Werck ist äuserlich nach der Bau-Kunst sehr ansehnlich von künstlicher Tischler-Arbeit auffgeführt, weiß und blau bemahlt, auch mit dem schönsten Glantz-Golde reichlich vergüldet, wozwischen denn die von dem besten gehärteten und geschlagenen Englischen Zinn blanckpolirte große und kleine Pfeiffen in schönster Ordnung prangen. Die innere Arbeit ist insgesamt auff das sauberste und netteste, und zwar so geraume angelegt, daß man, als in einem wohlauffgeputzten Cabinette, zu iedem leicht kommen, und alles wohl finden kan. Das Pfeiffwerck selbst aber klingt so lieblich, so rein und dabey doch so scharff, daß nicht nur jeder Thon ohne alles verdriesliche Schnarren wohl anspricht, sondern auch iedes Register insbesondere, wenn es nach seiner erfordernden Art gespielt wird, erthönt theils so ernsthafft, theils so süsse, daß dadurch nicht nur die Ohren gekützelt, sondern auch die Hertzen auff das beweglichste gerühret werden. Worunter sonderlich die Menschen-Stimme [Vox humana] mit der darinn angebrachten und von unserm berühmten Künstler neu erfundenen und wohl nachgeahmten lieblichen Schwebung alle Zu-

Übrigens muß der Rat zu Dresden gleich bei Übernahme der Orgel mündlich dem Meister die gebührende Anerkennung bezeugt haben, denn Gottfried Silbermann schrieb einen Tag später in seiner Eingabe: »Daß Ew. Hoch- und Wohl Edlen mit dem in der Sophien-Kirche alhier unter Göttlichem Beystand von mir gefertigten … Orgelwerck content und zufrieden gewesen, darüber habe eine Hertzinnigliche Freude geschöpffet…« (B/1/4). Gottfried Silbermann gehörte zu den Menschen, denen es innere Freude und Genugtuung bereitete, mit ihrer gelungenen Arbeit andere zufriedenzustellen.

Bemerkungen

Gottfried Silbermann hatte auf sein Werk ein Jahr Gewähr gegeben. Nach Ablauf dieser Frist stellte der Sophienorganist Christian Pezold am 17. Dezember 1721 ein Attest aus und bestätigte, daß sich die Orgel »noch in vollkommenem Stande« befinde.[986]

hörer mit einer angenehmen Bestürtzung überrascht.« Diese Beschreibung ist fast ein Ersatz für den nicht (oder nicht mehr) vorhandenen Abnahme- oder Examinationsbericht.

984 Vgl. Anh. SD. Nr. 11.

985 Die von Johann George Silbermann, der damals reichlich zweiundzwanzig Jahre alt war, eigenhändig unterschriebene Quittung ist original erhalten (B/1/6) und lautet:
»Sechs rthlr. – bewilligte Discretion vor die Orgelmacher-Gesellen seynd mir Endesbenanten von Tit. Herrn Cämmerer Behrischen dato bahr bezahlet worden, worüber vor mich und meine Cameraden nebst schuldigster Dancksagung hiermit quittiere.
Dreßden, am 20. Nov. ao. 1720.
Johann George Silbermann
Orgelmacher[ge]selle«
Nachdem »des Orgelmachers Leute« bei der Festmahlzeit fünf Kannen Wein bekommen haben (vgl. Anm. 974), dürfte Gottfried Silbermann an der Orgel mit fünf Gesellen gearbeitet haben.

986 Das Originalschreiben ist erhalten geblieben (C/72b) und lautet wie folgt:
»Nachdem das GewährJahr von der Orgel in der St. Sophien-Kirche bereits zu Ende gewesen, der

Im September 1725 kam Johann Sebastian Bach nach Dresden[987] und wurde von den dortigen »Hoff- und Stadt-Virtuosen sehr wohl empfangen«, weil sie ihn wegen »seiner Geschicklichkeit und Kunst in der Music« bewunderten. Der große Orgel- und Tonmeister benutzte die Gelegenheit und spielte in ihrer Gegenwart am 19. und 20. September »über eine Stunde lang« auf der neuen Sophienorgel.[988]

Sechs Jahre später, am 14. September 1731, nachmittags um drei Uhr, hat sich Bach, der wenige Tage zuvor aus Leipzig nach Dresden gekommen war,[989] abermals »in Gegenwart derer gesamten Hof-Musicorum und Virtuosen« auf Silbermanns Sophien-orgel hören lassen, so »daß jedermann es höchstens admiriren müssen«.[990]

Am 1. April 1740 berichtete der Stadtorgelbauer Tobias Schramm (1701–1771), der die Dresdner Orgeln zu betreuen hatte, daß die Sophienorgel reparaturbedürftig sei (F/1 f.).[991] Der Rat setzte Gottfried Silbermann schriftlich davon in Kenntnis. Der Meister antwortete am 20. April, daß er aus dem Brief »mit großer Betrübnis ersehen [habe], daß die mit vieler Mühe und Fleiß verferttigte Orgel ... durch dasige Kirchen-Reparatur einigen Schaden erlitten« hat. Er wolle, »wenn es noch einige Wochen Anstand haben kan ... und Gott Leben und Gesundheit geben wird, bey mei-

Orgel-Bauer H. Silbermann aber umb die noch rückständigen 100 Thlr. Ansuchung gethan, wegen anderwärtigen Verrichtungen aber nicht hat können selbst hier seyn, es auch nicht nöthig gewesen, ermelte Orgel anjezo nochmahls durchzugehen, weil sich an den Wercke seit der Übergabe kein Fehler gezeiget, sondern alles biß dato noch in vollkommenen Stande ist. Welches ich hiermit attestiren sollen. Sign. Dreßden, am 17. Decembr. 1721.

Christian Pezold
Organist zu St. Sophien«

Hierzu ist zu bemerken, daß Silbermann die (auf die ihm bewilligte Nachzahlung von 600 Talern) noch rückständigen 100 Taler bereits am 13. Dezember 1721 empfangen hatte (vgl. Anm. 927).

987 Der Grund der Reise war die Überreichung einer Eingabe an Kurfürst Friedrich August I. (STA. Dresden: Loc. 2127, Reskripte 1724–28, Bl. 115 f.).

988 Darüber erschien am 27. September im Hamburger RELATIONSCOURIER (Nr. 151) eine kurze Mitteilung (vgl. das Zitat in Bach-Dokumente, Bd. II, Nr. 193).

989 Es wird vermutet, daß Bachs Besuch der am 13. September in Dresden erstaufgeführten Oper »Cleofide« von Johann Adolf Hasse (1699 bis 1783) galt.

990 Vgl. Kern Dreßdnischer Merckwürdigkeiten, September 1731, S. 73, bzw. Bach-Dokumente, Bd. II, Nr. 294. Es sei an dieser Stelle erwähnt, daß sich Johann Sebastian Bachs ältester Sohn, Wilhelm Friedemann (1710–1784), am 7. Juni 1733 (nach Pezolds Tod) um die Sophienorganistenstelle beworben hat. Er wurde auch angenommen und bekleidete das Amt dreizehn Jahre, bis er im Frühjahr 1746 nach Halle ging (StA. Dresden: Akte Sign. D XXXIV 17, Bl. 10 ff.). Bach hatte als seinen Nachfolger Johann Christoph Altnikol (1719–1759), Johann Sebastian Bachs späteren Schwiegersohn, vorgeschlagen. Die Stelle bekam aber Johann Christian Gössel (geboren am 17. August 1718; PfA. Lauenstein: TaR. 1718). Er berief sich in seiner Bewerbung vom 20. April 1746 auf Musikdirektor Theodor Christlieb Reinhold (1679–1755), bei welchem er sich seit fünf Jahren »als Notiste befunden« und auch in der Komposition geübt habe (StA. Dresden: Akte Sign. D XXXIV 17, Bl. 25 f.). Gössel war nach seinen eigenen Angaben aus Lauenstein gebürtig und ist 1757 (Beerdigungstag: 14. April), erst neununddreißig Jahre alt, »an hitzigem Fieber« in Dresden gestorben (StA. Dresden: KWZ. 1756/57, Bl. 551).

991 Schramm hatte festgestellt, daß infolge der in der Kirche durchgeführten Bauarbeiten viel Staub in die Orgel und ihr Pfeifenwerk eingedrungen war. Da auf dem Kirchenboden über der Orgel Getreide gelagert wurde, waren außerdem in großen Mengen »Kornwürmer« in allen Windladen und Pfeifen zu finden. Schramm schrieb wörtlich: »Ob wohl ich mir nun wohl getraue, dieses an und vor sich einmahl richtig und perfect gemachte und nur blos zufälligerweise schadhafft gewordene Werck wieder zu reparieren und in vorigen guten Standt zu sezen, so stehe doch ... damit an, mich deßen zu unterziehen ... bis daß der Meister dieses herrlichen Orgelwercks Herr Silbermann darüber

ner Reiße durch Dreßden nach Zittau[992] die Sophien-Orgel ansehen« und dabei seine Gedanken mündlich unterbreiten (F/3). Silbermann meldete sich aber erst am 21. Juli aus Zittau und teilte dem Rat mit, daß er sich auf seiner Reise »anhero«, das heißt nach Zittau, in Dresden nicht aufgehalten habe. Er wolle die »betrübte Orgel« aber mit in Augenschein nehmen, wenn er nach Dresden gerufen werde, um seine Vorschläge wegen einer Orgel für die im Bau befindliche »neue Schloß-Kirche«[993] zu unterbreiten (F/4).[994]

Inzwischen hatte der Oberhofprediger D. Bernhard Walther Marperger (1682 bis 1746) die Orgelreparatur »nachdrücklich recommendiret«.[995] Aufgrund einer Verfügung des Rates wurde das Werk daraufhin am 28. Juli in Gegenwart von Stadtkämmerer Sommer, Hoforganist Johann Christoph Richter (1700–1784) und Ratsaktuar Herold durch den Stadtorgelbauer

Tobias Schramm besichtigt und Gottfried Silbermann am 1. August brieflich vom Ergebnis unterrichtet.[996] Er antwortete am 6. August von Zittau aus: »Wann ich nun eben bald im Begriff bin, nach Dreßden zu reisen, und verhoffe nechst göttl. Hülffe d[en] 14. hujus [= dieses Monats] daselbst zu seyn. So werde alsdenn die Orgel zugleich mit in Augenschein nehmen« (F/8).[997]

Gottfried Silbermann hat sein Wort gehalten und am 17. August sein Werk in Augenschein genommen,[998] konnte aber keinen »Haupt-Mangel und Schaden« daran bemerken.[999] Als man dann einige Register durchging, mußte man feststellen, daß »verschiedene Pfeiffen gar nicht ansprachen«. Silbermann ließ »aus einem Register ein paar Pfeiffen herunternehmen, reinigte nur mit einem Pappier deren labia[1000], darauf sie sofort wieder ansprachen«. Der Meister meinte, wenn damit fortgefahren

befraget worden und seine Gedanken eröffnet«.

992 Silbermann hatte am 12. Februar 1738 einen Kontrakt über eine dreimanualige Orgel für die Zittauer Johanniskirche abgeschlossen, und das Werk sollte bis September 1741 fertig sein.

993 Damit ist die Katholische Hofkirche gemeint, zu der 1739 der Grundstein gelegt worden war.

994 Der volle Wortlaut des Briefes ist im Anhang SD. Nr. 42 zu finden.

995 Der Rat teilte Marperger mit, daß man auf Silbermann gewartet habe. Er habe »kürzlich Hoffnung gemachet, selbst anhero zu kommen, [um] das Werck in Augenschein zu nehmen«. Man wolle die Orgel keinem andern anvertrauen, solange »nicht der Werckmeister darüber zurathe gezogen worden« sei. Der Oberhofprediger war damit zunächst zufrieden. Er befürchtete nur, daß die Reparatur und Stimmung im Herbst bzw. Winter »entweder gar unterbleiben müsse oder doch sehr schwerlich« sei und es geschehen könne, daß die Orgel beim Gottesdienst »gar nicht zu gebrauchen wäre« (F/5).

996 Aus dem Bericht geht hervor, daß u.a. sämtliche Register geprüft wurden, wobei sich ergab, daß viele Pfeifen »theils gar nicht, theils

sehr wenig und falsch« ansprachen. Sonst wurde dasselbe (Staub, Kornwürmer usw.) festgestellt, worüber Tobias Schramm schon am 1. April berichtet hatte.

997 Hiernach ist anzunehmen, daß Mitte August 1740 auch die (vermutlich erste) persönliche Besprechung mit Silbermann wegen des geplanten Hofkirchenorgelbaues stattgefunden hat, nachdem er bisher anscheinend nur »Brieffe von Dreßden erhalten« hatte (vgl. SD. Nr. 42).

998 Dabei waren Stadtkämmerer Sommer, Frauenkirchenorganist Christian Heinrich Gräbner (weil Hoforganist Richter sich mit seinen Verrichtungen entschuldigt hatte), der Orgelbauer Tobias Schramm und Aktuar Herold anwesend. Eigentlich hätte vor allem auch Sophienorganist Wilhelm Friedemann Bach mit da sein müssen, er war aber nicht zu Hause und »nicht anzutreffen gewesen«.

999 Die von Schramm bemerkten Defekte an der Manualkoppel und den Klavieren und Abstrakten setzte Silbermann sofort instand.

1000 Damit sind die »Lippen« der Pfeifen gemeint. Man unterscheidet Ober- und Unterlabium. Dazwischen befindet sich der sogenannte Aufschnitt mit der Kernspalte. Vgl. hierzu: Wolfgang Adelung, Einführung in den Orgelbau, Leipzig 1972, S. 40 ff.

werde, könne das Werk auf einige Zeit und bis zu einer durchgehenden Stimmung gespielt werden. Die »Durchgehung dieses Wercks« könne dem Orgelbauer Schramm gar wohl« anvertrauet werden« (F/9 f.).[1001] Gottfried Silbermann hatte demnach Vertrauen zu seinem Berufskollegen Schramm.[1002] Silbermann selbst hätte die Arbeiten damals gar nicht selbst ausführen können, weil er mit allen seinen Gesellen an der großen Johannisorgel in Zittau arbeitete.[1003]

Silbermann hat für seine Mühe vom Dresdner Rat 12 Taler »zum Recompens« empfangen.[1004] Am 8. September 1740 wurde mit Schramm ein Kontrakt über die notwendigen Arbeiten an der Sophienorgel geschlossen.[1005] In diesem Zusammenhang ist eine Niederschrift des Ratsaktuars Johann Nicolaus Herold vom 4. Oktober beachtenswert (F/17 f.).[1006]

Nachdem Tobias Schramm am 17. November berichtet hatte, »daß er nunmehro mit der Reinigung, Polir- und Stimmung[1007] der Orgel fertig sey«, erfolgte am nächsten Tage die Übernahme.[1008]

1001 Allerdings hat Silbermann verlangt, daß Schramm »nachdrücklich einzuschärffen sey, daß er von denen Pfeiffen und labiis nichts abschnitte und verändere«, sonst ihnen »nicht wieder zu helffen« sei. Schramm versprach das auch. Bemerkenswert ist noch folgende Notiz des Aktuars: »Bey Ziehung des ganzen Wercks und als H. Gräbner dasselbe vollstimmig gespiehlet, wird bemercket, daß die Orgel ein paar mahl geheulet und der Wind in denen Wind-Laden ausgegangen und ermangelt.« Silbermann entdeckte sofort die Ursache: der »Calcant [konnte] mit der Tretung derer 4 Bälge nicht herum kommen …«! Silbermann erklärte, es sei notwendig, »noch einen Calcanten darzu zu gebrauchen«. Dasselbe sei bei der Frauenkirchenorgel der Fall und wolle er »ohnmasgeblich angerathen haben«, bei beiden Orgeln zwei Kalkanten zu nehmen.

1002 Es ist manchmal vermutet worden, daß Schramm früher Geselle bei Silbermann war. Dafür gibt es aber keinen Beweis. Es wäre auch gewiß – gerade bei dieser Gelegenheit – mit erwähnt worden, vielleicht von Silbermann selbst. Und warum sollte der Ratsaktuar das verschwiegen haben?

1003 Die Zeit drängte, denn in einem reichlichen Jahr sollte dieses Werk übergeben werden.

1004 Die originale Quittung ist noch vorhanden (StA. Dresden: Sophienkirchrechnung 1740, Beleg 61 a).

1005 Das Original befindet sich in der Sophienkirchrechnung 1740 (Beleg 61 b) im StA. Dresden; vgl. auch F/15.

1006 Hoforganist Richter und Sophienorganist Wilhelm Friedemann Bach hatten den Rat darauf aufmerksam gemacht, daß die Orgel »bey ieziger Renovirung … mit gestimmet und die

Pfeiffen, so im Gesichte stünden, poliret werden« müssen. Wenn auch das ganze Werk »von dem Staube gesäubert wäre, so würden doch dadurch die Pfeiffen nicht reine, sintemahl, wenn man sie nur anrührte und in der Hand etwas warm werden liese, sie sogleich sich verstimmten«. Sie könnten dann nur durch das »Stimm-Horn wieder in reinen Ton gebracht werden«. Der Orgelbauer Schramm habe das Oberwerk der Orgel größtenteils schon gesäubert, aber »die Stimmen und Register [hätten] ihre richtige Harmonie [noch] nicht wieder«, und deswegen müsse die Stimmung der Pfeifen noch erfolgen, wenn »die gar merckliche Dissonanz nicht bleiben« solle. Richter und Bach hatten zu Tobias Schramm »das gute Vertrauen, daß er solche Stimmung verstehe« und dem Werk »keinen Schaden zufügen werde … [wenn] er einzig und allein das Stimm-Horn applicirete und an denen Pfeiffen … nichts verleze, welches durch Behutsamkeit gar wohl zu vermeiden« sei. Dieser kurze Bericht macht deutlich, daß der Orgelbauer neben rein handwerklichen Fertigkeiten über ein ausgezeichnetes Gehör und ein feines Fingerspitzengefühl verfügen mußte. – Nach Richters und Bachs Meinung war die Polierung der Prospektpfeifen unbedingt notwendig, da sie bei den Bauarbeiten »mit Kalck bespritzet worden« waren, und diese »scharffe Materie« könne im Laufe der Zeit das Zinn angreifen, außerdem würde die Polierung der Pfeifen »dem Wohlstand und Zierde des Wercks« dienen.

1007 Demnach hat sich der Rat den von Hoforganist Richter und Sophienorganist Bach vorgebrachten Argumenten nicht verschließen können (s. vorige Anm.) und die Orgel von Schramm neu stimmen und die Prospektpfeifen polieren lassen.

Im Jahre 1747 machte sich dann doch eine größere Reparatur an der Orgel notwendig. Gottfried Silbermann hat auf Befehl des Rates sein Werk in Augenschein genommen. Am 16. August berichtete er, daß es »von dem vielfältigen Kirchen-Bau und da das Chor verändert worden, durch Verrückung und Senckung, durch Sand, Staub und anderes Unwesen dergestalt ruinirt ist, daß die gantze Orgel von Grund aus renovirt werden« müsse.[1009]

Da der Rat gewünscht hatte, in die Orgel ein neues Register »Undamaris« (lat. ›Meereswellen‹) einzufügen,[1010] erklärte Silbermann, daß das »ohne Schaden und Nachtheil« für das Werk »und ohne ein eintziges [anderes] Register heraus zu nehmen«, möglich sei. Da er die Orgel verfertigt hatte und daran interessiert war, sie wieder »in einen durablen und tüchtigen Zustand … zu setzen«, verlangte er für alles »auf das genaueste« 200 Taler (H/53 A).[1011]

Die Arbeiten sind innerhalb von acht Wochen von Gottfried Silbermanns Vetter Johann George und dem Gesellen David Schubert ausgeführt worden.[1012] Am 9. No-

1008 Sie geschah in Gegenwart von Kämmerer Sommer, Hoforganist Richter, Sophienorganist Bach, Aktuar Herold und Orgelbauer Schramm. Zunächst wurden die inneren Teile der Orgel (»an Registern, Regier-Werck, Abstracten, Canaelen und Bällgen und Pfeiffen«) in Augenschein genommen und alles »in guten Stande« vorgefunden. Dann haben Richter und Bach »jede Stimme und Register« besonders geprüft und abschließend feststellen können, daß alle Register »in guten Standte und an denen Tönen reine« und somit alles wieder in die vorige Ordnung und Richtigkeit gebracht worden war. Sie wußten »zur Zeit keinen Defect anzugeben« und fanden auch die »Gesichts-Pfeiffen gut poliret und uneingebogen«. Silbermanns Berufskollege Schramm hatte demnach eine gute Arbeit geleistet. Er wies darauf hin, daß »er viele Abende hinter einander [habe] stimmen müßen«. Die Organisten Richter und Bach erklärten hierzu, daß eine Orgel zur Abendzeit reiner gestimmt werden könne, da man »die Töne distineter [= deutlicher] als am Tage« höre. Ob Gottfried Silbermann zum Stimmen seiner Orgeln auch die Abendstunden benutzte, wissen wir nicht. Übrigens wohnte Schramm (laut Bürgerbucheintrag vom 10. April 1742) »vorm Pirn[aischen] Thor«. Ihm wurden 32 »Thor-Groschen« erstattet (F/20b), die er hatte bezahlen müssen, um abends von seiner Wohnung zur Sophienkirche zu gelangen.

1009 Silbermann hatte weiter festgestellt, daß das »gantze Pfeiff-Werck gantz und gar verstimmet« ist. Wenn eine Renovierung unterbliebe, ziehe es »eine irreparable Verderbnis nach sich, weil der Sand und Staub mit Feuchtigkeit … vermischt, corrosiv wird und die Schärffen an den Labiis derer Pfeiffen wegfrißet …«. Es

sei auch »Staub, Sand und anderes Unwesen in und zwischen die Wind-Stöcke und Wind-Laden geführt [worden, so] daß die Wind-Stöcke abgehoben und folglich das gantze Orgel-Werck renoviret werden muß … Silbermanns Bericht ist im Original (H/53) und auch als Abschrift (G/4) erhalten.

1010 Der Vorschlag stammte von Hoforganist Johann Christoph Richter, wie man aus seinem eigenhändigen (undatierten) P. (ro) M. (emoria) schließen darf (G/3). Es lautet: »Unda maris, wird von Holtz auch zu mehrerer Tauer von Zien gemacht, und zwar von Tenor oder bloßen c an, biß in das dreybestrichene d, ist sehr nützlich bey Buß- und andern beweglichen Gesängen zu gebrauchen, und ist solches Register von der vorigen Hoff-Orgel her, von wegen seines sehr beweglichen Klanges noch jederman bekannt, und so viel ich weiß, wird H. Silbermann allen Fleiß anwenden, solches auff das beste zu verfertigen. Solches habe in Unterthänigkeit melden wollen. J. C. Richter Hoff-Organist«

Richter wurde 1700 geboren und um 1727 Hoforganist des ev. Gottesdienstes. Er war zu seiner Zeit als Orgelspieler berühmt und starb, vierundachtzig Jahre alt, 1785 (Beerdigungstag: 18. Februar) als »Churfürstl. Sächs. Capell-Director und Hof-Organist« in Dresden an »Stöck- und Schlagfluß« (StA. Dresden: KWZ. 1785, Bl. 65).

1011 Der Rat sollte allerdings für das notwendige Gerüst, den Kalkanten und ein »gelegenes Logis« sorgen. Das ist auch geschehen.

1012 Sie erhielten je zwei Taler Trinkgeld und wohnten bei Rebecca Elisabeth Haase in der Großen Brüdergasse. Die Wirtin bekam vom Rat 10 Taler und 16 Groschen »Logier-Geld

vember 1747 wurde die renovierte und um eine Stimme erweiterte Orgel übergeben.[1013] Am folgenden Tage sind Silbermann die geforderten 200 Taler bezahlt worden.[1014] Leider können wir das schöne Werk nicht mehr bewundern, denn es fiel am 13. Februar 1945 einem Luftangriff zum Opfer. Die Sophienkirche brannte damals völlig aus; 1963 wurde die Ruine abgetragen.

Im Heimatmuseum Frauenstein befinden sich drei zinnerne Pfeifen, die nach der Versicherung von Orgelbaumeister Otto Jehmlich (1903–1980) aus der Sophienorgel stammen. Er übergab sie 1971 dem genannten Museum. Dort haben sie in einer Vitrine der ständigen Gottfried-Silbermann-Ausstellung einen Platz gefunden.

RÖTHA (ST. GEORG)

1721 vollendet
2 Manuale – 22 (1) Stimmen[1015]

Quellen
A. Akte: Die Erbauung neuer Orgeln in der St. Georgen- und St. Marien-Kirche zu Rötha
(PfA. Rötha: Sign. Loc. XIII, 1)
B. Kurtze Beschreibung Der schönen Orgel, Welche Durch rühmliche Sorgfalt Der Hoch-Freyherrl. Friesischen Herrschafft zu Rötha, in der St. Georgen-Kirche daselbst Anno MDCCXXI [1721] gantz neu erbauet worden (Heimatmuseum Frauenstein)[1016]

Vorgeschichte
In der Georgenkirche befand sich eine alte,

»bereits Anno 1614 von Josia Ibachen, damahligen Orgelmacher aus Grimma«, erbaute Orgel (B/7). Sie war »vielfältig mahl ausgebeßert und gefliket worden, überall, besonders aber an denen Wind-Laden dermaßen eingegangen, daß keine Reparatur mehr daran helffen und anschlagen wollen ...« (A/4). Der Kirchenpatron, Freiherr von Friesen, entschloß sich deshalb zu einem Orgelneubau durch Gottfried Silbermann (A/1).

Bauvertrag
Der Kontrakt wurde am 22. Dezember 1718 in Rötha geschlossen[1017] und zwar zwischen Christian August Freiherr von Friesen[1018], einerseits, und Gottfried Silber-

vor 1 Stube, Boden-Cammer, 2 Betten auff 2 Persohnen auff 8 Wochen von 18. Sept. bis 10. Nov. 1747 a 1 rt. 8 Gr.«. Der Kalkant Johann George Reichelt war ebenfalls acht Wochen beschäftigt und bekam einen Taler Wochenlohn. Für alle diese bemerkenswerten Ausgaben sind die Originalquittungen der Beteiligten noch vorhanden (H/53 C-E). Der Kalkant Reichelt muß schon, als Silbermann 1736 die Frauenkirchenorgel intonierte und stimmte, mitgewirkt haben. Er widmete dem berühmten Meister nämlich ein gedrucktes Carmen (s. Anh. OWS. Nr. 27).
1013 Darüber berichtet eine Niederschrift des Aktuars Johann Gottfried Schäffer (G/5 f.). Hiernach waren anwesend: Bürgermeister Christian Weinlig, Kämmerer Christian Gottlieb Schwartzbach, Senator Johann Nicolaus Herold, Aktuar Johann Gottfried Schäffer, Kreuzkirchenorganist Christian Heinrich Gräbner, Sophienorganist Johann Christian Gössel, Kreuz-

kantor Theodor Christlieb Reinhold, Hoforganist Johann Christoph Richter und natürlich auch Gottfried Silbermann. In dem Aktenvermerk heißt es, Silbermann habe »alle claves [Tasten] des Wercks berührt und, daß selbige richtig ansprechen, dargethan«. Danach haben die drei anwesenden Organisten (Gräbner, Gössel und Richter) »die Orgel nach allen Registern probirt und eine Weile darauf gespielt«. Alle waren sich darüber einig, daß das Werk wieder »in vollkommen, guten, auch durabeln und brauchbaren Standt gesetzet« worden ist. Auch das »neu eingebrachte Register unda maris« fand allgemeine Anerkennung.
1014 Die Originalquittung ist noch vorhanden (H/53 B). Silbermann bestätigte den Betrag »wegen durchgängiger Reparatur des Orgelwercks ... ingl. der Verferttigung und Auffsezung des beliebten neuen Registers, Unda Maris genannt, bahr und richtig« empfangen zu haben.

mann, »berühmten Orgelmachern in Freyberg«, und Zacharias Hildebrand, »welcher gleicher Profession zugethan und bey ersten aniezo in Arbeit stehet«, andererseits. Der Vertrag ist im Original erhalten (A/1 ff.) und trägt die Unterschriften und Siegel der Genannten.[1019]

Silbermann und Hildebrandt versprachen, alle notwendigen Materialien anzuschaffen und die benötigten Handwerker zu halten und auch das Gehäuse »nach dem Riße zu machen«. Sie wollten auch das alte Orgelwerk »gegen Genießung freyer Kost und Logis« in die Marienkirche bringen, dort »ohne Entgeldt auffsezen« und seine Reparatur »um ein billiches bewerckstelligen« (A/2 f.).[1020]

Die neue Orgel sollte zwei Manuale und insgesamt zweiundzwanzig Stimmen bekommen (A/1 f.). Gottfried Silbermann hat

das Werk aber von sich aus noch um eine »Tertia« vermehrt, »weil sie zur Ausfüllung der Harmonie und guter Variation dienet«.[1021] Die gedruckte zeitgenössische Beschreibung der Orgel enthält auch die vollständige Disposition, an der in späteren Zeiten nichts verändert wurde (B/7 f.).

Baukosten

Freiherr von Friesen verpflichtete sich, für die Orgel eintausend Taler zu bezahlen,[1022] Gottfried Silbermann und seinen Gesellen »bey Auffsezung des Orgelwercks freye Kost, freyes Logiament … und die benöthigten Zu- und Abfuhren zu verschaffen« und auch »einen beständigen Calcanten zu halten« (A/2 b).

Die mit dem Orgelbau verbundenen Nebenkosten betrugen rund 360 Taler (A/14).[1023] Freiherr von Friesen war bereit, aus eigenen Mitteln 600 Taler »zu verehren« und

---

1015   Die Disposition ist bei Dähnert (S. 197) zu finden.

1016   Ein weiteres Exemplar der gedruckten Beschreibung befindet sich in Strasbourg (s. Anh. OWS. Nr. 3).

1017   Knapp zwei Wochen vorher, am 10. Dezember, hatte Silbermann mit dem Rat zu Dresden einen Kontrakt wegen Erbauung einer achtundzwanzigstimmigen Orgel für die Sophienkirche geschlossen. Ob Freiherr von Friesen vor Vertragsabschluß mit Silbermann korrespondierte, wissen wir nicht. Vielleicht sind sie bei irgendeiner Gelegenheit in Dresden zusammengetroffen. Auf jeden Fall muß Silbermann, bevor er den Kontrakt schloß, in Rötha die Kirche besichtigt haben. Das müßte – vermutlich – spätestens nach Übergabe der Großkmehlener Orgel (etwa Ende November 1718) geschehen sein.

1018   Er wurde 1675 geboren und war kurfürstlicher Kammerherr und »Obrist« eines Garderegiments der Infanterie. Er soll im Jahre 1737 (im Verlaufe des Türkenkrieges 1735/39) in einem Belgrader Lazarett gestorben sein.

1019   Silbermann und Hildebrandt setzten ihrer Unterschrift eigenhändig noch »Orgel Macher« hinzu.

1020   Es stellte sich dann aber heraus, daß die alte Orgel nicht mehr zu gebrauchen war, so daß Freiherr von Friesen auch für die Marienkirche

1021   Das geht aus dem Bericht über die Prüfung der Orgel hervor (vgl. Anh. SD. Nr. 12).

1022   Der Betrag sollte in fünf Raten ausgezahlt werden:
200 Taler zu Ostern 1719,
100 Taler zu Johannis 1719,
150 Taler zu Michaelis 1719,
150 Taler zu Weihnachten 1719 und
400 Taler nach der Übergabe.
Silbermann hat die erste Rate demnach nicht – wie sonst meist üblich – gleich bei Kontraktabschluß verlangt, sondern erst über ein Vierteljahr später, denn Ostern fiel 1719 auf den 9. April. Vielleicht tat er das, weil er am 10. Dezember vom Dresdner Rat 500 Taler als Anzahlung für die Sophienorgel bekommen hatte und damit arbeiten konnte.
Ob die im Röthaer Kontrakt festgelegten Termine eingehalten worden sind, wissen wir nicht, denn Quittungen oder andere Belege sind nicht auffindbar.

1023   Die darüber aufgestellte Spezifikation enthält folgende Posten:
150 Tlr.   Kost für Silbermann »nebst bey sich habenden 5 Personen … vom 22. May bis Martini [1721] auf 25 Wochen« (= pro Person und Woche ein Taler)

das übrige, »insoweit solches nicht vorhanden, noch sogleich hergeschafft werden könne«, inzwischen zinslos vorzustrecken (A/4 ff.).[1024] Der von ihm beabsichtigte Endzweck war, »beyde allhiesige Kirchen mit guten Orgeln versehen zu wißen«.[1025]

Bauablauf

Gottfried Silbermann hatte sich laut Kontrakt verpflichtet, die Orgel »binnen dato[1026] und Michaelis[1027] 1720« zu verfertigen. Es lief aber nicht so, wie Silbermann geplant hatte.[1028] Der Termin wurde jedenfalls um über ein Jahr über-

schritten.[1029] Es ist anzunehmen, daß Gottfried Silbermann und seine Gesellen, soweit sie nicht schon im Jahre 1719 vorgearbeitet hatten,[1030] sich gleich nach der Übergabe der Dresdner Sophienorgel (November 1720) mit den Werkstattarbeiten für die Röthaer Orgel befaßten. Dafür standen rund sechs Monate Zeit zur Verfügung. Ab 22. Mai 1721 hat der Meister dann mit fünf Personen in Rötha gearbeitet.[1031] Ob sich Zacharias Hildebrandt mit darunter befand, wissen wir nicht.[1032]

Einzelheiten über den Arbeitsablauf an Ort

150 Tlr.	für Vergoldung und Bemalung der Orgel
11 Tlr. 5 Gr.	für Zimmererarbeiten (vier Zimmerleute auf 13$\frac{1}{2}$ Tage bei je 5 Gr. Tagelohn)
2 Tlr. 8 Gr.	für Maurerarbeiten (ein Maurer auf acht Tage bei 7 Groschen Tagelohn)
39 Tlr. 18 Gr.	für »Hauß-Zinnß, Bettzinnß und andern nöthigen Aufwand« (für das Silbermann und seinen Gesellen versprochene »freye Logis«)
6 Tlr. 12 Gr.	für Kohlen

Aus dem Kirchenvermögen sind u. a. noch 6 Gulden »vor 2 Virtel Bier vor den H. Orgelmacher« und 3 Gulden »vor 1 Klaffter Eygne Scheid« (Brennholz) bezahlt worden (A/15).

1024 Er erwartete die Rückzahlung in »etlichen« Terminen, »wie es der Kirche Zustand am füglichsten leiden will«. In welcher Weise und wann die Gemeinde ihrem Kirchenpatron das Darlehen zurückgezahlt hat, ist nicht bekannt.

1025 Das schrieb Freiherr von Friesen am 19. Juli 1721 an den Leipziger Superintendenten (A/4 ff.).

1026 Das heißt von jetzt an gerechnet.

1027 Damit ist der 29. September, der Tag des Erzengels Michael, gemeint. Er spielte in früheren Zeiten als Termin für Abgaben, Gesindewechsel usw. eine Rolle.

1028 Daran waren nicht nur die Auswirkungen der großen Teuerung von 1719/20 schuld (vgl. Anm. 920). Silbermann hatte fast gleichzeitig zwei Orgeln in Auftrag genommen: für die Sophienkirche zu Dresden und für Rötha. Im Jahre 1719 war er außerdem etwa von März bis Mitte Juli mit Aufbau, Intonierung und

Stimmung der Freiberger Johannisorgel beschäftigt. Im zweiten Halbjahr 1719 und im 1. Quartal 1720 dürfte er in seiner Werkstatt an der Dresdner Orgel gearbeitet haben. Möglicherweise hat er gleichzeitig das Röthaer Werk schon mit in Arbeit genommen. In Dresden konnte Silbermann – aller Wahrscheinlichkeit nach – erst im April oder Juni 1720 mit der Arbeit beginnen. Das Orgelgehäuse ist nämlich erst mit großer Verspätung fertig geworden. Es war Silbermann demnach unmöglich, die Sophienorgel zum geplanten Termin (Ende Juni 1720) zu übergeben. Daraus ergab sich dann logischerweise die verspätete Übergabe der Röthaer Orgel.

1029 Die mit Silbermann vereinbarte Lieferzeit erscheint sowieso als etwas zu kurz bemessen. Selbst wenn er die Sophienorgel zu Dresden termingerecht Ende Juni hätte übergeben können, wären drei Monate für Aufbau, Intonierung und Stimmung der Röthaer Orgel keinesfalls ausreichend gewesen. Wahrscheinlich hat sich die Teuerung von 1719/20 doch irgendwie mit auf Silbermanns Arbeit ausgewirkt (vgl. Anm. 938 und 920), was er bei Abschluß der Verträge allerdings nicht voraussehen konnte.

1030 Wenn man bei einigen Orgeln das Datum des Kontraktes und den Termin der Übergabe miteinander vergleicht, drängt sich die Vermutung auf, daß Silbermann in seiner Werkstatt manchmal gleichzeitig an zwei Orgeln gearbeitet haben muß. Anscheinend war das auch bei der Sophienorgel und der Röthaer der Fall.

1031 Das geht aus der in Anm. 1023 zitierten Spezifikation hervor.

1032 Sein Name wurde nur im Bauvertrag genannt und sonst nie wieder. Vermutlich arbeitete er schon an seinem Meisterstück: der im

und Stelle sind nicht bekannt.[1033] Eigenartigerweise hat Freiherr von Friesen erst am 18. August 1721 mit Johann Christian Buzäus[1034], »Jagd-Mahlern aus Dreßden«, einen Kontrakt geschlossen, wonach letzterer versprach, das »gantz neu verferttigte Orgel-Gebäude ... zu mahlen und zu vergolden«.[1035] Er sollte für seine Arbeit und die Materialien 150 Taler nebst freier Ab- und Zufuhr und freiem Quartier bekommen.[1036] Wann Buzäus die Malerarbeiten ausführte, wissen wir nicht.[1037] Anfang November 1721 war die Orgel jedenfalls zur Übergabe fertig.

Mai 1722 übergebenen Orgel zu Langhennersdorf.

1033 Es ist anzunehmen, daß das Werk bis Anfang oder Mitte September aufgebaut war und Silbermann sich dann mit der Intonation und Stimmung beschäftigte.

1034 Siehe Anm. 578.

1035 Der Vertrag ist im Original erhalten (A/8 f.).

1036 Buzäus sollte 50 Taler als Vorauszahlung bekommen und die restlichen 100 Taler »wenn das Werck zur perfection und in tüchtigen Stand gebracht worden« ist. Seine Quittungen befinden sich am Schluß des Kontrakts. Leider sind sie nicht datiert, so daß wir keinen Anhaltspunkt haben, wann Buzäus sein Werk vollendet hat. Übrigens hat er zusätzlich noch 20 Taler »vor daß Chor« bekommen. Silbermanns Orgel scheint auf dem alten Orgelchor errichtet worden zu sein, denn für einen neuen Chorbau hätte der Aufwand für Zimmermannsarbeiten wesentlich höher sein müssen, als die Spezifikation ausweist (vgl. Anm. 1023).

1037 Es ergibt sich hier eine sehr interessante Frage: Wie fügten sich die Malerarbeiten in den übrigen Ablauf des Orgelbaues ein? In Frauenstein (1710/11) und Freiberg (St. Johannis) sind die Orgeln nachweislich erst nach der Weihe bemalt worden. In Dresden (Frauenkirche) hatte Silbermann erklärt, daß er imstande wäre, das Werk aufzusetzen, aber solange das Gehäuse »samt der Tischlerarbeit und Mahlerey [nicht] vollkommen fertig« sei, könne er den Orgelbau nicht fortsetzen (StA. Dresden: Akte Sign. B II 27, Vol. III, Bl. 227 b). In Zittau (Johannisorgel) beklagte sich der Maler Vierling, daß er »mit Staffierung des Chores bloß durch H. Silbermanns Eigensinn, welcher mich bey Setzung des Werks nicht in der Kirche leiden wollen, über Jahr und Tag aufgehalten worden« sei, »da ich ihn doch mit meinem Pinsel in der Setz- und Stimmung [!] seiner Pfeiffen schwerlich geirret haben würde...« (PfA. Zittau: Akte Sign. I 1 16, Bl. 284 b). Der Maler

konnte anscheinend nicht begreifen, daß Intonation und Stimmung einer Orgel höchste Konzentration erfordern und dabei größte Ruhe herrschen muß. In Dresden (Sophienorgel) und in Rochlitz müssen Bemalung und Vergoldung der Orgeln vorgenommen worden sein, während Silbermann noch mit dem Aufsetzen des Werkes beschäftigt war. In beiden Fällen ist auch Johann Christian Buzäus tätig gewesen! Er dürfte in Rötha mit seinem Werk sofort nach Abschluß des Kontraktes begonnen haben. Ein Termin ist zwar nicht vereinbart worden. Es heißt nur, Buzäus habe versprochen, die Arbeit »ohne allen Aufenthalt zu befördern«. Wir müssen annehmen, daß er bis etwa Mitte September, also innerhalb eines Monats, alles geschafft hat; denn um diese Zeit mußte Silbermann mit dem Intonieren und Stimmen beginnen, sonst hätte die Orgel am 8. November nicht übergeben werden können. Auf jeden Fall haben Silbermann (am Aufsetzen des Pfeifenwerkes) und Buzäus (an der Bemalung des Gehäuses) gleichzeitig gearbeitet. Sie waren durch ihre bisherige Zusammenarbeit gewiß aufeinander eingespielt. Wir erinnern an den Dresdner Kontrakt (Sophienorgel), in welchem Buzäus versprochen hatte, sich »in Acht [zu] nehmen«, damit für Silbermann kein Schaden «oder Hindernis veruhrsacht werden möge« (vgl. Anm. 966). Sollte Buzäus in Rötha für seine Arbeit doch mehr Zeit als einen Monat gebraucht haben, dann bliebe nur die Möglichkeit daß Silbermann die Abendstunden zum Intonieren und Stimmen benutzte (vgl. Anm. 1008), nachdem der Maler Feierabend gemacht hatte. Eine dritte Möglichkeit, daß die Orgel erst nach der Weihe vergoldet und »staffiert« worden ist, scheidet mit Sicherheit aus. In der gedruckten Beschreibung (B/8) wird angegeben, daß das Werk »weiß ins gelbe« bemalt und »mit dem schönsten Glantz-Golde reichlich vergoldet« gewesen ist. Diese Beschreibung muß schon vor der Weihe gedruckt worden sein, weil sie u.a. die »Texte zur Music« vor und nach der Predigt

Die Orgel wurde am 8. November 1721 durch Thomaskantor und Universitätsmusikdirektor Johann Kuhnau (1660 bis 1722)[1038] aus Leipzig und Hoforganist Gottfried Ernst Bestel[1039] aus Altenburg übernommen und geprüft (A/12f.).[1040] Der von ihnen am übernächsten Tag erstattete Bericht ist im Original erhalten geblieben.[1041]

Die von Johann Christian Langbein[1042] verfaßte und bei Gottfried Rothe in Leipzig gedruckte Beschreibung der Orgel ist dazu eine willkommene Ergänzung.[1043]

Die Weihe der Orgel erfolgte am Sonntag, dem 9. November 1721, mit einer von Johann Kuhnau und dem Dresdner Kammer- und Sophienorganisten Christian Pezold[1044] aufgeführten »wohlgesetzten Kirchen-

enthielt, also sozusagen eine Art Programm für den Weihegottesdienst war. Übrigens dürfen wir annehmen, daß Buzäus den Röthaer Auftrag durch Gottfried Silbermanns Vermittlung erhalten hat.

1038 Über Kuhnaus Leben und Wirken siehe MGG, Bd. 7, Sp. 1878 ff.

1039 Siehe Anm. 702. Bestel übernahm dreieinhalb Jahre später, am 11. Mai 1725, die von Silbermann erbaute Peter-Pauls-Orgel zu Reichenbach.

1040 Mitte August 1714 hatten Kuhnau und Bestel Silbermanns große Orgel im Dom zu Freiberg geprüft.

1041 Der Wortlaut des Berichtes ist im Anh. SD. Nr. 12 zu finden.

1042 Er wurde 1687 in Rötha geboren, wirkte 1721/22 als Diaconus in Borna und starb 1760 in Loschwitz bei Dresden (vgl. Grünberg, II/1, S. 503). Ob er mit dem Dresdner Notar Traugott Friedrich Langbein, der 1753 Gottfried Silbermanns Nachlaßangelegenheiten regelte, verwandt war, konnte vom Verfasser nicht ermittelt werden.

1043 Es heißt darin u.a.: »Der äusserliche Prospect des gantzen Wercks fället wegen der dabey angewendeten Bau-Kunst, auch zierlichen Bildhauer- und Tischler-Arbeit sehr wohl in die Augen, es ist weiß ins gelbe gemahlt, mit dem schönsten Glantz-Golde reichlich vergüldet, und mit dem Hoch-Freyherrl. Friesischen Wappen, beyder Linien, bekleidet, wo zwischen die von dem besten gehärteten und geschlagenen Englischen Zinn blanck polirte grosse und kleinen Pfeiffen in schönster Ordnung mit Vergnügen zu sehen sind. Bey der innern Arbeit hat der Künstler ebenfalls seinen Fleiß und Sorgfalt nicht gesparet, denn er hat nicht nur alles in sauberer Ordnung, sondern auch so geraum, angeleget, daß man zu einem ieden leichte kommen, und alles genau besehen kan.

Dem Pfeiffen-Wercke mangelt es gleichfals nicht an Lieblichkeit und Stärcke, es klinget dabey sowohl rein als auch scharff, daß ein ieder Ton ohne einiges Schnarren sehr wohl anspricht, und ein iedes Register ist wegen seines ernsthafften und süssen Thons überaus angenehm zu hören ...« (B/8 f.). Langbein ist in seiner Schrift sogar kurz auf die Geschichte der Orgel eingegangen: »... Unter denen Christen sollen sie im vierten Jahrhundert zu den Zeiten des Kaysers Juliani Apostatae [332–363] erfunden worden seyn ... Anfänglich machte man nach und nach zweyerley Arten, nehmlich Wind- und Wasserorgeln. Sie bestunden erstlich in einer eintzigen Octav, oder auch wohl nur in sieben Thonen, bis man die Octaven immer weiter vermehrete ... Die Wasser-Orgeln verbesserte man nachgehends um ein ziemliches, und wurden metallene Pfeiffen darzu genommen ... Weil es nun eine beschwerliche Sache umb die Wasser-Orgeln war, so blieb man bey denen Wind-Orgeln ... Diese letztern sind bey der Christl. Kirche in den GOttes-Häusern vor uralten Zeiten her gebräuchlich gewesen, denn sie sind bereits im 8ten Jahrhundert ... eingeführet worden. Einige wollen zwar glauben, daß man erst im 9ten Jahrhundert vor den Zeiten des Kaysers Ludovici Pii [Ludwig der Fromme, 778–840] die Orgeln in denen GOttes-Häusern zu gebrauchen angefangen. Man hat aber glaubwürdige Nachricht, daß schon im 8ten Seculo unter der Regierung Caroli M. [Karl der Große] in der Veronesischen Kirche die Orgeln gebräuchlich worden ...« (B/3 ff.).

1044 Siehe Anm. 850.

1045 Vor einem Jahr hatte Christian Pezold zur Weihe der Dresdner Sophienorgel den von Hofpoet Johann Ulrich König verfaßten Text »in Noten gesetzt«, so daß von der Hofkapelle »eine incomparable Music« aufgeführt werden konnte.

Music« (B/9).[1045] Die Texte dazu hatte Diaconus Langbein aus Borna[1046] geschrieben (B/9–14).[1047]

Am 10. November 1721 stellte Freiherr von Friesen für Gottfried Silbermann ein Attest aus (A/11).[1048]

Die Orgel befindet sich (nach Dähnert) in einem guten Zustand und wurde in die vom VEB Deutsche Schallplatten Berlin herausgegebene Reihe »Bachs Orgelwerke auf Silbermannorgeln« aufgenommen.

RÖTHA (ST. MARIEN)

1722 vollendet
1 Manual – 9 (2) Stimmen[1049]
Quelle
Akte: Die Erbauung neuer Orgeln in der St. Georgen- und St. Marien-Kirche zu Rötha
(PfA. Rötha: Sign. Loc. XIII, 1)
Vorgeschichte
Die Marienkirche scheint zunächst keine Orgel besessen zu haben. Gottfried Silber-

mann sollte die alte (1614 von Josias Ibach aus Grimma erbaute) Orgel aus der Georgenkirche in die Marienkirche transportieren,[1050] dort aufsetzen und zugleich reparieren.[1051] Das Werk wurde jedoch »bey geschehener Umbreißung an denen Windläden, Pfeiffen und sonsten allenthalben in einem dermaßen schlechten Zustande gefunden …, daß die vorhabende transportion und Reparatur ohne effect gewesen …«.[1052]

1046 Siehe Anm. 1042.
1047 Er richtete dabei »an den In der Thon-Kunst weitberühmten Herrn Gottfried Silbermann, Wegen der von Ihm neu-erbauten schönen Orgel In der St. Georgen-Kirche zu Rötha« folgende Worte:
»MEin werther Silbermann, die Arbeit Deiner
    Kunst
Wird billig weit und breit dem Silber gleich
    geschätzet.
Ich weiß, daß wer sich sonst auch sehr an Golde
    letzet,
Bezeugt vor jene noch weit stärcker seine Gunst.
Drum glaub ich, wer Dich kennt, stimmt mit mir
    überein,
Daß Du magst in der That ein lieber Goldmann
    seyn.«
1048 Er bestätigte »mit aller Zufriedenheit«, daß Silbermann die Orgel nicht nur nach allen im Kontrakt enthaltenen »Requisitis in quali et quanto wohl und tüchtig verferttiget«, sondern darüber hinaus »noch ein mehreres geliefert« habe. Damit waren wohl die zusätzliche Stimme »Tertia« und die zur Ausfüllung der Schauseite der Orgel dienenden stummen Pfeifen gemeint (vgl. den Bericht der Orgelprüfer: Anh. SD. Nr. 12).
1049 Vgl. hierzu die Disposition bei Dähnert, S. 198.
1050 Das sollte erst geschehen, wenn die (von Silbermann erbaute) neue Orgel in der Georgen-

kirche zur »perfection gebracht« worden ist. Daraus muß man schließen, daß das alte Werk solange noch benutzt worden ist. Demnach müßte die alte Orgel auch an einem anderen Platz gestanden haben.
1051 So war es im Kontrakt vom 22. Dezember 1718 über den Neubau einer Orgel für die Georgenkirche vereinbart worden (vgl. Anh. SD. Nr. 10). Der Kirchenpatron, Christian August Freiherr von Friesen, hat auch in einem Schreiben vom 19. Juli 1721 an den Leipziger Superintendenten Salomo Deyling (1677–1755) zum Ausdruck gebracht, daß »das alte Orgelwerck in so weit es practicabel und wieder zu Stande gebracht werden kann , durch Silbermann in die Marienkirche »transportirt« werden soll. Der vom Kirchenpatron beabsichtigte »zwiefache Entzweck« war, »beyde allhiesige Kirchen mit guten Orgeln versehen zu wißen« (4 ff.).
1052 Hierzu sei noch bemerkt, daß aus dem in voriger Anmerkung zitierten Schreiben des Kirchenpatrons hervorgeht, daß schon sein Vorfahre, Otto Heinrich Freiherr von Friesen, entschlossen gewesen ist, »endlich einen neuen Orgelbau vorzunehmen«. Er starb aber darüber. Auch der »ohnlängst« verstorbene Leipziger Superintendent D. Johann Dornfeld (1643 bis 1720) hatte den Neubau einer Orgel in der Georgenkirche »vor höchst nöthig befunden«. Das reichlich hundertjährige Ibachsche Werk

Freiherr von Friesen entschloß sich deshalb, auch für die Marienkirche »ein gantz neues Werck verfertigen und sezen zu laßen ...« (16 ff.).

Bauvertrag

Der Kontrakt wurde am 12. November 1721, also nur drei Tage nach der Weihe der neuen Georgenorgel, mit Gottfried Silbermann geschlossen[1053] und ist noch im Original vorhanden (16 ff.). Die Urkunde trägt allerdings nur Gottfried Silbermanns Unterschrift mit dem eigenhändigen Zusatz »Orgel Macher«.[1054]

Das Werk sollte neun Stimmen (und einen Tremulanten), aber kein Pedal bekommen,[1055] und »alles in Chor-Thon gestimmet« werden. Weiter sollte es mit »zwey beständigen Blase-Bällgen nebst darzu gehörigen Canälen«[1056] versehen werden.

Silbermann verpflichtete sich – wie üblich –, »alle und jede Materialien« anzuschaffen und auch für die Tischler- und Bildhauerarbeiten zu sorgen und ein Jahr Gewähr zu leisten.

Bemerkenswert ist folgender Satz aus dem Bauvertrag: »... Und weil er [Silbermann] das Principal 8 Fuß[1057], so sonsten in der Tieffe[1058] von Holtze gemachet werden

---

muß demnach wirklich nicht weiter zu verwenden gewesen sein.

1053 Den Vertrag über die Georgenorgel hatte Freiherr von Friesen (am 22. Dezember 1718) mit Gottfried Silbermann und seinem Gesellen Zacharias Hildebrandt geschlossen. Wenn der jetzige Vertrag nur mit Silbermann geschlossen wurde, darf man daraus vielleicht schließen, daß Hildebrandt nicht mit (oder nicht mehr) in Rötha war (vgl. Anm. 1032).

1054 Das ist wie folgt zu erklären: Der Vertrag wurde »von beyderseits Contrahenten durch eigenhändige Unterschrifft und Besiegelung gegen einander [!] gebührend vollzogen«. Das heißt: Freiherr von Friesen behielt den Vertrag mit Silbermanns Unterschrift, und Silbermann bekam das zweite Exemplar, das von Friesen unterschrieben hatte.

1055 Es handelte sich also eigentlich um ein sogenanntes Positiv. Das Werk besitzt aber in Wirklichkeit zehn Manualregister und ein Pedal mit einem Subbaß 16 Fuß. Es ist mit ziemlicher Sicherheit anzunehmen, daß Silbermann von sich aus die Orgel um eine Tertia und ein einstimmiges Pedal erweiterte. Der Dresdner Orgelsachverständige Ulrich Dähnert teilte dem Verfasser brieflich mit, dafür spräche »die klangliche Geschlossenheit des Werkes«. Die Kirche besitzt außerdem eine ganz hervorragende Raumakustik, die Silbermann veranlaßt haben könnte, das Pedal mit einem Subbaß noch anzubauen. Vermutlich geschah es aufgrund mündlicher Vereinbarung mit dem Kirchenpatron, denn ein aktenkundiger Beweis ist nicht aufzufinden.

1056 Damit sind die Windkanäle gemeint, die den von den Blasebälgen erzeugten Wind in die

Windladen leiten, von wo er dann in die (daraufstehenden) Pfeifen gelangt.

1057 Die Bezeichnung »8-Fuß« kommt daher, weil eine offene Labialpfeife mittlerer Mensur (Prinzipal), die auf den Ton C (= erste Taste der Orgelmanualklaviatur) abgestimmt ist, eine Höhe von etwa 8 Fuß hat. Da alle Töne eines 8-Fuß-Registers der Klaviatur entsprechend erklingen (Taste c^1 = Ton c^1 usw.), hat das Prinzipalregister einen Tonumfang von C bis c^3. Ein 4-Fuß-Register reicht dagegen von c bis c^4. Hier erklingt auf die Taste c^1 der Ton c^2, bei einem 2-Fuß-Register dagegen c^3 usw. Zu einem Register gehören in der Regel 48 Pfeifen, ausgenommen die sogenannten gemischten Stimmen (Kornett, Zimbel, Mixtur). Dementsprechend haben die Manuale der Silbermannorgeln (von einigen Ausnahmen abgesehen: vgl. Anm. 908) auch 48 Tasten (oder vier Oktaven). Das tiefe Cis fehlt grundsätzlich. Die Pedalklaviatur umfaßt nur zwei Oktaven (C bis c^1). Ein 16-Fuß-Pedal-Register hat demzufolge den Tonumfang ₁C bis c, denn es steht eine Oktave tiefer als ein 8-Fuß-Register. Man muß sich erst ein wenig in diese Dinge hineindenken, um den Aufbau einer Orgeldisposition besser zu verstehen. Hinzu kommen natürlich noch die verschiedenen Klangstärken und -farben der einzelnen Register. Sie werden hauptsächlich durch das Pfeifenmaterial, die unterschiedlichen Mensuren (oder Weiten) der Pfeifen und durch die mitunter erheblich voneinander abweichenden Pfeifenformen und -arten (offene, gedackte, Zungen-, Labialpfeifen usw.), aber auch noch durch eine Reihe anderer Faktoren (z. B. Winddruck und -geschwindigkeit) beeinflußt.

sollen, durchgehends von Zinn verferttigen will,[1059] damit das Werck einen desto beßern Klang und Ansehen bekomme, so soll Er noch hierein ein Faß Zinn von Altenberge frey nacher Freyberg geliefert bekommen.«

Die übrigen Bedingungen – freie Ab- und Zufuhr, freie Kost und freies Quartier für die Zeit »seines Hierseyns« – entsprachen dem Kontrakt über die Georgenorgel.

Baukosten

Freiherr von Friesen versprach, für das Werk 200 Taler[1060] zu bezahlen.[1061] Außerdem sollte Gottfried Silbermann noch »das alte Orgel-Werck, wie es gestanden und von ihm eingerißen worden«, bekom-

men.[1062] Über weitere, mit dem Orgelneubau zusammenhängende Ausgaben ist nichts bekannt.

Bauablauf

Nach dem Kontrakt wollte Gottfried Silbermann die Orgel »binnen dato und nechstkommende Ostern 1722« verfertigen.[1063] Wann sie vollendet wurde, wissen wir nicht. Einzelheiten über den Bauablauf sind auch nicht überliefert.[1064]

Übergabe, Prüfung und Weihe

Wann das Werk übergeben bzw. geweiht wurde, ist unbekannt. Wir wissen auch nicht, wer es geprüft hat.[1065]

Bemerkungen

Da die Marienkirche im 2. Weltkrieg be-

1058 Damit meinte man die Pfeifen für die tiefsten Töne dieses Registers.

1059 Wenn wir uns die (noch erhaltenen) Kontrakte der kleineren und mittleren Orgeln Silbermanns daraufhin genauer ansehen, finden wir das hier Gesagte bestätigt. Fünf Beispiele sollen genügen. Bei folgenden Orgeln sollten die Pfeifen des Prinzipalregisters 8 Fuß für die tiefsten Töne aus Holz und für alle übrigen aus Zinn hergestellt werden:

Niederschöna	
Chemnitz	C–E aus Holz ab F aus Zinn
Fraureuth	
Nassau	C–Fis aus Holz ab G aus Zinn
Burgk	C–B aus Holz ab H aus Zinn

Die hölzernen Pfeifen befanden sich »inwendig«, das heißt im Gehäuse. Die zinnernen dagegen »im Gesicht« der Orgel. Da sie »blanck polirt« wurden, bildeten sie zugleich eine gute Zierde für das ganze Orgelwerk.

Die leider zerstörte Zittauer Johannisorgel besaß im Hauptwerk ein Prinzipal 16 Fuß. Hier mußte Silbermann die Pfeifen für die beiden tiefsten Töne (C und D) von Holz machen und »inwendig« aufstellen, »weil der Platz auswendig nicht zulangen will«. Alle übrigen (achtundvierzig) Pfeifen dieses Registers wurden aus englischem Zinn gefertigt und standen «im Gesichte«. Dieses Beispiel zeigt, wie genau Silbermann den Aufbau und die Anlage eines solchen Werkes im voraus berechnen mußte.

1060 Diese Summe war für das pedallose, neunstimmige Werk berechnet. Es ist anzunehmen, daß die Orgel, wie sie wirklich aus-

geführt wurde, mindestens 300 Taler gekostet hat. Vermutlich hat Freiherr von Friesen über die Kontraktsumme noch etwas »zugezahlt«, obwohl darüber anscheinend nichts schriftlich festgehalten wurde.

1061 Die Hälfte sollte »praenumerando zum Verlage« und das übrige bei der Übergabe der Orgel ausgezahlt werden. Unter »Verlag« sind die Ausgaben für Materialien usw. zu verstehen, die Silbermann sonst zunächst aus eigenen (ersparten) Mitteln hätte bestreiten oder besser gesagt verlegen müssen. Wann Silbermann sein Geld bekommen hat, wissen wir nicht, denn Quittungen oder andere Rechnungsbelege sind nicht auffindbar.

1062 Vermutlich hat Silbermann die alten Orgelpfeifen eingeschmolzen und das dadurch gewonnene Material wieder verwendet. Der Bornaer Diaconus Langbein hatte zwar in seiner Beschreibung der neuen Orgel in der Georgenkirche das alte Werk mit einem »Bley-Klumpen« verglichen. Übrigens hat Silbermann in Helbigsdorf auch eine alte kleine Orgel übernommen und sich dafür 20 Taler anrechnen lassen.

1063 Das Osterfest fiel im Jahre 1722 auf den 5. April.

1064 Es ist anzunehmen, daß Silbermann das kleine Werk termingerecht lieferte. Vielleicht ist auch eine kleine Verzögerung entstanden, weil in der vereinbarten Zeitspanne die Mehrarbeit für die zusätzlichen Stimmen und das Pedal nicht berücksichtigt war. Andererseits lag damals nur noch ein einziger weiterer fester Auftrag vor: ein vierzehnstimmiges Werk für die

schädigt worden war, wurde die Orgel nach Kriegsende zunächst ausgebaut und im Saal des alten Leipziger Rathauses und dann 1950 in der Berliner Bach-Ausstellung aufgestellt.[1066] Seit 1958 steht das restaurierte Werk wieder an seinem ursprünglichen Platz.[1067] Es befindet sich (nach Dähnert) gegenwärtig in einem guten Zustand.[1068]

CHEMNITZ (ST. JOHANNIS)
(seit 1958 in der Stadtkirche zu Bad Lausick)

1722 vollendet
1 Manual – 14 Stimmen[1069]

Quellen

A. Acta Das Orgel-Werck in der Kirche zu S. Johannis allhie betr.
   (StA. Karl-Marx-Stadt: Sign. IV II 31)
B. a) Jahresrechnung der Kirche zu St. Johannis 1721/22
   b) dgl. 1722/23
   c) dgl. 1723/24
   (StA. Karl-Marx-Stadt; Sign. IV III 8a)
C. Acta, Die Baufälligkeit der in der Haupt- und Pfarr-Kirche zu St. Petri allhier [in Rochlitz] befindlichen Orgel ... betreffend. Ergangen Anno 1724 bis 1727

(STA. Leipzig: Sign. Amt Rochlitz Nr. 261)

D. Gottlieb Herrmann: Historische Nachrichten von der Kirche St. Johannis in der Vorstadt zu Kemnitz, 1725
E. Acta, Die Translocation und Reparatur des Orgelwercks in der alten St. Johannis-Kirche allhier betr., 1770–1771
   (StA. Karl-Marx-Stadt: Sign. IV II 32)

Vorgeschichte

In der Johanniskirche befand sich nur ein Positiv, das »sehr alt und verdorben« war, so daß »eine Änderung getroffen werden« mußte. Nach entsprechender Beratung und Überlegung entschloß man sich, aus Mitteln der Kirche[1070] »ein gantz neues Orgel-

---

Chemnitzer Johanniskirche. Der Bauvertrag war am 18. Dezember 1721 (einen reichlichen Monat nach Abschluß des Röthaer Kontrakts) geschlossen worden. Ein Jahr später (am 22. Dezember 1722) konnte die Orgel übergeben werden. Gottfried Silbermann muß in der zweiten Maihälfte mit der Arbeit in Chemnitz begonnen haben (vgl. Anm. 1086).

1065 Denkbar wäre es, daß Johann Kuhnau, der (gemeinsam mit dem Altenburger Hoforganisten Bestel) die Orgel der Georgenkirche geprüft hatte, noch einmal von Leipzig nach Rötha gereist ist, um auch das kleine Werk zu übernehmen. Das wäre dann kurz vor seinem Tode gewesen, denn Kuhnau starb am 5. Juni 1722. Oder sollte der achtundsechzigjährige Bestel von Altenburg gekommen sein? Man könnte noch einen (möglichen) Examinator anführen: Christian Pezold aus Dresden. Er hatte am 9. November 1721, als die Orgel in der Georgenkirche geweiht wurde, gemeinsam mit Johann Kuhnau eine »Kirchen-Music« aufgeführt. Vielleicht hat Freiherr von Friesen die Marienorgel überhaupt nicht prüfen lassen? Das wäre durchaus denkbar, denn (acht Jahre später) ist in der

Glauchauer Georgenkirche die von Silbermann gebaute siebenundzwanzigstimmige (!) Orgel »ohne sonst vorhergegangenes und gewöhnliches Examen« übernommen worden. Das hat der Zwickauer Oberkantor Johann Martin Steindorff in einer gedruckten Gratulation bestätigt (siehe OWS. Nr. 8).

1066 Vgl. Dähnert, S. 198.

1067 Die Übernahme erfolgte am 16. Dezember 1958. Der um 1833 entfernte Tremulant soll wieder eingebaut werden. Die letzte Restaurierung der Orgel geschah im Jahre 1975. Das teilte Pfarrer Steinbach, Rötha, dem Verfasser brieflich mit.

1068 In einem persönlichen Brief an den Verfasser hob Ulrich Dähnert die ganz hervorragende Raumakustik der Röthaer Marienkirche hervor, »in die sich der Orgelklang organisch einfügt«.

1069 Die Disposition geht aus dem Kontrakt hervor, dessen Wortlaut im Anhang (SD. Nr. 13) zu finden ist. Von einer Mehrstimme abgesehen, dürfte die erste Frauensteiner Orgel ähnlich disponiert gewesen sein.

1070 Man könnte vermuten, daß seitens der

werck« verfertigen zu lassen, zumal »bey einer ziemlich starck angewachsenen Gemeinde dergleichen altes Positiv nicht mehr hinlänglich« war.[1071] Wann und in welcher Weise mit Gottfried Silbermann wegen eines Orgelneubaues Verbindung aufgenommen worden ist, wissen wir nicht.[1072]

Bauvertrag

Der Kontrakt wurde zwischen Superintendent D. George Siegmund Green (1673 bis 1734) und dem Rat zu Chemnitz, einerseits, und dem »berühmten Orgelmacher« Gottfried Silbermann, andererseits, am 18. Dezember 1721 in Chemnitz geschlossen (C/114).[1073] Das Original ist nicht auffindbar.[1074] Die Urkunde ist – wie üblich –

»in duplo« ausgefertigt und von den Beteiligten eigenhändig unterschrieben worden.[1075] Ein Exemplar behielten die Auftraggeber, das andere bekam der Orgelbauer.[1076]

Gottfried Silbermann versprach, eine einmanualige Orgel mit insgesamt vierzehn Stimmen, davon drei im Pedal,[1077] zu bauen. Er wollte auch das Gehäuse »ohne absonderlichen Beytrag«[1078] verfertigen lassen, allerdings ohne »Ausstaffiren und mahlen« (C/113f.). Während der Arbeit in Chemnitz, das heißt bei »Sez- und Stimmung des Wercks«, wollte Silbermann »vor sich und seine Leute weiter nichts begehren«.[1079] Die Auftraggeber waren aber be-

Kirche eine Orgelbauakte angelegt wurde. Eine solche ist aber bis jetzt nicht bekannt, vielleicht auch im zweiten Weltkrieg vernichtet worden. Die im Stadtarchiv befindliche Akte (A) ist nicht als Bauakte anzusprechen. Eine wertvolle Quelle sind die Kirchrechnungen (StA. Karl-Marx-Stadt). Allerdings fehlt bei den einzelnen Ausgabeposten grundsätzlich das Datum. Obwohl die Belege nicht mehr vorhanden sind, wurde bei den Quellenangaben die in der Rechnung vermerkte Belegnummer angegeben.

1071 Das geht alles aus dem Bauvertrag hervor (vgl. SD. Nr. 13).

1072 Silbermann könnte z. B. im zeitigen Frühjahr 1721 (bevor er Ende Mai mit der Arbeit in Rötha begann) in Chemnitz gewesen sein, aber auch erst nach Mitte November (nachdem die Orgel zu St. Georg in Rötha übergeben worden war). Vermutlich haben sich Rat und Superintendent, nachdem der Orgelneubau eine beschlossene Sache war, mit Silbermann sehr schnell geeinigt. Der Kontrakt über die (leider zerstörte) einunddreißigstimmige Orgel zu Greiz ist (im Oktober 1735) innerhalb von drei Tagen ausgehandelt und abgeschlossen worden!

1073 Rund fünf Wochen vorher hatte Silbermann in der Georgenkirche zu Rötha eine zweimanualige Orgel mit dreiundzwanzig Stimmen übergeben und anschließend einen Kontrakt über den Bau eines kleinen pedallosen Werkes für die dortige Marienkirche geschlossen.

1074 Vermutlich befand sich der Vertrag unter (den nicht mehr vorhandenen) Belegen der Kirchrechnung oder in der Hand des Super-

intendenten. Das im Stadtarchiv Karl-Marx-Stadt befindliche Schriftstück (A/9f.) ist nur als Konzept (oder Abschrift) anzusprechen. Im Staatsarchiv Leipzig befindet sich eine Abschrift des Originalkontrakts (C/113f.). Der Rochlitzer Amtmann Weidlich hatte sie (auf seinen Wunsch) im April 1725 von dem Chemnitzer Stadtsyndikus Klebe zugesandt bekommen (C/112b).

1075 Aus der Kontraktabschrift (vgl. Anm. 1074) ist zu ersehen, daß unter Silbermanns Unterschrift der (vermutlich eigenhändige) Zusatz »Orgel Macher« stand.

1076 Silbermann hat offenbar alle seine Orgelkontrakte aufbewahrt. In seinem Nachlaß befanden sich jedenfalls 44 solche Verträge.

1077 Bei ähnlichen Werken (Pfaffroda, Niederschöna, St. Johannis Freiberg) war das Pedal nur mit zwei Stimmen besetzt. Die erste Frauensteiner Orgel besaß ebenfalls drei Pedalstimmen (vgl. Anm. 595).

1078 Das heißt: Das Gehäuse war in der Kontraktsumme inbegriffen und sollte nicht noch besonders berechnet werden.

1079 Das wurde wohl deswegen besonders erwähnt, weil Silbermann manchmal (z. B. in Pfaffroda und Rötha) während der Arbeit am Ort freie Beköstigung bekommen hat.

1080 Bemerkenswert sind die entsprechenden, in der Kirchrechnung verzeichneten Ausgabeposten:

9 Tlr. 8 Gr. »…von 2 Stuben und Kammern, zu H. Silbermanns Logiament und Werckstadt [!] auff 7 Monate…« (Bb/49)

reit, dem Orgelbauer »bey seinen Hierseyn nebst den Seinigen mit Logiament und Brennholtz zu versorgen und die benöthigte Ab- und Zufuhr zu verschaffen«.[1080]

Baukosten

Die Orgel sollte laut Kontrakt 500 Taler kosten, und daran hat sich auch nichts ge-

	»...wie auch 4 Claffter Brenn Holtz so E.E.Rath H.Silbermannen gegeben, in sein Logiament zu fahren...« (Bb/39)
7 Tlr.	»...von 2 Vierspännigen Fuhren, den Orgelmacher H. Silbermann, von Freyberg hieher zu bringen« (Bb/24)
8 Tlr.	»...vor zwo 4 spänigte Wagen, H. Silbermanns Werckzeug und Mobilien nach Freyberg zu fahren« (Bb/48)
1 Tlr.	»H. Gottfriedt Silbermann Post-Geld wieder nach Freybergk bey seiner abreise« (Bb/47)

Nach der letzteren Eintragung hat Gottfried Silbermann für die Heimreise die Postkutsche benutzen müssen. Eine solche Reise war relativ teuer: Um einen Taler zu verdienen, mußte ein Tagelöhner etwa acht Tage arbeiten! Wie lange mag damals eine Reise von Chemnitz nach Freiberg gedauert haben? Die Frauensteiner Postmeilen- oder (besser) Distanzsäule von 1725 gibt die Entfernungen (von Frauenstein) nach Freiberg und Chemnitz mit $4^1/_2$ bzw. $12^1/_4$ »Stunden« an. Daraus ergibt sich die Entfernung zwischen Chemnitz und Freiberg zu $7^3/_4$ Stunden. Das sind umgerechnet 35 km (vgl. Anm. 1728). Da die Frauensteiner Postkutsche (Ende des vorigen Jahrhunderts) zwanzig Kilometer in knapp drei Stunden bewältigte (vgl. Anm. 1728), können wir annehmen, daß Gottfried Silbermann nach einer etwa fünfeinhalbstündigen Fahrt in Freiberg angekommen ist. Heute reisen wir (mit dem Schnellzug) von Karl-Marx-Stadt nach Freiberg genau dreiunddreißig Minuten.

1081 Der Chemnitzer Stadtsyndikus Klebe ist (im März 1725?) in Rochlitz gewesen und berichtete bei dieser Gelegenheit dem Amtmann Weidlich, daß Silbermann in der Chemnitzer Johanniskirche »vor einiger Zeit...ein recht feines Werk vor 500 Thlr. gemachet« hätte (C/103b). Das veranlaßte den Amtmann, wegen des in Rochlitz geplanten Orgelneubaues auch

ändert.[1081] Die Auszahlung der Summe war in fünf Terminen zu je 100 Talern vorgesehen.[1082] Wann die Zahlungen wirklich erfolgten, ist nicht mehr nachweisbar.[1083] Über weitere, mit dem Orgelbau verbundene Aufwendungen berichten die Kirchrechnungen von 1722/23.[1084]

mit Silbermann zu verhandeln, da man von »deßen Geschicklichkeit sattsam« überzeugt war (C/103b f.).

1082 Die ersten 100 Taler sollten bei Abschluß des Kontrakts, die übrigen Raten zu Johannis 1722, zu Weihnachten 1722 »bey Übergabe des Wercks und wenn selbiges vor tüchtig erkannt wird«, zu Johannis 1723 und endlich zu Weihnachten 1723 ausgezahlt werden. Chemnitz ist demnach der erste Fall, wo Silbermann damit einverstanden war, daß ein Teil der Kontraktsumme erst nach der Übergabe der Orgel fällig sein sollte. Es lassen sich im ganzen noch weitere fünf solche Fälle nachweisen: Reichenbach, Oederan, Mylau, Fraureuth und Nassau.

1083 Die an Silbermann gezahlten Beträge sind zwar in den Kirchrechnungen verzeichnet, aber leider ohne Datum:

100 Taler »H. Gottfried Silbermann, auf Abschlag des Accords der neuen Orgel, á 500 thlr. zum 1. Termin« (Ba/94)

100 Taler »...zum 2. Termin Johannis 1722 des Accords der neuen Orgel« (Bb/19)

100 Taler »...zum 3. Termin Weynachten 1722 als die Orgel übernommen worden« (Bb/42)

100 Taler »...zum 4ten Termin, Joh. 1723 gefällig, so ...prae numerando [im voraus] ausgezahlet worden« (Bb/43)

100 Taler »H. Gottfriedt Silbermann, Hoff- und Land-Orgelmacher in Freyberg, vor die veraccordirte Orgel, á 500 thlr. zur völligen Contentirung« (Bc/26)

Bei der letzteren Eintragung ist bemerkenswerterweise Silbermanns Prädikat mit angegeben worden, das ihm Kurfürst Friedrich August I. am 30. Juni 1723 verliehen hatte.

1084 Da vorher nur ein Positiv vorhanden war, mußte der Orgelchor verändert werden. Michael Wolff, vermutlich ein Zimmermann, erhielt insgesamt fast 18 Taler: »... die eichene Seulen und Unterzüge unter das SingChor zu setzen ... das SingChor zu beschlagen [und] das Holtz zum Orgel-Gehäuße zu fertigen ...unter

Laut Kontrakt sollte Silbermann das Werk »binnen Jahres Frist«, das heißt bis Mitte Dezember 1722, liefern. Er hat den Termin eingehalten.[1085] Gottfried Silbermann muß ab Mai 1722 in Chemnitz gearbeitet

haben, denn er hielt sich insgesamt sieben Monate dort auf.[1086]

Übergabe, Prüfung und Weihe

Die Übergabe bzw. Weihe des Werkes erfolgten zu Weihnachten des Jahres 1722.[1087] Aus diesem Anlaß wurde eine

die Orgel neue Balcken zu legen, und das Chor neu zu thielen ... die Stellage zum Blaßbälgen zu machen ... die Blaßbälge zu legen ... den Tritt vor den Calcanten in der balcken Kammer zu machen und an dem Orgelgehäuße nöthige Arbeit zu thun ...« (Bb/12/15/23/28/30/31).

1085 Das Jahr 1722 ist – soweit wir es heute beurteilen können – für Silbermann wesentlich ruhiger verlaufen als die vorhergehenden Jahre. Neben der Chemnitzer Orgel hatte der Meister nur das kleine Werk für die Röthaer Marienkirche in Arbeit. Es ist vermutlich im April (1722) übergeben worden, so daß sich Silbermann anschließend dann einzig und allein auf das Chemnitzer Werk konzentrieren konnte.

1086 Das beweist die Kirchrechnung von 1722/23, wonach für sieben Monate die Miete für Silbermanns Logis und Werkstatt bezahlt worden ist (vgl. Anm. 1080). Am 12. Mai (1722) hatte Gottfried Silbermann in Langhennersdorf der Prüfung und Übergabe der von Zacharias Hildebrandt, dem ehemaligen Gesellen Silbermanns, als Meisterstück gebauten Orgel beigewohnt. Es ist anzunehmen, daß Silbermann unmittelbar danach nach Chemnitz ging. Wenn er sich hier sieben Monate aufgehalten hat, dann war das bei dem einmanualigen Werk eine relativ lange Zeit. Wir erinnern allerdings daran, daß er 1726 an der vergleichbaren Orgel zu Dittersbach mit drei Gesellen (auch) ein halbes Jahr arbeitete. In Chemnitz standen Silbermann ebenfalls drei Gesellen (und noch ein Lehrling) zur Verfügung. Laut Kirchrechnung wurden nämlich Silbermanns »3 Gesellen, Lehrjungen und Magdt« insgesamt 6 Taler Trinkgeld gezahlt (Bb/46). Hildebrandt war zweifellos nicht mehr mit dabei, denn am 26. August wurde er Freiberger Bürger und drei Wochen später heiratete er. Übrigens hat Silbermann im Herbst seine Arbeit kurz unterbrechen müssen, weil er (am 21. September) in Freiberg mit Zacharias Hildebrandt den sogenannten Wechselkontrakt abschloß.

Erwähnenswert sind folgende Ausgabeposten in der Kirchrechnung von 1722/23:

17 Gr.	»2 Arbeiter, die Windladen und zinnernen Pfeiffen, vor H. Silbermannen hinnaus zu tragen und andere Arbeit zu thun« (Bb/32)
1 Tlr.	»...4 Fuhren aus des Orgelmachers Werckstadt [in Chemnitz] an Orgelgehäuße und andern Sachen in die Kirche zu fahren ...« (Bb/39)

Offenbar sind verschiedene Teile der Orgel nicht in Freiberg, sondern erst in der (zeitweiligen) Werkstatt in Chemnitz hergestellt worden. Das könnte den verhältnismäßig langen Aufenthalt (von sieben Monaten) erklären.

Mit dem Intonieren und Stimmen des Werkes muß Silbermann etwa nach Mitte November begonnen haben, denn er brauchte dafür vier Wochen Zeit. In der Kirchrechnung erscheint eine Ausgabe von 4 Gulden (= je 21 Groschen) »Christoph Thielen, Tagel[öhner] die Blasebälge, als die Orgel gestimmt worden, 4 Wochen lang zu treten« (Bb/44). Zum Vergleich: Bei der ersten Frauensteiner Orgel hat Silbermann den Kalkanten fünf Wochen beschäftigt.

1087 Das geht aus der Kirchrechnung von 1722/23 hervor (Bb/42). Siehe hierzu Anm. 1083. Gottlieb Herrmann (1668–1733), der ab 1695 bis zu seinem Tode an der Johanniskirche als Pfarrer wirkte (vgl. Grünberg, II/1, S. 341), schrieb 1725:

Die Orgel ist am 22. Dezember 1722 »nach geschehener Examination mit sonderbarem Vergnügen« übernommen und am ersten Weihnachtsfeiertag »zum erstenmahl öffentlich gespielet« und geweiht worden (D/30). Herrmann teilte auch die Disposition der Orgel mit. Sie stimmt mit der im Kontrakt festgelegten überein. Silbermann hat das Werk demnach mit keiner zusätzlichen Stimme versehen. Allerdings schrieb Herrmann: »Principal 8 Fuß von Englischen Zinn blanc poliert.« Nach dem Kontrakt sollten bei diesem Register aber die Pfeifen für die tiefsten Töne (C–E) aus Holz verfertigt werden. Vermutlich hat sich Gottfried Silbermann dann

Orgelmahlzeit veranstaltet.[1088] Wer das Werk geprüft und zum ersten Male gespielt hat, wissen wir nicht. Die Weihe dürfte Superintendent Green vorgenommen haben.

Bemerkungen

Nachdem eine neue Kirche gebaut worden war, sollte die Orgel dorthin versetzt werden. Die Chemnitzer Kircheninspektion erbat von dem Freiberger Orgelbauer Adam Gottfried Oehme, einem ehemaligen Gesellen Gottfried Silbermanns, ein Gutachten darüber, zumal auch beabsichtigt war, das Werk mit einem zweiten Manual zu versehen. Oehme lehnte den ihm zugedachten Auftrag aber ab.[1089] Die Versetzung der Orgel wurde deshalb von einem anderen Meister ausgeführt.[1090] Später wurde sie dann noch um ein Oberwerk mit acht Stimmen erweitert.[1091] Im Jahre 1879

doch entschlossen, für das ganze Register Zinn zu verwenden, so wie bei dem Werk zu St. Marien in Rötha.

1088 In der Kirchrechnung sind rund 16 Taler verzeichnet, »so laut Specification, bey Übernahme des neuen Orgelwergks, als 22 Persohnen gespeiset worden, an Victualien und andern Nothwendigkeiten zur Mahlzeiten auffgewendet worden« (Bb/45). Nach derselben Quelle (Bb/46) sind 2 Taler »vor die Mahlzeit und Ergötzlichkeit« für Silbermanns Gesellen verwendet worden.

1089 Oehmes Gutachten ist noch vorhanden (E/2 ff.). Da es praktisch den Prinzipien der heutigen Orgeldenkmalpflege entspricht, wollen wir es hier auszugsweise wiedergeben: »Auf Verlangen ... bin [ich] anhero geruffen worden ... Hierüber ist mir Antrag gethan worden, ob dieses Werck nicht noch mit einem Clavier von wenig Stimmen könnte versehen werden? Darauf aber antworte, daß dieses zwar, so es seyn sollte, angehen möchte, wobey aber das Gehäuße verändert, eine neue Windlade, Structur und Clavier, nebst Erweiterung der Canäle erfordert, und dennoch am Ende durch die wenigen Stimmen nicht der gehörige Entzweck erreichet würde. Daher erkenne, wiewohl wieder mein eigenes Interesse, daß es ohnmaßgeblich beßer sey, dieses Werck, so wie es in seiner gegenwärtigen Verfaßung ist, zu versetzen, und dem großen Meister deßelben die Ehre zu laßen [!], nach seinem Tode sich mit einem kleinern Wercke seiner Kunst in dieser großen schönen Kirche so lange hören zu laßen, bis Gott beßere Zeiten geben, und einstens ... ein großes Werck gebaut werden kann, wobey alsdenn zugleich das alte Silbermannsche Werck füglicher angebracht werden kann. Dabey bemerke auch, daß die Beschaffenheit des Wercks also sey, daß wenn es auch auf seinem Platze bleiben sollte, ... schon längstens eine Haupt-

reparatur nöthig gehabt hätte, weil es nicht nur beynahe 50 Jahre gestanden, sondern auch binnen dieser Zeit niemals in der Hand eines Orgelbauers geweßen [!], und daher nach und nach von Staub und Koth der Fledermäuse so angefüllet worden, daß man nicht die Helfte von der Schönheit des Tones mehr höret, wobey das Regier-Werck ausgearbeitet, sogar das Pedal-Clavier abgespielet, samt dem Manual-Clavier, und die Bälge, welche dabey das meiste auszustehen haben, sind sehr schlecht beschaffen, und ist daher eine Haupt-reparatur unvermeidlich. Was aber die Translocirung [= Versetzung in die neue Kirche] betrifft, so ist selbige eine sehr mühsame Arbeit, weil ein Orgelwerck nicht wie andre Machines gebauet wird, die man ohne Schaden von einem Ort zum andern bringen kann, sondern sie [= die Orgel] wird gebauet, daß sie auf beständig stehen bleiben soll auf ihrem ersten Platze. Daher ist es leicht geschehen, daß bey Abbrechung derselben auch mit aller Behutsamkeit dennoch Schaden erfolgen kann, und also ein Orgelwerck mit der besondern Mühe abgerißen werden muß, als mit welcher es aufgesetzet wird ...« Oehme war bereit, die Orgel zu versetzen und sie gleichzeitig gründlich zu reparieren. Er schrieb: »... so verspreche doch nächst göttlicher Hülfe bey meiner Ehre, welche ich zur Zeit noch nie verlohren, das alte schöne Werck also in seinen vorigen Stand zu setzen, wie es nunmehro beynahe vor 50 Jahren gewesen ist ...« Oehme verlangte für seine Arbeit 300 Taler, freie Ab- und Zufuhr, Quartier und Lagerstatt für sich und zwei Gesellen (!), Brennholz und Kohlen, täglich einen Handlanger und »die Hereinschaffung des Wercks bis auf [den] Chor [der neuen Kirche]«. Oehmes Gutachten ist »Chemnitz, den 1sten Novembris Ao. 1770« datiert. Der Namenszug ist allerdings nicht eigenhändig.

1090 Vgl. Dähnert, S. 198.

endlich wurde die Orgel abgebrochen und an die Gemeinde Auligk verkauft. Dort ist sie dann in bedenklichem Maße vernachlässigt worden.[1092] Nach 1955 erfolgte eine gründliche Restaurierung und die Wiederherstellung des Originalzustandes unter der wissenschaftlichen Beratung von Paul Rubardt, Leipzig. Im Jahre 1958 wurde das Werk in der Stadtkirche zu Bad Lausick aufgestellt.

Die Orgel befindet sich gegenwärtig (nach Dähnert) in einem guten Zustand.

REICHENBACH (PETER-PAULS-KIRCHE)

1725 vollendet – nur Gehäuse erhalten[1093]
2 Manuale – 29 Stimmen[1094]

Quelle

Acta, das nach dem großen Reichenbächischen Brandt Anno 1725 in der Kirchen zu St. Petri und Pauli erbauete neue Orgel-Werck betreffend, de ao. 1723
(PfA. Reichenbach: Sign. B 7 a)
Ob noch eine weitere Akte vorhanden war, ist noch nicht geklärt.[1095]

Vorgeschichte

Eine am 20. August 1720 entstandene »hefftige Feuersprunst« hatte auch die Kirche mit betroffen, so daß sie mit der Orgel »durch die wütende Gluth gänzlich eingeäschert« wurde. Obwohl die Kirche innerhalb von zwei Jahren fast völlig wieder auf- und ausgebaut werden konnte,[1096] wußte man wegen des »dürfftigen« Kirchenvermögens nicht, »wie zu Erbauung einer [neuen] Orgel zu gelangen seyn möchte«. Der Kirchenpatron Carl Metzsch nahm sich aus eigenem Antrieb der Sache an. Er hat »nicht nur selbst ein ansehnliches darzu an Gelde beygetragen«,[1097] sondern auch andere »gutthätige und milde Herzen« dazu veranlaßt.[1098] Man erhoffte sich auch noch einiges, so daß man es wagen konnte, mit dem Orgelbauer »zuverlässig« einen Kontrakt abzuschließen.[1099]

Vermutlich ist Gottfried Silbermann in der letzten Novemberwoche 1723 in Reichen-

1091 Das ist 1791 durch Johann Gottlob Trampeli (1742–1812) geschehen (vgl. Dähnert, a.a.O.).

1092 Vgl. Dähnert, S. 199.

1093 Näheres unter »Bemerkungen«.

1094 Sie verteilten sich (laut Kontrakt) wie folgt: Hauptmanual (13), Oberwerk (12) und Pedal (4).

1095 C. L. Winkler (Chronik der Königlich-Sächsischen Stadt Reichenbach, 1855) erwähnte (auf S. 108) ein »Actenstücke im Gerichtsarchiv«. Ob es mit dem heute im PfA. befindlichen identisch ist, wissen wir nicht mit Sicherheit zu sagen. Winkler bringt Auszüge aus einer Orgelbaurechnung und den Wortlaut eines Briefes Silbermanns vom 28. Dezember 1723. Beide Dokumente sind in der Pfarrarchivakte nicht enthalten!

1096 Nach Winkler (Anm. 1095, S. 107) ist am 21. April 1721 der Grundstein für die neue Kirche gelegt worden. Am 20. August des folgenden Jahres konnte in der Kirche wieder Gottesdienst gehalten werden. Bis dahin hatte er bis zur Adventszeit unter freiem Himmel stattfinden müssen.

1097 Nach Winkler (Anm. 1095, S. 112) haben Carl Metzsch und seine Gattin insgesamt 278 Taler gespendet.

1098 Winkler bringt (Anm. 1095, S. 112f.) eine Liste der Personen, die zur Finanzierung des Orgelbaues beigetragen haben. Hiernach spendete der damalige Reichenbacher Pastor, Magister Olischer, 20 Taler. Die Handwerkerinnungen beteiligten sich mit 113 Talern. Von den Stadträten zu Zwickau, Freiberg und Chemnitz gingen 100, 50 bzw. 20 Taler ein. Der Rechnungsführer, Johann Georg Huster, verzeichnete auch eine Einnahme von 48 Talern: »vors alte Zinn, welches Hr. Silbermann übernommen«. Ob es sich dabei um Zinn aus der alten Orgel handelte, wissen wir nicht.

1099 Das geht alles aus der Präambel des Kontrakts hervor. Vgl. hierzu auch: Johann Balthasar Olischer, Entwurff einer Chronik der alten Voigtländischen Stadt Reichenbach, Leipzig 1729, S. 53.

bach gewesen, um die wiederaufgebaute Kirche zu besichtigen und mit dem Kirchenpatron zu verhandeln.[1100]

Bauvertrag

Der Kontrakt wurde am 18. Dezember 1723 in Reichenbach abgeschlossen[1101], und zwar zwischen dem Kirchenpatron Carl Metzsch[1102] und Gottfried Silbermann, »Ihro Königl. Maj[estä]t in Pohlen u. Churf[ürstlichen] Durchl[aucht] zu Sachßen Hoff- und Land-Orgel-Bauer zu Freyberg« (2b)[1103]. Der Originalvertrag ist leider verschollen.[1104] Es ist aber eine zeit-

genössische Abschrift vorhanden (2ff.).[1105] Der Bauvertrag sah ein stattliches, neunundzwanzigstimmiges Werk vor.[1106] Die Pfeifen sollten aus dem »besten geschlagenen englischen Zinn[1107], Metall und guten tüchtigen Holz« verfertigt werden. Silbermann wollte alle Materialien »an Zien, Holz, Leder, Leim, Eisenwerck, Meßing und Drat ... auf seine eigenen Kosten und ohne jemand weiteres Zuthun« anschaffen und alle benötigten Handwerker, »exclus. der Bildhauer-, Mahler- ingl. der Zimmer-Arbeit«[1108], ebenfalls auf seine Kosten hal-

---

1100   Eine Reise von Freiberg nach Reichenbach führte über Oederan. Am 17. November teilte Silbermann dem Oederaner Rat brieflich mit: »Vielleicht habe ich die Ehre, auf künfftigen Sonntag [21. November] da ich durch Oederan durchreisen werde, bei Ihnen meine Aufwartung zu machen« (StA. Oederan: Akte Sign. XVI 21, Bl. 40).

1101   Die vorhergehende Orgel war schon am 22. Dezember 1722 übergeben worden und zwar in der Chemnitzer Johanniskirche. In Silbermanns Werkstatt scheint demnach ein ganzes Jahr »Ruhe« gewesen zu sein. Dafür war er über ein Jahrzehnt fast pausenlos tätig gewesen und hatte zwölf Werke geschaffen, darunter so prächtige wie im Freiberger Dom, der Dresdner Sophienkirche und der Georgenkirche zu Rötha. Vermutlich hat sich Gottfried Silbermann im Jahre 1723 vorwiegend dem Instrumentenbau gewidmet (vgl. seine Bittschrift vom 10. Juni 1723 an Kurfürst Friedrich August I. von Sachsen; s. Anh. SD. Nr. 15). Vielleicht ist er gerade durch die etwas besinnliche Zeit auf den Gedanken gekommen, sich nach erfolgreichem Schaffen nun um eine entsprechende Anerkennung durch den Landesfürsten zu bemühen. Übrigens ist Silbermann im April 1723 in Altenburg gewesen, und im Juni reiste er nach Prag. Wir gehen darauf an anderer Stelle noch ausführlich ein. Anfang 1723 hat Silbermann offenbar eine private Reise unternommen. Am 13. März teilte er nämlich dem Altenburger Stadtorganisten Angermann brieflich mit, er sei »nebst etlichen guten Freunden verreiset gewesen«. Die Reise muß ihm aber nicht gut bekommen sein, denn er hatte »von der Luft böse Augen mit nach Hauße gebracht«. Der Brief befindet sich im STA. Weimar, Außenstelle

Altenburg: Akte Domänenfideikommiß, Repos. F. VI. 22, Bl. 34.

1102   Metzsch war kurfürstlicher »Land-Cammer- und Cammer-Assistenz-Rath«. Seine Lebensdaten sind dem Verfasser nicht bekannt.

1103   In dem Reichenbacher Kontrakt wurde dem Namen Silbermanns – soweit nachweisbar – zum ersten Male das von Kurfürst Friedrich August I. am 30. Juni 1723 verliehene Prädikat hinzugesetzt.

1104   Er kann sich auch nicht in der (vermuteten) weiteren Akte (vgl. Anm. 1095) befunden haben, denn Winkler (Anm. 1095, S. 108) schrieb nur von »Concept oder Copie«. Möglicherweise befand sich der Originalvertrag in den Händen von Metzsch.

1105   Am Schluß steht hier unter Silbermanns »Unterschrift« der Zusatz »Hoff und Land Orgelbauer«. Er hatte ihn im Original gewiß eigenhändig seiner Unterschrift hinzugefügt. Das ist aber nicht das erste Mal gewesen, daß er diesen Titel selbst geschrieben hat. Er tat es bereits in einem Brief vom 3. November 1723 an den Rat zu Oederan (StA. Oederan: Akte Sign. XVI 21, Bl. 39b).

1106   Die Dresdner Sophienorgel war mit einer Stimme weniger projektiert. Jedenfalls gehörte die Reichenbacher zu den größten zweimanualigen Orgeln Gottfried Silbermanns.

1107   Das »Schlagen« oder Hämmern der für die Pfeifen bestimmten Zinntafeln war offenbar eine Spezialität Silbermanns, die gewiß auch den Klang günstig beeinflußte. Kuhnau und Bestel haben in ihrem Bericht über die Prüfung der Freiberger Domorgel hervorgehoben, daß diese Bearbeitungsmethode »bey uns sonsten ungewöhnlich« war (vgl. SD. Nr. 5).

1108   Die Zimmererarbeit wurde – wie es im

188

ten und befriedigen. Es fällt auf, daß Silbermann die Bildhauerarbeiten nicht mit übernehmen, aber »das Gehäuse von sauberer und geschickter Tischer-Arbeit« liefern wollte.[1109]

Gottfried Silbermann verpflichtete sich auch, »die nöthigen Bällge tüchtig und dauerhafft zu verfertigen«, jedenfalls »alles und iedes von den größesten bis zum kleinsten in einen vollkommenen tüchtigen und dauerhafften Stand zu setzen und zu übergeben«. Er war damit einverstanden, daß das Werk »durch gewißenhaffte, dieser Sache verständige Leuthe censiret wird«. Falls sich wider Erwarten dabei »einige Gebrechen und Fehler eusern solten«, wollte er für Abhilfe sorgen. Des weiteren übernahm Silbermann die Gewähr auf ein Jahr. Innerhalb dieser Zeit versprach er alles, was »wandelbar« werden sollte, »ohne Entgeld [zu] repariren«. Nach Ablauf der Garantiezeit wollte Silbermann »das Werck nochmahlen Persönlich durchgehen und aufs reinste einstimmen«[1110] und dieses bei Bezahlung des letzten Termins (Michaelis 1726) »nochmahlen wiederholen oder durch iemand anders auf seine Kosten bewerckstelligen«.

Falls Gottfried Silbermann binnen der für den Orgelbau vereinbarten Zeitspanne gestorben wäre, sollten seine Erben verpflichtet sein, »deßen ungeachtet, das Werck ... in düchtigen Stand sezen zu laßen und zu übergeben«.[1111] Silbermann sollte auch sowohl wegen der im voraus empfangenen Gelder als auch »wegen Erfüllung dieses Contracts mit seinen sämtlichen Vermögen« haften und es »als Unterpfand« einsetzen.[1112]

Kontrakt heißt – »bey denen Lägern derer Bälge erfordert«.

1109 Dafür bietet sich folgende »Erklärung« an: Der Freiberger Bildhauer Johann Adam Georgi hatte an der Freiberger Domorgel mitgearbeitet und vermutlich auch an weiteren Werken Silbermanns. Georgi ist aber am 27. März 1719 gestorben. Vielleicht hatte Silbermann noch keinen geeigneten Bildhauer gefunden, zumal es sich bei der Reichenbacher Orgel um ein relativ großes und repräsentatives Werk handelte. Winkler gibt nun in seiner Chronik (Anm. 1095, S. 115 f.) eine »in Urschrift vorhandene Urkunde« (!) wieder. Sie soll sich in dem »Gerichtsarchivaktenstück« befunden haben, ist aber nicht mehr auffindbar. Es handelte sich (nach Winkler) um einen »Freyberg, den 28. Decbr. 1723« datierten Brief Silbermanns an Carl Metzsch. Darin versprach er, die Bildhauerarbeit für die Orgel »um Achtzig thlr. zu schaffen und wen es mehr Kosten solt aus meinen eigenen Mitteln zu bezahlen«. Silbermann quittierte zugleich über den von Metzsch bereits empfangenen Betrag. Des weiteren sicherte Silbermann zu, »deß nechsten einen förmlichen accord mit den bildthauer treffen« und dafür sorgen zu wollen, »daß die Arbeit fein Sauber düchtig und durch sichtig verfertigt« wird. Außer Silbermanns Unterschrift soll der Brief wiederum den Zusatz »hoff und land Orgel bauer« von des Meisters eigener Hand getragen haben. Welcher Bildhauer fertigte den Zierat für die Reichenbacher Orgel an? Vermutlich der aus Dresden stammende Johann Friedrich Lücke. Er war 1721 Freiberger Bürger geworden (vgl. Anm. 574). Es ist anzunehmen, daß Silbermann, nachdem er nach Abschluß des Reichenbacher Kontrakts wieder zu Hause war, sofort mit Lücke gesprochen hat, ob er den Auftrag übernehmen will. Auch wenn sich diese Mutmaßung nicht beweisen läßt, so ist doch sicher, daß Silbermann mit Lücke damals schon persönliche Beziehungen hatte. Hätte letzterer sonst als Zeuge fungiert, als Silbermann mit Johann Jacob Graichen den an anderer Stelle erwähnten Lehrvertrag abschloß?

1110 In Niederschöna hatte Silbermann dieselbe Verpflichtung übernommen. Allerdings war das nicht im Bauvertrag festgelegt worden. Es wurde nur von Elias Lindner in seinem Bericht über die Prüfung der Orgel erwähnt.

1111 Das ist das erste Mal, daß eine solche Klausel in einen Kontrakt aufgenommen wurde. In dem Rochlitzer Kontrakt vom 28. Mai 1725 erscheint sie ebenfalls. Später wurde der Erbe sogar namentlich genannt: Johann George Silbermann, Gottfrieds Vetter. Vgl. die Kontrakte Frauenkirche Dresden (1732), St. Petri Freiberg (1734), Greiz (1735), St. Johannis Zittau (1738) und Fraureuth (1739). Johann George hat diese Verträge alle mit unterschrieben.

1112 Diese Bestimmung erschien auch in dem

Der Reichenbacher Kontrakt enthält einige beachtenswerte Bestimmungen. Sie zeigen, daß der Kirchenpatron bemüht war, sich auf jede erdenkliche Art und Weise zu sichern.

Baukosten

Landkammerrat Carl Metzsch verpflichtete sich, für das Orgelwerk an Gottfried Silbermann insgesamt 1500 Taler »von denen gesamleten und darzu destinirten Gelde« zu bezahlen (4b).[1113] Es wurden zwölf Zahlungstermine vereinbart (5).[1114] Ob sie eingehalten worden sind, wissen wir nicht. Aus der Akte geht nur hervor, daß es (mindestens) gleich anfangs Schwierigkeiten gegeben hat, weil Silbermann am 28. Juli 1724 die zu Ostern bzw. Johannis 1724 fällig gewesenen Raten von zusammen 300 Talern anmahnen mußte.[1115] Da das nichts fruchtete, schrieb er am 15. August 1724 noch einmal.[1116] Vermutlich kam Carl Metzsch dann seinen nun einmal über-

Kontrakt für die Dresdner Sophienorgel (10. Dezember 1718). In Freiberg (St. Jacobi) hatte Silbermann die Sicherheitsleistung entschieden abgelehnt und sich über eine solche Forderung direkt beleidigt gefühlt. Vielleicht hat er später eingesehen, daß er um eine Kaution nicht herumkommt.

1113 Aus der von Winkler (Anm. 1095, S. 112 ff.) wiedergegebenen Orgelbaurechnung geht hervor, daß reichlich 1500 Taler eingekommen sind. Die Orgel ist demnach nur aus freiwilligen Spenden bezahlt worden.

1114 Das ist damit zu erklären, weil man sich laufend um Spenden bemühte. Die vom Zwickauer bzw. Chemnitzer Rat gestifteten Beträge (vgl. Anm. 1098) sind z. B. erst am 23. Oktober 1725 bzw. am 2. Dezember 1726 eingegangen. Der Bauvertrag sah folgende Ratenzahlungen vor:

200 Taler bei Abschluß des Kontrakts
200 Taler Ostern
100 Taler Johannis
100 Taler Michaelis   1724
100 Taler Weihnachten
100 Taler Ostern
200 Taler Pfingsten zur Übergabe
100 Taler Michaelis   1725
100 Taler Weihnachten
100 Taler Ostern
100 Taler Johannis   1726
100 Taler Michaelis

Wir sehen, daß ein Drittel der Gesamtsumme erst nach der Übergabe der Orgel fällig war.

1115 Der Brief ist an den »Wohl-Ehrwürdigen, Großachtbaren und Wohlgelahrten, Insonders Hochgeehrtesten« Magister, Pastor Johann Balthasar Olischer in Reichenbach, gerichtet. Silbermann schrieb u. a.: »Weil ich aber bereits so viel darein verwendet und auch noch mehres Geld vonnöthen habe, will [ich] ... gebethen haben, Sie wollen ... mit dem Herrn Land-Cammer-Rath ... sprechen, daß die verfloßenen beyden Termine ehestens möchten ausgezahlt werden, damit ich nicht genöthiget würde, etwas anderes vorzunehmen und dieses Werck liegen zu laßen ...« Silbermann mußte ja das Geld für die Materialien zunächst verlegen. Dafür reichten die als Anzahlung empfangenen 200 Taler bei weitem nicht aus, so daß Silbermanns Mahnung verständlich ist.

1116 Silbermann hatte zwar von Pastor Olischer ein Antwortschreiben erhalten, dessen Wortlaut aber leider unbekannt ist (vgl. Anmerkung 1125). Jedenfalls bedankte er sich zunächst dafür, daß Olischer mit dem Landkammerrat gesprochen hatte. Dann schrieb Silbermann wörtlich: »Allein es wundert mich doch, daß ich bis dato von Sr. Excellenz ... weder Schreiben noch Geld bekommen, ohngeachtet der Herr Creys-Amtann Weidlich allhier [in Freiberg] seit Ostern schon zu dreyen mahlen meinetwegen an Sr. Excellence geschrieben, hierauf aber noch keine Antwort erhalten ...« Es ist beachtenswert, daß sich Weidlich für Silbermanns Belange eingesetzt hat, obwohl er mit ihm einst solche Schwierigkeiten bei den Verhandlungen wegen des Baues der Freiberger Jacobiorgel gehabt hatte. Silbermann schrieb dann weiter: »... da ich doch schon über 900 Thlr. darein gestecket, auch noch unterschiedene Handwercksleute zu befriedigen habe, worzu ich noch mehr Geld vonnöthen habe, ich aber werde, wenn Gott Gesundheit geben wird, meinem gethanen Versprechen nachleben und zu Michaelis [1724] ... die Pfeiffen und ander Zugehör selbt 6 Personen überbringen. Aus beyliegenden Contract können Sie ersehen, zu welcher Zeit die Zahlungs-Termine fällig sind, und wenn ich die Orgel überliefern soll ... und würden Sie es nicht gerne sehen, wenn ich wider meinen Willen

nommen Verpflichtungen nach.[1117] Übrigens hatte Gottfried Silbermann im Kontrakt ausdrücklich versichert, mit den »abgehandelten« 1500 Talern zufrieden zu sein und unter keinerlei Vorwand, »es habe Nahmen wie es wolle«, noch etwas zu fordern (6).

Landkammerrat Metzsch hatte sich verpflichtet, Silbermann und seinen Gehilfen in Reichenbach ein freies Quartier nebst Kohlen und Brennholz zu verschaffen. Zum Transport »derer Materialien und Werckzeuge« von Freiberg nach Reichenbach wollte Carl Metzsch »Fünff 4spännige Waagen« und für Silbermanns »Rückfuhre aber einen 4spännigen Wagen ohne Entgeld» bereitstellen (5).

Über Nebenkosten des Orgelbaues ist nichts bekannt.[1118]

Bauablauf

Gottfried Silbermann wollte die Orgel »binnen dato[1119] und Pfingsten 1725[1120] ... nach dem gezeigneten und besiegelten Riße« bauen und »in völligen Stand überliefern« (2 b f.) und hat sein Versprechen erfüllt.[1121]

Am 28. Juli 1724 schrieb Silbermann an Pastor Olischer: »Nachdem ich an dem Reichenbachischen Orgelwerck nebst denen Meinigen fleißig arbeite, daß ich zu Michaelis, geliebts Gott!, meinem gethanen Versprechen werde nachleben und die Orgel überliefern können ...« (7)[1122]

Aus Silbermanns zweitem Mahnbrief vom 15. August 1724[1123] geht hervor, daß es wegen des Holzes ein Mißverständnis gegeben hat. Pastor Olischer hatte nämlich auf Silbermanns ersten Brief vom 28. Juli[1124]

wegen der zurückbleibenden Zahlung ... genöthigt würde, andere Arbeit vorzunehmen und die Reichenbacher Orgel unterdeßen hintanzusezen ...« (8 f.). Gottfried Silbermann hat bei diesem Brief seiner Unterschrift eigenhändig noch die Worte »Hoff und land Orgel bauer« hinzugefügt. Der vorige Brief vom 28. Juli 1724 (7) trägt keine eigenhändige Unterschrift Silbermanns! Vermutlich hat Olischer das Original an Landkammerrat Metzsch übergeben und eine Abschrift zu der Akte genommen. Wenn Silbermann Olischer den Kontrakt (vermutlich nur eine Abschrift) zur Einsichtnahme zusandte, ist daraus zu schließen, daß sich das Zweitstück in Metzschs Händen befand. Silbermann mag angenommen haben, daß dem Pastor der volle Inhalt des Kontrakts, insbesondere die festgelegten Zahlungstermine, nicht bekannt sind.

1117 Die Akte enthält jedenfalls keinen weiteren Schriftwechsel, sondern nur den Vermerk von Pastor Olischer, daß Silbermann zu Michaelis 1724 in Reichenbach eingetroffen und mit seiner Arbeit begonnen hat (10). In der am 19. Dezember 1727 abgeschlossenen Orgelbaurechnung sind anscheinend die einzelnen, an Silbermann gezahlten Raten nicht festgehalten worden. Nach Winkler (Anm. 1095, S. 114) hieß es nur: 1500 Taler »an Orgelbauer, Hrn. Gottfr. Silbermann, laut Quittung, den 29. Aug. 1727«. Hiernach muß sich die vollständige Bezahlung der Orgel noch fast ein Jahr weiter hinausgezogen haben, als es nach dem Kontrakt

vorgesehen war. Übrigens ist Silbermanns Quittung über den Gesamtbetrag nicht auffindbar. An diesem Beispiel wird deutlich, wie lange Silbermann manchmal auf sein Geld warten mußte, trotz aller vertraglichen Verpflichtungen seiner Auftraggeber.

1118 In der Rechnung sind keine Nebenausgaben verzeichnet (vgl. Winkler, Anm. 1095, S. 114). Die Orgel kam ja in eine völlig neu aufgebaute Kirche, so daß z. B. die Baukosten für den Orgelchor mit in den Kirchenbaukosten inbegriffen gewesen sein dürften.

1119 Das heißt: vom Tage des Vertragsabschlusses an gerechnet.

1120 Pfingsten fiel damals auf den 20. Mai.

1121 Vermutlich hat Gottfried Silbermann in den Monaten Januar bis September 1724 in seiner Werkstatt nur an der Reichenbacher Orgel gearbeitet. Ob er etwa gleichzeitig noch mit den nächsten beiden Werken (Dittersbach und Forchheim) beschäftigt war, wissen wir nicht. Die entsprechenden Bauverträge können durchaus schon 1724 abgeschlossen worden sein, sind aber nicht auffindbar.

1122 Offenbar hatte Silbermann bei Kontraktabschluß (oder in einem späteren, nicht mehr erhaltenen Brief) versprochen, zu Michaelis (Ende September) 1724 die Orgelteile nach Reichenbach zu bringen und dann mit dem Aufbau des Werkes zu beginnen.

1123 Vgl. Anm. 1116.

1124 Vgl. Anm. 1115.

geantwortet, daß er (Silbermann) sein Versprechen nicht eingehalten und niemanden von seinen Leuten »nach Reichenbach in die Bret-Mühle geschicket« habe, um anzugeben, »wie das Holz möchte geschnitten werden«.[1125] Silbermann antwortete, er könne sich an ein solches Versprechen nicht erinnern, zumal er dem Landkammerrat »schon vor Weyhnachten[1126] ... eine Specification gegeben [habe], wie viel etwa Holz vonnöthen« sei. Carl Metzsch habe auch zugesagt, daß »das Holtz zu Fastnacht [1724] alles zu Stande seyn« solle.[1127] Silbermann verschwieg nicht, daß er »noch selbst Holz Gott sey Danck in Vorrath habe« und käme ihn »das Holz in Reichenbach theurer als hier [in Freiberg] an«.[1128] Im Kontrakt war übrigens nicht vereinbart worden, daß Reichenbach selbst Holz liefern wollte.[1129]

Silbermann hatte durch den Freiberger Kreisamtmann Weidlich[1130] erfahren, daß sich Landkammerrat Metzsch für den Transport der Orgel von Freiberg nach Reichenbach »einige Hof-Fuhren unter dem Freybergischen, Chemnizer und Zwickischen Amte ausbitten« wollte. Silbermann schrieb daraufhin: »...welche Fuhren ich aber nicht gebrauchen kan«. Die großen, viele Zentner schweren Kästen könnten nicht »ohne Schaden ... ab- und etl[iche] mahl wieder auf die Wagen gebracht werden«. Silbermann lehnte ein mehrmaliges Umladen entschieden ab und schrieb: »...wird derowegen höchstnöthig seyn, daß die Fuhren von Reichenbach hieher gesendet werden, welches auch Sr. Excellenz ... mir allbereit versprochen...« (8 f.) Wir sehen an diesem Beispiel, daß Gottfried Silbermann manchmal allerlei Schwierigkeiten gemacht worden sind, mit denen er irgendwie fertig werden mußte.

Abschließend gab Silbermann in dem Brief vom 15. August 1724 der Hoffnung Ausdruck, »zu Michaelis [1724], wenn Sie die Wagen hierher schicken werden, die geschnittenen Pfeiffen[1131], so 18 bis 20 Centner schwer, als auch die Wind-Laden[1132], Bildhauer-Arbeit[1133] und andere Requisita einpacken und fortschaffen« zu können. Sil-

---

1125 Olischers Brief ist verschollen. Leider gibt es in der Akte auch kein Konzept davon.

1126 Das dürfte demnach gleich bei Abschluß des Bauvertrages (am 18. Dezember 1723) gewesen sein.

1127 Silbermann schrieb dann wörtlich: »Wenn mir aber Sr. Excellenz ... nur den geringsten Winck davon gegeben hätte, ... wäre ich entweder selbst nach Reichenbach gekommen oder hätte doch wenigstens einen Gesellen hingeschickt...« Silbermann wies nachdrücklich darauf hin, er wisse nicht, »warum ich dieserwegen mit Entrichtung der Zahlungs-Termine solte aufgehalten werden ...«.

1128 Mit dieser Bemerkung hat Silbermann bewiesen, daß er ein guter Kaufmann war und zu rechnen verstand.

1129 Dazu hat sich der Kirchenpatron vermutlich erst später entschlossen, um – nach Silbermanns Worten – die »Fuhren zu menagiren« (8 f.), also aus Gründen der Sparsamkeit.

1130 Er hatte den Bau der (am 2. Februar 1718 geweihten) Orgel in der Freiberger Jacobikirche veranlaßt und mit Silbermann die Verhandlungen geführt.

1131 Hierzu ist zu sagen, daß für die Pfeifenkörper zunächst die Metallplatten (oder »Blätter«) auf einer sogenannten Gießlade gegossen, geglättet und gehämmert (oder »geschlagen«) wurden. Dann mußten die Blätter den Pfeifengrößen entsprechend zurechtgeschnitten, gerundet und später zusammengelötet werden. Wenn Silbermann von »geschnittenen Pfeifen« sprach, dann sind darunter Pfeifenkörper zu verstehen, bei denen das zunächst miteinander verbundene Ober- und Unterlabium schon aufgeschnitten war. Eine solche »geschnittene« Pfeife gibt zwar auch schon einen Ton, der aber durch verschiedene Kunstgriffe noch veredelt werden muß. Diese weitere Bearbeitung der Pfeifen hat Silbermann mit seinen Gesellen an Ort und Stelle vorgenommen.

1132 Die aus bestem, trockenen und astfreien Eichenholz hergestellten Windladen gehören zu den wichtigsten Teilen einer Orgel. Sie sind gleichsam das Herzstück. Hier vollzieht sich die Verteilung des Windes auf einzelne Pfeifen oder ganze Register.

1133 Da Silbermann ausdrücklich die Bildhauerarbeit erwähnte, wird bewiesen, daß er

bermann wurde auch nicht enttäuscht, sondern ist pünktlich zu Michaelis 1724 »mit 5 Arbeitern und einer Magd« in Reichenbach angekommen. Nachdem er bei einem Kaufmann bzw. einem »Fleischhauer« Quartier bezogen hatte, hat er »im Nahmen Gottes angefangen zu arbeiten«.[1134]

Interessante Aufschlüsse über Silbermanns Arbeit gibt ein Schreiben vom 15. Februar 1725, das der Reichenbacher Archidiacon Daniel Döhler (1661–1742) an Superintendent Johann Georg Herrmann (1679 bis 1737) in Plauen richtete (13 f.).[1135] Hiernach hatte Silbermann damals »schon einen guten Theil vom Gehäuse aufgerichtet«. Es sollte am »itzigen Dienstag [20. Februar] folgens fertig« werden. Dann wollte Silbermann dasselbe »nach und nach auszusetzen anfangen«.[1136] Döhler schrieb, daß Silbermann »mit seinen 5 Gehülffin schon

seit dem 20. Octobr. [1724][1137] allhier daran gearbeitet, auch so viel verfertiget« habe, daß es nur »noch auf ein eintziges Register[1138] nebst aufsetzung der pfeiffen und stimmung derselben ankommet ...«. Döhler war der Meinung, daß Silbermann damit »gar wohl zwischen hier [Mitte Februar] und Pfingsten fertig werden« könne.

Da ab Ostern[1139] in der Kirche keine Gottesdienste mehr abgehalten werden durften,[1140] konnte sich Gottfried Silbermann ungestört dem Intonieren und Stimmen widmen.[1141] In diesem Zusammenhang ist ein Brief Silbermanns vom 15. April 1725 an den Rochlitzer Amtmann Weidlich bemerkenswert.[1142] Der Meister antwortete auf einen über Freiberg nach Reichenbach gelangten Brief Weidlichs vom 9. desselben Monats,[1143] daß er sich bei dem Reichenbacher Werk noch »in voller Arbeit und be-

---

sie in Freiberg anfertigen ließ (vgl. hierzu Anm. 1109).

1134 Das geht aus einem von Pastor Olischer geschriebenen Aktenvermerk hervor (10).

1135 Döhler verwahrte sich dagegen, daß wegen des Orgelbaues die Gottesdienste in der Peter-Pauls-Kirche eingestellt und in der Trinitatiskirche stattfinden sollten, was ihm nicht zumutbar erschien. Superintendent Herrmann berichtete daraufhin an das Leipziger Konsistorium. Von dort kam am 21. März 1725, im Namen von Kurfürst Friedrich August I., der Bescheid, daß »zu Beförderung« des Orgelbaues die wöchentlichen Gottesdienste in der Zeit von Ostern bis Pfingsten in der Peter-Pauls-Kirche einzustellen sind (16).

1136 Damit meinte Döhler wohl den Aufbau der Windladen und aller anderen inneren Teile der Orgel.

1137 Da Silbermann – nach Pastor Olischers Aktenvermerk (10) – doch schon Ende September 1724 nach Reichenbach gekommen war, muß er sich die drei Wochen mit anderen Arbeiten beschäftigt haben. Vielleicht sind in dieser Zeit die Blasebälge angelegt worden.

1138 Döhlers Worte sind – aller Wahrscheinlichkeit nach – wie folgt zu verstehen: Silbermann hatte sich mit seinen Gesellen seit seiner Ankunft in Reichenbach mit dem Aufbau des Gehäuses und anderer Arbeit, aber auch mit der

Bearbeitung des Pfeifenwerkes beschäftigt, um es aufsetzen, intonieren und stimmen zu können. Offensichtlich waren die Pfeifen in der Werkstatt nicht schon so weit fertiggestellt worden, um sie gleich aufsetzen zu können. Man vergleiche hierzu die Anmerkung 1131.

1139 Ostern fiel im Jahre 1725 auf den 1. April.

1140 Vgl. hierzu Anm. 1135.

1141 Vermutlich hat der Meister schon zwei oder drei Wochen vor Ostern damit begonnen, sonst wären ihm bis zur Übergabe der Orgel (11. Mai) nur sechs Wochen Zeit geblieben, und das ist bei einem neunundzwanzigstimmigen Werk nicht ausreichend. An der dreißigstimmigen Dresdner Sophienorgel hat Silbermann fast zehn Wochen gestimmt und intoniert. Es sei daran erinnert, daß es hier Ärger und Verdruß gab, weil sich der Meister gezwungen sah, auch während der Predigten zu stimmen, bis es ihm vom Oberkonsistorium streng untersagt wurde. Hatte die hohe Kirchenbehörde inzwischen eingesehen, daß es am besten ist, keine Gottesdienste abzuhalten, damit weder sie noch der Orgelbauer gestört werden?

1142 Der Brief befindet sich im STA. Leipzig: Akte Sign. Amt Rochlitz Nr. 261, Bl. 108.

1143 Amtmann Weidlich hatte den Amtsboten Held mit dem Brief nach Freiberg geschickt. Dort hatte der Bote Silbermann selbst nicht an-

sonders in [der] Intonirung« befinde[1144] und daß die Orgel »nunmehr [noch] in die Reine zu stimmen« sei,[1145] aber in den bevorstehenden »Pfingst-Ferien zur würckl-[ichen] Übergabe gebracht werden soll«, dann wolle er in Rochlitz »auffwarten«.[1146] Silbermann hat hervorragend disponiert; denn das Werk ist zehn Tage vor Pfingsten

»völlig zu Stande gebracht worden« (19).[1147] Eine Frage muß allerdings offen bleiben: Wir wissen nicht, wann die Orgel bemalt worden ist.[1148]

Übergabe, Prüfung und Weihe

Die Übergabe der Orgel erfolgte »freytags vor Exaudi« (11. Mai) des Jahres 1725 in Gegenwart »der Hochadel[igen] Gerichte,

---

getroffen, sondern nur erfahren, daß er sich in Reichenbach befände, aber »die seinen« wollten den Brief »mit nächster Post« dorthin übersenden. Das ist auch geschehen, denn Silbermann bestätigte, das Schreiben »mit der Freybergischen Post allhier zu Reichenbach« empfangen zu haben. Da Silbermann bei der Reichenbacher Orgel damals nur noch an der Intonation und Stimmung zu arbeiten hatte, wozu er nicht mehr alle fünf Gesellen brauchte, hat er offensichtlich einige von ihnen schon nach Freiberg »entlassen«, damit sie immer an den nächsten Orgeln (Dittersbach, Forchheim und Oederan) arbeiten konnten. Als Silbermann mit der »Ausstimmung« der Dresdner Frauenkirchenorgel fertig war, hat er seine Gesellen auch nach Freiberg zurückgeschickt, um sie inzwischen an der Orgel für die Stadtkirche zu Greiz weiter arbeiten zu lassen (STA. Weimar, Außenstelle Greiz: Akte Sign. C II Ae 17e, Bl. 28). Gottfried Silbermann arbeitete ab Mitte Mai 1725 offenbar unter großem Zeitdruck. Als er nach Vollendung der Reichenbacher Orgel in Rochlitz seine Aufwartung machte, ließ er dem Amtmann gegenüber durchblicken, bis Jahresende (!) »nicht nur die Forchheimische, sondern auch die Öderaische und Dittersbachische Werke in völligen Stand bringen« zu müssen. Das ist ihm aber nicht gelungen.

1144 Zur Intonation gehört die genaue Bestimmung der Windzufuhr durch Vergrößern oder Verkleinern des Fußloches der Pfeifen, womit die Klangstärke geregelt werden kann. Bei Pfeifen mit »offenem« Fuß läßt sich die Klangstärke nur durch eine Veränderung der Kernspaltenweite korrigieren, wobei es oft auf einen Zehntelmillimeter genau ankommt. Zur Intonation gehört auch die genaue Einstellung der Klangschärfe durch Bestimmung der richtigen Aufschnitthöhe und die Regelung einer guten Ansprache durch Hinauf- oder Herabstoßen des Kernes bzw. durch Korrektur der Stellung der Oberlabiumkante.

1145 Der Orgelbauer nimmt zunächst eine Vorstimmung vor, der zuletzt die Rein- oder Ausstimmung folgt. Als Stimmregister wird ein 4-Fuß-Register benutzt, dessen Pfeifen hinsichtlich Klangstärke und Tonhöhe auf das Genaueste vorbereitet wurden. Und danach werden dann alle anderen Register gestimmt. Die Tonhöhe der einzelnen Pfeifen ist selbstverständlich von ihrer Körperlänge abhängig. Sie wird von alters her in Fuß gemessen: 1 Fuß oder 1′ = etwa 32 cm. Für die Töne c^1, c^2 und c^3: betragen die theoretischen Längen offener Lippenpfeifen z.B. 1,3 m, 0,65 m bzw. 0,32 m oder 4,2 bzw. 1 Fuß. Geringe Veränderungen in der natürlichen (durch die Pfeifenlänge bestimmten) Tonhöhe erreicht man bei offenen Pfeifen, indem mit dem sogenannten Stimmhorn der Rand der Pfeife am oberen »offenen« Ende entweder »zugerieben« oder »aufgerieben« wird. Darunter versteht der Orgelbauer ein »Umbiegen« des Pfeifenrandes nach innen bzw. außen, wodurch die Pfeife tiefer bzw. höher gestimmt werden kann.

1146 Amtmann Weidlich erwartete Silbermanns Besuch, um mit ihm einen Vertrag über den Neubau einer Orgel in der Peterskirche abschließen zu können.

1147 Nach dem Kontrakt sollte die Orgel längstens acht Tage vor Pfingsten übergeben werden. Gottfried Silbermann ist demnach eine ganz exakte Einhaltung des Termins gelungen. Der Grund ist wohl darin zu suchen, daß er sich damals einzig und allein auf die Reichenbacher Orgel konzentrieren konnte (vgl. Anm. 1121). In den folgenden Jahren sah es anders aus. Trotzdem hat bei Gottfried Silbermann, auch wenn mehrere Aufträge vorlagen, nie die Güte des einzelnen Werkes darunter gelitten.

1148 Die von Winkler (Anm. 1095, S. 114 f.) wiedergegebene Orgelbaurechnung enthält keinen entsprechenden Ausgabeposten. Daraus wäre zu schließen, daß die Orgel bis Dezember 1727 noch nicht bemalt gewesen ist. Nach brieflicher Mitteilung vom 19. November 1978 von

etlicher Abgeordneten des Raths« und Pastor Olischers. Das Werk ist von dem »HochFürstl. Sächsischen Gothaischen Hoff-Organisten zu Altenburg«, Gottfried Ernst »Pestel«[1149], geprüft worden.[1150] Er hat daran »nicht das geringste zu defectiren gewußt, vielmehr deßen schöne Structur, Ordnung, herrlichen Klang und Vortrefflichkeit allenthalben bewundert«.[1151]
Die Orgelweihe geschah am Sonntag Exaudi[1152] (13. Mai) 1725 »mit einer Music und einer... darauf gerichteten Predigt« von Pastor Johann Balthasar Olischer (19).[1153] Zu Ehren Silbermanns erschien ein gedrucktes Madrigal.[1154] Weitere Einzelheiten über die Weihe sind nicht bekannt.

Bemerkungen

Die Orgel konnte, nachdem sie 1927 völlig umgebaut worden war und ihr sechs Originalstimmen fehlten, nicht mehr als Silbermannorgel angesprochen werden.[1155] Jetzt ist sie überhaupt durch ein neues Werk ersetzt worden, dessen Klangcharakter dem Silbermannschen nachgebildet wurde.[1156] Das neue Werk steht in dem Originalgehäuse von 1725.

Erich Götz in Reichenbach an den Verfasser befindet sich im Pfarrarchiv ein Vertrag vom 17. Mai 1740. Hiernach ist der Reichenbacher Maler Johann Georg Gerber beauftragt worden, für 50 Taler (notfalls etwas mehr) die Orgel zu bemalen und die Bildhauerarbeit mit »Metallgold« zu vergolden. Sollte die Orgel tatsächlich rund 15 Jahre ohne Farbe und Gold gestanden haben? Oder ist die Orgel schon früher einmal mit »Metall« ausgeziert worden, ähnlich wie die Freiberger Domorgel. Eine solche Bronzierung hielt nicht lange, so daß man sich – genau wie in Freiberg – erst nach Jahren entschlossen haben könnte, das Werk zu vergolden. Übrigens ist in Reichenbach eine für diesen Zweck gegebene Spende verwendet worden.

1149 Er selbst schrieb sich »Bestell« (vgl. SD. Nr. 5 und 12).

1150 Das geht aus einem Aktenvermerk hervor, den Pastor Olischer geschrieben hat (19). Olischer gab die Vornamen Pestels irrtümlich mit »Johann Ernst« an. Einen Altenburger Hoforganisten dieses Namens hat es nicht gegeben, sondern nur einen Gottfried Ernst Bestel. Er wurde 1654 geboren (vgl. Anm. 702) und war in Altenburg (ab 1677) zunächst Stadtorganist. Im Jahre 1686 wurde er »aus denen hiesigen Stadt-Kirchen in die Fürstl. Schloßkirche ... vociret« (STA. Weimar, Außenstelle Altenburg: Friedensteiner Archiv, Akte Sign. K 3 XXVI a, Nr. 55, Bl. 131). Am 18. November 1725 schrieb Gottfried Ernst »Pestell« an den Herzog: »... Ew. Hochfürstl. Durchl. wird gnädigst bekandt seyn, daß ich in die 40 Jahre als Hofforganist unterthänigst Dienste gethan. Da nun mein Alter an die 72 Jahre ansteiget ...« (ebenda, Bl. 7 f.). Damit ist bewiesen, daß Pestell nicht nur ununterbrochen als Hoforganist tätig war, sondern noch im Amt gewesen ist, als er die Reichenbacher Orgel übernahm. Es hat also keinen weiteren Altenburger Hoforganisten namens Pestel gegeben.

1151 So schrieb Olischer in seinem Aktenvermerk (19). Ein besonderer Prüfungsbericht wird nicht erwähnt und ist auch nicht auffindbar. Übrigens hatte Gottfried Ernst Bestel schon früher (gemeinsam mit Thomaskantor Kuhnau aus Leipzig) zwei Werke Silbermanns geprüft: 1714 im Freiberger Dom und 1721 in der Röthaer Georgenkirche.

1152 Das hat Pastor Olischer auch in seiner Chronik (vgl. Anm. 1099) kurz erwähnt (S. 53).

1153 Olischer wurde 1685 in Reichenbach geboren und war der Sohn eines Handelsmannes. Er wirkte seit 1715 als Diaconus und dann (ab 1721) als Pfarrer in Reichenbach, wo er 1751 starb (vgl. Grünberg, II/2, S. 656).

1154 Ein Exemplar davon befindet sich mit in der Akte und ein weiteres in Strasbourg (vgl. Anh. OWS. Nr. 4). Das Gedicht wurde mit größter Wahrscheinlichkeit von dem Zwickauer Oberkantor Johann Martin Steindorff (1663 bis 1744) verfaßt. Er gab an, daß die Orgel von dem »weitberuffenen und wolbestalten Hoff-Organisten zu Altenburg«, Johann (?) Ernst Pestel (siehe Anm. 1150) übernommen worden ist.

1155 Vgl. Dähnert, S. 199.

1156 Erich Götz, Reichenbach, teilte dem Verfasser hierzu brieflich folgendes mit: Im Jahre 1970 sollte die Orgel repariert werden. Dabei wurde festgestellt, daß sie (besonders die Windladen) stark vom Holzwurm befallen war, so daß eine Reparatur keinen bleibenden Erfolg versprach. Man entschloß sich deshalb zu einer

1726 vollendet

2 Manuale – 20 Stimmen[1157]

Quellen

A. Kirchrechnung 1723/24
   (PfA. Forchheim)

B. Kirchrechnung 1725/26
   (PfA. Forchheim)

C. Taufregister von 1725 und Totenregister von 1726
   (PfA. Forchheim)

D. Acta, die Baufälligkeit der in der Haupt- und Pfarr-Kirche zu St. Petri allhier [in Rochlitz] befindlichen Orgel betr. Ergangen 1724–1727
   (STA. Leipzig: Sign. Amt Rochlitz Nr. 261)

E. »Das Stehende Zion…« (Druckschrift von 1726)[1158]

F. Christian Gotthold Wilisch, Kirchenhistorie der Stadt Freiberg, Leipzig 1737

Vorgeschichte

Die Kirche wurde in den Jahren 1719/26 erbaut. Sie ist das Werk des bekannten Baumeisters George Bähr (1666–1738) und des Ratsmaurermeisters Johann Gottfried Fehre (1685–1753), beide aus Dresden.[1159] Der Orgelbau stand in unmittelbarem Zusammenhang mit dem Kirchenneubau. Zum inneren Ausbau der Kirche hat der Leipziger Kaufmann Gotthard Schubarth (1686–1724) »aus eigenem Trieb und aus Liebe zu seinem Geburths-Orte« 1500 Taler legiert (F/320).[1160]

Am Kantatesonntag (7. Mai) 1724 sind »die Herren Commissarien auß Freyberg[1161] … mit Pferden, Kutscher und 8 Persohnen« in Forchheim gewesen, um den Platz »zu der neuen Orgel« zu besichtigen, wobei sie für zwei Taler »verzehret« haben (A/Cap. VI). Ob Gottfried Silbermann an der Besichtigung teilgenommen hat, geht aus der Kirchrechnung nicht hervor.[1162] Weiteres ist nicht bekannt.

Bauvertrag

Der Bauvertrag ist nicht auffindbar. Es ist auch unbekannt, wann und mit wem Silbermann den Kontrakt abgeschlossen hat.[1163]

---

vollständigen Erneuerung bzw. Rekonstruktion nach Silbermann. Der VEB Orgelbau (ehemals Gebrüder Jehmlich) in Dresden beabsichtigte eine Wiederverwendung des originalen Pfeifenwerks. Untersuchungen in der Werkstatt ergaben jedoch, daß die Pfeifenkörper zu dünnwandig geworden waren und sich eine weitere Verwendung nicht lohnte. Man sah sich deshalb gezwungen, neue Pfeifen herzustellen. Im Endergebnis ist ein »von wenigen originalen Holzpfeifen abgesehen – fast vollständig neues Werk entstanden, dessen Klangcharakter dem Silbermannschen nachgebildet wurde. Namhafte Fachleute teilten dem Verfasser mit, daß das originale Pfeifenwerk der Orgel weitgehend aufzuarbeiten gewesen wäre. Allerdings hätte das mehr Mühe und handwerkliches Können verlangt als der Bau neuer Pfeifen.

1157 Die Disposition ist bei Dähnert (S. 199) zu finden.

1158 Die Schrift erschien anläßlich der Kirch- und Orgelweihe. Der Name des Autors geht aus der Kirchrechnung (B/Cap. III) hervor. Dort ist eine Ausgabe von 6 Talern verzeichnet: »Vor das so genannte Stehende Zion zu machen u. Drucken H. Advocat Richtern.« Damit ist mit größter Wahrscheinlichkeit der Landrichter Theophilus Richter in Olbernhau gemeint, der 1733 bei einer Forchheimer Taufe als Pate genannt wird (PfA. Forchheim: TaR. Nr. 11/1733). Sein Lebensweg wurde in Anm. 740 skizziert.

1159 Bähr und Fehre hatten 1719/20 beim Bau der Dresdner Sophienorgel alle anfallenden Zimmerer- und Maurerarbeiten ausgeführt.

1160 Schubarth wurde am 2. Mai 1686 in dem nach Forchheim gepfarrten Haselbach geboren (PfA. Forchheim: TaR. Nr. 15/1686).

1161 Ihre Namen werden nicht genannt. Vermutlich gehörte der neue Superintendent Christian Friedrich Wilisch (1684–1759) mit zu ihnen.

1162 Es ist anzunehmen, daß er mit anwesend war oder zu einem anderen Zeitpunkt die Kirche besichtigt hat, denn sonst hätte er die Orgel nicht entwerfen können.

1163 Gotthard Schubarth soll sich ein Jahr vor seinem Tode, also frühestens Ende des Jahres

Baukosten

Die Orgel hat zwanzig Stimmen[1164] und dürfte – ähnlichen Werken Gottfried Silbermanns entsprechend – 800 Taler gekostet haben.[1165] Alles weitere ist unbekannt.

Bauablauf

Silbermann wollte bzw. sollte das Werk anscheinend bis Ende des Jahres 1725 fertigstellen.[1166] Da der Kontrakt nicht mehr vorhanden ist, wissen wir auch nicht, wann die Übergabe geplant war. Gottfried Silbermann dürfte etwa ab Mitte Mai 1725, gleich nach der Übergabe der Reichen-

bacher Orgel, in seiner Werkstatt mit der Arbeit für Forchheim begonnen haben.
An der ebenfalls zwanzigstimmigen (zweiten) Frauensteiner Orgel hat Silbermann sechzehn Wochen an Ort und Stelle gearbeitet. Das wird in Forchheim auch der Fall gewesen sein, so daß er etwa ab Ende Oktober 1725 dort arbeitete, nachdem er Mitte desselben Monats erst noch in Reinhardtsgrimma gewesen ist, um die dortige alte Orgel zu besichtigen und einen Vorschlag für ein neues Werk zu machen. Am 1. November ist Gottfried Silbermann jedenfalls schon in Forchheim gewesen.[1167]

1722, entschlossen haben, für die Kirche seines Geburtsortes »etwas zu stifften« und ließ durch Gottfried Silbermann »nicht allein eine neue Orgel und Chor [!], sondern auch eine Cantzel, Altar, Tauffstein und Sacristey [!] bauen...« (E/4). Wilisch (F/320) berichtet: »...[Schubarth] ... übergab solche Arbeit ... Herrn Gottfried Silbermann, als einem berühmten Künstler, welcher auch nicht allein eine sehr schöne Orgel, sondern auch eine Cantzel, Altar und Tauffstein durch Beyhülffe eines geschickten Bildhauers ... in diese Kirche verschaffte.« Hiernach muß man annehmen, daß Schubarth selbst mit Silbermann einen Kontrakt abgeschlossen hat. Es wäre aber auch denkbar, daß er nur der Geldgeber war und der Kontrakt mit Silbermann von anderer Seite geschlossen wurde. Das könnte allerdings erst dann geschehen sein, nachdem die Herren aus Freiberg den für die Orgel bestimmten Platz in der Kirche besichtigt hatten, also frühestens im Mai 1724. Wir wissen ja von anderen Orten, daß dem Abschluß des Orgelbauvertrages erst Beratungen an Ort und Stelle vorausgingen.
Etwas ist noch besonders erwähnenswert: Am 15. April 1724 hat Gotthard Schubarth, nachdem er schon einige Zeit krank gewesen war, seinen Letzten Willen niedergelegt. In dem Testament wird nichts von einem Legat für die Kirche zu Forchheim erwähnt (StA. Leipzig: Stadtgerichtstestamente, Rep. V, Nr. 155). Bei den 1500 Talern handelte es sich also nicht um ein letztwilliges Legat. Schubarth hat »seine« Orgel nicht hören können. Er ist am 17. Dezember 1724 in Leipzig gestorben (StA. Leipzig: Ratsleichenbuch, Bd. 24, Bl. 260b). Sein Alter wurde irrtümlich mit zweiundvierzig Jahren an-

gegeben. Schubarth erlag vermutlich einer Schwindsucht. Über sein Leiden heißt es: »Einige Jahr nach seiner getroffenen Heyrath fieng er an gantz unpäßlich zu werden, und dieser Unpäßlichkeit folgte eine grosse Blutstürtzung, welche seinen Leib in mercklicher Schwachheit darnieder warff, daß endlich ein hectisches Fieber nebst einen purulenten Auswurff sich äusserte, wodurch die Kräffte seines Leibes täglich abnahmen« (E/4).

1164 Die Forchheimer Orgel hat dieselbe Disposition wie die Orgeln zu Reinhardtsgrimma, Crostau, Frauenstein (zerstört), Zöblitz und Mylau. Die letztere hat allerdings über den Kontrakt hinaus noch eine »vox humana« bekommen, die aber später entfernt worden ist.

1165 Gotthard Schubarth hatte – wie bereits erwähnt – 1500 Taler zur Verfügung gestellt. Davon sollten aber noch der Altar, die Kanzel und der Taufstein bezahlt werden (F/320). Ob Schubarth die Summe an Silbermann im voraus bezahlte oder ob er das Geld irgendwo hinterlegte oder ob (nach seinem frühen Tode) seine Witwe als Universalerbin die Summe an Silbermann auszahlte, wissen wir nicht. Nach Wilischs Angaben (F/320) hat Schubarths Witwe Kanzel, Altar und Taufstein »mit einem kostbaren Ornat und Heiligen Gefäßen« versehen lassen. Übrigens wirkte Christian Gotthold Wilisch (1696–1768) ab 1725 in Freiberg als Prediger.

1166 Als er Ende Mai 1725 in Rochlitz mit Amtmann Weidlich verhandelte, hat er durchblicken lassen, daß er »mit Ausgang des Jahres nicht nur die Forchheimische, sondern auch die Öderaische und Dittersbachische Werke in völligen Stand bringen« müsse (D/167b).

1167 Als der Pfarrgutpächter Christoph Kirsch

Er wohnte »nebst 8 Gesellen und einer Köchin« gleich in der Pfarre.[1168]

Der sonst in keinem andern Fall nachweisbare große Mitarbeiterkreis ist damit zu erklären, weil Silbermann neben der Orgel ja auch den Bau von Altar und Kanzel mit übernommen hatte.[1169] Aus diesem Grunde dürfte er nicht nur die »Beyhülffe eines geschickten Bildhauers«[1170], sondern neben seinen ständigen Orgelbauergesellen auch noch einige Tischlergesellen gebraucht und eingestellt haben.

Vermutlich war die Orgel bis Mitte oder Ende Dezember vollkommen aufgesetzt. Das Intonieren und Stimmen dürfte dann noch mindestens sieben Wochen Zeit in Anspruch genommen haben. Laut Kirchenrechnung sind »dem Balckenzieher bey Stimmung der neuen Orgel« 3 Taler und 18 Groschen bezahlt worden (B/Cap. VI).[1171] Anfang Februar 1726 war das Werk vollendet,[1172] und Gottfried Silbermann kehrte nach Freiberg zurück.[1173] Die Bemalung und Vergoldung der Orgel hat – wie schon so oft – der Dresdner Jagdmaler Johann Christian Buzäus vorgenommen.[1174]

Übergabe, Prüfung und Weihe

Die Orgel wurde von dem Olbernhauer Kantor geprüft.[1175] Das Datum der Über-

---

an diesem Tage eine Tochter taufen ließ, war Gottfried Silbermann Pate (PfA. Forchheim: TaR. Nr. 44/1725). Weitere Beweise für Silbermanns Anwesenheit in Forchheim sind die Briefe vom 31. Dezember 1725 bzw. 15. Januar 1726, die er mit der Ortsangabe »Forchheim« an Amtmann Weidlich in Rochlitz schreiben ließ (D/167 und 170). Ein weiterer Brief nach Rochlitz vom 20. März 1726 hat die Ortsangabe »Freyberg« (D/173f.), denn Silbermann war um diese Zeit (seit etwa fünf Wochen) wieder zu Hause (vgl. Anm. 1173).

1168 Das geht aus der in der vorigen Anmerkung zitierten Taufregistereintragung hervor. Der Forchheimer Pfarrer wohnte damals im sogenannten Neudörfel.

1169 Das geht nicht nur aus den bereits zitierten Quellen (E/4 bzw. F/320) hervor. Auch in dem Taufeintrag (vgl. Anm. 1167) wurde ausdrücklich vermerkt, daß Silbermann in Forchheim war, um »die von Herrn Schubert legierte Orgel, Cantzel und Altar zu verfertigen«.

Darüber hinaus soll Gotthard Schubarth Silbermann auch den Bau des Chores (Orgelempore) übertragen haben (E/4; vgl. auch Anm. 1163). Es ist deshalb anzunehmen, daß Gottfried Silbermann sich im Sommer (August) 1725 einige Zeit in Forchheim aufgehalten hat, um die Zimmerleute anzuleiten (siehe hierzu Anm. 1240). In dem kurz vorher (am 28. Mai 1725) abgeschlossenen Rochlitzer Orgelbauvertrag hatte sich Silbermann bemerkenswerterweise verpflichtet, auch den Bau des Orgelchores »zu dirigiren und bestens in Obacht zu nehmen«.

1170 Vermutlich hat Johann Friedrich Lücke

aus Freiberg als Bildhauer mitgearbeitet (vgl. Anm. 574 und 1109). Im Jahre 1737 ist seine Arbeit an Altar und Kanzel der Kirche zu Großhartmannsdorf nachweisbar.

1171 Der Kalkant, ein Mann namens Ottewitz, ist von Silbermann außerdem noch »in die 6 biß 8 Wochen« gebraucht worden. Vermutlich war es Gottfried Ottewitz. Er ist 1731 im Alter von vierzig Jahren gestorben und war ein sogenannter »Hausarmer«, der von der Kirche unterstützt wurde. Vielleicht erklärt sich daraus auch die relativ geringe Bezahlung. In Frauenstein hat der Kalkant für fünf Wochen 4 Taler bekommen. Das Intonieren und Stimmen der größeren Orgel zu Forchheim muß auf jeden Fall länger als fünf Wochen gedauert haben.

1172 Ernst Flade (S. 119) schrieb: »Der Prospekt [der Orgel] trägt im Laubwerk der Spitze im rechten Wappenschild die verschlungenen Initialen Silbermanns. Es ist dies das einzige Mal, daß Silbermann eine Orgel als von ihm herrührend gekennzeichnet hat.« Flade dürfte sich geirrt haben, denn es ist doch viel wahrscheinlicher, daß sich das Monogramm »GS« auf den Stifter der Orgel, Gotthard Schubarth, bezieht.

1173 Er wurde am 7. Februar von dem sechzigjährigen Oberforchheimer Begüterten Adam Schuberth nach Freiberg gefahren. Der Fuhrmann ist »unterwegs in der großen Cälte Crank« geworden und fünf Tage später gestorben (PfA. Forchheim: ToR. Nr. 3/1726). Dieses Beispiel verdeutlicht, wie strapaziös das Reisen damals, besonders im Winter, gewesen sein muß. Und wie oft war Gottfried Silbermann auch im Winter unterwegs! In einer 1737 von Pastor Johann Gerhard Leopold, Meerane, verfaßten Schrift

gabe ist nicht vermerkt worden.[1176] Die Orgel wurde zugleich mit der Kirche geweiht, und zwar am dritten Osterfeiertag (23. April) 1726.[1177] Die Weihepredigt hielt der neue Freiberger Superintendent D. Christian Friedrich Wilisch.[1178] Kirch- und Orgelweihe erfolgten »in Beyseyn sämtlicher Hoch-Adelicher Herren Collatorum, und bey Versammlung eines ungemein vielen Volckes, so aus der Nähe und von ferne zusammen kommen war,

unter vielem Frohlocken und tausend Freuden-Thränen« (F/320). Gottfried Silbermann war selbstverständlich auch anwesend.[1179] Er war schon etwa eine Woche vor der Orgelweihe gekommen, um sein Werk nochmals genau durchzustimmen.[1180] Die Forchheimer Kirchrechnung (B/Cap. III) enthält übrigens einige bemerkenswerte Angaben über die mit der Kirch- und Orgelweihe verbundenen Unkosten.[1181] Zur Orgelweihe ist unter dem Titel »Das

(s. Anh. OWS. Nr. 31) heißt es sehr richtig: »Es fordert Deine Kunst von Dir ein öffters Reisen ...«

1174 Anscheinend ist das erst im März (oder spätestens im April) 1726 geschehen, weil »Herr Buzäus, der Mahler«, von dem für die Kirch- und Orgelweihe bestimmten Bier schon »die Woche vorhero getrunken« hat (B/Cap. III).

1175 Laut Kirchrechnung (B/Cap. III) sind »dem Herrn Cantori in Olbernhau vor die Censur der Orgel« 6 Taler ausgezahlt worden. Sein Name wird nicht angegeben. Aufgrund der Kirchenbücher ließ sich aber feststellen, daß seit (dem Sommer) 1725 Heinrich Raphael Krause in Olbernhau Kantor und Organist war. Er wurde um 1700 geboren und war ein Sohn des 1749 in Hohenstein-Ernstthal verstorbenen Kaufmanns Zacharias Krause. Heinrich Raphael hat am 26. November 1725 in Olbernhau eine Tochter seines (am 19. Juni 1725 verstorbenen) Amtsvorgängers Adam Christian Helmricht geheiratet (TrR. Nr. 24/1725). Später (ab 1741 ?) wirkte Krause als Kantor an der Stadtschule zu Annaberg, wo er 1773 im Alter von dreiundsiebzig Jahren starb (PfA. St. Annen Annaberg: ToR. Nr. 51/1773). Nicht unerwähnt bleiben sollen die in der Forchheimer Kirchrechnung (B/Cap. III) verzeichneten 7 Groschen, die »des Herrn Cantoris von Olbernhau Pferd verzehret ...«. Demnach ist der junge Kantor von Olbernhau nach Forchheim geritten.

1176 Vermutlich erfolgte die Orgelprüfung unmittelbar vor der Weihe, nachdem Silbermann das Werk nochmals durchgestimmt hatte (vgl. Anm. 1180).

1177 Das Datum geht aus der Titelseite der aus diesem Anlaß erschienenen Druckschrift (E) hervor. In der Kirchrechnung (B/Cap. III) wurde als Weihedatum angegeben: »Anno 1726, Fer. III Paschatos«. Das letzte Wort bedeutet

Ostern (von »Passah« abgeleitet) und »Fer. III« heißt der dritte Tag (nach Ostern).

1178 Wilisch wurde 1684 als Pfarrerssohn in Liebstadt geboren und starb 1759 in Freiberg. Er hat laut Kirchrechnung (B/Cap. III) für »Weg, Einweihungs-Predigt, Examen, Visitation und andere Mühe« 6 Taler bekommen.

1179 Er hatte über Ostern eigentlich nach Rochlitz kommen sollen, schrieb Amtmann Weidlich am 20. März 1726 aber: »... So bedaure, daß ich Dero gegebenen Befehl nach diese Oster-Feyertage nicht auffwarten kan, im maßen den dritten Feyertag die Einweyhung der von mir erbauten Orgel zu Forchheim, bey welcher persönlich seyn muß, vor sich gehet ...« (D/173 f.).

1180 Wir erwähnten bereits, daß die Orgel schon Anfang Februar vollendet wurde und Silbermann nach Freiberg zurückkehrte. Dem Meister war natürlich bekannt, daß sich die Winterkälte (vgl. Anm. 1173) auf die Stimmung der Orgelpfeifen auswirkte, so daß vor der Orgelweihe unbedingt eine Nachstimmung notwendig war. In der Kirchrechnung (B/Cap. III) erscheint deshalb (unter den Ausgaben für die Kirch- und Orgelweihe) ein unscheinbarer, aber beachtenswerter Posten von 12 Groschen: »Dem Calcanten bey Stimmung der Orgel 4 Tage.« Die Freiberger Jacobiorgel war seit ihrer Vollendung bis zur Übernahme auch (etwa zehn Wochen) der Kälte ausgesetzt gewesen, und deshalb hatte »sich das Pfeiffwerck ziehmlich verstimmet« (vgl. Anh. SD. Nr. 9). Hier hat Silbermann aber offenbar keine Nachstimmung vorgenommen! Vermutlich war er verärgert, weil die Übernahme grundlos so lange hinausgezögert worden ist (vgl. Anm. 823).

1181 Es handelt sich vorwiegend um Ausgaben für Speisen und Getränke:

3 Tlr.   für 68 Pfund Rindfleisch und »ein junges Ziegelein«

Stehende Zion…«[1182] eine sehr beachtenswerte Druckschrift erschienen (E).[1183]

Bemerkungen

Die Orgel befindet sich gegenwärtig in einem guten Zustand. Die gesamte Kirche (einschließlich Orgel) ist – insbesondere hinsichtlich der ursprünglichen barocken Bemalung – restauriert worden.

DITTERSBACH (KREIS SEBNITZ)

1726 vollendet

1 Manual – 14 Stimmen

Quellen

A. Michael Lobegott Marggraff: Niederschrift vom 28. Januar 1729 (in: Baurechnung über den von 1721 bis 1725 neu aufgerichteten Kirchturm zu Dittersbach, S. 8)
(PfA. Dittersbach)

B. Acta, die Baufälligkeit der in der Haupt- und Pfarrkirche zu St. Petri allhier [in Rochlitz] befindlichen Orgel … betr., Ergangen 1724–1727
(STA. Leipzig: Signatur Amt Rochlitz Nr. 261)

C. Michael Lobegott Marggraff: Gedruckte Gratulation zur Orgelweihe (1726)[1184]

(Bl. 210 der unter B genannten Akte)
Eine spezielle Bauakte ist bisher nicht aufgefunden worden.[1185]

Vorgeschichte

Der Dittersbacher Erb- und Lehnsherr[1186], Hans Christian von Kiesenwetter[1187], hat die Orgel »aus eigener Bewegung« bauen lassen (A). Der Orgelbau stand in direktem Zusammenhang mit dem Kirchturmneubau; denn das Werk wurde »In den neuauffgeführten Kirch-Thurm Wohlangebracht« (C). Sonst ist über die Vorgeschichte nichts bekannt.[1188]

Bauvertrag

Der Kontrakt ist nicht auffindbar.[1189] Es gibt auch keinen sicheren Anhaltspunkt dafür, wann er abgeschlossen wurde.[1190] Zeitgenössische Angaben über die Disposi-

1 Tlr. 21 Gr.	für zwei geschlachtete Kälber	
2 Tlr. 12 Gr.	für ein Schock Forellen	
2 Tlr.	für 48 Stück »Korn-Brodt«	
1 Tlr. 6 Gr.	für Weißbrot und Semmeln	
6 Tlr.	»vor 2 Viertel Bier von Olbernhau«	
5 Tlr.	»vor einen halben Eymer Frantz. Wein«	
1 Tlr. 14 Gr.	»vor Brande-Wein«	
2 Tlr. 18 Gr.	»vor Würtze und andere Küchen-Sachen«	
5 Tlr. 6 Gr.	»vor 2 Schincken auß Freybergk, 4 alte Hüner, vor 6 Kuchen, Merrettig und Wurtzeln, Lichter, Butter, Eyer, Käse, Milch, Saltz, Pflaumen«	
21 Gr.	»Der Köchin von Lengefeld, so 3 Tage hier gewesen«	

1182 Der vollständige Wortlaut der Titelseite ist im Anhang (OWS. Nr. 5) zu finden.

1183 Von der Schrift ist bis jetzt nur ein Exemplar aufgefunden worden, das sich in Strasbourg befindet. Das Heimatmuseum Frauenstein besitzt eine Kopie.

1184 Siehe hierzu Anh. OWS. Nr. 6.

1185 Eine solche ist auch im STA. Dresden nicht nachweisbar (lt. brieflicher Auskunft vom 24. September 1965 an den Verfasser).

1186 Diese Bezeichnung wurde in einer Taufbeurkundung vom 19. November 1726 (PfA. Dittersbach) gebraucht.

1187 Seine Lebensdaten sind dem Verfasser nicht bekannt. Kiesenwetter war in Dresden Vizepräsident des Geheimen Kriegsratskollegiums, Generalleutnant der Infanterie und Generalkriegskommissar. Vgl. die im Jahre 1722 in den Knopf des neuen Kirchturmes eingelegte Denkschrift, von der sich eine Kopie im PfA. Dittersbach befindet.

1188 Die Kirche muß schon eine Orgel (oder ein Positiv) besessen haben, denn 1710 wurde Johann Gottlob Kretzschmar (vgl. Anm. 1208), »Ludimoderator et Organist allhier«, in Dittersbach aufgeboten. Vermutlich hat der Lehnsherr die neue Orgel bauen lassen, weil die alte nicht mehr brauchbar war.

1189 Zweifellos hat er sich in der Hand des Lehnsherrn befunden (s. hierzu Anm. 834).

1190 Der Grundstein zum Kirchturm wurde am 15. Mai 1721 gelegt und am 14. September

tion des Werkes sind ebenfalls nicht bekannt.[1191]

Baukosten

Nach Pastor Marggraffs Angaben hat »das Werk an sich selbst« 400 Taler gekostet (A).[1192] Insgesamt sei es aber »in die 700 Thaler zu stehen« gekommen, weil Gottfried Silbermann mit seinen drei Gesellen »auf ein halbes Jahr mit Kost und sonsten versorget worden« ist.[1193] Hans

1722 der Turmknopf aufgesetzt (vgl. die in Anm.1187 genannte Denkschrift). Silbermann könnte (frühestens) in der ersten Maihälfte 1722 in Dittersbach gewesen sein, um den Kontrakt abzuschließen, denn dann arbeitete er in Chemnitz, vorher aber in Rötha (St. Marien). Der Vertragsabschluß kann aber auch erst im Laufe des Jahres 1723 (oder gar 1724) erfolgt sein. Es ist anzunehmen, daß der Lehnsherr, nachdem der Kirchturm vollendet war, den Orgelbauvertrag bald abgeschlossen hat, auch wenn sich dann der Bau – offensichtlich – verzögerte.

1191 Die vierzehn Stimmen verteilen sich auf ein Manual (12) und das Pedal (2). Vgl. hierzu Dähnert, S.200.

1192 Gegenüber anderen vierzehnstimmigen Orgeln Silbermanns (Chemnitz, Niederschöna, St.Johannis Freiberg und Pfaffroda), die 500, 525, 550 und 600 Taler kosteten, erscheint das Dittersbacher Werk demnach sehr billig. Die nachstehende Übersicht veranschaulicht die Dispositionen aller fünf Werke.

| | Di. | Ch. | Ns. | Fr. | Pf. |
	400	500	525	550	600 Tlr.
Manual					
Principal 8'	x	x	x	x	x
Gedackt 8'	x	x	x	x	x
Quintadena 8'	x		x		x
Oktave 4'	x	x	x	x	x
Rohrflöte 4'	x	x	x	x	x
Quinte 3'	x	x			
Nassat 3'	x		x	x	
Oktave 2'	x	x	x	x	x
Tertia 1$^3/_5$'	x				
Quinte 1$^1/_2$'	x	x	x	x	x
Sifflöt 1'	x	x	x	x	x
Cimbel 2fach		x	x	x	x
Mixtur 3fach	x	x	x	x	x
Cornet 3fach		x	x	x	

Christian von Kiesenwetter hat dem Orgelbaumeister übrigens »1 Goldstück von 10 Ducaten[1194] noch zum Recompens« gegeben (A).[1195] Weitere Einzelheiten über die Baukosten sind nicht bekannt.

Bauablauf

Da der Bauvertrag fehlt, wissen wir nicht, wann die Orgel übergeben werden sollte.[1196] Gottfried Silbermann hat sich – nach den Angaben von Pastor Marggraff – ein halbes

	Di.	Ch.	Ns.	Fr.	Pf.
Cornet 5fach				x	
Pedal					
Trompete 8'		x	x	x	
Subbaß 16'	x	x	x	x	x
Posaunenbaß 16'	x	x		x	x

Es gibt also bestimmte Unterschiede, die beim Vergleich der Kontraktsummen mit berücksichtigt werden müssen. Der Preisunterschied zwischen einem vierfachen und einem fünffachen Cornet betrug nach Silbermanns eigenen Angaben 20 Taler (vgl. Anm.1947).

Gottfried Silbermann hat bei seiner »Preisbildung« bestimmt auch noch andere Faktoren berücksichtigen müssen, die wir heute im einzelnen aber nicht mehr ermitteln können.

1193 Zum Vergleich: Freiherr von Friesen in Rötha veranschlagte die freie Beköstigung für Silbermann und fünf (!) weitere Personen auf fünfundzwanzig Wochen »nur« mit insgesamt 150 Talern.

1194 Zehn Dukaten entsprachen im Werte 27$^1/_2$ Talern.

1195 In Silbermanns Nachlaß wurde ein Goldstück mit dem Porträt des Kurfürsten August von Sachsen (1526–1586) vorgefunden, aber damals (1753) nur noch auf 5 Dukaten taxiert (Anm.151, Bl.45). Trotzdem dürfte es mit dem identisch gewesen, das Silbermann von Kiesenwetter empfangen hatte.

1196 Anscheinend sollte es bis Ende des Jahres 1725 geschehen. Gottfried Silbermann hat nämlich Ende Mai 1725 in Rochlitz geäußert, »mit Ausgang des Jahres nicht nur die Forchheimische, sondern auch die Öderaische und Dittersbachische Werke in völligen Stand bringen« zu müssen (B/167b). Das erstgenannte Werk (Forchheim) ist aber erst Anfang Februar 1726 vollendet worden. Übrigens konnte Silbermann wegen der Dittersbacher Orgel mit dem Aufbau

Jahr in Dittersbach aufgehalten (A).[1197] Demnach muß er etwa Mitte Juni dort mit der Arbeit begonnen haben.[1198] Weitere Einzelheiten sind nicht bekannt.

Übergabe, Prüfung und Weihe

Die Übergabe der Orgel erfolgte am 10. November 1726.[1199] Das Werk wurde von dem Dresdner Sophienorganisten Christian Pezold[1200] »übernommen und approbieret« (A).[1201] Ein Abnahmebericht ist nicht auffindbar. Vermutlich ist die Orgel am Übergabetag auch geweiht worden.[1202] Einzelheiten über die Orgelweihe sind nicht überliefert.[1203] Zu Ehren Gottfried Silber-

manns ließ Pastor Marggraff[1204] eine kurze Gratulation drucken.[1205] Der Meister scheint sich nach der Orgelweihe noch einige Tage in Dittersbach aufgehalten zu haben.[1206]

Als erster Organist wirkte an dem kleinen Werk, »Das seinen Meister lobt, und selber lebt und lacht«[1207], der Dittersbacher Schulmeister Johann Gottlob Kretzschmar.[1208] Er bekam jährlich ganze vier Taler »von der Orgel zu spielen«.[1209]

Bemerkungen

Die Orgel befindet sich (nach Dähnert) gegenwärtig in einem guten Zustand.

OEDERAN (KREIS FLÖHA)

1727 vollendet
2 Manuale – 24 Stimmen

Quellen

A. ACTA Den Orgelbau in der hiesigen Kirchen betr.

Ergangen de Anno 1718
(StA. Oederan: Sign. Abt. XVI, Nr. 21)

B. Acta, Die Baufälligkeit der in der Haupt- und Pfarr-Kirche zu St. Petri allhier [in Rochlitz] befindlichen Orgel betr.

---

der Rochlitzer nicht termingerecht beginnen (vgl. das Rochlitzer Attest vom 18. Juli 1727: B/205). Der Meister befand sich in den Jahren 1725/27 in großer »Zeitnot«.

1197 Zum Vergleich: An der (vermutlich) fünfzehnstimmigen ersten Frauensteiner Orgel hat Silbermann insgesamt, d. h. einschließlich der vorhergehenden Werkstattarbeiten, mit zwei Gesellen und einem »Jungen« dreiunddreißig Wochen gearbeitet. Wie lange der Meister an der Dittersbacher Orgel vorher schon in der Werkstatt gearbeitet hat, wissen wir nicht. Wegen der relativ langen Arbeitszeit an Ort und Stelle müssen wir bedenken, daß Silbermann nur mit drei Gesellen in Dittersbach war, obwohl er damals sechs beschäftigte. Die übrigen arbeiteten schon in Oederan, weil die Zeit drängte (vgl. Anm. 264).

1198 Das bestätigt ein Brief Silbermanns vom 15. Juni 1726 an Amtmann Weidlich in Rochlitz. Er schrieb: »...da ich iezo so lange [!] verreisen muß...« (B/180). Damit hat er ohne Zweifel die Reise nach Dittersbach und die dortige Arbeit gemeint.

1199 Das Datum geht aus der gedruckten Gratulation hervor (C).

1200 Über sein Leben siehe Anm. 850.

1201 Pezold hat »1 Duzzent [= 12] rt.

[= Reichstaler] pro labore« bekommen. Er hatte sich schon vor acht Jahren von Silbermanns Kunst überzeugen können, als er die Orgel zu Großkmehlen prüfte. Und seit sechs Jahren hatte Pezold als Sophienorganist in Dresden ja seine »eigene« Silbermannorgel.

1202 Das ist umso wahrscheinlicher, weil der 10. November damals auf einen Sonntag fiel.

1203 Vielleicht hat Pastor Marggraff selbst die Weihepredigt gehalten.

1204 Er wurde 1676 in Bloßwitz bei Riesa als Pfarrerssohn geboren und wirkte ab 1710 als Pfarrer in Dittersbach (Grünberg, II/2, S. 568). Marggraff ist am 27. März 1731 »im 22. Jahre seines Seelen-Ambts an einer langwierigen Krankheit« in Dittersbach gestorben (ToR. 1731).

1205 Das einzige hier noch vorhandene Exemplar – ein weiteres befindet sich in Strasbourg – entdeckte der Verfasser 1965 in der Rochlitzer Orgelbauakte (B/210).

1206 Amtmann Weidlich in Rochlitz hatte seinen Amtsboten am 15. November mit einem Brief an Silbermann nach Oederan geschickt. Der Bote berichtete aber »bey seiner Retour ... H. Silbermann wäre in Dittersbach ...« (B/183b), aber seine Leute wollten den Brief (vom 15. November) »dahin schleunig« übermitteln. Damit

Ergangen Anno 1724–1727
(STA. Leipzig: Sign. Amt Rochlitz
Nr. 261)

C. Christian Gotthold Wilisch: Kirchenhistorie der Stadt Freiberg, Leipzig 1737

D. Denkschrift zur Jubelfeier der vor hundert Jahren vollzogenen Einweihung
der Kirche und Orgel zu Oederan, verfaßt von Diaconus Johann Ludwig Rü-
ling und Organist Christian Fürchtegott
Kieber, Freiberg 1827[1210]
(PfA. Oederan)

Vorgeschichte

Am 3. Juli 1709 ist bei dem »alhier entstandenen großen Brande bey Einäscherung
der Kirche auch das Orgelwergk mit verdorben, und solchergestalt die Nothdurfft
erfordert, daß ein ganz neues vollständiges
Werck verfertiget und gebauet werde…«.[1211]
Am 27. April 1714 hatte das Oberkonsisto-

rium zu Dresden genehmigt, daß »in denen
Sonntäglichen Mittagspredigten zu Beförderung des vorhabenden Orgelbaues … das
Cymbelsäcklein« herumgetragen wird. Am
11. Mai wurde der Rat von der Kircheninspektion[1212] davon in Kenntnis gesetzt.[1213]

Aus einem Bericht des Rates vom 1. September 1718 geht hervor, daß sich für den
Orgelbau »verschiedene Orgelbauer angemeldet« hatten.[1214] Auch Gottfried Silbermann habe »Disposition und Vorschlag
übergeben«, aber die Gemeinde war nicht
in der Lage, »in so kurzer Zeit solches
Quantum von 1300 Thalern« aufzubringen
(A/4 f.).[1215]

Inzwischen hatte sich der Zittauer Orgelbauer Johann Gottfried Tamitius[1216] »angemeldet« und sehr günstige Bedingungen
in Aussicht gestellt.[1217] Am 13. April 1719

---

wird bewiesen, daß einige Gesellen in Oederan
arbeiteten, während die übrigen mit dem Meister in Dittersbach waren (vgl. Anm. 1197). Am
4. Dezember schrieb Silbermann dann selbst von
Oederan aus an Weidlich, daß der Brief »gleich
eingelaufen [sei], als ich mich in Dittersbach
befunden, und das alda gebauete Werckgen
übergeben …« (B/184).

1207 Diese trefflichen Worte stammen aus
der von Pastor Marggraff verfaßten Gratulation (C).

1208 Sein Vater, Gottfried Kretzschmar,
wurde 1640 in Frauenstein geboren, wirkte ab
1671 in Sadisdorf als Pfarrer und starb dort
1698 (vgl. Grünberg, II/1, S. 475). Die Väter
Gottfried Silbermanns und des Dittersbacher
Organisten waren gleich alt und haben sich in
ihrer Jugendzeit vielleicht sogar kennengelernt.

1209 Vgl. die Dittersbacher Kirchrechnung
von 1726. Nach derselben Quelle wurde der
Kalkant mit einer Jahresvergütung von einem
Taler und 18 Groschen abgefunden.

1210 Diese Schrift ist keine verläßliche Quelle.
Den Autoren sind offensichtlich die unter A. genannten Bauakten nicht bekannt gewesen.

1211 So ist in der Präambel des am 9. Juni
1724 mit Silbermann abgeschlossenen Orgelbauvertrages zu lesen (A/50). Übrigens soll im
Jahre 1709 »fast die ganze Stadt« eingeäschert
worden sein (D/II/1).

1212 Ihr gehörten damals an: George von
Günther, Amtshauptmann auf Niederraben-
stein; Christian Lehmann, Superintendent zu
Freiberg, und Georg Heinrich Crusius, Amtmann zu Augustusburg.

1213 Die entsprechenden Schriftstücke befinden sich (unnumeriert) in der Akte (A).

1214 Ihre Namen werden nicht genannt. Die
Akte enthält zwei undatierte und »namenlose«
Dispositionen. Die eine für ein Werk mit drei
Manualen und siebenunddreißig Stimmen, die
andere für ein zweimanualiges mit vierund-
zwanzig Stimmen (A/1 ff.).

1215 Silbermanns Entwurf ist nicht mehr aufzufinden. Wir wissen auch nicht, wann er ihn
vorlegte. Am 28. April 1716 hatte er bei den
Verhandlungen wegen der Freiberger Jacobiorgel darauf hingewiesen, daß er »hin und wieder
viele Arbeit und Orgelwercke vor sich habe und
deshalber verreißen müße« (vgl. Anm. 810). Er
kann dabei durchaus das Oederaner Projekt
schon mit im Auge gehabt haben.

1216 Seine Lebensdaten sind dem Verfasser
nicht bekannt. In den Zittauer Kirchenbüchern
konnte von Tamitius keine Spur gefunden werden. Bekannt ist aber der Zittauer Orgelbauer
Johann Gottlieb (!) Tamitius (1690–1769). Er
hat 1741 die von Silbermann erbaute große
Johannisorgel mit übernommen (vgl. Anh. SD.
Nr. 43).

wurde mit ihm tatsächlich ein Kontrakt geschlossen (A/25 ff.).[1218] Die neue Orgel sollte innerhalb von zwei Jahren (bis Ostern 1721) gebaut werden.[1219] Am 12. April 1723 mußten die Kircheninspektoren aber feststellen, daß Tamitius mit dem Werk »noch nicht den geringsten Anfang gemacht hat« (A/35 f.).[1220]

Der Rat setzte sich nunmehr mit Gottfried Silbermann in Verbindung,[1221] obwohl dessen früheres Angebot als »allzu kostbar« befunden worden war (A/4 f.). Am 3. No-

1217 Er wollte für 900 Taler ein für die Kirche »sich schickendes Orgelwerk« bauen und darauf »so lange er lebete« die Gewähr übernehmen (A/4 f.). Am 28. Februar 1719 übersandte er ein Attest, das der Rat zu Pirna über die von Tamitius erbaute Orgel der Klosterkirche ausgestellt hatte (A/10 f.). Der von seinem Können überzeugte Orgelbauer schrieb dazu: »...dieweil ich nicht gerne Attestata fordere, sondern meine intention, das Werck muß den Meister loben ...«

1218 Tamitius wollte hiernach für nur 900 Taler eine dreimanualige Orgel mit siebenunddreißig Stimmen bauen! Zum Vergleich: Gottfried Silbermanns Orgel für die Sophienkirche zu Dresden sollte mit zwei Manualen und achtundzwanzig Stimmen laut Kontrakt 1500 Taler kosten. Die von Tamitius verlangten 900 Taler sollten »für alle und jede Arbeit, Mühe, Verrichtung, Materialien, Logiament, Kost, Lager und alles andere Bedürfnis« sein. Der Betrag sollte mit 500 Talern bei Übergabe des Werkes und der Rest in vier Jahren mit jährlich 100 Talern zahlbar sein. Falls die Orgel bei der Übergabe »für untüchtig« befunden wird, wollte Tamitius sie wieder abreißen und von der Gemeinde für seine Arbeit und Materialien »keinen Heller« fordern. Es ist verständlich, daß sich die Oederaner Stadtväter von derart vorteilhaften Bedingungen blenden ließen. Vermutlich sind ihnen aber doch Zweifel an Tamitius' Zuverlässigkeit gekommen, denn am 28. Juli 1719 holten sie über ihn beim Rat zu Zittau schriftlich Erkundigung ein (A/19). Das Urteil fiel an sich ganz zufriedenstellend aus (A/21 f.).

1219 Am 4. Oktober 1720 teilte Tamitius mit, daß er sich vorgenommen hatte, »abgewichenen Sommer [1720] an den Oederischen Orgelbau den Anfang zu machen«. Er habe mittlerweile das erforderliche Metall angeschafft. Infolge der anhaltenden Teuerung (vgl. Anm. 920) habe er diesen Sommer beim Bau der Orgel zu Schandau »über 200 Thaler zusetzen müssen« und deshalb »jetzt die Mittel nicht in Händen, die Holzmaterialien anzuschaffen«. Tamitius bat darum, ihm wenigstens 100 Taler »auf den gemachten

Kontrakt herauszugeben«, andernfalls werde man in Oederan mit dem Orgelbau »noch eine Weile in Ruhe stehen müssen« (A/30). Der Rat stellte in seiner Antwort vom 18. November fest, daß das »wider den Inhalt des geschlossenen Kontrakts laufe« (A/31). Am 28. Dezember 1720 bat Tamitius' Schwager, der Meißner Orgelbauer Johann Ernst Hähnel, wenigstens 25 Taler zu dem eichenen Holzmaterial auszuzahlen, denn dasselbe müsse drei bis vier Jahre »im trockenen verwahrt« werden (A/32). Am 2. April 1721, als die Orgel eigentlich schon fertig sein sollte, teilte Tamitius dem Rat mit, längstens »künfftige Michaelis«, also Ende September, den Anfang machen zu wollen (A/33). Am 18. September 1722 (!) schrieb er, daß es ihm leid sei, seinem Versprechen nicht nachgekommen zu sein. Er habe sich »an allen Orten in Arbeit eingelassen«, daß er »fast unmöglich davon habe abkommen können«. Er wäre nun aber bereit, nach Oederan zu kommen (A/34). Es geschah aber nichts!

1220 Kurz vor Ostern (Ende März) 1723 war Tamitius mit zwei Gesellen in Oederan erschienen und hatte Geld zu den Materialien und wöchentlich »über der Arbeit« nur zwei bis drei Taler verlangt, was der Rat mit Recht ablehnte. Daraufhin hat Tamitius verlauten lassen, seinen Kontrakt erfüllen zu wollen, auch wenn er nur »Wasser und Brot darüber essen und trinken« müsse. Tamitius verlangte, ihn die volle Woche nach Ostern mit einem vierspännigen Wagen von Riesa abzuholen. Es unterblieb aber (A/36). Die Oederaner Stadtväter wollten sich also doch nicht beweisen lassen, daß das »Werk den Meister lobt«. In der Denkschrift von 1827 (D) heißt es hierzu: »...wenn ein Orgelbauer ... erst kurz vorher das Holz einkauft, dann kann mit Recht Argwohn geschöpft [werden]. Das wußte ... [Silbermann] besser ..., auch erfrechte er sich nicht ... das Holz im Backofen zu trocknen ...«

1221 Wann das geschah, geht aus der Akte leider nicht hervor: vermutlich im Mai oder Juni 1723. Wir wissen auch nicht, ob es schriftlich oder persönlich erfolgte.

vember 1723 übersandte Silbermann dem Oederaner Stadtschreiber Roeder »den von mir begehrten Riß nebst der Disposition« (A/39).[1222] Beides ist nicht mehr auffindbar. Zwei Wochen später, am 17. November, teilte Silbermann dem Oederaner Bürgermeister Matthaei mit, er würde es gerne sehen, wenn er bei Kontraktabschluß 300 Taler bekäme, das übrige könne terminweise »alle Vierteljahre 100 Taler abgetragen werden«. Gleichzeitig versprach Silbermann, »solche Orgel übers Jahr zu Martini[1223] geliebts Gott ... aufgebaut« zu haben (A/40).[1224]

Bauvertrag

Der Kontrakt wurde am 9. Juni 1724 in Oederan geschlossen[1225] und »gedoppelt zu Pappier gebracht«[1226]. Ein Exemplar ist im Original vorhanden (A/50 ff.),[1227] das andere ist verschollen.[1228] Gottfried Silbermann versprach, ein zweimanualiges Orgelwerk mit vierundzwanzig Stimmen[1229]

1222 Der Brief hat folgendes Postskriptum: »Wegen Unterlaßung der Antwort, bitte nicht übel zu nehmen, indem mich eine Reiße nacher Dreßden davon abgehalten hat.« Zeitpunkt und Zweck der Reise sind unbekannt. Denkbar wäre, daß Silbermann in Dresden war, um sein Privilegium (s. Anh. SD. Nr. 16) in Empfang zu nehmen. Das müßte dann aber (vermutlich) schon im Juli gewesen sein. Der Brief zeigt zweifelsfrei die Handschrift von Silbermanns Freund, dem Freiberger Ratsstuhlschreiber Johann Gottfried Krauße (1692–1758). Silbermanns Unterschrift hat den eigenhändigen Zusatz »Hoff und land Orgel bauer«. Das scheint das erste Mal gewesen zu sein, daß er seinem Namenszug den ihm (am 30. Juni 1723) von Kurfürst Friedrich August I. von Sachsen verliehenen Titel hinzufügte.

1223 Der Martinstag (11. November) war der Gedenktag für den berühmten Bischof von Tours, der im 4. Jahrhundert lebte.

1224 Der Brief war eine Antwort auf ein Schreiben des Rates, das Silbermann empfangen hatte. Hiernach war ihm mitgeteilt worden, daß der Bürgermeister Silbermanns Disposition und Riß sowohl dem Rat als auch dem Pfarrer vorgetragen hatte. Sie waren der Meinung, es sei besser »statt der Cimbel eine Mixtur zu sezen« und daß der Trompetenbaß im Pedal »von Zien müße gemacht werden«. Silbermann antwortete, daß er »gar gerne« die Mixtur setzen wolle. Wegen des Trompentenbasses bedürfe es »keiner Erinnerung«. Silbermann bat darum, beim Rat und »bey dem Herrn Pfarrer [Johann Christian Hunger (1670–1735)] ein Compliment ... abzustatten«. Abschließend schrieb er: »... vielleicht habe ich die Ehre auf künfftigen Sonntag [21. November], da ich durch Oederan durchreißen werden, bei Ihnen meine Aufwartung zu machen.« Als Ziel der geplanten Reise ist Reichenbach zu vermuten. Am 18. Dezember 1723 wurde der Kontrakt über den dortigen Orgelbau geschlossen. Silbermann wollte offenbar vorher die (nach einem Brand wiederaufgebaute) Kirche besichtigen und mit dem Kirchenpatron Metzsch verhandeln. Übrigens wurde der Brief wiederum von Johann Gottfried Krauße (vgl. Anm. 1222) geschrieben.

1225 Silbermann war – höchstwahrscheinlich – am 7. Mai 1724, also nur einen Monat vorher, mit den Herren »Commissarien auß Freyberg« in Forchheim, um in der dortigen Kirche den Platz für eine neue Orgel zu besichtigen (vgl. Anm. 1162). Im Jahre 1724 müßte auch – spätestens – der Kontrakt über die kleine Orgel zu Dittersbach abgeschlossen worden sein. Wir hatten zwar vermutet, daß dies schon 1722, nach Vollendung des Kirchturmes, geschehen sein könnte (vgl. Anm. 1190). Dann erhebt sich aber die Frage, warum Silbermann das Werk nicht schon 1723 schuf, zumal in diesem Jahre kein weiterer Orgelbau vorlag.

1226 Für die zweifache Reinschrift des Vertrages wurden acht Groschen bezahlt (A/55 b). Die Schreibkunst wurde damals recht gut honoriert (vgl. hierzu Anm. 895), denn für denselben Lohn mußte ein Handarbeiter drei Tage arbeiten!

1227 Die Urkunde wurde von Bürgermeister Moses Creuziger unterschrieben. Silbermann fügte seiner Unterschrift eigenhändig »Hoff und land Orgel bauer« hinzu. Des weiteren wurde der Vertrag noch von acht Lehnrichtern und Vertretern der gesamten Kirchfahrt unterschrieben.

1228 Es hat sich gewiß mit unter den dreiundvierzig Kontrakten befunden, die Silbermann in einer Holztruhe aufbewahrt hatte (Anm. 151, Bl. 48 ff.).

1229 Das Pedal sollte mit vier Stimmen besetzt werden und die übrigen sich gleichmäßig

»kunstmäßig, zierlich und beständig zu verfertigen« und bis Ende September 1725 »in der Kirche an seine Stelle zu sezen, zu stimmen und zur Probe gut und ohne Defect zu übergeben« und zwei Jahre Gewähr zu leisten.[1230] Silbermann wollte – wie üblich – alle Handwerkerarbeiten (einschließlich Bildhauer, aber exclusive Maler- und Zimmererarbeit) übernehmen und alle Materialien auf eigene Kosten anschaffen. Ansonsten ist der Kontrakt – gegenüber anderen – ziemlich ausführlich gehalten.[1231] Die Gemeinde wollte sich – nach den unangenehmen Erfahrungen mit Tamitius – offenbar auf jede Weise absichern.[1232]

Baukosten

Die Kontraktsumme betrug 1000 Taler. Sie sollte mit 200 Talern bei Kontraktabschluß und der Rest innerhalb von zwei Jahren quartalsweise mit je 100 Talern bezahlt werden. Die Orgel hätte demnach bis Ende des Jahres 1726 völlig bezahlt sein müssen. Die Gemeinde hat ihre vertraglichen Verpflichtungen aber in keiner Weise eingehalten. Als das Werk Ende Mai 1727 übergeben bzw. geweiht wurde, hatte Silbermann noch 376 Taler zu bekommen.[1233] Über weitere mit dem Orgelbau zusammenhängende Kosten ist nichts bekannt.[1234]

---

auf Haupt- und Oberwerk verteilen (vgl. die von Dähnert angegebene Disposition, S. 200).

1230 Silbermann gab sonst in der Regel nur ein Jahr Gewähr.

1231 Es heißt u.a.: »... 3. Disponiret H. Silbermann das Clavier- und Pfeiffenwerck so accurat, daß nicht nur die Orgel sich fast so leichte als ein Clavicordium spielen und tractiren laßen, sondern auch, wenn die Claviere berühret werden, alles so wohl in der Höhe, als in der Tieffe augenblicklich ansprechen solle; 4. Richtet er die Arbeit bey denen Bälgen so ein, daß solche gar leichte und sanfft ohne Gepolter getreten werden können ... wie er denn solche an der Zahl dreye mit einer Falte, von guten starcken und reinen Holze arbeiten, mit guten tüchtigen Leder beledern, wohl verbinden, von gebührender Größe, damit solche dem Wercke sufficienten Wind geben können, machen will; 5. Sollen die Windladen, Windstöcke, ventile und was darzu gehörig, aus schönen, saubern, truckenen eichenen Holze aufs accurateste und fleißigste verfertiget, die Federn unter denen Ventilen ingl. alles Angehänge aus tüchtigen meßingenen Drath gemachet, und die Abstracten mit dergl. Schräubgen an die Claviere angehänget werden; ... 7. Sonsten aber verspricht H. Silbermann das Pfeiff-Werck in gute annehmliche Ordnung auch also zu sezen, daß man zu ieder Pfeiffe, wenn dabey etwas fehlet, leichtlich kommen u. den Mangel abhelffen kan, auch so einzurichten und zu verfertigen, daß das Haupt-Manual einen recht gravitätischen Klang bekomme, das Oberwerck aber scharff u. spizig, die Baesse aber starck und durchtringend intoniren, den Thon der Pfeiffen in der Höhe und in der Tieffe eine

gute aequalität haben und sonsten das Werck mit seinen Klang die Kirche erfüllen, auch seinen Effect haben und durchtringen solle ...«

1232 Dafür hat sie aber ihre eigenen Verpflichtungen, was die termingerechte Bezahlung Silbermanns betraf, nicht erfüllt.

1233 Deswegen gab es auch eine harte Auseinandersetzung, worauf wir noch eingehen werden.

1234 Wie auch andernorts üblich, gewährte der Rat zu Oederan Silbermann und seinen Gesellen freie Ab- und Zufuhr, Kohlen und Brennholz und »frey Logiament«. Wegen des Quartiers gab es Beanstandungen, denn am 16. Mai 1727, eine reichliche Woche vor der Orgelweihe, wurde die (leider nicht mehr auffindbare) Baurechnung geprüft und dabei einige »Defecte« festgestellt (A/62 ff.). So war über die an Silbermann bereits bezahlten 624 Taler noch »deßen Quittung beizubringen«. Die Kircheninspektion fand auch 34 Taler »HaußZinß« (für Silbermanns Quartier) als zu viel und konnte nicht verstehen, daß »auf $1^3/_4$ Jahr ein ganzes Hauß gemiethet worden« ist. Das Quartier dürfte im Juli 1725 gemietet worden sein, als die Orgelteile in Freiberg abgeholt wurden. Mit der Arbeit am Ort ist aber erst etwa ein Jahr später begonnen worden (vgl. Anm. 1240 und 1241). Silbermann brachte für sich und seine Gesellen, wie sich im Falle Rochlitz und Zittau aktenkundig nachweisen läßt, Federbetten mit. Die Gemeinden brauchten dann nur die sogenannten »Bettladen« und Stroh zu beschaffen. In Oederan hatte man das Stroh mit in Rechnung gesetzt. Die Kircheninspektion war aber anderer Meinung: »Weiln das Stroh doch in Betten geblieben

Bauablauf

Gottfried Silbermann scheint im Sommer 1723 persönlich in Oederan gewesen zu sein, um den Orgelbauauftrag zunächst mündlich entgegenzunehmen. Am 3. November schrieb er nämlich an den Stadtschreiber Roeder: »…Weil ich mich nun auf dero gegebenes Wort, daß ich die Orgel zu Oederan ganz gewiß bauen soll, verlasse…« (A/39). Er hoffte, daß es bald »zu völliger Resolution gelange, maßen ich nebst denen Meinigen schon fleißig daran arbeite…«.[1235] Zwei Wochen später, am 17. Dezember, schrieb er an den Bürgermeister zu Oederan: »…immaßen ich nebst meinen Leuten schon 7 Wochen an dem Werk gearbeitet,[1236] wobei vieles Geld schon aufgegangen, der Materialien zu geschweigen…« (A/40).[1237] Trotzdem ließ der Abschluß des Bauvertrages noch ein reichliches halbes Jahr auf sich warten.[1238]

und [noch] zu gebrauchen gewesen, so kan dafür auch nichts in Ausgabe passiren…« Man fing also mit der Sparsamkeit beim Bettstroh an!

1235 Silbermann hat demnach mit der Arbeit an der Oederaner Orgel begonnen, obwohl noch kein schriftlicher Vertrag abgeschlossen worden war. Für diese bemerkenswerte Tatsache bietet sich folgende Erklärung an: Im Jahre 1723 lag kein Orgelbauauftrag vor! Das Chemnitzer Werk war am 22. Dezember 1722 übergeben worden, und für das Reichenbacher wurde der Kontrakt erst am 18. Dezember 1723 geschlossen. Silbermann war gewöhnt, die Zeit auszunutzen, und deshalb begann er schon aufgrund des mündlichen Auftrages an dem Oederaner Werk zu arbeiten. Wegen Silbermanns Brief vom 3. November 1723 verweisen wir auch auf Anm. 1222.

1236 Demnach hat Gottfried Silbermann etwa Ende September 1723 mit der Arbeit begonnen, muß also spätestens im selben Monat in Oederan gewesen sein und den mündlichen Auftrag für den Orgelbau entgegengenommen haben.

1237 Silbermann hatte die Aufwendungen aus eigenen Mitteln bestreiten müssen, denn solange noch kein Kontrakt abgeschlossen war, hatte er auch kein Geld zu beanspruchen. Daß er nun auf einen schriftlichen Vertrag drängte, ist sehr verständlich. Übrigens haben wir denselben Brief Silbermanns schon in einem anderen Zusammenhang zitiert (vgl. Anm. 1224).

1238 In diesem Zusammenhang dürfen wir ein Schreiben des Rates vom 28. Dezember 1723 an die Kircheninspektion nicht übersehen (A/41 f.). Der Rat wies darauf hin, daß der Orgelbauer Tamitius nicht imstande sei, den am 13. April 1719 geschlossenen Kontrakt zu erfüllen. Man müsse deshalb »auf andere Wege bedacht seyn«, ein neues Orgelwerk zu bekommen. Inzwischen hatte Gottfried Silbermann (am 3. November) seinen Entwurf auf Verlangen des Rates eingereicht (A/39). Der Rat schrieb an die Kircheninspektion, daß »Silbermanns Kunst und Geschicklichkeit in Verfertigung derer Orgelwercke weit und breit bekandt« und man davon überzeugt sei, »er werde auch uns mit tüchtiger Arbeit gleich andern Orthen versehen«. Jedenfalls ließ der Rat keinen Zweifel daran, daß er »wohl geneigt wäre, mit … Silbermannen zu contrahiren…«. Die Kircheninspektion antwortete am 5. Januar 1724, man werde sich »nechstens« in Oederan einfinden, um u. a. den Orgelbau »in deliberation [zu] ziehen« (A/43). Aber die Herren Kircheninspektoren kamen nicht! Vermutlich drängte Silbermann auf den Vertrag, so daß der Rat ihn endlich am 9. Juni 1724 abschloß. Rund einen Monat später, am 5. Juli, teilte der Augustusburger Amtmann dem Rat mit, daß sich am Montag, dem 17. Juli, »jedes Orts Gerichte nebst einen starken Ausschuß aus denen Gemeinden im Ambte [zu Augustusburg] zu rechter früher Zeit« zu der immer wieder aufgeschobenen Beratung einzufinden haben (A/47). Da Superintendent Wilisch auch daran teilnehmen wollte, wurde der Oederaner Rat aufgefordert, »zu deßen Anherobringung Sontags Abends 4 Tichtige Pferde auf die Superintendur nacher Freybergk ohnfehlbar abzusenden«. Die Beratung hat auch stattgefunden. Aller Wahrscheinlichkeit nach war Gottfried Silbermann auch mit anwesend. Im Protokoll wurde nämlich festgehalten, er habe versprochen »die Zinnernen Pfeiffen von guten Englischen Probe-Zien zu ferttigen, die Metallenen aber mit zwey Theil gleichfalls guten Engl. Probe-Zien und einen Theil Bley [zu] legiren…«. Die Kircheninspektoren (Georg von Günther, Christian Friedrich Wilisch und Carl August Ritterlin) haben den mit Silbermann am 9. Juni 1724 geschlossenen Kontrakt bestätigt und gutgeheißen. Vermutlich hat Silbermann daraufhin die

Am 14. Juli 1725, über ein Jahr nach Kontraktabschluß bzw. zwei Monate nach der Übergabe der Reichenbacher Orgel, schrieb Gottfried Silbermann an den Oederaner Bürgermeister: »Hierdurch melde Ihnen gehorsamst, daß ich mit meiner Arbeit zu der Öderischen Orgel völlig zu Stande mit derjenigen Arbeit, so allhier [in der Freiberger Werkstatt] hat können verferttiget werden, sehe also gerne, daß Sie zu denen Fuhren Anstalt machen, damit die Orgelbau-Materialien je eher je lieber bey guten Wetter nach Öderan geschaffet würden...« (A/55). Auf dem Brief befindet sich ein Vermerk, wonach »die Herausschaffung den 20. Juli mit 5 Wagen geschehen« ist. Leider wurde das Jahr nicht angegeben. Zweifellos ist der Transport im Juli 1725 erfolgt.[1239] Die Sachen müssen demnach rund ein Jahr in Oederan gelagert worden sein, denn es gibt keinerlei Beweis dafür, daß Silbermann mit seinen Gesellen in den letzten fünf Monaten des Jahres 1725 bzw. im ersten Halbjahr 1726 in Oederan arbeitete.[1240] Erst im Sommer 1726 haben

– mit großer Wahrscheinlichkeit – drei Gesellen die Arbeit in Oederan aufgenommen. Silbermann selbst ist erst nach Vollendung der kleinen Orgel zu Dittersbach, also nach Mitte November 1726, mit seinen dort mit beschäftigt gewesenen drei Gehilfen nach Oederan gekommen.[1241]

Am 4. Dezember 1726 schrieb Silbermann unter der Ortsangabe »Oederan« an Amtmann Weidlich und teilte ihm mit, noch nicht nach Rochlitz kommen zu können, weil »ich unmöglich von der nöthigen Art von hier abzukommen vermag« (B/184).[1242]

Am 22. Januar 1727 meldete sich Silbermann zum letzten Male aus Oederan und schrieb dem ungeduldigen Amtmann: »Nachdem aber das alhiesige Werk Gott Lob! bald zu stande...« (B/187).[1243]

Reichlich zwei Wochen später, am 7. Februar, konnte der Rat der Kircheninspektion melden, daß das an Silbermann »vercontrahirte Orgelwerck gänzlich verfertiget und zur Perfection gebracht worden« ist (A/55b). Silbermann kehrte sofort nach Freiberg zurück.[1244]

vereinbarte Vorauszahlung – wenn nicht schon früher – endlich bekommen.

1239 Offenbar war Silbermann damals noch fest entschlossen, die Oederaner Orgel »mit Ausgang des Jahres ... in völligen Stand [zu] bringen«, wie er Ende Mai 1725 in Rochlitz erklärt hatte (B/167b). Aus unbekannten Gründen hat er aber erst die Werke zu Forchheim und Dittersbach gebaut. Da in beiden Fällen die Kontrakte nicht mehr vorhanden sind, wissen wir auch nicht, wann diese beiden Orgeln eigentlich übergeben werden sollten.

1240 Im August 1725 war Silbermann verreist: Mit einem »Freyberg, den 3. Septembris Anno 1725« datierten und an Amtmann Weidlich in Rochlitz gerichteten Brief entschuldigte sich Silbermann, daß er auf das Schreiben Weidlichs vom 20. Juli (!) nicht eher geantwortet habe, weil »ich von meiner Reise heute erstlich nach Hauße kommen bin« (B/150). Vermutlich ist Gottfried Silbermann in Forchheim gewesen, um zunächst den Bau des Chores zu überwachen (vgl. Anm. 1169), bevor er etwa ab Ende Oktober 1725 (bis Anfang Februar 1726) die Orgel schuf. Am 20. März des Jahres 1726 berichtete er von

Freiberg aus dem Rochlitzer Amtmann, »daß täglich an dero Wercke bey mir gearbeitet« wird (B/173). Am 15. Juni 1726 teilte Silbermann Amtmann Weidlich brieflich mit, daß für die Rochlitzer Orgel »alles, was ich hier [in Freiberg] habe verfertigen können, parat und fertig« ist (B/180). Anschließend ging Silbermann mit drei Gesellen nach Dittersbach und hielt sich bis Mitte November dort auf. Da Silbermann damals sechs Gesellen beschäftigte, dürften die übrigen etwa gleichzeitig (etwa ab Ende Juni) schon mit der Arbeit in Oederan begonnen haben.

1241 Der Rochlitzer Amtsbote, der einen Brief des Amtmannes an Silbermann überbringen sollte, traf ihn am 15. November in Oederan noch nicht an, wohl aber »seine Leute«, das heißt die Gesellen, die – mit größter Wahrscheinlichkeit – schon seit etwa Ende Juni in Oederan arbeiteten.

1242 Um diese Zeit dürfte die Orgel größtenteils aufgesetzt gewesen sein.

1243 Das war etwa zwei Wochen vor der völligen Fertigstellung des Werkes. Silbermann dürfte um diese Zeit noch mit dem Stimmen beschäftigt gewesen sein.

Obwohl die Orgel schon in den ersten Februartagen 1727 vollendet war, erfolgten Übergabe und Weihe erst am 25. Mai.[1245] Das lag vor allem daran, weil die Gemeinde ihren Zahlungsverpflichtungen gegenüber Silbermann noch nicht nachgekommen war.[1246] Am 24. April 1727 teilten die Kircheninspektoren, Superintendent Wilisch und Amtmann Ritterlin, dem Rat mit, daß die Übernahme der Orgel zugleich mit der Weihe der Kirche und der Einführung der Geistlichen stattfinden soll. Und das geschah – wie erwähnt – einen Monat später.

Die Weihe erfolgte durch Superintendent Wilisch aus Freiberg (C/477). Wer die Orgel übernommen hat, ist nicht bekannt.[1247] Auf jeden Fall war Gottfried Silbermann zur Übergabe seiner Orgel anwesend.[1248] Er hatte ja auf die Kontraktsumme von 1000 Talern erst knapp zwei Drittel erhalten und noch 376 Taler zu fordern. Silbermann hat die Kircheninspektion darauf aufmerksam gemacht, daß »alles sein baar verlegtes Geld sey, welches er bereits geraume Zeit entrathen müßen«. Am 27. Mai, also zwei Tage nach der Orgelweihe, fand in Gegenwart des Freiberger Superintendenten Wilisch und des Augustusburger Amtmannes Ritterlin eine Beratung statt, wobei festgelegt wurde, daß Silbermann sofort 100 Taler bekommen

---

1244 Am 9. Februar schrieb er von hier aus an Amtmann Weidlich in Rochlitz (s. Anh. SD. Nr. 21). An der vergleichbaren (dreiundzwanzigstimmigen) Orgel in der Röthaer Georgenkirche hat Silbermann mit fünf Leuten, zu denen wohl auch die Haushälterin gehörte, fünfundzwanzig Wochen gearbeitet. Durch einen solchen Vergleich kann indirekt bewiesen werden, daß an dem Oederaner Werk nicht erst ab Mitte November 1726 gebaut worden sein kann. Vielmehr müssen – wie schon ausgeführt wurde – drei Gesellen schon rund ein halbes Jahr früher mit der Arbeit begonnen haben, bis dann (nach Übergabe der Orgel zu Dittersbach) auch der Meister und die übrigen drei Gesellen mit Hand anlegten. Im ganzen gesehen ist der im Kontrakt festgelegte Termin (Michaelis 1725) um rund sechzehn Monate überschritten worden. Wenn Gottfried Silbermann Ende Mai 1725 in Rochlitz erklärt hatte, bis Ende des Jahres die Orgeln zu Forchheim, Oederan und Dittersbach »in völligen Stand bringen« zu müssen, dann war das praktisch unmöglich. Wir müssen uns aber fragen: Warum hat Silbermann nicht schon ab Ende Juli 1725 in Oederan gearbeitet, nachdem die Orgelteile dorthin abtransportiert worden waren. Es drängt sich die Vermutung auf, daß Silbermann wegen Nichteinhaltung der im Kontrakt vereinbarten Ratenzahlungen die Oederaner Orgel hintangesetzt hat und dafür die Werke zu Forchheim und Dittersbach vorzog. Wir erinnern daran, daß Silbermann im Falle Reichenbach damit gedroht hatte, »dieses Werck liegen zu laßen«, weil 300 Taler seit etlichen Wochen rückständig waren.

1245 Das Datum geht einzig und allein aus Wilischs Kirchenhistorie hervor (C/477).

1246 Offenbar hat Silbermann mit dem Freiberger Superintendenten über den Fall gesprochen. Wilisch schrieb nämlich am 14. Februar 1727 an den Rat: »Weil Herr Silbermann nicht eher die verfertigte Orgel übergeben will, ehe und bevor er die noch rückständigen 400 [?] thlr. dem Contract und der Billigkeit gemäs ausgezahlet bekommen ...« Es wäre für die Kircheninspektion »sehr bedencklich«, daß an die »Zusammenbringung derer hierzu nöthigen Gelder nicht eher gedacht« worden sei, zumal Bürgermeister Matthaei bei der Beratung in Augustusburg »vorgegeben« habe, »als ob schon damals [Mitte Juli 1724] an die 900 thlr. zu dem bevorstehenden Orgel-Bau beysammen wären ...«. Superintendent Wilisch schrieb dem Rat zu Oederan klipp und klar, es sei jetzt nicht an die Orgelweihe zu denken, sondern daß »die rückständigen Gelder zusammengebracht« werden, außerdem müsse die Orgelbaurechnung »zur Justification übergeben« werden (A/58).

1247 Das Schreiben der Kircheninspektoren vom 24. April 1727 (A/60) trägt einen eigenhändigen Vermerk Wilischs: »... werden auch schon vor einen geschickten Organisten zur examination der Orgel besorgt seyn ...« Vielleicht ist dem Freiberger Domorganisten Elias Lindner dieser Auftrag erteilt worden?

1248 Da er ab Anfang März bis Juli 1727 in Rochlitz arbeitete, muß er von dort extra nach Oederan gereist sein. Ob Silbermann die Orgel – so wie in Forchheim – vor der Übergabe bzw. Weihe noch einmal durchgestimmt hat, ist nicht

soll, das übrige in drei Raten.[1249] Aber auch diese Verpflichtung wurde nicht eingehalten.[1250] Gottfried Silbermann scheint den Restbetrag von 276 Talern erst Ende August 1733 bekommen zu haben.[1251] Die Oederaner Orgelbaugeschichte ist in allen Punkten wirklich einmalig zu nennen.

Bemerkungen

Um 1892 ist das originale Orgelgehäuse unverständlicherweise durch ein sogenanntes neugotisches ersetzt worden.[1252] Sonst befindet sich die Orgel gegenwärtig (nach Dähnert) in einem guten Zustand.[1253]

ROCHLITZ (ST. PETRI)

1727 vollendet – 1894 abgebrochen
2 Manuale – 18 (2) Stimmen

Quellen

A. Acta, Die Baufälligkeit der in der Haupt- und Pfarr-Kirche zu St. Petri allhier befindlichen Orgel ... betreffend. Ergangen Anno 1724–1727
(STA. Leipzig: Sign. Amt Rochlitz Nr. 261)
B. Rechnung wegen des Neuen Orgel-Baues in der Pfarr-Kirche zu St. Petri zu Rochlitz
Die Rechnung befindet sich in der un-

ter A. genannten Akte. Der Band enthält außerdem originale Ausgabebelege.

Vorgeschichte

Der Orgelneubau machte sich notwendig, weil das in der Kirche »vorhandene Orgelwerck aus Alterthum dermaßen eingegangen« war und sich »in einen solchen elenden Zustande« befand, daß »selbigen durch keine Reparatur weiter zu helffen ...«.[1254] Trotzdem haben sich für das alte Werk noch Interessenten gefunden.[1255]
Der Amtmann zu Rochlitz, Carl Erdmann Weidlich[1256], nahm sich persönlich des

bekannt. Immerhin hatte das Werk ja seit der Fertigstellung rund fünfzehn Wochen gestanden und war der Winterkälte ausgesetzt gewesen.
1249 Es muß festgehalten werden, daß Wilischs Brief vom 14. Februar offensichtlich nichts fruchtete. Die Gemeinde hat keine Anstalten gemacht, Gottfried Silbermann vor der Orgelweihe wenigstens einen Teil des Rückstandes zu bezahlen. Man entschuldigte das mit »bisher gehabten andern vielen Ausgaben und [den] schweren Zeiten«. Anscheinend hat Silbermann zunächst 100 Taler bekommen. Die restlichen 276 Taler sollten wie folgt bezahlt werden: 100 Taler zu Michaelis 1727, 100 Taler zu Neujahr 1728 und 76 Taler zu Ostern 1728. Silbermann war damit aber nicht einverstanden, weil »alles, was er annoch zu fordern [habe], baarer Verlag sey und Er das seinige bereits lange genung entrathen« mußte. Erst durch Vermittlung der Kircheninspektoren hat sich Silbermann »dahin disponieren laßen«, die vorgeschlagenen Termine zu akzeptieren. Er behielt sich aber bei Nichteinhaltung ausdrücklich vor, gegen die Kirchfahrt Klage zu erheben. Dank eines Protokolls des Aktuars Johann Gottlob Gampe hat die Nachwelt von allem Kenntnis erhalten (A/66 f.).
1250 Das wird dadurch bewiesen, weil die Ge-

meinde auf das Kapital von 276 Talern Zinsen an Silbermann gezahlt hat (A/68). Ob Silbermann den Rat der Stadt Oederan erst dazu verklagt hat, geht aus der Akte nicht hervor.
1251 Jedenfalls sind an Silbermann 26 Taler Zinsen »von 276 Thlr. Capital von 31. Juli 1731 bis 28. August 1733« (!) bezahlt worden (A/68). Der Zinssatz betrug damals also 5 Prozent.
1252 Vgl. Dähnert, S. 200.
1253 Nach Dähnert sind allerdings die akustischen Verhältnisse des Kirchenraumes denkbar ungünstig.
1254 Das geht aus der Einleitung des Kontrakts vom 28. Mai 1725 hervor (A/128).
1255 Die Orgel wurde nämlich für 105 Taler an die Gemeinde Rathendorf bei Geithain verkauft und darüber sogar ein Vertrag abgeschlossen (A/157 ff.) und zwar am 12. September 1725. Der Rochlitzer Organist Wiedemann, der offenbar etwas vom Orgelbau verstand, hat das Werk abgetragen, versetzt und vorher noch repariert (A/218 ff.) und bekam dafür 30 Taler. Seine Quittung ist allerdings erst auf den 24. Januar 1728 (!) datiert (A/255).
1256 Seine Lebensdaten sind dem Verfasser nicht bekannt.

Orgelneubaues an.[1257] Am 13. Januar 1724 schrieb er an drei Orgelbauer, und zwar Gottfried Silbermann in Freiberg, Johann Jacob Donati in Zwickau[1258] und Johann Gottlieb Döltzschen in Döbeln (A/41).[1259] Weidlich übersandte ihnen eine von dem Rochlitzer Organisten Gottfried Wiedemann[1260] entworfene Disposition[1261], erbat Aufschluß darüber, »was davon zu halten sey«, und auf wie hoch ein solches Werk geldlich zu stehen käme. Innerhalb eines Monats gingen die Antworten der drei Orgelbauer ein.[1262]

Gottfried Silbermann schrieb am 12. Februar u.a.: »... Weiln [Sie] nun ... das sonderbare Vertrauen zu mir tragen, daß ich wegen der von dem Herrn Organisten daselbst übergebenen Disposition und wie hoch das Pretium zu stehen komme, mein Gutachten ... [geben] solle. Als erkenne nicht nur die zu mir tragende Affection mit ergebenstem Dancke, sondern melde Ihnen auch gehorsamst, daß auf die beygelegte Disposition ich nicht eher meine Gedancken und Pretium notificiren kan, ehe und bevor ich den Plaz, wo die Orgel hingesetzt werden soll, in Augenschein genommen. Wann es nun ... gefällig, meine Aufwarttung bey Ihnen zu machen ... bitte mir mit wenigen einige Nachricht ertheilen zu laßen ...« (A/44).[1263] Bald hatte auch Zacharias Hildebrandt, ein ehemaliger Geselle Gottfried Silbermanns, von dem in Rochlitz geplanten Orgelbau erfahren und bewarb sich ebenfalls darum (A/73).[1264] Amtmann Weidlich ließ die Angelegenheit

1257 Er tat das – wie es im Kontrakt heißt – aus »Christlicher Intention« und im Einvernehmen mit Superintendent D. Loescher.

1258 Der Brief nach Zwickau kostete zwei Groschen Porto: fast den Tagelohn eines Handarbeiters.

1259 Weidlich schrieb u.a., daß »unumbgänglich ein neues Werck angeschaffet werden muß«, er dafür »Sorge zu tragen gesonnen« sei und es dazu »eines geschickten Künstlers« bedürfe.

1260 Er wurde um 1669 geboren und starb 1746 (Bestattungstag: 24. Juli) in Rochlitz als »verordnet gewesener Organist bei hiesiger Pfarrkirche zu St. Petri« (PfA. St. Petri Rochlitz: ToR. S. 40).

1261 Sie sah vor: acht Stimmen »ins ForterWerck«, sechs Stimmen »ins HinterWerck« und drei Stimmen »auff die Pass-Lade«.

1262 Am 9. Februar schrieb der Döbelner Meister: »... Die mir zugesendete Disposition ... ist gar gut projectiret, und habe ich darbey nichts zu desideriren gefunden ...« Das Werk könne aber (exklusive Zimmerer- und Schmiedearbeiten) unter 450 Talern nicht gefertigt werden. Am 13. Februar sandte Donati die Disposition zurück und war bereit, nach Rochlitz zu kommen, um das alte Werk zu besichtigen und den Wert der daraus noch zu verwendenden Materialien zu taxieren. Für die neue Orgel verlangte er »nach genauer Überlegung« 400 Taler einschließlich Material, Bildhauer-, Tischler-, Drechsler-, Schlosser- und dergleichen -arbeit

und Kost und Lohn »zu Haußse über wehrender Arbeit«, aber exklusive Maler-, Zimmerer- und Schmiedearbeit, Ab- und Zufuhren und während des Aufsetzens (sechs bis acht Wochen) für zwei Personen freie Kost und Lager (A/45). Es ist sehr bemerkenswert, daß beide Orgelbauer die ihnen zugesandte Disposition akzeptierten, ohne vorher die Kirche gesehen zu haben.

1263 Es kann keinen Zweifel darüber geben, daß sich Gottfried Silbermann bei jedem Orgelbau vor Kontraktabschluß an Ort und Stelle über die räumlichen und akustischen Verhältnisse der jeweiligen Kirche informiert hat. Mit seiner jahrzehntelangen Wirksamkeit müssen demnach viele Reisen, Besichtigungen und Verhandlungen verbunden gewesen sein, auch wenn das heute nur noch in relativ wenigen Fällen aktenkundig nachweisbar ist.

1264 Das Schreiben ist »Wolckwitz, den 27. May Anno 1724« datiert. Es heißt darin u.a.: »... Wenn ich dann, sowohl anderweitig als auch nur vorm Jahre, in der Kirche zu Störmthal ... eine gantz neue Orgel erbauet, welche durch Herr [Johann Sebastian] Bachen ... aus Leipzig visitiret und ... ohne Tadel erfunden worden ... auch ietzo in Wolckwitz der Anfang zu einem neuen Werck von 16 Stimmen gemachet, welches mit Gott binnen Jahresfrist stehen soll ...« Hildebrandt bat um Erteilung des Auftrages für den Rochlitzer Orgelbau, »weil gerne wolte mehrere Kundschafft erlangen«. Er wollte das Werk so verfertigen, »daß hieran nicht

aber fast ein Jahr ruhen. Einem Aktenvermerk[1265] ist zu entnehmen, daß man nur »auf H. Gottfried Silbermannen Reflexion gemachet« hat,[1266] weil man »von deßen Geschicklichkeit sattsam« überzeugt war und auch vernommen hatte, »daß er mit sich gar billig handeln laße«.[1267]

Inzwischen hatte der Chemnitzer Stadtsyndikus Klebe in Rochlitz davon berichtet, daß Silbermann »vor einiger Zeit in der Johannis-Kirche [zu Chemnitz] ein recht feines Werk vor 500 Thlr. gemachet« habe.[1268] Weidlich erbat sich davon die Disposition und den Kontrakt und erhielt letzteren am 19. April 1725 durch Klebe zugesandt (A/112b).[1269]

Am 9. April hatte Amtmann Weidlich die briefliche Verbindung mit Silbermann schon aufgenommen und ihn gebeten, am 14. oder 15. desselben Monats nach Rochlitz zu kommen, um am Montag (16. April) wegen des Orgelbaues »womöglich Accord zu treffen« und den Kontrakt zu schlie-ßen.[1270] Weidlich bat Silbermann, »einige Dispositionen und Riße zu Orgeln mit anhero zu bringen« (A/108).[1271] Der Meister antwortete am 15. April aus Reichenbach,[1272] daß er sich noch »in voller Arbeit« befinde.[1273] Das Reichenbacher Werk solle aber in den bevorstehenden »Pfingst-Ferien« übergeben werden, und dann wolle er sofort in Rochlitz aufwarten und »dero gütigsten Befehl gehörige Folge leisten« (A/111f.). Der Amtmann hatte allerdings fest mit dem Kommen Silbermanns am 14. oder 15. April gerechnet und daher 9. desselben Monats schon die ganze Kirchfahrt davon unterrichtet, daß Silbermann »auf künfftigen Montag«, den 16. April, »anhero verschrieben worden« und beabsichtigt sei, »mit ihm als einen sehr kunsterfahrnen Manne« gleich den Kontrakt zu schließen (A/106b f.).[1274]

Am 21. April schrieb Amtmann Weidlich wieder an Gottfried Silbermann[1275] und zwar u.a.: »... da ich bey dem vorhabenden

der allergeringste Mangel zu spüren ...«. Abschließend verwies er darauf, daß er »bey H. Silbermann diese Kunst erlernet« habe.

1265 Er ist leider nicht datiert, muß aber am 5. oder 6. April 1725 von Weidlich geschrieben worden sein (A/103).

1266 Die anderen Bewerber hatten neben ihm natürlich keine Chance. Das war z.B. auch in Freiberg, Dresden und an anderen Orten der Fall.

1267 Offenbar waren der Freiberger Kreisamtmann Michael Weidlich und der Rochlitzer Amtmann Carl Erdmann Weidlich nicht miteinander verwandt, denn sonst hätte letzterer wohl davon erfahren, daß Silbermann in Freiberg wegen der Jacobiorgel eben nicht hatte mit sich handeln lassen.

1268 Die Orgel war zu Weihnachten 1722 geweiht worden und befindet sich seit 1958 in Bad Lausick.

1269 In der Rochlitzer Akte befindet sich eine Abschrift des Chemnitzer Kontrakts (A/113f.).

1270 Warum Amtmann Weidlich die Angelegenheit erst ein Jahr auf sich beruhen ließ und es jetzt plötzlich so eilig hatte, wissen wir nicht. Vermutlich war die Finanzierung des Orgelbaues vorher noch nicht gesichert.

1271 Der Brief ist am 9. April durch den Amtsboten Johann Georg Held (für 12 Groschen Botenlohn) nach Freiberg gebracht worden (A/108b). Am nächsten Tag kam der Bote zurück und berichtete, Silbermann in seiner Wohnung nicht angetroffen zu haben. Er hätte vielmehr die Nachricht erhalten, daß er sich »dermahlen in Reichenbach in Voigtland« befände. Die nach Freiberg zurückgekehrten Gesellen (vgl. Anm. 292) wollten den Brief aber »mit nächster Post« dorthin übersenden (A/109).

1272 Silbermann hatte Weidlichs Brief (vom 9. April) am 12. desselben Monats »mit der Freybergischen Post« erhalten. Eine für die damalige Zeit erstaunlich schnelle Postbeförderung.

1273 Silbermann war noch mit dem Intonieren beschäftigt und mußte das Werk dann noch »in die Reine stimmen« (s. Anm. 1144 und 1145).

1274 Die Vertreter der Kirchfahrt sind gemäß Anordnung des Amtmannes am 13. April im Rochlitzer Schloß erschienen und davon unterrichtet worden, daß Gottfried Silbermann, »seiner besonderen Geschicklichkeit halber«, mit dem Orgelbau beauftragt werden soll (A/110b).

1275 Der Brief ist am folgenden Tage dem Tischlermeister Thieme »zur Bestellung auf die

Bau von der Geschicklichkeit eines so berühmten Maitre zu profitiren suche, als muß mir wohl den dißseitigen Verzug gefallen laßen ...« Weidlich bat Silbermann, doch wenigstens am 28. Mai »die verlangte Anherokunfft zu veranstalten«. Falls das nicht »bequem« wäre, erwartete er »mit erster Post« Nachricht, um sich »in Zeiten umb andere Gelegenheit umbthun« zu können. Für diesen Fall sollte Silbermann »einen verständigen Mann« empfehlen, »dem der Bau sicher anzuvertrauen wäre« (A/115).

Zwölf Tage vor der Übergabe der Reichenbacher Orgel, am 29. April, antwortete Gottfried Silbermann, daß er am 28. Mai nach Rochlitz kommen werde (A/116 f.).[1276] Er traf aber schon einen Tag früher ein.[1277] Am 28. Mai besichtigte Gottfried Silbermann die Kirche. Nachdem er verschiedene Plätze in Augenschein genommen hatte, stellte er fest, daß für die Orgel kein besserer Ort »als das Singe-Chor über der Sacristey« vorhanden sei (A/120 ff.).[1278] Noch am selben Tage wurde der Kontraktentwurf

zu Papier gebracht (A/124 ff.), die Reinschrift aber bis zur Rückkehr des Superintendenten ausgesetzt.[1279] Gottfried Silbermann speiste und übernachtete bei seinem kurzen Besuch in Rochlitz im Gasthof »Zum Schwarzen Bär« in der Burggasse.[1280]

Bauvertrag

Als Gottfried Silbermann am 28. Mai 1725 die Kirche besichtigte, um den geeignetsten Platz für die Orgel zu bestimmen, handelte man mit ihm gleich die finanziellen und anderen Bedingungen für den Orgelbau aus, so daß der Kontraktentwurf noch am selben Tage geschrieben werden konnte (A/120 ff.).

Es ist sowohl der Entwurf als auch der gleichfalls unter dem 28. Mai 1725 ausgefertigte Originalvertrag vorhanden (A/124 ff. bzw. 128 ff.). Letzterer trägt die Unterschriften und Siegel von Superintendent D. Johann Caspar Loescher, Amtmann Carl Erdmann Weidlich und Gottfried Silbermann.[1281]

Der Rochlitzer Kontrakt entspricht in sei-

Geschwinde Post mit nacher Leipzig gegeben« worden.

1276 Fürchtete Silbermann etwa, daß ihm der Rochlitzer Auftrag entgehen könnte? Wohl kaum, denn es lagen ja noch drei Aufträge vor: Dittersbach, Forchheim und Oederan. Silbermanns Brief ist ein Schulbeispiel für das damalige »Barockdeutsch«. Es heißt u.a.: »Allermaaßen nun dero gütigst gegen mich tragende Intention nochmahls mit gehorsamsten Danck und allen geziemenden Respect erkenne, dieserhalb auch mich so pflichtschuldigst erachte, als willigst und bereit ich bin dero Befehlige zu gehorsamen. Also werde auch nicht anstehen, zu dem von Ihnen beliebten Tag, als dem 28. May, in Rochlitz zu erscheinen und daselbst ... meine respectuenze Aufwartung zu machen, auch dero weitere Verordnung ohnfehlbar zu erwartten ...«

1277 Aus einem Aktenvermerk geht hervor, daß den Vertretern der eingepfarrten Gemeinden am 27. Mai, »nachdem H. Orgelmacher Silbermann aus Freyberg heute allhier angelanget«, befohlen worden ist, sich »morgenden Montags früh punct Sechs Uhr im Ambte« ein-

zufinden, um an der Besprechung mit teilzunehmen (A/118).

1278 Der Amtsaktuar Johann Georg Dressel schrieb über alles ein Protokoll. Dabei ist ihm ein kleiner Schreibfehler unterlaufen. Er schrieb nämlich von dem »gegenwärtigen Herrn Hoff- und Land-Uhrmacher Silbermannen aus Freyberg«!

1279 Superintendent Loescher hatte an der Beratung nicht teilnehmen können, weil er nach Frankenberg verreist war (A/120).

1280 Der Gastwirt Johann Leonhardt Menge (1677–1753) stellte für alles 18 Groschen in Rechnung. Seine eigenhändige Quittung ist im Original erhalten geblieben und lautet wörtlich: »Waß Herr silber Mann bei Mier verzehret hatt vor Essen und drincken, und futter vor daß ferth [= Pferd], und for die Betten zusammen – – 18 Gr[oschen]

denn 28. Meys [1725] Johann Lehart Menge« Vermutlich hat sich Gottfried Silbermann persönlich ein Pferd gehalten, so daß er ziemlich »beweglich« war.

1281 Die Reinschriften des Vertrages konnten wegen Ortsabwesenheit des Superintendenten

nem Inhalt im wesentlichen dem anderer Kontrakte.[1282] Wie im Reichenbacher Vertrag taucht die Klausel wegen der Erben[1283] und der Sicherheitsleistung[1284] auf.[1285] Silbermann leistete auf die Orgel »die Gewehr uff ein gantz Jahr« (A/131). Er verpflichtete sich, auch den Bau des Orgelchores »zu dirigiren und bestens in Obacht zu nehmen« (A/130). Andererseits wurden dem Orgelbauer »vor sich und die seinen freyes Logiment ... und das erforderliche Brennholz zusamt fünff 4-Spännige Wagen zu anherobringung der Materialien und Werckzeuge und 2 dergleichen Wagen zu Herrn Sil-

bermanns Rückkehr ohne Entgeld« versprochen.

Die Disposition der Orgel sah neun Stimmen »Ins Manual«, sieben »In Obern Wercke« und zwei »In Pedal« vor (A/128b f.).[1286] Gottfried Silbermann hat allerdings über den Kontrakt hinaus noch zwei zusätzliche Stimmen verfertigt.[1287]

Baukosten

Amtmann Weidlich verpflichtete sich, im Einvernehmen mit dem Superintendenten und der Kirchfahrt, für die Orgel 575 Taler zu bezahlen (A/130).[1288] Der Betrag sollte in vier Terminen entrichtet werden.[1289]

(vgl. Anm. 1279) erst ausgefertigt werden, nachdem Silbermann schon abgereist war. Der Organist Gottfried Wiedemann brachte die beiden (von Loescher und Weidlich bereits unterschriebenen) Urkunden am 17. Juni 1725 nach Freiberg, um sie von Silbermann noch unterschreiben zu lassen (A/145). Der Meister fügte seiner Unterschrift eigenhändig »Hoff und land Orgel bauer« hinzu. Wiedemann überbrachte auftragsgemäß gleichzeitig ein Begleitschreiben von Amtmann Weidlich (A/145), den Riß für die Orgel und »einen andern Contract«, den Silbermann zur Einsichtnahme in Rochlitz gelassen hatte. Um welchen Kontrakt es sich handelte, ist nicht bekannt. Den Riß erbat sich der Amtmann wieder zurück, weil er »deßen production zu Erlangung milder Beysteuer dienlich« erachtete. Silbermann sandte am 20. Juni – vermutlich durch Wiedemann – ein Exemplar des unterschriebenen Kontrakts zurück. In einem Begleitbrief versicherte er, »allen Fleiß« anwenden zu wollen, um die Orgel »tüchtig und wohl aufbauen« zu können (A/147). Gottfried Silbermann übersandte dem Amtmann zugleich »die Canaster-Dosen« (Tabakdosen) mit dem Wunsch, daß »Sie solche lange Jahre bey hohen Wohlseyn gebrauchen mögen«. Silbermann bat Weidlich abschließend: »... bey Dero Herrn Bruder, dem Herrn Hof-Rath und Frau Gemahlin ... ein ergebenstes Compliment abzustatten ...«

1282 Silbermann verpflichtete sich, nach dem gezeichneten Riß »ein tüchtiges und wohlproportionirtes Orgel-Werck zu verfertigen«, die »darzu nöthigen Bälge, Balcken-Werck und Gehäuse tüchtig und dauerhaft zu machen«, alle Materialien anzuschaffen, die benötigten Handwerker (einschließlich Bildhauer, aber exklusive

Maler) »auf seine Kosten zu halten und zu befriedigen«, das Pfeifenwerk der Orgel »von den besten geschlagenen Englischen Zinn, Metall und Holz« zu verfertigen und »in Summa alles und jedes von den grösten biß zum Kleinsten ... in einen vollkommenen, passablen und tüchtigen Stand zu sezen und zu übergeben« (A/128b ff.).

1283 Es heißt: Sollte Silbermann »über Vermuthen ... versterben, so sollen deßen Erben gehalten seyn, deßen ohngeachtet das Werck durch jemand anders ... in tüchtigen Stand sezen zu laßen und zu übergeben ...« (A/130b).

1284 Die Bestimmung lautet: »Nicht weniger hafftet Herr Silbermann so wohl wegen der gegen seine Quittung erhobenen Gelder, als auch wegen Erfüllung dieses Contracts mit seinen sämtlichen Vermögen und sezet solches zu einen ausdrücklichen Unterpfande hiermit ein.« (A/130b f.)

1285 Vermutlich hat Silbermann den Reichenbacher Kontrakt in Rochlitz zur Einsichtnahme vorgelegt (vgl. Anm. 1281), so daß man ihn gleich als Muster betrachtet hat.

1286 Die Disposition ist bei Dähnert (S. 201) zu finden.

1287 Das geht aus dem Examinationsbericht vom 18. Juli 1727 hervor (vgl. Anh. SD. Nr. 22).

1288 Wegen der Kontraktsumme ist mit Silbermann am 28. Mai 1725 erst lange gehandelt worden. Laut Protokoll (A/120ff.) hatte Silbermann verschiedene Orgelrisse vorgelegt. Als man sich für einen entschieden hatte, verlangte er für ein solches Werk 700 Taler. Das war den Anwesenden aber zu »kostbar«. Es erfolgten dann »nicht nur von Herrn Ambtmanne« und den Vertretern der eingepfarrten Gemeinden, sondern auch von Silbermann selbst, »viele

Die von Amtmann Weidlich geführte Orgelbaurechnung (B) gibt darüber Aufschluß, wann die einzelnen Zahlungen erfolgten.[1290]

Hien- und Wieder-Gebothe, von 500, 525, 550 Thalern, womit aber H. Silbermann nicht zufrieden seyn wollte«. Der Meister blieb »endlich uff 600 Thalern« bestehen. Erst »uff langwieriges viel bewegliches Zureden des Herrn Ambtmannes« war Silbermann bereit, Gott zu Ehren, noch 25 Taler nachzulassen. Er hat bei der Übergabe der Orgel allerdings noch 60 Taler »zu einer billigen Discretion« bekommen, weil er drei (?) Register über den Kontrakt hinaus verfertigt hatte (vgl. Silbermanns Quittung vom 18. Juli 1727: Anhang SD. Nr. 23). Nach Theodor Gerlachs Bericht (s. Anh. SD. Nr. 22) hat Silbermann die Orgel noch mit einer Spitzflöte 4' und einer Vox humana versehen und »vor die 2fache Cimbel eine 3fache Mixtur« angefertigt. (In Oederan hat Silbermann – auf Wunsch des Rates – auch die im Kontrakt vorgesehene Cimbel weggelassen und dafür eine Mixtur gefertigt; vgl. Anm. 1224.) Es handelte sich dabei nur um eine Änderung der Disposition und nicht um ein zusätzliches Register. In diesem Zusammenhang muß auf Weidlichs Brief vom 28. Dezember 1725 an Silbermann aufmerksam gemacht werden. Er schrieb: »Mir ist von einigen Musicis hinterbracht worden, daß zu besonderer Gravitaet und mehreren Vollkommenheit des Werks dienen würde, wenn zu der im Obern Werke disponirten 2fachen Zimbel eine dergleichen Mixtur gesetzt, auch das Pedal noch mit einem Sub-Baß versehen würde ... jedoch stelle alles dero kunsterfahrenen Ansicht zu mehrerer Überlegung anheim...« (A/163 f.). Die von Weidlich zitierten »Musicis« waren vermutlich die beiden Rochlitzer Organisten Gerlach und Wiedemann. Silbermann hat es bei den einmal projektierten zwei Pedalstimmen (Prinzipal- und Posaunenbaß 16') bewenden lassen und (aus finanziellen Gründen?) keinen Subbaß hinzugefügt. Er hat auch die gewünschte Mixtur nicht zusätzlich geliefert, sondern »vor« oder anstelle der Cimbel. Die Kontraktsumme von 575 Talern war für ein Werk mit zwei Manualen und achtzehn Stimmen schon denkbar gering. Silbermann hat in anderen Fällen für Orgeln mit nur einem Manual und vierzehn Stimmen schon 500 bis 600 Taler bekommen (vgl. Anm. 1192).

1289 175 Taler zum Johannisfest 1725, 100 Taler zu Weihnachten 1725, 100 Taler zum

Johannisfest 1726 »bey anheroschaffung und Überlieferung des Orgelwerckes« und 200 Taler »zuletzt wenn das Werck völlig aufgesezt, von verständigen Organisten und Musicis untadelhafft befunden und übernommen worden« ist.

1290 Silbermann empfing auf den ersten Termin 30 Taler, als er am 28. Mai 1725 in Rochlitz war. Den Rest (145 Taler) brachte ihm der Organist Wiedemann am 17. Juni persönlich nach Freiberg (A/149). Silbermann bedankte sich mit Brief vom 20. Juni für das Geld und sandte (mit Wiedemann) die Quittung nach Rochlitz (A/147). Mit den Weihnachten 1725 fälligen 100 Talern wurde am 28. Dezember der Amtsbote Hans Albrecht (oder Ulbricht) nach Freiberg geschickt. In einem Begleitschreiben begründete der Amtmann den Verzug (!) mit dem »eingefallenen bößen Wetter«. Silbermanns Quittung bzw. Antwortschreiben ist »Forchheim, d. 31. 10br. [= Dezember] 1725« datiert (A/167), denn er arbeitete ja seit Oktober an der dortigen Orgel. Der Bote kann Silbermann deshalb in Freiberg gar nicht angetroffen haben, sondern muß seine Reise nach Forchheim fortgesetzt haben (vgl. Anm. 1297). Weitere 100 Taler empfing Silbermann am 27. Februar 1727, als er in Rochlitz eingetroffen war, um mit der Arbeit zu beginnen. Entgegenkommenderweise hat Weidlich, während Silbermann mit seinen Gesellen arbeitete, auf den letzten Termin schon 80 Taler ausgezahlt und zwar:

25 Taler am 18. März,
11 Taler am 12. April,
20 Taler am 17. April und
24 Taler am 1. Mai.

Den Rest (120 Taler) hat Silbermann dann bei der Übergabe der Orgel bekommen, so daß er am 18. Juli 1727 über insgesamt 635 Taler (einschließlich der »Discretion«) quittierte (A/238). Diese Quittung ist noch vorhanden (s. Anh. SD. Nr. 23), während die übrigen Einzelquittungen nicht auffindbar sind. Gottfried Silbermann hat während seiner Arbeit auch einige Naturalien bekommen und zwar u.a.:

2 Fäßchen Butter à 1 Taler und 15 Groschen
4 Scheffel Korn à 2 Taler
4 Tonnen Bier à 1 Taler und 12 Groschen.
Für solche Lieferungen sind ihm insgesamt 20 Taler angerechnet worden.

Der Orgelbau hat insgesamt, das heißt einschließlich aller damit zusammenhängenden Bauarbeiten und anderen Aufwendungen, rund 1576 Taler gekostet (A/218ff.).[1291] Die Einnahmen betrugen demgegenüber nur rund 1503 Taler.[1292] Den verbliebenen »Vorschuß« von 73 Talern hat der Rechnungsführer, Amtmann Weidlich, persönlich geschenkt.[1293]

Bauablauf

Als Amtmann Weidlich am 17. Juni 1725 den Bauvertrag nach Freiberg schickte, um ihn von Gottfried Silbermann noch unterschreiben zu lassen, erbat er sich ein Verzeichnis »wie lang, breit und stark« das benötigte Holz sein müsse, damit er »des austrocknens halber auch von der bequemen Sommerszeit profitiren könne« (A/145). Silbermann antwortete drei Tage darauf, daß der Überbringer des Briefes, Organist Wiedemann, »von dem Holze und denen übrigen« mündlich ausführlich Bericht erstatten werde (A/147).

Am 11. Juli 1725 bat Silbermann darum, von Gottfried Wiedemann oder von einem Zimmermann von dem für die Orgel bestimmten Platz »die Höhe, Tiefe und Breite ausmessen [zu] laßen« und ihm die Maße »durch erstere Post« zuzuschicken, denn er habe es »sehr vonnöthen, damit ich an der Arbeit nicht gehindert werde...« (A/148).[1294] Weidlich antwortete am 20. Juli: »Das verlangte Maß ... wird von H. Wiedemann hoffentlich richtig eingelaufen seyn, wo nicht, so erwarte mit erster Post schleunige Nachricht...« (A/149). Mit dem gleichen Brief erbat sich Weidlich, »umb neulich gemeldter Uhrsachen willen«,[1295] baldigst den Orgelriß zurück. Wörtlich schrieb er weiter: »Mit Anschaffung des verlangten Holz-Vorrathes bin dermahlen sehr beschäfftiget und hoffe, binnen kurzer Zeit alles in completen Stand zu haben, damit bey dero Ankunfft es an nichts mangele.« Der Amtmann wollte auch wissen, wieviel Bauholz zum neuen

---

[1291] Die wichtigsten Ausgabeposten waren:

Taler Groschen

Taler	Groschen		
635	–	für die Orgel	
244	–	für Malerarbeiten	
35	21	für Maurerarbeit	laut Originalbelegen (A/239–246)
96	–	für Zimmererarbeiten	
58	20	für Tischlerarbeiten	
91	–	für Glaserarbeiten	
108	6	für Holz	
6	–	für Botenlöhne und Postgelder »wegen gepflogener öffterer Correspondence«	
30	–	für Reparatur und Versetzung der alten Orgel (vgl. Anmerkung 1255)	
81	20	für Orgelmahlzeiten, Fuhrlöhne, Trinkgelder u.a.	

[1292] Die Einnahmen setzten sich aus folgenden Hauptposten zusammen:

Taler Groschen

Taler	Groschen	
661	–	»colligirte Gelder« (darunter 43 Taler und 18 Groschen von

Amtmann Weidlich und 30 Taler vom Oberkonsistorium)

Taler	Groschen	
242	18	für verkaufte Baumaterialien (darunter knapp 42 Taler für Pfosten, Stollen und Bretter, die Silbermann bekommen hatte und die ihm angerechnet wurden, und 11 Taler »vor 2 Centner Bley von denen alten Kirchfenstern«)
405	6	von der Kirchfahrt
194	18	von der Kirche (darunter 105 Taler für die alte Orgel; vgl. Anm. 1255)

[1293] Weidlich hat also fast 116 Taler für den Orgelbau gespendet.

[1294] Als Amtmann Weidlich daraufhin Wiedemann zu sich rufen ließ, berichtete dieser, daß er schon alles »bewerckstelligt und vor acht Tagen ausführlich an H. Silbermann benachrichtiget« habe; denn als er (Wiedemann) »lezt in Freyberg« gewesen sei, hätte Silbermann schon um Mitteilung der Maße gebeten. Vermutlich hat es Silbermann zu lange gedauert, so daß er sich nun an den Amtmann wandte.

[1295] Weidlich wollte den Riß einigen Leuten zeigen, um sie auf diese Weise zu veranlassen,

Chore gebraucht wird, um es »in Zeiten sichern und ausschlagen laßen« zu können (A/149).

Gottfried Silbermann antwortete erst am 3. September,[1296] daß zu »dem neuen Chore 6 biß 7 Sparn-Hölzer« angeschafft werden können und er (Weidlich) von Wiedemann die Maße erhalten habe. Silbermann fügte seinem Brief auch den vom Amtmann zurückerbetenen »Orgel-Bau-Riß« bei (A/150).

Weidlichs Brief vom 28. Dezember 1725, mit dem er Silbermann die zu Weihnachten fällig gewesenen 100 Taler übersandte, ist sehr bemerkenswert. Es heißt darin u. a.: »Inmittelst recommendire nochmahlen den Orgelbau selbst zu güttiger Vorsorge, damit demselben an Delicatesse, Sauberkeit und Tüchtigkeit ebensowenigen als dero [Silbermanns] ausnehmender Reputation im ganzen Lande abgehen möge ... Die verlangten Holz-Wahren nebst dem Bauholze liegen insgesamt parat und habe sonderlich deßen [Silbermanns] Bedürffnis aufs sorgfältigste auslesen laßen, damit es so viel möglich tüchtig, breit und reine seyn möge ... Schließlich geschehe mir ein be-

sonderer Gefallen, wenn denßelben [Silbermann] vielleicht der Weg in hießige Gegend trüge ..., indem wegen Anlegung des Orgel-Chores mich gerne guten Rathes erholen ... möchte ...« (A/163 f.).

Gottfried Silbermann antwortete am 31. Dezember 1725 von Forchheim aus,[1297] daß er »in ehesten in dero Gegend eintreffen werde« und wegen des Rochlitzer Orgelbaues »nach allen Umständen ... conferiren« wolle (A/167).[1298] Nachdem Amtmann Weidlich aus dem Brief ersehen mußte, daß Silbermann noch in Forchheim beschäftigt ist, kamen ihm Bedenken, ob die Rochlitzer Orgel unter diesen Umständen überhaupt termingemäß gebaut werden kann.[1299] Er hielt es deshalb für angebracht, Silbermann nochmals zu schreiben (A/168 f.). In dem Brief vom 5. Januar 1726 heißt es u. a.: »Anbey wiederhohle ... nochmahls mein inständiges Bitten ..., daß gegebener mündlicher Versicherung nach zufolge des ... Contracts auf künfftige Johannis[1300] die Lieferung unserer Orgel und deren völlige Perfectionirung Martini [11. November] darauf ganz gewiß ... erfolgen möge ...«[1301]

Geld für den Orgelbau zu spenden (vgl. Anmerkung 1281).

1296 Er schrieb einleitend: »Daß auf Dero Schreiben [vom 20. Juli] nicht eher geantworttet, bitte nicht übel zu deuten, maaßen ich von meiner Reise heute erstlich nach Hause kommen bin ...« Wenn Silbermann – wie es sonst nicht seine Art war – den Amtmann so lange auf Antwort warten ließ, muß er einige Wochen verreist gewesen sein. Leider lassen sich Grund und Ziel der Reise nicht exakt nachweisen (s. aber Anm. 1169 und 1240). Wir können uns aber denken, warum er vor der Reise so dringend die Maße des Orgelplatzes verlangte: damit die Gesellen inzwischen an dem Werk arbeiten konnten.

1297 Amtmann Weidlich hatte durch einen Amtsboten mit dem Brief (vom 28. Dezember) zugleich 100 Taler als Abschlagszahlung für die Orgel überbringen lassen (vgl. Anm. 1290). Silbermann bestätigte auch, das Geld »von dero anher [nach Forchheim] geschickten Boten« richtig empfangen zu haben. Der Bote dürfte die

Quittung und das Antwortschreiben Silbermanns gleich nach Rochlitz mitgenommen haben. Vermutlich hat er die Silvesternacht in Forchheim verbracht. Jedenfalls war der Bote einige Tage unterwegs, denn der Botenlohn von 8 Groschen ist erst am 3. Januar 1726 ausgezahlt worden (B).

1298 Es vergingen aber noch über vier Monate, bevor Silbermann nach Rochlitz kommen konnte.

1299 Silbermann hatte, als er Ende Mai 1725 in Rochlitz war, darauf aufmerksam gemacht, bis Jahresende nicht nur die Forchheimer, sondern auch die Oederaner und Dittersbacher Orgeln »in völligen Stand« bringen zu müssen (A/167b). Wir fragen uns heute: Ist sich Silbermann nicht damals schon darüber im klaren gewesen, daß das einfach nicht zu schaffen ist?

1300 Darunter versteht man das am 24. Juni gefeierte Geburtsfest Johannis des Täufers.

1301 Weidlich ließ durchblicken, daß sein eigenes Ansehen mit davon abhinge. Er befürchtete, daß bei einer Verzögerung des Orgelbaues

Weidlich war bereit, noch vor den im Kontrakt festgelegten Terminen einige Vorauszahlungen zu leisten, zumal »durch Göttl. Gnade und unermüdete Sorgfallt ... das Geld ... völlig in Cassa parat lieget ...«.[1302] Abschließend bekräftigte Weidlich sein Vertrauen zu der von Silbermann »einmahl gegebenen Parole«. Er wollte wegen »des so ängstlichen Anhaltens« nicht in den Verdacht »eines [gegen Silbermann] hegenden Mißtrauens« kommen. Die Hochachtung vor Silbermann hatte den Amtmann aber veranlaßt, »das innerste des Herzens ... in etwas weitläuffigen Terminis« zu offenbaren.

Am 15. Januar 1726 antwortete Silbermann wiederum aus Forchheim: »Was den Bau des Orgelwercks betrifft, darüber dürffen [Sie] sich ... keinen weitern Kummer machen ...« Er wolle zur festgesetzten Zeit, »daferne Gott Gesundheit verleihet«, kommen und den Bau vollenden. Ehe er damit beginne, werde er sich »noch einmahl

die Freyheit nehmen, ... persönlich aufzuwarten ...« (A/170 f.).[1303]
Silbermanns Brief hat den Amtmann offenbar zufriedengestellt. Weidlich meldete sich erst am 5. März wieder, weil er zwischen Ostern und Pfingsten den neuen Orgelchor bauen lassen wollte. Kein Handwerker wollte aber etwas machen, bevor er nicht von Silbermann »mit gehörigen Riße oder sonsten beliebiger Disposition versehen« worden sei. Weidlich bat Silbermann deshalb, wenn nicht eher, so doch spätestens zu den bevorstehenden Osterfeiertagen[1304] nach Rochlitz zu kommen (A/172).[1305]

Am 20. März 1726 antwortete Gottfried Silbermann aus Freiberg,[1306] daß er am dritten Osterfeiertag der Orgelweihe in Forchheim persönlich beiwohnen müsse, er wolle aber »gleich nach Ostern« in Rochlitz seine Aufwartung machen (A/173 f.).[1307]
Silbermann ist am 9. Mai in Rochlitz gewesen.[1308] Die Akte enthält aber keinerlei

die eingepfarrten Gemeinden »wegen des so mühsam effectuirten [finanziellen] Beytrags zulezt gar rappelköppisch werden« könnten. Der Amtmann hatte (gemäß Kontrakt vom 12. September 1725) die alte Orgel an die Gemeinde Rathendorf verkauft und »bey meiner Ehre« sich verpflichtet, sie Ende September 1726 »in tüchtig reparirten Stand an Ort und Stelle zuliefern«. Sie müsse daher spätestens Ende Juni abgebrochen werden. Wenn aber die alte Orgel weg käme und die neue noch nicht vorhanden wäre, hätte er vom Superintendenten »starcken Widerwillen« und von den Gemeinden den größten Verdruß »zu gewartten«. Weidlich bat Silbermann deshalb, durch »ohnfehlbare Lieferung des Werckes zu gesetzter Zeit mich alles Bekümmernüß güttigst zu befreyen ...«.

1302 Wörtlich schrieb Weidlich: »... wenn das Werck morgen übergeben werden könnte, so sollten auch gleich die rückständigen 300 Thlr. nebst einer zugedachten Discretion [!] ... auf einem Brette ausgezahlet werden; Da aber dieses nicht seyn kan, so erwarten wir mit Gedult der Zeit und freuen uns schon im Voraus auf den Tag [Ihrer] Ankunfft ...« Weidlichs Organisationstalent, Initiative und Gewissenhaftigkeit sind bewundernswert!

218

1303 Silbermanns Brief schließt mit den Worten: »... Unterdeßen freue mich schon auf die Ehre Ihrer vergnügten Conversation, und wünsche, daß die Zeit, Ihnen aufzuwarten, bereits vorhanden wäre ...« Gottfried Silbermann hatte nur die einfache Frauensteiner Stadtschule besuchen können und war trotzdem gebildet genug, um sich mit Persönlichkeiten höheren Standes unterhalten und in ihren Kreisen bewegen zu können.

1304 Der Ostersonntag fiel im Jahre 1726 auf den 21. April.

1305 Der Amtmann war bereit, auf Verlangen mit seinem Reitpferd zu dienen und erbat »wenige Nachricht, wenn und wohin ich solches spediren soll«.

1306 Nachdem die Forchheimer Orgel vollendet war, ist Silbermann am 7. Februar nach Freiberg zurückgekehrt (vgl. Anm. 1173).

1307 Siehe Anhang SD. Nr. 18.

1308 Der einzige Beweis für Silbermanns Besuch ist die in der Rechnung (B) verzeichnete Ausgabe von 8 Groschen: »als H. Silbermann am 9. May alhier gewesen, vor deßen Pferd Futter«. Silbermann ist demnach auf das Angebot des Amtmannes nicht eingegangen, sondern mit seinem eigenen Reitpferd gekommen!

Aufzeichnungen darüber, was Weidlich und Silbermann miteinander verhandelt haben. Am übernächsten Tag (11. Mai) muß Silbermann an Amtmann Weidlich geschrieben haben, aber der Brief ist in der Akte nicht aufzufinden. Sein Inhalt ist lediglich aus Weidlichs Antwort vom 31. Mai zu erschließen. Hiernach hatte Silbermann mitgeteilt, daß er »wegen zugestoßener Verhinderniß« zum Johannisfest noch nicht nach Rochlitz kommen könne und um Aufschub bis Januar 1727 gebeten.[1309] Das Hindernis für den termingerechten Beginn des Rochlitzer Orgelbaues waren die Orgeln zu Dittersbach und Oederan, die Silbermann noch vorher baute oder bauen mußte.[1310]

Am 21. Mai forderte Amtmann Weidlich die Vertreter der eingepfarrten Gemeinden auf, am 31. desselben Monats bei ihm zu erscheinen, da er beabsichtige, ihnen wegen einer von Silbermann »ohnlängst einge-

lauffenen schrifftlichen Nachricht[1311] einen gewißen Vortrag zu thun« (A/176). Aus dem Protokoll über die am 31. Mai 1726 abgehaltene Beratung geht hervor, daß die Gemeinden mit Silbermanns »Entschuldigung« zunächst »durchaus nicht zufrieden seyn« wollten, sondern die Erfüllung des Kontrakts vom 28. Mai 1725 verlangten. Erst durch »gütliches Zureden« erreichte der Amtmann, daß sich die Kirchfahrt mit Silbermanns »anherokunfft zu Anfang des Januarii 1727« zufrieden gab. Falls er aber zu dieser Zeit nicht ankäme, behielten sie sich vor, »rechtliche vindication wider Ihn zu ergreiffen« (A/177 f.).[1312]

Noch am selben Tage informierte Amtmann Weidlich Gottfried Silbermann brieflich über die Lage (A/179).[1313] Der Meister bedankte sich in seinem Antwortschreiben vom 15. Juni für die Bemühungen Weidlichs »zu Erlangung gebetener Dila-

---

1309 Es ist anzunehmen, daß Silbermann bei seinem Besuch am 9. Mai den Amtmann mündlich unterrichtet hat. Vermutlich hat Weidlich aber eine schriftliche Begründung verlangt, um sie den Gemeinden vorweisen zu können.

1310 Da von dem Dittersbacher Werk der Kontrakt nicht auffindbar ist, wissen wir auch den darin vereinbarten Übergabetermin nicht. Die wirkliche Übergabe erfolgte am 10. November 1726. Die Oederaner Orgel sollte laut Kontrakt bis Ende September 1725 übergeben werden, wurde aber erst Anfang Februar 1727 fertig. Hier lagen die Dinge aber offensichtlich so, daß Silbermann dieses Werk absichtlich zurückgestellt hat, weil die Gemeinde ihren Zahlungsverpflichtungen nicht nachkam. Sonst hätte er die Orgel durchaus bis Jahresende 1725 fertigstellen können, denn Ende Juli waren die Orgelteile schon nach Oederan transportiert worden. Ob so oder so: Silbermann konnte niemals in einem reichlichen halben Jahr (Juni bis Dezember 1725) drei Orgeln aufbauen, intonieren und stimmen. Jedes einzelne Werk erforderte seine Zeit. Vielleicht hat Silbermann nach der Forchheimer Orgel die in Rochlitz bauen wollen, sich dann aber – aus uns unbekannten Gründen – gezwungen gesehen, vorher doch erst die Werke zu Dittersbach und Oede-

ran fertigzustellen. Es fällt nämlich auf, daß Silbermann Mitte Januar 1726 noch schrieb, »zur festgesetzten Zeit« nach Rochlitz kommen zu wollen. Vermutlich haben der Dittersbacher Kirchenpatron und der Rat zu Oederan auch auf die Erfüllung ihrer Kontrakte gedrängt, so wie es der Rochlitzer Amtmann auch getan hat. Wir können uns des Eindrucks nicht erwehren, daß sich Gottfried Silbermann damals wohl etwas zuviel zugemutet hat.

1311 Zweifellos ist Silbermanns Brief vom 11. Mai gemeint, der aber nicht auffindbar ist.

1312 Plötzlich hatte sich das Blatt gewendet: Silbermann drohte der Gemeinde Oederan mit einer Klage, wenn sie die Zahlungstermine nicht einhält. Rochlitz drohte mit dem Gericht, wenn Silbermann den Liefertermin nicht einhält.

1313 Weidlich schrieb u. a.: »Ich ... zweiffle keineswegs, derselbe [Silbermann] werde uff den anderweitig gesetzten Termin des Januar zu effectuirung des Orgelbaues sich gewiß alhier einzustellen und hierinne nicht den geringsten weitern Verzug zu machen belieben, damit die sonst daher zu besorgen stehenden undienlichen Folgerungen vermieden bleiben können und der Kirchfarth zu mehrerer Beschwehrde nicht Anlaß gegeben werde ...«

tion«. Gleichzeitig teilte er mit, »daß die Pfeiffen, Windladen und alles, was ich hier [in Freiberg] habe verfertigen können, parat und fertig« sei (A/180).[1314] Amtmann Weidlich meldete sich erst am 30.Oktober 1726 wieder.[1315] Er wollte rechtzeitig wissen, wann die Fuhrleute zur »Transportirung des Orgel-Werkes« nach Freiberg kommen sollen, weil er sich »Bethfuhren[1316] befleißigen« wolle und diese sonst »zuletzt in der Eyl zusammen bringen« müsse (A/182 f.).[1317]

Da am 15.November der Amtmann noch keine Antwort von Silbermann hatte, ihm

aber berichtet worden war, daß Silbermann bereits in Oederan arbeitete, schickte er den Amtsboten Engel mit einer kurzen schriftlichen Erinnerung dorthin (A/183b).[1318] Am 4.Dezember endlich antwortete Gottfried Silbermann aus Oederan, daß er »zu Lichtmes [2.Februar 1727] ganz gewiß in Rochlitz einzutreffen unveränderlichen Vorsaz genommen« habe (A/184 f.).[1319] So erfreulich es für Amtmann Weidlich war, daß Silbermann geantwortet hatte, so ist er doch andererseits »consterniret worden«, weil er aus dem Brief ersehen mußte, daß die Voraussagen »unßerer Widrig-

1314 Damit wird klipp und klar bewiesen, daß Silbermann pünktlich hätte nach Rochlitz kommen können, wenn die Orgel zu Dittersbach nicht gewesen wäre. Oederan hätte er – vermutlich – noch warten lassen. Silbermann schrieb in seinem Brief u.a. noch folgendes: »Weil [Sie] nun ... als ich letztens [am 9.Mai] bey Ihnen zu seyn die Ehre hatte, ... einige Fuhren zu Abholung derer Sachen schicken wollten, selbige aber dazumahln noch nicht fertig waren, So ersuche ..., mir 2 4spännige Wägen zu schicken ... Es geschieht mir dadurch ein sehr großes Douceur, weil ich die Sachen bey Ihnen besser verwahret weiß, als bey mir in meinen Hauße, da ich iezo so lange verreisen muß ...« Silbermann war im Begriff, nach Dittersbach zu reisen, um die dortige Orgel zu bauen. Ob Weidlich die fertigen Orgelteile damals abholen ließ, geht aus der Akte nicht hervor. Silbermanns Schreiben hat folgendes Postskriptum: »Ich hoffte zwar letztlich, als Ew. HochEdl. in Noßen waren, alle Augenblicke, daß Sie sich so viel abmüßigen und mich durch die Ehre Ihrer Ankunfft erfreuen würden, Bedaure aber von Herzen, daß meine Hoffnung nicht mit der That compensiret worden.«
1315 Er wußte, daß Silbermann in Dittersbach arbeitete und deshalb nicht »ansprechbar« ist.
1316 Darunter sind Fuhren zu verstehen, die nicht von Fuhrleuten, sondern von Bauern (auf freiwilliger Basis) ausgeführt wurden.
1317 In Weidlichs Brief heißt es u.a.: »Wegen hießigen Orgelbaues warte nunmehr nebst gesambter Kirchfarth mit Schmerzen auf den Schluß heurigen Jahres und ... so wiederhole hierdurch ... meine Bitte, ja keinen weitern Anstand als biß zu Ende des Dec[ember] zu geben.

Sie können es glauben, was mir vor Mühe geben müßen, die Kirchfarth zu bißheriger Dilation zu disponiren und habe ... viel Raisoniren anhören müssen, indem das unverständige Volck ohne Scheu vorgibt, die Orgel würde wohl in geraumer Zeit noch nicht zu Stande kommen, und ihnen auf Weynachten schon wieder was vorgemachet werden ... Inzwischen lebe doch immer der tröstl. Hoffnung, [Sie] werden alle höhnische Spötter ohnfehlbar zu schanden machen, die mir immer damit die Ohren reiben, Es wäre das Dittersbach[cr] Werk nunmehro erst fertig und hätte [Silbermann] sich darauf nach Oedern begeben, würde dahero unßer Werk wohl so lange warten und liegen bleiben müßen, biß dießes auch erst zur Perfection gekommen. Ich hingegen halte mich steif und fest an ihre gegebene Parole, und glaube gewiß, dieße unzeitigen Raisonirer werden wie Butter an der Sonne bestehen. Solte aber ja wider Verhoffen abermahliger Verzug erfolgen, so weiß wahrhaftig kein Mittel, das unbändige Volck zu stillen ... Meines Bruders Hauß stehet zu Ihrem Quartier offen [s. hierzu Anm.1334] und will ich auch inzwischen vor die im Winter unentbehrliche Holz-Provision besorgt seyn, nur bitte mir ... Nachricht aus, ob mich zu gesetzter Zeit ihrer Ankunft gewiß versehen soll ...«
1318 Der Bote traf in Oederan aber nur Silbermanns Gesellen an. Sie wollten den Brief »schleunig« nach Dittersbach senden, weil sich Silbermann noch dort befände. Der Bote bekam diesmal 12 Groschen Lohn (B). Das beweist auch die noch vorhandene Quittung, die »Ambts-Bohte« Andreas Wolffgang Engel unterschrieben hat (A/288).
1319 Siehe Anhang SD. Nr.20.

gesinnten eintreffen« und der Fortgang des Orgelbaues weiter verzögert werden soll (A/185b). Das teilte er Silbermann schon am nächsten Tage (5. Dezember) brieflich mit.[1320] Der Brief wurde durch den Amtsboten Engel nach Oederan gebracht (A/186).[1321] Silbermann antwortete, daß er »ohnmöglich eher als biß Faßnachten« nach Rochlitz kommen könne. Um diese Zeit wolle er sich aber »ganz gewiß und ohnfehlbahr einstellen« und acht oder vierzehn Tage vorher mitteilen, wann die Fuhrleute nach Freiberg kommen sollen.[1322]

Amtmann Weidlich teilte Silbermann am 19. Januar 1727 mit, daß sich »eine sehr gute Gelegenheit zur Fuhre« biete, weil einige Rochlitzer Fuhrleute Gerste nach Freiberg liefern und bequem »Ladung mit zurücke nehmen könnten« (A/186b). Gottfried Silbermanns Rückantwort vom 22. Januar mag Amtmann Weidlich mit großer Erleichterung aufgenommen haben. Der Meister teilte nämlich, noch von Oederan

aus, mit: »Nachdem aber das alhiesige Werk Gottlob! bald zu stande, gleich wohl aber so bald nach meinem Abmarsch von ein und anderen wegen der Rochlitzer Orgel in Freyberg zu veranstalten; Alß können [Sie] ... zu veranstalten belieben, künfftige Faßnachts-Woche die veraccordirten Fuhren gewiß nacher Freyberg zu senden...« (A/187).[1323]

Nachdem Amtmann Weidlich erfahren hatte, daß Silbermann mit der Orgel zu Oederan »völlig zu stande und dahero wiederumb nach Freyberg« zurückgekehrt sei,[1324] teilte er ihm am 2. Februar mit, daß die Fuhren »zu Abholung unßerer Orgel in Freyberg« am 26. Februar eintreffen werden, damit er »sich darnach richten könne...« (A/187b). Gottfried Silbermann antwortete am 9. Februar von Freiberg aus, daß er die Wagen am 26. des Monats erwarte (A/188).[1325] Inzwischen erfuhr Amtmann Weidlich, daß am 12. Februar ein Rochlitzer Färber mit Gerste nach Freiberg fährt. Er gab ihm einen kurzen Brief an

---

1320 Weidlich schrieb u.a.: »Der Superintendent und hießige Geistlichkeit negiren beständig die perfectionirung des Werkes, die Eingepfarrten drängen mit Ungestühm ... auf die Lieferung der verdungenen Arbeit und drohen ... über den Verzug hohen Orthes sich zu beschweren, haben auch bereits Abschrifft des Contracts verlangt, die Gemeinde zu Rathendorf hingegen, so die alte Orgel gekaufft ... will ebenfalls nicht länger in Gedult stehen, sondern absolut ihr Werk gesetzt wißen. Aus dießen allen ist leicht abzunehmen, wie mir der Kopf warm gemacht werde und weiß ich meines Ortes keinen Rath ... Bitte mit Ihrer Ankunfft ja [nicht] länger als biß Weynachten zu verziehen, Wo aber ja keine Möglichkeit wäre, so rathe nur wenigstens die Anstalt zu treffen, daß gegen solche Zeit ein oder andere Fuhre mit Materialien transportiret werden könne, und nur jemand von ihren Leuten mit anhero kommen möge, damit die Leute doch einmahl Ernst sehen, vielleicht laßen die unruhigen hierdurch sich in etwas besänfftigen ...« Aus der letzten Bitte des Amtmannes ist zu schließen, daß der von Silbermann gewünschte Transport der fertigen Orgelteile im Juni doch nicht erfolgt war (vgl. Anm. 1314).

1321 Diesmal bekam der Bote sogar 16 Groschen Botenlohn. Das entsprach etwa dem Wochenlohn eines Handarbeiters. Aus der Quittung von Andreas Wolffgang Engel (A/289) geht leider nicht hervor, ob er gelaufen oder geritten ist. Vermutlich war in dem Lohn auch eine gewisse Auslösung inbegriffen, so daß der Bote unterwegs mindestens einmal seinen Hunger und Durst stillen konnte.

1322 Das geht aus einem Aktenvermerk Weidlichs hervor, denn Silbermanns Originalbrief ist »aus Versehen zerrißen worden«!

1323 Silbermann hat sich erlaubt, den Amtmann »wegen seiner nicht nöthigen Sorgfalt die Fuhren betr.« zu tadeln und erinnerte ihn daran, doch bereits »in letztern Brieffe« versichert zu haben, deswegen bitte rechtzeitig Nachricht zu geben.

1324 Der Rat zu Oederan hat der Kircheninspektion am 7. Februar gemeldet, daß die Orgel nunmehr »zur Perfection gebracht worden« ist. Wann Silbermann wieder in Freiberg war, läßt sich nicht genau feststellen: spätestens am 8. Februar.

1325 Der volle Wortlaut des Briefes ist im Anhang (SD. Nr. 21) zu finden.

Silbermann mit und bat ihn, den Fuhrmann »auf der Retour mit Ladung [zu] versehen«, weil sonst »durch die Bethfuhren
dergleichen starke Lastwagen nicht aufzubringen« seien (A/188b). Fünf Tage später
traf der Färber mit seiner vierspännigen
Fuhre mit einer in fünf Kästen bestehenden
Ladung von Freiberg in Rochlitz ein
(A/189).¹³²⁶
Am 16. Februar schrieb Weidlich an Silber-

mann: »Damit bey dero ... Ankunfft zu
Versorgung ihrer Leute und sonst alles in
Bereitschafft stehen möge, habe beyliegende
Fragen aufgesezet und bitte umb deren
deutliche Beantwortung.« (A/189b). Der
Brief nebst dem Fragebogen wurde durch
einen Boten nach Freiberg geschickt, so daß
Amtmann Weidlich schon am übernäch-
sten Tag von Silbermann Antwort hatte
(A/191f.).¹³²⁷ In seinem Begleitschreiben

1326 Er bekam 8 Taler Fuhrlohn, außerdem
wurden noch 4 Groschen Trinkgeld »bey Abladung der ersten [!] Orgelfuhre« ausgezahlt (B).
Übrigens hatte Amtmann Weidlich nicht versäumt, den Fuhrmann mit einem entsprechenden Paß auszustatten. Er lautete: »Vorzeiger
dieses verrichtet zu Transportirung des an den
... Hoff- und Land-Orgel-Macher zu Freyberg
H. Gottfried Silbermannen verdungenen neuen
Orgel-Werckes in hiesiger Kirche zu St. Petri
aus guten Willen und auf beschehenes Ansuchen
gegenwärtige Bethfuhre und werden dahero
jedes Ortes Herren Geleits-, Zoll- und Accis-
Bediente, denen dieses zuhanden kommen mögte,
in Nahmen eines armen Gottes-Haußes um frey
und ungehinderte Pass- und repassirung hie-
durch geziemend ersuchet, von Endesbenanten
aber davor inspecie möglichster Erwiederung
durch angenehme Gegengefälligkeiten versichert.
Ambt Rochlitz, den 17. Febr. 1727
Königl. Pohln. und Churfürstl. Sächs. Ambtmann alda. Carl Erdmann Weidlich«
1327 Wegen des besonderen Interesses, das
der Fragebogen heute für uns noch hat, geben
wir Weidlichs Fragen (auszugsweise) und Silbermanns Antworten im Wortlaut wieder:
Frage
1. Ob, nachdem bereits eine Fuhre anhero geschehen, zu fernerer transportirung aller
   Materialien, Geräthes und derer Personhen
   genug sey, wenn ... annoch 4 Vierspännige
   Wagen in Freyberg sich einfinden.
2. Solten dieße 4 Wagen genug seyn, so ist man
   erböthig ... zu desto bequemern Fortkommen
   H. Silbermanns eigener Persohn noch ... ein
   paar Pferde mitzuschicken, jedoch müßte
   sich in Freyberg mit einer Kutsche versehen
   werden ... Wird also angefraget, ob die Pferde
   vor die Kutsche mitkommen sollen oder nicht.
3. Wird hoffentlich Herr Silbermann vor seine
   Leute die nöthigen Betten mitbringen ...

hießigen Ortes aber vor so viel Persohnen dergleichen Nothwendigkeit zu besorgen, dürffte
sehr schwer fallen, jedoch soll vor H. Silbermanns eigene Persohn endlich noch wohl ein
gutes Bette zu diensten stehen.
4. Wird angefraget, ob und vor wie viel Span-
   Betten ich zu sorgen haben möchte.
5. Wird angefraget, wieviel eigentlich Persohnen
   mit anhero kommen, damit man in Zeiten die
   Quartiere darnach einrichten könne?
Antwort
Wenn es 4 vierspännige Fracht-Wägen sind, kan
ich alles, was ich vonnöthen, drauf laden.
Vor mich verlange nicht mehr als ein gutes Reut-
Pferd.
Wegen derer Feder-Betten dürffen Sie sich keine
Sorge machen, maaßen ich vor mich und die
Meinigen selbst Betten mitbringen werde.
Drey zweymännische und zwey einmännische
Span-Betten werden vonnöthen seyn.
Ich werde 4 Gesellen, 2 Jungen und 1 Magd
mitbringen.
Frage
6. Zum Logis werden ... angewiesen, Zwey
   große lichte Stuben par terre zur Arbeit, eine
   Kammer daran, ein apartes Retirade-Stübgen
   vor H. Silbermannen im Obern Stocke, Zwey
   gute ausgetafelte lichte Kammern aufen
   Boden zum Schlaf-Kammern vor die Leute,
   ferner steht zum Gebrauch ein großer ge-
   räumlicher Vorsaal, nebst einer bequemen
   Küche ...
7. Wird angefraget, ob man sich durch vorrath-
   liche Anschaffung ein und anderer Victualien
   als Korn, Mehl, Butter, Eyer oder dergleichen
   gefällig erweißen könne ...
8. Wird angefraget, ob die nunmehro schuldigen
   100 Thlr. entweder mit nach Freyberg geschicket oder allhier ausgezahlet werden
   sollen.
Antwort
Ich hoffe, es wird schon Platz zum Arbeiten

vom 18. Februar bat Gottfried Silbermann darum, »daß mir 4 tüchtige Fracht-Wägen zu Abholung derer Materialien zugeschicket werden, damit ich alles ohne Schaden fortschaffen« kann. Er betonte nochmals, daß er die Wagen am 26. des Monats erwarte (A/190).

Die von Amtmann Weidlich niedergeschriebenen Aktenvermerke beweisen, daß alles planmäßig verlief. Am 25. Februar brachte der Färber George Lohse »abermahls eine Fuhre mit Guth zum Orgelbau ... in 6 Kasten bestehend« von Freiberg mit (A/192b). Am gleichen Tage wurde der »Amtsfrohn« Johann Adam Rudolph »mit einem Reitpferd nach Freyberg zu H. Silbermanns Bedienung« abgeschickt.[1328] Er nahm gleichzeitig »4 Wagen jeden mit 4 Pferden bespannet zum übrigen Transport mit nach Freyberg« (A/192b). Rudolph war ausdrücklich befohlen worden, »auf der Rückreiße bey denen Wagen zu

bleiben und mit nöthige Obsicht zu haben«. Des weiteren war er mit den nötigen Pässen[1329] unb »wegen der Auslößung unterwegs mit anderer Nothdurfft versehen worden«.[1330]

»Den 26. Febr[uar] ist H. Silbermann abends allhier eingetroffen und haben Tages darauff deßen Leute sich gleichfalls umb Mittag eingestellet ...«, schrieb Amtmann Weidlich in einem Aktenvermerk (A/193).[1331] Er zahlte Silbermann sofort »die schuldigen 100 Thaler« aus.[1332] Obwohl der Meister mit seinen Gesellen bei Hofrat Weidlich, des Amtmannes Bruder, ihr Quartier bekommen sollten,[1333] wurden sie alle im Schloß untergebracht (A/190b).[1334] Nachdem sie sich eingerichtet hatten, wurde ihnen durch Amtmann Weidlich der »bestellte Holz-Vorrath angewiesen und mit Zuschneiden der Anfang zur Arbeit gemacht« (A/193).

Am 10. März 1727 ist mit dem Chorbau

gnüge da seyn, mit denen Kammern und andern Gelaß bin sehr wohl zufrieden.
Wolten Sie wegen Anschaffung einiger Victualien Sorge tragen, werde es mit schuldigem Dancke erkennen.
Das Geld will ich in Rochlitz in Empfang nehmen.
Die Antworten hat Gottfried Silbermann von seinem Freund Johann Gottfried Krauße in den Fragebogen schreiben lassen.
1328 Es geschah alles so, wie es der Hof- und Landorgelbauer gewünscht hatte (vgl. Anmerkung 1327). Dem Amtsfron Rudolph ist übrigens ein Taler »Roßlohn« ausgezahlt worden (B).
1329 Der Wortlaut eines in der damaligen Zeit notwendigen und üblichen Transportpasses wurde in Anm. 1326 wiedergegeben.
1330 Rudolph hat insgesamt 50 Groschen als Auslösung mitbekommen.
1331 Den Orgelbauern und ihren Fuhrleuten wurde ein guter Empfang bereitet. Ersteren ist gleich eine ganze Tonne Bier »bey der Ankunfft zur Discretion gegeben« worden (B). Die Rechnung weist weiter einen Taler »vor Ein Kalb zu Speißung der Fuhrleute« und 8 Groschen »vor Rindfleisch ebendazu« aus.
1332 Der Betrag war schon am Johannistag

1726 fällig gewesen. Da Silbermann zu diesem Termin noch nicht mit der Arbeit beginnen konnte, erfolgte die Auszahlung erst jetzt. Amtmann Weidlich hatte übrigens schon am 11. Februar die eingepfarrten Gemeinden davon unterrichtet, daß Silbermann am 26. des Monats eintreffen werde und sie an die Entrichtung ihrer finanziellen Beiträge für den Orgelbau erinnert, damit es »der Execution nicht bedürfen möge«! In diesem Zusammenhang sei an die großen Schwierigkeiten erinnert, die Weidlichs Frauensteiner Amtskollege mit den eingepfarrten Gemeinden wegen der Aufbringung des Geldes für den 1710/11 erfolgten Orgelbau gehabt hatte.
1333 Vgl. Anm. 1317.
1334 Das geschah, weil das Haus des Hofrates von der Kirche zu weit entfernt war und »umb anderer Uhrsachen willen«. Amtmann Weidlich suchte am 24. Februar 1727 beim Kammerkollegium in Dresden erst ordnungsgemäß um die Erlaubnis nach, den Orgelbauer und seine Leute im Schloß unterbringen zu dürfen, da zur »Ausarbeit- und Zurichtung« der Orgel kein besserer und der Kirche näher gelegener Platz zu finden sei, »denn das hiesige Schloß« (A/211). Am 10. März, als sich die Orgelbauer schon eingerichtet hatten, wurde dem Amtmann »die Verfertigung des Orgelwerks ... in seinen Zimmern

und dem Abtragen der alten Orgel begonnen worden (A/193b f.).[1335]

Für die Malerarbeiten hatte Gottfried Silbermann den »Jagdt-Mahler von Dreßden«, Johann Christian Buzäus, empfohlen (A/195b).[1336] Weitere Einzelheiten über den Bauablauf gehen aus der Akte nicht hervor. Am 5. Juli konnte Amtmann Weidlich feststellen, daß das Orgelwerk »ehester Tage fertig seyn wird« (A/197).[1337]

Am Montag, dem 14. Juli 1727, ist, »wie wohl nicht ohne große Wiederwärtigkeiten der völlige Orgelbau und übrige Kirchen-Reparatur biß auf etwas weniges von der Mahlerey zustande gebracht« und der kommende Sonntag zur Einweihung bestimmt worden (A/196).[1338] Silbermanns Mitarbeiter erhielten »beym Schluß der Arbeit« ansehnliche Trinkgelder[1339], außerdem wurde für sie gleich nach Vollendung des Werkes ein »gewöhnlicher Orgelschmauß« veranstaltet.[1340] Gottfried Silbermanns Gesellen sind am Dienstag (15. Juli) »wiederumb nach Hauße abgegangen«,[1341] während der Meister noch bis zu der Orgelweihe am Sonntag in Rochlitz blieb (A/204).

Übergabe, Prüfung und Weihe

Gottfried Silbermann hat die Orgel am 18. Juli 1727 übergeben (A/198).[1342] An dem Werk war »weder an den darzu verbrauchten Materialien, noch der daran ob-

und Behältnißen« gestattet, allerdings habe er »vor alle Gefahr zu stehen« (A/212b).

[1335] Es machte sich notwendig, das Sakristei-gewölbe abzutragen und stattdessen eine »Rohr-decke« zu machen, weil sonst die Höhe für die Orgel nicht ausgereicht hätte. Auf Vorschlag Silbermanns ließ der Amtmann die alten Kirchenfenster »um den Altar herum wegnehmen« und durch neue »mit guten Scheiben« ersetzen, damit »es desto lichter werden möchte«. Mit dem Glaser Michael Müller wurde deswegen ein besonderer Kontrakt geschlossen (A/213 f.). Das Blei von den alten Kirchenfenstern hat Silbermann für 11 Taler gekauft (vgl. Anm. 1292).

[1336] Er traf am 5. April 1727 »mit der Altenburger Kutzsche« in Rochlitz ein. Amtmann Weidlich hat »vor die Mahlerey und Ausstaffirung der Orgel, des Herrschaftl. Stuhls, des Taufstein-Portals untern Crucifix ingleichen der Priester-Empor-Kirchen und Amtsstühle« mit ihm auf 150 Taler »accordiret«. Buzäus versprach, »alles sauber zu machen, die Vergoldung von gutem Golde blanc zu poliren« und damit gleich nach den Feiertagen anzufangen und bis Johannis (24. Juni) die Arbeiten zu beenden. Silbermann und Buzäus haben demnach zu gleicher Zeit in der Kirche gearbeitet und sich – wie auch andernorts – offenbar gegenseitig nicht gestört (vgl. hierzu Anm. 1037). Laut Orgelbaurechnung sind »vor die sämbtliche Ausstaffirung der Kirche« insgesamt 244 Taler aufgewendet worden. Nach den noch vorhandenen Originalquittungen hat Buzäus 190 Taler bekommen und seiner Unterschrift noch die Bezeichnung »Hoff und JagdMahler« hinzugefügt

(A/239). Weitere 54 Taler sind an Christian Jelsch ausgezahlt worden (A/240).

[1337] Gleichzeitig setzte Weidlich die Kirchfahrt schriftlich davon in Kenntnis, daß nach Vollendung der Orgel an Silbermann zu dessen »gänzlicher Befriedigung« noch 200 Taler zu bezahlen sind. Er forderte die Gemeinden auf, den »hierzu versprochenen freywilligen Beytrag« bis spätestens 17. Juli »an gültigen unverruffenen Müntz-Sorten« zu entrichten oder »widrigenfalls Tages hernach der Execution gewärtig« zu sein (A/197). Auch das erinnert an Frauenstein: Hier mußte der Amtmann auch mit Auspfändung drohen!

[1338] Amtmann Weidlich hatte bereits am 5. Juli den Rochlitzer Organisten Theodor Gerlach mündlich mit der Übernahme und Prüfung der Orgel beauftragt (A/197b).

[1339] In der Orgelbaurechnung (A/218 ff.) sind unter den allgemeinen Ausgaben insgesamt 15 Taler und 10 Groschen für Gottfried Silbermanns Vetter Johann George, die drei Gesellen und die beiden »Jungen« verzeichnet.

[1340] Dafür sind 5 Taler und 16 Groschen aufgewendet worden (B).

[1341] Die nötigen »Bethfuhren« haben die zum Rochlitzer Amtsbezirk gehörenden Gemeinden Meinsberg, Altgeringswalde und Poppitz »verrichtet« und – vermutlich für unterwegs – ein Fäßchen Bier für 18 Groschen bekommen (B).

[1342] Dabei waren anwesend: Superintendent Loescher, Amtmann Weidlich, Kunigundenorganist Gerlach, Petriorganist Wiedemann und ein Ausschuß von »eingepfarrten Bürgern und Bauern«.

servirten besondern Arbeit und Kunst nicht das geringste auszusetzen«. Die Orgel ist vielmehr »zu rühmen und mit Vergnüg- und Verwunderung anzusehen und zu hören gewesen«.[1343] Am gleichen Tage wurde das Werk von dem Rochlitzer Organisten Theodor Gerlach[1344] geprüft. Er hat darüber einen ausführlichen Bericht erstattet.[1345] Superintendent D. Loescher und Amtmann Weidlich stellten Silbermann auf sein Ansuchen am 18. Juli ein Attest aus (A/205).[1346]

Die Orgelweihe erfolgte am 20. Juli 1727 während des Frühgottesdienstes. Superintendent D. Johann Caspar Loescher (1677–1751) hielt »eine wohl ausgearbeitete und erbauliche Einweyhungs-Predigt«,[1347] und der Organist Theodor Gerlach spielte die neue Orgel. Es wurden »Lob- und Dank-Lieder zum Preiße Gottes angestimmet, zugleich auch das Te Deum laudamus unter Trompeten- und Pauckenschall nicht ohne Bewegung gehöret«. Die »Eingepfarrten neben vielen Frembden, so durch ihre zahlreiche Gegenwartt die ganze Kirche angefüllet«, haben die Orgel mit Vergnügen und Bewunderung »angesehen und gehöret« (A/203).[1348] Am Montag, dem 21. Juli 1727, ist Gottfried Silbermann »wiederumb nach Hauße gefahren« (A/204).[1349]

Bemerkungen

Die Orgel ist im Jahre 1894 im Rahmen der Kirchenerneuerung abgebrochen und an ihrer Stelle ein »modernes«, dreimanualiges Werk erbaut worden.[1350]

1343 Das geht aus einer Niederschrift hervor, die der Amtsaktuar Johann Georg Dressel verfaßte (A/198).

1344 Sein Vater, Christian Gerlach, ist in Rochlitz Bürgermeister und Organist gewesen. Er hatte sich im Februar 1714 wegen einer Reparatur der alten Kunigundenorgel mit Silbermann in Verbindung gesetzt. Theodor Gerlachs Geburtsjahr ist dem Verfasser noch unbekannt. Er muß um 1717 als Organist an der Rochlitzer Kunigundenkirche angestellt worden sein. Im April 1731 bewarb er sich (ohne Erfolg) um die Freiberger Domorganistenstelle (StA. Freiberg: Akte Sign. Aa II I 42b, Bl. 56 f.). In seinem Bewerbungsschreiben heißt es wörtlich: »... mich aber so wohl zu Hauße von Jugend auf, als auch auffn Gymnasium zu Altenburg bey dem berühmbten Hofforganisten H. [Gottfried Ernst] Besteln, wie nicht weniger bei meinen 14jährigen verrichteten Organistendienst durch Correspondenzen mit dem weltberühmbten Bachen zu Leipzig als anderen exercirten Musicis dermaßen geübet, daß ich mich nicht scheue, einen solchen vortrefflichen Wercke vorzustehen...« Gerlach ist am 10. November 1768 in Rochlitz gestorben (PfA. St. Kunigunden: ToR. Nr. 77/1768). Der Eintrag enthält keine Angabe über Gerlachs Alter.

1345 Der Wortlaut des Berichtes ist im Anhang (SD. Nr. 22) zu finden. Gerlach bekam 2 Taler für die Orgelprüfung (B).

1346 Darin heißt es, daß Silbermann die Orgel »durchgehends wohl und tüchtig zu werke gerichtet« und »aus eigener guten und rühmlichen Intention« noch drei Register (siehe hierzu Anm. 1288) über den Kontrakt hinaus «hinein gemachet« habe. Die Orgel sei bei der heutigen Übergabe in einem »vollkommenen Zustande befunden worden«. Obwohl die Verfertigung, dem Kontrakt entgegen, sich einige Zeit verzögert habe, wäre Silbermann deswegen »willige Nachsicht gegeben« worden, weil er inzwischen durch eine für den Geheimen Kriegsrat von Kiesenwetter gefertigte neue Orgel »hieran Hinderniß erlitten«. Es handelte sich dabei um die von etwa Mitte Juni bis 10. November 1726 erbaute kleine Orgel zu Dittersbach.

1347 Loescher hat für die Übernahme der Orgel und die Predigt 2 Taler und 18 Groschen bekommen (B).

1348 Kantor, Kirchner und Musikanten erhielten bei der Einweihung zusammen 2 Taler und 16 Groschen als »Discretion« (B). In der Orgelbaurechnung (A/218 ff.) steht unter den allgemeinen Ausgaben ein Posten von 50 Talern. Sie sind für »Discretionen« für den Orgelprüfer, die Kirchenbedienten und Musikanten, für die zweimaligen Mahlzeiten, für Trinkgelder für die Fuhrleute, die Silbermann und seine Gesellen nach Hause gefahren haben, aufgewendet worden. Es sind übrigens »zweymahlige Speißungs-Kosten« entstanden: »zum gewöhnlichen Orgelschmauß vor H. Silbermanns Leute bey Vollendung des Werkes und dem bey der Ein-

1728 vollendet

2 Manuale – 17 Stimmen

Quellen

A. Kontrakt vom 19. Mai 1726

B. Quittungen von Gottfried Silbermann (1726/28)[1351]

C. Johann Friedrich Gauhe: handschriftlicher Bericht vom 29. Oktober 1729

D. derselbe: handschriftlicher Bericht vom 30. Mai 1750

Alle vier Schriftstücke werden (in einer Mappe) im PfA. Helbigsdorf verwahrt.

E. Kirchrechnungsbuch von 1703 bis 1768 (PfA. Helbigsdorf)

Vorgeschichte

In der Kirche befand sich eine alte, kleine Orgel.[1352] Der Bau eines größeren Werkes machte sich wohl vor allem wegen der in den Jahren 1726/28 erfolgten Erweiterung der Kirche notwendig.[1353] Der Bau erfolgte nach einem Entwurf des Freiberger »Mathematicus« (und Domorganisten) Elias Lindner.[1354]

Bauvertrag

Der Kontrakt wurde am 19. Mai 1726 im Helbigsdorfer Erbgericht abgeschlossen[1355], und zwar mit Einwilligung des kurfürstlich-sächsischen Kammerherrn und Kirchenkollators, Caspar Dietrich von Schönberg auf Pfaffroda[1356], und des Freiberger Superintendenten D. Christian Friedrich Wilisch (1684–1759). Er trägt die Unter-

---

weyhung«. Die Ausgaben dafür betrugen 5 Taler und 16 Groschen bzw. 8 Taler (B).

1349 Die entsprechende »Bethfuhre« ist von der Kirchfahrt ausgemacht und von einem Bauern aus der Gemeinde Stollsdorf verrichtet worden (A/204).

1350 Mancher Orgelbauer des vorigen Jahrhunderts (und seine Auftraggeber!) hatten offenbar wenig Verständnis für den Wert einer Orgel aus der Zeit Johann Sebastian Bachs. Ihnen fehlte aber auch die Achtung und Ehrfurcht vor den Leistungen der Menschen vergangener Zeiten. In diesem Zusammenhang müssen wir an Adam Gottfried Oehme, einen ehemaligen Gesellen Gottfried Silbermanns, erinnern. Er hatte es 1770 abgelehnt, die Orgel der Chemnitzer Johanniskirche zu erweitern, um Silbermann »die Ehre zu laßen« (vgl. Anm. 1089). In Rochlitz ist das genaue Gegenteil geschehen. Trotz allem dürfen wir dankbar sein, daß wenigstens die Orgelbauakte erhalten geblieben ist, denn sie gehört zu den interessanten und aufschlußreichsten, die wir kennen.

1351 Die Quittungen befinden sich auf der letzten Seite des Kontraktes.

1352 Laut Kirchrechnung 1724/25 sind 7 Groschen ausgegeben worden, um an dem Werk »etwas auszubessern« (E/260). Nähere Angaben, wer die Reparatur ausführte usw., fehlen.

1353 Nach den Angaben von Pfarrer Gauhe, der ab 1724 in Helbigsdorf wirkte, ist 1726 die Kirche nach dem Lehn- und Erbgericht zu um »Sieben Ellen erweitert und Jahres drauff die

neue Halle gegen der Sacristey über gebauet« worden (C).

1354 In der Kirchrechnung 1725/26 sind unter den Ausgaben zwei Taler verzeichnet: »Herr Lindnern zu Freyberg vor seine Herkunfft, den Bau anzugeben und den Grundriß zu machen« (E/273). Ausgeführt wurde der Bau von dem Zimmer- und Baumeister Christoph Götzelt aus Randeck. Er hat dabei »viele Geschicklichkeit und Erfahrung gezeiget« (C).

1355 Ein reichliches Vierteljahr vorher (Anfang Februar) hatte Silbermann die Orgel zu Forchheim fertiggestellt. Er war rastlos tätig. Einen reichlichen Monat nach Abschluß des Helbigsdorfer Kontrakts reiste er mit drei Gesellen nach Dittersbach, um dort eine einmanualige Orgel zu bauen. Die übrigen (drei) Gesellen begaben sich inzwischen nach Oederan.

1356 Im Jahre 1715 hatte Caspar Heinrich von Schönberg in Pfaffroda von Silbermann eine Orgel bauen lassen. In welchem Verwandtschaftsverhältnis dieser Schönberg mit dem Helbigsdorfer Kirchenkollator stand, ist dem Verfasser nicht bekannt.

1357 An erster Stelle stehen Hans Friedrich Klaußnitzer und Johann Heinrich Hermann, die Lehnrichter von Helbigsdorf und Randeck. Wegen der vielen Unterschriften sei auf die Kontrakte mit Niederschöna (1715) und Oederan (1724) hingewiesen, die von sieben bzw. acht Abgeordneten bzw. Gemeindevertretern unterschrieben worden sind.

1358 Im Gegensatz zu den Reichenbacher,

schriften von zehn Vertretern der Kirchfahrt[1357] und selbstverständlich auch Gottfried Silbermanns Namenszug[1358] und Siegel. Die wertvolle Urkunde befindet sich im Pfarrarchiv zu Helbigsdorf.[1359]

Die im Bauvertrag festgelegte Disposition sah eine Orgel mit nur siebzehn Stimmen, aber zwei Manualen vor.[1360] Silbermann wollte für die Register des Hauptwerkes »probemäßiges Zinn« verwenden.[1361]

Die übrigen Vereinbarungen entsprachen denen anderer Kontrakte Silbermanns.[1362]

Baukosten

Die Kirchfahrt versprach, für das Werk 450 Taler zu bezahlen.[1363] Es wurden fünf Termine vereinbart.[1364] Der Gesamtbetrag ist aber in nur vier Raten bezahlt worden.[1365] Gottfried Silbermann hat 430 Taler in bar empfangen. Der Rest wurde ihm für die alte Orgel angerechnet.[1366] Silbermanns Originalquittungen sind noch vorhanden.[1367] Sie haben einen ganz besonderen Wert, weil der berühmte Meister sie eigenhändig geschrieben hat.[1368]

Die finanziellen Mittel für den Orgelbau scheinen größtenteils durch »freiwillige Beiträge« aufgebracht worden zu sein.[1369] Offenbar hat sich der damalige Helbigsdorfer Pfarrer, Johann Friedrich Gauhe (1681–1755), der Sache besonders angenommen.[1370] Über weitere, mit dem Orgelbau verbundene Kosten ist nichts bekannt.

Bauablauf

Beim Studium des Helbigsdorfer Kontrakts fällt auf, daß nichts von einem Riß erwähnt

---

Oederaner und Rochlitzer Kontrakten hat Silbermann in Helbigsdorf auf die Hinzufügung seines Prädikats »Hof- und Landorgelbauer« verzichtet.

1359 Eine besondere Bauakte scheint nicht angelegt worden zu sein. Jedenfalls ist eine solche bisher nicht aufgefunden worden.

1360 Die Helbigsdorfer ist damit die kleinste zweimanualige Orgel, die Silbermann gebaut hat. Acht Stimmen entfielen auf das Hauptwerk, sieben auf das »andere Clavir« und zwei auf das Pedal. Die Disposition ist bei Dähnert (S. 201) zu finden. Anstelle der im Kontrakt vorgesehenen Quinta $1\frac{1}{2}'$, gibt Dähnert eine Tertia $1\frac{3}{5}$ an. Die Änderung dürfte von Silbermann selbst vorgenommen worden sein.

1361 Darunter ist eine aus 75% Zinn und 25% Blei bestehende Legierung zu verstehen (vgl. Adelung, S. 65).

1362 Silbermann sicherte ein Jahr Gewährszeit zu. Die Kirchfahrt versprach ihm »freye Fuhre, Ihn und das verfertigte Werck von Freyberg abzuholen, wie auch bey Auffsetzung desselben freye Zimmer- und Handlangerarbeit und frey Quartier nebst frey Brennholtz und Kohlen«.

1363 Die Summe erscheint im Vergleich zu einmanualigen Werken (vgl. Anm. 1192) sehr niedrig. Für die Orgel zu Chemnitz mit vierzehn Stimmen hat Silbermann 500 Taler verlangt. Vergleicht man den Chemnitzer und den Helbigsdorfer Kontrakt miteinander, dann stellt man

allerdings fest, daß in dem ersteren von »Englischen Zien«, im letzteren aber nur von »Zinn« die Rede ist. Das könnte eventuell den Preisunterschied erklären, da hiesiges Zinn billiger war. Das sogenannte »Bergzinn« kostete 12 Taler pro Zentner, das »englische« aber 24 Taler.

1364 50 Taler bei Schließung des Kontrakts, 100 Taler zur Neujahrsmesse 1727, 100 Taler bei Beginn der Arbeit in Helbigsdorf, 100 Taler nach Aufsetzen des Werkes und 100 Taler »ein Jahr und Tag darauf«.

1365 Da sich die Übergabe der Orgel – dem im Kontrakt festgelegten Termin gegenüber – sowieso um rund eineinhalb Jahr verzögert hatte, ließ man Silbermann auf die letzte Rate nicht noch »Jahr und Tag« warten.

1366 Er hatte sich im Kontrakt dazu verpflichtet, »das alte kleine Orgelwerck ... vor 20 Thlr. anzunehmen«. Vermutlich handelte es sich nur um ein Positiv.

1367 Der Wortlaut der Quittungen ist im Anhang (SD. Nr. 19) zu finden.

1368 Es gibt sonst nur noch ein weiteres Autograph Silbermanns: die Quittung über tausend Taler für die Orgel zu Großkmehlen (vgl. Anm. 843).

1369 Pastor Gauhe schrieb, daß Silbermann die Orgel »vor fünffehalb hundert [= 450] thlr.« gebaut und »die gesambte Kirchfart am Gelde vierte halb [= 350] thlr.« dazu beigesteuert habe (C).

1370 Lehnrichter Hans Friedrich Klauß-

227

wird, wonach die Orgel gebaut werden sollte.[1371] Ein solcher ist offenbar erst im Juni 1726, also über einen Monat nach Abschluß des Orgelbauvertrages, angefertigt worden, und zwar von Elias Lindner aus Freiberg.[1372]

Laut Kontrakt sollte die Orgel bis zum Johannistag (24. Juni) 1727 fertig sein.[1373] Silbermann hat aber – unter Berücksichtigung der anderen noch vorliegenden Aufträge – vermutlich erst ab Ende Juli 1727 in seiner Werkstatt an der Orgel arbeiten können.[1374] Davon abgesehen, wäre der Termin sowieso nicht einzuhalten gewesen, weil der Kirchenbau »ein ganzes Jahr gehemmet worden« ist.[1375]

Es ist anzunehmen, daß Gottfried Silbermann zum Aufbau des Werkes einschließlich Intonation und Stimmung etwa zwölf bis vierzehn Wochen Zeit gebraucht hat. Er dürfte demnach etwa Mitte oder spätestens Ende August 1728 mit der Arbeit in der Kirche begonnen haben.[1376] Gegenüber dem im Kontrakt festgesetzten Termin ist die Orgel fast eineinhalb Jahr später vollendet worden.[1377] Einzelheiten über den Bauablauf sind nicht überliefert.

Übergabe, Prüfung und Weihe

Die Übergabe der Orgel erfolgte am 18. November 1728.[1378] Wer das Werk übernommen bzw. geprüft hat, ist nicht nachweisbar.[1379] Ebenso geht aus den Quellen nicht hervor, wann die Orgelweihe stattgefunden hat.[1380]

---

nitzer und Kirchvater Zacharias Erler bestätigten am 27. Dezember 1727, daß Pastor Gauhe »die hiesige Kirchfarth wegen Anschaffung eines Neuen Orgel-Wercks zu einem freywilligen Beytrag vor ein Paar Jahren beweget [habe], selbiger auch nach und nach eingekommen« sei. Das Schriftstück befindet sich im Pfarrarchiv Helbigsdorf bei dem Kontrakt.

1371 Im Niederschönaer und anderen Kontrakten heißt es, daß Silbermann die Orgel nach dem »vorgezeigten Riß« bauen wollte.

1372 Das beweisen zwei Ausgabeposten in der Kirchrechnung 1726/27 (E/291): 3 Taler »Herrn Lindner in Freyberg von dem Riß des innern Baues zu machen« und 16 Groschen »an Speiß und Tranck verzehret auff der Pfarrwohnung, als derselbe [Lindner] nebst Herrn Silbermann den 16. Juny [1726] hier gewesen, den innern Bau der Kirche und Halle wegen des Rißes in Augenschein zu nehmen«. Damit wird unsere Vermutung bestätigt, daß Silbermann und Lindner nicht nur beim Bau der Freiberger Domorgel, sondern auch später noch zusammengearbeitet haben.

1373 Das war praktisch unmöglich. Wir erwähnten bereits, daß Silbermann wenige Wochen nach Abschluß des Kontraktes in Dittersbach mit dem Bau der Orgel begann. Sie wurde am 10. November 1726 übergeben. Anschließend ist das Oederaner Werk (bis Anfang Februar 1727) fertiggestellt worden. Ab Ende Februar arbeitete Silbermann mit seinen Gesellen dann in Rochlitz. Er kehrte erst am 21. Juli nach Freiberg zurück.

1374 Vorher war er (ab Ende Juni 1726) fast ohne Zwischenpause mit dem Aufbau von drei Orgeln beschäftigt: Dittersbach, Oederan und Rochlitz (vgl. Anm. 1373).

1375 Die Gemeinden Randeck und Müdisdorf machten große Schwierigkeiten, weil sie die Notwendigkeit der Kirchenerweiterung nicht einsehen wollten. Sie reichten im August 1727 sogar eine Beschwerde an das Oberkonsistorium ein. Das Schriftstück befindet sich abschriftlich (bei den anderen Dokumenten) im Pfarrarchiv. Beachtenswert ist, daß die Gemeinden in ihrer Eingabe behaupteten, daß die neue Orgel bis Weihnachten 1727 »zum stehen kommen soll«. Hiernach muß Silbermann die Absicht gehabt haben, sofort nach Vollendung der Orgel zu Rochlitz sich der Helbigsdorfer zu widmen. Ob er bis Weihnachten alles (Werkstattarbeiten, Aufbau, Intonation und Stimmen) geschafft hätte, erscheint doch etwas zweifelhaft. Da aber der Bau der Kirchenhalle, wie Pfarrer Gauhe in seinem Bericht vom 29. Oktober 1729 schrieb, »ein ganzes Jahr gehemmet« wurde, konnte Silbermann mit seiner Arbeit auch nicht beginnen. Er wurde deswegen aber nicht »arbeitslos«. Am 23. Dezember 1727 hat er einen Vertrag über einen Orgelneubau in der Kirche zu Püchau abgeschlossen und an diesem Werk gearbeitet, bis er dann in Helbigsdorf endlich mit dem Aufbau der Orgel anfangen konnte.

1376 Am 5. September 1728 war Silbermann jedenfalls in Helbigsdorf und nahm 100 Taler in Empfang. Das war laut Kontrakt die dritte Rate auf den Gesamtbetrag. Sie sollte fällig sein,

Im Januar 1750 bestand bei einem Brand des Erb- und Lehngerichts die große Gefahr, daß auch die Kirche mit ergriffen würde. Es ist aber »nicht der geringste Schade an derselben und der darinnen stehenden schönen Orgel geschehen«.[1381]
Um 1953 befand sich die Orgel in einem recht überholungsbedürftigen Zustand.[1382] Inzwischen ist sie restauriert worden. Ihr gegenwärtiger Zustand ist (nach Dähnert) im allgemeinen als gut zu bezeichnen. Die Orgel wurde in die vom VEB Deutsche Schallplatten Berlin herausgegebene Reihe »Bachs Orgelwerke auf Silbermannorgeln« aufgenommen.

»so bald Er sich hieher verfüget hat, das Werck zum Aufsetzen völlig zuzubereiten«.
1377 Die Gründe wurden bereits ausführlich dargelegt (vgl. Anm. 1373 und 1375). Da Silbermann ziemlich kontinuierlich Aufträge bekommen und übernommen hat, brauchte er in einem Falle wie Helbigsdorf mit seinen Gesellen nicht untätig in der Werkstatt zu sitzen, sondern konnte inzwischen an dem nächsten Werk arbeiten.
1378 Das Datum geht einzig und allein aus Silbermanns Quittung hervor (vgl. Anm. 1367).
1379 Der Verfasser entdeckte in der Kirchrechnung 1728/29 (E/326) eine Ausgabe von 5 Groschen: »bey Übergabe der Orgel. H. Cantor und der H. Orgelmacher auff der Schule früh verzehret«. Der »Cantor« war aller Wahrscheinlichkeit nach derjenige, der die Orgel übernommen und geprüft hat. Da Helbigsdorf keinen Kantor hatte, muß er von auswärts gekommen sein. Es liegt nahe, daß Silbermann den damaligen Freiberger Kantor Johann Samuel Beyer (1668–1744) mitgenommen hat. Beyer hatte (allerdings gemeinsam mit Domorganist Elias Lindner) schon zwei Orgeln Silbermanns geprüft: 1718 die Freiberger Jacobiorgel und das Jahr darauf die Johannisorgel. Die Kirchrechnung 1728/29 enthält auf derselben Seite noch einen Ausgabeposten von ebenfalls 5 Groschen: »ein Orgelmachergeselle, als er bey dem harten Winter einiges Stocken am Wercke repariret, verzehret«. Vermutlich waren die Registerzüge der Orgel verklemmt. Da in der Rechnung keine Lohnzahlung an Silbermann oder den Gesellen ausgewiesen wird, muß man die Arbeit vielleicht als »Garantiereparatur« betrachten. Es wäre dann allerdings die einzige, die sich nachweisen läßt!
1380 Da der Übergabetag (18. November) im Jahre 1728 auf einen Donnerstag fiel, hat die Orgelweihe möglicherweise erst am darauffolgenden Sonntag stattgefunden. In Helbigsdorf wirkte – wie auch in anderen Dorfgemeinden – der Schulmeister (oder Ludimoderator) zugleich als Organist. Beide Ämter versah Andreas Hörnig (1664–1727). Er hat sich noch mit dem kleinen alten Werk begnügen müssen. Das neue von Silbermann hat er leider nicht kennengelernt, denn er starb am 20. Januar 1727 (PfA. Helbigsdorf: Kirchenbuch, Bd. 4, 1693 bis 1793, S. 383). Nachfolger wurde sein am 18. März 1695 in Helbigsdorf geborener Sohn Christian Gottlob. Er war der erste Organist, der die neue Orgel von Silbermann spielte. Seine Besoldung war mehr als bescheiden: zwei Taler jährlich. Der Kalkant bekam 30 Groschen im Jahr. Das geht aus der Kirchrechnung 1728/29 hervor (E/328).
1381 Das schrieb der fast siebzigjährige Pfarrer Gauhe in einem Bericht vom 30. Mai 1750 (D). Hiernach hat das Feuer am »Freytag vor Dom. Sept. [= 23. Januar] das nur 5 Ellen weit von der Kirche gestandene Erb- und Lehngerichte frühe von 7 biß 12 Uhr samt allen Gebäuden« eingeäschert. Die Ursache des Brandes ist unbekannt geblieben. Pfarrer Gauhe schrieb, daß die gesamte Kirchfahrt bei dieser Feuersbrunst einzig und allein auf die Rettung der Kirche bedacht gewesen sei, sonst hätte sie, »ehe sie alle Gebäude [des Erbgerichts] ergriffen, gelöscht werden können«. Nach den Worten Gauhes, sind Kirche und Orgel »vor der Flamme bewahret« worden. Die Orgel hat aber offensichtlich durch das Löschwasser gelitten. Der Verfasser entdeckte in dem alten Kirchrechnungsbuche zwei bemerkenswerte Eintragungen: »5 Groschen verzehret, als ein Orgelmachergeselle die Orgel nach dem Brande zu besehen dagewesen« (Kirchrechnung 1749/50: E/673) und »20 Groschen 6 Pfg., so H. Silbermann nebst 2 Gesellen, als er den Schaden [!] an hiesiger Orgel besehen, verzehret« (Kirchrechnung 1750/51: E/696). Leider haben die Eintragungen kein Datum. Die Kirchrechnungen beginnen und enden jeweils mit dem Sonntag Laetare, und dieser fiel im Jahre 1750 auf den 15. März. Demzufolge muß der Geselle Silber-

1729 vollendet – nach dem 1. Weltkrieg abgebrochen[1383]

2 Manuale[1384] – 20 Stimmen[1385]

Quelle

Acta, Die Erkaufung und Reparatur einer alten Orgel, de Ao. 1704, und Erbauung einer neuen Silbermannschen Orgel de Ao. 1727 zu Püchau betr.

(STA. Leipzig: Sign. Gutsarchiv Püchau Nr. 1948)

Vorgeschichte

In der Kirche befand sich erst nur ein kleines Orgelwerk, welches der Mühlenbaumeister Schmidt in Taucha im Jahre 1704 gebaut haben soll.[1386] Über die Vorgeschichte des Orgelneubaues durch Gottfried Silbermann ist nichts bekannt.[1387]

Bauvertrag

Der Bauvertrag ist original erhalten (6 f.). Er wurde am 23. Dezember 1727 in Püchau abgeschlossen[1388] und zwar zwischen Heinrich von Bünau[1389] und Gottfried Silbermann.[1390] Der Vertrag entspricht seinem Inhalt nach den anderen Orgelbaukontrakten Silbermanns.[1391] Die Orgel sollte zwei Manuale (mit zehn bzw.

---

manns vorher und der Meister selbst und zwei Gesellen müssen nach dem 15. März 1750 in Helbigsdorf gewesen sein. Aufwendungen für eine Reparatur sind in der Kirchrechnung nicht nachzuweisen. Vermutlich ist der entstandene Schaden nicht allzu groß gewesen, sonst hätte Pfarrer Gauhe gewiß etwas erwähnt.

1382 Vgl. Dähnert, S. 202.

1383 Der genaue Zeitpunkt ist dem Verfasser nicht bekannt. Mehrfache diesbezügliche Anfragen beim Pfarramt Püchau blieben unbeantwortet. Siehe hierzu aber Anm. 1410.

1384 Fritz Oehme hat in seinem Orgelhandbuch (s. Anm. 733) irrtümlich angegeben, daß das Werk nur einmanualig gewesen sei. Ein zweites Manual wäre erst 1869 hinzugefügt worden. Demgegenüber hat der Freiberger Kantor Johann Gottfried Fischer (1751–1821) schon Jahrzehnte vor Oehme in einem handschriftlichen Verzeichnis der Orgeln Silbermanns (vgl. Anm. 581) bei Püchau sehr richtig vermerkt: »2 Man[uale] u. Ped[al]«.

1385 Noch im Jahre 1926 hat Ernst Flade angegeben, daß es sich bei dem Püchauer Werk nur um ein Positiv mit neun Stimmen gehandelt habe.

1386 Das hat der Püchauer Gerichtsschösser in einem Bericht vom 9. Juli 1793 angegeben (15 f.). Nach derselben Quelle ist die kleine Orgel dann in die Kirche zu Nepperwitz gekommen.

1387 Weder aus der Akte noch aus dem Kontrakt geht hervor, warum der Orgelneubau erfolgte. Vermutlich genügte das kleine Werk nicht mehr.

1388 Zu Weihnachten 1727 sollte eigentlich die Orgel zu Helbigsdorf schon »stehen«. Die Bauarbeiten in der Kirche waren aber »ein ganzes Jahr gehemmet« worden (vgl. hierzu Anm. 1375). Gottfried Silbermann konnte erst ab etwa Ende August 1728 in Helbigsdorf arbeiten. Der Püchauer Auftrag mag ihm daher sehr willkommen gewesen sein.

1389 Bünau war – wie es im Kontrakt heißt – kurfürstlich-sächsischer Geheimer Rat, Kreishauptmann und Steuereinnehmer des Leipziger Kreises und Gerichtsherr von Püchau. Seine Lebensdaten sind dem Verfasser nicht bekannt.

1390 Wie üblich wurde der Vertrag zweifach ausgefertigt. Am Schluß heißt es, daß er »von beyden Theilen [Bünau und Silbermann] durch Hand und Siegel vollzogen worden« ist. Das in der Akte befindliche Exemplar trägt allerdings nur Silbermanns Unterschrift und sein Siegel. Genau wie bei dem Helbigsdorfer Kontrakt verzichtete Silbermann auch hier auf die Hinzufügung seines Prädikats »Hof- und Landorgelbauer«. Bei den Reichenbacher, Oederaner und Rochlitzer Kontrakten hat er den Titel eigenhändig noch beigefügt.

1391 Silbermann versprach dem Püchauer Gerichtsherrn:

1. »ein tüchtiges und wohlproportionirtes Orgelwerck ... zu verfertigen«,
2. es mit drei Bälgen »von Tannen-Holtz« zu versehen, »welche dem Wercke sufficienten Wind geben sollen«,
3. alle Materialien anzuschaffen,
4. die benötigten Arbeitsleute und Handwerker, Maler und Zimmermann ausgenommen, auf seine Kosten zu halten und zu befriedigen,
5. das Pfeifenwerk der Orgel »bedungenermaßen

acht Registern) und ein mit Posaunen- bzw. Subbaß besetztes Pedal, also insgesamt zwanzig Stimmen (exklusive Tremulant) bekommen.[1392]

Heinrich von Bünau gewährte Gottfried Silbermann »bey Aufsetzung des Orgelwercks freye Kost vor seine Person und die Seinigen,[1393] ingleichen frey Logis, Kohlen, Brenn-Holtz, samt denen benöthigten Zu- und Abfuhren«. Er wollte auch »einen beständigen Calcanten halten«.[1394]

Baukosten

Heinrich von Bünau versprach, für die Or- gel 600 Taler zu bezahlen.[1395] Es wurden vier Zahlungstermine vereinbart[1396] und anscheinend auch eingehalten.[1397]

Da eine zwanzigstimmige Orgel bei Silbermann sonst 800 Taler kostete, hat Bünaus Gemahlin noch 200 Taler »von ihrem eigenen Vermögen ... als gnädige Zulage bewilligt«.[1398] Die Bemalung und Vergoldung der Orgel führte der Wurzener Kunstmaler Gottfried Rämpe für 85 Taler aus.[1399] Aus der Akte geht nicht hervor, ob mit dem Orgelbau weitere Kosten verbunden waren.[1400]

---

von dem besten geschlagenen Englischen Zinn, Metall und Holtz zu fertigen«,

6. das Gehäuse »sauber und geschickt« mit Bildhauerarbeit nach dem Riß zu machen und

7. die Gewähr »auf ein ganzes Jahr« zu geben.

1392 Ernst Flade (S. 121) und Ulrich Dähnert (S. 213) gaben übereinstimmend an, daß es sich bei dem Püchauer Werk nur um ein neunstimmiges Positiv, d. h. eine pedallose Orgel, gehandelt hat. Beiden Autoren ist offenbar der Originalkontrakt unbekannt gewesen, so daß sie sich auf Oehme (s. Anm. 1384) stützen mußten. Sein Handbuch ist aber keine verläßliche Quelle. Er gab z. B. an, daß die Orgel von Johann (?) Gottfried Silbermann »um das Jahr 1740« gebaut wurde und die Baukosten »nicht zu ermitteln« wären.

1393 Silbermann und seine Gesellen sind offenbar im Haushalt des damaligen Püchauer Pfarrers, Friedrich Ehrenreich Weiner (1685 bis 1730), verpflegt worden. Er bestätigte am 18. Oktober 1729, daß ihm 95 Taler und 18 Groschen aus dem Kirchenvermögen »nach und nach« ausgezahlt worden seien, die »vor 15 wöchentl. Beköstigung des Orgelmachers und ... seinen Leuten aufgegangen ...« (13).

1394 Diese Klausel taucht nur relativ selten in Silbermanns Kontrakten auf.

1395 Bünau hat den Betrag nicht aus eigenen Mitteln bezahlt. Der Orgelbau ist vielmehr aus dem Kirchenvermögen finanziert worden. Gottfried Silbermann bestätigte nämlich mit der am 17. Oktober 1729 ausgestellten »Haupt-Quittung«, daß er die Summe von 600 Talern aus dem Kirchenvermögen empfangen habe (11).

1396 200 Taler bei Kontraktabschluß, 100 Taler zum Johannisfest 1728, 100 Taler zum Michaelistag 1728 und 200 Taler »wenn das Werck tüchtig gebauet, aufgesetzt und von verständigen Musicis untadelhaft befunden und übernommen worden« ist.

1397 Gottfried Silbermann bestätigte nämlich, daß ihm die »besage Contracts ... bewilligte Summe an Sechshundert Thalern in denen darinnen bestimmten Fristen ... baar und richtig vergnüget« worden ist (11).

1398 Ob Heinrich von Bünau davon gewußt hat, ist nicht bekannt. Aus einer Niederschrift, die der Püchauer Gerichtsschösser am 9. Juli 1793 (!) anfertigte, geht hervor, daß Bünaus Gemahlin »eine vorzügliche Liebe zu guten Kirchen-Gesängen gehabt« hat. Weil ihr Gemahl aber nicht mehr als 600 Taler bewilligen wollte, gab sie noch 200 Taler, »um ein gutes Orgelwerk zu erhalten«. Der Gerichtsschösser nannte als Gewährsmann den »dermahligen« Kirchenvorsteher Johann Gottfried Heller, der von seinem Vater und Großvater, die vor ihm Kirchenvorsteher gewesen waren, entsprechend »benachrichtigt« worden sei. Das Geheimnis um die »billige« Orgel ist also über zwei Generationen gewahrt worden.

1399 Der mit ihm am 8. August 1729 über die »Mahlerey und das Vergolden der in hiesiger Kirche neu aufgerichteten Orgel« geschlossene Kontrakt ist noch vorhanden (8 f.). Wann die Arbeiten ausgeführt wurden, ist nicht bekannt. Auf keinen Fall kann der Maler gearbeitet haben, während Silbermann die Orgel intonierte und stimmte. Damit muß aber – vermutlich – etwa Ende August oder Anfang September begonnen worden sein. Vielleicht ist der Maler mit seiner Arbeit bis dahin fertig gewesen.

1400 Da vorher nur ein kleines Werk vorhanden war, mußte für das neue möglicherweise erst ein Chor gebaut werden.

Bauablauf

Es ist anzunehmen, daß Gottfried Silbermann mit seinen Gesellen gleich nach Abschluß des Kontraktes die Püchauer Orgel in der Freiberger Werkstatt in Arbeit genommen hat.[1401] In Püchau selbst hat er erst ab Anfang Juli 1729 gearbeitet[1402] und sich dort im ganzen fünfzehn Wochen aufgehalten.[1403] Einzelheiten über den Bauablauf sind leider nicht nachweisbar. Laut Kontrakt sollte die Orgel bis zum Johannistag (24. Juni) 1729 verfertigt werden. Der Termin wurde nicht eingehalten.[1404]

Übernahme, Prüfung und Weihe

Die Orgel ist am 15. Oktober 1729 von Johann Gottlieb Görner[1405], Universitätsmusikdirektor und Nicolaiorganist zu Leipzig, übernommen und geprüft worden.[1406] Der von ihm am gleichen Tage erstattete Bericht ist noch vorhanden.[1407]
Wann und von wem die Orgel geweiht wurde, ist nicht bekannt.[1408] Gottfried Silbermanns Gesellen erhielten 8 Taler Trinkgeld.[1409]

Bemerkungen

Anscheinend ist die Orgel im 19. Jahrhun-

1401 Da Silbermann die Orgel zu Helbigsdorf erst mit erheblicher Verspätung (etwa ab Ende August 1728) aufsetzen konnte, obwohl die Teile und Materialien dafür wohl schon längst fertig waren, standen ihm – theoretisch – für die Arbeit an dem Püchauer Werk über sieben Monate Zeit zur Verfügung. Er kann allerdings auch erst im ersten Halbjahr 1729 in seiner Werkstatt für Püchau gearbeitet haben. In diesem Falle wäre zwischen der Arbeit in der Werkstatt und der an Ort und Stelle gar kein zeitlicher Zwischenraum verblieben. Wie es in Wirklichkeit war, wissen wir nicht.

1402 Zwischen der Übergabe der Orgel zu Helbigsdorf (18. November 1728) und dem Arbeitsbeginn in Püchau lagen also über sieben Monate.

1403 Das beweist die Quittung von Pfarrer Weiner über die Verpflegungskosten (vgl. Anm. 1393). Da der Übergabetermin der Orgel bekannt ist (15. Oktober 1729), ließ sich leicht ausrechnen, daß die Orgelbauer ab Anfang Juli in Püchau gearbeitet haben. Als Silbermann im Jahre 1738 in der Kirche seiner Heimatstadt Frauenstein eine (zweite) Orgel mit ebenfalls zwei Manualen und zwanzig Registern baute, hat er sich sechzehn Wochen am Ort aufgehalten.

1404 Der Grund für die Verspätung von knapp vier Monaten ist unbekannt. Es bietet sich auch kein Anhaltspunkt für Vermutungen. Wir wollen nur an eine Äußerung von Silbermann erinnern: Am 28. April 1716 hatte er in Aussicht gestellt, die neue Freiberger Jacobiorgel »binnen fünffviertel Jahren« zu liefern, dann aber eingeschränkt, er könne »jedoch so genau nicht wißen, ob einige Wochen noch darüber kommen möchten« (vgl. Anm. 809).

1405 Görner wurde am 16. April 1697 in Penig getauft (PfA. Penig: TaR. Nr. 22/1697). Hier wirkte sein Vater (Johann Valentin) als Organist. Görners Großvater (Valentin) war Stadt- und Instrumentalmusikus in Kirchberg (PfA. Penig: TrR. Nr. 1/1688). Johann Gottlieb Görner ist einundachtzig Jahre alt geworden und 1778 (Beerdigungstag: 19. Februar) in Leipzig an einem »Steckfluß« gestorben (StA. Leipzig: Ratsleichenbuch, Bd. 31, S. 366).

1406 Görner quittierte am folgenden Tage über 12 Taler, die er (vermutlich einschließlich Reisekosten) von Heinrich von Büchau »vor Examination und Übernehmung der in der Kirchen zu Püchau neu erbaueten Orgel baar« erhalten hatte (14).

1407 Darin heißt es u. a.: »… Als habe ich … [das] Orgel-Werck in allen Stücken genau durchgegangen, und solches in dem Zustande befunden, daß nicht allein die im … Contract von Herrn Silbermann versprochene[n] Register … darinnen befindlich, und an denen Materialien, als nehmlich Zinn, Meßing und Holtz keine Kosten gesparet, sondern auch die oberen, mittlern und untern Stimmen samt denen Bässen in einer ausnehmenden Aequalite und Harmonie, das Pfeiff-Werck sauber polirt, faconirt und intonirt, und die Arbeit an dem gantzen Wercke überhaupt gut, sauber und tüchtig, so wohl ausser- als innerhalb des Wercks, als auch die Bälge accurat befunden worden, dergestalt und also, daß ich nach meinen Wißen und Gewißen nicht anders, als daß … [das] Orgel-Werck … ohne Mangel und Tadel sey, … und daß [Silbermann] als ein rechtschaffener Künstler gearbeitet [hat], bezeugen kann …« (10).

1408 Da der Übergabetag auf einen Sonnabend fiel, ist die Orgel vermutlich am 16. Ok-

dert nicht gewissenhaft genug gepflegt worden, so daß sie wegen Holzwurmbefall nach dem ersten Weltkrieg abgebrochen werden mußte.[1410] Noch vorhanden sind einige Tasten der originalen Manualklaviatur.[1411] Sie befinden sich in der Gottfried-Silbermann-Ausstellung des Heimatmuseums zu Frauenstein.[1412]

LEBUSA (KREIS HERZBERG)

1727 (?)[1413] vollendet
1 Manual – 14 Stimmen
Quellen
A. Johann Gottlob Meischner: Orgelgedicht (Glauchau) 1730
(siehe Anhang: Orgelweiheschriften Nr. 7)
B. Johann Gottfried Fischer: Handschriftliches Verzeichnis der Orgeln Gottfried Silbermanns aus dem Jahre 1821[1414] (Heimatmuseum Frauenstein)
Die Bauakte soll 1945 vernichtet worden sein.[1415]
Vorgeschichte
Über die Vorgeschichte ist nichts Sicheres bekannt.[1416]

tober 1729 geweiht worden. Da der Leipziger Organist Görner an diesem Tage noch in Püchau weilte (vgl. seine Quittung), hat er das Werk vielleicht zum ersten Male öffentlich gespielt.
1409 Johann George Silbermann, Gottfrieds Vetter, hat »zusamt meinen andern Cameraden« am 18. Oktober (!) über den Betrag quittiert. Demnach weilten die Orgelbauer am dritten Tag nach der Übergabe ihres Werkes noch in Püchau. Johann George Silbermann hatte nach Vollendung der Dresdner Sophienorgel am 20. November 1720 auch »vor mich und meine Cameraden« über das vom Rat bewilligte Trinkgeld von 6 Talern quittiert. Damit wird seine besondere Stellung bestätigt, die er im Mitarbeiterkreis des Meisters einnahm.
1410 Die Orgel soll in einem so schlechten Zustand gewesen sein, daß sich der damalige Kirchenvorstand unter Pfarrer Magirius, der ab 1916 in Püchau wirkte, zu einem Abbruch entschloß (lt. brieflicher Mitteilung vom 3. Juli 1964 von Pfarrer Klaholz, Püchau, an den Verfasser). Der Dresdner Musikwissenschaftler Frank-Harald Gress nahm in die entsprechende Pfarramtsakte Einsicht. Er teilte dem Verfasser daraufhin am 28. Juni 1979 brieflich mit, daß sich Paul Stöbe in Zittau in einem Gutachten vom 24. Mai 1922 nachdrücklich für die Erhaltung des noch weitgehend erhaltenen originalen Silbermannschen Pfeifenwerks ausgesprochen hat. Trotzdem erfolgte 1922/23 der Bau einer neuen Orgel. Sie enthält (nach Gress) keinerlei Reste der Silbermannorgel. Die Kirchgemeinde Püchau hat 1922 das Werk in der Eisenacher »Antiquitäten-Rundschau« zum Verkauf angeboten. Ein solcher ist aber (trotz zweier Interessenten) nicht zustandegekommen.
1411 Im Jahre 1926 waren von der »in ihren Holzteilen vom Holzwurm fast zerfressenen« Orgel nur noch die Klaviatur, ein paar Pfeifenbretter und Teile des Blasebalgs vorhanden. Das teilte Pfarrer Klaholz (geb. 1900) am 3. Juli 1964 dem Verfasser brieflich mit.
1412 Pfarrer Klaholz hat diese letzten Überreste der einstigen Silbermannorgel im Jahre 1964 freundlicherweise dem Museum der Heimatstadt des berühmten Meisters übereignet.
1413 Die Erbauungszeit ist nicht mehr genau festzustellen.
1414 Fischer sandte das Verzeichnis am 18. Juli 1821, rund sieben Wochen vor seinem Tode, mit einem Begleitschreiben an Superintendent Friedrich Heinrich Starcke (1760–1833) in Delitzsch. Sowohl das Verzeichnis als auch der Brief befinden sich seit vielen Jahren im Besitz des Frauensteiner Heimatmuseums. Fischer hatte bereits im Jahre 1800 einige »Nachrichten« über Gottfried Silbermann in den »Freyberger Gemeinnützigen Nachrichten« veröffentlicht und dort zunächst nur dreißig Werke von ihm aufgeführt (vgl. Anm. 581). In dem Brief an Starcke schrieb Fischer u. a.: »Doch hat sich die Anzahl der Silbermannschen Orgeln, so in den Freyb[ergischen] Nachrichten angegeben, gewaltig vermehrt ... Von Zeit zu Zeit habe ich immer diese Materie umständlicher [d. h. ausführlicher] ausarbeiten wollen, allein es würde sich schwerlich ein Verleger dazu finden [!], und so ist es und mag es bleiben ... Auch bin ich gewiß noch der einzige lebende in der Silbermannschen Schule erzogne Mann, der in der nehmlich in seiner

233

Bauvertrag

Der Kontrakt ist nicht auffindbar.[1417]

Baukosten

Die Baukosten sind unbekannt.[1418]

Bauablauf

Über den Bauablauf ist nichts bekannt.[1419]

Übergabe, Prüfung und Weihe

Die Orgel soll im Jahre 1727 vollendet worden sein.[1420] Sie wird in einer für die Glauchauer Orgel 1730 erschienenen Druckschrift erwähnt.[1421]

Bemerkungen

Um 1953 war das Werk noch sehr überholungsbedürftig.[1422] Es wurde inzwischen restauriert, so daß sein gegenwärtiger Zustand (nach Dähnert) gut ist.

Werkstatt, wenn gleich nicht von ihm selbst erzogen, doch von dem würdigsten seiner Schüler [Adam Gottfried] Oehmen, eingeweiht ist... Wer dergleichen Silbermannsche Orgeln nicht gesehen und gehört hat, dem wird es freylich schwer, sich davon zu überzeugen, daß dieselben noch nie erreicht, vielweniger übertroffen sind...« Johann Gottfried Fischer, der reichlich zwei Jahrzehnte in Freiberg als Kantor wirkte, erwähnte in seinem Brief, daß Friedrich Schneider (1786–1853), »jetzt Capellmeister in Dessau«, und dessen Bruder, Johann Schneider (1789–1864), Organist in Görlitz und später (ab 1825) Sophienorganist in Dresden, als sie ihn besuchten, die Silbermannorgeln (in Freiberg) »bewunderten« und sich an ihnen »ergötzten«.

1415 Das hat Dähnert (S. 201) angegeben. Ernst Flade hätte demnach für sein 1926 erschienenes Werk »Der Orgelbauer Gottfried Silbermann« die Akte noch benutzen können. Er hat es – wie auch in vielen anderen Fällen – nicht getan, sonst hätte er wohl die Akten als Quellen angegeben.

1416 Nach Flade (1926, S. 75, ohne Quellenangabe!) soll der Kirchenpatron, General von Milckau, der Gemeinde eine neue Kirche und die Orgel geschenkt haben. Milckau hatte 10 Taler für die Domorgel zu Freiberg gespendet (vgl. Anm. 653) und dürfte Gottfried Silbermann damals kennengelernt haben.

1417 Aus diesem Grund ist auch nicht mehr festzustellen, wann und von wem er abgeschlossen wurde, wann das Werk geliefert werden sollte, was es gekostet hat usw. Die Orgel zu Lebusa gehört zu den weniger bekannten Werken Silbermanns. Es ist deshalb beachtenswert, daß sie im Jahre 1821 dem Freiberger Kantor Johann Gottfried Fischer (1751–1821) schon bekannt war. Er hat sie in seinem Verzeichnis mit aufgeführt: »Lebusa 1 Man[ual] u. Ped[al]«. Eine zeitgenössische Nachricht mit der Disposition der Orgel ist nicht bekannt. Flade hat die Disposition (1926) wiedergegeben, wie er sie vom damaligen Ortspfarrer Fries bekommen hatte (S. 75). Bei Dähnert (S. 201) ist die gleiche Disposition zu finden. Hiernach besitzt das Werk zwei Pedalregister.

1418 Da die Disposition nur wenig von der der Dittersbacher Orgel abweicht, dürfte das Werk auch etwa 400 Taler gekostet haben.

1419 Nach Flade (ohne Quellenangabe!) soll die Orgel im Jahre 1727 gebaut worden sein. Auf jeden Fall ist sie vor Mitte Juni 1729 entstanden, denn Silbermann war in den Jahren von 1727 bis 1730 wie folgt beschäftigt:

in Rochlitz: Ende Febr. 1727 bis Mitte Juli 1727

in Helbigsdorf: Mitte Aug. 1728 bis Mitte Nov. 1728

in Püchau: Anfang Juli 1729 bis Mitte Okt. 1729

in Glauchau: Ende Okt. 1729 bis Anfang Juni 1730

Als vermutliche Erbauungszeit der Orgel zu Lebusa ergibt sich hiernach: August 1727 bis Juli 1728 oder Dezember 1728 bis Juni 1729.

1420 Das haben sowohl Flade (1926, S. 75) als auch Dähnert (S. 201) angegeben. Beide Autoren nennen aber weder eine Quelle noch eine andere verläßliche ältere Nachricht. Unter Berücksichtigung der Tätigkeit Silbermanns an anderen Orten kann die Orgel zu Lebusa aber frühestens erst nach Juli 1727 gebaut worden sein, möglicherweise auch erst im ersten Halbjahr 1728 (vgl. hierzu Anm. 1419).

1421 Die Schrift wurde von dem Glauchauer Organisten Johann Gottlob Meischner (1682 bis 1752) verfaßt und erschien am 6. Juni 1730 anläßlich der Übergabe der Glauchauer Orgel (s. Anh. OWS. Nr. 7). Es heißt darin u.a.:

»... Was Du in Reichenbach und Rochlitz hast erwiesen,

In Püchen, Tieffenau, Lobus [= Lebusa] und Öderan,

Und wie auch Deine Kunst in Glauchau wird gepriesen,

234

1730 vollendet

2 Manuale – 27 Stimmen

Quellen

A. 1. Brief Gottfried Silbermanns vom
    19. Februar 1730
   2. dgl. vom 30. März 1730
   3. dgl. vom 12. November 1730
   (PfA. Stolpen: Akte Sign: VI B II c l,
   ohne Blattnummern)

B. Johann Gottlob Meischner: Orgelgedicht (1730)

C. Johann Martin Steindorff: Gedruckte
   Gratulation (1730)

D. Chorus Musicus Glauchau: Druckschrift (1730)

E. (Fritz Resch): Die Silbermann-Orgel zu
   Glauchau St. Georgen, Glauchau (ohne
   Jahr [1953])

Eine Bauakte ist bisher nicht aufgefunden
worden.[1423]

Vorgeschichte

Am 24. Oktober 1712 hatte eine Feuers-

brunst, neben 343 Häusern, auch die
Georgenkirche (bis auf die Umfassungs-
mauern und den Turm) eingeäschert. Die
Weihe der wiederaufgebauten Kirche fand
am 15. Februar 1728 statt (E/3). Der Orgelbau erfolgte in unmittelbarem Zusammenhang mit dem Neubau der Kirche.[1424]

Bauvertrag

Der Kontrakt ist nicht auffindbar. Er muß
vor Ende August 1727 abgeschlossen worden sein.[1425] Wer Silbermanns Auftraggeber war, ist nicht bekannt.[1426] Die Disposition der Orgel geht aus der Schrift hervor, die der Glauchauer »Chorus Musicus«
zur Orgelweihe drucken ließ (D/7 f.).[1427]
Die Schrift kann in diesem Punkt als Ersatz
für den verschollenen Kontrakt betrachtet
werden.[1428]

Baukosten

Gottfried Silbermann soll für das Werk
1200 Taler bekommen haben.[1429] Das ist
im Verhältnis zu anderen vergleichbaren

Das zeigt Dein schönes Werck, Geschickter
    Silbermann! ...«

Von dem Tiefenauer Positiv abgesehen, nannte
Meischner also fünf Orgeln, die Silbermann in
den Jahren 1725 bis 1729, also unmittelbar vor
der Glauchauer, erbaut hatte. Er hat dabei allerdings noch »vergessen«: Dittersbach, Forchheim
und Helbigsdorf. Aber es kam Meischner ja
nicht auf eine lückenlose Liste an. Klar ist jedenfalls, daß er von dem Orgelbau in Lebusa gewußt hat. Wir können also feststellen: Das Werk
muß – allerspätestens – im Juni 1729 vollendet
worden sein, denn von Anfang Juli 1729 bis
Anfang Juni 1730 war Silbermann – praktisch
ohne Zwischenpause – in Püchau und Glauchau
beschäftigt. Wer die Orgel zu Lebusa prüfte ist
unbekannt. Leider ist auch der Weihetag nicht
mehr zu ermitteln.

1422 Vgl. Dähnert, S. 201.

1423 Im Staatsarchiv Dresden (Bestand Schön-
burgische Gesamtregierung bzw. Superintendentur Glauchau) befindet sich kein Aktentitel, der
sich auf die Silbermannorgel bezieht.

1424 Das war auch in Reichenbach, Oederan,
Freiberg (St. Petri) und Frauenstein der Fall.

1425 In einem am 29. August 1727 ausgefer-

tigten Auszug aus der Kirchbaukassenrechnung
heißt es nämlich: »200 Thaler dem Orgelbauer
Silbermann von Freybergk bey Schliessung des
mit Ihm getroffenen Accorts« (Kreisarchiv
Glauchau: Bestand Rat der Stadt Glauchau,
AE 416, Bd. II, ohne Blattnummer). Um diese
Zeit dürfte die Kirche im wesentlichen wieder
aufgebaut gewesen sein. Silbermann mußte die
Orgel ja dem Kirchenraum entsprechend disponieren und entwerfen. In Reichenbach ist der
Orgelbauvertrag abgeschlossen worden, nachdem die Kirche soweit aufgebaut war, daß darinnen Gottesdienst gehalten werden konnte. Silbermann ist, nachdem die Orgel zu Rochlitz geweiht worden war, am 21. Juli 1727 nach Freiberg zurückgekehrt. Der Glauchauer Kontrakt
könnte bald danach abgeschlossen worden sein.

1426 Aller Wahrscheinlichkeit nach der Rat
zu Glauchau, weil sich die Baurechnung (vgl.
Anm. 1425) ja ursprünglich im Stadtarchiv befand.

1427 Hiernach hat das Werk insgesamt siebenundzwanzig Register (darunter eine Vox humana) bekommen. Sie verteilten sich wie folgt: elf
im Hauptmanual, zwölf im Oberwerk und vier
im Pedal.

Orgeln durchaus angemessen.[1430] Die finanziellen Mittel sollen durch eine von der Schönburgischen Regierung genehmigte Lotterie aufgebracht worden sein.[1431] Am 12.November 1730[1432] sandte Gottfried Silbermann von Reinhardtsgrimma aus »verprochenermaßen die Einrichtung von der Glauischen Lotterie«[1433] an Pastor Degenkolb in Stolpen (A.3).[1434]

Einzelheiten hinsichtlich der Baukosten sind nicht bekannt.[1435]

Bauablauf

Da der Kontrakt fehlt, läßt sich der Termin, wann die Orgel übergeben werden sollte, nicht mehr feststellen. Es ist mit ziemlicher Sicherheit anzunehmen, daß Gottfried Silbermann etwa sieben Monate in Glauchau gearbeitet hat[1436] und frühestens Ende Oktober 1729 dort angekommen sein konnte.[1437]

Es gibt drei urkundliche Beweise für Silbermanns Aufenthalt in Glauchau. Am 9.Januar 1730 stand er Pate, als der Glauchauer »Rathsweinschenker« Johann Andreas Kelle einen Sohn taufen ließ.[1438] Am 19.Februar desselben Jahres erwähnte

---

1428 Es wurde – wie sonst in einem Kontrakt – das Material angegeben, aus welchem die Pfeifen der einzelnen Register hergestellt worden sind, z.B. Prinzipal 8 Fuß von Englischem Zinn, Rohrflöte 8 Fuß von Metall usw.

1429 Als Quellen werden eine Handschrift des Glauchauer Chirurgen Johann Christoph Riedel aus dem Jahre 1737 und handschriftliche Aufzeichnungen von Johann Christoph Reichelt (1713–1782) genannt (E/4).

1430 Die Orgeln zu Rötha (St.Georg) und Reichenbach (St.Peter und Paul) mit 23 bzw. 29 Stimmen kosteten nachweislich 1000 bzw. 1500 Taler.

1431 Als Quelle wird eine Niederschrift des Stadtschreibers und Notars Christian Friedrich Maurer vom 2.August 1731 genannt. Losverkaufsstellen befanden sich in Dresden, Leipzig, Chemnitz, Zwickau, Reichenbach und Görlitz (E/4). Der Rat zu Zwickau wollte über ein Jahrzehnt später den Neubau einer Orgel zu St.Marien ebenfalls durch eine Lotterie finanzieren, bekam aber die dazu erforderliche landesherrliche Erlaubnis nicht.

1432 Das war fünf Monate nach der Weihe der Glauchauer Orgel.

1433 Es handelte sich wohl um den gedruckten Lotterieplan (E/4). In der Stolpener Akte sind diese Unterlagen aber nicht (mehr) enthalten, sondern nur Silbermanns Brief.

1434 Silbermann war am 29./30.Oktober 1730 in Stolpen, um mit Pastor Degenkolb wegen des Baues einer Orgel in der nach einem Brand wiederaufgebauten Kirche zu verhandeln. Es ist anzunehmen, daß das Geld – nach dem Glauchauer Beispiel – ebenfalls mit Hilfe einer Lotterie aufgebracht werden sollte.

1435 Da der Kontrakt fehlt, lassen sich der Preis der Orgel und die vereinbarten Zahlungstermine nicht nachweisen. Fest steht nur, daß Silbermann bei Kontraktabschluß 200 Taler bekommen hat (vgl. Anm.1425).

1436 Mit dem Bau der vergleichbaren (neunundzwanzigstimmigen) Orgel zu Reichenbach wurde Anfang Oktober 1724 begonnen und am 11.Mai des folgenden Jahres konnte sie übergeben werden.

1437 Am 15.Oktober 1729 war die Orgel zu Püchau übergeben worden. Silbermann und seine Gesellen können sich demnach gar keine große Ruhepause gegönnt haben. Das bedeutet allerdings, daß die Teile für die Glauchauer Orgel schon fertig gewesen sein müssen, bevor man (Anfang Juli 1729) mit der Arbeit in Püchau begann. Der Püchauer Kontrakt ist mindestens vier Monate nach dem Glauchauer Kontrakt geschlossen worden. Trotzdem hat Silbermann das Püchauer Werk zuerst gebaut. Der Grund ist nicht bekannt. Es ergibt sich die Frage: Wann hat Silbermann in seiner Werkstatt an der Glauchauer Orgel gearbeitet? Wahrscheinlich im ersten Halbjahr 1729, nachdem im November 1728 das kleinere Werk zu Helbigsdorf übergeben worden war. Oder sollte er in der genannten Zeit in der Werkstatt an der Püchauer Orgel gearbeitet haben, um das Werk dann gleich (etwa ab Anfang Juli 1729) an Ort und Stelle aufzubauen? Dann bliebe für die Werkstattarbeiten für die Glauchauer Orgel maximal der Zeitraum von August 1727 (vermuteter Termin des Vertragsabschlusses) bis Juli 1728. Gottfried Silbermann kann mit seinen Gesellen in der Werkstatt auch gleichzeitig an beiden Werken gearbeitet haben. Relativ sicher lassen sich nur die Zeiten bestimmen, die Silbermann an Ort und Stelle zum Aufbau, Intonieren

Silbermann in einem von Glauchau aus an Pastor Degenkolb in Stolpen gerichteten Brief, daß er »mit hiesigen Orgelbau [noch] biß künfftige Johannis zu tun habe« und anschließend gleich nach Reinhardtsgrimma gehen wolle, um »die dasige Orgel zu setzen« (A. 1).[1439] Dann richtete Gottfried Silbermann am 30. März 1730, wieder von Glauchau aus, noch einen Brief an Degenkolb in Stolpen (A. 2).[1440]

Nach dem ersten Brief zu urteilen, wollte Silbermann die Orgel bis etwa Ende Juni 1730 fertigstellen. Sie konnte aber schon knapp drei Wochen eher übergeben werden.

Einzelheiten über den Bauablauf sind nicht überliefert.[1441]

Übergabe, Prüfung und Weihe

Die Orgel wurde am 6. Juni 1730 übergeben.[1442] Der Zwickauer Oberkantor Johann Martin Steindorff[1443] erwähnte in einer gedruckten Gratulation, daß das Werk »ohne sonst vorhergegangenes und gewöhnliches Examen übernommen worden« ist.[1444] Das ist das erstemal, daß eine von Silbermann gebaute Orgel nicht geprüft wurde. Am ersten Sonntag nach Trinitatis, dem 11. Juni, wurde die Orgel »mit einer solennen Predigt eingeweyhet«.[1445] Vermutlich hat der Glauchauer »Hof- und Stadtorganist« Johann Gottlob Meischner[1446] die Orgel zum Weihegottesdienst gespielt.

Zur Orgelweihe erschienen drei Druck-

---

und Stimmen seiner Orgeln brauchte (vgl. Anm. 1419).

1438 In dem Eintrag heißt es zwar: »... 3. H. Christoph [?] Silbermann, Orgelmacher von Freyberg« (PfA. St. Georg Glauchau: TaR. Nr. 4/1730). Es kann aber nur Gottfried Silbermann gemeint sein. Solche Irrtümer kamen gelegentlich vor. Wir erinnern daran, daß nach zwei zeitgenössischen Quellen die Reichenbacher Orgel von dem Altenburger Hoforganisten Johann Ernst Pestel geprüft worden sein soll. Es gab nachweislich aber nur einen Gottfried Ernst Pestel, der dieses Amt bekleidete.

1439 Der volle Wortlaut des Briefes ist im Anhang (SD. Nr. 24) zu finden.

1440 Der Brief wurde von dem Glauchauer Organisten Johann Gottlob Meischner geschrieben und ist wegen seines Postskriptums bemerkenswert (s. Anh. SD. Nr. 25).

1441 Wenn Silbermann die dreißigstimmige Sophienorgel in Dresden in rund zehn Wochen intoniert und gestimmt hat (vgl. Anm. 968), dürfte er für die gleiche Arbeit in Glauchau etwa neun Wochen gebraucht haben. Es läßt sich demnach abschätzen, daß das Werk bis etwa Anfang April 1730 völlig aufgebaut war.

1442 Das Datum geht aus dem von Meischner verfaßten Gedicht hervor (vgl. Anh. OWS. Nr. 7).

1443 Steindorff wurde 1663 in Deutleben geboren (vgl. Hans Rudolf Jung, Geschichte des Musiklebens der Stadt Greiz, I. Teil, Greiz 1963, S. 36 f.), wo sein Vater Michael (1633 bis

1707) Schneider und Gerichtsschöffe war (PfA. Hardisleben: TrR. Nr. 8/1691 und ToR. Nr. 3/ 1707 von Deutleben). Steindorff wirkte ab 1691 als Kantor in Greiz (vgl. Jung, a. a. O.) und schließlich (ab 1722) an der Marienkirche zu Zwickau. Hier starb er 1744 als »Cantor Emeritus«(StA. Zwickau: RPr. 1743/44, fol. 113b). Im Jahre 1699 hatte sich Steindorff erfolglos um das Freiberger Kantorat beworben (StA. Freiberg: Akte Sign. Aa VIII II 1, Bd. 1, unnumeriert; RPr. 1698–1706 Bl. 123 f. vom 28. August 1699).

1444 Vgl. Anhang OWS. Nr. 8.

1445 Das geht ebenfalls aus Steindorffs Gratulation hervor.

1446 Er wurde 1682 (Tauftag: 17. November) in Stollberg (Erzgebirge) geboren (PfA. Stollberg: TaR. 1682, S. 383). Sein Vater war Tuchmacher. Meischner wirkte ab 1702 als Organist (und dann auch als »LandgerichtsActuarius«) in Glauchau, wo er Ende August (Beerdigungstag: 1. September) 1752 starb (PfA. St. Georg Glauchau: ToR. Nr. 85/1752).

1447 Siehe Anhang OWS. Nr. 7, 8 und 9. Aus den Schriften gehen wichtige Daten hervor, die sich sonst auf keine Weise mehr ermitteln ließen: Übergabe- und Weihetag und Disposition der Orgel. Leider hat Steindorff in seiner Gratulation nicht angegeben, wer die »solenne« Weihepredigt für die Orgel gehalten hat. Wir dürfen annehmen, daß dem Superintendenten von Glauchau diese ehrenvolle Aufgabe zugefallen ist. Als solcher wirkte von 1725 bis 1731

schriften.[1447] Eine davon sandte Gottfried Silbermann an Pastor Degenkolb nach Stolpen.[1448] Es ist anzunehmen, daß sich der Meister nach der Übergabe seines Werkes noch einige Tage in Glauchau aufgehalten und der Orgelweihe beigewohnt hat.[1449]

In den Jahren 1952/53 erfolgte eine umfassende Restaurierung der Orgel, wobei die in der Vergangenheit erfolgten Eingriffe und Veränderungen rückgängig gemacht wurden. Der gegenwärtige Zustand der Orgel ist gut.[1450]

REICHENBACH (ST. TRINITATIS)

1730 vollendet – 1773 zerstört
1 (?) Manual – (?) Stimmen[1451]

Quellen

A. Brief Gottfried Silbermanns vom 7. Juli 1730
   (PfA. Stolpen: Akte Sign. VI B II c 1, ohne Blattnummer)
B. (Carl Gottfried Küster): Orgelgedicht von 1730[1452]

Die Bauakte soll 1945 vernichtet worden sein.[1453]

Vorgeschichte

Über die Vorgeschichte ist nichts Zuverlässiges bekannt.[1454]

Bauvertrag

Der Kontrakt ist verschollen.[1455] Die Disposition des Werkes ist nicht mehr feststellbar.[1456]

Baukosten

Die Baukosten sind unbekannt.[1457]

Bauablauf

Aus Silbermanns Brief (A), der »Reichen-

Adolf Wilhelm von Gohren. Er wurde 1685 in Kopenhagen geboren und ging 1732 nach Hamburg, wo er 1734 starb (vgl. Grünberg, II/1, S. 246).

1448 Silbermann schrieb am 7. Juli 1730 von Reichenbach aus, wo er mit dem Orgelbau in der Trinitatiskirche beschäftigt war, an Degenkolb u.a.: »...nehme mir die Kühnheit an dieselben angeschlossenes Carmen zu übermachen...« Der Brief befindet sich im PfA. Stolpen (Akte Sign. VI B II c 1, ohne Blattnummer). Das Gedicht ist dort aber nicht zu finden. Vermutlich hatte Silbermann das von Meischner verfaßte Carmen geschickt, weil der Glauchauer Organist mit dem Stolpener Pastor von früher her bekannt war.

1449 In Rochlitz war es ebenso: Am 18. Juli (1727) wurde die Orgel übergeben und am übernächsten Tag geweiht. Am 21. Juli trat Silbermann dann die Heimreise nach Freiberg an. In Glauchau lagen allerdings vier volle Tage zwischen Orgelübergabe und -weihe.

1450 Über die späteren Veränderungen, die sich das Werk Silbermanns gefallen lassen mußte, und die Wiederherstellung des ursprünglichen Zustandes gibt die von der Superintendentur Glauchau herausgegebene Broschüre Aufschluß (E/7 ff.).

1451 Es ist keine Quelle bekannt, aus der die Disposition der Orgel hervorgeht.

1452 Das einzige bekannte Exemplar der Druckschrift befindet sich in Strasbourg. Das Heimatmuseum Frauenstein besitzt eine Kopie.

1453 Sie soll sich (nach Flade, S. 124, Anm. 326) im Ephoralarchiv Plauen befunden haben. Hierzu ist zu bemerken, daß die von Flade angegebene Aktensignatur (I I 2) sich nicht auf Reichenbach, sondern auf die Orgel zu Mylau bezieht.

1454 Nach Flade (S. 124) sollen sich im Juli 1730 (?) Silbermann und ein Adorfer Orgelbauer um den Orgelbau in Reichenbach beworben haben. In der Stadt hätten sich zwei Parteien gebildet. Die Bürgerschaft stand auf Silbermanns Seite, weil er (1725) mit dem Werk in der Peter-Pauls-Kirche schon eine Probe seiner Kunst abgelegt hatte. Vertreter der Gegenseite sei u.a. der Landkammerrat Metzsch gewesen. Flades Darstellung verdient kein Vertrauen. Tatsache ist, daß sich Silbermann nicht erst im Juli 1730 um den Orgelbau beworben, sondern an dem Werk bereits gearbeitet hat (vgl. Anm. 1458).

1455 Er ist aller Wahrscheinlichkeit nach schon abgeschlossen gewesen, bevor Silbermann (ab Anfang Juli 1729) in Püchau arbeitete.

1456 In Anbetracht der kurzen Bauzeit (Mitte Juni bis Anfang September) kann es sich nur um ein kleines, einmanualiges Werk gehandelt haben.

bach, den 7. July 1730« datiert ist, geht zweifelsfrei hervor, daß er die Orgel unmittelbar nach dem Glauchauer Werk gebaut hat, ohne vorher nach Freiberg zurückzukehren.[1458] Da die Orgel zu Glauchau am 11. Juni geweiht wurde, dürfte Silbermann wenige Tage später mit der Arbeit in der Reichenbacher Trinitatiskirche begonnen haben. Vermutlich hatte er bereits im Frühjahr 1729 in seiner Werkstatt die Pfeifen, Windladen usw. fertiggestellt, um dann (Ende Oktober) alles zunächst bis Glauchau mitzunehmen, so daß eine Rück-

kehr nach Freiberg nicht notwendig war.[1459] Einzelheiten über den Bauablauf sind nicht bekannt.

Übergabe, Prüfung und Weihe

Wann die Orgel übergeben wurde und wer sie geprüft hat, ist nicht bekannt.[1460] Die Weihe fand am 10. September 1730 statt.[1461] Aus diesem Anlaß erschien ein gedrucktes Gedicht.[1462]

Bemerkungen

Die Orgel soll 1773 bei einem Brand nur teilweise zerstört, aber trotzdem durch eine neue ersetzt worden sein.[1463]

1457 Nach Flade (S. 124) soll Silbermann die Orgel »für 900 Tl.« gebaut haben. Bei einem solchen Preis müßte das Werk über zwanzig Stimmen besessen haben, könnte dann aber niemals in einem knappen Vierteljahr gebaut worden sein (vgl. Anm. 1456). Flades Angabe ist sowieso wertlos, weil die Quelle fehlt.

1458 Der Brief ist an Pastor Degenkolb in Stolpen gerichtet. Silbermann hatte bereits am 30. März 1730 brieflich versprochen, sobald er »künfftig nach Johannis nach Reinhardts-Grimma kommen werde«, in Stolpen einen Besuch zu machen (vgl. SD. Nr. 25). Jetzt bat er aber »um gütigsten Pardon«, denn »das allhier zu Reichenbach zu verfertigende Orgelwerk« habe ihn, »weil einmal in der Nähe mich befunden« (!), von dem Besuch in Stolpen abgehalten. Er wollte aber sein Versprechen ganz gewiß erfüllen, wenn er zu Michaelis (Ende September) 1730 »von hier nacher Reinhardts-Grimma gehen« werde. Fast sieht es so aus, als habe sich Silbermann erst während der Arbeit in Glauchau spontan dazu entschlossen, erst noch das Reichenbacher Werk zu bauen, bevor er in eine entgegengesetzte »Richtung« (nach Reinhardtsgrimma) ging. Es ist aber vielmehr anzunehmen, daß Silbermann den Reichenbacher Orgelbau längst eingeplant hatte.

1459 Gottfried Silbermann hat einige Jahre später auch Teile für die Orgel zu Greiz inzwischen mit nach Ponitz genommen, um von dort aus direkt nach Greiz reisen und dort mit der Arbeit beginnen zu können. Der Plan ist allerdings gescheitert, weil der Greizer Kirchenbau nicht rechtzeitig beendet werden konnte. Silbermann war deshalb gezwungen, »ad interim« doch erst wieder nach Freiberg zurückzukehren. Übrigens ist der Meister nach Vollendung der

Fraureuther Orgel ohne vorherige Rückkehr nach Freiberg gleich nach Schloß Burgk gegangen, um dort die Orgel zu bauen. Was die Orgeln zu Püchau, Glauchau und Reichenbach betrifft, so muß nochmals betont werden, daß Silbermann sie nacheinander in der relativ kurzen Zeit von Anfang Juli 1729 bis Anfang September 1730 aufgesetzt, intoniert und gestimmt hat.

1460 Die am 11. Mai 1725 übergebene Orgel der Reichenbacher Peter-Pauls-Kirche war von dem Altenburger Hoforganisten Gottfried Ernst Pestel geprüft worden. Ob er als inzwischen über Sechsundsiebzigjähriger nochmals nach Reichenbach kam, um nun die Trinitatisorgel zu übernehmen, erscheint doch etwas zweifelhaft. Vielleicht folgte man dem Glauchauer Beispiel und sah von einer Prüfung des Werkes überhaupt ab? In dem Orgelgedicht (B) heißt es jedenfalls zum Schluß: »Kurtz: Deiner Orgel fehlt mit einem Worte: Nichts.«

1461 Das Datum geht aus der Titelseite des zur Weihe erschienenen Gedichts hervor (vgl. Anh. OWS. Nr. 10). Nähere Einzelheiten sind nicht bekannt.

1462 Es wurde von einem »Diener, welcher nur Choräle Greiffen Kan«, verfaßt. Aus einem wenige Monate später zur Reinhardtsgrimmaer Orgelweihe von dem Dippoldiswalder Kantor und Organisten Jacob Lehmann verfaßten Gedicht erfahren wir, daß der Reichenbacher Advokat Carl Gottfried Küster der Autor des Carmens war. Er hat Gottfried Silbermann übrigens noch zwei weitere Druckschriften gewidmet (s. Anh. OWS. Nr. 13 und 48).

1463 Vgl. Flade (S. 124). Als Quelle gab er an: »(Olischer)«. Was damit gemeint ist, bleibt ein Rätsel. Pastor Johann Balthasar Olischer, der ab 1721 in Reichenbach gewirkt und beim Bau der

1731 vollendet

2 Manuale – 20 Stimmen

Quellen

A. Akte Den Orgel-Bau der Kirchen zu Reinhardtsgrimma und den dießfalls von den eingepfarrten geforderten Beytrag sambt was deme mehr anhängig betr.

Ergangen vorm Amt Dippoldiswalde anno 1729

Akte Das in der Kirchen zu Reinhardtsgrimma anzuschaffende neue Orgelwerk betr.

Ergangen vor der Superintendentur Pirna, Ao. 1729

(PfA. Reinhardtsgrimma: ohne Signatur)[1464]

B. Fünf Briefe Gottfried Silbermanns aus dem Jahre 1730[1465]

(PfA. Stolpen: Akte Sign. VI B II c 1, ohne Blattnummern)

C. Jacob Lehmann: Orgelcarmen von 1731

Gottlieb Schlegel: Orgelcarmen von 1731

(Originale in Strasbourg, Kopien im Heimatmuseum Frauenstein)

Vorgeschichte

In der Kirche befand sich eine im Jahre 1661 von Tobias Weller erbaute Orgel. Obwohl sie erst reichlich sechzig Jahre alt war, gab sie schon zu allerhand Klagen Anlaß.[1466] Die Reinhardtsgrimmaer Kirchenpatronin, die verwitwete »Cammerherrin« Christiane Eleonore von Tettau geborene von Berbisdorf († 1733), beauftragte deshalb Gottfried Silbermann mit einer Untersuchung des Werkes. Mitte Oktober 1725[1467] kam er nach Reinhardtsgrimma. Am 17. des Monats berichtete er,[1468] die Orgel »durch und durch besehen und also befunden« zu haben, daß sie »zu keiner dauerhaften Reparatur könne gebracht werden«.[1469] Silbermann schlug deshalb den

---

Peter-Pauls-Orgel eine Rolle gespielt hatte, kann sich über einen Orgelbau im Jahre 1773 in der Trinitatiskirche nicht geäußert haben, weil er bereits 1751 starb. Es soll nicht unerwähnt bleiben, daß Ernst Flade in der ersten Auflage (1926) seines Buches noch geschrieben hat, daß Silbermann den Auftrag für die Reichenbacher Orgel überhaupt nicht bekommen habe (S. 78). Dähnert hat das Werk nicht erwähnt. Auch der Freiberger Kantor Johann Gottfried Fischer hat die Reichenbacher Trinitatisorgel »übersehen«, als er im Jahre 1821 das Verzeichnis der Silbermannorgeln aufstellte. Andererseits erwähnte er drei Orgeln (Frauenstein, Zittau und Greiz), die schon nicht mehr existierten.

1464 Beide Bände betreffen praktisch nur die Finanzierung des Orgelbaues. Sie wurden schon vor vielen Jahren von Pfarrer Otto Friedrich Hiecke (1891–1970), der von 1930 bis 1961 in Reinhardtsgrimma wirkte, ausgewertet. Der Verfasser hat deshalb von einer nochmaligen Bearbeitung der Akten abgesehen. Er stützte sich vielmehr auf die ihm im Manuskript vorliegenden Ausarbeitungen von Pfarrer Hiecke. Weitere Akten zur Baugeschichte der Orgel zu Reinhardtsgrimma sind bisher (auch im Staatsarchiv Dresden) nicht aufgefunden worden.

1465 Die Briefe sind wie folgt datiert:
a) Glauchau, den 19.2. (s. SD. Nr. 24)
b) Glauchau, den 30.3. (s. SD. Nr. 25)
c) Reichenbach, den 7.7.
d) Reinhardtsgrimma, den 12.11.
e) Reinhardtsgrimma, den 20.12. (s. SD. Nr. 26)

1466 Pfarrer Johann Georg Strohbach (1652 bis 1732), der seit 1697 in Reinhardtsgrimma wirkte, schrieb am 21. Juli 1729 an Superintendent D. Christian Karl Stempel (1689 bis 1764) in Pirna, daß die Orgel »von undenklichen Zeiten her« stünde, in »so langer Zeit ... dann und wann repariert« worden sei, jetzt aber »dergestalt abgenutzt« wäre, daß sie »sehr übel klinge und heule, so daß der Organist manchmal mitten im Liede aufhören müsse ...«.

1467 Ab Ende desselben Monats arbeitete Gottfried Silbermann mit seinen Gesellen in Forchheim an einer neuen Orgel.

1468 Der Bericht liegt leider nur abschriftlich vor.

1469 Silbermann führte weiter aus: Die Orgel stünde an einem »entlegenen Platze, der keinen rechten Prospekt hat ... dahero man bey völligem Singen ... weil sich die Orgel in dem Chore verstecket ... von derselben nichts vernehmliches verstehe«. Das Werk hatte übrigens noch

Bau einer neuen Orgel vor.[1470] Sie sollte vorn beim Turm aufgestellt werden, weil das der beste Platz wäre: »zum Chor fundamental und firm, zum Prospekt habil und dann der Gemeinde profitable«. Für das mit zwanzig Registern projektierte Werk verlangte Gottfried Silbermann »aufs Genaueste« 800 Taler (exklusive Maler- und Zimmererarbeit), und freie Ab- und Zufuhr, »ingleichen frey Quartier, solange er über der Orgelsetzung zubringe«.

Es geschah aber zunächst nichts. Erst die beiden Töchter der »Cammerrätin«, Chri-stiane Elisabeth von Tettau († 1755) und Frau »Obrist-Lieutenant« Agnes Catharina von Venediger († 1740), nahmen sich im Jahre 1729 mit Energie und Tatkraft der Sache an.

Bauvertrag

Der Bauvertrag ist nicht auffindbar.[1471] Er wurde vermutlich erst Ende des Jahres 1729 abgeschlossen.[1472] Die Orgel besitzt zwanzig Stimmen, die sich auf Hauptwerk (9), Hinterwerk (8) und Pedal (3) verteilen.[1473]

Baukosten

Die Orgel kostete 800 Taler.[1474] Die

---

die sogenannte »Kurze Oktave«, das heißt, in der großen Oktave fehlten die Halbtöne Cis, Dis, Fis und Gis, so daß ein Organist »nach heutiger Manier, sonderlich bey [dem] Musicieren, nichts geschicktes zu tractieren vermögend« sei. Silbermann stellte abschließend fest, wenn jemand die alte Orgel reparieren wolle, dann wäre das nur »eine Geldschneiderey«.

1470 Pfarrer Strohbach schrieb in seinem Bericht vom 21. Juli 1729 an den Pirnaer Superintendenten (vgl. Anm. 1466), daß Silbermann das Werk »auf Martini 1729 liefern« wolle. Zu diesem Zeitpunkt war aber der Bauvertrag noch gar nicht abgeschlossen.

1471 Er befand sich vermutlich in den Händen der Kirchenpatroninnen. Falls er aber im Pfarrarchiv verwahrt wurde, dürfte er 1765, als »die Pfarrwohnung abgebrannt ist«, mit vernichtet worden sein. Im Jahre 1824 bat nämlich der Dresdner Organist Friedrich George Kirsten schriftlich um Auskunft über das Erbauungsjahr der Orgel. Der Reinhardtsgrimmaer Kantor und Organist Grahl mußte ihm aber antworten, daß bei dem Brande 1765 »die Kirchen-Nachrichten ... verloren gegangen« sind.

1472 Am 16. Mai 1729 teilten die Patroninnen dem Amtmann zu Dippoldiswalde mit, daß die Angelegenheit wegen des finanziellen Beitrages der Amtsdörfer »keinen längeren Aufschub leiden will, damit wir mit der Kirche und Silbermann zu Ende und Schluß gelangen können«, zumal Silbermanns Geduld »nicht mehr hinlänglich« sein wolle. Hiernach ist anzunehmen, daß die beiden Damen mit Silbermann korrespondiert haben und ihn wegen des Kontraktabschlusses um Geduld bitten mußten. Leider ist der mutmaßliche Briefwechsel nicht mehr auffindbar. In ihrer Eingabe vom 28. Oktober 1729 an das Oberkonsistorium zu Dresden (vgl. Anm. 1480) schrieben die Patroninnen, daß es »nicht zuviel sein würde, wenn wir mit Silbermann auf 800 Thlr. einig werden könnten«. Hieraus ist zu schließen, daß Ende Oktober 1729 der Kontrakt noch nicht abgeschlossen war. Bis Mitte desselben Monats arbeitete Silbermann in Püchau und anschließend (bis Anfang Juni 1730) in Glauchau. Er hätte also Ende des Jahres 1729 (oder Anfang 1730) extra von Glauchau nach Reinhardtsgrimma reisen müssen, um den Kontrakt abzuschließen. Da die Bedingungen aber wohl schon vorher ausgehandelt worden waren, könnte der Vertrag dem Meister auch zugesandt worden sein. Wir erinnern in diesem Zusammenhang an den Fall Rochlitz (vgl. Anm. 1281). Nach den Worten von Pfarrer Strohbach soll Silbermann die Absicht gehabt haben, die Reinhardtsgrimmaer Orgel bis Martini (November) 1729 zu liefern (vgl. Anm. 1470). Es wäre demnach denkbar, daß Silbermann mit seinen Gesellen im ersten Halbjahr 1729 schon an der Orgel gearbeitet hat, obwohl noch kein Kontrakt bestand. Bei dem Oederaner Werk hatte er ja auch schon lange vor Kontraktabschluß mit der Arbeit begonnen. Silbermann war ab Anfang Juli 1729 (bis Anfang September 1730) laufend beschäftigt und zwar in Püchau, Glauchau und Reichenbach, so daß für Arbeiten in der Freiberger Werkstatt keine Zeit übrig blieb.

1473 Die Disposition ist bei Dähnert (S. 203) zu finden. Im Pfarrarchiv Stolpen (Akte Sign. VI B II c 1) befindet sich ein Blatt mit der Disposition der Reinhardtsgrimmaer Orgel, denn Pastor Degenkolb in Stolpen wollte von Silbermann auch eine Orgel bauen lassen. Der Plan scheiterte aber aus finanziellen Gründen.

Summe sollte wie folgt aufgebracht werden: rund 460 Taler aus Kapitalzinsen des Kirchenvermögens,[1475] etwa 290 Taler durch eine auf die zur Kirchfahrt gehörenden sieben Gemeinden verteilte Umlage[1476] und 50 Taler Erlös aus dem Material der alten Orgel.[1477] Die drei »adligen« Dörfer waren bereit, ihren finanziellen Beitrag zu leisten,[1478] aber die »Amtsdörfer« machten Schwierigkeiten.[1479] Patronatsherrschaft und Amtmann bemühten sich, die Amtsdörfer zu der gleichen Opferbereitschaft wie die »adligen Gemeinden« zu veranlassen.

Die Amtsdörfer wollten aber nur 100 Taler »unter sich aufbringen«, zu mehr könnten sie sich nicht verstehen. Am widerspenstigsten zeigte sich die Gemeinde Hirschbach. Sie meinte, daß man sich mit dem alten Orgelwerk, »wenn es etwas repariert worden wäre«, noch auf einige Zeit« hätte behelfen können.

Um die Kapitalzinsen für den Orgelbau verwenden zu können, war die Genehmigung der obersten Kirchenbehörde notwendig. Sie wurde am 9. November 1729 erteilt.[1480] Wann bzw. in welchem Zeit-

1474 Das geht aus Silbermanns Entwurf vom 17. Oktober 1725, der Eingabe Pfarrer Strohbachs vom 21. Juli 1729 an die Superintendentur und endlich aus dem Schreiben der Patroninnen vom 28. Oktober 1729 an das Oberkonsistorium hervor. Silbermann hatte für das Werk »exclusive des Mahlers und der Zimmerleute Arbeit beim Chor und Bälgen legen aufs Genaueste« 800 Taler verlangt und außerdem – wie üblich – freie Ab- und Zufuhr, freies Quartier während der Arbeit an Ort und Stelle usw. Pfarrer Strohbach erwähnte, daß die Orgel »eventualiter auf 800 Thaler bedungen und nicht geringer zu behandeln« sei.

1475 Man wollte die Summe in fünf Jahresraten zu je 92 Talern aufbringen. Pfarrer Strohbach hat der Superintendentur mitgeteilt, daß sich die Zinsen auf jährlich rund 200 Taler belaufen und fast immer 108 Taler pro Jahr übriggeblieben wären. Er versicherte, daß »der Stamm [d.h. das eigentliche Kirchenvermögen] aber im Geringsten nicht angegriffen« werde.

1476 Drei Gemeinden (Reinhardtsgrimma, Cunnersdorf und Schlottwitz) unterstanden der Gutsherrschaft und vier (Hirschbach, Oberfrauendorf, Niederfrauendorf und Reinholdshain) dem Amt zu Dippoldiswalde.

1477 Silbermann hatte in seinem Bericht vom 17. Oktober 1725 darauf hingewiesen, daß »ein ergiebiges [an Zinn und Metall] von der alten Orgel zum Beytrag der neuen« verwendet werden könne. Der Wert sollte nach dem Einschmelzen taxiert werden.

1478 In einer von den Patroninnen geleiteten Versammlung wurden folgende Beiträge vereinbart: ein Bauer 2 Taler, vier Gärtner zusammen 2 Taler und acht Häusler zusammen ebenfalls 2 Taler. In Groschen umgerechnet

sollten bezahlen: die Bauern je 48 Groschen, die Gärtner je 12 Groschen und die Häusler je 6 Groschen. Auch die »Hausgenossen« (oder Mieter) wollten »nach ihrem Vermögen« zu dem Orgelbau beitragen und zwar »Mann und Weib 2 Groschen«. Das »hochadelige Haus Reinhardtsgrimma« spendete 34 Taler.

1479 Am 8. Januar 1729 baten die Patroninnen den Amtmann zu Dippoldiswalde, »den Vertrag wegen eines Zuschusses zu unserm Orgelbau von Dero Unterthanen nicht zu vergessen ... damit wir den fälligen Contract mit Herrn Silbermann schließen können ....«. Eine Woche später stellten die Gemeinden in einer Eingabe an den Amtmann die Frage, »ob man das Werk nicht könnte etwas wohlfeiler erkaufen«. Außerdem waren sie der Meinung, daß die »adligen Dörfer«, ihrer Leistungsfähigkeit entsprechend und »indem sie auch das Gotteshauß um ein gutes Stück näher haben«, doppelt soviel aufbringen müßten als die anderen Orte. Bevor sie dazu nicht bereit wären, wollte man »keinen Dreier« zu dem Orgelbau geben. Die Amtsdörfer baten »unterthänigst« darum, »uns arme Unterthanen mit fernerer Anmutung einigen Beitrages zu verschonen«. Sie lehnten den Orgelbau also praktisch ab.

1480 Am 21. Juli 1729 hatte Pfarrer Strohbach ein entsprechendes Gesuch eingereicht (siehe hierzu Anm. 1466 und 1470). Superintendent Stempel leitete es am übernächsten Tage mit Befürwortung an das Oberkonsistorium in Dresden weiter. Am 1. August kam von dort der Bescheid, daß man Bedenken habe, »zu solchem Orgelbau 461 Thlr. aus dem Kirchenvermögen zu nehmen«. Die Kirchenbehörde war aber damit einverstanden, wenn 100 Taler aus der Barschaft der Kirche und 100 Taler »von

raum Gottfried Silbermann die geforderten 800 Taler erhalten hat, geht aus den Quellen nicht hervor.

Bauablauf

Da der Kontrakt nicht mehr vorhanden ist, wissen wir auch nicht, wann die Orgel übergeben werden sollte. Fest steht, daß Gottfried Silbermann zum Johannisfest (Ende Juni) 1730 in Reinhardtsgrimma mit der Arbeit beginnen wollte.[1481] Da der Orgelbau etwa sechzehn Wochen Zeit erforderte,[1482] können wir Mitte Oktober 1730 als den mutmaßlichen Übergabetermin betrachten.

Silbermann kam allerdings erst frühestens Mitte September 1730 nach Reinhardtsgrimma.[1483] Am 12. November schrieb er von da aus an Pastor Degenkolb in Stolpen

denen nachhero eingehenden Zinsen« genommen werden. Am 11. August gab der Pirnaer Superintendent den unbefriedigenden Bescheid nach Reinhardtsgrimma weiter. Am 28. Oktober wandten sich die beiden Kirchenpatroninnen selbst mit einem ausführlichen Schreiben direkt an das Oberkonsistorium. Sie führten u. a. an, daß das neue Orgelwerk von dem Orgelbauer »unter 800 Thlr. nicht zu behandeln seyn würde« und ein kleineres Werk käme wegen »der sehr starken Kirchfahrt« und nach dem Urteil der »zu Rath gezogenen Music-Verständigen« nicht in Betracht. Man habe alles »wohl überlegt«, und es komme nicht darauf an, »daß wir unseres Orts gerne eine kostbare große und zierliche Orgel in der Kirche zu haben wünschten«. Die Patronatsherrinnen befürchteten, daß die Gemeinden von ihrem freiwilligen finanziellen Beitrag zurücktreten könnten, wenn »kein tüchtiges Werk angeschafft würde«. Es könne dann sehr leicht geschehen, daß »diese so schöne Kirchfahrt ganz ohne Orgel bleiben müßte«, zumal ein Schulmeister, »er habe eine so starke Stimme wie er wolle«, dieselbe »zu überschreyen nicht vermag«. Die beiden Damen berichteten auch von dem Gelächter und Gespötte am vergangenen Sonntag, als die alte Orgel während des Gottesdienstes »anfangs noch einen heulenden Thon von sich hören lassen, mitten im Gesang aber stille stehen« geblieben war. Die Patroninnen bestanden darauf, daß rund 460 Taler von den Zinsen, »ohne das Geringste von denen Capitalien anzugreifen«, für den Orgelneubau verwendet werden müßten, und baten darum, in diesem Sinne an den Superintendenten zu Pirna »anderweit zu rescribiren«. Das heißt, das Oberkonsistorium sollte seine Entscheidung vom 1. August aufheben. Die Patroninnen wiesen abschließend noch besonders auf die Dringlichkeit der Angelegenheit hin, da Silbermann die Orgel »in Kürze zur Perfection bringen« wolle. Die oberste Kirchenbehörde konnte sich den Argu-

menten nicht verschließen und entschied am 9. November 1729 in dem von den Patroninnen gewünschten Sinne. Vermutlich ist der Kontrakt mit Silbermann kurz darauf geschlossen worden, nachdem durch die Entscheidung des Oberkonsistoriums der Orgelbau finanziell gesichert war.
[1481] Als die Patronatsherrinnen im März 1730 wegen der Widerspenstigkeit der Gemeinde Hirschbach die »obrigkeitliche Hilfe« des Amtmannes in Anspruch nehmen mußten, betonten sie, »Silbermann kommt künftigen Johanni her und setzet die Orgel«. Silbermann selbst hatte am 19. Februar 1730 von Glauchau aus an Pastor Degenkolb in Stolpen geschrieben, daß er »mit hiesigen Orgelbau biß künfftige Johannis zu tun« habe und dann »von hier aus gleich nach Reinhardts-Grimma kommen [werde], die dasige Orgel zu setzen« (s. Anh. SD. Nr. 24). In einem weiteren Brief vom 30. März 1730 schrieb Gottfried Silbermann, daß er »so bald künfftig nach Johannis nach Reinhardtsgrimma kommen werde«, dann auch den versprochenen Besuch in Stolpen machen wolle (s. Anh. SD. Nr. 25).
[1482] An dem (zerstörten) zweiten Frauensteiner Werk arbeitete Silbermann nachweislich sechzehn Wochen an Ort und Stelle. Das dürfte bei dem Reinhardtsgrimmaer Werk auch der Fall gewesen sein. Die Dispositionen beider Orgeln stimmen völlig miteinander überein. Sie gleichen sich wie »Zwillinge«. Allerdings haben auch die Orgeln zu Crostau, Forchheim, Zöblitz und Mylau dieselbe Disposition. Die letztere Orgel hat allerdings – über den Kontrakt hinaus – noch eine »vox humana« bekommen. Der Reinhardtsgrimmaer Organist Gottlieb Schlegel spielte in seinem Orgelcarmen darauf an, daß »seine« Orgel dieses Register nicht besitzt. Er schrieb: »Es ist zwar vox humana nicht, Die an theils Orten wird vernommen, In dieses neue Werck gekommen ...« (s. Anh. OWS. Nr. 12).
[1483] Silbermann ging nämlich unmittelbar

243

und versprach, »wenn ich mit hiesiger Orgel bald zum Stande bin«, es zwei Wochen vorher mitteilen zu wollen.[1484] Silbermann hielt Wort und schrieb am 20. Dezember dem Stolpener Pastor, daß die Orgel »in wenig Tagen« fertig sei und am Sonntag nach Epiphanias[1485] 1731 übergeben werden soll.[1486] Es ergibt sich somit eine Bauzeit von genau sechzehn Wochen, nämlich von Mitte September 1730 bis Anfang Januar 1731.[1487]

Übergabe, Prüfung und Weihe

Nach Silbermanns Brief vom 20. Dezember 1730[1488] sollte die Orgel am Sonntag nach Epiphanias (7. Januar) 1731 übergeben werden. Sie wurde aber schon tags zuvor, zum eigentlichen Epiphaniasfest, geweiht.[1489] Der Dresdner Kreuzkirchenorganist Emanuel Benisch[1490] war mit der Prüfung des Werkes beauftragt worden.[1491] Das Datum ist nicht bekannt.[1492]

Die Orgelweihe erfolgte »Bey Volck-reicher

nach der Weihe der Orgel zu Glauchau, also spätestens Mitte Juni 1730, erst nach Reichenbach, um in der Trinitatiskirche noch eine kleinere Orgel zu bauen. Sie wurde am 10. September geweiht. Bereits am 7. Juli hatte Silbermann von Reichenbach aus an Pastor Degenkolb in Stolpen geschrieben, daß er zu Michaelis »von hier nacher Reinhardts-Grimma gehen« werde.

1484 Vermutlich ist das Reinhardtsgrimmaer Werk bis Ende Oktober 1730 völlig aufgesetzt worden, so daß Silbermann am 29./30. Oktober den längst versprochenen Besuch in Stolpen machen konnte. Er hat den Riß und die Disposition der Reinhardtsgrimmaer Orgel mitgenommen und dortgelassen, weil Pastor Degenkolb für die wiederaufgebaute Stolpener Kirche offenbar eine ähnliche Orgel wünschte. Mit dem erwähnten Brief vom 12. November bestätigte Silbermann, den Riß wieder erhalten zu haben. Die Disposition dagegen ist in Stolpen verblieben (vgl. Anm. 1473).

1485 Das Epiphaniasfest (6. Januar) fiel im Jahre 1731 auf einen Sonnabend.

1486 Gottfried Silbermann lud Pastor Degenkolb ein, die Orgel »bey meinem Hiersein in Augenschein zu nehmen« (vgl. Anh. SD. Nr. 26). Ob Degenkolb nach Reinhardtsgrimma gereist ist, wissen wir nicht.

1487 Gottfried Silbermann und seine Gesellen haben von Anfang Juli 1729 bis Anfang Januar 1731, also in reichlich achtzehn Monaten, vier Orgeln aufgebaut, intoniert, gestimmt und übergeben. Die nachstehende Übersicht soll diese bewundernswerte Tatsache verdeutlichen:

Ort	Erbauungszeit
Püchau	Anfang Juli 1929 bis Mitte Okt. 1729
Glauchau	Ende Okt. 1729 bis Anfang Juni 1730
Reichenbach	Mitte Juni 1730 bis Anfang Sept. 1730
Reinhardtsgrimma	Mitte Sept. 1730 bis Anfang Jan. 1731

Vorher mußten aber alle erforderlichen Teile (insbesondere das Pfeifenwerk, die Windladen, das Gehäuse usw.) in der Freiberger Werkstatt angefertigt werden. Der Meister und seine fleißigen Gehilfen müssen das alles in etwa neunzehn Monaten (August 1727 bis Juli 1728 und Dezember 1728 bis Juni 1729) geschafft haben. In der Zwischenzeit (August bis November 1728) ist in Helbigsdorf gearbeitet worden.

1488 Siehe Anhang SD. Nr. 26.

1489 Das geht aus den beiden Orgelcarmina hervor (vgl. Anh. OWS. Nr. 11 und 12).

1490 Sein Vater hieß ebenfalls Emanuel, wurde um 1650 geboren und hatte dreißig Jahre lang (ab 1695) das Amt des Kreuzkirchenorganisten inne. Er starb 1725 im Alter von fünfundsiebzig Jahren (StA. Dresden: KWZ. Bl. 815, 2. Oktober 1725). Da Benisch sen. in den letzten Lebensjahren seinen Dienst »alters- und Schwachheitshalber« fast nicht mehr verrichten konnte, wurde Emanuel Benisch jun. zunächst als Substitutus und nach dem Tode seines Vaters als dessen Nachfolger eingesetzt (StA. Dresden: Akte Sign. XXXIV 15, Bl. 7 ff.). Emanuel Benisch jun. wurde um 1686 geboren und starb, sechsundfünfzig Jahre alt, 1742 in Dresden »an Geschwulst und Verzehrung« (StA. Dresden: KWZ. 1742/43, Bl. 91, und Akte Sign. D XXXIV 14, Bl. 27).

1491 Das geht aus einem Aktenvermerk vom 7. Januar hervor, der von dem Dippoldiswalder Amtmann geschrieben wurde. Gottfried Silbermann hatte in seinem Brief vom 20. Dezember schon erwähnt, daß die Orgel »in Gegenwart des Organisten Herr Pönischens [?] aus Dreßden« übergeben werden soll (vgl. Anh. SD. Nr. 26).

Versammlung«.[1493] Nähere Einzelheiten sind nicht überliefert.[1494] Silbermann wurde mit zwei Carmina geehrt.[1495] Das eine stammte von dem Dippoldiswalder Kantor und Organisten Jacob Lehmann[1496], das andere von Gottlieb Schlegel[1497].

Bemerkungen

Die Orgel befindet sich (nach Dähnert) in einem sehr guten Zustand und wurde in die vom VEB Deutsche Schallplatten Berlin herausgegebene Reihe »Bachs Orgelwerke auf Silbermannorgeln« aufgenommen.

MYLAU (VOGTLAND)

1731 vollendet
2 Manuale – 20 (1) Stimmen

Quellen

A. Kontrakt vom 21. August 1730
   (PfA. Mylau: Sign. A 1 a – alte Lehns-akten)
B. Kirchrechnung 1730/31[1498]
   dgl. 1731/32   dgl. 1732/33
   dgl. 1733/34   dgl. 1734/35
   dgl. 1743/44   (PfA. Mylau)
Eine vorhanden gewesene Akte ist im zweiten Weltkrieg vernichtet worden.[1499]

Vorgeschichte

Das in der Kirche »von undenklichen Jahren her gestandene alte Orgelwerk« war dermaßen »eingegangen«, daß »durch fernere Reparation« nicht geholfen werden konnte. Der Kirchenkollator, Christian Ludwig Edler von der Planitz[1500], entschloß sich daher, »bey dieser unumgänglichen Nothwendigkeit« eine ganz neue Orgel aufrichten zu lassen.[1501]

Bauvertrag

Der Kontrakt ist im Original erhalten und

1492   In dem Aktenvermerk (s. Anm. 1491) heißt es lediglich, daß die Probe des neuen Orgelwerks »vor sich gegangen« ist und es »allenthalben tüchtig befunden« wurde. Ob Benisch einen besonderen Examinationsbericht geschrieben hat, ist nicht nachweisbar.
1493   Das haben sowohl der Dippoldiswalder Amtmann (Aktenvermerk vom 7. Januar 1731) als auch Kantor Jacob Lehmann (Orgelcarmen) bezeugt.
1494   Es ist nicht vermerkt worden, wer die Weihepredigt gehalten hat: vermutlich der Pirnaer Superintendent Stempel oder der Reinhardtsgrimmaer Pfarrer Strohbach.
1495   Siehe Anhang OWS. Nr. 11 und 12. Gottfried Silbermann hatte sich vorgenommen, am Dienstag (9. Januar) sich »wiederum nacher Freyberg zu begeben« (vgl. SD. Nr. 26). Das dürfte auch geschehen sein, denn weitere Arbeit wartete auf ihn: die einundzwanzigstimmige Orgel zu Mylau. Sie konnte am 2. Dezember 1731 geweiht werden.
1496   Er wurde 1692 geboren und stammte aus Bischofswerda, wo sein Vater (Jacob) Tuchmacher war. Als Lehmann 1722 in Dippoldiswalde die einzige Tochter des dortigen Kantors und Organisten Christoph Wilhelm Strehle heiratete, war er im »Cantorat und Organisten-Dienst« zu Dippoldiswalde noch Substitutus.

Lehmann ist »in die 45 Jahr« in Dippoldiswalde tätig gewesen und starb dort am 3. Juni 1766 im Alter von fast vierundsiebzig Jahren (PfA. Dippoldiswalde: TrR. 1722 (14. Oktober) und ToR. 1766).
1497   Schlegel wirkte in Reinhardtsgrimma als »Ludimoderator« (Schulmeister) und Organist. Seine Lebensdaten konnten bisher noch nicht ermittelt werden.
1498   Die Rechnungen erstrecken sich jeweils auf den Zeitraum vom Laetare (3. Sonntag vor Ostern) des einen bis Laetare des folgenden Jahres. Die Beträge wurden nach sogenannten »alten Schock« (= 20 Groschen) angegeben. Der Verfasser rechnete sie in die Talerwährung um.
1499   Das Repertorium des Plauener Ephoralarchivs nennt unter Mylau ein Aktenstück von 1730 (Sign. I I 2) »den neuen Orgelbau betr.«, das aber leider im zweiten Weltkrieg vernichtet wurde (lt. brieflicher Auskunft der Superintendentur Plauen vom 15. Januar 1969 an den Verfasser). Flade (1926, S. 78) hat die Akte in einer Fußnote erwähnt, über ihren Inhalt aber keine Angaben gemacht.
1500   Seine Lebensdaten sind dem Verfasser nicht bekannt. Im Kontrakt heißt es: »... Auerbach, Mylau, Lengefeld...« Weitere Angaben über seine Stellung fehlen.

»Mylau, den 21. Augusti 1730« datiert.[1502] Gottfried Silbermann arbeitete damals (von Mitte Juni bis Anfang September) in Reichenbach an der Orgel der Trinitatiskirche. Er muß demnach von dort aus zwischendurch nach Mylau gereist sein, um den Orgelbauvertrag abzuschließen.[1503] Silbermann versprach, »ein gantz neues, tüchtiges und wohl proportionirtes Orgelwerk ... nach dem hierzu übergebenen unterschriebenen und besiegelten Riße« zu verfertigen. Die Orgel sollte im Hauptmanual zehn, im Oberwerk sieben und im Pedal drei Register erhalten.[1504] Gottfried Silbermann verpflichtete sich, das Werk mit zwei tüchtigen Blasebälgen »von Tannenholtze« und vier Windladen von Eichenholz auszustatten und das Gehäuse »sauber und geschickt mit Bildhauer- und TischerArbeit« zu machen. Das Pfeifenwerk wóllte er »bedungenermaßen von dem besten geschlagenen Englischen Zinn, Metall und guten Holtze« verfertigen, alle für das Werk erforderlichen Materialien anschaffen und endlich auch die benötigten Handwerks- und Arbeitsleute, den Maler und Zimmermann ausgenommen, halten und bezahlen. Silbermann wollte auch den Kalkanten, der beim Intonieren und Stimmen der Pfeifen zur Bedienung der Blasebälge gebraucht wurde, auf seine Kosten halten. Er erbot sich, die Orgel so zu liefern, daß »an dem ganzen Werke nicht das mindeste manquiren« soll und die Gewähr »üblichermaßen« auf ein Jahr zu übernehmen.

Baukosten

Der Kollator von der Planitz verpflichtete sich, für das Werk 800 Taler an Gottfried Silbermann zu bezahlen. Die Gelder sollten dem Kirchenvermögen entnommen und 400 Taler »sofort bey Schließung und Approbation des Contracts« ausgezahlt werden (A).[1505] Der Rest sollte in vier Terminen zu je 100 Talern und jeweils zu Michaelis

1501 Das geht aus der Einleitung des Kontrakts hervor (A).

1502 Die Urkunde trägt die Unterschriften und Siegel des Kollators und Gottfried Silbermanns und wurde außerdem noch von den Kirchenvorstehern Johann Keylig und Johann Michael Ötler unterschrieben. Der Kirchenpatron hat den Kontrakt offenbar in Auerbach unterzeichnet. Es wurden nämlich 4¹/₂ Groschen Botenlohn nach Auerbach bezahlt: »... den Contract wegen der Orgel zu unterschreiben, 29.8.1730« (KR. 1730/31).

1503 Ob Silbermann vorher schon einmal in Mylau gewesen ist, wissen wir nicht. Vielleicht haben sich die Vertragspartner so schnell geeinigt wie in Rochlitz. Der Kirchenpatron dürfte, nachdem er erfahren hatte, daß der berühmte Meister in der Nähe arbeitete, ihn kurzfristig nach Mylau gerufen haben. Es ist jedenfalls bemerkenswert, daß Silbermann, während er an einer Orgel arbeitete, schon wieder einen neuen Auftrag angenommen hat.

1504 Die Disposition ist bei Dähnert (S. 204) zu finden. Der Adorfer Organist Horlbeck, dessen Sohn Albin Friedrich übrigens von 1846 bis 1859 in Frauenstein als Schulrektor und Organist an der Silbermannorgel wirkte, hat die Disposition der Mylauer Orgel bereits 1831 (im »Vogtländischen Anzeiger« vom 8. Oktober) veröffentlicht. Hiernach hatte sie im Hauptwerk noch eine »vox humana«, also insgesamt einundzwanzig Stimmen. Gottfried Silbermann hat dieses Register offenbar — wie er das manchmal tat — über den Kontrakt hinaus noch verfertigt. Von dieser zusätzlichen Stimme abgesehen, hat das Werk dieselbe Disposition wie zu Reinhardtsgrimma, Crostau, Frauenstein (zerstört), Forchheim und Zöblitz.

1505 Silbermann hat dieses »Angeld« aber erst am 24. Januar 1731 bekommen (laut KR. 1730/31). In der Rechnung erscheint ein Taler »Postgeld davor nach Freiberg«. Der Kontrakt war unter Vorbehalt der »Großgünstigsten Approbation« des Konsistoriums abgeschlossen worden. Vermutlich hat man Silbermann so lange warten lassen, bis die Genehmigung der Kirchenbehörde vorlag. Am 6. November 1730 sind »den Orgelbau betreffend« insgesamt über 6 Taler »nach Leipzig ins Consistorium« bzw. »dem Herrn Superintendenten« ausgezahlt worden. Des weiteren wurden 6 Groschen ausgegeben: »die Kirchrechnung zu copieren, welche ... hat ins Consistorium müssen gesendet werden« (KR. 1730/31).

1506 In den Kirchrechnungen lassen sich folgende Zahlungen an Silbermann nachweisen:

der Jahre 1731 bis 1734 bezahlt werden, obwohl die Orgel zu Michaelis 1731 schon übergeben werden sollte.[1506] Laut Kirchrechnungen sind insgesamt 880 Taler an Gottfried Silbermann gezahlt worden,[1507] davon sollen 50 Taler für die zusätzlich gefertigte »vox humana« bestimmt gewesen sein.[1508] Bei den übrigen 30 Talern handelte es sich zweifellos um Zinsen für die erst nach Übergabe der Orgel fälligen 300 Taler,[1509] obwohl eine Verzinsung des Kapitals im Kontrakt nicht direkt vereinbart worden war.[1510]

Der Kirchenkollator gewährte Gottfried Silbermann »und denen Seinigen, so lange sie mit Aufsetz- oder Stimmung des Orgel-werks zubringen, frey Logiament und Lagerstadt«[1511] und wollte auch für den An- und Abtransport sorgen.[1512] Gottfried Silbermann hat auch Kohlen und Holz bekommen.[1513] Weitere Ausgaben sind in den Kirchrechnungen nicht verzeichnet.[1514]

Bauablauf

Gottfried Silbermann dürfte – wie in Reinhardtsgrimma und Frauenstein – sechzehn Wochen zum Aufsetzen, Intonieren und Stimmen der Orgel gebraucht haben und etwa in der ersten oder zweiten Augustwoche 1731 nach Mylau gekommen sein.[1515] Ihm standen damals vier Gesellen und ein Lehrling zur Seite.[1516] Gottfried Silbermann hatte sich im Bauvertrag ver-

---

1731 (24.1.): 400 Taler »Angeld zum Orgelbau«

1731 (3.12.): 150 Taler »an der neuen Orgel gezahlt«

1733 (14.2.): 115 Taler »H. Silbermann nach Freiberg«

1734 (?) : 110 Taler »Herrn Silbermann nach Freiberg wegen d. Orgel«

1734 (24.12.): 105 Taler »H. Silbermann wegen der Orgel«

Für die beiden letzten Zahlungen mußten 6 bzw. 5 Groschen »Postgeld« entrichtet werden.

1507 Vgl. Anm. 1506.

1508 Nach Horlbecks Angaben (vgl. Anm. 1504) soll Silbermann für die Orgel 850 Taler »incl. der Vox humana« bekommen haben. Es fehlt aber ein quellenmäßiger Beleg dafür.

1509 Der damalige Zinssatz betrug fünf Prozent. Für 300 Taler Kapital waren demnach 15 Taler Zinsen zu zahlen. Im nächsten Jahr dann nur noch 10 Taler (auf 200 Taler Kapital) und zuletzt 5 Taler (auf das restliche Kapital von 100 Talern), denn in den Jahren 1733/34 ist das »Kapital«, das Silbermann sozusagen geliehen hatte, mit drei Zahlungen zu je 100 Talern getilgt worden (vgl. Anm. 1506).

1510 Es sind noch sechs andere Fälle bekannt, wo auch erst nach der Übergabe der Orgel Zahlungen auf die Kontraktsumme geleistet werden sollten: Chemnitz, Reichenbach, Oederan, Frauenstein, Fraureuth und Nassau. Silbermann hat – soweit es aus den Kontrakten hervorgeht – aber nur in Nassau Zinsen verlangt.

1511 In der Kirchrechnung 1731/32 ist eine Ausgabe von acht Talern für »Hauszins vor den Orgelbauer« verzeichnet.

1512 In der Kirchrechnung 1731/32 stehen (ohne Datum) folgende Ausgabeposten:

65 Taler 19 Groschen »ist bei Abholung der Orgel von Freiberg aufgegangen«

37 Taler »Fuhrlohn nach Freiberg vor H. Silbermann«

1513 Dafür wurden 10 Taler verausgabt (KR. 1731/32).

1514 Es sind höchstens zwei kleine Posten erwähnenswert:

4 Groschen »den Fröhnern, so 2 Fuder Bretter zur Orgel von Plohn [bei Auerbach] gefahren« (KR. 1730/31)

1 Groschen »dem Fröhner, welcher das Pferd vor H. Silbermann in Plauen geholet« (KR. 1731/32)

1515 Silbermann ist, wie er sich vorgenommen hatte, am 9. Januar 1731 von Reinhardtsgrimma nach Freiberg zurückgekehrt (vgl. Anh. SD. Nr. 26). Es standen demnach sieben Monate Zeit zur Verfügung, um in der Werkstatt an der Orgel für Mylau arbeiten zu können. Möglicherweise haben Silbermann und seine Gesellen zugleich mit an der Crostauer Orgel gearbeitet, zumal sie dieselbe Disposition hatte.

1516 Das ging aus einem Schriftstück hervor, daß (nach Flade, S. 125) um 1888 im Orgelgehäuse aufgefunden wurde. Wir sind an anderer Stelle darauf schon eingegangen (vgl. Anm. 270).

pflichtet, das Werk »binnen dato und Michaelis des kommenden 1731sten Jahres« zu liefern. Es ist mit einer Verspätung von zwei Monaten vollendet worden.[1517]

Übergabe, Prüfung und Weihe

Wann die Orgel übergeben wurde und wer sie geprüft hat, ist nicht bekannt.[1518] Die Weihe erfolgte am 2. Dezember 1731.[1519] Aus diesem Anlaß erschien ein gedrucktes Carmen.[1520] Silbermanns Gesellen wurde offenbar eine kleine Orgelmahlzeit verabreicht[1521] und außerdem ein Trinkgeld ausgezahlt.[1522] Weitere Einzelheiten über die Orgelweihe sind nicht nachweisbar.[1523]

Bemerkungen

Im Jahre 1743 machte sich eine Reparatur der Orgel notwendig.[1524] Sie wurde von »Hn. Silbermann« ausgeführt[1525] und kostete 50 Taler.[1526]

Um 1887 wurde die Orgel wegen des Kirchenneubaues abgebrochen und dann in der neuen Kirche wieder aufgebaut. Unverständlicherweise ist damals das Originalgehäuse als Brennholz verkauft worden.[1527] Das Werk erhielt ein sogenanntes neugotisches Gehäuse.[1528] Später wurde die Orgel verstümmelt, indem man drei Originalregister entfernte und durch andere ersetzte.[1529] Trotzdem befand sie sich um 1952 (nach Dähnert) klanglich in einem guten Zustand. Es ist vorgesehen, die originale Disposition wieder herzustellen.[1530]

1517 Der Grund ist nicht bekannt (s. Anm. 1404).

1518 In den Kirchrechnungen ist darüber nichts zu finden.

1519 Das Datum geht aus dem aus diesem Anlaß erschienenen Gedicht hervor (vgl. Anh. OWS. Nr. 13). Am folgenden Tage hat Silbermann eine Abschlagszahlung auf die Kontraktsumme empfangen (vgl. Anm. 1506), die zu dem geplanten Übergabetermin (Michaelis) fällig war.

1520 Obwohl der Autor nur sein Monogramm »C. G. K.« angab, ist doch unschwer zu erraten, daß die Schrift von dem Reichenbacher »Cammer-Commissions-Actuarius« und Advokaten Carl Gottfried Küster stammte. Er hatte Gottfried Silbermann zur Weihe der Reichenbacher Trinitatisorgel schon mit einem Carmen geehrt (vgl. Anm. 1462). Küster wurde um 1695 geboren und starb, fast achtundsiebzig Jahre alt, am 1. Februar 1773 in Reichenbach (PfA. Reichenbach: ToR. Nr. 21/1773). Das Heimatmuseum Frauenstein besitzt von dem Mylauer Gedicht eine Kopie. Das einzige, bisher bekannte Originalstück befindet sich in Strasbourg.

1521 In der Kirchrechnung 1731/32 heißt es: 2 Taler und 6 Groschen »vor H. Silbermanns Leute an Essen und Trinken aufgegangen«.

1522 Sie erhielten 4 Taler »als ein Honorarium d[en] 3. 12.« (KR. 1731/32).

1523 Die Weihepredigt könnte entweder der Plauener Superintendent Johann Georg Herrmann (1679–1737) oder der Mylauer Pfarrer Johann Christoph Arzt (1659–1735) gehalten haben.

1524 Der genaue Zeitpunkt und der Grund der Reparatur gehen aus der Kirchrechnung (1743/44) leider nicht hervor. Es ist folgendes zu vermuten. Die alte Kirche hatte keine Zwischendecke. Ein altes Bild zeigt, daß die Orgel direkt unter dem Kirchendach stand. In den Jahren 1735 bis 1744 mußten laufend Reparaturen am Kirchendach ausgeführt werden. Offenbar hat die Orgel durch Nässe, die durch das schadhafte Dach eindrang, gelitten. Übrigens sind in der Kirchrechnung 1739/40 acht Groschen verzeichnet: »vor Eßen und Trincken den 3 Orgel-Bauern, als sie die Orgel rep[arierten]«. Nähere Angaben fehlen, so daß unbekannt bleibt, ob es sich bei den Orgelbauern um Gesellen Gottfried Silbermanns gehandelt hat.

1525 Ob Gottfried Silbermann selbst in Mylau war oder ob er (wie 1746 in Greiz) seinen Vetter Johann George schickte, wissen wir nicht.

1526 Die weiteren, in derselben Rechnung verzeichneten Ausgaben betrafen die »Zimmerarbeit das Orgeldach zu machen« und Materialien (Schindeln, Bretter, Nägel usw.). Zugleich mit der Orgel ist also das Kirchendach repariert worden, was unsere Vermutung (vgl. Anm. 1524) bestätigt.

1527 Vgl. Flade, S. 125, und Dähnert, S. 204.

1528 Dasselbe ist kurz darauf in Oederan geschehen.

1529 Vgl. Dähnert, S. 204.

1530 Nach brieflicher Mitteilung des Pfarramtes Mylau vom 31. März 1978 an den Verfasser.

1732 vollendet
2 Manuale – 20 Stimmen

Quellen

A. Brief Gottfried Silbermanns vom 12. November 1730
   (PfA. Stolpen: Akte Sign. VI B II c 1, ohne Blattnummer)

B. Akte Signatur Amtsgericht Dresden Nr. 799, Vol. I
   (STA. Dresden)

C. Carl Gottlieb Wendler: Topographie von Crostau (um 1796)
   (PfA. Crostau)

D. J(ohann) G(ottfried) Fischer: Verzeichniß der Orgeln, welche Gottfried Silbermann erbauet[1531]
   (in: Freyberger gemeinnützige Nachrichten, 1800 (27. März), Nr. 13, S. 129 f.)

Eine Bauakte ist bisher nicht aufgefunden worden.[1532]

Vorgeschichte

Über die Vorgeschichte des Crostauer Orgelbaues ist nur bekannt, daß Gottfried Silbermann am 30. oder 31. Oktober 1730 in Dresden mit dem Auftraggeber, Graf von Watzdorff, gesprochen hat.[1533]

Bauvertrag

Der Bauvertrag ist verschollen. Er wurde – mit größter Wahrscheinlichkeit – durch Christian Heinrich Graf von Watzdorff (1698–1747) abgeschlossen[1534] und befand sich im Jahre 1737 noch in der Watzdorffschen Bibliothek zu Crostau.[1535] Wann der

---

[1531] Hier heißt es: »30) Crosta in der Oberlausitz an der Böhmischen Grenze mit 2 Clavier u. Pedal«.

[1532] Eine solche konnte weder im STA. Dresden noch im Historischen STA. Bautzen nachgewiesen werden (lt. brieflichen Auskünften vom 7. bzw. 13. August 1968 an den Verfasser).

[1533] Silbermann hat während des Reinhardtsgrimmaer Orgelbaues eine Reise nach Stolpen unternommen, sich am 29./30. Oktober 1730 dort aufgehalten und mit Pastor Degenkolb wegen des (dann allerdings nicht verwirklichten) Orgelbaues für die nach einem Brand wiederaufgebaute Kirche gesprochen. Am 12. November schrieb Silbermann dann von Reinhardtsgrimma aus an Degenkolb, er sei »selbigen Tages als ich von Sie abgereiset«, glücklich nach Dresden gekommen, habe dort mit dem Grafen von Watzdorff und dem Sophienorganisten Christian Pezold gesprochen und sich »des andern Tages wieder nach Reinhardtsgrimma verfüget« (A). Aller Wahrscheinlichkeit nach ging es bei dem Dresdner Gespräch um den in Crostau geplanten Orgelbau. Ungeklärt bleibt allerdings, warum Silbermann den Stolpener Pfarrer über die Begegnung mit Watzdorff und Pezold informiert hat. Denkbar wäre folgendes: Silbermann hatte bereits Verbindung mit Watzdorff und wollte die Reise nach Stolpen gleich dazu benutzen, in Crostau mit vorzusprechen, traf dort den Grafen aber nicht an. Eventuell hatte Silbermann Pastor Degenkolb von seiner Absicht erzählt. Als es ihm dann gelungen war, Graf von Watzdorff in Dresden zu sprechen, unterrichtete er Degenkolb davon.

[1534] Flade (S. 125) hat allerdings (ohne Quellenangabe!) behauptet, der Vertrag wäre schon durch den Kabinettsminister Christoph Heinrich Graf von Watzdorff († 1729) abgeschlossen worden. Einen Beweis dafür gibt es nicht. Es ist auch sehr unwahrscheinlich (vgl. Anm. 1536). Der alte Watzdorff mag vielleicht die Absicht gehabt haben, eine Orgel bauen zu lassen, ist aber darüber gestorben, ohne daß es zu einem Vertragsabschluß mit Silbermann kam. Es gibt hierzu eine bemerkenswerte Parallele: Rötha. Hier ist auch der Vorfahre des Freiherrn Christian August von Friesen entschlossen gewesen, »endlich einen neuen Orgelbau vorzunehmen«, aber darüber gestorben (vgl. Anm. 1052). Der Crostauer Schullehrer Wendler, unser einziger (und wohl auch zuverlässiger) Gewährsmann schrieb jedenfalls, daß Christian Heinrich von Watzdorff die Orgel auf seine Kosten bauen ließ (C/8b bzw. 18), und daran müssen wir uns halten.

[1535] Graf von Watzdorff war Kammerherr, Hof- und Justizrat und Domherr der Stifter Naumburg und Meißen. Er fiel beim Dresdner Hof in Ungnade und wurde in der Nacht vom 2. zum 3. April 1733 verhaftet und auf die Festung Königstein gebracht. Ohne ordentliches Gerichtsverfahren oder Urteil ist er dort bis zu

Kontrakt geschlossen worden ist, läßt sich nicht mit Sicherheit feststellen.[1536] Die Orgel besitzt zwanzig Stimmen: neun im Hauptwerk, acht im Hinterwerk und drei im Pedal.[1537]

Baukosten

Die Orgel soll 1700 Taler gekostet haben.[1538] Hier muß aber ein Irrtum vorliegen, denn andere Werke mit gleicher Disposition (z.B. Reinhardtsgrimma und Mylau) kosteten nachweislich nur 800 Taler.[1539] Vermutlich sind in der von Wendler (C/8b bzw. 18) angegebenen Summe die Nebenkosten (z.B. An- und Abtransport, Malerarbeiten usw.) mit enthalten.[1540]

Gottfried Silbermann und seine Gesellen haben während der Arbeit in Crostau anscheinend freie Beköstigung erhalten.[1541]

Bauablauf

Einzelheiten über den Bauablauf sind nicht überliefert. Daß die Orgel im Jahre 1732 entstand, geht einzig und allein aus Wendlers Topographie (C/8b bzw. 18) hervor.[1542] Die mutmaßliche Erbauungszeit läßt sich aber auch durch eine genaue Analyse der sonstigen Tätigkeit Gottfried Silbermanns feststellen.

Offensichtlich war das Crostauer Werk für Silbermann ein Ersatz für das nicht verwirklichte Stolpener Projekt.[1543] Außer-

seinem am 20. Juni 1747 erfolgten Ableben gefangengehalten worden. Über sein Schicksal berichtet ausführlich Karl von Weber, Aus vier Jahrhunderten – Mitteilungen aus dem Hauptstaatsarchiv zu Dresden, Leipzig 1857, Bd. 2, S. 209 ff. Nach Watzdorffs Verhaftung kam das Gut Crostau unter landesherrliche Verwaltung. Im Jahre 1737 wurden alle dort befindlichen Kontrakte, Urkunden und Briefschaften gesichtet, verzeichnet und schließlich nach Dresden gebracht. In dem Verzeichnis wird u.a. genannt: »Contract mit H. Silbermann wegen des Crostauer Orgelbaues und mit dem Zimmermeister aus Budissin [= Bautzen] Engeln wegen des Chores allda« (B/250b).

1536 Leider ist bei der 1737 erfolgten Inventur (vgl. Anm. 1535) versäumt worden, das Datum des Kontraktes festzuhalten. Flade (S. 125) schrieb (wie üblich ohne Quellenangabe!), der Vertrag wäre schon am 23. Februar 1724 (!) durch den Grafen Watzdorff sen. abgeschlossen worden. Es ergäbe sich demnach ein Zeitraum von über acht Jahren (!) vom Abschluß des Bauvertrages bis zur Lieferung des Werkes. Obwohl Silbermann damals viele Aufträge hatte, ist es doch undenkbar, daß er einen so einflußreichen Mann wie den Grafen von Watzdorff so lange warten ließ. Viel eher ist anzunehmen, daß der Kontrakt (mit dem jungen Grafen) erst nach dem Dresdner Gespräch (vgl. Anm. 1533) geschlossen wurde: vermutlich nach der Übergabe der Orgel zu Reinhardtsgrimma, also im Januar 1731.

1537 Die Disposition ist bei Dähnert (S. 204) zu finden. Es ist die gleiche wie bei den Orgeln

zu Reinhardtsgrimma, Mylau, Forchheim, Zöblitz und Frauenstein (zerstört). Allerdings haben die Manuale des Crostauer Werkes nicht den üblichen Umfang von C bis c³, sondern sie gehen bis d³, haben also zwei Tasten mehr. Dementsprechend hat die Orgel auch einen etwas größeren Tonumfang und besitzt selbstverständlich auch mehr Pfeifen.

1538 Das hat Wendler (C) angegeben. Eine weitere Quelle gibt es nicht.

1539 Man muß bei Crostau allerdings einen gewissen Mehraufwand (an Arbeit und Material) berücksichtigen, der durch den etwas größeren Tonumfang des Werkes verursacht wurde (vgl. Anm. 1537). Die Orgel dürfte aber trotzdem kaum mehr als 900 Taler gekostet haben.

1540 Für die Orgel mußte offenbar ein völlig neuer (oder größerer) Chor gebaut werden. Es zu beachten, daß in Watzdorffs Bibliothek nicht nur der Kontrakt mit Silbermann, sondern auch ein Kontrakt mit einem Bautzner Zimmerer »wegen des Chores« aufgefunden wurde (vgl. Anm. 1535). Wenn sich bei einem Orgelbau noch weitere Bauarbeiten notwendig machten, konnten die Nebenkosten mitunter eine beträchtliche Höhe erreichen. Rochlitz ist dafür das beste Beispiel.

1541 Wendler schrieb nämlich, daß die Orgel »ohne die beym Aufsetzen gereichte Kost« 1700 Taler gekostet habe (C/8b). Leider wissen wir nicht, welche Quellen Wendler benutzt hat.

1542 Woher wußte der Crostauer Schullehrer das Erbauungsjahr der Orgel? Er schrieb darüber folgendes: »Als vor einigen Jahren ein Blasebalg reparirt wurde, fand ich inwendig in demselben

dem konnte der berühmte Meister schon im Frühjahr 1732 damit rechnen, in absehbarer Zeit zwei große Orgelbauaufträge zu erhalten: St. Petri Freiberg[1544] und Frauenkirche Dresden[1545]. Er bekam diese Aufträge auch, und sie nahmen ihn bis Ende des Jahres 1736 voll in Anspruch. Auf jeden Fall ist die Orgel zu Crostau in den Monaten Juli bis Oktober 1732 gebaut worden.[1546]

Übergabe, Prüfung und Weihe

Wann die Orgel übergeben wurde, ist nicht

die Jahrzahl 1732 mit Bleistift geschrieben.« (C/18).

1543 Pastor Degenkolb hatte im Laufe des Jahres 1730 mit Silbermann einige Briefe gewechselt und Ende Oktober (1730) in Stolpen persönlich mit ihm gesprochen. Am 9. Februar 1731, einen Monat nach der Übergabe der Reinhardtsgrimmaer Orgel, sandte Silbermann von Freiberg aus noch »den verlangten Riß zu einer neuen Orgel« nach Stolpen. Er bat um baldigste Antwort, um sich »wegen anderer vorfallenden Arbeit« einrichten zu können. Obwohl damals der Mylauer Auftrag vorlag, kann Silbermann durchaus auch das Crostauer Werk mit gemeint haben, denn der Kontrakt ist damals ohne Zweifel bereits abgeschlossen gewesen (vgl. Anm. 1536). Mit dem zitierten Brief Silbermanns brach – soweit es aktenkundig nachweisbar ist – die Verbindung mit Stolpen ab. Aus der Akte geht hervor, daß Silbermann in Aussicht gestellt hatte, das Werk bis Pfingsten 1732 zu liefern. Das Projekt scheiterte an den fehlenden finanziellen Mitteln. Insofern mag Crostau für Silbermann ein willkommener Ersatz gewesen sein.

1544 Am 27. Februar 1732 hatte der Rat zu Freiberg beschlossen, Silbermann zu versichern, daß er »eine neue Orgel in der Peterskirche« bauen soll (StA. Freiberg: RPr., S. 583).

1545 Der Rat zu Dresden hatte Silbermann am 1. April 1732 mitgeteilt, daß man mit ihm wegen eines Orgelbaues in der (noch im Bau befindlichen) Frauenkirche sprechen möchte (StA. Dresden: Akte Sign. B II 27, Vol. III, Bl. 130).

1546 Das ist aus folgenden Tatsachen zu schließen: Das vorhergehende Werk (zu Mylau) wurde am 2. Dezember 1731 geweiht. Bald danach dürfte Gottfried Silbermann in seiner Werkstatt die Orgel für Crostau in Arbeit genommen haben, denn ein anderer Auftrag lag nicht vor. Den zitierten Brief des Dresdner Rates vom 1. April 1732 (vgl. Anm. 1545) beantwortete Silbermann am 8. desselben Monats von Freiberg aus. Er erwähnte dabei, »vorige Woche verreiset gewesen« zu sein (StA. Dresden: Akte Sign. B II 27, Vol. III, Bl. 131). Vielleicht war

er in Crostau, um sich persönlich davon zu überzeugen, wie weit der Chorbau gediehen ist (vgl. Anm. 1540) und wann etwa mit dem Aufbau der Orgel begonnen werden kann. Vor Beginn des Aufbaues der (allerdings wesentlich größeren) Zittauer Johannisorgel hatte sich Gottfried Silbermann auch persönlich vom Fortgang der Tischler- und Zimmererarbeiten überzeugt (PfA. Zittau: Akte Sign. I 116, Bl. 137 f.). Am 8. und 29. Mai 1732 war Silbermann in Dresden zu Verhandlungen wegen des geplanten Frauenkirchenorgelbaues. Am 13. Juni teilte Silbermann unter der Ortsangabe »Freyberg« dem Dresdner Rat seine Bedingungen mit. Erst am 13. November 1732 fand in Dresden dann die entscheidende Verhandlung wegen der Frauenkirchenorgel statt. Am gleichen Tage wurde der Kontrakt entworfen und geschlossen. Aus alledem ist zu schließen, daß Gottfried Silbermann im ersten Halbjahr 1732 noch zu Hause in Freiberg gewesen ist und er mit seinen Gesellen nur in der Zeit von frühestens Mitte Juni bis spätestens Anfang November 1732 in Crostau gearbeitet haben kann.

1547 Sie muß – allerspätestens – Anfang November 1732 vollendet worden sein. Unsere diesbezüglichen Berechnungen (vgl. auch Anm. 1546) haben jetzt eine überraschende und äußerst bemerkenswerte Bestätigung gefunden. Der Crostauer Organist Christoph Schwarzenberg entdeckte Anfang 1978 bei einer größeren Reparatur auf der Belederung des Spundes (Stimmvorrichtung) der originalen Subbaßpfeife Gis den mit Bleistift geschriebenen Vermerk »1732 Crosta d. 13. Octobr.« (lt. brieflicher Mitteilung an den Verfasser). Kein Zweifel: Mitte Oktober 1732 waren Silbermann und seine Gehilfen noch mit dem Stimmen des Pfeifenwerkes beschäftigt.

1548 Da Gottfried Silbermann Ende Oktober 1730 in Dresden nicht nur mit dem Grafen von Watzdorff, sondern auch mit dem Sophienorganisten Pezold gesprochen hat (vgl. Anm. 1533), könnte man vermuten, daß letzterer später mit der Übernahme und Prüfung der Crostauer Orgel beauftragt worden ist. Pezold hatte ja 1718 und

nachweisbar.[1547] Wir wissen auch nicht, wer sie geprüft hat.[1548] Der Weihetag ist leider auch unbekannt.[1549]

Bemerkungen

Im Jahre 1868 wurde die Orgel abgetragen[1550] und dann 1870 in der neuen Kirche wieder aufgestellt.[1551] Sie befindet sich gegenwärtig (nach Dähnert) in einem sehr guten Zustand[1552] und wurde in die vom VEB Deutsche Schallplatten Berlin herausgegebene Reihe »Bachs Orgelwerke auf Silbermannorgeln« aufgenommen.

FREIBERG (ST. PETRI)

1735 vollendet

2 Manuale – 31 (1) Stimmen

Quellen

A. Akte: Die Erbauung einer neuen Orgel zu St. Petri, 1734[1553]
(StA. Freiberg: Sign. Aa II I 112)

B. Acta, die Einweyhung der neu erbauten Orgel zu St. Petri betr.
Ergangen auf der Superintendur Freyberg, 1735[1554]
(SupA. Freiberg: Sign. II I² 35)

C. Freiberger Ratsprotokolle von 1732

D. dgl. von 1733

E. dgl. von 1735
(StA. Freiberg)

F. Christian Friedrich Wilisch: Das Neue Lied Des andächtig singenden Freybergs Bey Einweyhung Einer Neuen Orgel... in der Kirchen zu St. Petri in Freyberg (1735)
(Städtische Bücherei Freiberg: Sign. Ba. 22)

G. Christian Gotthold Wilisch: Kirchenhistorie der Stadt Freiberg, Leipzig 1737

H. Kurtze Nachricht von dem berühmten Königl. Hof- und Land-Orgelbauer, Herr Gottfried Silbermannen, und dessen vier in Freyberg gebaueten neuen Orgeln
(in: Curiosa Saxonica, 1736, S. 54 ff.)

I. Kurtzgefaßter Kern Dreßdnischer Merckwürdigkeiten, 1735, S. 79

K. Nachricht von der Beschaffenheit der am 31. October 1735 in der Peters-Kirche zu Freyberg eingeweyheten neuen Orgel (in: Curiositäten-Cabinet, 1738, No. LXXXVII, S. 288f.)

Vorgeschichte

Am 1. Mai 1728 ist durch eine Feuersbrunst die Kirche zu St. Petri nebst fünfzehn Häusern »in Staub und Asche geleget« worden.[1555] Den Flammen fiel auch die Orgel zum Opfer.[1556] Die dann innerhalb von sechs Jahren wiederaufgebaute

1726 schon die Orgeln zu Großkmehlen und Dittersbach übernommen, wo auch Adlige die Auftraggeber gewesen waren.

1549 Die Crostauer Orgelbaugeschichte ist ein Beispiel dafür, daß sich manches erschließen oder zumindest wahrscheinlich machen läßt, obwohl die unmittelbaren Quellen fehlen.

1550 Im April 1977 wurde im Kirchturmknopf eine Urkunde gefunden, in welcher kurz darüber berichtet wird. Danach ist die Orgel in der Zeit vom 18. bis 20. Juni abgetragen worden (lt. brieflicher Mitteilung von Christoph Schwarzenberg an den Verfasser).

1551 Auch hierzu hat der Crostauer Organist Schwarzenberg eine Entdeckung gemacht: Am Orgelsockel fand er folgende Inschrift: »R. A. Pallmer, Zimmermann in Nieder-Crostau Den 11. Mai 1870«.

1552 Das ist nicht zuletzt Christoph Schwarzenberg zu verdanken. Er ist nicht nur Organist (und Orgelsachverständiger), sondern auch Orgelbauer!

1553 Die Akte ist nicht auffindbar. Sie wird im Aktenverzeichnis aufgeführt. Am 18. Januar 1953 stellte der damalige Stadtarchivar Paul Krenkel aber fest, daß der Band fehlt. Über den Verbleib ist nichts bekannt.

1554 Der Band enthält nur die zur Orgelweihe erschienenen gedruckten Carmina.

1555 Von der Kirche blieben nur Grundmauern, Pfeiler und steinerne Decken erhalten. Obwohl man erst glaubte, Pfeiler und Decken ausbessern zu können, mußten sie doch abgetragen und neu aufgeführt werden. »Dadurch geschahe es, daß der Haupt-Bau fast in die 6 Jahr lang währete« (G/37).

Kirche wurde am 10. Juni 1734 geweiht (F/44 f.).

Da bei »einer solchen Kirche und bey einer so starcken Gemeinde ein firmer und harmonischer Thon beym Gesang ohne ein annehmliches und starckes Orgel-Werck nicht erhalten werden kan«, war es eine »unumgängliche Nothwendigkeit«, ein solches anzuschaffen.[1557] Für den Bau dieser Orgel kam kein anderer Meister als Gottfried Silbermann in Frage. Am 27. Februar 1732, also noch während des Wiederaufbaues der Kirche, beschloß der Rat, ihm »nunmehro … die gewisse Versicherung zu geben, daß er eine neue Orgel in der Peterskirche« bauen soll, »damit er sich in Annehmung anderer Arbeit darnach richten kann« (C/583).[1558] Am 21. Januar des folgenden Jahres faßte der Rat zu Freiberg den Beschluß, daß es bei der von Silbermann »gemachten Disposition … verbleiben und darinnen künftig nichts geändert werden soll« (D/748).[1559]

Bauvertrag

Das Original des Kontraktes ist verschollen.[1560] Es existiert aber eine zeitgenössische Abschrift.[1561] Der Vertrag wurde am 3. bzw. 4. August 1734[1562] zwischen dem Rat zu Freiberg, vertreten durch Bürgermeister Salomo Friedrich Seyfried, und Gottfried Silbermann nebst seinem Vetter Johann George abgeschlossen.[1563] Die Disposition sah ein Werk mit zwei Manualen und einunddreißig Stimmen vor: je dreizehn im Haupt- und Oberwerk und fünf im Pedal.[1564] Gottfried Silbermann hat – über den Kontrakt hinaus – in das Hauptwerk der Orgel noch eine Trompete 8 Fuß eingefügt.[1565]

Der Kontrakt weist gegenüber allen ande-

1556 Superintendent Wilisch sprach bei der Einweihung der von Silbermann erbauten neuen Orgel von dem »vormahligen auch schönen, aber leyder! durch Feuer verderbten … Orgelwerck« (F/38). Anscheinend ist die Orgel nicht völlig vernichtet worden, denn Gottfried Silbermann nahm »die alte Orgel-Pfeiffen nach dem Werth des Zinß … statt baaren Geldes« an (vgl. Ziffer 6 des Kontrakts).

1557 So heißt es in der Einleitung des Kontraktes vom 3. August 1734 (s. Anh. SD. Nr. 28).

1558 Die Bedingungen sollten erst später vereinbart werden. Aus dem Ratsprotokoll geht hervor, daß Silbermann schon vorher seine Bereitschaft erklärt hatte, »ein Hauptwerk« zu machen, weil er in Freiberg seinen festen Wohnsitz und sein Glück gefunden habe. In dem erst knapp zweieinhalb Jahre später abgeschlossenen Kontrakt wurde dann auch besonders betont, daß Silbermann »zu einigen mahlen erklähret« habe, »der allhiesigen Stadt zum Besten und Andencken … ein annehmliches und tüchtiges schönes Orgelwerck … mit hintansetzung seines besondern Interesses« verfertigen zu wollen, weil er in Freiberg schon »geraume Zeit sein Domicilium« habe (vgl. Ziffer 1 des Kontrakts: SD. Nr. 28). Der Rat der »alten freyen Berg-Stadt Freyberg« hatte auch allen Grund, »solch Erbieten zu acceptiren«.

1559 Die von Silbermann vorgelegte Disposi- tion ist nicht auffindbar. Vermutlich befindet sie sich in der verschollenen Akte (A). Laut Ratsprotokoll hatte Silbermann für die Orgel 3000 Taler gefordert, »weshalb annoch fernere Handlung mit ihm zu pflegen« sei. Über weitere Verhandlungen ist aber nichts bekannt, weil die Bauakte nicht auffindbar ist oder weil man mit Silbermann nur mündlich verhandelt hat.

1560 Es ist in der nicht auffindbaren Akte (A) zu vermuten.

1561 Sie wurde im Juli 1737 angefertigt und befindet sich im STA. Weimar, Außenstelle Altenburg: Akte Sign. Dom. Fid. F VIII 7, Bl. 9 ff.

1562 Noch im selben Jahre (am 12. September bzw. 28. Dezember) schloß Gottfried Silbermann Verträge über den Bau neuer Orgeln in Ponitz und Frauenstein ab.

1563 Der Vertragstext ist im Anhang (SD. Nr. 26) zu finden. Es fällt auf, daß der Kontrakt eine Art Postskriptum hat, worinnen sich Gottfried und Johann George Silbermann ausdrücklich verpflichteten, ihn in allen Punkten zu erfüllen. Etwas ähnliches finden wir nur noch bei dem Kontrakt über die Dresdner Hofkirchenorgel (s. Anh. SD. Nr. 48).

1564 Vgl. hierzu Ziffer 1 a–c des Kontrakts.

1565 Die vollständige Disposition ist schon in zwei zeitgenössischen Publikationen zu finden (G/38 f. bzw. K/288 f.). In der letzteren wurde

ren uns bekannten Kontrakten Silbermanns eine Besonderheit auf, weil der Meister mit für die Bemalung und Ausstaffierung der Orgel sorgen wollte.[1566] Des weiteren enthält der Vertrag die uns schon bekannte »Erbklausel«.[1567]

Gottfried Silbermann versprach, »auf Zwey Jahr lang Gewähr zu leisten«.[1568] Ansonsten sind die Bedingungen die gleichen wie in den anderen noch vorhandenen Kontrakten.

Baukosten

Die Orgel sollte – laut Kontrakt – 3000 Taler kosten.[1569] Hinzu kamen noch 250 Taler für die Malerarbeiten, die Gottfried Silbermann in diesem besonderen Falle mit »über sich« nehmen wollte.[1570] Der Gesamtbetrag von 3250 Talern sollte in sechs Raten ausgezahlt werden.[1571] Wann die Zahlungen wirklich erfolgten, ist nicht bekannt.[1572] Weitere mit dem Orgelbau eventuell zusammenhängende Baukosten oder andere Aufwendungen sind nicht nachweisbar.

Bauablauf

Über den Bauablauf ist leider sehr wenig bekannt.[1573] Obwohl der Kontrakt erst Anfang August 1734 geschlossen worden ist, muß Silbermann schon längere Zeit vorher an dem Werk gearbeitet haben.[1574] Dafür spricht allein die Tatsache, daß der Rat auf sein Verlangen, bereits am 30. Dezember 1733 351 Taler zum Ankauf von Zinn bewilligte.[1575] Noch viel bemerkenswerter

Silbermann »der grosse Künstler unserer Zeit« genannt.

1566 Siehe Ziffer 5 des Kontrakts.

1567 Vgl. die Reichenbacher und Rochlitzer Kontrakte, wo der Erbe allerdings noch nicht namentlich genannt wurde. Bei dem Freiberger Kontrakt war es anders und deshalb hat Johann George Silbermann ihn auch mit unterschrieben.

1568 Bei der Oederaner Orgel betrug die Gewährszeit ebenfalls zwei Jahre.

1569 Diese Summe hatte Silbermann anscheinend von Anfang an gefordert (vgl. Anm. 1559), und es blieb auch dabei. Ob deswegen zwischen dem Rat und Silbermann, wie es beabsichtigt war, eine »Handlung« stattgefunden hat, wissen wir nicht. Vielleicht hat der Rat gar keinen Versuch unternommen, weil man wußte, daß sich Silbermann darauf kaum einlassen wird.

1570 Siehe Ziffer 5 des Bauvertrages.

1571 Siehe Ziffer 6 des Kontrakts.

1572 Die erste Rate von 1000 Talern »zu Anschaffung einiger benöthigten Materialien an Zinn und zu andern Verlag« sollte im Spätsommer des Jahres 1734 ausgezahlt werden. Silbermann hat aber schon Ende des Jahres 1733, also lange vor Kontraktabschluß, Geld zum Ankauf von englischem Zinn verlangt, denn der Rat beschloß am 30. Dezember, daß 351 Taler ausgezahlt und inzwischen aus der »Weißbier-Cassa zinsbar hergegeben« werden sollen (D/933). Laut Kontrakt sollte die Orgel »längstens« bis zum Johannisfest (Ende Juni) 1736 übergeben werden. Demnach waren die beiden

letzten Termine (500 Taler zur Michaelismesse 1736 und 250 Taler zur Ostermesse 1737) erst nach der geplanten Übergabe fällig. Eine Orgelbaurechnung ist nicht auffindbar, so daß nicht festzustellen ist, wann die Ratenzahlungen erfolgten, zumal die Orgel ja acht Monate vor dem festgelegten Termin schon übergeben worden ist. Wegen der Aufbringung der finanziellen Mittel soll »ein gleiches« wie bei der rund zwei Jahrzehnte vorher gebauten Domorgel »practiciret« worden sein, nur daß die Kollekten weggelassen wurden, weil die Einwohner bereits »zu Wieder-Erhebung der eingeäscherten Kirche ihren Beytrag gethan hatten«. Das geht aus einem Brief vom 14. Dezember 1742 hervor, den wir an anderer Stelle bereits zitierten (vgl. Anm. 655).

1573 Vielleicht wäre in der verschollenen Akte etwas zu finden? Ernst Flade hat in seinem 1926 erschienenen Buch über Silbermann diese Akte nicht erwähnt, obwohl sie damals bestimmt noch vorhanden gewesen ist. Flade scheint sich überhaupt nicht die Mühe gemacht zu haben, das originale Quellenmaterial einzusehen und für seine Arbeit zu benutzen.

1574 Er konnte das auch tun, weil er – wie bereits erwähnt – vom Rat bereits Anfang März 1732 die feste Zusicherung erhalten hatte, daß für den Orgelbau kein anderer Meister in Frage kommt (C/583). Außerdem war der Rat mit der von Silbermann entworfenen Disposition einverstanden (D/748). Man dürfte sich auch über die sonstigen Bedingungen schon einig gewesen

ist aber, daß die Orgel schon Anfang Oktober 1735 fertig war, so daß sie hätte übergeben werden können.[1576] Das wäre aber gar nicht möglich gewesen, wenn Silbermann erst im August des vorhergehenden Jahres, das heißt nach Abschluß des Bauvertrages, mit der Arbeit begonnen hätte.[1577] Es ist anzunehmen, daß Gottfried Silbermann fast acht Monate zum Aufsetzen, Intonieren und Stimmen der Orgel brauchte,[1578] also etwa im Februar 1735 mit der Arbeit in der Kirche begonnen hat.[1579] Wann die Bemalung der Orgel erfolgte, ist nicht bekannt. Sie wurde von Christian Polycarpus Buzäus (1707–1764) ausgeführt.[1580]

Im Kontrakt war vorgesehen, daß die Orgel im Jahre 1736 zum Johannisfest, also Ende Juni, übergeben werden sollte. Wenn das Werk aber schon ein Dreivierteljahr eher fertig war, dann lag das daran, weil Silbermann im Oktober 1734 mit dem Aufbau der Dresdner Frauenkirchenorgel noch nicht beginnen konnte.[1581] Er hat sich deshalb zunächst auf die Fertigstellung der Freiberger Petriorgel konzentriert.[1582]

sein, so daß der Abschluß des Kontraktes mehr oder weniger nur noch eine »Formalität« war.

1575 Vgl. Anm. 1572.

1576 Im Ratsprotokoll vom 3. Oktober 1735 heißt es ausdrücklich, daß Silbermann »nunmehro mit der neuerbaueten Orgel in der Kirche zu St. Petri zustande gekommen« ist (E/354).

1577 Es ist hierbei folgendes zu berücksichtigen: Am 13. November 1732 hatte der Rat zu Dresden mit Silbermann einen Vertrag über den Bau einer dreimanualigen Orgel für die neue Frauenkirche abgeschlossen. Im Oktober 1734 wollte Silbermann mit dem Aufbau des Werkes beginnen, konnte es aber nicht, weil das Orgelgehäuse noch nicht fertig war. Unter diesen Umständen mag er sich entschlossen haben, inzwischen die Freiberger Orgel zu bauen. Es entsteht jedenfalls der Eindruck, daß Gottfried Silbermann mit seinen Gesellen – mindestens im Jahre 1734 – in seiner Werkstatt sowohl an der Dresdner als auch an der Freiberger Orgel arbeitete. Vermutlich sind ab November 1734 bis Januar/Februar 1735 die letzten Werkstattarbeiten für die Petriorgel ausgeführt worden.

1578 An der vergleichbaren (einunddreißigstimmigen) Orgel zu Greiz arbeitete Silbermann von Anfang Dezember 1738 bis nach Mitte Juni 1739, also nicht ganz sieben Monate.

1579 Wie weit man inzwischen in Dresden mit dem Gehäuse für die Frauenkirchenorgel war, wissen wir nicht. Auf jeden Fall mußte man nun warten, bis Silbermann mit der Freiberger Orgel fertig ist. Wir sehen, in der Werkstatt eines Gottfried Silbermann gab es keine unproduktiven Wartezeiten. Er hatte laufend seine Aufträge. Gab es mit einer Orgel, so wie in Dresden, Schwierigkeiten, wurde eben eine andere »vorfristig« gebaut. Selbst wenn Silbermann den Freiberger Auftrag nicht gehabt hätte, wäre er nicht in Verlegenheit gekommen, denn die Aufträge für Ponitz und Frauenstein waren auch noch auszuführen.

1580 Das geht aus seinem (in Anm. 727 zitierten) Schreiben vom 30. August 1738 an den Freiberger Rat hervor (StA. Freiberg: Akte Sign. Aa II I 49, Bl. 55 ff.). Mit Buzäus' Vater, Johann Christian († 4. Dezember 1734), hatte Silbermann oft zusammengearbeitet. Gottfried Silbermann hat bei der Petriorgel die Bemalung und Vergoldung sicher nur deswegen mit »über sich« genommen, um diesen lohnenden Auftrag dem Sohn von Buzäus zukommen zu lassen. Übrigens hat Buzäus jun. im Jahre 1738 die Freiberger Domorgel vergoldet (s. hierzu Anm. 580 und 727). Als sich Buzäus am 18. August 1755 um die Staffierung der Orgel zu »Neustadt bey Dresden« (Dreikönigskirche) bewarb, schrieb er, daß er u. a. »in Freiberg die Dohm- und Peterskirchenorgel ... aufs beste und schönste staffiert« habe (StA. Dresden: Akte Sign. D XXXIV 20, Bl. 59/62).

1581 Vgl. Anm. 1577.

1582 Mit der Arbeit in Dresden ist erst etwa Ende Januar 1736 begonnen worden, und am 22. November konnte die Frauenkirchenorgel übergeben werden. Silbermann hat also rund zehn Monate Zeit für die Arbeit in Dresden gebraucht. Das Werk sollte laut Kontrakt bis Mitte November 1735 verfertigt werden. Hätte Silbermann, wie er plante, im Oktober 1734 mit dem Aufbau der Orgel beginnen können, wäre ihm wahrscheinlich sogar eine vorzeitige Fertigstellung (etwa im August 1735) möglich gewesen. Er hätte dann noch genügend Zeit gehabt, um das Freiberger Werk (Ende Juni 1736)

Am 3. Oktober 1735 konnte der Rat fest-
stellen, daß Gottfried Silbermann mit der
Orgel »zustande gekommen« ist (E/354).
Die Weihe sollte am 18. Sonntag nach Tri-
nitatis (9. Oktober) stattfinden.[1583] Auf
Vorschlag des Superintendenten wurde dazu

aber erst das bevorstehende Reformationsfest (31. Oktober) »beliebet« (E/354).[1584]
An diesem Tage übergab Gottfried Silbermann sein Werk, in Gegenwart des Domorganisten Johann Christoph Erselius (1703
bis 1772), an den Petriorganisten Johann
Gabriel Spieß (1693–1737)[1585]. Der Rat

kontraktgemäß übergeben zu können. Dieses
Beispiel beweist, wie genau Gottfried Silbermann
disponiert hatte.

1583 Das geht aus einem Brief des Geraer
Organisten Sebald Pezold an den Greizer Hof-
rat Fickweiler hervor (vgl. Anm. 1586).
1584 Silbermann unternahm inzwischen eine
Reise nach Greiz, weil dort eine neue Orgel ge-
baut werden sollte. Er traf in Begleitung des
Geraer Organisten Sebald Pezold am 16. Okto-
ber abends in Greiz ein (vgl. Anm. 1586). Vier
Tage später trat Gottfried Silbermann, mit dem
Greizer Orgelbauvertrag in der Tasche, die
Heimreise nach Freiberg an.
1585 Spieß wurde um 1693 geboren. Sein
Vater, Johann George (1658–1723), war in
Briesnitz (bei Dresden) Lehrer und Organist
(vgl. ToR. 1723 von Briesnitz). Als Johann
Gabriel Spieß sich am 11. Mai 1722 um die
Freiberger Petriorganistenstelle bewarb, betonte er, daß er sich »von Jugend auf ... in
Vocal- als Instrumentalmusic exerciret ... [und]
nicht nur zu Hause, sondern auch auf Universi-
täten immer Gelegenheit gehabt, eine Orgel
unter den Händen zu haben, auch die Zeit über,
so ich mich hier [in Freiberg] aufgehalten, öffters
auf Begehren des Herrn Cantoris [Beyer] bey
öffentlicher Music in Dom mit dem Clavicimbel
accompagniret, auch zu Zeiten die Orgel mit
gespielet ...« (StA. Freiberg: Akte Sign. Aa II I
20b, Bl. 67). Am 8. Juni 1722 erhielt Spieß vom
Rat die schriftliche Berufung als Petriorganist
(Bl. 70 ders. Akte). Er war verheiratet und hatte
Familie. Bei einer 1734 geborenen Tochter war
Gottfried Silbermann Pate (St. Nicolai Freiberg:
TaR. Nr. 28/1734). In einem Schreiben vom
16. April 1736 klagte er dem Rat seine Not:
»...der mir als Organist geordnete wöchentliche
Thaler [!] und die darbey habenden Accidentia
nicht hinlänglich seyn wollen, daß nebst meiner
Familie davon subsistiren könnte ... dieses wird
noch mehr vergrößert, da ... nicht nur meine
Kinder ... mit Kranckheiten heimgesuchet, son-
dern auch mich vor 3 Jahren ein gantzes Viertel-

jahr und anizo wieder einen Monat lang hat
aufs ... Krankenbette geleget ... mithin ich
wegen Gebrauch derer Medicamente und anderen Aufwands in die größte Pauvrete [= Armut]
gesetzet worden ...« (StA. Freiberg: Akte Sign.
Aa II I 143, ohne Blattnummern). Spieß scheint
auch an seinem Organistendienst nicht die rechte
Freude gehabt zu haben. Am 9. Juli 1736
schrieb er an den Rat: »Es ist durch den Gebrauch
der neuen Orgel mir darbey sehr viel Mühe und
Arbeit ... in Spielen als in Stimmen mit zu-
gewachsen, indem 5 sehr mühsame Register
[Rohrwerke] in der Stimmung alle Woche rein
zu halten ... da sonst in der alten Orgel nur 2 zu
stimmen gehabt, ... kan ich solches nicht allein
verrichten, sondern muß allezeit nebst den Calcanten noch eine Person darbey haben, die mir
die Claves [Tasten] nach einander angiebet,
welchen mit einer Discretion befriedigen muß
... kan auch die Orgel, wenn selbige von Staub
starck beleget und ... von Spinnen häufig überzogen worden, wodurch der Orgel ein sehr
übles Ansehen verursachet wird, nicht also
stehen, sondern muß selbige doch wenigstens
etliche Mahle des Jahres abkehren und säubern
laßen, welches mir gleichfalls ohne einige Ver-
geltung niemand verrichtet ... In Spielen ist mir
gleichergestalt so viel auferlegt worden ... inmaßen vornehmlich bey der so sehr starcken
Frequenz in der Vesper beständig mit gekoppel-
ten Clavire spielen muß, wozu hauptsächlich
Kräfte und Forcé will von nöthen seyn, mir aber
bey meiner jetzigen Schwachheit selbige sehr
fehlen ...« (dieselbe Akte). Johann Gabriel
Spieß ist, noch nicht ganz vierundvierzig Jahre
alt, am 23. März 1737 in Freiberg gestorben
(St. Nicolai Freiberg: ToR. Nr. 18/1737). Eine
Woche später schrieb seine Witwe, »Johanna
Roßina Spißin«, an den Freiberger Rat: »... in
was vor einem armseeligen und jammernswür-
digen Zustande durch das frühzeitige Absterben
meines von Harm und Kummer bey ietzigen
schweren Zeiten und dießen schlechten Einkommen endlich aufgeriebenen Ehemannes ...

hatte »zu Erspahrung derer Unkosten« und weil man überzeugt war, daß die Orgel »tüchtig« ist, es nicht für nötig gehalten, zur Prüfung derselben jemanden von auswärts »zu verschreiben«.[1586] Er wurde auch nicht enttäuscht.[1587]

Die Orgelweihe erfolgte im Rahmen eines festlichen Gottesdienstes.[1588] Die Predigt wurde von Superintendent D. Christian Friedrich Wilisch (1684–1759) gehalten und erschien im Druck.[1589] Wilisch rühmte das »kostbare und trefflich hellklingende Orgel-Werck, welches ... durch die geschickte Hand eines grossen Künstlers unter göttlichem Seegen erbauet worden« sei (F/7).[1590]

---

ich nebst meinen zwey unerzogenen Brod-Würmer [= Kindern] leider! versetzt worden ...« (StA. Freiberg: Akte Sign. Aa II I 143, ohne Blattnummer). Johanna Rosina Spieß ist 1760 in Freiberg gestorben (St. Petri Freiberg: ToR. 206/1760). Sie ist auch nur dreiundvierzig Jahre alt geworden, muß demnach vierundzwanzig Jahre (!) jünger als ihr Mann gewesen sein!
1586 Es sollte aber »mit gehöriger Menage eine Mahlzeit dabey ausgerichtet« werden. Das geht alles aus dem Ratsprotokoll vom 3. Oktober 1735 hervor (E/354). Leider können wir nicht erfahren, welche Speisen und Getränke bei der Mahlzeit dargereicht worden sind. Im Zusammenhang mit der Freiberger Petriorgel sind zwei Briefe (vom 13. und 24. September 1735) des Geraer (früher Greizer) Organisten Sebald Pezold (1684–1747) an Hofrat Johann Oßwald Fickweiler in Greiz bemerkenswert. Sie befinden sich im STA. Weimar. Außenstelle Greiz (Akte Sign. a C II Ae 17e, Bl. 1 und 2). Hiernach war Pezold von Silbermann eingeladen worden, die Freiberger Orgel bei ihrer Einweihung zu hören, weil sich darinnen »fremde Register von gantz anderer invention und Klange« befänden. Eine zeitgenössische »Poetische Feder« schrieb darüber folgendes (H/57 f.):
> »Quintadehn, Cornet, Rohrflöten,
> Untersatz, Posaun, Trompeten,
> Spitzflöth, Vox humana, Quint,
> Auch Octava sind zu zeigen.
> Noch viel andre zu geschweigen,
> die recht Wunder-würdig sind.
> Sonderlich ist noch zu schätzen,
> Und fast oben an zu setzen,
> Der Fagot, so prächtig thönt.«

In dem anderen Brief berichtete Pezold, daß das Werk am 9. Oktober eingeweiht werden soll. Obwohl er der Meinung war, daß an der Orgel »vermuthlich nicht das mindeste auszusetzen seyn wird, was so wohl den gantzen Bau überhaupt ... als auch derer Register, und derselben Mensur, Proportion, Intonation, Temperatur und dergl. mehr betrifft«, war Pezold bereit, nach Freiberg zu reisen, um »sich über alles und jedes wohl und genau« zu erkundigen. Er ist auch (kurz vor Mitte Oktober) in Freiberg gewesen. Allerdings konnte er die Orgelweihe nicht miterleben, weil sie (auf Wunsch des Superintendenten) auf den 31. Oktober verschoben worden war. Pezolds Freiberger Kollege, Johann Gabriel Spieß, und vor allem Gottfried Silbermann selbst, werden den Geraer Organisten aber mit dem Werk bekanntgemacht haben. Silbermann und Pezold reisten dann gemeinsam von Freiberg nach Greiz, wo sie am 16. Oktober eintrafen (vgl. Anm. 1584).
1587 Aus dem Ratsprotokoll vom 2. November geht hervor, daß bei der Übernahme an der Orgel »Defecte nicht wahrgenommen« werden konnten, »weshalb es dabei sein Bewenden gehabt ...«. Der Rat beschloß aber, »des Orgelmachers Gesellen 20 Thaler zu einer Ergötzlichkeit auszuzahlen« (E/368).
1588 Er begann früh 8 Uhr, nachdem bereits um 7 Uhr »mit allen Glocken eingeläutet« worden war (G/354).
1589 Ein Exemplar befindet sich in der Städtischen Bücherei zu Freiberg (Sign. Ba. 22).
1590 Wilisch nannte Silbermann »unsern belobten und berühmten Bezaleel« (vgl. 2. Mose, 31, 2) und drückte den Wunsch aus, daß er in Freiberg noch ein fünftes Werk (in der Nicolaikirche) bauen möge (F/39). Daß Gottfried Silbermann in Freiberg vier Orgeln geschaffen hat, fand sogar einen poetischen Niederschlag (H/57):
> »Man hört von manchem Land, das kaum in
> hundert Jahren,
> Was man in kurtzer Frist von Freyberg hat
> erfahren,
> Es schafft die Orgeln weg und setzet neue hin,
> Es spahrt die Kosten nicht, und hält es vor
> Gewinn,
> Daß man nunmehro kan zu GOttes Lob u.
> Ehren,

Die Freiberger Orgelweihe muß damals mehr als sonst im Blickpunkt der Öffentlichkeit gestanden haben, weil im »Kern Dreßdnischer Merckwürdigkeiten« darüber eine Mitteilung erschien.[1591] Gottfried Silbermann wurde mit mehreren Carmina geehrt.[1592] Noch vor Ablauf der zweijährigen Gewährszeit stellte der Rat zu Freiberg ihm ein Attest aus.[1593] Darin heißt es, daß die Orgel »nunmehr fast zwey Jahre[1594] bey dem öffentlichen Gottes-Dienste gebraucht worden« sei, sich noch in gutem Stande befinde und man damit »allenthalben wohl zufrieden« wäre.[1595]

Bemerkungen
Die Orgel wurde mit in die Schallplattenreihe »Bachs Orgelwerke auf Silbermannorgeln« aufgenommen.[1596]

DRESDEN (FRAUENKIRCHE)

1736 vollendet – 1945 zerstört
3 Manuale – 41 (2) Stimmen

Quellen

A. Akte, den Bau der Frauenkirche betreffend
(StA. Dresden: Sign. B II 27, Vol. III)

B. Abschriften des Kontrakts vom 13. November 1732 und des Attests des Rates zu Dresden vom 26. November 1736
(STA. Weimar, Außenstelle Altenburg: Akte Sign. Dom. Fid. F. VIII. 7)

C. Acta Die Übergabe der in der Frauenkirche neuerbauten Orgel betr., Anno 1736
(StA. Dresden: Sign. D XXXIV 28 a)

D. Abschrift eines Dokuments vom 10. Februar 1734[1597]
(Heimatmuseum Frauenstein)

E. Kern Dreßdnischer Merckwürdigkeiten, 1736, Dezember, S. 90

F. Acta, die durch Senckung des Gehäußes, dem Angeben nach, verstimmte Orgel in der Frauenkirche, deren Untersuchung und Reparatur betr., 1742
(StA. Dresden: Sign. D XXXIV 28 i)

Vorgeschichte
Am 26. August 1726 wurde der Grundstein zu einer neuen Frauenkirche gelegt (A/106). Das Orgelwerk der alten Kirche war »sowohl des Alterthums halber, als auch wegen der gantz veränderten Structur der neuen Kirche unbrauchbar«.[1598] Es mußte deshalb eine neue Orgel gebaut werden. Der Rat beabsichtigte, den Bau an Gottfried Silbermann »zu verdingen« (A/133) und zwar »wegen seiner besonderen Erfahrenheit und dadurch erlangten Ruhm« und weil er »bereits vorher mit dem Wercke in der Sophien-Kirche[1599] sich bey uns in guten Estim gesetzet«.[1600]

Bey dieser Silber-Stadt Vier neue Orgeln hören.«

1591 Hier wurde gesagt, daß die Orgel »solenniter eingeweihet« worden sei und daß sie das achtunddreißigste Werk wäre, »so dieser Maitre mit Ruhm verfertigte« (I/79). Auch an anderer Stelle (H/57) wurde die Petriorgel zu Freiberg als »38stes Werck« Silbermanns bezeichnet. Es muß hier nochmals darauf hingewiesen werden, daß die zeitgenössischen Opuszahlen nicht ganz zuverlässig sind (vgl. Anm. 220).

1592 Im Anhang (OWS. Nr. 14 bis 18) ist darüber alles Nähere zu finden.

1593 StA. Freiberg: Akte Sign. Aa II I 49, Bl. 52. Eine Abschrift ist außerdem in der Altenburger Akte (Bl. 15b/16) zu finden (s. Anm. 1561).

1594 Diese Angabe ist etwas großzügig. Das Attest datiert vom 3. April 1737. Die Orgel stand also erst knapp eineinhalb Jahr.

1595 Der vollständige Wortlaut des Attestes ist im Anhang (SD. Nr. 33) zu finden.

1596 In dieser, vom VEB Deutsche Schallplatten Berlin herausgegebenen Reihe sind folgende Orgeln Gottfried Silbermanns vertreten: Großhartmannsdorf, Reinhardtsgrimma, Crostau, Rötha, Freiberg (große und kleine Domorgel, St. Petri), Fraureuth, Burgk, Ponitz, Nassau, Helbigsdorf und Dresden (Hofkirche).

1597 Siehe Anm. 272.

1598 So heißt es in der Einleitung des Kontraktes (A/146 bzw. B/1).

1599 Die Sophienkirchenorgel ist am 18. November 1720 geweiht worden.

Die erste nachweisbare (briefliche) Verbindung mit dem berühmten Meister wurde am 1. April 1732 aufgenommen.[1601] Silbermann antwortete auf das Schreiben des Bürgermeisters, daß er am 16. desselben Monats nach Dresden kommen wolle.[1602] Leider ist kein Bericht oder Aktenvermerk über Silbermanns Vorsprache auffindbar.[1603] Am 8. Mai wurde in der Ratssitzung über das geplante Orgelbauprojekt gesprochen. Gottfried Silbermann legte »eine Disposition zu einem starcken Orgelwerck« vor[1604] und forderte für dasselbe (ohne Bildschnitzer-, Tischler-, Maler- und dergleichen Handwerkerarbeit) 5000 Taler.[1605]

Offenbar waren die Ratsherren über diesen Preis etwas schockiert und erwiderten, »daß dergleichen Werck zu kostbar fiele« und man über 3000 Taler nicht hinausgehen könne. Nachdem Silbermann das Zimmer verlassen hatte, fand in seiner Abwesenheit eine lebhafte Aussprache statt.[1606] Man einigte sich schließlich auf 3500 Taler. Es wäre allerdings nötig, »hierzu eine neue Disposition zu entwerffen, damit man nicht über die 3500 Thlr. hinausfalle«. Als Gottfried Silbermann dann »wieder vorgelaßen« und vom Ergebnis der Beratungen in Kenntnis gesetzt wurde, versprach er, »eine andere Disposition« machen zu wollen.[1607]

1600 Das hat der Rat zu Dresden in seinem Attest vom 26. November 1736 zum Ausdruck gebracht (s. Anh. SD. Nr. 31).

1601 Bürgermeister Johann Christian Schwartzbach teilte Silbermann mit, daß der Rat »wegen einer Orgel bey der neuen Kirche zur l[ieben] Frauen alhier« sich mit ihm »zu unterreden verlanget« und bat ihn, sich »des allernächsten ... anhero bemühen« zu wollen (A/130).

1602 Der Wortlaut des Briefes ist im Anhang (SD. Nr. 27) zu finden.

1603 Silbermann hat sich vermutlich zunächst nur über die räumlichen Verhältnisse der noch im Bau befindlichen Kirche informiert und danach zu Hause eine Disposition für eine entsprechende Orgel entworfen.

1604 Sie sah ein dreimanualiges Werk mit insgesamt einundvierzig Stimmen vor:

Hauptmanual: 14 Stimmen von großen und gravitätischen Mensuren
Oberwerk: 11 Stimmen von scharfen und penetranten Mensuren
Brustwerk: 9 Stimmen von delikaten und lieblichen Mensuren
Pedal: 7 Stimmen von starken und durchdringenden Mensuren

Die Disposition ist nicht datiert, trägt aber Silbermanns Unterschrift (A/138f.).

1605 Silbermann legte eine Spezifikation über »diejenigen Kosten oder Verlag, so zu Erbauung der neuen Orgel in der Frauen-Kirche zu Dresden unumgänglich erfordert werden«, vor (A/139b). Sie belief sich auf 3680 Taler (exklusive Transportkosten) und enthielt folgende Posten:

2057 Taler für Zinn und Blei
300 Taler für Eichen-, Ahorn-, Birnbaum- und Lindenholz
80 Taler für Tannenholz zu den Blasebälgen
30 Taler für Leim [und hölzernen Pfeifen
45 Taler für Leder
7 Taler für Ebenholz und Elfenbein
8 Taler für Barchent für die Gießlade
20 Taler für Messing, Blech und Draht
40 Taler für Zirkelschmiede- und Nadler-
15 Taler für Drechslerarbeit [arbeit
1078 Taler für Kost und Lohn, wöchentlich 14 Taler

Der Betrag für Kost und Lohn bezieht sich offensichtlich nur auf Silbermanns Gesellen (vgl. Anm. 273). Erstaunlich ist aber, daß die Summe nur für siebenundsiebzig Wochen oder rund einenhalb Jahre berechnet wurde. Vermutlich ist das die »wirkliche« Bauzeit gewesen, obwohl im Kontrakt drei volle Jahre vorgesehen waren. Silbermann hat ja in diesen Jahren auch an der Freiberger Petriorgel gearbeitet (vgl. Anm. 1577).

1606 Einige Ratsherren meinten, daß man 3500 Taler aufwenden könne. Eigentlich hatte man nur an ein »dergleichen Werck wie in der Sophienkirche« gedacht. Einige Ratsherren wiesen aber darauf hin, daß das für die Frauenkirche nicht genüge und daß »ein klein Werck sich in so eine große Kirche nicht schicke«. Endlich äußerten sich die »Baugewercken [Zimmermeister] Bähr und [Maurermeister] Fehre« dahingehend, daß die von Silbermann entworfene »Proportion des Werckes wohl verbleiben« müsse, aber »an denen Zügen oder Stimmen« könne vielleicht eine Änderung erfolgen.

Am 29. Mai erschien Gottfried Silbermann wiederum in Dresden[1608] und berichtete, daß er die Kirche besichtigt habe und es bei der Größe des Platzes nicht möglich sei, eine »kleinere Disposition, als er bereits übergeben« habe, anzubringen (A/135b). Silbermann legte zwei Wochen später, am 13. Juni, in einem ausführlichen Schreiben nochmals seine Bedingungen und seinen Standpunkt dar. Er wies darauf hin, daß er bereits eine »wohlbedächtig entworffene« Disposition, wie sie »die Peripherie und Höhe der Kirche erfordert«, übergeben habe.[1609] Nur sie wäre geeignet, das Gotteshaus »mit einer geschickten Gleichheit des Tones auszufüllen«. Die Orgel sei übrigens »unmöglich besser und geschickter als hinter dem Altar und also ... dem großen Portal gegenüber, anzubringen«. Silbermann verlangte für das Werk »aufs genaueste«

4000 Taler »an Gelde«, freie Ab- und Zufuhren, Kohlen und Brennholz und eine freie, geräumige Wohnung auf eineinhalb Jahre in Dresden.[1610] Besonders bemerkenswert ist, daß Silbermann in seinem Brief betont hat, er habe seine vorrätigen Pfosten und Bretter »bereits vor 16 bis 18 Jahren erkaufft«[1611] und sie ordnungsgemäß »veraccisiret«.[1612]

Anscheinend ist zunächst nichts weiter unternommen worden, weil Silbermann von (frühestens) Mitte Juni bis (spätestens) Anfang November 1732 in Crostau arbeitete.[1613] Der Dresdner Rat ersuchte in der Zwischenzeit den alten Frauenkirchenorganisten und »Hoff-Orgelmacher«[1614] Johann Heinrich Gräbner[1615] um eine Stellungnahme zu Silbermanns Disposition und Bedingungen.[1616]

Am 13. November 1732 fand dann endlich

1607 Vgl. die über die Beratung angefertigte Niederschrift (A/133 f.)

1608 Bürgermeister Schwartzbach hatte Silbermann am 24. Mai brieflich mitgeteilt, daß der Rat »anderweit Verlangen trage«, mit ihm zu sprechen und bat darum, daß er sich »künfftige Woche anhero bemühen wolle« (A/132).

1609 Vgl. Anm. 1604.

1610 Hier ergibt sich eine Frage: Wenn Silbermann einеinhalb Jahre in Dresden zu arbeiten gedachte, dann hatte er in seiner Spezifikation (vgl. Anm. 1605) den Aufwand für Lohn und Kost wohl nur für die Zeit der Arbeit an Ort und Stelle berechnet? Er mußte seinen Gesellen aber doch auch Lohn und Kost geben, wenn sie in Freiberg in der Werkstatt arbeiteten. Im Endergebnis hat er in Dresden gar nicht achtzehn Monate, sondern nur rund zehn Monate gearbeitet. Übrigens war Gottfried Silbermann, wie es seinem Brief hervorgeht, bereit, falls der Rat darauf bestünde, eine Orgel wie in der Sophienkirche zu fertigen. Aber »um des Prospects willen« und um den Platz auszufüllen, wäre »das 16füßige Principal unentbehrlich«. Der mindeste Preis für ein solches Werk wären 3000 Taler, außerdem freie Ab- und Zufuhren und für ein Jahr freie Wohnung. Silbermann wies allerdings ausdrücklich darauf hin, daß er nicht verantwortlich gemacht werden könne, »wenn die Orgel nach der Größe und

Beschaffenheit der Kirche nicht genugsamen Effect thun, sondern die Gemeinde mit Singen derselben Klang superiren solte« (A/136 f.). Erwähnenswert ist, daß von Silbermanns Brief nur noch eine beglaubigte Abschrift existiert. Das Original, das neben Silbermanns Unterschrift den eigenhändigen Zusatz »Hoff und land Orgelbauer« trug, hat der damalige Dresdner Bürgermeister Neubert am 4. August 1871 dem Hofkapellmeister (und späteren Generalmusikdirektor) Julius Rietz (1812–1877) für dessen Autographensammlung überlassen (A/137b).

1611 Silbermann muß sich demnach wenige Jahre nach dem Bau der großen Freiberger Domorgel größere Holzvorräte zugelegt haben.

1612 Die Akzise und ähnliche Abgaben flossen in die landesherrliche Kasse. Jetzt wird verständlich, warum Silbermann in seiner Eingabe vom 10. Juni 1723 an Kurfürst Friedrich August I. von Sachsen geschrieben hat: »... Wie ich denn ... eine große Anzahl an ... Orgeln ... zu verfertigen habe, welches Ewer Königl. Majestät ein erkleckliches an Accisen und Abgaben jährlich einbringt...« (vgl. Anh. SD. Nr. 15).

1613 Vgl. Anm. 1546.

1614 Als solcher erhielt Gräbner für seine Tätigkeit, »Die Clavecymbel zu stimmen und in Baulichen Wesen zu erhalten«, eine Jahresvergütung von 150 Talern (STA. Dresden: Loc. 910, Akte Das churf. Orchester, Vol. I, Bl. 5b).

260

die entscheidende Ratssitzung »wegen Erbauung eines Orgelwercks in der neuen Frauenkirche« statt.[1617] Man beriet darüber, »ob und wie hoch dasselbe nunmehro H. Silbermannen zu verdingen« sei und einigte sich mit ihm – allerdings nicht ohne Mühe – auf 4200 Taler.[1618] Noch am gleichen Tage wurde der Kontrakt entworfen.[1619]

Bauvertrag

Der Kontrakt ist »Dreßden, den 13. November 1732« datiert. Das Original ist allerdings nicht auffindbar. Es sind aber eine Reinschrift des Vertragsentwurfes (A/146ff.) und zwei Abschriften des Kontraktes vorhanden (B/1 ff.).[1620] Der Vertrag wurde zwischen dem Rat zu Dresden, einerseits, und Gottfried Silbermann nebst »deßen bey ihm in Arbeit stehenden Vetter«, Johann George Silbermann, andererseits, geschlossen.[1621]

Die im Kontrakt festgelegte Disposition der Orgel stimmt genau mit derjenigen überein, die Silbermann bereits am 8. Mai 1732 dem Rat überreicht hatte.[1622] Das Werk sollte »nach dem Cammer-Thon« gestimmt[1623] und das Pfeifenwerk von dem besten geschlagenen Englischen Zinn, Metall und Holz verfertigt werden.[1624] Obwohl im 18. Jahrhundert keine Orgel mehr mit der »kurzen Oktave« gebaut wurde,[1625] hielt man im Kontrakt ausdrücklich fest, daß das Werk im Manual die lange Oktave von C, D, Dis bis d³ und im Pedal von C, D, Dis bis c¹ bekommen soll. Silbermann wollte die Orgel mit sechs tüchtigen Bälgen

---

1615 Gräbner wurde um 1664 geboren und war seit 1695 bis zum Tode (1739) Organist an der Frauenkirche. Ab 1733 war allerdings sein Sohn Christian Heinrich (1704–1769), den er selbst ausgebildet hatte, sein Substitut (StA. Dresden: Akte Sign. XXXIV 16, Bl. 5 bzw. D XXXIV 14, Bl. 1).

1616 Gräbners kurzer Bericht datiert vom 26. August 1732. Silbermanns alter Berufskollege hielt den geforderten Preis »in ansehung derer favorablen umbstände, in welchen H. Silbermann sich befindet«, für angemessen, wenn »nach angegebener disposition alles tüchtig verfertigt« wird. Gräbner pflichtete Silbermann in einem wichtigen Punkt bei, indem er »die Disposition von der Sophien-Kirche ... vor die Frauen-Kirche [als] viel zu schwach« ansah.

1617 An ihr nahmen elf Ratsherren teil.

1618 Der Rat war mit der von Silbermann eingereichten Disposition einverstanden und wollte für das Werk inklusive (!) Ab- und Zufuhr, Brennholz, Kohlen und »aller andern Nothwendigkeiten« 4000 Taler geben, sonst aber mit nichts zu tun haben, »was den Orgelbauer anginge«. Die Zimmerer-, Tischler- und Bildhauerarbeiten »beym Gehäuse und was dazu gehörig«, wollte der Rat allerdings tragen. Nachdem man sich (innerhalb des Rates) über diese Punkte einig war, wurde Gottfried Silbermann »vorgelassen« und ihm der Beschluß eröffnet. Er versicherte aber »auf sein Gewissen«, von seiner Forderung nicht abgehen zu können, weil Ab-

und Zufuhr, Holz und Kohlen auf »über dreyhundert Thlr. zu stehen kämen«. Der Rat bot Silbermann hierauf »annoch 150 Thlr.« und, nachdem der selbstbewußte Meister damit nicht zufrieden sein wollte, 200 Taler, worauf er »den Handschlag abgestattet« hat. Dem Kontraktabschluß stand nun nichts mehr im Wege. Silbermann bat darum, daß bei Vollziehung des Vertrages zur Anschaffung des Zinns 2000 Taler gegeben werden und verpflichtete sich, dafür »mit seinem sämtlichen Vermögen« zu bürgen.

1619 Das berichtigte bzw. überarbeitete Konzept des Vertrages ist noch vorhanden (A/143 f.).

1620 Die Abschriften befinden sich im STA. Weimar, Außenstelle Altenburg (vgl. Quellenverzeichnis) bzw. im PfA. Zittau (Akte Sign. I 1 16, Bl. 19 ff.).

1621 Sowohl Gottfried als auch Johann George Silbermann haben den Vertrag unterschrieben. Wer für den Rat zu Dresden unterzeichnete, geht aus den Abschriften nicht hervor.

1622 Vgl. Anm. 1604. Silbermann scheint seine Entwürfe so gemacht zu haben, daß es daran nichts zu ändern gab.

1623 Das erklärt auch den relativ hohen Preis der Orgel. Siehe hierzu Anm. 2442.

1624 Wegen des Pfeifenmaterials war (laut Kontrakt) vorgesehen, für 32 Register englisches Zinn, für nur 7 Register Metall und für 2 Register Holz zu verwenden.

1625 Vgl. hierzu Anm. 1469.

ausstatten und die Windladen von bestem Eichenholz machen.

Der Kontrakt über die Dresdner Frauenkirchenorgel weist sonst – gegenüber anderen Kontrakten Gottfried Silbermanns – keine Besonderheiten auf.

Baukosten

Die Kontraktsumme betrug (einschließlich Ab- und Zufuhr, Brennholz und Kohlen) 4200 Taler. Gottfried Silbermann und sein Vetter wollten dafür »das gantze Orgel-Werck, samt allen was zu deßelben Haltung und inwendigen Gebäude gehöret«, liefern. Der Rat trug die Kosten für das Gehäuse mit allen Zimmerer-, Tischler- und Bildhauerarbeiten und schloß mit dem Ratszimmermeister George Bähr[1626] am 1. Dezember 1733 einen entsprechenden Kontrakt.[1627]

Die Bezahlung der Gottfried Silbermann bewilligten 4200 Taler war in nur vier Terminen vorgesehen (B/4b).[1628] Obwohl die erste, zur Anschaffung des Zinns vorgesehene Rate von 2000 Talern schon bei Abschluß des Kontrakts fällig war, wurde sie erst zwei Monate später, am 16. Januar 1733, ausgezahlt (A/154).[1629] Wann die restlichen 2200 Taler bezahlt wurden, ist nicht bekannt.

Gottfried Silbermann hat am 20. November 1736, zwei Tage vor der Übergabe der Orgel, eine Nachforderung von 800 Talern erhoben.[1630] Der Rat bewilligte ihm aber nur 500 Taler.[1631] Silbermann hat dem-

---

1626 Bähr wurde 1666 in Fürstenwalde (Erzgebirge) geboren und starb am 16. März 1738 in Dresden (in seinem eigenen Haus auf der damaligen Seegasse) an Steckfluß und Verzehrung. Er wurde vier Tage später auf dem (1861 säkularisierten) Johanniskirchhof beerdigt (StA. Dresden: KWZ. 1738, Bl. 94; Kern Dreßdnischer Merckwürdigkeiten, 1738, S. 22).

1627 Bähr sollte hiernach nicht nur das Orgelgehäuse, sondern auch den Altar, die Kanzel, das Chor u. a. verfertigen bzw. verfertigen lassen. Er hatte am 11. November eine entsprechende Spezifikation vorgelegt und für alles zusammen einen »Accord« von 3800 Talern verlangt. Der Kontrakt wurde auch über die Summe geschlossen. Darin waren alle Materialien (Holz-, Stein- und Eisenwerk usw.) und Maurer-, Zimmerer-, Steinmetz-, Bildhauer- und Malerarbeiten inbegriffen. Aus Bährs Aufsatz vom 11. November (A/213 ff.) bzw. aus dem Kontrakt vom 1. Dezember (A/216) geht leider nur die Gesamtsumme für alle von ihm zu übernehmenden bzw. zu vergebenden Arbeiten hervor. Nach George Bährs Ausführungen gehörten zum Orgelgehäuse selbstverständlich auch die Fassade des Orgelwerks mit allen Bildhauerarbeiten (zwei Figuren »fast in Lebensgröße«, nebst Vasen, Fruchtgehängen u. a.) und die Bemalung oder Staffierung des ganzen Werkes. Für die »Architectur« war ein angenehmes »Glantzweiß, sauber polliret«, für den Zierat »GlantzGold« und mit natürlichen Farben »hier und da auf geputzt«, vorgesehen. Es sollte alles »nach dem hierzu gefertigten Modell« gemacht werden. Wer die Malerarbeiten ausführte, ist nicht bekannt. Für die Bildhauerarbeiten hat Bähr wohl Johann Christian Feige (1689–1751) herangezogen (A/189f.). Nach Silbermanns Angaben soll das Orgelgehäuse insgesamt 1200 Taler gekostet haben (PfA. Zittau: Akte I 1 16, Bl. 179b).

1628 Es sollten gezahlt werden:

2000 Taler bei Vollziehung des Kontrakts,

700 Taler wenn mit der Aufsetzung der Orgel begonnen wird,

500 Taler »Weynachten deßelbigen Jahres darauff, wenn mit Auffsetzung des Wercks bereits würcklich angefangen worden«, und

1000 Taler bei der Übergabe und wenn das Werk »vor tüchtig erkand worden«.

Der zweite und dritte Termin richtete sich also nach Silbermanns Arbeit, ohne daß ein bestimmter Zeitpunkt (oder mindestens das betreffende Jahr) festgelegt worden wären. Silbermann mußte sich verpflichten, für die erste Rate als Sicherheit »tüchtige Verschreibungen« (vermutlich Wertpapiere o. ä.) einzuliefern (A/142).

1629 Silbermann ist am 16. Januar 1733 persönlich »auf dem Rathhause in der Cämmerey-Stube« erschienen und hat um Auszahlung des Geldes nachgesucht, was dann auch geschah. Er versprach, innerhalb von acht Tagen die Interimsquittung gegen eine von ihm und seinem Vetter vollzogene Quittung »auszuwechseln« und gleichzeitig noch das eine Exemplar des

nach für das Werk insgesamt 4700 Taler bekommen.[1632]

Bauablauf

Da damals, das heißt im November des Jahres 1732, kein anderer Auftrag vorlag,[1633] scheint Gottfried Silbermann sofort nach Abschluß des Kontraktes mit der Arbeit an dem großen Werk begonnen zu haben, denn es sollte binnen drei Jahren, also etwa bis Mitte November 1735, verfertigt werden (B/4).

Nach seinen eigenen Worten arbeitete Silbermann zunächst einunddreiviertel Jahr in seiner Freiberger Werkstatt.[1634] Bemer-

Kontrakts, von ihm und seinem Vetter »vollzogen und besiegelt«, einzusenden (A/152f.).

1630 Der Wortlaut seiner Eingabe an den Rat ist im Anhang (SD. Nr. 29) zu finden.

1631 Silbermanns Eingabe wurde am 24. November in der Ratssitzung behandelt (C/6f.). Man bot dem Meister »anfänglich 300 Thlr. über den accord, dann 400 Thlr., endlich 500 Thlr.«, was er aber nicht »accepiren« wollte. Er blieb vielmehr fest auf den geforderten 800 Talern bestehen, »dahero ihm noch einige Bedenckzeit« gegeben wurde. Drei Tage später berichtete der Bürgermeister, daß Silbermann sich »endlich auf vieles Zureden« bereit erklärt habe, die »über den Contract offerirten 500 Thlr. anzunehmen, wenn annoch der Calcant und seine Leuthe durch eine Recompensation vergnüget würden«. Der Rat war damit einverstanden. Leider ist nicht bekannt, wie hoch die Vergütungen für Silbermanns Gesellen und den Kalkanten waren. Bemerkenswert ist aber, daß der Kalkant Johann George Reichelt Gottfried Silbermann anläßlich der Orgelweihe mit einem gedruckten Carmen geehrt hat (s. Anh. OWS. Nr. 27).

1632 Der Dresdner Rat erwähnte in einem Bericht an das Oberkonsistorium vom 24. Mai 1758 (!), daß Silbermann für die Frauenkirchenorgel 4735 Taler bekommen habe (StA. Dresden: Akte Sign. D XXXIV 20, Bl. 95). Der Mehrbetrag von 35 Talern könnte die Rekompensation für seine Gehilfen und den Kalkanten gewesen sein (vgl. Anm. 1631). Der Orgelbauer Johann Gottfried Hildebrandt (1724–1775), der gemeinsam mit seinem Vater Zacharias an Silbermanns Dresdner Hofkirchenorgel mitgearbeitet hatte, schrieb am 8. März 1758 in einer Eingabe an den Rat zu Dresden, Silbermann habe für die Frauenkirchenorgel 5600 Taler erhalten (ebenda, Bl. 75). Hildebrandt wollte damit dokumentieren, wie niedrig die seinem Vater für die Orgel der Dreikönigskirche bewilligte Summe von 3500 Talern (für ein zweimanualiges Werk mit insgesamt achtunddreißig Registern, exklusive Gehäuse) gewesen ist. Sollte

Hildebrandt wirklich keinen zuverlässigen Gewährsmann gehabt haben, um zu erfahren, wieviel die Frauenkirchenorgel tatsächlich gekostet hat? Er hat vielmehr versucht, Silbermanns Leistung herabzusetzen. Hildebrandt behauptete zum Beispiel, die Frauenkirchenorgel habe gegenüber der in der Dreikönigskirche »nicht mehr als das 3te Klavier, welches gar leicht an dem Pfeiffen-Werck mit 500 Thlr. hat bestritten werden können«. Weiter behauptete er, die Pfeifen der beiden Register Quintadena und Bordun in der Dreikönigsorgel dürften »mehr wiegen als die ganzen metallenen Pfeifen in der Frauen-Orgel«. Er unterstellte Silbermann damit, die Blätter der Pfeifen nicht stark genug gemacht zu haben. Des weiteren habe Silbermann, der in Freiberg wohnhaft war, die Materialien dort »um den dritten Theil wohlfeiler« kaufen können. Aus Hildebrandts Worten spricht anscheinend Mißtrauen (oder gar Neid) gegenüber seinem berühmteren Berufskollegen Gottfried Silbermann, der zweifellos viel bessere kaufmännische und organisatorische Fähigkeiten besaß, als der Vater von Johann Gottfried Hildebrandt.

1633 Der Rat zu Freiberg hatte Silbermann allerdings schon Anfang März wissen lassen, daß er fest mit dem Auftrag zum Bau einer neuen Orgel für die Peterskirche rechnen könne. Der Kontrakt wurde aber erst Anfang August 1734 geschlossen. Es muß mit ziemlicher Sicherheit angenommen werden, daß Silbermann an dem Freiberger Werk schon einige Zeit vor Abschluß des Bauvertrages gearbeitet hat.

1634 Vgl. Silbermanns Eingabe vom 20. November 1736 an den Rat zu Dresden (s. Anh. SD. Nr. 29). Das von Silbermann angegebene einunddreiviertel Jahr scheint die Zeit von Anfang Januar 1733 bis Anfang Oktober 1734 gewesen zu sein, denn am 6. Oktober 1734 hat er in Dresden erklärt, daß er jetzt mit dem Aufsetzen des Werkes beginnen könne. Es muß aber bezweifelt werden, daß Silbermann in dem genannten Zeitraum nur an der Dresdner Orgel gearbeitet hat. Er muß vielmehr gleichzeitig

kenswerte Einzelheiten über den Orgelbau enthält ein Schriftstück, das Silbermanns Mitarbeiter im Februar 1734 schrieben und in eine Pedalwindlade der Orgel legten (D).[1635]

Ende September bzw. Anfang Oktober 1733 lieferte Silbermann »Materialien« für die Orgel nach Dresden.[1636] Ein Jahr später, am 6. Oktober 1734, erschien Gottfried Silbermann in Dresden und erklärte vor dem Rat, daß er »nunmehro im Stande sey, das Orgelwerck aufzusetzen«, denn die zehn Windladen, die Klaviere, die Bälge und die hölzernen Pfeifen« seien fertig,[1637] aber der Zimmermeister George Bähr habe zur Zeit »weder das Palgen-Hauß noch das

auch das Freiberger Werk in Arbeit gehabt haben. Es wäre sonst gar nicht möglich gewesen, die Petriorgel bis Anfang Oktober 1735 fertigzustellen.

1635 Von dem Schriftstück ist nur eine »Buchstäbliche Abschrift« vorhanden (vgl. Anm. 272). Sie lautet wie folgt:
»Anno Christi Ein Daußend Sieben Hundert u. Drey u. Dreysig [?] Ist die Orgel in die Liebe Frauenkirche zu Dreßden von einem HochEdl. Rath an den Königl. Pohlnischen und Churf. Sächsischen Hof- u. Land-Orgelbauer Tit. Herr Gottfried Silbermann verdungen wurden u. dieses Werk mit Gottes Hülfe in Drey Jahren als 1735. Jahres Fertig werden soll, u. ist solches Werk als nämlich die Windladen, Zinnern u. hölzerne Pfeifenwerk in Freiberg gemacht worden u. ist dazumal daß Zinn gegoßen als die Erbhuldigung in Freiberg geschah [= 3. Juni 1733] mit den Durchl. Churfürstl. Herrn Friedrich August der Dritte, zum Landesherrn gehuldigt worden, u. sind die Windladen im Jahr und Tag fertig gemacht worden. Was das Geheiß [= Gehäuse] u. Schnitzwerk ist wird solches in Dresden verfertigt. Es ist aber weder Altar noch Kanzel darinnen gewesen deß 1734. Jahres u. werden erst noch gebaut, die Orgel Kümbt [= kommt] über daß Altar u. wird dieses Werk mit drei Manual-Claviren u. Prinzipal 16 Fuß ins Gesichte u. ein Pedal-Clavier, u. hat 10 Windladen von Eichen-Holze, nebst Blase-Belgen 6 Stück und was noch sonst zu einen Orgelwerk gehört.
Hierbei habe der Jenigen Nahmen beizuschreiben, die diß Werk haben bauen helfen, als ist der Herr Gottfried Silbermann, nebst seinen H. Vetter Johann Georg Silbermann, hat alle Windladen gemacht, Johann Georg Schön Orgelmachergeselle, Michael Bottner Tischlergeselle, Abraham Silbermann Tischlergeselle u. der Lehr-Junge Johann Christoph Leipner, die Köchin Magdalene Bleyin. Und ist dieser Zettel zu andenken geschrieben und in die Große

Pedal-Windlade gethan worden u. ist solches in Freiberg in den alda wohnenden Hauße geschrieben worden, d. 10. Febr. Anno 1734.«
Das Schriftstück ist – vermutlich – von Johann Georg Schön geschrieben worden. Bemerkenswert ist, daß die wichtigsten Teile einer Orgel, die Windladen, von Johann George Silbermann verfertigt wurden. Gottfried Silbermanns Gesellen haben rund zwei Jahrzehnte später eine Urkunde schreiben lassen und in eine Pedalwindlade der Dresdner Hofkirchenorgel gelegt (siehe Anm. 291).

1636 Am 28. September meldete er dem Rat, daß »er heute einen guten Anfang mit Herunterschaffung des Orgel-Wercks von Freyberg gemachet habe und … über 8 Tage noch mehr anhero zu schaffen« gedenke. Es handelte sich offenbar vorwiegend um Orgelpfeifen »aus 20 Centner guten Englischen Zinn« und »Holzwerck zu einem Clavier manualiter und pedaliter«. Silbermann erklärte, daß »die bereits fertige Arbeit mehr als 2000 Thlr. betrüge«. Er bat um Rückgabe »der bestellten Caution«, weil er für die Orgel schon weit mehr geliefert habe, »als dieselbe ausmachet«, außerdem habe man »noch niemahls dergl. Versicherung von ihm verlanget oder erhalten, ob er gleich noch stärkere Wercke verfertiget …«. Damit kann Silbermann nur die Freiberger Domorgel gemeint haben. Nachdem Zimmermeister George Bähr bestätigt hatte, daß für mehr als 2000 Taler »Materialien zum Orgelbau anhero geliefert« worden sind, gab man Silbermann am 1. Oktober seine Kaution zurück.

1637 Aus den knappen Angaben kann geschlossen werden, daß Gottfried Silbermann in seiner Werkstatt bestimmte Arbeitsprinzipien hatte. Anscheinend wurden zuerst die metallenen Pfeifen angefertigt (vgl. Anm. 1636), später folgten dann die Windladen, hölzernen Pfeifen, Blasebälge usw. Offenbar führte jeder Geselle bestimmte Arbeiten aus, die er dann auch gut beherrschte.

Orgel-Gehäuße gefertigt«.[1638] Silbermann ließ den Rat wissen, daß er den Orgelbau nicht fortsetzen könne, solange solches nicht »zur Perfection komme und das ganze Orgel-Gehäuße samt der Tischler-Arbeit und Mahlerey vollkommen fertig« sei. Er könne »sich nun länger hier nicht aufhalten, weil er an andern Orten auch bestellte Arbeit habe[1639] und sey ihm leid, daß er an dem hiesigen Wercke ... verhindert würde« (A/337). Der Bürgermeister setzte daraufhin sofort den Ratszimmermeister von Silbermanns Beschwerde in Kenntnis[1640] und verpflichtete ihn mit Handschlag, bis Pfingsten 1735 »das Balgen-Hauß und Orgel-Gehäuße mit völliger Tischler-Arbeit, Mahlerey und Ausstaffirung fertig zu

machen und dergestalt zur Perfection zu bringen, daß H. Silbermann sodann sonder weitern Anstand und Hindernüß die Orgel aufsezen und in völligen Stand bringen« könne (A/338).[1641]

Gottfried Silbermann konzentrierte sich unter diesen Umständen auf die Freiberger Petriorgel[1642] und kam offenbar erst in der letzten Januarwoche des Jahres 1736 nach Dresden.[1643] Hier gab es erneute Schwierigkeiten, weil die vom Rat zur Verfügung gestellte Wohnung nicht nahe genug bei der Kirche lag[1644] und Gottesdienste abgehalten wurden, die den Meister an der Arbeit hinderten.[1645] Trotzdem ist die Orgel in nur acht Monaten aufgebaut und sogar auch »ausgestimmt« worden.[1646] Silber-

---

1638 Laut Kontrakt vom 1. Dezember 1733 sollte George Bähr alle übernommenen Arbeiten (vgl. Anm. 1627) »längstens binnen Jahr und Tag zu Stande bringen« (A/216). Die Frist war demnach noch nicht abgelaufen. Trotzdem war ein Jahr nicht ausreichend, zumal an den Arbeiten mehrere Handwerker und Künstler beteiligt waren.

1639 Damit meinte er wohl in erster Linie die Freiberger Petriorgel, die bis Ende Juni 1736 fertig werden sollte. Des weiteren hatte Silbermann am 12. September 1734 einen Kontrakt über einen Orgelneubau in Ponitz abgeschlossen. Am 28. Dezember desselben Jahres folgte ein Vertrag über eine Orgel in seiner Heimatstadt Frauenstein, nachdem dort sein erstes Werk durch einen Brand vernichtet worden war.

1640 Bähr begründete die Verzögerung damit, weil in der Kirche seit dem Frühjahr Gottesdienste abgehalten worden sind. Er habe deswegen »seine Arbeit gar öffters aussetzen müßen« (A/337b). Aus der Akte geht hervor, daß in der Frauenkirche am 28. Februar 1734 der erste Gottesdienst gehalten wurde.

1641 Aus Silbermanns Eingabe vom 20. November 1736 (s. Anhang SD. Nr. 29) geht hervor, daß ihm doch einige Schwierigkeiten bereitet worden sind, indem »das Gehäuße verschiedene mahle geändert« wurde. Silbermann hat später dem Frauenkirchenorganisten Gottfried August Homilius berichtet, daß das Gehäuse enger, als der Riß vorsah, gemacht worden sei, und er habe deswegen »verschiedenes in der

Anlage des Werkes ändern müssen« (StA. Dresden: Akte Sign. D XXXIV 20, Bl. 84 ff.) Homilius wurde am 2. Februar 1714 in Rosenthal (Sächs. Schweiz) als Pfarrerssohn geboren (PfA. Rosenthal: TaR. Nr. 2/1714). Er wirkte (als Nachfolger von Christian Heinrich Gräbner) ab Mai 1742 in Dresden als Frauenkirchenorganist (StA. Dresden: Akte Sign. D XXXIV 14, Bl. 27) und später (ab 1755) als Kreuzkantor. Homilius ist 1785 (Beerdigungstag: 6. Juni) in Dresden »an Stöck- und Schlagfluß« gestorben (StA. Dresden: KWZ. 1785, Bl. 218).

1642 Sie wurde am 3. Oktober 1735 vollendet. Zwei Wochen später war Silbermann in Greiz und schloß dort (am 18. Oktober) einen Kontrakt über den Neubau einer Orgel ab.

1643 Am 21. Januar 1736 schrieb Silbermann an Hofrat Fickweiler in Greiz, daß er jetzt im Begriff sei, nach Dresden zu reisen, um die Frauenkirchenorgel zu bauen (STA. Weimar, Außenstelle Greiz: Akte Sign. C II Ae 17e, Bl. 21).

1644 Vgl. Silbermanns Eingabe vom 20. November 1736 (SD. Nr. 29). Silbermann wohnte, wie aus seinem (in Anm. 1643 zitierten) Brief nach Greiz hervorgeht, »auf der Breiten Gaße in dem Breyhahn-Hauße«. Hier soll im Jahre 1720 die Sophienkirchenorgel »zusammen gebracht worden« sein (vgl. hierzu Anm. 961 und 962).

1645 Vgl. Anm. 1640.

1646 Der Orgelbauer spricht, was das Stimmen der Pfeifen betrifft, von einer Vor- und

mann hat nämlich seine Gesellen Ende September 1736, »so gleich nach Ausstimmung der Orgel, da ich [sie] ... nicht mehr gebrauchet, nach Freyberg geschickt«, um sie inzwischen an der Greizer Orgel arbeiten zu lassen.[1647]

Aus Silbermanns Brief wäre zu schlußfolgern, daß er selbst noch in Dresden geblieben ist. Hat er sich noch weiter mit der Intonation bzw. Stimmung seines Werkes beschäftigt?[1648] Andernfalls müßte man annehmen, daß die Orgel in mutmaßlich fertigem Zustand fast zwei Monate stehen-

gelassen worden ist, denn die Übergabe erfolgte erst am 22. November. Jedenfalls gibt es für diese »Wartezeit« keinen nachweisbaren oder vernünftigen Grund.[1649]

Übergabe, Prüfung und Weihe

Die Orgel wurde am 22. November 1736 in Gegenwart von Superintendent D. Valentin Ernst Loescher (1673–1749), Bürgermeister Vogler und neun Ratsherren durch Gottfried Silbermann übergeben (C/6) und am gleichen Tage geprüft. Mit der Examination hatte der Rat den königlichen Konzertmeister Johann Georg Pisendel[1650],

---

einer Rein- oder »Ausstimmung«. Dem Stimmen geht die Intonation voraus (siehe hierzu Anm. 1144 und 1145).

1647 Das teilte er am 8. Dezember 1736 dem Greizer Hofrat mit (Anm. 1643, Bl. 28).

1648 Orgelbaumeister Wilhelm Rühle in Moritzburg, dem der Verfasser diese Frage vorlegte, hat sie nachdrücklich bejaht. Die Erfahrung zeigt nämlich, daß sich einige Zeit nach der Ausstimmung der Orgel die Stimmung »setzt«. An den Pfeifenmündungen entstehen, durch das Klopfen mit dem Stimmhorn verursacht, gewisse Spannungen, die sich dann allmählich lösen. Die Folge davon ist eine geringe Veränderung der Gesamtstimmung des Werkes. Gottfried Silbermann dürfte also, bevor die Orgel übergeben werden konnte, mit aller Ruhe und großer Sorgfalt darangegangen sein, die (vielleicht auch durch herbstliche Witterungseinflüsse verursachten) Veränderungen in der Stimmung zu beheben. Dazu brauchte er allerdings (außer dem Bälgetreter) noch einen Gehilfen, der die entsprechenden Register zieht und die Tasten anschlägt. Vielleicht hat sich der Frauenkirchenorganist Christian Heinrich Gräbner dieser Mühe gern unterzogen? In einem Gedicht, das er Silbermann zur Weihe der Freiberger Petriorgel gewidmet hatte, schrieb er nämlich:».. damit ich bald erfahre, Wie meine Orgel klingt. Ich bin vor Sehnsucht kranck, Drum Gönner! glaube nur! die Zeit wird mir sehr lang ...« (s. Anh. OWS. Nr. 15). Auf keinen Fall kann die Frauenkirchenorgel Ende September 1736 schon – was die Stimmung ihrer Pfeifen betrifft – »vollkommen« gewesen sein. Wir müssen annehmen, daß Silbermann für die Intonation und Stimmung auch etwa dreiundzwanzig Wochen Zeit brauchte, wie bei der Freiberger

Domorgel. An der Dresdner Orgel ist demnach insgesamt rund zehn Monate (von Ende Januar bis Ende November 1736) an Ort und Stelle gearbeitet worden. Unklar bleibt, warum Silbermann für achtzehn Monate in Dresden eine Wohnung verlangt hat! Noch ein Vergleich: An einer mittleren Orgel (mit nur zwanzig Registern) arbeitete Silbermann rund vier Monate. In dieser Zeit mußte aber das Orgelgehäuse mit aufgebaut werden. In Dresden brauchte er sich darum nicht kümmern.

1649 Da in der Kirche schon seit dem zeitigen Frühjahr 1734 (!) Gottesdienst gehalten wurde, wäre die Orgel doch dringend gebraucht worden, zumal der geplante Übergabetermin (November 1735) inzwischen – ohne Silbermanns Schuld – verstrichen war.

1650 Er wurde am 26. Dezember 1687 in Cadolzburg bei Nürnberg als Sohn des Kantors Simon Pisendel geboren (PfA. Cadolzburg: TaR. Nr. 44/1687). Im Jahre 1711 gehörte er als »Violist und Cammer-Musicus« (mit 400 Talern Jahresbesoldung) schon dem kurfürstlichen »Music-Orchestra« in Dresden an (STA. Dresden: Loc. 910, Das churfürstl. Orchester, Vol. I, Bl. 1). Nach dem Tode des Konzertmeisters Jean Baptiste Voulmyer (1665–1728) wurde Pisendel dessen Nachfolger und bezog ab Februar 1730 eine Jahresbesoldung von 1200 Talern (STA. Dresden: Loc. 383, Akte Franz. Comoedianten und Orchestra betr., Vol. II bzw. Loc. 907, Akte ... das Orchester betr., 1733, Vol. II, Bl. 1). Pisendel wohnte in Dresden zuletzt »an alten Marckte in H. Horns Hauße« und ist dort 1755, noch »ledigen Standes« an einem »Stick- u. Schlagfluß« gestorben. Er wurde am 29. November auf dem Johanniskirchhof beigesetzt (StA. Dresden: KWZ. Kreuzkirche,

Kreuzkantor Theodor Christlieb Reinhold[1651], Hoforgelbauer und Frauenkirchenorganist Johann Heinrich Gräbner[1652] und dessen Sohn, Frauenkirchenorganist Christian Heinrich Gräbner[1653], beauftragt (C/6). Der von den Examinatoren am 22. November erstattete Bericht ist im Original vorhanden (C/4 f.).[1654]

Wie nicht anders zu erwarten war, ist an dem Werk »nicht der geringste Tadel zu finden gewesen«. Gottfried Silbermann hatte es für gut befunden, die Orgel noch mit zwei zusätzlichen Stimmen zu versehen: »Chalmeaux« und »Clarinus«[1655]. Nachdem die Prüfung der Orgel zur allgemeinen Zufriedenheit ausgefallen war, hat

29.11.1755, bzw. Kurtzgefaßter Kern Dreßdnischer Merckwürdigkeiten, 1755, S.91). Auf demselben Friedhof hatte im August 1753 auch Gottfried Silbermann seine letzte Ruhestätte gefunden. Pisendel soll (nach Gerbers Tonkünstlerlexikon) das »Muster eines Künstlers und Menschenfreundes« gewesen sein. Er war »der bedeutendste Violinvirtuose der Bach-Zeit« und sein Vater stammte aus Markneukirchen (vgl. MGG., Bd.10, Sp.1300f.).

1651 Er wurde am 7. Februar 1679 in Eppendorf (Sachsen) als Sohn des Pfarrers Gottfried Samual Reinhold (1634–1691) geboren (PfA. Eppendorf: TaR. Nr.3/1679). Reinhold war in Dresden zunächst Organist an der Annenkirche (ab 1706) und Kantor in »Altendresden« (von 1707 bis 1720) und wurde im Oktober 1720 als Kreuzkantor berufen (StA. Dresden: Akte Sign. D XII, Bl.673; D XII, Bl.760; B VII 48, Bl.3). Ab 1721 leitete er die Musik in der Sophienkirche und ab 1725 auch in der Frauenkirche (StA. Dresden: Akte Sign. D XXXIII 7, Bl.45). Reinhold ist am 24. März 1755 in Dresden an einem »Steckfluß« gestorben und am übernächsten Tag auf dem Johanniskirchhof bestattet worden (StA. Dresden: Akte Sign. C XV 23c, Bl.86; KWZ. 1754/55 Bl.539b). Zur Weihe der Frauenkirchenorgel hat Reinhold eine zwölfseitige Schrift verfaßt und im Druck erscheinen lassen (s. Anh. OWS. Nr.26).

1652 Siehe Anm.1615.

1653 Er wurde um 1704 geboren. Sein Vater, Johann Heinrich Gräbner (geb. um 1664), seit 1695 bis zum Tode (1739) Frauenkirchenorganist zu Dresden, hatte ihn »von Jugend auf in der Music, insonderheit auf dem Clavier, nicht allein selbst erzogen, sondern auch ... so viel darauf gewendet, daß er 2 gantze Jahr über in Leipzig bey dem berühmten Capell-Meister Bach Lection bekommen ...« (StA. Dresden: Akte Sign. XXXIV 16, Bl.5). Als Gräbner sich am 28. Mai 1733 (erfolglos) um die Sophienorganistenstelle bewarb, schrieb er, daß er »den

seelig verstorbenen H. [Christian] Pezold sehr offt in spielen auf der Orgel« vertreten und sich außerdem »durch beständiges Accompagniren bey der Musique in der Creuz-Kirche wie auch durch die geschickte Anführung des berühmten Organisten in Leipzig, H. Capellmeister Bachs, qualificiret gemacht« habe (StA. Dresden: Akte Sign. D XXXIV 17, Bl.1). Ab Ende Juni 1733 war Gräbner zunächst Substitut seines Vaters (als Frauenkirchenorganist), aber nach dessen Tod sollte er zu diesem Dienst »völlig beruffen seyn« (StA. Dresden: Akte Sign. XXXIV 14, Bl.4f.). Am 23. Februar 1742, nach nur dreijährigem selbständigen Dienst an der Frauenkirche, bewarb sich Gräbner um die Stelle des Kreuzkirchenorganisten, nachdem Emanuel Benisch »dermaßen kranck darnieder lieget«. Nach Benischs Tod (14. März) wurde Gräbner am 17. April 1742 als Nachfolger berufen (StA. Dresden: Akte Sign. XXXIV 15, Bl.15f. und 25f.). Christian Heinrich Gräbner hat das Kreuzkirchenorganistenamt über fünfundzwanzig Jahre bekleidet und ist (am 1. Januar?) 1769, 64 Jahre alt, »an verschiedenen Zufällen« (?) in Dresden verstorben. Er wurde am 5. Januar auf dem Johanniskirchhof beerdigt (StA. Dresden: KWZ. 1768/69, Bl.421).

1654 Er trägt die Unterschriften und Siegel aller vier Examinatoren. Der Wortlaut der Urkunde ist im Anhang (SD. Nr.30) zu finden.

1655 Es handelte sich um 8-bzw. 4-Fuß-Register aus Zinn im Brustwerk bzw. im Pedal. Benjamin Gottfried Weinart (Topographische Geschichte der Stadt Dresden, 1777, S.139ff.) gab die Disposition der Orgel an und bezeichnete die erste der beiden Stimmen als »sehr angenehm«. Silbermann war selbst von diesem Register begeistert, weil er auch die Greizer Orgel damit ausstatten wollte. Vgl. seinen Brief vom 18. Januar 1737 an Hofrat Fickweiler (STA. Weimar, Außenstelle Greiz: Akte Sign. a C II Ae 17e, Bl.30f.). Silbermann hatte in diesem Sinne schon an den Organisten Sebald Pezold geschrie-

der Rat am nächsten Tag »denen Herren Examinatoribus ingleichen Herrn Silbermann und deßen Leuthen eine Mahlzeit gegeben« (C/6).[1656]

Am Sonntag, dem 25. November 1736, wurde die Orgel geweiht und »bey dem Gottesdienst zum erstenmahl gespielet«.[1657] Kreuzkantor und Musikdirektor Theodor Christlieb Reinhold führte »vor und nach der Predigt eine vortreffliche Vocal- und Instrumental-Music« auf (E/87). Gottfried Silbermann wurde mit neun Carmina bzw. Druckschriften geehrt,[1658] und am folgenden Tage stellte ihm der Rat zu Dresden ein Attest aus.[1659]

Eine besondere künstlerische Weihe erlebte Silbermanns Meisterwerk am 1. Dezember 1736, als sich Johann Sebastian Bach »Nach- mittags von 2 biß 4 Uhr in der Frauen-Kirchen auf der Neuen Orgel in Gegenwarth Sr. Excell. des Rußisch-Kayserl. Gesandten, Herrn Baron von Kayserlings und vieler Procerum[1660] auch starcker Frequentz anderer Personen und Künstler mit besonderer Admiration hören« ließ (E/90).[1661]

Bemerkungen

Anfang des Jahres 1742 war die Orgel nach Ansicht von Ratsmaurermeister Johann Gottfried Fehre (1685–1753)[1662] und Ratszimmermeister Georg Friedrich Winkler (1704–1762) »einiger Gefahr« ausgesetzt. Der Ratsaktuar Johann Nicolaus Herold setzte Gottfried Silbermann aufgrund einer Ratsverordnung am 20. Januar davon schriftlich in Kenntnis (F/1 ff.).[1663]

---

ben. Pezold schrieb dann am 3. Januar 1737 an den Greizer Hofrat: »...nachdem Er [Silbermann] mir ... schreibet, wie Er allbereit in Dreßden ferdig ... Bey gedachter Orgel [in der Frauenkirche] aber Ihme das Glück so wohl gewolt und auf eine Invention einer Chalumeau [Schalmei] gerathen, welche Ihm auch so wohl gerathen, das nichts natürliches könne gehöret werden, indem kein Unterschied zu spüren, ob der Virtuos auf diesem Instrument in Dreßden Mons. Willhelmi sich hören läst, oder ob es aus der Orgel klingt ... Weil es nun allein in Dreßden so wohl gefallen, er [Silbermann] auch selbst ein großes Vergnügen daran gehabt, weil Ihm das Register so extra ordinari wohlgerathen ...« (ebenda, Bl. 29).

1656 Obwohl Silbermann seine Gesellen Ende September nach Freiberg zurückgeschickt hatte, müssen sie zur Orgelübergabe zurückgekommen sein. Ein Beleg, aus dem (wie bei der Übergabe der Sophienorgel) zu ersehen ist, welche Getränke und Speisen serviert wurden, ist bisher nicht gefunden worden.

1657 Wer die Orgel zum Weihegottesdienst spielte, geht aus den Quellen nicht hervor. Die Weihepredigt dürfte der damals sehr bekannte Dresdner Superintendent Valentin Ernst Loescher (1673–1749) gehalten haben. Er war selbst ein guter Musikkenner und hat sich als Dichter geistlicher Lieder einen Namen gemacht. Loescher hatte im Jahre 1720 schon die Sophienorgel geweiht.

1658 Unter den Autoren finden wir Wilhelm Friedemann Bach (1710–1784), der damals in Dresden als Sophienorganist wirkte. Nähere Einzelheiten über alle neun Druckschriften sind im Anhang (OWS. Nr. 19 bis 27) zu finden.

1659 Der Wortlaut ist im Anhang (SD. Nr. 31) zu finden.

1660 Darunter sind vornehme Persönlichkeiten und höhere Standespersonen zu verstehen.

1661 Der Grund für Bachs Reise nach Dresden war seine Ernennung zum Hofkomponisten. Kurfürst Friedrich August II. (1696–1763) hatte Johann Sebastian Bach »umb seiner guten Geschicklichkeit willen das Praedicat als Compositeur bey Dero Hof-Capelle« erteilt. Das entsprechende Dekret war am 19. November 1736 ausgefertigt und am 28. desselben Monats dem Baron Hermann Carl von Keyserling (1696 bis 1764) zugestellt worden, der es dann an Bach aushändigte (STA. Dresden: Loc. 907, Akte Italienische Sänger, 1733–1802, Bd. 2, Bl. 57). Das in dieser Akte befindliche Konzept des Dekrets trägt die eigenhändigen Signa des Landesfürsten (»AR«) und des damaligen Kammerpräsidenten (und späteren Premierministers und Reichsgrafen) Heinrich von Brühl (»HvB«), der von 1700 bis 1763 lebte.

1662 Fehre hatte (1719/20) beim Bau der Sophienorgel die notwendigen Maurerarbeiten ausgeführt.

1663 Herold schrieb u. a.: »... Wie nun dieser Bau, wenn nicht verschiedenes Pfeiffenwerk

Der Meister antwortete vier Tage später, daß er »des ehestens nach Dresden kommen und alle mögliche Veranstaltung treffen helffen« wolle, damit die Orgel »ins künfftige keiner Gefahr mehr unterworfen sein möge...« (F/4). Silbermann konnte aber die Reise nach Dresden »wegen Unpäßlichkeit« nicht unternehmen. Er teilte dem Ratsaktuar am 30. März mit,[1664] erst Ende Juni, »wenn ich ... von Zöblitz wieder zurückkommen werde«,[1665] seine Aufwartung machen zu können, »indem die Frauenorgel noch keiner solchen Gefahr unterworfen, wie vorgegeben worden...« (F/5).[1666]

Der Rat veranlaßte, ohne auf Silbermann zu warten, eine Besichtigung der Orgel, die am 18. Mai 1742 stattfand.[1667] Der Dresdner Stadtorgelbauer Tobias Schramm[1668] hat dabei »binnen einer halben Stunde sämtliche Clavis in allen drei Werken wieder gleichgerichtet«,[1669] und hierauf »hörte man nicht einen einzigen Ton mehr heulen«. Als Schramm und sein Geselle, »dem die Orgel genau bekannt« war,[1670] das Inwendige und das Pfeifenwerk untersuchten, konnten sie keinen Schaden feststellen (F/6/6b).[1671]

Das prächtige Werk ist im Februar 1945

---

herausgenommen wird, nicht vorzunehmen sein will, also hat der Rath vor nöthig befunden mit Ihnen zuförderst deswegen zu communiciren und Ihnen zugleich freizustellen, ob Sie selbst sich müssen bemühen oder Ihren Herrn Vetter, wenn Ihnen bey ietzigen rauhen Winterszeit die Reise zu beschwerlich fallen möcht, oder sonst jemand Geschicktes von denen ihrigen anhero zu senden, die Orgel in Augenschein nehmen ... wollen. Es möchte aber solches umso viel weniger einigen Aufschub leiden, weil die Gefahr bey längerem Verzug immer größer werden dürfte ...« Herold erwähnte noch, daß die Pfeiffen »voll Staub und Kalk« seien und deshalb eine Reinigung »sehr nöthig zu sein scheinet«.

1664 Es ist anzunehmen, daß Silbermann um diese Zeit von seiner Krankheit genesen war. Anscheinend ist er etwa zwei Monate krank gewesen.

1665 Die Zöblitzer Orgel war aber bis zum Johannisfest noch nicht fertig, sondern erst Mitte Juli 1742.

1666 Vermutlich hatte Silbermann inzwischen Erkundigungen eingezogen, die ihn dann zu dieser Bemerkung veranlaßten.

1667 Es nahmen daran teil: Maurermeister Fehre, Zimmermeister Winkler, Orgelbauer Tobias Schramm (s. Anm. 499) und sein Geselle, »der vormahls bey Herrn Silbermann an der Frauenorgel mit arbeiten helfen« (s. Anm. 434), Kreuzkirchenorganist Gräbner (s. Anm. 1653), Frauenkirchenorganist Homilius (s. Anm. 1641) und Aktuar Herold. Die beiden Organisten hatten tags zuvor erst die Bestallungen für ihre Ämter erhalten.

1668 Schramm hatte – ebenfalls auf Anordnung des Rates – am 28. Juli 1740 die Sophienorgel untersucht und im Herbst desselben Jahres (mit Silbermanns Einverständnis) gesäubert und gestimmt.

1669 Damit sind die Tasten der drei Manuale gemeint.

1670 Als die Orgel gebaut wurde (1734), ist Leipner noch als »Lehr-Junge« bezeichnet worden (vgl. Anm. 1635). Er zählte damals aber schon zweiundzwanzig Jahre und hat gewiß »mit offenen Augen« mitgearbeitet, so daß ihm das große Werk einige Jahre später eben »genau bekannt« war.

1671 Demnach hatten Fehre und Winkler die Gefahr überschätzt, und Silbermann hatte recht. Der Rat wollte aber nichts versäumen und ließ Schramm am 19. Juni nochmals über den Zustand der Orgel befragen. Tobias Schramm erklärte, das Werk »wäre gegenwärtig noch in solchem Stande, daß man zur Zeit keinen Schaden zu besorgen hätte«. Er hatte u.a. die Windführungen überprüft. Das Regierwerk wäre »in guter Ordnung«. Schramm kritisierte, daß »man bey der Stimmung nicht genugsamen Fleiß appliciret und [nicht] geduldig gewesen, sondern nur überhin gegangen wäre«. Eine Orgel muß von Zeit zu Zeit gestimmt werden. Das war in dem vorliegenden Fall die Pflicht und die Aufgabe des jeweiligen Organisten. Schramm betonte, daß es »bey einem solchen Wercke allerdings nöthig seyn« will, dafür »genugsamen Fleiß« anzuwenden (F/7b f.). Jetzt wird verständlich, warum sich Gottfried Silbermann im Herbst 1736, obwohl die Orgel schon »ausgestimmt« war, noch etliche Wochen mit ihr beschäftigt hat (vgl. Anm. 1648).

ein Opfer des Luftangriffs auf Dresden geworden, bei dem die Frauenkirche völlig ausbrannte und dann in sich zusammenstürzte.[1672]

PONITZ (KREIS SCHMÖLLN)

1737 vollendet
2 Manuale – 26 (1) Stimmen

Quellen

A. Brief Gottfried Silbermanns vom 8. Dezember 1736
an Hofrat Fickweiler in Greiz[1673]
(STA. Weimar, Außenstelle Greiz: Akte Sign. C II Ae 17e, Bl. 28)

B. dgl. vom 18. Mai 1737[1674]
(ebenda, Bl. 36)

C. dgl., datiert »Ponitz, den 30. Octobr. 1737«
(ebenda, Bl. 37)

D. dgl., datiert »Ponitz, den 19. Nov. 1737«
(ebenda, Bl. 38f.)

E. Abschrift des Attests der Ponitzer Patronatsherrschaft vom 20. November 1737[1675]
(PfA. Zittau: Akte Sign. I 1 16, Bl. 56)

F. Brief des Organisten Johann Ludwig Krebs in Zwickau vom 23. Oktober 1742
(StA. Zwickau: Akte Sign. III Z 4 0 Nr. 8, Bl. 1 ff.)

Vorgeschichte

Über die Vorgeschichte des Ponitzer Orgelbaues ist nichts bekannt.[1676]

Bauvertrag

Der Kontrakt wurde am 12. September 1734 geschlossen,[1677] ist aber nicht auffindbar. Auftraggeber war die Patronatsherrschaft zu Ponitz.[1678] Die Orgel besitzt siebenundzwanzig Register.[1679]

Baukosten

Da der Kontrakt fehlt, ist die darin vereinbarte Summe nicht mehr feststellbar.[1680] Nach Johann Ludwig Krebs (1713–1780) hat Silbermann in »der Kirche in Ponitz ein Werck vor 1500 Thlr. gesetzt« (F).[1681] Über etwaige, mit dem Orgelbau zusam-

---

1672 Kurz bevor die Orgel im Februar 1945 vernichtet wurde, ist (wohl auf Veranlassung des letzten Frauenkirchenorganisten Hanns Ander-Donath) ihr Klang auf einem Tonband festgehalten worden. Die danach produzierte Schallplatte läßt das prächtige Werk Gottfried Silbermanns weiterleben. Dem Verfasser ist bekannt, daß Ander-Donath die Absicht hatte, die Orgel – ebenso wie ihre Schwester in der Hofkirche – durch Ausbau in Sicherheit zu bringen. Das Vorhaben wurde aber nicht verwirklicht.

1673 Siehe Anhang SD. Nr. 32.

1674 Siehe Anhang SD. Nr. 34.

1675 Siehe Anhang SD. Nr. 35.

1676 Der Orgelbau erfolgte wohl im Zusammenhang mit dem Kirchenneubau von 1733.

1677 Das Datum geht einzig und allein aus dem von der Patronatsherrschaft ausgestellten Attest hervor (s. Anh. SD. Nr. 35). Gottfried Silbermanns Schaffenskraft ist bewundernswert: Etwa sechs Wochen vor Abschluß des Ponitzer Kontrakts, am 3. August 1734, hatte er mit dem Rat zu Freiberg einen Vertrag über eine Orgel mit einunddreißig Stimmen für die neue Peterskirche geschlossen. Kurz nach Weihnachten desselben Jahres reiste er nach Frauenstein, um den Kontrakt über eine Orgel für die nach dem großen Stadtbrand von 1728 wiederaufgebaute Kirche abzuschließen.

1678 Das beweist deren Attest vom 20. November 1737 (SD. Nr. 35).

1679 Aus dem Attest der Patronatsherrschaft (SD. Nr. 35) geht hervor, daß Silbermann »auf eigne Kosten noch ein besonder Register beygebracht« hat. Um welches Register es sich handelte, ist nicht bekannt. Im Kontrakt müssen demnach nur sechsundzwanzig Stimmen vorgesehen gewesen sein. Die Disposition des Werkes ist bei Dähnert (S. 207) zu finden.

1680 Dähnert (S. 207) gab 1100 Taler an und berief sich auf das 1768 erschienene Werk »Musica mechanica organoedi« (Bd. 1, S. 267) von Jacob Adlung. Die Summe erscheint aber als zu gering, da z. B. die Orgel zu Großkmehlen (mit zweiundzwanzig Stimmen) schon 1000 Taler gekostet hat.

1681 Möglicherweise sind in dieser Summe

menhängende Nebenkosten ist nichts bekannt.[1682]

Bauablauf

Gottfried Silbermann und seine Gesellen haben offenbar im Winter 1736/37 in der Freiberger Werkstatt an der Ponitzer Orgel gearbeitet,[1683] denn sie hatten sich vorgenommen, im Frühjahr 1737 mit der Arbeit in Ponitz zu beginnen.[1684]

Wann Gottfried Silbermann in Ponitz ankam, ist nicht ganz genau nachweisbar. Da er seine Zusagen zu halten pflegte, dürfte er Anfang Juni 1737 mit der Arbeit in der Kirche begonnen haben.[1685] Anfang Juli war in Altenburg bekannt, daß Silbermann in Ponitz arbeitet.[1686]

Ende Juli 1737 richtete Gottfried Silbermann wegen eines in der Zittauer Johanniskirche geplanten großen Orgelbaues einen Brief nach dort, welcher »Ponitz unter Zwickau, den 28. July 1737« datiert ist.[1687] Am 30. Oktober berichtete Silbermann von Ponitz aus nach Greiz: »Ich hoffe, mit Göttl. Hülffe künfftigen Montag über 14 Tage als den 18. November das Werck allhier zu übergeben…« (C). Das geschah auch, denn am 19. November konnte der Meister dem Greizer Hofrat melden, daß er »mit hiesigen Ponitzer Orgelwerck glücklich zu stande« gekommen sei (D).

Gottfried Silbermanns Briefe beweisen, daß er von Anfang Juni bis Mitte November 1737, also nur reichlich fünf Monate, in Ponitz arbeitete.[1688]

Übergabe, Prüfung und Weihe

Übergabe und Weihe der Orgel erfolgten am 18. November des Jahres 1737.[1689] Wer das Werk übernommen bzw. geprüft hat,

irgendwelche Nebenleistungen inbegriffen. Als Vergleichsobjekte können die Orgeln zu Reichenbach und Glauchau (mit neunundzwanzig bzw. siebenundzwanzig Stimmen) herangezogen werden. Sie kosteten 1500 bzw. 1200 Taler. Bei Glauchau kann die Summe, die Silbermann bekommen hat, allerdings nicht zweifelsfrei nachgewiesen werden, da hier ebenfalls der Kontrakt fehlt.

1682 Es ist mit ziemlicher Sicherheit anzunehmen, daß die Ponitzer Patronatsherrschaft Silbermann und seinen Gesellen freies Quartier, freie Fuhren und vielleicht auch freie Beköstigung gewährt hat.

1683 Vorher dürfte ihnen das nicht möglich gewesen sein, da sie mit den Werken für die Freiberger Peterskirche und die Dresdner Frauenkirche (bis November 1736) beschäftigt waren. Allerdings haben Silbermanns Gesellen zwischendurch schon an der Orgel für Greiz gearbeitet und zwar vor Ende Januar bzw. nach Ende September 1736. Das geht aus Silbermanns Brief vom 8. Dezember 1736 an Hofrat Fickweiler in Greiz hervor (s. Anh. SD. Nr. 32).

1684 Das geht aus drei Briefen Silbermanns hervor. Am 8. Dezember 1736 schrieb er an den Greizer Hofrat: »Nachdem durch Gottes Gnade mit der Orgel in der Frauen-Kirche zu Dreßden zu Stande und selbige Gottlob übergeben, als berichte anbey, daß nunmehr auf das Frühjahr nach Ponitz kommen [werde], alda die Orgel aufzusezen…« (vgl. SD. Nr. 32). Am 8. Mai 1737 schrieb Silbermann von Freiberg aus nach Zittau: »…anbey melde, daß ich auf die Himmelfahrts-Woche von hier ab und ins Altenburgische gehen werde…« (PfA. Zittau: Akte Sign. I 1 16, Bl. 26). Zehn Tage später schrieb er, immer noch von Freiberg aus, wieder an Hofrat Fickweiler: »Hiernechst melde, daß ich Montags vor denen Pfingst-Feyertagen [3. Juni] geliebts Gott von hier weg und nach Ponitz ins Altenburgische gehen werde…« (vgl. SD. Nr. 34).

1685 Vgl. seinen Brief vom 18. Mai nach Greiz (s. Anm. 1684).

1686 Man benutzte die günstige Gelegenheit, ihn nach Altenburg zu bitten, um ein Urteil über die im Bau befindliche Schloßorgel abzugeben. Silbermann hat sich am 19. Juli von Ponitz aus nach Altenburg begeben und sich die folgenden zwei Tage dort aufgehalten. Wir werden darüber an anderer Stelle noch berichten.

1687 Der Brief befindet sich im Pfarrarchiv Zittau (Akte Sign. I 1 16, Bl. 39 f.). Da der berühmte Orgelbaumeister gerade in der Nähe Zwickaus arbeitete, hat der junge, an der dortigen Marienkirche wirkende Organist (und Bachschüler) Johann Ludwig Krebs ihn wohl in Ponitz aufgesucht, um ihn für einen Orgelneubau in der Marienkirche zu gewinnen. Silbermann erwähnte nämlich in seinem (eben zitierten) Brief nach Zittau, daß er mit dem »Rath zu

wissen wir nicht.[1690] Auch über die Orgel-
weihe selbst ist nichts Näheres bekannt.[1691]
Gottfried Silbermann wurde mit sieben
Carmina bzw. Druckschriften geehrt.[1692]
Am wertvollsten und interessantesten ist
die von dem Altenburger Hofadvokaten
Johann Georg Brem verfaßte Schrift.[1693]
Die Ponitzer Orgel ist damals als vierzig-
stes Werk Gottfried Silbermanns gezählt
worden.[1694] Am 20. November stellte die
Patronatsherrschaft dem berühmten Orgel-

baumeister ein Attest aus[1695] und bestätigte
ihm, daß er an dem Werk »sein von Gott
verliehenes Talent, Fleiß und weitbekannte
rühmliche Geschicklichkeit besonders erwiesen« habe.[1696]

Bemerkungen

Die Orgel befindet sich (nach Dähnert) in
einem guten Zustand und wurde in die vom
VEB Deutsche Schallplatten Berlin herausgegebene Reihe »Bachs Orgelwerke auf
Silbermannorgeln« aufgenommen.

FRAUENSTEIN

1738 vollendet – 1869 zerstört
2 Manuale – 20 Stimmen[1697]

Quellen

A. Kontraktentwurf v. 28. Dezember 1734
(Heimatmuseum Frauenstein)

Zwickau einen Accord schließen soll«. Leider
wurde nichts daraus. Wir werden auf das
Zwickauer Projekt an anderer Stelle noch ausführlich eingehen.
1688   Vergleichsweise sei erwähnt, daß Silbermann an der etwas größeren Orgel in der Peter-
Pauls-Kirche zu Reichenbach reichlich sieben
Monate gearbeitet hat.
1689   Das war ein Montag!
1690   Man könnte an Johann Ludwig Krebs
denken. Er war damals aber wohl noch nicht so
bekannt, um mit der Prüfung einer Orgel beauftragt zu werden, denn er war ja erst vor
einem reichlichen halben Jahr (am 4. Mai) nach
Zwickau berufen worden (STA. Dresden: Bestand Ministerium für Volksbildung, Nr. 5414,
Bl. 16). Bemerkenswert ist aber, daß der damals
Vierundzwanzigjährige Gottfried Silbermann
»Bey der Am 18. November 1737 [erfolgten]
Orgel-Übernahme« zu Ponitz ein gedrucktes
Gedicht widmete und damit »seine Hochachtung gegen diesen grossen Künstler ... bezeigen«
wollte (s. Anh. OWS. Nr. 32). Möglicherweise
ist in Ponitz – so wie in Glauchau und Freiberg
(St. Petri) – gar keine Orgelexamination veran-
staltet, sondern das Werk nur an den Organisten
Johann Heinrich Kalb übergeben worden. Kalb
wurde um 1686 (angeblich in Hohenkirchen)
geboren, war über achtundvierzig Jahre (seit
1708) in Ponitz Organist und Schulmeister und
starb dort, über siebzig Jahre alt, im Jahre 1756
(PfA. Ponitz: TrR. Nr. 3/1709 und ToR.
Nr. 13/1756).

1691   Orgelübergabe und -weihe fanden am
gleichen Tage statt, wie aus den Carmina hervorgeht. In einem Gedicht heißt es z. B.: »Bey der
Am 18. November 1737 geschehenen Übergabe
und Einweyhung ...« (vgl. Anh. OWS. Nr. 33).
1692   Die Druckschriften befinden sich in der
Christian-Weise-Bibliothek Zittau (Sign. Hist.
848). Siehe Anhang OWS. Nr. 28 bis 34.
1693   Siehe Anhang OWS. Nr. 28. Der Autor
wurde 1689 (Tauftag: 23. Februar) in Altenburg geboren und bekleidete dort, wie schon
sein Vater, die Stelle als »Fürstl. Sächß. Hof-
Advocat«. Er starb im Jahre 1746 (PfA. Altenburg: TaR. Nr. 29/1689 und ToR. Nr. 100/
1746).
1694   Wir haben an anderer Stelle schon
darauf hingewiesen, daß die zeitgenössischen
Opuszahlen nicht ganz zuverlässig sind (s.
Anm. 581).
1695   Der Wortlaut ist im Anhang (SD. Nr. 35)
zu finden.
1696   Glücklicherweise ist von dem Attest eine
Abschrift vorhanden. Das Original befand sich
wohl mit unter den vierzehn Attesten, die
in Silbermanns Nachlaß vorgefunden wurden
(vgl. Anm. 151, Bl. 49), aber leider verschollen
sind.
1697   Hinsichtlich der Disposition glich die
Frauensteiner Orgel völlig der zu Reinhardtsgrimma. Wer dieses Werk gehört hat, wird ermessen können, welchen Verlust Frauenstein,
gerade als Heimatstadt Gottfried Silbermanns,
erlitten hat.

B. Rechnung über Einnahme und Ausgabe Bey Anschaffung einer neuen Orgel zu Frauenstein, 1735–1738[1698]

C. Kirchrechnung, Michaelis 1737/38 (PfA. Frauenstein)

D. Ratsrechnung von 1738 (StA. Frauenstein)

E. Kirchrechnungsbuch 1725–1776 (PfA. Frauenstein)

Vorgeschichte

Am 12. März des Jahres 1728 ist das Städtchen Frauenstein durch eine »unvermuthete Feuers-Brunst« innerhalb von wenigen Stunden in Schutt und Asche gelegt worden.[1699] Den Flammen fiel auch die Stadtkirche mit der 1710/11 von Gottfried Silbermann erbauten Orgel zum Opfer.[1700] Die Kirche wurde innerhalb von eineinhalb Jahren wieder aufgebaut und am 20. November 1729 geweiht.[1701] Einzelheiten über die Vorgeschichte der Erbauung einer neuen Orgel durch Silbermann sind nicht bekannt.[1702]

Bauvertrag

Der Kontrakt wurde am 28. Dezember 1734 in Frauenstein abgeschlossen (A).[1703] Der Originalvertrag befand sich in der Orgelbaurechnung (B/7 ff.).[1704] Die im Frauensteiner Heimatmuseum befindliche Urkunde (A) ist zwar nur als Entwurf anzusprechen, kommt dem Original aber fast gleich.[1705]

1698 Die Rechnung wurde von Johann Ehrenfried Mäcke (1678–1747), einem Jugendfreund Silbermanns, geführt. Sie enthielt zahlreiche Originalbelege. Die Rechnung befand sich – vermutlich – im Pfarrarchiv, ist aber (seit Anfang der fünfziger Jahre) unauffindbar. Alle Nachforschungen über ihren Verbleib waren bisher erfolglos. Glücklicherweise besitzt Ulrich Dähnert in Dresden auszugsweise Abschriften und stellte sie dem Verfasser dankenswerterweise zur Verfügung.

1699 Vgl. Anm. 619.

1700 Gottfried Silbermann ist um diese Zeit zu Hause in Freiberg gewesen. Er dürfte schon anderntags von dem Unglück erfahren haben, das seine Heimatstadt betroffen hatte.

1701 Diese erstaunliche Tatsache hat Bahn (S. 50) erwähnt. Die Frauensteiner haben durch gute Vorsorge des Freiberger Superintendenten Wilisch »schöne Collecten« bekommen, wodurch der Kirchenbau »befördert« wurde. Allerdings war (nach Bahn) »von Antiquitaeten in der [neuen] Stadt-Kirche nicht das geringste mehr zu sehen«.

1702 Es ist anzunehmen, daß Silbermann – spätestens – nach dem Wiederaufbau der Kirche in Frauenstein war und der Rat mit ihm wegen eines Orgelneubaues verhandelt hat. Eine Bauakte ist nicht auffindbar. Es gibt auch keinen Hinweis, daß eine solche vorhanden war, denn sonst müßte man vermuten, daß sie dem Stadtbrand von 1869 zum Opfer fiel.

1703 Von Silbermanns nächsten Verwandten in Frauenstein lebte damals nur noch der Zimmermann Johann Jacob Silbermann (1706 bis 1736). Gottfrieds Stiefbruder Michael (geb. 1666) und dessen Frau waren 1733 bzw. 1732 gestorben. Warum der Kontrakt erst reichlich fünf Jahre nach der Weihe der wiederaufgebauten Kirche geschlossen wurde, ist nicht bekannt. Es sind zwei Gründe denkbar: Die Frauensteiner Bürger waren durch den Brand in Not und Armut geraten, so daß der Orgelbau zunächst unterbleiben mußte. Vielleicht hatte Silbermann auch gar nicht eher Zeit, denn er schuf von 1729 bis 1734 sechs Orgeln: Püchau, Reichenbach (Trinitatiskirche), Glauchau (St. Georg), Reinhardtsgrimma, Mylau und Crostau. Zwei große Werke (St. Petri Freiberg und Frauenkirche Dresden) hatte er noch in Arbeit. Trotzdem hat er am 12. September 1734 in Ponitz einen weiteren Auftrag angenommen.

1704 Leider ist die Urkunde samt der Rechnungsakte seit etwa drei Jahrzehnten spurlos verschwunden. Vgl. hierzu Anm. 1698.

1705 Das Dokument trägt allerdings nur die Unterschriften des Bürgermeisters und der Erbrichter von Reichenau und Kleinbobritzsch. Letztere haben ihre Siegel beigedrückt. Der Bürgermeister versah die Urkunde mit dem Stadtsiegel. Das Schriftstück hat folgenden Randvermerk: »Dieses Document fand ich im Juni 1859 kurz nach meinem Amtsantritte im Rectorat zu Frauenstein als Maculatur unter dem Oberboden-Dache im Staube. Köhler.« Der Finder, Eduard Ferdinand Köhler (1814–1886), wirkte von 1859 bis 1879 in Frauenstein als Schulrektor und Organist. Nach der im Heimat-

Das Werk sollte insgesamt zwanzig Stimmen bekommen[1706] und nach »dem Hierzu übergebenen unterschriebenen und Besiegelten Riße« so gebaut werden, »wie Er dergleichen in Reinhardtsgrimma gesetzet« hat.[1707]

Gottfried Silbermann verpflichtete sich, alle Materialien »zu verschaffen« und die »Benöthigten Hand-Wercks- undt Arbeits-Leute«, Maler und Zimmerer ausgenommen, zu halten und zu befriedigen. Die Orgel sollte »zwey tüchtige Blaße-Bälge mit 1 Falte« und »Vier tüchtige Wind-Laden Von Eichenen Holtze« bekommen. Die beiden Manualklaviere wollte Silbermann »von guten schwarzen Eben-Holtze und Elffenbeinernen Semitonis[1708] mit der Langen Octave[1709] von C, D, Dis Biß c³ nebst einem saubern Clavier-Rahmen« verfertigen. Das Orgelgehäuse sollte »sauber und geschickt mit Bild-Hauer- und Tischler-Arbeith nach dem vorgezeigten Riße«

gemacht werden. Für das Pfeifenwerk wollte Gottfried Silbermann »geschlagenes Engl. Zien, Metall und gutes Holtz« verwenden. Er sicherte eine Gewährzeit von einem Jahr, »von der Übergabe an«, zu und versprach, falls an dem Werk »etwas wandelbar werden solte, wenn es nicht gewaltthätiger Weise geschehen, solches ohne Ent-Geldt zu repariren«.

Der Frauensteiner Kontrakt entsprach also in allen Punkten den anderen Kontrakten Gottfried Silbermanns.

Baukosten

Obwohl eine zwanzigstimmige Orgel bei Gottfried Silbermann sonst 800 Taler kostete,[1710] verlangte er von seiner Heimatstadt nur 500 Taler.[1711] Die Kirchfahrt wollte 300 Taler »durch Anlagen« aufbringen und die übrigen 200 Taler aus dem Kirchenvermögen nehmen (A).[1712] Die Gesamtsumme sollte in vier Raten bezahlt werden (B/9b).[1713] Die im Kontrakt fest-

---

museum befindlichen auszugsweisen Abschrift ist der Originalkontrakt von folgenden Personen unterschrieben worden: Superintendent D. Christian Friedrich Wilisch (1684–1759), Amtmann Johann Christian Gensel (1670–1748) und Gottfried Silbermann (auf der linken Seite) und Bürgermeister Johann Salomon Zacharias (1676–1758), Erbrichter Christian Wiesener von Reichenau und Erbrichter Gabriel Fritzsche von Kleinbobritzsch (auf der rechten Seite).

1706 Sie verteilten sich wie folgt: zehn im Hauptmanual, sieben im Oberwerk und drei im Pedal. Die Frauensteiner und die Reinhardtsgrimmaer Orgeln waren »Zwillingsschwestern« (vgl. Anm. 1697).

1707 Das ist das einzige Mal, daß eine andere Orgel als »Vorbild« angegeben wurde.

1708 Darunter versteht man die Obertasten für die Halbtöne.

1709 Alte Orgeln (z.B. in Reinhardtsgrimma) hatten noch die »kurze Oktave« (vgl. Anm. 1469).

1710 Vergleiche z.B. die Werke zu Reinhardtsgrimma, Fraureuth und Zöblitz.

1711 Bahn (S.201) schrieb, daß Silbermann »der Kirchfahrt ein ansehnliches daran geschencket hat, weil er ein gebohrner Frauensteiner war«. Nachdem Gottfried Silbermann 1710/11 für Frauenstein eine Orgel gebaut

hatte, ohne für sich Lohn zu beanspruchen, stellte er jetzt seine Heimatliebe erneut unter Beweis. Im Kontrakt heißt es wörtlich: »Weil Herr Silbermann von denen geforderten 800 Thlr. Gott zu Ehren und der abgebrandten Stadt Frauenstein zum Besten 300 Thlr. remittiret und geschencket…« Die von Silbermann verlangten 500 Taler dürften nicht einmal gereicht haben, um die Materialkosten und die Aufwendungen für Gesellenlöhne, Beköstigung usw. zu decken. Der Meister hat an der Frauensteiner sicher keinen Taler verdient.

1712 Der Kontrakt mußte deshalb vom Oberkonsistorium genehmigt und bestätigt werden. Das geschah aber erst am 11. November 1735 (B/11b).

1713 Der Entwurf sah folgende Termine vor:
200 Taler aus dem Kirchenvermögen »Binnen dato und Michaelis ao. 1735«

100 Taler zu Ostern 1735	»welche die Kirch-
100 Taler zu Ostern 1736	farth durch An-
100 Taler zu Ostern 1737	lagen auffbringet«

Im Kontrakt wurden die Termine dann etwas anders festgelegt:
100 Taler zu Michaelis 1735
200 Taler zu Ostern 1736
100 Taler zu Michaelis 1736
100 Taler zu Michaelis 1737

gelegten Termine sind aber nicht eingehalten worden.[1714]

Der Orgelbau hat, soweit es noch nachweisbar ist, insgesamt nur 613 Taler gekostet.[1715] Frauenstein ist damals also sehr billig zu einer guten Orgel gekommen.[1716]

Bauablauf

Gottfried Silbermann hatte sich im Bauvertrag verpflichtet, die Orgel »Binnen dato undt Michaelis ao. 1736« zu verfertigen (A).

Der Termin wurde aber um einunddreiviertel Jahr überschritten.[1717] Der Grund der Verzögerung geht aus den Quellen nicht hervor.[1718] Silbermann hat – aller Wahrscheinlichkeit nach – erst im Winter 1736/37 die Orgel für seine Heimatstadt in Arbeit nehmen können.[1719] Am 8. Mai 1737 ist jedenfalls »das Gehäuße der Orgel in Freyberg« abgeholt worden (B/5).[1720] Reichlich drei

Da die Orgel laut Kontrakt bis Michaelis 1736 gebaut werden sollte, war der letzte Termin demnach erst ein Jahr danach fällig. Es wurde ausdrücklich vereinbart, daß der Betrag »ohne Zinß« bezahlt werden soll. Gottfried Silbermann hat – soweit nachweisbar – nur in Oederan und Mylau Zinsen für später geleistete Zahlungen bekommen, ohne daß es im Kontrakt vereinbart worden war. Nur in Nassau hat er von sich aus Zinsen verlangt, weil 140 Taler erst ein Jahr nach der Fertigstellung des Werkes fällig sein sollten.

1714 Der Grund war wohl, weil die Orgel erst einunddreiviertel Jahr später, als im Kontrakt vorgesehen war, übergeben wurde. Laut Orgelbaurechnung (B/5) lassen sich folgende, an Silbermann geleistete Zahlungen nachweisen:
a) 100 Taler am 24. Oktober 1735 laut Beleg 1 (wenige Tage vorher war Silbermann aus Greiz zurückgekehrt, wo er einen Orgelbauvertrag abgeschlossen hatte)
b) 100 Taler am 24. Dezember 1736 laut Beleg 2 (einen Monat vorher war die Dresdner Frauenkirchenorgel geweiht worden)
Beide Quittungen wurden in »Freyberg« ausgestellt.
Weitere 100 Taler sind (laut Beleg 3) am 28. Juni 1738, also wenige Tage vor der Orgelweihe, in Frauenstein ausgezahlt worden. Die restlichen 200 Taler sind in der Kirchrechnung 1736/38 im Capitel VI verzeichnet. Das Datum wurde leider nicht angegeben. Silbermanns Quittung ist auch nicht mehr vorhanden. Vermutlich ist der Betrag entweder im letzten Quartal 1737 oder im ersten Halbjahr 1738 ausgezahlt worden.

1715 Die wichtigsten Ausgabeposten waren:

500 Taler	an Gottfried Silbermann
35 Taler 22 Groschen	Fuhrlöhne und Transportkosten
22 Taler 17 Groschen	für Baumaterial, Holz und Bretter
6 Taler 1 Groschen	für Zimmerer- und Schmiedearbeiten
1 Taler 17 Groschen	für Kohlen
8 Taler	Hauszins (für Silbermanns Quartier)
28 Taler 10 Groschen	Aufwendungen bei der Orgelübergabe
3 Taler 12 Groschen	für Orgelgedichte
2 Taler 18 Groschen	für den Rechnungsführer

1716 Es ist allerdings nicht sicher, ob die auszugsweise Abschrift alle Ausgabeposten enthält, die in der Originalrechnung verzeichnet waren. Wir vermissen z. B. die Ausgabe für Bemalung und Vergoldung der Orgel.

1717 Da die neue Kirche schon im November 1729 geweiht worden war, mußte die Gemeinde über achteinhalb Jahre ohne Orgel auskommen.

1718 Es steht aber fest, daß Gottfried Silbermann von Dezember 1732 bis November 1736 mit den Werken für die Freiberger Peterskirche und die Dresdner Frauenkirche voll beschäftigt war. Am 12. September 1734 hatte er noch einen Kontrakt über einen Orgelneubau zu Ponitz abgeschlossen. Unter diesen Umständen war der Frauensteiner Termin praktisch gar nicht einzuhalten.

1719 Silbermann muß aber zur gleichen Zeit auch an der Ponitzer Orgel gearbeitet haben.

1720 Der Transport kostete 4 Taler und 12 Groschen, denn es waren »Vier 2spännige Wagen« notwendig (B/17). Die Auszahlung des Fuhrlohnes erfolgte (laut Beleg 4) erst am 28. Mai. Es kann mit ziemlicher Sicherheit angenommen werden, daß inzwischen das Gehäuse aufgebaut worden ist. Dieselbe Arbeitsweise praktizierte Gottfried Silbermann drei Jahre später in Großhartmannsdorf. Hier wurde im Mai 1740 das Orgelgehäuse aufgebaut.

Wochen später reiste Gottfried Silbermann mit seinen Gesellen dann nach Ponitz, um dort eine neue Orgel zu bauen.[1721]

Die Arbeit an der Frauensteiner Orgel kann erst in der letzten Novemberwoche 1737 fortgesetzt worden sein.[1722] Offenbar wurde in der Freiberger Werkstatt nun zügig gearbeitet.[1723]

Am 17. Februar wurden zunächst »Zwey grose schwere Kästen, darinnen die Windlade und andere Stücke Zur neuen Orgel Befindlich gewesen, Von Freybergk auff 2 Schlitten« nach Frauenstein transportiert.[1724] Fünf Tage später folgten die restlichen »Windladen und andere Stücke Zur neuen Orgel, ingleichen WerckZeuge«[1725] und am 8. März endlich »die übrigen Zugehörungen Zur Neuen Orgel nebst Herr Silbermanns Leuten und dem Benöthigten WerckZeuge«.[1726] Am gleichen Tage wurde »Herr Hoff-Orgelbauer Silbermannen mit einer Kutzsche und vier Pferdten Bey sehr Bösen Wege von Freybergk anhero« geholt.[1727] Nach den Belegen zu urteilen, muß es bei den damaligen Straßen- und Witterungsverhältnissen sehr schwierig gewesen sein, die in der Freiberger Werkstatt gefertigten Orgelteile an ihren Bestimmungsort zu schaffen.[1728]

Gottfried Silbermann hat mit seinen Ge-

Mitte Juni ging Silbermann mit seinen Gesellen nach Zittau, um die große Johannisorgel zu bauen. Nach ihrer Vollendung setzte der Meister dann ab Mitte August 1741 die Arbeit in Großhartmannsdorf fort. Ob Gottfried Silbermann im Mai 1737 persönlich mit in Frauenstein war, wissen wir nicht. Es ist zu beachten, daß zwei seiner Briefe (vom 8. und 18. Mai) die Ortsangabe Freiberg haben (vgl. Anm. 1684). Silbermann kann demnach nur in der »Zwischenzeit« in Frauenstein gewesen sein. Vielleicht hat er seinen Gesellen nur einige Arbeitsanweisungen gegeben. Das Gehäuse kann aber auch unter Silbermanns persönlicher Mitarbeit in reichlich einer Woche aufgebaut worden sein, so daß der Meister auf jeden Fall am 18. Mai wieder in Freiberg war.

1721 Vgl. Silbermanns Brief vom 18. Mai 1737 an den Greizer Hofrat Fickweiler (s. Anh. SD. Nr. 34).

1722 Die Weihe der Ponitzer Orgel erfolgte nämlich am 18. November.

1723 Bis zum Beginn der Arbeit in Frauenstein standen noch reichlich drei Monate Zeit zur Verfügung. Gottfried Silbermann konnte es sich deshalb erlauben, zwischendurch erst noch nach Zittau zu reisen, um dort die Bedingungen für den Bau einer großen dreimanualigen Orgel für die Johanniskirche auszuhandeln. Er traf am 18. Januar 1738 in Zittau ein und muß sich mindestens bis zum 7. Februar dort aufgehalten haben. Am 18. desselben Monats sandte er dann von Freiberg aus den Orgelbauvertrag nach Zittau (PfA. Zittau: Akte Sign. I 116, Bl. 57 ff. und 72b f.).

1724 Der Transport kostete einen Taler und 6 Groschen (B/20).

1725 Dieser Transport kostete 2 Taler und 16 Groschen und erfolgte mit vier Schlitten, die mit je zwei Pferden bespannt waren (B/21).

1726 Der Transport erfolgte »Bey sehr Bösen Wege« mit vier vierspännigen Wagen und kostete 10 Taler (B/22).

1727 Die vierspännige Kutsche kostete zwei Taler (B/23). Über den Betrag quittierte der Bürgermeister Zacharias. Ob er sich die Ehre gab und den berühmten »Hofforgelmacher« selbst abgeholt hat? Ende Juli 1711 hatte es nur 16 Groschen gekostet, um Gottfried Silbermann »bey Übergabe der [ersten] Orgel hohlen zu laßen«.

1728 Um den Meister und seine Gesellen zu holen und die Orgelteile (Pfeifen, Windladen usw.) nebst Gehäuse und Werkzeugen von Freiberg nach Frauenstein zu transportieren, brauchte man eine Kutsche, sechs Schlitten und acht Wagen mit insgesamt vierzig Pferden. Wieviel Wagen und Pferde mögen notwendig gewesen sein, um alle Materialien für die große Zittauer Orgel an Ort und Stelle zu schaffen? Und dabei war es ja – wie wir heute meinen – von Freiberg nach Frauenstein gar nicht weit. Die Frauensteiner Postmeilensäule von 1725 gibt die »Entfernung« allerdings mit viereinhalb Stunden an! Das sind zwanzig Kilometer, denn zwei »Stunden« entsprechen einer kursächsischen Meile oder neun Kilometern. Für die Reise von Freiberg nach Frauenstein dürfte man damals mit einer (mit guten Pferden bespannten) Kutsche etwa drei Stunden gebraucht haben. Die letzte

sellen sechzehn Wochen in Frauenstein gearbeitet[1729] und wohnte während dieser Zeit bei Johanna Rosina Süße.[1730] Zum Arbeiten hatte man den Orgelbauern im Rathaus ein großes Zimmer zur Verfügung gestellt.[1731]

Der Meister muß während der Arbeit schwer erkrankt sein. Der Freiberger Petriorganist Johann George Glöckner[1732] schrieb nämlich in einem zur Orgelweihe erschienenen Gedicht: »Er soll dem Tode nahe seyn: Das war die Post von Frauenstein.«[1733]

Weitere Einzelheiten über den Bauablauf sind nicht bekannt.[1734] Ende Juni 1738 ging das Werk seiner Vollendung entgegen.

Übergabe, Prüfung und Weihe

Die Orgel wurde am 2. Juli 1738 durch

Frauensteiner Postkutsche fuhr im Jahre 1898 von Klingenberg nach Frauenstein (= 20 km) fast genau drei Stunden: Abfahrt in Klingenberg 7.20 bzw. 20.55 Uhr und Ankunft in Frauenstein 10.10 bzw. 23.45 Uhr. Das geht aus einer zeitgenössischen Akte hervor (StA. Frauenstein: Akte Sommerfrische betr., Sign. A I Xb 33).

1729 Das beweist die Ausgabe von 8 Talern »Hauß-Zinß ... auf 16 Wochen« (B/6 bzw. 24).

1730 Sie wurde 1690 in Frauenstein als Tochter des Diaconus Heinrich Homilius geboren, heiratete 1725 den siebzigjährigen (!) Bäcker (und Bürgermeister) Johann George Süße († 1733) und starb 1748 in Frauenstein. Sie wohnte am Markt (in dem Haus Nr. 19) und muß mit Gottfried Silbermann von Jugend auf bekannt gewesen sein.

1731 Es wurden 4½ Groschen ausgegeben: »Zu Zweyen Mahlen die Rath-Hauß-Stube auszusäubern, als das erste mahl an Pfingsten, das andre mahl nach völlig verrichter Orgel-Arbeit« (B/39). Das Rathaus stand damals mitten auf dem Marktplatz, so daß Silbermann und seine Gehilfen nur wenige Schritte bis zur Kirche zu gehen brauchten. Dieses Rathaus fiel 1869 einem Stadtbrand zum Opfer. Es wurde auch nicht wieder aufgebaut, sondern die Ruine abgetragen.

1732 Er wurde 1704 geboren und stammte aus Niederbobritzsch. Ab 1723 besuchte er das Freiberger Gymnasium (vgl. die Matrikel, in welcher 1723 ein »Johann Georg Klöckner aus Niederbobritzsch« erwähnt wird). Am 31. März 1731 bewarb sich Glöckner um die (durch Elias Lindners Tod freigewordene) Freiberger Domorganistenstelle. Er schrieb u.a.: »...Nachdem ich nun nicht alleine auf hiesigen Gymnasio nebst den Humanioriby Musicam instrumentalon et Vocalem zu erlernen, mich bemühet, sondern auch in dem ... Orgelspielen ... so viel begriffen, daß mich der H. Cantor [Beyer] und so wohl als der nunmehro seel. H. Lindner vor

tüchtig gehalten haben, nicht nur ... in den Montags- und anderen Wochenpredigten, sondern auch an Sonn- und Festtagen das so schöne Orgelwerck in hiesiger Dom-Kirche seit etlichen Jahren [!] her spielen zu laßen ...« (StA. Freiberg: Akte Sign. Aa II I 42b, Bl. 48 f.). Die Bewerbung hatte keinen Erfolg. Glöckner bewarb sich dann (nach dem Tode von Christian Zeiß) am 22. September 1734 um die Nicolaiorganistenstelle und wurde am 1. Dezember auch berufen (StA. Freiberg: Akte Sign. Aa II I 20a, Bl. 39 f. und 41 f.). In der Bewerbung hieß es u.a.: »...daß Freyberg ... mich als einen Fremdling aufgenommen und bey seinem Gymnasio versorget, gehet nunmehro in das zwölfte Jahr [!] ...«. Eine Woche nach dem Tode von Johann Gabriel Spieß, am 30. März 1737, bewarb sich Glöckner um die Freiberger Petriorganistenstelle. Er gab an, daß er sich »der Music, sonderlich dem Clavir gänzlich gewiedmet« habe und sich »darinnen immer mehr und mehr zu perfectioniren angelegen seyn« lasse. Nachdem Glöckner »die Orgelprobe zur Zufriedenheit verrichtet hatte«, erfolge am 4. September 1737 seine Berufung als Petriorganist (StA. Freiberg: Akte Sign. Aa II I 143, ohne Blattnummern; Akte Sign. Aa II I 20b, Bl. 74b f.). In dieser Stellung ist er (im Alter von erst achtunddreißig Jahren) am 1. Mai 1742 in Freiberg gestorben (St. Petri Freiberg: ToR. Nr. 65/1742).

1733 Vgl. Anhang OWS. Nr. 37. Näheres über Silbermanns Krankheit ist nicht bekannt. Man könnte vermuten, daß er sich auf der Reise von Freiberg nach Frauenstein eine schwere Erkältung zugezogen hat. Wir erinnern dabei an den Forchheimer Begüterten Adam Schuberth, der Silbermann am 7. Februar 1726 »in der großen Cälte« nach Freiberg gefahren hatte, krank wurde und darüber starb (vgl. Anm. 1173).

1734 Erwähnenswert ist ein Beleg vom 1. Mai 1738, wonach in Tagelöhnerarbeit (bei 3 Groschen Tagelohn) für den Himmelfahrtsjahr-

Gottfried Silbermann »denen Herren Kirchen-Inspectoribus und denen Anwesenden von der Kirchfarth übergeben« (E/127). Der Freiberger Domorganist Johann Christoph Erselius[1735] prüfte das Werk und hat es, wie nicht anders zu erwarten war, »ohne den geringsten Mangel durchgehends wohlbefunden« (E/127).[1736] Am selben Tage fand die Orgelweihe statt. Gleichzeitig wurden in Gegenwart des Amtmannes Johann Christian Gensel, des Frauensteiner Rates und der »Gerichten« von Reichenau und Kleinbobritzsch die beiden Frauensteiner Geistlichen, Pastor Christoph Zilliger (1695–1768) und Diaconus Christian August Bahn (1703–1755)[1737] »solenni modo investiret« (E/127).[1738] Die Predigt hielt der Freiberger Superintendent D. Christian Friedrich Wilisch.[1739]

Die Gesellen Gottfried Silbermanns bekamen 6 Taler Trinkgeld und eine Abschiedsmahlzeit.[1740] Dem Meister selbst sind zwei Mahlzeiten gegeben worden: »bey deßen Ankunfft und Abreise«. Dafür wurden zusammen 32 Groschen aufgewendet (B/5b).[1741]

markt acht »Tuchmacher-Böckgen« angefertigt wurden, »weiln die Orgelbau-Leute viele solche Böckgen gebrauchet, [um] Tische aufzumachen, [und] Pfeiffen u. andere Sachen darauf zu legen« (StA. Frauenstein: RR. 1738, Beleg 141).

1735 Kaum war Domorganist Elias Lindner (am 27. März 1731) verschieden, bewarb sich schon vier Tage später Erselius um die begehrte Stelle. Das Schreiben hat die Ortsangabe »Dresden«. Erselius gab an, »die Music ex Fundamento erlernet [und] die hohe Gnade« zu haben, dem Landesherrn »als Musicus zu dienen«. Seit wann und in welcher Weise Erselius in kurfürstlichen Diensten stand ist unbekannt. Als Mitglied der Hofkapelle wird er jedenfalls nicht erwähnt. Erselius' Bewerbung hatte Erfolg (StA. Freiberg: Akte Sign. Aa II I 42b, Bl. 47 und 59). Im Ratsprotokoll vom 28. Mai 1731 heißt es u.a.: »Nachdem … Erselius die Probe in Orgelschlagen nunmehro abgeleget, währe derselbe und zwar, weil man die Ausfertigung einer Vocation, wie zwar sonst üblich gewesen, nicht vor nöthig erachtet, zu dem Organistendienst in der Domkirche durch den Handschlag anzunehmen …« Erselius wurde auferlegt, »sich in praeludiis der Kürze zu befleißigen, damit der Gottesdienst nicht allzulange aufgehalten werden dürffe … [und] mit der bisherigen Besoldung zufrieden [zu] seyn« (StA. Freiberg: RPr. 1729/33, S. 437 f.). Am 10. Oktober 1735 faßte der Rat aber den Beschluß, daß Erselius »wegen seines geringen Einkommens und bedürfftigen Zustandes« eine wöchentliche Zulage von 8 Groschen bekommen soll (StA. Freiberg: RPr. 1735, S. 359). Am 28. Februar desselben Jahres war für den Domorganisten doch noch eine schriftliche Berufung ausgefertigt worden (ebenda, S. 246). Ab 1. September 1738 bekleidete Erselius zugleich auch das Organistenamt in der Jacobikirche (StA. Freiberg: RPr., 1. September 1738, S. 1). Er war übrigens mit Anna Dorothea Mouquart (1708–1744) in erster Ehe verheiratet. Die Frau war eine Tochter von Christian Mouquart (1670–1712), Pfarrer in Kühren. Johann Christoph Erselius war mit Gottfried Silbermann befreundet. Der Orgelbauer stand bei den 1731 bzw. 1735 geborenen Töchtern Pate (Dom Freiberg: TaR. Nr. 66/1731 und Nr. 29/1735). Bei einem 1739 geborenen Sohn war Johann George Silbermann Pate (Dom Freiberg: TaR. Nr. 38/1739). Erselius ist am 21. Oktober 1772 in Freiberg neunundsechzigjährig gestorben (Dom Freiberg: ToR. Nr. 117 1772). Er wurde demnach um 1703 geboren. Woher er stammte, ist noch unbekannt.

1736 Ob Erselius einen Abnahmebericht erstattete, ist unbekannt. Ein solcher ist jedenfalls nicht auffindbar. Der Domorganist hat für die Orgelprüfung 5 Taler bekommen (B/5b), worüber er sich bei seinem »bedürfftigen Zustande« sehr gefreut haben wird.

1737 Bahn hat sich durch sein 1748 erschienenes Werk »Das Amt, Schloß und Staedtgen Frauenstein« sehr verdient gemacht.

1738 Vgl. Bahn, S. 201.

1739 Laut Orgelbaurechnung (B/5b) erhielt Wilisch 6 Taler. Dem Amtmann wurden ebenfalls 6 Taler und seinem Aktuar Georg Gottfried Hoffmann 1 Taler und 8 Groschen ausgezahlt. Hoffmann schrieb über die Übergabe und Weihe der Orgel ein kurzes Protokoll (E/127). Das hatte er 1711 bei der Übernahme der ersten Orgel Silbermanns auch getan.

1740 Die Mahlzeit muß recht ordentlich gewesen sein, denn sie kostete 2 Taler und 18 Groschen (B/5b).

Weitere Einzelheiten über die Orgelweihe sind nicht bekannt. Gottfried Silbermann wurde mit sieben Carmina geehrt.[1742] So widmete »Die sämtliche Kirchfarth zu Fraunstein« ihrem großen Sohn ein Gedicht.[1743] Gottfried Silbermann hat sich nach der Orgelweihe noch zwei volle Tage in seiner Heimatstadt aufgehalten[1744] und kehrte mit seinen Gesellen am 5. Juli nach Freiberg zurück.[1745]

Als erster Organist wirkte an dem neuen Werk der Schulrektor Immanuel Centgraff.[1746] Er hatte dem berühmten Meister eine kurze gedruckte Gratulation gewidmet.[1747]

Bemerkungen

Die Orgel fiel im Jahre 1869, wie einst ihre Schwester, auch einem Stadtbrand zum Opfer.[1748] Der damalige Schulrektor und Organist Eduard Ferdinand Köhler konnte lediglich die Orgelbank retten.[1749] Sie be-

---

1741 Da zur damaligen Zeit ein Pfund Rind- oder Kalbfleisch nicht einmal ganz zwei Groschen kostete und man für eine Kanne guten Wein 4 oder 8 Groschen bezahlte, konnte man dem Orgelbaumeister für 32 Groschen einiges bieten. Andererseits mußte ein Tagelöhner zehn Tage arbeiten, um 30 Groschen zu verdienen (vgl. Anm. 1734).

1742 Siehe Anhang OWS. Nr. 35 bis 41.

1743 Die Druckkosten (einschließlich Botenlohn von Freiberg) betrugen für 300 Exemplare 2$^{1}/_{2}$ Taler oder 60 Groschen (B/6a). Trotz der relativ hohen Auflage ist heute nur noch ein einziges Exemplar vorhanden (s. OWS. Nr. 36). In der Rechnung sind 24 Groschen verzeichnet: »Discretion für 1 Bogen Verse der Kirchfarth Zu machen« (B/6a). Das ist zweifellos das Autorenhonorar für das Gedicht. Es wurde mit großer Wahrscheinlichkeit vom Rechnungsführer (Johann Ehrenfried Mäcke) selbst verfaßt. Mäcke hat aber persönlich »aus alter Freundschafftlicher Liebe« für Silbermann noch ein Gedicht drucken lassen (OWS. Nr. 40). Er wurde am 22. August 1678 in Frauenstein als Sohn des Stadtrichters Johann Mäcke geboren (PfA. Frauenstein: TaR. Nr. 28/1678), besuchte zunächst die Dresdner Annenschule und dann ab 1698 das Zittauer Gymnasium, wo er u.a. »in der teutschen Poesie vieles profitirte«. Außerdem studierte er in Leipzig noch Rechtswissenschaft. Mäcke wirkte dann in Frauenstein, wo er übrigens 1719 getraut wurde (PfA. Frauenstein: TrR. Nr. 2/1719), als Amtssteuereinnehmer (vgl. Bahn, S. 93). Über seinen Tod berichtet das Kirchenbuch: »... gehet von hier nach Oberbobritzsch, Herrn M. [Gottlieb Friedrich] Spießen, den Pfarrer daselbst, als seinen Verwandten zu besuchen. Auf dem Rückwege aber wird er daselbst im obern Dorfe ... den 28. April [1747] nach Mittags gegen 4 Uhr,

von einem Schlagfluß überfallen, daß er gleich seinen Geist aufgiebet. Der entseelte Cörper wurde noch selbigen Tages auf einem Wagen abgehohlet, und in später Nacht hierher gebracht, darauf er ... den 3. Mai mit einer Leichenpredigt und Abdankung begraben worden...« (PfA. Frauenstein: ToR. Nr. 15/1747).

1744 Vielleicht hat er die Gelegenheit benutzt, um alte Bekannte und Freunde aufzusuchen.

1745 Sie wurden mit einer Kutsche nach Freiberg gefahren. Das kostete 1$^{1}/_{2}$ Taler (B/37). Silbermanns »Mobilien und Werckzeuge« sind mit fünf zweispännigen Wagen abtransportiert worden, was 5 Taler und 15 Groschen kostete (B/38).

1746 Er wurde 1682 in Hohendodeleben (bei Magdeburg) geboren (vgl. Bahn, S. 110). Sein Vater, Christian Gottfried (1652–1703) war (ab 1690) Pfarrer in Zabeltitz (vgl. Grünberg, II/2, S. 1050). Immanuel Centgraff besuchte die Meißner Fürstenschule und studierte in Wittenberg. Ab 1726 war er in Frauenstein zunächst Substitut des Schulrektors Christian Leipoldt und nach dessen Tod (1733) sein Nachfolger. Centgraff ist am 6. Januar 1748 in Frauenstein an »Lungensucht« gestorben (PfA. Frauenstein: ToR. Nr. 1/1748).

1747 Siehe Anhang OWS. Nr. 39. Trotz ihrer Kürze hat die Schrift einen besonderen Wert. Sie bestätigt nämlich, daß Silbermann nach Petersburg und Kopenhagen gerufen wurde, »um Orgeln daselbst zu bauen«, er diese Angebote aber ausgeschlagen hat.

1748 Das Feuer brach in der Nacht vom 2. zum 3. Oktober an der Nordseite des Marktes, wo heute das Rathaus steht, in einem baufälligen Hintergebäude aus. Es griff bei den durchweg mit Schindeln gedeckten Häusern unaufhaltsam um sich. Morgens gegen drei Uhr hatten die

findet sich seit 1958 im Heimatmuseum Frauenstein.[1750] Das jetzt in der Stadtkirche stehende Orgelwerk wurde von Urban Kreutzbach Söhne in Borna erbaut.[1751]

GREIZ

1739 vollendet – 1802 zerstört
2 Manuale – 31 Stimmen
Quellen
A. Acta I. Den mit dem Königl. Pohln. und ChurFürstl. Sächßischen Hoff- und Land-Orgelbauer, Herrn Gottfried Silbermannen zu Freyberg geschloßenen Contract wegen einer in hiesige Stadt-Kirche zu fertigenden Orgel
II. Deren Übergebung und dergl. betreffend de anno 1735
(STA. Weimar, Außenstelle Greiz: Sign. a Rep. C, Cap. II Ae, No. 17e)

B. Acta, den neuen Orgelbau in der Stadt-Kirche allhier betr., 1735
(STA. Weimar, Außenstelle Greiz: Sign. a Rep. C, Cap. II Ae, No. 17)
C. Acta den Canzel-Bau und Befestigung der Orgel in hiesiger Kirche betr., 1746
(STA. Weimar, Außenstelle Greiz: Sign. a Rep. C, Cap. II Ae, No. 21 b)
Vorgeschichte
Nachdem am Mauerwerk der Stadtkirche größere Schäden aufgetreten waren, hat »aus dringender Noth ein zieml. Stück von dem hintersten Theil des ... Kirchengebäu-

Flammen alle vier Häuserreihen des Marktes, die Kirche und das danebenstehende Rathaus erfaßt und schritten weiter »von Dach zu Dach« in die vier Gassen des Städtchens. Die Feuersbrunst legte fünfundsiebzig Bürgerhäuser in Schutt und Asche. Vgl. Hermann Gustav Hasse (1811–1892): Annalen und Chronik von dem Städtchen Frauenstein aus den Jahren 1748 bis 1880, S. 195f. (Handschrift im Pfarrarchiv Frauenstein, z.Z. als Leihgabe im Heimatmuseum daselbst).
1749 Er versah sie mit folgender Aufschrift: »Diese Orgelbank gerettet bei dem großen Brandunglück am 3. October 1869. Köhler, R[ektor] und Org[anist].« Köhler wurde 1814 in Püchau als Kantorensohn geboren und hat in seiner Jugendzeit mit dem dortigen (heute leider nicht mehr existierenden) Werk Gottfried Silbermanns Bekanntschaft gemacht. Er fühlte schon als Schulknabe »eine Verehrung für den großen Meister« Silbermann, als er noch nicht ahnte, daß ihn »die Vorsehung einmal in den Heimathort [Silbermanns] berufen würde«. Vgl. Köhlers Schreiben vom 20. November 1863 an den Stadtrat zu Frauenstein (StA. Frauenstein: Acta die Silbermann-Stiftung betr., Sign. Kämmereisachen Nr. 56, Bl. 7 f.). Köhler war der letzte Organist, der Silbermanns Werk gespielt hat. Er hat übrigens auch die Gedenktafel an Gottfried Silbermanns Geburtshaus in Kleinbobritzsch anbringen lassen. Vgl. Hasse (Anm. 1748), S. 180, und die in Anm. 8 unter 2.

genannte Arbeit des Verfassers. Nach Hasse (S. 297) hat es Köhler verstanden, durch sein Spiel auf der Silbermannorgel die Gemeinde zu erbauen. Aber auch sein Vorgänger, Albin Friedrich Horlbeck aus Adorf, »zeichnete sich durch seine Virtuosität auf der Silbermannschen Orgel aus« (ebenda).
1750 Da Köhlers Ehe kinderlos war, kam die Orgelbank später in den Besitz seiner Pflegetochter Anna Elisabeth Küchler (1848–1931). Sie heiratete den Frauensteiner Kirchner und Lehrer Ernst Benno Haupt (1845–1905). Dadurch gelangte die Orgelbank in dessen Hände. Haupt bzw. seine Witwe vererbten sie dann an die Tochter Marie (1886–1967). Sie hütete die alte Orgelbank jahrzehntelang und schenkte sie schließlich dem Stellmachermeister Reinhold Preißler, einem Silbermannverehrer. Da die Orgelbank aber das letzte Andenken an Silbermanns Werk ist, trennte sich Preißler von ihr und übergab sie 1958 dem Frauensteiner Heimatmuseum. Hier hat sie ihren Platz in der ständigen Gottfried-Silbermann-Ausstellung.
1751 Der am 4. März 1872 geschlossene Kontrakt ist noch vorhanden (PfA. Frauenstein: Akte Orgelneubau ao. 1871, Sign. Abt. III, Nr. 1 b, Bl. 41 ff.). Hiernach kostete das dreißigstimmige Werk 2940 Taler. Die jetzige Orgel ist also größer als die Silbermannsche. Nach Hasse (Anm. 1748, S. 208) stand Silbermanns Orgel »gleich einem Schwalbennest knapp unter der Decke« der alten Kirche.

des mit dem Thurm abgetragen und wieder neu aufgeführt werden müßen«. Aus diesem Grunde mußte »die schon 1625 gestandene Orgel« abgebrochen werden. Man fand es nicht zuträglich, sie »mit dem daran gehängten Rück-Positiv« in der erweiterten Kirche wieder aufzusetzen. Es sollte vielmehr »ein neues und stärckeres Orgel-Werck durch einen erfahrenen Künstler« gebaut werden.[1752]

Wann mit Gottfried Silbermann die erste Verbindung aufgenommen wurde, ist nicht nachweisbar. Vermutlich geschah es (spätestens) im Sommer des Jahres 1735 durch den Organisten Sebald Pezold.[1753] Er ist mit Silbermann anscheinand schon persönlich bekannt gewesen.[1754]

Gottfried Silbermann wollte wegen des geplanten Orgelbaues Anfang Oktober 1735 bei Heinrich III. Graf Reuß-Untergreiz seine Aufwartung machen,[1755] verspätete sich aber um zwei Wochen. Am Sonntag, dem 16. Oktober, traf Silbermann abends in Begleitung Pezolds in Greiz ein.[1756] Am nächsten Tag besichtigte er die Kirche und entwarf »eine kleine Disposition« für die neue Orgel.[1757] Am Dienstag (18. Oktober) fand in der Kirche die entscheidende Beratung statt, zu der der Graf persönlich erschien.[1758]

1752 Das geht aus der Präambel des am 18. Oktober 1735 mit Gottfried Silbermann geschlossenen Kontrakts hervor (A/12). Über die alte Orgel heißt es dort: »...weiln selbige einige Jahre her viele starcke und nicht lang daurende Reparaturen gekostet, guten Theils aus hölzern Pfeiffenwerck, kurzer Octav, fast gänzl. unbrauchbar gewordenen Windladen, abstracten, und Ventilen bestanden, nicht minder es an erforderl. Bass-Stimmen gefehlet, folgl. der weitere Aufwand den Werth der ganzen Orgel weit übersteigen, und dennoch solches ein wandelbahres, ausgeflicktes altes Werck geblieben seyn würde...«

1753 Pezold wurde um 1684 geboren und dürfte mit dem 1703 bzw. 1705 in der Leipziger Universitätsmatrikel aufgeführten Sebald(us) Pezold aus Kirchberg identisch sein. Leider weisen die Kirchenbücher eine Lücke auf, so daß Pezolds Geburt nicht mehr belegbar ist. Er wirkte nur etwa zwei Jahre in Greiz und dann ab Ende 1728 in Gera, wo er, nachdem er »einige Jahre blind gewesen«, 1747 starb (PfA. Gera: ToR. Nr. 75/1747).

1754 Jedenfalls hatte er über Silbermanns Arbeit die beste Meinung (vgl. Anm. 1586).

1755 Sebald Pezold hatte am 11. September von Silbermann einen entsprechenden Brief bekommen und setzte gleich am übernächsten Tag den Untergreizer Hofrat Johann Oßwald Fickweiler davon in Kenntnis. Er schrieb, Silbermann »wäre auch gerne eher gekommen, könne aber mit Aufsetzung eines 32füßigen Orgel-Wercks in der St. Petri-Kirche zu Freyberg nicht eher fertig werden«. Silbermann hatte Pezold eingeladen, »dieses Meister-Stück bey deßen Einweyhung zu hören ... und wolle mich [Pezold] hernach biß Graitz begleiten ...« (A/2). Am 24. September schrieb Pezold an Fickweiler, daß die Weihe der Freiberger Orgel am 9. Oktober erfolgen soll. Er wäre bereit, dahin zu reisen, um sich über »alles und jedes wohl und genau« zu erkundigen. Vorher hat Pezold »auf ohnlängst erhaltenen gnädigsten Befehl« am 2. Oktober erst noch seine Aufwartung bei Graf Heinrich III. gemacht (A/1). Wann Pezold nach Freiberg reiste und wie lange er sich bei Silbermann aufhielt, ist nicht genau nachweisbar. Vermutlich war er am 9. Oktober schon da, mußte aber erfahren, daß die Orgelweihe erst am 31. Oktober stattfindet. Da Pezold den Auftrag hatte, Silbermann mit nach Greiz zu bringen, stand einer gemeinsamen Reise dorthin nichts im Wege.

1756 Hofrat Fickweiler setzte nämlich, »Benebst herzl. Anwünschung einer geruhigen Nacht«, sofort den Obergreizer Rat Christian Friedrich Junius davon in Kenntnis, daß mit Zufriedenheit der Herrschaft »und genommener Abrede nach, Pezold den berühmten Orgelbauer zu Freyberg, H. Silbermann, mit sich anhero gebracht« habe (B/1).

1757 Fickweiler hatte in seiner Mitteilung vom 16. Oktober an Junius diese Absicht Silbermanns besonders erwähnt (B/1).

1758 Hofrat Fickweiler hatte zuvor seinen Obergreizer Kollegen Junius schriftlich davon unterrichtet, daß sich der Organist Pezold »so gar die Mühe gemachet nach Freyberg zu reysen und den berühmten Orgelbauer Silbermann disponiert, sich mit hierher zu begeben«. Man werde nun »wohl zur Sache schreiten und

Offenbar ist es Gottfried Silbermann gelungen, sich mit seinen Auftraggebern sehr schnell über die Bedingungen des Orgelbaues zu einigen. Sie wurden zunächst in einem »Ohngefehrlichen Aufsaz« festgehalten (A/4 f. bzw. B/3 ff.), so daß noch am gleichen Tage der Kontrakt entworfen werden konnte (A/7 ff. bzw. B/7 ff.).[1759] Die Reinschrift des Vertrages wurde zwar auch auf den »18ten Octobris 1735« datiert, aber erst am nächsten Tag ausgefertigt (B/11 f.).[1760] Nachdem Fickweiler und Ju-

nius den Kontrakt unterschrieben hatten,[1761] dürfte Gottfried Silbermann, wie er sich vorgenommen hatte, am 20. Oktober in aller Frühe von Greiz abgereist und am nächsten Tag abends wieder in Freiberg eingetroffen sein.[1762]

Bauvertrag

Der »Greiz, den 18ten Octobris 1735« datierte Kontrakt wurde von dem Untergreizer Hofrat Johann Oßwald Fickweiler[1763] und dem Obergreizer Rat Christian Friedrich Junius[1764] unterschrieben.[1765]

das nöthige auszumachen haben«. Der Graf wäre gesonnen, »heute Nachmittags umb 2 Uhr in der … Kirche zu seyn und mit Zuziehung des Maurers und Zimmermanns wegen Bauung des Schul-Chors und darauf zu setzende Orgel einen Schluß zu faßen«. Fickweiler erwartete, daß sich zu der anberaumten Besprechung »auch jemand von Ober-Greizer Seite einfinden« werde (B/2).

1759 Fickweiler fragte vorsichtshalber am selben Tage in Obergreiz an, »ob und was bey dem concipirten Contract zu erinnern seyn mögte«. Anscheinend hatte man keine Einwendungen. Fickweiler hatte in seinem Schreiben betont, »H. Silbermann will morgen [20. Oktober] mit dem frühestens von hier abreysen«. Weiter erwähnte er, daß »die Her- und Hin-Reyße« des Orgelbauers etwa 20 Taler exklusive der Verpflegung im hiesigen Gasthof kosten werde. Der Organist Pezold, »der schon 2mahl der Orgel wegen hier gewesen und auch nach Freyberg verschickt worden« sei, verlange 10 Taler (B/11 f.).

1760 Auch hierbei lag die Initiative bei Fickweiler. Am 19. Oktober hatte er Obergreiz mitgeteilt: »Sobald alles richtig, will ich zwey zu vollziehende Exemplare mundiren laßen …« (B/11 f.). Mit Nachdruck betonte er: »H. Silbermann eilet sehr nach Hause.« Das ist verständlich, weil die Weihe der Freiberger Petriorgel unmittelbar bevorstand. Anscheinend ist sich der Obergreizer Rat Junius wegen der Orgelbauangelegenheit ziemlich überrumpelt vorgekommen. Er schrieb nämlich am 31. Oktober: »…Ob nun wohl mir … von der ganzen Sache das geringste nicht bewußt gewesen, auch noch zur Zeit unbekandt ist, woher das Geldt zu nehmen seyn werde …« Er habe aber keine Bedenken gehabt, den Kontrakt für Obergreiz mit

zu unterschreiben, zumal Hofrat Fickweiler »selbst vor die Sache stehen« wollte und vom Grafen eine entsprechende Vollmacht empfangen hatte. Vorher wäre unmöglich Bericht zu erstatten gewesen, weil Silbermann und Pezold sich schon eingefunden hätten, »ehe man zu Ober-Greiz von der Sache annoch Wißenschaft erlangt …« (B/13 f.).

1761 Man war sich erst nicht darüber einig, wer den Kontrakt unterschreiben soll. Junius meinte, wenn der Graf »geruhen, Selbsten zu signiren und etwan zugleich bey zu setzen: und in Vollmacht von Ober-Graiz«, dann wäre eine weitere Unterschrift nicht nötig. Hofrat Fickweiler teilte Junius aber mit, daß der Graf »vermeinet, es schicke sich beßer«, den Vertrag »von Ew. Hoch-Edelgeb. [Junius] und mir vollziehen zu laßen«. Jedenfalls hat Fickweiler, nachdem er selbst und Silbermann den Kontrakt unterschrieben hatten, ihn am 19. Oktober an Junius zur Mitunterschrift geschickt.

1762 Man vergegenwärtige sich einmal den Zeitaufwand, der mit dem Abschluß des Orgelbauvertrages verbunden war: drei volle Tage Aufenthalt in Greiz und (mindestens) vier (vielleicht sogar sechs) Tage für die Hin- und Rückreise. Wieviel Zeit mag Gottfried Silbermann im Verlaufe seines reichlich vierzigjährigen Wirkens aufgewendet haben, um alle seine Orgelkontrakte abzuschließen? Zusammengerechnet müssen es allein viele Wochen gewesen sein, die er bei den damit verbundenen Reisen sozusagen »auf der Straße« zubrachte.

1763 Er ist als »Hof-, Justiz- und Consistorial-Rath« Ende Januar (Bestattungstag: 28. Januar) 1740 in Greiz gestorben (PfA. Greiz: ToR. Nr. 7/1740). Sein Geburtsdatum ist unbekannt, da die Todesbeurkundung keine Angabe über das Alter enthält.

Die Urkunde ist im Original vorhanden (A/12ff.).[1766] Sie trägt nicht nur Gottfried Silbermanns Unterschrift, sondern auch die Unterschrift seines Vetters Johann George.[1767]

Die Orgel sollte im Hauptwerk fünfzehn, im Oberwerk zwölf und im Pedal vier, also insgesamt einunddreißig Register bekommen.[1768] Silbermann verpflichtete sich, »nach Maßgebung des unterschriebenen Rißes«, auch das Gehäuse mit zu liefern, alle Materialien anzuschaffen, die benötigten Handwerker (exklusive Maler und Zimmerer) zu bezahlen, die Orgel mit »Drey tüchtigen Bälgen mit einer Falte«

auszustatten und endlich auf das Werk ein Jahr Gewähr zu leisten.[1769] Bemerkenswert ist Ziffer VI des Kontraktes, wonach Silbermann damit einverstanden war, »Das zu Erspahrung des Fuhrlohns alhier [in Greiz] ihme zu seinen Bau zu liefernde Holz-Werck[1770] um billigen Preiß sich anschlagen und [von der Kontraktsumme] abkürzen zu laßen«.[1771]

Silbermanns Auftraggeber versprachen, ihm »freyes Logis vor sich und seine Leute, Kohlen, Brennholz, Freye Ab- und Zufuhren … zu verschaffen«.[1772]

In Ziffer X des Vertrages wurde festgelegt, daß Silbermanns Erben das Werk

---

1764 Seine Lebensdaten sind unbekannt. Er ist im Mai 1730 als Obergreizer Kanzleidirektor und Konsistorialpräsident verpflichtet worden (lt. brieflicher Auskunft von Archivdirektor Werner Querfeld in Greiz).

1765 Vgl. Anm. 1761.

1766 Außerdem existieren noch zwei Entwürfe (A/7ff. bzw. B/7ff.).

1767 Da Johann George nicht mit in Greiz gewesen ist, hat Gottfried den Vertrag »zur Unterschrifft mit anhero [nach Freiberg] genommen« und ihn am 4. November an Hofrat Fickweiler zurückgesandt. Silbermann entschuldigte sich, daß »mit meinen Schreiben etwas lange verzogen«, aber »die Einweyhung der alhiesig erbaueten Orgel zu St. Petri« habe ihn abgehalten. Wörtlich schrieb er: »Ew. Hoch-Edl. wollen bestens vermercken, daß mich erkühne, einige Carmina, so bey der Einweyhung unverhoffter Weise, mir eine Freude zu machen, sind zugeschicket worden, mit übersende.« (A/15). Diese Worte sind sehr wertvoll. Wenn es den Zeitgenossen mit ihren Orgelgedichten darum ging, dem Meister eine Freude zu machen, dann sind wir heute um so mehr verpflichtet, diese Schriften im Rahmen unserer Dokumentation zu würdigen.

1768 Sie gehörte demnach (neben der Dresdner Sophien- und der Freiberger Petriorgel) zu den größten zweimanualigen Werken Silbermanns. Die Disposition ist bei Dähnert (S. 207 f.) zu finden. Vgl. auch Hüllemann S. 15 f., der den Kontrakt im Wortlaut wiedergegeben hat. Silbermann war bei der Frauenkirchenorgel zu Dresden eine (über den Kontrakt hinaus gefertigte) »Chalmeaux«-Stimme ganz besonders gut gelungen (vgl. Anm. 1655). Er wollte dieses Register (anstelle einer »Viol di gamba«) auch für die Greizer Orgel machen und war entschlossen, »die projectirte Disposition darinne zu ändern«. Silbermann teilte das (vermutlich schon im Herbst 1736) dem Organisten Sebald Pezold mit, damit er nach Greiz darüber berichten konnte. Pezold hat das auch getan, aber keine Antwort bekommen, und deshalb schrieb er am 3. Januar 1737 nochmals an den Hofrat (A/29). Pezold wies darauf hin, daß man sich bald entscheiden müsse, weil sich Silbermann wegen der Windlade danach richten muß. Da der Meister auch keinen Bescheid erhalten hatte, schrieb er am 18. Januar selbst an Hofrat Fickweiler und setzte ihn von seinem Plan in Kenntnis (A/30f.). Es ist anzunehmen, daß man mit Silbermanns Vorschlag einverstanden war (vgl. Anm. 1815), zumal Sebald Pezold (in seinem Brief an den Hofrat) dazu geraten hatte.

1769 Vgl. die Ziffern I, II, III, V und VIII des Kontraktes.

1770 In dem erwähnten »Aufsaz« vom 18. Oktober 1735 war dasselbe schon genau spezifiziert worden (A/4f. bzw. B/3f.).

1771 Später wurde – auf Vorschlag von Hofrat Fickweiler – davon abgesehen, Silbermann das gelieferte Holzwerk anzurechnen (vgl. Anm. 1776).

1772 Was die Verpflegung betrifft, war bei der Besprechung am 18. Oktober ausdrücklich festgelegt worden, daß »er sich und seine Leute auf seine eigene Kosten zu veralimentieren« hat (A/4f. bzw. B/3ff.).

283

vollenden sollen, falls »ein Todesfall oder langwierige Unpäßlichkeit« eintreten sollte. Aus diesem Grunde hatte Johann George Silbermann, »wohl renomirter Orgelmacher«, den Kontrakt mit unterschrieben. Gottfried Silbermann wollte übrigens bis »zu gänzl. Erfüllung des Contracts« wegen der ihm bezahlten Gelder mit seinem Vermögen haften.[1773]

Baukosten

Laut Kontrakt sollte Gottfried Silbermann für die Orgel 2000 Taler »an baaren Gelde ... in Franz. oder Span. Golde« bekommen.[1774] Der Betrag war in sechs Raten fällig.[1775] Die im Kontrakt festgelegten Termine sind aber nicht eingehalten worden.[1776] Über irgendwelche Nebenkosten, die mit dem Orgelbau eventuell verbunden

1773 Diese Bestimmung ist in mehreren Kontrakten Silbermanns enthalten. Das erstemal taucht sie – soweit nachweisbar – im Kontrakt (vom 10. Dezember 1718) über die Dresdner Sophienorgel auf. Im April 1716 hatte sich Silbermann noch strikt geweigert, eine Kaution zu geben, daß er die Jacobiorgel zu Freiberg auch »gehörig verfertigen und ausführen« werde.
1774 Bei der Fraureuther Orgel hat Silbermann die Bezahlung ebenfalls in französischem oder spanischen Gold »oder auch Ducaten« verlangt.
1775 Es sollten gezahlt werden:
400 Taler zur Leipziger Neujahrsmesse 1736,
300 Taler zu Ostern 1736,
300 Taler zu Michaelis 1736,
300 Taler zu Ostern 1737,
300 Taler zu Michaelis 1737 und
400 Taler zu Pfingsten 1738 bei der Übergabe.
1776 Am 21. Januar 1736 bat Silbermann, »den verfloßenen Neu-Jahrs-Termin« von 400 Talern nach Dresden zu senden, denn er sei »im Begriff dahin zu reisen«, um die Frauenkirchenorgel zu bauen (A/15b). Fickweiler antwortete, daß das Geld hätte zwar »längst bezahlt werden sollen«, man wäre aber aufgehalten worden, weil »die versprochenen Geldsorten hiesiger Lande sehr rar« seien. Der Graf habe sich aber selbst »ins Mittel geleget« und die 400 Taler »in Louis d'or« einstweilen vorgeschossen. Der noch vorhandene Postbeleg beweist, daß am 12. März 1736 beim Postamt in Reichenbach »Ein Paquet mit 400 rt. [= Reichstaler] Werth nach Dreßden« an Gottfried Silbermann aufgegeben wurde (A/26). Am 19. März stellte Silbermann in Dresden die Quittung aus und sandte sie an Hofrat Fickweiler (A/25). In einem Begleitbrief bat er, dem Grafen »meine unterthänigste Devotion und Dankbarkeit« zu versichern und versprach, »ein solches Werck ... verfertigen [zu wollen], daß Höchst dieselben ein gnädigstes Wohlgefallen daran haben sollen« (A/24). Wei-

tere Zahlungen sind im Jahre 1736 anscheinend nicht erfolgt, denn am 18. Januar 1737 teilte Silbermann dem Hofrat mit: »Ich will übrigens wegen Auszahlung derer fälligen Termin-Gelder mir noch einigen Anstand gefallen laßen ...« (A/30f.). Am 12. März bat er dann allerdings, »die Veranstaltung zu treffen, daß ich doch den zu Ostern 1736 fällig gewesenen Termin des ehesten erhalten möge, mit dem übrigen will ich noch anstehen ...« (A/35b). Etwa am 25. Juni 1737, als Gottfried Silbermann in Ponitz arbeitete, ist er mit seinem Vetter Johann George nach Greiz gereist, um sich u.a. zu erkundigen, »wie es mit der außenbliebenen Zahlung beschaffen ...« (B/27). Es handelte sich dabei wohl um je 300 Taler, die zu Ostern bzw. Michaelis 1736 fällig gewesen waren. Hofrat Fickweiler hat Silbermann »zu besänfftigen« versucht! Wann und in welcher Höhe eine Zahlung erfolgte, geht aus der Akte nicht hervor. Vermutlich sind 400 Taler bezahlt worden. Ende Januar 1739, als Silbermann schon in Greiz an der Orgel arbeitete, scheint er 500 Taler bekommen zu haben (B/31 bzw. 34). Am 25. Mai 1739, knapp vier Wochen vor der Übergabe der Orgel waren jedenfalls noch 700 Taler rückständig (B/33 f.). Der Graf wollte Silbermann nicht mehr länger warten lassen, zumal er bisher »in Geduld gestanden« und auf der Bezahlung nach den festgelegten Fristen nicht hartnäckig bestanden hatte. Am 17. Juni stellte Hofrat Fickweiler fest, daß das Geld »zur Bezahlung parat« liegt. Zwei Tage später erließ C. F. Junius eine Anordnung an die Rentkasse zur Auszahlung des Obergreizer Anteiles von 350 Talern. Anscheinend hat Silbermann sein restliches Geld bei der Übergabe der Orgel bekommen. Man verzichtete sogar darauf, ihm das gelieferte Holzwerk anzurechnen. Es hatte (einschließlich Fuhrlöhnen) einen Wert von 70 Talern. Hofrat Fickweiler war der Meinung, daß Silbermann »dieses Douceur gemacht werden« könne (A/51).

waren, geben die beiden Aktenbände keinen Aufschluß.

Bauablauf

Laut Kontrakt sollte Silbermann die Orgel »längstens [bis] Pfingsten 1738 völlig gefertigt« übergeben.[1777] Am 4. November 1735, also reichlich zwei Wochen nach Abschluß des Bauvertrages, schrieb Silbermann an Hofrat Fickweiler: »...[ich] hoffe ein solches Werck aufzurichten, daß zuvörderst Gottes, als [auch] Ihrer Hoch-Gräfl. Gnaden unsterblicher Ruhm und Ehre ... kann ausgebreitet werden.« Gleichzeitig bat er geschäftsmäßig darum, daß »feines, gutes, reines und tüchtiges Holtz darzu angeschaffet« wird (A/15).[1778] In einem weiteren, »Dresden, den 19. Marty [= März] 1736« datierten Brief schrieb Silbermann: »Ohne Zweiffel werden die Breter, Pfosten und Stollen geschnitten seyn, worbey ohnmaßgeblich erinnern [will]..., daß sie so, damit die Lufft durchstreichen kan, aus ein ander gesetzt werden...« (A/24).

Zwei Wochen nach der Weihe der Dresdner Frauenkirchenorgel, am 8. Dezember 1736, teilte Silbermann mit, daß er »auf das Frühjahr [1737] nach Ponitz kommen, alda die Orgel aufzusezen, von dar aber alsbald nach Graitz mich machen werde...«

(A/28).[1779] In demselben Brief berichtete er dem Hofrat, er habe seine Gesellen Ende September (1736) nach Freiberg geschickt, um sie »pur einzig und allein und noch bis dato« an der Greizer Orgel arbeiten zu lassen. Silbermann betonte, daß an ihr schon gearbeitet worden sei, »ehe wir nach Dresden gereiset«,[1780] damit er »als ein redl[icher] Mann« sein Versprechen halten könne. Silbermann wollte allerdings wissen, »ob es wegen der Pfosten, Bretter und Stollen seine Richtigkeit hat[1781] und mir nicht etwann dadurch einiger Auffenthalt veruhrsachet werden mögte«.[1782]

Gottfried Silbermann muß höchst erstaunt gewesen sein, weil (vermutlich im August 1736) bei ihm Rückfrage gehalten worden war, »wie das Holz geschnitten werden soll«, denn er war natürlich der festen Überzeugung, das wäre »schon vorigen Jahres geschehen, wie [es] auch ... damahls verabredet worden« sei.[1783] Silbermann hatte deshalb brieflich bei Sebald Pezold in Gera angefragt, »wie es mit dem Holtze zu der Orgel in Graitz beschaffen« sei.[1784] Pezold unterrichtete den Greizer Hofrat am 22. August von Silbermanns Anfrage[1785] und schrieb u. a.: »Nun wiße Er [Silbermann] nicht, was Er mit naßen Holtze machen oder anfangen wolte, maßen die

---

1777 Vgl. hierzu Ziffer VII des Bauvertrages.
1778 Die Auftraggeber hatten sich ja in Ziffer VI des Kontraktes zur Lieferung des Holzes verpflichtet.
1779 Silbermann wollte demnach gleich nach Vollendung des Ponitzer Werkes mit der Arbeit in Greiz beginnen, ohne vorher noch einmal nach Freiberg zurückzukehren.
1780 Aus Silbermanns Brief vom 21. Januar 1736 ging hervor, daß er damals im Begriff war, nach Dresden zu reisen, um dort an der Frauenkirchenorgel zu arbeiten (A/15b). Die Werkstattarbeiten für die Greizer könnten demnach Ende Oktober 1735 schon begonnen haben und (zunächst) bis nach Mitte Januar 1736 fortgesetzt worden sein.
1781 Diese Sorge und Ungewißheit gab es nicht, wenn der Meister von seinen eigenen Vorräten arbeiten konnte.

1782 Der vollständige Wortlaut des Briefes ist im Anhang (SD. Nr. 32) zu finden.
1783 Aus Silbermanns Worten spricht berechtigter Zorn, denn am 18. Oktober 1735 war in einem »Aufsaz« (A/4 f. bzw. B/3 f.) alles niedergeschrieben und festgehalten worden: z. B. 1 Schock Pfosten 3 Zoll dick, 15 Zoll breit, 6 Ellen lang usw.
1784 Wir fragen uns: Warum schrieb Silbermann nicht direkt nach Greiz, sondern wandte sich an Pezold?
1785 Es ist bemerkenswert, welchen Anteil Pezold an dem Orgelbau in Greiz nahm, obwohl er seit Ende des Jahres 1728 nicht mehr dort tätig war. Sein Brief schloß mit den Worten: »... und bitte mir schließlich noch aus, beständig im alten credit mich zu conserviren...« Offensichtlich hat Pezold ein gutes Verhältnis zu dem Hofrat gehabt.

Zeit unter den Händen verginge, Ihm auch in Dreßden Arbeit vorfiele,[1786] daran Er so noch gehindert würde, wenn Er wegen gedachten naßen Holtzes solte aufgehalten werden. Die Pfeiffen, Blätter[1787] und alles was dazu gehöret, sey längst zugerichtet und bereitet,[1788] daß Er also damit bald zum Stand kommen könte, wenn nur sonst alles seine richtige Ordnung hätte...« (A/27).[1789]

Mit einem Brief vom 16. Februar 1737 an Hofrat Fickweiler ersuchte Silbermann darum, »daß ich den angegebenen Platz [für die Orgel] gewiß bekomme, indem ich meine gantze Arbeit darnach eingerichtet...« (A/32).[1790] Anscheinend war man in Greiz, was Gehäuse und Zierat betrifft, mit Silbermanns Entwurf nicht ganz einverstanden. Am 12. März 1737 schrieb er nämlich, aus der »an mich abgelaßenen Zuschrifft« ersehen zu haben,[1791] daß »ich die Bildschnitzer-Arbeit nebst meiner Arbeit nicht nach meinen sondern nach den mir zugeschickten Riß verferttigen laßen soll«. Silbermann war damit auch einverstanden. Er bat nur darum, daß ihm, was den Raum betrifft, »nichts entzogen, sondern [es] darbey gelaßen werde«, weil er »nunmehro« alles danach eingerichtet habe (A/35).

Am 18. März 1737 ließ Silbermann (durch die Frau eines Greizer Zimmermanns) dem Hofrat mündlich mitteilen, er hoffe, daß die Chöre in der Kirche bis Anfang November fertig sind, sonst »könne er binnen 4 Jahren nicht herkommen, weil er schon wieder bestellte Arbeit« habe.[1792] Genau zwei Monate später, am 18. Mai, meldete Gottfried Silbermann, daß er am 3. Juni nach Ponitz gehen und gleich einige Orgelbaumaterialien, »so nach Graitz gehören«, mitnehmen werde.[1793] Er versicherte, seinem »Contracte G[e]nüge leisten« zu wollen, er hoffe aber auch, »daß an der andern Seite daran nichts ermangeln werde«.[1794] Etwa zwei Wochen nach seiner Ankunft in Ponitz ist Gottfried Silbermann mit

---

1786 Silbermann arbeitete damals noch an der Frauenkirchenorgel zu Dresden. Am 17. Januar 1737 hat sich dann Superintendent D. Valentin Ernst Löscher in Dresden mit ihm in Verbindung gesetzt. Silbermann sollte nämlich zu Friedrichstadt eine Orgel bauen. Dieses Projekt ist aber nicht verwirklicht worden.

1787 Mit den »Blättern« sind die Bleche gemeint, aus welchen dann die Pfeifen geformt werden mußten.

1788 Silbermann und seine Gesellen müssen demnach in den Wochen nach Abschluß des Kontraktes solange fleißig an dem Greizer Werk gearbeitet haben, bis sie dann (Ende Januar 1736) sich erst mit der Frauenkirchenorgel in Dresden beschäftigen mußten.

1789 Damit hat Silbermann vor allem die nicht fristgemäßen Zahlungen gemeint. Pezold schrieb nämlich in dem Brief an Fickweiler: »Der neue Jahr-Termin wäre erst die Fast-Nacht ausgezahlt worden, der Oster-Termin [1736] aber noch rückständig...« (A/27).

1790 Silbermann teilte gleichzeitig die Maße der Orgel mit: untere Breite auf dem Fußboden $9^{1}/_{2}$ Ellen, obere Breite bei den Pfeifen $11^{1}/_{2}$ Ellen, Höhe bis an die Decke 14 Ellen und die Tiefe von der Mauer an 4 Ellen (1 Elle = etwa

56 bis 58 cm). Silbermann mag sich daran erinnert haben, welche Schwierigkeiten es bei der Dresdner Frauenkirchenorgel gegeben hatte, weil das Gehäuse kleiner gemacht worden war, als der Riß vorsah (vgl. Anm. 1641).

1791 Näheres über diesen Brief an Silbermann ist nicht bekannt. Leider enthält die Akte keine Konzepte der an Silbermann gesandten Schreiben. Da hat der Rochlitzer Amtmann Weidlich besser gearbeitet!

1792 Vermutlich hat Silbermann mit der »bestellten Arbeit« die Orgeln für Frauenstein und Zöblitz gemeint, obwohl die entsprechenden Kontrakte schon am 28. Dezember 1734 bzw. am 25. April 1736 geschlossen worden waren.

1793 Aus einem Bericht Fickweilers nach Obergreiz ist zu schließen, daß es sich vor allem um »fertiges Pfeiffwerck« handelte. Der Hofrat schrieb, Silbermanns »Erbiethen ist mit Danck zu acceptiren«. Man werde nun dafür sorgen müssen, daß »künfftige Martini das Orgel-Gehäuse aufgesezet werden« kann, »sonst wir den Silbermann in 6 Jahr hierher nicht kriegen können« (B/28). Vermutlich hatte Fickweiler erfahren, daß man in Zittau beabsichtigte, in der Johanniskirche von Silbermann eine dreimanualige Orgel bauen zu lassen.

seinem Vetter Johann George von da aus nach Greiz gereist, um sich über den Fortgang des Kirchenbaues zu informieren und um festzustellen, »was vor Holz vorhanden« ist (B/27). Die Orgelbauer haben, wie mit Sicherheit anzunehmen ist, auf eine Beschleunigung der Bauarbeiten in der Kirche gedrungen. Im Herbst scheint Silbermann vom Hofrat einen befriedigenden schriftlichen Bescheid erhalten zu haben. In der Antwort vom 30. Oktober 1737 an Fickweiler heißt es nämlich: »...dancke schuldigst vor die gütige Nachricht ... es ist mir lieb, daß es mit dem Kirchen-Bau dahin ge diehen, daß [ich] wegen des ... Orgel-Baues nicht gehindert werde...« (A/37).[1795] Sil-

bermann teilte gleichzeitig mit: »...ich hoffe mit Göttl. Hülffe künfftigen Montag über 14 Tage, als den 18. November, das Werck allhier [in Ponitz] zu übergeben...« Dann wolle er direkt »nacher Graitz abgehen...«, wie mein Geselle mündl. mehreren Bericht erstatten wird«.[1796]

Gottfried Silbermann erlebte aber eine große Enttäuschung. Er konnte seinen Plan nicht verwirklichen, weil man in Greiz mit dem Kirchenbau noch nicht fertig war. Es blieb ihm nichts weiter übrig, als nach Freiberg zurückzukehren und den Greizer Orgelbau um fast ein Jahr zurückzustellen.[1797]

Der Meister konzentrierte sich inzwischen

1794 Der volle Wortlaut des Briefes ist im Anhang (SD. Nr. 34) zu finden. Übrigens geht aus dem Brief hervor, daß der Hofrat auf der Durchreise in Freiberg gewesen ist, Silbermann aber gerade nicht zu Hause war. Am 19. März 1737 hatte Fickweiler seinem Kollegen Junius mitgeteilt: »Ich werde ... H. Silbermann zu Freyberg selbst sprechen ...« (B/22 f.). Junius hatte für die Reise »gute Gesundheit ..., alles Vergnügen« und Erfolg gewünscht. Vermutlich war Fickweiler Mitte April in Freiberg, als Silbermann gerade in Zittau zur ersten Verhandlung wegen der geplanten Johannisorgel weilte.

1795 Silbermann schrieb, daß er gehofft hatte, der Hofrat werde auf der Rückreise von Leipzig »allhier in Ponitz einsprechen, da dann alles ... [hätte] verabredet werden können«. Er (Silbermann) sei schon bereit gewesen, »nacher Graitz zu reißen, als ... die Zuschrifft [Fickweilers] an mich überbracht wurde«.

1796 Anscheinend hat Silbermann einen seiner Gesellen beauftragt, den Brief nach Greiz zu bringen und sich gleichzeitig über den Stand des Kirchenbaues zu informieren (vgl. Anm. 1797).

1797 Silbermann schrieb am 19. November 1737 (von Ponitz aus) an Hofrat Fickweiler, daß er mit dem Ponitzer Orgelwerk »glücklich zu stande [ge]kommen« und entschlossen gewesen sei, »mich nacher Graitz zu wenden und meine Arbeit daselbst fortzusetzen«. Wörtlich heißt es dann: »Wenn aber letztlich von meinem abgeschickt gewesenen Gesellen erfahren müßen [vgl. Anm. 1796], daß die Graitzer Kirche noch in einem solchen Stande, die Chöre nicht fertig

und was das meiste, mit der Decke noch gar kein Anfang gemachet ist, so daß selbige nach meinen Einsehen heuer, ja kaum künfftigen Frühling zur perfection gebracht werden könne. Als werden [Sie] ... mir nicht verübeln, wenn diesen Bau behörigermaßen abwarten und mich ad interim wiederum nacher Freyberg begeben werde...« (A/38). Gottfried Silbermann hat dem Hofrat deutlich zu verstehen gegeben, daß es wegen der Fuhren »vor Graitz als auch vor mich ... ziemlich profitabel gewesen« wäre, wenn er hätte gleich von Ponitz nach Greiz gehen können. Er habe sich aber auch überlegt, »mit was vor Verdruß ich bey so gestalten Sachen meine Arbeit würde zu führen haben, indem das Pochen von denen Handwercks-Leuten mich gewaltig irritiren ... würde«. Falls die Kirchendecke aber »etwa in Eyl und ietzigen Winter« verfertigt werde, wäre sie nicht trocken und dauerhaft genug und dem Orgelwerk, »welches ich ... mit größten Fleiß zu produciren gedencke«, könnte großer Schaden zugefügt werden. Silbermann hoffte, daß »Hochgräffl. gnädigster Herrschafft ... meine gerechte Intention nicht zu wider seyn ... und mich ... hierinnen nicht forciren« werde, da er »ein tüchtiges und perfectes Orgelwerck zu liefern gedencke«. Silbermann erwähnte noch, daß er seine »Motive« dem Stadtschreiber und Organisten Johann Gottfried Donati »genugsam eröffnet« habe, »welcher auf Verlangen hinlänglich Bericht abstatten wird«. Abschließend schrieb Silbermann: »Hingegen verspreche ich als ein ehrl. Mann, daß nicht allein, was promittiret habe, sattsam erfüllen, sondern auch

auf die für seine Heimatstadt Frauenstein bestimmte Orgel.[1798] Drei Wochen nach ihrer Weihe, am 25. Juli 1738, schrieb Silbermann an Hofrat Fickweiler in Greiz: »...ad 2. wolte mir 3 Stuben ausgebeten haben, weil ich so viel nöthig habe...«[1799] Des weiteren brauche er »vier rechte vierspännige Fracht-Fuhren und 1 Kutzsche...« (A/40).[1800] Silbermann arbeitete ab Juli schon an den Windladen und am Pfeifenwerk für die Zittauer Johannisorgel. Den Briefwechsel mit Greiz setzte er erst am 6. Oktober fort,[1801] indem er vor allem seine Forderungen wegen des Quartiers nochmals spezifizierte[1802] und mitteilte, daß er »die Woche nach dem ersten Advent«[1803] nach Greiz kommen werde.[1804]

Am 8. November 1738, drei Wochen vor dem geplanten Abreisetermin, bat Silbermann den Hofrat, am 1. Dezember »vier recht große Land-Fuhrmanns-Fracht-Wagen nebst einer Kutzsche« nach Freiberg zu schicken.[1805] Falls das nicht möglich wäre, erbat er sich Antwort aus, wann die Wagen ankommen werden, weil er sich mit dem Einpacken danach richten müsse. Wörtlich schrieb Silbermann: »... wenn das Werckzeug eingepacket [ist], können alsdenn meine Leute nichts arbeiten, sondern müßen müßig gehen...« (A/42).[1806] Offenbar konnte Greiz die Wagen überhaupt nicht schicken, denn Silbermann schrieb am 27. November an Hofrat Fickweiler: »... melde hierdurch gehorsamst, daß ich 4 Fracht-Wagen allhier [in Freiberg] nebst 1 Kutsche gedungen« habe.[1807] Als vorausschauender Mann hat er sich die Fuhrleute gesichert, indem er ihnen auf den ausgehandelten Fuhrlohn von insgesamt 72 Talern eine Vorauszahlung gab. Er wollte auf je-

künfftige Mich[aelis 1738] bey Ihnen zu seyn, die Ehre haben werde...« (A/38b f.).

1798 Diese Orgel ist – dem im Kontrakt vereinbarten Termin gegenüber – erst mit einunddreiviertel Jahren Verspätung vollendet worden. Hätte Silbermann (von Ponitz aus) seine Arbeit in Greiz gleich fortsetzen können, dann hätte Frauenstein wohl mindestens noch ein dreiviertel Jahr auf die Orgel warten müssen. Inzwischen waren auch die Verhandlungen mit Zittau soweit gediehen, daß der Kontrakt am 12. Februar 1738 geschlossen werden konnte. In Zöblitz wartete man auch noch auf eine neue Orgel. Der Ausfall eines zu bestimmter Zeit geplanten Orgelbaues bedeutete für Silbermann und seine Gesellen jedenfalls keine Arbeitslosigkeit.

1799 Diese Forderung bezieht sich auf das im Kontrakt versprochene »freye Logis«.

1800 Silbermann schrieb, wenn er Freiberger Fuhrleute nehmen müsse, verlangen sie »von jedem vierspännigen Fracht-Wagen 12 Thlr. ohne das Geleite«.

1801 Ob man in Greiz mit dem Kirchenbau immer noch nicht fertig war, wissen wir nicht. Die Greizer Akte enthält übrigens nur Silbermanns Briefe, aber leider keine Konzepte der Briefe, die Hofrat Fickweiler an Silbermann geschrieben hat. Der Briefwechsel ist also bedauerlicherweise nur »einseitig« überliefert. Silbermann hat offensichtlich die Greizer Orgel zu-

gunsten der Zittauer immer noch zurückgestellt. Am 27. April 1739 berichtete er nach Zittau: »... weil bereits im vorigen Jahre [!] mit denen sämtl. Windladen und anderer zu Ihren Wercke gehöriger Arbeit ziemlich avansiret...« (PfA Zittau: Akte Sign. I 1 16, Bl. 120f.).

1802 Der Wortlaut des Briefes ist im Anhang (SD. Nr. 36) zu finden.

1803 Der erste Advent fiel im Jahre 1738 auf den 30. November.

1804 Eigentlich hatte er sich vorgenommen und versprochen, schon zu Michaelis, also Ende September, in Greiz zu sein (vgl. seinen Brief vom 19. November 1737, s. Anm. 1797).

1805 Siehe Anhang SD. Nr. 37.

1806 Aus Silbermanns Worten geht klar hervor, daß in seiner Werkstatt kontinuierlich gearbeitet wurde. Wenn alle Teile für eine Orgel fertig waren, wurde offenbar bis zu ihrem Abtransport inzwischen am nächsten Werk gearbeitet. Da Silbermann damals die große Zittauer Orgel in Arbeit hatte und dafür alle vorhandenen Werkzeuge brauchte, mußte er genau wissen, wann mit der Ankunft der Greizer Fuhrleute zu rechnen ist, denn die Werkzeuge wurden ja auch für die Arbeit in Greiz gebraucht und mußten vorher entsprechend eingepackt werden.

1807 Der volle Wortlaut des Briefes ist im Anhang (SD. Nr. 38) zu finden.

den Fall »Montags [1. Dezember] von hier weggehen und auf die Mittwoche in Graitz seyn«.[1808] Übrigens geht aus Silbermanns Brief hervor, daß er mit dem für ihn in Aussicht genommenen Quartier nicht zufrieden war. Er bat vielmehr um ein helles »und nicht dumpfichtes Logiament« (A/44).

An dem Reisetermin dürfte sich nichts geändert haben, so daß Silbermann mit seinen Gesellen wohl am 3. Dezember 1738 in Greiz eintraf. Leider sind in den Greizer Akten keine Hinweise auf den weiteren Ablauf der Arbeit an Ort und Stelle zu finden.[1809] Silbermann hat während der Arbeit in Greiz zwei Reisen unternommen.[1810]

Es kann angenommen werden, daß das Werk nach Anfang April völlig aufgebaut war und Silbermann in den folgenden Wochen das Pfeifenwerk gestimmt und intoniert hat.[1811] Am 25. Mai 1739 konnte Hofrat Fickweiler nach Obergreiz berichten, daß Silbermann den 4. Sonntag nach Trinitatis (21. Juni) zur Übergabe bzw. Weihe der Orgel vorgeschlagen habe (B/33f.). Damit war man einverstanden.

Übergabe, Prüfung und Weihe

Am 17. Juni teilte Hofrat Fickweiler seinem Obergreizer Kollegen Junius mit, daß Silbermann die Orgel »künfftigen Freitag« (19. Juni) übergeben wolle, »umb anfangs künfftiger Woche wieder abreißen zu können« (B/36f.). Der Hofrat meinte, man brauche keinen »frembden Musicum« mit der Prüfung der Orgel zu beauftragen, weil Silbermann »seine gemachten Orgeln überall ohne Mängel geliefert« habe (B/33f.). Auch in Obergreiz wußte man, daß Silbermann »ein sehr renomirter Orgelbauer ist«. Da es in Greiz »viele geschickte Musici und Kenner« gäbe, war man auch der Ansicht, es sei unnötig erst einen »frembden Musicum mit Unkosten hierher zu bringen« (A/36f.).

Die Orgel wurde daraufhin am 19. Juni von dem Greizer Organisten Johann Gottfried Donati[1812] übernommen. Ein besonderer Bericht darüber ist nicht aufzufinden.[1813]

1808 Man stelle sich diese dreitägige Reise in der damaligen Zeit und zu dieser Jahreszeit einmal praktisch vor!

1809 In der Zittauer Orgelbauakte (PfA. Zittau: Sign. I 1 16) befinden sich vier Briefe Silbermanns, die »Greitz im Voigtland« datiert sind und am 21. bzw. 30. Dezember 1738, am 2. März und 27. April 1739 geschrieben wurden (Bl. 110f., 111f., 115 und 120f.). Im ersten Brief heißt es: »Ich meines Ortes bin nunmehro mit denen meinigen, Gott lob! gantz gesund und wohl zu Greitz im Voigtlande angelangt, um daselbst die neue Orgel, die bereits schon vorm Jahre fertig gehabt, zwischen hier und Ostern [!] zur perfection zu bringen, wäre auch schon vorm Jahre geschehen, wenn nicht mit den neuen Kirchenbau alhier verhindert worden wäre.« Wir hören aus den Worten Silbermanns heraus, wie es ihn geärgert hat, daß der Greizer Orgelbau nicht nach seinem Plan ablief. Die anderen drei Briefe enthalten keine Hinweise auf den Greizer Orgelbau. Wie Silbermann schreiben konnte, die Greizer Orgel bis Ostern (29. März), also in knapp vier Monaten, bauen zu wollen, ist nicht klar. Das war praktisch unmöglich, obwohl er damals mit fünf Gesellen arbeitete.

1810 Am 12. März 1739 war er in Fraureuth, um in der dortigen Kirche den Platz für eine neue Orgel zu besichtigen und auszumessen. Der Kontrakt wurde dann acht Tage später in Greiz geschlossen. Am 9. Juni reiste Silbermann, gemeinsam mit Hofrat Fickweiler, nach Schloß Burgk und traf dort am folgenden Tage mit Graf Heinrich III. zusammen, der in der Schloßkapelle ebenfalls eine Orgel bauen lassen wollte.

1811 Bei der vergleichbaren Orgel in der Sophienkirche zu Dresden hatte Silbermann für diese Arbeiten fast zehn Wochen gebraucht. In diesem Falle sind nämlich die Quittungen vom Kalkanten über den Woche für Woche gezahlten Lohn noch vorhanden (vgl. Anm. 968).

1812 Er wurde 1702 (Tauftag: 15. Februar) in Zwickau als Sohn des Orgelbauers Johann Jacob Donati geboren (St. Marien Zwickau: TaR. 1702, fol. 175). Am 20. November 1728, nachdem Sebald Pezold (vgl. Anm. 1753) nach Gera gegangen war, bewarb sich Donati mit Erfolg um die freie Organisten- und Stadtschreiberstelle zu Greiz (STA. Weimar, Außenstelle Greiz: Akte Sign. a Rep. C, Kap. II A a Nr. 30). Nach seinem Bewerbungsschreiben war er »in die 5 Jahre auff Acedemien gewesen und [hat]

Am gleichen Tage stellten sowohl Graf Heinrich III. als auch das Greizer Konsistorium Silbermann ein Attest aus (A/56).[1814] Der Graf bestätigte, daß die Orgel bei der Examination nicht nur dem Kontrakt gemäß, sondern »darüber noch ein mehrers«,[1815] befunden wurde. Im Attest des Konsistoriums heißt es, daß das Werk »wegen seiner Lieblichkeit, gravitaet und wohl intonirten Stimmen, bey allen, die es spielen hören, vollkommenen Beyfall und verdientes Lob erhalten« habe (B/42).

Am Sonntag, dem 21. Juni 1739, erfolgte die Weihe der Orgel. Dabei wurde eine von Johann Gottfried Donati komponierte Kantate aufgeführt.[1816] Gottfried Silbermann ist mit zehn Carmina geehrt worden.[1817] Die festliche Orgelmahlzeit wurde im Hause des Bürgermeisters Gottfried Grünrath[1818] gehalten.[1819] Dem Vorschlag des Hofrates entsprechend sollten Silbermanns fünf Gesellen je 6 Taler Trinkgeld bekommen (B/36 f.).[1820] Sie haben kurz vor der Abreise noch die alte Orgel abgetragen (A/55).[1821]

Am 22. Juni ist Silbermann mit seinen Ge-

---

daselbst den gantzen Cursum judicum ... absolvieret, [und] ... auch die Composition und die requisita eines Organisten ... erlernet«. Johann Gottfried Donati hat seine beiden Ämter über fünfzig Jahre lang bekleidet! Er starb 1781 (Bestattungstag: 29. Juli) in Greiz (PfA. Greiz: ToR. Nr. 74/1781).

1813 Aus der Akte geht aber hervor, daß die Orgel auf der Grundlage der »Requisitis eines vollkommenen und beständigen Orgelwerks« geprüft wurde, die der Freiberger Rat schon den Prüfern der Domorgel (im August 1714) vorgelegt hatte (vgl. Anhang SD. Nr. 5). Dieselbe Anleitung wurde auch bei der Übernahme der Jacobiorgel zu Freiberg als Richtschnur benutzt (s. SD. Nr. 9). Ein Exemplar dieser bemerkenswerten Schrift befindet sich im Stadtarchiv Freiberg (Akte Sign. Aa II I 60a, Bl. 66 ff.). In den 1742 zur Weihe der Fraureuther Orgel im Druck erschienenen »Discursen Zweyer Orgel-Freunde« (s. OWS. Nr. 62) wurden diese »Requisita« (auf S. 9 ff.) wiedergegeben und dabei betont, »Herr Silbermann pfleget diese ... und noch ein mehrers ... genau in acht zu nehmen ...«.

1814 Gottfried Silbermann dürfte sich beide Zeugnisse gut aufgehoben haben. Sie müßten sich dann – aller Wahrscheinlichkeit nach – mit unter den vierzehn Attesten befunden haben, die in Silbermanns Nachlaß entdeckt wurden, aber alle verschollen sind.

1815 Damit ist wohl Silbermanns Schalmeienregister gemeint, das er anstelle der »Viola di Gamba« gebaut hatte (vgl. Anm. 1768). Er hatte in seinem Brief vom 18. Januar 1737 betont, daß ihn das zwar »mehr Arbeit und Mühe« koste, er »observire aber darbey lediglich Gottes Ehre« (A/30 f.). Noch besser hat Sebald Pezold (in

seinem Brief vom 3. Januar 1737) Silbermanns Absicht ausgedrückt: »...ob es Ihme gleich etwas mehr arbeit verursachte, so wolle Er solches nicht estimiren, Er wolle sich begnügen laßen, wenn Er Gott zu Ehren und Gnädigster Herrschafft ... zum vergnügen etwas verferdigen könne, maßen es nicht zu beschreiben, was vor eine vortreffliche Harmonie verursache, wen man ein Trio mit der Chalumeau in Obern Werck und mit der Trompete im Hauptwerck vorstellet...« Vgl. auch Anm. 1655.

1816 Der Text, von dem damals dreihundert Exemplare gedruckt wurden, ist bei Hüllemann (S. 31 ff.) zu finden.

1817 Siehe Anhang OWS. Nr. 42 bis 51.

1818 Grünrath war außerdem »Hoff- und Bau-Commissarius zu Unter-Greiz«. Das Bürgermeisteramt bekleidete er von 1733 bis 1753 (lt. brieflicher Auskunft des STA. Weimar, Außenstelle Greiz). Grünrath ist 1756 (Beerdigungstag: 13. November) in Greiz gestorben (PfA. Greiz: ToR. Nr. 146/1756). Sein Alter wurde nicht vermerkt, so daß auch das Geburtsjahr nicht errechnet werden kann.

1819 Den Grund erfahren wir von Hofrat Fickweiler: »...würde man mit wenigen Kosten darzukommen können, indem er mit der Zahlung noch wartet, Zinn u. übriges Tischzeug umsonst hergibt, ein anderer aber gleich bezahlet seyn will« (B/37). Trotzdem erschien der gemachte Aufwand später bei der Rechnungsprüfung »als allzu enorm«. Für jede Person war ein halber Taler angesetzt worden. Es hätte aber »gleichwohl ein Unterschied unter denen Personen« gemacht werden müssen. Der Rechnungsführer (Grünrath) habe weder »die Nahmen derer 68 Personen, so er angeblich gespeiset haben will, angegeben, viel weniger den Auf-

sellen und der Haushälterin von Greiz abgereist. Bemerkenswert ist der ihm ausgestellte amtliche Reisepaß (A/58).[1822] Am übernächsten Tage (24. Juni) trafen alle wohlbehalten in Freiberg ein.[1823] An ein Ausruhen war nicht zu denken, denn es mußte an der großen Orgel für die Zittauer Johanniskirche weitergearbeitet werden.

Bemerkungen

Der Greizer Organist (und Stadtschreiber) Johann Gottfried Donati hat sich die Pflege der Orgel sehr angelegen sein lassen.[1824]

Das war auch notwendig, weil das Werk durch die Bauarbeiten, die in der Kirche durchgeführt wurden, sehr zu leiden hatte.[1825] Im Spätherbst 1746 ist Johann George Silbermann in Greiz gewesen, um die Orgel zu reparieren.[1826] Er hat 25 Taler für die Arbeit und 12 Taler für die Reisekosten und Zehrung von Freiberg nach Greiz und zurück bekommen (C/19f.). Für das bei Bürgermeister Grünrath »gehabte Logis und genoßene Kost« wurden 9$^1/_2$ Taler bezahlt (C/19f.).

wand specificé angegeben ...» (vgl. Hüllemann S. 35f.). Man beachte hierzu Grünraths Stellungnahme (s. Anm. 551).

1820 Sie haben sie auch wirklich bekommen. Fickweiler schrieb am 17. Juni 1739 nach Obergreiz: »...hat jeder Geselle [andernorts] nach eingezogener Erkundigung 4, 6 biß 8 rt. [= Reichstaler] zum recompens bekommen ...« Leider bleibt es ein Geheimnis, bei welchem Orgelbau Silbermanns Gesellen je 8 Taler als Trinkgeld bekommen haben. Hofrat Fickweiler war der Meinung, »man könnte das Mittel nehmen u. jedem 6 rt. bezahlen laßen« (B/36f.). Wie werden sich die Gesellen darüber gefreut haben! Sie ahnten ja nicht, daß ihre Trinkgelder später, als »etwas unerhörtes«, bei der Rechnungsprüfung beanstandet worden sind (vgl. Hüllemann, S. 36).

1821 Eigentlich sollte das alte Werk, bis es einen Käufer (!) fand, stehen bleiben. Man befürchtete aber, daß es Schaden leiden könnte, wenn andere (als Silbermanns Gesellen) es zerlegen. An der Orgel war wohl kaum noch etwas zu verderben (vgl. Anm. 1752). Nach Hüllemann (S. 36) soll die Orgel für 55 Taler verkauft worden sein, obwohl man auf 80 Taler hoffte.

1822 Danach bestand die Fuhre aus zwei vierspännigen Frachtwagen für Silbermanns Werkzeuge, einer mit drei Pferden bespannten »PostCaleche« und einer ebenfalls dreispännigen Kutsche für Silbermann selbst. Der vollständige Wortlaut des Dokuments ist im Anhang (SD. Nr. 39) zu finden.

1823 In Silbermanns Brief vom 25. Juni 1739 nach Zittau heißt es: »...melde hierdurch gehorsamst, daß ich gestern ... von Greiz wiederum Gott sey Danck gesund und glücklich anhero kommen bin ...« (PfA. Zittau: Akte Sign. I 1 16, Bl. 136).

1824 Da in der Kirche auch nach der Orgelweihe weiter gebaut wurde, litt das Werk natürlich darunter. Staub hatte sich in die Pfeifen gelegt, außerdem waren sie durch Erschütterungen »von ihrer Stelle verdreht, folglich sehr verstimmt und in Unordnung gesetzt worden«. Donati hat es daher für nötig befunden, das ganze Werk zu reinigen, »alle Pfeiffen reinlich auszuputzen, richtig wiederum einzusetzen, aufs allerreinste auszustimmen, und in vorigen guten Stand zu bringen«. Obwohl er diese Arbeiten »mit vieler Mühe aufs treulichste« verrichtet hatte, verlangte er »doch nicht mehr als 8 Thaler davor«, wie aus seinem Bericht vom 6. Mai 1741 hervorgeht (B/44). Fünf Jahre später machte sich ein Absinken des Orgelchores bemerkbar. Infolgedessen standen die Pfeifen »sämmtlicher Baesse« nicht mehr lotrecht. Donati hat sie »durch Hülffe eines Tischers wiederum an ordentl. Stelle gebracht und accurat eingesetzt«. Außerdem hat Donati das Werk wieder gereinigt, alle Pfeifen, »deren viele stum worden, ausgeputzet und gehörig intoniret, dann endlich aufs reineste wiederum temperiret, eingestimmet und in vorigen und unverbeßerlichen Stand gesetzet«. Er verlangte für seine Arbeit 8 Taler. Der Bälgetreter bekam für fünftägige Arbeit 20 Groschen (vgl. Hüllemann, S. 38).

1825 Wie aus Anmerkung 1824 hervorgeht, muß Donati in allen Orgelpflegearbeiten sehr versiert gewesen sein. Das dürfte damit zu erklären sein, weil sein Vater (Johann Jacob) und sein Großvater (Christoph) Orgelbauer waren (vgl. hierzu die Traubeurkundung des Vaters von 1701 im PfA. St. Marien Zwickau, Nr. 4/ 1701).

1826 Aus der Akte geht leider nicht hervor, welche Arbeiten er im einzelnen ausgeführt hat (vgl. hierzu Anm. 374).

Mit Rücksicht auf die Bauarbeiten in der Kirche, die sich über Jahre hinzogen, ist die Bemalung oder »estaffirung« der Orgel erst im Herbst 1750 vorgenommen worden. Auf Empfehlung Silbermanns wurde der Freiberger Maler Christian Polycarpus Buzäus damit beauftragt und am 29. Juli 1750 mit ihm ein entsprechender Kontrakt geschlossen.[1827] Am 30. Oktober 1750 hat Buzäus sein Werk übergeben. Es wurde festgestellt, daß die Arbeit »reinlich, nett und schön gerathen« ist.[1828] Im Jahre 1760 hat Donati die Orgel nochmals gründlich überholt.[1829]

Das schöne Werk ist am 6. April 1802 einem Stadtbrand zum Opfer gefallen.[1830]

ZITTAU (ST. JOHANNIS)

1741 vollendet – 1757 zerstört
3 Manuale – 41 (3) Stimmen
Quellen
A. Akte: Die Erneuerung der Orgel in der Johanniskirche zu Zittau, 1737–1743 (PfA. Zittau: Sign. Abt. I, Fach 1, Nr. 16)
B. Kontrakt mit Silbermann vom 12. Februar 1738 (PfA. Zittau: Einzeldokument)
C. Bericht über die Abnahme der Orgel vom 4. August 1741

(PfA. Zittau: Einzeldokument)
D. Quittung Silbermanns vom 6. August 1741 über 7000 Taler (PfA. Zittau: Einzeldokument)
E. Johanniskirchrechnung von 1737 (StA. Zittau)
F. Johanniskirchrechnung von 1738 (StA. Zittau)
Vorgeschichte
Im Februar 1737 berichtete Musikdirektor Carl Hartwig[1831] über »die vornehmsten Mängel der großen Orgel[1832] in der St.-

1827 In dem Vertrag wurden alle Einzelheiten, u.a. auch die zu verwendenden Farben festgelegt. Buzäus sollte für seine Arbeit 170 Taler »nebst freyem Logis, Kohlen und Holz« bekommen. Der Wortlaut des Kontrakts ist bei Hüllemann (S.41 f.) zu finden.
1828 Vgl. Hüllemann, S.43. Am 9. August 1747 hatte Silbermann brieflich nach Greiz berichtet: »Gemeldter Mahler, H. Buzaeus, sowohl als deßen verstorbener Vater, wären diejenigen Personen, welche alle meine Orgeln vergoldet und estaffiret haben, ich wüste weiter von keinen Mahler, der bey mir gearbeitet ...« (C/34). Siehe hierzu Anm. 578 bis 580.
1829 Donati hat das Werk »gänzlich zernommen, von allem Staub und Unflath gereiniget, die im Gesichte stehenden beyden Principalia aufs sauberste abpolliret, alle Stimmen zum gehörigen Anspruch und Intonation gebracht, darauf aufs neue temperiret, und endlich das ganze Werck zum reinesten eingestimmet, und wiederum in besten Stand gesetzet«, wozu er dreizehn Tage lang den Kalkanten brauchte (vgl. Hüllemann, S.44).
1830 Vgl. Hüllemann, S.36. Nach derselben Quelle hat der Organist Gottl. Fr. Ebhardt das Werk als letzter gespielt und urteilte über

dasselbe: »... der 16füßige Posaunenpaß, der 8füßige Trompetenbaß, die Trompete im Manual, die Schalmei u. die vox humana waren besonders ausgezeichnet... Alle Stimmen waren rein, in allen Tönen gleich und gut intoniert« (nach Hüllemann, S.37).
1831 Er wurde am 18. August 1709 als Sohn des Schuhmachers und Gastwirts Christoph Hartwig in Olbernhau geboren (PfA. Olbernhau: TaR. Nr. 54/1709). Hartwig bewarb sich am 13. Juni 1733 (nach dem Tode von Christian Pezold) um die Sophienorganistenstelle zu Dresden. Er schrieb u.a.: »... ich mich aber von Jugend auff zum Clavier appliciret, wie ich denn vom Capell-Meister Bach in Leipzig profitiret, und der Cantor und Director Musices Reinholdt mich sehr wohl kennet, maßen ich zu unterschiedenen mahlen in der Creutz-Kirche gespielet...« (StA. Dresden: Akte Sign. D XXXIV 17, Bl.9). Die Bewerbung hatte keinen Erfolg. Dafür wurde Hartwig in Zittau Nachfolger von Johann Krieger (1652–1735). Er heiratete 1742 Anna Dorothea Hoffmann († 1745), eine Tochter des berühmten Zittauer Gymnasialrektors Gottfried Hoffmann (1658–1712). Carl Hartwig ist, kurz vor seinem 41. Geburtstag, am 3. August 1750 als »Chori musici Directori eme-

292

Johannis-Kirche« und hob hervor, daß die Pfeifen »von schlechten Zinn« wären und »viel Zusatz von Bley hätten« (A/1 f.). Der Rat beauftragte die »Deputation ad pias causas«[1833], sich mit der Orgelangelegenheit zu befassen.

Am 16. Februar 1737 schlug die Deputation vor, »den berühmten Orgel-Bauer H. Silbermannen von Freyberg wegen Fertigung einer neuen Orgel anhero [zu] beruffen und deßen Gedanken darüber [zu] vernehmen« (A/3 ff.).[1834] Drei Tage später entschied sich der Rat dafür, daß »bewendten Umständen nach auf Anschaffung eines neuen Orgel-Wercks gedacht« wird. Der Zittauer Orgelbauer, Johann Gottlieb Tamitius[1835], sollte das alte Werk vorher aber nochmals »genau examiniren und desselben Defecte« feststellen (A/12f.).[1836] Am 28.

März trugen die Deputierten dem Rat vor, Tamitius habe Vorschläge gemacht, wie die Orgel »zu verbeßern und in tüchtigen Stand zu setzen« sei und »zugleich die völlige Reparatur mit 1200 Thlr.« veranschlagt (A/12f.)[1837] Am 29. März faßte der Rat aber den Beschluß, Gottfried Silbermann nach Zittau kommen zu lassen (A/13b).[1838]
Der begehrte Orgelbaumeister antwortete postwendend und schrieb am 2. April u.a.: »... Also hoffe ... des ehestens, in Persohn, wenn ich von Dresden aus, wohin ich den 10ten dieses [Monats] von hier abzugehen und allda ein paar Tage, gewisser Verrichtungen wegen[1839] zu bleiben, entschlossen bin, nach Zittau zu kommen das Vergnügen haben werde...« (A/14).[1840]
Gottfried Silbermann hielt Wort und traf

---

ritus [!]« in Zittau gestorben (PfA. Zittau: ToR. Nr. 275/1750). Vermutlich war Carl Hartwig mit dem 1701 in Blumenau bei Olbernhau geborenen Johann David Hartwig († 1767) verwandt. Er wirkte ab 1733 in Großhartmannsdorf als Pfarrer und war als »großer Musiker« bekannt (vgl. Grünberg, II/1, S. 304).
1832 Nach Flade soll sie von Christoph Drechsler aus Leipzig gebaut worden sein.
1833 Das heißt die Deputation »zu den frommen und milden Stiftungen«. Ihr gehörten an: Johann Friedrich Ettmüller, Johann Gottlieb Wentzel, Johann Conrad Nesen, Johann Heinrich Günther, Johann Gottlieb Hornig, Jacob Friedrich Knebel und Benjamin Schroth als Aktuar. Vgl. hierzu die Unterschriften unter dem Orgelbauvertrag (B) bzw. die Namen auf der Druckschrift »Das Wunder der Orgel« (s. Anhang OWS. Nr. 55).
1834 Die Deputationsmitglieder waren der Meinung, daß eine Reparatur »ohne Aufwand vieler Geldkosten nicht vorgenommen werden kan, und dabey gleichwohl ungewiß bleibet, ob dem Wercke in gehöriger Maaße zu helffen stehe, weil die Pfeiffen, als das vornehmste Stück einer Orgel, H. Hartwigs Anführen nach, von schlechten Gehalt sind ...«.
1835 Er wurde (laut Altersangabe in der Todesbeurkundung) um 1690 geboren. Sein Vater, Andreas Tamitius, war kurfürstlicher Hoforgelbauer in Dresden. Als Johann Gottlieb

Tamitius am 25. November 1728 in Zittau getraut wurde, bezeichnete man ihn als »berühmter Orgelbauer allhier«. Er starb 1769 (Beerdigungstag: 31. März) in Zittau (PfA. Zittau: ToR. Nr. 115/1769).
1836 Tamitius hat daraufhin einen schriftlichen Bericht erstattet und gleichzeitig ein Verzeichnis seiner von 1716 bis 1736 erbauten Orgeln vorgelegt (A/6 ff.).
1837 In ihrem Vortrag vom 16. Februar hatten die Deputierten zum Ausdruck gebracht, »wenn es auf eine Reparatur ankommen solte«, könne man Tamitius wohl zutrauen, »daß er das Werck möchte in einen bessern Stand setzen«, um es noch etliche Jahre zu erhalten. Da man von ihm aber »noch kein großes vollkommenes Werck gesehen« hatte, meinte man, ihm einen Orgelneubau in der Johanniskirche nicht übertragen zu können (A/3 ff.). Die Deputierten verwiesen auf ihren Vorschlag, Gottfried Silbermann nach Zittau zu berufen. Es komme nur auf den Rat an, ob Silbermanns »zuverlässiges Gutachten über Anlegung eines neuen Wercks erfordert werden soll«. Dann könne man »um so eher einen gewissen Entschluß fassen«, ob es Tamitius oder Silbermann »anzuvertrauen seyn möchte«.
1838 Leider ist der Wortlaut des an Silbermann gerichteten Briefes nicht festgehalten worden. Der Briefwechsel mit Silbermann wurde von Aktuar Schroth geführt. Am 10. Oktober

am 12. April in Zittau ein.[1841] Drei Tage
später erstattete er Bericht über die erfolgte
Besichtigung und Prüfung der alten Orgel[1842] und gab zugleich seine Bedingungen
und Forderungen für einen Orgelneubau
bekannt (A/15 ff.).[1843] Silbermann wies vor
allem darauf hin, daß der bisherige Platz
nicht geeignet sei, ein »rechtes Werck, sonderlich in Ansehung derer erforderlichen
tieffen Bässe«, zu errichten, weil es »größtentheils hinter die Pfeiler versteckt werden«
müsse.[1844] Silbermann hat seinen Disposi-

1737 wurden ihm 10 Groschen Portoauslagen
für vier an Silbermann »nach Freyberg ab-
gelaßene Briefe« erstattet (E/Beleg 77). Ein
Brief kostete demnach 2$\frac{1}{2}$ Groschen Porto.
1839 Damit dürfte eine Besprechung wegen
eines Orgelneubaues zu Friedrichstadt (bei
Dresden) gemeint sein. Silbermann war nämlich
schon im Februar (1737) nach Dresden gerufen
worden, hatte aber nicht eher Zeit gefunden.
Wir gehen auf das (nicht verwirklichte) Friedrichstädter Projekt an anderer Stelle noch ein.
1840 Silbermann hat sich durch die Berufung
nach Zittau sehr geehrt gefühlt. Er schrieb:
»Die Ehre, welche mir dieselben ... angedeyhen
lassen, verbindet mich zu vieler obligation«, und
er wolle die »schuldige Dankabstattung inmittelst schriftlich abzulegen, nicht unter-
lassen«.
1841 Das beweist die Rechnung des Gastwirts
Christian Gampe (E/Beleg 56): »... was ...
dem Herrn Silbermann nebst deßen Bedienten
[!] an Speiß und Tranck gegeben worden.«
Hiernach sind am 12. April »Bey dero [Silber-
manns] Ankunft Butter-Bämmen [!] mit ge-
bratens Beleget« (für 3 Groschen) verabreicht
worden. Der »Bediente« erhielt für 3 Groschen
»Eßen und Trunck«. Am 13., 14. und 15. April
hat Silbermann für je 5 Groschen »zu Mittags
gespeiset nebst dem Trunck«. Der Gastwirt
schrieb: »Nachdem dem Herrn Silbermann Be-
liebt, daß der Bediente zu Mittag hat mit ihm
speisen müßen.« Gampe berechnete je Tag für
den Bedienten »vor eine Mahlzeit nebst dem
Trunck« 4 Groschen. Hat Silbermann für sich
und seinen Gesellen Frühstück und Abendbrot
selbst bezahlen müssen? Leider wissen wir nicht,
wer den Meister begleitete: vermutlich Johann
George Silbermann oder Johann Georg Schön.
Gastwirt Gampe stellte übrigens noch folgendes
in Rechnung:
»Extra Bier unter denen Mahlzeiten« 6 Groschen,
»Täglichen Thee auf zwey Personen« jedesmal
für je 3 Groschen, »vor zwey Bette, Logement,
Einheitzen und Lichte« täglich 8 Groschen, insgesamt 40 Groschen. Demnach muß sich Silber-

mann fünf Tage in Zittau aufgehalten haben.
Er wurde (vermutlich am 17. April) von Johann
Georg Rothe wieder nach Dresden gefahren,
was 6$\frac{1}{2}$ Taler kostete (E/Beleg 55)! Das ent-
sprach damals dem Arbeitslohn eines Tage-
löhners für 52 Tage! Der Zittauer Rat zahlte
Silbermann »wegen unternommener Reise ...
Besichtigung und Untersuchung der defecten
Orgel ... und gefertigter Disposition zu einem
neuen Werke« 20 Taler »pro Honorario«.
Außerdem erstattete man ihm 7 Taler »verlegtes
Fuhrlohn von Dresden anhero« (E/Beleg 54).
1842 Er hatte festgestellt, daß die Pfeifen »von
schlechten Zeuge und meist von Bley und
Blech gemachet, auch die Clavire übel zu tractiren sind«. Außerdem könne das Werk »weil
es viel zu schwach, bey einen so weitläuffigen Kirchen-Gebäude keinen Effect haben ...«.
Durch eine Reparatur könnten die »Haupt-
Defecte« der Orgel nicht beseitigt werden, und
es wäre am besten, »eine neue Orgel von gehöriger Stärcke und Größe erbauen zu lassen«.
1843 Silbermann erklärte, daß die Orgel
»tüchtig und dauerhaft gebauet« werde, aber
»unter 5000 Thlr. nicht gefertigt werden« könne.
Die Kirche sollte allerlei Pfosten, Stollen und
Bretter anschaffen, die Tischler- und Bildhauerarbeiten übernehmen und freie An- und Zufuhren und freie Wohnung nebst Holz und
Kohlen bereitstellen. Silbermann verlangte
außerdem »die Kost vor 8 Personen bey dem
Hierseyn ohngefähr auf 1$\frac{1}{2}$ Jahr«. Das würde
»zusammen auf 1000 Thlr. ansteigen«. In der
Spezifikation der Baukosten für die Dresdner
Frauenkirchenorgel hatte Silbermann ebenfalls
für eineinhalb Jahr für Kost und Lohn 1078 Taler veranschlagt (vgl. Anm. 1605). Damals beschäftigte er allerdings nur vier Gesellen und
einen Lehrling (vgl. Anm. 273 und 1635).
1844 Silbermann schlug vor, die Orgel in den
großen Bogen (dem Altar gegenüber) zu bauen.
Dort würde sich das Werk nicht nur »des äußer-
lichen Ansehens, sondern auch des Klanges«
wegen besser ausnehmen und »der Kirche zu
einer besonderen Zierde gereichen«. Allerdings

tionsentwurf deshalb gleich auf den von ihm gewünschten Platz »eingerichtet«.

Rund drei Wochen später, am 8. Mai 1737, sandte Silbermann »den Zittauischen Orgel-Bau-Riß«[1845] an Aktuar Schroth und bat, ihn dem Rat »nebst Vermeldung eines unterthänigen Compliments zu überreichen« (A/26 und 31).[1846] Nun konnten sich Rat und Deputation mit der Sache beschäftigen. Silbermann reiste, wie er in seinem Brief mit angekündigt hatte, Anfang Juni »ins Altenburgische« und baute die Orgel zu Ponitz.

Am 6. Juni 1737 empfahlen die Deputierten dem Rat, »die Gelegenheit von einem so berühmten Meister eine Orgel in hiesige Hauptkirche um einen so billigen Preiß zu erlangen, nicht vorbey [gehen zu] lassen« (A/29 f.).[1847] Man hat sich auch mit der Frage beschäftigt, an welchen Platz die neue Orgel gesetzt werden soll. Am 13. Juli teilte Aktuar Schroth Gottfried Silbermann

mit, daß man die Hoffnung, die Orgel in dem großen Bogen »anzubringen«,[1848] fahren lassen mußte (A/37 f.).[1849]

Gottfried Silbermann, der den (nach Freiberg gerichteten) Brief erst am 25. Juli in Ponitz erhalten hatte, antwortete schon drei Tage später von dort aus (A/39 f.). Er schrieb, »mit großer Betrübniß erfahren« zu haben, daß »der große Bogen« für die Orgel nicht zu bekommen sei. Wenn aber das Chor etwas gesenkt werden könnte und am Gewölbe eine Änderung erfolge, »damit ich die bedürffende Höhe erhielte«, dann getraue er sich, »mit Göttl. Hülffe das Werck nach übergebener Disposition zu bauen«. Silbermann verlangte, nachdem er »alles wohl überleget« hatte, »insumma vor Kost vor mich und meine Leute, Materialien und alles, was zu einen vollkommenen Werck erfordert werden kann, Sieben Taußent Thaler«.[1850] Er hat seine Forderung auch entsprechend begründet.[1851] Falls man gewillt

müßten die dort befindlichen »Kirchen-Stände« beseitigt werden. Es könnten aber »auf beiden Seiten, wo jezo die Orgeln« stehen, genügend Kirchenstände angelegt und den Besitzern der bisherigen zugewiesen werden. In der Zittauer Johanniskirche müssen demnach, wie im Freiberger Dom, zwei alte Orgeln gestanden haben.

1845 Leider sind Silbermanns Orgelrisse in keinem Falle mehr auffindbar.

1846 Silbermann hat den Riß mitsamt Reißbrett übersandt, damit das Ausmessen »desto accurater« geschehen kann, als wenn »der Riß zusammen gerollet« ist. Er wies darauf hin, daß bei dem darauf befindlichen Maßstab die Elle $^{1}/_{2}$ Zoll kürzer als die Zittauer Elle sei, wonach man sich richten müsse. Silbermann bat Schroth, »bey denen Herren Patronis vor die in Zittau genoßene Ehre gehorsamsten Danck« abzustatten und »durch ein Paar Zeilgen« Nachricht zu geben, daß der Brief nebst dem Riß »richtig überbracht worden ist«.

1847 Die Kirche wäre imstande, die Kosten nach und nach »von denen außenstehenden Resten und eingehenden Zinßen, ohne daß die Capitalia dieserhalb geschwächt werden ... zu bestreiten«. Zittau brauchte also nicht wie andere Städte (z. B. Freiberg) die Bürgerschaft um Kollekten und freiwillige Spenden zu bitten. Die

von Silbermann in Dresden und an andern Orten gebauten Orgeln hätten »allenthalben große Approbation gefunden«. Wenn Silbermann stürbe, werde man »nach aller der Sachen Verständigen Meynung dergl. nicht so bald wieder bekommen ...«. In der Akte befindet sich eine Abschrift des vom Rat zu Dresden am 26. November 1736 über die Frauenkirchenorgel ausgestellten Attestes (A/24 f.). Als der Rat zu Dresden beabsichtigte, von Silbermann in der Sophienkirche eine Orgel bauen zu lassen, beschaffte man sich eine Abschrift des vom Freiberger Rat am 2. Oktober 1714 über die Domorgel ausgestellten Attestes. Silbermann hat von seinen Auftraggebern manchmal ein solches Zeugnis »begehrt«, weil er wußte, daß es unter Umständen dazu dienen kann, einen neuen Orgelbauauftrag zu bekommen.

1848 Vgl. Anm. 1844.

1849 Obwohl man sich alle Mühe gegeben habe, die Besitzer der Kirchenstände zur Abtretung derselben »zu disponieren«, hätten sich »aber dabei so viele Schwierigkeiten hervorgethan«. Daraufhin sei der Platz, »so die große [!] Orgel bisher gestanden« habe, nochmal besichtigt worden. Derselbe sei für die neue Orgel »nach dem gefertigten Riße beynahe hinlänglich ...«. Schroth bat Silbermann, die Sache zu

sei, »diesen sehr billigen Accord einzugehen«, erbat er baldige Entschließung, »ob der Orgelbau noch vor sich gehen soll, damit ich mich darnach richten« kann.[1852]

Am 29. August 1737 erbaten die Deputierten vom Rat eine Entscheidung darüber, ob wegen der beschlossenen Erbauung einer neuen Orgel »fernerweit mit Silbermannen Communication gepflogen werden soll« (A/51 f.). Der Rat kam am 2. September zunächst zu dem Schluß, die alte Orgel reparieren zu lassen und mit Erbauung einer neuen noch zu warten. Dann trug man

aber doch Bedenken, »eine Reparatur von ungewissen Effecte vornehmen zu lassen« (A/51 b).[1853]

Inzwischen war Gottfried Silbermann von Ponitz wieder nach Freiberg zurückgekehrt und zweifellos sehr daran interessiert, auch in Zittau seine Kunst zu demonstrieren.[1854] Er hatte sich deshalb entschlossen, noch einmal selbst nach Zittau zu reisen.[1855] Am 18. (oder 19.) Januar 1738 traf er dort (zu der nunmehr entscheidenden Beratung) ein.[1856]

Am Dienstag, dem 21. Januar, besichtigten

überlegen und mitzuteilen, was er für das Werk »wie es nunmehro zu reguliren, incl[usive] der freyen Kost, überhaupt« verlange.

1850 Die in den Kontrakten festgelegten Dispositionen der Dresdner Frauenkirchenorgel und der Zittauer Johanniskirchenorgel stimmen völlig miteinander überein. Auch der Manualumfang (C–d³) war bei beiden Werken derselbe, ebenso die Stimmung nach dem »Cammer-Thon«. Trotzdem sollte die Dresdner Orgel nur 4200 Taler kosten. Silbermann hat dann (unmittelbar vor der Übergabe) allerdings noch 800 Taler nachgefordert, aber nur 500 Taler bekommen (vgl. SD. Nr. 29 und Anm. 1631). Sicher hat Silbermann, was Zittau betraf, aus den im Falle Dresden gemachten Erfahrungen seine Konsequenzen gezogen.

1851 Er schrieb u.a.: »...Nachdem aber bey diesen Platz wegen der Enge des Raumes, das Regier-Werck und Eingebäude, sehr viel mehr Mühe, Kosten und Zeit erfordert, auch wegen Enge des Platzes viel von Eißen muß gemacht werden, welches sonsten, wenn der Platz geraumer, mit weniger Unkosten von Holtz könte gefertigt« werden. Bei einem Vergleich mit der Dresdner Frauenkirchenorgel muß noch ein wichtiger Punkt berücksichtigt werden: Silbermann hat in beiden Fällen die Transportkosten übernommen. Es ist klar, daß der Transport der Orgelteile von Freiberg nach Zittau wesentlich mehr kostete als nach Dresden.

1852 Silbermann erwähnte, er habe den Deputierten versprechen müssen, zunächst »weiter nichts anzunehmen oder mit jemanden zu kontrahiren«. Ihm seien jetzt aber einige Orgelwerke angetragen worden und unter anderen solle er mit dem »Rath zu Zwickau einen Accord schließen«. Er wolle diesen aber nicht eingehen,

bis er wisse, was »sie gesonnen sind zu thun...«. Das Zwickauer Projekt ist nicht verwirklicht worden. Ebenso wurde aus dem in Dresden-Friedrichstadt geplanten Orgelbau nichts. Wir gehen auf beide an anderer Stelle noch ein. Was Silbermann mit den ihm »angetragenen« Orgelwerken gemeint hat, ist nicht ganz klar: vermutlich Großhartmannsdorf. Über die Orgel zu Zöblitz ist der Kontrakt sehr wahrscheinlich bereits im April 1737 abgeschlossen worden. Im Jahre 1734 ist Silbermann in Nossen gewesen, aber die Kirchväter zögerten mit dem Auftrag und kauften dann eine alte Orgel aus Oschatz.

1853 Nach dem in der Akte befindlichen Auszug aus dem Ratsprotokoll vom 6. Dezember 1737 muß Silbermann wieder an Aktuar Schroth geschrieben haben und bereit gewesen sein, wo die alte große Orgel steht, »statt der kostbaren Reparatur ... ein neues Werck zu machen«. Er hat auch eine »Beschreibung« der Ponitzer Orgel übersandt. Eine solche befindet sich aber nicht mit in der Akte, wohl aber eine Abschrift des Silbermann von der Ponitzer Patronatsherrschaft am 20. November 1737 ausgestellten Attests (A/56, vgl. SD. Nr. 35).

1854 Das spürt man mit aller Deutlichkeit, wenn man Silbermanns Briefe »zwischen den Zeilen« liest.

1855 Aus dem in der Akte zitierten Ratsprotokoll vom 23. Dezember geht hervor, daß Silbermann brieflich zugesagt hatte, »mit nechsten hier einzutreffen und wegen der neuen Orgel nähere Communication zu pflegen« (A/52 b). Der Rat legte fest, daß Silbermann bei Aktuar Schroth »Quartier und Tisch« bekommen soll. Silbermanns Brief ist in der Akte leider nicht enthalten. Er war vermutlich an Schroth gerichtet.

die Deputierten gemeinsam mit Silbermann den Platz für die neue Orgel. Der Meister wollte ihn »nochmahln ausmessen und eine Disposition entwerffen«. Der Bildhauer Johann Gottlob Anders[1857] sollte inzwischen einen Riß »nach H. Silbermanns Angaben fertigen« (A/53). Am übernächsten Tag (23. Januar) übergab Silbermann die Disposition, »so gut er solche auf den sehr engen Platz anzubringen sich getrauet« (A/61 ff.).[1858] Gleichzeitig zeigte er den von Bildhauer Anders gefertigten Riß vor, »welcher seiner Meynung nach sehr gut gerathen« sei. Silbermann bat darum, »ihn nunmehro mit baldiger resolution zu versehen, weil er gerne wieder nach Hause reisen möchte« (A/54 f.).[1859] Die Deputierten beschlossen, einen ausführlichen Bericht an den Rat zu erstatten, Silbermann aber vorher zu fragen, »ob er nicht von der Forderung etwas fallen lassen möchte«. Der Meister wollte aber »von denen geforderten 7000 Thlr. nichts schwinden lassen«.[1860]

Am 25. Januar richteten die Deputierten einen »gehorsamen Vortrag« an den Rat (A/57 ff.) und berichteten über die mit Silbermann geführten Verhandlungen. Er wolle eine Orgel »von der Größe des ohnlängst in der Frauen-Kirche zu Dresden aufgesetzten Wercks[1861] gut und tüchtig« bauen und verlange dafür 7000 Taler.[1862]

1856 Laut Rechnung von Johann Woldegen, dem »Wirdt zum Weise Engl«, ist Silbermann am 19. und 20. Januar dort eingekehrt (F/Beleg 75). Der Gastwirt berechnete:
20 Groschen »vor Eßen«,
 5 Groschen »vor Bir«,
 3 Groschen »vor Cofhe« (Kaffee),
 3 Groschen »vor The« und
13 Groschen »vor stube undt Einheitzen«.
Dann logierte Silbermann mit seinem »bey sich gehabten Gesellen« vom 21. bis 30. Januar bei Aktuar Schroth. Dieser stellte »vor Beköstigung ... inclus. derer Bette, Holtz und Licht« insgesamt 6 Taler und 18 Groschen in Rechnung. Silbermann hatte sich für 7 Taler von dem Dresdner Lohnkutscher Johann Martin Teichert nach Zittau fahren lassen (F/Beleg 73). Die Rückfahrt erfolgte (wie im April 1737) mit Johann George Rothe, der auch 7 Taler bekam (F/Beleg 74).
1857 Er wurde am 7. November 1697 in Zittau getauft. Sein Vater war Schleifer von Beruf. Anders starb 1753 (Bestattungstag: 2. Juli) in Zittau (PfA. Zittau: TaR. Nr. ?/1697 und ToR. Nr. 211/1753). Im Zittauer Trauregister (Nr. 1/1741) wurde er als »kunstberühmter Bildhauer alhier« bezeichnet.
1858 Silbermann schrieb, er habe die zu dem Werk erforderlichen Kosten »wohl überschlagen« und könne dafür »mit guten Gewissen 7000 Thlr.« verlangen (vgl. Anm. 1850 und 1851), »ohne dabei viel zu prosperieren«. In der Summe sei »alles und jedes« inbegriffen, außer der Bildhauer-, Tischler- und Zimmererarbeit.

1859 Silbermanns Wunsch ist verständlich, weil es in Freiberg noch einiges zu tun gab, bevor er in seine Heimatstadt Frauenstein reisen konnte, um dort die Orgel aufzusetzen, die nach dem Kontrakt eigentlich schon zu Michaelis 1736 hätte fertig sein müssen.
1860 Seine Begründung lautete: »... weil zu so einem Wercke über 3000 Thlr. Materialien erfordert würden und er nebst 7 Personen bey mehr [als] 3 Jahre daran zu arbeiten hätte, auch auf die nöthigen Fuhren vieles rechnen müsse [vgl. Anm. 1851], zudem mache ihm der enge Raum viel Arbeit und Mühe bey Führung derer Windladen, Abstracten und Regierwercke, zumahl das inwendige Gewölbe im Thurm nicht mit dem Mittel des auswendigen accordire, auch müßten die großen Baß-Pfeiffen wegen des niedrigen Gewölbes gekröpfft werden, welches viel Zeit wegnehmen und ihn bey der Arbeit aufhalten würde.« (A/54 f.)
1861 Wir erwähnten schon, daß die für Zittau entworfene Disposition völlig mit der Dresdner übereinstimmt. Übrigens enthält die Akte eine Abschrift des Kontraktes über die Dresdner Frauenkirchenorgel (A/19 ff.). Der Rat und die Deputierten wußten also genau Bescheid, zu welchen Bedingungen Silbermann dieses Werk geschaffen hatte.
1862 Die Deputierten erwähnten, daß sie »wegen des dem Ansehen nach hoch ansteigenden Preises zu verschiedenen mahlen« mit Silbermann verhandelt hätten, »ob nicht davon etwas herunter zu dingen seyn möchte«. Der Meister habe aber »ziemlich deutlich demonstriret, daß

Das wäre, so meinte Silbermann, nicht zu viel »vor so ein Werck, welchem die in Görlitz stehende große Orgel[1863], auf welche doch 18 000 Thlr. verwendet worden seyn sollen,[1864] weder an der Stärcke noch Lieblichkeit des Klanges gleichkommen würde«.[1865]

Aus dem Bericht der Deputation geht hervor, daß Silbermann »nach vielen Zureden endlich« erklärt habe, mit 6000 Talern exklusive der Fuhren, Pfosten und Bretter,[1866] die die Kirche dann auf ihre Kosten tragen und anschaffen müsse, zufrieden zu sein.[1867]

Die Deputierten hoben in ihrem Vortrag besonders hervor, daß Gottfried Silbermann »durch die bisher erbaueten Orgelwercke den wohlverdienten Ruhm eines großen Künstlers erlanget« habe, auch überall wo er arbeitete, »mit guten Attestatis versehen worden« sei.[1868] Man zweifle nicht daran, er werde auch bei dem Zittauer Werk »möglichsten Fleiß anwenden, [so] daß es vollkommene Approbation finden möge...«. Nach der guten, von den Deputierten geleisteten Vorarbeit, entschied sich der Rat zu Zittau wegen des Orgelneubaues in der Johanniskirche für Gottfried Silbermann (A/60b).[1869] Der berühmte Orgelbaumeister war persönlich zur Ratssitzung erschienen. Er erklärte, »das gantze neue Orgelwerck ... vor 7000 Thlr. mit Gottes Hülffe annehmen« zu wollen, ohne daß ihm darüber hinaus noch »ein Heller weder un-

---

er auf die Materialien, worunter allein das Englische Zinn, dessen er bis 75 Centner nötig habe, den Centner à 29 bis 30 Thlr. gegen 2300 Thlr. zu stehen komme, mehr als 3000 Thlr. rechnen, über dem Wercke nebst 7 Personen 3 völlige Jahr unausgesetzt arbeiten und seine Leuthe diese Zeit über mit guter Kost und hohen Lohne versorgen, auch auf die Fuhren ein ergiebiges wenden müsse, zudem erfordere das Werck, weil der Platz darzu etwas enge ... weit mehr Arbeit, Mühe und Materialien ... als wenn solches an einem geraumen Orthe hätte angeleget werden können...«.

1863 Silbermann meinte die sogenannte »Sonnenorgel« in der Görlitzer Peterskirche, die von Eugen Casparini (1623–1706) erbaut und am 19. August 1703 geweiht worden war.

1864 Nach Flade (S. 20) soll Casparini für das Werk 7000 Taler bares Geld, freie Wohnung und Kost (!) erhalten haben. Flade schätzte die Baukosten auf insgesamt 11 000 Taler und bemerkte, sie wären später übertrieben worden.

1865 Johann Sebastian Bach soll sich, was die Spielbarkeit der Orgel betraf, sehr abfällig geäußert haben (vgl. Anm. 372).

1866 Silbermann hatte am 15. April 1737 schon ziemlich genau angegeben, was die Kirche an Holzwerk zu liefern hat (A/18).

1867 Silbermann versicherte aber gleichzeitig, »daß er nicht den mindesten Nutzen davon haben könne«. Er hoffe aber, der Rat werde, »wenn das Werck bey der Übernahme, wie nicht zu zweifeln [!], gut und tüchtig befunden würde, seinen

[Silbermanns] Schaden nicht verlangen, sondern mit einem beliebigen Doucour, wie in Dresden und andern Orthen mehr geschehen, zustatten kommen«.

1868 Der Deputation lagen ja zwei Atteste vor: Dresden (Frauenkirche) und Ponitz (vgl. Anm. 1847 und 1853).

1869 In dem denkwürdigen Beschluß vom 27. Januar 1738 heißt es: »Weilen die jetzige Orgel füglich nicht conserviret werden kann, vielmehr deren Reparatur ohne viel sonderbaren Effect mit vielen Kosten unternommen werden muß, So will man H. Silbermanns Arbeit annehmen, nach dem gemachten Vorschlag und Riße ein neues Orgel-Werck bauen lassen und sehen, ob man in Bausch und Bogen vor jedes und alles ein Abkommen mit H. Silbermannen vor eine Summe von 7000 Thlr. treffen könne...« Auf Silbermanns Angebot von 6000 Talern und ein späteres »Doucour« wollte man sich offenbar nicht einlassen. In diesem Falle hätte man ja auch die Transportkosten mit übernehmen und dafür einige hundert Taler aufwenden müssen. In Dresden (Frauenkirche) hatte Silbermann erklärt, daß Ab- und Zufuhr auf »über dreyhundert Thlr. zu stehen kämen« (allerdings inklusive Holz und Kohlen). Der Transport nach Zittau und zurück nach Freiberg hätte bestimmt (schätzungsweise) 700 bis 800 Taler gekostet. Es wäre also im Endergebnis auch eine Summe von fast 7000 Talern herausgekommen. Silbermann hatte bei seinem Angebot also nicht die Absicht, der Stadt Zittau »etwas zu schenken«.

ter dem Nahmen eines Douceurs noch sonsten« vergütet werde. Er stattete hierauf den Handschlag ab (A/65).

Bauvertrag

Nachdem seit der ersten Kontaktaufnahme mit Gottfried Silbermann ein dreiviertel Jahr vergangen und es in dieser Zeit gelungen war, in allen Punkten eine Übereinkunft zu erzielen, faßte der Rat am 27. Januar 1738 den Beschluß, »den schrifftlichen Accord vollends zustande zu bringen« (A/65).[1870] Anscheinend wollte Silbermann – wie in Greiz – gleich darauf warten, aber man ließ sich noch Zeit. Am 7. Februar wurde verabredet,[1871] daß ihm der Vertrag zur Unterschrift nach Freiberg nachgesandt werden soll (A/72b f.).[1872] Der Kontrakt wurde auf den 12. Februar 1738 datiert.[1873] Das Original der Urkunde wurde nicht in die Akte eingeheftet, sondern liegt lose darin.[1874] Gottfried und Johann George Silbermann, »beyde vor einen und einer vor beyde«, versprachen, ein Orgelwerk mit drei Manualen und insgesamt einundvierzig Stimmen zu bauen[1875] und »nach dem Cammer-Thon einzurichten«.[1876] Sie wollten Ab- und Zufuhren, Holz und Kohlen und alle zu dem Werk notwendigen Materialien auf ihre Kosten übernehmen bzw. anschaffen. Der Rat dagegen sollte die »zum Gehäuse und Chore benöthigte Zimmer-, Tischler-, Bildhauer-, Schmiede- und Schloßer- sowohl als die Maurer-Arbeit besonders tragen«. Des weiteren sollte Silbermann und seinen Leuten auf eineinhalb Jahre »ohne Entgeld« eine Wohnung in Zittau zur Verfügung gestellt werden.[1877] Der Vertrag enthält auch die aus anderen Kontrakten bekannte Bestimmung, daß bei einem Todesfall die Erben verpflichtet sein sollten, »das Werck auf die bedungene Art auszuführen oder vor das empfangene Geld zu hafften«. Eine Garantiezeit wurde nicht festgelegt.[1878] Der Kontrakt enthält sonst keine Besonderheiten.

Baukosten

Im Bauvertrag sind für das Werk 7000 Taler vereinbart worden, nachdem Gottfried

1870 Er sollte nach dem Kontrakt über die Dresdner Frauenkirchenorgel »eingerichtet« werden, welcher dem Rat abschriftlich vorlag (A/19 ff.).

1871 Obwohl Aktuar Schroth Kost und Quartier nur bis zum 30. Januar berechnet hatte (vgl. Anm. 1856), muß sich Silbermann bis mindestens 7. Februar (auf eigene Kosten?) noch in Zittau aufgehalten haben.

1872 Gleichzeitig wurde Silbermann gebeten, er möchte »sich den Bau des neuen Wercks bestermaßen empfohlen seyn lassen«. Falls etwas vorfiele, wozu »sein Einrath nöthig sey, wolle man nicht ermangeln, mit ihm schrifftl. zu communiciren«.

1873 Die Akte enthält einen Kontraktentwurf mit dem gleichen Datum (A/68 ff.).

1874 Der Vertrag ist von vier Deputierten (Ettmüller, Wentzel, Nesen und Günther; vgl. Anm. 1833) und Gottfried Silbermann nebst seinem Vetter Johann George Silbermann unterschrieben und besiegelt worden. Die beiden Exemplare sind offenbar sofort nach ihrer Ausfertigung an Silbermann nach Freiberg gesandt worden. Am 18. Februar sandte er nämlich »das bestempelte Exemplar« an Aktuar Schroth schon wieder zurück. Er bedankte sich zugleich »vor die vielen ... genossenen Höflichkeiten« und wolle sich bemühen, »auf alle Art und Weise mein danckbares Gemüthe an den Tag zu legen«. Silbermann bat, an die Deputierten ein »gehorsamstes Compliment« zu machen. Er ließe sich »vor die sonderbaren Ehren-Bezeugungen nochmahls ergebenst bedanken«. Silbermann übersandte gleichzeitig ein Kästchen mit »2 Gläßgen quint Essenz Rosmarin«. Das eine wäre für Wentzels Frau bestimmt, das andere solle Schroth seiner »Frau Liebste« übergeben (A/75).

1875 Die Stimmen verteilten sich wie folgt: vierzehn im Hauptwerk, elf im Oberwerk, neun im Brustwerk und sieben im Pedal. Unter den letzteren befand sich auch ein »Groß-Untersatz 32 Fuß«. Dieses Register hatte Silbermann auch für die Freiberger Dom- und die Dresdner Frauenkirchenorgel gebaut.

1876 Die Orgeln in der Sophien- und Frauenkirche zu Dresden standen ebenfalls im Kammerton (vgl. Anm. 919).

1877 Man hatte schon am 30. Januar 1738 Silbermann im Waisenhaus (!) zwei große und eine kleine Stube angewiesen, womit er zufrieden war (A/66).

Silbermann nicht bereit gewesen war, seine Forderung herabzusetzen.[1879] Der Betrag sollte wie folgt fällig sein:

2000 Taler bei Vollziehung des Kontrakts zur Anschaffung des Zinns,
1000 Taler zu Ostern 1739,
1000 Taler zu Ostern 1740,
2000 Taler während der Aufsetzung der Orgel und
1000 Taler bei der Übergabe des Werks.[1880]

Wann die erste Rate ausgezahlt wurde, geht aus der Akte nicht hervor.[1881] Über die nächsten beiden Termine von je 1000 Talern quittierte Gottfried Silbermann am 8. Juli 1739 bzw. am 14. Januar 1740.[1882] Über die Auszahlung der während der Arbeit in Zittau fälligen insgesamt 2000 Taler liegen fünf einzelne Quittungen vor.[1883]

Der Restbetrag von 1000 Talern wurde wohl am 6. August 1741 ausgezahlt.[1884] An diesem Tage stellten Gottfried und Johann George Silbermann eine Quittung über den Gesamtbetrag von 7000 Talern aus.[1885] Da der Meister verschiedenes über den Kontrakt geliefert hatte und dafür eine Vergütung erwartete, gab es deswegen noch einen heftigen Auftritt.[1886] Am 8. August 1741 wurde mit Gottfried Silbermann ein Vergleich geschlossen und ihm noch 150 Taler bewilligt (A/232).[1887] Der Orgelbau hat mit allen Nebenleistungen über 11000 Taler gekostet (A/205f.).[1888]

Bauablauf

Gottfried Silbermann dürfte – aller Wahrscheinlichkeit nach – am 8. Februar 1738,

1878 Das hatten die Deputierten (bzw. der Rat) anscheinend übersehen, denn die Frage »wie lange Herr Lieferant die Gewehr« leiste, wurde erst am 5. August 1741, nachdem die Orgel schon übergeben und geweiht worden war, aufgeworfen. Silbermann erklärte, »die Gewehr wolle er wohl auf 10 Jahr über sich nehmen, weil er ... keinen Fleiß gespahret und es an nichts [habe] ermangeln lassen« (A/218ff.).

1879 Vgl. hierzu die Anm. 1858, 1860 und 1862.

1880 Silbermann war am 30. Januar 1738 gefragt worden, »wie die Zahlungstermine zu reguliren seyn möchten«. Sie wurden seinen Wünschen entsprechend im Kontrakt festgelegt.

1881 Am 7. Februar 1738 ist mit Silbermann verabredet worden, das Geld per Post zu übersenden (A/72b). Er versprach, dafür (als Sicherheit) »Steuer-Scheine« zu schicken. Anscheinend hat Silbermann in Zittau die Sicherheit ohne Widerwillen geleistet, was in Dresden nicht der Fall war (vgl. Anm. 1636). Am 18. Februar schrieb Silbermann von Freiberg aus nach Zittau, daß er die 2000 Taler »mit nechsten anhero« erwarte. Gleichzeitig übersandte er zwei Steuerscheine in diesem Werte, und sobald er das Geld erhalten habe, wolle er »mit ersterer Post« die Quittung nach Zittau senden (A/74f.). Diese Quittung ist aber nicht aufzufinden.

1882 Die beiden Originalquittungen befinden sich als einzelne Dokumente in der Akte. Die erste ist »Zittau« datiert, denn Silbermann nahm

das Geld dort in Empfang, als er »das Grundwerk nebst dem Gestelle zur neuen Orgel« besichtigte (A/137f.).

1883 Sie liegen ebenfalls lose in der Akte, ergeben zusammengerechnet aber nur einen Betrag von 1800 Talern. Silbermann empfing:
500 Taler am 29. Juli 1740,
200 Taler am 6. Oktober 1740,
500 Taler am 8. Dezember 1740,
200 Taler am 4. Mai 1741 und
400 Taler am 23. Juni 1741.
Die Quittung über die restlichen 200 Taler ist nicht aufzufinden.

1884 Eine Quittung darüber ist nicht zu finden. Vermutlich ist eine solche gar nicht ausgestellt worden, weil man sich von Silbermann und seinem Vetter eine Quittung über die Gesamtsumme von 7000 Talern geben ließ.

1885 Der Wortlaut derselben ist im Anhang (SD. Nr. 44) zu finden.

1886 Siehe dazu im letzten Abschnitt.

1887 Obwohl Silbermann den Betrag am selben Tage empfangen hatte, mußte er am 28. Februar 1742 (!), »nachdem der getroffene Vergleich endlich zu völliger Richtigkeit gekommen« und vom Rat »approbiret« worden war, noch eine besondere Quittung ausstellen. Sie befindet sich lose mit in der Akte.

1888 Es wurden verausgabt:
Taler Groschen
7000   –   dem Orgelbauer (laut Kontrakt)

nachdem man sich über alles geeinigt hatte und dem Abschluß des Orgelbauvertrages nichts mehr im Wege stand, nach Freiberg zurückgekehrt sein.[1889] Am 7. August bestätigte er dann den Empfang einer Zuschrift von Aktuar Schroth,[1890] wonach der Rat sich entschlossen hatte, den »Bogen abtragen und um 2 Ellen erhöhen« zu lassen. Silbermann antwortete: »...worüber ich eine hertzliche Freude habe... und kan nunmehro die Orgel nach meinen Gedancken ordentlich und nicht verkrüppelt bauen...« (A/93f.). Gleichzeitig bat er darum, die Klötzer für die Pfosten und Bretter zur rechten Zeit schneiden zu lassen, »damit selbige recht ausdrocknen können«. Wenn er sie von Freiberg mitnehmen solle, »würde es mehr Kosten veruhrsachen«.

Am 8. September sandte Silbermann »das Modell zu der Orgel-Zimmer-Arbeit« nach Zittau (A/95).[1891] In dem Begleitschreiben ging er wieder auf das zu liefernde Holz ein.[1892] Inzwischen hatte Silbermann aus Zittau einen Brief erhalten,[1893] wonach der Bogen um $2^1/_4$ Ellen höher gemacht worden sei. Er antwortete am 6. Oktober: »...welches mir sehr lieb, worfür ich gehorsamst dancke...« (A/106f.).[1894]

150	–	dgl. (laut Vergleich vom 6. August 1741)
60	20	für Silbermann (Honorar, Reise- und Aufenthaltskosten [April 1737 und Januar 1738]; vgl. Anm. 1841 und 1856)
794	19	dem Tischler
612	–	dem Bildhauer
72	19	dem Schlosser
22	19	dem Nagelschmied
1625	12	dem Maler
94	9	dem Maurer
279	19	dem Zimmermann
103	13	dem Schmied
–	15	dem Büttner
–	12	dem Drechsler
18	17	dem Handlanger
266	6	für Baumaterialien
12	–	dem Orgelbauer Tamitius (für Abtragen der alten Orgel)

1889 Einen Monat später, am 8. März, reiste er mit seinen Gesellen nach Frauenstein, um die dortige Orgel zu bauen. Sie wurde am 2. Juli geweiht.

1890 Der Brief, dessen Datum unbekannt ist, wurde möglicherweise durch den Bildhauer Anders persönlich überbracht. Er betonte nämlich später, die »angetragene Reiße nach Frauenstein damahln« auf eigene Kosten gemacht zu haben (A/190). Anscheinend hat Anders mit Silbermann sprechen müssen, weil ein Modell der Orgel angefertigt werden sollte (vgl. Anm. 1891).

1891 Das Modell war »nach dem Maaße, wie es Herr Anders bey sich hat, verferttiget worden«. Übrigens sind auch von der Freiberger Domorgel und der Dresdner Frauenkirchen-orgel Modelle angefertigt worden. Das geht aus dem Kontrakt (s. SD. Nr. 2) bzw. aus George Bährs Kostenanschlag hervor (vgl. Anm. 1627).

1892 Er schrieb wörtlich: »...wenn das Bau-Holtz aus starcken Holtze geschnitten werden könte, würde es sehr gut seyn, denn es käme das Hertz heraus, wäre dahero dauerhaffter und risse nicht auf. Könten Sie Küfern-Holtz bekommen, wäre es besser als das tännerne...« Silbermann war bereit, das Geld für seine Pfosten und Bretter bar nach Zittau zu schicken, falls es Schwierigkeiten mache, den Betrag vorzuschießen. Gottfried Silbermann dürfte, was Holz und Holzbearbeitung betrifft, manches von seinem Vater erfahren und gelernt haben.

1893 Leider ist der Wortlaut der an Silbermann gerichteten Briefe nicht festgehalten worden. Ihr Inhalt kann deshalb nur aus Silbermanns Antworten erschlossen werden.

1894 Bei dieser Gelegenheit bat er nochmals darum, »das Bau-Holtz aus starcken Holtze schneiden zu lassen«. Er zweifelte auch nicht daran, daß das Modell inzwischen angekommen ist. Silbermann muß – aller Wahrscheinlichkeit nach – seinen Gesellen Johann Georg Schön nach Zittau geschickt haben, denn er schrieb: »... Mons. Schöne [wird] ... hinterbracht haben, wie ich 15 Stück eichene Pfosten vonnöthen habe«. Wir dürfen annehmen, daß Schön seinen Meister schon im April 1737 bzw. im Januar 1738 nach Zittau begleitete. Bei der neuerlichen Reise war für ihn vielleicht sogar ein Besuch in seiner Heimat möglich, denn Schön stammte aus Hainewalde. Übrigens übersandte Silbermann dem Zittauer Aktuar wiederum »Rosmarin-Essenz«. Im nächsten Brief (vom 15. Oktober) berichtete Silbermann, daß er die bestellten

Anfang Dezember 1738 reiste Gottfried Silbermann mit seinen Gesellen nach Greiz. Am 21. Dezember schrieb er von dort aus an Aktuar Schroth nach Zittau: »...bin nunmehro mit denen meinigen Gott lob! gantz gesund und wohl zu Greitz ... angelanget, um daselbst die neue Orgel ... [bis] Ostern [1739] zur perfection zu bringen...«[1895] Nach dieser Arbeit »werde vor allen auf Ihres Orts Orgel-Werck bedacht seyn, zu vorhero aber, damit sehen kan, wie weit Sie mit ihrem Bau avansiert,[1896] Ihnen noch eine Visite abstatten...« (A/ 110 f.).[1897]

Silbermanns Brief muß sich mit einem Schreiben Schroths gekreuzt haben. Am 30. Dezember bestätigte der Meister nämlich den Empfang einer »Zuschrifft« des Zittauer Aktuars, woraus er entnehmen konnte, »daß dieselben mit ihren Kirchbau bestermaßen avansieren«.[1898] Silbermann berichtete, »daß vor meine Person dergleichen gethan und in Freyberg an denen Windladen und Pfeifen-Werck einen starcken Anfang gemacht habe,[1899] und zweifle ich im geringsten nicht, daß, insoferne der höchste Gott Gesundheit und Kräffte darreicht, versprochenermaßen die Ehre haben werde, bey Ihnen zu seyn...« (A/111 f.).[1900]

Am 2. März 1739 meldete sich Gottfried Silbermann wieder mit einem Brief aus Greiz. Er bat, die zu Ostern fälligen 1000 Taler zurückzuhalten, bis er, »nach jetziger vollendeter Arbeit«, selbst nach Zittau kommen werde (A/115).[1901] Der

eichenen Pfosten nehmen wolle. Der Tischler solle mitteilen, »was er davor verlanget, ich will das Geld ihm alsbald baar überschicken«. Dann schrieb er: »...[Sie] haben nicht nöthig, vor die Rosmarin-Essenz sich so sehr zu bedancken, indem [ich] bey [Ihnen] ... ein großer Schuldner bin, wünsche nur, daß die Essenz guten Effect thun und der Schnupfen sich bald verlieren möge ...« Silbermann bat abschließend, »An dero wertheste Familie« und den Bildhauer Anders »ein Compliment zu vermelden«.

1895 Das einunddreißigstimmige Werk ist aber erst am 19. Juni übergeben worden.

1896 Vgl. Anm. 1546.

1897 Silbermann übersandte gleichzeitig »½ Dtzd. Fläschgen von der bekannten Rosmarin-Essenz mit herzlichem Wunsch, daß dieselbige ... erwünschten Effect thun möge [vgl. Anm. 1894], und da ich einen guten Freund alhier im Voigtlande ausfindig gemacht, der mir gegen Ostern mit einen Kästgen versehen will, so bin bereit, [Ihnen] ... auf Begehren mit mehreren zu dienen ...«. Wer der »gute Freund« war, wissen wir nicht. Es sind drei Persönlichkeiten bekannt, die sich selbst als Freunde Silbermanns bezeichneten (vgl. OWS. Nr. 13 und 50): Advokat Küster in Reichenbach, Amtmann Heydrich und Regierungssekretär Metzler, beide in Greiz. Abschließend bat Silbermann den Aktuar, an Musikdirektor Hartwig und Bildhauer Anders »mein Compliment abzustatten«.

1898 Laut einer Spezifikation von Tischler-

meister Langner ist vom 1. bis 24. Dezember 1738 das Chor aufgesetzt worden. Weil das Gerüst vor Weihnachten aus der Kirche geschafft werden mußte, haben seine Leute drei Wochen alle Tage »früh von 4 Uhr bis Abends nach 9 Uhr in der Kirche bey Licht gearbeitet«. Meister Langner hatte mit zwei Gesellen vorher elf Wochen (in der Zeit vom 21. August bis 1. Dezember) »am Chore gearbeitet« (A/186 f.).

1899 Diese Arbeiten dürften vom Juli bis November 1738 ausgeführt worden sein. Am 5. Juli war Silbermann (nach der Weihe der Frauensteiner Orgel) nach Freiberg zurückgekehrt. Am 1. Dezember reiste er mit seinen fünf Gesellen nach Greiz zu einem weiteren Orgelbau, der ihn bis fast Ende Juni 1739 beschäftigte.

1900 Silbermann schrieb, daß er aber zuvor, wie er in seinem vorigen Brief (vom 21. Dezember) schon mitgeteilt habe, zwischen Ostern und Pfingsten (1739) »eine visite abstatten werde«. Dann heißt es weiter: »...So dienet zur Nachricht, daß ich mir den Preis der Bretter, wenn sie nur gut und tüchtig sind, er sey wie er wolle, gantz wohl gefallen lasse ... Indem ich nun rühmen muß, daß [Sie] ... sich in dieser Sache viel Mühe gegeben und sich alles bestermaßen angelegen seyn lassen, so kann nicht anders, als Ihnen davon ergebensten Dank zu sagen, und bey Gelegenheit des vorstehenden Neuen Jahres alles ersprießliche Wohlergehen von Herzen anzuwünschen, wie ich denn schließlich dieselben göttl. Obhuth empfehle ...«

nächste Brief Silbermanns datiert vom 27. April (A/120f.). Er beweist mit aller Deutlichkeit, daß sich der Orgelbaumeister noch nicht mit dem ungünstigen Platz für sein Werk abgefunden hatte. Obwohl er sich alle Mühe gegeben hätte, daß die Orgel »den von mir sehr gewünschten Platz erhalten möchte«, habe er »allen gethanen Vorstellungen ohngeachtet, solches nicht erbitten können, Dahero mich dieses, weil das Meinige und meinen Fleiß zu sparen, nicht gewohnt bin, sondern dahin sehe ... eine schöne Orgel zu liefern, freylich in meinen Gemüthe sehr beunruhiget...«.[1902] Er habe deswegen nicht länger schweigen können. »Indessen habe nun mein Gewissen beruhigen und Ihnen meine aufrichtige und gerechte Meynung nicht verhalten wollen«, schrieb Silbermann abschließend.[1903] Der Rat faßte daraufhin am 22.Mai bzw. 5.Juni 1739 den Beschluß, mit der Arbeit nicht fortzufahren und die Angelegenheit bis zu Silbermanns Ankunft überhaupt auszusetzen (A/129).

Am 25.Juni 1739 teilte Silbermann mit, daß er tags zuvor von Greiz kommend wieder in Freiberg eingetroffen sei.[1904] Er habe nun die Absicht, »auf künfftige Woche nach Zittau zu reisen«, aber vorher noch einige Tage zu tun, »damit meine Leute an der

1901 Silbermann war auch einverstanden, wenn das Holz davon bezahlt wird. Auf diese Weise würde ihm »das Geld zu desto sichern Händen kommen«, aber auch »das beschwerliche Porto erspahret« werden. Silbermann bat den Aktuar, daß er doch »das bey sich habende Tractatgen von der Orgel-Probe, weiln es benöthiget bin, mit nächster Post übersenden möchte, was das Porto davon belanget, will ich schon besorgen«. Es handelte sich unzweifelhaft um die »Requisita eines vollkommenen und beständigen Orgelwerks«, die der Prüfung verschiedener Orgeln zugrundegelegt wurden, z.B. in Greiz (vgl. Anm. 1813). Aus Silbermanns Brief vom 7.August 1738 geht hervor, daß die Deputierten bei seiner Anwesenheit im Januar wegen der Klosterorgel mit ihm gesprochen hatten. Vermutlich handelte es sich darum, dieses Werk zu beurteilen. Silbermann hatte sich aber nicht näher geäußert, sondern ein »Tractätgen« geschickt, das er sich jetzt zurück erbat.

1902 In Silbermanns Brief heißt es weiter: »Hierzu kommt nun zu meinem größten Mißvergnügen noch dieses, daß viele vornehme Gönner und Bauverständige, denen dero Orgel-Riß so wohl in Dresden als [auch in] andern Orten vorgezeiget und demonstriret, recht hertzlich bedauern, daß bey dergleichen kostbaren Wercke man wider die Bau-Ordnung handle ... [und nicht darauf] bedacht wäre, wie dieser schönen und großen Orgel, welche unstreitig eine von denen größten in Deutschland werden könte, ihres ungemeinen Prospects und propern Ansehens halber, eine darzu geziemende Stelle und Platz einzuräumen sey ...« Silbermann zitierte den Grafen Reuß, den Bauherrn der

Greizer Orgel, der »vorm Jahre« auf einer Reise nach Schlesien die Zittauer Kirche besichtigt habe. Er könne nicht verstehen, daß die Zittauer »ein solches ausnehmendes Orgelwerck mit seinen aus dem schönsten Zinn verfertigten Pfeiffwerck so sehr verstecken und hinter die plumpen Pfeiler logiren wollen«. Der Meister schrieb, er könne »noch viele Urtheile von unterschiedenen hohen Personen beybringen ... denen die Situation Ihrer Kirche ganz wohl bekannt ist«. Er wolle nur noch eines zu bedenken geben: »Ob auch die Posterität allerdings mit diesen Bau zufrieden seyn und uns nicht unsre darinnen begangne Fehler mit den größten Leidwesen vorrücken werde?« Gottfried Silbermann konnte damals nicht ahnen, daß diese Befürchtung insofern grundlos war, weil die Orgel bereits 1757 zerstört wurde. Erwähnenswert ist, daß Silbermann mit seinem Brief (vom 27.April) bestätigte, Schroths Brief vom 7.März erhalten zu haben und »letzthin nochmahln mit einer angenehmen Zuschrifft beehret worden« zu sein. Der Inhalt dieser beiden Briefe ist leider unbekannt.

1903 Er versicherte gleichzeitig, im vergangenen Jahr (1738) mit den Windladen und anderer Arbeit gut vorangekommen zu sein. Er werde »als ein ehrlicher Mann, gepflognen Contract mit Gottes Hülffe erfüllen« und zur versprochenen Zeit in Zittau eintreffen. Sobald er »hier in Greitz zu stande« sei, werde er das »die Woche nach Joh[annis] persönlich [in Zittau] zu versichern die Ehre haben«.

1904 Die Greizer Orgel ist am 21.Juni geweiht worden, und am nächsten Tag reiste Silbermann ab. Er war also drei Tage unterwegs.

303

Zittauer Orgel recht fleißig arbeiten können« (A/136).[1905]

Gottfried Silbermann dürfte in den ersten Julitagen in Zittau eingetroffen sein. Am 6. Juli beschloß der Rat, daß zur Kostenersparnis die neue Orgel dort verbleiben soll, wo die alte stand und der Bau angefangen wurde (A/135b). Am übernächsten Tag besichtigten die Deputierten gemeinsam mit Silbermann in der Johanniskirche »das Grundwerk nebst dem Gestelle zur neuen Orgel«. Der Meister war mit der Zimmer- und Tischlerarbeit, »so viel er von dieser gesehen«, zufrieden (A/137f.).[1906] Abschließend versprach er, »binnen Jahr und Tag wieder hier zu seyn und seinem Contract ein Genügen zu leisten«.[1907] Auf der Heimreise wurde Gottfried Silbermann von Musikdirektor Carl Hartwig begleitet.[1908]

Am 1. September 1739 schrieb Silbermann: »Ich arbeite an der Zittauer Orgel selb 8[1909] und nehme nichts anders vor«.[1910] Er hoffe, die Orgel »zu gesetzter Zeit« aufzubauen (A/141).[1911]

Ende April 1740 war das Orgelgehäuse völlig fertig, und es kam nur »noch auf die Staffierung an« (A/143b).[1912] Obwohl Silbermann »schon zu verschiedenen mahlen« eine Beschleunigung der Bemalung des Orgelgehäuses verlangt hatte,[1913] um »künfftige Michael[is 1740] mit Aufsetzung des Wercks einen Anfang machen« zu können, beschloß der Rat am 2. Mai 1740, erst Silbermanns Ankunft abzuwarten, um von ihm zu hören, »wie die neue Orgel staffiret werden könnte«(A/144). Aktuar Schroth[1914] hat sich aber inzwischen brieflich mit dem Orgelbaumeister in Verbindung gesetzt. Silbermann antwortete am 11. Mai sehr

---

1905 Da Silbermann sehr oft unterwegs war, die Arbeit in der Werkstatt aber weitergehen mußte, dürfte er seinen Vetter Johann George oder den Gesellen Johann Georg Schön mit der einstweiligen Leitung betraut haben.

1906 Er wies allerdings darauf hin, daß der Grund für Chor und Orgel genügend »befestigt« werden müsse. Eine Säule in der Mitte reiche nicht aus, es müßten vielmehr drei Säulen unter den Hauptbalken gesetzt werden. Vor allem müsse der Grund unter den Säulen »ja tieff genug gegraben werden«, weil der Boden »dem Angeben nach ... sumpfig« sei. Der Tischler dürfe nichts aufsetzen, »bis der Grund seine Richtigkeit habe, und alles waag- und lothrecht stünde«.

1907 Silbermann erinnerte vor der Abreise noch daran, daß in seinem künftigen Quartier im Waisenhaus (vgl. Anm. 1877) »in die Stube über der Kirche ... ein Ofen gesetzt, auch vor seine Leute zum Schlafen ein Verschlag gemacht werden müsse«.

1908 Das geht aus Silbermanns Brief vom 11. Mai 1740 hervor (SD. Nr. 41). Wir dürfen annehmen, daß sich der sechsundfünfzigjährige Orgelbaumeister und der erst dreißigjährige Musikdirektor auf der langen Reise gut unterhalten haben.

1909 Das heißt: Silbermann selbst und sieben Personen, wozu wohl auch die Köchin zählte.

1910 Hier ist auf einen scheinbaren »Widerspruch« hinzuweisen. Eine Woche vorher, am 24. August, hatte Silbermann an Pastor Rothe in Fraureuth geschrieben: »...ich habe gedachte Fraureuther Orgel schon in Arbeit genommen ...« (vgl. SD. Nr. 40). Wenn sich Silbermann nichts anderes vornehmen wollte, dann meinte er damit wohl den Abschluß eines neuen Orgelbauvertrages. Einen solchen hat er in den folgenden Jahren tatsächlich nicht abgeschlossen.

1911 Gleichzeitig bat er, dem Tischlermeister Langner zu befehlen, »daß er ja die Bretter recht rum lege und höltze, damit selbige bey meiner Ankunfft recht dürre sind, und ich in meiner Arbeit nicht gehindert werde«. Falls Meister Langner es nicht allein schaffen könne, dann »soll er Leute darzu nehmen, ich will alles wieder bezahlen«. Silbermann erbat Mitteilung darüber, »wie weit die Arbeiter mit dem Bau gekommen und ob sie starck avanciren«.

1912 Aus einer von Tischlermeister Langner vorgelegten Spezifikation ist zu ersehen, daß zwei seiner Gesellen in der Zeit vom 29. Januar 1739 bis 4. Juni 1740 insgesamt zweiundsechzig Wochen an dem Orgelgehäuse gearbeitet und einen Wochenlohn von 2 Talern (!) bekommen haben. Vermutlich sind sie in den letzten Wochen noch mit der Befestigung des Bildhauerwerks beschäftigt gewesen.

1913 Wann und bei welcher Gelegenheit (ob

ausführlich (A/150f.).[1915] Er schrieb u.a.: »...melde hierdurch, daß ich entweder die Woche vor Pfingsten oder längstens in der Pfingsten-Woche[1916] geliebts Gott mit meinen Leuten und allen Sachen[1917] nach Zittau kommen werde, indem ich nicht eher mit Zuschneidung der kleinen zinnernen Pfeiffen[1918] fertig werden kann.« Silbermann bat darum, daß für sein Quartier »drey zweymännische und zwey einmännische Bettladen nebst Stroh angeschaffet« werden, »die benöthigten Betten aber bringe ich mit«.[1919] Zum Schluß bat er, die Malerarbeit »des ehestens verfertigen [zu] lassen, damit ich nicht aufgehalten werde«.

Am 13. Juni 1740 ist Gottfried Silbermann »nebst seinen Leuten« in Zittau angekommen,[1920] um »die Einbauung des Wercks ...

nunmehr vorzunehmen«. Er verlangte, daß die Staffierung des Orgelgehäuses bis Michaelis (Ende September) fertig ist, andernfalls er »schadloß gehalten werden müsse« (A/155f.).

Mit der Bemalung und Vergoldung des Orgelgehäuses wurde der Maler Dietrich Christian Vierling beauftragt.[1921] Es gab aber eine große Panne. Am 5. November 1740 mußten die Deputierten dem Rat berichten, daß »fast niemanden in der gantzen Stadt die aufgetragene rothe Farbe, es mag die lichte oder die dunkele seyn, gefallen will, und keine mit der vorgezeigten ... Probe übereinkommt« (A/174b f.).[1922] Die Deputierten schlugen dem Rat vor, nach Fertigstellung der Orgel die dunkelrote Farbe des Gehäuses mit einer helleren »zu

---

mündlich oder brieflich) das geschehen ist, geht aus der Akte nicht hervor.

1914 Er wurde um 1703 geboren und starb, vierundsechzig Jahre alt, Anfang März (Bestattungstag: 6. März) 1767 in Zittau (PfA. Zittau: ToR. Nr. 86/1767). Schroth war, als er mit Silbermann verhandelte und korrespondierte, also noch ein verhältnismäßig junger Mann.

1915 Der Wortlaut des sehr interessanten Briefes ist im Anhang (SD. Nr. 41) zu finden.

1916 Pfingsten fiel 1740 auf den 5. Juni.

1917 Bei seinem Besuch im Juli 1739 hatte Silbermann davon gesprochen, künftigen Winter schon »Sachen« herzusenden. Anscheinend ist das nicht geschehen. Er hatte nämlich darum gebeten, sie »wohl in acht nehmen zu lassen« (A/138). Übrigens hatten die Deputierten Silbermann am 8. Juli gefragt, ob »bey dem Modelle zum Orgel-Gehäuße etwas zu erinnern vorfiele«, weil es jetzt noch möglich wäre, »Änderung vorzunehmen«. Silbermann fand aber nichts daran auszusetzen, »weil der Maasstab und Grundriß dabey durchgängig in Obacht genommen worden ...«.

1918 Siehe hierzu Anm. 1131.

1919 Vgl. hierzu Silbermanns Antwort auf eine entsprechende Anfrage von Amtmann Weidlich in Rochlitz (Anm. 1327).

1920 Gottfried Silbermann war nicht nur ein Mann, der seine Zusagen zu halten pflegte, sondern der auch zu planen verstand: Am 8. Juli 1739 hatte er in Zittau versprochen, »binnen Jahr und Tag wieder hier zu seyn« und seinen

Kontrakt zu erfüllen. Die Frist war noch nicht ganz verstrichen und – Silbermann war da.

1921 Man hatte Silbermann »sofort nach seiner Ankunfft« Glanzgoldproben von drei verschiedenen Malern vorgelegt, worunter ihm die von Meister Vierling am besten gefiel. Vierling wurde gefragt, was er »für die völlige Staffierung ohne dabey an Golde etwas zu ersparhen, haben wolle«. Er verlangte daraufhin 1600 Taler, denn »unter diesem quanto wüste er solche nicht zu schaffen«. Vierling versprach, die Lackierung des Gehäuses bis Ende September und die Vergoldung der Bildhauerarbeiten, weil sie vom Gehäuse abgenommen werden konnten, binnen Ostern 1741 zu bewerkstelligen. Der Rat beschloß daraufhin am 14. Juni, Vierling den Auftrag zu erteilen und mit ihm einen entsprechenden Vertrag abzuschließen (A/153). Der Kontrakt ist im Original erhalten (A/159ff.).

1922 Nach weiteren Proben wurde festgestellt, daß auf die rote Farbe »eine weiße oder lichtgraue ... gar füglich gebracht werden könne ...«. Jetzt wäre das aber wegen der Kälte und »Herrn Silbermanns unaussetzlicher Arbeit« unmöglich. Es sei denn, er kehre inzwischen bis September nächsten Jahres nach Freiberg zurück. In diesem Falle müsse man ihm sein hier stehendes Kapital »von etlichen tausend Thalern verzinsen«. Ja, es sei damit zu rechnen, daß Silbermann »wegen des ihm aufgetragenen sehr großen Orgel-Baues in der neuen Königl. Kirche zu Dresden kaum in 2 Jahren wiederkommen« oder inzwischen gar sterben könne.

übergehen«, während des Winters die Vergoldung des Bildhauerwerks fortzusetzen und im Frühjahr 1741 mit der Staffierung des Chores anzufangen.[1923] Der Rat war damit einverstanden, denn Silbermann »würde hier verbleiben und mit möglichen Fleiße fortarbeiten können«. Das Gerüst am Orgelgehäuse sollte »eylichst« abgebaut werden,[1924] damit Silbermann »mit dem Auffsetzen seines Pfeiff-Werckes in keine Wege gehindert werde« und nach Johannis (Ende Juni) 1741 mit seiner Arbeit fertig sein könne.

Am 25. November 1740 übergab Tischlermeister Johann Christoph Langner[1925] seine Rechnung »wegen des erbauten Chores und Orgelgehäuses« (A/179). Sie belief sich auf rund 782 Taler und wurde Gottfried Silbermann vorgelegt, weil dem Rat die Summe zu hoch erschien.[1926] Der Orgelbaumeister stellte dem Tischlermeister in kollegialer Weise am 8. Dezember noch ein Attest aus und bestätigte, daß an dem Gehäuse nichts auszusetzen sei und Langner »dafür nicht zu viel gefordert, sondern den angesetzten Lohn wohl verdienet« habe (A/185).[1927]

Der Bildhauer Johann Gottlob Anders scheint mit dem Rat auch Ärger gehabt zu haben.[1928]

Es ist anzunehmen, daß die Orgel etwa Ende Januar oder Anfang Februar 1741 völlig aufgebaut war und Silbermann dann mit dem Intonieren und Stimmen begonnen hat.[1929] Am 1. Juni konnten die Deputierten berichten, daß Gottfried Silbermann mit der Orgel »nunmehr so weit gekommen« ist, daß er vier Wochen nach Johannis (= 22. Juli) »völlig fertig zu werden gedencket« (A/197f.). Nachdem man den

---

1923 Bei diesem Plan hatte man aber übersehen, daß sich Silbermann im Frühjahr 1741 mit der Intonation und Stimmung der Pfeifen beschäftigen muß und dabei keine Störungen dulden kann. Am 17. März 1743 (!) schrieb der Maler Vierling: »Bin ich mit Staffirung des Chores bloß durch H. Silbermanns Eigensinn, welcher mich bey Setzung des Werks nicht in der Kirche leiden wollen, über Jahr und Tag aufgehalten worden, da ich ihn doch mit meinem Pinsel in der Setz- und Stimmung seiner Pfeiffen schwerlich geirret haben würde ...« (A/284b). Der Maler hatte also wenig Verständnis für die künstlerisch so wichtige, letzte Arbeit bei einem Orgelbau.

1924 Sobald mit der »Mahlerey« wieder angefangen werden könne, sollte ein neues Gerüst aufgestellt werden.

1925 Er wurde am 20. August 1705 in Zittau getauft und dort am 1. Oktober 1778 bestattet (PfA. Zittau: TaR. Nr. ?/1705 bzw. ToR. Nr. 282/1778).

1926 Am 1. Dezember gab Silbermann die Rechnung mit der Bemerkung zurück, daß Langner nicht zu viel angesetzt hat. Er (Silbermann) habe »vor ein Orgel-Gehäuse, so er durch seine Leute in Freyberg bauen lassen, 500 Thlr. bekommen und habe doch nicht die Helffte Arbeit gehabt, als an dem hiesigen Gehäuse gewesen«. Für das Modèll des Dresdner Frauenkirchenorgel habe der Bildhauer Feige 50 Taler bekommen. Meister Langner hätte für das Zittauer Modell aber nur 12 Taler angesetzt. Das Dresdner Orgelgehäuse sei an George Bähr für 1200 Taler in Auftrag gegeben worden, »es wäre aber gegen dem hiesigen kein Vergleich zu machen« (A/179).

1927 Silbermann wies darauf hin, er wisse »was vor Arbeit, Fleiß und Mühe darzu erfordert wird«, was sich aus dem äußeren Ansehen aber nicht beurteilen lasse. Anscheinend hat Silbermanns Stellungnahme dem Rat noch nicht genügt, denn am 31. Dezember stellten zwei Tischlerälteste noch ein Gutachten über Langners Arbeit aus (A/195).

1928 Am 9. Dezember 1740 schrieb er nämlich, seinem Kontrakt nicht nur »völlig Genüge geleistet«, sondern noch sehr viele Bildhauerarbeit, die im Riß nicht zu finden sei, »darzu gebracht und frey geliessert, sowohl viele Riße verfertiget ... als auch die Obsicht über Tischler, Mäurer und Zimmerleute frey übernommen und dabey viele Versäumniß und Mühe gehabt« zu haben (A/190).

1929 Für diese Arbeit hat er bei der vergleichbaren Freiberger Domorgel dreiundzwanzig Wochen gebraucht. Silbermann hatte übrigens schon am 19. Januar 1741 darum gebeten, Trauungen, Taufen, Früh- und Abendgebete aus der Johanniskirche in die Petri-Pauli-Kirche

Meister am 29. Juni nochmals gefragt hatte, erklärte er, erst zu Ende der Jacobiwoche[1930] fertig werden zu können (A/199). Am 28. Juli endlich konnten die Deputierten feststellen, daß die Orgel völlig fertig ist (A/202f.).[1931]

Laut Kontrakt sollte das Werk »binnen Michaelis [1738] und 3 Jahren vollkom-

men fertig« geliefert werden. Gottfried Silbermann ist es gelungen, den geplanten Termin um zwei Monate zu unterbieten.

Übergabe, Prüfung und Weihe

Die Orgel ist am 1. und 2. August 1741 geprüft und übernommen worden.[1932] Der Rat hatte folgende Persönlichkeiten damit beauftragt[1933]:

---

zu verlegen, damit »er an dem intoniren und stimmen nicht gehindert werden möge« (A/196).

1930 Der Jacobitag fiel im Jahre 1741 auf Dienstag, den 25. Juli.

1931 Die Bauzeit betrug also, vom Tage des Kontraktabschlusses an gerechnet, dreieinhalb Jahre. Es ist allerdings dabei mit zu berücksichtigen, daß Silbermann während dieser Zeit fast elf Monate mit dem Aufbau der Orgeln zu Frauenstein und Greiz beschäftigt war. Außerdem muß er die Werkstattarbeiten für das Großhartmannsdorfer Werk mit eingeschoben haben. Mit dem Aufbau dieser Orgel wurde nämlich sofort nach der Rückkehr aus Zittau begonnen. Gottfried Sibermann und seine Gesellen haben sich fast genau vierzehn Monate in Zittau aufgehalten. Leider ist das prächtige Werk schon 1757 zerstört worden. Die Leistung, daß es in rund zweieinhalb Jahren geschaffen wurde, verdient aber heute noch unsere höchste Anerkennung und Bewunderung.

1932 Die Deputierten waren anfangs der Meinung, daß dazu wenigstens drei Tage »erfordert werden dürfften« und hatten am 29. Juni dafür den 31. Juli, 1. und 2. August vorgeschlagen (A/199).

1933 Nachdem abzusehen war, daß das Werk in einigen Wochen vollendet ist, schlugen die Deputierten am 1. Juni vor, es von Konzertmeister Pisendel aus Dresden, vom Freiberger Organisten Erselius, einem Organisten aus Bautzen oder Görlitz und dem Zittauer Orgelbauer Tamitius prüfen zu lassen. Der Rat war mit Pisendel und Erselius einverstanden. Es sollten aber noch der Zittauer Musikdirektor Hartwig und »H. Hellmuthen zu Lauban« hinzugezogen werden. Über den letzteren ist nichts Näheres bekannt, vermutlich war er Organist. Der Orgelbauer Tamitius sollte »assistiren und wegen künfftiger Obsicht auf dieses neue Orgel-Werck verpflichtet werden« (A/197f.). Erselius scheint auf Silbermanns Wunsch berufen worden zu sein. Wegen seiner finanziellen Forderungen entstand eine (aller-

dings nur briefliche) Auseinandersetzung. Am 4. August hat Erselius 12 Taler für »Post-Spesen« (Hin- und Rückfahrt) und 20 Taler für Zehrungskosten verlangt und das Honorar dem Rat »zu höchstbeliebiger Disposition freygestellt« (A/225). Am 29. September schrieb Erselius an Wentzel, er hätte von Zittau abreisen müssen, ohne etwas erhalten zu haben. Silbermann habe ihm am 22. Juni (!) brieflich mitgeteilt, daß er 24 Taler als Honorar erhalten solle. Erselius wollte ab Dresden eigentlich gemeinsam mit Pisendel reisen. Nachdem das aber nicht möglich war, habe er die »ordinaire Post«, das heißt die gewöhnliche, allgemeine Postkutsche, benutzen müssen, was »einen ansehnlicheren Aufwand« verursacht habe. Er habe sich in Zittau »völlige 14 Tage aufhalten [!] und in Freyberg alle Scholaren und Verrichtungen versäumen müßen«. Erselius schrieb, es habe ihn befremdet, daß er sich mit 32 Talern, die »doch lediglich die Reise-Kosten ausmachen«, begnügen sollte. Er habe nicht daran gezweifelt, daß man ihm seine Unkosten und die 24 Taler, worauf ihm »H. Silbermann Hoffnung gemacht habe«, zuschicken werde, aber bisher noch nichts erhalten. Er bat deshalb dringend um das Geld, weil er es »bey itzigen schlechten Zeiten höchstnöthig« brauche (A/242f.). Erselius lebte wirklich in schlechten Verhältnissen, und deswegen hatte ihm der Freiberger Rat am 10. Oktober 1735 eine wöchentliche Zulage von 8 Groschen bewilligt (vgl. Anm. 1735). Erselius hat in seinem Schreiben behauptet, wenn er »auf ein nah bey Freyberg liegendes Dorff beruffen werde«, habe er keine Unkosten und Versäumnisse und bekomme 10 bis 12 Taler. Das erscheint allerdings stark übertrieben, denn Erselius hat z. B. für die Prüfung der Frauensteiner Orgel »nur« 5 Taler bekommen (vgl. Anm. 1736). Aufgrund der Eingabe Erselius' berichteten die Deputierten am 14. Oktober an den Rat, daß man ihm, als er der Orgelübernahme beiwohnte, »12 Ducaten [= 33 Taler] offeriret« habe, weil man meinte, »er werde damit zufrieden seyn können«. Es sei ihm

Johann Georg Pisendel[1934], königlicher Konzertmeister in Dresden,
Carl Hartwig[1935], Musikdirektor in Zittau,
Johann Christoph Erselius[1936], Dom- und Jacobiorganist in Freiberg,
Johann Friedrich Fleischer[1937], Petri-Pauli-Organist in Zittau, und
Johann Gottlieb Tamitius[1938], Orgelbauer in Zittau.
Der von ihnen am 4. August erstattete Bericht ist im Original vorhanden (C). Wie auch »vorstellig gemacht worden«, daß er sich nicht so lange in Zittau aufzuhalten brauchte. Erselius sei aber »mit Zurücklassung derer ihm zugesendeten 33 Thlr. fortgereiset« (A/241 ff.). Aufgrund eines Ratsbeschlusses forderte Aktuar Schroth am 23. Oktober Erselius brieflich auf, »sein Begehren und Verlags-Kosten ordentlich specificiret zu übergeben« (A/245). Erselius antwortete am 1. November und forderte insgesamt 34 Taler und zwar 12 Taler »Post-Spesen von Freyberg nach Zittau, hin und her« und 22 Taler »Zehrungs-Kosten von 21sten Juli bis 11. August [!], auf jeden Tag 1 Thlr. gewöhnl. maßen gerechnet«. Außerdem hoffte er noch auf 24 Taler »Gratial, weil [ihm] solches durch H. Silbermann ... nicht nur versprochen, sondern unter der Hand versichert worden« sei (A/246 ff.). Wenn sich Erselius, wie er in seinem Schreiben vom 29. September angab, in Zittau »völlige 14 Tage« aufgehalten, aber für 22 Tage Zehrgeld verlangt hat, muß man logischerweise annehmen, daß die Postkutschenreise von Freiberg (mit längerem Aufenthalt in Dresden) bis Zittau und zurück insgesamt acht Tage in Anspruch nahm. Dafür ließe sich sogar ein »steinerner Zeuge« finden: die Frauensteiner Postmeilensäule von 1725. Hier wird zwar Zittau nicht mit angegeben, dafür aber Görlitz und »Budißin« (Bautzen) mit »Entfernungen« von rund 26 bzw. 20 Stunden! Das entsprach 13 bzw. 10 kursächsischen Meilen (oder rund 120 bzw. 90 Kilometern); denn die »Stunden«-Angaben an den Postmeilen- oder Distanzsäulen sind nicht als »Fahrstunden« zu verstehen. Allerdings dürften die Fahrzeiten der damaligen Postkutschen manchmal fast den »Entfernungs-Stunden« gleichgekommen sein. Insbesondere bei größeren Strecken ist der Aufenthalt an den einzelnen Poststationen (Pferdewechsel u.a.) mit zu berücksichtigen. Am 28. November 1741 richtete

nicht anders zu erwarten war, ist an dem Orgelwerk »nicht der geringste Tadel zu finden gewesen«.[1939] Aktuar Schroth fertigte über die Orgelprüfung eine Niederschrift an (A/209 ff.). Danach begaben sich die Deputierten am 1. August in die Kirche und ersuchten die mit der Übernahme der Orgel Beauftragten[1940], »das Werck in gehörigen Augenschein zu nehmen, zu untersuchen und ihre unpartheyischen Gedancken darüber zu eröffnen«. Sie gingen Erselius noch ein Schreiben an den Rat bzw. den Bürgermeister zu Zittau und trug die Angelegenheit – von seinem Standpunkt aus – nochmals vor. Er betonte besonders, daß er »außer seinen Kirchen-Sold keine Einnahmen noch weniger Vermögen« habe. Der Rat faßte am 8. Dezember den Beschluß, Erselius mitzuteilen, daß, wenn er mit den 33 Talern nicht zufrieden sei, »man ihm mehreres nicht accordiren würde« (A/231 b). Dementsprechend schrieb Aktuar Schroth am 28. Dezember an Erselius nach Freiberg. Letzterer antwortete am 9. Januar 1742: »... So will ich ... um alle fernere Weitläufthigkeiten zu verhüten, die errechneten 33 Thlr. acceptiren ...« (A/252 f.).

1934 Siehe Anm. 1650.
1935 Siehe Anm. 1831.
1936 Siehe Anm. 1735.
1937 Er wurde am 13. Juli 1700 in Zittau getauft und war der Sohn des Leinewebers Jeremias Fleischer (PfA. Zittau: TaR. Nr. ?/1700). Er heiratete 1737 die Zittauer Schwarz- und Schönfärberstochter Johanna Eleonora Klausewitz (PfA. Zittau: TrR. Nr. 37/1737). Sie muß ganze zwanzig Jahre jünger als Fleischer gewesen sein: als sie 1780 starb, war sie noch nicht ganz sechzig Jahre alt (PfA. Zittau: ToR. Nr. 5/1780). Fleischer wurde übrigens in der Traubeurkundung als »Jur. Candid.« bezeichnet, muß also – ebenso wie der Freiberger Domorganist Lindner – Rechtswissenschaft studiert haben. Er ist 1757 (Bestattungstag: 6. Dezember) in Zittau gestorben (PfA. Zittau: ToR. Nr. 973/1757).
1938 Siehe Anm. 1835.
1939 Der vollständige Wortlaut des Berichtes ist im Anhang (SD. Nr. 43) zu finden.
1940 Es waren anwesend: Hartwig, Erselius, Fleischer und Tamitius. Pisendel traf erst andern tags ein.

daraufhin zunächst die im Kontrakt bezeichneten Register durch, wobei Gottfried Silbermann die einzelnen Stimmen anwies. Man fand daran »nicht das mindeste zu erinnern«. Anschließend besichtigte man das »inwendige Gebäude« der Orgel und untersuchte das gesamte Pfeifenwerk. Die Prüfer versicherten dann, daß »alles gut, tüchtig und dauerhaft gebauet und von H. Silbermannen kein Fleiß dabey gespahret worden sei«. Die Pfeifen würden nicht nur »sofort gehörig ansprechen«, sondern hätten auch »eine schöne Intonation … und einen rechten angenehmen und durchdringenden Klang«. Nachdem die erste Untersuchung des Werkes beendet war, verabredete man, anderntags wieder zusammenzukommen, wenn Konzertmeister Pisendel »angelanget seyn würde«.

Am 2. August fanden sich die Deputierten mit Konzertmeister Pisendel und »denen gestrigen Herren« wieder in der Kirche ein. Man ging nochmals sämtliche Register der Orgel durch, nahm wiederum das Innere des Werkes und die »Balg-Kammer« in Augenschein. Dann wurde die Orgel nacheinander von Erselius, Hartwig und Fleischer gespielet und von allen Anwesenden »mit vielen Vergnügen des reinen Klanges halber angehöret«. Der berühmte Dresdner Konzertmeister Johann Georg Pisendel hat das Werk daraufhin »in allen Stücken approbiret«.[1941]

Die Orgelweihe fand am folgenden Tage (3. August) statt.[1942] Leider ist darüber nichts Näheres bekannt.[1943] Gottfried Silbermann sind acht Druckschriften gewidmet worden.[1944] Eine davon stammte von einer Frau, die sich als »eine VerpfliCHtete Freundin« bezeichnete.[1945]

Am 5. August verfügten sich die Deputierten nochmals in die Kirche. Dort hatten

---

1941   Am 7. August beschloß der Rat, daß Pisendel wegen seiner Reisekosten und Beköstigung »in allen zu defrayiren« oder freizuhalten und ihm »vor seine Bemühung 1 Schock feine Leinwand als ein Douceur zu praesentiren« ist (A/221).

1942   Diesen Tag hatten die Deputierten schon am 29. Juni vorgeschlagen (A/199). Übrigens geht das Orgelweihedatum auch aus einem gedruckten Carmen hervor, daß Gottfried Silbermann von Johann Conrad Mayer gewidmet wurde (vgl. OWS. Nr. 57). Mayer wurde am 5. Mai 1705 in Zittau getauft. Sein Vater war Leineweber (vgl. PfA. Zittau: TaR. Mai/1705). Mayer wirkte ab 1731 in seiner Geburtsstadt als »Waisen-Informator« und dann ab 1742 als Pfarrer in Neugersdorf (vgl. Christian Adolf Pescheck, Handbuch der Geschichte von Zittau, 1837; Grünberg, II/2, S. 598). Im Jahre 1742 heiratete er die Zittauer Pfarrerstochter Victoria Catharina Haußdorff (PfA. Zittau: TrR. Nr. 70/1742). Johann Conrad Mayer ist 1757 in Neugersdorf gestorben (PfA. Neugersdorf: Kirchenbuch II, 1726–1760, S. 877).

1943   Am 28. Juli hatte der Rat den Beschluß gefaßt: »Zu Speiß- und Tractirung derer ankommenden fremden Persohnen … etwas Wildpret schießen … [und] den Wein hierzu aus der Honorarien-Cassa bezahlen« zu lassen (A/202 f.).

1944   Siehe Anhang OWS. Nr. 52 bis 59.

1945   Das in dem Wort »VerpfliCHtete« verborgene Monogramm »VCH« weist mit größter Wahrscheinlichkeit auf Victoria Catharina Haußdorff. Sie wurde am 25. September 1716 in Hainewalde geboren (PfA. Heinewalde: TaR. Nr. 28/1716). Patin war u. a. die Ehefrau des Schulmeisters und Organisten Johann Georg Schön, d. h. die Mutter des 1706 in Hainewalde geborenen Orgelbauers Johann Georg Schön, der etwa ab 1721 Geselle bei Gottfried Silbermann war. Victoria Catharinas Vater, Urban Gottlieb Haußdorff (1685–1762), war Lieberdichter (!) und Pfarrer. Er wirkte ab 1714 in Hainewalde und dann ab 1729 in Zittau (vgl. Grünberg, II/1, S. 311). Seine Tochter heiratete 1742 Johann Conrad Mayer (s. Anm. 1942), der 1741 in Zittau noch als Lehrer am Waisenhaus wirkte, wo Silbermann sein Quartier hatte (vgl. Anm. 1877 und 1907). Es ist klar, daß der Orgelbauer hier oft der Braut von Mayer begegnete und sie sich dann entschloß, ihm als »VerpfliCHtete Freundin« ein Gedicht zu widmen (OWS. Nr. 58). Victoria Catharina ist damit die erste und einzige Frau gewesen, die Silbermann auf diese Weise ehrte. Sie starb, erst reichlich dreißig Jahre alt, am 2. Juni 1747 in Neugersdorf (PfA. Neugersdorf: ToR. Nr. 35/1747).

sich auf dem Orgelchor Gottfried Silbermann, sein Berufskollege Tamitius und Musikdirektor Hartwig eingefunden. Silbermann wurde aufgefordert, die Orgel durch Herausgabe »derer annoch bey sich habenden Schlüssel« zu übergeben, was auch geschah. Der Orgelbauer Tamitius wurde verpflichtet, sich »der Wartung dieses neuen Wercks nunmehro zu unterziehen, und dasselbe in genaue Obacht« zu nehmen, »damit bey dem Stimmen und sonst kein Scha-

den darzu kommen möge«. Tamitius versprach, es »nach der ihm beywohnenden Wissenschafft zu thun« (A/218 ff.).

Bei der Orgelprüfung war festgestellt worden, daß Gottfried Silbermann einiges über den Kontrakt geliefert hatte.[1946] Deswegen fand am 5. August, gleich nach der Schlüsselübergabe, im Waisenhaus eine Verhandlung statt, wobei es zu einer heftigen Auseinandersetzung kam.[1947] Erst nach drei Tagen wurde ein Vergleich geschlossen.

1946 Vgl. den Bericht der Orgelprüfer (SD. Nr. 43). Silbermann hatte übrigens in seinem Brief vom 11. Mai 1740 (vgl. SD. Nr. 41) schon angekündigt, daß er nicht nur den Kontrakt erfüllen, sondern »auch mit Gottes Hülffe noch ein mehrers als ich versprochen, praestiren« wolle.
1947 Silbermann wurde gefragt, ob er seine Mehrleistung »aus der zu wiederhohlten mahlen ... versicherten guten Absicht, Gottes Ehre zu befördern«, erbracht habe, oder ob er »dafür etwas zu prätendiren gesonnen sey«. In diesem Falle müsse er seine Forderungen genau angeben. Silbermann erwiderte, er könne »mit guten Gewissen vor die über den Contract gelieferte Arbeit mehr als 600 Thlr. fordern, weil er aber sähe, daß ihm Schwierigkeiten gemacht werden wolten, solle man ihm nur die Zierath-Pfeiffen und was er im Gehäuße bauen lassen, bezahlen, das übrige wolle er wieder mitnehmen, maßen ja jeden Kauffmanne frey stünde, seine Waren zu zeigen«. Man erklärte dem gewiß sehr verärgerten Meister, »wie sich solches nicht schicken würde, und möchte er lieber ordentl. liquidiren«. Dazu war Silbermann aber nicht bereit. Er entgegnete vielmehr, er wolle wegen der Zieratpfeifen, wozu er $1\frac{3}{4}$ Zentner Zinn gebraucht habe, mit 100 Talern zufrieden sein und das übrige dem »Gutbefinden« des Rates überlassen (A/218 ff.). Die Deputierten erstatteten sofort Bericht an den Rat und waren der Meinung, Silbermann werde sich »wohl mit 200 Thlr. zufrieden stellen lassen« (A/221). Am 7. August teilte Aktuar Schroth Silbermann auftragsgemäß mit, der Rat habe Bedenken, »etwas zu resolviren«, wenn er (Silbermann) die Forderung nicht ordentlich liquidieren könne oder wolle. Schroth bekam von Silbermann zur Antwort: »...er würde nicht liquidiren, wolte man ihm nicht freywillig etwas aussetzen, müsse er sichs gefallen lassen ...« (A/222). Anscheinend hat sich Silber-

mann die Sache dann noch einmal in Ruhe überlegt, denn am selben Tage setzte er seine Forderung wie folgt auf:

»1) Das Pedal durch besondere Ventile an das Manual gecoppelt, welches zu Verstärkung des Wercks vieles beyträgt	60 Thaler
2) Cornett 5fach verferttiget, welches nur 4fach accordiret worden ...	20 Thaler
3) Im Ober-Wercke ein Register Flageolett 1 Fuß über den Accord geferttiget	8 Thaler
4) Ingl. in der Brust die Chalmeaux	50 Thaler
5) Im Pedal Clarin 4 Fuß	16 Thaler
6) 4 Felder Zierrath-Pfeiffen, worzu Zinn verbrauchet worden, ohne die Arbeit	54 Thaler
7) Habe ich Anno 1739 eine Reise von Freyberg anhero gethan	22 Thaler
Zittau, den 7. Aug. 1741 Summe	230 Thaler

Gottfried Silbermann«

Inzwischen hatten die Deputierten weitere, angeblich strittige Punkte ausfindig gemacht. So wäre bei dem »inwendigen Gebäude« der Orgel manches von der Kirche bezahlt worden, was vielleicht Silbermann zugekommen wäre. Aus dem Protokoll lasse sich beweisen, daß Silbermann die Zieratspfeifen »ohne Entgeld zu machen versprochen« und die Reise im Juli 1739 freiwillig unternommen habe. Am 8. August wurde nochmals mit Silbermann verhandelt. Auf die gemachten Vorhaltungen erwiderte er »mit Bezeigung einer sehr schlechten Zufriedenheit ..., mit denen erhaltenen 7000 Thlr. zufrieden zu seyn, auff welche Art er sagen könne, daß er seinen Contract gehalten ...«. Auf der

Silbermann erhielt für seine Mehrarbeit nebst Materialien »in Bausch und Bogen« 150 Taler, was er »feyerlichst acceptiret« (A/232f.).[1948]

Gottfried Silbermann hat vermutlich am 9. August die Heimreise nach Freiberg angetreten.[1949]

Bemerkungen

Die Orgel wurde ein Opfer des Siebenjährigen Krieges und ist am 23. Juni 1757 bei der Belagerung der Stadt Zittau zerstört worden.[1950] Nach einem Kupferstich von 1741 zu urteilen, muß es sich um ein ganz prächtiges, vielleicht überhaupt um Silbermanns schönstes Werk gehandelt haben. Der Stich stammt von Johann Daniel de Montalegre.[1951] Die Orgel wird auch in den 1742 anläßlich der Orgelweihe zu Fraureuth gedruckten »Discursen Zweyer Orgel-Freunde« erwähnt.[1952]

1948 Zittauer Seite wäre das nicht der Fall gewesen, »weil man ihn mit dem Gehäuse aufgehalten« habe, so daß er mit dem Bau länger zubringen mußte, »als er sonst nöthig gehabt...«(A/226ff.). Trotzdem haben sich die Deputierten am 19. August, als Silbermann längst abgereist war und schon in Großhartmannsdorf an der nächsten Orgel arbeitete, nochmals mit der Sache beschäftigt. Sie waren immer noch der Meinung, daß die im Inneren der Orgel ausgeführten Zimmererarbeiten, die von der Kirche bezahlt worden waren, von Silbermann hätten übernommen werden müssen. Der Orgelbauer Tamitius und der Bildhauer Anders, die man hierüber befragte, waren allerdings übereinstimmend der Ansicht, daß Silbermann dazu nicht verpflichtet wäre (A/230f.). Tamitius stellte seinem berühmten Berufskollegen Silbermann darüber sogar eine schriftliche Bestätigung aus. Hiernach wäre Silbermann nur verpflichtet, »alle festhaltung, was zu den inwendigen Orgelbaue nöthig ist«, zu machen. Darunter sei aber nichts anderes zu verstehen, als »die Befestigung aller Pfeifen, Windladen, Wellen-Bretter, Trakturen und übrigen Sachen« (A/236). Offenbar hat die Deputierten das immer noch nicht überzeugt, denn Silbermann hat noch ein Attest beigebracht, das (auf sein Ansuchen) der Rat zu Dresden am 8. Dezember 1741 ausgestellt hatte. Darin heißt es u.a.: »...daß das gantze Orgel-Gehäuße in der hiesigen Frauen-Kirche mit denen Stellagen, worauf die Windladen geleget werden müssen, ingleichen die Gestelle, auf denen die Bälge ruhen, nicht minder die Fußböden und Treppen in besagten Orgel-Gehäuse und Bälgen-Cammer dem Architekt und Zimmermeister George Bähr ... unter andern mit verdungen« wurde (A/260). Dieses Zeugnis ist nicht nur sehr bemerkenswert, sondern hatte für Silbermann einen großen Wert. Wir verstehen deshalb sehr gut, daß er in einem Brief vom 24. Januar 1742 an den Dresdner Ratsaktuar Herold darum gebeten hat, »wegen des meinethalber ausgestellten Attestats ... beym Rath meine unterthänige Dancksagung abzustatten« (StA. Dresden: Akte Sign. D XXXIV 28 i, Bl. 4). Am 22. Januar (!) stellte der Zittauer Rat den Deputierten anheim, mit Silbermann auf 150 Taler »abzukommen«, aber »auff einiges Trinckgeld vor seine Leute hätte man sich nicht einzulassen« (A/254). Damit war die Sache endlich erledigt und der Vergleich vom 8. August 1741 »approbiret« (vgl. Anm. 1887). Silbermann mußte über den empfangenen Betrag noch eine besondere Quittung geben. Sie ist »Freyberg, den 28. Februarii 1742« datiert und trägt sein Siegel.

1949 Er ist 11. August »gesund und glücklich« in Freiberg eingetroffen, wie er am 15. desselben Monats an Pastor Rothe in Fraureuth schrieb (PfA. Fraureuth: Akte Sign. II E a 3, Bl. 29). Warum Silbermann seinen Freund Erselius, um ihm die 6 Taler an Postkutschengebühren zu ersparen, nicht mitgenommen hat, wissen wir nicht. Vielleicht war in Silbermanns Gefährt kein Platz mehr frei?

1950 Die Belagerung Zittaus erfolgte durch den österreichischen Feldmarschall Leopold Graf von Daun (1705–1766). Da Gottfried Silbermann am 4. August 1753 gestorben ist, hat er die Vernichtung seines Werkes nicht zu »erleben« brauchen. Dem Bildhauer Anders († 1753) ist es auch erspart geblieben, mit ansehen zu müssen, wie seine künstlerische Arbeit ein Raub der Flammen wurde. Lediglich der Tischlermeister Langner, der das Orgelgehäuse geschaffen hatte, mag Zeuge gewesen sein, in welch sinnloser Weise sein Werk durch Menschen zerstört wurde. Die Vernichtung der Zittauer Johannisorgel im Siebenjährigen Krieg ist gewissermaßen eine historische Parallele zu Dresden, wo kurz vor Ende des 2. Weltkrieges zwei herrliche Werke des großen Orgelbaumeisters

1741 vollendet

2 Manuale – 21 Stimmen

Quellen

A. Eine kurze, doch richtige Beschreibung von der Neuen Kirche und Orgel zu Großhartmannsdorff wie selbige nebst dem Kirch-Thurm vom 27. Marty 1737 biß mit Anno 1741 von Grund auf neu erbauet worden (Handschrift, 18. Jhdt.) (PfA. Großhartmannsdorf, ohne Signatur)

B. Johann David Hartwig, Orgelcarmen von 1741

(PfA. Großhartmannsdorf: in der unter A. genannten Handschrift)

C. Kirchrechnung von Großhartmannsdorf, Laetare 1741/42 (PfA. Großhartmannsdorf, ohne Signatur)

D. Johann Friedrich Märker[1953], Chronik oder topographisch-historische Beschreibung des erzgebirgischen Ortes Großhartmannsdorf, Marienberg (um 1840)

Vorgeschichte

Der Orgelbau erfolgte wegen des Kirchenneubaues.[1954]

Gottfried Silbermann völlig zerstört worden sind.

[1951] Er wurde um 1697 geboren. Sein Vater, Joseph de Montalegre, hat zuletzt in Nürnberg als »Hoff-Kupffer-Stecher« gewirkt. Johann Daniel ist seit 1726 in Zittau nachweisbar. In diesem Jahre heiratete er hier Barbara Susanna Brosch(e), eine Tochter von Johann Brosche, »Kunstmahler in Kuckusbade in Böhmen« (PfA. Zittau: TrR. 1726). Montalegre war in Zittau nicht nur als Kupferstecher, sondern auch als »wohlbestalter Zeichenmeister« am Gymnasium tätig, und starb, einundsiebzig Jahre alt, Anfang April (Bestattungstag: 6. April) 1768 in Zittau (PfA. Zittau: ToR. Nr. 96/1768). Seine Witwe ist zweiundsiebzig Jahre alt geworden und 1772 in Zittau gestorben (PfA. Zittau: ToR. Nr. 206/1772). Ein Bruder, Frantz Anton Brosch, war in Zittau Kupferstecher und Kunstmaler, und hatte 1739 Margaretha de Montalegre, eine Schwester von Johann Daniel, geheiratet (PfA. Zittau: TrR. Nr. 6/1739). Johann Daniel de Montalegre hatte sich am 13. Juli 1741 erboten, die Johannisorgel »in der Größe eines Bogens in Kupffer zu stechen«, womit der Rat einverstanden war (A/200). Es sind damals 240 Stiche hergestellt worden. Montalegre berechnete je Exemplar einen Groschen. Das Stadtmuseum Zittau besitzt heute noch ein Stück des gutgelungenen Stiches.

[1952] In dieser Schrift heißt es (auf Seite 4): »...besonders aber hat er [Silbermann] sich mit der vorm Jahre verfertigten großen Orgel in Zittau, vor allen sehr distinguiret. – Von diesem großen Werck habe viel Rühmens machen hören, auch die darüber gedruckten vielen Elogia [=

Gedichte, s. OWS. Nr. 52–59] mit besondern Vergnügen gelesen. Woraus also gar wohl judiciren können, daß es ein gantz extraordinairer Bau, dergleichen zur Zeit wenig oder gar nicht zu finden, seyn muß. – Sie haben recht, und kan ich, als der bey der solennen Einweyhung gegenwärtig gewesen [!], solches zu des Meisters grösten Ruhm bekräfftigen, daß dieses Werck, sowohl durch seine Delicatesse, als Gravität und Ansehen, jedermann in Erstaunen gesetzt. Wie denn das davon zu habende Kupffer [= Kupferstich, s. Anm. 1951] mit der Disposition, einem Orgelverständigen viel Licht und Satisfaction geben kan. – Sie machen mir das Maul ziemlich wäßrig, daß ich wohl, diese besondere Orgel zu sehen und zu hören, so bald es möglich, eine Tour nach Zittau thun werde...« Man muß nach alledem annehmen, daß der Autor der Schrift das Zittauer Orgelwerk persönlich gesehen hat. Mit größter Wahrscheinlichkeit gehen die »Discurse« auf den Greizer Organisten Johann Gottfried Donati zurück. Übrigens hatte Silbermann einige Zittauer Orgelcarmina an Pastor Rothe nach Fraureuth geschickt, so daß sie Donati dort auch zu Gesicht bekommen haben wird.

[1953] Märker wurde 1782 in Gera geboren und wirkte ab 1824 in Großhartmannsdorf als Pfarrer, wo er 1851 starb (vgl. Grünberg, II/2, S. 569).

[1954] Die im Pfarrarchiv verwahrte Handschrift (A) enthält folgende bemerkenswerte Daten über den Kirchenbau:

1737 27. 3.: »wurde angefangen Grund zu graben ...« (S. 19)

4. 4.: »wurde der erste Grundstein von

Auftraggeber war der Kirchenkollator Carl Adolph von Carlowitz.[1955] Der Kontrakt ist nicht aufzufinden.[1956] Das Werk hat zwei Manuale und einundzwanzig Stimmen (A/59).[1957]

dem hiesigen Herrn Kirchen-Collatore Carl Adolph von Carlowitz .... gelegt« (S. 19)

10. 8.: »wurde die neue Kirche gehoben« (S. 21)

8. 9.: »wurde das erstemahl Gottesdienst in der neuen Kirche gehalten« (S. 23)

1738 11. 4.: »wurde angefangen Grund zum neuen Kirchthurm zu graben« (S. 26)

27.10.: »wurde die neue Kirche eingeweyhet (S. 34)

1739 Mai : »wurde wieder angefangen an den neuen Kirchenthurm zu bauen« (S. 45)

1. 8.: »wurde der neue Kirchthurm gehoben« (S. 45)

4. 9.: »wurden die 3 großen Glocken auf dem neuen Kirchthurm aufgehangen« (S. 47)

1740 12. 7.: »wurde die eiserne Spille, Knopf und Fahne aufn Kirchthurm gesetzet« (S. 52). Knopf und Fahne sind für 24 Taler von Christian Polycarp Buzäus, Maler aus Freiberg, vergoldet worden (S. 52b).

Sehr interessant sind vier (auf Seite 71 der Handschrift verzeichnete) Ausgabeposten:

»54 Thlr. 16 Gr. Herr Licken [Johann Friedrich Lücke] in Freyberg

50 Thlr. – Gr. Mstr. Johann Christoph Lohsen, Tischler in Zöblitz vor Verfertigung des neuen Altars

53 Thlr. – Gr. Herr Licken Bildhauer von der Cantzel d. 7. Septbr. 1737

137 Thlr. – Gr. H. Christian Polycarpo Bucaeo Altar und Canzel zu etaffiren den 23. July 1739«

Nachdem der Bildhauer Lücke (vgl. Anm. 574) Altar und Kanzel für die neue Kirche verfertigte, kann man mit Sicherheit annehmen, daß das Schnitzwerk für die Orgel auch von ihm stammt.

1955 Der Großhartmannsdorfer Lehrer und Organist Johann Gottlieb Schenke schrieb am 26. Dezember 1780: ».... sanft ruhen die Gebeine jenes grosen Herrn v. Carlowitz, durch deßen Vermittelung dieses prächtige Werk sein erstes Daseyn erlanget, indem Dieselben ... nicht nur aus Dero eigenen Vermögen ein Ansehnliches zu diesem Orgelbau geschencket [s. Anm. 1958], sondern auch mit einem der größten damals lebenden Künstler Sachsens, einem berühmten Silbermann einen solchen Accord getroffen [!], vermöge deßen dieses vor andern kostbare Werck nicht allein dauerhaftig, herrlich und schön, sondern auch mit denen wohlklingendsten, schärfsten und dauerhaftigsten Registern, welcher sich wohl manche Stadtorgel nicht rühmen kan, versehen wurde ...« (A/217). Carl Adolph von Carlowitz wurde 1699 geboren, hatte 1730 Großhartmannsdorf käuflich erworben und starb 1757 (A/223/225). Nach derselben Quelle war Carlowitz: »S[eine]r Königl. Majt. in Pohlen und Churf. Durchl. zu Sachßen Hochbestallter Cammer-Herr, bey denen Elb und Weißeritz, Freyberg[er] Mulden ... Flößen Oberauffseher und des Ertzgebürg. Creyßes Creyß-Commissarius ...« (S. 223). Der Orgelprospekt ist »ganz oben mit dem Kleeblatt aus dem Carlowitzischen Wappen verziert« (D/150).

1956 Er befand sich vermutlich im Besitz des Kirchenkollators. Die Urkunde scheint schon sehr lange verschollen zu sein, weil sie von Märker, der doch über fünfundzwanzig Jahre Pfarrer in Großhartmannsdorf war (vgl. Anm. 1953), nicht erwähnt worden ist. Lediglich in der Kirchrechnung (C) wurde von der »Erfüllung des Contracts« gesprochen (vgl. Anm. 1958). Leider bieten die Quellen keinen sicheren Anhaltspunkt, um den Zeitpunkt des Vertragsabschlusses feststellen zu können. Der Kontrakt ist möglicherweise, da der Kirchenbau unwahrscheinlich schnell vonstatten ging (vgl. Anm. 1954), schon Ende des Jahres 1737 geschlossen worden, nachdem Silbermann am 18. November die Orgel zu Ponitz übergeben hatte. Am 23. Januar 1738 wurden jedenfalls 8 Taler und 10 Groschen ausgegeben: »Die Klötzer zu denen Herr Silbermann versprochenen [!] Brether und Pfosten anzuweisen u. auszuschneiden«. Bemerkenswert ist auch, daß zwei Tage später ein Taler und 8 Groschen für »einen zum Behuf des Orgelbauers angeschafften Ofen« ausgegeben worden sind (A/72). Übrigens

313

Die Orgel hat nur 600 Taler gekostet.[1958] Das ist insofern bemerkenswert, weil der Meister sonst 800 Taler für ein Werk dieser Größe verlangte.[1959] Wann der Betrag gezahlt wurde, ist unbekannt.[1960] An Nebenkosten sind entstanden:

110 Taler	»Staffirung der Orgel u. des Chors« durch Christian Polycarp Buzäus (A/77)[1961]
60 Tlr. 21 Gr.	Fuhrlöhne und Handarbeiten (A/61)
10 Taler	für Übernahme der Orgel und Trinkgelder (A/61)[1962]
13 Tlr. 17 Gr.	Bauholz und Bretter schneiden und antransportieren (A/72 und 73)
10 Taler	»dem Herrn Superintendent« (A/77)[1963]

hat Pfarrer Hartwig am 21. November 1738 ein Attest darüber ausgestellt, was Gottfried Silbermann für den Orgelbau «an Brettern und Holtz veraccordiret [!] worden« ist und »welches ... nach und nach ... nach Freyberg soll geliefert werden« (A/59b). Als spätester Termin für den Abschluß des Kontraktes ist hiernach der Herbst des Jahres 1738 anzunehmen. In diesem Zusammenhang ist ein Bericht vom 6. Februar 1739 erwähnenswert, den der Gerichtshalter Gotthelf Friedrich Liebe geschrieben hat: »...immaßen ... Gottfried Silbermann so wohl in einem an die Hoch-Adl. Herrschafft im verwichenen Jahre [1738] abgelaßenen Schreiben als auch zu wiederhohlten mahlen gegen mich selbst mündlich vorgestellet, daß ehe und bevor der Thurm-Bau nicht völlig zu Stande, sich es mit Setzung einer Orgel nicht thun ließe, und daran Schaden zu besorgen [wäre], wenn nach Errichtung der Orgel ein Bau wieder vorgenommen werden sollte...« (A/41 f.). Leider ist der von Liebe erwähnte Brief Silbermanns an von Carlowitz nicht mehr aufzufinden.

1957 Hauptwerk und Oberwerk sind mit je neun Registern besetzt und das Pedal mit drei (A/59). Märker hat in seiner Chronik (D/150) die Disposition angegeben. Hier fehlt im Hauptwerk aber die »Octava 2 Fuß« (vgl. hierzu Dähnert, S. 208).

1958 In Kapitel X der Kirchrechnung (C) heißt es:

»500 Thlr. vor die von Herrn Gottfried Silbermann neu-erbaute Orgel excl[usive] derer 100 Thlr., welche zu Erfüllung des Contracts [!] von dem HochAdl. Herrn Collator als ein Geschencke beygetragen worden.«

Die im Pfarrarchiv befindliche Handschrift (A) enthält sehr bemerkenswerte Angaben über die mit dem Orgelbau zusammenhängenden Ausgaben. Auf Seite 77 heißt es: »600 Thlr. die Orgel selber«.

1959 Vgl. Reinhardtsgrimma, Mylau, Zöblitz und Fraureuth. Es bleibt ein Geheimnis, wie der niedrige Preis der Großhartmannsdorfer Orgel zustandegekommen ist. Oder hat es noch einen »geheimen« Geldgeber gegeben? Wir erinnern an Püchau, wo der Kirchenpatron den Kontrakt auch nur über 600 Taler schloß und seine Frau die restlichen 200 Taler gab (s. Anm. 1398). Dafür gibt es im Falle Großhartmannsdorf aber keinen Hinweis, denn »Unser Cammer-Herr. sind dermahlen noch unvermählt« (A/223). Märker erklärte den niedrigen Preis der Orgel damit, weil sie »des Künstlers 45stes Kunstwerk« war (D/142). Pastor Johann David Hartwig hat die Orgel tatsächlich als Silbermanns »Fünf und Vierzigstes Meisterstück« bezeichnet (vgl. OWS. Nr. 60). Ein »aufrichtiger Landsmann« zählte in einem Orgelcarmen das Großhartmannsdorfer als »Vier und Vierzigst Werck« Gottfried Silbermanns (OWS. Nr. 61). Wir sehen, daß die zeitgenössischen Angaben nicht übereinstimmen (vgl. hierzu Anm. 220).

1960 Quittungen von Silbermann sind nicht aufzufinden. Nach der Kirchenrechnung (C) muß man fast annehmen, daß die aus dem Kirchenvermögen bezahlten 500 Taler in einer Summe beglichen worden sind (vgl. Anm. 1958).

1961 Buzäus hatte im Sommer 1739 schon Altar und Kanzel »etaffirt« (vgl. Anm. 1954).

1962 Der Betrag setzt sich wie folgt zusammen:

2 Taler 18 Gr.	»Herrn Erselio für Übernahme der Orgel«
2 Taler 18 Gr.	»Herrn Silbermanns Vetter als Obergesellen«
2 Taler	»dem andern Orgelmacher-Gesellen«
2 Taler	»denen beyden Tischler-Gesellen ieden 1 Thlr.«
12 Gr.	»H. Silbermanns Lauf-Jungen für seine vielen Wege«

Da das Datum des Kontraktabschlusses nicht bekannt ist, läßt sich auch schwerlich sagen, wann Silbermann in seiner Werkstatt die Orgel in Arbeit genommen hat.[1964] Vermutlich hat er erst Ende Juni 1739 anfangen können.[1965] Am 30. Mai und am 6. Juni hatte die Gemeinde Bretter nach Freiberg geliefert.[1966] Im Mai des folgenden Jahres »wurde das Gehäuße zu der Orgel vom Herrn Hof- und Landorgelbauer Gottfried Silbermann, so sich wohnhafft in Freyberg befindet, aufgesetzet« (A/52).[1967] Kurz darauf, noch vor Mitte Juni 1740, ging Silbermann nach Zittau, um in der Johanniskirche eine dreimanualige Orgel zu bauen. Er kehrte erst am 11. August 1741 wieder nach Freiberg zurück.[1968] Im Juli, als Silbermann noch in Zittau arbeitete, ist in Großhartmannsdorf schon »das Gehäuße an der Orgel gemahlet worden« und im folgenden Monat das Singechor (A/54).[1969]

Für Gottfried Silbermann und seine Gesellen gab es, nachdem das große Zittauer Werk vollendet war, keine Ruhepause. Ihnen blieben nur drei Tage Zeit zum Einpacken, denn am 15. August mußten Großhartmannsdorfer »Anspänner« mit zwölf vierspännigen Wagen[1970] »Herr Silbermann, den Orgel-Bauer, aus Freyberg mit allen Materialien zur neuen Orgel hohlen« (A/54).[1971] Der Meister und seine Gesellen bekamen ihr Quartier im Hause des »Teichmüllers« Johann Christian Dietze (A/54). Gottfried Silbermann arbeitete in Groß-

---

1963 Wofür die 10 Taler gezahlt wurden, ist unbekannt. Vermutlich war der Freiberger Superintendent bei der Orgelweihe mit anwesend, obwohl der Ortspfarrer Hartwig die Predigt hielt und die Weihe vornahm (A/58).

1964 Von März 1738 bis Anfang Juli 1738 war er jedenfalls in Frauenstein beschäftigt, und von Anfang Dezember 1738 bis fast Ende Juni 1739 arbeitete er in Greiz.

1965 Gottfried Silbermann mußte sich aber auch auf die Arbeit an dem großen Werk für die Zittauer Johanniskirche konzentrieren. Am 1. September 1739 schrieb er nach Zittau: »Ich arbeite an der Zittauer Orgel ... und nehme nichts anders vor« (PfA. Zittau: Akte I 1 16, Bl. 141). Eine Woche vorher, am 24. August, hatte Silbermann Pastor Rothe in Fraureuth mitgeteilt: »... ich habe gedachte Fraureuther Orgel schon in Arbeit genommen, und laße die Meinigen daran arbeiten ...« (s. Anh. SD. Nr. 40). Um diese Zeit, vielleicht auch etwas später, muß der Meister aber auch an dem Großhartmannsdorfer Werk gearbeitet haben. Wir müssen nach alledem annehmen, daß Silbermann ab Sommer 1739 drei Orgeln zugleich in Arbeit hatte!

1966 Silbermann war damals noch in Greiz beschäftigt. Die Bretter wurden von Silbermanns Nachbar, dem »Bettmeister« des Schlosses Freudenstein, Elias Dietze, in Empfang genommen. Dietze, der mit Silberman befreundet war, stellte der Gemeinde Großhartmannsdorf zwei Empfangsbestätigungen aus (A/59c). Er erwähnte dabei: »... doch sind die Brether in sehr schlechten Stande, die meisten sind voller Aeste und Windriße.« Als Silbermann von Greiz zurückkehrte und die Großhartmannsdorfer Bretter sah, wird er sich wohl darüber geärgert haben.

1967 Es war ähnlich wie drei Jahre vorher in Frauenstein, wo das Gehäuse am 8. Mai 1737 von Freiberg abgeholt und (aller Wahrscheinlichkeit nach) sofort aufgebaut, mit der weiteren Arbeit aber erst im März des nächsten Jahres begonnen wurde, denn Silbermann baute in der Zwischenzeit die Orgel zu Ponitz.

1968 Vgl. Anm. 1949.

1969 Man war also bestrebt, die Zeit zu nutzen. Silbermann mag das sehr recht gewesen sein, denn er konnte sofort nach der Ankunft mit seiner Arbeit beginnen.

1970 Die Wagen können nicht sehr groß gewesen sein, zumal das Gehäuse ja schon längst an Ort und Stelle und im Mai 1740 aufgesetzt worden war. Für die vergleichbare (zweite) Frauensteiner Orgel sind vier Wagen für das Gehäuse und sechs Schlitten und weitere vier Wagen für alles übrige gebraucht worden (vgl. Anm. 1720 und 1728). Zum Transport des wesentlich größeren Greizer Werkes benötigte Silbermann dagegen nur vier, dafür aber »recht große Land-Fuhrmanns-Fracht-Wagen« (vgl. SD. Nr. 37 und 38).

1971 Da zwischen der Übergabe der Zittauer

hartmannsdorf insgesamt fünfzehn Wochen (A/54)[1972]: von Mitte August bis Ende November 1741. Ihm standen zur Seite: sein Vetter Johann George als »Obergeselle«, ein Orgelmachergeselle[1973] und zwei Tischlergesellen (A/61).[1974]

Weitere Einzelheiten über den Bauablauf sind nicht bekannt.[1975]

Übergabe, Prüfung und Weihe

Gottfried Silbermann hat die Orgel am 3.Dezember 1741, das war damals der

erste Adventsonntag, übergeben.[1976] Sie wurde von dem Freiberger Organisten Johann Christoph Erselius[1977] geprüft (A/61).[1978] Die Weihe fand am gleichen Tage statt (A/58). Dabei wurde das Werk »bey volckreicher Versammlung Unter Aufführung einer von Herrn Carl Hartwig[1979], weitberühmten Directore Musices in Zittau, componirten annehmlichen Kirchen-Musique Zum Erstenmahle öffentlich gespielet«.[1980] Der Text zur Musik

Orgel und dem Arbeitsbeginn in Großhartmannsdorf nur wenige Tage Zeit waren, ist mit Sicherheit anzunehmen, daß Gottfried Silbermann alle Teile für die letztere Orgel schon fertig hatte, bevor er noch vor Mitte Juni 1740 die Reise nach Zittau antrat. Allerdings gibt es noch eine – nicht beweisbare – Möglichkeit: Als der Meister das Zittauer Werk nur noch zu intonieren und zu stimmen brauchte, schickte er von seinen sechs Gesellen einige nach Freiberg zurück, damit sie inzwischen die Werkstattarbeiten für Großhartmannsdorf zu Ende bringen konnten. Bei der Dresdner Frauenkirchenorgel hatte er das auch gemacht. Damals ging es um die Fortsetzung der (schon früher begonnenen) Arbeit an der Orgel für die Stadtkirche zu Greiz.

1972 Eine bemerkenswerte Übereinstimmung: An der (zweiten) Frauensteiner Orgel hat Silbermann sechzehn Wochen gearbeitet, in Reinhardtsgrimma ebenfalls, in Püchau fünfzehn Wochen und in Zöblitz und Fraureuth je achtzehn Wochen. Für den Aufbau und zum Intonieren und Stimmen einer Orgel mit zwanzig Registern hat Gottfried Silbermann demnach durchschnittlich sechzehn Wochen Zeit benötigt – wenn alles planmäßig ablief. An diesen »Übereinstimmungen« ist zu erkennen, wie Silbermann und seine Gesellen auf ihre Arbeit »eingespielt« gewesen sein müssen.

1973 Das kann nur Johann Georg Schön gewesen sein.

1974 Siehe hierzu Anm. 1962. Wir haben an anderer Stelle die Vermutung geäußert, daß Adam Gottfried Oehme u.a. (als Lehrling) mit in Großhartmannsdorf war. Leider bieten die Aufzeichnungen über die gezahlten Trinkgelder dafür keinen Beweis. Vielleicht hat man den »Lehrjungen« einfach übersehen? Daß Oehme damals mit seinen zweiundzwanzig Jahren noch

als »Laufjunge« fungierte, ist sehr unwahrscheinlich. Es taucht aber noch ein anderes Problem auf: Silbermann hatte in Zittau Betten für acht Personen verlangt. Zwei waren für ihn und seine Haushälterin bestimmt (vgl. hierzu Rochlitz, Anm. 1327), die übrigen für die Gesellen. In Großhartmannsdorf tauchen aber nur vier Gesellen auf. Wo sind die übrigen zwei geblieben? Man könnte an Johann Christoph Leibner denken. Vielleicht hat er in Zittau noch mitgearbeitet und dann Silbermann verlassen (vgl. Anm. 433).

1975 Da der Bauvertrag fehlt, bleibt unbekannt, wann die Orgel plangemäß übergeben werden sollte. Es hat den Anschein, daß sich der Orgelbau wegen des Kirchturmbaues verzögerte (vgl. Anm. 1956). Aber davon abgesehen: Silbermann hätte das Werk gar nicht früher bauen können, weil er ab Dezember 1738 bis Juni 1739 in Greiz und dann ab Juni 1740 in Zittau arbeitete und in der Zwischenzeit in seiner Werkstatt voll beschäftigt war (vgl. Anm. 1965).

1976 Das geht aus der Titelseite des Carmens hervor, welches »ein aufrichtiger Landsmann« drucken ließ (s. Anh. OWS. Nr.61).

1977 Über seine Lebensdaten siehe Anm. 1735.

1978 Ein Bericht darüber ist nicht vorhanden. Erselius bekam 2 Taler und 18 Groschen »für Übernahme der Orgel« (A/61). Auf der vorhergehenden Seite der Handschrift heißt es: »Der Organist, der das neue Silbermannische Werck allhier übernahm, war Tit. Herr Johann Christoph Erselius, wohlbestalter Organist am Dom und zu St. Jacobi in Freyberg.«

1979 Hartwigs Leben wurde in Anm.1831 skizziert.

1980 Das geht aus der Titelseite des von Pfarrer Hartwig stammenden Orgelgedichts hervor (vgl. OWS. Nr.60). Wir haben schon darauf hingewiesen, daß der Zittauer Musik-

stammte von Pfarrer Hartwig.[1981] Er hat auch die Weihepredigt gehalten (A/58).[1982] Der Kirchenpatron Carl Adolph von Carlowitz hat aus Anlaß der Orgelweihe Gottfried Silbermann und Johann Christoph Erselius »bewirthet und kosteten diese 2 der Gemeinde nichts« (A/60). Dafür mußten sie aber eine »Communicanten-Anlage« für die Mahlzeit geben, »die die Herrn Musicanten ... und Herrn Silbermanns Gesellen« bekommen haben (A/60).[1983] Gottfried Silbermann wurde mit zwei gedruckten Carmina geehrt.[1984] Das eine

stammt von Pfarrer M. Johann David Hartwig[1985], und das andere ließ in Freiberg »ein aufrichtiger Landsmann«[1986] drucken. Von den Schriften befindet sich je ein Original im Pfarrarchiv (A/59 ff.).[1987] Am 4. Dezember haben Großhartmannsdorfer »Anspänner« Gottfried Silbermann und seine »Sachen« mit neun Wagen wieder nach Freiberg gefahren (A/60).[1988]

Bemerkungen

Die Orgel ist in den ersten vier Jahrzehnten nicht gepflegt worden.[1989] Es machte sich deshalb eine Reparatur notwendig.[1990] Am

direktor und der Großhartmannsdorfer Pastor vermutlich miteinander verwandt waren (vgl. Anm. 1831). Es ist anzunehmen, daß Erselius die Orgel im Weihegottesdienst gespielt hat.

1981 Er soll selbst ein »großer Musiker« gewesen sein (vgl. Grünberg, II/1, S. 304). Märker hat in seiner Chronik den Text zur Musik vor der Predigt wiedergegeben (D/151 f.).

1982 Der öffentliche Gottesdienst begann um 10 Uhr (A/58). Auf derselben Seite der alten Handschrift wurde ausdrücklich vermerkt, daß »Anno 1741 den 3ten Decembr.« die neue Orgel übernommen, eingeweiht und zum erstenmal öffentlich gespielt worden ist.

1983 Einzelheiten über die Orgelmahlzeit sind leider nicht bekannt.

1984 Pfarrer Märker hat die Gedichte gekannt und die Texte in seiner Chronik mitgeteilt (D/143 ff.).

1985 Er wurde 1701, als Sohn eines Köhlermeisters, in Blumenau bei Olbernhau geboren und wirkte ab 1733 bis zu seinem Tode (1767) in Großhartmannsdorf (vgl. Grünberg, II/1, S. 304). Nach Märker (D/149) war Hartwig ein »sehr gelehrter Mann« und eigentlich »mehr lateinischer Dichter«.

1986 Sein Name ist unbekannt. Zur Zittauer Orgelweihe hat auch »ein aufrichtiger Landsmann« ein Gedicht drucken lassen. Ob es sich um ein und dieselbe Person handelte, wissen wir nicht. Das Großhartmannsdorfer Gedicht hat am unteren Rand der Titelseite den Namenszug »Johann Christian Dietze«. Demnach könnte man vermuten, daß der Großhartmannsdorfer »Teichmüller«, bei dem Silbermann während des Orgelbaues wohnte, die Schrift drucken ließ, zumindest hat sie sich einmal in Dietzes Besitz befunden.

1987 An derselben Stelle entdeckte der Verfasser auch drei Druckschriften, die kurz vorher zur Weihe der Zittauer Johannisorgel erschienen waren. Die eine betitelt sich »Das Wunder der Orgel« und stammte von den »Deputirten ad pias causas« (s. OWS. Nr. 55). Die andere hatte »eine VerpfliCHtete Freundin« zur Autorin (s. Anm. 1945). Die dritte Schrift stammt von einem »aufrichtigen Landsmann« (s. OWS. Nr. 53). Es ist anzunehmen, daß die drei Druckschriften von Musikdirektor Carl Hartwig mit nach Großhartmannsdorf genommen wurden.

1988 Als Silbermann am 5. Juli 1738 von Frauenstein wieder nach Freiberg reiste, brauchte man für seine »Mobilien und Werckzeuge« nur fünf Wagen und für ihn und seine Gesellen eine Kutsche (vgl. Anm. 1745).

1989 Der Großhartmannsdorfer Organist und Schulmeister Schenke schrieb am 26. Dezember 1780: »Jedoch die Länge der Zeit und eine beynahe 40jährige Zeit hatte dieses sonst dauerhafte Werk seines zeitherigen silbernen Klanges beinahe beraubet, die Pfeifen, an welchen seit so langer Zeit nichts hatte gethan werden können, fiengen an vom Staub durchdrungen größtentheils stumm zu werden. Die Blaßbälge, als die Seele des Wercks, wurden unbrauchbar und gaben den gehörigen Wind nicht mehr, woraus je länger je mehr ein unerträglicher Übelklang erfolgte, und bald hätte dieses sonst so schöne Orgelwerk in sein voriges Nichts wieder übergehen müßen ...« (A/217).

1990 Am 8. April 1780 wurde der Freiberger Orgelbauer Adam Gottfried Oehme durch den Kirchenvorsteher Johann Christoph Richter mündlich gebeten, nach Großhartmannsdorf zu kommen. Zehn Tage später wandte sich der Organist Schenke brieflich an Oehme und bat

30. Mai 1780 war der Freiberger Orgelbauer Adam Gottfried Oehme[1991] mit seinem Gesellen Johann Christian Knöbel[1992] in Großhartmannsdorf und hat im Beisein des Pfarrers Franz Gotthold Hartwig[1993] die Orgel »in Augenschein genommen, alle Register genau untersuchet [und] auch das Pedal und [die] Bälge« (A/169). Oehme veranschlagte die Reparaturkosten auf 150 Taler (A/169 ff.).[1994] Der Pfarrer legte den

Kostenanschlag dem Kirchenpatron[1995] vor, und er entschied, daß der Anschlag über den Superintendenten an das Oberkonsistorium eingereicht werden soll (A/171). Am 24. Juli 1780 kam von dort der Bescheid, daß die Reparaturkosten aus dem Kirchenvermögen bezahlt werden können (A/173).[1996] Damit war die dringend notwendige Orgelreparatur finanziell gesichert.[1997] Adam Gottfried Oehme und

ihn, »sich des ehesten ... heraus zu bemühen, die Orgel durchzusehen« und einen Kostenanschlag zu machen. Da Oehme aber nicht kam, schrieb Schenke am 27. Mai noch einmal. In dem Brief heißt es u.a.: »... Schon seit 4 Wochen haben wir ... [Ihre] Ankunft alhier mit Schmerzen erwartet und bis auff diese Stunde ist dieselbe noch nicht erfolgt. Wir sind in der äusersten Verlegenheit, und ich besonders, Denn da ich ohnedem aniezo ganzer 8 Wochen lang die Orgel nicht spielen darf, so hätte ich sehnlich gewünschet, daß die Reparatur ihren Anfang nehmen möchte, damit ich nach denen 8 Wochen nicht noch wer weiß wie lange ohne Orgel singen müßte, zumahl da meine schwache Leibes-Constitution dieses bey einer ziemlichen weiten Kirche und volkreichen Gemeinde bey nahe nicht auszustehen vermögend ist.« Schenke bat Oehme um Nachricht: »1. Ob sie noch würklich willens sind, die hiesige Silbermannische Orgel zu reparieren und 2. Wenn Sie zuverläßig anhero kommen, dieselbe besehen und untersuchen, auch einen Contract darüber fertigen wollen? Die Sache ist höchst nöthig, und ich möchte in der That sonst keinem Orgelbauer diese Arbeit in die Hände kommen lassen ...« (A/168) Der Brief Schenkes hat sich offenbar mit Oehmes Antwort gekreuzt. Letzterer schrieb unter dem Datum »Freyberg, den 22. May 1780« folgendes: »Hochzuehrenter Herr Schenke. Sie werden mein langes außenbleiben nicht übel nehmen, es ist theils verhinterung wegen, wie auch das immerwährende regenwetter Schult, am andern Pfingst-Feyertage war alles bestelt mit Herr Buschen zu Sie zu kommen es war aber regen wetter, auch diesen Sonnabend hatte mir gewiß die reiße vorgenommen, muste aber aus mangel des guten Wetters unterbleiben, sobalt aber ein Schöner Tag wird sein, werde ich die Ehre haben, Sie zu sprechen, in deßen verharre mit aller Hochachtung ... Adam Gottfried

Oehme.« (A/162 b) Der Brief wurde von Oehme eigenhändig geschrieben!

1991 Oehme hatte bei Silbermann gelernt und etliche Jahre bei ihm gearbeitet, zuletzt mit an der Hofkirchenorgel zu Dresden. Nach Silbermanns Tod (1753) arbeitete Oehme mit Johann Georg Schön zusammen und machte sich nach dessen Ableben (1764) selbständig.

1992 Siehe Anm. 476.

1993 Er wurde 1742 in Großhartmannsdorf geboren und starb 1820. Er war Liederdichter und der unmittelbare Nachfolger seines 1767 verstorbenen Vaters Johann David (vgl. Grünberg, II/1, S. 304 bzw. I, S. 237).

1994 Außerdem verlangte Oehme: »frey Logie und Lager, Abholung und Wiederzurückbringung des Werckzeuges, wie auch Brennholz und Kohlen und täglich einen brauchbaren Handlanger«. Über den Zustand der Orgel schrieb Oehme: »Es ist dieses Werck von dem berühmten Silbermann erbauet und in die 40 Jahre ohne Hülfe eines Orgelbauers zum Gebrauch alda gestanden, daß solches nunmehro eine Haupt-Reparatur höchst nöthig hat. Die Bälge ... sind so beschaffen, daß selbige dem Wercke nicht genungsamen Wind geben können, in denen Windladen sind viele Säcke [= Pulpeten] entzwey, die Register ziehen sich zum Theil so hart, daß man bey dem Anziehen derselben in Sorge stehen muß, das Registerwerck entzwey zu reißen, die Abstracturen, Registraturen auch Manual- und Pedal-Claviere sind überall wandelbar, das ganze Pfeifwerck ist verstimmet und viele Pfeifen sind gar verstummet, wegen des vielen Staubes, so darinnen zu finden ...« (A/169)

1995 Das war Friedrich August von Carlowitz, »Königl. Pohln. General-Major«, der einzige Bruder des 1757 verstorbenen Carl Adolph von Carlowitz (A/225).

1996 Pfarrer Hartwig und die Kirchväter von

sein Gehilfe Johann Christian Knöbel führten die Arbeiten in der Zeit vom 12. September[1998] bis 21. November[1999] 1780 aus. Das Werk wurde »auf Befehl des Gnädigen Herrn« an den Großhartmannsdorfer Schulmeister und Organisten Johann Gottlieb Schenke übergeben (A/213).[2000] Am zweiten Weihnachtstag 1780 ist die »neu reparirte Orgel mit einer vollstimmigen Kirchen-Musik wieder eingeweyhet worden« (A/214).[2001] Das Werk befindet sich gegenwärtig (nach Dähnert) in einem sehr guten Zustand und wurde in die vom VEB Deutsche Schallplatten Berlin herausgegebene Reihe »Bachs Orgelwerke auf Silbermannorgeln« aufgenommen.

ZÖBLITZ

1742 vollendet
2 Manuale – 20 Stimmen
Quellen
A. ACTA derer Gerichten zu Zöblitz Ansuchen, um Verstattung eines Beytrages aus dasigen Kirchenvermögen zur neuen Orgel betr. Zöblitz ao. 1736 (SupA. Marienberg: Sign. I I I 6)
B. Akte Orgelbausachen betr.[2002] (PfA. Zöblitz: Sign. Rep. I, Abt. A, Nr. 4)

Großhartmannsdorf wurden davon aber erst am 15. August in Kenntnis gesetzt.
1997 Am 5. September kam Oehme nach Großhartmannsdorf und teilte mit, daß er »gesonnen sey, auf künfftige Woche« die Orgelreparatur vorzunehmen. Inzwischen hatten Kirchenpatron und Pfarrer aber beschlossen, die Arbeiten sollten »diesen Herbst wegen der nunmehro einfallenden kurzen [und] auch kalten Tage gänzlich unterbleiben und biß auf das kommende Frühjahr [1781] ausgesetzt seyn«. Oehme sollte »keine andere Arbeit vor die Hand nehmen, bis die hiesige Orgel-Reparatur zu stande wäre«. Er antwortete aber, daß er nicht versprechen könne, ob er »in Jahr und Tag wieder hieher kommen könnte, indem ihm mehr Arbeit allbereit aufgetragen wäre«. Organist Schenke verwies Oehme daraufhin an den Kirchenpatron von Carlowitz, und es wurde vereinbart, daß die Arbeit »des nächsten« ihren Anfang nehmen soll (A/177). Drei Tage später schrieb Schenke an Oehme, daß »auf künftigen Montag ... [11. September] bey rechter Zeit ein Wagen in Freyberg eintreffen wird, welcher Sie und Monsieur Christian [damit ist der etwa achtundzwanzigjährige Geselle Knöbel gemeint] nebst alle dem ... Nöthigen abhohlen wird ... und wünschen, daß alles wohl von statten gehen möge...« (A/178). Oehme und sein Gehilfe Knöbel trafen am 11. September nachmittags um 4 Uhr mit einem zweispännigen Wagen in Großhartmannsdorf ein und bezogen als zeitweiliges Quartier bei dem Halbhüfner Johann Christoph Schellenberger die »Oberstube« (A/180).

1998 Die Orgelbauer haben am 12. September »früh gegen 8 Uhr« mit der Arbeit begonnen (A/180). Am vorhergehenden Tage ist über die auszuführende Reparatur ein Vertrag abgeschlossen worden. Der Wortlaut ist in dem Handschriftenband zu finden (A/179).
1999 Die Reparatur nahm demnach genau zehn Wochen in Anspruch. Daraus ist zu schließen, daß Oehme und sein Gehilfe sehr gründlich und gewissenhaft, eben ganz im Sinne Gottfried Silbermanns gearbeitet haben. Die Übergabe der reparierten Orgel erfolgte am 21. November, nachmittags um 3 Uhr (A/213). Am nächsten Tag, früh halb 10 Uhr sind Oehme und Knöbel abgereist. Der Fuhrmann war derselbe, der sie am 11. September nach Großhartmannsdorf geholt hatte: der Hüfner Johann Gottlob Haase (A/213).
2000 Schenke schrieb am 26. Dezember 1780: Der Kirchenpatron von Carlowitz habe die Reparatur der Orgel »nicht etwa einem der Sache unerfahrnen, sondern einem kunstreichen Abstämmling von dem berühmten Silbermann«, Adam Gottfried Oehme, übergeben, um »dieses kostbare Werk wieder in seinen vorigen Stand zu setzen. Und siehe durch Gottes Gnade ist es ihm auch gelungen, daß er dieses Orgelwerck rein und wohl conditionirt wieder überliefert hat...« (A/218).
2001 Großhartmannsdorf ist ein sehr schönes Beispiel dafür, daß es im 18. Jahrhundert auch in einer Dorfgemeinde verantwortungsbewußte Persönlichkeiten gegeben hat, die sich um die Bewahrung der ihnen anvertrauten Kunstwerke bemüht haben.

C. Brief Gottfried Silbermanns vom 30. März 1742
(StA. Dresden: Akte Sign. DXXXIV 28i, Bl. 5)

D. Kirchrechnung Michaelis 1741/42
(PfA. Zöblitz)

E. Wilhelm Steinbach, Historie des Staedtgens Zoeblitz, Dresden 1750

Vorgeschichte

Über die Vorgeschichte des Orgelneubaues durch Gottfried Silbermann ist sehr wenig bekannt.[2003] Nach Steinbach[2004] war vorher nur »ein altes und sehr zerstümmeltes Positiv« aus dem Jahre 1618 vorhanden, »von welchem man nichts als nur das wenige Zinn und Metall nutzen« konnte (E/70). Anscheinend hatten sich um den Orgelneubau mehrere Meister beworben.[2005]

Bauvertrag

Der Bauvertrag bzw. eine Bauakte konnten bisher nicht aufgefunden werden.[2006] Es ist lediglich eine auf den 25. April 1736 datierte »Disposition« vorhanden (B).[2007] Sie kann nur als Entwurf des Kontrakts angesehen werden. Wann der eigentliche Bauvertrag abgeschlossen wurde, wissen wir nicht.[2008] Die »Disposition« sah ein Werk mit zwanzig Stimmen vor.[2009] Ihr sonstiger

---

2002 Die Akte enthält, außer einer auf den 25. April 1736 datierten »Disposition«, keine Dokumente aus der Zeit der Erbauung der Orgel.

2003 Der Orgelbau erfolgte im Zusammenhang mit dem Neubau der Kirche. In einer Eingabe vom 9. November 1736, die die Gemeinde Zöblitz an das Oberkonsistorium zu Dresden richtete, wurde dargelegt, daß »in der ganz neu erbaueten Kirche ... ein altes unbrauchbares Positiv ... befindlich« war und »mithin auf ein neues Orgelwerck zu dencken die Nothdurfft erfordert« (A/1bf.). In dem Schreiben wurde weiter erwähnt: »Wir haben dannenhero [!] mit dem Land- und Hoforgelbauer in Freyberg, Herr Silbermann, geredet, welcher uns vor 800 Thlr. ... ein tüchtiges Orgelwerck zu setzen versprochen ...« Leider wurde verschwiegen, wann man mit Silbermann Verbindung aufgenommen hatte.

2004 Wilhelm Steinbach wirkte von 1727 bis zu seinem Tode (1752) als Pfarrer in Zöblitz (vgl. Grünberg, II/2, S. 901).

2005 Steinbach schrieb nämlich, man habe sich »vor allen andern, die sich darzu angaben«, für Gottfried Silbermann, »den besten Meister unsrer Zeiten«, entschieden (E/70).

2006 Unter den (jetzt im Ephoralarchiv zu Marienberg befindlichen) Zöblitzer Kirchenakten ist – wie der Verfasser feststellen mußte – keine Akte über den Orgelbau aufzufinden. Eine solche ist möglicherweise damals beim Amt Lauterstein ergangen. Die als Quelle unter A aufgeführte Akte beweist, daß der Lautersteiner Amtmann und der Annaberger Superintendent zusammengearbeitet haben. Bemerkenswert ist folgendes: Der Orgelriß war an das Oberkonsistorium zu Dresden eingereicht worden. Am 9. Mai 1737 teilte der Amtmann von Lauterstein dem Superintendenten mit, daß »der Riß zur Orgel nicht wieder mit anhero kommen« ist. Superintendent Hofmann antwortete dem Amtmann am 27. desselben Monats: »... Also melde zugleich, daß der Riß zu dieser Orgel sich bey mir nicht findet und selbiger ohne Zweiffel im Hochlöbl. Oberconsistorio wird geblieben seyn ...« (A/9/9b) Sollten auf diese Weise auch andere Orgelrisse bei der obersten Kirchenbehörde »geblieben« sein?

2007 Ob das Dokument wirklich aus dieser Zeit stammt, ist – nach der Handschrift zu urteilen – nicht sicher. Es könnte auch eine erst später angefertigte Abschrift des heute nicht mehr vorhandenen (oder anderswo befindlichen) Originals sein. Auf keinen Fall stellt das Schriftstück eine Abschrift des Kontrakts dar, wie bisher angenommen wurde (vgl. Dähnert, S. 209). Es fehlen nämlich die übliche Einleitung, die Namen der Vertragschließenden, der Übergabetermin, die Zahlungstermine für die Kontraktsumme und die Unterschriften.

2008 Es ist anzunehmen, daß Silbermann entweder Ende des Jahres 1735 (nach Vollendung der Freiberger Petriorgel) oder spätestens im Januar 1736 (vor Beginn der Arbeit an der Frauenkirchenorgel zu Dresden) in Zöblitz war und man mit ihm wegen des geplanten Orgelneubaues »geredet« hat (vgl. Anm. 2003). Im April 1736 dürfte Silbermann dann (von Dresden aus) die »Disposition« entworfen und nach Zöblitz gesandt haben. Bis zum Abschluß des Kontraktes scheint dann – mindestens – noch ein reichliches Jahr vergangen zu sein. Am

Inhalt entspricht etwa dem Wortlaut eines Silbermannschen Kontrakts.[2010] Die Orgel sollte »zwei tüchtige Blas-Bälge ... von Tannen-Holze ... [und] vier tüchtige Windladen von Eichen-Holze« bekommen. Die Gewähr wollte Silbermann – wie üblich – auf ein Jahr übernehmen. Der eigentliche Kontrakt ist (nach Steinbachs Angaben) »von denen Herren Kirchen-Inspectoribus approbirt und unterschrieben« worden (E/71).[2011]

Baukosten

Nach der »Disposition« sollte das Werk 800 Taler kosten. Das entsprach dem Preis anderer Orgeln Silbermanns von gleicher Größe. Der Betrag sollte »in 3 Jahren ohne Zinss« bezahlt werden. Welche Ratenzahlungen im Kontrakt vereinbart wurden, ist nicht bekannt.[2012] Die Orgel soll »mit denen Neben-Dingen«[2013] 1000 Taler gekostet haben (E/71). Das Geld wurde größtenteils »von der Kirchfarth selber« aufgebracht.[2014] Lediglich 300 Taler sind aus dem Kirchenvermögen genommen worden.[2015]

Bauablauf

Der ursprünglich geplante Übergabetermin ist unbekannt. Offensichtlich hat sich der Baubeginn – dem Kontrakt gegenüber – stark verzögert.[2016] Wann Gottfried Silbermann und seine Gehilfen in der Freiberger Werkstatt die Orgelteile anfertigten, läßt sich schwer sagen.[2017] Silbermann soll (nach Steinbachs Angaben) »in der Fast-Nacht« 1742 nach Zöblitz gekommen sein (E/71). Das kann, auf den Meister persönlich bezogen, aber nicht stimmen. Silbermann hat nämlich am 30. März, wenige Tage nach Ostern, an den Dresdner Ratsaktuar Herold

---

8. April 1737 forderte nämlich das Oberkonsistorium zu Dresden den Superintendenten und den Amtmann schriftlich auf, mit dem Orgelbauer Silbermann »so genau als möglich [zu] kontrahieren« (A/6 f.). Hiernach ist mit ziemlicher Sicherheit anzunehmen, daß der Kontraktabschluß noch im April (oder im Mai) 1737 erfolgte, bevor Silbermann (Anfang Juni) mit der Arbeit in Ponitz begann.

2009 Sie verteilten sich: zehn im Hauptwerk, sieben im Oberwerk und drei im Pedal. Die Zöblitzer Orgel hat übrigens dieselbe Disposition wie die Werke zu Crostau, Forchheim, Frauenstein (zerstört), Reinhardtsgrimma und Mylau. Das letztere hat allerdings über den Kontrakt hinaus noch eine »vox humana« bekommen (vgl. hierzu Dähnert, S. 209).

2010 Zum Beispiel: Lieferung des Gehäuses mit Bildhauer- und Tischlerarbeit »nach dem vorgezeigten Riss«, Beschaffung aller Materialien, Befriedigung und Haltung aller benötigten »Handwerks- und Arbeitsleute«, Verfertigung des Pfeifenwerks »von geschlagenem englischen Zinn, Metall und guten Holz« usw.

2011 Zur Kircheninspektion gehörten auf jeden Fall der zuständige Amtmann bzw. Superintendent. Zöblitz gehörte damals ins Amt Lauterstein und zur Ephorie Annaberg.

2012 Aus den Worten »ohne Zinss«, die übrigens auch im Frauensteiner Kontrakt von 1734 auftauchen, könnte man schließen, daß ein Teil der Gesamtsumme erst nach dem geplanten Übergabetermin fällig sein sollte.

2013 Einzelheiten sind unbekannt.

2014 Das geschah »theils durch eine Collecte auf denen Hochzeiten und Kindtauffen vom Octobr. 1728 [!] an, theils auch durch eine wiederholte Anlage auf die Communicanten« (E/71).

2015 Das beweist die Kirchrechnung 1741/42: »300 Thaler Zuschuß aus dem Kirchenvermögen zu denen H. Silbermann veraccordirten 800 Thalern vor die neue Orgel auf allergnädigsten Befehl.« (D) Mit dem »allergnädigsten Befehl« ist die Genehmigung des Oberkonsistoriums gemeint, die über den Superintendenten eingeholt und am 8. April 1737 erteilt worden war (A/6 f.).

2016 Steinbach schrieb in seiner »Historie«: »... da aber selbiger [Silbermann] etliche Jahre anderweit ... beschäfftiget war, verzoge es sich mit der hiesigen [Orgel] biß a[nno] 1742 ...« (E/71). Gottfried Silbermann war in den Jahren 1736 bis 1741 mit dem Bau von sechs Orgeln wirklich voll in Anspruch genommen: Dresden (Frauenkirche), Ponitz, Frauenstein, Greiz, Zittau (St. Johannis) und Großhartmannsdorf.

2017 Die letzten Arbeiten könnten in der Zeit von Anfang Dezember 1741 (nach Übergabe der Orgel zu Großhartmannsdorf) bis etwa Ende Februar/Anfang März 1742 ausgeführt worden sein.

geschrieben:»...ich befinde mich auch noch allhier in Freyberg, ohngeachtet meine Leute schon vor etl[ichen] Wochen von hier nach Zeblitz gereiset, allwo, sobald Gott mir wieder helffen wird,[2018] ich ... eine neue Orgel vollends verfertigen werde...« (C). Die Gesellen haben mit der Arbeit in Zöblitz also ohne ihren Meister beginnen müssen.[2019] Gottfried Silbermann kam vermutlich frühestens Anfang April nach.[2020] Anscheinend glaubte er, die Orgel bis Ende Juni vollenden zu können.[2021] Er brauchte aber rund drei Wochen mehr Zeit. Silbermann bzw. seine Gesellen haben (nach Steinbach) insgesamt achtzehn Wo-

chen in Zöblitz gearbeitet[2022] und ihr Quartier »im Enzmannischen Hausse« gehabt (E/71).

Übergabe, Prüfung und Weihe

Die Orgel ist am 15. Juli, dem 8. Sonntag nach Trinitatis, des Jahres 1742 »solenniter übernommen« worden (E/71). Übernahme und Weihe fanden demnach an ein und demselben Tage statt. Wer die Orgel prüfte, wissen wir nicht. Ebenso ist unbekannt, in welcher Weise die Weihe vor sich ging.

Bemerkungen

Die Orgel befindet sich (nach Dähnert) gegenwärtig in einem guten Zustand.

FRAUREUTH

1742 vollendet
2 Manuale – 20 Stimmen
Quellen
A. Die Silbermann-Orgel (zu Fraureuth), Bauakte 1739–1742

(PfA. Fraureuth: Sign. II E a 3)
B. Acta den Orgel-Bau zu Fraureuth betr., ... 1739
(STA. Weimar, Außenstelle Greiz: Sign. a C II C 8, Fraureuth Nr. 22)

2018 Silbermann war erkrankt und »genöthiget worden, allhier [in Freiberg] zu bleiben«, obwohl er »schon längst« in Dresden seine Aufwartung machen und die Frauenkirchenorgel besichtigen wollte, weil sich angeblich das Gehäuse gesenkt hatte. Gottfried Silbermann dürfte etwa acht bis neun Wochen krank gewesen sein. Auf einen Brief des Aktuars Herold vom 20. Januar 1742 antwortete er schon vier Tage später, »des ehestens« nach Dresden kommen zu wollen. Er meldete sich dann aber erst am 30. März wieder und teilte mit, daß er die Reise »wegen Unpäßlichkeit« noch nicht unternehmen konnte. Einen Brief des Fraureuther Pfarrers vom 6. Februar beantwortete Silbermann auch erst am 30. März.

2019 Wann das geschehen ist, läßt sich leider nicht genau feststellen, denn Silbermanns Angabe (vom 30. März) »vor etlichen Wochen« ist sehr unbestimmt.

2020 Briefe vom 25. Juni und 9. Juli 1742, die er an Pastor Rothe in Fraureuth richtete, haben die Ortsangabe »Zöblitz bey Marienberg« bzw. »Zöblitz«.

2021 In dem zitierten Brief vom 30. März nach Dresden schrieb er nämlich: »...ich versichere aber, wenn ich zu Johannis ... von Zöb-

litz wieder zurückkommen werde, so will ich alsdenn nach Dreßden kommen ...« (C)

2022 Das kann stimmen, denn an der gleichgroßen (zweiten) Frauensteiner Orgel wurde sechzehn Wochen gearbeitet (vgl. Anm. 1729 bzw. 1972). Das Gehäuse ist allerdings schon im Mai 1737 (!) aufgebaut worden. Rechnet man vom Übergabetag (15. Juli) achtzehn Wochen zurück, dann müßte mit der Arbeit in Zöblitz kurz vor Mitte März begonnen worden sein. Das ist aber schwerlich mit Silbermanns eigenen Worten in Einklang zu bringen. Er schrieb doch am 30. März, seine Gesellen seien »vor etlichen Wochen« nach Zöblitz gereist (C). Legt man Steinbachs Angabe zugrunde, wonach »Silbermann« zu Fastnacht, also etwa am 6. Februar, nach Zöblitz kam, ergibt sich bis zur Übergabe der Orgel aber ein Zeitraum von zweiundzwanzig Wochen. Der Zeitpunkt des Baubeginns läßt sich nach alledem nicht exakt feststellen, weil die zeitgenössischen Angaben zu ungenau bzw. sogar widersprüchlich sind. Denkbar wäre folgendes: Silbermanns Gesellen begannen zur Fastnachtszeit mit der Arbeit. Der Meister kam nach seiner Genesung »etliche Wochen« später (frühestens Anfang April) nach. Die gesamte Bauzeit betrug etwa zweiundzwanzig Wochen,

C. Specification derer Unkosten, so auf die neue Orgel gewendet worden von ao. 1739 biß 1742
(Bl. 14 der unter A. aufgeführten Akte)

D. Einige Nachrichten, was das Freyreuther Orgel-Werk mit allen Unkosten und Aufwand zu stehen kommt
(Bl. 14 b der unter A. aufgeführten Akte)

E. Einige Discurse Zweyer Orgel-Freunde, Welche bey Gelegenheit Des von Tit. HERRN Gottfried Silbermannen ... am 1. Advent dieses 1742sten Jahres zu Fraureuth im Voigtlande verfertigten schönen Orgelwercks geführet worden ... (Druckschrift)[2023]
(Heimatmuseum Frauenstein)

F. Heinrich Rothe: Orgelcarmen von 1742 (Druckschrift)[2024]
(Heimatmuseum Frauenstein)

G. Johann Heinrich Clauser[2025], »Wohlverdientes Ehren-Gedächtniß...«
(Druckschrift)[2026]
(PfA. Fraureuth, ohne Signatur)

Vorgeschichte

Im Jahre 1733 waren an und in der Kirche umfangreiche Bau- und Erneuerungsarbeiten vorgenommen worden.[2027] Da »zeithero in der neu aufgebauten Kirche ... nur ein kleines, fast nicht mehr klingendes Positiv gestanden [hatte], die ... Gemeinde aber

durch Göttlichen Seegen immer stärker anwächset, und weder der Schuldiener einer solchen zahlreichen Versammlung vorzusingen vermögend, noch weniger aber obiges schlechtes, der Reparatur nicht werthes Werklein zu brauchen gewesen«, war der Bau einer entsprechenden Orgel notwendig geworden.[2028]

Am 19. Februar 1739 teilten der Richter und die Schöffen von Fraureuth dem Untergreizer Hofrat Johann Oßwald Fickweiler[2029] mit, daß »die gantze Gemeinde schlüßig [sei], eine neue Orgel« bauen zu lassen (B/1). Gottfried Silbermann arbeitete seit Anfang Dezember 1738 an der Orgel in der Greizer Stadtkirche. Die Gelegenheit, mit dem berühmten Meister zu sprechen, war also denkbar günstig.

Gottfried Silbermann kam am 12. März 1739 mit den Herren »Consistoriales« von Greiz nach Fraureuth und hat »den Orgel-Platz angesehen und abgemeßen« (D).[2030] Acht Tage später konnte der Orgelbaukontrakt schon geschlossen werden.[2031]

Bauvertrag

Der Kontrakt ist im Original erhalten (A/1 ff.).[2032] Er wurde am 20. März 1739 in Greiz geschlossen.[2033] Die Urkunde trägt die Unterschriften und Siegel folgender Personen:

Heinrich Rothe[2034], Pastor zu Fraureuth,

---

weil der Meister anfangs »etliche Wochen« als Arbeitskraft ausgefallen war.

2023 Siehe Anhang OWS. Nr. 62.

2024 Siehe Anhang OWS. Nr. 63.

2025 Seine Lebensdaten sind im Anhang (OWS. Nr. 64, Anm. 2) zu finden.

2026 Siehe Anhang OWS. Nr. 64.

2027 Vgl. Hüllemann, S. 45 f.

2028 So heißt es in der Präambel des Kontrakts vom 20. März 1739 (A/1).

2029 Siehe Anm. 1763.

2030 Die Herren wurden dabei gut bewirtet. Die »Mahlzeit« kostete 3 Taler und 1 Groschen. Im einzelnen wurden aufgewendet:

10 Gr.	für 10 Pfd. Rindfleisch
17 Gr. 6 Pfg.	für 2½ Kannen Wein
3 Gr. 4 Pfg.	für Zuckerbrot
9 Gr.	für einen Kuchen
2 Gr.	für Heringe
1 Gr.	für Semmel
2 Gr. 8 Pfg.	für Gräupchen und kleine Rosinen
1 Gr. 6 Pfg.	für Mandeln und Muskat
2 Gr.	für 2 Pfd. Pflaumen
7 Gr.	für 12 Kannen Bier
3 Gr.	für Butter
14 Gr.	für Hafer und Heu (für die Pferde)

Wieviel Personen bewirtet wurden, geht aus den Aufzeichnungen nicht hervor (A/32).

2031 Es ist erstaunlich, wie rasch sich die Beteiligten mancherorts über so ein Bauprojekt geeinigt haben.

2032 Außerdem ist eine Abschrift (B/3 ff.) und eine von Silbermann unterschriebene Disposition (B/5) vorhanden, die er bei seinem

Michael Wunderlich, »Kirch-Kasten-Vorsteher«,

Johann Lippold, »Gemein-Meister«,

»Richter und Schöppen zu Freyreuth im Nahmen der gantzen Gemeine« (ohne namentliche Unterschriften),

Gottfried Silbermann und

Johann George Silbermann.

Der Bauvertrag sah eine Orgel mit zwanzig Stimmen vor.[2035] Sie verteilten sich wie folgt: zehn im Hauptwerk, acht im Oberwerk und nur zwei im Pedal.[2036] Die Orgel sollte zwei Blasebälge bekommen und das Pfeifenwerk aus dem »in der Disposition beniemten« Material (englisches Zinn, Metall und Holz) gemacht werden. Silbermann wollte alle »übrigen Materialien an Meßing, Eisenwerck, Blech, Drath, Leder, Holz, hänfene Stricke, Leim und anderes« beschaffen, das Gehäuse »sauber an Bildhauer- und Tischler-Arbeit nach dem Riß« mit liefern und »die Befriedigung der Künstler, Handwerker, Bildhauer, Schlosser,

Schmiede, Nadler und Gürtler« übernehmen. Ausgenommen war nur »die Auszierung der Orgel mit Mahler-Arbeit«, das Lager der Bälge sowie die sonst noch erforderliche Zimmererarbeit. Die Gemeinde sollte auf ihre Kosten einen Handlanger halten. In den Vertrag wurde auch die Bestimmung aufgenommen, daß Silbermanns Erben den Kontrakt zu erfüllen bzw. mit ihrem Vermögen zu haften haben, wenn »vor der Aufsez- und Übergebung« des Werkes ein Todesfall oder lange Krankheit eintreten sollte.[2037] Gottfried Silbermann war bereit, für alle »an dem Werck ohne darzu kommende äuserl[iche] Gewalt oder Verwahrlosung, entstehenden Mängel zu hafften« und, wenn nötig, die Orgel »nach Verfließung eines Jahres ohne Entgeld wieder durch zu stimmen«.[2038]

Am 23. März 1739 sandte Pastor Rothe den Kontrakt an das Greizer Konsistorium,[2039] weil es »von nöthen ist, daß solcher ... confirmiret« werde (B/2).[2040]

Besuch am 12. März 1739 entworfen haben dürfte.

2033 Der Fraureuther Pastor Rothe ist von Hans Lippold »zum Orgel-Contract nach Greitz gefahren« worden, was eineinhalb Taler kostete. Man war mit zwei Pferden zwei Tage unterwegs. Die mitreisenden Kirchgemeindevertreter (Lippold und Wunderlich) bekamen eineinhalb Taler für »Kost und 2 Tage Versäumniß« (D). Der Abschluß des Vertrages erfolgte »mit Vorwißen und Zufriedenheit« der Landesherrschaft. Das war Graf Heinrich III. zu Reuß-Untergreiz. Er hatte am 18. Oktober 1735 schon mit Silbermann wegen des Orgelneubaues in der Greizer Stadtkirche gesprochen (vgl. Anmerkung 1758). Zu allem Überfluß entschloß sich der Graf, auch in der Burgker Schloßkapelle von Silbermann eine Orgel bauen zu lassen. Am 9. Juni 1739, wenige Tage vor der Übergabe der Greizer Orgel, ist Silbermann in Begleitung von Hofrat Fickweiler deswegen nach Burgk gereist, wo er am folgenden Tage mit dem Grafen zusammentraf. Der Bau der Burgker Orgel erfolgte unmittelbar nach Vollendung des Fraureuther Werkes.

2034 Rothe wurde 1680 in Gera geboren und wirkte ab 1725 in Fraureuth, wo er 1763 starb (lt. brieflicher Mitteilung von Pfarrer Heller, Fraureuth, an den Verfasser).

2035 Im Titel des Gedichtes von Kantor Clauser wird von einem »Vortrefflich Orgel-Werck Von 20. Stimmen und 2. Clavieren« gesprochen (vgl. OWS. Nr. 64).

2036 Die genaue Disposition ist bei Dähnert (S. 209) zu finden. Vgl. auch Hüllemann (S. 46f.), der den Wortlaut des gesamten Kontrakts wiedergegeben hat.

2037 Aus diesem Grunde hatte Johann George Silbermann, »wohl renommirter Orgelmacher« und Vetter des »Hof- und Landorgelbauers« Gottfried Silbermann, den Kontrakt mit unterschrieben.

2038 Ob das geschah, ist nicht nachzuweisen.

2039 Am gleichen Tage wurden 16 Groschen ausgegeben, »den Orgel-Contract in duplo abzuschreiben« (D).

2040 Rothe schrieb, Johann Lippold, der den Vertrag »im Nahmen der gantzen Gemeine« unterschrieben hatte, lasse »unterthänigst« bitten, daß die »Verordnung« wegen der von der Gemeinde aufzubringenden geldlichen »Anlage« doch noch vor Ostern (29. März) herauskom-

Schon drei Tage später, am 26. März, wurde der Fraureuther Orgelbauvertrag durch den Untergreizer Hof- und Konsistorialrat Johann Oßwald Fickweiler »in allen Puncten« bestätigt (A/5 bzw. B/10b).[2041] Nachdem es Gottfried Silbermann im Oktober 1735 gelungen war, den Greizer Orgelkontrakt innerhalb von drei Tagen abzuschließen, ging es auch in Fraureuth über Erwarten rasch. Man bedenke: Am 12. März ist Silbermann zum ersten Male dagewesen, und genau zwei Wochen später war der Vertrag nicht nur abge-

schlossen, sondern von der Kirchenbehörde bereits genehmigt.

Baukosten

Die Gemeinde hatte sich im Kontrakt verpflichtet, für die Orgel 800 Taler zu bezahlen.[2042] Es wurden fünf Ratenzahlungen vereinbart.[2043] Die festgelegten Termine sind aber nicht eingehalten worden.[2044] Die Orgel hat mit allen Nebenausgaben 1219 Taler und 21 Groschen gekostet (C).[2045]

Bauablauf

Am 24. August 1739,[2046] teilte Silbermann dem Fraureuther Pastor Rothe mit: »... ich

men möchte, damit sie am zweiten Feiertag »von der Cantzel ... verlesen und der Contract der Gemeine publiciret werden« könne (B/2).

2041 Pfarrer Rothe und die Gemeindeabgeordneten hatten die Sache allerdings dem Grafen schon persönlich vorgetragen. Er war sowohl mit dem Kontrakt als auch mit der vorgeschlagenen Anlage von 5 Groschen je Kirchenstuhl einverstanden gewesen und hatte der Gemeinde sogar zugestanden, den »Bier-Impost« so lange noch einzunehmen, bis die noch rückständigen Kirchenbaukosten und die neue Orgel bezahlt sind. Fickweiler blieb nichts mehr zu tun als festzustellen: »... so wird man [sich] ob seyten des Consistorii wohl in beyden Stücken zu fügen haben« (B/10). Die Gemeinde Fraureuth mußte aber trotzdem über zwei Taler an Gebühren entrichten (D).

2042 Die Bezahlung sollte (wie in Greiz) in französischem oder spanischem Gold oder in Dukaten erfolgen, »so lange diese Sorten in jezigen Werth bleiben«: 1 Louis d'or = 5 Taler, 1 einfacher Span. Doppien = 5 Taler und 1 Species Ducaten = 2 Taler und 18 Groschen.

2043 Es sollten fällig sein:
100 Taler zu Pfingsten 1739 als Angeld,
100 Taler zu Martini 1740,
200 Taler zu Martini 1741,
200 Taler zu Michaelis 1742 und
200 Taler zu Martini 1743 zu völliger Bezahlung.
Da die Orgel laut Kontrakt zu Michaelis 1742 übergeben werden sollte, war die letzte Rate somit erst über ein Jahr später fällig.

2044 Am 2. Juni 1739 mußte das Untergreizer Amt feststellen, daß die Gemeinde Fraureuth das zu Pfingsten (17. Mai) fällig gewesene »Angeld« von 100 Talern »bis dato« nicht bezahlt

hat. Man habe vernehmen müssen, daß sich wegen der Umlage »viele dießfalls gar wiederspenstig erweißen«. Wer noch nicht bezahlt habe, solle es »ohne den geringsten weitern Verzug« tun, andernfalls »die Säumigen ... ohnfehlbahr ausgepfändet« würden, um »den Credit der Gemeinde zu retten« (B/14). Das hat gewirkt, denn wenige Tage später (10. Juni) sind 100 Taler (in spanischen 20-Taler-Stücken) an Silbermann ausgezahlt worden (D). Eine Quittung ist nicht auffindbar. Der Meister hielt sich damals noch in Greiz auf. Das Geld dürfte ihm also dort persönlich übergeben worden sein. Der Martinitermin 1740 wurde erst am 20. Dezember mit der Post abgesandt, was 5 Groschen Porto und 3 Groschen Botenlohn (nach Reichenbach zum Postamt) kostete (B/15). Der Wertbrief war nach Freiberg adressiert. Er muß aber nach Zittau nachgesandt worden sein, weil Silbermann damals dort arbeitete. Seine nach Greiz gesandte Quittung ist jedenfalls »Zittau, d. 2. Januar 1741« datiert (B/17). In einem Begleitschreiben (vom 4. Januar) an den Untergreizer Regierungsrat Thomas Heydrich schrieb Silbermann: »... es ist mir hertzl. leid, daß Sie meinethalben sich so viel bemühen, da ich ohne dem noch von Alters her bey Ihnen in großen Schulden stehe, und nicht weiß, auf was Art und Weisse ich solches recompensiren soll ...« (B/16). Was Silbermann mit den »Schulden« gemeint hat, wissen wir nicht. Sicher hingen sie mit Silbermanns Aufenthalt in Greiz während des dortigen Orgelbaues zusammen.

Die zu Martini 1741 fällig gewesene Rate von 200 Talern wurde wiederum per Post gesandt. Das entsprechende Wertpaket ist am 22. Januar 1742 (!) beim »Churf. Sächs. Post-Amt« in Reichenbach im Vogtland aufgegeben worden,

habe gedachte Fraureuther Orgel schon in Arbeit genommen, und laße die Meinigen daran arbeiten...«[2047] Rund vier Monate später, am 28. Oktober, fragte er bei Johann Michael Wunderlich[2048] an, ob er (um Fuhrlohn zu sparen) die benötigten Bretter und Pfosten »von gutten und reinen Holtze« beschaffen wolle, andernfalls »müssen sie die höltzern Pfeiffen und Bälge« von Freiberg abholen (A/20).[2049] Pastor Rothe antwortete am 30. November, daß

»dem Mstr. Müller zu Greitz«, der am besten wisse, wie das Holz beschaffen sein muß, bereits Auftrag gegeben worden sei, damit es »diesen Winter zu rechter Zeit ... gut und rein angeschaffet und nach der Specification geschnitten werde« (A/30).[2050] Rothe schrieb weiter: »Herr Silbermann können sich also darauf verlaßen, daß dieselben, so der Herr will u. wir leben, alles nach Begehren allhier finden sollen...«[2051] Dann ruhte der Briefwechsel über einein-

wie der darüber erteilte Beleg beweist (vgl. SD. Nr. 45). Die Sendung kostete 12 Groschen Porto. Erstaunlicherweise war das Paket bereits am übernächsten Tag in Silbermanns Hand, denn er stellte am 24. Januar in Freiberg die Quittung aus (B/20). In seinem Brief vom gleichen Tage an Regierungsrat Heydrich heißt es u.a.: »... Über den richtigen Empfang des Geldes folget anbey die Quittung, und werde mich von Hertzen freuen, wenn Gott Leben und Gesundheit geben wird, künfftig bey [Ihnen] ... meine unterthänige Aufwartung zu machen...« (A/18).
Die zu Michaelis 1742 zahlbaren 200 Taler wurden Gottfried Silbermann am 1. Dezember, »den Tag für der Einweyhung« der Orgel, bezahlt (C). Die Quittung ist nicht aufzufinden.
Am 27. September 1743 machte Silbermann Regierungsrat Heydrich brieflich darauf aufmerksam, daß der Michaelistermin von 200 Talern »wegen der Fraureuther Orgel nunmehro fällig« ist. Silbermann bat dafür zu sorgen, daß er das Geld bekomme. Abschließend schrieb er: »...An dero Frau Gemahlin und wertheste Familie in specie an meinen Herrn Orgel-Examinatorem [Johann Gottfried Donati] bitte mein ergebenst Compliment zu machen...« (B/24) Der Meister hat trotzdem noch einige Wochen auf das Geld warten müssen, denn erst am 9. November 1743 stellte er eine Quittung über insgesamt 800 Taler aus (B/25).
2045 In dieser Summe sind 800 Taler für Silbermann, die Malerarbeiten, Fuhrlöhne und Transportkosten, die Ausgaben für Bretter und Brennholz, Hauszins, Orgelmahlzeiten, Reise- und Zehrungskosten, Trinkgelder, Gebühren und Porto usw. inbegriffen.
2046 Das war rund fünf Monate nach Abschluß des Bauvertrages bzw. zwei Monate nach der Übergabe der Greizer Orgel.

2047 Der volle Wortlaut des Briefes ist im Anhang (SD. Nr. 40) zu finden. Eine Woche später schrieb Silbermann an Aktuar Schroth in Zittau: »Ich arbeite an der Zittauer Orgel...« (PfA. Zittau: Akte Sign. I 1 16, Bl. 141) Damit ist bewiesen, daß Silbermann manchmal mehrere Orgeln zugleich in Arbeit hatte.
2048 Er hatte als Kirchkastenvorsteher den Baukontrakt mit unterschrieben.
2049 Hieraus wäre zu schließen, daß, wenn eine Gemeinde das entsprechende Holz am Ort zur Verfügung stellte, Silbermann dann das hölzerne Pfeifenwerk und die Blasebälge nicht in der Freiberger Werkstatt, sondern erst an Ort und Stelle anfertigte. Fraureuth lieferte das Holz. Die Orgel besitzt – soweit dem Verfasser bekannt ist – vierundsiebzig hölzerne Pfeifen, die anscheinend in Fraureuth verfertigt worden sind.
2050 Das Geschäft mit »Meister Müller« kam aber nicht zustande. Am 2. Februar 1740 »ist das Holtz zur Orgel« vielmehr von Gabriel Lippold, »dem Müller zur Neudeck«, für 31 Taler und 12 Groschen »erhandelt« worden und zwar »alles nach dem Maaß und nach der Güte wie es Herr Silbermann begehret« (A/10b). Nach der Spezifikation vom gleichen Tage handelte es sich um Bretter, Pfosten und Stollen in verschiedenen Längen, Breiten und Stärken.
2051 Der Pastor von Fraureuth wünschte Gottfried Silbermann »Leben u. Gesundheit, Krafft u. Stärke an Leib und Seele!« und ließ allen, »die den Contract mit unterschrieben haben, auch von den Meinen im Hauße«, grüßen. Übrigens hatte Rothe, bevor er Silbermann (wegen des Holzes) antwortete, erst in Greiz angefragt und von Hofrat Fickweiler am 17. November die Empfehlung erhalten, »alles Holz-Werck in Fraureuth zu liefern«. Wenn die Bretter und Stollen aber nicht recht geschnitten oder ästig wären, werde Silbermann »nicht ein

halb Jahre, weil Gottfried Silbermann mit dem Werk für die Johanniskirche in Zittau in Anspruch genommen war und ab Mitte Juni 1740 dort arbeitete.

Pastor Rothe scheint die Zeit sehr lang geworden zu sein. Er schrieb am 27. Juli 1741[2052] an Silbermann: »Wie die Kinder sich freuen auf den heil. Christ, und Tage, Wochen u. Stunden zehlen, biß die angenehme Zeit [von Weihnachten] herbeykömmt, also habe mich nun über ⁹/₄ Jahre gefreut, [2053] und gehoffet, ... [Ihre] Ankunft ... zu erleben ...« (A/31)[2054] Der fürsorgliche Pfarrer hatte für Silbermann schon »4 Claffter Holtz zu Kohlen gebrandt[2055] [und] auch ein nahes Quartier an der Kirche mit 3 Stuben, etlichen Kammern, Küche und Küchengewölbe bestellet«. Rothe war, vermutlich durch den Greizer Organisten Donati, gut informiert und schrieb abschließend: »Wie ich nun zu

dem glückl. vollendeten Zittauer großen Wercke und zu der vermuthlich schon geschehenen Retour nach Hauße von Hertzen gratuliere ...« (A/31)[2056]

Am 15. August 1741 schrieb Gottfried Silbermann an Pastor Rothe: »...kan ungemeldet nicht laßen, daß [ich] am 11. hujus [= dieses Monats] Gott sey Danck gesund und glücklich wiederum [von Zittau] nach Freyberg [ge]kommen, werde auch, wenn Gott Leben und Gesundheit geben wird, vermöge Contracts Michael[is] 1742 die Orgel in Dero Kirche aufbauen ...« (A/29).[2057] Pastor Rothe bedankte sich am 18. September für Silbermanns Brief und »vor die überschickten Carmina« (A/29b).[2058] Gleichzeitig versprach er, daß die zu Martini fälligen 200 Taler »nicht mehr in spanischen Gelde übersendet werden«.[2059] Als Silbermann am 24. Januar 1742 nicht nur Regierungsrat Heydrich,

---

2052 Am folgenden Tage stellten die für den Zittauer Orgelbau mitverantwortlichen Deputierten fest, daß die Johannisorgel »völlig fertig ist«. Vermutlich ist Pastor Rothe darüber unterrichtet worden, so daß er die briefliche Verbindung mit dem vielbeschäftigten Orgelbaumeister wieder aufnahm.

2053 Damit sind die seit Abschluß des Kontrakts vergangenen achtundzwanzig Monate gemeint.

2054 Pastor Rothe erwähnte, daß der Greizer Organist Johann Gottfried Donati am 16. Juni gekommen wäre und »ein angenehmes Compliment« von Silbermann überbracht und Hoffnung gemacht habe, daß der Meister »wohl diß Jahr noch zu uns kommen« werde. Offenbar hatte Silbermann von Zittau aus an Donati geschrieben, aber nicht erwähnt, daß er jetzt erst noch die Orgeln zu Großhartmannsdorf und Zöblitz bauen will oder muß. Möglicherweise hat Silbermann Donati zur Orgelweihe nach Zittau eingeladen (s. hierzu Anm. 1952). Wir erinnern daran, daß Silbermann im September 1735 den

Stück annehmen, welches die Erfahrung alhier [in Greiz] gelehret ...«. Fickweiler schrieb zum Schluß: »... Unser hiesiger Müller weiß hiervon am besten Unterricht zu geben, wenn er nun ein kleines Trinckgeld kriegt, wird er sich gar gerne brauchen laßen ...« (A/30 bzw. 10).

Geraer Organisten Sebald Pezold zur Weihe der Petriorgel nach Freiberg einlud (vgl. Anm. 1586).

2055 Am 25. Juli 1741 erschien als Ausgabe: 1 Taler und 14 Groschen »für einen Meiler Kohlen zu brennen« (D).

2056 Silbermann ist allerdings erst am 11. August wieder in Freiberg eingetroffen, wie er Pastor Rothe am 15. desselben Monats brieflich mitteilte. Bemerkenswert ist, daß Rothe Silbermann gebeten hatte, an seinen Vetter (Johann George) »mein ergebenstes Compliment zu vermelden«.

2057 Dieser Zwischenbescheid war notwendig, weil Silbermann noch am selben Tage von der Gemeinde Großhartmannsdorf abgeholt wurde und der Bau des dortigen Werkes ihn bis Anfang Dezember beschäftigte. Gottfried Silbermann mag es nicht übers Herz gebracht haben, den Pastor in Fraureuth ohne eine Nachricht zu lassen. Nun aber konnte sich der Meister mit ruhigem Gewissen der Arbeit widmen, die in Großhartmannsdorf auf ihn wartete.

2058 Es handelte sich offenbar um Druckschriften, die Silbermann zur Zittauer Orgelweihe erhalten hatte (s. Anhang OWS. Nr. 52 bis 59). Wieviel und welche Gedichte er nach Fraureuth sandte, ist allerdings nicht bekannt.

2059 Silbermann hatte in seinem Brief vom

sondern auch Pfarrer Rothe den Empfang von 200 Talern bestätigte,[2060] versicherte er wiederum, die Fraureuther Orgel »zu gesetzter Zeit« verfertigen zu wollen und gab der Hoffnung Ausdruck, »daß wir einander gesund sprechen mögen« (A/21). Heinrich Rothe bat in seinem Antwortschreiben vom 6. Februar um Nachricht, wieviel Pferde und Wagen zur Abholung der Orgel benötigt werden.[2061] Gottfried Silbermann meldete sich aber erst am 30. März[2062] und teilte mit, daß er vier bis fünf Wochen vorher schreiben werde, »wann die Fuhren kommen sollen« (A/22).[2063]

Der Brief des Fraureuther Pastors vom 15. Juni beweist, daß seine Geduld auf eine harte Probe gestellt wurde, »da der Johannis-Tag vorhanden«,[2064] aber niemand wisse, wann Silbermann kommen werde.[2065] Rothe ließ Silbermann wissen, daß die »gantze Gemeinde gar sehr wünschet und verlanget, Es möchte doch ... Herr Silbermann ... noch vor der Ernte-Zeit anhero kommen, damit sie nicht hernach mit deßen Fuhren ihre nöthigste Arbeit versäumen müßen ...« (A/27). Gottfried Silbermann antwortete am 25. Juni aus Zöblitz, »daß die Fuhrleute ... am 24. oder 25. Juli ... in Freyberg zu Abholung ihrer Orgel und was darzu nöthig ist, ankommen mögen ...« (A/23).[2066] Er wies allerdings auf folgendes hin: »Aus Grätz sind mir damahls 4 große 4spännichte Fracht-Wägen und 1 Kutzsche geschicket worden,[2067] darbey aber kein Gehäuße zu laden war.[2068] Hier

15. August (aus unbekannten Gründen) um Zahlung in »Frantz. Louis 'dor oder Ducaten oder allenfalls Batzen« gebeten.

2060 Vgl. Anm. 2044.

2061 Wörtlich schrieb er: »... weil die hiesigen Einwohner mehrerentheils Fuhrleuthe sind, so wollen sie gerne selber das Geld verdienen u. die Ehre haben, ihre bestellte Orgel nebst den berühmten Maitre abzuholen.« Falls Silbermann unvermutet käme, wäre »zu besorgen, es möchte kein Geld in der Cassa seyn, die Fuhrleute ... zu bezahlen ...« (A/28) Vermutlich hatte Rothe erfahren, was Silbermann am 27. November 1738 nach Greiz geschrieben hat: »... hoffe auch, es werde das Fuhrlohn parat seyn ...« (vgl. SD. Nr. 38).

2062 Er entschuldigte sich, »auf Dero wertheste Zuschrifft nicht eher als anietzo geantwortet« zu haben, ohne den Grund anzugeben. Aus Silbermanns Brief vom gleichen Tage an Ratsaktuar Herold in Dresden erfahren wir aber, daß er einige Wochen krank gewesen ist (vgl. Anm. 2018).

2063 Silbermanns Gesellen hatten inzwischen mit dem Aufbau der Orgel in Zöblitz begonnen. Der Meister folgte ihnen vermutlich frühestens Anfang April, nachdem er von seiner Krankheit genesen war.

2064 Um die Fraureuther Orgel dem Kontrakt gemäß Ende September übergeben zu können, hätte Silbermann nämlich spätestens Ende Juni mit dem Aufbau des Werkes angefangen müssen. Andererseits hatte er (in dem Brief vom 30. März) dem Dresdner Ratsaktuar in Aussicht gestellt, Ende Juni, »wenn ich ... von Zöblitz wieder zurückkommen werde«, zu der versprochenen Untersuchung der Frauenkirchenorgel nach Dresden zu kommen. Der Meister befand sich offensichtlich in großer Zeitnot, die wohl mit auf seine Erkrankung im Frühjahr zurückzuführen war.

2065 Rothe schrieb wörtlich: »Je näher die Stadt, je schwerer der Sack! Diese Wahrheit fühlt und erfährt ein armer Bauer, wenn er Getreyde oder eine andere Last zu Markte trägt. Mir geht es anietzo auch also, denn je näher die Zeit herbey kommt, da unser neues Werk in völligen Stand soll übergeben werden, je schwerer wird die Hoffnung ...«

2066 Sehr hübsch und für die damalige Zeit typisch ist die Einleitung des Briefes von Silbermann: »Ew. WohlErwürden geehrtestes [Schreiben] vom 15. huj[us, d.h. dieses Monats] ist richtig eingelaufen, woraus dero Verlangen, mich balde bey Ihnen zu sehen, sattsam erlesen. Wann dann nun solches ehestens zu bewerckstelligen, ich mir eifrigst angelegen seyn laße ...«

2067 Das ist an sich richtig, nur hatte Silbermann die Fuhrleute in Freiberg »gedungen«, weil Greiz die Wagen nicht schicken konnte (vgl. SD. Nr. 37 und 38).

2068 Silbermann hatte sich im Kontrakt verpflichtet, die Orgel mit Gehäuse zu liefern. Das beweist auch sein Brief vom 12. März 1737, wo-

aber ist zugleich das Gehäuße zu laden, daher wird die Fuhre so einzurichten seyn, daß alles fügl[ich] fortgebracht werden kan...« (A/23)

Am 9. Juli, wenige Tage vor der Übergabe der Zöblitzer Orgel, schickte Silbermann »in Eil« noch einen Gesellen nach Fraureuth, »welcher Abrede wegen der Fuhren zur Orgel pflegen« sollte (A/24). Silbermann hoffte, »es werde hierinnen kein Hinderniß gemacht werden, weil ich überall parat bin.«[2069] Pastor Rothe bestätigte mit seinem Brief vom 11. Juli, daß der »Expresse«[2070] die Fuhrleute darüber informiert habe, »wie die Kästen u. übrigen Sachen am besten fort zu bringen« sind.[2071] Verabredungsgemäß kämen am 1. August »4 Karren, 2 Leiter-Wagen u. 1 Kutsche« nach Freiberg (A/24b).[2072] Aus dem am 31. Juli 1742 vom Untergreizer Amt ausgestellten Paß geht hervor, daß die Fuhre vom Kastenvorsteher und Gerichtsschöffen Paul Lippold geleitet wurde und er den Auftrag hatte, Gottfried Silbermann und seine Gesellen, »ingleichen seine Instrumente u. übrigen zum Orgelbau gehörigen Sachen« in Freiberg abzuholen (A/15 bzw. B/21).[2073] Pastor Rothe gab den Fuhrleuten noch einen Brief an Gottfried Silbermann mit. Darin heißt es: »... Nun gehen morgen [2074] die Fuhren allhier ab, und werden auf den 1. Augusti versprochenermaßen gegen Abend zu rechter Zeit in Freyberg seyn[2075] ... Indeßen gratulire zur Reiße und hoffe ... [Sie] zu Ende dieser Woche gesund hier zu sehen, [2076] da dann nicht

nach er einverstanden war, »die Bildschnitzer-Arbeit nebst meiner Arbeit [!] nicht nach meinen, sondern nach den mir zugeschickten Riß verferttigen« zu lassen (STA. Weimar, Außenstelle Greiz: Akte Sign. a Rep. C, Cap. II Ae Nr. 17 e, Bl. 35). Es ist anzunehmen, daß zu den Greizer »Orgel-Bau-Materialien«, die Silbermann Anfang Juni 1737 mit nach Ponitz genommen hatte (vgl. SD. Nr. 34), auch das Gehäuse gehörte, so daß dann Anfang Dezember 1738 dasselbe nicht mehr mit zu verladen war. Da Silbermann beabsichtigt hatte, von Ponitz gleich direkt nach Greiz zu gehen, hätte er dort sofort mit dem Aufbau des Gehäuses beginnen können, denn das war ja sowieso eine der ersten Arbeiten bei einem Orgelbau.

2069 Die letzten Worte bestätigen unsere frühere Feststellung: Silbermann muß an der Fraureuther Orgel schon in dem Zeitraum von August 1739 bis Anfang Juni 1740 gearbeitet haben, obwohl er gleichzeitig mit dem großen Werk für Zittau beschäftigt war. Später wäre ihm gar keine Zeit mehr geblieben, denn nach Vollendung dieser Orgel folgte sofort der Bau der Großhartmannsdorfer und nach einer Pause von vielleicht höchstens drei Monaten der der Zöblitzer Orgel. Wenn Silbermann am 9. Juli erst noch einen Gesellen nach Zöblitz schickte, muß er geahnt haben, daß beinahe eine »kleine Panne« passiert wäre. Pastor Rothe hatte nämlich Silbermanns Brief vom 25. Juni erst am 7. Juli abends erhalten und »darauf ... Anstalt gemacht,

daß die Fuhren auf d. 23st. [Juli] nach Freyberg gehen« sollen (A/24b). Und das wäre, wie Silbermanns Geselle berichtete, doch eine Woche zu früh gewesen.

2070 Damit war Silbermanns Geselle gemeint.

2071 Es handelte sich um fünfzehn Kästen, wofür »3 Wagen mit Stangen und 2 Wagen mit Leitern« gebraucht wurden. Man vereinbarte mit Gottfried Silbermanns »Diener«, vier einspännige Karren, zwei zweispännige Leiterwagen und eine dreispännige Kutsche nach Freiberg zu schicken. Die Fuhrleute sollten am 31. Juli in Fraureuth abfahren und am 1. August abends in Freiberg sein (A/26b).

2072 Pastor Rothe betonte noch, die Gemeindevorsteher wollten nicht länger warten, »damit ihnen die Erntearbeit nicht zu nahe« käme.

2073 Die Fuhrleute haben den Paß unterwegs vermutlich oft vorzeigen müssen, denn »alle und jede Obrigkeiten« und die Zoll- und Geleitsbeamten wurden darin ersucht, die Fuhren und Personen »aller Orten sicher und ungehindert, auch Zoll- und Geleits frey, pass- und repassieren zu lassen«.

2074 Der Brief Rothes ist »d. 30st. Juli 1742« datiert. Demnach haben die Fraureuther Fuhrleute, wie es vereinbart worden war, die Zweitagereise pünktlich am 31. Juli angetreten.

2075 Der 1. August fiel damals auf einen Mittwoch. In welchem Freiberger Gasthof werden die Fuhrleute übernachtet haben? Oder hat

ermangeln will, bey aller Gelegenheit meinen schuldigen Respect zu bezeigen...« (A/25)[2077] Übrigens kostete es 78 Taler, um »H. Silbermannen aus Freyberg zu holen« (D).[2078]

Gottfried Silbermann und seine Gesellen dürften am 4. August 1742 in Fraureuth eingetroffen sein.[2079] Bereits am 9. desselben Monats wurde der Maler August Meister aus Greiz damit beauftragt, »das neue Orgel-Gehäuße samt allem Schnitzwerk zu staffiren«. Er sollte dafür 80 Taler bekommen[2080] und die Arbeit ausführen, bevor »berühmter Herr Silbermann mit der Stimmung [der Orgel] fertig wird« (A/34).[2081]

Der Orgelbaumeister und seine Gehilfen haben sich rund vier Monate in Fraureuth aufgehalten.[2082] Einzelheiten über den Bauablauf an Ort und Stelle sind nicht überliefert.[2083]

Übergabe, Prüfung und Weihe

Laut Kontrakt sollte die Orgel Ende September 1742 übergeben werden. Der Termin wurde aber um rund zwei Monate überschritten.[2084] Das Werk ist am 1. Adventsonntag (2. Dezember) des Jahres 1742 feierlich übergeben und geweiht worden.[2085] Gottfried Silbermann hatte zur Einweihung den Greizer Stadtschreiber und Organisten Johann Gottfried Donati (1702–1781)

---

ihnen Gottfried Silbermann gleich Nachtquartier zur Verfügung gestellt?

2076 Vermutlich haben Gottfried Silbermann und seine Gesellen unter Mithilfe der Fuhrleute am Donnerstag (2. August) die Wagen beladen und alles für die Abreise vorbereitet. Sie dürften dann am Freitag in aller Frühe Freiberg verlassen haben und am Sonnabend endlich in Fraureuth eingetroffen sein.

2077 Aus den einleitenden Worten des Briefes spricht die Freude des Geistlichen, daß mit dem langersehnten Orgelneubau nun begonnen werden kann: »Gelobet sey Gott, der unser Gebeth nicht verwirfft, noch seine Güte von uns wendet! Gott sey Dank, daß wir die Zeit erlebet, da H. Silbermann die versprochene Arbeit bey uns anfangen will! Gott sey Dank, daß wir noch Friede allhier haben, und bey unserm Orgelbau keinen Einbruch der Feinde fürchten dürffen...« (A/25)

2078 Der Gesamtbetrag setzte sich aus drei Posten zusammen:
48 Taler »denen Fraureuther Fuhrleuten«,
15 Taler »dem Fuhrmann von Freyberg« und
15 Taler »vor H. Grünraths Wagen ao. 1742 H. Silbermann herzufahren«.
Offenbar reichten die Fraureuther Wagen nicht aus, so daß man noch einen Fuhrmann von Freiberg nehmen mußte. Silbermann wurde mit dem Wagen des Greizer Bürgermeisters abgeholt. In den Beträgen dürften die »Spesen« inbegriffen sein. Die Fuhrleute mußten doch unterwegs einmal rasten und mindestens über Nacht »ausspannen«, die Pferde mit Futter versorgen und für sich eine Herberge suchen.

2079 Das war ein Sonnabend. Leider ist in der Akte der Ankunftstag nicht festgehalten worden.

2080 In der »Specification derer Unkosten« (C) sind aber nur 66 $\frac{1}{2}$ Taler verzeichnet: »dem Mahler, H. Meistern, die Orgel zu staffiren«.

2081 Das kann wohl nur so verstanden werden, daß die Bemalung der Orgel erfolgen sollte, bevor Silbermann mit dem Intonieren und Stimmen anfing.

2082 Es wurden für achtzehn Wochen 24 Taler »Haußzinß beym Zierold« bezahlt und 13 $\frac{1}{2}$ Taler für Brennholz ausgegeben (A/11b).

2083 Knapp 4 Taler wurden »dem Calcanten beym Stimmen« gegeben. Das war recht wenig. In Dresden (Sophienorgel) zahlte man einen Taler und in Freiberg (Domorgel) sogar 1 $\frac{1}{2}$ Taler pro Woche. In Frauenstein hat Silbermann dem Kalkanten 4 Taler für fünf Wochen gegeben. Das Stimmen und Intonieren der Fraureuther Orgel muß aber mehr Zeit erfordert haben. Die »Calcanten-Klingel« kostete übrigens 6 Groschen (D). Am 20. November 1742 teilte Pastor Rothe dem Greizer Regierungsrat Heydrich mit, daß Silbermann mit dem Werk »so weit fertig [ge]worden, daß es am 1. Advent, als den 2. Decembr., soll übergeben und eingeweyhet werden« (B/22 f.).

2084 Das war wohl mit darauf zurückzuführen, weil Gottfried Silbermann im zeitigen Frühjahr etliche Wochen krank war und die Orgel in Zöblitz auch erst Mitte Juli fertigstellen konnte.

2085 Das Datum geht aus den drei Druckschriften hervor (s. Anh. OWS. Nr. 62 bis 64), die aus diesem Anlaß erschienen.

»begehret«.[2086] Der Meister hat sein Werk »Ohne eintzigen Defect« und »In Gegenwart unterschiedlicher Virtuosen und berühmter Music-Verständigen« übergeben.[2087] Auf die sonst übliche Orgelexamination ist in Fraureuth offenbar verzichtet worden.[2088]

2086 Das teilte Pastor Rothe am 20. November dem Greizer Regierungsrat Thomas Heydrich mit und stellte ihm anheim, ob er Donati »einen Tag eher herunter beordern« will, damit er das Werk »ein wenig examinire« oder »ob er mit Ihnen erst kommen soll« (B/22). Leider wissen wir nicht, wie sich Heydrich entschieden hat. Jedenfalls wurden »dem H. Organisten« immerhin 6 Taler ausgezahlt (C).

2087 Das geht aus der Titelseite des von dem Fraureuther Kantor Clauser stammenden gedruckten Gedichts hervor (s. OWS. Nr. 64). Wer die Virtuosen und Musikverständigen gewesen sind, bleibt leider ein Geheimnis; vermutlich waren sie aus Greiz. Dort gab es jedenfalls »viele geschickte Musici und Kenner«, so daß man zur Übernahme der Greizer Orgel (19. Juni 1739) keinen »frembden Musicum« zu holen brauchte (STA. Weimar, Außenstelle Greiz: Akte Sign. a Rep. C, Cap. II Ae No. 17 e, Bl. 36 f.).

2088 Gottfried Silbermann war durch sein jahrzehntelanges, erfolgreiches Wirken so bekannt geworden, »daß man keine von seinen Orgeln mehr zu examiniren gestattet, sondern sich auf ihn, als einen ächten und grossen Künstler, der in dieser Profession gantz besondre Wissenschafft besitzet, zu verlassen hat«. Das stellten die »Zwey Orgel-Freunde« in ihren »Discursen« fest (vgl. S. 12 dieser bemerkenswerten Druckschrift E).

2089 Der vollständige Wortlaut der Titelseite ist im Anhang (OWS. Nr. 62) zu finden.

2090 Der Autor nannte sich »ein auffrichtiger Freund und *Diener, Welcher Hn. Silbermann Unter währender Arbeit Offters Zu Gesprochen*«. Die kursiven Buchstaben sind im Original in anderer Schriftart gesetzt. Sie sind mit großer Wahrscheinlichkeit als Anfangsbuchstaben von »*Donati, Stadtschreiber und Organist zu Greiz*« zu deuten. Die Schrift wurde bei dem Greizer Hofbuchdrucker Abraham Gottlieb Ludewig gedruckt.

2091 Der Autor gab den Orgelfreunden die Namen »Rosetto« und »Tarindo«. Wir geben ihr

Zur Orgelweihe erschien eine sechzehnseitige Druckschrift (E). Sie betitelt sich »Einige Discurse Zweyer Orgel-Freunde...«[2089] und stammte mit großer Wahrscheinlichkeit von Johann Gottfried Donati.[2090] Die beiden »Orgel-Freunde« konnten das neue Werk nicht genug rühmen.[2091] Gottfried

»Gespräch«, soweit es sich auf die Orgel zu Fraureuth bezieht, auszugsweise wieder:

– Meine Intention ist, wiederum eine neue Orgel zu hören, die der berühmte Herr Silbermann in Fraureuth verfertiget hat, und welche heute diesen Sonntag übergeben und eingeweyhet werden soll.

– So ist dieser besondere Künstler schon wiederum mit einem Wercke im Voigtlande zu Stande?

– Ja, dieses Werck ist schon das Vierdte nach der Greitzer Orgel, und in allen das 46ste [?], so er mit grösten Ruhm erbauet, besonders aber hat er sich mit der vorm Jahre verfertigten großen Orgel in Zittau, vor allen sehr distinguiret. [s. Anm. 1952] ...

– Nun Mons. Tarindo, wie gefällt ihnen diese Orgel [in Fraureuth]?

– Aus dermassen wohl, ich habe mich gantz darein verliebet, gehe auch nicht eher von dannen, biß ich sie noch einmahl gehöret.

– Wie könte die Zeit auch wohl besser angewendet werden, als eine solche schöne Orgel noch einmahl mit der grösten Attention anzuhören. Eine solche Gemeine ist höchlich zu rühmen, welche zur Ehre des grossen GOttes, so vieles auf ihre Kirchen und insonderheit zu Erbauung eines so schönen Orgelwercks verwendet. Gewißlich, hierdurch muß manche Stadt, die sich mit einem alten Rumpel-Kasten, worauf sich schon ein halb Schock Organisten zu tode gespielet, behelfen muß, billig beschämet werden. Es bleibt also dabey, Mons. Tarindo, daß wir uns Morgen vor unserer Abreise, dieses vortreffliche Werck noch einmahl zu hören, ausbitten wollen.

– Ich freue mich schon in voraus, das charmante und thönende Principal, nebst dem murrenden Sub-Bass zu hören.

– Die reitzende Quintadena hat mich gantz entzückt gemacht, so delicieux ist sie meinen Ohren vorgekommen.

– Wenn ich mich der angenehmen Rohrflöten erinnere, so bin ich gantz ausser mir.

– Wie lieblich liesen sich nicht die Gedackten hören?

Silbermann ist außerdem noch mit zwei Carmina geehrt worden (F/G).[2092]

Besonders erwähnenswert sind die Festessen, die aus Anlaß der Orgelweihe veranstaltet wurden: eine »Einweyhungs-Mahlzeit auf der Pfarre« und eine »Orgel-Mahlzeit in Zierolds Haußse«. Dafür wurden rund 22 bzw. 26 Taler aufgewendet (A/11 f.).[2093] Leider ist nicht bekannt, wieviel Personen an den Mahlzeiten teilgenommen haben. Es sind aber genaue Aufzeichnungen darüber vorhanden, was an Speisen und Getränken geboten wurde.[2094] Silbermanns Mitarbeiter bekamen 12 Taler

– Wie scharff und dabey anmuthig war nicht der Cornett?
– Kan wohl was Natürlichers seyn, als das von Herrn Silbermann erfundne so genannte Stahlspiel [?].
– Wie artig rauschete nicht die Tertie unter andern darzu choisirten Stimmen herfür?
– Der nuselnde Nussat ergötzte mich über die massen.
– Was vor einen netten und zarten Ton hat nicht die Suffoletto?
– Die Spitzflöthe hatte gewiß auch was à partes, wie erquicklich war sie nicht?
– Unter andern hat mich der authoritätische Posaunen-Bass mit seiner durchdringenden Tiefe in ein freudiges Erstaunen gesetzet.
– Der sanffte Tremulant, der so beweglich schluge, brachte mich in eine rechte Leidenschafft.
– Überhaupt, das gantze Werck ist unvergleichlich. Und wie es zusammen gezogen wurde, wie prächtig und pathetisch nahm es sich nicht aus! Klange es nicht wie pures Silber?
– Ja wohl! es hat eine ausnehmende gravität und eine iede Pfeiffe rufft des Meisters Nahmen aus.
– Kurtz um, Herr Silbermann hat nun zum 46sten mahl [?] gezeiget, daß er in Verfertigung künstlicher Orgelwercke seines gleichen nicht habe.
– Nun wohlan, Mons. Tarindo! Also ist dieser berühmte Künstler werth daß man [auf] seine Gesundheit trincke…
– Und wenn ich das Gesundheit-Trincken verredt hätte, so würde ich dieses vorietzo nicht abschlagen, weil ich diesen grossen Künstler iederzeit besonders aestimire und ihm täglich alles Gute wünsche…
– Es lebe Silbermann, der Daedalus der Sachsen! …Der werthe Silbermann hat seines gleichen nicht.
– Es lebe Silbermann! ein Mann von seltenen Gaben, Dergleichen wenige bey unsern Zeiten haben. Es lebe ieder, der ein gleiches mit

mir spricht: Der goldge Silbermann hat seines gleichen nicht.
– Vivat! Vivat Herr Silbermann!
(E/4 und 13–16)

2092 Ihre Autoren waren Pastor Rothe und Kantor Clauser (s. Anhang OWS. Nr.63 und 64).
2093 Hinzu kamen noch rund $5\frac{1}{2}$ Taler »für die Fuhrleute derer H. Räthe [aus Greiz] und Zehrung dererselben in Gasthoffe« (A/11).
2094 Wir bieten nachstehend eine fast vollständige »Speisekarte« (A/11):

26 Pfd. Kalbfleisch	à	1 Gr.	4 Pfg.
36 Pfd. Rindfleisch	à	1 Gr.	2 Pfg.
13 Pfd. Schweinefleisch	à	2 Gr.	7 Pfg. [!]
1 Kalbskopf		8 Gr.	– Pfg.
Würste		18 Gr.	– Pfg.
2 Pfd. Speck	à	3 Gr.	6 Pfg.
2 Hasen	à	9 Gr.	– Pfg.
12 Krammetsvögel		18 Gr.	– Pfg.
2 Rebhühner		6 Gr.	– Pfg.
4 Kapphähne		18 Gr.	– Pfg.
4 Hühner		14 Gr.	– Pfg.
2 Gänse	à	10 Gr.	– Pfg.
15 Karpfen	à	3 Gr.	6 Pfg.
$12\frac{1}{2}$ Pfd. Zucker	à	6 Gr.	– Pfg.
9 Pfd. Rosinen	à	2 Gr.	– Pfg.
Preißelbeeren		2 Gr.	– Pfg.
$1\frac{1}{4}$ Pfd. Mandeln	à	2 Gr.	– Pfg.
Ziegenkäse		4 Gr.	– Pfg.
Brot	für	52 Gr.	– Pfg.
Zuckerbrot		8 Gr.	– Pfg.
Brötchen		2 Gr.	– Pfg.
Semmeln		15 Gr.	– Pfg.
48 Eier		8 Gr.	– Pfg.
10 Käsekuchen	à	4 Gr.	– Pfg.
3 dicke Kuchen	à	16 Gr.	– Pfg.
2 Aufziehkuchen	à	6 Gr.	– Pfg.
2 kalte Kuchen	à	4 Gr.	– Pfg.
$2\frac{3}{4}$ Pfd. Kaffee	à	7 Gr.	– Pfg.
3 Lot Tee	à	1 Gr.	– Pfg.
168 Kannen Bier	à	– Gr.	6 Pfg.
43 Kannen Wein	à	8 Gr.	– Pfg.
6 Kannen Branntwein	à	5 Gr.	– Pfg.
$2\frac{1}{4}$ Kanne Butter	à	8 Gr.	– Pfg.

und 16 Groschen an Trinkgeldern (D).[2095] Meister und Gesellen sind wahrscheinlich am 4. Dezember von Fraureuth abgereist, aber nicht nach Freiberg, sondern nach Schloß Burgk. Dort trafen sie am 6. Dezember ein und schufen bis Mitte April 1743 in der Schloßkapelle ein weiteres, wenn auch kleineres Meisterwerk der Orgelbaukunst. Nach Vollendung desselben fuhren die Orgelbauer am 17. April nach Fraureuth zurück und traten von hier aus endlich die Heimreise nach Freiberg an. Die Gemeinde Fraureuth bezahlte dafür 67 Taler, also 9 Taler weniger als für die Anreise.[2096] Gottfried Silbermann dürfte – vermutlich – frühestens am 21. oder 22. April in seinem »Domizilium« angelangt sein.

Bemerkungen

Die Orgel zu Fraureuth befindet sich gegenwärtig in einem guten Zustand, was durch ihre Aufnahme in die vom VEB Deutsche Schallplatten Berlin herausgegebene Reihe »Bachs Orgelwerke auf Silbermannorgeln« bewiesen wird.

BURGK AN DER SAALE (SCHLOSSKAPELLE)

1743 vollendet
1 Manual – 12 Stimmen

Quellen

A. Akte: Die in hiesiger Gräfl. Schloß-Capelle erbaute neue Orgel betr. Burgck Ao. 1743[2097]
(STA. Weimar, Außenstelle Greiz: Sign. Familienarchiv von Geldern-Crispendorf, Kap. 17, Kirche Nr. 1)

B. Renth-Rechnung Der Herrschafft Burgk, 1741
(STA. Weimar, Außenstelle Greiz)

C. Renth-Rechnung Der Herrschafft Burgk, 1743
(STA. Weimar, Außenstelle Greiz)

Vorgeschichte

An dem Schloß, das sich jahrhundertelang im Besitz des Hauses Reuß befand, ist in den Jahren 1739/41 »ein gantz neues Stück ... von Grund aus gebauet und inwendig vieles geändert worden ...« (A/4).[2098] Im Zusammenhang damit entschloß sich Heinrich III., Graf Reuß, »ein neues Orgelwergk in die ... Schloß-Capelle setzen zu laßen« (A/3).[2099] Von Anfang Dezember 1738 bis Mitte Juni 1739 arbeitete Gottfried Silbermann an der Orgel in der Stadtkirche zu Greiz. Wenige Tage vor der Übergabe, am 9. Juni, reiste er gemeinsam mit dem Unter-

¼ Pfd. »Canaster-
Toback«   8 Gr. – Pfg.
schwarzer Tabak   1 Gr. – Pfg.
Zitronen, Nelken, Zimt, Safran, Weinessig, Baumöl, Muskatblüten, Muskatnuß, Salz, Pfeffer, Ingwer u. a.

2095   Im einzelnen wurden ausgezahlt:
4 Taler an Johann George Silbermann,
je 2 Taler an die anderen drei Gesellen,
je 1 Taler 8 Groschen an den »Lehrpurschen« und an die Köchin.

2096   In der »Specification derer Unkosten« (C) heißt es:
50 Taler »denen Fraureuther Fuhrleuten, H. Silbermanns Instrumenta wieder nach Freyberg zu bringen« und
17 Taler »H. Koppen in Greitz, den H. Silbermann wieder nach Freyberg zu fahren«.

Leider fehlt bei diesen Aufzeichnungen das Datum, so daß wir nicht genau feststellen können, wann die Abreise erfolgte.

2097   Diese Akte ist keine Bauakte. Der Band enthält eine von Gottfried Silbermann unterschriebene Disposition (Bl. 1 f.), einen Bericht über den Orgelbau (Bl. 3 ff.) und sechs gedruckte Orgelcarmina (Bl. 7 ff.)

2098   Der gräfliche Amtsverwalter Rudolph August Heinrich Geldern (1691–1768) schrieb in seinem zur Orgelweihe gedruckten Gedicht: »...da fast von neuen Die angenehme Burgk allhier So schön und räumlich ausgebauet, Daß jeder frey gesteht: ... Hier sey der Sinnen Lust, der Anmuth Auffenthalt...« (OWS. Nr. 66)

2099   Der Graf hatte Gottfried Silbermann bereits am 18. Oktober 1735 kennengelernt, als in der Greizer Stadtkirche wegen eines Orgelneubaues beraten wurde (vgl. Anm. 1758).

greizer Hofrat Johann Oßwald Fickweiler[2100] »herauff auff die Burgk« (A/3).[2101]
Am nächsten Tag traf Gottfried Silbermann mit dem Grafen zusammen, besichtigte mit ihm den Platz für die künftige
Orgel[2102] und reiste dann wieder ab
(A/3).[2103]
Als Silbermann »von Greitz wieder in Freybergk angelanget« war, schickte er »einen
ordentlichen Riß zu der neuen Orgel, als
auch die … Disposition dazu« an Graf Heinrich III. nach Greiz (A/3b). Das dürfte –
vermutlich – frühestens in der zweiten
Julihälfte 1739 geschehen sein.[2104] Dann
ruhte die Sache zunächst.[2105]

In einem Brief vom 4. Januar 1741 aus
Zittau bat Silbermann den Greizer Regierungsrat Heydrich[2106] um Nachricht, »ob
die Mauer in der Kirche zur Burg« schon
ausgebrochen worden ist, »weil mir sehr
viel daran gelegen«.[2107] Leider ist nicht bekannt, was Heydrich geantwortet hat.[2108]

Bauvertrag

Der Kontrakt ist bisher nicht aufgefunden
worden.[2109] Wir wissen auch nicht, wann
er abgeschlossen wurde,[2110] sondern können
uns nur an die von Silbermann unterschriebene und von ihm (vermutlich im Juli
1739) nach Greiz gesandte »Disposition Zu
einen neuen Orgel-Werck, ob solches auf

2100 Hof-, Justiz- und Konsistorialrat Fickweiler ist reichlich sieben Monate später gestorben (PfA. Greiz: ToR. Nr. 7/1740).

2101 Nach Hüllemann (S. 56) sind in der
Rentrechnung von 1741 (B/22) 5 Taler und
15 Groschen verzeichnet: »Fuhrlohn H. Grünrath zu Greitz, als Ao. 1739 der seel. H. Hof-
Rath Fickweiler mit H. Silbermann herauff gefahren.«

2102 Da es »überall sehr enge war«, wurde beschlossen, die starke Mauer zwischen der Kapelle und der Tafelstube herauszubrechen und
an ihrer Stelle »eine schmahle Wand von Mauer-
Ziegeln« aufzuführen. Auf diese Weise wurde
Platz gewonnen, um »eine Orgel unter dem
[noch zu setzenden] Bogen anzubringen«
(A/3 f.).

2103 Eine reichliche Woche später übergab
Silbermann die in Greiz gebaute Orgel, wohnte
der Weihe bei und reiste am 22. Juni nach Freiberg zurück, wo er am übernächsten Tag eintraf.

2104 Am 24. Juni ist Silbermann (von Greiz)
in Freiberg angekommen (vgl. Anm. 1823). In
den ersten Julitagen reiste er erst nach Zittau.
Dort besichtigte er (am 8. Juli) das »Grundwerk« der Johannisorgel und überzeugte sich
vom Fortgang der Zimmer- und Tischlerarbeiten. Die von Silbermann an Graf Heinrich III.
gesandte Disposition für die Burgker Orgel ist im
Original erhalten (A/1 f.). Leider trägt sie kein
Datum. Der Riß ist – wie in anderen Fällen
auch – verschollen.

2105 Die Gründe sind klar und gehen aus dem
Bericht des Amtsverwalters Geldern hervor:
Silbermann hatte »ein kostbares Wergk in Zittau

2106 Heydrich wurde (lt. Auskunft des STA.
Weimar, Außenstelle Greiz) am 18. August
1691 in Fröbersgrün als Sohn eines Rittergutsbesitzers geboren und starb 1759 als Untergreizer Regierungs- und Konsistorialrat (PfA.
Greiz: ToR. Nr. 103/1759).

2107 Siehe hierzu Anm. 2102.

2108 Silbermanns Brief befindet sich in der
Fraureuther Akte (STA. Weimar: Außenstelle
Greiz: Sign. a Rep. C, Cap. II C 8, Fraureuth Nr. 22, Bl. 16). Er hatte sich gleichzeitig
für die 100 Taler bedankt, die ihm von Heydrich für die Fraureuther Orgel übersandt worden waren. Obwohl Silbermann in Zittau noch
sehr beschäftigt war, dachte er auch an Burgk.
Leider wissen wir nicht, ob zu diesem Zeitpunkt
der Baukontrakt für das Werk der Burgker
Kapelle schon abgeschlossen gewesen ist.

2109 Möglicherweise hat der Graf den Bauvertrag persönlich in Besitz gehabt, denn er war
ja der Auftraggeber.

2110 Bedauerlicherweise hat Amtsverwalter
Geldern in seinem (sonst sehr aufschlußreichen)
Bericht das Datum des Kontraktes nicht angegeben. Es ist möglich, daß der Bauvertrag erst
1742 abgeschlossen wurde, nachdem Silbermann
die Orgeln zu Zittau und Großhartmannsdorf

zu verfertigen versprochen, darüber er fast 3 Jahre zugebracht«. Außerdem wurde im Burgker
Schloß – wie eingangs schon erwähnt – gebaut,
»darüber denn drey Jahr völlig verstrichen, biß
Ao. 1742, alß der anhero geschickte Riß der
neuen Orgel, nebst dem Contract gnädigst beliebet worden, H. Silbermann … in Monath
December … anhero auff die Burgk kame …«
(A/3b f.).

per Burgk kan angebracht werden?« halten (A/1 f.).[2111] Danach sollte das Werk ein Manual mit elf Stimmen und ein nur mit einem Subbaß besetztes Pedal bekommen. Silbermann wollte die Orgel mit zwei Bälgen ausstatten, das Gehäuse mit liefern und »Das Chor mit saubrer Tischler-Arbeit verkleiden«. Er verlangte – wie üblich – »frey Brenn-Holtz, Kohlen, Logiament und Lagerstadt und freye Ab- und Zufuhr«. Wir können annehmen, daß der Kontrakt

mit Silbermann durch Graf Heinrich III. auch in diesem Sinne geschlossen wurde.

Baukosten

In seiner »Disposition« hat Gottfried Silbermann »Vor alles und jedes« 600 Taler verlangt (A/1 b),[2112] ferner »3 schock saubere Bretter ohne Äste, geschnitten, wie solche das Klotz giebet«, und etliche Pfosten und Stollen. Aus dem Bericht von Geldern[2113] geht hervor, daß der Orgelbau insgesamt 1040 Taler gekostet hat (A/6).[2114]

übergeben hatte und die Bauarbeiten im Schloß Burgk beendet waren (vgl. Anm. 2105).

2111 Ansonsten ist der von Rudolph August Heinrich Geldern am 20. April 1743, also sechs Tage nach der Orgelweihe, niedergeschriebene Bericht (A/3 ff.) die einzige Quelle, aus der die Baugeschichte der Burgker Orgel erschlossen werden kann.

2112 Bei dieser Summe blieb es auch. Geldern führte in seiner Zusammenstellung »waß wegen der neuen Orgel in allen bezahlet werden müßen« (A/6) auf: 600 Taler Herrn Silbermann, »so viel mit ihm accordiret gewesen«. Der Meister hat aber von Graf Heinrich III. persönlich noch 42 Taler als »Discretion« bekommen (A/6). Außerdem sind Silbermann weitere 16 Taler gezahlt worden: »vor den Pfarr-Stuhl und Altar zu machen« (A/6). Wann und in welcher Weise die Kontraktsumme gezahlt wurde, ist nicht nachzuweisen, da die Rechnungsbelege bzw. Quittungen nicht mehr vorhanden sind. Silbermann hatte (in seiner Disposition) um Bezahlung »in beliebigen Terminen« gebeten (A/1 b).

2113 Rudolph August Heinrich Geldern wurde um 1691 geboren und starb als »hochbestalt gewesener Rath und Amtmann zur Burgk« am 12. Dezember 1768 in Schleiz (PfA. Schleiz: ToR. Nr. 108/1768).

2114 Der Amtsverwalter führte u. a. folgende Posten auf:
658 Taler – Gr. für Silbermann (vgl. Anm. 2112),
  5 Taler 1 Gr. Zehrungskosten für Silbermann bei der An- und Abreise,
 18 Taler – Gr. für die Kutsche bei Silbermanns An- und Abreise,
 60 Taler – Gr. Fuhrlöhne für Silbermanns »Equipage«,
130 Taler – Gr. Malerarbeiten (Chor und Orgel),

 7 Taler 14 Gr. für Maurerarbeiten (u. a. Bälgekammer),
12 Taler 8 Gr. für Zimmererarbeiten (Chor und Balgengerüst),
 2 Taler 22 Gr. für Schlosserarbeit,
30 Taler 5 Gr. für Bretter, Pfosten, Stollen Nägel,
 8 Taler – Gr. für zwei Fuder Kohlen,
40 Taler – Gr. für vierzig Klafter Brennholz,
32 Taler 14 Gr. für die dreitägige Orgelmahlzeit,
 6 Taler – Gr. für den Organisten Donati, »daß er zum ersten mahl die Orgel gespiehlt«,
26 Taler 9 Gr. Trinkgelder für Silbermanns Gesellen.

Bei einem Vergleich der Geldernschen Aufstellung mit der Rentrechnung (C) ergeben sich einige, nicht mehr aufklärbare Differenzen. Es ist dabei allerdings zu beachten, daß die Beträge in der Rentrechnung nach Gulden angegeben wurden. So hat Silbermann z. B. für die Orgel 685 Gulden und 15 Groschen bekommen. Das entspricht genau 600 Talern. Nach der Rentrechnung betrugen die Trinkgelder für die Gesellen bzw. die Ausgaben für die Mahlzeiten umgerechnet 33 Taler und 5 Groschen bzw. 18 Taler und 4 Groschen (C/19). Die Organistenvergütung von 6 Talern ist in der Rechnung nicht enthalten. War sie vielleicht in den »Trinkgeldern« enthalten? Die Differenz von rund 14 Talern bei den Aufwendungen für die Orgelmahlzeit könnte man sich wie folgt erklären: In die offizielle Rechnung wurde nur aufgenommen, was das eigentliche Festessen nach der Orgelweihe gekostet hat. Der Amtsverwalter gab aber den gesamten Aufwand an, weil Essen und Trinken ja noch zwei Tage lang »continuiret« worden sind.

Nachdem die Orgel zu Fraureuth übergeben und geweiht worden war, reiste Gottfried Silbermann gleich von dort aus (über Greiz und Schleiz) nach Schloß Burgk.[2115] Die Reise bzw. der Transport – hin und zurück – kosteten je 39 Taler.[2116] Am 6. Dezember traf Silbermann »mit seinen Leuten und 5 starken beladenen Wagen und Karren« auf Schloß Burgk ein (A/4).[2117] Sofort nach der Ankunft wurden dem Meister »zu seiner Wohnung die neue Eckstube, denen Leuten aber zu ihrer Werckstadt das Tafel-Gemach gegen über, und zu ihren Nachtlager die darunter befindliche Lacquaien-Stube[2118] angewiesen, die sie auch sogleich bezogen« (A/4). Silbermanns »Suite[2119] bestund in 6 Persohnen« (A/4b).[2120]

Amtsverwalter Geldern schrieb, daß »an der Orgel biß in die 18te Woche gearbeitet« und sie »endlich in der Woche vor Ostern [1743] gäntzlich zu Stande gebracht« wurde (A/4b).[2121] Weitere Einzelheiten über den Bauablauf sind nicht bekannt.

Übergabe, Prüfung und Weihe

Als an der Orgel alles, »auch die Mahlerey«[2122], fertig war, wurde der 14. April

---

2115 Die Reiseroute ergibt sich aus folgenden Ausgabeposten (A/6 und C/19):
2 Taler 18 Gr. Fuhrlohn »H. Brgmstr. Grünrath zu Greitz, denselben [Silbermann] von Freyreuth biß Greitz«,
6 Taler 6 Gr. »dergl. H. Klingern das[elbst] von Greitz biß auff die Burgk«,
3 Taler 12 Gr. »hat H. Silbermann in der Herauff-Reiße in Schleitz verzehrt«.

2116 Amtsverwalter Geldern führte auf (A/6):
9 Taler »denen Kutsch-Pferden, so ihn von Freyreuth her gefahren«,
9 Taler »dergl. als er wieder hinunter gefahren«,
30 Taler »denen Fuhrleuten, die seine Equipage von Freyreuth herauffgefahren«,
30 Taler »dergl. solche wieder hinunter zu fahren«.

2117 Die Orgel zu Fraureuth ist am 2. Dezember geweiht worden. Silbermann dürfte am übernächsten Tag nach Burgk abgereist sein. Er kehrte also nicht erst nach Freiberg zurück. Wie die Materialien für die Burgker Orgel von Freiberg zunächst nach Fraureuth gekommen sind, wissen wir nicht. Die am 31. Juli 1742 von Fraureuth nach Freiberg geschickten sechs Wagen können nur für das Fraureuther Werk bestimmt gewesen sein (vgl. Anm. 2071).

2118 Damit ist ein sonst für die Dienerschaft bestimmtes Zimmer gemeint.

2119 Darunter sind die Mitarbeiter des Meisters zu verstehen.

2120 Zu ihnen gehörten sein Vetter Johann George und zwei Orgelbauer- und zwei Tischlergesellen, also dieselben Leute wie in Fraureuth, nur daß der »Lehrpursche« inzwischen Geselle geworden war (vgl. hierzu Anm. 290). Die sechste Person war Silbermanns Köchin, »wegen der selbst zu haltenden Menage«. Graf Heinrich III. hat also dem berühmten Meister keine freie Beköstigung gewährt, wie andere Adlige das sonst meistens taten.

2121 Für das kleine Werk sind achtzehn Wochen eine relativ lange Bauzeit. In der gleichen Zeit hatte Silbermann in Fraureuth ein wesentlich größeres Werk aufgebaut. In Großhartmannsdorf brauchte er mit vier Gesellen für ein einundzwanzigstimmiges Werk gar nur fünfzehn Wochen. Das Gehäuse ist allerdings schon im Mai 1740 (!) aufgebaut worden. Silbermann hatte in Burgk zwar die Verkleidung des Chores und die Verfertigung des Pfarrstuhls und des Altars mit übernommen (vgl. seine »Disposition« und Anm. 2112). Das waren aber reine Tischlerarbeiten, die neben dem Orgelbau ausgeführt wurden und den langen Aufenthalt kaum verursacht haben können. Er läßt sich vielmehr am einfachsten damit erklären, daß manche Orgelteile (z. B. die zinnernen Pfeifen) erst an Ort und Stelle angefertigt worden sind. Ein bemerkenswerter Ausgabeposten könnte diese Vermutung begründen: 3 Taler und 7 Groschen »dem Maurer vor die ruinirten Zimmer, darin Silbermann mit seinen Leuten gearbeitet, wieder zu repariren und auszuweißen« (A/6b). In der Burgker Rentrechnung von 1743 ist sogar von den Zimmern die Rede, »so die Orgelmacher eingesauet« (C/19b). Hätten Silbermann und seine Gesellen alles fix und fertig mitgebracht, wären die Arbeitsräume wohl nicht »ruinirt« und »eingesauet« worden. Beim Frauensteiner Orgelbau war es nur notwendig gewesen, die Rathaus-

1743, »der erste heilige Oster-Tag«, zur Einweihung angesetzt (A/4b). Der Greizer Organist (und Stadtschreiber) Johann Gottfried Donati[2123] war beauftragt worden, das Werk zu übernehmen, was an dem genannten Tage geschah (A/5).[2124] Gottfried Silbermann sind sechs Carmina gewidmet worden.[2125]

Zur Orgelweihe war »eine ziemliche Menge Volcks von andern Orten« gekommen, um »solche mit anzuhören« (A/5). Der Landesherr, Graf Heinrich III., hatte sein Erscheinen zugesagt, war dann aber »von einer Unpäßlichkeit wieder Vermuthen davon abgehalten worden« (A/4b). Der Hofprediger Johann Rudolph Jänecke[2126] hielt die Weihepredigt.[2127] Anschließend fand im Tafelgemach[2128] die Orgelmahlzeit »bey schönen Tractamenten[2129] wie auch guten Wein und Bier« statt.[2130] Das Festessen ist

stube »auszusäubern« (vgl. Anm. 1731). – Da der Bauvertrag eventuell erst 1742 abgeschlossen wurde (vgl. Anm. 2105), ist bis zur Abreise nach Fraureuth (Anfang August 1742) vermutlich nicht mehr genügend Zeit geblieben, um alle für die Burgker Orgel nötigen Werkstattarbeiten noch in Freiberg auszuführen. Silbermann war ja seit Mitte Juni 1740 fast pausenlos unterwegs: fast vierzehn Monate in Zittau, fünfzehn Wochen in Großhartmannsdorf, je achtzehn Wochen in Zöblitz und in Fraureuth. Der Meister wollte wohl (nach Vollendung der Fraureuther Orgel) nicht erst wieder nach Freiberg zurückkehren und die weite Reise sozusagen noch einmal machen. War er einmal in Fraureuth, dann lag Schloß Burgk relativ nahe. Wir erinnern daran, daß Silbermann, als die Glauchauer Orgel fertig war, auch gleich nach Reichenbach ging, »weil einmal in der Nähe mich befunden« (vgl. Anm. 1458).

2122 Der Greizer Maler August Meister hat 130 Taler bekommen: »vor die Orgel und das Chor zu mahlen und staffieren« (A/6b). Meister hatte vorher schon die Fraureuther Orgel «staffirt«.

2123 Vgl. Anm. 1812.

2124 Donati bekam 6 Taler, »daß er zum ersten mahl die Orgel gespiehlt« (A/6). Eine regelrechte Orgelprüfung oder -examination scheint nicht stattgefunden zu haben (vgl. Anm. 2088). Jedenfalls ist kein entsprechender Bericht darüber aufzufinden. Amtsverwalter Geldern schrieb in seiner Niederschrift nur folgendes: »Da man denn bekennen muß, daß die angebrachten Register überaus wohlintoniret, die zwar einen scharffen doch annehmlichen Klang von sich höhren laßen, wie denn auch das äußere Gebäude, absonderlich wegen des saubern und niedlichen Schnitzwergks, sehr wohl in die Augen fället« (A/4b). Übrigens hat Johann Gottfried Donati auch die beiden anderen Orgeln, die Gottfried Silbermann im »Reußenland« schuf, übernommen: Greiz und Fraureuth.

2125 Siehe Anhang (OWS. Nr. 65 bis 70). Bemerkenswert ist die Ausgabe (von 50 Groschen) »vor Carmina zu drucken auff das neue Orgel-Wergk, nomine derer Geistlichen«. Vermutlich handelt es sich um das Gedicht von Hofprediger Jänecke (OWS. Nr. 67). Für ein Frauensteiner Orgelcarmen wurden im Jahre 1738 60 Groschen (einschließlich Botenlohn von Freiberg nach Frauenstein) bezahlt (vgl. Anm. 1743).

2126 Er wurde um 1713 (?) geboren und »war eines Predigers Sohn aus Gardeßen bei Braunschweig«. Sein Amt hat er »mit bewundernswürdiger Treue und in großem Segen verwaltet« und dabei »viele Krankheiten und anhaltende Schwachheiten des Leibes ertragen« müssen. Jänecke starb am 13. August 1787 (PfA. Möschlitz: ToR. 1787).

2127 Er hat darauf hingewiesen, daß »man die Wunderwergke Gottes auch hierinnen preißen [könne], daß er denen Menschen so viel Weißheit und Verstand verliehen, solche künstliche Wergke zu Stand zu bringen« (A/5).

2128 Man bedenke: Das Tafelgemach hatte kurz vorher noch Silbermanns Gesellen »zu ihrer Werckstadt« gedient (A/4).

2129 Darunter ist eine gute Bewirtung zu verstehen. Nähere Angaben über die verabreichten Speisen fehlen leider. Der Amtsverwalter erwähnte nur: »Nachmittags ist Caffee und Tabak vorgetragen worden.« Laut Rentrechnung 1743 müssen über die Orgelmahlzeit fünf einzelne Belege (»lit. a–e«) vorhanden gewesen sein, die aber nicht mehr existieren.

2130 Nach Gelderns Bericht haben an der Mahlzeit folgende Personen teilgenommen: Gottfried Silbermann, »H. von Reitzenstein«, Regierungsrat Heydrich und dessen Sohn, Hofprediger Jänecke, Kantor Beyer, Organist

noch »die zwey folgenden Tage« fortgesetzt worden.[2131] »Die Leute des Herrn Silbermann«, so schrieb Amtsverwalter Geldern in seinem Bericht, »wurden in einen andern Zimmer[2132] ebenfalls mit Wein gespeißet« (A/5b).

Nachdem man drei Tage lang gut gespeist, getrunken und auch geraucht hatte,[2133] erfolgte am Mittwoch (17. April) »endlich der Auffbruch«, indem Gottfried Silbermann, sein Vetter Johann George, Johann Gottfried Donati und des Orgelbaumeisters Köchin »in einer Kutzsche früh um 8 Uhr wegfuhren« (A/5b).[2134] Um 11 Uhr folgten »die 2 Wagen und 3 Karren mit der völligen Bagage und vieler Wergkzeug« nach (A/5b).[2135]

Die Reise bzw. der Transport kostete wiederum 39 Taler[2136] und ging über Zeulenroda[2137] zunächst nach Fraureuth.

Von hier trat Gottfried Silbermann mit seinen Gehilfen dann die Heimreise nach Freiberg an.[2138] Über acht Monate war der Sechzigjährige unterwegs gewesen. Und wiederum war der Wunsch in Erfüllung gegangen, der den Orgelbaumeister begleitet hatte, als er im November 1737 von Ponitz wieder nach Hause reiste: »Der Herr behüte Dich, wenn Du nach Hause gehest, Und schütze gnädig Dich Für allen Ungemach, Damit Du Freuden-voll Dein Freyberg wieder sehest.«[2139] Ja, Gottfried Silbermann hatte Grund zur Freude: In der Zeit von März 1738 bis April 1743, also in reichlich fünf Jahren, hat er sieben Orgeln schaffen dürfen.[2140]

Der Greizer Organist Johann Gottfried Donati hatte zur Burgker Orgelweihe in einem dem Meister gewidmeten Glückwunschgedicht[2141] auch einen Wunsch

---

Donati, Johann George Silbermann, Maler Meister, Hofverwalter Kummer und Amtsverwalter Geldern.

2131 Insgesamt sind 32 Taler und 14 Groschen »bey der Orgel-Mahlzeit die 3 Feyertage über an Eßen und Trinken auffgangen« (A/6b). Siehe hierzu auch Anm. 2114.

2132 Also nicht im Tafelgemach, wo sie wochenlang gearbeitet und das sie »ruinirt« und »eingesauet« hatten, so daß es erst von einem Maurer wieder in Ordnung gebracht werden mußte (vgl. Anm. 2121), bevor darin die Orgelmahlzeit abgehalten werden konnte.

2133 Siehe Anm. 2129.

2134 Amtsverwalter Geldern schrieb, Silbermann sei »vorhero alles was er gefordert, ohne Abzug völlig bezahlet worden«. Nach Gelderns Angaben hat Silbermann insgesamt 658 Taler bekommen (vgl. Anm. 2112 und 2114). In der Rentrechnung (C/19) sind 685 Gulden 15 Groschen »H. Silbermann, von einer neuen Orgel zu erbauen«, verzeichnet. Dieser Betrag entspricht genau der Kontraktsumme von 600 Talern. Hinzu kommen noch 18 Gulden und 6 Groschen (oder 16 Taler), die Silbermann für den Pfarrstuhl und den Altar bekommen hat. Die 42 Taler »Discretion«, die der Meister von Heinrich III. persönlich empfangen hat, erscheinen in der Rentrechnung natürlich nicht. Übrigens hat Hüllemann (S. 61 f.) die in der

Rentrechnung verwendete Bezeichnung »fl.« (= Gulden) irrtümlich als Taler gelesen.

2135 Wenn Geldern ausdrücklich von vielem Werkzeug sprach, könnte das unsere Vermutung bestätigen, daß für die Orgel vieles erst an Ort und Stelle verfertigt wurde (vgl. Anm. 2121).

2136 Vgl. Anm. 2116.

2137 Silbermann hat nämlich für 1 Taler und 13 Groschen »auff der Rück-Reiße zu Zeulenroda« etwas verzehrt (A/6). Dementsprechend sind in der Rentrechnung (C/19) verzeichnet: 1 Gulden und 16 Groschen »Zehrung, als er in Rückweg in Zeulenroda ausgelöset worden«.

2138 Sie ging auf Kosten der Gemeinde Fraureuth (vgl. Anm. 2096).

2139 Wir finden diese Worte in einem Orgelgedicht, das der Meeraner Pastor Johann Gerhard Leopold (1684–1743) zur Ponitzer Orgelweihe drucken ließ (OWS. Nr. 31).

2140 Wir führen sie nochmals der Reihe nach auf: Frauenstein, Greiz, Zittau, Großhartmannsdorf, Zöblitz, Fraureuth und Burgk. Es stimmt also, wenn es in den »Discursen Zweyer Orgel-Freunde« (vgl. Anm. 2091) heißt, daß das Fraureuther Werk »schon das Vierte nach der Greitzer Orgel« war. Wenn die Orgeln zu Fraureuth und Burgk als op. 46 bzw. 47 gezählt wurden, dann muß das allerdings angezweifelt werden (s. Anm. 220).

2141 Siehe Anhang OWS. Nr. 68.

oder eine Hoffnung ausgesprochen, die sich aber nicht erfüllt haben:

»Du wirst noch, glaub ich, GOtt zumPreiß, Manch Werck im Reussen-Lande setzen.«

Bemerkungen

Die Orgel befindet sich in einem guten Zustand. Sie ist in der vom VEB Deutsche Schallplatten Berlin herausgegebenen Reihe »Bachs Orgelwerke auf Silbermannorgeln« mit vertreten. In der Schloßkapelle Burgk finden auch Konzerte statt. Silbermanns Meisterwerk ist nicht nur ein Anziehungspunkt für namhafte Organisten des In- und Auslands, sondern auch für Touristen.

NASSAU (KREIS BRAND-ERBISDORF)

1748 vollendet

2 Manuale – 19 Stimmen

Quellen

A. Acta Die Anschaffung einer neuen Orgel zu Nassau betr.

Ergangen im Amte Frauenstein de ao. 1745

(PfA. Nassau: Sign. III, Fach 13, Nr. 100)

B. Quittung Gottfried Silbermanns vom 5. August 1748 über 740 Taler

(Heimatmuseum Frauenstein)

C. Schreiben von Superintendent D. Wilisch vom 5. September 1748

(Heimatmuseum Frauenstein)

Vorgeschichte

In der Kirche befand sich »ein sehr schlechtes Orgelwerk«. Nachdem daraus »die besten Pfeiffen und Register gestohlen« worden waren, war es »gäntzlich ruiniret«. Die Gemeinde hatte deshalb »mit H. Silbermann zu Freyberg« wegen eines Orgelneubaues Verbindung aufgenommen (A/1). Johann George Silbermann, Gottfrieds Vetter, entwarf daraufhin ein Werk mit zwei Manualen und neunzehn Stimmen[2142] und betonte, daß es »nach dem allergenauesten Preiß nicht anders als um 800 Thlr. verfertiget werden« könne.[2143] Zwei Monate später übergab Johann George Silbermann den Riß für die geplante Orgel, hat aber »auf beschehenes Vorstellen von den geforderten 800 Talern nichts remittiren wollen«, wenn das Werk »tüchtig« und dem Riß entsprechend gebaut werden soll (A/1).[2144]

Aufgrund einer Eingabe von Superintendent Wilisch und Amtmann Gensel genehmigte das Oberkonsistorium zu Dresden am 16. Juni 1745 die vorgeschlagene Finanzierung des Orgelneubaues (A/6ff.),[2145] trotzdem vergingen bis zum Abschluß des Kontraktes noch über zwei Monate.

Bauvertrag

Der Kontrakt ist im Original vorhanden[2146] und »Freyberg, den 24. Augusti 1745«

2142 Der von Johann George Silbermann unterschriebene »Entwurff einer neuen Orgel, wie solcher von einer sämtlichen Kirchfarth zu Nassau verlanget worden und in dasiger Kirche angebracht werden kann«, ist »Freyberg, den 29. Martii 1745« datiert (A/2ff.). Erstaunlicherweise ist Gottfried Silbermann, soweit aktenkundig nachweisbar, zunächst gar nicht in Erscheinung getreten. Vermutlich hat er im Falle Nassau seinem Vetter freie Hand gelassen, zumal er ihn sowieso als Erben vorgesehen hatte. Im Falle des Todes von Gottfried Silbermann hätte Johann George eine angefangene Orgel vollenden müssen. Das geht aus verschiedenen Orgelbauverträgen deutlich hervor. Wir sind darauf schon ausführlich eingegangen.

2143 Da die Gemeinde »soviel Geld bey ietzigen schweren Zeiten« nicht aufbringen konnte, sollten wenigstens 200 Taler dem Kirchenvermögen entnommen werden, »welches sich dermahlen auf 1000 Thaler beläuft« (A/1).

2144 Die Übergabe des Risses geschah bei der am 23. Mai 1745 abgehaltenen Schulsubstitutenprobe. Bei dieser Gelegenheit haben die Kircheninspektoren (Superintendent Wilisch und Amtsadjunkt Gensel) »die theils durch Alterthum, theils durch diebische Hand, so etliche der vornehmsten Pfeiffen schon vor etlichen Jahren daraus entwendet, gantz zerrüttete und unbrauchbar gemachte Orgel« besichtigt. Wilisch stellte am 29. Mai in einem Schreiben an den Frauensteiner Amtmann Jo-

datiert (A/14 ff.).[2147] Er wurde von den Kircheninspektoren[2148] und Gottfried Silbermann unterschrieben und besiegelt und sah eine Orgel mit zwei Manualen und insgesamt neunzehn Stimmen vor.[2149] Das Werk sollte »zwey tüchtige Blaß-Bälge« und »vier tüchtige Wind-Laden« bekommen und »alles besten Fleißes, beständig, und zierlich[2150] verfertiget, aufgesetzet und übergeben« werden. Silbermann verpflichtete sich, auch das Gehäuse zu liefern, die »benöthigten Arbeits-Leute« zu halten und auf sein Werk ein Jahr Gewähr zu leisten.[2151]

Baukosten

Die Orgel kostete laut Kontrakt 740 Taler (A/17).[2152] Der Betrag sollte in vier Raten bezahlt werden.[2153] Wann die Zahlungen wirklich erfolgten, ist nicht bekannt.[2154] Die Gemeinde hatte unter den Auswirkun-

hann Christian Gensel fest, daß «bey dieser starken Gemeinde ein düchtiges Orgelwerk wohl nöthig ist« und die Kirchfahrt beabsichtige, ein solches anzuschaffen (A/5).

2145   Danach sollten 600 Taler durch Anlagen aufgebracht und 200 Taler dem Kirchenvermögen entnommen werden. Falls die »Eingepfarrten« damit nicht einverstanden wären oder nicht so viel aufbringen könnten, sollten sie »einen wohlfeileren Anschlag und Entwurff fertigen« lassen. Der Erbrichter, die Gerichtsschöffen und Gemeindevorsteher meinten, »zum voraus sehen [zu] können, daß wir die 600 Taler aus unseren Mitteln aufzubringen, nicht vermögend sind». Es wären 300 Taler »bares Geld« vorhanden, und »da dieses daliegt und der dieblichen Entwendung und anderer Gefahr exponiret«, könne es »ganz wohl für den Orgelbau angewendet« werden (A/9 f.).
Am 5. Juli 1745 forderte die Kircheninspektion die Kirchfahrt auf, am 29. Juli »vor dem Amt zu Frauenstein zu rechter früher Zeit durch instruirte Ausschußpersonen zu erscheinen und eine cathegorische Erklärung zu tuhn, ob sie ... 600 Thaler durch gewöhnliche Anlagen unter sich aufzubringen gesonnen« seien (A/11). Daraufhin haben Erbrichter Johann Heinrich Wolf und sechs weitere Vertreter der Gemeinde am 29. Juli beim Amt durch Handschlag «angelobet«, bei dem Entwurf bleiben, das Orgelwerk durch Silbermann bauen lassen und dazu 600 Taler durch Anlagen aufbringen zu wollen (A/12). Das geht aus einer »Registratur« hervor, die der Frauensteiner Amtsaktuar Karl Gotthelf Barwasser geschrieben hat. Barwasser wurde 1717 geboren, hatte ab 1737 die Leipziger Universität besucht und war 1743 Amtsaktuar zu Frauenstein geworden. Sein Vater, Carl Heinrich Barwasser, war Oberförster »zu Heintzbanck« (vgl. Bahn, S. 91). Amtsaktuar Barwasser teilte den »Ausschußpersonen«, nachdem sie ihre Erklärung abgegeben hatten, mit, daß sie »nunmehro mit H. Silbermann den Contract schließen und bey der Inspection zur Vollziehung einsenden sollen« (A/13).

2146   Die Urkunde befand sich in der Amtsakte (A). Sie ist aber – vermutlich schon vor längerer Zeit – daraus entnommen und in einen »Dokumente zur Ortsgeschichte von Nassau« betitelten Band eingeheftet worden, der sich im Pfarrarchiv befindet. Es wäre dringend zu empfehlen, den Kontrakt wieder in die Akte einzubinden. Übrigens enthält die Akte eine Abschrift des Kontraktes (A/24 ff.).

2147   Die Urkunde umfaßt zehn Seiten.

2148   Das waren: D. Christian Friedrich Wilisch (1684–1759), Superintendent zu Freiberg; Johann Christian Gensel (1670–1748), Amtmann zu Frauenstein, und sein Sohn Carl Christian Gensel (1705–?), Amtsadjunkt.

2149   Haupt- und Oberwerk waren mit neun bzw. acht Stimmen besetzt, und auf das Pedal entfielen zwei Stimmen. Die Disposition entsprach dem von Johann George Silbermann gemachten Entwurf (A/2 ff.).

2150   Das Wort »zierlich« ist so zu verstehen, daß die Orgel der Kirche zur Zierde gereichen sollte.

2151   Der vollständige Wortlaut des Vertrages ist im Anhang (SD. Nr. 47) zu finden.

2152   Die Differenz zwischen der Kontraktsumme und den von Johann George Silbermann anfangs geforderten 800 Talern ist damit zu erklären, daß die Gemeinde die benötigten Pfosten, Stollen und Bretter lieferte. Sie hatten einen Geldwert von 60 Talern (vgl. Anm. 2155).

2153   Es wurden folgende Termine vereinbart:
Michaelis 1745   200 Taler,
Ostern   1746   200 Taler,
Martini   1746   200 Taler und
Martini   1747   140 Taler.
Bemerkenswert ist, daß Gottfried Silbermann

gen des zweiten Schlesischen Krieges sehr zu leiden.[2155] Man wußte nicht, auf welche Art und Weise der Orgelbau, da »Silbermann davon in Güte nicht wiederum abgehen will«,[2156] fortgeführt und das Geld dafür aufgebracht werden soll. Die Gemeinde suchte deshalb beim Oberkonsistorium darum nach, dem Kirchenvermögen weitere 100 Taler entnehmen zu dürfen (A/20 ff.).[2157] Die oberste Kirchenbehörde erklärte sich am 6. Juni 1746 damit einverstanden (A/30).[2158]

Der Kirchfahrt ist es gelungen, das Geld bis zur Übergabe der Orgel aufzubringen. Am 5. August 1748 quittierte Gottfried

Silbermann über den Gesamtbetrag von 740 Talern.[2159]

Bauablauf

Über den Bauablauf ist wenig bekannt. Es ist anzunehmen, daß Silbermann fünfzehn Wochen an Ort und Stelle gearbeitet hat.[2160] Er dürfte demnach etwa nach Mitte April 1748 mit der Arbeit in der Kirche zu Nassau begonnen haben. Nach dem Kontrakt sollte die Orgel allerdings schon zu Martini (11. November) 1746 übergeben werden. Aus der Akte geht nicht hervor, warum sich der Bau um über eineinhalb Jahre verzögert hat.[2161] Vermutlich ist die Orgel bis Anfang oder Mitte

---

für die letzte Rate, weil sie erst ein Jahr nach dem geplanten Übergabetermin der Orgel fällig sein sollte, »einen Land-üblichen Zinß« verlangte (vgl. SD. Nr. 47).

2154 Die erste Rate von 200 Talern scheint pünktlich bezahlt worden zu sein. Am 24. September 1745 teilte die Kircheninspektion den Kirchvätern mit, daß die 200 Taler aus dem Kirchenvermögen »nächstkünfftige Michaelis« auszuzahlen sind.

2155 Das geht aus einer Eingabe vom 1. März 1746 hervor, die die Kirchfahrt an das Oberkonsistorium in Dresden richtete. Darin heißt es u.a.: »...Nun haben wir ... mit dem Orgelbauer Silbermann zu Freyberg ... [einen] Contract geschloßen und das Orgelwerk ... vor 740 Thlr. erhandelt, auch hierauf 200 Thlr. bezahlet, ... [und] auf die 60 Thlr. Holtzwerck ... angeschaffet und zu Bezahlung derer übrigen 540 Thlr. hinlängl. Anlagen gemachet. Alleine da mittelst dieser Zeit die Kriegs-Troublen eingefallen, immassen an verwichenen Weynachten fast 8 Tage lang ... Ulanen ... über die 2000 Mann, sich bey uns de facto einquartieret, welche so zu sagen frey und ohne Commando gelebet, die Böden und Ställe aufgeschlagen, Heu und Getreyde genommen und überflüssig verfüttert, das Vieh aber niedergeschlagen, auch viel Sachen mitgenommen, dergestalt, daß wir ... dadurch einen Schaden von 3000 Thlr. erlitten und anietzo weder Getreyde zur Brödung noch künfftighin zur Besamung derer Felder haben, mithin ... in einem recht erbarmungswürdigen Zustand leben...« (A/20 ff.)

2156 Offenbar wollte die Gemeinde den Kon-

trakt annullieren. Damit konnte sich Gottfried Silbermann natürlich nicht einverstanden erklären. Vermutlich hatte er das Werk schon in Arbeit genommen, zumal damals keine weiteren Aufträge vorlagen.

2157 In dem Gesuch (vgl. Anm. 2155) heißt es: »... dadurch werden wir in den Stand gesetzet, künfftige Ostern [1746] dem Orgelbauer die versprochenen 200 Thaler zu bezahlen ... die anderen 100 Thaler ein Mitnachbar von uns inmittelst darleihen will, und die übrigen 340 Thlr. gedencken wir künfftige Michaelis [1746], wenn uns der Höchste eine gute Erndte bescheret, und wir wieder Brod zu leben haben, durch Anlagen gantz wohl aufzubringen ...«

2158 Das Oberkonsistorium hatte allerdings vorher bei der Kircheninspektion rückgefragt, ob das Kirchenvermögen unter Berücksichtigung der laufenden Ausgaben die 100 Taler entbehren kann (A/19). Superintendent und Amtmann bejahten das und befürworteten das Gesuch der Kirchfahrt (A/27).

2159 Die Originalquittung befindet sich im Heimatmuseum zu Frauenstein und lautet: »Siebenhundert und Viertzig Thaler, sage 740 rthlr., hat die Gemeinde zu Naßau vor Erbauung eines neuen Orgel-Werckes in dasiges Gottes-Hauß, vermöge Contracts, mir Endesgesetzten baar und völlig bezahlet, worüber hiermit in bester Form Rechtens quittiret wird.
Sig[illum] Naßau, den 5. Augusti Anno 1748
[Siegel] Gottfried Silbermann«

2160 An der zwanzigstimmigen Frauensteiner Orgel arbeitete er sechzehn Wochen.

2161 Vermutlich waren die Auswirkungen

Juni aufgesetzt und in den folgenden Wochen intoniert und gestimmt worden.[2162]

Am 14. Juli 1748 konnte der Gemeindevorsteher Gottlob Zincke berichten, daß Silbermann mit dem Orgelwerk »längstens binnen 3 Wochen zu Stande sein würde.«[2163] Dem von der Gemeinde vorgeschlagenen Weihetag, 8. Trinitatissonntag (4. August) 1748, stimmte der Superintendent zu.[2164]

Übergabe, Prüfung und Weihe

Die Orgel wurde am 4. August 1748 von D. Christian Friedrich Wilisch[2165] und dem Frauensteiner Amtsaktuar Karl Gotthelf Barwasser[2166] übernommen und dabei »allenthalben Contractmäßig befunden« (A/32b). Anscheinend hielt man es nicht

für nötig, das Werk von einem Organisten prüfen zu lassen.[2167]

Über die Orgelweihe, die zweifellos von Superintendent Wilisch vorgenommen wurde, ist nichts Näheres bekannt. Der emeritierte Frauensteiner Kantor Johann Schubarth[2168] gratulierte Gottfried Silbermann »aus alter Bekannt- und Freundschaft« mit einem gedruckten Gedicht.[2169] Das neue Werk wurde dem Schulmeister Christian Eysoldt[2170] übergeben und zwar »mit dem Bedeuten, solches wohl in acht zu nehmen und zu verwahren« (A/32b). Er hat aber offenbar nicht verhindern können, daß die Orgel schon einen Monat später »durch böse Hand« beschädigt worden ist.[2171] Über die Art des verursachten

---

des zweiten Schlesischen Krieges und die damit zusammenhängenden finanziellen Schwierigkeiten der Gemeinde daran schuld (vgl. Anm. 2155). Außerdem waren zwei Gesellen Gottfried Silbermanns, Johann George Silbermann und David Schubert, im Herbst 1747 acht Wochen mit der Reparatur der Dresdner Sophienorgel beschäftigt.

2162 Wieviel Zeit Silbermann zum Intonieren und Stimmen seiner Orgeln gebraucht hat, ist leider nur in vier Fällen genau nachweisbar:

1711: Frauenstein
     5 Wochen (bei 15 Registern)

1714: Freiberg (Dom)
     23 Wochen (bei 45 Registern)

1720: Dresden (Sophienkirche)
     10 Wochen (bei 30 Registern)

1722: Chemnitz (St. Johannis)
     4 Wochen (bei 14 Registern)

2163 Der Bericht an den Freiberger Superintendenten Wilisch erfolgte mündlich anläßlich der »Pfarrerprobe« in Dittersbach (A/31). Es handelte sich dabei wohl um die Einweisung des neuen Pfarrers Karl Otto Springsguth (1720 bis 1758).

2164 Schon am nächsten Tage (15. Juli) teilten die Kircheninspektoren »den Gerichten, der Gemeinde und den Kirchenvorstehern« zu Nassau mit, daß die Orgel am 4. August übernommen »und tags darauf ... Localkirchrechnung gehalten werden soll« (A/31b).

2165 Wilisch wirkte seit 1725 in Freiberg als Superintendent (vgl. Grünberg, II/2, S. 1023)

und war seitdem mit Gottfried Silbermann bekannt.

2166 Vgl. Anm. 2145.

2167 Nassau wäre demnach eine Parallele zu Glauchau. Dort wurde (1730) die Orgel auch »ohne sonst vorhergegangenes und gewöhnliches Examen übernommen«, wie der Zwickauer Oberkantor Johann Martin Steindorff in einer gedruckten Gratulation zum Ausdruck brachte (vgl. OWS. Nr. 8). Übrigens hatte sich Superintendent Wilisch schon mehrfach von Silbermanns Kunst überzeugen können. In seiner am 31. Oktober 1735 gehaltenen Weihepredigt für die Freiberger Petriorgel hatte er ihn »einen grossen Künstler« und »unsern belobten und berühmten Bezaleel« genannt.

2168 Johann (Christian Benjamin) Schubarth wurde 1686 in Dresden geboren, besuchte die dortige Annenschule, begab sich dann nach Leipzig und wurde 1717 als Kantor nach Frauenstein berufen (vgl. Bahn, S. 111 f.). Schubarth hat hier vierzig Jahre im Schuldienst gestanden. Ab 1743 hatte er allerdings einen Substituten zur Seite. Er ist am 26. Februar 1757 in Frauenstein, »nach langem Lager und Schwachheit«, gestorben (PfA. Frauenstein: ToR. Nr. 9/1757).

2169 Schubarth bezeichnete die Orgel »als ein liebliches Räuchwerck«, das (in Anlehnung an 2. Mose, 30, 7.8) »GOtt zu Ehren und der ganzen Kirchfahrt zur grossen Freude wohlrüchend angezündet wurde« (vgl. OWS. Nr. 71).

2170 Eysoldt wurde um 1712 geboren. Woher er stammte, ist nicht bekannt. Er starb, erst

Schadens und seine Behebung ist nichts Näheres bekannt.[2172]

Bemerkungen

Die Orgel befindet sich (nach Dähnert) in einem sehr guten Zustand und wurde in die vom VEB Deutsche Schallplatten Berlin herausgegebene Reihe »Bachs Orgelwerke auf Silbermannorgeln« aufgenommen.

FRANKENSTEIN (KREIS FLÖHA)

1753 (?) vollendet
1 Manual – 13 Stimmen

Quellen

A. Nachruf für Johann Daniel Silbermann (in: Wöchentliche Nachrichten und Anmerkungen die Musik betr., Leipzig 1766, S. 40)

B. Fischer, J(ohann) G(ottfried), Verzeichnis der Orgeln, welche Gottfried Silbermann erbauet
(in: Freyberger gemeinnützige Nachrichten, 1800, Nr. 13, 27. März, S. 129, lfd. Nr. 21)

C. derselbe, handschriftliches Verzeichnis der Silbermannorgeln aus dem Jahre 1821
(Heimatmuseum Frauenstein)

Vorgeschichte

Über die Vorgeschichte ist nichts Sicheres bekannt.[2173]

Bauvertrvg

Der Kontrakt ist nicht mehr auffindbar.[2174]

sechsundvierzig Jahre alt, am 22. Dezember 1758 in Nassau (PfA. Nassau: ToR. S. 129).
2171 Das geht aus einem Schreiben Wilischs hervor (C), welches wie folgt lautet:
»Zeiger dieses, Herr Johann George Silbermann, der jüngere, wird von mir und seinem Principal, dem Königl. Pohln. und Churfürstl. Sächß. Hoff- und Land-Orgelbauer, Herrn Gottfried Silbermannen, das in Naßau nur jüngsthin erbauete kostbare und durch böse Hand schon verletzte Orgel-Werck zu visitiren und in genaue Obsicht zu nehmen, auch hierauff seinen gewißenhaften Bericht an mich zu erstatten, hiermit beordert und zwar soll er solches thun in Beyseyn des Herrn Pastoris M. [Johann Gottlieb] Hübels, derer Kirch-Väter und Gerichten.
Sign. Auf der Superintendur Freyberg den 5den Septbr. 1748.
D. Christian Friedrich Wilisch, Superint.«
2172 Der verlangte und von Johann George Silbermann gewiß auch erstattete Bericht (vgl. Anm. 2171) ist bisher nicht aufgefunden worden. Nachdem Johann George Silbermann im Frühjahr 1745 die Verhandlungen mit der Gemeinde geführt und den Entwurf für das Werk gemacht hatte, tritt er nun wieder in Erscheinung. Man ist versucht, die Orgel zu Nassau als ein Werk von Johann George Silbermann zu bezeichnen, obwohl der Kontrakt begreiflicherweise mit seinem »Principal« geschlossen wurde. Während des 1. Weltkrieges mußten viele Kirchgemeinden aus ihren Orgeln Zinnpfeifen abliefern. In Nassau stellten sich aber im Jahre 1917 zwei Persönlichkeiten schützend vor ihre kostbare Orgel: Bürgermeister und Kirchenvorsteher Reichelt und Kantor Melzer. Sie opferten aus ihren privaten Sammlungen je 50 Pfund Zinn, so daß die Orgel nicht angetastet wurde. Das teilte dem Verfasser der in Dresden noch lebende Sohn des damaligen Nassauer Bürgermeisters, Hans Reichelt, am 26. Juni 1980 brieflich aus der Familienchronik mit.
2173 Nach Ernst Flade (Der Orgelbauer Gottfried Silbermann, Leipzig 1926, S. 100) soll die Orgel im Auftrage des Kirchenpatrons Friedrich August von Schönberg gebaut worden sein. Aller Wahrscheinlichkeit nach stand der Orgelbau im Zusammenhang mit der um 1746 erfolgten Erneuerung der Kirche. In Frankenstein wirkte ab 1739 bis zu seinem Tode (1763) Friedrich Ehrenreich Weiner als Pfarrer. Er wurde 1715 in Püchau geboren, wo sein Vater (seit 1713 bis 1730) Pfarrer war, und dürfte den Bau der dortigen (1729 vollendeten) Silbermannorgel miterlebt haben. Vielleicht geht die Anregung, in die erneuerte Frankensteiner Kirche eine Orgel des großen Meisters zu setzen, auf ihn zurück.
2174 Flade (Anm. 2173) schrieb 1926, daß sich der Kontrakt »noch heute« im Besitz der in Börnichen bei Frankenstein ansässigen Familie von Schönberg befand. Es ist sehr bedauerlich, daß Flade sich damals nicht gründlicher mit der Sache befaßt hat. Er hätte sich ohne große Mühe

Es ist demzufolge auch nicht festzustellen, wann und mit wem er geschlossen wurde.[2175]

Baukosten
Die Baukosten sind unbekannt, da der Kontrakt nicht mehr vorhanden ist.[2176]

Bauablauf
Der Bauablauf ist ungeklärt. Gottfried Silbermann soll das Werk angefangen und sein Neffe Johann Daniel Silbermann soll

es vollendet haben.[2177] Wann das geschah, ist jedoch nicht mehr genau nachzuweisen.[2178]

Übergabe, Prüfung und Weihe
Wann die Orgel vollendet wurde, wer sie prüfte und wann die Weihe erfolgte, ist unbekannt.[2179]

Bemerkungen
Die Orgel befindet sich (nach Dähnert) noch in einem guten Zustand.

über den Inhalt der Urkunde informieren können. Flades Arbeit läßt, was Gründlichkeit, Genauigkeit und Quellennachweise betrifft, sehr viel zu wünschen übrig. Das gilt insbesondere auch für die 1952 erschienene Neuauflage seines Werkes.

2175 Dähnert vermutet, daß der Vertragsabschluß um 1748 erfolgte. Ein exakter Beweis wird aber kaum mehr zu erbringen sein.

2176 Dähnert nimmt an, daß das Werk etwa 800 Taler gekostet hat. Das erscheint angemessen, zumal die Orgel im Kammerton steht und deshalb, insbesondere für das Pfeifenwerk, mehr Material gebraucht wurde als für eine Chortonorgel. Auf diese Tatsache hatte Gottfried Silbermann besonders hingewiesen, als er 1737 in Dresden-Friedrichstadt eine Orgel »nach dem Cammerton« bauen sollte. Nach Vollendung der Dresdner Sophienorgel erhob er eine Nachforderung. Nicht nur wegen der unvermutet aufgetretenen Teuerung, sondern weil er das Werk »auf anderweites Begehren in Cammer-Thon gesetzet« und demzufolge »ein weit mehreres an Materialien consumiret« hatte.

2177 Das geht aus einem Nachruf hervor, der Johann Daniel Silbermann gewidmet wurde (A). Diese Publikation ist praktisch die einzige zeitgenössische Quelle zur Baugeschichte der Frankensteiner Orgel.

2178 In dem Nachruf (A) heißt es u.a.: »... Er [Johann Daniel Silbermann] kam ... nach Sachsen, vollendete zuerst [!] eine Orgel von 8 Fuß [?] im Kammerton zu Frankenstein bey Freyberg, die sein Vetter [Gottfried Silbermann] angefangen hatte ... und brachte sodann [!] das ... neue und vortreffliche Werk [in der Dresdner Hofkirche] vollends zu Stande ...« Es ist mit ziemlicher Sicherheit anzunehmen, daß Johann Daniel etwa Anfang Mai 1752 von Straßburg nach Sachsen kam. Er kann sich also erst nach diesem Zeitpunkt mit der Frankensteiner Orgel

beschäftigt haben. Am 4. August 1753 starb Gottfried Silbermann und Zacharias Hildebrandt übernahm vorübergehend die Leitung des Dresdner Hofkirchenorgelbaues. Am 27. Oktober 1753 verpflichtete sich sodann Johann Daniel Silbermann, den mit seinem verstorbenen Onkel geschlossenen Kontrakt zu erfüllen. Für die Arbeit an der Frankensteiner Orgel stand demnach maximal der Zeitraum von Mai 1752 bis Oktober 1753 zur Verfügung. Leider wissen wir nicht, inwieweit Gottfried Silbermann selbst schon vorgearbeitet hatte und welche Arbeiten seinem Neffen noch verblieben sind. – Der Freiberger Kantor Johann Gottfried Fischer hat die Orgel in seinen Verzeichnissen mit aufgeführt (B und C). Leider gab er in keinem Falle an, wann die Orgeln gebaut wurden. Das hätte er, was die Frankensteiner Orgel betraf, von Gottfried Silbermanns ehemaligem (und letztverstorbenen) Gehilfen Adam Gottfried Oehme erfahren können; denn Fischer (geb. 1751) hat Oehme (gest. 1789) persönlich gekannt und dessen Arbeit bewundert und gerühmt (vgl. Freyberger gemeinnützige Nachrichten, 1800, Nr. 13, 27. März, S. 126). Anscheinend ist in der ersten Hälfte des vorigen Jahrhunderts auch nichts Genaues über die Baugeschichte der Frankensteiner Orgel bekannt gewesen, denn die »Sächsische Kirchengalerie« ließ es mit der Bemerkung bewenden, daß die Kirche eine »Silbermann'sche Orgel besitzt«.

2179 Aus dem bereits zitierten Nachruf (vgl. Anm. 2178) geht leider nicht hervor, ob die Orgel noch vor oder erst nach Gottfried Silbermanns Ableben vollendet wurde. Es wäre denkbar, daß Johann Daniel Silbermann die Zeit vom Tode seines Onkels (Anfang August) bis zur offiziellen Verpflichtung zur Fortführung des Dresdner Hofkirchenorgelbaues (Ende Oktober) dazu benutzte, um das Frankensteiner Werk zu vollenden.

1755 vollendet

3 Manuale – 47 Stimmen

Quellen

A. Cammeracta, die Kosten zu Erbauung eines großen Orgelwercks in der neuen Königl. Schloß-Kirche zu Dresden betr., 1750
(STA. Dresden: Loc. 35 825, Rep. VIII, Nr. 83)

B. a) Cammer-Acta Den bekannten neuen Bau bey dem Königlichen Residenz-Schloß alhier betr., 1751, Vol. VI
   b) dgl., Vol. VII
   (STA. Dresden: Loc. 35 824, Nr. 56)

C. Akte Dreßdens Königl. Schloß-Kirchen-Bau betr., 1752
(STA. Dresden: Loc. 35 852, Rep. VIII, Nr. 307)

D. Acta die Erbauung einer neuen Kirche bey dem königl. Schloß zu Dreßden betr., 1738
(STA. Dresden: Loc. 774)

E. Acta Commissionis des verstorbenen Hof-Orgelmachers Herr Gottfried Silbermanns Nachlaß betr., 1753
(STA. Dresden: Amtsgericht Dresden Nr. 4609)

F. Cammer-Acta, Des verstorbenen Hof-Orgel-Machers Silbermanns Verlaßenschafft betr., Anno 1753
(STA. Dresden: Loc. 32480, Rep. XXI, Dresden Nr. 43)

G. Rentkammerrechnungen
   a) Nr. 272   b) Nr. 273   c) Nr. 2731
   d) Nr. 275   e) Nr. 278   f) Nr. 279
   g) Nr. 281   h) Nr. 283   i) Nr. 285
   (STA. Dresden)

H. Eingabe Johann Daniel Silbermanns an Premierminister Graf von Brühl vom 26. Juni 1754
(Sächs. Landesbibliothek Dresden: Sign. Mscr. Dresden, R 52 n, Nr. 246)

Vorgeschichte

Im Jahre 1739 wurde der Grundstein zu einer neuen »Schloß-Kirche« gelegt.[2180] Nachdem Gottfried Silbermann in Dresden schon zwei Orgeln gebaut hatte,[2181] kam für den Bau einer der Kirche entsprechenden Orgel kein anderer Meister als er in Betracht. Jedenfalls ist – soweit bis jetzt bekannt – schon im Frühjahr 1740 mit ihm Verbindung aufgenommen worden.

Am 21. Juli 1740 schrieb Gottfried Silbermann an den Dresdner Ratsaktuar: »Wenn ich nun letzthin Brieffe von Dreßden erhalten, daß ich die Orgel in der neuen Schloß-Kirche, woran ietzo gebauet wird, ebenfalls bauen soll, und nur bis dahero auf Ordre warte, wann ich kommen und deßwegen meine Gedancken eröffnen soll.«[2182] Im Nachlaß Gottfried Silbermanns befanden sich »Brieffe von dem Herrn Ober-Land-Baumeister Knoeffeln[2183], Hoff-Conducteur Locken[2184] und Bildhauer

---

2180 Die Pläne für eine repräsentative katholische Hofkirche reichten bis auf Friedrich August I. (gest. 1733) zurück, gewannen aber erst unter seinem Nachfolger feste Gestalt.

2181 Im Jahre 1720 wurde die Orgel in der Sophienkirche vollendet. Sechzehn Jahre später folgte das größere Werk für die neue Frauenkirche. In beiden Fällen war der Rat der Stadt Auftraggeber. Beide Orgeln fielen den Luftangriffen auf Dresden im 2. Weltkrieg zum Opfer.

2182 Silbermann war Anfang April 1740 aufgefordert worden, die Sophienorgel zu besichtigen, weil sie durch Bauarbeiten in der Kirche Schaden gelitten hatte. Am 20. April teilte er mit, daß er das Werk ansehen wolle, wenn er nach

Zittau reise. Silbermann hat sich aber auf seiner Reise nach Zittau (kurz vor Mitte Juni) nicht in Dresden aufgehalten, sondern wollte die Sophienorgel mit besichtigen, wenn er wegen des geplanten Orgelbaues für die Hofkirche nach Dresden gerufen wird. Das geht aus seinem zitierten Brief vom 21. Juli 1740 hervor (vgl. SD. Nr. 42). Hiernach ist anzunehmen, daß Silbermann bereits im Mai oder Juni 1740 brieflich davon in Kenntnis gesetzt wurde, daß er für die im Bau befindliche Hofkirche die Orgel bauen soll.

2183 Johann Christoph Knoeffel (1686–1752) wirkte ab 1723 als Landbaumeister und dann (ab 1734) als Oberlandbaumeister. In den letzten

Hackeln[2185], den Neuen Orgel-Bau betr.«
(E/49). Leider sind diese wichtigen Dokumente verschollen.[2186]

Gottfried Silbermann ist offenbar Mitte August 1740 zur ersten persönlichen Besprechung in Dresden gewesen.[2187] Näheres darüber ist nicht bekannt.[2188] Anscheinend ruhte die Sache dann einige Jahre.[2189] Am 1. August 1747 schrieb der Baumeister der Hofkirche, Gaetano Chiaveri[2190], in einem Bericht: »Es wird nötig sein, dem bekannten Silbermann, Orgelmacher in Freiberg, wenn derselbe sein Werk anfangen soll, etwas zu bezahlen.« (Ba/77) Wenige Tage später, am 9. August, heißt es in einem Brief Gottfried Silbermanns an den Greizer Hofrat Heinrich Christian Langguth: »...daß ein unvermutheter Befehl von Ihro Königl. Maj[estät][2191] ... durch Ihro Excellenz, den Premier-Minister Graffen v. Brühl[2192], an mich kommen, um eine neue Orgel in die neue Schloß-Kirche zu Dreßden zu bauen...«[2193] Vermutlich hat Gottfried Silbermann nun die »Disposition zu einem großen neuen Orgel-Werck in die neue Königl. Schloß-Kirche zu Dreßden, wie solches für [= vor] die Säulen, nach dem Riß, wegen Enge des Bogens, mühsam kan angebracht werden«, eingereicht (A/1 ff.).[2194] Im Jahre 1749 hat sich Silbermann mit einem Gesellen, aller Wahrscheinlichkeit nach zu weiteren

---

Lebensjahren hatte er auch das Amt des »Accisbaudirektors« (vgl. Thieme/Becker, Bd. 21, S. 14).
2184 Samuel Locke (1710–1793) wurde 1739 als Maurermeister Dresdner Bürger und nach Knoeffels Tod (1752) Akzisbaudirektor (vgl. Thieme/Becker, Bd. 23, S. 309).
2185 Johann Joseph Hackel soll zunächst in Prag gearbeitet haben und wurde auf Vorschlag Gaetano Chiaveris, des Baumeisters der Dresdner Hofkirche, nach der sächsischen Residenz berufen (vgl. Thieme/Becker, Bd. 15, S. 416). Hackel ist am 12. November 1785 in Wurzen gestorben (PfA. Wurzen: ToR. Nr. 101/1785). Leider wurde in der Todesbeurkundung das Alter nicht vermerkt, so daß Hackels Geburtsjahr unbekannt bleibt.
2186 Im Staatsarchiv Dresden konnten bisher keine Hinweise auf den mit Silbermann geführten Briefwechsel gefunden werden.
2187 Wir erwähnten bereits, daß Gottfried Silbermann die Besichtigung der Dresdner Sophienorgel vornehmen wollte, wenn er nach Dresden gerufen wird, um seine Gedanken wegen einer Orgel für die Hofkirche zu »eröffnen« (s. Anm. 2182). Am 6. August 1740 schrieb er an den Dresdner Ratsaktuar: »...Wann ich nun eben bald im Begriff bin, nach Dreßden zu reisen, u. verhoffe nechst göttl. Hülffe d. 14. hujus [= dieses Monats] daselbst zu seyn...« (StA. Dresden: Akte Sign. D XXXIV 28 z, Bl. 8) Die Besichtigung der Sophienorgel hat am 17. August stattgefunden (ebenda, Bl. 9 ff.). Es ist daher anzunehmen, daß die Besprechungen mit Silbermann wegen der Hofkirchenorgel schon vorher erfolgt waren.

2188 Bemerkenswert ist nur, daß die Zittauer Orgelbaudeputierten in einem Vortrag vom 7. November 1740 von dem »Silbermann aufgetragenen sehr großen Orgelbau in der neuen königlichen Kirche zu Dresden« gesprochen haben (PfA. Zittau: Akte Sign. I 1 16, Bl. 16).
2189 Es sind jedenfalls keine weiteren Quellen zur Vorgeschichte des Hofkirchenorgelbaues bekannt.
2190 Chiaveri wurde 1689 in Rom geboren, ging 1717 nach St. Petersburg (dem heutigen Leningrad) und kam von dort über Warschau 1737 zum ersten Male nach Dresden, um Pläne für den Bau einer repräsentativen Hofkirche vorzulegen.
2191 Damit ist Kurfürst Friedrich August II. von Sachsen gemeint, der Sohn und Nachfolger von August dem Starken.
2192 Heinrich von Brühl (1700–1763) begann seine Laufbahn um 1720 als Leibpage Augusts des Starken, seit 1746 war er Premierminister.
2193 STA. Weimar, Außenstelle Greiz: Akte Sign. C II A e, Nr. 21b, Bl. 34. Der Wortlaut des landesherrlichen Befehls ist unbekannt. Er wird auch in den bis jetzt bekannten Quellen zur Baugeschichte der Hofkirchenorgel nicht erwähnt.
2194 Die Disposition ist im Original erhalten, trägt Silbermanns Unterschrift, aber leider kein Datum. In dem Dokument heißt es wörtlich: »...Dieses große und magnifique Orgel-Werck getrauet, nebst Göttlicher Hülffe, er sich, von dato an, Künfftige Michaelis des 1754sten Jahres hoffentlich tüchtig zu übergeben...«

Beratungen wegen des geplanten Orgelbaues, sieben Tage in Dresden aufgehalten.[2195] Der Bauvertrag über das große Werk wurde aber erst im folgenden Jahre abgeschlossen.[2196]

Bauvertrag

Am 18. Juli 1750 sandte Oberlandbaumeister Knoeffel den Entwurf des Kontrakts an Gottfried Silbermann zur Stellungnahme.[2197] Am übernächsten Tag gab der Meister das Dokument zurück und schrieb, daß er »mit dem Entwurff dieses Contractes völlig content« sei.[2198] Der Vertrag wurde daraufhin am 27. Juli

1750 ausgefertigt und von Johann Christian Graf von Hennicke (1681–1752)[2199] unterschrieben (A/20). Am gleichen Tage erstatte das Kammerkollegium, unter Beifügung einer Abschrift des Kontraktes, Bericht »zum Geheimen Cabinet« (A/31 ff. bzw. D/211 ff.).[2200] Das Original des Kontraktes befand sich in Gottfried Silbermanns Nachlaß[2201] und ist verschollen. Dafür ist aber eine am 28. Juli 1750 ausgefertigte und von Johann Friedrich Hausius beglaubigte Abschrift vorhanden (A/25 ff.).[2202] Sie trägt eine von Gottfried Silbermann unter-

---

2195 Das geht aus einer Spezifikation hervor, die der Dresdner Tischlermeister Michael Silbermann, aufstellte. Gottfried Silbermann hatte nämlich bei ihm gewohnt, war aber »Logis, Betten, Kost, Licht, Holz, Bier, Thee und Aufwarttung schuldig« geblieben. Michael Silbermann hat seine Auslagen erst aus dem Nachlaß seines berühmten Verwandten erstattet bekommen (E/83b f.).

2196 Gottfried Silbermann hat sich im Jahre 1750 wieder viermal bei seinem Verwandten aufgehalten und zwar zweimal sechs Tage und zweimal vier Tage. Leider fehlen in Michael Silbermanns Spezifikation die Datumsangaben (E/83b). Gottfried Silbermanns Aufenthalt in Dresden hing zweifellos mit dem geplanten Orgelbau zusammen.

2197 Das geht aus Silbermanns Antwortbrief hervor (s. Anm. 2198).

2198 In Silbermanns Brief heißt es weiter: »Ich habe so gleich nach Erhaltung Dero Geehrtesten [Schreibens] nebst Beylage, von 18. Juli ... der Hohen Ordre Sr. Excellenz, des Herrn Geheimden Conferenz-Ministers, Grafens von Hennicke, nachzuleben nicht angestanden und ad marginem [= am Rande] des entworffenen Königl. Orgel-Contracts erinnert, was mir nöthig geschienen, bin auch sonst mit dem Entwurff dieses Contractes völlig content. Wie ich denn die Ehre habe ... [Ihnen] diesen Entwurff gehorsamst zu remittiren ... Bedaure sonst Dero viele Bemühungen, die ich verursache, und wünsche nichts, als Gelegenheit zu haben, mich auf einige Art revengiren zu können...« (A/10).

2199 Johann Christian Graf von Hennicke war damals Vizepräsident des Kammerkollegiums.

2200 In dem Bericht heißt es u.a.: »...Nachdem aber zu Bestreitung dieses Aufwandes vor der Hand kein Fond bey ... [der] Rent-Cammer vorhanden, gleichwohl von dem Contrahenten [Silbermann] die Zahlung gar sehr urgiret [wird], ... So haben ... wir hiervon allergehorsamste Anzeige thun, und Dero fernere allergnädigste Disposition, auch aus was vor einen zur Rent-Cammer anzuweisenden extraordinairen Fond HöchstDieselben sothane Zwantzig Tausend Thaler in denen gesezten Terminen bestreiten zu laßen geruhen möchten, in tiefster Submission hierdurch erwarten sollen...« (D/212).

2201 Der mit der Nachlaßaufnahme betraute Notar Traugott Friedrich Langbein führte unter den »schrifftlichen Uhrkunden« auf: »...b) Der Original-Contract, so das ... Cammer-Collegium mit dem Defuncto Gottfried Silbermannen unterm dato Dreßden, am 27. July 1750 wegen des Neuen Orgel-Wercks in die Königl. Schloß-Capelle auf 20000 Thlr. hoch geschloßen, wobey ein Schema von denen Quittungen bey erfolgter Terminlicher Zahlung zu befinden. Nota. Auf diesen Contract sind von der Königl. Cammer bereits 10000 rth. bezahlet...« (E/48 f.)

2202 Hausius hatte den Originalvertrag auch mit unterschrieben (A/29) und gehörte als Kammerrat dem Kammerkollegium an. Neben der beglaubigten Kontraktabschrift ist noch eine einfache Abschrift des Bauvertrages vorhanden, die am 27. Juli 1750 dem Geheimen Kabinett übersandt worden war (D/213 ff.). Außerdem existieren noch zwei Entwürfe des Kontrakts (A/11 ff. und 18. ff.), wovon der erstere an Silbermann zur Stellungnahme übersandt worden war (vgl. Anm. 2198).

schriebene und besiegelte Erklärung (A/29 b).[2203]

Am 16. Dezember 1750 wurde der Vertrag vom Landesherrn, Kurfürst Friedrich August II.[2204], »allenthalben in Gnaden approbirt« (A/36 f.).[2205] Am 22. desselben Monats wurde der Kammermeister Hieronimus Segnitz angewiesen, die im Kontrakt vereinbarte Summe von 20000 Talern »in denen stipulirten Terminen aus Unserer Rent-Cammer von denen daselbst einkommenden Geldern, wie es der Cassenzustand erleiden möchte«, an Gottfried Silbermann auszuzahlen (A/38 f.).[2206]

Der Kontrakt sah eine Orgel mit drei Manualen und siebenundvierzig Stimmen vor (A/25 ff.).[2207] Silbermann verpflichtete sich, »alles tüchtig und dauerhafft« zu erbauen und das Werk »nach dem anbefohlenen Thon« zu stimmen.[2208] Die Manualklaviere sollten von C, D, Dis bis c³, cis³, d³ reichen,[2209] und die Pedalklaviere – wie üblich – von C, D, Dis bis c¹. Das Werk sollte, seiner Größe entsprechend, »Sechs tüchtige Bälge« und zehn Windladen bekommen. Silbermann wollte »die benöthigten Fuhren, nebst dem Brenn-Holz und Kohlen« auf seine Kosten übernehmen. Dem Meister sollten in Dresden »soviel gelegene geräumliche Behältniße, als vor 10 Personen zu arbeiten erforderlich sind, auf zwey Jahr lang, aß auch auf dem Schloße Freudenstein in Freyberg, während der Arbeit daselbst, etliche Zimmer frey und ohne Entgeld eingeräumet« werden.[2210] Darüber hinaus enthält der Kontrakt keine Besonderheiten.[2211]

Baukosten

Gottfried Silbermann hat »für die versprochenermaßen tüchtige Erbauung und Lieferung dieses Orgel-Werckes« 20000 Taler »verlanget«.[2212] Über diese Summe, in der

2203 Die Erklärung hat folgenden Wortlaut: »Zu vorherstehenden Contract bekenne mich hierdurch allenthalben, und verspreche solchen in allen Puncten, Conditionen und Clauseln auf das genaueste nachzukommen, auch darwieder in keinerley Weise noch Wege zu handeln. Treulich und ohne Gefährde. Freyberg, den 29. July 1750. [Siegel] Gottfried Silbermann.«

2204 Er wurde 1696 geboren, trat am 1. Februar 1733 die Nachfolge seines Vaters an und starb 1763 in Dresden.

2205 Der Wortlaut des entsprechenden Reskripts an das Kammerkollegium ist zweimal überliefert (A/36 f. und D/221 f.): Das Original trug nicht nur die eigenhändige Unterschrift des Kurfürsten »Augustus Rex«, sondern auch die des Grafen von Brühl (A/36). Das Konzept des Reskripts wurde von Friedrich August II. und Graf von Brühl eigenhändig signiert: »AR« und »GvB« (D/221).

2206 Das Kammerkollegium hatte den Kammermeister bereits am 4. September 1750 eine Abschrift des Kontrakts übersandt und ihn angewiesen, an Silbermann 2000 Taler »voritzo« und 2000 Taler »annoch in iztlauffenden Monat Sept.« auszuzahlen (A/34 ff.). Nach Ausweis der Rentkammerrechnungen hat Gottfried Silbermann aber bereits am 25. August 4000 Taler bekommen (vgl. Anm. 2216). Das ist wohl geschehen, weil Gottfried Silbermann »die Zahlung gar sehr urgiret« hatte (vgl. Anm. 2200).

2207 Die Stimmen verteilten sich wie folgt: Hauptmanual 15 Oberwerk 14 Brustwerk 10 Pedal 8 Die genaue Disposition ist aus dem im Anhang (SD. Nr. 48) wiedergegebenen Wortlaut des Kontrakts zu ersehen. Sie stimmt mit dem von Silbermann vorgelegten Entwurf überein (A/1 f.).

2208 Damit ist der sogenannte Kammerton gemeint. Die anderen beiden Dresdner Werke Silbermanns standen ebenfalls im Kammerton (vgl. Anm. 907).

2209 Die Orgeln in der Dresdner Sophien- und Frauenkirche hatten denselben Manualumfang (vgl. Anm. 908).

2210 Gottfried Silbermann hat im Freiberger Schloß tatsächlich Räume benutzt. Johann Daniel Silbermann schrieb nämlich am 14. Juli 1755 in einer Eingabe an den Kurfürsten, daß sein verstorbener Onkel in Freiberg »Vorräthe an Holtz und Zinn« hinterlassen habe und zwar »sowohl in seinem zur Miethe inne gehabten Hauße, als auch in Dero daselbst befindlichen Schloße demselben allergnädigst eingeräumet gehabten Kammern...« (F/12 f.).

2211 Der vollständige Wortlaut des Vertrages ist im Anhang (SD. Nr. 48) zu finden.

2212 Das geht aus der von ihm vorgelegten

das Orgelgehäuse nicht inbegriffen war, wurde auch der Kontrakt geschlossen.[2213] Allerdings wurde, von Silbermanns Wünschen abweichend,[2214] festgelegt, daß der Betrag in zehn Terminen zahlbar sein soll.[2215] Die erste Hälfte der Gesamtsumme sollte hiernach in den Jahren 1750/51 ausgezahlt werden. Im Kontrakt waren sieben Termine festgelegt worden, die auch eingehalten worden sind.[2216] Diese 10000 Taler hat Gottfried Silbermann, der bekanntlich am 4. August 1753 starb, noch selbst empfangen.[2217]

Die zweite Hälfte der Kontraktsumme sollte wie folgt bezahlt werden:

4000 Taler im Monat Juli 1752[2218],

4000 Taler während der Arbeit in Dresden von 1752 bis 1754 und

2000 Taler bei der Übergabe des Werkes zu Michaelis 1754.

Nach Gottfried Silbermanns Ableben wurde aber mit seinem Erben Johann Daniel Silbermann wegen der Bezahlung der restlichen 10000 Taler am 27. Oktober 1753 eine neue Vereinbarung getroffen (A/65). Die dabei festgelegten neun Zahlungstermine sind aber nicht eingehalten worden.[2219] Johann Daniel Silbermann sah sich deshalb gezwungen, am 26. Juni 1754 eine Eingabe an den Premierminister und Reichsgrafen Heinrich von Brühl zu richten.[2220] Trotzdem hat er bis zur Weihe der

Disposition hervor (A/7). Silbermann forderte die ansehnliche Summe in nur vier Raten und zwar:

10000 Taler »gleich nach geschloßenen Contract zu Anschaffung aller und jeder Materialien«,

4000 Taler »zwey Jahre nach geschloßenen Contract«,

4000 Taler »unter währender Arbeit in der Königl. Residenz-Stadt Dresden« und

2000 Taler »bey Übergabe des Orgel-Werkes«.

2213 Demgegenüber betrug die Kontraktsumme für die vergleichbare Orgel in der Zittauer Johanniskirche nur 7000 Taler. Dieses Werk sollte laut Kontrakt einundvierzig Stimmen bekommen. Silbermann lieferte aber noch drei zusätzliche Register und gab die Kosten dafür mit 94 Talern an (vgl. Anm. 1946). Der Zittauer Orgel fehlten – mit dem Dresdner Werk verglichen – nur drei Register: im Hauptwerk Bordun 16′ und im Oberwerk Unda maris

und Echo zum Cornet 5fach. Hinsichtlich des Pfeifenmaterials bestehen zwischen beiden Werken keine Unterschiede. Sowohl in Zittau als auch in Dresden übernahm Silbermann die Kosten für An- und Abfuhr, Brennholz und Kohlen. In beiden Fällen war das Orgelgehäuse in der Kontraktsumme nicht inbegriffen. Beide Werke standen im Kammerton und der Manualumfang (C bis d³) war ebenfalls derselbe. Wir wissen nicht, welche Gründe Silbermann veranlaßt haben, in Zittau nur 7000 Taler zu fordern, in Dresden aber fast das Dreifache.

2214 Vgl. Anm. 2212.

2215 Es ist noch ein Plan vorhanden, wie »Das Geld-Quantum derer 20000 Thlr. wegen der neuen Orgel ... bezahlet werden« soll (A/9). Dementsprechend wurden die Termine auch im Kontrakt festgelegt.

2216 Die nachstehende Übersicht zeigt, wann die Zahlungen (Kontrakt) fällig waren und wann sie (laut Rentkammerrechnungen) erfolgten: Die in den Rentkammerrechnungen angegebenen Belege sind nicht mehr vorhanden.

Betrag	fällig	bezahlt	
4000 Taler	Juli, August, September 1750	25.8.1750	
1000 Taler	Oktober 1750	31.10.1750	(Ga/Fol. 18,18b)
1000 Taler	November 1750	30.11.1750	
1000 Taler	Dezember 1750	31.12.1750	
1000 Taler	Januar 1751	31.1.1751	(Gb/Fol. 15b–16b)
1000 Taler	Februar 1751	28.2.1751	
1000 Taler	März 1751	31.3.1751	(Gc/Fol. 14–15)

Orgel (2. Februar 1755) nur insgesamt 6000 Taler empfangen, und der Rest ist dann erst im Laufe des darauffolgenden Jahres ausgezahlt worden.[2221]

Laut Kontrakt sollte das Orgelgehäuse »auf Königl. Kosten erbauet, desgleichen die Bildhauer-, Tischler-, Schloßer-, Schmiede- wie auch die gänzliche Zimmer-Arbeit und Rüstung, auch was sonst an anderer Bedürfniß hierzu erforderlich seyn möchte, ohne... des Contrahentens [Silbermann] Zuthun, hergegeben werden« (A/28b). Leider konnte noch nicht genau geklärt werden, wieviel das Orgelgehäuse gekostet hat.[2222] Wegen der Bemalung und Vergoldung des Gehäuses stellte Oberlandbaumeister Julius Heinrich Schwarze[2223] in einem »Allergehorsamsten Vortrag« vom 26. Januar 1754 fest, daß von verschiedenen Vergoldern Kostenanschläge angefordert worden seien, und der geringste belaufe sich auf 1870 Taler (A/71). Diese Summe sei, »daferne die Arbeit gut und tüchtig gemacht werden soll, allerdings erforderlich«.[2224] Am 7. Februar wurde Kammermeister Segnitz angewiesen, den Betrag »successive und wie es der Cassen Beschaffenheit gestatten möchte«, auszuzahlen (A/72).[2225]

Es ist anzunehmen, daß das Orgelgehäuse insgesamt etwa 10000 Taler gekostet hat.[2226]

Bauablauf

Gottfried Silbermann hat sich – nach seinen

2217 Das beweisen nicht nur die Rentkammerrechnungen, sondern auch die Aufzeichnungen des Notars Langbein (vgl. Anm. 2201). Übrigens hat Kammermeister Segnitz am 26. Oktober 1753 berichtet, daß aufgrund der landesherrlichen Reskripte vom 4. September, 16. und 22. Dezember 1750 die im Kontrakt mit Gottfried Silbermann »stipulirten Posten« von insgesamt 10000 Talern »an den nunmehr verstorbenen Orgelmacher Silbermann gegen behörige Quittung bezahlt worden sind« (Bb/ohne Blattnummer).

2218 Diese Summe hätte Gottfried Silbermann noch selbst empfangen müssen, aber der Termin wurde nicht eingehalten, so daß erst Johann Daniel Silbermann in den Besitz des Geldes gelangte (vgl. Anm. 2221).

2219 Die Erklärung kann man aus dem landesherrlichen Reskript vom 16. Dezember 1750 »herauslesen«, denn darin heißt es: »...Als ist hiermit Unser gnädigstes Begehren, ... daß ... die contrahirte Summe derer zwanzigtausend Thaler ... in denen stipulirten Terminen aus Unserer Rent-Cammer von denen daselbst einkommenden Geldern, wie es der Cassen-Zustand erleiden möchte [!], vergnüget...« werden (D/221b). In Anbetracht des enormen Aufwandes für die Hofhaltung war es dem Kammermeister oft unmöglich, vertraglich festgelegte Zahlungsverpflichtungen pünktlich zu erfüllen. Die betroffenen Künstler und Handwerker mußten sich dann einfach damit abfinden.

2220 Der Wortlaut des Dokuments ist im Anhang (SD. Nr. 50) zu finden.

2221 Die nachstehende Übersicht zeigt, wann die Raten (laut Vereinbarung vom 27. Oktober 1753) fällig waren und wann sie (laut Rentkammerrechnungen) wirklich bezahlt worden sind. Die Belege zu den Rentkammerrechnungen sind nicht mehr vorhanden.

Betrag	fällig	bezahlt	Rentkammerrechnung
1000 Taler	November 1753	24.1.1754	Nr. 278 Beleg 64
1000 Taler	Dezember 1753	28.2.1754	Nr. 278 Beleg 65
1000 Taler	Januar 1754	18.6.1754	Nr. 279 Beleg 72
1000 Taler	Februar 1754	15.8.1754	Nr. 279 Beleg 73
1000 Taler	März 1754	18.11.1754	Nr. 279 Beleg 74
1000 Taler	April 1754	22.1.1755	Nr. 281 Beleg 59
1000 Taler	Mai 1754	18.6.1755	Nr. 283 Beleg 55
1000 Taler	Juni 1754	6.10.1755	Nr. 283 Beleg 56
2000 Taler	bei Übergabe der Orgel	31.1.1756	Nr. 285 Beleg 47

eigenen Worten – zugetraut, das »große und magnifique Orgel-Werck« bis Michaelis 1754 zu liefern.[2227] Dementsprechend wurde im Kontrakt festgelegt, daß die Orgel »binnen hier und künfftige Michaelis des 1754sten Jahres in den Stand« gesetzt werden soll, um sie »alßdenn Mich. 1754 tüchtig übergeben« zu können.[2228]

Es ist anzunehmen, daß der siebenundsechzigjährige Meister, nachdem der Bauvertrag abgeschlossen war, auch bald

(frühestens im August 1750) mit der Arbeit an seinem größten Werk begonnen hat. Da ihm im September des vorhergehenden Jahres sein langjähriger Mitarbeiter und Vetter, Johann George Silbermann, durch den Tod entrissen worden war, nahm Gottfried Silbermann in Zacharias Hildebrandt einen tüchtigen und befähigten Orgelbauer als Mitarbeiter an [2229] und schloß mit ihm am 10. August 1750 einen entsprechenden Vertrag.[2230]

2222 Aus der Rentkammerrechnung für das 1. Halbjahr 1754 (Nr. 278, Fol. 9b) geht hervor, daß insgesamt 11 000 Taler für die Erbauung des Orgelgehäuses samt Zugehörungen »ingleichen« für die Maler- und andere Arbeit bei der Sakramentskapelle ausgesetzt worden sind. Wieviel von der Summe auf das Orgelgehäuse entfiel, geht aus der Eintragung leider nicht hervor.

2223 Schwarze wurde um 1706 geboren, war (ab 1752) Nachfolger von Knoeffel (vgl. Anmerkung 2183) und starb 1775 in Dresden (vgl. Thieme/Becker, Bd. 30, S. 367).

2224 Es ist noch ein »Überschlag« vorhanden, was »von der Neuen orgl in der Hießigen Königl. Hofkirche an Vergoldung, Reparierung, Weiß-Blanierung Verfertiget solle werden« (C/25). Derselbe enthält sehr detaillierte Angaben, zum Beispiel: »Daß Königl. undt Curfürstl. Wappen nebst der Crone 80 Thlr., 2 Figuren weiß Blaniret u. 2 posaun vergoldet 30 Thlr. ...« usw. Der Anschlag lautet auf insgesamt 1875 Taler, ist mit Efarist Seitz unterschrieben und »Dreßden, den 25. Jan. 1754« datiert.

2225 Der Betrag ist laut Rentkammerrechnung Nr. 278 (Fol. 10 bzw. Belege 67 bis 72) in sechs Raten ausgezahlt worden:

300 Taler am 9. 3. 1754
300 Taler am 16. 3. 1754
300 Taler am 23. 3. 1754
300 Taler am 30. 3. 1754
300 Taler am 6. 4. 1754
370 Taler am 13. 4. 1754

Es ist anzunehmen, daß das Gehäuse im März/ April des Jahres 1754 bemalt und vergoldet wurde. Wer das Geld empfangen hat bzw. wer die Arbeit ausführte, geht aus der Rechnung nicht hervor, und die Belege bzw. Quittungen sind nicht mehr vorhanden. Vermutlich ist Efarist Seitz mit der Arbeit beauftragt worden (vgl. Anm. 2224).

2226 Es muß vermutet werden, daß mit den Künstlern und Handwerkern, die am Bau des Orgelgehäuses beteiligt waren, entsprechende Kontrakte geschlossen worden sind. Solche konnten bis jetzt aber nicht aufgefunden werden. Möglicherweise gehörten sie zu den (nicht mehr vorhandenen) Belegen der Rentkammerrechnungen. Es muß überhaupt festgestellt werden, daß das gegenwärtig bekannte Quellenmaterial zur Baugeschichte des letzten und größten Werkes Gottfried Silbermanns recht lückenhaft ist. Es ist anzunehmen, daß sich in den Beständen des Staatsarchivs Dresden noch einiges befindet, ohne bisher entdeckt worden zu sein, zumal die Suche danach sehr schwierig und zeitaufwendig ist.

2227 Das geht aus der Disposition (A/1 ff.) hervor, die der Meister selbst unterschrieben hat (vgl. Anm. 2194).

2228 Vgl. Anhang SD. Nr. 48.

2229 Hildebrandt war damals zweiundsechzig Jahre alt, also nur fünf Jahre jünger als Silbermann selbst. Er hatte sich ab November 1713 in Silbermanns Werkstatt qualifiziert (vgl. SD. Nr. 4) und im Frühjahr 1722 sein Meisterstück vollendet. Dann trennten sich ihre Wege. Wir sind an anderer Stelle schon darauf eingegangen.

2230 Er befand sich in Silbermanns Nachlaß (E/48b), ist aber leider verschollen. Über seinen Inhalt ist nur bekannt, daß Hildebrandt 6$\frac{1}{2}$ Taler Wochenlohn und nach Vollendung der Orgel noch 2000 Taler bekommen sollte. Aus dem Bericht des Notars Langbein und der Nachlaßakte (E) geht hervor, daß Hildebrandt beides empfangen hat (E/48b, 63 und 79b f.). In Silbermanns Nachlaß befanden sich auch Briefe von »H. Hildebranden« (E/49). Vielleicht kann aus dieser Tatsache geschlußfolgert werden, daß Silbermann und Hildebrandt vor Abschluß des Vertrages erst miteinander korrespondiert haben.

Als weitere Mitarbeiter standen Gottfried Silbermann – soweit nachweisbar – von Anfang an noch die Orgelbauergesellen Johann Georg Schön[2231], Adam Gottfried Oehme[2232], David Schubert[2233] und Johann Gottfried Hildebrandt[2234] zur Seite. Im Frühjahr 1752 kam noch Gottfried Silbermanns Neffe, Johann Daniel Silbermann aus Straßburg, als Mitarbeiter dazu.[2235]

Gottfried Silbermann konnte sich also auf bewährte und zuverlässige Männer stützen und ohne Rücksicht auf sein Alter den großen Auftrag noch übernehmen.[2236]

Die Frage, ob Silbermann, wenn sein Vetter Johann George noch am Leben gewesen wäre, Hildebrandt auch eingestellt hätte, kann heute niemand beantworten. Übrigens hat an der Hofkirchenorgel auch Zacharias Hildebrandts Sohn, Johann Gottfried, mitgearbeitet (vgl. Anm. 2234).

2231 Schön war damals vierundvierzig Jahre alt. Er war um 1721 als Lehrling zu Silbermann gekommen und dann ununterbrochen als Geselle bei ihm tätig gewesen, wie Silbermanns Testament beweist. Schön hat zweifellos von Anfang an bis zu allerletzt, das heißt erst unter Gottfried Silbermann und dann unter Johann Daniel Silbermann, an der Hofkirchenorgel mitgearbeitet. Was David Schubert von sich behauptete, »Altgeselle« gewesen zu sein (vgl. Anm. 2236), das traf auf Schön zu; denn er war der wirkliche »Altgeselle«, vor allem nachdem Johann George Silbermann nicht mehr lebte. Übrigens war Schön, von Zacharaias Hildebrandt abgesehen, der Geselle mit dem höchsten Lohn: 5 Taler monatlich. Oehme und Schubert, die jünger und demzufolge wohl auch noch nicht so erfahren waren, mußten sich dagegen mit rund vier Talern Monatslohn zufriedengeben. Das geht aus den Aufzeichnungen des Notars Langbein über die zur Zeit von Silbermanns Tod noch bestehenden Lohnrückstände hervor (E/63b).

2232 Oehme hatte ebenfalls bei Silbermann gelernt, war aber zwischendurch (1744/46) bei Johann Ernst Hähnel tätig gewesen. Oehme dürfte auch bis zuletzt an der Hofkirchenorgel mitgearbeitet haben. Jedenfalls ist das aus seiner Eingabe vom 23. Juni 1774 an den Rat zu Freiberg zu schließen. Oehme schrieb nämlich, daß er sich gemeinsam mit Johann Georg Schön »9 Jahr lang« um die Freiberger Domorgel gekümmert und sie laufend instandgehalten habe. Da Schön im September 1764 gestorben ist, müssen sich die beiden ehemaligen Silbermanngesellen ab 1755 um das Freiberger Werk bemüht haben, das heißt, nachdem die Dresdner Hofkirchenorgel fertig war. Aus einer Druckschrift von Pastor Herrmann, die 1767 zur Weihe der von Oehme in Cämmerswalde erbauten Orgel erschien (vgl. Anm. 445), geht hervor, daß Oehme die Orgel in der »Churfürstl. Sächß. Schloß-Capelle in Dreßden erbauen half« und dabei Gottfried Silbermanns Erben (Johann Daniel) kennenlernte, der ihn dann für den Orgelbau in Cämmerswalde empfahl (vgl. Anm. 468).

2233 Schubert ist erst um Ostern 1746 zu Silbermann gekommen, nachdem er vorher – mit Oehme gemeinsam – bei Johann Ernst Hähnel gearbeitet hatte.

2234 Er war der Sohn von Zacharias Hildebrandt. Ob seine Mitarbeit in dem zwischen seinem Vater und Gottfried Silbermann abgeschlossenen Vertrag (vgl. Anm. 2230) vereinbart worden war, wissen wir nicht.

2235 Das ergibt sich ohne weiteres aus der Tatsache, daß er aus dem Nachlaß seines Onkels für einundeinviertel Jahr »Salarium« oder Gehalt bekommen hat (E/63b).

2236 David Schubert (vgl. Anm. 2233) hat später den persönlichen Anteil Gottfried Silbermanns an dem Werk herabgesetzt und dafür die eigene Person in den Vordergrund gestellt. Schubert schrieb nämlich in seinem Gesuch vom 14. Mai 1766 um Übertragung der Hoforgelbauerstelle, daß er den Riß zu Silbermanns »ansehnlichsten Wercke in hiesiger Hof-Capelle verfertiget ... zuerst mit daran gearbeitet und in seiner [Silbermanns] Abwesenheit sogar den Bau dirigiret« habe (STA. Dresden: Loc. 910, Akte Das Churfürstl. Orchester, Vol. I, Bl. 147b). In einem weiteren Gesuch Schuberts vom 6. Juni 1769 heißt es: »...wie zu denen Zeiten, als der Bau des Orgelwercks bey ... [der] Hof-Kirche dem Hof-Orgelbauer Silbermannen zu Freyberg anvertrauet worden, ich eben bey demselben als Altgeselle [?] in Arbeit gestanden, er aber, gedachter Silbermann Alters- und Schwachheitshalber, nicht viel mehr zu verrichten vermögend war, ... derselbe den Bau dieses Orgelwercks mir überließ [?] und so wohl den Riß mit meiner eigenen Hand hierzu gezeichnet, als auch das

In den ersten zwei Jahren ist in Freiberg gearbeitet worden,[2237] obwohl Gottfried Silbermann hin und wieder in Dresden zu tun hatte.[2238] Vermutlich ging es dabei um Beratungen und Verhandlungen mit dem Oberlandbaumeister bzw. den am Bau der Kirche beteiligten Handwerkern und Künstlern.[2239]

Ab Sommer (frühestens Juli) des Jahres 1752 ist anscheinand nur noch in Dresden gearbeitet worden.[2240] Die Werkstatt in Freiberg wurde aber trotzdem beibehalten.[2241] Leider ist völlig unbekannt, welche Arbeiten noch in Freiberg ausgeführt worden sind. Gottfried Silbermann fertigte sonst in seiner Werkstatt fast alle Teile für

Werck selbst angeleget [?], mitten im Bau aber derselbe [Silbermann] verstorben, und an deßen Stelle hinwiederum sein Vetter, der Hof-Commisair [Johann Daniel] Silbermann eingetreten, deßen ohngeachtet aber ich jedoch bey diesem Bau verblieben und selbigen mit meinen anderen Neben-Gesellen [?] in fertigen Stand gebracht...« (STA. Dresden: ebenda, Vol. II, Bl.68). Hildebrandts Mitarbeit und seine wirklich leitende Stellung, die allein durch seine hohe Entlohnung (vgl. Anm.2230) bewiesen wird, hat Schubert völlig ignoriert! Als sicher kann gelten, daß Schubert von Anfang an und so lange mitarbeitete, bis das Werk vollendet war. Ansonsten dürfte er kaum eine besonders hervorragende Rolle gespielt haben, obwohl nach seinen eigenen Worten fast der Eindruck entstehen muß, daß David Schubert der eigentliche Erbauer der Hofkirchenorgel war. Tatsache ist aber, daß er von allen mitbeteiligten Orgelbauergesellen den niedrigsten Lohn hatte, wie Aufzeichnungen des Notars über die aus Silbermanns Nachlaß bezahlten Lohnrückstände zeigen (E/63b).

2237 Dort stand dem Meister nicht nur seine Werkstatt zur Verfügung, die er schon seit 1711 inne hatte, sondern es waren ihm darüber hinaus noch Räume im Schloß Freudenstein überlassen worden (vgl. SD. Nr.48). Möglicherweise hat er dort nur Materialien aufbewahrt (vgl. Anm. 2210).

2238 Der Tischler Michael Silbermann forderte nämlich nach Gottfried Silbermanns Tod die Erstattung seiner Aufwendungen für »Logis, Betten, Kost, Licht, Holz, Bier, Thee und Aufwartung«, die Gottfried »schuldig verblieben« war (E/83b f., vgl. auch Anm.2195). Nach Michael Silbermanns Angaben hat sich Gottfried Silbermann bei ihm aufgehalten:
1750: viermal (insgesamt 20 Tage)
1751: sechsmal (insgesamt 52 Tage)
1752: fünfmal (insgesamt 25 Tage).
Leider wurde in keinem Falle das Datum vermerkt.

2239 Aufzeichnungen oder Berichte darüber sind bis jetzt nicht bekannt geworden.

2240 Das kann aus folgendem geschlossen werden: Laut Kontrakt waren (auf die Gesamtsumme von 20000 Talern) im ersten Quartal 1751 insgesamt 3000 Taler fällig, die nächste Rate (von 4000 Talern) aber erst im Juli 1752 und weitere 4000 Taler während der Arbeit in Dresden von 1752 (!) bis 1754. Anscheinend war der im Juli 1752 fällige Betrag als Abgeltung für die bis dahin in Freiberg zu leistende Arbeit gedacht. Allerdings sind von landesherrlicher Seite die vertraglichen Verpflichtungen nicht eingehalten worden. Gottfried Silbermann erhielt das letzte Geld (1000 Taler) am 31. März 1751. Die nächste Zahlung erfolgte erst am 24. Januar 1754 (!) an seinen Neffen. Gottfried Silbermann hat also, während er in Dresden arbeitete, gar nichts mehr bekommen (vgl. hierzu die Anm. 2216 und 2221). Laut Kontrakt sollte Gottfried Silbermann in Dresden Arbeitsräume zugewiesen bekommen und zwar »auf zwey Jahr lang«, das heißt bis zu der für Michaelis 1754 geplanten Übergabe der Orgel. Aufgrund einer Verordnung vom 23.Oktober 1751 sind laut Quittung vom 6.Juni 1752 1000 Taler »zu Adaptirung der Werkstadt vor den Orgelbauer Silbermannen von Freyberg« ausgezahlt worden (vgl. Rentkammerrechnung Nr.275, Fol.13, Beleg 71). Nähere Angaben, wofür das Geld im einzelnen verwendet wurde, fehlen leider.
Der genaue Zeitpunkt, wann Silbermann in Dresden zu arbeiten begann, ist nicht zu ermitteln. In einem Bericht des Amtes Altdresden vom 3.September 1753 an das »Hochlöbliche Cammer-Collegium« heißt es nur, daß sich »Silbermann mit seinen Leuthen schon geraume Zeit alhier in dem ihm zur Wohnung angewiesenen Gebäude, worinnen sonst die Hoff-Capelle gewesen, aufgehalten und gearbeitet« habe, aber am 4.August (1753) verstorben sei (E/3).

2241 Silbermann bezahlte die Miete allerdings nur bis Ende September 1751 (E/49 f.). Als zu

eine Orgel an, so daß das Werk am Ort dann nur aufgesetzt zu werden brauchte.[2242] Bei der Hofkirchenorgel muß er von seinem jahrzehntelang praktizierten Prinzip abgewichen sein.[2243] Wir wissen nicht, welche Gründe Gottfried Silbermann veranlaßt haben, schon zu einem so frühen Zeitpunkt nach Dresden aufzubrechen.[2244]

Am 4. August 1753, nach einem etwa einjährigen Aufenthalt in Dresden, starb der berühmte Orgelbaumeister. Wie weit die Arbeiten an dem Werk damals schon vorgeschritten waren, ist nicht mit Sicherheit festzustellen. Der Notar Traugott Friedrich Langbein sprach in seinem Bericht ganz einfach von dem »angefangenen Orgel-Bau« (E/34). Gottfried Silbermanns Geselle David Schubert schrieb später, daß Silbermann »mitten im Bau« gestorben sei.[2245] Auf jeden Fall waren die Gesellen, als ihr Meister starb, noch mit der Anfertigung der Pfeifen beschäftigt.[2246]

Trotz des Ablebens von Gottfried Silbermann scheint der Orgelbau keine wesentliche Unterbrechung erfahren zu haben.[2247] Aus dem Bericht des Notars Langbein geht hervor, daß alle Mitarbeiter »biß auf hohe und allerhöchste Anordnung« zunächst an Zacharias Hildebrandt »gewiesen« wurden. Nach »seinem Ge- und Verboth« hatten sie sich zu richten und »ihr Officium treulich fortzusetzen« (E/37 b).[2248]

Michaelis 1752 die Miete wieder fällig war, befand er sich offenbar schon nicht mehr in Freiberg. Die »rückständigen Hauß-Miet-Zinnßen« von Michaelis 1751 bis 1753 sind dann aus seinem nachgelassenen Vermögen bezahlt worden (E/62 b f.). Andererseits wurden Johann Daniel Silbermann, der im Frühjahr 1752 angekommen war, die »Reise-Gebühren von Straßburg biß Freyberg« erstattet, weil sich sein Onkel damals offenbar noch dort aufhielt. Aus alledem kann mit ziemlicher Sicherheit geschlossen werden, daß Gottfried Silbermann im Sommer 1752 nach Dresden übergesiedelt ist.

2242 Die Bauakten zahlreicher Orgeln liefern dafür genügend Beweise.

2243 Auf keinen Fall waren im Sommer 1752 schon alle Teile für das große Werk fertig. Aber davon einmal ganz abgesehen, hätte Silbermann zu diesem Zeitpunkt gar nicht mit dem Aufsetzen der Orgel beginnen können, weil das Gehäuse erst im Januar 1754 (!) fertig war und anschließend noch bemalt und vergoldet werden mußte.

2244 Möglicherweise hat er vieles, besonders die Pfeifen, in Dresden anfertigen lassen. Dazu könnten ihn einfache finanzielle Überlegungen veranlaßt haben. Es zwar zweifellos einfacher und auch billiger, nur die Materialien (Zinn, Blei und Holz) nach Dresden zu transportieren, als die fertigen Pfeifen. Es ist auch zu beachten, daß Gottfried Silbermann offensichtlich seine sämtlichen Werkzeuge und Geräte mit in Dresden hatte, wo sie nach seinem Tode dann notariell aufgenommen und verzeichnet worden

sind (E/57 ff.). In Freiberg befanden sich dagegen nur noch Zinn- und Holzvorräte (F/12 f.).

2245 Das trifft insofern zu, weil für die Arbeit in Dresden (laut Kontrakt) die Zeit von 1752 bis 1754 vorgesehen war. Schuberts Worte, die wir in seiner Eingabe vom 6. Juni 1769 finden (STA. Dresden: Loc. 910, Acta Das churf. Orchester 1769, Vol. II, Bl. 68), sind keinesfalls so zu verstehen, als wäre Silbermann »mitten im Bau«, also inmitten der Orgel, gestorben, wie es Autoren des vorigen Jahrhunderts wissen wollten. Wir gehen darauf an anderer Stelle noch ein.

2246 Das wird durch Aufzeichnungen bewiesen, die leicht übersehen werden können. Notar Langbein erwähnte in seinem amtlichen Bericht, daß Silbermanns Kleidungsstücke und Wäsche nicht in dem Sterbezimmer verbleiben konnten, weil darin »die Gesellen die verfertigten Pfeiffen von der Orgel verwahrlich aufbehalten«, das heißt aufbewahren wollten (E/34 b). In dem von Johann Georg Schön (für die Zeit vom 5. August bis 3. September 1753) geführten Haushaltsregister erscheinen zweimal (am 17. und 30. August) Ausgaben »vor Kohlen zum Löthen« (E/79 b f.).

2247 Notar Langbein hatte von vornherein erklärt, daß er die Versiegelung des Silbermannschen Nachlasses, um die er noch am Sterbeabend gebeten worden war, nur insoweit vornehmen wolle, »als hierunter dem angefangenen Orgel-Bau keine Hinderung geschähe« (E/34). Jedenfalls sind, »um den Orgel-Bau nicht zu sistiren« oder aufzuhalten, »sämtliche vorhandenen, zum Orgel-Bau gehörigen Instrumente«, obwohl sie zum Nachlaß gehörten und Silber-

Am 27. Oktober 1753 wurde auf mündliche Anordnung des Premierministers, Graf Heinrich von Brühl, dem Erben Gottfried Silbermanns, Johann Daniel Silbermann[2249], die Verantwortung für die Erfüllung des am 27. Juli 1750 geschlossenen Kontrakts übertragen.[2250] Dabei wurde an dem mit Gottfried Silbermann seinerzeit vereinbarten Übergabetermin der Orgel – Michaelis 1754 – festgehalten.[2251] Johann Daniel Silbermann sollten die auf die Gesamtsumme noch rückständigen 10000 Taler bis dahin ausgezahlt werden.[2252] Er verpflichtete sich, »von denenjenigen Arbeits-Personen, so bis anhero ... gebrauchet worden, die besten und geschicktesten, solange es die Nothdurfft erfordern werde, beyzubehalten ...«.[2253] Aller Wahrscheinlichkeit nach haben Zacharias Hildebrandt und sein Sohn nur bis Juni 1754 mitgearbeitet,[2254] die übrigen Gesellen aber bis zum Schluß.[2255]

manns Eigentum waren, nicht mit versiegelt worden (E/37).
2248 Hieraus geht zweifelsfrei hervor, daß Hildebrandt – zunächst – der leitende Mann war. Langbein erwähnte aber auch, daß Hildebrandt schon bisher bei Gottfried Silbermanns Abwesenheit »die Direction ... über die übrigen Gesellen, Arbeiter und Gehülffen« gehabt hat (E/37). Wie David Schubert, allerdings über zwölf Jahre später, behaupten konnte, daß er in Abwesenheit Silbermanns den Bau »dirigiret« (vgl. Anm. 2236) habe, ist unerklärlich.
2249 Er wurde am 31. Mai 1717 zu St. Nicolai in Straßburg getauft. Sein Vater, Andreas Silbermann (1678–1734), war Gottfrieds leiblicher Bruder. Johann Daniel arbeitete als Orgelbauer in der Werkstatt seines Bruders Johann Andreas (1712–1783). Nach nur zweieinhalbjähriger Ehe mit einer Straßburger Kaufmannstochter wurde er im September 1750 Witwer. Bald nach Vollendung der Hofkirchenorgel zu Dresden wurde Johann Daniel Silbermann Hoforgelbauer. Im Januar 1766 heiratete er eine Leipziger Kaufmannstochter, starb aber bereits am 9. Mai desselben Jahres. Vgl. hierzu die in Anm. 8/20 aufgeführte Arbeit des Verfassers.
2250 Das entsprechende Protokoll ist »Schloß Hubertusburg, den 27. Oct. 1753« datiert und wurde von Brühl eigenhändig signiert, ansonsten aber von »Cammer-Assistenz-Rat« Johann Friedrich Hausius und Johann Daniel Silbermann unterschrieben (A/65 ff.). Letzterer hatte schon vorher seine Bereitschaft erklärt, in den einst mit Gottfried Silbermann geschlossenen Kontrakt eintreten zu wollen, wie Oberlandbaumeister Schwarze in einem »Pro memoria« vom 23. Oktober 1753 feststellte (A/64).
2251 Auch daraus muß geschlossen werden, daß der Orgelbau trotz des Ablebens Gottfried Silbermanns kaum unterbrochen worden ist.
2252 Es wurde schon darauf hingewiesen, daß die festgelegten Zahlungstermine nicht eingehalten worden sind (vgl. Anm. 2221).
2253 Nachdem Zacharias Hildebrandt fast drei Monate lang die Leitung gehabt hatte, ging sie nun an den Neffen des verstorbenen Meisters Gottfried Silbermann über. Trotzdem dürfte Hildebrandt längstens noch bis zum Sommer des folgenden Jahres für Johann Daniel Silbermann ein geschätzter Mitarbeiter gewesen sein. Der Landkammerrat Carl Friedrich von Kregel in Leipzig richtete schon am 19. August 1753 einen Brief an Oberlandbaumeister Schwarze und brachte darin seine Sorge zum Ausdruck, daß Hildebrandt, »der sich durch großes Geschicke in seiner Kunst einen ansehnlichen Nahmen längst erworben [und] ... schon zu Lebzeiten des verstorbenen Hrn. Silbermanns das gröste Antheil« an dem Hofkirchenorgelbau gehabt hat, nun aber »durch einen Anverwandten [Gottfried Silbermanns] von dem ganzen Werke vermuthlich verdrungen werden« soll. Es würde aber nach Meinung verschiedener Musikkenner und -liebhaber »dem kostbaren Werke zum ohnfehlbaren Nachtheile gereichen«, wenn es »nicht von der ersten Hand vollends hinausgeführt werden sollte ...« (C/22). Schwarze antwortete, daß es auf Silbermanns Testament ankomme. Der »Anverwandte« (Johann Daniel Silbermann) habe angegeben, daß er »darinnen zur Fortsetzung des angefangenen Werkes und Nachfolger in der Arbeit ernennet« worden sei. Das Testament Gottfried Silbermanns wurde am 4. September 1753 eröffnet. Er hatte darin zwar seinen Neffen zum Universalerben eingesetzt, war aber auf die Frage, wer den Orgelbau fortsetzen soll, nicht eingegangen (vgl. SD. Nr. 49).
2254 Am 15. Juni 1754 schloß der Rat zu Dresden nämlich mit beiden einen Vertrag über den Bau einer Orgel für die Neustädter Kirche

Welchen persönlichen Anteil Johann Daniel Silbermann an der weiteren Arbeit hatte, wissen wir nicht.[2256] Es sind auch sehr wenig Einzelheiten über den Fortgang des Orgelbaues überliefert.

Aus einem schriftlichen »Vortrag« von Oberlandbaumeister Schwarze vom 26. Januar 1754 geht hervor, daß das Orgelgehäuse damals soweit fertig war,[2257] daß

es »nach dem allergnädigst approbirten Riße theils zu vergolden, theils weiß zu schleifen nötig« ist (A/71). Die Malerarbeiten sind dann offenbar bis Mitte April 1754 ausgeführt worden.[2258] Wann Johann Daniel Silbermann und seine Mitarbeiter mit dem Aufbau des Werkes begonnen haben, ist nicht nachweisbar.[2259] In seiner Eingabe vom 26. Juni 1754 an Premierminister

(StA. Dresden: Akte Sign. D XXXIV 20, Bl. 41 ff.). Kurz darauf, zu Johannis, bezogen Vater und Sohn das ihnen zugewiesene Quartier und beschäftigten sich mit der Beschaffung des Materials für ihr Werk (ebenda, Bl. 78b). Es ist daher sehr zweifelhaft, ob sie außerdem noch am Aufbau der Hofkirchenorgel beteiligt gewesen sind. Aus einer Äußerung von Johann Gottfried Hildebrandt muß man vielmehr schließen, daß er und sein Vater überhaupt nur bei der Verfertigung der Orgelteile mitgewirkt haben. Hildebrandt jun. schrieb in seinem (übrigens erfolgreichen) Gesuch vom 10. Oktober 1768 um Übertragung der Hoforgelbauerstelle u.a.: »...Da ich nun bey Erbauung gedachter Orgel die meisten und wichtigsten Theile derselben, an Windladen, Pfeiffwerck und andern Dingen, nebst meinem verstorbenen Vater, als damahligen Silbermannischen Mitmeister, gearbeitet habe...« (STA. Dresden: Loc. 910, Acte Das churf. Orchester, Vol. III, Bl. 344). In derselben Akte heißt es (Bl. 352), daß Hildebrandt, »welcher in seinem Metier sehr geschickt ist und bey dem Bau der großen Orgel mit großem Nutzen gebrauchet worden ...«. Wären Vater und Sohn auch am Aufbau (oder gar an der Intonierung und Stimmung) der Hofkirchenorgel beteiligt gewesen, hätte der Sohn das wohl kaum verschwiegen. In diesem Zusammenhang ist noch ein weiterer Bericht »des Directeurs des Plaisirs«, von Koenig, vom 4. April 1771 erwähnenswert. Darin wird betont, daß Hildebrandt das große Orgelwerk in der Hofkirche, »an welchem er unter dem alten [!] Silbermann gearbeitet, vollkommen bekannt« ist (ebenda, Vol. III, Bl. 51).

2255 Siehe hierzu die Anm. 2231 bis 2233.
2256 Es ist mit ziemlicher Sicherheit anzunehmen, daß er das Aufsetzen des Werkes leitete, nachdem vorher (vielleicht mehr unter Hildebrandts Regie) die Herstellung des Pfeifenwerkes zum Abschluß gekommen war. Johann Daniel dürfte dann, natürlich unter Mithilfe des

bewährten Johann Georg Schön und der anderen, die Intonation und Stimmung des Werkes besorgt haben. In diesem Zusammenhang dürfen wir keinesfalls Adam Gottfried Oehme vergessen. Johann Daniel Silbermann hatte ihn als einen »in seiner Kunst verständigen und bewährten Mann« kennengelernt und später, nachdem Johann Georg Schön (1764) gestorben war, für den Orgelbau in Cämmerswalde »bestens empfohlen« (vgl. Anm. 468). Möglicherweise war Oehme nach dem Weggang von Zacharias Hildebrandt und dessen Sohn Johann Gottfried der leitende Mitarbeiter von Johann Daniel Silbermann. Er könnte insbesondere an der Intonation des Werkes entscheidend mit beteiligt gewesen sein. Leider besitzen wir keine schriftlichen Zeugnisse darüber, wie der Erbe und Nachfolger des berühmten Meisters Gottfried Silbermann nach dessen Tode »die Rollen verteilt« hat, sondern sind nur auf Mutmaßungen angewiesen.

2257 Anscheinend ist mit dem Aufbau des Gehäuses schon Ende des Jahres 1752, also noch zu Lebzeiten Gottfried Silbermanns, begonnen worden. Am 30. Dezember 1752 berichtete nämlich Hofrat Duckewitz, daß »Zwey Zimmerleuthe durch Herabstürzung vom Gerüst der Orgel [!] sehr beschädigt, aber auch durch Adhibirung inn- und äußerlicher Mittel völlig wieder restituirt worden« sind (Bb/ohne Blattnummer).

2258 Das ist aus den Terminen zu schließen, zu welchen die für die Bemalung und Vergoldung des Gehäuses bewilligten 1870 Taler ausgezahlt worden sind (vgl. Anm. 2225).

2259 Vermutlich konnte es erst ab Mitte April 1754 geschehen, nachdem die Maler- und Vergolderarbeiten am Orgelgehäuse abgeschlossen waren (vgl. Anm. 2258). Wir wissen aus Gottfried Silbermanns Praxis, daß er mit dem Aufsetzen seiner Orgeln erst begann, wenn das Gehäuse völlig fertig war. Die Dresdner Frauenkirchenorgel ist dafür ein treffendes Beispiel ge-

Graf Heinrich von Brühl schrieb der »hochverordnete Orgelbauer« Johann Daniel Silbermann: »...Alldieweiln aber ... ich meines Orts ... bereits sehr weit mit meinem Wercke avanciret...« (H).[2260] Vermutlich war der Aufbau der Orgel damals in vollem Gange. Mit dem Intonieren und Stimmen dürfte Ende August oder Anfang September 1754 begonnen worden sein,[2261] so daß das große Werk dann Ende Januar 1755 endlich vollendet werden konnte.[2262]

Übergabe, Prüfung und Weihe

Laut Kontrakt sollte die Orgel zu Michaelis (29. September) des Jahres 1754 übergeben werden (A/27).[2263] Der Termin ist aber um reichlich vier Monate überschritten worden. Der Grund ist nicht bekannt.[2264] Wann die Orgel übergeben wurde und wer sie übernommen bzw. geprüft hat, wissen wir leider nicht.[2265] Die Weihe erfolgte am 2. Februar 1755.[2266] Nähere Einzelheiten sind nicht bekannt.[2267]

---

wesen. Johann Daniel Silbermann konnte auch nicht anders handeln.

2260 Wie Johann Daniel schreiben konnte, daß die Orgel zur versprochenen Zeit, also Ende September 1754, »fertig und vollkommen seyn« soll, ist nicht verständlich. Vielleicht hatte er damit gerechnet oder zumindest gehofft, daß Zacharias Hildebrandt und sein Sohn noch weiter mitarbeiten werden, was dann aber nicht der Fall war (vgl. Anm. 2254). Jedenfalls ist die Orgel erst am 2. Februar 1755 geweiht worden.

2261 An dieser Arbeit können Zacharias und Johann Gottfried Hildebrandt nicht mehr beteiligt gewesen sein, weil sie um diese Zeit schon an ihrem eigenen Werk für die Dresdner Dreikönigskirche arbeiteten. Am 18. März 1755 berichteten sie dem Rat zu Dresden: »...Nun haben ein halbes Jahr gearbeitet, mit meinen Leuten ...« (StA. Dresden: Akte Sign. D XXXIV Nr. 20, Bl. 48) Wenn unsere Vermutung richtig ist, dann standen Johann Daniel Silbermann und seinen Mitarbeitern zum Intonieren und Stimmen etwa zweiundzwanzig Wochen (bis zum Weihetag) zur Verfügung. Das entspricht etwa der Zeit, die Gottfried Silbermann einst für die gleiche Arbeit bei der Freiberger Domorgel benötigte. Bei der (ebenfalls vergleichbaren) Zittauer Johannisorgel hat Silbermann etwa Ende Januar (oder Anfang Februar) 1741 mit dem Intonieren und Stimmen begonnen, und Ende Juli war das Werk vollendet. Er hat für die letzte Arbeit demnach maximal rund sechs Monate Zeit gebraucht. Durch diese Vergleiche dürfte bewiesen sein, daß die von uns – hinsichtlich der Hofkirchenorgel – angenommene Zeitspanne etwa der Wirklichkeit entsprach.

2262 Falls unsere theoretischen Berechnungen richtig sind, dann hätte Johann Daniel Silbermann für den Aufbau und die Intonation und Stimmung des Werkes insgesamt fast zehn

Monate gebraucht: von Mitte April 1754 bis Ende Januar 1755. Das entspricht etwa der Zeit, die Gottfried Silbermann für die durchaus vergleichbare Frauenkirchenorgel benötigte. An der (ebenfalls vergleichbaren) Zittauer Johannisorgel hat Silbermann allerdings reichlich dreizehn Monate (von Mitte Juni 1740 bis Ende Juli 1741) gearbeitet. Hier ist aber zu berücksichtigen, daß er – nach seinen eigenen Worten – wegen der Bemalung des Gehäuses »aufgehalten« wurde, so daß er mit dem Bau länger zubringen mußte, »als er sonst nöthig gehabt...« (vgl. Anm. 1947). Der von uns, trotz des spärlichen Quellenmaterials, rekonstruierte zeitliche Ablauf des Baues der Hofkirchenorgel dürfte demnach, zumindest in großen Zügen, der damaligen Wirklichkeit entsprechen.

2263 An diesem Termin wurde trotz des inzwischen erfolgten Ablebens Gottfried Silbermanns festgehalten. Das zeigt die am 27. Oktober 1753 mit seinem Neffen und Erben getroffene Vereinbarung (A/65 ff.)

2264 Es gibt keinerlei Anhaltspunkte dafür, daß durch den Tod Gottfried Silbermanns eine zeitweilige Unterbrechung des Orgelbaues eintrat und der geplante Termin deswegen dann nicht eingehalten werden konnte. Die Verzögerung scheint vielmehr dadurch entstanden zu sein, weil das Orgelgehäuse (einschließlich Bemalung und Vergoldung) erst etwa Mitte April 1754 fertig war, so daß Johann Daniel Silbermann mit dem Aufsetzen des Werkes entsprechend später beginnen mußte. Im übrigen sind vier Monate »Verspätung« bei einem so großen Werk völlig unerheblich.

2265 In den Rentkammerrechnungen (G) konnten keine Hinweise (z.B. Honorar für Orgelexaminatoren usw.) gefunden werden.

2266 Die einzige zeitgenössische Nachricht darüber steht im »Neueröffneten Historischen

Kurz vor dem Ende des zweiten Weltkrieges sind in der Kunststadt Dresden noch zwei Werke Gottfried Silbermanns vernichtet worden: die Orgeln in der Sophien- bzw. Frauenkirche. Dem dritten in der Katholischen Hofkirche wäre das gleiche Schicksal beschieden gewesen. Aber Anfang des Jahres 1944 faßte der damalige Propst der Hofkirche, Wilhelm Beier[2268], den Entschluß, das Werk auszulagern. Mitarbeiter der Orgelbauanstalt Gebrüder Jehmlich in Dresden trugen die Orgel daraufhin ab. Pfeifenwerk, Windladen, Traktur, Wellenbretter, Windkanäle und Spielschrank wurden im Kloster Marienstern (Kreis Kamenz) sichergestellt.[2269]

Bei dem Luftangriff in der Nacht vom 13. zum 14. Februar 1945 wurde die Hofkirche von einer Sprengbombe getroffen, das Dach stürzte ein und die Kirche brannte fast völlig aus. Dabei ist auch das Orgelgehäuse, das am Ort verbleiben mußte, vernichtet worden. Nachdem der Wiederaufbau der Kirche so weit fortgeschritten war, daß am 8. Juli 1960 der Hochaltar geweiht

werden konnte, wurde auch an die Rekonstruktion der Silbermannorgel gedacht.

Die Wiederherstellung des letzten und größten Werkes von Gottfried Silbermann ist insbesondere der unermüdlichen Initiative von Propst Sprentzel zu verdanken gewesen.[2270] Das Institut für Denkmalpflege, Arbeitsstelle Dresden, berief unter Leitung von Professor Dr.-Ing. Hans Nadler eine Sachberaterkommission[2271], die die Arbeiten vorbereitete und leitete.

Um die Orgel möglichst originalgetreu wiederherzustellen, mußte das Gehäuse rekonstruiert und völlig neu geschaffen werden.[2272] Die dazu notwendigen erheblichen finanziellen Mittel stellte das Ministerium für Kultur der DDR aus dem Dr.-Otto-Nuschke-Fonds zur Verfügung. Die Kosten für die Restaurierung der Orgelteile und den Wiederaufbau des Werkes selbst trug die Katholische Kirche. Die Arbeiten wurden von der Orgelbauanstalt Gebrüder Jehmlich (jetzt VEB Orgelbau) in Dresden ausgeführt. An der Rekonstruktion des Orgelgehäuses waren zahlreiche Betriebe und Künstler beteiligt.[2273]

Curiositäten-Cabinet« von 1755 (S.51). Dort heißt es: »Den 2.Febr. Fest der Reinigung Maria und solenne Einweihung der neuen grossen Orgel in der Röm. Cathol. Hof-Capelle«. Wie Flade (S.156) und andere Autoren schreiben konnten, die Orgel sei am 2. Februar 1754 (?) übergeben worden, ist unerklärlich, zumal dieses Datum mehr als sieben Monate vor dem im Kontrakt festgelegten Übergabetermin liegt.

2267 Die Rentkammerrechnungen (G) enthalten – soweit bis jetzt bekannt – keine Hinweise auf die mit der Orgelweihe möglicherweise verbunden gewesenen Aufwendungen. Nach Flade (S.156) soll die Übergabe »ohne Feierlichkeit« geschehen sein. Aus der zeitgenössischen Quelle (vgl. Anm.2266) geht aber hervor, daß eine »solenne« (oder festliche) Weihe stattgefunden hat.

2268 Er fand etwa ein Jahr später in der Dresdner »Bombennacht« den Tod. Ehre dem Andenken dieses Mannes!

2269 Die damals Verantwortlichen hatten eine schwere Entscheidung zu treffen: Bestand nicht die Gefahr, daß die Orgel am Auslagerungsort

durch Kriegseinwirkungen leiden oder gar vernichtet werden konnte? Niemand konnte wissen, ob die Hofkirche bei einem Luftangriff getroffen wird. Es hätte also sein können, daß die Orgel durch die Auslagerung der Vernichtung anheimgegeben wird, anstatt sie zu retten.

2270 Er hatte bis 31. Dezember 1970 den Vorsitz in der Sachberaterkommission (vgl. Anm. 2271). Sein Nachfolger war Dompfarrer Günter Hanisch.

2271 Ihr gehörten u.a. Mitarbeiter des Instituts für Denkmalpflege, Arbeitsstelle Dresden, der Katholischen Kirche, der Orgelbauanstalt Jehmlich und Musikwissenschaftler und Kirchenmusikdirektoren an.

2272 Dabei wurde erstmals und mit Erfolg ein Verfahren zur photogrammetrischen Auswertung nichtphotogrammetrischer Aufnahmen angewendet. Mit Hilfe eines Elektronenrechners gelang es, die Koordinaten mehrerer hundert Festpunkte zu ermitteln. Das war die Voraussetzung für die zeichnerische Rekonstruktion und damit für die Neuanfertigung des Orgelprospekts in ursprünglicher Gestalt.

Am Pfingstsonntag, dem 30. Mai 1971, erklang die wiederhergestellte Orgel das erstemal in einem öffentlichen Festkonzert.[2274]

Seitdem können wir diese »Königin der
Musikinstrumente« wieder unser eigen
nennen.[2275]

WEGEFARTH[2276] (KREIS FREIBERG)

zeitlich unbestimmt – seit Mitte des
19. Jahrhunderts verschollen
1 Manual (kein Pedal) – Stimmenzahl unbekannt
Quelle
Fischer, Johann Gottfried, Handschriftliches Verzeichnis der von Gottfried Silbermann erbauten Orgeln von 1821
(Heimatmuseum Frauenstein)
Vorgeschichte: unbekannt
Bauvertrag: nicht auffindbar

Baukosten: unbekannt
Bauablauf: nichts bekannt
Übergabe, Prüfung und Weihe: nichts
bekannt
Bemerkungen
Die Geschichte dieser Orgel liegt völlig
im Dunkel.[2277] Das Werk soll 1843 beim
Kirchenneubau in den Besitz des Gutsherrn
Mühle gelangt sein und ist seitdem ver-
schollen.[2278]

CONRADSDORF (KREIS FREIBERG)

1714 vollendet – nach 1898 dem Verfall
preisgegeben
1 Manual (kein Pedal) – 6 Stimmen
Quellen
A. Freiberger Ratsprotokoll vom 10. September 1714
(StA. Freiberg: Sign. II Ba 12c)

B. Johann Gottfried Fritzsche und Johann
August Oehme, Chronikalische Nachrichten von den Dörfern Conradsdorf
und Hilbersdorf (Handschrift, Mitte
des 18. Jahrhunderts)
(StA. Freiberg: Bibl. des ehemal. Freiberger Altertumsvereins, Sign. Ad. 45)

2273 Vgl. hierzu das »Programm zum Wie-
dererklingen der Silbermann-Orgel« am 30. Mai
1971, herausgegeben von der Katholischen Hofkirche zu Dresden.
2274 Sie wurde von Kirchenmusikdirektor
Eberhard Bonitz aus Lingen (BRD) gespielt. Er
hatte siebenundzwanzig Jahre vorher das Werk
in der Nacht vor dem Abbruch als letzter erklingen lassen.
2275 Weitere Einzelheiten über die Wiederherstellung der Orgel sind folgenden Veröffentlichungen zu entnehmen:
a) Eberhard Bonitz, Die Silbermann-Orgel der
Dresdner Hofkirche. Auslagerung – Wiederaufbau – erstes Konzert
(in: Ars organi, H. 39, Dezember 1971,
S. 1638 ff.)
b) Werner Lottermoser, Probleme bei der Re-
stauration der Silbermann-Orgel in der Hofkirche zu Dresden
(in: Musik und Kirche, Nr. 6/1972, S. 279 ff.)
Prof. Dr.-Ing. Hans Nadler ist am 26. September
1976 in einem Rundfunkvortrag (Radio DDR II)

über »Die Katholische Hofkirche zu Dresden
und ihr Wiederaufbau nach der Zerstörung am
13. Februar 1945« auch kurz auf die Wiederherstellung der Silbermannorgel eingegangen.
Vgl. Sächsische Heimatblätter, 24. Jg., H. 6/1978
S. 245 ff.
2276 Wegefarth ist seit 1950 nach Oberschöna
eingemeindet.
2277 Der Freiberger Kantor Johann Gottfried
Fischer (1751–1821) hat das Werk in seinem
1800 veröffentlichten »Verzeichniß der Orgeln,
welche Gottfried Silbermann erbauet« (vgl.
Anm. 581) noch nicht erwähnt. Er dürfte erst
später erfahren haben, daß es von Silbermann
stammt (vgl. Anm. 1414), und nahm es dann
in das 1821 aufgestellte Verzeichnis mit auf:
»Wegefarth – 1 Man[ual]«. Dähnert teilte dem
Verfasser am 11. August 1975 brieflich mit:
»Die Orgel in Wegefarth ist ein Rätsel, das
niemand lösen wird. Wir wissen nur, daß sie
einmal existiert hat, und daß sie nicht groß
war.«
2278 Vgl. Flade, S. 104, ohne Quellenangabe.

Vorgeschichte: unbekannt[2279]

Bauvertrag

Der Bauvertrag ist nicht auffindbar.[2280]
Das Werk besaß ursprünglich sechs Stimmen.[2281]

Baukosten

Das Werk soll 200 Taler gekostet haben.[2282]
Näheres ist nicht bekannt.

Bauablauf

Über den Bauablauf ist nur bekannt, daß das Werk im September 1714 aufgesetzt wurde.[2283]

Übergabe, Prüfung und Weihe

Der Übergabetag ist nicht genau nachweisbar.[2284] Offenbar erfolgte die Übergabe Ende September 1714. Die kleine Orgel wurde von Domorganist Elias Lindner aus Freiberg geprüft.[2285] Die Weihe soll am Michaelistag (29. September) 1714 erfolgt sein (B/5). Die Predigt hielt der Conradsdorfer Pfarrer.[2286] Näheres ist nicht bekannt.

Bemerkungen

Das kleine (später um eine Manualstimme und ein zweistimmiges Pedal erweiterte) Werk mußte 1898 einer größeren Orgel weichen und wurde dem Verfall preisgegeben.[2287]

RINGETHAL (KREIS HAINICHEN)

zeitlich unbestimmt (1723?)
1 Manual (kein Pedal) – 6 Stimmen

Quellen

A. Fischer, Johann Gottfried, Verzeichniß der Orgeln, welche Gottfried Silbermann erbauet
  (in: Freiberger gemeinnützige Nachrichten, 1800, Nr. 13, 27. März, S. 130, lfd. Nr. 29)
B. derselbe, handschriftliches Verzeichnis

der Silbermannorgeln von 1821
(Heimatmuseum Frauenstein)

Vorgeschichte: unbekannt[2288]
Bauvertrag: nicht auffindbar[2289]
Baukosten: unbekannt[2290]
Bauablauf: nichts bekannt[2291]
Übergabe, Prüfung und Weihe: nichts bekannt
Bemerkungen: Das Werk befindet sich (nach Dähnert) in einem guten Zustand.

2279 Der Freiberger Kantor Johann Gottfried Fischer (1751–1821) erwähnte das Werk in seinen um 1800 bzw. 1821 aufgestellten Verzeichnissen der von Silbermann gebauten Orgeln (vgl. hierzu Anm. 581 und 1414).

2280 Auftraggeber war wohl der Rat der Stadt Freiberg, wie nach dem Ratsprotokoll vom 10. September 1714 (A/227) angenommen werden kann.

2281 Vgl. Fritz Oehme, Handbuch über ältere und neuere berühmte Orgelwerke im Königreich Sachsen, Teil I, Dresden 1889, S. 98.

2282 Vgl. B/5.

2283 Vermutlich haben einige Gesellen Silbermanns schon an dem Werk gearbeitet, obwohl der Meister (bis Mitte August 1714) noch mit dem Intonieren und Stimmen der Freiberger Domorgel beschäftigt war. Anfang September, also reichlich zwei Wochen nach der Übergabe dieser Orgel, soll Silbermann dann mit dem Aufsetzen des kleinen Werkes in Conradsdorf begonnen haben (B/5).

2284 Nach B/5 soll die Orgel bereits am 8. September übergeben worden sein. Der Freiberger Rat faßte aber erst zwei Tage später den Beschluß, daß der Bürgermeister der Übergabe beiwohnen und Domorganist Lindner »zur Examination« hinzuziehen soll (A/227).

2285 Nach dem Ratsprotokoll vom 10. September 1714 zu schließen (vgl. Anm. 2284).

2286 Als solcher wirkte seit 1694 Israel Lösch (1664–1739). Vgl. Grünberg, II/1, S. 549.

2287 Vgl. Dähnert, S. 212. Oehme (Anm. 2281) hatte die Orgel noch als »ein gutes Werkchen« bezeichnet.

2288 Das Werk wurde für die Schloßkapelle des Rittergutes gebaut und kam erst um 1830 in die Kirche (vgl. Oehme, [Anm. 2281] S. 200; Dähnert, S. 214; Flade, S. 149).

2289 Nach Flade (S. 149, ohne Quellenangabe) soll Graf von Wallwitz der Auftraggeber gewesen sein. Dähnert vermutet, daß das Werk Privateigentum des Kammer- und Bergrates Hans Christoph von Poigk war.

TIEFENAU[2292] (KREIS RIESA)

vor 1730 vollendet – 1945 schwer beschädigt
1 Manual (kein Pedal) – 9 Stimmen
Quellen
A. Johann Gottlob Meischner, Orgelcarmen (Glauchau) von 1730 (Stadtbibliothek Strasbourg: Sign. A 12183; vgl. auch Anhang OWS. Nr. 7)
B. Johann Gottfried Fischer, handschriftliches Verzeichnis der Silbermannorgeln von 1821

(Heimatmuseum Frauenstein)
Vorgeschichte: unbekannt
Bauvertrag: nicht auffindbar[2293]
Baukosten: unbekannt[2294]
Bauablauf: nichts bekannt[2295]
Übergabe, Prüfung und Weihe: nichts Näheres bekannt
Bemerkungen: Das Werk wurde (nach Dähnert) gegen Ende des 2. Weltkrieges schwer beschädigt und insbesondere der Zinnpfeifen beraubt.[2296] Eine Wiederherstellung ist vorgesehen.

FREIBERG (ST. NICOLAI)

vermutlich nach 1732 gebaut – seit 1840 verschollen
1 Manual (kein Pedal) – 5 Stimmen

Quellen
A. Freiberger Ratsprotokolle 1750–1755 (StA. Freiberg)

2290 Vermutlich hat das Werk, ebenso wie das Conradsdorfer, etwa 200 Taler gekostet.

2291 Dähnert vermutet, daß das Werk »um 1725« entstanden ist. Von Anfang 1724 bis Sommer 1727 war Silbermann allerdings mit den Orgeln in Reichenbach (St. Peter und Paul), Forchheim, Dittersbach, Oederan und Rochlitz vollkommen ausgelastet. Das kleine Ringethaler Werk könnte vielmehr schon 1723 gebaut worden sein. Jedenfalls lag für den Zwischenraum von der Vollendung der Chemnitzer Johannisorgel (Dezember 1722) bis zum Kontraktabschluß für Reichenbach (Dezember 1723) kein weiterer Auftrag vor. Am 3. Juni 1723 haben drei namhafte Mitglieder der Dresdner Hofkapelle in einem Attest bestätigt, nicht nur Orgeln, sondern auch »Positive« von Silbermann »gesehen und gehört« zu haben (vgl. SD. Nr. 14). Sie können dabei durchaus das Ringethaler Positiv mit gemeint haben, zumal ein am Dresdner Hof bekannter Adliger der Auftraggeber gewesen sein soll (vgl. Anm. 2289). Möglicherweise ist das Ringethaler Werk von »Cammer-Organist« Christian Pezold, der das erwähnte Attest mit unterschrieben hat, übernommen bzw. geprüft worden.

2292 Tiefenau wurde nach Lichtensee eingemeindet.

2293 Nach Flade (S. 121, ohne Quellenangabe) ließ »ein Herr von Pflugk« die Orgel für die Schloßkapelle bauen. Dähnert vermutet, daß das Werk im Auftrage der Reichsgräfin Elisabeth Friderike verw. von Pflugk geb. Gräfin von Stubenberg gebaut wurde, nachdem sie 1716 die Kapelle bauen ließ (lt. brieflicher Mitteilung an den Verfasser).

2294 Das neunstimmige, pedallose Werk (vgl. Oehme [Anm. 2281], S. 66) könnte etwa 250 bis 300 Taler gekostet haben (vgl. Conradsdorf).

2295 Nach Dähnert (S. 213) soll die kleine Orgel »um 1728« erbaut worden sein. Das ist sehr wahrscheinlich, denn im Juli 1727 wurde die Orgel zu Rochlitz vollendet und Mitte November 1728 die zu Helbigsdorf. Elf Monate später erfolgte die Übergabe des Püchauer Werkes. Es blieb dem Meister somit genügend Zeit, um nebenbei das kleine Werk in Tiefenau zu bauen. Übrigens erfolgte die Erbauung der Orgel zu Lebusa aller Wahrscheinlichkeit nach in dem gleichen Zeitraum. Auf jeden Fall müssen beide Werke vor Juni 1730 vollendet worden sein, denn sie werden in einem am 11. Juni 1730 zur Glauchauer Orgelweihe erschienenen Gedicht erwähnt (vgl. Anm. 1421). Diese Druckschrift beweist zugleich, daß beide Orgeln wirklich von dem berühmten Meister Silbermann geschaffen wurden.

2296 Dähnert teilte dem Verfasser am 11. August 1975 brieflich mit: »Es ist z. T. noch das Gehäuse erhalten, auch Windlade, Klavia-

B. Acta Die Erkaufung eines Positivs für die Nicolai-Kirche
(StA. Freiberg: Sign. A II I 18)
C. Johann Gottfried Fischer, Verzeichniß der Orgeln, welche Gottfried Silbermann erbauet
(in: Freyberger Gemeinnützige Nachrichten, 1800, Nr. 13, 27. März, S. 129 f.)

Vorgeschichte

Das Werk war zunächst Privateigentum des Freiberger Domorganisten Johann Christoph Erselius (1703–1772) und kam erst 1753 in die Nicolaikirche.[2297]

Bauvertrag

Ein Bauvertrag ist nicht auffindbar.[2298] Die Disposition des Werkes ist unbekannt. Es soll fünf Register besessen haben.[2299]

Baukosten

Die Baukosten sind nicht bekannt.[2300]

Bauablauf

Die Erbauungszeit ist nicht mehr feststellbar.[2301]

Bemerkungen

Das Werk »diente der Gemeinde bis 1840«[2302] Seitdem muß es als verschollen gelten.[2303]

ETZDORF (KREIS HAINICHEN)

1745 (?) vollendet – seit 1939 im Dom zu Bremen (BRD)
1 Manual (kein Pedal) – 8 Stimmen

Quellen

A. Johann Gottfried Fischer, Verzeichniß der Orgeln, welche Gottfried Silbermann erbauet
(in: Freyberger Gemeinnützige Nachrichten, 1800, Nr. 13, 27. März, S. 130, lfd. Nr. 28)
B. derselbe, handschriftliches Verzeichnis der Silbermannorgeln von 1821[2304]
(Heimatmuseum Frauenstein)

Vorgeschichte: unbekannt

tur, Wellenbrett mit durchgehends eisernen Wellen sind noch vorhanden, desgleichen die tiefen Holzpfeifen von Prinzipal 8 Fuß.« Des weiteren sind einige Zinnpfeifen erhalten geblieben. Im Februar 1974 stellte Orgelbaumeister Wilhelm Rühle in Moritzburg bei Dresden dem Heimatmuseum zu Frauenstein einen aus dem Schutt geborgenen Registerknopf zur Verfügung.

2297 Aus dem Ratsprotokoll vom 10. Januar 1753 (A/497) geht hervor, daß Erselius der Nicolaikirche das Positiv damals für 8 Taler jährlichen Zins leihweise überlassen hat. Nach Erselius' Tod (1772) ging das kleine Werk in den Besitz seines Nachfolgers Johann Paul Zimmermann über. Der Freiberger Rat wollte es ihm für 100 Taler abkaufen. Zimmermann erklärte aber, daß ihm »von Dresden aus 200 Thaler vor dieses Positiv (weil es ein Silbermannsches sey) geboten« wurden (B/1 f.). Am 17. Dezember 1777 beschloß der Rat, das Werk für 150 Taler zu kaufen. Es wurde dabei ausdrücklich festgestellt, daß es »von dem ehemaligen berühmten Orgelbauer Silbermann verfertiget« wurde und der Eigentümer (Domorganist Erselius) es »zum Gebrauch hergeliehen« hatte (B/15).

2298 Ob bzw. wann ein solcher zwischen Silbermann und Erselius abgeschlossen wurde, ist nicht mehr festzustellen.

2299 Vgl. das von Johann Gottfried Fischer veröffentlichte Verzeichnis der Silbermannorgeln (C/129/lfd. Nr. 20).

2300 Es ist zu vermuten, daß das Werk nicht ganz 200 Taler gekostet hat (vgl. Conradsdorf). Bemerkenswert ist der im Jahre 1777 vom Freiberger Rat noch gezahlte Kaufpreis von 150 Talern (vgl. Anm. 2297), obwohl das Werk schon über zwanzig Jahre in der Kirche und vorher viele Jahre von Erselius benutzt worden war.

2301 Aller Wahrscheinlichkeit nach ist das kleine Werk erst gebaut worden, nachdem Erselius in Freiberg wirkte, also nach 1731. Bevor er als Domorganist in die Bergstadt berufen wurde, stand Erselius in Dresden als »Musicus« in kurfürstlichen Diensten (vgl. Anm. 1735).

2302 Vgl. Ernst Müller, Musikgeschichte von Freiberg, Freiberg 1939, S. 67.

2303 Der Freiberger Kantor Johann Gottfried Fischer (1751–1821) hat es in seinem 1821 aufgestellten handschriftlichen Verzeichnis der Silbermannorgeln (vgl. Anm. 1414) schon nicht mehr erwähnt.

Bauvertrag: nicht auffindbar [2305]
Baukosten: unbekannt[2306]
Bauablauf: nichts Näheres bekannt[2307]
Übergabe, Prüfung und Weihe: nichts bekannt
Bemerkungen: Im Jahre 1865 wurde das Werk an die Kirchgemeinde Wallroda ver-

kauft, wo es sich bis 1902 befand. Später (ab 1919) war es in Dresdner Privatbesitz und dem damaligen »Modegeschmack« entsprechend ergänzt worden. Nach stilgerechter Wiederherstellung gelangte die kleine Orgel 1939 nach Bremen, wo sie sich auch gegenwärtig noch befindet.[2308]

SCHWEIKERSHAIN (KREIS ROCHLITZ)

zeitlich unbestimmt (um 1750?)
1 Manual (kein Pedal) – 5 Stimmen
Quellen
A. Johann Gottfried Fischer, Verzeichniß der Orgeln, welche Gottfried Silbermann erbauet
(in Freyberger Gemeinnützige Nachrichten, 1800, Nr. 13, 27. März, S. 130, lfd. Nr. 25)
B. derselbe, handschriftliches Verzeichnis der Silbermannorgeln von 1821[2309]

(Heimatmuseum Frauenstein)
Vorgeschichte: nichts Sicheres bekannt[2310]
Bauvertrag: nicht auffindbar[2311]
Baukosten: unbekannt[2312]
Bauablauf: nichts bekannt[2313]
Übergabe, Prüfung und Weihe: nichts Näheres bekannt
Bemerkungen: Das Werk befindet sich (nach Dähnert) seit der im Jahre 1956 erfolgten Wiederherstellung in einem sehr guten Zustand.

2304 Siehe hierzu Anm. 1414.
2305 Wer das Positiv bauen ließ, ist nicht bekannt.
2306 Das kleine Werk dürfte schätzungsweise etwa 250 Taler gekostet haben (vgl. Conradsdorf).
2307 Das Werk soll 1745 gebaut worden sein. Vgl. Flade (S. 148) und Dähnert (S. 213). Beide Autoren geben aber keine Quelle an. Die Orgel kann durchaus im ersten Halbjahr 1745 entstanden sein; denn nach Vollendung der Orgel in der Schloßkapelle zu Burgk (April 1743) lag bis zum Abschluß des Nassauer Kontrakts (August 1745) kein weiterer Auftrag vor.
2308 Vgl. Dähnert, S. 213.
2309 Siehe hierzu Anm. 1414.
2310 Nach Flade (S. 149, ohne Quellenangabe!) soll das Werk, welches Silbermann »laut Vertrag als Interimsorgel in die kath. Hofkirche zu Dresden liefern mußte«, im Jahre 1759 durch Vermittlung des Ministers von Wallwitz nach Schweikershain gekommen sein. Diese Angaben

sind quellenmäßig sehr unsicher und nicht belegt.
2311 Der von Flade (ohne Quellenangabe!) erwähnte »Vertrag« (vgl. Anm. 2310) ist unbekannt. In dem am 27. Juli 1750 mit Silbermann geschlossenen Kontrakt über die Hofkirchenorgel steht auch kein Wort davon, daß Silbermann erst eine Interimsorgel bauen sollte (vgl. SD. Nr. 48). In den von uns als Quellen genannten Orgelverzeichnissen (A/B) ist auch kein diesbezüglicher Hinweis zu finden. Fischer gab beide Male an, daß es sich in Schweikershain um eine Orgel mit zwei Manualen und Pedal handelte!
2312 Der Stimmenzahl entsprechend dürfte das Werk wohl nicht ganz 200 Taler gekostet haben (vgl. Conradsdorf).
2313 Dähnert (S. 214) vermutet, Flades Angaben entsprechend (vgl. Anm. 2307), daß die Orgel »wohl um 1750« gebaut wurde, kann aber auch keine Quelle nennen oder einen Beweis erbringen.

NICHT AUSGEFÜHRTE ORGELBAUPLÄNE

Nicht alle Orgelbaupläne, bei denen mit Gottfried Silbermann Verbindung aufgenommen wurde, sind von ihm ausgeführt worden. Diese nicht verwirklichten Projekte sind aber bisher kaum beachtet, geschweige denn genauer untersucht worden.[2314] Gegenwärtig sind – mit Sicherheit – acht Orte bekannt, wo Gottfried Silbermann entweder Orgeln bauen oder reparieren sollte. Vermutlich gibt es noch mehr solche Projekte. Silbermann schrieb zum Beispiel am 28. Juli 1737 nach Zittau: »... und da mir vorietzo wieder einige Orgel-Wercke sind angetragen worden ... und unter andern mit den ... Rath zu Zwickau einen Accord schließen soll ...«[2315] Welche Orgeln ihm damals »angetragen« worden sind, wissen wir nicht.[2316] Vielleicht bringt der Zufall künftig noch einiges ans Tageslicht.

GRAUPEN

Kaum war der junge »Orgelmacher« Gottfried Silbermann im Frühjahr 1710 aus Frankreich in seine erzgebirgische Heimat zurückgekehrt, da wurde er schon, wie Immanuel Lehmann[2317] am 29. September 1710 dem Bürgermeister der Bergstadt Freiberg brieflich mitteilte, »wegen seiner sonderbahren Geschicklichkeit von unterschiedenen Orthen allbereit gesuchet«.[2318] Lehmann schrieb weiter, daß Gottfried Silbermann »nach seinen an mich abgelassenen Bericht, abermahls nach Graupen zum Orgelbau eyligst citiret worden« sei.[2319] Ob Silbermann in Graupen (jetzt Grupka/ČSSR) war, wissen wir nicht.[2320] Vermutlich war Graupen das erste, unausgeführt gebliebene Projekt Silbermanns, oder es war nur eine Reparatur.[2321]

2314 Dähnert veröffentlichte 1961 einen kurzen Beitrag darüber (vgl. Walcker-Hausmitteilungen, Ludwigsburg, H. 27, Oktober 1961, S. 1 ff.). Er ging aber – vom Standpunkt des Orgelsachverständigen – praktisch nur auf das Zwickauer Projekt ein. Erst der Verfasser vorliegender Dokumentation hat in seiner Arbeit »Auf den Spuren von Gottfried Silbermann« (EVA Berlin, ⁴1975) dem Thema etwas mehr Aufmerksamkeit gewidmet (S. 67 ff. und 267 ff.).
2315 PfA. Zittau: Akte Sign. I 1 16, Bl. 39 f.
2316 Siehe hierzu Anm. 1852.
2317 Lehmann wirkte in Freiberg als praktischer Arzt und war ein Vetter des damaligen Freiberger Superintendenten D. Christian Lehmann. Immanuel Lehmann hat 1711 Silbermanns Erstlingswerk in Frauenstein geprüft (vgl. auch Anm. 636).
2318 StA. Freiberg: Akte Sign. Aa II I 60a, Bl. 19 f. Der volle Wortlaut des Briefes ist im Anhang (SD. Nr. 1) zu finden.
2319 Wenn Silbermann »abermahls« nach Graupen gerufen wurde, muß man annehmen, daß er die Reise dorthin bisher nicht unternommen hatte. Leider gibt es keine weiteren Quellen als Lehmanns Brief.
2320 Es ist kaum anzunehmen, da er (seit Juni 1710) bis mindestens Mitte Februar 1711 mit dem Frauensteiner Orgelbau und anschließend mit dem Freiberger Domorgelbau voll beschäftigt war.
2321 Eine Anfrage beim zuständigen Staatsarchiv der ČSSR blieb ergebnislos.

Insbesondere interessierte man sich in Leipzig für den jungen Orgelbauer. Gottfried Silbermann hatte auf der Reise von Frankreich in die Heimat ja in Leipzig haltgemacht und hier Johann Kuhnau, den damaligen Thomaskantor und Universitätsmusikdirektor, aufgesucht.[2322] Immanuel Lehmann[2323] hat in seinem Brief vom 29. September 1710 an den Freiberger Bürgermeister wiedergegeben, was ihm »unlängst«, anläßlich eines Besuches in Meißen, Johann Kuhnau persönlich über Gottfried Silbermann gesagt hatte, nämlich: »...seines gleichen an fundamentaler mathematisch mechanischer Scientz in Organopoeia[2324] nicht angetroffen zu haben...«[2325]

Da sich damals ein Neubau, zumindest aber eine Reparatur, der Orgel in der Leipziger Pauliner- oder Universitätskirche notwendig machte, wollte Johann Kuhnau, der zugleich Universitätsmusikdirektor war, diese Arbeiten Gottfried Silbermann übertragen wissen. Immanuel Lehmann schrieb in seinem bereits zitierten Brief, daß er von »Herrn Kuhnau in seinen vorgestern [27. September 1710] an mich abgelassenen Schreiben ersuchet werde, Mons. Silbermann wissend zu machen, daß er unverzüglich nach Leipzig kommen, und das Pauliner neue Orgel-Werck [zu bauen] übernehmen soll...«. Fast zur gleichen Zeit, schrieb Lehmann, wäre von »Herrn Doct. Rechenberg«[2326], ein Schreiben an den Freiberger Nicolaipfarrer Beyer[2327] ergangen, »darinnen Er [Rechenberg] auff eben dieses Subjectum [Silbermann] besondere reflexion machet«. Auch »von Organist zu St. Nicolai in Leipzig, Herr Vettern«[2328], schrieb Immanuel Lehmann weiter, »könnte ein Brieff vorgezeigt werden, da eben dieser Mensch [Silbermann] ein ander Orgel-Werck zu fertigen recommendiret worden, und von ihm [Vetter] requiriret wird...«. Nach Immanuel Lehmanns Worten ist dieses Schreiben aber zunächst »supprimiret« worden, bis seitens des Freiberger Rates »wegen hiesigen Orgel-Baues [im Dom] categorischer Entschluß erfolgen möchte...«[2329] Am 8. Oktober 1710 erfolgte dann der Abschluß des Vertrages über den Freiberger Orgelbau. Damit wurde dem jungen Meister eine Aufgabe übertragen, die ihn – was er damals aber noch nicht ahnen konnte – dreieinhalb Jahre voll in Anspruch nehmen sollte.

Trotzdem reiste Gottfried Silbermann sechs Wochen später, im November 1710, nach Leipzig. In der Niederschrift über das am 20. November unter Leitung des Rektors, D. Johannes Schmid, abgehaltene Professoren-»Concilium« heißt es unter Punkt 1: »Es wäre der Orgelmacher Silbermann

---

2322 Das beweist Kuhnaus Brief vom 8. Dezember 1717 an Johann Mattheson in Hamburg, den letzterer 1725 in seiner »Critica musica« (Bd. 2, S. 229 ff.) veröffentlichte.

2323 Siehe Anm. 636 und 2317.

2324 Das ist mit »Kenntnis in der Orgelbaukunst« zu übersetzen.

2325 Vgl. Anhang SD. Nr. 1.

2326 Adam Rechenberg(er) (1642–1721) hatte ab 1661 in Leipzig an der philosophischen Fakultät studiert, wurde 1677 Professor für Geschichte und klassische Sprachen und war mehrmals Rektor der Leipziger Universität. Um 1699 trat er in die theologische Fakultät ein, wo er zu Beginn des 18. Jahrhunderts wiederholt als Dekan wirkte.

2327 Andreas Beyer (geb. 1636) wirkte in Freiberg zuletzt (ab 1699) als Amtsprediger zu St. Nicolai und starb 1714 (vgl. Grünberg, II/1, S. 55).

2328 Daniel Vetter (geb. um 1656) wirkte seit 1679 in Leipzig als Nicolaiorganist und starb dort am 7. Februar 1721 (StA. Leipzig: Ratsleichenbuch 1721, Bl. 11). Vgl. auch MGG, Bd. 13, Sp. 1570 f.

2329 Lehmann hatte in seinem Brief (vgl. SD. Nr. 1) zwar zum Ausdruck gebracht, daß das Freiberger Ratskollegium den neuen Domorgelbau »Mons. Silbermann von Frauenstein anzuvertrauen beliebet haben«, aber es war noch kein »firmer Entschluß oder Contract zur Zeit verfasset« worden.

von Freyberg[2330], nachdem er durch ein Schreiben anhero verlanget worden,[2331] nunmehro allhier ankommen ... Ob er solte vorgelaßen werden und ob mann mit Ihn selbst sprechen wolte. Hierauff Wurde beliebet denselben vorzulaßen, da denn derselbe wegen des Orgelbaus einen Anschlag zu machen und das Werck in Augenschein zu nehmen sich erklähret.«[2332] Eine Woche später, am 27. November, erstattete Silbermann unter der Ortsangabe »Leipzigk« einen ausführlichen Bericht über den Zustand der alten Pauliner Orgel und legte zugleich einen Entwurf für ein neues Werk vor.[2333]

Beide Dokumente beweisen das einzigartige Selbstbewußtsein, das der junge Orgelbauer damals schon hatte. Zunächst dankte er dafür, daß man »bey der vorhabenden Reparatur des Orgel-Wercks in der Kirche zu St. Pauli die gute Confidence zu mir getragen, und mich umb mein Bedencken darüber ersuchet« hat. Nachdem Gottfried Silbermann das alte Werk mit Sachkenntnis und Gewissenhaftigkeit untersucht hatte, mußte er – »von Grund meines Herzens« – bedauern, die Sache nicht so befunden zu haben, um durch seine Arbeit oder seinen Rat ohne Nachteil für sein Gewissen, seinen Ruf und sein Ansehen sich damit befassen zu können. Er zählte dann die Fehler und Mängel der alten Orgel einzeln auf: »...ist das Werck nach alter Art disponiret und intoniret..., tauget keine einzige Stimme... [insbesondere] nach heutiger manier, und ist keine Freundlichkeit oder Anmuth zu hoffen, hat der Salpeter, da die Pfeiffen meistentheils [aus] Bley, und noch dazu die Blätter[2334] nicht nach itziger herrlichen Methode geschlagen und compact gemacht sind[2335]... und sonderlich die Füße anfreßen müssen. Und neue [Füße] daran zu machen, wäre fast größere Arbeit alß gantz neue Pfeiffen zu verfertigen, indem man die Circumferenz und das Centrum mühsam suchen müste, da sonsten Pfeiffen und Füße geschwinder aus einem neu gegoßenen Blatte geschnitten werden... Das in das Gesicht fallende [das heißt an der Schauseite befindliche] Principal, welches noch der Orgel das beste Ansehen geben müßen, ist nicht weniger wie die andern Stimmen von lauter Stücken zusammen geflickt und thun sich noch dazu hin und wieder große von Bleye mit eingelöthete Plätze herfür. Bey welcher Bewandnüß denn solches zu keiner bessern Harmonie alß die andern Bleyernen geflickten und zum Theil gar mit Reiffen umbgebenen Pfeiffen wird können gebracht werden... Im übrigen ist durchgehends an dem Wercke nichts zu befinden, das nach der iezigen manier und delicatesse schmecken könte...«

2330 Das ist nicht exakt, da Silbermann damals in Frauenstein sich aufhielt und dort an einer kleinen Orgel arbeitete. Nach Freiberg kam er erst etwa Ende Februar 1711.

2331 Ob mit dem Schreiben der Brief Kuhnaus vom 27. September 1710 an Immanuel Lehmann (vgl. SD. Nr. 1) gemeint ist oder ob man sich seitens der Universität direkt mit Silbermann in Verbindung gesetzt hat, ist nicht bekannt.

2332 Archiv der Karl-Marx-Universität Leipzig: Rep. I, Cap. XVI, Sect. I, Nr. 15, Bl. 133.

2333 Archiv der Karl-Marx-Universität Leipzig: Akte Templi Paulini ... inhaltende, was sowohl die Renovation der Kirche als auch der Orgelbau gekostet, 1710–1713; Sign. II/III/B/II/6, Bl. 11 ff. Bei beiden Dokumenten handelt es sich offensichtlich um Abschriften, denn sie tragen keine eigenhändigen Unterschriften Silbermanns. Die Worte »Gottfried Silbermann, Orgelmacher« stammen vielmehr von derselben Hand wie die Schriftstücke selbst. Wo die Originale verblieben sind, ist unbekannt.

2334 Darunter sind die Blechtafeln zu verstehen, aus denen die Pfeifen geformt worden waren.

2335 Das Hämmern oder Schlagen der Zinntafeln gehörte zu Silbermanns Spezialität. Als Thomaskantor Kuhnau uud der Altenburger Hoforganist Gottfried Ernst Bestel Mitte August 1714 die Freiberger Domorgel prüften, konnten sie feststellen, daß »die Blätter zu denen Pfeiffen in gehöriger Stärcke gegoßen [und] hernach geschlagen« worden sind. Sie betonten, daß das Schlagen »bey uns sonsten ungewöhnlich« sei. Vgl. hierzu SD. Nr. 5.

Nach Silbermanns Bericht ist die Orgel meist »mit allen gezogenen Registern« gespielt worden, deshalb seien »die darinne gesteckten groben Mängel ... nicht so leicht gemerckt worden«. Obwohl »die totale Einreißung [des Werkes] längst nöthig gewesen«, sei sie dennoch der Universität »von Dero Directore Musices [Johann Kuhnau] nicht zugemuthet« worden.

Silbermann fuhr dann fort: »Jetzo aber erfordert der neue Gottesdienst, theils die Gemeine unter den Choral-Liedern in Ordnung zu halten, theils auch zur besondern Vergnügung der Einheimischen und so vielen ankommenden Frembden, ein stärckeres, angenehmers, vollkommeners und der Gloire der so Weltberühmten Universitaet gemäßeres Werck ... so wäre dieses mein unmaßgeblicher und treuer Rath, es entschlöße sich die HochLöbl. Universitaet zur Aufführung eines ganz neuen Orgel-Werckes ... Ich wolte aus Liebe zu diesem berühmten Orthe, und da ich das Academische Bürger-Recht[2336] ... bey Ihnen ... suchen werde, ein übriges thun, und ein vollkommenes neues Werck nach beykommender Specification von 43 und zum Theil in diesem Lande noch nicht, aber wohl in Franckreich mit gröster Admiration gehörten charmanten Stimmen, binnen einer Frist von 2 biß drittehalb[2337] Jahren, da ich denn bey dem mir obliegenden Freybergischen Orgelbau gedoppelt stärcker arbeiten würde,[2338] überhaupt, und nach gemachten genauesten Umschlag [Kostenüberschlag], gegen die alten Materialien von Metall und Zinn, und 3000 Thlr. mit Gottes Willen zu aller verständigen und iedermanns Vergnügen liefern. Tausend Thaler verlange ich bey Schließung des Contracts zu Anschaffung nöthiger Materialien, zur Kost, Wochen- und Liedlohn[2339], 1000 [Taler] nach und nach, das Übrige bey Übernehmung und nach befundener Richtigkeit des Werckes. Mit denen Kosten vor das Gehäuse aber und Bildhauer-Arbeit, ingleichen vor die endliche Abfuhre ... hätte ich nichts zu schaffen...«

Der von Gottfried Silbermann gleichzeitig vorgelegte Dispositionsentwurf sah eine dreimanualige Orgel mit insgesamt dreiundvierzig Stimmen vor[2340]: fünfzehn im Hauptmanual, dreizehn bzw. acht im Ober- und Brustwerk und sieben im Pedal. Silbermann schrieb dazu: »...Solches aus lauter schönen Principal-Stimmen (welche alle, biß auf 3, aus dem besten Zinn und Metall zu verfertigen) bestehende Werck würde in Frankreich, und hier zu Lande, unter 6 biß 8 tausend Thlr. sonsten kaum geschaffet. Hier aber bin ich erböthig, solches, aus Begierde mich in meinem Vaterlande bekat zu machen, und aus Liebe zu diesem berühmten Orte [Leipzig], vor 3000 Thlr. und die Materialien von Zinn und Metall aus dem alten Wercke binnen 2½ Jahren zu liefern...«

Man bedenke, daß auch die Freiberger Orgel (laut Kontrakt vom 8. Oktober 1710) binnen zwei Jahren geliefert werden sollte. Der noch nicht ganz achtundzwanzigjährige Meister muß ein enormes Selbstvertrauen besessen haben, wenn er – natürlich mit einer entsprechenden Zahl von Gehilfen – sich zutraute, in so kurzer Zeit zwei dreimanualige Orgeln zu bauen. Er wollte offenbar gleich zu Beginn seines Wirkens seine künstlerischen Fähigkeiten in zwei berühmten Städten Sachsens, der Bergstadt Freiberg und der Universitäts- und Messestadt Leipzig, unter Beweis stellen. Leider hat Silbermann das Leipziger Projekt nicht verwirklichen können, da man den einheimischen Orgelbauer Johann Scheibe (um 1675–1748) vorzog.[2341]

2336 Es bestand in dem Recht zur Teilnahme an Vorlesungen usw.

2337 Das Wort »drittehalb« bedeutet zweieinhalb.

2338 Die Orgel im Dom zu Freiberg sollte (laut Kontrakt) zu Weihnachten 1712 übergeben werden.

2339 Unter »Liedlohn« sind die an das Gesinde zu zahlenden Löhne zu verstehen.

2340 Zum Vergleich: Das Freiberger Werk

Im Februar 1714 hatte sich der Rochlitzer Bürgermeister Christian Gerlach[2342] an den Freiberger Nicolaiorganisten Christian Zeiß[2343] (oder an den Rat?) gewandt. Sie sollten vermutlich vermitteln, daß Silbermann nach Rochlitz kommt, um die Orgel in der Kunigundenkirche zu reparieren. Jedenfalls übersandte Zeiß am 2. März 1714, der »uns aufgetragenen Commission zu Folge«, dem Rochlitzer Bürgermeister Silbermanns Antwort und erwähnte dabei, daß Silbermann »ein Mensch ist, der das seinige sehr wohl verstehet«.

In seinem Brief bezog sich Gottfried Silbermann auf ein Schreiben, aus welchem er ersehen habe, »daß Sie zu reparatur ihres baufälligen Orgel-Werks ... auf meine Persohn reflexion machen«. Dann heißt es: »Ob ich nun zwar mit hiesigen Orgel-Bau in Dom gar sehr occupiret bin,[2344] so habe mich dennoch entschloßen ... wenn Gott Gesundheit und gut Wetter bescheret, die halbe Woche nach den Oster-Ferien[2345] nach Rochlitz zu kommen, das Werk in Augenschein zu nehmen, und was etwan daran zu thun, ein Gutachten zu ertheilen. Alsdann kan man alles überlegen...«[2346]

Zu Ostern 1714 ist die Freiberger Domorgel offenbar völlig aufgebaut gewesen. Ab 9. April (bis 19. August) beschäftigte sich Gottfried Silbermann mit dem Intonieren und Stimmen der Pfeifen.[2347] Da diese letzte Arbeit an dem großen Werk den Meister neunzehn Wochen lang völlig in Anspruch nahm, konnte er nur eine sich vorher noch ergebende kurze Arbeitspause

---

war nur mit einundvierzig Stimmen projektiert, hat aber schließlich fünfundvierzig bekommen.

2341 Der Kontrakt mit Scheibe soll kurz vor Weihnachten 1710 geschlossen worden sein. Er ist aber in der Akte (vgl. Anm. 2333) nicht enthalten, sondern nur eine Aufstellung über die Kosten des Orgelbaues. Danach hat Scheibe 793 Taler »Orgelmacherlohn« und 77 Taler »discretion« erhalten, der Tischler 200 Taler und der Bildhauer 127 Taler. Die Orgelbaumaterialien kosteten reichlich 398 Taler. Die gesamten Baukosten betrugen rund 1660 Taler. Nach Flade (S. 93) soll mit Scheibe am 11. Mai 1711 ein Kontrakt über 2926 Taler geschlossen worden sein. Diese Angaben erscheinen auch in den Bach-Dokumenten (Band I, 1963, S. 166). Übrigens ist die von Scheibe »theils neu verfertigte, theils reparirte« Orgel der Pauliner Kirche von Johann Sebastian Bach, der damals »Hochfürstlich Anhalt-Cöthenscher Capellmeister« war, Mitte Dezember 1717 (!) geprüft worden (vgl. Bach-Dokumente, Band I, Nr. 87).

2342 Sein Sohn Theodor war später Organist an der Kunigundenkirche zu Rochlitz. Er hatte sich im April 1731 (nach Elias Lindners Tod) ohne Erfolg um die Freiberger Domorganistenstelle beworben (vgl. Anm. 1344).

2343 Zeiß wurde 1669 in Colditz geboren (PfA. St. Egidien Colditz: TaR. Nr. 23/1669). Sein Vater, Nickel Zeiß, war Weißgerber (und später Stadtrichter; vgl. Aufgebotsbuch St. Egidien Colditz Nr. XIV/1698). Christian Zeiß wirkte zunächst in seiner Geburtsstadt als Organist und wurde im Dezember 1697 als Nicolaiorganist nach Freiberg berufen (StA. Freiberg: Akte Sign. Aa II I 20a, Bl. 35). Als solcher bezog Zeiß nur 24 Taler Jahresbesoldung (vgl. Ernst Müller, Musikgeschichte von Freiberg, Freiberg 1939, S. 76). Mit der Stelle war deshalb der Gerichtskopisten- und Kastenschreiberdienst verbunden. Diese Ämter hat Zeiß bis zu seinem Tode ausgeübt. Er ist am 30. Juli 1733 in Freiberg gestorben (St. Jacobi Freiberg: ToR. Nr. 52/1733).

2344 Silbermann war damals noch mit der »Einsezung derer Pfeiffen« beschäftigt. Am 4. Dezember 1713 hatte er dem Freiberger Rat nämlich mitgeteilt: »... Indem nun das Werck aniezo ... in so weit zu standte kommen, daß das Hauptmanual gutentheils zum Klange gebracht und das übrige auch biß zu Einsezung, intonirung und Stimmung derer Pfeiffen und etlicher anderer Arbeit fertig ist...« (StA. Freiberg: Akte Sign. Aa II I 49, Bl. 47 f.)

2345 Der Ostersonntag fiel im Jahre 1714 auf den 1. April.

2346 Silbermanns Brief und das Begleitschreiben von Zeiß befinden sich im Kreisarchiv Rochlitz (Akte Sign. Rochlitz 6835).

2347 Vgl. seine Bestätigung vom 23. August 1714 in den Belegen zur Orgelbau-Rechnung (SupA. Freiberg: Akte Sign. II I¹ 15, Beleg 159).

zu einem Besuch in Rochlitz nutzen. Ob er die Reise wirklich unternommen und die Kunigundenorgel untersucht hat, wissen wir nicht.[2348] Dreizehn Jahre später baute Gottfried Silbermann in der Rochlitzer Petrikirche eine neue Orgel.

PRAG (ST.-VEITS-DOM)

Am 30. Juni 1723 hat Kurfürst Friedrich August I. von Sachsen Gottfried Silbermann das Prädikat eines »Hof- und Landorgelbauers« verliehen.[2349] In seinem diesbezüglichen, vorher eingereichten Gesuch vom 10. Juni desselben Jahres hatte Silbermann von »... aus der Fremde mir gethanen sehr vortheilhafften Vorschlägen« gesprochen.[2350] Diese Worte besaßen damals eine besondere Aktualität, weil Silbermann nach Prag gerufen worden war.[2351] Im dortigen St.-Veits-Dom sollte Kaiser Karl VI. zum böhmischen König gekrönt werden. Man beabsichtigte deshalb, eine Reparatur der großen (von 1555 bis 1562 erbauten) Renaissanceorgel durchführen zu lassen. Nachdem bereits ein Prager Orgelbauer[2352] das Werk – mit unbefriedigendem Ergebnis – untersucht hatte, hat der böhmische Kommerzialrat Johann Christian Antony von Adlersfeldt auf den Freiberger Orgelbauer Gottfried Silbermann aufmerksam gemacht. Das geht bereits aus einem Bericht der böhmischen Kammer vom 10. Juni 1723 hervor. Fast vier Jahre später, Anfang März 1727, hat der genannte Kommerzialrat in einem Schreiben an die böhmische Kammer den Sachverhalt nochmals zusammenhängend dargestellt.[2353] Er

schrieb u. a.: »... hat sich dann ereignet, daß ich bey Ihro Excell[enz] dem Herrn Obrist-Landt-Hofmeistern mit dem (Titl.) Herrn Philipp Grafen von Kollowrath etc. ohngefehr zusammen kommen und auf die Anfrage: ob nicht ein berühmter Orgelmacher zu finden seyn möchte, dem sich in diesen Werck recht zu vertrauen wäre, damit die hochlöbl. königl. böhm. Cammer keine unnöthige und vergebige Unkosten machen thäte? Habe ich einen bekannten sächsischen vornehmen Orgelmacher Nahmens Gottfried Silbermann vorgeschlagen, der nach einer thuenden Untersuchung der Sache klar darthun würde, wie? und ob dem Werck zuhelfen seye?[2354] Es ist dann von Seithen einer hochlöbl. königl. böhm. Cammer hierauf beliebet worden: diesen Mann eylends mit der Post kommen zu lassen... Wie sich nun selbster [Silbermann] auf mein Zuschreiben[2355] bewegen lassen, diese anhero Reise zuthun; so hat er bey seiner Ankunft das besagte große Orgelwerck soforth mit aller Mühe durchsuchet und visitiret, dann umständlich eröffnet, wie dieses Werck dergestalten beschaffen seye, daß die mehrsten zinnerne Pfeiffen daraus entwendet und nicht darinnen mehr befindlich wären, folglich die Reparation

2348 Aus der Akte (Anm. 2346) geht nichts hervor, andere Quellen sind nicht bekannt.
2349 Der Wortlaut der Urkunde ist im Anhang (SD. Nr. 16) zu finden.
2350 Siehe Anhang SD. Nr. 15.
2351 Siehe hierzu: Zdenek Culka, Silbermanns Reise nach Prag, in: Ars organi, H. 44, Mai 1974, S. 1940 ff.
2352 Nach Culka (Anm. 2351, S. 1941) soll es der kaiserliche Hoforgelbauer Lothar Franz Walter gewesen sein.
2353 Der Kommerzialrat hatte verlagsweise die Reisespesen an Silbermann ausgezahlt, sie

aber bisher nicht erstattet erhalten und suchte daher darum nach.
2354 Hier drängt sich die Vermutung auf, daß der böhmische Kommerzialrat mit Gottfried Silbermann bereits persönlich bekannt oder zumindest über dessen Kunstfertigkeit gut unterrichtet gewesen ist. Vielleicht hat Adlersfeldt die Dresdner Sophienorgel, die Silbermann im November 1720 übergeben hatte, gekannt?
2355 Damit ist bewiesen, daß sich nicht die böhmische Kammer selbst, sondern Kommerzialrat Adlersfeldt brieflich mit Gottfried Silbermann in Verbindung gesetzt hat.

ohne allen Effect ... seyn würde; dahin-
gegen mit besserer Würtschaft ein gantz
neues Werck verfertiget werden könte;
darvon er auch den Entwurf gemachet und
solchem dem (Titl.) Herrn Weyhbischoff
und löbl. Dom Capitul überreichet hat,[2356]
um bey gelegener Zeit solches zu Versorgung des Wercks nähender zuüberlegen
[2357]... Übrigens aber derselbe [Silber-
mann] ohne allen Recompens seine Rückreise wieder angetreten, außer daß ihm
seine Zehr- und gemachte Unkosten ...
entrichten müssen...«[2358]
Leider geht aus den Quellen nicht ganz genau hervor, wann Gottfried Silbermann in
Prag war. Es muß auf jeden Fall in der
zweiten Junihälfte des Jahres 1723 gewesen
sein, denn ein Bericht der böhmischen Kam-

mer vom 28. Juni besagt, daß eine »genaue
Visitir- und Beaugenscheinigung« durch
Silbermann bereits stattgefunden hat.[2359]
Genau wie in Leipzig ist auch das Prager
Orgelbauprojekt nicht verwirklicht worden. Der Orgel wäre übrigens nur eine
kurze Lebensdauer beschieden gewesen.
Durch den am 3. Juli 1757 (im Verlaufe
des Siebenjährigen Krieges) bei der Bom-
bardierung Prags entstandenen Brand ging
die unbrauchbare Renaissanceorgel vollends
zugrunde. Dieses Schicksal hätte die »Prager Silbermannorgel« erleiden müssen, wenn
sie gebaut worden wäre.
Es ist bemerkenswert, daß Gottfried Silbermann damals schon weit über die Grenzen
des Kurfürstentums Sachsen hinaus bekannt
war und einen guten Ruf genoß.

LENGEFELD

Ein weiterer, aber völlig anders gearteter
Fall, bei dem Gottfried Silbermann auch
nicht zum Zuge kam, war Lengefeld im
Erzgebirge. Er äußerte sich darüber am
6. August 1724 in einem Brief an seinen
ehemaligen Gehilfen Zacharias Hildebrandt[2360] wie folgt: »Aus dessen am 3. August [1724] an mich abgelassenen Brieffgen
habe ersehen, daß der H[err] Ober-Auf-
seher Römer[2361] denselben [Hildebrandt]
zu sich hohlen lassen, die Lengefelder Orgel
an einen andern Ort [innerhalb der Kirche]
zu versezen, welche er [Hildebrandt] auch
angenommen und vor 225 Thlr. zu Stande

bringen will. Nun wundert mich sehr, daß
derselbe die Lengefelder Orgel angenommen, in Ansehen ihm nicht nur wohl be-
wust seyn wird, daß ich zu unterschiedenen
mahlen bey dem Herrn Oberaufseher Rö-
mern gewesen, mit ihm den Contract zu
vollziehen, weil wir aber nicht mit einander
eins werden können, hat es sich verzögert,
habe auch nicht einen Dreyer Reise-Kosten
bis dato noch bekommen, wundert mich
also noch mehr, daß derselbe [Hildebrandt]
den am 21. Sept. 1722 von Hr. Lic. Krausen[2362] concipirten und alsdann mundir-
ten Wechsel-Contract[2363] gäntzlich aus

2356 Nach Culka (Anm. 2351, S. 1945) ist
Silbermanns Entwurf für eine neue Orgel im
Prager Veitsdom »trotz sorgfältiger Archiv-
forschungen« bisher nicht aufgefunden worden.
2357 Vgl. Culka (Anm. 2351), S. 1943 f.
2358 Nach der von Culka (Anm. 2351, S. 1944)
im Wortlaut wiedergegebenen Rechnung Silbermanns betrugen die Reisespesen insgesamt 63
Gulden. Auf »Zehrung« für insgesamt vierzehn
Tage (!) entfielen 28 Gulden. Die Reisekosten
mit der Post »von Dresden auf Prag« und zurück
beliefen sich auf über 42 Gulden, und »in Prag
in Einhorn vor Zimmer« wurden 6 Gulden be-

zahlt. Leider enthält der Beleg kein Datum, so
daß wir nicht feststellen können, in welcher Zeit
sich Silbermann in Prag aufgehalten hat.
2359 Vgl. Culka (Anm. 2351), S. 1942.
2360 Hildebrandt wurde um 1688 geboren
und stammte aus Münsterberg in Schlesien. Er
kam im November 1711 nach Freiberg und
Silbermann nahm ihn auf. Um 1722 verließ
Hildebrandt seinen Meister.
2361 Carl Christoph von Römer auf Rauenstein war Oberaufseher der Flöße und »Kriegs-
commissarius« und Kirchenpatron von Lengefeld.

seinen Gedancken gelassen, inmaßen in gemeldeten Contract enthalten, daß er [Hildebrandt] ... weder in Sachßen alhier noch in Elsaß einige an mir bereits verdungene oder andere Orgeln, so noch [an mich] verdungen werden möchten, in geringsten nicht anzunehmen, auch daß er keine Orgel ohne meine Einwilligung veraccordiren und annehmen wolle ...«[2364]

In der Kirche zu Lengefeld wurde schließlich eine neue Orgel gebaut und zwar von – Zacharias Hildebrandt.[2365] Offenbar ist Gottfried Silbermann – trotz allem – zu einer Verständigung mit Hildebrandt bereit gewesen. Am Schluß seines Briefes heißt es nämlich: »Es hätte mich sollen gut düncken, daß als er zu Rauenstein gewesen, und nur ein paar Meilen von hier sind, daß er wäre

hierher zu mir gekommen, welches nicht sein Schade, sondern Nuzen hätte seyn sollen.«

Übrigens hat Gottfried Silbermann seinem ehemaligen Gesellen in dem zitierten Brief noch einige Angebote gemacht. Er schrieb: »... und kann er aus beyliegendem Brieff ersehen, daß er in Strehla die mir zugewiesene Arbeit, wenn er Lust hat, darzu verfertigen soll.[2366] Wenn er nun seinem mir gegebenen Wechsel-Contract nachlebet, hätte ich ihn gleichfalls nach Kreppen[2367] recommendiret, allwo gleichfalls eine neue Orgel soll gebauet werden, die Fr[au] General von Brausen in Lindenau verlangt gleichfalls eine neue Orgel,[2368] welche ich ihm gar gerne hätte gönnen wollen ...«

STOLPEN

Ein weiteres, nicht ausgeführtes Orgelbauprojekt war Stolpen. Dieser Fall ist insbesondere wegen des zwischen Gottfried Silbermann und dem damaligen Stolpener

Pastor Carl Friedrich Degenkolb[2369] geführten Briefwechsels interessant.[2370] Hiernach hat Degenkolb am 8. Februar 1730 mit Silbermann Verbindung aufgenommen.

2362 Damit ist wohl der berühmte Freiberger »Rechts-Consulent« George Gottlieb Krauße gemeint. Er wurde um 1691 geboren und starb am 26. September 1756 in Freiberg (Dom Freiberg: ToR. 1756).

2363 Der Vertrag ist abschriftlich überliefert: Siehe Anm. 315, Akte a), Bl. 8 ff., bzw. b), Bl. 19ff.

2364 Wegen des zwischen Silbermann und Hildebrandt ausgefochtenen Rechtsstreites siehe: Ulrich Dähnert: Der Orgel- und Instrumentenbauer Zacharias Hildebrandt, Leipzig 1962 (S. 26ff. und 33 ff.) und
Werner Müller: Auf den Spuren von Gottfried Silbermann, Berlin [6]1982, S. 224ff.

2365 Vgl. Dähnert (Anm. 2364, S. 42ff.).

2366 Nach Dähnert (Anm. 2364, S. 216, Anm. 135) handelte es sich hier um das Positiv in der Schloßkapelle zu Tiefenau, deren Besitzer die Herren von Pflugk auf Strehla waren. Dieses kleine Werk ist dann von Gottfried Silbermann erbaut worden. Es wird in einer 1730 zur Glauchauer Orgelweihe erschienenen und vom dortigen Organisten Johann Gottlob Meischner

stammenden Druckschrift erwähnt (vgl. Anm. 1421).

2367 Hier ist vermutlich die Gemeinde Kroppen bei Ortrand gemeint. Aus Ortrand stammte übrigens Gottfried Silbermanns Lehrer, der Frauensteiner Rektor und Organist Christian Leipoldt (vgl. Anm. 44).

2368 Es handelt sich um Johanna Eleonore von Brause auf Weißig und Großkmehlen, die 1717 das Gut Lindenau erworben hatte (vgl. Dähnert, Anm. 2364, S. 216, Anm. 136). Im Auftrage der Genannten hatte Gottfried Silbermann schon im Jahre 1718 in Großkmehlen eine zweimanualige Orgel mit zweiundzwanzig Registern gebaut.

2369 Degenkolb wurde 1682 in Wildenfels bei Zwickau geboren, war ab 1716 Diaconus und ab 1729 Pfarrer in Stolpen und starb dort im Jahre 1747 (vgl. Grünberg, II/1, S. 116).

2370 Die Briefe Silbermanns befinden sich in »Acta, allerhand Bausachen bey den Kirchen- und geistl. Gebäuden zu Stolpen betr., 1723 bis 1758« (PfA. Stolpen: Sign. VI B II c 1). Die Seiten der Akte sind nicht numeriert.

Der Meister war damals mit dem Orgelbau in Glauchau beschäftigt und antwortete am 19. Februar von dort aus, daß er mit dem Glauchauer Orgelbau noch bis Ende Juni zu tun habe. Er bat den Stolpener Pastor, bis dahin »annoch in Ruhe zu stehen«. Vielleicht werde er (Silbermann) auch »unter der Zeit ... einmahl nach Dresden reißen«. Auf jeden Fall wolle er »von hier [Glauchau] aus gleich nach Reinhardts-Grimma kommen, die dasige Orgel zu setzen, und sich sodann die Freyheit nehmen, bei Ihnen einzusprechen ...«[2371] Pastor Degenkolb hat Silbermanns Brief an die zuständige Superintendentur in Bischofswerda weitergeleitet. Von dort erfolgte am 3. März folgende bemerkenswerte Stellungnahme: »Hier überschicke Herr Silbermanns Brieff zurück und verharre annoch bey meinem ersten Vorschlag, angesehen ich diesen [Silbermann] vor den besten Meister seiner Kunst halte, und man wird auch die Zeit erwarten müssen, die er selbst anberaumt, also wird es heißen: Non quam cito sed quam bene[2372] ...«

Am 13. März 1730 schrieb Degenkolb wieder an Silbermann.[2373] Der Meister antwortete am 30. desselben Monats wieder aus Glauchau und versicherte: »... so bald künfftig nach Johannis nach Reinhardts-grimma ... kommen werde, ich Ihnen meinen Besuch machen werde und zusprechen will ...«[2374] Der Brief hat ein bemerkenswertes Postskriptum: »PS. Schreiber dieses,[2375] Organist Meischner,[2376] lebet bißhieher, Gott sey Danck noch gesund und freuet sich über das geneigte Andencken von Hertzen[2377] ... Den werthesten H. Silbermann lassen Sie künfftig ja nicht ohne geschlossenen Orgelcontract wieder von sich, denn seine unvergleichliche Arbeit lobet sich und ihren Meister selber.«[2378]

Am 7. Juli 1730 meldete sich Gottfried Silbermann wieder, diesmal aber aus Reichenbach im Voigtland. Er schrieb u. a.: »... habe erneut versprochen, aniezt verflossenen Johann[isfest] meine schuldigste Aufwartung zu machen, allein ich muß dieserwegen um gütigsten Pardon bitten, angesehen, das allhier zu Reichenbach zu verfertigende Orgelwerk[2379], weil einmal in der Nähe mich befunden, von meinem getanen Versprechen mich abgehalten hat,[2380] es soll aber solches künfftigen Michael[is] ... ganz gewiß erfüllet werden, da von hier nacher Reinhardts-Grimma gehen und alsdenn bey ... [Ihnen] meine schuldigste Aufwarttung machen werde ... Voriezo nehme mir die Kühnheit an dieselben angeschlossenes Carmen zu übermachen ...«[2381]

Der nächste Brief Gottfried Silbermanns nach Stolpen ist »Reinhardtsgrimma, den

2371 Siehe Anhang SD. Nr. 24.

2372 Das kann mit »Nicht schnell, dafür aber gut« übersetzt werden.

2373 Leider ist der Wortlaut der Briefe Degenkolbs an Silbermann in der Akte nicht festgehalten worden.

2374 Siehe Anhang SD. Nr. 25.

2375 Hierzu ist zu bemerken, daß sich Silbermann seine sämtlichen Briefe von Leuten schreiben ließ, die in dieser Kunst geübt waren: in diesem Falle von dem Glauchauer Hof- und Stadtorganisten Johann Gottlob Meischner.

2376 Meischner wirkte seit 1702 in Glauchau (s. auch Anm. 1446).

2377 Meischner wurde – genau wie Degenkolb – 1682 geboren. Da ihre Geburtsorte (Stollberg und Wildenfels) nicht allzu weit von-

einander entfernt waren, kannten sie sich vermutlich aus ihrer Kindheit.

2378 Bemerkenswerterweise hat Gottfried Silbermann reichlich drei Jahre früher (am 4. Dezember 1726) in einem Brief an Amtmann Weidlich in Rochlitz selbst die kühne Behauptung aufgestellt: »... und wird die künfftige Arbeit sich selber loben ...« (vgl. SD. Nr. 20).

2379 Es handelte sich um die Orgel in der Trinitatiskirche, die am 10. September 1730 geweiht wurde, aber 1773 durch einen Brand zerstört worden ist. In der Reichenbacher Peter-Pauls-Kirche hatte Silbermann schon 1725 eine Orgel gebaut.

2380 Hieraus ist zu schließen, daß Gottfried Silbermann nach Vollendung der Glauchauer Orgel (Weihetag: 6. Juni) nicht erst nach Frei-

12.11.1730« datiert. Es heißt darin u.a.: »Vor die genoßene Güte und viele erwiesene Höfligkeiten habe nochmahls mein schuldigstes Dank-Compliment abzustatten... auch zugleich notificiren wollen, daß ich selbigen Tages, als ich von Sie abgereiset, glücklich in Dreßden gekommen...[2382] und des andern Tages mich wieder nach Reinhardts-Grimma verfüget. Ew. Hoch-Ehrwürden an mich abgelaßenes[2383] nebst dem Riß hiesiger Orgel habe zu recht erhalten,[2384] werde nicht unterlaßen, wenn ich mit hiesiger Orgel bald zum stande bin, Ihnen 14 Tage vorher solches wissend zu machen...«

Gottfried Silbermann hat sein Versprechen eingehalten, denn am 20. Dezember 1730 meldete er sich noch einmal aus Reinhardtsgrimma. Er teilte Pastor Degenkolb mit, daß die Orgel am Sonntag nach dem Epi-

phaniasfest übergeben werden soll und lud ihn ein, »dieses neue Werk bey meinem Hiersein in Augenschein zu nehmen...«.[2385] Ob Pastor Degenkolb nach Reinhardtsgrimma reiste, wissen wir nicht. Gottfried Silbermann sandte jedenfalls am 9. Februar 1731 von Freiberg aus »den verlangten Riß zu einer neuen Orgel« nach Stolpen und schrieb dazu: »... damit ich nun mich wegen anderer vorfallenden Arbeit darnach zu richten weiß,[2386] als bitte, sobald es sein kann, mir gewiße Antwort zu ertheilen...« Damit ist der Briefwechsel plötzlich zu Ende. Aus der Akte geht hervor, daß die für Stolpen projektierte Orgel zwei Manuale und insgesamt zwanzig Stimmen erhalten[2387] und 900 Taler kosten sollte.[2388] Die Übergabe war Pfingsten 1732 geplant. Offensichtlich ist der Orgelbau aus finanziellen Gründen gescheitert.[2389]

berg zurückkehrte, sondern gleich nach Reichenbach reiste. Er war ja in jeder Hinsicht ein guter Planer und Organisator.

2381 Leider befindet sich das Gedicht nicht mit in der Akte. Vermutlich handelte es sich um ein Exemplar der Druckschrift, die der Glauchauer Organist Meischner dem Meister zur Weihe seiner neuen Orgel gewidmet hatte.

2382 Damit hat uns Silbermann selbst bewiesen, daß er seine mehrfach versprochene und immer wieder verschobene Aufwartung in Stolpen nunmehr endlich gemacht hatte. Das Datum seines Besuches blieb zunächst unbekannt, bis Pfarrer Meißner im Stolpener Pfarrarchiv in einem Bündel verschiedener Schriftstücke einen Beleg folgenden Wortlauts entdeckte:

»1730 d[en]29ten und 30ten 8br. [= Oktober] hat Der H. Silbermann als Orgelbauer nachfolgendes Consummieret als

10 Gr.	– Pfg.	Hafer
1 Gr.	– Pfg.	Hecker [oder Häcksel = klein gehacktes Stroh als Pferdefutter]
2 Gr.	– Pfg.	Heu
4 Gr.	– Pfg.	vor Eßen
4 Gr.	6 Pfg.	vor Bier
– Gr.	6 Pfg.	eine Pfeiffe [?]
22 Gr.	– Pfg.	Summa

Joh. Gottlob Elßeßer

NB. Diese 22 Gr. sind vor den Knecht und die Pferde, welche Herr Silbermann bey sich gehabt, im Gast-Hofe bezahlt worden.« Silbermann ist demnach in den letzten Oktobertagen 1730 in Stolpen gewesen.

2383 Damit ist ein Brief Degenkolbs an Silbermann gemeint, der aber verschollen und sein Inhalt demnach unbekannt ist.

2384 Silbermann hatte offenbar einen Riß der Reinhardtsgrimmaer Orgel mit nach Stolpen genommen, um ihn Pastor Degenkolb zu zeigen, aber um Rückgabe gebeten. Die Stolpener Akte enthält übrigens eine Disposition der Reinhardtsgrimmaer Orgel.

2385 Siehe Anhang SD. Nr. 26.

2386 Damit dürften die Orgeln zu Mylau und Crostau gemeint sein. Der Mylauer Kontrakt war am 21. August 1730 schon abgeschlossen worden. Im Falle Crostau ist der Kontrakt nicht auffindbar und demzufolge auch sein Datum unbekannt.

2387 Das Hauptmanual sollte mit zehn, das Oberwerk mit sieben und das Pedal mit drei Registern besetzt werden.

2388 Eine Orgel der projektierten Größe kostete bei Silbermann sonst nur 800 Taler. Warum er im Falle Stolpen 100 Taler mehr forderte, wissen wir nicht.

2389 Aus der Akte ist ersichtlich, daß bis 1751 (!) »seit dem letzten Anno 1723 durch

Das nächste nicht verwirklichte Orgelbau-projekt war Nossen.[2390] Bei dem Stadt-brand am 27. Oktober 1719 wurde auch die Kirche bis auf die Grundmauern ein-geäschert. Wiederaufbau und Inneneinrich-tung gingen infolge der Armut des Städt-chens nur sehr langsam voran. Im Jahre 1732 hatte als neuer Pfarrer Magister Karl Christoph Zandt[2391] sein Amt an-getreten. Offenbar war es sein Wunsch, die neue Kirche mit einer Orgel von Gottfried Silbermann auszustatten.[2392] In der Kirch-rechnung von 1734 ist nämlich folgender Ausgabeposten verzeichnet: »16 Groschen vor 4 Kannen Frankenwein, als der H. Orgelmacher Silbermann das Chor in der Kirche zu Erbauung einer neuen Orgel, auch der Zimmermeister von Frauen-stein[2393] den Kirchturm ausgemessen und in Augenschein genommen.«

Die Kirchväter faßten aber den Beschluß, die Orgel, die nach einem nicht mehr auf-findbaren Entwurf Silbermanns, achthun-dert Taler kosten sollte,[2394] erst »später« anzuschaffen. Hinzu kam, daß die einge-pfarrten Gemeinden dem rührigen Pfarrer viele Schwierigkeiten machten, so daß er schließlich Nossen verließ.[2395] Nach Zandts Weggang, am 15. Januar 1742, beschlos-sen die Nossener Kirchväter: »Über Er-bauung einer Orgel soll mit dem Orgel-macher Silbermann zu Freiberg contrahirt werden.« Da aber nichts unternommen wurde, faßte am 21. März 1744 eine Ver-sammlung der Bürgerschaft den Beschluß, den Orgelbau soviel als möglich zu fördern, vorher aber einen Kostenanschlag von Sil-bermann »oder einem anderen Orgelbauer« anzufordern. Bevor es aber soweit kam, bot sich die »vorteilhafte« Gelegenheit, die alte Orgel aus der St.-Egidien-Kirche zu Oschatz für 170 Taler zu erwerben, da man sich

Gottes Verhängniß geschehenen allhiesigen tota-len Brand noch keine Orgel in die Stadtkirche wieder angeschaffet werden können, sondern man sich bisher mit einem schlechten alten Positiv be-helfen müssen«. Vgl. das in der Akte befindliche Schreiben der Kirchgemeinde Stolpen vom 3. August 1751 an die Kircheninspektion.

Daraus geht hervor, daß zwei Orgelbauer, To-bias Schramm aus Dresden und Johann Christian Pfennig (1706–1787) aus Kröbeln, »einige Riße und Vorschläge verfertigt« hatten. Obwohl die Disposition von Schramm »wohl am ersten zu acceptiren sein möchte«, erhielt der kaum be-kannte Meister Pfennig den Auftrag und voll-endete 1756 sein Werk. Im übrigen hatte sich (im Jahre 1737) auch der Meißner Orgelbauer Johann Ernst Hähnel beworben. Zu allem Über-fluß hatte 1730, als Pastor Degenkolb bereits mit Silbermann korrespondierte, der Dresdner Orgel-bauer und »Mechanicus« Albert Prockhardt (um 1690–1747) eine Disposition vorgelegt. Sie ent-hielt ein Prinzipalregister 4 Fuß, was von Silber-mann stark kritisiert wurde (vgl. SD. Nr. 25).

2390 Die folgenden Ausführungen stützen sich auf Forschungen des Nossener Heimatforschers Alfred Berger († 1972), die er dem Verfasser im Februar 1969 freundlicherweise zur Verfügung stellte.

2391 Er wurde 1695 geboren, stammte aus Baden und war zunächst (seit 1726) Pfarrer in Kleinwolmsdorf bei Radeberg (vgl. Grünberg, II/2, S. 1045).

2392 Bisher hatte der Organist sein kleines Positiv zur Verfügung gestellt, das ihm die Ge-meinde 1734 für 30 Taler abkaufte.

2393 Das könnte Johann Jacob Silbermann, ein Neffe Gottfrieds, gewesen sein. Er wurde 1706 geboren (PfA. Frauenstein: TaR. Nr. 3/1706), erwarb als Neunzehnjähriger das Frauen-steiner Bürgerrecht und hatte zwei Jahre vorher eine Kleinbobritzscher Bauerntochter geheiratet (PfA. Frauenstein: TrR. Nr. 8/1723). Er starb, erst dreißig Jahre alt, am 25. Mai 1736 in Frauenstein (PfA. Frauenstein: ToR. Nr. 13/1736). Trotz seiner Jugend war er in Frauen-stein schon Amtszimmermann gewesen (vgl. PfA. Frauenstein: TaR. Nr. 24/1738), also in dieser Stellung Nachfolger seines Vaters († 1733) und Großvaters († 1713).

2394 Nach dem Preis zu urteilen, dürfte es sich um ein Werk mit zwei Manualen und zwanzig Stimmen gehandelt haben.

2395 Zandt wirkte ab 1741 in Kaditz und wurde dreizehn Jahre später als Superintendent nach Oschatz berufen, wo er 1769 starb (vgl. Grünberg, II/2, S. 1045).

dort »ein ganz neues kostbares Orgelwerk« erbauen ließ.[2396] Die Kosten für den Transport der alten Orgel und ihre Neuaufstellung in Nossen, für den neuen Chorbau usw. beliefen sich auf über 1200 Taler. Bald machten sich an dem alten Werk kostspielige Reparaturen notwendig, die aber nie die alten Fehler beseitigen konnten. Man fragt sich heute, wie die Nossener Kirchväter auf die Idee verfallen konnten, eine altersschwache andernorts herrausgerissene Orgel zu erwerben. Sie hätten klüger gehandelt, von Silbermann eine neue Orgel bauen zu lassen.

ALTENBURG (SCHLOSSKIRCHE)

Es ist vermutet worden, daß Gottfried Silbermann um 1733 mit dem Orgelneubau in der Schloßkirche zu Altenburg beauftragt werden sollte.[2397] Man begründete das damit, daß »Gutachten über die Silbermannorgeln in Dresden (Frauenkirche) und Freiberg (St. Jacobi)[2398]« angefordert worden seien. Tatsache ist, daß sich in der Altenburger Akte[2399] nur Abschriften folgender Dokumente befinden:

a) Kontrakt über die Frauenkirchenorgel zu Dresden vom 13. November 1732 (Bl. 1 ff.),

b) Attest des Rates zu Dresden über diese Orgel vom 26. November 1736 (Bl. 7 f.),

c) Kontrakt über die Orgel zu St. Petri in Freiberg vom 3./4. August 1734 (Bl. 9 ff.) und

d) Attest des Rates zu Freiberg über diese Orgel vom 3. April 1737 (Bl. 15 b f.).

Alle vier Abschriften stammen von ein und demselben Schreiber und wurden im Juli 1737 angefertigt.[2400]

Der Schloßorgelbau ist dem Altenburger »privilegierten Hof- und Landorgelbauer« Tobias Heinrich Gottfried Trost (1673 bis 1759)[2401] übertragen worden. Der Kontraktabschluß mit ihm erfolgte bereits am 13. Juni 1735.[2402] Die Silbermannschen Dokumente sind aber erst zwei Jahre später beigezogen worden. Ihr Vorhandensein ist kein Beweis dafür, daß man ursprünglich die Absicht hatte, Silbermann mit dem Altenburger Orgelbau zu beauftragen.[2403]

Die Bauzeit für die neue Schloßorgel war vertraglich mit zweieinhalb Jahren bemessen worden. Bereits im Jahre 1736 stellte

2396 Der Oschatzer Orgelneubau wurde von dem Meißner Orgelbauer Johann Ernst Hähnel ausgeführt. Der Vertrag über den Verkauf der alten Orgel nach Nossen ist am 15. Mai 1744 abgeschlossen worden. Obwohl das neue Werk bereits Ende November 1746 fertiggestellt war, hatte Nossen bis Ende März 1747 noch keine Anstalten gemacht, die Orgel abzuholen (StA. Oschatz: Akte Sign. I II XX 13). Bei dem Oschatzer Orgelneubau haben übrigens 1744/46 Adam Gottfried Oehme und David Schubert mitgewirkt. Sie arbeiteten dann bei Gottfried Silbermann.

2397 Vgl. Felix Friedrich, Die Altenburger Schloßorgel, in: Sächsische Heimatblätter, Nr. 5/1975, S. 230 ff.

2398 Das ist ein Irrtum, denn es muß heißen: (St. Petri).

2399 STA. Weimar, Außenstelle Altenburg:

Akte Die Erbauung einer neuen Orgel in hiesige Fürstl. Schloßkirche, 1733 (Sign. Domänenfideikommiß, Repos. F. VIII 7).

2400 Das beweisen die auf Bl. 1 und 9 befindlichen Vermerke, wonach am 18. bzw. 19. Juli 1737 jeweils 8 Groschen Gebühren für die »Copiales« bezahlt worden sind. Der Freiberger Kontrakt ist übrigens durch den Ponitzer Schulmeister und Organisten Johann Heinrich Kalb am 19. Juli 1737 nach Altenburg gesandt worden, wie der Begleitbrief beweist (Anm. 2399, Bl. 304).

2401 Vgl. MGG, Bd. 13, Sp. 828.

2402 Vgl. Friedrich (Anm. 2397), S. 231.

2403 Die Abschriften hat man sich gewiß aus ganz anderen Gründen beschafft. Es soll aber nicht unerwähnt bleiben, daß manchmal Verträge oder Atteste beigezogen wurden, um sich ein Urteil über das Können und die Fähigkeiten

man schleppenden Gang der Arbeiten fest. Am 11. Juli 1737 beschloß das Kammerkollegium: »... wegen des alhiesigen Schloß-Orgelbaues, bey dem anietzo zu Ponitz seyenden Königl. und Chursächs. Hof- und Landorgelbauer H. Silbermann Erkundigung einzuziehen,[2404] ob das hiesige Werck binnen Jahr und Tag nach gegenwärtiger Beschaffenheit zur perfection gebracht werden könte ... und ob ... H. Silbermann zu disponiren, das Werck ufm[2405] Schloße selbst in Augenschein zu nehmen ...«[2406]

Schon am übernächsten Tag, dem 13. Juli, reiste der Altenburger Kammerrevisor Tobias Heinrich Schubart, »welcher mit ihm [Silbermann] bekannt« war, nach Ponitz. Dort hat er Silbermann »des alhiesigen [Altenburger] neuen Schloßorgelwercks disposition produciret, [ihm] ingl[eichen] gezeiget, was daran bereits verfertiget ...« und von ihm schließlich zur Antwort erhalten, »wie angeregtes Werck ... binnen Jahresfrist gantz füglich ferttig werden könte ...«. Silbermann versprach, binnen vierzehn Tagen nach Altenburg zu kommen, um »die neue Schloß-Orgel, jedoch ohne des alhiesigen Hoforgelbauers H. Trostens Nachtheil[2407] ... mit anzusehen ...«.

Silbermann kam aber eher als erwartet nach Altenburg. Am 19. Juli 1737 teilte der Ponitzer Schulmeister und Organist, Johann Heinrich Kalb (1686–1756), »per Expressum« mit, »daß Herr Silbermann und ich heute Nachmittags mit zufälliger Gelegenheit nacher Altenburg kommen werden, indem Tit. der Herr von Planitz[2408] über Altenburg fahren und uns in Ihrem Wagen mitzunehmen die Gnade haben wollen«.[2409]

Gottfried Silbermann hat zwei volle Tage, den 20. und 21. Juli, auf die Besichtigung der im Bau befindlichen Altenburger Schloßorgel verwendet. Er kam zu dem Schluß, daß das Werk nicht »binnen einer Jahresfrist« zur perfection könte gebracht, jedoch so viel geschaffet werden, daß es im Nothfall zum spiehlen sich gebrauchen ließe ...«.[2410] Abschließend erklärte er, »daß es ein gar ansehnliches und gutes Werck werden würde, darinnen sich H. Trost viel Mühe und Arbeit gäbe und keinen Fleiß sparete, auch allen Ansehen nach vor seine Persohn schlechten profit haben dürffte ...«.[2411] Das war ein deutlicher (und kollegialer) Hinweis, weil man dem Orgelbauer Trost kontraktlich nur 3091 Taler für ein zweimanualiges und

---

des in Aussicht genommenen Orgelbauers bilden zu können. So hat man sich in Zittau (wohl im April 1737, also fast zur gleichen Zeit wie in Altenburg) ebenfalls eine Abschrift des Kontrakts über die Dresdner Frauenkirchenorgel und des entsprechenden Attests des Rates beschafft (PfA. Zittau: Akte Sign. I 1 16, Bl. 19 ff.). Außerdem befindet sich in der Zittauer Akte (Bl. 56) eine Abschrift des von der Ponitzer Patronatsherrschaft am 20. November 1737 für Silbermann ausgestellten Attestes. Der Rochlitzer Amtmann Weidlich ließ sich im April 1725 den Chemnitzer Orgelkontrakt zusenden und nahm eine Abschrift davon in die Akte (STA. Leipzig: Akte Sign. Amt Rochlitz Nr. 261, Bl. 112 ff.).

2404 Silbermann arbeitete seit Anfang Juni 1737 an der Orgel in Ponitz. Sie wurde am 18. November geweiht.

2405 Diese umgangssprachliche Kürzung bedeutet »auf dem«.

2406 Vgl. Anm. 2399, Bl. 301 f.

2407 Silbermann und Trost kannten sich schon seit vielen Jahren. Als ersterer mit Zacharias Hildebrandt am 21. September 1722 in Freiberg den »Wechsel-Contract« (vgl. Anm. 2363 bzw. 315) abschloß, war »Tobias Heinrich Gottfried Trost, privil. Orgelmacher in Altenburg« Zeuge.

2408 Gottlob Heinrich Edler von der Planitz war Kirchenpatron von Ponitz und als solcher Auftraggeber für den dortigen Orgelbau.

2409 Anm. 2399, Bl. 304. Mit demselben Eilbrief hat Kalb den Freiberger Orgelkontrakt nach Altenburg gesandt (vgl. Anm. 2400).

2410 Die Orgel ist erst am 22. Oktober 1739 (!) übergeben worden, wurde aber vorher schon von Johann Sebastian Bach und Johann Adolf Scheibe (1708–1776) probiert (vgl. Friedrich [Anm. 2397], S. 232). Siehe auch: Bach-Dokumente, Bd. II, Nr. 460.

2411 Anm. 2399, Bl. 303.

sechsunddreißigstimmiges Werk bewilligt hatte.

In einem Bericht vom 6. August 1737 hat das Kammerkollegium den Sachverhalt nochmals zusammenfassend dargelegt und dabei festgestellt, daß Trost »... noch ein anderes über den Contract wiewohl ohne unser Wissen und Genehmhaltung zur Verbeßerung des Wercks angebracht« hatte. Gottfried Silbermann, der ja »wegen seiner Erfahrenheit in der Orgelbaukunst einen guten Ruff« hatte,[2412] habe die von Trost »angewendete Mühe und Fleiß gerühmt...«.[2413] Für Silbermanns Rückreise nach Ponitz, Verpflegung und »an Ergötzlichkeit vor [seine] gehabte Bemühung« sind 19 Taler aufgewendet worden.[2414]

Gottfried Silbermann ist übrigens 1723 schon einmal als Gutachter nach Altenburg gerufen worden. Der Orgelbauer Trost hatte 1722 auf »defecte« aufmerksam gemacht, die sich der damalige Altenburger Hoforgelbauer Johann Jacob Donati bei der Reparatur der alten Schloßorgel und bei anderen »von ihm verfertigten Land-Orgel-Wercken« hatte zuschulden kommen lassen. Trost schlug am 2. Oktober 1722 dem Altenburger Konsistorium vor, von »Herrn Silbermannen von Chemnitz,[2415] welcher ein weltberühmter Meister ist, oder auch sonsten [von] einen andern unpartheyischen Mann« die von ihm (Trost) angegebenen »defecte« untersuchen zu lassen.[2416]

In einem Brief vom 13. März 1723 aus Freiberg an den Altenburger Stadtorganisten Johann Martin Angermann (1691 bis 1742)[2417] bestätigte Gottfried Silbermann den Empfang eines Schreibens des Generalsuperintendenten. Er sei aber, »gleich als der Bothe hiermit ankommen, nebst etlichen guten Freunden[2418] verreiset gewesen«, habe aber »von der Luft böse Augen mit nach Hauße gebracht«, weshalb er sich »vor dieses mahl nicht stellen« könne. Außerdem habe er ein »Clavecin nach Dresden ... in Arbeit,[2419] welches gewiß noch vor den Oster-Ferien hinunter muß, dahero kan die Reiße nach Altenburg nicht eher alß biß die volle Woche nach Ostern[2420] antreten ...«.[2421]

Am 8. April 1723 traf Gottfried Silbermann in Altenburg ein. Ihm wurde eröffnet, daß die »hiesige Hoff-Orgel, sowohl als das Orgel-Werck zu Treben [bei Altenburg] wegen derer ... von dem Orgelmacher Trosten wieder [= wider] den Orgelmacher Donaten angebrachten Defecten visitiret« werden sollen. Man hoffe, er (Silbermann) werde »sich deßen behörig unterziehen, die ... Defecta auffs genaueste untersuchen, und sodann, wie er solche nach seiner Kunst und Wißenschafft befunden, ein ... gewißenhafftes Urtheil fällen ...«.[2422] Nachdem Gottfried Silbermann sich dazu bereiterklärt hatte, wurde er »vormittags um 9 Uhr« entsprechend vereidigt.[2423]

2412 Das bewiesen die beigezogenen Dresdner und Freiberger Orgelbaukontrakte bzw. Atteste.

2413 Anm. 2399, Bl. 309 ff.

2414 Anm. 2399, Bl. 311.

2415 Die Bezeichnung »von Chemnitz« ist richtig, denn Silbermann arbeitete damals an der dortigen Johannisorgel.

2416 STA. Weimar, Außenstelle Altenburg: Acta Commissionis, Die von dem Orgelmacher Trosten wieder den Orgelmacher Donath bey der Schloß-Kirche alhier, als auch zu Treben und sonsten gemachte Defecta und deren anbefohlene Untersuchung betr. (Sign. Domänenfideikommiß, Repos. F. VI. 22, Bl. 5).

2417 Angermann bekleidete das Stadtorganistenamt ab 1711 bis zum Tode (lt. brieflicher Mitteilung von Felix Friedrich, Altenburg, an den Verfasser).

2418 Wer diese Freunde waren, erfahren wir leider nicht.

2419 Das Instrument war für den Kammerorganisten Christian Pezold bestimmt (vgl. SD. Nr. 14).

2420 Der Ostersonntag fiel im Jahre 1723 auf den 28. März.

2421 Anm. 2416, Bl. 34.

2422 Ebenda, Bl. 35 f.

2423 Der von Silbermann geleistete Eid lautete: »Ich, Gottfried Silbermann, schwöre hiermit zu Gott dem Allmächtigen mit Mund und Hertzen einen leibl. Eyd, daß ich die mir anitzo auffgetragene Untersuchung derer, bey dem allhiesigen

Silbermanns Urteil über die Altenburger Orgel war vernichtend.[2424] Am nächsten Tage, dem 9. April, verfügten sich »die Herren Commissarii nach Mittags nacher Treben«. Hier »visitierte« Gottfried Silbermann in Gegenwart des Altenburger Stadtorganisten Angermann, des Trebener Pfarrers und des Schulmeisters und Organisten[2425] die Orgel in der Dorfkirche.[2426]
Johann Jacob Donati hat sich durch Gottfried Silbermanns Urteil, das zweifellos der Wahrheit entsprach, schwer beleidigt gefühlt. In einer Eingabe vom 1. Mai 1723 an Herzog Friedrich von Sachsen-Altenburg verstieg er sich sogar zu folgender Behauptung: »Und bin ich gewiß versichert,

daß wenn solches von mir verlanget würde ... [ich] Silbermannen und Trosten in ihren erbaueten Wercken Defecte genug zeigen wolte...«[2427] Wie Donati es wagen konnte, die allerseits anerkannte Kunst eines Gottfried Silbermann derart in Zweifel zu ziehen, erscheint heute noch als ungeheuerlich.[2428]
Trost war dagegen sehr sachlich, indem er am 28. Januar 1727 feststellte, daß »unter berühmten und rechtschaffenen Orgelmachern[2429] ... niemahln ein Neid zu praesumiren und keiner eines andern Arbeit tadeln kann noch wird...«[2430].
Nach diesem »Abstecher« kehren wir wieder zum eigentlichen Thema zurück.

Schloß- und Trebener Orgel-Werke, angegebenen Trostischen Mängel und defecte, nach meinem besten Verstande und Wissenschafft dergestalt verrichten will, daß niemand hierunter einige Gefährde wieder der Sachen wahren Beschaffenheit, zugezogen werde, inmaßen ich denn weder um Gunst, Gabe, Geschenke, Freundschafft, Haß oder Feindschafft etwas dißfalls thun noch unterlaßen will, So wahr mir Gott helffe u[nd] s[ein] heil[iges] Wort, Jesus Christus mein Erlöser und Seeligmacher, Amen!« (vgl. Anm. 2399, Bl. 36)
2424 Wir können nur einiges hier wiedergeben: »...und ist überall [hinsichtlich der Bälge] ein großer Unfleiß zu spühren, daß es auch ein Zimmermann beßer machen können ... Die Corpora [Pfeifenkörper] sind mit eisernen Nägeln zusammen gemachet ... Die meisten Pfeiffen sprechen nicht an und die übrigen überblasen sich ... eine Viola da Gamba ..., welche von schlechten Metall, so meistentheils Bleyhältig, und doch vermöge Contracts von Zinn versprochen worden ...« (Anm. 2399, Bl. 37 ff.)
2425 Ihre Namen werden nicht angegeben.
2426 Den von Gottfried Silbermann unterschriebenen und besiegelten Bericht finden wir in derselben Akte (Anm. 2399, Bl. 42 ff.). Hier einige Auszüge: »...daß zu denen auswendigen Cancellen-Rähmen von Donaten rothbuchenes Holtz genommen worden, da es doch absolut eichenes seyn sollen ... Ferner die Register-Schleife hätte er [Silbermann] sein Lebtage nicht von Dännen-Holtze, wie hier gesehen ...daß die Wind-Laden bey allen Wercken in der gantzen Welt ... von Eichen-Holtze gemachet werden

müßten ... und großer Unfleiß überhaupt bey der Wind-Lade befunden ... und wäre gar keine Harmonie bey dem ganzen Werke ... Befände er ebenfalls die ungleiche Tractation derer Claviere ... daß zu den Principal nur schlecht metall genommen ... und zeuget H. Silbermann die Wurm-Stiche an denen Höltzernen Pfeiffen mit dem Beyfügen, daß solche zwar in dem Holtze, als es gearbeitet worden, bereits gewesen, er [Donati] hätte aber dergl. [Holz] ... nicht nehmen sollen, weil man schon durch die Wurm-Stiche blasen können ... die höltzernen Pfeiffen ... auch nicht mit Leim ausgestrichen befunden ... bekennet er [Silbermann], daß ... zu denen Register u. wellen hartes Holtz seyn sollen ...«
2427 STA. Weimar, Außenstelle Altenburg: Acta Consist. Orgelmachers Donati Privilegium betr. ... ingl. fernere Privilegia zum Orgelbau (Sign. Kons.-Archiv III MM 4, Bl. 115 f.).
2428 Andererseits hatte Donatis Sohn, Johann Gottfried (1704–1781), der ab Ende 1728 bis zu seinem Tode als Organist und Stadtschreiber in Greiz wirkte, ein sehr gutes Verhältnis zu Gottfried Silbermann. Er prüfte bzw. übernahm nämlich drei seiner Orgeln: 1739 in Greiz, 1742 in Fraureuth und 1743 in der Schloßkapelle Burgk und widmete Silbermann jedesmal eine Druckschrift (s. Anh. OWS. Nr. 44, 62 und 68).
2429 Als solche nannte er u.a. Silbermann selbst und Wagner. Letzterer wirkte in der Mark Brandenburg und hatte (nach dem Zeugnis von Johann Andreas Silbermann, einem Straßburger Neffen Gottfrieds) zwei Jahre bei Gottfried Silbermann gearbeitet.
2430 Anm. 2427, Bl. 174 f.

FREIBERG (ST. NICOLAI)

In der Bergstadt Freiberg, wo Silbermann seit dem Frühjahr 1711 seine Werkstatt hatte, gibt es bekanntlich vier Silbermannorgeln. Als am 31. Oktober 1735 in der Kirche zu St. Petri die »letzte« geweiht wurde, hielt der damalige Superintendent D. Christian Friedrich Wilisch (1684 bis 1759) die Weihepredigt.[2431] Er sagte u. a.: »... Sein viertes Meister-Stück führet er [Silbermann] heute nun in dieser Stadt unter der Seegens-Hand seines GOttes auf. Unser Dom, unsre Jacobi- und Johannis-Kirche prangen schon mit solchen schönen, von ihm, nach seiner besondern Kunst, erbaueten Orgeln. Und ich weiß, meine Werthesten! ihr wünschet alle mit mir, daß er auch das fünfte Orgelwerck, in unserer Nicolai-Kirche, aufzuführen, annoch von GOtt möchte gewürdigt werden...«[2432] Hiernach muß die Absicht oder zumindest der Wunsch bestanden haben, auch die Freiberger Nicolaikirche mit einer Orgel von Gottfried Silbermann auszustatten. Das hat sich insbesondere der damalige Nicolaiorganist Johann George Glöckner[2433] im Stillen gewünscht.[2434] Aber der Plan war aus finanziellen Gründen zum Scheitern verurteilt.[2435]

DRESDEN-FRIEDRICHSTADT

Am 17. Januar 1737 wandte sich der Dresdner Superintendent D. Valentin Ernst Löscher[2436] brieflich an Gottfried Silbermann.[2437] Er teilte ihm u. a. folgendes mit: »Nachdem [es] bey bisherigem Anwachsen derer Zuhörer in der Kirche zu Friedrichstadt nötig sein will, daß eine neue Orgel, statt des bisherigen ... Positivs erbaut werde, und wir, wie dieses Werk am besten einzurichten..., dessen [Silbermanns] Gedanken zu vernehmen und mit demselben nach Befinden ferner Abrede zu treffen gesonnen, ... ersuchen wir denselben hiermit, er wolle sich bey guter Gelegenheit allhier einfinden...«

Silbermann, der den erst am 7. Februar abgesandten Brief am übernächsten Tag erhalten hatte, antwortete am 19. desselben Monats u. a.: »Daß Ew. Hochwürden ... wegen Einrichtung eines neuen Orgelwerks in der Kirchen zu Friedrichstadt ... meine Wenigkeit in hochgeneigte Consideration zu ziehen, geruhen wollen, ... erkenne mit ganz gehorsamsten Dank. Gleich wie nun, sobald meine gegenwärtig mir vorfallenden Verrichtungen einigermassen reguliret sind,[2438] ich auch meine Schuldigkeit durch persönliche Aufwartung, ingleichen Überreichung einer Disposition und des nöthigen Risses ... zu beobachten

2431 Sie wurde bei Christoph Matthäi in Freiberg gedruckt. Ein Exemplar befindet sich in der Städtischen Bücherei zu Freiberg (Sign. Ba 22).
2432 Vgl. S. 39 der gedruckten Predigt.
2433 Siehe Anm. 1732.
2434 Er widmete Silbermann zur Weihe der Freiberger Petriorgel ein Gedicht (s. Anhang OWS. Nr. 14) und darin heißt es: »... Ich gönn Euch, was ihr habt; ich gönne, Petre, dir, Daß du das schönste hast: doch wirds geschehen sollen, (Es kan ja auch geschehn, wenn Theure Väter wollen,) So kommt ein Silbermann noch letztens auch zu mir: Und kan man jetzo nicht von güldnen Zeiten melden, Wird Glaube, Treue, Kunst und Tugend dennoch gelten...«

2435 Siehe hierzu: Ernst Müller, Musikgeschichte von Freiberg, Freiberg 1939, S. 67.
2436 Löscher (1673–1749) wirkte ab 1709 in Dresden als Superintendent und vorher als solcher in Jüterbog bzw. Delitzsch (vgl. Grünberg, II/1, S. 549).
2437 StA. Dresden: Acta, die Erbauung einer neuen Orgel zu Friedrichstadt betr., Sign. D XXXIV 28 1, Bl. 48 f.
2438 Silbermann arbeitete damals an einer neuen Orgel für die Kirche zu Ponitz und reiste Anfang Juni 1737 dorthin, um sie aufzubauen. Außerdem war am 16. Februar 1737 in Zittau der Vorschlag gemacht worden, Silbermann wegen einer neuen großen Orgel für die Jo-

nicht ermangeln, auch sowohl die Ehre Gottes, als das Gemein Beste, nach meinem geringen Vermögen mit befördern zu helffen, mir ein Vergnügen sein lassen werde. Also ... wollen dieselben, daß dero Befehl und meinem Wunsch gemäß, ich nicht sogleich mich einzufinden, in der Verfassung bin, mir gütigst zu vergeben, inmittelst aber dero hohen Wohlwollens mich noch ferner zu würdigen, gütigstes Gefallen tragen ...«[2439]

Wann Gottfried Silbermann den Besuch in Dresden gemacht hat, geht aus der Akte nicht hervor. Vermutlich ist es im April 1737 geschehen.[2440] Da der Meister dann mit dem Orgelbau in Ponitz beschäftigt war und erst nach Mitte November 1737 von dort nach Freiberg zurückkehrte, meldete er sich im Dezember desselben Jahres mit einem Brief an den Dresdner Amtsaktuar Johann Gottlob Georgi.[2441] Er

schrieb u.a.: »...Ob ich zwar bißhero öffters speculiret, wie eine neue Orgel in Friedrichstadt auf das leichteste angebracht werden könnte, so habe dennoch mit der Nachricht anstehen müssen, indem nach meiner Rechnung die Summe so hoch ausgefallen, der Herr Commissionsrat aber mir anbefohlen, alles aufs genaueste anzugeben, über dieses ich auch von den Friedrichstädtern vernommen ..., daß die neue Orgel nach dem Cammertone möchte eingerichtet werden. Weiln aber wegen Tiefe des Cammertons mehr Zinn und andere Materialien als beym Chorton erfordert werden,[2442] so habe keine firme Resolution fassen können, über dieses habe ich künfftigen Sommer [1738] eine neue Orgel in Graitz aufzusetzen versprochen[2443] und werde allen Fleiß anzuwenden haben, daß ich noch vor künfftigen Winter damit zustande kommen werde ...«[2444]

hanniskirche »anhero [zu] beruffen«. Er wurde davon allerdings erst Ende März schriftlich in Kenntnis gesetzt. Frauenstein, Silbermanns Heimatstadt, wartete auch auf eine neue Orgel. Sie sollte nach dem Kontrakt (vom 28. Dezember 1734) bis Michaelis 1736 geliefert werden, wurde aber erst Ende Juni 1738 vollendet und am 2. Juli geweiht.

2439 Anm. 2437, Bl. 53.

2440 Auf die Anfrage aus Zittau (vgl. Anm. 2438) antwortete Silbermann am 2. April 1737 u.a.: »...Also hoffe ... wenn ich von Dreßden aus, wohin ich den 10ten dieses [Monats], von hier [Freiberg] abzugehen und allda [in Dresden] ein paar Tage, gewisser Verrichtungen wegen [!], zu bleiben, entschlossen bin, nach Zittau zu kommen das Vergnügen haben werde ...« (PfA. Zittau: Akte Sign. I 1 16, Bl. 14). Mit den »Verrichtungen« in Dresden dürfte Silbermann – mit großer Wahrscheinlichkeit – die Rücksprache mit Superintendent Löscher wegen des geplanten Friedrichstädter Orgelbaues gemeint haben.

2441 Anm. 2437, Bl. 57 f.

2442 Hinsichtlich des bei einer Kammertonorgel größeren Materialbedarfs (und damit auch höherer Kosten) war dem ehemaligen Gehilfen Gottfried Silbermanns, Zacharias Hildebrandt, beim Bau der Orgel zu »Neustadt bey Dresden«

(ehemalige Dreikönigskirche) ein elementarer Rechenfehler unterlaufen. Für nur 3500 Taler wollte er ein achtunddreißigstimmiges Werk bauen. Bei seiner Kalkulation hatte er nicht darauf geachtet, daß das Werk »hat müssen in Cammerton gerichtet werden, welches ... durch das ganze Werck ein großes austrägt und viel mehr hat aufgewendet werden müssen ...«. Das schrieb sein Sohn Johann Gottfried am 6. Februar 1758 (nach dem Tode des Vaters) an den Rat zu Dresden (StA. Dresden: Akte Sign. D XXXIV 20, Bl. 68) und erhob eine Nachforderung. Dazu nahm am 19. April der damalige Dresdner Kreuzkantor Gottfried August Homilius (1714–1785) u.a. wie folgt Stellung: »... daß an einer Orgel der Unterschied zwischen Kammerton und Chorton in Ansehung der Kosten sehr groß ist, da ein Werk um einen ganzen Ton tiefer gesetzet werden muß, welches im Baß die Pfeifen um einen großen Teil länger erfordert ...« (ebenda, Bl. 84 ff.).

2443 Der Greizer Kontrakt war bereits am 18. Oktober 1735 geschlossen worden. Das Werk sollte »längstens [bis] Pfingsten 1738 völlig gefertigt« werden.

2444 Da die Bauarbeiten in der Kirche aber nur sehr langsam vonstatten gingen, konnte Silbermann überhaupt erst Anfang Dezember 1738 nach Greiz reisen und mit der Arbeit an Ort und

Man kann sich des Eindrucks nicht erwehren, daß Gottfried Silbermann trotz all seiner schönen Worte[2445] zu dem Friedrichstädter Orgelbau nicht die rechte Zeit (und Lust) hatte, da andere (größere) Aufträge (Zittau und eventuell Zwickau) in Aussicht waren. Außerdem hatte er in Dresden ja schon zwei »capitale« Orgeln gebaut: in der Sophienkirche und in der Frauenkirche. Letztere war am 25. November 1736 geweiht worden. Wenn Gottfried Silbermann kurz darauf in Dresden einen weiteren Auftrag erhalten sollte, dann beweist das andererseits den guten Ruf, den er sich in der kurfürstlichen Residenzstadt erworben hatte.[2446]

Schließlich erledigte sich das Friedrichstädter Orgelbauprojekt – zu Silbermanns Freude – von selbst. Er schrieb in dem bereits zitierten Brief vom 9. Dezember 1737 an Amtsaktuar Georgi: »...Nachdem ich nun aus dero werthesten Zuschrifft[2447] mit Vergnügen ersehen, daß Ihre Königl. Maj[estä]t[2448] ... geruhet, die bisherige Schloßorgel[2449] in die Kirche zu Friedrichstadt zu verehren...« Silbermann sollte diese Orgel aber in Friedrichstadt aufbauen. Daran lag ihm aber – verständlicherweise – gar nichts, obwohl er sich das in keiner Weise anmerken ließ. Er schrieb: »...Weil aber ... ich künfftigen Sommer nach dem Contract die Graitzer Orgel aufsetzen muß,[2450] als bitte bey dem Herrn Commissionsrat mein unterthänig Compliment zu machen und ihm zu melden, daß, wenn ich Zeit hätte, ich mir eine sonderbare Ehre daraus machen wollte, wenn ich [die] Friedrichstädter Orgel aufsetzen könnte, und wenn ich meine ohnmaßgeblichen Gedanken entdecken sollte,[2451] hielte ich dafür, daß es am besten getan wäre, wenn die Orgel von demjenigen Meister,[2452] so sie in der Schloßkirche abgebrochen, zu Friedrichstadt wieder aufgesetzt würde, weil derselbige von allen und jeden die beste Wissenschaft hat...« Das war deutlich genug! Der Hof- und Landorgelbauer Gottfried Silbermann betrachtete es offensichtlich fast als Beleidigung, wenn ihm zugemutet wurde, eine alte, abgebrochene Orgel an anderer Stelle wieder aufzubauen.

ZWICKAU (ST. MARIEN)

Das letzte, gegenwärtig bekannte und nicht verwirklichte Orgelbauprojekt Gottfried Silbermanns ist Zwickau. Die erste Verbindung mit dem Meister scheint im Sommer des Jahres 1737 aufgenommen worden zu sein, als er in Ponitz, also unweit von Zwickau, arbeitete. In einem von dort aus nach Zittau gerichteten Brief vom 28. Juli bat Silbermann um »eheste Resolution, ob der Orgelbau [in Zittau] noch vor sich gehen soll«.[2453] Er hatte nämlich (bei seinem Besuch Mitte April) versprechen müs-

---

Stelle beginnen. Am 21. Juni des folgenden Jahres wurde die Orgel dann geweiht.

2445 Siehe den Brief vom 19. Februar 1737 an Superintendent D. Löscher in Dresden.

2446 Übrigens hatte Gottfried Silbermann den Auftrag zum Bau der Frauenkirchenorgel nicht nur »wegen seiner besondern Erfahrenheit« erhalten, sondern vor allem auch deswegen, weil er sich beim Rat »bereits vorhero mit dem Wercke in der Sophien-Kirche ... in guten Estim gesetzet...« (vgl. das Attest des Dresdner Rates vom 26. November 1736: SD. Nr. 31).

2447 Der Wortlaut des Briefes an Silbermann ist nicht bekannt; die Akte enthält kein Konzept.

2448 Das war Kurfürst August II., der Sohn von August dem Starken.

2449 Die frühere Schloßkapelle befand sich direkt im Dresdner Schloß. Die Orgel soll (nach Flade, S. 25, Anm. 68) ein Werk von Gottfried Fritzsche, einem Meister des 17. Jahrhunderts, gewesen sein.

2450 Siehe Anm. 2443 und 2444.

2451 Das heißt mit anderen Worten: Wenn ich meine Meinung hierzu offen sagen soll...

2452 Nach Flade (S. 198) soll das Gräbner gewesen sein.

sen, zunächst »nichts anzunehmen oder mit jemandem zu contrahiren«. Silbermann schrieb, daß ihm jetzt »wieder einige Orgel-Wercke zu bauen ... angetragen worden [seien],[2454] und unter andern [solle er] mit dem HochEdl. Rath zu Zwickau einen Accord schließen«.

Wer damals versucht hat, Silbermann für einen Orgelneubau im Zwickauer Dom zu gewinnen, ist leider nicht exakt nachzuweisen. Mit großer Wahrscheinlichkeit ist Johann Ludwig Krebs[2455], der beste Orgelschüler Johann Sebastian Bachs,[2456] der Initiator gewesen. Der damals erst vierundzwanzigjährige Zwickauer Domorganist benutzte die Weihe der Ponitzer Orgel, um mit einem gedruckten »Gespräch-Gedicht« seine »Hochachtung gegen diesen grossen Künstler« Gottfried Silbermann als dessen »aufrichtiger Freund und Diener« zu bezeigen.[2457] Eineinhalb Jahre später, am 21. Juni 1739, bot sich Johann Ludwig Krebs »Bey der Übergabe Des neu-erbaueten und vortrefflichen Orgel-Wercks zu Graitz« wieder eine Gelegenheit, um »Diesem grossen Künstler [Silbermann] zu Ehren Seine Schuldigkeit [zu] bezeigen und zugleich seine Freude hierüber...« mit einer Druckschrift zu erkennen zu geben.[2458] Hier brachte der junge Organist nicht nur seine Begeisterung für das Schaffen Silbermanns, sondern auch sein Verlangen nach einem Werk aus des Meisters Hand zum Ausdruck:

»O solte doch ein Silbermann, Eh' uns das Schicksal noch denselben rauben kan, Die

---

2453 PfA. Zittau: Akte Sign. I 1 16, Bl. 39 f.

2454 Um welche Orgelwerke es sich handelte, ist leider nicht ganz klar. Für Frauenstein, Greiz und Zöblitz waren die Kontrakte bereits (1734, 1735 und 1736) abgeschlossen worden. Bei Großhartmannsdorf (1741 vollendet) ist das Datum des Kontraktes nicht mehr nachweisbar. Weitere Orgelbaue bzw. Orgelbaupläne Silbermanns aus dieser Zeit sind nicht bekannt.

2455 Johann Ludwig Krebs wurde 1713 (Tauftag 12. Oktober) in Buttelstedt bei Weimar geboren (PfA. Buttelstedt: TaR. Nr. 16/1713). Hier wirkte sein Vater, Johann Tobias, als Kantor und Organist. Mit knapp zwanzig Jahren, am 25. August 1733, bewarb sich Johann Ludwig um die Organistenstelle an St. Wenzel zu Naumburg. Er schrieb u. a.: »...Denn es hat nicht allein dem allerhöchsten Schöpffer gefallen, mir ein ziemliches Talent zur Music zu schencken, welches ich, ohne Prahlerey, nach dem Geständniß der besten Meister und bewehrtesten Kenner der Music, zu sagen mich erkühnen darf: sondern ich habe mich auch von Jugend an, theils unter treuer Anweisung meines lieben Vaters in Buttstädt, theils unter der hochzuschätzenden Anführung des weltberühmten Herrn Bachs in Leipzig sieben Jahr und drüber [!], dieser Wißenschafft gantz allein ergeben...« (vgl. Bach-Dokumente, Bd. II, Nr. 335). Am 24. August 1735 stellte Bach seinem Schüler Krebs ein Zeugnis aus. Darin heißt es u. a.: »... daß ich ... aus Ihme ein solches subjectum gezogen zu haben, so besonders in Musicis sich bey uns distinguiret, indeme Er auf dem Clavier, Violine und Laute, wie nicht weniger in der Composition sich also habilitiret, daß Er sich hören zu laßen keinen Scheu haben darff; wie denn deßfals die Erfahrung ein mehreres zu Tage legen wird. Ich wünsche Ihme demnach zu seinem avancement Göttlichen Beystand, u. recommendire denselben hiermit nochmahligst bestens...« (vgl. Bach-Dokumente, Bd. 1, Nr. 71). Am 4. Mai 1737 stellte der Rat zu Zwickau die Berufungsurkunde für Krebs, »Studiosus Juris auf der Universitaet Leipzig«, als Marienorganist aus (STA. Dresden: Ministerium der Volksbildung, Nr. 5414, Bl. 16). Knapp sieben Jahre später, im Frühjahr 1744, wurde Krebs Schloßorganist zu Zeitz (vgl. ebenda, Bl. 19). Im Oktober des Jahres 1756 trat er das Amt des Hoforganisten in Altenburg an (vgl. MGG, Bd. 7, Sp. 1729), das er bis zu seinem Tode bekleidete. Johann Ludwig Krebs starb 1780 (Beerdigungstag 4. Januar) in Altenburg (PfA. Altenburg: ToR. Nr. 5/1780).

2456 Bach soll das Wort »vom einzigen Krebs im Bache« auf seinen Schüler Krebs gemünzt haben (vgl. MGG, Bd. 7, Sp. 1727).

2457 Siehe Anhang OWS. Nr. 32.

2458 Siehe Anhang OWS. Nr. 45. Die Schrift erschien allerdings anonym: »Ein ergebenster Freund, den Derselbe [Silbermann] gar Kennet«. Dankenswerterweise ist damals (wie auch anderen aus gleichem Anlaß erschienenen anonymen Schriften) der Name des Autors darauf vermerkt worden: »Krebs, Organist zu Zwickau«.

schon geehrte Stadt [Zwickau?], durch sein geschickt Bemühen, Zu meiner grösten Lust, noch grössern Ruhm zuziehen. Auf! reißt den alten Cram verstimmter Orgeln ein;[2459] Jetzt kan ein Silbermann der Bau-Herr neuer seyn. Die Nach-Welt wird gewiß noch manchen Künstler zehlen, Allein, ein Silbermann wird ihr, vermuthlich fehlen.«

Aber Krebs' Wunsch blieb unerfüllt. Als im Frühjahr 1742 die Organistenstelle an der Frauenkirche zu Dresden frei wurde,[2460] bewarb er sich darum.[2461] Nachdem Johann Ludwig Krebs, den anderen Kandidaten gegenüber, die Probe »am besten bestanden« hatte, wurde er gewählt[2462] und am 21. April 1742 die Berufungsurkunde[2463] ausgefertigt. Aber Krebs – blieb in Zwickau. Seine

Motive sollen darin bestanden haben, daß das Gehalt »sehr schwach«[2464] und er in Dresden ganz unbekannt war, so daß er befürchten mußte, nicht genügend Schüler zu bekommen, zumal er auf diese Einnahmen mit angewiesen war.

Vielleicht hatte Johann Ludwig Krebs seine Hoffnung, in Zwickau selbst zu einer Silbermannorgel zu kommen, auch noch nicht ganz aufgegeben. Ab Anfang August 1742 arbeitete Gottfried Silbermann nämlich in Fraureuth, also wiederum in Zwickaus Nähe. Es ist mit Sicherheit anzunehmen, daß Krebs die Gelegenheit wahrgenommen hat, um nochmals Verbindung mit dem berühmten Meister aufzunehmen.

Am 23. Oktober 1742 reichte Johann Lud-

2459 Die Zwickauer Domorgel, die Johann Ludwig Krebs spielte, war (nach Dähnert) 1543 (!) von Blasius Lehmann erbaut und 1612 von Joachim Zschugk aus Plauen erneuert worden. Rat und Superintendent schrieben in ihrer Eingabe vom 11. März 1743 an Kurfürst Friedrich August II. von Sachsen, die Orgel sei »Ao. 1611 erbauet« worden.

2460 Der bisherige Frauenkirchenorganist Christian Heinrich Gräbner (1705–1769) war als Nachfolger des am 14. März 1742 verstorbenen Emanuel Benisch an die Kreuzkirche berufen worden (StA. Dresden: Akte Sign. D XXXIV 15, Bl. 26).

2461 In seinem Bewerbungsschreiben vom 29. März 1742 heißt es u.a.: »... ob ich zwar hier bey dem Organisten-Dienste zur Marien-Kirche [in Zwickau], den ich bereits an 5 Jahre verwaltet, mein nothdürftiges Außkommen gefunden, ... So hat mich doch entweder die bey gedachter Kirche befindliche sehr schlechte und baufällige Orgel, oder die ermangelnde Gelegenheit in der Musique zu emergiren, allzeit encouragiret, so wohl ein beßeres Werck, als einen lustrern Ort zur Music zu suchen, welche auch in dem schönen und edlen Dreßden und der überaus herrlichen Frauen-Kirche und Silbermännischen Orgel finden könte ...« (StA. Dresden: Akte Sign. D XXXIV 14, Bl. 11 f.).

2462 Ebenda, Bl. 12 f.

2463 Hier ein Auszug aus dem Dokument: »... Wie er nun diesen Dienst selbst in Person,

auch mit Fleiß zu verwalten, und dergleichen Art zu spielen, so zur Andacht sich schickt, und dem Gehöre angenehm, sich zu befleißigen, das Orgel-Werck gebührend zu beobachten, solches mit aller Bescheidenheit zu tractiren, alle Sonnabende oder so offt nöthig, behörig zu stimmen, und auser Kranckheits- oder andern Nothfällen, welche zugleich behörig anzumelden, das Orgelwerck keinem andern zu überlaßen, auch hierdurch unnöthigen Bau und Reparaturen zu verhüthen, nicht minder mit dem Cantore sich friedlich zu vernehmen und als einem Gottesfürchtigen, getreuen und geschickten Organisten zukömt, sich allenthalben zu verhalten hat ...« (ebenda, Bl. 20 f.).

2464 Die Jahresbesoldung des Dresdner Frauenkirchenorganisten betrug damals, wie aus der Akte hervorgeht, nur rund 65 Gulden (einschließlich Nebeneinkünften). Demgegenüber bezogen der »Violinist« Pisendel und der Organist Pezold als Mitglieder des Dresdner Hoforchesters Jahresgehälter von 500 bzw. 450 Talern. Das geht aus einer »Specificatio Derer Königl. Musicorum und Ihres jährlichen Tractaments« hervor (STA. Dresden: Loc. 383, Akte Engagement einiger zum Theater gehörender Personen, Bl. 162). Die bestbezahlten Orchestermitglieder waren: Kapellmeister Schmidt (1200 Taler), Konzertmeister Woulmyer (1200 Taler), Kammermusiker Hebestreit (1200 Taler) und der »Lautenist« Weise (1000 Taler). Ein von Kurfürst Friedrich August I. unterschriebenes

wig Krebs ein ausführliches Schreiben an den Rat zu Zwickau ein.[2465] Er wies zunächst auf den »höchst deplorablen« oder beklagenswerten Zustand der alten Orgel und andere Umstände hin, die zur Aufführung einer guten Musik »höchst unbequehm« seien. Da sich das Chor zu senken begann, »zumahl das Rück-Positiv mit seinem Gewichte beständig drückt«, bestand Einsturzgefahr, wodurch »ein neuer Chor- u. Orgel-Bau von selbst sich ergeben« würde. Es wäre nur »hertzlich zu bedauern, wenn [ein] solcher Bau« erst geschähe, »wenn der allergröste Künstler im Orgel-Bau H. Silbermann, welcher ietzund in der Nähe u. mit keinem anderweitigen Orgel-Bau als in Fraureuth beschäfftiget ist,[2466] entweder weggezogen oder gar verstorben wäre, in welchem Fall die so herrliche und vortreffliche Kunst unwiedersprechlich mit ihm absterben würde«. Sehr bemerkenswert ist, was Krebs dann weiter schrieb: »Wie aber ... Herr Silbermann längst gewünschet, in der schönen und überaus herrlich thönenden Zwickauischen Ober-

Kirche[2467] seines Nahmens Gedächtniß zu stiften,[2468] vornehmlich ietzo, weil er der Stadt [Zwickau] nahe u. überhaupt nur vor die Ehre, im geringsten aber nicht vor das Interesse[2469] den Bau vorzunehmen willens ist, ... da er bey seinem herannahenden Alter[2470] ungleich [viel] mehr Vermögen u. Lebensunterhalt besitzt, als er vor seine Persohn, zumahl er keine Familie hat,[2471] consumiren kann...«[2472] Krebs war jedenfalls davon überzeugt, wenn der Kostenanschlag für das Werk auf 1800 bis 2000 Taler käme, Silbermann es gewiß »um etliche hundert Thaler beßer und herrlicher ... setzen, alßo der Kirche ein ansehnliches dazu schencken wolle...«.[2473] Silbermann verlange, so schrieb Krebs, die Summe auch »nicht auf einem Brette«, das heißt nicht auf einmal, sondern wäre mit einer Anzahlung von einigen hundert Talern einverstanden. Das übrige wolle er »in beliebigen Terminen erwarten«. Im Falle einer Übereinkunft, wäre er willens, »den Bau ohne Anstand anzufangen und in einer verabredeten Zeit zu Dero allerseitigen höchsten Ver-

»Verzeichnüß derer Musicorum, so in der Königl. Orchestra sich befinden« nennt sechsunddreißig Musiker namentlich. Der Jahresbesoldungsaufwand betrug 17050 Taler (STA. Dresden: Akte Das churfürstl. Orchester, Loc. 910, Vol. I, Bl. 5).

2465 StA. Zwickau: Acta Den neuen Orgel-Bau zu St. Marien betr., Ergangen Anno 1742 (Sign. III Z 4 o Nr. 8, Bl. 1 ff.).

2466 Silbermann arbeitete ab Anfang August 1742 in Fraureuth. Nach Vollendung dieses Werkes reiste er (Anfang Dezember) direkt nach Schloß Burgk, um in der dortigen Kapelle ein zwölfstimmiges Werk zu bauen. Sonst lagen keine weiteren Aufträge vor, denn der Nassauer Kontrakt ist erst am 24. August 1745 geschlossen worden. Gottfried Silbermann hatte damals also wirklich »freie Zeit«, um in Zwickau ein größeres Orgelwerk bauen zu können. Vielleicht hat er sich in den Jahren 1743/44 vorwiegend mit dem Klavierbau (Pianoforte) beschäftigt.

2467 Damit meinte Krebs die gute Akustik des Kirchenraumes.

2468 In diesem Zusammenhang sei an Silbermanns Brief vom 28. Juli 1737 nach Zittau er-

innert, in welchem er erwähnte, daß er mit dem Zwickauer Rat einen Kontrakt schließen soll.

2469 Das Wort »Interesse« ist hier im Sinne von »Gewinn« oder »Profit« zu verstehen.

2470 Silbermann war damals noch nicht ganz sechzig Jahre alt.

2471 Das ist richtig, denn Gottfried Silbermann ist am 4. August 1753 »ledigen Standes« gestorben.

2472 All das läßt vermuten, daß sich Gottfried Silbermann Johann Ludwig Krebs gegenüber (in Fraureuth?) auch über seine persönlichen Verhältnisse geäußert hat.

2473 Es ist möglich, daß sich der sonst so genau rechnende »Kaufmann« Gottfried Silbermann in Zwickau einmal »großzügig« gezeigt hätte. Es muß nur verwundern, wenn er – trotz seiner guten Vermögensverhältnisse – nicht ganz drei Jahre später im Kontrakt für die Orgel zu Nassau für den letzten Termin von 140 Talern Zinsen forderte, weil der Betrag erst ein Jahr nach dem geplanten Übergabetermin der Orgel fällig sein sollte. Vielleicht hat er auch eine besondere Veranlassung gehabt, Zinsen zu verlangen, obwohl das in anderen ähnlichen Fällen nicht tat.

gnügen zu vollenden«. Johann Ludwig Krebs appelierte dann an das Selbstbewußtsein des Zwickauer Rates indem er schrieb: »Wenn denn nun ... viele theils nachbarliche, theils entlegene, offtmahls arme Gemeinden aus einem sehr geringen Vermögen, um nur ein Silbermännisch Werck zu haben, die nöthigen Kosten glücklich u. mit gutem Effect bestritten ...« Krebs machte auch verschiedene Vorschläge, wie das Geld in Zwickau aufgebracht werden könne[2474] und machte dann einen sehr bemerkenswerten Vergleich: Silbermann hätte in »der Kirche in Ponitz ein Werck vor 1500 Thlr. gesetzt, welches von allen unpartheyischen Kennern der Music demjenigen Werck, welches ... der Hertzog von Gotha in der Schloß-Kirche zu Altenburg um 16000 Thlr. bauen laßen, würcklich vorgezogen werden muß ...«[2475] Krebs konnte damals noch nicht ahnen, daß er als Hoforganist selbst von 1756 bis zu seinem Tode (1780) an der Altenburger Orgel sitzen würde. Abschließend gab er seiner Hoffnung Ausdruck, daß »nunmehro endlich die längst gewünschte Sache zu ihrer Vollkommenheit u. heylsamen Zweck kommen möge«.

Genau eine Woche später, am 30. Oktober 1742, legte Adam Gottlieb Wagner, der Obervorsteher des »Geistlichen Castens«[2476], seine Gedanken »über die Vorschläge [von Krebs] wegen des Orgel-Baues« schriftlich nieder.[2477] Während Krebs in seiner künstlerischen Begeisterung die finanzielle Seite der Angelegenheit vielleicht zu optimistisch betrachtet hatte, war Wagner wesentlich zurückhaltender, um nicht zu sagen sehr pessimistisch[2478]: Zwickau sei »kein so vornehmer Ort« und »die wenigsten verstehen was zu einer delicaten Music gehöret, da bisher das alte Werck noch ziemlich in die Ohren gefallen ...«. Wenn das Geld aufzubringen wäre, sei es schon »gar gut, von der Zeit beruffenen Künstler, Herr Silbermann, ein Werck zu haben«. Andererseits wären »2000 Thlr. aber viel Geld«. Durch freiwillige Beiträge würden aus der Bürgerschaft »wohl kaum 100 Thlr. auffzubringen seyn, weil bekant, daß hiesige Leuthe nicht gewöhnet, viel weg zu geben«. In Zwickau sei es nicht so, »wie an andern großen Orten, beschaffen, wo ein Überfluß an Gelde und gute Nahrung[2479] vorhanden ...«. Wagner gab abschließend, genau wie Krebs, seiner Überzeugung Ausdruck, daß »Herr Silbermann, der es eben zur Noth nicht brauchet«, bei dem Orgelbau für Zwickau keinen großen Gewinn für sich suchen würde.

Schon am nächsten Tag, dem 31. Oktober, wurden sowohl das Schreiben von Johann Ludwig Krebs als auch die Niederschrift von Obervorsteher Wagner in der Rats-

---

2474 Zum Beispiel: Sammlungen, freiwillige Beiträge »der Freunde Gottes und seines Haußes« und bestimmter Persönlichkeiten, Sammlungen unter der gesamten Bürgerschaft und endlich »aus dem Hohen Kirchen-Rath«. Es hätten sich auch bereits verschiedene vornehme Personen mit einem sehr reichlichen Angeld angemeldet. Krebs selbst war »nebst noch einer gewißen Persohn« bereit, »300 Thlr. baares Geld zu schaffen«. Außerdem könnte die alte Orgel »um ein paar Hundert Thaler [?] in eine fremde Kirche verhandelt werden«.

2475 Krebs kann nur die von Trost erbaute Orgel, die Silbermann selbst (noch vor ihrer Vollendung) als »ein gar ansehnliches und gutes Werck« bezeichnet hatte, gemeint haben. Wie bereits an anderer Stelle erwähnt, betrug die Kontraktsumme nur reichlich 3000 Taler. Auf wie hoch sich die gesamten Baukosten (einschließlich aller Nebendinge) beliefen, ist dem Verfasser nicht bekannt. Die Orgel in der Johanniskirche zu Zittau hat z. B. über 11000 Taler gekostet, wovon »nur« 7000 Taler auf Silbermanns Arbeit entfielen.

2476 Gemeint ist das Kirchenvermögen.

2477 Anm. 2465, Bl. 4 ff.

2478 Nach Wagners Bericht sei man schon vor mehr als fünfzehn Jahren der Meinung gewesen, »daß man ein neues Werck nöthig hätte«. Die gemachten Projekte wären aber immer an der Geldfrage gescheitert.

2479 Die Worte »gute Nahrung« sind im Sinne von guten Existenz- und Verdienstmöglichkeiten zu verstehen.

sitzung verlesen und vor allem über die zu erschließenden Geldquellen beraten.[2480] Man stand dem Orgelbauprojekt keinesfalls ablehnend gegenüber, obwohl man sich über die in finanzieller Hinsicht auftretenden Schwierigkeiten durchaus klar war.

Am 26. November 1742, wenige Tage vor der Weihe der Fraureuther Orgel, ist Gottfried Silbermann persönlich in Zwickau erschienen. Superintendent D. Siegfried Beck[2481], Bürgermeister Wolfgang Andreas Ferber und Obervorsteher Adam Gottlieb Wagner besichtigten mit ihm gemeinsam die Marienkirche. Dabei haben der Ratsmaurermeister und der Zimmermeister Blechschmidt den für die Orgel vorgesehenen Platz ausgemessen. Gottfried Silbermann wurde »veranlaßt, einen Aufsatz, was er von der Orgel zu bauen verlangt, zu überreichen«. Inzwischen wolle man ihm »seine Bemühung vergelten« und für die Rückreise nach Fraureuth »Wagen und Pferde geben«.[2482]

Noch am selben Tage gab der Rat der zur Sitzung erschienenen Bürgerschaft seine Pläne wegen des Orgelbaues und der Geldbeschaffung bekannt.[2483] Gottfried Silber-

mann reagierte auch sehr schnell; denn schon am dritten Tage nach seinem Besuch in Zwickau schrieb er unter dem Datum »FrauenReuth, den 29st. nov. 1742« an Superintendent Beck und bat ihn, »es dahin zu vermitteln«, daß das Werk sowohl »einen solchen Platz bekömbt, damit es den Ton expandieren kann, als auch … das Licht und Gesichte« erhält. Nach der von Silbermann beigefügten und entworfenen »ohnmaßgeblichen« Disposition sollte die Orgel bei zwei Manualen und Pedal insgesamt dreiunddreißig Stimmen[2484] (einschließlich Tremulant) erhalten.[2485] Für die Winderzeugung hatte Silbermann »vier tüchtige große Bälge« vorgesehen,[2486] »worzu auch Sechs Wind-Laden von alten ausgetrockneten eichenen Holtze kommen«. Das Gehäuse sollte von »sauberer Tischer- und Bild-Hauer-Arbeit verferttiget« werden. Silbermanns Entwurf schließt mit folgenden Worten: »Wenn das Werck nach der vorher projektirten Disposition überhaupt in guten tüchtigen Standt dergestalt verferttiget wird, daß daran kein Nagel ermangelt, So ist der allergenaueste Preiß 2500 Thlr.«[2487]

Gottfried Silbermann richtete, unter dem-

2480 Anm. 2465, Bl. 7 f.

2481 Beck wurde 1680 in Reichenbach (Vogtland) als Kaufmannssohn geboren, wirkte (ab 1722) in Leipzig und dann (ab 1735) in Zwickau als Superintendent, wo er 1762 starb (vgl. Grünberg, II/1, S. 37).

2482 Das geht aus einer Niederschrift hervor, die der Zwickauer Stadtschreiber Michael Nürnberger anfertigte (Anm. 2465, Bl. 10).

2483 Ebenda, Bl. 9.

2484 Siehe ebenda, Bl. 31 f. Vergleicht man die Disposition der für Zwickau projektierten Orgel mit der 1739 von Silbermann in Greiz gebauten, dann ergeben sich nur geringe Abweichungen. In Greiz war »Cornet« nur dreifach, in Zwickau sollte dieses Register aber vierfach werden. Für das Pedal hatte Silbermann (gegenüber Greiz) zusätzlich einen Trompetenbaß 4 Fuß vorgesehen. Dähnert (Anm. 2314, S. 5) vermutet, daß das auf Wunsch von Johann Ludwig Krebs geschah, weil Silbermann sonst

in keinem zweimanualigen Werk eine Vierfußtonstimme im Pedal gebaut hat.

2485 Anm. 2465, Bl. 31 f. bzw. 59 f.

2486 Das Greizer Werk besaß (lt. Kontrakt) nur drei Bälge.

2487 Zum Vergleich: Die Greizer Orgel kostete (lt. Kontrakt) nur 2000 Taler. Der Unterschied von 500 Talern dürfte damit zu erklären sein, daß Zwickauer eine zusätzliche Pedalstimme (vgl. Anm. 2484) und einen Blasebalg mehr bekommen sollte. Die anderen Bedingungen (wegen der Maler- und Zimmererarbeiten, Ab- und Zufuhr, Quartier usw.) waren dieselben. Bei Greiz war das Gehäuse (nebst Bildhauer- und Tischlerarbeit) im Preis auch inbegriffen. Es sieht also nicht danach aus, daß Silbermann – wie Johann Ludwig Krebs gehofft hatte – in Zwickau »nur vor die Ehre« und billiger zu arbeiten beabsichtigte. Allerdings hatte er in Greiz die Bezahlung der Kontraktsumme in französischem oder spanischen Gold

selben Datum, auch ein Schreiben an den Zwickauer Bürgermeister und fügte ebenfalls eine Disposition bei.[2488] Er wies darauf hin, daß die Orgel in der Kirche »nicht so hoch« zu stehen kommen darf, weil es »ein beßres Ansehen machet und auch vieles zum Klange beyträget...«. Am folgenden Tag, dem 29. November 1742, richtete Gottfried Silbermann noch ein Schreiben an den Zwickauer Rat.[2489] Er brachte darin zum Ausdruck, daß der Rat ihn »wegen Erbauung eines neuen Orgel-Wercks ... nacher Zwickau beruffen« habe. Bei seiner Ankunft sei ihm eröffnet worden, daß man »nunmehro gäntzl[ich] resolviret wäre ... ein neues Orgel-Werck erbauen zu lassen«, aber des geringen Kirchenvermögens wegen solle er es »auf das Beste überlegen und ... eröffnen, [auf] wie hoch [er] ein neues Orgel-Werck ... zu verferttigen gedächte...«. Silbermann schrieb, daß es ihm wegen der Kürze der Zeit nicht möglich gewesen sei, »in Zwickau sofort einen positiven Entschluß« zu fassen. Er teilte nun mit, daß er die Orgel nach der Disposition »ohne meinen Schaden anders nicht als vor 2500 Thlr. verferttigen könne«. In der Summe waren nicht inbegriffen: Malerarbeiten, Zimmererarbeiten beim Chor und Balgenhaus, Ab- und Zufuhr, »bequehmes Logiament, Kohlen und Brenn-Holtz, so lange als ich mich zu Zwickau aufzuhalten

nöthig habe«.[2490] Silbermann betonte ausdrücklich, daß er auch »vor die Bildhauer-Arbeit und [das] Gehäuß stehen« wolle und »daß an dem Wercke kein Nagel weiter fehlen soll«. Der Preis wäre »billig überschlagen worden«, so daß er »es nicht genauer anzugeben wüste«.

Im Dezember 1742 verfaßte Superintendent Beck einen Aufruf an die Bürgerschaft und die Handwerkerinnungen wegen einer Kollekte für den Orgelbau.[2491] Am 8. Januar 1743 war der Freiberger Baumeister Johann Gottlieb Ohndorff in Zwickau, besichtigte die Kirche und den für die Orgel bestimmten Platz und machte einen Anschlag, wieviel Bauholz für das neue Chor gebraucht wird.[2492] Am 19. Januar wurde wieder wegen der Beschaffung der für den Orgelbau notwendigen Geldmittel beraten.[2493] Einen Monat später, am 15. Februar, berichtete der Stadtkämmerer Johann George Richter, daß der Orgelbau aus dem Kirchenvermögen bestritten werden müsse und die Kämmerei dazu nichts beitragen könne.[2494]

Am 11. März 1743 richteten Superintendent und Rat eine Eingabe an den Landesherrn, Kurfürst Friedrich August II. von Sachsen, in welcher sie ihre Pläne zur Finanzierung des geplanten Orgelbaues darlegten.[2495] Auf Gottfried Silbermann bezüglich heißt es in dem Schreiben: »...[und]

---

verlangt. Vielleicht stand diese Währung höher im Kurs? Als der Greizer Hofrat die erste Rate von 400 Talern an Silbermann schickte, wies er darauf hin, daß diese »Geldsorten hiesiger Lande sehr rar sind oder doch mit einem gar zu hohen Aufgeld eingewechselt werden müssen ...« (STA. Weimar, Außenstelle Greiz: Akte Sign. a C II Ae 17e, Bl. 23).

2488 Anm. 2465, Bl. 58 ff.
2489 Ebenda, Bl. 64 ff.
2490 Damit ist die Zeit gemeint, die zum Aufsetzen, Intonieren und Stimmen des Werkes notwendig war.
2491 Anm. 2465, Bl. 11 ff.
2492 Ebenda, Bl. 18 f.
2493 Die »Conferenz« fand in der Superintendentur statt. Es wurde vereinbart, daß als Vor-

schuß für den Orgelbau je 500 Taler aus der Ratskämmerei und aus dem Kirchenvermögen gegeben werden sollen (Anm. 2465, Bl. 20). Superintendent Beck erklärte sich damit schriftlich einverstanden, wies aber darauf hin, daß eine »Concession zur Lotterie« eingeholt werden müsse (ebenda, Bl. 21). Man gedachte – nach dem Glauchauer Vorbild – auf diese Weise Mittel für den Orgelbau zu erlangen.

2494 Ebenda, Bl. 28 f.
2495 Der Plan sah vor:
a) 500 Taler vorschußweise aus dem städtischen Kämmereivermögen,
b) 500 Taler »aus dem Geistl. Kasten« (Kirchenvermögen),
c) 200 Taler wollte der Organist Krebs »mit Beytritt einiger andern guten Freunde« be-

ist der in seiner Kunst so berühmte Orgelbauer, Gottfried Silbermann aus Freyberg,
zum Baumeister erkieset [worden], welcher,
wie er an andern Orthen sich bereits zur
Genüge legitimirt, auch hiesigen Orths das
Vertrauen gegen sich erlanget, daß wir ein
solches Werck von seiner Hand bekommen
würden, daß es Uns, die Kosten daran gewendet zu haben, nicht gereuen dürffte u.
haben Wir sein herannahendes Alter nicht
unbillig mit in Erwegung genommen, angesehen bey längern Verzuges leicht geschehen könte, daß, da er in den Stimmen
vor andern Orgelbauern einen mächtigen
Vorzug hat, falls er durch den Todt ent-
rißen würde, Wir kein Silbermännisches
Werck bekommen könten, er Uns auch
selbst die Versicherung gethan, daß, weil
ihn Gott ohnehin mit gantz ansehnlichen
Vermögen geseegnet, u. er keine familie
habe, er mehr aus einer besondern Neigung
gegen hiesige Stadt, als aus Gewinnst[2496],
die Hand ans Werck legen wolte, zumahl
da das überaus schöne durchgehends Stei-
nern u. Massiv aufgeführte große Kirchen-
Gebäude, welches zwar nach alter Gothi-
scher Arth erbauet, aber einen ausnehmenden Schall innenwendig habe, daß der
gleichen wenig [ähnliche] gefunden würden, ihn um so vielmehr veranlaßten, seine
durch Gott erlangte Kunst u. Geschicklichkeit darbey anzuwenden und gleichsam
durch ein Meister-Stück der Nach-Welt zu

zeigen, wie weit u. hoch die Vortrefflichkei-
ten der Kunst des Gehörs zu bringen…«
Über Erwarten schnell, am 3. April 1743,
erging an das Konsistorium zu Leipzig ein
landesherrliches Reskript.[2497] Die von Superintendent und Rat gemachten Finan-
zierungsvorschläge hatten die Zustimmung
des Kurfürsten gefunden, nur »die Errichtung einer Lotterie und [die] Veranstaltung
einer bey der heiligen Communion zu sam-
melnden Collecte« stießen auf »erhebliches
Bedenken«. Am 22. April erbaten Superintendent und Rat zu Zwickau vom Leipziger Konsistorium eine Abschrift des kurfürstlichen Reskripts, mußten ihre Bitte
aber am 10. Juni nochmals wiederholen.[2498]
Sie wiesen besonders darauf hin, daß Gottfried Silbermann, der bisher anscheinend
geduldig gewartet hatte, nun »endliche
resolution haben [wolle], damit er seiner
andern Verrichtungen halber sich deter-
miniren könne…«. Am selben Tage, am
10. Juni, ging in Zwickau ein auf den
22. Mai datiertes Schreiben des Konsistoriums nebst der erbetenen Abschrift des
Reskripts vom 3. April ein.[2499]
Nun gab es für Superintendent Beck und
den Rat von Zwickau keinen Zweifel
mehr: ihr Plan für die Finanzierung des
Orgelbaues war genehmigt – bis auf die
Lotterie und die Kommunionskollekte. Die
Lotterie wäre aller Wahrscheinlichkeit
nach die Haupteinnahmequelle gewesen.[2500]

schaffen, »darzu er sich freywillig erbothen,
um nur ein Silbermännisches Werck zu erlangen, daß er seine Musicalische Geschicklichkeit, so er besitzet, desto mehr an [den]
Tag bringen könne…«,

d) 50 Taler sollten aus dem Kirchenvermögen
zu St. Moritz »allhier« genommen werden,
»weil diese Kirche nicht in so starcken Ausgaben stehet«,

e) weitere Gelder hoffte man durch Sammlungen bei den sonntäglichen Nachmittags-
predigten und bei der Kommunion, durch den
Bau neuer Kirchenstände und deren Verlosung
»oder sonstige Überlassung« gegen Zahlung entsprechender Gebühren, durch freiwillige Kollekten aus der Bürgerschaft und

von den Handwerkerzünften zu erlangen und

f) endlich hatte man die Absicht, »behörigen
hohen Orths« um die Genehmigung zur Veranstaltung einer Lotterie nachzusuchen und
den Gewinn daraus für den Orgelbau »mit
zur Hülffe zu nehmen«.

Vgl. hierzu Anm. 2465, Bl. 35 ff.

2496 Das Wort »Gewinnst« bedeutet soviel
wie Gewinn- oder Profitstreben.

2497 Dasselbe ist abschriftlich überliefert
(Anm. 2465, Bl. 43 und 52 f.).

2498 Ebenda, Bl. 42 und 50.

2499 Ebenda, Bl. 52 ff.

2500 Die Stadt Glauchau hat 1730 ihre Orgel wohl überhaupt nur »vermittelst angestell-
ter Lotterien angeschafft«. Sie waren von der

Obwohl mit ihrem Ausfall dem Orgelbauprojekt praktisch der Todesstoß versetzt
wurde, teilte der Zwickauer Rat am 17. Juni
1743 Gottfried Silbermann brieflich mit:
»Da ... der hiesige Orgel-Bau endl[ich] approbiret, die Mittel auch, biß auf die Lotterie u. Collecte bey Communionen, so wie
vorgeschlagen, gebilligt sind, so haben Wir
solches..., um desto mehr Hoffnung zu
machen, [Ihnen] eröffnen wollen, werden auch, [um] zu unserem Zweck zu gelangen, nochmahls um Verstattung der
Lotterie behörigen Orths ... Vorstellung

thun...«[2501] Ob der Rat sich bemüht hat,
die Genehmigung für die Lotterie doch
noch zu bekommen, geht aus der Akte
nicht hervor.

Damit versiegt auch unsere Quelle zur Geschichte des nicht verwirklichten Zwickauer
Orgelbauprojekts. Sowohl der Rat als auch
der Superintendent haben sich redlich und
intensiv um die Aufbringung der finanziellen Mittel bemüht, aber wegen der Eng-
herzigkeit (oder Verständnislosigkeit) der
übergeordneten Behörden wohl resignieren
müssen.

ANGEBOTE AUS DER FREMDE

Gottfried Silbermann hat, wir erwähnten
es bereits, in seiner Bittschrift vom 10. Juni
1723 an den sächsischen Kurfürsten auf
»vortheilhaffte Vorschläge« hingewiesen,
die ihm »aus der Fremde« gemacht worden
sind. Leider hat er sich über diese Angebote
nicht näher ausgesprochen.

Silbermann war, wie weiter oben ausgeführt wurde, im Juni 1723 – also um dieselbe Zeit – nach Prag gerufen worden. Es
ist zu vermuten, daß Kommerzialrat von
Adlersfeldt schon Verbindung mit Silbermann hatte, bevor er ihn – im Auftrage der
königlichen böhmischen Kammer – schriftlich nach Prag einlud. Silbermann könnte
also durchaus schon vor Ausfertigung seiner Bittschrift davon unterrichtet gewesen
sein, daß ein Ruf nach Prag zu erwarten
ist.

Gottfried Silbermanns Bittschrift trägt am
obersten Rand den Vermerk »pr. 21. Jun[i]
1723«, das heißt, daß sie (erst) an diesem
Tage in Dresden eingegangen ist. Der beachtliche Zeitunterschied zwischen dem
Datum der Eingabe (10. Juni) und ihrem
Eingang läßt vermuten, daß Silbermann sie
erst abgesandt hat, nachdem er die offizielle
und schriftliche Einladung nach Prag in der
Hand hatte.[2502] Bemerkenswerterweise
hatte man es in Dresden sehr eilig, denn
noch am selben Tage (21. Juni) wies Ludwig Alexander von Seebach[2503] die Landesregierung an, das von Gottfried Silbermann
erbetene Privilegium »sofort [zu] entwerffen und es zu Unserer Vollziehung«
einzureichen.[2504] Unter dem 30. Juni wurde
die Urkunde dann ausgefertigt und vom Landesherrn eigenhändig unterschrieben.[2505]

Schönburgischen Regierung genehmigt worden.
Kollektionen zum Vertrieb der Lose befanden
sich in Dresden, Leipzig, Chemnitz, Zwickau (!),
Reichenbach und Görlitz. Lotterieplan und
Ziehungslisten waren im Druck erschienen. Vgl.
hierzu: Fritz Resch, Die Silbermann-Orgel zu
Glauchau St. Georgen, (Glauchau 1953), S. 4.
Bemerkenswert ist, daß Gottfried Silbermann
»die Einrichtung von der Glauischen [sic!]
Lotterie« an Pastor Degenkolb nach Stolpen ge-
sandt hat. Siehe Silbermanns Brief vom 12. No-
vember 1730 an Degenkolb (PfA. Stolpen: Akte
Sign. VI B II c 1, ohne Blattnummer).
2501 Anm. 2465, Bl. 56.

2502 Silbermann ist (von Freiberg) über
Dresden nach Prag gereist (vgl. Anm. 2358). Es
wäre demnach sogar denkbar, daß er seine Bittschrift bei dieser Gelegenheit persönlich der zuständigen Stelle in Dresden übergeben hat.
2503 Seebach war damals Vorsitzender des Geheimen Ratskollegiums.
2504 STA. Dresden: Conf. Privil. ... 1718
bis 1724, XXXV, Bl. 550.
2505 Das Originalprivilegium befand sich in
Silbermanns Nachlaß und ist verschollen. Das
Konzept bzw. der Urkundentext ist im Staatsarchiv Dresden zu finden (Anm. 2504, Bl. 547 ff.).
Siehe auch Anhang SD. Nr. 16.

Nach alledem kann es nicht mehr zweifel-haft sein, was Gottfried Silbermann mit den vorteilhaften Vorschlägen aus der Fremde gemeint hat, nämlich seine Berufung nach Prag.

Gottfried Silbermann hatte aber auch noch andere Angebote aus dem Ausland. Sie können ebenfalls als nicht zur Ausführung gekommene Orgelbauprojekte angesehen werden, und deshalb soll darauf noch ein-gegangen werden.

Glaubwürdige Zeitgenossen Silbermanns bezeugen, daß er nach Petersburg und Kopenhagen, ja sogar nach Schweden, ge-rufen worden ist. Christian August Bahn, der ab 1736 in Frauenstein als Diaconus wirkte, schrieb in seinem 1748 gedruckten Werk »Das Amt, Schloß und Staedtgen Frauenstein« (S. 146): »Er [Silbermann] wurde nach Koppenhagen und Petersburg verlanget, deprecirte es aber.« Das heißt: er schlug die Angebote aus.

Als am 31. Oktober 1735 Silbermanns Or-gel in der Freiberger Peterskirche festlich geweiht wurde, erschienen zu Ehren des Meisters einige Carmina.[2506] Das eine Ge-dicht hat »ein aufrIChtiGer Freund« Silber-manns verfaßt, aber leider seinen Namen verschwiegen.[2507] Er schrieb u. a.: »Dein Ruhm ersteigt mit viel Gewinn, Bereits die höchsten Ehren-Stuffen, Hat Rußlands grose Kayserin[2508] Dich nicht vorlängst zu sich beruffen? Doch weil Du dazumahl erkannt, Du seyst mehr vor Dein Vater-land, Als vor ein fremdes Volck gebohren; so hast Du dieß hintan gesetzt, Und unserm

Sachsen, das Dich schätzt, Den vormahls treuen Dienst aufs neue zugeschworen.«
Ein weiteres Carmen zur Weihe der Frei-berger Petersorgel hat den Domorganisten Johann Christoph Erselius[2509] zum Ver-fasser. Er nannte sich einen »durch Liebe und besondere Freundschafft verbunden-sten und aufrichtig ergebensten Freund und Diener« Gottfried Silbermanns.[2510] Vielleicht hatten sie sich schon in Dresden kennengelernt, denn vor seiner Berufung nach Freiberg hat Erselius hier »die Hohe Gnade« gehabt, dem Kurfürsten »als Musi-cus zu dienen«, nachdem er »die Music ex Fundamento erlernet« hatte.[2511] In seiner Gottfried Silbermann gewidmeten Druck-schrift bestätigte Erselius das, was auch andere zum Ausdruck brachten. Er schrieb u. a.: »Sieh! wie Dein seltner Ruhm, von Deiner weisen Hand So gar gekommen ist, biß in der Russen Land, Was gäbe Peters-burg! wenn Du wärst angekommen, Und hättst die Orgel da, zu bauen übernom-men?«
Der Autor eines dritten Gedichtes hat sei-nen Namen nicht genannt. Wir können aber mit Gewißheit sagen, wer der Mann gewesen ist, »der sich des Künstlers [Silber-manns] Gunst empfiehlt, Und dieses Orgel-Werck Jm Gotteshauße Spielt«. Als Petri-organist wirkte nämlich damals (seit An-fang Juni 1722) Johann Gabriel Spieß[2512]. Sein Monogramm kommt in den Anfangs-buchstaben der letzten drei Worte zum Ausdruck: JGS. Diese Buchstaben sind in der Originaldruckschrift durch eine andere

2506 Siehe Anhang OWS. Nr. 14 bis 18.
2507 Nach dem in dem Wort »aufrIChtiGer« verborgenen Monogramm »ICG« könnte es der damalige Freiberger Stadtpfeifer Johann Christoph Geißler gewesen sein, der 1699 ge-boren und im Juni 1730 als Stadtpfeifer gewählt wurde (StA. Freiberg: RPr. Sign. I Ba 13b, Bl. 260 f., Punkt 11). Geißler ist als »wohlange-sehener Bürger und wohlbestalt gewesener Stadt-Musicus Instrumentalis« am 6. Dezember 1748 in Freiberg gestorben (Dom Freiberg: ToR. Nr. 68/1748). Er hatte am 7. August 1730 das Bür-gerrecht erlangt und war ein Sohn von Andreas

Geißler, »Bergmanns zu Ilmenau« (StA. Frei-berg: BB. Sign. I Bc 3, S. 304).
2508 Hier kann wohl nur Katharina I. ge-meint sein. Sie war seit 1712 mit Peter I. ver-mählt. Er ließ sie 1724 zur Kaiserin krönen. Nach dem Tode des Zaren (1725) folgte sie ihm auf dem Thron und starb am 17. Mai 1727.
2509 Siehe Anm. 1735.
2510 Siehe OWS. Nr. 17.
2511 Vgl. Erselius' Bewerbungsschreiben vom 31. März 1731 (StA. Freiberg: Akte Sign. Aa II I 42b, Bl. 47).
2512 Siehe Anm. 1585.

Schriftart hervorgehoben worden. Wir verdanken Spieß folgende, bemerkenswerte Zeilen: »Moscau kennt auch Deine Gaben Und will Dich vor andern haben, Wie der Brieff beweisen kan, Der aus Petersburg gesendet, Welches sich Dich sehr verpfändet, Weitberühmter Silbermann!« Johann Gabriel Spieß, der offenbar mit Silbermann befreundet war,[2513] bezeugte also, daß zwischen »Petersburg« und dem Freiberger Orgelbauer ein (wohl nur einmaliger) Briefwechsel stattgefunden hat.[2514] Als im Jahre 1738 in Frauenstein (nach dem Verlust der ersten) eine zweite Silbermannorgel geweiht wurde, widmete der damals sechsundfünfzigjährige Schulrektor Immanuel Centgraff dem Meister einen kurzen gedruckten Glückwunsch mit folgender Fußnote: »Allerdings ist sein [Sil-

bermanns] Ruhm sehr weit erschollen; Denn so ist bekannt, und auch gewiß, daß Ihro Rußische Kayserl. Majest[ät] Nach Petersburg, und Ihro Königl. Majest[ät] in Dännemarck nach Coppenhagen denselben verlanget, um Orgeln daselbst zu bauen; Welches Er aber der vielen Verrichtungen in hiesigen Landen, der weiten beschwerlichen Reisen, und seines angehenden Alters wegen, in aller Unterthänigkeit depreciren müssen.«[2515]
Auch der Frauensteiner Kantor, Johann (Christoph Benjamin) Schubarth[2516], ehrte Gottfried Silbermann mit einem Gedicht.[2517] Darin heißt es u.a.: »Da nun Dein grosser Ruhm so weit erschollen ist, Daß gantz Europa fast um Dich mit Recht certiret...«
Endlich wollte auch der Frauensteiner

2513 Bei einer am 7. Juli 1734 geborenen Tochter von Spieß war Gottfried Silbermann Pate (St. Nicolai Freiberg: TaR. Nr. 28/1734).
2514 Auf eine Anfrage erhielt der Verfasser am 13. Februar 1968 von der Hauptarchivverwaltung beim Ministerrat der UdSSR in Moskau allerdings den Bescheid, daß »es leider nicht gelungen ist, in den Materialien der Staatlichen Archive der UdSSR ... Mitteilungen über den deutschen Orgelbaumeister Gottfried Silbermann aufzufinden«. Offenbar (bzw. leider) hat Gottfried Silbermann den Brief aus Petersburg nicht aufbewahrt, sonst wäre er (vielleicht) unter den »schrifftlichen Uhrkunden«, die sich in seinem Nachlaß befanden, aufgefunden und entsprechend erwähnt worden. Zu dieser Annahme sind wir um so mehr berechtigt, weil der Notar andere Dinge, wie z.B. »fünff Stück Leipziger Schreibe-Calender« für die Jahre 1749 bis 1753, mit verzeichnet hat. Vielleicht war der »Brieff« aus Petersburg gar nicht direkt an Silbermann gerichtet? Es könnte auch eine andere Persönlichkeit (vielleicht vom Dresdner Hof) brieflich beauftragt worden sein, mit Silbermann Verbindung aufzunehmen, um ihn eventuell zu veranlassen, nach Petersburg zu kommen. Auf Anfrage teilte das Staatsarchiv Dresden am 10. März 1966 dem Verfasser allerdings mit, daß in den durchgesehenen einschlägigen Archivalien über die sächsisch-russischen Beziehungen in der ersten Hälfte des

18. Jahrhunderts über eine Einladung Silbermanns nach Petersburg nichts enthalten ist. Trotz alledem ist heute an einer damals hergestellten Verbindung zwischen »Petersburg« und Gottfried Silbermann schon deswegen nicht zu zweifeln, weil Johann Gabriel Spieß – unser Gewährsmann – schon vor Antritt des Freiberger Petriorganistendienstes (Juni 1722) mit Silbermann bekannt gewesen sein muß. In seiner Bewerbung vom 11. Mai 1722 hat Spieß nämlich geschrieben: »...auch die Zeit über, so ich mich hier [in Freiberg] aufgehalten [!], öffters ... bey öffentlicher Music in Dom mit dem Clavicimbel accompagniret, auch zu Zeiten die Orgel mitgespielet ...« (StA. Freiberg: Akte Sign. Aa II I 20b, Bl. 67). Wenn Spieß hin und wieder die Domorgel gespielt hat, dann hat er auch deren Baumeister gekannt! Johann Gabriel Spieß, der damals (1722) neunundzwanzig Jahre alt war, kannte Gottfried Silbermann wesentlich länger, als das bei Erselius der Fall gewesen sein kann, zumal Erselius zehn Jahre jünger war als Spieß. Es ist zu vermuten, daß Spieß nicht durch dritte Personen von dem »Brieff aus Petersburg« erfahren hat, sondern durch Silbermann selbst.
2515 Siehe OWS. Nr. 39.
2516 Siehe Anm. 2168. Schubarth war damals zweiundfünfzig Jahre alt und wirkte schon elf Jahre in dem Städtchen als Kantor und Schuldiener.
2517 Siehe OWS. Nr. 38.

Amtssteuereinnehmer Johann Ehrenfried Mäcke[2518] »aus alter Freundschaftlicher Liebe ... seine Gratulation abstatten«, indem er bei Christoph Matthäi in Freiberg ein Gedicht drucken ließ.[2519] Daraus folgende Zeilen: »Wie rühmt nicht Deinen Ruhm die Mutter der Sudeten[2520], Sie ists, die Deine Kunst nicht sattsam [genug] loben kan. Es rufft Dich Dännemarck und das entlegne Schweden, Komm endlich doch zu uns, o grosser Silbermann, Die Russen, die nur was von Deiner Kunst gehöret, die möchten gerne Dich in ihren Gräntzen sehn, Allein da Deine Kunst nur Teutschlands Ruhm vermehret, Wird jener Wunsch und Will, nicht in Erfüllung gehn.«

Ein Jahr später, im Juni 1739, als in Greiz die Orgel geweiht wurde, ließ ein »AufriChtiger Freund und LiebHaber der Silbermannischen Orgel-Wercke« in der Fürstlich-sächsischen Hofbuchdruckerei zu Altenburg ein Carmen drucken.[2521] Darin heißt es: »Das ferne Russen-Volck bewundert Deine Kunst.«

Anläßlich der Ponitzer Orgelweihe (18. November 1737) hat ein gewisser »F. E. L.«[2522] zu Ehren Gottfried Silbermanns ein Gedicht verfaßt und bei Johann Friedrich Höfer in Zwickau drucken lassen.[2523] Darin steht folgender bemerkenswerter Satz: »Ja, Dessen Ruhm bereits biß Norden ist erschollen, Da man Denselben [Silbermann] gar dahin verlanget hat.« Damit dürfte der Autor den Ruf nach Kopenhagen

gemeint haben, über den sich ja auch Frauensteiner Zeitgenossen Silbermanns ausgesprochen hatten. Aber auch der Freiberger Nicolaiorganist Johann George Glöckner[2524] wußte davon. In seinem zur Weihe der Petriorgel (31. Oktober 1735) erschienenen Gedicht[2525] heißt es: »... Sein Ruhm, Herr Silbermann, wird immer höher steigen, Wo hört man nicht davon? Er dringt in Norden ein! Doch wird Sein Nahme hier [in Freiberg] vor sich ein Wohnhauß bauen, Indem die Nachwelt stets, was Er gethan, kan schauen.«[2526]

Es sind also genügend Zeugen vorhanden,[2527] so daß heute kein Zweifel darüber bestehen kann, daß Gottfried Silbermann tatsächlich nach Kopenhagen und insbesondere nach Petersburg gerufen worden ist. Leider läßt sich der Zeitpunkt, wann das geschah, nicht feststellen. Der Ruf nach Petersburg muß, da er von der Kaiserin Katharina ausgegangen sein soll, vor 1727, das heißt vor ihrem Tode, ergangen sein. Hierbei ist auch zu beachten, daß der »aufrIChtiGe Freund« in Freiberg in seinem 1735 erschienenen Gedicht die Worte »vorlängst« und »dazumahl« gebrauchte. Damit hat er gewiß klar zum Ausdruck bringen wollen, daß es sich nicht um ein aktuelles Ereignis handelte. Man hatte in Freiberg anläßlich der Weihe der vierten Orgel von Gottfried Silbermann jedenfalls allen Grund, sich daran zu erinnern, daß er »dazumahl« dem Ruf in die Fremde nicht

2518 Siehe Anm. 1743. Mäcke wurde 1678 in Frauenstein als Stadtrichterssohn geboren, war also ein Altersgenosse von Andreas Silbermann, dem Bruder und Lehrmeister Gottfrieds.

2519 OWS. Nr. 40.

2520 Sollte das eine Anspielung darauf sein, weil Silbermann nach Prag berufen worden war?

2521 Der Name des Autors ist leider nicht bekannt. Das Gedicht befindet sich eigenartigerweise nicht mit bei den aus gleichem Anlaß erschienenen Schriften (im Staatsarchiv Weimar, Außenstelle Greiz), sondern in der Christian-Weise-Bibliothek zu Zittau, wo die Ponitzer Orgelcarmina verwahrt werden.

2522 Wer sich hinter diesem Monogramm verbirgt, konnte noch nicht geklärt werden.

2523 Siehe OWS. Nr. 33.

2524 Siehe Anm. 1732.

2525 Siehe OWS. Nr. 14.

2526 Glöckners Prophezeiung hat sich erfüllt: Wir können heute noch alle vier Orgeln »schauen« (und hören), die Gottfried Silbermann in Freiberg gebaut hat.

2527 Es handelt sich dabei (insbesondere bei den Frauensteiner und Freiberger »Zeugen«) um Persönlichkeiten, die mit Gottfried Silbermann längere Zeit bekannt (zum Teil sogar mit ihm befreundet) gewesen sind.

gefolgt war, sondern der alten sächsischen Bergstadt die Treue gehalten hatte.

Wie war es überhaupt möglich, daß sich Silbermanns Ruhm damals »bis in der Rußen Land« ausbreiten konnte? Wir können nur einige Möglichkeiten andeuten.

Zar Peter I.[2528] von Rußland war bestrebt, Künstler und Fachkräfte ins Land zu ziehen. Er ist nachweislich im Jahre 1711 in Freiberg gewesen. Daß er hier Gottfried Silbermann kennenlernte, ist nicht sehr wahrscheinlich. Der Zar befand sich auf der Reise von Dresden nach Karlsbad und übernachtete am 22. September in Freiberg. Auf der am 17. Oktober erfolgten Rückreise hat Peter der Große wieder in Freiberg haltgemacht und dort zu Mittag gespeist.[2529] Sollte der russische Zar bei seinem Freiberger Aufenthalt den Dom besichtigt haben, dann war dort von Silbermanns Orgel noch nichts zu sehen.[2530] Vielleicht hat Peter I. aber von dem im Gange befindlichen Orgelneubau erfahren und später versucht, Silbermann nach Petersburg zu bekommen.[2531] Er könnte einen seiner Gesandten, die unter Kurfürst Friedrich August I. zeitweilig am Hofe in Dresden waren, beauftragt haben, Silbermann ein entsprechendes Angebot zu unterbreiten.

Es ist aber auch eine genau umgekehrte Möglichkeit denkbar. Am 1. Dezember 1736 gab Johann Sebastian Bach auf der neuen Silbermannorgel der Dresdner Frauenkirche ein Konzert. Ihm wohnte u.a. auch der »Russisch-Kayserliche Gesandte, Baron von Kayserling« bei.[2532] Sechzehn Jahre früher, am 18. November 1720, war in der Sophienkirche zu Dresden die ebenfalls von Gottfried Silbermann erbaute Orgel geweiht worden. Aus diesem Anlaß wurde »von der Königl. Hof-Capelle ... eine incomparable Music gemacht«.[2533] Vielleicht war damals ebenfalls ein russischer Gesandter, der sich zufällig am Dresdner Hof aufhielt, mit anwesend. Er könnte später Peter I. (oder seiner Gemahlin Katharina) von dem Ereignis berichtet haben. Auf diese Weise kann am russischen Hofe der Wunsch geweckt worden sein, den sächsischen Orgelbauer Gottfried Silbermann nach Petersburg zu rufen. Auf jeden Fall hat es damals genügend Möglichkeiten gegeben, um die Kunde von Silbermanns Orgelbaukunst bis nach Rußland gelangen zu lassen.

Dank des reichhaltigen und aufschlußreichen Quellenmaterials vermitteln auch die nicht zur Ausführung gekommenen Orgelbauprojekte interessante Einblicke in die rastlose Tätigkeit Gottfried Silbermanns und sein Bemühen, mit seinen Orgeln die Zeiten überdauernde Kunstwerke zu schaffen. Die vergilbten Dokumente beweisen aber auch, wie sehr man sich um den berühmten Meister bemüht hat, auch wenn vieles an dem nun einmal notwendigen (aber nicht immer vorhandenen) Gelde oder anderen widrigen Umständen scheiterte.

2528 Er wurde 1672 in Moskau geboren, übernahm 1689 die Alleinherrschaft und starb am 8. Februar 1725 in Petersburg.

2529 Nach brieflicher Auskunft des Staatsarchivs Dresden an den Verfasser geht das alles aus dem Aktenband »Oberhofmarschallamt F 16« hervor.

2530 Um diese Zeit waren die Zimmererarbeiten am Orgelchor im Gange, wie die Quittungen des Zimmermeisters Adam Haupt beweisen (Akte Belege zur Orgelbau-Rechnung im SupA. Freiberg, Sign. II I¹ 15, Belege 52 bis 57).

2531 Gaetano Chiaveri aus Rom, der 1717 nach Petersburg gegangen war und 1737 (über Warschau) zum ersten Male nach Dresden kam und die Katholische Hofkirche baute, war 1721 beauftragt worden, für die Zarin in Korostino (südlich von Nowgorod) eine Kirche zu bauen. Ob geplant war, Silbermann für den Bau einer Orgel zu gewinnen, wird sich wohl kaum mehr beweisen lassen.

2532 Vgl. Kern Dreßdnischer Merckwürdigkeiten, 1736, S. 90.

2533 Vgl. Kurtzgefaßte Sächs. Kern-Chroniken, 1720, S. 40.

LEBENSABEND, TOD UND NACHLASS

Wer Gottfried Silbermanns Leben und Wirken betrachtet, muß den Eindruck gewinnen, daß der Orgelbaumeister, von einigen akuten Erkrankungen abgesehen,[2534] stets mit einer guten Gesundheit gesegnet war, so daß er bis an sein Lebensende rastlos tätig sein konnte. Vielleicht hat er sich bei gelegentlichen Unpäßlichkeiten aus dem Buch »Warhaffte und gründliche Cur Aller dem Menschlichen Leibe zustoßenden Kranckheiten«[2535] Rat geholt.[2536] Gottfried Silbermann war auch mit zwei Freiberger Ärzten bekannt und zwar mit Immanuel Lehmann[2537], »Medicina Doctori und Practico«, und Johann Friedrich Henckel[2538], »gelehrter Medicus« und »Stadt-Physicus«. Außerdem waren zwei nahe Verwandte Silbermanns in Glashütte als Bader und Wundärzte tätig.[2539]
In Gottfried Silbermanns Testament, das er am 20. Juli 1751 (zwei Jahre vor seinem Tode) errichtet hatte, hieß es: »...nachdem der Allerhöchste durch seine Güte und Gnade mich nunmehro zu ziemlichen Jahren gelangen lassen, und ich daher nicht wissen kann, wenn derselbe über mich gebieten und mich von dieser Welt seelig abfordern möchte ... So bin ich entschloßen, voriezo, bey annoch gesunden Tagen [!], darüber kürzlich zu disponiren, [wie] ... es mit meinem mir von Gottes Seegens-Hand gegönneten Vermögen nach solch meinem Todte zu halten...«[2540]
Andererseits gibt es Berichte, die vermuten lassen, daß Gottfried Silbermann einige Zeit vor seinem Tode nicht nur wegen seines Alters, sondern auch allgemein gesundheitlich nicht mehr auf der Höhe war. So soll er »bey zunehmendem Alter« sehr an Podagra gelitten haben.[2541] Das erscheint

---

2534 Gottfried Silbermann ist — soweit nachweisbar — dreimal krank gewesen. Im Frühjahr 1715 war er »an die fünf Wochen unpaß«, so daß man mit der Beratung wegen des Baues der Freiberger Jacobiorgel bis zu seiner Genesung warten mußte. Im Jahre 1738 war er während des Baues der zweiten Frauensteiner Orgel sogar »dem Tode nahe«. Im Frühjahr 1742 war Silbermann wiederum einige Wochen krank, so daß er eine geplante Reise nach Dresden nicht unternehmen konnte und seine Gesellen inzwischen allein nach Zöblitz gehen und mit dem Aufbau der dortigen Orgel beginnen mußten.
2535 Das Buch wurde von Christian Weißbach verfaßt und erschien 1722 bei Johann Reinhold Dulßecker in Straßburg in vierter Auflage.
2536 Silbermann hat ein Exemplar dieses Werkes (4. Auflage) besessen (vgl. Anm. 2601).

Heute scheint keine deutsche Bibliothek dieses Buch zu besitzen, sondern nur das Britische Museum in London.
2537 Lehmann hatte im September 1710 Silbermann für den Freiberger Domorgelbau empfohlen und im Juli 1711 die Frauensteiner Orgel geprüft. Er muß ein guter Musik- und Orgelkenner gewesen sein.
2538 Henckel hatte 1721 dafür gesorgt, daß Silbermanns neuerfundenes »Cymbal d'Amour« öffentlich bekannt wird. Er dürfte Musikliebhaber und über Silbermanns Schaffen gut unterrichtet gewesen sein.
2539 Es handelte sich um (den aus der ersten Ehe von Gottfried Silbermanns Vater stammenden) Georg Silbermann (1670–1735) und seinen Sohn Georg Friedrich (1699–1757).
2540 Siehe Anhang SD. Nr. 49.
2541 Gewährsmann ist der Freiberger Kantor

glaubhaft, weil sich in seinem Nachlaß ein Buch mit dem Titel »Natur und Cur der Gicht und des Podagra« befand.[2542] Silbermanns ehemaliger Gehilfe, David Schubert, erinnerte im Juni 1769 daran, daß der Bau der Dresdner Hofkirchenorgel zwar »dem Hof-Orgelbauer Silbermann zu Freyberg anvertraut worden« sei, aber er wäre »alters- und schwachheitshalber nicht viel mehr zu verrichten vermögend« gewesen.[2543] Der Dresdner Tischlerobermeister Michael Silbermann[2544] hat behauptet, daß Gottfried Silbermann schon vor 1751 »zuweilen sehr schwermüthig« war und »zu einer starcken Melancholie« neigte.[2545]

Weitere Berichte über Gottfried Silbermanns Lebensabend sind nicht bekannt. Wir wissen auch nicht, wie lange er an seinem letzten und größten Orgelwerk für die Hofkirche zu Dresden selbst mitgearbeitet hat bzw. mitarbeiten konnte.

Gottfried Silbermann ist am 4. August 1753 in Dresden verstorben. Über seinen Tod sind vier kurze zeitgenössische Berichte bekannt:

1. »Dreßden. Hieselbst ist am 4ten dieses [Monats] der berühmte Künstler und K[öniglich]-P[olnische] u. C[hurfürst-lich]-Sächs. Hof-Orgelbauer, Hr. Silbermann, von Freyberg, so sich allhier in Dreßden, wegen des Orgelbaues in der Königl. Hofkapelle, aufgehalten, in dem Hause seines Vaetters[2546], et[liche][2547] 70 Jahr alt, verstorben, und am 6. dito beygesetzt worden.«[2548]

2. »H[err] Gottfried Silbermann, Königl. Pohl[nischer] und Churf. Sächs. Hoff- und Landorgelbauer allhier, welcher in seinem Erlöser sanft und seel[ig] in Dreßden entschlaffen, den 4ten Augusti Abends 1/4 auf Uhr[2549], deßen entseelter Leichnam ist den 7. hujus[2550] auf den Johannis-Kirchhoff [zu Dres-

Johann Gottfried Fischer (1751–1821). Vgl. Freiberger gemeinnützige Nachrichten, 1800, Nr.9 (27.Februar), S.83. Fischer war mit dem letztverstorbenen Gehilfen Silbermanns, Adam Gottfried Oehme († 1789), noch bekannt.

2542 Das Buch wurde von D.Heinrich Eliae Hundertmarck in Zeitz verfaßt und erschien im Jahre 1719 »bey Friedrich Groschuffs Wittwen« in Leipzig.

2543 Vgl. Schuberts (erfolgloses) Gesuch vom 6.Juni 1769 um Übertragung der Dresdner Hoforgelbauerstelle (STA. Dresden: Loc. 910, Akte Das churfürstliche Orchester, 1769, Vol. II, Bl.68).

2544 Er wurde 1696 in Kleinbobritzsch bei Frauenstein geboren (PfA. Frauenstein: TaR. Nr.36/1696). Sein Vater, Michael (1666 bis 1733), entstammte der ersten Ehe von Gottfried Silbermanns Vater. Michael Silbermann, »ein Tischler von Frauenstein«, hatte am 2.Januar 1727 das Dresdner Bürgerrecht erlangt (StA. Dresden: BB. Sign. C XXI 18r, S.68).

2545 Vgl. Michael (und Christian) Silbermanns Eingabe vom 12.September 1753 (Anm. 2566, Bl.6).

2546 Hier liegt ein Irrtum vor, denn Gottfried Silbermann ist nicht im Hause seines Vetters (Michael Silbermann) gestorben, sondern in seinem zeitweiligen Quartier »in der alten ehemahligen Catholischen Kirche«. Vgl. den Bericht des Notars Langbein (Anm. 2566, Bl.33). Es ist auch zu beachten, daß Michael Silbermann (Gottfrieds Vetter) 1 Taler und 18 Groschen forderte: »vor sieben Persohnen den Sarg nüber [!] und die Leiche in mein Hauß zu tragen« (ebenda, Bl.70). Danach ist der Sarg offensichtlich von Michaels Haus (in der Großen Brüdergasse) in Gottfrieds Quartier gebracht, der Verstorbene dort eingesargt und die Leiche dann erst in Michaels Haus gebracht und von da aus bestattet worden.

547 Im Sinne von »über«.

2548 Dresdnische wöchentliche Frag- und Anzeigen, Nr.XXXIII vom 14.August 1753.

2549 Die Todesstunde fehlt! Nach Notar Langbeins Bericht hat ihm der Orgelbauergeselle David Schubert (im Auftrage Michael Silbermanns) am 4.August, »abends halb IX Uhr«, gemeldet, daß »es dem Allerhöchsten Gott gefallen« habe, Gottfried Silbermann »vor wenig Minuten [!] aus dieser Welt abzufordern« (Anm. 2566, Bl.32b). Hiernach kann angenommen werden, daß Gottfried Silbermann abends 1/4 auf neun Uhr (20.15 Uhr) verschieden ist.

2550 Das Wort »hujus« (lat.) bedeutet »dieses«, das heißt desselben Monats.

den] früh um 5 Uhr in der Stille beygesetzt worden. Alt 71 Jahr.«[2551]

3. »Den 8. Aug. wurde allhier der berühmte
Königl. Orgelbauer Herr Gottfried Silbermann, so im 71. Jahre an der Verzehrung verstorben, nach St. Johannis
begraben.«[2552]

4. »[Mittwoch] 8. Aug.[1753], Gottfried
Silbermann, Königl. Hoff-Orgel-Bauer,
ledigen Standes [!], 71. Jahr, an Verzehrung, große Brüder-Gaße in H. Silbermanns H[aus], St. Joh[annis]«[2553].

Beim Studium der vier Berichte fällt auf,
daß die angegebenen Beerdigungstage nicht
miteinander übereinstimmen. Am zuver-
lässigsten dürfte die pfarramtliche Meldung
sein, wonach Gottfried Silbermann am
8. August bestattet wurde.[2554]

Es ist besonders zu beachten, daß die beiden
zuletzt zitierten Quellen als Todesursache
»Verzehrung« angeben. Die Krankheit, an
der Gottfried Silbermann gelitten hat, läßt
sich allerdings nicht zweifelsfrei feststellen,
weil eine »Verzehrung« die Folge der verschiedensten inneren Krankheiten gewesen
sein kann. Silbermann könnte an einer
chronischen Bleivergiftung gelitten haben,
die schließlich zu einer Bleikachexie, das
heißt zu schwerem körperlichen Verfall,
aber auch zu melancholischen Geistes-
störungen[2555], führte.

Auf jeden Fall deutet die Diagnose »Verzehrung« auf ein sich länger hinziehendes
Grundleiden hin. Bisher ist nämlich behauptet worden, daß Gottfried Silbermann
einem Schlaganfall erlegen ist, als er mit
dem Intonieren der Dresdner Hofkirchenorgel beschäftigt war.[2556] Die vorhandenen
zeitgenössischen Quellen bieten dafür nicht
den geringsten Anhaltspunkt.[2557] Es gibt
auch keinen Beweis dafür, daß Silbermann
zwar an einer »Verzehrung« litt, der Tod
aber plötzlich durch einen Schlaganfall eintrat.[2558]

Es ist vielmehr anzunehmen, daß Gottfried
Silbermann, nachdem er in den letzten

2551 Totenbuch der Domgemeinde zu Freiberg, 1753, Bl. 478b.

2552 Kern Dresdner Merkwürdigkeiten,
1753, S. 60

2553 StA. Dresden: Kirchliche Wochenzettel,
1753, Bl. 672. Die Dresdner Kirchen meldeten
damals jede Woche Taufen, Trauungen und
Beerdigungen dem Rat. In den Meldungen
wurde deshalb nur der Bestattungstag und nicht
der Sterbetag angegeben.

2554 Außerdem sind in der Jahresrechnung
1753/54 der Johanniskirche (StA. Dresden)
unter dem 8. August 3 Groschen »an Laute-
Geld«, das heißt für Geläut, »H. Gottfried
Silbermann, Hoff-Orgelmacher«, verzeichnet.

2555 Die »Melancholie«, an der Gottfried
Silbermann (nach dem Zeugnis seines Verwandten Michael) gelitten haben soll, wäre dann
unter Umständen nur ein Symptom einer schon
länger bestehenden Bleivergiftung gewesen.

2556 Diese Version kam allerdings erst Mitte
des vorigen Jahrhunderts auf. Der Urheber war
Ludwig Mooser. Vgl. seine Schriften »Gottfried Silbermann, der Orgelbauer« (1857) und
»Das Brüderpaar die Orgelbaumeister Andreas
und Gottfried Silbermann« (1861). Flade
(S. 154) hat dann fast ein Jahrhundert später die
Todesursache »Schlaganfall« kritiklos übernommen. Andererseits war schon im Jahre 1877 (!)
darauf hingewiesen worden, daß es »in das Gebiet der Sage zu verweisen [sei], daß Silbermann
in der Orgel selbst vom Tode überrascht« wurde.
Vgl. die Beiträge zur Dresdner Chronik in» Saxonia« (Nr. 12/1877).

2557 Bei der Behandlung der Baugeschichte
der Hofkirchenorgel haben wir nachgewiesen,
daß man zur Zeit des Ablebens von Gottfried
Silbermann noch mit der Anfertigung der Orgelpfeifen beschäftigt war. An das Intonieren des
Werkes war überhaupt noch nicht zu denken,
denn das Orgelgehäuse ist erst im Januar
1754 (!) vollendet worden. Mit dem Intonieren
und Stimmen der Orgel haben Johann Daniel
Silbermann und seine Mitarbeiter – aller Wahrscheinlichkeit nach – erst etwa ein Jahr nach
dem Tode Gottfried Silbermanns beginnen
können.

2558 Wäre es so gewesen, dann hätte der
Kirchner in seiner Meldung an den Rat (s.
Anm. 2553) das bestimmt angegeben, so wie es
z. B. bei dem Ratsbaumeister George Bähr (1666
bis 1738) geschehen ist. Er starb an »Steckfluß
und Verzehrung« (StA. Dresden: KWZ., 1738,
Bl. 94).

Wochen (oder Monaten) seines Lebens infolge zunehmender körperlicher Schwäche an das Bett gefesselt war,[2559] endlich »sanft und seelig« entschlief. Für einen Mann, der über vier Jahrzehnte rastlos gearbeitet hatte, ein tragisches, aber unerbittliches Schicksal.

Als der sofort nach Silbermanns Ableben herbeigerufene Notar Traugott Friedrich Langbein am Abend des 4. August 1753 Silbermanns (zeitweilige) Dresdner Wohnung betrat, traf er Michael Silbermann, Johann Daniel Silbermann, Zacharias Hildebrandt und dessen Sohn Johann Gottfried, die Orgelbauergesellen Johann Georg Schön, David Schubert und Adam Gottfried Oehme und den Tischlergesellen Nicolaus Wilhelm Manner dort an.[2560] Den »entseelten Leichnam« Gottfried Silbermanns fand er »annoch im Bette liegend« vor.[2561] Nachdem die Leiche gewaschen worden war, wurde sie »in die neben der Stube befindliche Cammer geschaffet«.[2562] Kleider und Wäsche des verstorbenen Orgelbauers wur-

den zusammengepackt und »in eine neben der großen Werckstadt befindliche Cammer gebracht«. Aus einem »Coffre«[2563], worinnen sich Bargeld, Wertpapiere und Dokumente befanden, wurden 400 Taler entnommen und an Michael Silbermann zur Bestreitung der Begräbniskosten und der »weitläuffigen Wirthschafft« ausgehändigt. Hierauf ist der »Coffre« versiegelt und ebenfalls in die erwähnte Kammer zu den anderen Sachen gebracht worden.[2564] Abschließend wurde die Kammer versiegelt.[2565] Auf diese Weise ist Gottfried Silbermanns Nachlaß zunächst sichergestellt worden.

Die im Staatsarchiv Dresden befindliche Akte[2566] berichtet ausführlich und genau über Gottfried Silbermanns Bestattung und alles, was damit zusammenhing.

Die Beerdigungskosten beliefen sich auf fast 186 Taler.[2567] Der »Begräbniß-Besteller« Johann Benjamin Ehrlich erhielt allein 69 Taler und 11 Groschen.[2568] An die »Grabebitterin« Maria Elisabeth Rümmler

---

2559 In diesem Sinne ist vielleicht die Quittung des Dresdner »Chirurgus« Johann Christian Weichardt beachtenswert. Er erhielt aus Silbermanns Nachlaß 1 Taler und 4 Groschen »vor vierzehn Wochen Raßier-Bedienung, wöchentsich zweymahl á einen Groschen« und 16 Groschen für »ein Clystier« (Anm. 2566, Bl. 77).

2560 Anm. 2566, Bl. 33/33b.

2561 Ebenda, Bl. 33b/34.

2562 Ebenda, Bl. 34b.

2563 Darunter ist eine Truhe zu verstehen.

2564 Anm. 2566, Bl. 35/35b.

2565 Ebenda, Bl. 35b.

2566 Sie hat folgenden Titel: »Acta Commissionis Des verstorbenen Hoff Orgelmacher Herr Gottfried Silbermanns Nachlaß betr. Ergangen beym Ambte Dreßden 1753.« Der Band wird im Staatsarchiv Dresden unter der Signatur »Amtsgericht Dresden 4609« verwahrt. Soweit diese Akte als Quelle benutzt wurde, werden nachfolgend nur die jeweiligen Blattnummern angegeben.

2567 Bl. 69b/70 und 72–73b.

2568 Bl. 72/72b. Die wichtigsten Posten seiner Rechnung waren:

7 Tlr. 21 Gr. an die Kreuzkirche und für das Geläut
1 Tlr. 12 Gr. an die Frauenkirche
1 Tlr. 10 Gr. »zu St. Johannis und vors Lauten«
3 Tlr. »deßgl. vor eine Neue [Grab]-Stelle«
3 Tlr. »denen Herren Geistlichen«
8 Tlr. »denen Herren Stadt-Geistlichen«
3 Tlr. »dem Böhmisch- Wayßen- und Lazareth-Pfarr[er]«
2 Tlr. 18 Gr. »denen [Kreuz] Schülern vors Singen«
2 Tlr. – Gr. »vor 3 Fackeln vor dieselbigen«
– Tlr. 16 Gr. »dem H. Director« (der Kreuzschule?)
4 Tlr. – Gr. »denen Schul-Collegen«
1 Tlr. 12 Gr. »denen Kirchnern«
3 Tlr. 8 Gr. für fünf Wagen
1 Tlr. 16 Gr. »vor 10 Schüler neben den Wagen«
1 Tlr. 18 Gr. »dem Todten-Gräber«
2 Tlr. 18 Gr. »vors Tuch zum Zimmer ausschlagen«
– Tlr. 16 Gr. 12 »Gueridons« (kleine einfüßige Tischchen)

wurden 14 Taler und 3 Groschen ausgezahlt.[2569] Wir erfahren sogar, womit der tote Orgelbaumeister bekleidet wurde.[2570] Das Rasieren der Leiche kostete 16 Groschen. Für Kerzen wurden rund 2^{1}/$_{2}$ Taler und für das Leichentuch 2 Taler und 8 Groschen ausgegeben. Gottfried Silbermann wurde in einem »Eichnen abgekehlten Sarg mit schwarzen Leisten« bestattet. Er kostete 40 Taler. Dazu kamen noch 8 Taler und 16 Groschen für »8 große Handhaben« nebst Anschlagen derselben, ein Taler für ein eichnes Kreuz und ein Taler Trinkgeld für den Tischlergesellen.[2571]

Der Hofprediger Hauschild[2572] hat vermutlich die Grabrede gehalten, denn er bekam 5 Taler.[2573] Nicht zu vergessen sind 13 Taler und 8 Groschen, die den zehn »Aeltisten« und den zehn Sargträgern ausgezahlt worden sind.[2574] Der »Wächter in der Werckstadt« bekam 8 Groschen. Der Tischler Michael Silbermann berechnete 10 Taler für seine Bemühungen während der Krankheit[2575] und für die Beerdigung Gottfried Silbermanns.[2576]

Der sogenannte »Leichenschmaus« scheint sehr bescheiden gewesen zu sein, denn es wurden nur reichlich 12 Taler aufgewendet.[2577]

Von den Beerdigungskosten zu unterscheiden sind die »Trauer-Kosten«. Sie beliefen sich auf insgesamt rund 102 Taler.[2578] Davon entfielen fast 21 Taler auf »schwarzseidene Flöhre«. An Gottfried Silbermanns Verwandte wurden insgesamt 60 Taler »zur Trauer« ausgezahlt.[2579] Die Haushälterin, Anna Magdalena Poltermann

— Tlr. 6 Gr. für 12 zinnerne Leuchter
— Tlr. 12 Gr. für 12 Wandleuchter
2 Tlr. — Gr. »2 Wächter an die Hauß-Thüre abends und früh«
2 Tlr. — Gr. »ins Waysen-Hauß«
1 Tlr. — Gr. »ins Armen-Hauß«
1 Tlr. — Gr. »denen Hauß-Armen«
6 Tlr. — Gr. »in die 6 Hospitaeler«
1 Tlr. — Gr. »in die Armen-Büchße«
— Tlr. 6 Gr. »dem Gottes-Kasten-Diener«
3 Tlr. — Gr. »vor die [Begräbnis]Bestellung«
2569 Bl. 73. Der Betrag setzt sich wie folgt zusammen:
10 Tlr. — Gr. für 12 Ellen Taft »zum Kleide und Kißen«
— Tlr. 18 Gr. für 4^{1}/$_{2}$ Ellen Glanzleinwand in den Sarg
— Tlr. 8 Gr. für 10 Ellen Band in den Sarg
— Tlr. 6 Gr. für Nägel und Heu
— Tlr. 4 Gr. »dem Todten-Gräber vor die Baare zu bringen«
2 Tlr. 18 Gr. für Abwaschen und Einkleiden der Leiche
2570 Notar Langbein ließ von Silbermanns Sachen für diesen Zweck folgendes der »Leichen-Bitterin« übergeben:
»Ein halb Oberhemde, Ein Unterhemde, Eine Halß-Binde, Ein paar Vorsteck-Ermel, Ein paar Manchetten, Ein Bettuch, Eine Müze und Eine Quehle« (= langes Leinentuch; Bl. 34b/35).
2571 Bl. 69b/70.

2572 Christian Hauschild wurde 1693 in Schneeberg als Weißgerbersohn geboren, kam 1743 nach Dresden, wo er 1759 starb (vgl. Grünberg, II/1, S. 310).
2573 Außerdem wurden dem »Hoff-Kirchner« 1 Taler und 8 Groschen ausgezahlt (Bl. 70).
2574 Bl. 69b.
2575 Wenn von »der Krankheit des Verstorbenen« die Rede war, ist das ein weiterer Beweis dafür, daß Gottfried Silbermann nicht plötzlich und völlig unerwartet (an einem Schlaganfall) gestorben ist.
2576 Bl. 70.
2577 Bl. 69b/70. Es werden aufgeführt:
3 Tlr. 6 Gr. — Pfg. für 27 »Citronen«
5 Tlr. — Gr. — Pfg. für 20 Kannen Landwein à 6 Groschen (Bl. 73b)
1 Tlr. 8 Gr. — Pfg. »vor eine Bäbe« (Napfkuchen)
— Tlr. 6 Gr. 6 Pfg. für Semmeln
— Tlr. 21 Gr. 3 Pfg. für 5^{1}/$_{4}$ Pfd. Zucker à 5 Groschen (!)
— Tlr. 9 Gr. — Pfg. »vor 18 Loth Coffee«
1 Tlr. 8 Gr. — Pfg. für Bier [(Bl. 73b)
2578 Bl. 70b.
2579 Bl. 70b. 74b, 75 und 75b. Im einzelnen haben je 10 Taler empfangen:
Johann Daniel Silbermann, der Universalerbe aus Straßburg;
Michael Silbermann, Tischlerobermeister in Dresden;

(1693–1774), und deren Tochter haben ebenfalls je 10 Taler bekommen.[2580]

Für die kirchliche Abkündigung Gottfried Silbermanns in Freiberg und Frauenstein sind je 16 Groschen bezahlt worden.[2581]

Die letzte Ruhestätte des berühmten Orgelbaumeisters existiert nicht mehr, denn der Johannisfriedhof bestand nur bis zum Jahre 1861.[2582] Jahrzehnte vorher hätte man aber schon vergeblich nach Gottfried Silbermanns Grab gesucht.[2583] Einige Ver-

ehrer des großen Meisters der Orgelbaukunst hatten deshalb die Absicht, ihm ein Denkmal zu errichten.[2584]

Genau einen Monat nach Gottfried Silbermanns Tod, am 4. September 1753, wurde sein Testament »publicirt«. Das geschah in der Ratsstube zu Freiberg in Gegenwart von Johann Daniel, Michael und Christian Silbermann[2585], Johann Georg Schön und anderen.[2586] Der Rat zu Freiberg nahm am folgenden Tage von der erfolgten Testa-

George Friedrich Silbermann, Wundarzt in Glashütte (vgl. Anm. 2539);

Abraham Silbermann, Tischler in Freiberg;

Christian Silbermann, Schuhmacher in Freiberg (vgl. Anm. 2590) und

Immanuel Silbermann, ein Tischler (vgl. Anm. 2580   Bl. 70 und 74.   [63].

2581   Bl. 70b und 75.

2582   Er lag zwischen dem (jetzigen) Hygienemuseum und der Johannesstraße (lt. brieflicher Auskunft des Stadtgeschichtsmuseums Dresden vom 5. Oktober 1970 an den Verfasser).

2583   Hohlfeldt schrieb im Jahre 1837: »Seine [Silbermanns] Überreste ruhen auf dem hiesigen Johanniskirchhofe; kein Denkmal bezeichnet sein Grab...« (in: Der Sammler im Elbtal, 1837, S. 188). E. Gottwald schrieb 1853: »Die irdischen Überreste dieses schlichten, berühmten Mannes ruhen auf dem Dresdner Johanniskirchhofe; kein Denkmal zeigt dem Besucher dieses Friedhofs die Ruhestätte Silbermanns, aber in seinen Werken lebt er noch nach Jahrhunderten unsterblich fort« (in: Gaben für Geist und Gemüt, 1853, S. 167).

2584   Der erste scheint der Freiberger Kantor Johann Gottfried Fischer (1751–1821) gewesen zu sein. Er schrieb im Jahre 1800: »Schon längst, und noch immer, habe ich den Wunsch gehegt, daß das Andenken Silbermanns durch ein ihm an einem schicklichen Orte zu setzendes Monument erhalten werden möchte ...« (Freyberger gemeinnützige Nachrichten, Nr. 13, 27. März 1800, S. 127).

Am 13. März 1859 schrieb der Dresdner Orgelvirtuose Carl August Fischer (1828–1892) an den Stadtrat zu Frauenstein: »Schon lange nämlich mit der Idee beschäftigt, dem großen Orgelbaumeister Silbermann ... eine kleine Stätte zu bereiten, welche der dankbaren Nachwelt einen Namen nennt, welcher wohl würdig ist, mit un-

ter die Reihen unserer größten sächsischen Volksmänner gestellt zu werden. Ein Beschluß nun des Dresdner Stadtraths heißt mich nun mit der Ausführung dieses Planes nicht mehr zu warten. Darnach wird nämlich der Johanniskirchhof, auf welchem die Gebeine Silbermanns ruhen, aufgehoben und somit auch das letzte Andenken seiner Verehrer...« Fischer bat den Frauensteiner Rat, »einen Platz herzugeben ..., auf welchem das bescheidene Monument, was vielleicht am besten in einem Obelisk bestünde, gesetzt würde...«. Der damalige Bürgermeister Krause lud in seiner Antwort vom 16. März Fischer ein, selbst nach Frauenstein zu kommen, »um einen geeigneten Platz« auszuwählen (StA. Frauenstein: Akte über verschiedene einzelne Gegenstände, über welche besondere Akten nicht anzulegen gewesen sind, Bl. 104 f.). Weiteres enthält die Akte nicht. Wir wissen nicht, ob Fischer in Frauenstein gewesen ist.

Der Plan einer Silbermannehrung wurde aber zwei Jahre später von Eduard Ferdinand Köhler (1814–1886), der von 1859 bis 1879 in Frauenstein als Schulrektor und Organist wirkte, aufgegriffen und durch die am 4. August 1861 an Silbermanns Geburtshaus in Kleinbobritzsch errichtete Gedenktafel verwirklicht.

2585   Christian Silbermann entstammte (ebenso wie Michael, vgl. Anm. 2544) der dritten Ehe von Michael Silbermann jun. (1666–1733). Am 28. Juli 1738 wurde Christian Freiberger Bürger (StA. Freiberg: BB. Sign. I Bc 3, S. 330). Sein Todestag ist noch unbekannt.

2586   Bl. 25/25b. Bei der Testamentseröffnung waren noch anwesend:

Christian Gottlob Heber von Höckendorf,

Gottlob Burckert, Bäcker aus Dippoldiswalde,

und Johann Christian Neubauer.

Welche Beziehungen die Genannten zu Silbermann hatten, ist noch nicht geklärt.

mentseröffnung Kenntnis.[2587] Johann Daniel Silbermann, Michael Silbermann und Johann Georg Schön erhielten eine beglaubigte Abschrift des Testaments.[2588] Gottfried Silbermanns Letzter Wille, mit dem er seinen Neffen Johann Daniel Silbermann[2589] als Universalerben eingesetzt hatte, bedeutete für Michael und Christian Silbermann[2590] eine große Enttäuschung. Sie hatten nämlich fest damit gerechnet, die Erben des wohlhabenden und berühmten Verwandten zu werden und erhoben gegen das Testament Einspruch.[2591] Sie hatten aber keinen Erfolg.

Nachdem am 10. September das königliche Kammerkollegium befohlen hatte, Silbermanns Nachlaß zu »resigniren«, aber »biß zu Unserer weitern Anordnung« davon nichts zu verabfolgen,[2592] begann Notar Langbein am 27. desselben Monats in Gegenwart von Zacharias Hildebrandt und Johann Georg Schön als Zeugen mit der Aufnahme des gesamten Nachlasses Gottfried Silbermanns. Jedes einzelne Stück wurde genau und gewissenhaft erfaßt[2593] und nach seinem Wert geschätzt.[2594] Am 3. Oktober konnte die »Inventur« abgeschlossen und der Nachlaß erneut versiegelt werden.[2595]

Den Aufzeichnungen des Notars ent-

2587 StA. Freiberg: RPr. 1750–1755, S. 651 (5. September 1753).

2588 Bl. 26.

2589 Siehe Anm. 2249.

2590 Michael und Christian waren leibliche Brüder (vgl. Anm. 2544 und 2585). Christian wurde am 8. April 1710 in Frauenstein geboren (PfA. Frauenstein: TaR. Nr. 9/1710).

2591 In ihrem diesbezüglichen Schreiben vom 12. September 1753 (Bl. 5 f.) erklärten sie, »mit größter Verwunderung« sehen zu müssen, daß Gottfried Silbermann nur Johann Daniel »zum einzigen Universalerben« eingesetzt und »nicht einmahl uns Miterben, da wir doch in einem Grad seyn, ein Legatum ausgesetzt« habe. Der Verstorbene habe ihnen jederzeit versichert, »daß nach seinem Ableben er uns allerseits, als seines Bruders [Michael] Kinder und Erben, bedacht hätte«. Gottfried Silbermann habe vor seinem Tode versprochen, »es tausendfältig vergelten« zu wollen, weil er mit seinen Gehilfen oft bei Michael Silbermann in Dresden »Logier, Kost und Licht« erhalten hatte (vgl. Anm. 2613). Michael und Christian Silbermann erklärten abschließend, sie könnten das Testament nicht anerkennen. Es entsteht die – unbeantwortbare – Frage: Sollte Gottfried Silbermann seinen Verwandten wirklich etwas versprochen und dann nicht gehalten haben?
Michael Silbermann »und Cons[orten]« hatten auch beim Rat zu Freiberg wider die »Verabfolgung derer alhier [in Freiberg] befindlichen erbschafftlichen Effecten« an Johann Daniel Silbermann protestiert (StA. Freiberg: RPr. 1750 bis 1755, S. 657, 17. September 1753). In Freiberg befanden sich (in Silbermanns Werkstatt und Wohnhaus bzw. im Schloß Freudenstein) nur »Vorräthe an Holtz und Zinn nebst wenigen Mobilien von geringem Werth«. Das geht aus einem Schreiben Johann Daniel Silbermanns vom 14. Juli 1755 an Kurfürst Friedrich August II. hervor. Es wurde deshalb von einer »Inventur« des Freiberger Nachlasses abgesehen und derselbe ohne weiteres an den Erben verabfolgt. Aus Johann Daniels Eingabe geht weiter hervor, daß die Freiberger Räumlichkeiten auf seine Veranlassung (nach Gottfried Silbermanns Tod) vom Freiberger Rat bzw. Amt versiegelt und »zeithero« in gerichtlicher Verwahrung behalten worden« sind (STA. Dresden: Loc. 32480, Rep. XXI, Nr. 43; Cammer-Acta, Des verstorbenen Hof-Orgel-Machers Silbermanns Verlaßenschafft betr., Anno 1753, Bl. 12 f.).
In diesem Zusammenhang tauchen zwei – leider unbeantwortbare – Fragen auf: Warum hat Johann Daniel Silbermann die Herausgabe des Freiberger Nachlasses seines Onkels erst so spät beantragt? Wurden die Holz- und Zinnvorräte für die Fortführung des Dresdner Hofkirchenorgelbaues gar nicht (mehr) gebraucht?

2592 Bl. 17 und 41 f.

2593 Silbermanns Nachlaß ist im einzelnen auf Bl. 43 b bis 62 der Akte (Anm. 2566) verzeichnet.

2594 Als Schätzer fungierten: Ober- und Mitälteste der Tischler- und Goldschmiedeinnung (Werkzeuge und Pretiosen) und der Amts-Taxator Johann Christian Crell (alles übrige). Vgl. Bl. 66 b.

2595 Bl. 67.

sprechend hatte Gottfried Silbermanns Nachlaß einen Gesamtwert von 15828 Talern, 1 Groschen und 3 Pfennigen:

5936 Tlr.	5 Gr. 6 Pfg.	Bargeld[2596]
16 Tlr.	12 Gr.	an Goldstücken[2597]
182 Tlr.	1 Gr. 9 Pfg.	an Pretiosen[2598]
9500 Tlr.		an Dokumenten[2599]
–	– –	an brieflichen Urkunden[2600]
8 Tlr.	16 Gr.	an Büchern[2601]

2596 Bl.43b–45: Das Bargeld bestand in Silbermünzen (1523 Tlr. und 17 Gr.) und Goldmünzen (4412 Tlr. und 12 Gr.). Letztere setzten sich wie folgt zusammen:

2865 Tlr. – Gr. in »Louis d'or« (zu je 5 Tlr.)
1017 Tlr. 12 Gr. in »Ducaten« (zu je 2 Tlr. und 18 Gr.)
530 Tlr. – Gr. in spanischen »Quadruples« (oder Dublonen)

2597 Bl.45: Es handelte sich um zwei Goldstücke. Das eine hatte einen Wert von 5 Dukaten (oder 13 Tlr. und 18 Gr.) und zeigte das Porträt des sächsischen Kurfürsten August (1526–1586), war oben und unten »gehenkelt« und mit einer echten Perle versehen. Es stammte mit größter Wahrscheinlichkeit von dem Dittersbacher Kirchenpatron von Kiesenwetter, der es Silbermann 1726 geschenkt hatte (vgl. Anm. 1195). Das andere Goldstück entsprach einem Dukaten und »soll von Chymischen Golde« sein.

2598 Bl.45b/46: Die wertvollsten Stücke waren:

eine goldene »Tabattiere« oder Schnupftabakdose in einem schwarzen »Chagrin-Futeral innwendig mit rothen Sammet gefüttert« (88 Tlr. und 8 Gr.),

ein großer goldener Ring mit drei großen und kleinen Diamanten (40 Tlr.),

ein goldener Ring »mit Laubwercke« (18 Gr.),

ein kleines goldnes »Creuzgen nebst 5 dergl. Stein-Kästgen« (2 Tlr. 8 Gr.),

ein kleines silbernes Schächtelchen (1 Tlr. und 1 Gr.),

ein »paar gedoppelte silberne Hembden-Knöpffgen« (8 Gr.),

eine silberne »Erbs-Kette von 53 Gliedern« (12 Gr.),

ein silberner »Tobacks-Stopffer nebst Korck-Zieher« (12 Gr.),

eine silberne »Rauch-Toback-Dose« (6 Tlr. und 15 Gr.),

neun silberne Tischlöffel (14 Tlr. und 7 Gr.),

eine silberne »Minuten-Uhr in gedoppelten Gehäuse« (20 Tlr.),

ein silberner Degen (6 Tlr.).

Im Nachlaß Johann Sebastian Bachs befand sich auch ein silberner Degen (im Werte von 12 Talern). Vgl. Bach-Dokumente, Bd. II, S.494. Erstaunlicherweise hat auch der Tischler Abraham Silbermann in Freiberg, der als Gehilfe Gottfrieds am Bau der Dresdner Frauenkirchenorgel beteiligt war, einen Degen besessen (vgl. Anm.525).

2599 Bl.46–48: Es handelte sich um sechs sogenannte »Steuer-Scheine« (Staatswertpapiere) von der 1749er »Landes-Bewilligung«, ausgestellt in den Jahren 1749/52 und zahlbar 1754 (5000 Taler) und 1756 (4000 Taler). An den Dokumenten befanden sich gedruckte Quittungen zur Erhebung der Zinsen. Ein Steuerschein über 1500 Taler befand sich im Besitz des Freiberger Rates. Aus einer Bestätigung des Freiberger Stadtkämmerers Johann Gottfried Krauße (1692–1758) vom 7.Juni 1751, die sich mit in Silbermanns Nachlaß befand, ging hervor, daß Silbermann mit dem Steuerschein für Krauße die »Caution« übernommen hatte (Bl.47b; vgl. hierzu auch Silbermanns Testament: SD. Nr.49). Silbermann und Krauße waren jahrzehntelang miteinander befreundet (vgl. OWS. Nr.43).

Es ist anzunehmen, daß die in Silbermanns Besitz gewesenen Steuerscheine mit den 10000 Talern zusammenhingen, die er für die Hofkirchenorgel empfangen hatte.

An weiteren Dokumenten waren noch zwei »Original-Consense« des Amtes Frauenstein von 1728 vorhanden, weil Gottfried Silbermann dem Frauensteiner Bürgermeister (und Bäcker) Johann George Süße (1655–1733) 500 Taler »auf Grundstücke geliehen« hatte. Als Silbermann 1738 in Frauenstein die (zweite) Orgel baute, hatte er sein Quartier bei der Witwe von Süße (s. Anm.1730).

2600 Bl.48–49b: Es wurden vorgefunden:
a) das Originalprivilegium als Hof- und Landorgelbauer vom 30. Juni 1723 (s.SD. Nr.16),
b) der Originalkontrakt vom 27. Juli 1750 über den Bau der Orgel in der Hofkirche zu Dresden (s. SD. Nr.48),
c) eine Quittung über die von Silbermann dafür bezahlten 25 Taler Gebühren,

d) der zwischen Silbermann und Zacharias Hildebrandt am 10. August 1750 geschlossene Vertrag (s. Anm. 2230),

e) sieben Quittungen von Zacharaias Hildebrandt über 320 Taler, die er auf den Vertrag vom 10. August 1750 bereits empfangen hatte,

f) dreiundvierzig Orgelbauverträge, die Gottfried Silbermann »mit denen Räthen in Städten, Aemtern, Geistlichen wegen Erbauung Neuer Orgel-Wercke geschloßen« hatte,

g) ein »Convolut [= Bündel] Brieffe von dem Herrn Ober-Land-Baumeister Knoeffeln, Hoff-Conducteur Locken und Bildhauer Hackeln, den Neuen Orgel-Bau [in der Hofkirche] betr.,

h) desgleichen »von H. Hildebranden und H. Schubardten« (s. hierzu Anm. 2230 und 482),

i) desgleichen »von Pisendeln, Gräbnern, Bachen und Pantaleon Hebenstreiten«,

k) vierzehn Atteste, die Silbermann »von denen Stadt-Räthen und andern Orten, wo er Orgeln gebauet, zu seiner Legitimation ertheilet worden« sind,

l) fünf Leipziger Schreibekalender für 1749 bis 1753,

m) ein Bündel Kopfsteuerquittungen

n) eine Quittung vom Freiberger Amtsschreiber vom 1. Mai 1748 über 124 Taler für geliefertes Holz und

o) desgl. vom Grillenburger Amtsschreiber vom 12. Juni 1748 über 23 Taler für Holz und

p) Hausmietzinsquittungen bis Michaelis 1751.

2601 Bl. 49b–50b: Das wertvollste Buch war eine Leipziger Bibel »in Franz-Band mit Kupffern und silbernen Schlößgen« (Wert: $2\frac{1}{2}$ Taler). Gottfried Silbermann besaß auch drei Bücher von dem bekannten Erbauungsschriftsteller Johann Arnd (1555–1621), und zwar: Auslegung der Psalmen in zwei Pergamentbänden, Lüneburg 1710; Postille über die Sonntagsevangelien, Frankfurt 1713; Wahres Christentum, Leipzig 1737 (Wert: insgesamt 3 Taler und 14 Groschen).

Weiter waren folgende religiöse Werke vorhanden:

a) »Todtes-Betrachtungen« von Nicolaus Haase (1665–1715), Dresden 1720,

b) »Himmels-Weg« von Friedrich Werner (1659 bis 1741), Leipzig 1736,

c) »Schmolckens zu seinem Jesu sich nahender Sünder … in Corduan-Band«, Chemnitz 1730,

d) »Israelitischer Waßer-Brunn« von David Büttner, Zwickau 1687,

e) Chemnitzer Gesangbuch von 1720 und

f) ein geschriebenes Choralbuch.

Gottfried Silbermann besaß auch das berühmte, 1619 in Wolfenbüttel erschienene Buch »Syntagma musicum«, Teil II »de Organographia« von Michael Praetorius (1571–1621).

Endlich waren noch zwei Bücher medizinischen Inhalts vorhanden:

a) Elias Hundertmarck, Natur und Cur Der Gicht und des Podagra, Leipzig 1719, und

b) Christian Weißbach, Wahrhaffte und gründliche Cur Aller dem Menschlichen Leibe zustossenden Kranckheiten, 4. Auflage, Straßburg 1722.

Da Gottfried Silbermann in seinen letzten Lebensjahren zu einer starken Melancholie geneigt haben soll (vgl. die Eingabe von Michael und Christian Silbermann vom 12. September 1753; Bl. 6), ist es vielleicht sehr bemerkenswert, wenn sich in seinem Nachlaß folgendes Werk befand: »Siegmundi Scherzeri Fuga Melancholica, Lüneburg 1715, in Franzband, mit goldenem Schnitt in einem Futerale«. Dem Verfasser ist über dieses Werk allerdings nichts Näheres bekannt.

2602 Bl. 51: Es handelte sich um »Ein ganz neues gefertigtes Clavier in hölzernen Futteral«.

2603 Bl. 51–52b: Zu Silbermanns wertvollsten Kleidungsstücken gehörten:

zwei Kleider mit Weste und je zwei Paar Beinkleidern mit wollenem bzw. seidenem Futter (Wert: 9 bzw. 5 Taler),

ein Mantel aus blauem Tuch (2 Taler),

ein »Cassaquin« (Hausrock) mit Kattun gefüttert ($1\frac{1}{2}$ Taler),

ein Brustlatz mit Ärmeln und Pelz gefüttert (6 Groschen),

Weiter sind erwähnenswert:

ein alltäglicher Rock mit Weste und Wollfutter,

ein Paar schwarze Beinkleider aus Tuch,

ein mit Flanel gefütterter Hausrock,

drei Paar Pelz- und Filzstrümpfe,

ein Paar Pelzhandschuhe,

eine Pelzmütze,

22 Tlr. 20 Gr.   an Wäsche[2604]

19 Tlr. 21 Gr. 6 Pfg. an Zinn-, Kupfer- und Messinggeräten[2605]

43 Tlr. 5 Gr. – Pfg. an Betten[2606]

10 Tlr. 5 Gr. 9 Pfg. an Hausrat[2607]

45 Tlr. 2 Gr. 9 Pfg. an Handwerkszeugen[2608]

–   –   – an Materialien[2609]

vier Paar mit Multon gefütterte Schuhe,
ein Paar Stiefel,
je zwei Paar Pantoffel und »Bärlatschen«,
ein Paar wollene Gamaschen,
vier Paar seidene Strümpfe,
zwei Paar schwarze Wollstrümpfe,
drei »Merleton«-Perücken (!),
ein Hut,
ein aus Samt gefertigtes Degengehenke mit Messingschnallen und
ein ledernes Degengehenke.

2604 Bl. 52b–53b: Es werden u.a. aufgeführt:
neun Oberhemden,
zwölf Unterhemden,
elf Paar »Vorsteck-Ermel«,
neun Paar Manschetten,
zwölf Halsbinden,
fünf »Droddel«-Mützen,
vier »Kraußen« aus Baumwolle,
sechs Paar baumwollene bzw. wollene Strümpfe,
acht »Schnupftücher«,
sieben Servietten,
zwei Tischtücher,
sechs Leinwandvorhänge,
siebzehn Ellen weiße »Schlesierleinwand«
fünf Bettbezüge,
vierzehn Kissenbezüge,
sieben Bettücher,
vier Ellen Hausleinwand und
zwei Tücher aus Leinwand.

2605 Bl. 53b–54b: Es waren vorhanden:

vierundzwanzig Teller	
sieben Schüsseln	
drei Teekannen	
sieben Trinkkannen	aus Zinn
eine Flasche	
zwei Leuchter	
ein Salzfäßchen und	
ein »Nachtbecken«	
eine Bratpfanne	
ein Kaffeekessel	
ein eingemauerter Kessel und	aus Kupfer
ein Leimkessel	
ein Mörser	
ein Bügeleisen	
ein Manschettenbügeleisen und	aus Messing
eine Goldwaage mit Gewichten	

2606 Bl. 54b/55: Im einzelnen werden aufgeführt:
acht Ober- oder Deckbetten,
acht Unterbetten,
acht Kissen,
drei Bettücher,
ein Strohtuch und
eine Roßhaarmatratze (für Silbermann persönlich).

2607 Bl. 55–57: Bemerkenswert sind folgende Dinge:
ein hölzerner »Coffre« (Truhe),
eine eiserne Schatulle,
drei Geldbeutel,
ein Miniaturporträt von Friedrich August I. (»einen Pfennig groß«),
eine Horndose,
zwei Schnupftabakdosen,
zwei Büchsen aus Serpentinstein,
sechs Bleistifte,
ein Zahnbürstchen (!),
ein lederner Puderbeutel,
ein Spiegel mit Nußbaumrahmen,
ein messingbeschlagenes »Spanisch Rohr« (Laufstock),
eine Handkaffeemühle,
ein Krauthobel,
ein eiserner Bratrost,
drei Bratspieße,
eine hölzerne Waage mit Bleigewichten,
fünf Wasserfässer,
zwei Wasserkannen,
eine blecherne Zuckerschachtel,
zwei Paar »meißnische blau und weiße Coffee-Schälgen« (Kaffeetassen aus Meißner Porzellan!)
sechs Drahtleuchter,
zwei Wärmeöfchen und
ein Pfund Rauchtabak (!).

2608 Silbermanns Handwerkszeuge wurden an anderer Stelle (s.S. 51f.) schon einzeln aufgeführt.

2609 Bl. 61b: Es wird nur »eine Parthie Zien- und Metall-Spähne« erwähnt (ohne Wertangabe). Es handelte sich eigentlich um »Abfälle«. Sie entstanden, wenn die gegossenen Zinn- oder Metalltafeln »geschlagen« oder gehämmert waren und dann mit Hobeln oder Ziehklingen

Auf der Passivseite standen 5520 Taler und 23 Groschen und zwar:

413 Tlr. 1 Gr. Begräbnis-, Trauer- und Wirtschaftskosten[2610]

geglättet wurden. Notar Langbein erwähnte, daß die »Spähne« eingeschmolzen und für den »angefangenen Orgel-Bau« verwendet werden sollen. Das ist in zweifacher Hinsicht bemerkenswert: Zum ersten wird bewiesen, daß man damals noch mit der Verfertigung metallener Pfeifen beschäftigt gewesen sein muß (vgl. hierzu Anm. 2246). Zweitens waren Silbermanns Gesellen offenbar gewöhnt, mit dem Material sparsam umzugehen und auch die Zinn- und Metallspäne wieder mit zu verwenden und nicht einfach – wegzuwerfen.

Wir können uns heute – zunächst – nicht erklären, aus welchem Grunde keine weiteren Materialvorräte erwähnt werden. Waren die Vorräte augenblicklich gerade aufgebraucht? Mußte Johann Daniel Silbermann erst wieder Material anschaffen? Warum hat er nicht auf die in Freiberg noch lagernden Vorräte (an Holz und Zinn) zurückgegriffen, sondern erst im Juli 1755 – nachdem die Hofkirchenorgel längst geweiht war – ihre Freigabe beantragt? Vgl. hierzu Anm. 2591.

Bei all diesen Fragen haben wir etwas übersehen. Notar Langbein schrieb, daß die »Spähne« nicht mit »inventiret und taxiret werden können … weil selbige wiederum eingeschmolzen und zu dem … angefangenen Orgel-Bau noch adhibiret werden« (Bl. 61 b). Die Späne waren gar nicht Silbermanns Eigentum! Er hatte für die im Bau befindliche Orgel bereits 10000 Taler bekommen, dafür mit seinen Gesellen gearbeitet und – Material angeschafft. Die zweifellos vorhandenen Vorräte (in Dresden) konnten gar nicht als Teil seines Nachlasses erscheinen. Sie waren aus landesherrlichen Mitteln bezahlt worden und damit auch landesherrliches Eigentum.

2610 Bl. 62b: Der Posten setzt sich wie folgt zusammen:

185 Taler 16 Groschen Beerdigungskosten (Bl. 69b),
102 Taler 6 Groschen Trauerkosten (Bl. 70b)
125 Taler 2 Groschen Wirtschaftskosten (Bl. 70b).

Über die Beerdigungs- und Trauerkosten wurde im einzelnen schon berichtet. Zu den Wirtschaftskosten ist folgendes zu bemerken: Am 6. August 1753 quittierte Zacharias Hildebrandt über 20 Taler, die ihm auf seinen Kontrakt vom 10. August 1750 »zu meiner Nothdurfft« aus-

gezahlt wurden (Bl. 75b). Johann Georg Schön erhielt in der Zeit vom 5. August bis 1. September insgesamt 93$\frac{1}{2}$ Taler, »die Wirthschafft damit zu bestreiten« (Bl. 76/76b). Weiter wurden ausgegeben:

1 Taler 20 Groschen an den »Chirurgus« Weichardt (Bl. 77) für »Raßier-Bedienung … [und] Ein Clystier« (vgl. Anm. 2559),
1 Taler 8 Groschen »H. Oehmen vor das Pferd nach Freyberg«,
5 Taler 8 Groschen »8 Monathe schuldigen Bett-Zinnß à 16 Gr.«,
3 Taler – Groschen »3jährigen Zinnß vor eine Hobel-Banck«,
– Taler 1 Groschen »Porto vor einen Brieff von Leipzig«.

Zu diesen Ausgabeposten (Bl. 70b) ist folgendes zu bemerken: Vermutlich besaß Gottfried Silbermann ein Pferd, das nach seinem Tode von Adam Gottfried Oehme nach Freiberg gebracht wurde. Wer den »Bett-Zinnß« bekommen hat, ist unbekannt. Die Hobelbank wurde möglicherweise aus der Werkstatt von Michael Silbermann entliehen. Das Porto war für einen Brief von Johann Gottfried Peinemann aus Leipzig. Er ist auf den 27. August 1753 datiert und an »Herrn [Johann Daniel] Silbermann [in] Freyberg« gerichtet (Bl. 77 f.). Aus dem Brief (Abschrift) geht hervor, daß der Bruder des Schreibers, Dr. Johann Tobias Peinemann, »vor circa 1$\frac{3}{4}$ Jahr an gedachten seel. verstorbenen Herr Vetter [Gottfried Silbermann] vor ein zu liefern versprochenes … Clavier« 30 Taler geschickt, die Lieferung sich aber »biß aniezo verzögert« hatte. Der Betrag befand sich »in Spanischen Golde« in Gottfried Silbermanns Nachlaß (Bl. 61 b) und wurde am 9. Oktober (1753) an Peinemann zurückgesandt (Bl. 62).

Johann Georg Schön hat für die Zeit vom 5. August bis 3. September 1753 ein »Haußhaltungs-Register« geführt. Danach sind die ihm ausgehändigten 93 $\frac{1}{2}$ Taler u.a. wie folgt verwendet worden (Bl. 79b/80):

40 Tlr. 19 Gr. wurden »in die Kost gegeben«,
13 Tlr. – Gr. Löhne für die Gesellen Schön, Oehme, Schubert und Manner,
26 Tlr. – Gr. viermaliges »Wochen-Geld« an Zacharias Hildebrandt (laut

198 Tlr. 3 Gr. Haushaltungs- und andere Ausgaben[2611]

28 Tlr. rückständige Miete für Silbermanns »Quartier in Freyberg« von September 1751 bis 1753

6 Tlr. 16 Gr. rückständige Kopf- und Vermögenssteuer, Termin Bartholomäus 1753

1630 Tlr. Restforderung von Zacharias Hildebrandt[2612]

Vertrag vom 10. August 1750),

6 Tlr. – Gr. für sechs Paar schwarze Trauerstrümpfe,

1 Tlr. 9 Gr. für die kirchliche Abkündigung Gottfried Silbermanns in Freiberg und Frauenstein nebst Briefporto (vgl. Bl. 75),

– Tlr. 20 Gr. »Vor Kohlen zum Löthen« der Orgelpfeifen (!) am 17. bzw. 30. August,

– Tlr. 8 Gr. »Den Hund zu scheeren« (!) am 8. August. Gottfried Silbermann war offenbar Tierfreund und hatte sich einen Pudel gehalten.

2611 Bl. 62b: Diese Summe ist durch Johann Daniel Silbermann u.a. für folgendes ausgegeben worden:

66 Tlr. 12 Gr. »in die Haußhaltung« vom 4. September bis 8. Oktober (Bl. 80b),

12 Tlr. 18 Gr. »Vor einen Schragen Holz nebst Neben-Unkosten«,

2 Tlr. 8 Gr. Taxationsgebühren für Silbermanns Nachlaß (Bl. 81b/82),

5 Tlr. 13 Gr. Gebühren für Testamentseröffnung und -abschriften (Bl. 82b),

6 Tlr. – Gr. »Vor die Reise nach Freyberg« (zur Testamentseröffnung),

32 Tlr. 12 Gr. Wochenlöhne für Zacharias Hildebrandt vom 8. September bis 6. Oktober (laut Vertrag vom 10. August 1750),

4 Tlr. – Gr. Lohn für den Tischlergesellen Manner,

13 Tlr. 1 Gr. Erstattung des von Michael Silbermann »gethanen Vorschußes« (Bl. 82b). Er hatte aus Gottfried Silbermanns Nachlaß 400 Taler zur Bestreitung der Beerdigungs-, Trauer- und Wirtschaftskosten bekommen (Bl. 69). Die notwendigen Ausgaben beliefen sich aber auf 413 Taler und 1 Groschen (Bl. 71),

54 Tlr. 18 Gr. »an Verlag und Gebühren« für den Notar Traugott Friedrich Langbein (Bl. 83).

2612 Hildebrandt hatte aufgrund des am 10. August 1750 mit Gottfried Silbermann geschlossenen Vertrages (außer einem Wochenlohn von $6^{1}/_{2}$ Talern) 2000 Taler zu fordern, »worauf 370 rt. [= Taler] abschläglich bezahlet worden« (Bl. 63). Hier liegt eine nicht mehr aufklärbare Differenz vor. Soweit es aufgrund der Akte nachweisbar ist, hat Hildebrandt 320 Taler noch von Gottfried Silbermann selbst »in Abschlag auf die stipulirten 2000 Thlr. empfangen« (Bl. 48b; vgl. Anm. 2600), wie seine (in Silbermanns Nachlaß aufgefundenen) Quittungen beweisen. Weitere 20 Taler sind ihm am 6. August 1753, also zwei Tage nach Silbermanns Tod, ausgezahlt worden (Bl. 70b und 75b; vgl. Anm. 2610). Wann Hildebrandt weitere 30 Taler bekommen hat, ist unbekannt. Aus der Nachlaßakte geht auch nicht hervor, wann Hildebrandt die restlichen 1630 Taler empfangen hat. Als er sich im Sommer 1754 mit der Materialbeschaffung für den Orgelneubau zu Dresden-Neustadt (Dreikönigskirche) beschäftigte, brachte er – nach den Worten seines Sohnes – 1200 Taler »an baaren Gelde« mit (StA. Dresden: Akte Sign. D XXXIV 20, Bl. 78b). Es kann sich bei dieser Summe praktisch nur um den Rest des Geldes gehandelt haben, das Zacharias Hildebrandt (aufgrund des Vertrages vom 10. August 1750) für seine Mitarbeit an der Hofkirchenorgel von Gottfried Silbermann bzw. von dessen Erben bekommen hatte. Zacharias Hildebrandt war nämlich (nur acht Jahre vorher) durch den Orgelbau zu St. Wenzel in Naumburg »in die eusserste Armuth gerathen« und hatte 1746, wie er in einem Schreiben vom 30. September an den Rat zu Naumburg bekennen mußte, »nicht einen Groschen mehr in Vermögen« (StA. Naumburg: Akte Sign. Loc. 64, No. 53, Bl. 69 f.). Es ist demnach mit Sicherheit anzunehmen, daß Johann Daniel Silbermann (als Universalerbe Gottfried Silbermanns) den Restbetrag von 1630 Talern bis spätestens Juni 1754 an Zacharias Hildebrandt ausgezahlt hat.

107 Tlr. Forderung von Michael
  Silbermann[2613]
818 Tlr. 16 Gr. rückständige Löhne[2614]
2319 Tlr. 11 Gr. an Legaten[2615]

Zu diesem Zeitpunkt muß Hildebrandt seine Mitarbeit an Silbermanns Hofkirchenorgel beendet haben, damit er sich dem eigenen Werk für die Dreikönigskirche zu Dresden widmen konnte.

2613 Gottfried Silbermann hatte sich (mit meist einem Gesellen) in den Jahren 1749 bis 1752 insgesamt einhundertundvier Tage bei seinem Verwandten Michael Silbermann in Dresden aufgehalten. Letzterer berechnete, weil Gottfried Silbermann (angeblich) dafür noch nichts bezahlt hatte, nunmehr 107 Taler, und zwar für Logis, Betten, Beköstigung, Licht, Holz, Bier, Tee und Aufwartung (Bl. 83b/84). Notar Langbein bemerkte hierzu, daß die Forderung von dem Erben Gottfried Silbermanns »zur Zeit noch nicht ... vollkommen agnosciret worden« sei (Bl. 63). Andererseits haben Michael Silbermann (und sein Bruder Christian) in ihrer Eingabe vom 12. September 1753 (Bl. 5 f.) behauptet, Gottfried Silbermann hätte vor seinem Tode versprochen, alles »tausendfältig vergelten« zu wollen (vgl. Anm. 2591). Wir dürfen annehmen, daß Michael die Forderung nicht erhoben hätte, wenn – wie er gehofft hatte – Gottfried ihn als Erben eingesetzt oder zumindest mit einem Legat bedacht hätte. Ganz unbegründet war die Hoffnung der beiden Brüder, Erben des berühmten Orgelbauers zu werden, allerdings nicht. Wir erwähnten an anderer Stelle, daß Gottfried Silbermann seinen Vetter (und langjährigen Gehilfen) Johann George († 1749) als Erben vorgesehen hatte. Und Michael bzw. Christian waren die leiblichen Brüder von Johann George. Auf diese Tatsache mag sich ihre Erbhoffnung gegründet haben. Übrigens hing Silbermanns Aufenthalt in Dresden mit dem Bau der Hofkirchenorgel zusammen.

2614 Bl. 63 f.: Der Betrag setzt sich wie folgt zusammen:

650 Tlr. für Johann Daniel Silbermann: »Reise-Gebühren von Straßburg biß Freyberg« und »Salarium« auf einundeinviertel Jahr (!). Leider wurden die Reisekosten und das Gehalt nicht einzeln angegeben,

Bei den Legaten handelte es sich um freiwillige testamentarische Zuwendungen. Alles andere waren Zahlungsverpflichtungen. Sie machten rund 54 % des baren Vermö-

40 Tlr. für Johann Georg Schön: Wochenlohn von Neujahr bis August 1753,
36 Tlr. 8 Gr. für David Schubert: rückständiger Lohn bis Michaelis 1753,
39 Tlr. 8 Gr. für Adam Gottfried Oehme: desgleichen,
26 Tlr. für Nicolaus Wilhelm Manner: desgleichen,
27 Tlr. für die Haushälterin Anna Magdalena Poltermann: rückständiger Lohn und Bettzins auf ein Jahr.

2615 Bl. 64: Gottfried Silbermann hatte folgende einzelne Legate ausgesetzt:

2000 Tlr. für Johann Georg Schön in Form eines Steuerscheines (Bl. 22; vgl. auch SD. Nr. 49),
119 Tlr. 11 Gr. für Johann Georg Schön: geschätzter Geldwert der Kleider, Wäsche, Zinn-, Kupfer- und Messinggeräte, Betten und Hausgeräte Gottfried Silbermanns (Bl. 65b; vgl. SD. Nr. 49),
100 Tlr. für Elias Dietze in Freiberg,
50 Tlr. für Petriorganist Klemm in Freiberg (siehe Anm. 164),
50 Tlr. für die Haushälterin Anna Magdalena Poltermann (1693–1774).

Das Legat an Dietze hatte Silbermann »aus guter Freundschafft und zu einen Andencken« ausgesetzt (vgl. SD. Nr. 49). Dietze wurde um 1694 geboren. Sein Vater, »Hannß Diezen«, ist Fischer »auf der Langenrinne« bei Freiberg gewesen. Elias Dietze erlangte am 10. November 1744 das Freiberger Bürgerrecht (StA. Freiberg: BB. Sign. I Bc 3, S. 350) und war damals »königl. Bettmeister auf dem Schloß Freudenstein«. Als solcher bezog er eine Jahresbesoldung von 96 Talern (STA. Dresden: Rentkammerrechnung Nr. 276 1. Halbjahr 1753, fol. 437b). Dietze ist (im Alter von achtundsiebzig Jahren) am 3. Januar 1772 in Freiberg gestorben (Dom Freiberg: ToR. Nr. 4/1772).

gens aus. Oder anders gesagt: Wenn wir von Silbermanns Bargeldbestand (5936 Taler) die erst nach seinem Tode erfüllten Zahlungsverpflichtungen (3200 Taler) abziehen, bleiben »nur« 2736 Taler übrig. Das war sozusagen Silbermanns Betriebskapital und wohl auch die Ersparnisse aus seiner vierzigjährigen Tätigkeit. Davon hat er 200 Taler testamentarisch als bare Legate ausgesetzt.[2616]

Ein Barkapital von rund 2500 Talern war für einen Künstler wie Gottfried Silbermann nach jahrzehntelanger erfolgreicher Tätigkeit nicht zu viel.[2617] Während seiner drei letzten Lebensjahre hat er allerdings noch 10000 Taler als Abschlag für die Hofkirchenorgel zu Dresden empfangen.[2618]

Das von Notar Traugott Friedrich Langbein festgestellte Abschlußergebnis lautet über »Zehen Tausend Dreyhundert und Sieben Thaler« als Bestand des Silbermannschen Nachlasses.[2619] Abgesehen von den vermutlich im Laufe der Zeit gemachten Rücklagen, ist Gottfried Silbermann demnach wohl erst wenige Jahre vor seinem Tode zu ansehnlichem Vermögen gelangt.[2620] Adam Gottfried Oehme hatte

2616 Siehe hierzu Anm. 2615.

2617 Beim Studium der Baugeschichte seiner Orgeln haben wir feststellen müssen, daß die Auftraggeber sehr oft die im Bauvertrag festgehaltenen Zahlungstermine nicht eingehalten haben und Silbermann auf »sein« Geld warten ließen. Er mußte schon deswegen über ein bestimmtes »Betriebskapital« verfügen, um die laufenden Aufwendungen, insbesondere an Beköstigung und Lohn für die Gesellen, bestreiten zu können. Andererseits hat sich Gottfried Silbermann, darüber kann es kaum einen Zweifel geben, sein Kapital erst einmal verdienen müssen. Das hat ihm niemand »geschenkt«. Vermutlich hat er im Frühjahr 1710 einige Ersparnisse aus Frankreich mit nach Hause gebracht. Die Tatsache, daß er rund 160 Taler an Unkosten für die Frauensteiner Orgel verlegen konnte, läßt jedenfalls diese Schlußfolgerung zu. Über mehr an »Vermögen« dürfte er aber nicht verfügt haben, denn er verlangte wegen des geplanten Orgelbaues im Freiberger Dom eine Vorauszahlung von 200 bis 300 Talern, »damit ich ein und anders an nöthigen Werckzeug anschaffen kan« (vgl. Anm. 631). Hätte er das getan, wenn er damals schon über ein bestimmtes Vermögen verfügt hätte? Wohl kaum, sondern er hätte – bei seinem sonst so ausgeprägten Selbstbewußtsein – die Werkzeuge aus eigenen Mitteln angeschafft. Er brauchte das Werkzeug ja nicht nur für den Freiberger Orgelbau, sondern praktisch für sein ganzes Leben.

2618 Siehe hierzu Anm. 2216 und 2217. Allem Anschein nach hat Silbermann diese Summe nicht in Bargeld, sondern in Form von »Steuerscheinen« bekommen. Die im Nachlaß Silbermanns aufgefundenen Steuerscheine im Gesamtwert von 9000 Talern lassen kaum eine andere Deutung zu. Gottfried Silbermann hatte in seiner »Disposition« für die Hofkirchenorgel (vgl. Anm. 2194) 10000 Taler »gleich nach geschloßenen Contract zu Anschaffung aller und jeder Materialien« verlangt (vgl. Anm. 2212). Der Betrag ist ihm allerdings in sieben Raten und erst bis März 1751 ausgezahlt worden (vgl. Anm. 2216). Gottfried Silbermann hat für das große Werk entsprechend Material anschaffen müssen und drei Jahre die Lebenshaltungskosten für sich und seine Mitarbeiter bestritten und anderes mehr. Wie ist es da zu erklären, daß – trotzdem – von den empfangenen 10000 Talern noch 9000 Taler vorhanden waren, als Gottfried Silbermann starb? Aus den Aufzeichnungen des Notars (Bl. 46 f.) geht hervor, daß die Steuerscheine nicht sofort »zahlbar« waren, sondern 5000 Taler im Jahre 1754 und 4000 Taler gar erst 1756. Es handelte sich sozusagen um Staatswertpapiere. Silbermann erhielt auf das Kapital selbstverständlich Zinsen. An den Steuerscheinen befanden sich nämlich »gedruckte Quittungen zu Erhebung der Zinßen«. Gottfried Silbermann hätte nun beim Einkauf des Materials die Steuerscheine in Zahlung geben können. Offensichtlich hat er das aber nicht getan. Wir müssen vielmehr annehmen, daß er – bis auf 1000 Taler – alle bisherigen Aufwendungen für den Hofkirchenorgelbau aus eigenen Mitteln bestritten hat. Demzufolge muß sein »Betriebskapital« bzw. bares Vermögen einige Jahre vor seinem Tode größer gewesen sein.

2619 Bl. 66.

2620 Der Zwickauer Marienorganist Johann Ludwig Krebs hatte allerdings schon im Oktober

vielleicht gar nicht so Unrecht, wenn er – über zwanzig Jahre nach dem Tode seines ehemaligen Meisters – sich dahingehend äußerte, Silbermann sei »nicht durch seine Arbeit, sondern blos zufälligerweise ... ein großer Capitaliste« geworden.[2621] Der »Zufall«, der den Orgelbaumeister zu einem »Kapitalisten«[2622] machte, wäre dann der ihm am Ende seines Lebens noch übertragene Bau der Dresdner Hofkirchenorgel, für den er eine unwahrscheinlich hohe Summe verlangt hat.[2623]

Johann Daniel Silbermann wurde am 30. Oktober 1753 beim Amt in Altendresden vorstellig und bat um Entsiegelung und Freigabe des Nachlasses seines Onkels.[2624] Am gleichen Tage ging ein ent-

sprechender Bericht an das königliche Kammerkollegium.[2625] Am 12. November, also ein reichliches Vierteljahr nach dem Tode Gottfried Silbermanns, fiel dann die landesherrliche Entscheidung: Da Johann Daniel Silbermann »sein Domicilium in hiesigen Landen behalten [will], können Wir gnädigst geschehen lassen, daß demselben [der] ... Nachlaß ... verabfolgt werden möge ...«[2626]

Am 29. November wurde Notar Traugott Friedrich Langbein angewiesen, den Nachlaß zu entsiegeln und dem Erben Gottfried Silbermanns, Johann Daniel Silbermann, zu übergeben.[2627] Damit wurde – endlich – dem Letzten Willen des berühmten Orgelbaumeisters entsprochen.

1742 auf Silbermanns günstige Vermögensverhältnisse hingewiesen. Vgl. Krebs' Schreiben an den Rat zu Zwickau vom 23. Oktober 1742 (StA. Zwickau: Akte Sign. III Z 4 o Nr. 8, Bl. 1 ff.). Wenn Silbermann – wie Krebs sich ausdrückte – »ungleich [viel] mehr Vermögen u. Lebensunterhalt besitzt, als er vor seine Persohn ... consumiren kann«, so war das nicht nur damit zu erklären, weil »er keine Familie hat«. Gottfried Silbermann hat es – wie kaum ein anderer seiner Berufskollegen – vor allem verstanden, seine ihm »angeborenen« kaufmännischen und organisatorischen Fähigkeiten zu nutzen. Seine Briefe und seine (in den Orgelbauakten festgehaltenen) Äußerungen beweisen das zur Genüge.

2621 Vgl. Oehmes Eingabe an den Rat zu Freiberg vom 23. Juni 1774 (StA. Freiberg: Akte Sign. II I 19, Bl. 1 ff.).

2622 Wir verweisen auf die zeitgenössische Erläuterung dieses Begriffes (Anm. 463).

2623 Siehe hierzu Anm. 2213.

2624 Bl. 30. Es ist verständlich, daß der Erbe

nunmehr auf die Freigabe des Nachlasses drängte, denn drei Tage vorher (am 27. Oktober) hatte er sich verpflichtet, in den mit seinem Onkel am 27. Juli 1750 geschlossenen Vertrag über die Erbauung der Hofkirchenorgel einzutreten und das Werk zu vollenden (vgl. Anm. 2250).

2625 In dem Bericht heißt es, daß die Freigabe des Nachlasses unbedenklich, trotz der von Michael und Christian Silbermann »angebrachten protestation« (vgl. Anm. 2591), geschehen könne, nachdem Johann Daniel Silbermann »seiner Erklährung nach sein Domicilum in hiesigen Landen behält ..., folglich nichts nach Straßburg transportiret wird« und außerdem »solch Vermögen beynahe ganz in Steuer-Scheinen bestehet« (Bl. 85 f.).

2626 Bl. 87.

2627 Bl. 88. Gottfried Silbermanns Kleider, Wäsche, Hausrat und Betten hat Johann Georg Schön bekommen (vgl. Anm. 2615). Wann die Übergabe erfolgte bzw. wann die Legate ausgezahlt worden sind, geht aus der Akte – begreiflicherweise – nicht hervor.

EPILOG

Aus einfachen Verhältnissen stammend, hatte Gottfried Silbermann, einem besonderen Trieb folgend, in Straßburg bei seinem Bruder die Orgelbaukunst erlernt. Durch »unermüdeten Fleiß«, aber auch durch das ihm »von Gott verliehene Talent«, schuf er – nach Sachsen zurückgekehrt – dann in ununterbrochener rascher Folge Werk um Werk. Nicht nur für große Kirchen in Dresden, Freiberg, Glauchau und Zittau, sondern auch in bescheidenen Dorfkirchen seiner erzgebirgischen Heimat. Er wurde dabei von fleißigen, tüchtigen und zuverlässigen Gesellen unterstützt.

Gottfried Silbermanns Arbeit fand damals – nach den Worten des Altenburger Hofadvokaten Johann Georg Brem – nicht nur den Beifall »der höchsten Personen«, sondern auch den »des geringsten Häuslers«. Der Name Gottfried Silbermanns wurde nicht nur im Kurfürstentum Sachsen bekannt, sondern sein guter Ruf verbreitete sich sogar bis Kopenhagen, Petersburg und Prag, so daß er dorthin »verlanget« wurde, es aber ausschlug.

Wenige Jahre vor seinem Tode übernahm Gottfried Silbermann den größten Auftrag seines Lebens: den Bau einer »magnifiquen« Orgel für die neue Hofkirche zu Dresden. Er traute sich noch zu, dieses Werk innerhalb von vier Jahren »hoffentlich tüchtig zu übergeben«.

Für den über vier Jahrzehnte rastlos tätig gewesenen Orgelbaumeister war es eine besondere Tragik, als ihn Alter und »Leibesschwachheit« schließlich mehr und mehr an einer aktiven Mitarbeit und endlich der Tod an der Vollendung des angefangenen großen Werkes in der Hofkirche zu Dresden hinderten. Seine Gesellen und sein Erbe Johann Daniel führten den Orgelbau zu Ende. Verantwortungsbewußte Persönlichkeiten bewahrten das Werk gegen Ende des 2. Weltkrieges vor der Vernichtung. Dank der gemeinsamen Bemühungen der staatlichen Denkmalpflege in der Deutschen Demokratischen Republik und der Katholischen Kirche wurde die kostbare Orgel in alter Schönheit wiederhergestellt.

Als Gottfried Silbermann am 4. August des Jahres 1753 seine Augen für immer geschlossen hatte, war mit ihm eine hervorragende Künstlerpersönlichkeit der damaligen Zeit dahingegangen. Der berühmte »Königlich-polnische und kurfürstlich-sächsische Hof- und Landorgelbauer« Gottfried Silbermann war nicht mehr. Aber schon wenige Stunden nach seinem Tode verkündeten seine Orgeln in den sonntäglichen Gottesdiensten den Ruhm ihres Schöpfers. Und das tun sie auch heute noch.

Die Orgeln Gottfried Silbermanns erklingen gegenwärtig nicht nur zum Gottesdienst, sondern auch bei kirchenmusikalischen Veranstaltungen, Konzerten und Orgelvespern. Außerdem haben Rundfunk und Fernsehen entscheidend dazu beigetragen, daß Silbermanns Meisterwerke der Orgelbaukunst weitesten Kreisen bekannt wurden.

Durch die Schallplattenreihe »Bachs Orgelwerke auf Silbermannorgeln« haben sie sich, auch weit über die Grenzen der Deutschen Demokratischen Republik hinaus, weitere ungezählte Freunde erworben.

Das Ministerium für Post- und Fernmeldewesen der DDR gab am 27. Januar 1976 vier Sonderpostwertzeichen mit Silbermannorgeln heraus. Sie haben nicht nur das Interesse der Philatelisten in aller Welt gefunden, sondern auch allgemein auf das Werk eines Mannes hingewiesen, dessen Zeitgenossen schon der Meinung waren, daß er »mit vollkommen Recht unter die Virtuosen in Sachßen zu zehlen« ist.

Viele Persönlichkeiten der damaligen Zeit ahnten, daß Silbermanns Ruhm, den er sich durch harte Arbeit erworben hatte, mit dem Tode nicht vergeht. Sie drückten ihre Gedanken in sogenannten Orgelcarmina aus. So schrieb der Freiberger Organist Johann Christoph Erselius im Jahre 1735:

»Du wirst ein Künstler stets,
auch bey der Nachwelt bleiben,
Dein Ruhm verwelket nicht.«

Ein »aufrIChtiGer Freund« behauptete zur gleichen Zeit:

»Auch Dich, berühmter Silbermann,
läßt Deine Kunst gewiß nicht sterben.«

Denselben Gedanken hatte Gottlieb Schlegel, Schulmeister und Organist in Reinhardtsgrimma, schon vier Jahre früher ausgesprochen:

»Dein Fleiß muß Renommée erwerben,
Und Dich läßt Deine Kunst nicht
sterben.«

Ein »Bekannter Freund« schrieb im Jahre 1736:

»Es ist Herr Silbermann berühmt und
weit bekannt,
Seine Nahme wird auch noch in spätster Zeit genannt.«

Zur gleichen Zeit schrieb ein anonymer Autor:

»Du wirst unsterblich seyn:
Denn, geht auch gleich Dein Cörper ein;
So wird die Zeit doch von Dir lesen,
Es sey der kluge Silbermann,
Weil ja Dein Ruhm nicht faulen kan,
Ein Meister seltner Kunst gewesen.«

Mit Genugtuung können wir heute – weit über zwei Jahrhunderte nach Gottfried Silbermanns Tod – bestätigen, daß sich diese kühnen Prophezeiungen erfüllt haben.

Wir könnten unseren Epilog wohl nicht besser schließen, als mit den Worten, die »ein aufrichtiger Landsmann« Gottfried Silbermanns im Jahre 1741 drucken ließ:

»Denn so lange noch die Welt
Was von Deiner Kunst behält,
Wird Dein Ruhm und Nahme grünen,
Jedes Orgel-Werck läst lesen,
Jede Pfeiffe ruffet laut:
Welcher mich so schön gebaut,
Das ist Silbermann gewesen.«

ANHANG

SILBERMANN-DOKUMENTE

EINFÜHRUNG

Unter Silbermann-Dokumenten sind alle zeitgenössischen Schriftstücke zu verstehen, die sich auf Gottfried Silbermann und sein Wirken als Orgel- und Instrumentenbauer beziehen. Ihre Anzahl ist noch nicht ermittelt worden. Es läßt sich aber abschätzen, daß es einige hundert Silbermann-Dokumente gibt. Sie sind demnach – zahlenmäßig betrachtet – durchaus mit den Bach-Dokumenten vergleichbar.

Die Silbermann-Dokumente können in zwei Gruppen eingeteilt werden. Die erste Gruppe umfaßt Urkunden, an deren Entstehung Gottfried Silbermann mit beteiligt war. Dazu gehören u. a. Orgelbauverträge, Quittungen und vor allem seine Briefe. Diese Schriftstücke, von denen insgesamt etwa zweihundert bekannt sind, wurden zwar von den verschiedensten Schreibern ausgefertigt, tragen aber alle Silbermanns Unterschrift und teilweise auch sein Siegel. Autographen, das heißt von Gottfried Silbermann völlig eigenhändig geschriebene Urkunden, sind nur zwei bekannt: die Quittung über tausend Taler für die Orgel zu Großkmehlen (vgl. Anm. 843) und die

Quittungen über die für die Helbigsdorfer Orgel empfangenen vierhundertunddreißig Taler (SD. Nr. 19).

Zu der zweiten, zahlenmäßig am umfangreichsten Gruppe der Silbermann-Dokumente gehören Schriftstücke, an deren Entstehung Gottfried Silbermann nicht beteiligt war. Zum Beispiel: Niederschriften und Berichte in den einzelnen Orgelbauakten, an Silbermann gerichtete Briefe usw. Leider sind letztere nur in Form von Konzepten vorhanden. Des weiteren gehören hierher die Gottfried Silbermann ausgestellten Atteste und die Berichte über Orgelexaminationen. Zur zweiten Gruppe der Silbermann-Dokumente zählen aber auch Eintragungen in Orgelbau- und Kirchenrechnungen und in Kirchenbüchern, soweit sie sich auf Silbermanns Arbeit bzw. auf seine Person beziehen.

Wir haben aus der Fülle der Silbermann-Dokumente fünfzig der wichtigsten und interessantesten ausgewählt und geben sie auf den folgenden Seiten im vollen Wortlaut wieder. Das vorangestellte Verzeichnis dient der besseren Übersicht.

Verzeichnis der Silbermann-Dokumente

Nr.	Datum Jahr	Tag	Sachbetreff
7	1715	19. 2.	Kostenanschlag für die Jacobiorgel zu Freiberg
8	1716	28. 11.	Quittung über 525 Taler für die Orgel zu Niederschöna
9	1718	3. 2.	Bericht über die Prüfung der Jacobiorgel zu Freiberg
10	1718	22. 12.	Bauvertrag über die Orgel zu St. Georg in Rötha
11	1720	20. 11.	Attest über die Orgel der Sophienkirche zu Dresden
12	1721	10. 11.	Bericht über die Prüfung der Orgel zu St. Georg in Rötha
13	1721	18. 12.	Bauvertrag über die Orgel zu St. Johannis in Chemnitz
14	1723	3. 6.	Attest der Dresdner Hofvirtuosen
15	1723	10. 6.	Bittschrift an Kurfürst Friedrich August I.
16	1723	30. 6.	Privilegium von Kurfürst Friedrich August I.
17	1724	5. 10.	Vertrag mit dem Tischlergesellen Graichen
18	1726	20. 3.	Brief an Amtmann Weidlich in Rochlitz
19	1726	19. 5.	Quittungen über 430 Taler für die Orgel zu Helbigsdorf
20	1726	4. 12.	Brief an Amtmann Weidlich in Rochlitz
21	1727	9. 2.	desgleichen
22	1727	18. 7.	Bericht über die Prüfung der Orgel zu Rochlitz
23	1727	18. 7.	Quittung über 635 Taler für die Orgel zu Rochlitz
24	1730	19. 2.	Brief an Pastor Degenkolb in Stolpen
25	1730	30. 3.	desgleichen
26	1730	20. 12.	desgleichen
27	1732	8. 4.	Brief an Bürgermeister Schwartzbach in Dresden
28	1734	3. 8.	Bauvertrag über die Orgel zu St. Petri in Freiberg
29	1736	20. 11.	Brief an den Rat zu Dresden
30	1736	22. 11.	Bericht über die Prüfung der Frauenkirchenorgel zu Dresden
31	1736	26. 11.	Attest des Rates zu Dresden über die Orgel in der Frauenkirche
32	1736	8. 12.	Brief an Hofrat Fickweiler in Greiz
33	1737	3. 4.	Attest des Rates zu Freiberg über die Orgel zu St. Petri
34	1737	18. 5.	Brief an Hofrat Fickweiler in Greiz
35	1737	20. 11.	Attest über die Orgel zu Ponitz
36	1738	6. 10.	Brief an Hofrat Fickweiler in Greiz
37	1738	8. 11.	desgleichen
38	1738	27. 11.	desgleichen
39	1739	22. 6.	Reisepaß
40	1739	24. 8.	Brief an Pastor Rothe in Fraureuth
41	1740	11. 5.	Brief an Aktuar Schroth in Zittau
42	1740	21. 7.	Brief an den Rat zu Dresden
43	1741	4. 8.	Bericht über die Prüfung der Orgel zu St. Johannis in Zittau
44	1741	6. 8.	Quittung über 7000 Taler für die Orgel zu St. Johannis in Zittau
45	1742	22. 1.	Postbeleg über eine Geldsendung
46	1742	30. 3.	Brief an den Rat zu Dresden
47	1745	24. 8.	Bauvertrag über die Orgel zu Nassau
48	1750	27. 7.	Bauvertrag über die Orgel in der Hofkirche Dresden
49	1751	20. 7.	Gottfried Silbermanns Testament
50	1754	26. 6.	Brief Johann Daniel Silbermanns an Graf von Brühl

Wohl-Edler vest und Rechts-Wohlgelahrter Insonders Hochgeehrtester Herr Bürge-Meister, Vornehmer Gönner

Dero mir bekande humanité wolle geneigt ausdeuten, wenn von einer Sache, welche zwar in meinen forum nicht läufft, dennoch mich verbunden erachte, Ihnen part zu ertheilen. Ich bin in Erfahrung kommen, was Massen ein hiesig-hoch-löbliches Senatus Collegium, den vorhabenden neuen Dom-Orgel-Bau Mons. Silbermann von Frauenstein anzuvertrauen beliebet haben, wiewohl Sie deßwegen noch keinen firmen Entschluß oder Contract zur Zeit verfasset.

Weil denn nun dieser Mensch wegen seiner sonderbahren Geschicklichkeit von unterschiedenen Orthen allbereit gesuchet wird, und Herr Kuhnau, Director Chori Musici in Leipzig, unlängst bey meiner Gegenwart in der Stadt Meissen hoch contestirte, seines gleichen an fundamentaler mathematisch mechanischer Scientz in Organopoeia[1] nicht angetroffen zu haben, und nun von obgedachten Herrn Kuhnau in seinen vorgestern an mich abgelassenen Schreiben ersuchet werde, Mons. Silbermann wissend zu machen, daß er unverzüglich nach Leipzig kommen, und das Pauliner neue Orgel-Werck übernehmen soll, dergleichen Schreiben fast zu gleicher Zeit an Herrn M. Beyern, Past. Primar. ad div. Nicolai allhier von Herrn Doct. Rechenberg Prof. Theolog. Primario ergangen, darinnen Er auff eben dieses Subjectum besondere reflexion machet, inmittelst auch von Organist zu St. Nicolai in Leipzig Herr Vettern könnte ein Brieff vorgezeiget werden, da eben dieser Mensch ein ander Orgel-Werck zu fertigen recommendiret worden, und von Ihm requiriret wird, welches Schreiben aber nebst literis Kuhnauianis[2] zur Zeit supprimiret, und gedachten Silbermann mit Bedencken, nichts davon eher entdecken wollen, biß etwa von E. WohlEdl. Rath wegen hiesigen Orgel-Baues categorischer Entschluß erfolgen möchte, alß worumb

Dieser Orgel-Macher, weil Er nach seinem an mich abgelassenen Bericht, abermahls nach Graupen zum Orgelbau eyligst citiret worden und vorgiebt, in Verlängerung der resolution hiesiges Orths, anderwerts laediret[3] und an seiner fortun[4] gehindert zu werden, morgendes Tages persöhnlich gehorsamst letzlichen anhalten, und ein Hoch-Löbl. Raths-Collegium ersuchen will.[5] Er hat zwar mich ersuchet Ihm an meinen Herrn Vetter, den Herrn Superintendenten, zu recomendiren, welcher bey Meinen Hochzuehrenden Herrn Bürge-Meister einige intercession wegen gewissen Entschlusses einlegen sollen, in Abwesenheit seiner, bitte ich aber meiner Hardiesse[6] hochgeneigt zu verzeihen, wenn ich mich erkühnet, falcem in alienam messem zu immittiren[7], der ich aus unpartheyisch uninteressirten Gemüthe, nur die Wahrheit zu entdecken, und wo es möglich seyn könte, diesen Künstler nicht aus den Händen zu lassen, rathen wolte, der ich gewiß versichere, (wie ich selbigen selbst admiriren müssen)[8] Sie hiesiger Lande dergleichen nicht finden werden, gestald Er auch mit einen solchen Contract zu frieden sein wird, welchen weder Donath von Altenburg[9] noch ein anderer unmöglich bey so netter vortrefflicher Arbeit, ohne Betrug, eingehen könte. Ich recommendire diese Sache dero Überlegung und Genehmhaltung verharre stetigst

Wohl-Edler Meines Hochgeehrtesten Herrn BürgeMeisters und Vornehmen Gönners
schuldigst ergebenster Diener
Imman. Lehmann D. mpr.[10]

Freiberga,
ao. 1710, d. 29. 7bris.[11]

Original im StA. Freiberg: ACTA, Den neuen Orgelbau in der Domkirchen zu Freyberg betr. ... 1710 (Sign. Aa II I 60a), Bl. 19f.
1 Kenntnisse in der Orgelbaukunst 2 nebst dem (erwähnten) Brief von Kuhnau 3 geschädigt 4 Fortkommen, Glück 5 Silbermann wollte am 30. September persönlich beim Rat vorstellig werden. 6 Kühnheit 7 ... eine Sichel in eine fremde Ernte hineinzuschicken ... 8 Wann und bei welcher

Gelegenheit Immanuel Lehmann selbst den Orgelbauer Silbermann bewundern mußte, ist nicht bekannt. 9 Johann Jacob Donati hatte sich auch um den Freiberger Orgelbau beworben (vgl. Anm.628). 10 lat. manu propria: eigenhändig 11 7bris: September

Nr.2 – Bauvertrag über die Orgel im Dom zu Freiberg

Im Nahmen GOTTES,

Sey hiermit zu wißen; Demnach in der Dom-Kirche alhier die Orgel zeithero nach und nach eingegangen und wandelbahr worden, daß sie mit der Zeit bey dem Gottesdienste nicht mehr gebrauchet, ohne große Kosten aber auch nicht repariert und wieder zum brauchbaren Standt gebracht werden kan, daher die zum Geistlichen Einkommen wohlverordnete Herren Vorsteher und Syndici alhier mit Approbation des Herrn Superintendenten als Inspectorn und gutbefinden E. Edl. Hochw. Raths als Patronen und Collatorn gedachter Kirche sich entschloßen, ein gantz neues vollständiges Orgelwerg verfertigen und bauen zu laßen, worzu Ihnen Herr Gottfried Silbermann, berühmter Orgelmacher, seine Dienste offeriret;

Alß ist zwischen wohlgedachten Herrn Vorstehern und Syndicen des geistlichen Einkommens an einem, und Herrn Gottfried Silbermann am andern Theil, folgender Contract abgehandelt und geschloßen worden; Nehml[ich] Es verspricht Herr Silbermann nach einem von ihm hierzu vorgezeigten und übergebenen geschnitzten Modell ein ganz neues Orgelwerck kunstmäßig, zierlich und beständig zu verfertigen, und soll, was 1. die Haupt-Disposition des ganzen Werckes betrifft, darein kommen,

1. Ins Haupt-Manual
    1. Portun 16 Fuß, 1¹/₂ Octav von Holz, das übrige vom Metall
    2. Principal 8 Fuß von Zien blanck poliret
    3. Viol du Gamba 8 Fuß von Metall
    4. Koppel oder Gedacktes, 8 Fuß, die untere Octav von Holz, das übrige von Metall

5. Praestant oder Octav 4 Fuß von Zien
6. Quinta 3 Fuß von Metall
7. Doublett oder Superoctav 2 Fuß von Zien
8. Tertia aus 2 Fuß-Ton von Metall
9. Mixtur 4fach von Zien
10. Cymbeln 3fach von Zien
11. Trombette 8 Fuß die untere Octave von Blech, oben naus aber von Zien
12. Clerung oder Octave von der Trompett 4 Fuß von Zien
13. Cornet von Metall 5fach ist ein Register, da ieder Clavis von 1 gestrichenen oder c̄ an 5 Pfeiffen hat und ist aus der Octava, Quinta und Tertia disponiret
   Summa 13 Stimmen

2. In das Oberwerck
    1. Principal 8 Fuß von Zien enge Mensur
    2. Portun 8 Fuß die untere Octave von Holz, die andern von Zien
    3. Praestant 4 Fuß von Zien
    4. Spizflöthe 4 Fuß von Metall
    5. Nassat oder eine gedachte [= gedackte] Quinta 3 Fuß von Metall
    6. Octava 2 Fuß von Zien
    7. Tertia aus 2 Fuß-Ton von Metall
    8. Mixtur 3fach von Zien
    9. Cymbel 2fach von Zien
    10. Vox humana 8 Fuß von Zien
    11. Krumbhorn 8 Fuß von Zien
    12. Echo zum Cornett 5fach
    Summa 12 Stimmen

3. In die Brust
    1. Principal von Zien 4 Fuß, blanck poliret
    2. Gedacktes 8 Fuß zur Music lieblich intoniret
    3. Flöthe 4 Fuß von Metall
    4. Nassat 3 Fuß von Metall
    5. Octav 2 Fuß von Zien
    6. Quinta 1¹/₂ Fuß von Metall
    7. Tertia aus 2 Fuß von Metall
    8. Mixtur 3fach von Zien
    Summa 8 Stimmen

4. In Pedal auf beyden Seiten

1. Principal-Bass von Zien blanck poliret 16 Fuß
2. SubBaß 16. Fuß von Holz
3. Praestant oder Octav-Baß 8 Fuß halb von Metall
4. Doublett oder Superoctava 4 Fuß von Zien
5. Pleinsche ist wie eine scharfe Mixtur 6fach von Zien
6. Bombard oder Posaunen-Baß 16 Fuß von Holz
7. Trompetten-Baß 8 Fuß von Blech
8. Clerung 4 Fuß von Zien
   Summa 8 Stimmen

Summarum 41 Klingende Stimmen hierzu kommen noch zwey Tremulanten, als ein geschwinder, so zum gantzen Werck schlägt, und ein langsamer, so nur zu etlichen Registern zu gebrauchen, und bekompt also das Werck in allen Zweytausend Fünffhundert Vier und Achtzig Klingende Pfeiffen.

2. Bekompt die Orgel drey Manual- und ein Pedal-Clavier, iedes mit langer Octav, und sollen die Manual-Claviere von guten schwartzen Ebenholz mit Elfenbeinern Semitoniis und einen saubern Clavier-Rahm verferttiget, auch so angelegt werden, daß mann alle drey Coppeln kan, ingleichen soll die Registratur also beschaffen seyn, damit mann iedes Register gar leicht ziehen kan;
3. Verspricht Hr. Silbermann nicht nur das Movement gedachter Claviere also zu machen, daß sich selbige gantz lindte und fast wie ein Clavichordium sollen spielen und tractiren laßen, und kein solche geklappere (wie bey denen meisten Orgeln zu befinden) verursachen, sondern auch das Pfeif-Werck insgesamt nebst sauberer Arbeit so anzurichten, daß alles sowohl in der Höhe, als tieffe, wenn das Clavier nur berühret wirdt, auf den Augenblick ansprechen soll;
4. Will er die Bälge nicht auf die allgemeine Arth, sondern auf solche Manier verfertigen, daß mann sie nehml. mit Riemen oder Seilen gantz sanffte auffziehen kan, damit das Heßliche gepoltere und schwancken, welches sonst bey Trettung der Bälge zu entstehen, gänzl[ich] nach bleiben;
5. Sonsten aber verspricht 5.) Hr. Silbermann das Pfeiff-Werck in gute annehmliche Ordnung auch also daß mann zu jeder Pfeiffe, wenn darbey etwas fehlet, leichtlich kommen und den Mangel abhelffen kan, zu sezen, und so einzurichten und zu verfertigen, daß das HauptManual einen recht gravitätischen Klang bekommen, das Oberwerg aber verspricht Er scharff und spizig, die Brust recht Delicat und lieblich zu intoniren, die Bässe starck und durchdringend zu machen, der Thon der Pfeiffen in der Höhe und in der tieffe soll eine gute aequalitaet[1] haben, damit das Werck mit seinen Klang die Kirche, wenn gleich die gantze Gemeinde beysammen, erfüllen, auch seinen Effect haben und durch dringen kan.

Alle diese Arbeit nun verspricht Hr. Silbermann 6.) von nechst bevorstehenden Weynachten 1710 an binnen Zweyen Jahren aufs beste und tüchtigste zu verfertigen, auch darneben das Orgelwerck in der Kirche an seine Stelle zu sezen, zu stimmen und zur Probe gut und ohne Defect zu übergeben. Nicht weniger auch vor alle und iede Mängel und Defecten, da sich deren über verhoffen finden oder in Jahr und Tag nach Übergebung des Werckes ereignen möchten, zu stehen, solchen abzuhelffen oder selbige zu ersezen und vor alles sein vorherbefindliches Versprechen auf zwey Jahr Gewehr zu thun. Im übrigen aber mit denen Materialien, welche ihm zur Verfertigung des Werckes anvertrauet werden, aufrichtig umbzugehen, und daß davon nichts muthwillig verderbet oder entwendet werden möge, achtung zu geben, worzu er denn zur Assecuration[2] Neunhundert Thaler von dem locario[3] so lange biß dieses Versprechen adimpliret[4] zurück laßen will. Hingegen aber Versprechen die Herren

417

Vorsteher und Syndici des Geistl. Einkommens Herrn Silbermannen nebst denen zur Verfertigung dieses Orgel-Wercks benöthigten Materialien an Zien, Bley, Schaffellen, Kreite, Wißmuth, Calvonium, eichenen Rahmschenckeln, eichenen und tännenen Dielen, Leim, Ebenholz, Elffenbein, Pfosten, Meßingen Blech und Draht, Barchend zum Blättergießen und Kohlen zu Löthen,[5] nicht nur in dem sogenannten Regiments-Haußse frey Logiament auch iedes Jahr einen Schragen[6] Hartes und einen Schragen weiches Holz zu geben, sondern auch ihm vor sich, auch seine Gesellen, Arbeiter und Gesinde, vor alle und iede ihre Arbeit, Mühe und Verrichtungen, wie auch vor Kost, Lager und alles andere Bedürffnüß Eintausend Fünffhundert Taler überhaupt in folgenden Fristen als

100 thlr. Bey Vollziehung dieses Contracts
100 thlr. Auff Weynachten 1710 beym Anfang der Arbeit
400 thlr. binnen Zweyen Jahren der Arbeit nach und nach und
900 thlr. nach Übergebung der Orgel und gelieferter Gewehr, zu zahlen, und im übrigen das Gehäußse zur Orgel, wie auch zu deren Ausstaffirung und befestigung benöthigte Bildthauer-, Mahler-, Tischler- und Schloßerarbeit, so wohl das Chor umb die Orgel herumb auf ihre Kosten fertigen zu laßen.

Wie nun beyde contrahirende Theile mit diesem Contract wohl zufrieden gewesen, und einander darzu Glück und daß der Orgelbau zu Gottes Ehre gereichen möge, gewüntschet; Also ist dieses gedoppelt zu Pappier gebracht, und von Ihnen unterschrieben und besiegelt worden. So geschehen

Freyberg, den 8. Octobris Anno 1710.
(Siegel) Syndici und Vorsteher des Geistl. Einkommens daselbst
(Siegel) Gottfried Silbermann Orgel Machern

Original im StA. Freiberg: wie Nr. 1, Bl. 21 ff.

1 Gleichheit 2 Sicherheit 3 Kontraktsumme 4 erfüllt 5 Anm. 642 6 schräg geschichteter Haufen Holz

Nr.3 – *Bericht über den Orgelbau zu Frauenstein*

Praes.[1] den 27. July 1711.

Nachdem Tit. der Herr Pfarrer in Frauenstein, nach meiner Ankunfft daselbst,[2] mich ersuchet, ich möchte doch Ihre Orgell repariren und die Bälger an einen andern Orth bringen, alß habe mir solches gefallen laßen, und vor meine Mühe ohne die Materialien 16 Thlr. verlanget, welche ich auch von den KirchVater ausgezahlet bekommen. Wie ich nun die reparatur vornehmen wollen habe ich das Werck in einen so gar miserabeln Zustande befunden, daß ungeachtet allen Fleisses den man etwan darauf wenden möchte dennoch nichts beständiges von solcher reparatur zu hoffen gewesen. Dahero habe mich resolviret, weil Frauenstein mein Vaterland, Gott zu Ehren und der Kirche zu Liebe, ein gantz neues OrgellWerck zu verfertigen, wenn mir nur die darzu nöthigen Materialien nebst der Kost vor mich und meine Leute geschaffet, und vor leztere der Lohn gereichet würde, welches Sich denn die ganze Gemeine gefallen laßen, auch auf den Rathhaußse alß es der H. StadtSchreiber vorgetragen angefangen Geld darzu zusammen zu legen. Habe mich also in Gottes Nahmen über den Bau gemachet, das alte Werck abgetragen[3] und das Neue angefangen, worüber ich 33 völlige Wochen zugebracht, binnen welcher Zeit ich verleget

37 thlr.	3 Gr.	vor Kost vor mich, die Woche 27 Gr.
32 thlr.	—	Koste Geld vor den einen Gesellen, auf 32 Wochen, wöchentl. 1 thlr.
22 thlr.	8 Gr.	Diesen Gesellen Lohn geben, auf 32 Wochen, die ersten 29 Wochen wöchentl. 16 Gr., die leztern 3 aber wöchentl. 1 thlr.
18 thlr.	—	vor den andern Gesellen Kostegeld, auf 18 Wochen

12 thlr.	–	Diesen Gesellen Lohn geben, auf 18 Wochen, die Woche 16 Gr.
18 thlr.	–	Kostegeld vor den Jungen, auf 27 Wochen, wöchentl. 16 Gr.
4 thlr.	–	den Calcanten geben auf 5 Wochen
6 thlr.	–	Beym Bild Hauer verlegt vor das Schnitz Werck[4]
10 thlr.	–	vor Bargend, Drath, Meßingen Blech, WißMuth, Calvonium etc. verlegt
1 thlr.	8 Gr.	Reiße Kosten, alß ich das Holtz zur Windlade bestellet[5]
		vor Eben Holtz und Elffen Bein zum Clavir[6] habe nichts verlanget

Summe:
160 thlr. 19 Gr.

		Hiervon gehet ab
10 thlr.	–	So ich von den Herrn StadtSchreiber bekommen
6 thlr.	–	So ich von den Hospittal Pfleger Greiffen erhalten
		Bleibt also noch zu bezahlen
144 thlr. 19 Gr.		

Gottfried Silbermann.
Orgel Macher.[7]

Original im Heimatmuseum Frauenstein:
ACTA Das von H[er]rn Gottfried Silbermannen alhier zu Frauenstein neu verfertigte Orgel-Werck und was demselben allendthalben mehr anhängig betr. Ergangen im Ambt Frauenstein Anno 1711 (ohne Signatur), Bl. 3 f.
1 vorgelegt (oder eingegangen) 2 Wann Silbermann in Frauenstein angekommen ist, läßt sich nicht genau feststellen (vgl. Anm. 198). 3 Es war 1584 von Bartholomäus Zencker aus Eilenburg erbaut worden.
4 Der Weißgerber Johann Georg Keyser (vgl. Anm. 603) hat für den Orgelbau nicht nur 4 Groschen, sondern auch »Linden-Holz« gespendet (vgl. Bl. 18). Vermutlich hat der Bildhauer davon das Schnitzwerk für den Orgelprospekt angefertigt. 5 Für die Windlade wurde grundsätzlich Eichenholz ver-

wendet. Silbermann hat solches »zu Fördergersdorff erkaufft« (Bl. 26, vgl. Anm. 591).
6 Siehe Anm. 595. 7 Der Namenszug und die Worte »Orgel Macher« stammen von Silbermanns Hand.

Nr. 4 – Vertrag mit Zacharias Hildebrandt

In Nahmen der heiligen Dreyfaltigkeit!
Sey hiermit denen es nöthig zu wißen; Welchergestalt zwischen Herrn Gottfried Silbermannen, berühmten Orgelmachern alhier, an einem, und Zacharias Hildebranden, Orgelmacher-Gesellen, am andern Theil, folgender Contract abgehandelt und geschloßen worden.
Nehmlich Es verspricht ermelter Herr Silbermann, gedachten Hildebranden, in der Orgelmacher-Kunst, treulich und fleißig zu informiren, und ihn in solcher Wißenschafft zu perfectioniren, dagegen verbindet sich ermelter Hildebrand, daß er von Martini[1] 1713 bis dahin 1716 auf drey Jahr, Herrn Silbermannen in allen seinen Verrichtungen treu und fleisig an die Hand gehen, und wöchentl. mit zehnen Groschen Lohn vergnüget[2] seyn wolle.
Nichts minder will er verbunden seyn, Herrn Silbermannen in Sachßen und Elsaß, in keinerley Wege Ihm zum Nachtheil etwas zu arbeiten, oder arbeiten zu laßen, und wenn solches geschehen solte, so möchte Herr Silbermann, Krafft dieser Verschreibung ihn aufzutreiben[3], und die Arbeit zu verwehren, oder verwehren zu laßen, iederzeit befugt seyn. Indeßen bittet sich Hildebrand von Herrn Silbermannen nach ausgehaltener Zeit, ein beglaub[ig]tes Attestat seines Wohlverhaltens und perfectionirung in der Orgel-Macher-Kunst aus, So auch Herrn Silbermann zu thun verwilliget.[4]
Übrigens denn ermelter Hildebrand, diesfals allen darwieder habenden Exceptioniby[5], als Scheinhandels, Nichtverstandes, die Sache sey nicht so, sondern anders abgeredet worden, Item[6], daß Er seine erlernete Kunst exerciren[7] möchte, wo Er wolte, und ihm dergleichen von niemand könne prohibiret[8] werden, wißentlich und

wohlbedächtig renunciret[9], auch allen beständig nachzukommen versprochen. Zu uhrkund ist dieser Contract in Duplo[10] zu Pappier gebracht, von beyden Theilen nebst denen darzu insonderheit erbethenen Zeugen und Beyständen unterschrieben und besiegelt worden.

So geschehen Freyberg, den 9. Decembris Anno 1713.

LS.[11] Elias Lindener[12]
      Mathem. Cult. und Organist in Dom zu Freyberg
LS. Christian Zeiß[13] als hierzu erbethener Zeuge
LS. Gottfried Silbermann
      Orgel Macher
LS. Zacharias Hildebrandt
      Orgelmacher-Geselle

Beide Exemplare des Vertrages sind verschollen. Der Vertragstext ist aber zweimal abschriftlich überliefert:
1. STA. Dresden: Cantzley-Acta Zacharias Hildebrandten, Orgelmachern … contra Gottfried Silbermannen, Hoff- und Land-Orgelbauern zu Freyberg … Anno 1724 (Loc. 13845), Bl. 27, und
2. ebenda: Gerichtsbuch Freiberg, Nr. 33, Bl. 214 f.

1 11. November 2 zufrieden 3 »Auftreiben, nachschreiben, wird bey den handwercksleuten genennet, wenn sie einen gesellen, der sich nicht wohl verhalten, bey ausländischen fremden handwerckszünften anrüchig und gleichsam ehrlos machen, daß er nirgends gelitten, sondern allenthalben, wo er hinkommt, wieder fortgeschaffet wird.« Vgl. Jablonskis Lexicon der Künste und Wissenschaften, Königsberg und Leipzig 1748, S. 86. 4 Silbermann hat sein Wort gehalten. In seiner Eingabe vom 10. Oktober 1724 an den Kurfürsten erwähnte er ausdrücklich, daß Hildebrandt »ein Attestat seiner Geschicklichkeit halber von mir erlanget« hat (vgl. Anm. 314). Leider ist der Wortlaut dieses Zeugnisses unbekannt.
5 Einwendungen 6 ferner 7 ausüben 8 verboten 9 verzichtet 10 zweifach 11 Abkürzung für lat. Loco sigilli, am Ort, d. h. anstatt des Siegels. 12 Siehe Anm. 678. 13 Siehe Anm. 2343.

Nr. 5 – Bericht über die Prüfung der Domorgel zu Freiberg

Der von S[eine]r Magnificenz[1], dem Herrn Superintendenten, und Einem HochEdlen und Hochweisen Rathe der Stadt Freyberg an uns schrifftlich beschehenen Hochgeneigten Requisition[2] zu schuldigster Folge, haben wir das von Herrn Gottfried Silbermannen, berühmten Orgelmachern, in der Dom-Kirche allhier verfertigte neue Orgel-Werck so wohl in Quanto alß in Quali, und zwar in Gegenwart Hochgedachten Herrn Superintendentens[3], derer HochEdlen Herrn Bürgermeister und andern Vornehmen des Raths, sonderlich aber derer Herren Deputirten, am izt verwichenen Mon- und Dienstage[4] vor- und nach Mittages mit allen Fleiße untersuchet.

Da wir denn (quoad Quantum) nicht allein alle zu dem ganzen Wercke gehörigen essential- und accidental-Stücken[5] an Windladen, Bälgen, Stimmen und andern Pertinentien[6], wie sie im Contract sub Dato den 8. Octobr. 1710 beliebet worden, sondern auch noch ausser dem Contract im Ober-Wercke eine 16füßige Quintaden[7] von Zien, in der Brust eine einfüssige Sufflöt[8] von Zien und im Pedal einen 32füssigen Untersaz nebenst seiner Octava von 16 Fuß angetroffen.[9]

Quoad Quale

Sind wir das Werck nach denen so genannten Requisitis eines vollkommenen und beständigen OrgelWerckes, so E. HochEdler und Hochweiser Rath (ungeachtet man zu uns schon das Vertrauen gehabt, daß uns dergleichen und noch andre mehr bekandt seyn möchten, dennoch umb mehrer Sicherheit und Vorsichtigkeit willen, weil bey der Examination dergleichen Wercke leichte etwas übersehen werden kan) sub lit B uns vorgeleget,[10] von einem Paragrapho oder Numero zu dem andern durch gegangen, und haben wir gleich (1) das Balg-Hauß so wohl angeleget gefunden, daß die Bälge weder dem Regen, Schnee und Ungewitter noch der Sonnen-Hize exponiret[11] seyn, sonderlich wenn man die durch die wiewohl nicht zu nahen Fenster eindringenden Sonnen-Strahlen durch einen Vorhang noch weiter auffhalten wolte. Was (2) die Bälge anbetrifft, so sind dieselbe zwar von guten Holze wohl ausgearbeitet, mit einer Falte, von gebührender Größe, gehen auch weit genug auff, haben im Spielen einen gleichen und sanfften Gang, sind wohl beledert, und haben alle ihre Requisita: Doch ist die Invention[12] des GegenGewichts etwas different[13] von denen andern, so man sonst gesehen, in dem solches über 2 Rollen, deren eine von Messing, die andere von Holze ist, welcher leztern Zapffen ausser den Centro liegen,[14] gezogen ist, wodurch folgendes erhalten wird, daß, weil die Bälge anfangs gleich nach beschehenen AuffZuge, (denn sie werden hier nicht getreten, sondern an Stricken gezogen)[15] nicht so starcken Wind geben, in dem die Ziegel-Steine, so die Bälge beschweren, auff einem Plano inclinato[16] liegen, das Gegen-Gewichte auff solche Art den Abgang ersezet: immaßen[17] solches nach dem AuffZuge an den langen Armen der Rolle hanget, und folgendlich den Balg zu seinen Situ horizontali[18] desto leichter wieder kommen lässet.

Im übrigen hat sich bey der Application[19] der WindProbe so viel gezeiget, daß deren Liquor[20] weit über den 35sten Gradu[21] gestanden, in dem man denselben im Manual im 41sten, im Pedal aber im 46sten Gradu beständig stille stehend gesehen. Doch würde auch noch dieses zu der Beständigkeit der Egalité[22] des Windes ferner dienen, wenn man anstatt der Ziegel-Steine, welche im Sommer ausdorren, im Winter aber Feuchtigkeit an sich ziehen, und folgendlich im ersten Falle die Bälge weniger, im andern aber mehr beschweren, Bley aufflegte.

Gleich wie es nun mit denen Bälgen, sonderlich nach auffgelegten Bleye, allenthalben seine Richtigkeit haben muß, also ist auch (3) an denen Windladen nicht das geringste zu desideriren[23] gewesen, alß welche mit dem größten Fleiße und aller Accuratesse aus besten Holze nach allen Requisitis ausgearbeitet gewesen. Dahero denn, alß man nach allen eröffneten Ventilen ein Bret auff das Pedal geleget, und darauff getreten, oder sich mit denen Armen auff alle Manuale geleget, nicht das geringste Durchstechen oder Heulen (wie sonsten in andern Wercken, da etwa die Windladen und Pfeiffen mit so genannten Schwedischen Stichen durchstochen sind, bey einen noch lange nicht so starcken Winde gemeiniglich zu geschehen pfleget) gespüret worden.

Was das Eingebäude anbetrifft, welches, weil man das Gehäuse nach den Reguln der Architectur angegeben befunden, auch gar wohl hat angebracht werden können, so ist der numero (4) erforderten Tichtigkeit und Güte allenthalben Genüge geschehen.

Das Clavier ist (5) von sauberer Arbeit und wohl ordiniret, lässet sich auch so wohl tractiren[24], daß von dergleichen Wercken nicht mehr kan verlanget werden. Man mercket auch da keine Tremores[25] und unanständiges Schwancken, wenn man mit der rechten Hand accordiret[26] und mit der lincken passagiret[27], und läßet das Pedal so wenig alß das Manual ein verdrießliches Klappern und Rasseln hören.

Gleichwie aber (6) an Materialien und Ziene nichts geschonet worden, also sind die Blätter zu denen Pfeiffen in gehöriger Stärcke gegoßen, hernach (welches bey uns sonsten ungewöhnlich) geschlagen und fleißig ausgearbeitet worden, dergestalt, daß jedermann an deren Facon[28], accuraten Löthung und Polierung, sonderlich in denen Principalen[29], sein Vergnügen findet.

Bey welcher Bewandtniß denn (7) die Pfeiffen, zumahl sie ihre nach denen Geometrischen und Mechanischen Principiis[30] richtige Proportion haben, auch recht intoniret sind, allerdings ihren reinen silbernen Klang haben müssen; Gestalt wir solchen daran, biß auf etliche wenige, die aber Herr Silbermann auff unser Zureden in continenti corrigiret,[31] allenthalben mit guten Vergnügen gehöret, sonderlich da bey allen die rechte Egalité getroffen worden. Da nun wie bereits oben gedacht worden, die Herren Patronen an Materialien nichts haben ermangeln lassen, und dahero die Pfeiffen von gehöriger Güte und Stärcke, auch von fleißiger Arbeit, wie bey allen andern Stücken, sich zeigen, so können auch (8) die Füsse weder zerdrücket, noch mit Löchern durchbohret oder mit Bärten, da sie sonderlich nicht hingehören, verbrämet seyn, viel weniger umbfallen, vornehmlich da die Pfeiffen nicht allein im Brete, sondern auch oben á part ihr sicheres Hältniß haben.

Noch weniger aber hat sich (9) in denen Mixturen[32] einige an dem Labio[33] zugedrückte oder stumme Pfeiffen antreffen lassen.

An denen Rohr- oder Schnarr-Wercken höret man im Discant und Bass die (10) erforderte Gleichheit, welches alles aus der richtigen Mensur[34] ihrer Corporum[35] und deren Intonation erfolgen müßen. Der 16füßige Bombard oder Posaunen-Bass ist aber mit Fleiße[36], gleichwie auch die übrigen Rohr-Wercke[37], alß welche auff solche Art desto natureller die jenigen Stimmen, die sie bedeuten sollen, agiren[38], nicht gefüttert worden, weil er alleine zum vollen Wercke gezogen werden, und von einem starcken Effect seyn soll: wie er denn auch würcklich, und dennoch dabey nicht unangenehm, sondern in guter Gravität zu hören ist. Die Stieffeln[39], so nicht, wie sonst gewöhnlich, von Holze, sondern gleichergestalt von Metalle sind, stehen auch gar wohl, und in guter Dauer, und fehlet keines von denen unter diesem Numero specificirten Requisitis.

So hat es auch bey dem, was (11) und (12) bey dem Tremulanten[40] und denen Copulen[41] will erfordert werden, allenthalben seine Richtigkeit.

Damit aber auch endlich das vornehmste bey diesem Wercke nicht hat vergeßen werden sollen, so hat man, umb zu erfahren, ob es im richtigen Cornet- oder Chor-Tono stehe, einige von denen Stadt-Pfeiffern mit ihren Hautbois[42] und Trompeten kommen, und etliche Lieder blasen lassen,

da man denn befunden, daß, alß man mit dem Wercke accompagniret[43], solches mit denen Instrumenten vollkommen eingestimmet.

Also ist nun dieses Examen, welches sonsten gar selten zu geschehen pfleget, mit guten Vergnügen, und zu des Meisters dieses herrlichen Werckes sonderbaren Ruhme gehalten und beschloßen worden: Wie solches auch aus der fleißigen Registratur, so ein HochEdler und Hochweiser Rath durch Tit. Hn. Krausen[44], vornehmen Consulenten und des Raths, welcher alles genau mit angesehen und gehöret, halten laßen, mehr alß zur Genüge erhellen wird.[45]

Damit man aber auch an die Unterhaltung dieses schönen Werckes dencke, so würde es, doch ohnmaßgeblich, nicht undienlich seyn, (denn an Orgeln, Uhr- [und] Mühl-Wercken und andern dergleichen sich bewegenden Machinen thun sich immer, sonderlich bey Abwechßlung der Jahres-Zeiten, unterschiedene Veränderungen herfür) wenn deßen Meister, alß der am redlichsten mit demselben umbgehen würde, etwas gewisses bekäme[46], darumb er vor dergleichen Fälle Sorge trüge und denen Mängeln gleich abhielffe.[47]

Mit denen Rohr-Wercken, derer allhier 7ben sind, hat es diese Beschaffenheit, daß sonsten die Herren Organisten aller 8 und auffs längste aller 14 Tage sich mit derer Stimmung und Einziehung, und zwar mit guter Geschicklichkeit bemühen müssen,[48] davor sie auch, sonderlich wenn noch viel andere Abwechselungen der Stimmen, wie in diesem Wercke vorhanden sind, welche, wenn sie wohl sollen tractiret werden, ein continuirliches Studium erfordern, eine gute Ergözlichkeit verdienen.[49]

Hierinne haben also unsere Erinnerungen bey der Untersuchung dieses neu erbauten Orgel-Wercks bestanden, wozu wir von Herzen gratuliren, daß es bey erwünschter Ruh und Frieden dem Aller-Höchsten, der dem Meister die Gaben, solches glücklich zu verfertigen, verliehen hat, zum Lob und Preiße, denen HochEdlen Herren Patronen zum unsterblichen Ruhme und der ganzen werthesten Stadt zu sonderbahrer Vergnügung und heiligen Andacht immer beständig möge gehöret werden.

Freyberg, den 17. Augusti 1714.

(Siegel) Johann Kuhnau,
Choro-Mus. Director
und Cantor an der
Thomas-Schule
zu Leipzig mpr.
(Siegel) Gottfried Ernst Bestell,
HofOrganist
zu Altenburgk mpr.

Original im StA. Freiberg: wie Nr. 1 bzw. 2, Bl. 55 ff.

1 Herrlichkeit 2 Anforderung 3 D. Christian Lehmann (1642–1723) 4 13. und 14. August 5 wesentliche und unwesentliche Bestandteile 6 Zubehör 7 Das ist ein Register mit gedackten Pfeifen von zylindrischer Form. 8 von ital. zuffolo = Hirtenflöte 9 Wegen der Verfertigung der beiden Pedalregister ist (im März 1712) mit Silbermann ein Kontraktnachtrag abgeschlossen worden (Bl. 50). 10 Die Kuhnau und Bestel übergebene »Anleitung« für die Orgelprüfung ist noch vorhanden (Bl. 66 ff.). 11 ausgesetzt 12 Erfindung 13 abweichend, unterschiedlich 14 d.h. nicht im Mittelpunkt 15 Das war im Bauvertrag auch so vorgesehen (vgl. SD. 2). 16 geneigter Ebene 17 weil 18 waagerechte Lage 19 Anwendung 20 Damit ist die Flüssigkeit (Wasser) in der Windwaage gemeint. Dieses Instrument wurde 1667 von dem Orgelbauer Förner zum ersten Male angewendet. Siehe hierzu: Adelung, S. 68 ff. 21 nach der an der Windwaage befindlichen Skala 22 Gleichmäßigkeit 23 zu beanstanden 24 handhaben, bedienen 25 Zittern, Beben 26 einen Akkord greift 27 Tonfolge spielen 28 Form, Gestalt 29 Das »Principal« ist das Hauptregister einer Orgel und besteht aus zylindrischen offenen Lippenpfeifen. Es wird in verschiedenen Tonhöhen gebaut. 30 Gesetzmäßigkeiten 31 Diese »Kritik« dürfte Silbermann veranlaßt haben, auch nach erfolgter Prüfung der Orgel noch an der Intonation einzelner Register zu arbeiten (vgl. Anm. 701). 32 Das sind sogenannte »gemischte« Stimmen (vgl. Adelung, S. 103 ff.). 33 von lat. labium = Lippe (der

Orgelpfeifen) 34 Mit Mensuren werden im Orgelbau alle Maße, Maßverhältnisse und Maßreihen bezeichnet, die für die Herstellung der Pfeifen mit einem bestimmten Klangergebnis benötigt werden (nach Adelung). 35 Damit ist der Körper der Orgelpfeifen gemeint. Er umschließt die Luftsäule, deren Schwingungen den Ton erzeugen. 36 d.h. absichtlich 37 Darunter versteht man Register, die aus Zungenpfeifen bestehen. Bei ihnen wird der Klang durch eine schwingende Zunge (ähnlich wie bei der Mundharmonika) erzeugt. 38 darstellen 39 Als »Stiefel« bezeichnet der Orgelbauer den unteren Teil einer Zungenpfeife, in welchen der Schallbecher (auch »Aufsatz« genannt) gesteckt wird. 40 Der Tremulant dient dazu, um den an sich starren Klang der Orgel in einer eigentümlich bebenden Weise zu verändern. Es handelt sich technisch um einen kleinen Balg, der auf den Windkanal (kurz vor der Windlade) gesetzt wird. Indem er sich stoßweise öffnet und schließt, wird der gleichmäßig fließende Wind in Bebung versetzt, wodurch dann das Tremolieren des Orgelklanges entsteht. 41 Damit sind die Koppeln gemeint. Das sind Spielhilfen, die bewirken, daß die gezogenen Register eines Manuals auf einem anderen Manual (oder auch auf dem Pedal) mitgespielt werden können (nach Adelung). 42 franz. Hautbois = hohes Holzblasinstrument (Oboe) 43 begleitet 44 Anm. 705 45 Anm. 706 46 Damit ist eine feste Pauschalvergütung gemeint. 47 Der Freiberger Rat hat diesen Hinweis anscheinend überhört, denn Silbermann hat – nach den Worten seines Gesellen Oehme – nichts bekommen. Aber auch Oehme und vor ihm Johann Georg Schön haben sich (nach Silbermanns Tod) viele Jahre um die Orgel gekümmert, ohne dafür eine Vergütung erhalten zu haben (vgl. Anm. 463 und 728). 48 Aus der (nicht wirksam gewordenen) Bestallung für Johann Ludwig Krebs geht hervor, daß der Frauenkirchenorganist zu Dresden verpflichtet war, die Orgel »alle Sonnabende oder so offt nöthig, behörig zu stimmen« (vgl. Anm. 2463). 49 Kuhnau dürfte dabei an seinen ehemaligen Schüler Elias Lindner gedacht haben, der ja als Domorganist das neue Werk in erster Linie zu betreuen hatte. Kuhnaus Worte sind vom Freiberger Rat richtig verstanden worden, denn ab Mai 1715 wurde Lindners Besoldung (von 19 Groschen) auf 30 Groschen in der Woche erhöht, »weil er ... sich sehr angelegen seyn lässet, dieses Werck in gutem Stande zu erhalten« (vgl. Anm.678).

Nr.6 – *Bauvertrag über die Orgel zu Niederschöna*

In Nahmen Gottes
Sey hiermit zu wißen, daß auf einhälliges Verlangen und belieben der sämbtl. Nieder-Schönischen Kirchfarth, zwischen Herrn Gottfried Silbermannen, Berühmten Orgelmachern allhier in Freybergk, an Einen, und denen von ermeldten Kirchfarth abgeordneten, benantlich
Hanß Schmieden, Richtern
George Müllern, Gerichts-Schöppen
Caspar Ufern, Gemeinmanne,
    zu Nieder Schöna, dann
Hanß George Hirschbachen, Hüffnern
Jacob Börnern, Hüffnern,
    zu Herrndorff, wie auch
Christian Simon, von Wüst-Hezdorff und George Zellern, untern Frey Guthe, wegen Verfertigung eines neuen Orgelwercks folgender Contract wohlbedächtig abgehandelt und geschloßen worden, nemlichen:
Es verspricht wohlgedachter Herr Silbermann ein ganz neues Orgelwerck nach den vorgezeigten Riß und von Ihrer aufgesetzten Disposition mit nachfolgenden Stimmen, als:

1. Principal 8 Fuß, von Zien helle poliert, F. ins Gesicht[1], die untern Claves aber von Holz inwendig[2]
2. Octava 4 Fuß von Zien
3. Grobgedackt, 8 Fuß, die unterste Octav von harten Holze und die 3 Übrigen von Zien
4. Quinta dena 8 Fuß — alles von guten Zinn
5. Rohrflöth 4 Fuß
6. Nassat 3 Fuß
7. Octava 2 Fuß
8. Quinta 1½ Fuß
9. Sufflöt 1 Fuß
10. Mixtur dreyfach, die größte Pfeiffe 1½ Fuß — alles von guten Zinn
11. Cymbel 2fach, die größte Pfeiffe 1 Fuß
12. Cornet 3fach

In Pedal
1. Trompete 8 Fuß von Zien
2. Sub Baß 16 Fuß von Holze
3. Tremulant, so zum ganzen Wercke schläget, auch das Manual mit aparten Ventilen, und allso einzurichten, daß es in Pedal zugleich mit gebrauchet werden könne.

Und zwar alles und iedes allenthalben tüchtig und von guten Zien, Holze, und andern Materialien, insonderheit das Manual von guten schwarzen EbenHolz mit Elfenbeinern Semitoniis[3] ausgearbeitet, Hiernechst auch das Gehäuße von Tüchtiger Tischer-, Bildhauer-, Schlößer- und anderer nöthigen Arbeit, biß aufs ausstaffiren und mahlen[4] zu verfertigen, oder verfertigen zu laßen, und in die Kirche zu NiederSchöna untadelhafft binnen 1¼ Jahr zu liefern und aufzusezen.
Vor dieße vorher beniemte sämbtl. Arbeit, wie auch vor die benöthigte Kost, so bey aufsez- und Stimmung des Wercks von Ihm und seinen Leuten erfordert werden möchte, versprechen oberwehnte abgeordnete in Wahrung der sämbtl. Nieder-Schönischen Kirchfarth Herrn Silbermannen überhaupt Fünff Hundert Fünff und zwanzig Thlr. in untengesezten Terminen nach und nach zu bezahlen, als:
200 Thlr. bey Schließung des Contracts
125 Thlr. unter währender Arbeit und
200 Thlr. nach Übergabe des Wercks.
Und hiernechst mit freyer Ab- und Zufuhr, wie auch Logiament und LagerStadt unter wehrender Saz- und Stimmung des Wercks ohne Entgeld zu versehen.
Wie nun beide Theile mit dießen Contract einig und zufrieden, also ist solcher zu Papier gebracht, in duplo verfertiget und von beyderseits Contrahenten unterschrieben worden.
Geschehen Freyberg, den 10. January 1715.
(Siegel)[5] Gottfried Silbermann
        Orgel Macher[6]
        Hannß Schmidten, Richter
        George Müller, Schöppe
        Caspar Ufer, Gemeinman
        Hannß George Hirschbächer

Jacob Börnert zu Herrndorff
Christian Simon
George Zeller

Original im PfA. Niederschöna: Akte Orgelsachen betr. (Sign. I A 5), Bl. 1 f.
1 Das heißt: Die Orgel sollte so gebaut werden, daß die Pfeifen für die Töne F (bis c³) im Prospekt (oder Gesicht) stehen und für den Betrachter sichtbar sind. 2 Das ist so zu verstehen, daß die Pfeifen für die tiefsten Töne (C, D, Dis und E) dieses Registers aus Holz verfertigt und im Innern des Gehäuses, also von außen nicht sichtbar, aufgestellt werden sollten. 3 Damit sind die Tasten für die Halbtöne gemeint. 4 Das muß so verstanden werden, daß sich Silbermann nicht um die Bemalung (und Vergoldung) des Orgelgehäuses zu kümmern brauchte. 5 Anm. 761 6 Diese beiden Worte stammen von Silbermanns Hand.

Nr.7 – Kostenanschlag über die Jacobiorgel zu Freiberg

Praes.[1] den 21. Febr. 1715.
Specification, Was zu Erbauung des neuen Orgelwercks in St. Jacobi ohngefehr erfordert wird, mit 2 Clavieren, oder einen Rückpositiv.

240 thlr. Vor 10 Centner Zinn[2]
500 thlr. Vor Kost und Lohn auf 5 Personen vor 1 Jahr, ieden wöchentl. 1¹/₂ thlr. Lohn, auch so viel auf die Kost gerechnet[3]
50 thlr. Vor Tannen-, Linden- und Eichenholz[4]
30 thlr. Vor Leder und Leim
60 thlr. Dem Bildhauer
10 thlr. Dem Nadler vor Meßing-Arbeit
40 thlr. Dem Schloßer und Zeug Schmied
12 thlr. Vorn Calcanten beym Stimmen auf ¹/₄ Jahr[5]
10 thlr. Vor Helffenbein[6], Ebenholz, Meßing, Blech und Trath
20 thlr. Vor Fuhrlohn, Nägel, Handlanger

Summa:
972 thlr.
        Sig[illum] Freyberg den 19. Febr. 1715.
            Gottfried Silbermann
            Orgel Macher[7]

Mit 1 Clavier.
168 thlr. Vor 7 bis 7¹/₂ Centner Zinn
400 thlr. Vor Kost, und Lohn, vor 5 Personen wöchentl. jeden 1¹/₂ thlr. und auch so viel auf die Kost gerechnet auf ³/₄ Jahr[8]
40 thlr. Vor Tannen-, Linden- und Eichenholz
50 thlr. Vor Bildhauer-Arbeit[9]
25 thlr. Vor Leder und Leim
9 thlr. Nadler-Arbeit
25 thlr. Dem Schloßer und Zeug-Schmied
10 thlr. dem Calcanten[10]
8 thlr. Vor Helffenbein, Ebenholz, Messing, Trath
16 thlr. Vor Fuhrlohn, Handlanger, Nägel und dergleichen

Summa:
851 thlr.[11]

Vor Mäurer und Zimmerleute, ingleichen Bau-Holz, Kohlen und Logir, ist auf beyderley Art, wie auch vor mich den Orgelmacher noch nichts gerechnet[12].
Sig[illum] Freyberg den 19. Febr. 1715.
        (Siegel)[13] Gottfried Silbermann
            Orgel Macher[14]

Originale im Stadt- und Bergbaumuseum Freiberg: ACTA betr. die Reparatur des Orgelwerckes bey der Kirche zu St. Jacobi allhier zu Freyberg. Ergangen de ao. 1715 (Sign. Bibl.-Nr. 4813), Bl. 7 und 7b.
1 Das heißt: vorgelegt 2 Bei der Freiberger Domorgel wurden für einen Zentner englisches Zinn sogar 24 ¹/₂ Taler bezahlt (vgl. Anm. 660). Der Beleg 4 der Orgelbaurechnung beweist aber, daß das Freiberger Gewicht nicht mit dem in Leipzig üblichen übereinstimmte. Es heißt nämlich: »1 Stück Engl. Zinn, wiegt alhier 2 ¹/₄ Zentner 8 Pfund, beträgt [nach] Leipz. Gewichte 2 ¹/₄ Zentner 19 ¹/₄ Pfund«. 3 Dieser Posten ist sehr problematisch:
    1. Es ist nicht zu entscheiden, ob sich Silbermann selbst zu den fünf Personen gerechnet hat.
    2. Soweit nachweisbar, hat Silbermann seinen Gesellen durchschnittlich nur einen Taler Wochenlohn gezahlt (vgl. Anm. 2614) und auch einen Taler Kostgeld gewährt (s. SD. Nr. 3).

3. Unter Zugrundelegung von wöchentlich 3 Talern (für Lohn und Kost) ergeben sich bei fünf Personen auf ein Jahr insgesamt 780 Taler. Es liegt also offenbar ein grober Rechenfehler vor. Die angegebene Summe von 500 Talern wäre aber etwa richtig, wenn wir für jede Person pro Woche mit je einem Taler für Lohn und Kost rechnen.

4 Tannen- (oder Fichten)holz wurde u.a. für die Windkanäle, die hölzernen Pfeifen und die Wellenbretter gebraucht. Das Lindenholz ist vermutlich für Drechslerarbeiten (Registerknöpfe u.a.) verwendet worden. Aus Eichenholz wurden die Windladen, die Registerschleifen und die Pedalklaviatur gefertigt 5 Ein Vierteljahr erscheint etwas reichlich. Silbermann hat doch die wesentlich größere Domorgel in knapp einem halben Jahr intoniert und gestimmt. Für die (ebenfalls größere) Dresdner Sophienorgel brauchte er nicht ganz zehn Wochen. 6 Damit ist Elfenbein (von ahd. helfantbein = Elefantenknochen) gemeint, das als Belag für die Obertasten verwendet wurde. 7 Beide Worte stammen von Silbermanns Hand. 8 Dieser Posten wirft dieselben Fragen auf (vgl. Anm. 3). Auch hier liegt wieder ein grober Rechenfehler vor, denn es müßte sich (bei fünf Personen und 15 Talern wöchentlich auf neununddreißig Wochen berechnet) eine Gesamtsumme von 585 Talern ergeben. 9 Die Bildhauerarbeit betraf Zierat und Schnitzwerk für die Schauseite der Orgel. 10 Zum Vergleich: Bei der (wohl vergleichbaren) kleinen Frauensteiner Orgel hat Silbermann den Kalkanten fünf Wochen gebraucht und ihm 4 Taler gegeben (s. SD. 3). 11 Noch ein grober Rechenfehler: Die Addition der einzelnen Posten ergibt eine Gesamtsumme von nur 751 Talern. 12 In seinem ersten Kostenanschlag (24. Juni 1710) für die Freiberger Domorgel verlangte Silbermann 1200 Taler »vor meine Arbeit und die 3 Gesellen zu bezahlen«. Die Summe war auf zwei Jahre berechnet. Außerdem verlangte Silbermann für sich und seine Gesellen die Beköstigung. Er wollte von der Summe allerdings 200 bis 300 Taler zur Anschaffung von Werkzeugen verwenden. Ziehen wir von den verbleibenden 900 Talern die Löhne für drei Gesellen (pro Woche 1$\frac{1}{2}$ Taler!) auf zwei Jahre ab, dann stellen wir fest: Gottfried Silbermann hatte für sich einen Monatslohn von rund 18 Talern einkalkuliert, und das war auf keinen Fall zuviel.

426

13 Anm. 761 14 Die beiden Worte hat Silbermann eigenhändig seiner Unterschrift hinzugefügt.

Nr. 8 – Quittung über 525 Taler für die Orgel zu Niederschöna

Daß Tit. Der Hoch-Edle, Veste, Hochgelahrte und Hochweise Herr Martin Albert, uff Troschen[1], Reut[2], Wiedersberg[3], Krummenheners Dorff[4] und Niederschönau etc., Ihr Königl. Maj[estät] in Pohlen und Churf. Durchl[aucht] zu Sachßen, Hochansehnlicher Rath, Creyß-Steuer-Einnehmer des Ertzgebürgischen Creyßes, auch Hochverdienter Bürger-Meister alhier zu Freyberg[5] etc., mir endes unterschriebenen vor das neuverfertigte Orgel-Werck in Niederschönau Fünff Hundert und Fünff und Zwanzig Thlr.[6] richtig ausgezahlet, thue ich hiermit quittirende bekennen. Sig[illum] Freyberg, Den 28. Novembr. 1716.

(Siegel)[7] Gottfried Silbermann Orgel Macher[8]

Original im PfA. Niederschöna: wie Nr.6, Bl. 3. Der Quittungstext zeigt die Handschrift von Domorganist Elias Lindner aus Freiberg. 1 Seit 1952 Ortsteil von Roßwein 2 Reuth (Kreis Oelsnitz/V.) 3 Kreis Oelsnitz (Vogtl.) 4 Kreis Freiberg 5 Als solcher hatte Albert das am 2. Oktober 1714 ausgestellte Attest über die Domorgel zu Freiberg unterschrieben (vgl. Anm. 713). 6 Der Betrag entsprach der Kontraktsumme (vgl. SD. 6). 7 Siehe hierzu Anm. 767. 8 Die beiden Worte stammen von Silbermanns Hand.

Nr. 9 – Bericht über die Prüfung der Jacobiorgel zu Freiberg

Demnach auf Ihr[o] Königl. Majt.[1] in Pohlen und ChurFürstl. Durchl. zu Sachsen, unsers Allergnädigsten Herrens, an den hiesigen Creyß-Amtmann, Tit. H. Michael Weidlichen[2], ergangenen Allergnädigsten Befehl wir endesunterschriebene requiriret[3] worden, das in der Kirchen zu St. Jacobi alhier, von Herrn Gottfried Silbermannen, berühmten Orgelmacher, gantz neu erbaute Orgelwerck, aufs genaueste und fleißigste zu examiniren, so haben wir solches Montags, den 31. Januarii, so wohl vor als Nachmittags in Gegenwart des Herrn Creyß-Amtmannes, H. Orgelmachers und des Herrn Organistens bey dieser Kirche, mit allem möglichsten Fleiße durchsuchet, und befunden, daß nicht nur alle und jede zum gantzen Wercke gehörige Stücken, an Windladen, Bälgen, Stimmen u. andern Pertinentien[4], wie die in den mit Ihr Königl. Majt. errichteten Contract Allergnädigst beliebet worden, vorhanden, sondern auch noch über den Contract im Haupt-Wercke eine 8füßige Rohr-Flöte von Metall und im Ober-Wercke eine Tertie aus 2 Fuß von Metall nebst einem Tremulanten[5], so zum Hauptwerck schläget, angetroffen.

Ferner sind wir das Werck, um mehrer Sicherheit und Vorsichtigkeit willen, weil sonst bey der Examination leichte etwas hätte können übersehen werden, nach denen Sub Lit. B hier beygelegten Requisitis eines vollkommenen u. beständigen Orgel-Wercks[6] von einem Paragrapho oder Numero zu dem andern durchgangen und haben

I. Das Balghauß so angelegt befunden, daß die Bälge weder dem Regen, Schnee noch der Sonnen-Hitze exponiret seyn.

II. Sind die Bälge von guten Holze, wohl ausgearbeitet, mit einer Falte, von gebührender Größe und wohl beledert, gehen auch weit genung auf, haben, sonderlich in langsamen und andern nicht allzuheftigen Spiehlen, ob es schon mit vollen Wercke[7] geschiehet, einen gleichen und sanfften Gang, und im übrigen alle ihre Requisita, sind gar wohl und leichte zu treten, und mit Gegengewichten, die aus langen höltzernen Federn, so unter denen Bälgen liegen, bestehen, versehen und haben wir bey Application der Wind-Probe observiret[8], daß der Liquor auf 40 Grad gestiegen,[9] und in solchen Stande unverändert geblieben, ob man Einen, zwey oder alle drey Bälge treten laßen.

III. Ist an denen Wind-Laden nicht das allergeringste zu desideriren[10], indem solche mit dem grösten Fleiße und aller Accuratesse aus dem besten Eichenen Holtze, nach allen Requisitis, ausgearbeitet sind. Daher denn als man nach eingelassenen Winde sich mit denen Armen auf die Clavire geleget und zugleich im Pedal etliche Claves[11] zusammen getreten, nicht das geringste Durchstechen oder Sausen des Windes verspüret. Auch als man überall ein brennendes Licht, sonderl[ich] um die Spunde herum, angehalten, nicht die geringste Bewegung der Flamme observiret, welches sich sonst in manchen Wercken gar bald äusert, wenn öffters die Windladen und Pfeifenfüße mit so genanten Schwedischen Stichen durchbohret sind, obschon dergleichen Wercke vielmahls nicht über 20 Grad Wind haben.

IV. Was das Eingebäude anbetrifft, so haben wir alles von guten, reinen Holze, und so wohl die Registratur[12] als auch andere Wellen nebst denen Armen starck genung befunden. Wie denn auch die Wellen zum Ober-Wercke mehrentheils aus sehr starcken eisernen Draht verfertiget sind, dahero man sich so leicht keiner Veränderung zu besorgen, zumahl, da man zu allen und jeden wohl u. ungehindert kommen kan. Die Register laßen sich auch gar leicht ziehen, und sind bequehm auf beyden Seiten angebracht, ist auch kein Geraßle so wohl von diesen als auch von denen Wellen und Abstracten zu hören, außer was das ordentl. Movement[13] mit sich bringet, und nicht anders seyn kan.

V. Sind die Clavire wohl ordiniret, von schwartzen Ebenholz und Elffenbeinern Semitoniis[14] gearbeitet, auch mit Messingenen im Feuer vergoldeten Knöpffgen versehen, damit man sie coppeln kan, lassen sich gar wohl tractiren, und haben genungsamen Spiehl-Raum, machen auch kein häßl[iches] Geklappere oder Rasseln, und hat der Herr Orgelmacher, in Anlegung der Bälge und Canaele, etwas sonderliches angebracht, daß man auch bey vollem Wercke nicht das allergeringste Stossen oder Schwancken des Windes verspüret, wenn man schon mit der rechten Hand im

Accord stehen bleibet, und mit der lincken passagiret, welches sonst bey denen meisten Orgelwercken ein allgemeines Vitium[15] ist, zumahl wenn der Wind so weit herunter fallen muß, als wie bey diesem Wercke, da die Bälge nirgends anders hin, als auf den Kirchboden haben können geleget werden.

VI. Haben wir das Pfeiffwerck alles nicht nur in guter Ordnung, und Pfeiffenbretern wohl befestiget, sondern auch starck und sauber, von guten Zien, Metall und Holz, dem Contract gemäß, verfertiget, ohne Einschnitte und ausgebogene Ecken, mit dem Stimmhorn[16] eingezogen, angetroffen, daß also hierinne nichts zu erinnern gewesen.

VII. Ist so wohl das offene als gedackte Pfeiffwerck durchgehends in der Stimme gar egal[17] und nach erforderter Art sehr scharff, dabey aber doch nicht unangenehm intoniret, und liegen die Hüte[18] auf denen gedackten gar wohl und feste an.

VIII. Weil so wohl das Pfeiffwerck als auch die Windladen mit allem möglichsten Fleiß verfertiget worden, so hat man keine zerdrückten, vielweniger mit Löchern durchbohrte Pfeiffen-Füße, noch das offene Pfeiffwerck mit Seiten-Bärthen[19] bebrähmet gefunden.

IX. Hat sich in denen Mixturen und Cymbeln nicht eine eintzige an dem Labio zugedrückte oder stumme Pfeiffe antreffen laßen.

X. Sind die beyden Rohr-Wercke[20] im Pedal, neml[ich] der Posaunen- und Trompeten-Bass nicht nur nach guter Mensur[21] ausgetheilet und die Mund-Stücke[22] mit Lohgaren Leder[23] gefüttert, sondern auch gravitaetisch intoniret, sprechen wohl an, und die Stieffel, worinnen sie stehen, sind auch weit genung und ist im übrigen alles dabey observiret worden, was von einem guten Rohr-Wercke kan erfordert werden.

XI. Schläget der Tremulant zwar etwas langsam, alleine der H. Orgelmacher hat sich erbothen, auch solchen geschwinder zu machen, ob er schon nicht mit in Accord stehet.

XII. Ist die Coppel auf besondere Art gar

fleissig gemacht, daß sie kein Geheule verursachen, und man allemahl demselben mit leichter Mühe abhelffen kan.

Endlich, so haben wir, um zu erfahren, ob das Werck in richtigen Cornett- oder Chor-Tono stehe, einige von denen Stadt-Musicis mit Trompeten und Zincken[24] blasen laßen, und mit dem Wercke dazu accompagniret, und befunden, daß solches mit denen Instrumenten wohl eingestimmet.

Und also ist dieses Examen mit guten Vergnügen und zu des Meisters dieses Wercks sonderbaren Ruhm gehalten und beschloßen worden. Wir hätten zwar auch wegen der Stimmung oder Temperatur einige Erwähnung thun sollen, alleine da dieses Werck schon vor geraumer Zeit fertig,[25] anitzo aber bey der großen Kälte sich das Pfeiffwerck ziehml[ich] verstimmet,[26] so haben wir es hierinnen so genau nicht untersuchen können, zumahl da sich H. Silbermann schon im Contract offeriret, solches Werck nach verflossener Gewehrzeit wiederum durch zu gehen, und aufs reineste einzustimmen. Indeßen hat sich doch darinnen kein Defect gefunden, der zu regardiren[27] wäre. Dahero haben wir auch den Herrn Orgelmacher nicht entstehen wollen, diese Censur[28] hierüber auszustellen, nebst herzl[ichen] Wunsche, daß gedachtes Orgelwerck bey guter Ruhe und Frieden, Gott dem Allerhöchsten zum Lob und Preise immer beständig möge gehöret werden.

Sig[illum] Freyberg, den 3. Febr. Ao 1718.
(Siegel) Johann Samuel Beyer,[29]
Cantor und Chori musici
Director mppria[30]
(Siegel) Elias Lindener,[31]
Mathemat. und Organist
in Dom mppria

Original im Stadt- und Bergbaumuseum Freiberg: wie Nr. 7, Bl. 35 ff.
1 Majestät 2 Weidlich hatte mit Silbermann die Vorverhandlungen geführt. 3 herangezogen, beauftragt 4 Zubehör 5 SD. 5, Anm. 40 6 Diese Schrift befindet sich mit in der Akte (Bl. 39 ff.), siehe auch SD. 5, Anm. 10.
7 Siehe hierüber: Adelung, S. 178. 8 beob-

428

achtet 9 SD. 5, Anm. 20 10 zu bemängeln
11 Damit sind Tasten (der Pedalklaviatur) gemeint. 12 Unter »Registratur« versteht man
alle mechanischen Teile der Orgel, die den
Tastendruck durch Hebelübertragungen zur
Windlade, worauf die Pfeifen stehen, weiter-
leiten. Siehe hierzu: Adelung, S. 123 ff.,
Abb. 27. 13 Bewegung 14 Obertasten (für
die Halbtöne) 15 Fehler 16 Siehe Adelung, S. 42. 17 gleichmäßig 18 Verschluß
der oberen Pfeifenmündung, wodurch der Ton
dieser (gedackten) Pfeifen eine Oktave tiefer
als der einer gleich langen offenen Pfeife wird.
Eine gedackte Pfeife braucht also nur halb so
lang zu sein wie eine offene Pfeife in der gleichen Tonhöhe. 19 Adelung, S. 45 20 SD. 5.
Anm. 37 21 SD. 5, Anm. 34 22 Man unterscheidet drei Hauptteile einer (Lippen)pfeife:
den Fuß (als Windführung), das Mundstück
(mit den klangerregenden Teilen: Labium, Kern
und Aufschnitt) und den Körper. 23 kräftiges
Leder 24 Das sind Blasinstrumente aus (meist)
Holz, mit Grifflöchern und Trompetenmund-
stück. 25 Die Orgel war bereits Ende November 1717 fertig. 26 Anm. 1180 (Forchheim) 27 bemerken 28 Beurteilung
29 Anm. 828 30 lat. Abkürzung: eigenhändig
(vgl. SD. 1, Anm. 10). 31 Anm. 678

Nr. 10 – Bauvertrag über die Orgel zu St. Georg
in Rötha

Zu wißen sey hiermit,
Demnach bey hiesiger St. Georg. Kirche
das alte Orgelwerck dermaßen eingegangen, daß selbigen durch keine Reparatur
geholffen werden mögen; Alß ist von dem
Hochwohlgebohrnen Herrn, Herrn Christian August Freyherrn von Friesen auf
Rötha, Cotta und Geschwiz pp. Ihr. Königl. Majt. in Pohlen und Churfürstl.
Durchl. zu Sachßen würcklicher Obristen
über das Löbl. 2. Regimendt Guarde zu
Fuß, der Zeit Patron vor ermelter Kirchen,
ein ganz neu Orgelwerck bauen zu laßen
resolviret[1], auch dahero mit Herrn Gottfried Silbermannen, berühmten Orgelmacher zu Freyberg, und Herrn Zacharias
Hildebrand, welcher gleicher Profession[2]
zugethan, und bey ersten aniezo in Arbeit
stehet,[3] nachfolgender Contract richtig abgeredet und geschloßen worden;

Nehmlich, Es versprechen nur erwehnte,
Herr Gottfried Silbermann und Herr
Zacharias Hildebrand, binnen dato und
Michaelis 1720 gel. Gott[4] ein tüchtiges
und wohl proportionirtes[5] Orgelwerck zu
verfertigen und in solches nachfolgende
Stimmen und Register zu bringen, alß
In das Hauptwerck

1. Principal[6] 8 Fuß Zinn blanck poliret
2. Pourdun 16 Fuß, 1½ Octava Holz,
   das übrige Metal
3. Rohr Flaute[7] 8 Fuß, Metal
4. Octava 4 Fuß
5. Spiz Flaute 4 Fuß
6. Quinte 3 Fuß
7. Octava 2 Fuß
8. Mixtur 3fach, die große
   Pfeiffe 1½ Fuß   } Zinn
9. Cimble 2 Fuß, die große
   Pfeiffe 1 Fuß
10. Cornett 3fach durch das
   halbe Clavier von

In das Oberwerck

1. Principal 4 Fuß Zinn, blanck poliret
2. Gedackt 8 Fuß, die unterste Octava
   von Holtz, das übrige Metal, zur Music lieblich intoniret
3. Quintadena 8 Fuß von Zinn
4. Rohr Flaute 4 Fuß   }
5. Nassat 3 Fuß von   } Metall
6. Octave 2 Fuß
7. Quinte 1½ Fuß   } von Zinn
8. Sufflaute 1 Fuß
9. Mixtur 3 Fach von Zinn

In Pedal

1. Principal-Pass 16 Fuß   } von Holtz
2. Posaune 16 Fuß
3. Trompette 8 Fuß Zinn
4. Tremulant

Summa Drey und Zwanzig Stimmen inclusive Tremulant.
Hierzu aber drey tüchtige Bälge mit einer
Falte von Tännen-Holtz zu fertigen, mit
dem Erbiethen, alle Materialien, an Zinn,
Holtz, Leder, Leim, Eisenwerck, Meßing
und Drat, auch was sonst hierzu erfordert
werden mag, zu schaffen, und die dazu benöthigten Handwercks-Leute, als Bildhauer, Tischler, Schlosser, Circkel- und

Huffschmiede, deßgleichen Nadler, Gürtler, oder wie sie Nahmen haben mögen, exclusive des Mahlers Arbeit, ingleichen der
Zimmer-Arbeit, so bey denen Lagern derer
Bälge erfordert wird, auf seine Kosten zu
halten und zu befriedigen, das Pfeiffwerck
bedungener maßen von dem besten geschlagenen Englischen Zinn, Metall und
Holtz zu fertigen, ingleichen das Gehäuße
sauber und geschickt mit Bildhauer-Arbeit,
nach dem Riße zu machen;
Hingegen verbindet[8] sich hochgedachter Her
Obrister Freyherr von Friesen vor sothanes[9]
Orgelwerck zusammen Eintausend thlr. in
folgenden Terminen zu bezahlen, als
200 thlr. bevorstehende Ostern 1719
100 thlr. Johannis   1719
150 thlr. Michaelis   1719
150 thlr. Weynachten   1719
400 thlr. zulezt wann das Werck tüchtig
         gebauet, aufgesezet und von ver-
         ständigen Organisten und Musi-
         cis untadelhafft befunden und
         übernommen worden.
Auch hierüber denenselben[10] bey Auffsezung des Orgelwercks freye Kost vor
ihre Persohn und die Ihrigen, ingl. frey
Logiament, Kohlen, Brenn-Holtz, samt
denen benöthigten Zu- und Abfuhren zu
verschaffen, und einen beständigen Calcanten zu halten.
Endlich versprechen Herr Gottfried Silbermann und Herr Zacharias Hildebrand nach
der Übergabe des Orgelwerckes die Gewehr
deßelben auf ein ganzes Jahr zu leisten,
auch einer vor Beyde und Beyde vor einen
dafür zu hafften, So wohl in Fall binnen Jahres-Frist etwas wandelbahr werden
solte, solches ohne Entgeldt zu repariren,
Machen sich auch verbindlich das in Eingangs ermelter[11] St. Georgen-Kirche befindl[iche] alte Orgelwerck, wenn das
neue zu seiner Perfection[12] gebracht, in
die gleichfalls alhier vorhandene Marien-
Kirche gegen Genießung freyer Kost und
Logis vor sich und die ihrigen zu transpor-
tiren, und daselbst ohne Entgeldt auffsezen,
sowohl deren Reparatur und[13] ein billiges[14]
zu bewerckstelligen.

Uhrkundlich ist dieser Contract von allerseits Contrahenten durch eigenhändige
Unterschrifft und Besieglung, iedoch un-
beschadet eines wohllöbl. Consistorii zu
Leipzig, wegen hierzu benöthigten Beytrags aus dem Kirchen-Vermögen ein zu
hohlenten Consensus, vollzogen worden.[15]
So geschehen Rötha, am 22. Decembr.
Ao. 1718.

(Siegel) Christian August
         Freyherr von Friesen
(Siegel) Gottfried Silbermann
         Orgel Macher[16]
(Siegel) Zacharias Hildebrandt
         Orgel Macher[17]

Original im PfA. Rötha: Akte Die Erbauung
neuer Orgeln in der St. Georgen- und St. Marien-Kirche zu Rötha (Sign. Loc. XIII, 1),
Bl. 1 ff.
1 Das heißt: er hatte den Entschluß gefaßt.
2 Beruf, Handwerk 3 Hildebrandt arbeitete
seit November 1713 bei Silbermann (siehe
SD. 4). 4 Das heißt: so Gott will. 5 wohl-
gestaltetes 6 SD. 5, Anm. 29 7 Rohrflöte
8 verpflichtet 9 dieses, solches 10 Silbermann und Hildebrandt 11 erwähnter, genannter 12 Vollendung 13 Das muß »um«
heißen. 14 für eine geringe Vergütung
15 Der letzte Satz ist so zu verstehen, daß der
Vertrag abgeschlossen wurde, obwohl die Genehmigung des Konsistoriums noch nicht vorlag. Sie war aber erforderlich, weil die Kosten
für den Orgelbau zum Teil aus dem Kirchenvermögen bestritten werden sollten. Wann die
Kirchenbehörde ihre Genehmigung erteilte,
geht aus der Akte nicht hervor. 16 eigenhändiger
Zusatz 17 Der ebenfalls eigenhändige Zusatz
»Orgel Macher« ist insofern bemerkenswert,
weil Hildebrandt erst im Mai 1722 sein Meister-
stück, die Orgel zu Langhennersdorf, vollendet
hat.

Nr. 11 – *Attest über die Orgel der Sophienkirche
zu Dresden*

Wir Bürgermeister und Rath der Stadt
Dreßden Uhrkunden hiermit, Demnach
Herr Gottfried Silbermann, Orgelmacher
zu Freyberg, nach Übergabe der Ihm in
der Sophien-Kirche alhier zu fertigen mit
Außgang des 1718. Jahres verdungenen

neuen Orgel[1] um glaubwürdiges Zeugnis, wie das Werck sich erwiesen, angesuchet, und solches nicht zu versagen gewesen;[2] Alß attestiren Wir hiermit, daß bey der am 15. dieses [Monats] beschehenen Übergabe die der Sache und Kunst und hiernechst auch der Musiq [sic!] Verständige es allendhalben nicht allein dem Contract gemäß gebauet zu seyn befunden, und darbey ferner erachtet, daß Herr Silbermann gewiesen[3], wie er seine Profession[4] wohl verstehe, auch an seinem Fleiß und Vorsichtigkeit[5] nicht habe ermangeln lassen, immaßen[6] es auch sonst so wohl gerathen, daß man davor halte, es sey in dieser Kirche ein guthes Kunststück zu befinden, welches und insonderheit daß binnen der zum Bau bedungenen Frist[7] die unvermuthete theuere Zeit eingefallen[8], und daß er an der Sache mehr Kosten und Mühe zu Beßerung des Wercks gewendet, alß der Contract besaget[9], Uns veranlaßet, noch ein billiges, damit er von seiner auffrichtigen Arbeit keinen Schaden haben möge, über das abgehandelte Quantum[10] zahlen zu laßen[11], Zu deßen Erkändlichkeit und Uhrkund Wir Ihme dieses zum Schein [?] ausgestellet und solches mit Gemeiner Stadt-Insiegel bedrucket ist.

So geschehen zu Dreßden, den 20. Novembr. Ao. 1720

(LS) Der Rath zu Dreßden

Das Original ist verschollen. Es befand sich vermutlich unter den schriftlichen Urkunden im Nachlaß Gottfried Silbermanns (Anm. 2600 k)). Der Wortlaut des Zeugnisses ist im StA. Dresden (Acta, die Erbauung der neuen Orgel in der Sophienkirche betr.; Sign. D XXXIV 28x) zweimal überliefert: Bl. 29 (Abschrift) und Bl. 30 (Konzept[?] oder Duplikat auf Stempelbogen mit Oblatensiegel).

1 Der Bauvertrag war am 10. Dezember (1718) abgeschlossen worden.   2 Das heißt: Der Rat hatte keinen Grund, Silbermanns Ersuchen abzulehnen.   3 unter Beweis gestellt   4 Beruf   5 Das ist wohl im Sinne von »Voraussicht« zu verstehen.   6 weil   7 Das Werk sollte bis Ende Juni 1720 geliefert werden.   8 Anm. 920   9 Damit waren insbesondere die von Silber-

mann zusätzlich gefertigten zwei Register gemeint (vgl. Anm. 904).   10 Die Kontraktsumme betrug 1500 Taler.   11 Der Rat hat Silbermann noch 600 Taler bewilligt.

Nr. 12 – Bericht über die Prüfung der Orgel zu St. Georg in Rötha

Auff Sr. Excellenz, des Hochwohlgebohrnen Herrn, Herrn Christian Augusti, Freyherrn von Friesen, Erb-, Lehn- und Gerichts-Herrn auf Rötha, Rammelburg[1], Geschwiz und Cotta pp., Königl. Majt. in Pohlen, und ChurFürstl. Durchl. zu Sachßen Hochbestalten Cammerherrn und Obristen[2], an uns ergangene gnädige Requisition[3], haben wir vorgestern[4] das in hießiger Kirche zu St. Georgen von Herrn Gottfried Silbermannen, berühmten Orgel-Machern zu Freyberg, neu erbaute Orgel-Werck[5] perlustriret[6] und daßelbe in dem Zustande, wie folgt, angetroffen:

Gleichwie besagter Herr Silbermann alles dasjenige, was er in dem zwischen Hochgedachter Sr. Excellenz, und ihm[7] sub dato[8] Rötha, am 22sten Decembr. Anno 1718 schon längst aufgerichteten Contract zu verfertigen versprochen, nicht allein im Wercke selbst praestiret[9], und von Stück zu Stück verfertigt hergestellet, über dieses auch noch das Werck mit einer Stimme, so die Tertia heißet, weil sie zur Ausfüllung der Harmonie und guter Variation dienet, vermehret; Also hat er auch durch und durch auf die Arbeit allen, und zwar gar besondern Fleiß gewendet, an denen Materialien, nehmlich an Zinne, Meßing und Holze keine Kosten gesparet, wie er denn nicht alleine zur Erfüllung und Auszierung der Facciata[10] sehr viel überleye Pfeiffen aufgesezet, sondern auch sogar zu denen Pfeiffen[11] und Hüthen[12], die sonsten nur aus schlechtem Metall pflegen gemachet zu werden, das beste Zinn genommen.

Da nun das Werck mit so großen Fleiße gemachet, die aus dicken wohl gehämmerten guten Zinnernen Blechen verfertigte Pfeiffen, sonderlich an denen, und in der Facciata stehenden Principalen[13], auf das

431

schönste und beste poliret, faconniret[14] und intoniret sind, kan es nicht anders seyn, alß daß das Werck (zumahl es mit der Temperatur[15] und Intonation derer Pfeiffen, denen Wind-Läden, Bälgen und andern Pertinenzien[16] allenthalben seine Richtigkeit hat) einen angenehmen und silbernen Klang von sich geben müßen.

Und dieses ist also dasjenige, was wir nach beschehener Untersuchung dieses Meisters guten Arbeit hierbey unterthänig erinnern und berichten sollen.

Im übrigen wünschen wir, daß Gott solches schöne Orgel-Werck vor allen Schaden behüten, und sehr lange Zeit in guten Friede zur heiligen Andacht, auch zu besonderm Ruhme des Hoch-Freyherrl. Patroni der Kirchen, fürnehmlich aber zu des Allerhöchsten Lob, Preiß und Ehre beständig gehöret werden möge.

Rötha, den 10. Novembr. Ao. 1721.

(LS) Johann Kuhnau,[17]
    Director Chori Musici und an der
    Thomas-Schule Cantor in Leipzig[18]
(LS) Gottfried Ernst Bestell,[19]
    Hof-Organist in Altenburgk.

Original im PfA. Rötha: wie Nr. 10, Bl. 12 f. 1 Rammelburg (Kreis Aschersleben). Das dortige Schloß wurde bereits 1259 urkundlich genannt. 2 Oberst: Kommandeur eines Garderegiments der Infanterie. 3 Aufforderung 4 8. November (1721) 5 Von einer Mitarbeit Zacharias Hildebrandts wird nichts erwähnt. 6 genau geprüft 7 Daß der Kontrakt auch mit Hildebrandt geschlossen wurde (vgl. SD. 10), wird verschwiegen. 8 Das heißt: unter dem Datum. 9 geleistet 10 der äußeren Gestalt 11 Damit sind die »überleyen« Pfeifen gemeint, die Silbermann wegen der Symmetrie des Orgelprospekts aufgesetzt hatte. Vgl. hierzu den schematischen Grundriß bei Dähnert, S. 196/197, wo insgesamt sechzehn stumme Pfeifen angegeben werden. 12 SD. 9, Anm. 18 13 SD. 5, Anm. 29 14 geformt 15 Unter Temperatur versteht man das System, nach welchem die Orgel gestimmt wurde (vgl. Adelung, S. 24 ff.). Silbermanns Orgeln hatten die sogenannte ungleichschwebende Stimmung. Ulrich Dähnert meint, daß Silbermann »eine eigene Temperatur gehabt« hat, die bei den

Orgelprüfern allgemeine Anerkennung fand. Jacob Lehmann, Kantor und Organist zu Dippoldiswalde, schrieb 1731 in einem Gedicht zur Weihe der Orgel zu Reinhardtsgrimma: »Die Temperirung weiß der Künstler so zu theilen, Daß man nicht irgendwo den schlimmen Wolff hört heulen« (Anhang: OWS. 11). Übrigens verstand man unter dem »Orgelwolf« die Unstimmigkeiten, die sich in bestimmten Tonarten mit viel Vorzeichen aus der ungleichschwebenden Temperatur ergaben. 16 Zubehör 17 Über Kuhnaus Leben und Wirken siehe: MGG, Bd. 7, Sp. 1878 ff. 18 Im Amt des Thomaskantors war Kuhnau der unmittelbare Vorgänger von Johann Sebastian Bach. 19 Anm. 1150

Nr. 13 – Bauvertrag über die Orgel zu St. Johannis in Chemnitz

In Nahmen Gottes!
Sey hiermit zu wißen, denen es von nöthen; Demnach in der vor hiesiger Stadt befindl. St. Johannis Kirche, bey dem Gottes-Dienste anstatt der Orgel nur ein Positiv[1] gebrauchet worden, und weil dieses noch darzu sehr alt und verdorben, diesfals eine Aenderung getroffen werden müßen;
Alß haben Wir nach beschehener Deliberation[2] und Überlegung in besagte Kirche, ein gantz neues Orgelwerck, von deren Mitteln verfertigen zu laßen, um so viel nöthiger erachtet, als man biß anhero wahrgenommen, daß bey einer ziemlich starck angewachsenen Gemeine, dergleichen altes Positiv nicht mehr hinlänglich seyn wollen. Daher Wir denn auch mit Herrn Gottfried Silbermannen, berühmten Orgelmacher zu Freybergck, nachfolgenden Contract wohlbedächtig abgehandelt und geschloßen: Nemlich,
Es verspricht gedachter Herr Silbermann nach dem Unß producirten[3] Riße, ein gantz neues Orgelwerck, in obermelteter Kirche zu St. Johannis vor der Stadt, zü machen und darein nachfolgende Stimmen beständig und zierlich zuverfertigen, alß:
  1. Principal, 8 Fuß von Englischen Zien blang poliret, F. ins Gesichte[4], die Vier untersten Claves[5], neml. C. D. Dis. E. von guten Holtze innwendig[6]

2. Grobgedacktes 8 Fuß von Metal
3. Octava 4 Fuß von Englischen Zien
4. Rohrflöthe 4 Fuß von Metall
5. Quinta 3 Fuß von Englischen Zien
6. Octava 2 Fuß von Englischen Zien
7. Quinta 1$^1/_2$ Fuß von Englischen Zien
8. Sufflöt 1 Fuß von Englischen Zien
9. Mixtur von Englischen Zien, dreyfach, die gröste Pfeiffe 1$^1/_2$ Fuß
10. Cymbel von Zien zweyfach, die gröste Pfeiffe 1 Fuß
11. Cornet dreyfach von Englischen Zien
In Pedale
12. Sub Bass 16 Fuß von Holtze
13. Posaunen Bass 16 Fuß von Holtze, die Mundstücke von Metall
14. Trompete 8 Fuß, die Corpora[7] von Zien, die Mundstücke von Meßing.

und soll das Pedal dergestalt gemacht werden, daß solches durch á parte Ventile manualiter mit spielet und zu mehrerer Stärcke etwas beyträget.

Übrigens aber das Manual und Pedal-Clavier, die lange Octava[8] bekommen, und jenes von guten schwartzen ebenen Holtze[9] mit helffenbeinernen Semitoniis[10] gearbeitet, und ebenfalls also eingerichtet werden, daß es vermittelst á parter Ventile pedaliter mit eingehen könne. Hiernechst will auch Herr Silbermann, das Gehäuße ohne absonderlichen Beytrag[11], an guter tüchtiger Bildhauer-, Tischler-, Schloßer und anderer darzu benöthigter Arbeit, biß auff das Ausstaffiren und mahlen, verfertigen laßen, und vor Sez- und Stimmung des Wercks vor sich und seine Leute weiter nichts begehren und endlich dieses Werck binnen jahres Friest[12] fertig liefern.

Hiervon verwilligen Wir Fünffhundert Thaler folgender Gestalt zu bezahlen, alß:

100 Thlr. bey Schlüßung des Contracts
100 Thlr. Johannis 1722
100 Thlr. Weynachten 1722 bey Übergabe des Wercks und wenn selbiges vor tüchtig erkannt wird, dann:
100 Thlr. Johannis 1723 und
100 Thlr. Weynachten 1723.

Ihn auch bey seinen Hierseyn nebst den Seinigen mit Logiament und Brenholtz zu versorgen, und die benöthigte Ab- und Zufuhre zu verschaffen.

Womit endlich beyderseits Contrahenten wohlzufrieden gewesen, und zu deßen mehrer Versicherung darüber diesen Contract in duplo zu Pappier bringen laßen und selbigen eigenhändig unterschrieben.

So geschehen Chemnitz, am 18. Decembr. 1721.

(LS) D. George Siegmund Green
(LS) Der Rath zu Chemnitz
(LS) Gottfriedt Silbermann
Orgel Macher

Das Original ist nicht aufzufinden. Eine Abschrift vom Original im STA. Leipzig: Acta, Die Baufälligkeit der in der Haupt- und Pfarr-Kirche zu St. Petri allhier [in Rochlitz] befindlichen Orgel ... betreffend, Ergangen Anno 1724–1727 (Sign. Amt Rochlitz Nr. 261), Bl. 113 f. Im StA. Karl-Marx-Stadt (Acta Das Orgel-Werck in der Kirche zu S. Johannis allhie betr., Sign. IV II 31, Bl. 9 f.) nur Entwurf (oder Konzept).

1 kleine einmanualige Orgel ohne Pedal 2 Beratung 3 vorgezeigten 4 Unter »Gesicht« verstand man die Schauseite (Prospekt) der Orgel. 5 Hier sind unter »Claves« die Pfeifen für die tiefsten Töne dieses Registers zu verstehen. 6 Diese vier hölzernen Pfeifen sollten im Gehäuse, also von außen nicht sichtbar, aufgestellt werden. 7 Körper 8 Anm. 1709 9 Damit ist Ebenholz (aus hebr. eben = Stein) gemeint, das in brauner bis tiefschwarzer Farbe vorkommt. 10 Das sind die mit Elfenbein belegten Obertasten. 11 Das heißt: ohne zusätzliche Kosten. 12 innerhalb eines Jahres

Nr. 14 – Attest der Dresdner Hofvirtuosen

Wir Endsunterschriebene attestiren[1] hiermit, der Wahrheit zu steur[2], daß wir verschiedene Wercke des berühmten Orgelbauers in Freyberg, Herrn Gottfried Silbermanns, und darunter sowohl Clavicordia[3], Claviceins[3], als auch Positive[4] und Orgeln gesehen und gehört, dieselben auch so unvergleichlich sauber gearbeitet, so vortrefflich von Klange, und mit einem Worte in allen Stücken so vollkommen befunden, daß wir uns nicht wundern, warum gedachter, in seiner Kunst so treffliche Meister weit und breit, seiner Arbeit wegen, von andern hochgeschätzt und gesucht wird. Wie er denn, der bekannten in hiesiger Sophien-Kirche von ihm erbauten Orgel[5] nicht zu gedenken, unter andern für den hiesigen Königl. Cammer-Organisten Herrn Bezolden[6] ein solches rares[7] Clavissein, vor kurzer Zeit verfertiget,[8] dergleichen, der saubern Arbeit zu geschweigen, weder an starcken und lieblichen Klange noch vielen Registern, vor ihm, niemahl eines zum Vorschein gekommen; Indem es mehr als zwantzigmahl an verschiedenen Stimmen, deren immer eine schöne als die andere, verändert werden kan, und alle unpartheische Kenner und verständige Musicos in die gröste Verwunderung sezet. Vornehmlich aber können wir nicht umhin, dasjenige von ihm gantz neu inventirte[9] musicalische Instrument besonders zu rühmen, welches er für die Königl. Frau Geheime Secretair Königin allhier[10], auf ihr Ersuchen und Angeben, nach vieler Mühe, Zeit und unermüdeten Nachsinnen verfertiget, und wieder[11] alles vermuthen so glücklich herausgebracht, daß an scharffen und lieblichen Thone, delicatesse[12], Leichtigkeit zu spielen, und einem gantz fremden sich ausnehmenden theils der Laute, theils der Viol d'Amour, und kurtz zu sagen, fast allen andern dergleichen Schlag- oder Streich-Instrumenten gleichkommenden Klange niemahl etwas angenehmers gehört, oder auf unsern Reisen von Uns gefunden worden. Welches diesem erfahrnen Künstler zu desto größerem Ruhm gereichet, je gewißer er der rechte Erfinder deßelben mit Recht zu nennen. Dahero wir auch unser Testimonium[13] hierüber um so weniger versagen können, je öfter wir verschiedene Wercke von ihm, vornehmlich aber iztgedachtes Meister-Stücke, Cembal d'Amour genannt, gesehen, gehört und von Herzen admirirt[14], auch nicht unbillig gewünscht haben, ein solchen habilen[15] Mann beständig in Sachsen zu behalten.

Dreßden, den 3. Juny 1723.

> Jean Baptiste Woulmyer[16]
> Maitre de Concert[17]
> Christian Pezold,
> Königl. Cammer-Organist[18]
> Johann Georg Pisendel,
> Königl. Cammer-Musicus[19]

Original im STA. Dresden: Confirm. Privil. … 1718–1724, Bd. XXXV, Bl. 553.
1 bezeugen 2 zur »Stütze« 3 Anm. 85 4 einmanualige, pedallose Orgeln 5 Sie war am 18. November 1720 geweiht worden. 6 Er selbst schrieb sich »Pezold«. 7 seltenes 8 Silbermann hat das Instrument kurz vor Ostern (1723) geliefert, wie aus seinem Brief vom 13. März 1723 an den Stadtorganisten Angermann in Altenburg zu schließen ist (Anm. 88). 9 erfundene 10 Damit ist die Gemahlin des Hofpoeten Johann Ulrich König gemeint (Anm. 94). 11 Hier ist »wider« zu lesen. 12 Zartheit 13 Zeugnis 14 bewundert 15 fähigen 16 Er wurde um 1665 geboren und kam 1709 an den sächsischen Hof nach Dresden, wo er 1728 starb (vgl. MGG, Bd. 14, Sp. 7). 17 Die Jahresbesoldung des Konzertmeisters der Dresdner Hofkapelle betrug 1200 Taler (STA. Dresden: Loc. 910, Das churfürstl. Orchester, Vol. I, Bl. 5). 18 Anm. 850 19 Anm. 1650

Nr. 15 – Bittschrift an Kurfürst Friedrich August I.

pr.[1] 21. Jun. 1723

Allerdurchlauchtigster, Großmächtigster König,
Allergnädigster König, Churfürst und Herr![2]
Ewer[3] Königl. Majestaet geruhen allergnädigst, in gegenwärtiger Bittschrift Sich allerunterthänigst vortragen zu laßen, welcher gestalt ich als ein gebohrner Unterthan von Ewer Königl. Majestät aus Frauenstein gebürtig,[4] auff meinen Reisen von dem weit und breit berühmten Raths-Orgelbauer der Stadt Straßburg[5] meinem leiblichen Bruder[6], die Orgelbauer-Kunst erlernet, und mich darinnen dergestalt perfectioniret[7], daß ich nicht nur nach ausgestandenen Lehrjahren in Straßburg und Elsaß hin und wieder, sondern auch überall

434

in der Fremde, und hernach an vielen Orten in Sachsen, sonderlich aber vor wenig Jahren zu Freyberg,[8] und allhier in dero Königl. und Churfürstl. Residenz Dreßden verschiedene große capital[9]-Orgeln mit allgemeinem Beyfall der Kunstverständigen erbauet; Vor einiger Zeit aber auf Veranlaßung des Königl. Geheimen Secretarii Königs[10], durch unermüdetes Nachsinnen, und länger als Jahr und Tag dauernden Fleiß und Arbeit ein gantz neues, niemahls in der Welt gewesenes oder gehörtes musicalisches Instrument erfunden, welches wegen seiner gantz besondern harmonischen Anmuth, scharffen und Silberhafften Schalls, gantz neuer mühsamer Eintheilung nach dem Monochordo[11] von allen Kennern und Zuhörern hochgeschätzt; Und wegen seines der Laute und Viol d'Amour sehr nahe kommenden Klanges von Ewer Königl. Majestät Virtuosen[12] selbst, die solches zu erst gehört, Cembal d'Amour genannt, auch um so mehr bewundert worden, weil vorhin[13] die berühmtesten Instrumenten-Macher, denen gedachter Geheimer Secretair viele Jahre hero davon gesagt, oder geschrieben, dergleichen für unpracticabel[14] gehalten. Wie nun Ewer Königl. Majestät sich allergnädigst erinnern werden, daß die auf diesem Instrument einzig berühmte Frau Geheime Secretair Königin[15] vor Ewer Königl. Majestät darauf zu spielen, die Gnade gehabt, Und auf sein unterthänigstes Ansuchen Ewer Königl. Majestät gemelten Ihrem Geheimen Secretair König damahlen über dieses von mir gantz neu erfundene und verfertigte musicalische Instrument ein allergnädigstes privilegium für mich mündlich zugesagt; Als erkühne mich, Ewer Königl. Majestaet um die schrifftliche Ausfertigung gedachten Privilegii, wo nicht auf Lebenslang, doch auf gewiße Jahre nebst dem Praedicat eines Königl. Hoff- und Land-Orgel-Bauers allerunterthänigst anzuflehen. Welche hohe Königl. Gnade mich bewegen würde, aller andern aus der Fremde mir gethanen sehr vortheilhafften Vorschläge ungeacht,[16] mein Vaterland vorzuziehen, und meinen Aufenthalt wie bißhero ferner in Freyberg zu behalten[17]: Weil diese Stadt mir wegen des Holtzes und anderer zu meiner Profession[18] gehörigen materialien vor andern sehr wohl gelegen ist; Wie ich denn des Jahrs über eine große Anzahl an Clavisins, Clavicordien, positiven und Orgeln theils Nach Engelland,[19] theils nach andern Orten zu verfertigen habe, welches Ewer Königl. Majestaet ein erkleckliches an Accisen[20] und Abgaben jährlich einbringt; sich aber um ein großes vermehren würde, wann unter Ewer Königl. Majestaet allerhöchsten Schuz meinen ordentlichen Auffenthalt daselbst, oder in dero Landen nunmehro beständig nehmen würde, als wozu ohne ein besonders praedicat u. Ewer Königl. Majestaet schrifftliche hohe Protection[21] mich bißhero noch nicht entschließen können. Gleichwie nun nicht zweiffle, Ewer Königl. Majestaet werden als ein Weltberühmter Beschüzer und Beförderer der Künste dieses mein aller unterthänigstes Ansuchen mir in Gnaden gewähren. Als werde nicht nur ins besondere bedacht seyn, das von mir gantz neu inventirte musicalische Instrument noch in mehrere Vollkommenheit zu setzen;[22] sondern auch überhaupt mein von Gott verliehenes Talent täglich mehr und mehr auszuüben, und Zeit Lebens mit aller unterthänigster devotion[23] zu verharren

Freyberg, den 10. Juny 1723.

    Ewer Königl. Majestät!
    Meines Allergnädigsten Königs,
    Chur-Fürsten und Herrn
    Allerunterthänigster Knecht
    Gottfried Silbermann[24]

Das Dokument befindet sich im STA. Dresden: Confirm. Privil. ... 1718–1724, XXXV. Band, Bl. 551a/b und 556. Es kann sich aber nur um eine Abschrift handeln, da die Unterschrift nicht von Silbermanns Hand stammt. Wo sich die Originalbittschrift befindet (bzw. befand), ist nicht bekannt. Im übrigen stammt die mutmaßliche Abschrift von derselben Hand wie das Attest der Hofvirtuosen (SD. 14).
1 vorgelegt   2 Die Bittschrift ist an Friedrich

August I. (August den Starken) gerichtet. Er wurde 1670 in Dresden geboren (als zweiter Sohn von Kurfürst Johann Georg III.), wurde 1694 nach dem Tode seines Bruders (Johann Georg IV.) Kurfürst (und 1697 König von Polen) und starb 1733 in Warschau.   3 Euer   4 Gottfried Silbermann wurde in Kleinbobritzsch geboren (1683), wuchs aber ab (Januar) 1686 in Frauenstein auf.   5 im Elsaß   6 Andreas, geb. 1678 in Kleinbobritzsch und gest. 1734 in Straßburg   7 vervollkommnet   8 Silbermann hatte von 1711 bis 1719 in Freiberg drei Orgeln gebaut: Dom, St. Jacobi und St. Johannis.   9 Das Wort »capital« ist im Sinne von »hervorragend« gemeint. Silbermann dürfte insbesondere die Werke im Freiberger Dom, zu Großkmehlen, in der Dresdner Sophienkirche und zu St. Georg in Rötha gemeint haben.   10 Es ist Johann Ulrich König gemeint (Anm. 142 und 981).   11 Ein in das Altertum zurückreichendes Instrument zur mathematischen Bestimmung und Erklärung der musikalischen Tonverhältnisse (von griech. monos = einzig, und chorde = Saite).   12 Das waren Jean Baptiste Woulmyer, Christian Pezold und Johann Georg Pisendel, die das Attest vom 3. Juni 1723 (SD. 14) unterschrieben hatten.   13 Hier ist »vorher« zu lesen.   14 unausführbar   15 Gemahlin des Hofpoeten Johann Ulrich König (Anm. 94)   16 Silbermann war nach Prag gerufen worden.   17 Silbermann hatte sich Ende Februar 1711 in Freiberg niedergelassen, nachdem er den Auftrag zum Bau der Domorgel erhalten hatte.   18 Beruf, Handwerk   19 Bei den Lieferungen nach England kann es sich nur um Klaviere (und nicht um Positive oder Orgeln) gehandelt haben.   20 indirekte Verbrauchssteuer   21 Gönnerschaft, Förderung   22 Ob Silbermann das Instrument weiter verbessert hat, ist nicht bekannt. Er hat sich aber intensiv mit der Verbesserung des Hammerklaviers (Piano forte) beschäftigt.   23 Ergebenheit   24 Es handelt sich nicht um eine eigenhändige Unterschrift!

Nr. 16 – Privilegium von Kurfürst Friedrich August I.

Von Gottes Gnaden, Wir Friedrich Augustus[1], König in Pohlen, Herzog zu Sachsen, Jülich, Cleve, Berg, Engern und Westphalen, des Heil. Röm. Reichs Erz Marschall und Churfürst, Landgraff in Thüringen,

436

Marggraff zu Meißen, auch Ober- und Nieder-Laußniz, Burggraff zu Magdeburg, Gefürsteter Graff zu Henneberg, Graf zu der Marck, Ravensberg und Barby, Herrn zum Rauenstein, Vor Uns, Unsere Erben und Nachkommen, Thun kund mit diesen Unserm offnen Brieffe[2] jedermänniglich; Demnach Uns Unser lieber getreuer, Gottfried Silbermann, in Schrifften[3] allerunterthänigst zu vernehmen gegeben, welchergestalt er bey seiner zu Straßburg von seinen leibl. Bruder erlernten Orgel-Bau-Kunst durch unermüdeten Fleiß und Nachsinnen, auch ein ganz neues sonst niemahle bekannt gewesenes Musicalisches Instrument, welches wegen seiner ganz besondern harmonischen Anmuth, scharffen und silberhafften Schalles, und ganz neuer mühsamer Eintheilung nach dem monochordo von allen Kunsterfahrnen hochgeschätzt, und wegen seines der Lauten und Viol d'Amour sehr nahekommenden Klanges, von unsern Cammer-Musicis[4] selbst, die es zum erstenmahle gehöret, Cimbal d'Amour genennet, und demselben das Zeugnüß beygeleget,[5] daß die berühmtesten Instrument-Macher dergl. vor unpracticable[6] gehalten, erfunden habe, mit gehorsamster Bitte, Wir wolten ihme nicht allein das Praedicat[7], Unsers Hoff- und Landorgelbauers in Königl. Gnaden beyzulegen, sondern auch über vorgedachtes ganz neuerfundenes Instrument auf gewiße Jahre zu privilegiren, allergnädigst geruhen, Daß Wir in Betracht dieser sonderbaren Erfindung, und da Wir ohnedem gute Künste und Wißenschafften zu befördern jederzeit geneigt seyn, Dieses Suchen[8] angesehen, und Supplicanten[9] sowohl zu Unsern Hoff- und Land-Orgelbauer declariret[10], als auch ihme über erwehntes sein neu erfundenes Instrumentum Musicum oder Saiten-Schlagewerck, Cimbal d'Amour genannt, ein Privilegium auf Fünffzehn Jahr bewilliget, und ertheilet haben. Thun das auch aus Landes-Fürstl. Macht, und von Obrigkeit wegen, hiermit und in Krafft dieses, und wollen, daß ermelter[11] Gottfried Silbermann allenthalben in Unsern Churfürstenthum, und incorporirten[12] Landen als unser Hoff- und Land-Orgelbauer von jedermännigl.[13] geachtet, tractiret[14] und geschrieben[15], ihme auch sein neuerfundenes Musicalisches Instrument in, und außerhalb Landes zu verkauffen und zu verführen[16], verstattet werden, keinen andern Instrument-Macher oder sonst jemanden, wer es auch sey, binnen Fünffzehn Jahren, solches nachzumachen, oder dergl[eichen] unter seinen Nahmen, in Unsern Landen zu verkauffen, bey 50 Rheinisch[en] Gold-Gulden Straffe, welche zur Helffte Unserer Renth-Cammer[17], die andere Helffte aber den Denuncianten[18] und dem Hoff- und Land-Orgelbauer zu gleichen Theilen nebst dem falschen Instrumento verfallen seyn, und von dem Contravenienten[19] durch Obrigkeitl. schleunige Hülffe alsofort eingebracht, und geliefert werden soll. Wir gebieten hierauff Unsern Creyß-, Haupt- und Amtleuten, Räthen in Städten, auch insgemein in allen Unsern Vasallen und Unterthanen Impetranten[20] bey dieser Unserer Begnadigung und Privilegio solche Zeit über wieder[21] Männigliches und besagten Eintrag[22] zu aller Zeit getreulich bis an Uns zu schüzen, zu schirmen und zu Handhaben, damit er[23] deßelben zu seinen Nuzen und Besten geruhiglich genießen und gebrauchen möge, iedoch, daß er[23] bey Verkauffung solcher musicalischen Instrumenten die Billigkeit beobachten, und in Preiße niemanden übersezen,[24] auch sonst die accisen und andere Landes-Abgaben davon zu entrichten schuldig seyn solle, und behalten wir darbey Uns, Unsere Erben und Nachkommen, solch Privilegium nach Erforderung der Umstände, unsers Gefallens zu ändern, zu mehren, und zu mindern und zu bessern, auch gänzl. wiederum aufzuheben, hiermit ausdrückl. zuvor. Treulich sonder Gefährde.[25]

Zu Urkund haben Wir daßelbe eigenhändig unterschrieben, und Unser größeres Insiegel wißentlich daran hengen laßen. Geben[26] zu Dreßden, an Dreysigsten Monaths Tag Juny nach Christi Unsers einigen Erlösers und Seeligmachers Geburth, in

Eintausend Siebenhundert, Drey und Zwanzigsten Jahre.[27]

(LS) Augustus Rex
Heinrich von Bünau

Das Original ist verschollen. Es befand sich in Silbermanns Nachlaß (vgl. Anm. 2600 unter a)). Der Text der Urkunde ist im STA. Dresden zweimal überliefert: a) Confirm. Privil. ... 1718 bis 1724, XXXV. Band, Bl. 547 ff. b) Loc. 383: Akte Varia das Theater ... 1680–1784, Bl. 102 ff. 1 Siehe SD. 15, Anm. 2. 2 öffentliche Urkunde 3 auf schriftlichen Antrag (SD. 15) 4 Das waren Woulmyer, Pezold und Pisendel (vgl. SD. 14). 5 Damit ist das Attest vom 3. Juni 1723 gemeint (SD. 14). 6 unausführbar 7 Rangbezeichnung, Titel 8 Silbermanns Antrag 9 Bittsteller (Silbermann) 10 ernannt, erklärt 11 genannter 12 einverleibten 13 jedermann 14 behandelt 15 Es ist zu beobachten, daß in allen nach dem 30. Juni 1723 ausgefertigten Urkunden dem Namen Gottfried Silbermanns das verliehene Prädikat beigefügt wurde. Auf diese Weise wurde die vom Landesherrn erhobene Forderung erfüllt. 16 Hier ist wohl »vorzuführen« zu lesen. 17 Damit ist die landesherrliche »Kasse« gemeint, aus der z. B. der Bau der Dresdner Hofkirchenorgel finanziert wurde. 18 Anzeigeerstatter 19 Zuwiderhandelnden 20 Damit ist Silbermann gemeint. 21 Hier ist »wider« zu lesen. 22 Schädigung 23 Silbermann 24 übervorteilen 25 Das heißt: Aufrichtig und ohne Arg- oder Hinterlist. 26 Ausgefertigt 27 einfacher: 30. Juni 1723

Nr. 17 – Vertrag mit dem Tischlergesellen Graichen

In Nahmen der heiligen und Hochgelobten Dreyfaltigkeit!
Sey hiermit zu wißen, denen es nötig, Daß zwischen Herrn Gottfried Silbermannen, Königl. Pohln. und Churfürstl. Sächß. Hof- und Landt-Orgelmachern zu Freyberg, an einem, und Johann Jacob Graichen, Tischlergesellen aus Waltenburg in der Grafschafft Schönburg gebürtig, am andern Theil, folgender Contract wohlbedächtig abgehandelt und geschloßen worden;
Nehmlich es verspricht ermelter Herr Gottfried Silbermann besagten Johann Jacob Graichen in der Orgel- und Instrument-

macher-Kunst treulich und fleißig zu informieren, und ihm in solcher Wißenschafft gute Manuduction zugeben[1], dargegen verbindet sich derselbe[2] von Ostern dieses 1724ten Jahres an biß dahin 1728 geliebts Gott auf Vier Jahr diesem seinen Principal[3] in allen ihm obliegenden Verrichtungen from, getreu, gehorsam, fleißig und unverdroßen sich zu erweisen, die erlernte Wißenschafft verschwiegen zu halten, auch solche Zeit über, wie einem rechtschaffenen und ehrliebenden Gesellen eignet und gebühret, sich aufzuführen.

Hingegen will Herr Gottfried Silbermann solche 4 Jahr über von Ostern 1724 bis dahin 1728 ihm wöchentlich Neun Groschen zum Wochenlohn geben, auch hierüber nach ausgehaltener Zeit wegen seines Wohlverhaltens und Information in der Orgel- und Instrumentmacher-Kunst ein beglaub[ig]tes Attest zu ertheilen.

Also ist dieser Contract in duplo zu Pappier gebracht, von denen resp. Herren Contrahenten[4] nebst denen darzu insonderheit erbetenen Zeugen und Beyständen unterschrieben und besiegelt worden;
Freyberg, den 5ten Octobris Anno 1724.

    (LS) Johann Gottfried Krauße[5]
        als erbetener Zeuge
    (LS) Johann Friedrich Lücke[6]
        Bildhauer als Zeuge
    (LS) Gottfried Silbermann
        Hoff- und LandtOrgelbauer
    (LS) Johann Jacob Graichen
        Tischlergeselle

Beide Exemplare des Vertrages sind verschollen. Der Vertragstext wurde damals in das Freiberger Stadtgerichtsvertragsbuch eingetragen: STA. Dresden, Gerichtsbuch Freiberg Nr. 130, Bl. 6 f.
1 gute Handreichung, Anleitung 2 Graichen
3 Lehrherrn 4 Silbermann und Graichen
5 Krauße war Ratskämmereischreiber und später Ratskämmerer zu Freiberg (Anm. 2599).
6 Anm. 574

Nr. 18 – Brief an Amtmann Weidlich in Rochlitz

Hoch-Edler, Insonders Hochgeehrter Herr, Vornehmer Gönner.

Vor[1] gütiges Andencken vor meine wenige Person, welches Sie so wohl durch Zuschrifft als [durch] Herr Herolden, Barbier allhier[2], contestirt[3], lebe infinement[4] verbunden. Und wie ich nach der Ehre Ihnen meine Aufwartung zu machen herzlich verlange, So bedaure, daß ich Dero[5] gegebenen Befehl nach diese Oster-Feyertage nicht auffwarten kan, im maßen[6] den dritten Feyertag die Einweyhung der von mir erbauten Orgel zu Forchheim, bey welcher persönlich seyn muß, vor sich gehet. Ich gebe Ihnen aber die Versicherung, daß ich so gleich nach Ostern meine schuldige Auffwartung machen will. Inzwischen habe alle Obligation[7] vor die Güte Ihres Herrn Bruders, so er in Offerirung[8] seinen Logis[9] erwiesen, bitte mich demselben bestens zu empfehlen, auch dero Frau Liebste[10] meine Ergebenheit zu contestiren[3]. Schlüßlich gebe Ihnen die Versicherung, daß täglich an dero Wercke bey mir gearbeitet wird, und Sie selbiges zu rechter Zeit in Stande sehen sollen. Alles übrige reservire mir so lange, biß ich mit Ihnen mündlich zu sprechen die Ehre habe, und verharre mit allem Respect Ew.[11] HochEdl. ergebenster Diener

    Gottfried Silbermann[12]
Freyberg, den 20. Martii[13] 1726.

Original im STA. Leipzig: Acta, Die Baufälligkeit der in der Haupt- und Pfarr-Kirche zu St. Petri allhier befindlichen Orgel betreffend. Ergangen Anno 1724–1727 (Sign. Amt Rochlitz Nr. 261), Bl. 173 f.
1 Für 2 Der Freiberger »Haar- und Bartpfleger« Herold hatte vermutlich Beziehungen zu dem Rochlitzer Amtmann und zu Silbermann.
3 bezeugt 4 immer 5 Ihrem 6 weil
7 »Verpflichtung« 8 durch Anbieten 9 Hauses, Wohnung 10 Gemahlin, Ehefrau
11 Euer 12 eigenhändige Unterschrift
13 März (von lat. mensis Martius = Marsmonat)

Nr. 19 – Quittungen über 430 Taler für die Orgel zu Helbigsdorf

Den Ersten Termin 50 Thl. sage fünzig thl. empfangen bei schlißung des Contract. Den 19. Mey 1726.

    (Siegel) Gottfried Silbermann

438

Den Neu Jahres Termin Ein hundert sage
100 thl. empfangen
Den 11. Februar 1727 in Freyberg
(Siegel) Gottfried Silbermann
Ein Hundert sage 100 thl. empfangen
Den 5. Sebtember 1728 in Helbisdorff
(Siegel) Gottfried Silbermann
Ein Hundert und Achtzig sage 180 thl. bei
über gabe des Werckß und also vellig be-
zahlet den 18. 9ber[1] 1728. Datum Helbiß-
dorff.

(Siegel) Gottfried Silbermann

Original im PfA. Helbigsdorf (ohne Signatur).
Die Quittungen befinden sich auf der letzten
Seite des Kontrakts. Alle vier Quittungen wurden von Silbermann eigenhändig geschrieben.
1 9ber = November (von lat. novem = neun:
neunter Monat im altröm. Kalender). Dementsprechend: 7br. (September) und 8br. (Oktober).

Nr. 20 – Brief an Amtmann Weidlich in Rochlitz

Hoch-Edler, Vester und Rechtswohlge-
lahrter, Insonders Hochzuehrender Herr
Ambtmann.
Ew. HochEdl. ohnlängst hin an mich spe-
dirtes geehrteste[1], ist gleich eingelauffen,
als ich mich in Dittersbach befunden und
das alda gebaute Werckgen übergeben,
deswegen nicht ungütig zu nehmen bitte,
daß der abgeschickte Expresse[2] ohne schuldigste Antwort zurücke gehen müßen, und
bin ich aniezo[3] eben in Begriff gewesen,
das jenige was Sie iezo zu lesen geruhen
wollen, zu versichern, nehmlich, daß ich
zu Lichtmes[4] gel. Gott! ganz gewiß in
Rochlitz einzutreffen unveränderlichen Vorsaz genommen, und soll so dann der Bau
bestmöglichst beschleuniget und der biß-
herige Verzug dadurch wieder ersezet[5]
werden, weiln, da sonst nur selb Vier Personen dahin gekommen, nunmehro selb
Achten einzukehren Anstalt gemachet,
und wird die künfftige Arbeit sich selber
loben. Wegen derer Fuhren kan ich deswegen noch keine gewiße Zeit ansezen,
weil die abzuhohlenden Sachen, und bereits
gefertigte Arbeit in Freyberg zu befinden,
Bey deren Auffladung aber ich und iemand[6]

von meinen Leuthen wie ingleichen bey der
Abladung iemand von diesen leztern seyn
muß, aniezo aber ich unmöglich von der
nöthigen Arbeit von hier abzukommen
vermag, versichere aber, daß zum wenigsten 14 Tage vor meiner Überkunfft zu
Abschickung derer Fuhren die Zeit über-
schreiben[7] will, hernach gehet alles in
einerley Fortschaffung fort, und wird diese
wenige Zeit, wenn Gott Leben und Gesundheit giebet, wieder[8] vermuthen vorbey
streichen, biß dahin nochmahls um Gedult
alles Fleißes will gebethen und nochmahls
theuer versichert haben, daß mein Versprechen zu aller Vergnügen zu erfüllen
nicht ermangeln werde, gestalt ich denn
mit Gottes Hülffe alle Wercke, die ich gebauet, mit guter Renomee[9] und Ehre übergeben, ein solches auch in Rochliz zu erlangen, keinen Zweifel trage, mich daneben zu Dero fernerer Gewogenheit
empfehle und unausgesezt verharre Ew.
Hoch-Edl. Meines Hochzuehrenden Herrn
Ambtmanns ergebenster Diener
Oederan, am 4. Dec. 1726.
Gottfried Silbermann[10]

Original im STA. Leipzig: wie Nr. 18, Bl. 184 f.
1 Damit ist der Brief des Amtmannes vom
30. Oktober 1726 und die Nachfrage vom
15. November gemeint. 2 Bote des Amtmannes
3 jetzt 4 2. Februar 1727 5 ausgeglichen
6 jemand 7 mitteilen 8 wider 9 Ruf, Anerkennung 10 eigenhändige Unterschrift

Nr. 21 – Brief an Amtmann Weidlich in Rochlitz

Hoch-Edler, Hochgeehrtester Herr Amtmann, Vornehmer Patron[1]. Aus Dero
werthesten an mich abgelaßenen[2] habe ersehen, wie daß Sie gesonnen, den 26. huj.[3]
die Orgel-Fuhren wegen der Rochlitzer
Orgel anhero[4] zu schicken, welches mir
hertzl. wohl gefallen laße, ich meines
Theils bin auch mit denen Meinigen[5] und
der Arbeit in solchem Stande, daß wenn
Gott Gesundheit geben wird, ich gantz
gewiß gesetzten 26. hujus die Wagen allhier erwartte. Anbey dancke vor beyliegende Briefe, wolte auch gar gerne der

Hochzeit in Rötha beywohnen,[6] und bey Ihnen durchpassiren[7], alleine so wollen es vor diesesmahl nicht meine Verrichtungen zulaßen, bey denenselben[8] meine Aufwartung zu machen, hoffe aber des nechsten die sonderbare Ehre zu haben, dero wertheste Conversation[9] in Rochlitz zu genießen, verbleibende Meines Hochgeehrtesten Herrn Amtmanns und vornehmen Patroni ergebenster Diener

Freyberg, den 9. Februarii 1727.

Gottfried Silbermann[10]

Original im STA. Leipzig: wie Nr. 18, Bl. 188.
1 Förderer (des Orgelbaues) 2 Damit ist der von Amtmann Weidlich am 2. Februar an Silbermann geschickte Brief gemeint. 3 dieses Monats 4 nach Freiberg 5 Damit meinte Silbermann seine Gesellen. 6 Über den Inhalt der von Silbermann erwähnten Briefe ist nichts bekannt. Ebenso ist unbekannt, von welcher Seite Silbermann eine Einladung zur Teilnahme an einer in Rötha stattfindenden Hochzeit bekommen hat. 7 durchreisen 8 bei Amtmann Weidlich 9 gesellige Unterhaltung 10 eigenhändige Unterschrift

Nr. 22 – Bericht über die Prüfung der Orgel zu Rochlitz

Der mit Genehmhaltung[1] von Sr. Excellenz dem Hn. Superintendenten Hn. Doct. Löschern, wie nicht weniger des Königl. Pohln. ChurFürstl. Sächß. Hn. Ambtmannes, Hn. Carl Erdmann Weidlichen, an mich beschehene hochgeneigte Requisition[2] zu schuldiger Folge, habe das von Hn. Gottfried Silbermannen, Hoff- und Land- auch über diß weitberühmten Orgelmachern, in der Kirchen zu St. Petri alhier zu Rochlitz verfertigte neue Orgelwerck, so wohl in quanto als in quali, und zwar in Gegenwart derer sämbtl. H. Kirchen-Patronen und Ausschuß derer Eingepfarten mit allem Fleiße genau untersuchet. Da ich denn quod quantum nicht nur alle zu dem gantzen Wercke gehörigen essential und accidental Stücken[3] an Windladen, Bälgen, Stimmen und andern pertinentien[4] wie sie im Contracte sub dato den 26. May 1725 beliebet worden, sondern

auch noch außer dem in Haupt-Werck eine 4füßige Spitz-Flöte von Zinn, und vocem humanam[5] angetroffen, auch vor[6] die 2fache Cimbel eine 3fache Mixtur u. Coppel zum Clavier.

Quod quale
bin ich das Werck nach denen so genannten Requisitis eines vollkommenen und beständigen Orgelwercks[7], so ein Hoch-Edler Herr Ambtmann mir vorgeleget, von einem Paragrapho oder Numero zu dem andern durchgegangen, und habe ich gleich

1. das BalgHauß so wohl angelegt befunden, daß die darinnen 2 liegenden Bälge weder dem Regen, Schnee und Ungewitter noch der Sonnen-Hitze exponiret seyn, sonderlich, da man die durch die etwas sehr nahen Fenster eindringenden Sonnenstrahlen durch einen Vorhang noch weiter verwehret hat, was

2. die Bälge selber anbetrifft, so sind dieselben von tüchtigen Holtze wohl ausgearbeitet, mit einer Falte von ungemeiner Größe und dem dazugehörigen Gegen-Gewichte, gehen auch weit genug auff, haben in Spielen einen gleichen sanfften Gang, sind wohl beledert, und haben alle Requisita. Hat sich auch bey der Application der Wind-Probe so viel gezeiget, das der liquor über den 35t. Grad gestanden, und hat man solchen beständig stillstehend gesehen.[8] Gleichwie es nun mit den Bälgen allendhalben seine Richtigkeit hat, also ist auch

3. An den Windladen nicht das geringste zu desideriren[9] gewesen, als welche mit den grösten Fleiße und alle accurateße aus guten Holtze nach allen Requisitis ausgearbeitet sind. Dahero denn, als man nach den geöffneten Ventile ein Bret auff das Pedal geleget, und darauff getreten, oder sich mit den Armen auff die Manuale geleget, auch noch andere Proben darbey exerciret, nicht das geringste Durchstechen oder Heulen, (wie sonsten in andern Wercken, da etwann die Pfeiffen mit so genanten

Schwedischen Stichen durchbohret sind, oder durch andere Verführung des Windes, durch die Laden neben den Pfeiffen bey einem noch lange nicht so starcken Winde gemeiniglich zu geschehen pfleget) gespühret worden.[10] Das Clavir ist

4. Von sauberer Arbeit und wohl ordiniret, läßet sich auch wohl tractiren, mercket auch da keine Tremores[11] und unanständiges Schwancken, wenn man mit den Händen accordiret[12], und läßet das Pedal so wenig als das Manual ein verdrießliches Klappern und Raßeln hören. Gleich wie aber

5. An Materialien und Zinne nichts geschonet worden, also sind die Blätter[13] zu denen Pfeiffen in gehöriger Stärcke gegossen und fleißig ausgearbeitet worden, dergestalt, daß jedermann an der accuraten Löthung und Polierung, sonderlich in den Principale, sein Vergnügen findet, bey welcher Bewantniß denn

6. die Pfeiffen ihre richtige Proportion haben, auch recht intoniret sind, allerdings ihren reinen silbernen Klang haben müßen, wie ich solchen allenthalben mit den grösten Vergnügen gehöret, sonderlich, da bey allen die rechte Egalite[14] getroffen worden, der Maitre[15] dieses schönen Wercks an Materialien nichts ermangeln laßen, und dahero die Pfeiffen von gehöriger Güte und Stärcke auch von fleißiger Arbeit, wie bey allen andern Stücken sich zeigen, so können auch

7. die Füße weder zerdrücket, noch mit Löchern durchbohret, vielweniger umfallen, vornehmlich da die Pfeiffen allenthalben á part ihr sicheres Hältniß[16] haben, Noch weniger aber sich in der

8. Mixtur einige stumme Pfeiffen antreffen laßen.

9. An denen Rohr- und Schnarr-Wercken[17] höret man in Basse und Discant die erforderte Gleichheit, welches alles aus der richtigen Mensur ihrer Corporum[18] und deren Intonation erfolgen

müßen. Der 16füßige Bombardt oder Posaunen-Bass läßet sich vortrefflich hören, steht in guter Dauer, und fehlet keines von denen unter diesen Numero specificirten Requisitis, sonderlich was vocem humanam anbelanget. So hat es auch bey denen was

10. Bey den Tremulanten und

11. Der Copuln[19] will erfordert werden, allenthalben seine Richtigkeit.

Damit aber auch letzlich das vornehmste bey diesem Wercke nicht hat vergeßen werden sollen, als nehmlich, ob es in rechten Cornett- oder Chor-Thono stehe, so habe solches durch Einplaßung derer Instrumente von denen Stadt Musicis so viel wahrgenommen, daß es in richtigen und zwar etwas scharffen Chor-Thono stehe, und mit selbigen gut accompagniret[20].

Hierinnen haben also meine Erinnerungen bey der Untersuchung dieses neu erbaueten Orgelwerckes bestanden, worzu von Hertzen gratulire, daß es bey erwüntschter Ruhe und Frieden dem Allerhöchsten, der dem Meister dieses herrlichen Werckes die Gaben, solches glücklich zu verfertigen, verliehen hat, zum Lobe und Preiße, denen HochEdlen Patronen zum unsterblichen Ruhme, und der sämbtlichen werthen Kirchfarth zu sonderbahrer Vergnügung und heiligen Andacht immer beständig möge gehöret werden.

Rochlitz, den 18t. July 1727.

Theodorus Gerlach mpr.[21]

Org[anist] zu St. Kunig[unden] alhier.

Original im STA. Leipzig: wie Nr. 18, Bl. 199 ff.
1 Einverständnis 2 Aufforderung 3 SD. 5, Anm. 5 4 Zubehör 5 Menschenstimme: Sie sollte nicht unbedingt eine Kopie der Menschenstimme sein; vielmehr bedeutet diese Bezeichnung, daß dieses Register die Stelle des menschlichen Sologesanges übernehmen konnte (nach Adelung). 6 für, anstelle 7 Siehe SD. 5, Anm. 10 und SD. 9, Anm. 6. Vermutlich hat Gottfried Silbermann auch ein Exemplar dieser »Requisita« besessen und seine Orgeln danach prüfen lassen. 8 SD. 5, Anm. 20 9 zu beanstanden 10 Siehe hierzu Adelung, S. 123 ff.
11 von lat. tremor = Beben, Zittern 12 Ak-

korde greift 13 Blechtafeln 14 Gleichheit 15 Meister 16 Halterung 17 Damit sind Register gemeint, die nur aus Zungenpfeifen bestehen (vgl. SD. 5, Anm. 37). 18 Das heißt: aus den richtigen Maßverhältnissen der Pfeifenkörper. 19 Koppeln 20 begleitet (oder übereingestimmt) 21 Anm. 1344. Der gesamte Bericht wurde von Gerlach eigenhändig geschrieben.

Nr. 23 – *Quittung über 635 Taler für die Orgel zu Rochlitz*

Fünffhundert Fünff und Siebenzig Thaler, sage 575 thlr., sind dem unterm Dat[um] Rochlitz den 8. Juny 1725 geschloßenen Contracte[1] gemäß, vor die in der Kirche zu St. Petri alhier gefertigte und heute behörig übergebene Neue Orgel[2], sowohl hierüber annoch Sechzig Thaler zu einer billigen discretion[3] wegen der über gedachten Contract aus eigener guten Intention[4] noch darzu gemachten drey besondern Registern,[5] von dem Königl. Pohln. und ChurFürstl. Sächß. Ambtmanne Tit. Herrn Carl Erdmann Weidlichen, an mich baar und richtig ausgezahlet und über deren richtigen Empfang von mir Krafft diß unter meiner eigenhändigen Unterschrifft und vorgedruckten Petschafft[6] beständigster maßen quittiret worden. So geschehen Rochlitz, den 18. July Ao.[7] 1727.

(Siegel) Gottfried Silbermann

Original im STA. Leipzig: wie Nr. 18, Bl. 238. 1 Der Bauvertrag ist auf den 28. Mai 1725 datiert, wurde aber erst etwas später in Reinschrift ausgefertigt. 2 Vgl. den Bericht des Amtsaktuars Johann Georg Dreßel vom 18. Juli 1727 (Bl. 198). 3 Darunter ist eine zusätzliche, nach Ermessen festgesetzte Zahlung zu verstehen. 4 Absicht 5 Vgl. hierzu den Bericht des Organisten Gerlach (SD. 22). 6 Handstempel zum Siegel 7 Anno (im Jahre)

Nr. 24 – *Brief an Pastor Degenkolb in Stolpen*

Dero werthe Zuschrifft vom 8. hujus[1] habe von Dresden aus durch H. Benisch[2] wohl erhalten und daraus ersehen, was maßen[3] dieselben Ihre neu auferbaute Kirche auch hinwiederumb mit einem neuen Orgelwerck auszuzieren gesonnen seyn, und hierzu auff meine Wenigkeit besondere Reflexion gemachet haben.

Nachdem aber mit hiesigen Orgelbau biß künfftige Johannis[4] zu tun habe, die überschickte Disposition[5] aber, jedoch sonder alle Affecten davon gesprochen, mir allzu simpel[6] vorkommt, und ich mich darauf nicht einlassen, auch, ehe und bevor den Platz zu ihrer künfftigen Orgel und die Kirche selbst in Augenschein genommen, weder Riß noch Disposition einschicken kann, als werden Ew. HochEhrwürden, daferne es Ihnen nicht zu lange fallen möchte, bis zu gemeldter Zeit annoch in Ruhe zu stehen belieben.

Ich werde vielleicht, so Gott will, unter der Zeit, gewisser Angelegenheiten halber,[7] einmahl nach Dresden reißen, oder, da auch dieses nicht geschehen sollte, von hier aus gleich nach Reinhardts-Grimma kommen, die dasige Orgel zu setzen, und mir sodann die Freyheit nehmen, bei Ihnen einzusprechen[8], sowohl die Kirche, als den Platz zur Orgel in Augenschein nehmen, und alsdenn mit einer wohlproportionirten Disposition und Riß an Handen gehen, auch alles, was billig und christlich zu accordiren. Bitte mir dahero nacher Glauchau, als welcher Orth Ew. WohlEhrwürden dem Vernehmen nach, sehr wohl bekannt ist,[9] zu adreßiren, der ich unter Empfehlung göttlicher Gnaden-Obhut allstets beharre ... ganz ergebenster Diener Glauchau, den 19.2.1730.

Gottfried Silbermann[10]

Original im PfA. Stolpen: Acta, allerhand Bausachen bey den Kirchen und geistl. Gebäuden zu Stolpen betr., 1723–1758 (Sign. Loc. VI, Lit. B, II c 1), ohne Blattnummer. 1 dieses (Monats) 2 Emanuel Benisch jun. (1686–1742), Kreuzkirchenorganist zu Dresden (vgl. Anm. 1490) 3 Hier ist am einfachsten »daß« zu lesen. 4 Johannistag: 24. Juni 5 Entwurf der geplanten Orgel 6 einfältig 7 Silbermann hatte 1728 erfahren, daß der Orgelbauer Johann Ernst Hähnel das privilegierte »Cymbel d'Amour« nachgeahmt hat. Es wäre denkbar, daß Silbermann wegen dieser Sache und des daraus entstandenen Rechtsstreites nach

Dresden reisen wollte. 8 vorzusprechen 9 Degenkolb hatte ab 1690 die Glauchauer Stadtschule besucht (vgl. Carl Christian Gercken, Historie der Stadt und Berg-Vestung Stolpen im Marggraffthum Meissen ..., Dresden und Leipzig 1764, S.98). 10 keine eigenhändige Unterschrift

Nr.25 – Brief an Pastor Degenkolb in Stolpen

Dero anderweitige Zuschrifft vom 13.huj.[1] ist richtig eingelauffen und wie ich nochmahls die gewisse Versicherung gebe, daß, so bald künfftig nach Johannis[2] nach Reinhardts-Grimma, Gel. Gott!, kommen werde, ich Ihnen meinen Besuch machen und zusprechen will; Also wollte wünschen, daß auch dem übrigen Verlangen, wegen des Preißes von der überschickten Orgel-Disposition, ein Genüge leisten könnte. Nachdem aber gedachte Disposition gar nicht zusammen quadriret[3] und vermutlich seinen Ursprung von einem, so dergleichen nicht ex fundamento[4] verstehet, her hat, so kann mich auch darauff gar nicht herauslaßen[5] und wäre eine vergebliche Arbeit, denn in eine dergleichen Kirche, wie sie durch Gottes Gnade wieder erbauet, und wo vielleicht eine stärkere Gemeinde als auf einem Dorffe zusammenkommt, räumet sich ein 4füßig Principal gar nicht,[6] sondern muß billig ein 8füßig Principal, welches der menschlichen Stimme egal ist,[7] gemachet werden, und wenn dieses beliebet wird, so können hernach die anderen Stimmen bald darzu choisiret[8] und eine wohlproportionirte Disposition zusammengesetzt und der Preis derselben angegeben werden. Wünsche indeß, daß der Allerhöchste auff beyden Seiten beständige Gesundheit verleihen möge, damit sodann bey meiner künfftigen Überkunfft die Ehre habe, Ihnen von allen mehrere Nachricht mündlich zu geben, womit voriezo beharre ... ganz dienstergebenster

Gottfried Silbermann[9]

Glauchau, den 30.Marty[10] 1730.

PS. Schreiber dieses, Organist Meischner[11], lebet bißhieher, Gott sey Danck noch gesund und freuet sich über das geneigte Andencken von Hertzen ... Den werthesten H. Silbermann lassen Sie künfftig ja nicht ohne geschlossenen Orgelcontract wieder von sich, denn seine unvergleichliche Arbeit lobet sich und ihren Meister selber.

Original im PfA. Stolpen: wie Nr.24, ohne Blattnummer.
1 dieses (Monats) 2 Johannistag: 24.Juni 3 Das heißt: die in der Disposition vorgesehenen Stimmen paßten nicht zusammen. 4 von Grund auf 5 dazu nicht Stellung nehmen 6 Das heißt: ist ein Register im 4-Fuß-Ton als Hauptstimme ungeeignet. 7 Bei einem Register im 8-Fuß-Ton erklingt auf die Taste a¹ auch der Ton a¹. Es entspricht in der Tonlage der Menschenstimme. 8 ausgewählt 9 eigenhändige Unterschrift 10 März 11 Anm. 1446. Der Glauchauer Organist Meischner hat den Brief für Silbermann geschrieben.

Nr.26 – Brief an Pastor Degenkolb in Stolpen

Ew.[1] WohlEhrwürden werden annoch in guten Andencken haben, welchergestalt ich versprochen, Ihnen Nachricht zu ertheilen, wenn ich mit der hiesigen Orgel fertig dürffte sein, welchem nun nachzukommen, so melde hiermit gehorsamst, daß ich in wenig Tagen mit Gott hoffe, solche in völligen Stand zu setzen und sie auf den 1.Sonntag post Epiphan.[2] in Gegenwart des Organisten Herr Pönischens[3] aus Dreßden überzugeben und mich dann hierauf Dienstags wiederum nacher Freyberg zu begeben, resolvieret[4] bin. Wollten nun Ew. WohlEhrwürden sich die Mühe geben, dieses neue Werk bey meinem Hiersein in Augenschein zu nehmen und durch dero[5] angenehme Gegenwart mich in meinem voriezo habenden Logiment[6] glücklich zu machen, so würde es mir sehr lieb und angenehm sein. Übrigens empfehle Sie nebst ergebensten Compl[iment] an dero wertheste Fr[au] Eheliebste in göttlichen Schutz, mich aber zu dero beharrlichen Andenken und verbleibe ... gehorsamer Diener

Reinhardtsgrimma den 20.Dec. 1730.

Gottfried Silbermann[7]

443

Original im PfA. Stolpen: wie Nr. 24, ohne Blattnummer.

1 Euer 2 nach Epiphanias (Fest der Erscheinung Christi: 6. Januar) 3 Damit ist Kreuzkirchenorganist Emanuel Benisch gemeint (SD. 24, Anm. 2). 4 entschlossen 5 Ihre 6 gegenwärtigen Wohnung (in Reinhardtsgrimma) 7 eigenhändige Unterschrift

Nr. 27 – *Brief an Bürgermeister Schwartzbach in Dresden*

pr.[1] den 9. April 1732

Hoch-Edler, Insonders Hochgeehrtester Herr Bürgermeister,
Vornehmer Patron,[2]
Ew. Hoch-Edl. werden nicht ungütig nemen, daß auf Dero[3] wertheste Zuschrifft[4] nicht alsbald geantworttet, immaasen[5] ich vorige Woche verreiset gewesen,[6] habe aber alsbald bey meiner Heimkunfft den Brief erhalten, worauf Ew. Hoch-Edl. in Unterthänigkeit melden wollen, daß auf die Mitwoche nach denen heil. Oster-Feyertagen[7] ich nach Dreßden reisen und bey Ew. HochEdl. meine unterthänig Aufwarttung machen will, der ich mit allem ergebensten Respect verharre
Ew. Hoch-Edl. Meines Hochgeehrtesten Herrns und Vornehmen Patroni
dienstergebenster
Gottfried Silbermann[8]
Freyberg den 8. Aprilis 1732[9]

Original im StA. Dresden: Akte über den Bau der Frauenkirche (Sign. B II 27), Vol. III, Bl. 131.

1 vorgelegt 2 Förderer (oder Schutzherr) 3 Ihre 4 Der an Silbermann gerichtete Brief war vom 1. April. 5 weil 6 Silbermann ist möglicherweise in Crostau gewesen (vgl. Anmerkung 1546). 7 Mittwoch nach Ostern 1732: 16. April 8 eigenhändige Unterschrift 9 Das war ein Dienstag.

Nr. 28 – *Bauvertrag über die Orgel zu St. Petri in Freiberg*

Wir Bürgermeister und Rathmanne[1] der Churfürstl. Sächß. alten freyen Berg-Stadt Freyberg, uhrkunden hiermit und bekennen

444

krafft dieses, daß nach dem die durch den Mense Majo ao 1728[2] entstandenen Brand, eingeäscherte Kirche zu St. Petri, hinwiederum durch Göttliche Gnade in so weit errichtet, daß darinnen der Gottes-Dienst gehalten werden kan, auch damit bereits ein mit Gott geseegneter Anfang gemachet worden, die unumgängliche Nothwendigkeit aber erfordert, weil einer solchen Kirche und bey einer so starcken Gemeinde, ein firmer[3] und harmonischer Thon beym Gesang, ohne ein annehmliches und starckes Orgel-Werck, nicht erhalten werden kan, auch dergleichen hin und wiederum zu errichten, wir wegen Anleg- und Erbauung eines tüchtigen Orgelwercks, nach vorher beschehener Überlegung und Communication[4] mit dem Herrn Superintendenten, Herrn Dr. Christian Friedrich Wilischen, und mit deßen Einwilligung, biß auf des Hochlöblichen Ober-Consistorii gnädigste Approbation, mit Herrn Gottfried Silbermannen, Königl. Pohln. und Churfürstl. Sächß. bestalten Hof- und Land-Orgelbauer, nachfolgender Contract zu schlüßen, bewogen worden, Nehmlich

1.

Da sich vorermelder Herr Hof- und Land-Orgelbauer Gottfried Silbermann, zu einigen mahlen erklähret, in Erwegung daß er allhier geraume Zeit sein Domicilium[5] gehabt, der allhiesigen Stadt zum Besten und Andencken ein übriges zu thun, und in der wieder erbaueten Kirche zu St. Petri, ein annehmliches und tüchtiges schönes Orgelwerck, zu Gottes Ehren, und derselben Zierde, mit Hintansetzung seines besondern Interesse[6], gegen Praestation[7] eines billigmäßigen Quanti[8] zu fertigen, man auch solch Erbieten[9] zu acceptiren Ursache gehabt; So soll und will derselbe nunmehro ein neues vollständiges Orgel-Werck nach der von Ihme selbst angegebenen und von Uns vor gut befundenen Disposition dermaßen, daß

a.
Das Haupt-Manual von grossen und gravitaetischen Mensuren[10]

Principal	16 Fuß	
Octav Principal	8 Fuß	von Zinn
Viol di Gamba	8 Fuß	
Rohr-Flöte	8 Fuß	von Metall
Octave	4 Fuß	
Spitz-Flöte	4 Fuß	
Quinta	3 Fuß	von Zinn
Octava	2 Fuß	
Tertia aus	2	
Mixtur 4 fach die gröste Pfeiffe	1 $\frac{1}{2}$ Fuß	
Cymbel 3 fach die gröste Pfeiffe	1 $\frac{1}{2}$ Fuß	Zinn
Cornet 4 fach		
Fachott	16 Fuß	

b.

Im Ober-Wercke von scharffen und penetranten[11] Mensuren

Principal	8 Fuß	Zinn
Quinta dena	16 Fuß	
Getackts	8 Fuß,	die unterste Octave Holtz, die drey übrigen Octaven Metall
Quinta dena	8 Fuß	Zinn
Octava	4 Fuß	
Rohr Flöte	4 Fuß	Metall
Nassat	3 Fuß	
Octava	2 Fuß	
Quinta	1 $\frac{1}{2}$ Fuß	Zinn
Sufflöt	1 Fuß	
Sechst quint altra aus	2 Fuß	
Mixtur 3 fach		Zinn
Vox humana	8 Fuß	
Tremulante		
Schwebung		

c.

Im Pedal, an starcken und durchdringenden Mensuren,

Groß Untersatz	32 Schuh[12]
Principal Bass	16 Schuh
Octaven Bass	8 Schuh
Possaune	16 Fuß, die Corpora[13] von Holtz, die Mundstücken von Metall
Trompete	8 Fuß, von Zinn

Worbey das Pedal durch aparte Ventile ins Haupt-Manual mit einspielet, weil es zur Gravitaet des Wercks ein großes contribuirt[14].

d.

Vier tüchtige Bälge mit einer Falte von Tannen-Holtze, welche dem Wercke sufficienten[15] Wind geben, und Sechs tüchtige Wind-Laden von Eichenen Holtze, ingleichen die beyden Claviere von guten schwartzen Ebenen-Holtze und Elffenbeinern Semitoniis,[16] mit der langen Octava[17], von C, D, Dis biß c³ nebst einen saubern Clavier-Rähmen.

e.

Das Gehäuße sauber und geschickt, mit Bildhauer- und Tischler-Arbeit, wie solches in dem übergebenen Riße angegeben.

f.

Das Pfeiff-Werck von dem besten geschlagenen Englischen Zinn, Metall[18] und guten Holtze bestehen,
tüchtig und gut zu fertigen, auch längstens binnen hier und Johannis 1736 gel. Gott! in vollen Stand zu setzen, und zu übergeben gehalten seyn, daß hieran nicht das mindeste ermangeln soll. Wie denn auch

2.

Zu dem Ende, der Herr Hof- und Land-Orgelbauer Gottfried Silbermann, die Anschaffung aller und jeder darzu benöthigten Materialien an Zinn, Meßing, Eißenwerck, Bleche, Drath, Leder, Holtz, Leimen, und andern, ingleichen die Befriedigung aller dabey erforderten Arbeits- und Handwercks-Leute, als Bildhauer, Tischler, Schloßer, Zirckel- und Huff-Schmiede, Nadler, Gürtler, und was sonst darzu erfordert werden möchte, übernimmet, und davon nichts weiter eximiret[19] seyn soll, außer was die Ausstaffirung der Orgel mit der Mahler-Arbeit, ingleichen die Zimmer-Arbeit, das Chor und das Lager derer Bälge betrifft, Inmaßen[20] wir

3.

Denn so wohl das Chor an sich selbst, als auch die Beym Orgelbau mit vorfallende Zimmer-Arbeit und das Lager derer Bälge, auf unser besonder Kosten, ohne sein Zuthun fertigen laßen wollen,

4.

Hingegen werden Herrn Silbermannen, vor das dermaßen zu liefern versprochene neue tüchtige und vollständige Orgelwerck, wie er sich zu solchem nach dem § 1 et[21] 2 mit allen darinnen bemerckten Praestationibus[22] so nicht besonders eximiret überhaupt Drey Tausend Thaler, sagen 3000 thlr. – bewilliget und veraccordiret.

5.

Was aber die Ausstaffirung mit der Mahlerey und sonst anbelanget, So wird zwar dem Herrn Hof- und Land-Orgel-Bauer Gottfried Silbermannen, deren Besorgung überlaßen, und nimmet derselbe solche dergestalt über sich, daß nicht allein die Mahlerey daran tüchtig bewerckstelliget, sondern auch daran das Schnitzwerck mit guten und feinen Glantz-Golde behörig ausgezieret werde. Vor welche vollständige Ausstaffirung jedoch besonders Zweyhundert und fünffzig Thaler, sagen 250 thlr. Ihm zu bezahlen von uns verwilliget worden, Welche beyde vorher beniemten Posten denn

6.

zusammen an Drey Tausend, Zweyhundert und Fünffzig Thalern, sagen 3250 thlr. dermasen abgeführet werden sollen, daß Herr Silbermannen

1000 thlr. zu Anschaffung einiger benöthigten Materialien, an Zinn und zu andern Verlag, binnen hier und Michaelis[23] ietzt lauffenden 1734. Jahres, baar bezahlet,

500 thlr. Oster-Meße 1735

500 thlr. Michaelis-Meße 1736[24]

500 thlr. Oster-Meße 1736

500 thlr. Michaelis-Meße 1736 und dann die übrigen

250 thlr. Oster-Meße 1737 richtig abgeführet werden.

Jedoch nimmt anbey der Herr Hof- und Land-Orgelbauer die alten Orgel-Pfeiffen nach dem Werth des Zinnß in solutum[25] und in Zurechnung statt baaren Geldes hierauf an.

446

7.

Im übrigen verbindet sich der Herr Hof- und Land-Orgelbauer Silbermann, vor alle und jede Mängel und Defecte[26], da sich deren über Verhoffen[27] finden solten, oder in Jahr und Tag nach Übergebung des Wercks ereignen möchten, zu stehen, solchen ohne ferner Entgeld abzuhelffen, oder selbige zu ersetzen, auch vor alles versprochene bey dem Wercke auf Zwey Jahr lang Gewähr zu leisten.

8.

Solte auch Herr Silbermann (welchen Gott iedoch lange bey guter Gesundheit und Leben erhalten wolle) wieder Verhoffen mitler Zeit, ehe Er das neue Orgel-Werck in vollkommenen Standt gebracht, und ehe es tüchtig von Ihm übergeben werden können, mit Tode abgehen[28]; So sind nichts desto minder deßen Erben gehalten, das Werck in völligen Stand zu setzen, und vor alles zu stehen, Besonders verbindet sich zugleich deßen Vetter, Herr Johann George Silbermann, Orgelmacher, in dem Fall den Orgel-Bau nach der gemachten Disposition, zur Perfection[29] zu bringen, und das ermangelnde zu supliren, auch alles das jenige, was derselbe nach dem Contract sich anheischig gemachet, zu praestiren[30].

Wie nun Herr Silbermann mit solchem Contract allenthalben wohl zufrieden, und selbigen in allen Puncten zu adimpliren[31] sich anheischig gemacht, wir aber die determinirte Zahlung zu gesetzter Zeit richtig zu leisten, und was wir sonst nach den 3t. puncte beyzutragen übernommen, zu bewerckstelligen versichern.

Also haben wir auch solchen unter unserer Unterschrifft und gemeiner Stadt kleinern Insiegel wißentlich ausgefertiget und vollzogen.

So geschehen, Freybergk, den 3t. August 1734.

(LS) Der Rath zu Freybergk
Salomo Friedrich Seyfried
Consul regens[32]

Vorstehenden Contract agnoscire ich, Gottfried Silbermann, nicht allein vor richtig, und verspreche solchen in allen puncten zu adimpliren, und fest zu halten, sondern auch ich, Johann Georg Silbermann, habe mich zu denselben nach Inhalt des 8t. puncts bey dem sich wieder Vermuthen ereigenden Todesfall ebenfalls obligat gemacht und zugleich mit eigenhändiger Unterschrifft vollzogen. Beyderseits uns auch aller darwieder lauffenden Rechts-Behelffe und Exceptionum[33] begeben.

So geschehen, Freyberg, den 4t. August Ao. 1734.

(LS) Gottfried Silbermann
Johann George Silbermann

Das Original ist nicht aufzufinden. Der Vertrag ist aber abschriftlich im STA. Weimar, Außenstelle Altenburg, überliefert: Akte Die Erbauung einer neuen Orgel in hiesige Fürstl. Schloßkirche, 1733 (Sign. Domänenfideikommiß, Repos. F. VIII 7), Bl. 9 ff. 1 Ratsherren, Ratsmitglieder 2 im Monat Mai 1728 3 fester, sicherer 4 in Verbindung 5 Wohnsitz 6 Das Wort »Interesse« bedeutet hier soviel wie Vorteil oder Gewinn. 7 Entrichtung 8 angemessene Summe (Geldes) 9 Angebot 10 Unter Mensur versteht man die Maßverhältnisse, insbesondere die Weiten (Durchmesser) der Orgelpfeifen. Sie beeinflussen in entscheidender Weise den Klang. Bei der Bestimmung der Mensuren muß der Orgelbauer die akustischen Verhältnisse und die Größe des Kirchenraumes berücksichtigen, in dem die Orgel stehen soll. So müssen zum Beispiel in großen Räumen die Mensuren bei allen Registern weiter genommen werden als in kleinen, damit der Klang voller und tragfähiger wird und den Raum genügend ausfüllt. Es ist deshalb völlig klar, daß Gottfried Silbermann sich erst mit dem betreffenden Kirchenraum vertraut machen mußte, bevor er eine Orgel entwerfen konnte (vgl. SD. 24). Von der Mensur der Pfeifen war selbstverständlich auch der Materialbedarf (insbesondere an Zinn) abhängig, so daß Silbermann das bei seiner Kalkulation berücksichtigen mußte. 11 durchdringend 12 Bedeutet – wie sonst üblich – Fuß. In Deutschland gab es früher über hundert verschiedene Fußmaße (von 25 bis 34 cm). 13 Körper der Pfeifen 14 beiträgt 15 ausreichenden, genügenden 16 Obertasten (für die Halbtöne) 17 Siehe hierzu Anm. 1709. 18 Darunter ist eine Legierung von Zinn und Blei zu verstehen.

19 ausgenommen 20 weil 21 lat. und 22 Leistungen 23 Michaelstag: 29. September 24 Ein mutmaßlicher Fehler beim Abschreiben, denn es kann nur 1735 gemeint sein. 25 Zahlung 26 Fehler 27 wider Erwarten 28 sterben 29 Vollendung 30 leisten 31 erfüllen 32 regierender Bürgermeister 33 Einwendungen

Nr. 29 – Brief an den Rat zu Dresden

pr.[1] 22. Nov. 1736.

Hoch- und Wohl-Edle, Veste, Großachtbahre, Rechts Hoch- und Wohlgelahrte, auch Hoch- und Wohlweise, Hochgeehrteste Herren und Patroni!

Ew.[2] Hoch- und WohlEdl. auch Hoch- und Wohlw[eisen] Herren habe zwartt, nach dem, über das in der Frauen-Kirche allhier bedungene Orgel-Werck, getroffenen Contract versprochen, sothane[3] Orgel vor 4200 rt.[4] zu liefern und zu übergeben; Alleine, zu geschweigen mir nach besagten Contracte, unter andern, mit versprochen worden, daß 1.) währender Zeit, da ich daran arbeitete, kein Gottes-Dienst, um dadurch mich in meiner Arbeit nicht zu hindern, gehalten, 2.) mir auch eine nahe bey der Kirche seyende commode[5] Gelegenheit zu meinem Gelaße[6], daß das benöthigte sofort in die Kirche gebracht werden könnte, eingeräumet werden solte, welches beydes aber nicht also praestiret[7] worden. Also habe ich auch hiernechst 3.) durch verschiedene Reißen, und weiln das Chor zur bestimmten Zeit nicht ferttig gewesen, ingl. daß 4.) das Gehäuß verschiedene mahle geändert, mir aber dadurch viele Hindernüß und Mühe, auch Aufwand, den ich vorhero nicht nöthig gehabt hätte, in dem ich viele Wind-Verführung[8] von Zinne habe verferttigen müßen, verursachet und in großen Schaden gesezet worden bin, worzu 5.) noch kommbt, daß ich durch meine, nechst Göttl. Hülffe, aus findig gemachte Invention[9], das Orgel-Werck in einem solchen Stande gesezet, daß nicht nur zu denen Gedackt Pfeiffen[10], so nach dem Contract nur vom Metall seyn sollen, die Füße[11], Bärte[12],

447

Deckel[13] und Röhre[14] von Zinne geferttiget, sondern auch zu denen in denen übrigen Pfeiffen erforderl. Kernen[15], welche sonst ordentl. Weise von Bley seyn, lauter Zinn genommen, wodurch zwartt das Werck sehr durable[16], ich hingegen einen weit größeren Aufwand und mehrere Kosten, angesehen ein Pfund Zinn weit höher, als ein Pfund Bley, zu stehen kommbt, gehabt habe, endtl. auch 6.) verschiedene Register über den Contract in das Werck gesezet, darbey auch 7.) das Haupt-Manual durch á parte Wind-Kästen, und Regier-Wercke verferttiget, daß solches pedaliter mit gebrauchet werden kann, welches alles denn viele Veränderungen und Verstärckung des Wercks verursachet, daß demnach ich jurato[17] bestärcken kann, was gestalt das nun mehro Gott Lob! im Stand gebrachte Orgel-Werck, in Ansehung[18] derer unverhofften unnöthigen Reißen, darbey aufgewendeten Unkosten, ingleichen vielfältig gehabten Versäumnüß und Hindernüß, dadurch aber erlittenen Schadens, auch ratione[19] der oben angezeigten durabilität[20] und gefertigten mehrern Registern, gehabten mehrern Aufwand, als ich anfängl. vermeinet, mich selbsten ohne meine Arbeit und Ergötzlichkeit, dergleichen mir doch billig zu gönnen, über Fünff Tausendt Thlr. zu stehen kömmbt, darbey nicht zu gedencken, was ich ratione derer 2000 rt. Angeldts, da solches zum Verlagk bey weiten nicht hinlängl.[21] gewesen, an Interessen[22] verlohren, ich auch in Freybergk das 1 u. $^3/_4$ Jahr, da ich über das Werck gearbeitet, mit denen Meinigen[23] aus meinen Mitteln leben müßen, Gleich wie aber Ew. Hoch- und WohlEdl. auch Hoch- und WohlWeisen Herren mir zu verschiedenen Mahlen, und ehe ich den obberührten Schaden und Verlust so specificé[24] angegeben, Sich schon zum Voraus Hochgeneigt und gütigst erklähret haben, Wie Dieselben nicht gemeinet wären, daß ich darbey einigen Schaden haben solte; Also habe denenselben dieses alles in gebührender devotion[25] vorstellig machen und zu Dero hochgeneigten Entschließung

anheim stellen wollen: was Ew. Hoch- und WohlEdl. auch Hoch- und Wohlw. Herren ratione meines obberührten Schadens und Verlusts hierunter zu disponiren belieben werden, mit aller Consideration[26] beharrende

Ew. Hoch- und WohlEdl.
auch HochWohlw[eisen] Herr[en]
Meinen Hochgeehrtesten Herren
und Patronen
dienstschuldigster
Gottfried Silbermann.[27]

Dreßden, den 20st. nov. 1736.

Original im StA. Dresden: Acta Die Übergabe der in der Frauen-Kirche neuerbaueten Orgel betr. Anno 1736 (Sign. D XXXIV 28a), Bl. 2f.
1 vorgelegt 2 Euren 3 diese 4 rt. = Reichstaler 5 bequeme 6 Unterkunft (Werkstatt, Wohnung) 7 geleistet 8 Windzuleitungen mittels Röhren zu Pfeifen, die nicht auf den Windladen stehen. 9 Erfindung 10 Darunter versteht man Pfeifen, die an der oberen Mündung verschlossen (gedeckt) sind. 11 Unterer Teil einer Pfeife, der der Windführung dient. 12 Da enge Pfeifen oft nicht sofort ansprechen, werden zu beiden Seiten des Aufschnitts kleine Metallplatten, sogenannte Bärte, angelötet, die dann den aus der Kernspalte der Pfeife austretenden Wind lenken. 13 Er wird (bei gedackten Pfeifen) als Verschluß auf die Pfeifenmündung gesetzt. 14 Damit ist wohl der Aufsatz auf den Pfeifendeckeln oder -hüten bei bestimmten Registern (Rohrflöte) gemeint. 15 Darunter ist (bei Lippenpfeifen) die an der Nahtstelle von Pfeifenfuß und -körper eingelötete kräftige Metallscheibe zu verstehen. 16 dauerhaft 17 eidlich 18 in Anbetracht (oder unter Berücksichtigung) 19 unter Berücksichtigung 20 Dauerhaftigkeit 21 ausreichend 22 Das Wort »Interesse« ist hier im Sinne von »finanziellen Vorteilen« zu verstehen, die Silbermann entgangen waren. 23 Damit sind die Gesellen gemeint. 24 im einzelnen (und genau) 25 Ergebenheit 26 Aufmerksamkeit 27 eigenhändige Unterschrift

Nr.30 – Bericht über die Prüfung der Frauenkirchenorgel zu Dresden

Auf vorhergegangene Requisition[1] E. E. Hoch-Weisen Raths haben Wir zu Ende benannte das neu erbauete Orgelwerck in der Kirche zur Lieben Frauen heute dato genau eingesehen und examiniret[2] wie folgend als:

1:
Die 6 Wind-Bälge ieden erstlich á part[3] und alsdann alle 6 zusammen nach der Wind-Wage-Probe[4] in gleichen Wind haltend befunden.

2.
Die Manual- und Pedal-Wind-Laden sind von außen dem Contract gemäß, wie nicht weniger inwendig die Ventile, aus guten eichenen Holze bestanden, mit meßingenen Federn untersezet, auch behörigen Stifften und meßingenen Säckel-Hacken[5] tüchtig und mit Fleiß gearbeitet befunden.[6]

3.
Die inwendige Structur, Registratur, Wellen-Breter, Abstracten, Winckel-Hacken und Eingebäude[7] sind mühsam und bequem in den engen Gehäuse doch räumlich angeleget, damit wenn über Vermuthen was vorfallen sollte, doch zu allen kommen kan.

4.
Das sämtliche Pfeiffen-Werck, sowohl Flaut[8] als Rohr-Werck[9], Manualiter und Pedaliter[10] wie der Contract lautet, sind durchgehends von guten Englischen Zinn und von tauerhaffter Stärcke sehr sauber und fleißig gearbeitet.

5.
Die Intonation und Ansprechungen[11] derer Pfeiffen sind auch equal[12] befunden worden.

6.
Ist die Musicalische Temperatur[13] passable[14] und in allen Accorden annehmlich zu gebrauchen.

7.
Die Stimmung des ganzen Wercks sind alle Claves oder Register[15] so wohl solo als in tutti[16] zum Gebrauch reine gestimmet befunden und in summa das ganze Werck dergestalt in einen vollkommenen Stand gesezet, das selbiges bey der Probe und Übernehmung den Klange nach in allen Pfeiffen eine liebliche Schärffe und einen rechten Silber-Klang auch Gravitact und Rohr-Wercke penetrant[17] zu höhren und nicht der geringste Tadel zufinden gewesen und also als ein Haupt-Werck anzusehen ist, welches auch frembde Virtuosen dieser Kunst, wenn sie solches höhren und recht genau betrachten sollten, selbst gestehen werden müßen.

Notandum[18]
Über den Contract hat der Orgel-Baumeister vor gut befunden zu Veränderung derer Stimmen[19] folgendes von Zien zu ferttigen

1. Chalmeaux[20]
2. Clarinus[21], auch
3. doppelte Ventile das Haupt-Werck ins Pedal gekoppelt mit zum Gebrauch sehr mühsam geferttigt.

Daß vorherstehendermaßen die neu geferttigte Orgel in der Kirche zur Lieben Frauen bey der genauen Besichtigung und beschehener Examination[22] sich also befunden, wird hiermit von uns glaubwürdig mit eigener Hand unterschrieben und gewöhnlichen Petschaft vorgedrücket.

So geschehen zu Dreßden, den 22. Nov.
    Anno 1736.
(Siegel) Johann Georg Pisendel[23]
        Königl. ConcertMeister
(Siegel) Theodorus Christlieb Reinholdt[24]
(Siegel) Johann Heinrich Gräbner[25]
        Königl. Hoff-OrgelM[acher]
(Siegel) Christian Heinrich Gräbner[26]
        Organist bey der Frauen-Kirche

Original im StA. Dresden: wie Nr. 29, Bl. 4 f.
1 Heranziehung (oder Auftrag) 2 geprüft
3 besonders (oder allein) 4 SD. 5, Anm. 20
5 Damit sind Haken gemeint, an denen die Pulpeten befestigt waren. 6 Über die Funktion der Ventile, Ventilfedern, Pulpeten usw. ist bei Adelung (S. 123 ff.) alles Wissenswerte nebst einer sehr instruktiven Zeichnung (Abb. 27) zu finden. 7 Darüber informiert die bei Adelung (S. 125) zu findende anschauliche Zeichnung. 8 Flöten 9 Rohrwerke sind aus Zungenpfeifen bestehende Register. 10 Das heißt alle Pfeifen der Orgel, ganz gleich, ob sie zu Registern der Manuale oder des Pedals gehören. 11 Damit ist die »Ansprache« (das Erklingen) der Pfeifen ge-

meint. Sie muß sofort nach Druck der Tasten erfolgen. 12 gleichmäßig 13 SD. 12, Anm. 15
14 erträglich 15 alle Pfeifen sämtlicher Register 16 sowohl einzeln als auch alle zusammen 17 durchdringend 18 Bemerkung
19 Das heißt: um die Variationsmöglichkeiten der Stimmen miteinander zu vermehren. •
20 Schalmei 21 4-Fuß-Trompetenstimme
22 Prüfung 23 Anm. 1650 24 Anm. 1651
25 Anm. 1615 26 Anm. 1653

Nr. 31 – *Attest des Rates zu Dresden über die Orgel in der Frauenkirche*

Wir Bürgemeister und Rath der Königlichen und Churfürstl. Sächß. Residenz-Stadt Dreßden, uhrkunden und bekennen hiermit: Welchergestalt wir vor nöthig befunden, in die allhier neu erbaute Kirche zur Lieben Frauen, auch ein neu Orgel-Werck setzen zu laßen, und deßen Verfertigung Herr Gottfried Silbermann, Königl. Pohln. und Churfürstl. Sächß. Hoff- und Land-Orgel-Bauer, wegen seiner besondern Erfahrenheit und dadurch erlangten Ruhm, auch weiln er bereits vorhero mit dem Werck in der Sophien-Kirche sich bey uns in guten Estim[1] gesetzet,[2] aufzutragen. Er hat auch darinne sich willig gefunden und [zu] dem Ende uns eine Disposition übergeben, nach welcher wir mit ihm untern 13t. Nov. 1732 dergestalt contrahiret,[3] daß er sothane Orgel 16 Fuß im Gesichte,[4] die meisten Register und Pfeiff-Werck von guten Englischen Zinn, mit drey Claviren, die Stimmen aber überhaupt delicat,[5] durchdringend gravitaetisch und das gantze Werck in Cammer-Ton setzen wolle. Gleich wie er nun diesen Contract nicht nur in allen Stücken vollkommen erfüllet, sondern auch über dem annoch einige Register und Stimmen über sothanen Contract in dieselbe gebracht,[6] daß bey Übergebung angezogenen Orgel-Wercks von denen darzu ersuchten und erfahrnen Musicis der geringste Fehler nicht vermercket, sondern vielmehr dergestalt befunden worden, daß daßelbe von ihnen so wohl als andern Personen[7] gerühmt werden müßen. Gestalt denn die Clavire sauber ausgearbeitet, wohl ordiniret[8] und sehr leichte zu tractiren[9]

sind, die Pfeiffen haben ihre gehörige Stärcke, gute Löthung[10], Polirung[11] und Facon[12], sind nach musicalischen und geometrischen Principiis[13] gesetzet, nicht minder die Wind-Laden, Bälge, Canale[14] und Abstracten[15] von alten ausgetrockneten tüchtigen Holtze gemachet, und denn nebst denen Wind-Verführungen und Röhren[16] dermaßen wohl angeleget, daß mann, ohne Besorgniß einigen Schadens, zu jedem so wohl zu allen Pfeiffen kommen kan, ohngeachtet der Raum darzu ziemlich eingeschrencket worden. Nachdem nun der Herr Verfertiger hierbey keine Sorge, Fleiß, Kosten und Mühe erspahret, und derowegen wir vor billig befunden, ihme, über das in Contract stipulirte Quantum, annoch einiges Douceur[17] an 500 Thlr. zu geben;[18] Als wird zugleich mehr ermeldten Herr Silbermann dieses alles, und daß wir mit sothanen Orgel-Werck vollkommen zufrieden sind, hiermit attestiret[19]. Zu mehrerer Uhrkund[20] haben wir uns, nebst Vordrückung unsers und Gemeiner Stadt Insiegel, gewöhnlichermasen unterschrieben. So geschehen Dreßden, den 26t. Novembris 1736.

(LS) Der Rath zu Dreßden

Das Original ist verschollen. Es befand sich vermutlich unter den schriftlichen Urkunden im Nachlaß Gottfried Silbermanns (Anm. 2600k)). Der Wortlaut des Attestes ist aber zweifach abschriftlich überliefert:
a) STA. Weimar, Außenstelle Altenburg: wie Nr. 28, Bl. 7 f.
b) PfA. Zittau: Akte Die Erneuerung der Orgel in der Johanniskirche zu Zittau (Sign. Abt. I, Fach 1, Nr. 16), Bl. 24 f.
1 Anerkennung 2 Die Sophienorgel war am 15. November 1720 übergeben worden.
3 einen Vertrag geschlossen 4 Damit ist das im »Gesicht« (Prospekt) der Ogel stehende Prinzipalregister 16 Fuß gemeint. 5 zart 6 Vgl. SD. 30. 7 Wer die »anderen Personen« waren, ist nicht bekannt. 8 geordnet 9 zu bedienen (oder zu spielen) 10 Die Pfeifen wurden aus einem sogenannten Blatt (Blechtafel) gerollt. Die Verlötung mußte sehr sorgfältig geschehen, um ein Aufreißen der Lötnaht zu verhindern.
11 Die an der Schauseite der Orgel stehenden Pfeifen wurden, des besseren Aussehens wegen,

poliert. 12 Form, Gestalt 13 Gesetzmäßigkeiten 14 Damit sind die Windkanäle gemeint, die den von den Blasebälgen erzeugten Wind nach den Windladen leiten. 15 Die Abstrakten (von lat. abstrahere = abziehen), schmale Holzleistchen, gehören zur mechanischen Traktur der Orgel, das ist die Verbindung von den Tasten bzw. Registerzügen zu den in der Windlade befindlichen Ventilen (siehe Adelung, S.122, Abb.27). 16 Manchmal mußte Silbermann, um den Wind zu den Windladen bzw. Pfeifen zu leiten, Röhren verwenden. 17 Diese Bezeichnung (»Trinkgeld«) ist in Anbetracht der von Silbermann vorgebrachten Gründe (siehe SD. 29) nicht ganz passend. 18 Silbermann hatte mehr gefordert, mußte sich aber doch mit der Summe abfinden. 19 bestätigt 20 Bekräftigung

Nr.32 – Brief an Hofrat Fickweiler in Greiz

HochEdelgebohrner Hochzuehrender Herr HoffRath, Hoher Patron. Nachdem durch Gottes Gnade mit der Orgel in der Frauen-Kirche zu Dreßden zu Stande und selbige Gottlob übergeben, als berichte anbey, daß nunmehro auf das FrühJahr nach Ponitz kommen, alda die Orgel aufzusezen, von dar aber alsbald nach Graitz mich machen werde, allermaßen ich seinte Michaelis[1] so gleich nach Ausstimmung[2] der Orgel, da ich meine Leute nicht mehr gebrauchet, nach Freyberg geschicket und pur einzig und allein, und noch bis dato[3], daran arbeiten laßen, wie den dergl. Arbeit ehe wir nach Dreßden gereiset, beständig daran ist verrichtet worden, damit zur gesezten Zeit laut Contracts Ihro Hoch-Gräfl. Gnaden[4], welcher hierdurch meinen unterthänigsten Respect bezeige, als ein redl[icher] Mann meinem Versprechen Genüge leisten kann. Nur möchte ich gerne wißen, ob es wegen der Pfosten, Bretter und Stollen seine Richtigkeit hat, und alles in guten und richtigen Stande sich befindet, wiewohl ich zwar nicht zweiffele, daß Ew. HochEdelgeb. selbiger wegen sehr bemühet leben, damit es herzu geschaffet, und mir nicht etwann dadurch einiger Auffenthalt veruhrsachet werden mögte, um so viel eher haben wir Hoffnung, nechst Göttl. Hülffe, dem versprochenen Contracte gewiß voll-

kommne Genüge zu leisten, wie den zu Ew. HochEdelgeb. Hohen Wohlgewogenheit mich ergebenst empfehle, alstets verharrende Ew. Hochwohlgeborn.
Meines Hochzuehrenden
Herrn Hoffraths hohen Patrons
dienstschuldiger
Gottfried Silbermann[5]
Freyberg, den 8. Decembr. Ao. 1736.

Original im STA. Weimar, Außenstelle Greiz: Acta I. Den mit dem … Hoff- und Land-Orgelbauer, Herrn Gottfried Silbermannen zu Freyberg, geschloßenen Contract wegen einer in hiesige Stadt-Kirche zu fertigenden Orgel, II. Deren Übergebung und dergl. betreffend, de anno 1735 (Sign. a Rep. C, Cap. II A e, No.17 e), Bl. 28.
1 Sankt Michaelis: 29. September 2 Vgl. hierzu Anm.1646. 3 bis jetzt 4 Heinrich III., Graf Reuß-Untergreiz 5 eigenhändige Unterschrift

Nr.33 – Attest des Rates zu Freiberg über die Orgel zu St. Petri

Daß Herr Gottfried Silbermann, Hof- und LandOrgelbauer, auf vorher befindlichen mit ihm aufgerichteten Contract, das veraccordirte neue Orgel-Werck in der von neuen aufgeführten Kirche zu St. Petri allhier, tüchtig, annehmlich und wohlklingend, auch sonst mit denen Stimmen und Registern, wie er im angezogenen Contract versprochen, und hierüber noch ein mehrers als was darinnen enthalten, verfertiget,[1] und an uns richtig übergeben, selbiges auch nunmehro fast zwey Jahre bey dem öffentlichen Gottes-Dienste gebrauchet worden, und sich noch in guten Standte befindet, daß wir unsers Orthes damit allenthalben wohl zufrieden gewesen. Solches wird hiermit unter unsern und gemeinen Stadt kleinern Insiegel, und des regierenden Bürgermeisters eigenhändigen Unterschrifft attestiret.
So geschehen Freyberg, den 3t. April
Anno 1737.
(LS) Der Rath zu Freyberg
Salomo Friedrich Seyfried
Consul regens

Das Original ist verschollen. Es befand sich vermutlich unter den schriftlichen Urkunden im Nachlaß Gottfried Silbermanns (Anm. 2600 k)). Der Text des Attests ist aber zweifach abschriftlich überliefert:

a) StA. Freiberg: Acta, Die beßerung der Kleinen wandelbahren Orgel in der Churf. S. Dohm- und begräbnüß-Kirchen allhier betr. 1619–1738 (Sign. Aa II I 49), Bl. 52.
b) STA. Weimar, Außenstelle Altenburg: wie Nr. 28, Bl. 15b/16.

1 In der Abschrift des Kontrakts (SD. 28) wurde vermerkt: unter 1a) Trompette 8 Fuß so über den Contract nein gemacht worden, von Zinn, und unter 1b) Getackts … Dieß Getackt ist die tieffe Octav über den Contract von Metall gemacht worden.

Nr. 34 – *Brief an Hofrat Fickweiler in Greiz*

Hoch-Edelgebohrner Herr, Hochgeehrtester Herr Hof-Rath, Vornehmer Patron, Daß bey Ew. Hoch-Edelgebohrnen letztern Durchreise ich nicht zu Hauße gewesen, und die hohe Ehre haben können, mit Denenselben zu sprechen, bedaure von Hertzen.[1] Hiernechst melde, daß ich Montags vor denen Pfingst-Feyertagen geliebts Gott von hier weg- und nach Ponitz ins Altenburgische gehen werde, und damit Ihnen die Fuhren[2] nicht so weitläuffig werden, will ich einige Orgel-Bau-Materialien, so nach Graitz gehören, mit nach Ponitz nehmen, welche alsdenn desto leichterer nach Graitz können gebracht werden, werde auch wenn Gott Leben und Gesundheit geben wird, meinem Contracte Genüge leisten, lebe aber auch der guten Hoffnung, daß an der andern Seite daran nichts ermangeln werde. Übrigens bitte mir mit ersterer Post einige Antwort aus, damit ich mich mit denen Einpacken darnach richten könne, verharrende

Ew. Hoch-Edelgebohrnen,
Meines Hochgeehrtesten
Herrn Hof-Rath
und Vornehmen Patroni
dienstschuldigster
Gottfried Silbermann[3]

Freyberg, den 18. Mai 1737.

452

Original im STA. Weimar, Außenstelle Greiz: wie Nr. 32, Bl. 36.
1 Siehe hierzu Anm. 1794.   2 Damit ist der Transport der in Freiberg gefertigten Orgelteile nach Greiz gemeint.   3 eigenhändige Unterschrift

Nr. 35 – *Attest über die Orgel zu Ponitz*

Nachdem der Königl. Pohln. und Churfürstl. Sächs. Hoff-Orgelbauer Herr Gottfried Silbermann in Freyberg, den den 12. Sept. Anno 1734 ihme veraccordirten neuen Orgelbau in der Kirche alhier in Ponitz nunmehro glücklich und mit allgemeiner Zufriedenheit vollführet, an diesem Werck sein von Gott verliehenes Talent, Fleiß und weitbekandte rühmliche Geschicklichkeit besonders erwiesen, den mit ihme geschlossenen Contract in allen Stücken vollkommene Genüge geleistet, außer diesem auf eigne Kosten noch ein besonder Register beygebracht, und auf diese und andere Weise würcklich ein mehreres praestiret[1], als er nach Inhalt erwehnten Accords verbunden gewesen. Als haben wir Endesunterschriebene Patroninnen hiesiger Kirche nicht ermangeln sollen, gedachten Herrn Gottfried Silbermannen, in wohlmeynenden Wunsch langen Lebens, ersprießlicher Glückseeligkeiten und ferneren göttlichen Seegens zu dessen Unternehmungen, gegenwärtiges beglaubte Zeugniß und Merckmahl unserer dankbarlichen Erkenntlichkeit und Hochachtung zu ertheilen.

Ponitz, den 20. Novembr. 1737.
LS Dorothea Elisabeth von Schönbergen
gebohrne von Zehmen, Wittbe
LS Christiane Sibylle Edle von der Planitz
geb. v. Zehmen, Wittbe
LS Gottlob Heinrich Edler von der Planitz[2]

Das Original ist verschollen. Es befand sich vermutlich unter den schriftlichen Urkunden im Nachlaß Gottfried Silbermanns (Anm. 2600 k)). Abschrift des Attestes im PfA. Zittau: wie Nr. 31, Bl. 56.·
1 geleistet   2 Er dürfte mit Christian Ludwig Edler von der Platz verwandt gewesen sein, der am 21. August 1730 mit Silbermann einen Ver

trag über den Bau einer neuen Orgel für die Kirche zu Mylau geschlossen hatte.

Nr. 36 – Brief an Hofrat Fickweiler in Greiz

Hoch-Edelgebohrner Herr,
Hochgeehrtester Herr Hof-Rath,
Vornehmer Patron,
Ew. Hoch-Edelgebohrnen melde hierdurch gehorsamst, daß ich die Woche nach dem ersten Advent geliebts Gott! nach Greitz kommen will, ich hoffe, es werde die Veranstaltung dergestalt getroffen werden, daß ich 3 große Stuben bekomme, die Kammern und Küche nicht gerechnet, indem ich Selb 8 Personen dahin kommen werde, Vor BrennHoltz und Kohlen werden Ew. Hoch-Edelgebohrnen wohl Sorge tragen, daß es immittelst[1] angeschaffet werde. Was die Fuhren betrifft, beziehe mich auf den letzthin an Ew. Hoch-Edelgebohrnen abgelaßenen Brieff.[2] Übrigens empfehle mich zu beharrlichen Hohen Wohlwollen verharrende
    Ew. Hoch-Edelgebohrnen,
    Meines Hochgeehrtesten Herrn
    Hof-Raths und Vornehmen Patroni[3]
      dienstschuldigster Diener
      Gottfried Silbermann[4]
Freyberg, den 6. Octobr. 1738.

Original im STA. Weimar, Außenstelle Greiz: wie Nr. 32, Bl. 41.
1 inzwischen 2 Damit meinte Silbermann seinen Brief vom 25. Juli 1738. Darin heißt es: »...ad 3. brauche ich vier rechte vierspännige Fracht-Fuhren und 1 Kutsche...« (Bl. 40).
3 Das Wort Patron ist hier im Sinne von Gönner zu verstehen. 4 eigenhändige Unterschrift

Nr. 37 – Brief an Hofrat Fickweiler in Greiz

Hoch-Edelgebohrner Herr, Hochgeehrtester Herr Hof-Rath, Vornehmer Patron,
Ew. Hoch-Edelgebohrnen melde hierdurch gehorsamst, daß ich nunmehro mit Gott zum Abreißen parat bin[1] und gerne sehe, wann auf den 1. Decembr. vier recht große Land-Fuhrmanns-Fracht-Wagen nebst einer Kutzsche hier[2] wären, da auf einen jeden Fracht-Wagen etl.[3] 40 bis 50 Ctr. geladen werden können.
Solten aber dergleichen Wagen nicht vorhanden seyn, So werden Ew. Hoch-Edelgebohrnen sonder Maßgebung die Veranstaltung treffen, daß ich so viel andere Wagen bekomme, worauf obige Lasten gebracht werden können.
Dahero lebe der Hoffnung, daß auf den 1. Dec. entweder vier große Land-Fuhrmanns-Fracht-Wagen oder in deren Ermangelung wie obengedacht, mehr andere Wagen hierher geschickt werden, daß auf solchen so viel als auf denen vier großen Fracht-Wagen laden könne; Solte es aber nicht möglich seyn, die Fuhren am 1. Dec. hierher zu schicken, so will mir nur durch ein paar Zeilen Antwort ausgebeten haben, wenn die Wagen nebst Kutzsche allhier ankommen werden, indem ich mich mit dem Einpacken darnach richten muß, und wenn das Werckzeug eingepacket, können alsdenn meine Leute nichts arbeiten, sondern müßen müßig gehen, ich werde selb 8 Persohnen hinauskommen, der ich mich zu Dero Hohen Wohlwollen gehorsamst empfehle, verharrende
    Ew. Hoch-Edelgebohrnen,
    Meines Hochgeehrtesten Herrn
    Hof-Raths und Vornehmen Patroni,
      dienstschuldigster Diener
      Gottfried Silbermann[4]
Freyberg, den 8. Nov. 1738.

Original im STA. Weimar, Außenstelle Greiz: wie Nr. 32, Bl. 42 f.
1 Das heißt: Gottfried Silbermann war mit seiner Arbeit in der Werkstatt und mit der Herstellung der Teile für die Greizer Orgel so weit gekommen, daß er die Reise nach Greiz antreten konnte, um das Werk dort aufzusetzen.
2 in Freiberg 3 Das Wort »etl[iche]« ist hier im Sinne von »etwa« zu verstehen. 4 eigenhändige Unterschrift

Nr. 38 – Brief an Hofrat Fickweiler in Greiz

Hoch-Edelgebohrner Herr, Insonders Hochgeehrtester Herr Hof-Rath, Vornehmer Patron,
Ew. Hoch-Edelgebohrnen melde hierdurch

gehorsamst, daß ich 4 Fracht-Wagen allhier[1] nebst 1 Kutzsche gedungen[2], und habe jeden Fracht-Wagen vor 15 thl. und die Kutzsche vor 12 thl. und also die gantzen Fuhren vor 72 thl. aufs genaueste behandelt,[3] und damit ich die Fuhre auch gewiß bekomme, So habe etwas abschlägig darauf gegeben,[4] damit ich Montags[5] von hier weggehen und auf die Mittwoche[6] in Graitz seyn könne, hoffe auch es werde das Fuhrlohn parat seyn, damit die Fuhrleute nicht aufgehalten werden dürffen,[7] Wegen des Logiaments[8] melde, daß ich mit dem am Marckte zufrieden bin, das aber neben dem Herrn Bürgermeister ist, solches kan weil es finster und dumpficht[9] nicht gebrauchen. Lebe also zu Ew. Hoch-Edelgebohrnen der guten Hoffnung, Sie werden mir die Liebe erweisen, und ohne Maßgebung mir ein lichtes[10] und nicht dumpfichtes Logiament anweisen laßen, der ich mit aller Hochachtung verharre,

 Ew. Hoch-Edelgebohrnen
  Meines Hochgeehrtesten Herrn
  Hof-Raths und Vornehmen Patroni,
   dienstgehorsamster Diener
    Gottfried Silbermann[11]
Freyberg, den 27. Nov.[12] 1738.

Original im STA. Weimar, Außenstelle Greiz: wie Nr. 32, Bl. 44.
1 in Freiberg   2 bestellt   3 Demnach war Greiz nicht in der Lage, die Wagen selbst nach Freiberg zu schicken (vgl. SD. 37).   4 Das heißt: Silbermann hatte den Fuhrleuten eine Vorauszahlung geleistet.   5 1. Dezember
6 3. Dezember   7 Die Fuhrleute wollten gewiß sofort die Rückfahrt antreten. Für sie bedeutete der Transport der Orgelteile nach Greiz und die Rückreise nach Freiberg mindestens sechs Tage Zeitaufwand!   8 Damit ist das zeitweilige Quartier in Greiz gemeint.   9 feucht
10 helles   11 eigenhändige Unterschrift
12 Das war ein Donnerstag.

Nr. 39 – Reisepaß

Nachdem der Königl. Pohln. und Churfürstl. Sächß. wohlbestalte Hof- und Landorgelbauer H. Gottfried Silbermann mit der in hiesige Stadt veraccordirten Orgel

zu Stande und solche übergeben und seine auf 2 Vierspännigen Fracht-Wagen befindl. Instrumente[1] und Sachen[2] desgl. seine zu dieser Arbeit gebrauchten Leute auf einer mit 3 Pferden bespannten Post-Caleche[3] wieder nach Freyberg fortschaffen, er auch selbst in einer mit 3 Pferden bespannten Kutsche anheute von hier dahin abgereist.[4] Alß wird männigl.[5] gebührend ersuchet, selbigen benebst bey sich habende Personen und Pferde überall ohne Abgabe einiges Gleits[6] oder dergl. gegen gleichmäßige von hier aus zu gewartende Willfährigkeit pass- und resp[ektive] repassiren zu laßen.[7]

Uhrkundlich ist dieser Paß unter dem Gräfl. Amts-Secret ausgestellet worden. Datum Unter-Greiz, den 22. Jun. 1739. (LS) Gräfl. Reuß-Plauensches Amt daselbst

Der Originalpaß ist nicht erhalten. Der Text der Urkunde wurde aber aktenkundig festgehalten: STA. Weimar, Außenstelle Greiz: wie Nr. 32, Bl. 58.
1 Damit sind vor allem die Werkzeuge gemeint.
2 Darunter dürften sich u. a. die Federbetten für Silbermann und seine Gesellen befunden haben.   3 Darunter ist ein leichterer Wagen (mit abnehmbarem Verdeck) zu verstehen.
4 An der »Fuhre« waren also insgesamt vierzehn Pferde beteiligt.   5 jeder ohne Ausnahme, jedermann, allesamt   6 Darunter ist das sogenannte »Geleitsgeld« zu verstehen. Gegen Entrichtung dieser Abgabe konnten sich Reisende, zum Schutz vor Überfällen, von Bewaffneten begleiten lassen. Später wurde das Geleitsgeld in Verbindung mit dem Zoll erhoben.
7 Der Zweck des Reisepasses bestand darin, Silbermann und seinen Gesellen nebst den Fuhrleuten eine ungehinderte, abgabenfreie Reise zu garantieren.

Nr. 40 – Brief an Pastor Rothe in Fraureuth

Wohl-Ehrwürdiger, Insonders Hochgeehrter Herr Mag[ister][1]
Daß auf Ew. Wohl-Ehrwürden wertheste Zuschrifft[2] nicht eher geantwortet, bitte nicht übel zu nehmen, indem bißhero einige Reißen[3] und andere Hinderniße[4], so mir vorgefallen, mich vom Schreiben abgehalten.[5] Hiernechst melde mit weni-

gen, daß die zu Fraureuth aufzubauende Orgel ich zu gesetzter Zeit, nach dem geschloßenen Contracte, wenn Gott Leben und Gesundheit geben wird, aufsetzen und in allen und jeden meinem in Contracte gethanen Versprechen gewiß nachleben werde, ich habe gedachte Fraureuther Orgel schon in Arbeit genommen, und laße die Meinigen daran arbeiten, verharrende

Ew. Wohl-Ehrwürden, Meines insonders Hochgeehrtesten Herrn Mag.
dienstwilligster
Gottfried Silbermann[6]
Freyberg, den 24. Augusti 1739.

Original im PfA. Fraureuth: Akte Die Silbermann-Orgel, 1739–1742 (Sign. II E a 3), Bl. 19.
1 Magister (lat. Meister) war ein akademischer Titel, ähnlich dem Doktortitel, der seit dem 16. Jahrhundert nur noch in der philosophischen Fakultät verliehen wurde und den viele Geistliche hatten. 2 Datum und Inhalt dieses Schreibens (von Rothe an Silbermann) sind unbekannt. 3 Welche Reisen Silbermann meinte, ist nicht bekannt. Anfang Juli 1739 ist er in Zittau gewesen. 4 Welche Hindernisse Silbermann gemeint hat, ist unbekannt. 5 Hier ist beachtenswert, daß Silbermann schrieb »...mich [!] vom Schreiben abgehalten ...«. Auch wenn er seine Briefe von schreibgeübten Personen schreiben ließ, war er doch an der Abfassung aktiv beteiligt! 6 eigenhändige Unterschrift

Nr. 41 – Brief an Aktuar Schroth in Zittau

Hoch-Edler ... Herr. Auf Ew. Hoch-Edl. wertheste Zuschrifft[1] melde hierdurch, daß wenn Gott Leben und Gesundheit verleihen wird, ich entweder die Woche vor Pfingsten oder längstens in der Pfingsten-Woche geliebts Gott mit meinen Leuten und allen Sachen nach Zittau kommen werde, indem ich nicht eher mit Zuschneidung der kleinen zinnernen Pfeiffen[2] fertig werden kann.
Und weiln Ew. Hoch-Edl. in dero Briefe mich ersuchet, meine Gedancken wegen der Mahler-Arbeit an der Zittauer Orgel zu entdecken[3], so kan nicht anders melden, als daß bey denen Holtz-Farben vielerley schöne Farben, littern[4], santel[5], zuckerdannen[6], nußbaumen, oliven und andere schöne ausländische Holtz-Farben, welche mit der Natur übereinkommen, anzutreffen sind, woraus die Hoch-Edl. Herren Deputati sich eine Farbe choisiren[7] können, so bey dem Orgel-Gehäuße zu gebrauchen wäre, alleine die Marmor-Farbe will sich bey einem Orgel-Gehäuße nicht anbringen lassen, indem das Gehäuße nicht auf Steinen, sondern auf Holtze stehet, ich wolte zwar wohl eine Farbe vorschlagen, weil aber eine Person auf diese, eine andere Person hingegen zu einer andern Farbe incliniret[8], so ist es fast, als wenn sich jemand zu einen Kleide kauffen wolte, der eine hat Lust zu dieser, ein anderer wieder zu einer andern couleur[9], von Marmor aber ist niemahls in der Welt ein Orgel-Gehäuße gebauet worden, und daß es sich nicht schicket, Orgel-Gehäuße auf Marmor-Art zu mahlen, hiervon hat der berühmte Architector[10] Herr Goldmann in seinem in folio[11] herausgegebenen architecturischen Buche sehr weitläuffig geschrieben,[12] ich habe auch weder in Elsaß noch in Franckreich ein marmorirtes Orgel-Gehäuße gefunden,[13] bey Erbauung derer Altäre gehet es an, daß selbige auf Marmor-Art gemahlet werden können, dieweil ja zuweilen Altäre von massiv Marmor gebauet werden, marmorsteinerne Orgel-Gehäuße aber werden niemahls gebauet, es ist auch niemahls ein Marmorn Gebäude auf einem höltzernen Chore oder Empor-Kirchen gefunden worden, denn man bauet weder Steine noch Marmor auf Holtz, ich glaube wohl, daß dergl. Mahlerey in Böhmen zu finden,[14] wenn aber solche ein gescheuter[15] Architector zu sehen bekommt, so lachet er über solche Thorheit. Die Säulen unter dem Chore aber können alle marmorirt werden, weil sie auf Steinen und Erde stehen, welches natürlich und der Natur gemäß.
Ew. Hoch-Edl. übersende hierbey eine Probe von Glantz-Golde, welche mir vorm Jahre in Dresden von meinem Vetter dem Tischler[16], als ich mit dem Herrn Director

Hertwigen[17] von Zittau nach Haußе gereiset,[18] gegeben worden, um einen Mahler bey mir zu recommendiren[19], indem ihm bewußt, daß mein bißheriger Mahler gestorben,[20] können also Ew. Hoch-Edl. die Böhmische Probe[21] gegen beygeschickte Probe halten und sehen, welche am besten, wie aber der Mahler mit Nahmen heißet, habe ich vergeßen, wolten aber Ew. Hoch-Edl. an meinen Vetter den Tischler in Dresden, Michael Silbermannen, so auf Berlichs Schencke[22] wohnet, schreiben, so wird er Ihnen des Mahlers Nahmen melden, oder wolten etwa die Hoch-Edl. Herren Deputati ohne Maßgebung[23] den Mahler lassen nach Zittau kommen, so könten Sie einen Überschlag machen und seine Gedancken hören. Wenn der verstorbene Königl. Jagd-Mahler Buzaeus[24], welcher mir meine Orgeln alle gemahlet,[25] noch lebte, da hätte ich das Orgel-Gehäuße um 1000 Thlr. vergoldet und staffiret schaffen wollen,[26] alleine es ist solcher tod, dahero muß ich mich auch ins künfftige, wann ich einen nöthig habe, nach einen andern umthun.[27]

Übrigens bitte Ew. Hoch-Edl. mir die Gefälligkeit zu erweisen und die Veranstaltung treffen zu helffen, daß in meinem quartier[28] drey zweymännische und zwey einmännische Bettladen nebst Stroh angeschaffet werden möchten, die benöthigten Betten[29] aber bringe ich mit.

Denen Hoch-Edl. Herren Deputatis recommendire die Mahler-Arbeit, daß Sie solche des ehesten verferttigen lassen möchten, damit ich nicht aufgehalten werde, ich verspreche, wann ich in keinerlei Weise gehindert werde, nicht nur, wenn Gott Leben und Gesundheit geben wird, zu gesetzter Zeit meinem Contracte Genüge zuleisten, sondern will auch mit Gottes Hülffe noch ein mehrers als ich versprochen praestiren.[30] An die Hoch-Edl. Herren Deputatos bitte mein gehorsamstes Compliment zu vermelden, verharrende...

dienstschuldigster
Gottfried Silbermann.[31]

Freyberg, den 11. Mai 1740.

Original im PfA. Zittau: wie Nr. 31, Bl. 150 f.
1 Wortlaut und Datum dieses Briefes sind un-unbekannt. 2 Hier ist nicht ganz klar, ob Silbermann das Zuschneiden der »Blätter« (Blechtafeln) meinte, woraus die Pfeifen dann noch zu formen waren, oder ob die Pfeifen schon geformt und gelötet waren und nur noch der sogenannte »Aufschnitt« angebracht werden mußte (vgl. hierzu Anm. 1131). 3 zu offenbaren, auszusprechen 4 Vielleicht ist damit das Holz von Litsea calicaris (Mangaeo) gemeint. 5 Darunter ist das Sandelholz, ein ostindisches Farbholz, zu verstehen. 6 Damit ist Palisanderholz gemeint. 7 auswählen 8 neigt, Gefallen findet 9 Farbe 10 Architekt 11 altes Papierformat 12 Gottfried Silbermann hatte sich demnach auch – wie sollte es anders sein – mit Fragen der Architektur beschäftigt. 13 Daraus ist zu schließen, daß sich Gottfried Silbermann nach Beendigung seiner Lehrzeit da und dort im Elsaß bzw. in Frankreich umgeschaut hat. 14 Silbermanns Worte lassen leider nicht klar erkennen, ob er »dergl. Mahlerey« in Böhmen selbst beobachtet hatte. Möglich wäre es, nachdem er im Juni 1723 die Reise nach Prag unternommen hat und im Sommer 1710 nach Graupen »citiret« worden war. 15 kluger, vernünftiger 16 Das war Michael Silbermann (siehe Anm. 2544). 17 Damit ist Musikdirektor Carl Hartwig gemeint (vgl. Anm. 1831). 18 Siehe hierzu Anm. 1908. 19 zu empfehlen 20 Bisher hatte Silbermann mit dem Dresdner Jagdmaler Johann Christian Buzäus zusammengearbeitet (vgl. Anm. 578). 21 Aus einem Bericht der Orgelbaudeputation vom 13. Juni 1740 (Bl. 155 ff.) geht hervor, daß sich der »Staffirer von Gabel H. Seiber« um den Auftrag zur Bemalung und Vergoldung der Orgel beworben hatte. Mit »Gabel« ist das ehemalige »Deutsch Gabel« in Nordböhmen, am Fuße des Lausitzer Gebirges, gemeint. Mit der »Böhmischen Probe« meinte Silbermann offensichtlich die von dem genannten Maler vorgelegte Goldprobe. Übrigens hatten drei weitere (vermutlich Zittauer) Maler Goldproben vorgelegt. Ihre Namen gehen aus einem Aktenvermerk vom 11. Juni 1740 hervor: Kandler, Säuberer und Vierling. Die Goldprobe von Vierling gefiel Silbermann am besten (Bl. 153). 22 »Berlichs Schenke« befand sich vor dem Pirnaischen Tor (vgl. den Bürgerbucheintrag vom 2. Januar 1727 für Michael Silbermann im StA. Dresden: Sign. C XXI 19 d, Bl. 97 b). 23 unverbindlich 24 Siehe Anm. 20.

25 Siehe hierzu Anm. 580. 26 Zum Vergleich: Bemalung und Vergoldung der (allerdings kleineren) Orgeln zu St. Sophien in Dresden und St. Petri in Freiberg kosteten 210 bzw. 250 Taler. 27 Silbermann hat mit Johann Christian Buzäus' Sohn, Christian Polycarp, zusammengearbeitet (vgl. Anm. 580). 28 Silbermanns Quartier befand sich im Waisenhaus (vgl. Anm. 1877). 29 Damit sind Federbetten gemeint. 30 Das hat er auch getan (vgl. SD. 43). 31 eigenhändige Unterschrift

Nr. 42 – *Brief an den Rat zu Dresden*

Hoch-Edler, Hochgeehrtester Herr.[1]

Daß ich bey meiner lezten Reise anhero[2] mich nicht in Dreßden aufgehalten, vielweniger mit jemand gesprochen; war eines theils eine kleine Unpäßlichkeit daran Schuld, andern theils, weil es noch sehr frühe war. Ich habe mit großer Betrübniß vernommen, daß die Sophien-Orgel in einen so schlechten Stand gesetzet worden, und ich kan nicht läugnen, daß ich meinen damahls angewendeten Fleiß und Mühe, von Hertzen bejammre und bedaure. Wann ich nun lezthin Brieffe von Dreßden erhalten,[3] daß ich die Orgel in der neuen Schloß-Kirche[4], woran ietzo[5] gebauet wird, ebenfals bauen soll, und nur biß daher auf Ordre[6] warte, wann ich kommen, und deßwegen meine Gedancken eröffnen soll; So will ich alsdenn die betrübte Orgel[7] mit in Augenschein nehmen, und sagen, was weiter zu thun seyn wird. Meinen Vetter[8] kan nicht schicken, massen[9] ich selbigen sehr nothwendig zur ietzigen Arbeit[10] brauche. Womit verharre

Ew. HochEdl. Meines
Hochgeehrtesten Herrn
dienstschuldiger
Gottfried Silbermann[11]

Zittau, d. 21. July 1740.

Original im StA. Dresden: Acta Den durch Veränderung des Chors in der Sophien-Kirche der Orgel daselbst zugefügten Schaden, deßen Reparatur wie auch Stimmung betr. 1740 (Sign. XXXIV 28z), Bl. 4.
1 Der Brief ist an Ratsaktuar Johann Nicolaus Herold gerichtet. 2 Silbermann meinte die Reise, die er (vermutlich am 10. Juni) nach Zittau angetreten hatte, um dort mit dem Bau der großen Orgel in der Johanniskirche zu beginnen. 3 Wann Silbermann die Briefe erhalten hat und von wem sie waren, ist noch unbekannt. 4 Damit ist die sogenannte Katholische Hofkirche in Dresden gemeint. 5 jetzt 6 Befehl 7 in der Sophienkirche 8 Johann George Silbermann 9 weil 10 an der Zittauer Johannisorgel 11 eigenhändige Unterschrift

Nr. 43 – *Bericht über die Prüfung der Orgel zu St. Johannis in Zittau*

Auf vorhergegangene Requisition[1] eines HochEdl. und Hochweisen Raths haben wir zu End benannte das neu erbaute Orgel-Werck in der Kirche zu St. Johannis in Zittau d. 1st. u. 2ten. Aug. a. c.[2] genau eingesehen und wie folgend examinirt[3], als:

1. Die 6 Wind-Bälge jeden erstlich á part[4] und alsd[ann] alle 6 zusammen nach der Wind-Wage-Probe[5] in gleichem Wind haltend befunden.
2. Die 10 Manual- und Pedal-Windladen sind von außen, dem Contract gemäß, wie nicht weniger innwendig die Ventile, aus gutem eichenen Holz bestanden, mit meßingenen Federn untersezet, auch behörigen Stiften und meßingen Säckel-Hacken[6] tüchtig und mit Fleiß gearbeitet befunden,
3. Die innwendige Structur, Registratur, Wellenbretter, Abstracten, Winckel-Hacken und Eingebäude[7] sind mühsam[8] und bequehm in dem engen Gehäuße, doch räumlich angeleget, damit, wenn über Vermuthen[9] etwas vorfallen sollte, man doch zu allem kommen könne.
4. Das sämtliche Pfeiffen-Werck, sowol Flaut-[10] als Rohr-Werck[11], manualiter und pedaliter[12], wie in dem Contract lautet, sind durchgehends von guten Englischen Zinn und Metall von dauerhaffter Stärcke[13] sehr sauber und fleißig gearbeitet.
5. Die Intonation und Ansprechungen[14] derer Pfeiffen sind auch equal[15] befunden worden.
6. ist die Musicalische Temperatur pas-

sable und in allen accorden annehmlich zu gebrauchen.[16]

7. Die Stimmung des gantzen Wercks betreffend, so sind alle Claves[17] oder Register so wol im Solo als Tutti[18] zum Gebrauch rein gestimmet befunden, und in Summa das gantze Werck der Gestalt in einen vollkommenen Stand gesetzet, daß daran, dem Klang nach bey der Prob und Übernehmung, in allen Pfeiffen eine liebliche Schärffe, einen rechten SilberKlang und Gravitaet auch die Rohrwercke penetrant[19] zu hören, nicht der geringste Tadel zu finden geweßen.

Notandum

1. Über den Contract hat der Orgel-Bau-Meister vor gut befunden, zu beßerer Dauer an denen Metallenen Pfeiffen die Füße, Bärte, Deckel und Röhre[20] statt des Metalls von Zinn zu arbeiten,

2. auf beiden Seiten des Gehäußes 4 Felder Zierraths-Pfeiffen zu verfertigen,

3. den Cornet im Manual, welcher laut des accords nur 4fach seyn sollen, 5fach zu machen und wegen mehrerer Schärfe und beßern effects auf á parte Stöcke[21] und Röhre zu setzen,

4. in dem Oberwerck ein á parte Register: das Flageolet von 1 Fuß-Thon,

5. in der Brust die Chalmeaux[22]

6. im pedal: die Clarin 4 Fuß[23] und dann endlich

7. doppelte Ventile, das Haupt-Werck ans Pedal gekoppelt mit zum Gebrauch sehr mühsam zu verfertigen.

Daß übrigens vorherstehender Maßen die neugefertigte Orgel zu St. Johannis bey der genauen Besichtigung und beschehenen Examination sich also befunden, wird von uns eigenhändig unterschrieben bekennet, und mit denen gewöhnlichen Siegeln bekräftiget. Zittau, den 4. Aug. 1741.

(Siegel) Johann Georg Pisendel[24]
    p. t. Königl. ConcertMeister
(Siegel) Carl Hartwig[25]
    Director Musices in Zittau
(Siegel) Johann Christoph Erselius[26]
    Organist am Dom u. St. Jacobi in Freyberg

(Siegel) Johann Friedrich Fleischer[27]
    Organist zu S. P. Pauli in Zittau
(Siegel) Johann Gottlieb Tamitius[28]
    Orgel-Bauer in Zittau.

Original im PfA. Zittau: Einzeldokument bei der Akte wie Nr. 31.

1 Heranziehung (Auftrag) 2 a.c. = lat. anni currentis, d.h. des laufenden Jahres, also: 1. und 2. August 1741. 3 geprüft 4 besonders (oder einzeln) 5 Näheres über die (1667 zum erstenmal angewendete) »Windwaage« bei Adelung (S. 68 f.). 6 SD. 30, Anm. 5 7 Der Aufbau einer Orgel wird bei Adelung (S. 125, Abb. 27) sehr gut veranschaulicht. 8 mit viel Mühe 9 wider Erwarten 10 Flöten 11 Als Rohrwerk wird ein Orgelregister bezeichnet, das nur aus Zungenpfeifen besteht. 12 Das heißt: sowohl die zu den Manual- als auch den Pedalregistern gehörenden Pfeifen. 13 Die Stärke bezieht sich auf die Wandungen der Pfeifenkörper. 14 Mit der Ansprechung oder Ansprache bezeichnet man den Moment, in dem die Pfeife anfängt zu erklingen. 15 gleichmäßig 16 Vgl. SD. 12, Anm. 15. 17 Hier sind unter »Claves« die den Tasten entsprechenden Töne zu verstehen. 18 sowohl »einzeln« als auch »alle zusammen« 19 durchdringend 20 Diese zusätzliche Leistung hatte Silbermann auch bei der Frauenkirchenorgel zu Dresden erbracht (vgl. SD. 29; Anm. 11–14). 21 Siehe hierzu Adelung (S. 125, Abb. 27). 22 Bei der Dresdner Frauenkirchenorgel hatte Silbermann ebenfalls eine Schalmeienstimme über den Kontrakt geliefert (siehe SD. 30). 23 Damit ist eine 4-Fuß-Trompetenstimme gemeint. Ein solches Register hatte Silbermann (über den Kontrakt) auch in die Frauenkirchenorgel zu Dresden gesetzt (vgl. SD. 30). 24 Anm. 1650 25 Anm. 1831 26 Anm. 1735 27 Anm. 1937 28 Anm. 1835

Nr. 44 – Quittung über 7000 Taler für die Orgel zu St. Johannis in Zittau

Demnach E. Löbl. Deputation zu denen piis Causis[1] uns Endesunterschriebenen wegen der erbauten neuen Orgel in hiesiger St. Johannis-Kirche die in vorherstehenden Contracte stipulirten Sieben Tausend Thlr. und zwar

2000 thrl. bey Vollziehung des Contracts
1000 thlr. Ostern 1739

1000 thlr. Ostern 1740
2000 thlr. unter währender Aufsetzung und
und
1000 thlr. unten gesezten dato nach übergebenen und vor tüchtig erkannten Wercke baar ausgezahlet;
Alß haben wir über den richtigen Empfang dieser Sieben Tausend thlr. in gemeldeten Terminen mit Begebung der Ausflucht des nicht erhaltenen Geldes mittelst unserer eigenhändigen Unterschrifft und vorgedrückten Petschafft quittiret.
Zittau, den 6. Aug. 1741.
(Siegel) Gottfried Silbermann[2]
Johann George Silbermann[3]

Original im PfA Zittau: wie Nr. 43.
1 Das heißt: Deputation zu den milden und frommen Stiftungen. 2 eigenhändige Unterschrift 3 desgleichen

Nr. 45 – *Postbeleg über eine Geldsendung*

Ein Paqveth[1] mit 200 rt.[2] Werth an Mons. Silbermann nach Freyberg gehörig, ist dato[3] in die hiesige Expedition[4] zur Bestellung[5] übergeben und darüber gegenwärtiger Schein ertheilet worden.
Signatum Reichenbach, am 22. Jan.
Anno 1742.
Sr. Königl. Majest. in Pohlen
Churf. Sächs. Post-Amt
Johann Georg Klug
12 Gr. porto zahlt.
[Vermerk auf der Rückseite:]
Diese 200 rthlr. sind von denen Fraureuthern wegen ihrer Orgel zum Termin Martini 1741 gezahlt worden.

12 Gr. Porto	
9 Pfg. agio[6]	ausgelegt.
4 Gr. Bothenlohn	

Original im STA. Weimar, Außenstelle Greiz: Akte den Orgel-Bau zu Fraureuth betr. – Vor hiesigen GRPl. Consist. zu Unter-Greiz ergangen 1739 (Sign. a Rep. C, Cap. II C 8, Fraureuth Nr. 22), Bl. 19. In derselben Akte (Bl. 20) befindet sich Silbermanns Quittung über den Empfang der 200 Taler. Sie ist »Freyberg, den 24. Januarii 1742« datiert und beweist, daß das am 22. Januar in Reichenbach

aufgegebene Paket am übernächsten Tag schon in Silbermanns Händen war.
1 Paket 2 Reichstaler 3 heute 4 Dienststelle 5 Beförderung 6 Aufgeld

Nr. 46 – *Brief an den Rat zu Dresden*

HochEdler, insonders Hochgeehrtester Herr Actuario![1]
Bey Ew. HochEdl. hätte schon längst gerne meine Aufwartung machen wollen,[2] um meine Gedanken wegen der Frauenorgel zu entdecken, weil aber wegen Unpäßlichkeit[3] meine Reiße ausgesetzt[4] lassen müssen, so bin genötiget worden, allhier[5] zu bleiben, ich befinde mich auch noch allhier in Freyberg, ohngeachtet meine Leute schon vor etl.[6] Wochen von hier nach Zeblitz gereiset, allwo, sobald Gott mir wieder helffen wird, ich nechst Göttl. Hülffe eine neue Orgel vollends verfertigen werde. Nachdem nun bißhero nicht nach Dreßden kommen können, so bitte, Ew. HochEdl. wollen mir die Gefälligkeit erweisen und bey E. Hoch-Edl. Rath meinen Respect zu vermelden und Selbte[7] zu ersuchen, es nicht übel zu nehmen, daß ich nicht nach Dreßden gekommen und die Frauenorgel in Augenschein genommen, ich versichere aber, wenn ich zu Johannis[8], geliebts Gott, von Zöblitz wieder zurückkommen werde, so will ich alsdenn nach Dreßden kommen und meine Aufwartung machen, indem vorietzo[9] die Frauenorgel noch keiner solchen Gefahr unterworfen, wie vorgegeben worden…
dienstschuldigster
Gottfried Silbermann[10]
Freyberg, den 30. Martii[11] 1742.

Original im StA. Dresden: Acta, die durch Senckung des Gehäußes, dem Angeben nach, verstimmte Orgel in der Frauenkirche, deren Untersuchung und Reparatur betr., 1742 (Sign. D XXXIV 28 i), Bl. 5.
1 Der Brief ist an Johann Nicolaus Herold, Aktuar beim Rat zu Dresden, gerichtet. 2 Silbermann hatte am 24. Januar 1742 mitgeteilt, daß er »des ehestens nach Dresden kommen« wolle (Bl. 4). 3 Krankheit 4 nicht unternehmen, aufschieben 5 in Freiberg 6 eini-

gen 7 den Rat 8 Johannistag: 24. Juni
9 jetzt, gegenwärtig 10 eigenhändige Unterschrift 11 März

Nr. 47 – *Bauvertrag über die Orgel zu Nassau*

Im Nahmen GOTTES

Sey hiermit zu wißen, denen es von nöthen, daß wegen Erbau- und Setzung einer neuen Orgel in die Kirche zu Nassau, nachstehender Contract wohlbedächtig abgehandelt und geschloßen worden. Nehmlich, Es verspricht Herr Gottfried Silbermann, Königl. Pohln. und Churfürstl. Sächß. Hoff- und Land-Orgel-Bauer zu Freyberg, binnen dato Michaelis 1745 und Martini[1] 1746 Gel. Gott! ein gantz neues und tüchtiges wohl proportionirtes Orgel-Werck mit zwey Claviren und einen Pedal auch nachstehenden Stimmen und Registern, nach dem hierzu übergebenen Riß und folgender Disposition zu liefern, alß:

Im Haupt-Manual oder ersten Clavir von gravitaetischen Mensuren[2]:

1. Principal 8 Fuß; Die Töne C, D, Dis, E, F. Fis inwendig von Holtz, und G nebst den übrigen Pfeiffen auswendig ins Gesicht, von Englischen Zinn, hell polliret.[3]
2. Octava 4 Fuß. Die tieffe Octav kommt mit ins Gesichte. Das gantze Register wird von Englischen Zinn.
3. Quintadena 8 Fuß. Gantz von Englischen Zinn.
4. Rohr-Flöte, 8 Fuß. Die tieffe Octav wird von Holtz und die übrigen Octaven von Metall.
5. Cornet 3fach, durch das halbe Clavir, wie gewöhnlich. Wird von Englischen Zinn.
6. Spitz-Flöte 4 Fuß, von Englischen Zinn.
7. Quinta 3 Fuß, von Englischen Zinn.
8. Octava 2 Fuß, von Englischen Zinn.
9. Mixtur 4fach. Die größte Pfeiffe $1\frac{1}{2}$ Fuß lang. Wird ebenfalls von Englischen Zinn.

Im Ober-Werck oder andern Clavir von delicaten und lieblichen Mensuren:

1. Gedackt 8 Fuß. Die tieffe Octav wird von Holtz, die übrigen Octaven aber werden von Metall.
2. Rohr-Flöte 4 Fuß von Metall.
3. Nasat 3 Fuß von Metall.
4. Octava 2 Fuß von Englischen Zinn.
5. Quinta $1\frac{1}{2}$ Fuß ⎫
6. Suffleto 1 Fuß ⎪ von Englischen
7. Sesquialtera ⎬ Zinn
8. Cimbel 2fach ⎭
9. Tremulante

Im Pedal von starcken und durchdringenden Mensuren:

1. Sub-Bass 16 Fuß, gantz aus Holtz.
2. Posaunen-Bass 16 Fuß. Wird aus Holtz, und die Mundstücken werden aus Metall. Summa 20 Stimmen inclusive Tremulant.

Das Pedal spielet durch á parte Ventile ins Manual mit ein, welches zur Gravitaet des Werckes ein großes contribuiret[4].

Wird alles besten Fleißes, beständig[5] und zierlich[6] verfertiget, aufgesetzet und übergeben.

Hierzu auch:

Zwey tüchtige Blaß-Bälge mit 1 Falte, von Tännen-Holtze, welche dem Wercke sufficienten Wind geben sollen, und

Vier tüchtige Wind-Laden, von eichenen Holtz, ingleichen Die beyden Clavire von guten schwartzen Eben-Holtze und Elffenbeinernen Semitoniis, mit der langen Octave[7] von C, D, Dis biß c³, nebst einen saubern Clavir-Rahmen, ferner,

Das Gehäuße sauber und geschickt mit Bild-Hauer- und Tischler-Arbeit, nach den vorgezeigten Riß zu machen.

Das Pfeiff-Werck, versprochenermaßen, von dem besten Englischen Zinn, Metall und guten Holtze, nach der Disposition zu verfertigen. Die hierzu benöthigten Arbeits-Leute, als Bildhauer, Tischler, Schlosser, Trechßler, Schmiede und dergleichen, welche hier nicht so genau specificiret werden können, werden auch darzu gezählet.

Hiernächst Herr Silbermann auch zugleich angeregte Orgel auf Ein Jahr, von der Übergabe an, gewähret[8], und im Fall daran etwas wandelbar werden sollte, wenn es nicht gewaltthätiger weise geschehen, solches ohne Entgeld zu repariren verspricht.

Dagegen verbindet[9] sich die Gemeinde zu Nassau wie nicht weniger die Gemeinden, welche allda eingepfarret sind,[10] mit Approbation[11] derer Herren Inspectorum, welche diesen Contract zugleich zu unterschreiben beliebet haben und, daß solcher auf beyden Seiten adimpliret[12] werde, Sorge tragen wollen, vor sothanes[13] Orgel-Werck, biß zur gäntzlichen Perfection[14] Sieben hundert und viertzig Thaler – auf folgende Termine, alß:

200 Thl. – Michaelis 1745
200 Thl. – Ostern 1746
200 Thl. – Martini 1746
140 Thl. – Martini 1747

zu bezahlen; Jedoch sollen die letzten 140 Thl. – weil dieselben verleget werden müßen, mit einen Land-üblichen Zinß, von dato an, wenn die Orgel fertig ist, biß zur Auszahlung, vor interessiret[15] werden; Wie auch verbinden sie sich, nachspecificirte Höltzer an Pfosten und Brettern, von guten, reinen, ohnästigen Tannen-Holtze[16] auf ihre Kosten und ohne Entgeld erwähnten Hn. Silbermann anzuführen und zu liefern, alß:

½ ßo.[17] Pfosten, 2½ Zoll starck, 6 Ellen lang, gesäumt, und 16 Zoll breit.
3 Mandel[18] Pfosten, 2 Zoll starck, 8 Ellen lang, ungesäumt, wie sie das Klotz giebet.
1 ßo. Spinde-Bretter, 8 Ellen lang, davon ¼ ßo. ¾ Zoll starck und ½ ßo. 1 Zoll starck seyn soll, ungesäumt.
3 ßo. Spinde-Bretter, 6 Ellen lang, 5/4 Zoll starck, ungesäumt. 1 ßo. Schlage-Bretter, ¾ Zoll starck, 6 Ellen lang, ungesäumt.
6 Stück Stollen, 9 Ellen lang, 6 Zoll breit, 4 Zoll starck.

Hierüber auch ihm und denen Seinigen, so lange sie mit Aufsetz- und Stimmung des Orgel-Wercks zubringen werden, freyes Logiment[19], samt denen benöthigten Kohlen und Brenn-Holtz, nicht weniger die nöthige Ab- und Zufuhr zuverschaffen, auch den Mahler und diejenige Zimmer-Arbeit, welche bey Legung der Bälge und Beßerung des Chores[20] nöthig ist, und endlich den Calcanten und andere Handlanger zu besorgen.

Deßen zu Uhrkund und Festhaltung ist dieser Contract in duplo[21] zu Pappier gebracht und durch Hand und Siegel vollzogen worden.

So geschehen Freyberg, den 24. Augusti 1745.

(Siegel) D. Christian Friedrich Wilisch
(Siegel) Gottfried Silbermann
(Siegel) Joh. Christian Gensel
(Siegel) Carl Christian Gensel

Original im PfA. Nassau: Acta Die Anschaffung einer neuen Orgel zu Nassau betr. Ergangen im Amte Frauenstein de ao. 1745 (Sign. III, 13, 100), Bl. 14 ff.

1 Martinstag: 11. November 2 Der Klang der Orgelpfeifen wird durch die »Mensuren«, das heißt die Maße der Pfeifen, bestimmt. Der Orgelbauer muß also für jede Orgel, dem Kirchenraum und seiner Akustik entsprechend, die Mensuren berechnen. Die wichtigsten Faktoren, die auf den Klang Einfluß haben, sind folgende:
Material der Pfeifen (Zinn, Metall oder Holz), Pfeifenform (offen, gedeckt, halbgedeckt, zylindrisch, konisch),
Pfeifenweite (bestimmend für Tragfähigkeit des Tones),
Labiumbreite (bestimmend für die Tonkraft), Aufschnitthöhe (bestimmend für die Klangschärfe) und
Winddruck (bestimmend für die Tonstärke). Näheres hierüber ist bei Adelung (S. 64 ff.) zu lesen.
3 Hierzu noch eine kleine orgelbautechnische Bemerkung: Die »auswendig«, also im Prospekt der Orgel, stehenden Pfeifen bekommen den Wind durch (meist zinnerne) Röhren zugeleitet, die anstelle der Pfeifen in den Bohrungen des Pfeifenstockes stecken (siehe Adelung, S. 125, Abb. 27). 4 beiträgt 5 dauerhaft 6 zur Zierde (der Kirche) 7 Alte Orgeln besaßen noch die sogenannte kurze Oktave mit folgender Tastenanordnung: C F D G E A B H c cis d dis e f usw. Der Grund war, das Material und den Platz für die großen Baßpfeifen zu sparen, zumal die Halbtöne im Baß weniger gebraucht wurden. 8 Gewähr (Garantie) leistet 9 verpflichtet 10 Zum Kirchspiel Nassau gehörte damals Rechenberg nebst Holzhau. 11 Erlaubnis 12 erfüllt 13 dieses 14 Vollendung 15 verzinst 16 Vermutlich ist hier »wirkliches« Tannenholz (und kein Fichtenholz)

gemeint. Nach Bahns Chronik von 1748 (S.8) gab es damals im Hauptwald des Nassauer Reviers, dem sogenannten »Töpffer«, aber auch in den übrigen Wäldern des Amtes Frauenstein, fast alle Holzarten, »nemlich Puchen, Ahorn, Ilmen, Eschen, Tannen [!], Fichten [!] und dergl.«. 17 Schock (60 Stück) 18 altes Zählmaß: 15 Stück 19 Quartier, Wohnung 20 Daraus ist zu schließen, daß im Zusammenhang mit dem Orgelbau das bisherige Chor verändert wurde. 21 zweifach

Nr. 48 – Bauvertrag über die Orgel in der Hofkirche zu Dresden

Demnach der Aller Durchlauchtigste, Großmächtigste König in Pohlen und ChurFürst zu Sachßen[1] auch BurgGraf zu Magdeburg pp. in Dero neuen Schloß-Kirche allhier, ein großes Orgelwerck erbauen zu laßen resolviret[2]; Alß ist mit dem Hof- und Land-Orgel-Bauer, Gottfried Silbermann, folgender Contract verabredet, und geschloßen worden; Nehmlich: Es soll, und will derselbe sothanes[3] Orgelwerck, nach dem gefertigten Riß,

I. Im Haupt-Manual von großen, und gravitaetischen Mensuren, und zwar:

1. Prinicpal, 16 Fuß ins Gesichte von Englischen Zinn,
2. Principal, 8 Fuß,
3. Viol di Gamba, oder Spiel-Flöte, 8 Fuß, von Englischen Zinn,
4. Bordun 16 Fuß, die tiefe Octava von Holz, das übrige von Metall,
5. Rohrflöte, 8 Fuß von Metall
6. Octava, 4 Fuß
7. Spiz-Flöte, 4 Fuß
8. Quinta, 3 Fuß
9. Octava, 2 Fuß
10. Tertia, 2 Fuß
11. Mixtur, 4fach, die größeste Pfeife 2 Fuß ⎱
12. Cimbal, 3fach, die ⎰ von Englischen Zinn
    größeste Pfeiffe
    1½ Fuß
13. Cornet durch das halbe Clavier von c[1], biß cis[3], d[3], auf á parte Windstöcke, und Rohre, 5fach[4]

14. Fagot 16 Fuß ⎱
15. Trompet, 8 Fuß ⎰ von Englischen Zinn
    Tremulant

II. Im Ober-Werck von scharffen und penetranten[5] Mensuren:

1. Principal, 8 Fuß von Englischen Zinn,
2. Quinta dena, 16 Fuß von Englischen Zinn
3. Quinta dena, 8 Fuß von Englischen Zinn
4. Gedackt, 8 Fuß
5. Rohrflöte, 4 Fuß ⎱ von Metall
6. Nasat, 3 Fuß ⎰
7. Octava, 4 Fuß
8. Octava, 2 Fuß
9. Tertia
10. Flageolet, 1 Fuß
11. Mixtur, 4fach ⎱
12. Unda Maris ⎰ von Englischen Zinn
13. Echo zum Cornet von c[1], biß cis[3], d[3], auf á parte Windstöcke, und Rohre, 5fach,
14. Vox humana, 8 Fuß, und Schwebung, ebenfalls von Englischen Zinn

III. In der Brust von delicaten und lieblichen Mensuren:

1. Principal, 4 Fuß ⎱ von Englischen Zinn
2. Chalumeaux ⎰
3. Gedackt, 8 Fuß
4. Rohrflöte 4 Fuß ⎱ von Metall
5. Nasat 3 Fuß ⎰
6. Octava, 2 Fuß
7. Sesqui altera
8. Quinta, 1½ Fuß ⎱ von Englischen Zinn
9. Sufflöt, 1 Fuß ⎰
10. Mixtur, 3fach

IV. Im Pedal, von starcken, und durchdringenden Mensuren:

1. Groß Untersaz, 32 Fuß von Holz
2. Principal-Baß, 16 Fuß von Holz
3. Octaven-Baß, 8 Fuß von Englischen Zinn
4. Octaven-Baß, 4 Fuß
5. Mixtur, 6fach ⎱ von Englischen Zinn
6. Posaunen-Baß, 16 Fuß ⎰
7. Trompeten-Baß, 8 Fuß
8. Clarin-Baß, 4 Fuß von Englischen Zinn, nebst Baß-Ventil, und Calcanten-Klingel[6],

alles tüchtig, und dauerhafft erbauen, das Werck nach dem anbefohlenen Ton stimmen,[7] und die Pfeifen von dem besten Englischen Zinn, Metall, und Holz verfertigen, solches alles aber binnen hier, und künfftige Michaelis des 1754sten Jahres in den Stand sezen, daß erwehntes Orgelwerck alßdenn zu gedachten Mich. 1754 tüchtig übergeben werden könne;

Ins besondere sollen Drey Manual-Claviere mit der langen Octave[8] von C, D, Dis, bis c³, cis³, d³, sowohl, als das Pedal-Clavier von C, D, Dis, bis c¹, gefertiget werden;

Gleichwie auch die ersten Drey Manual-Claviere, von guten schwarzen Eben-Holze, mit Elffenbeinern Semitoniis[9], nebst saubern Clavier-Rahmen, und Register-Zügen, das Pedal aber von guten eichenen Holze zu arbeiten, nicht minder hierzu Sechs tüchtige Bälge mit einer Falte, von Tannen-Holz, desgleichen Zehen Wind-Laden von dem besten Eichen-Holze, zusammt denen Cornet- und Echo-Windstöcken, zu fertigen;

Also ist, soviel das Pfeiffenwerck anbetrifft, da solches von Metall zu machen angesezet worden, dieses dergestalt zu verstehen, daß selbiges seine Corpora[10] von sothaner[11] Materie, wegen des lieblichen und doucen[12] Klanges, erlange, die Füße[13] aber nebst denen Bärten[14], Deckeln[15] und Rohren[16], werden von Englischen Zinn gemachet;

Allermaßen nun gedachter Hof- und Land-Orgel-Bauer, Silbermann, dieses alles auf seine Kosten zu liefern, nicht minder die benöthigte Fuhren, nebst dem Brenn-Holz, und Kohlen, vor sich zu bestreiten, desgleichen die erforderlichen Neben-Arbeiter zu befriedigen, folglich alles aus eigenen Mitteln anzuschaffen übernommen; Also sollen ihm dargegen überhaupt

Zwanzig Tausend Thaler

und zwar mit:

4000 thlern im Monath Juli, Aug. und Sept. 1750 zum allerwenigsten, immaßen, woferne binnen dieser Zeit ein mehrers bezahlet werden solte, solches alsdenn

in denen folgenden Monathen des 1751sten und 1752sten Jahres wiederum decourtiret wird, und abgehet, ferner mit:

1000 thlern im Monath Oct.		
1000 thlern im Monath Nov. u.	1750	
1000 thlern im Monath Dec.		
1000 thlr. im Monath Jan.		
1000 thlr. im Monath Febr.	1751	
1000 thlr. im Monath Mart.[17]		
4000 thler im Monath Juli 1752		
4000 thler während Arbeit in Dreßden, von ao. 1752 biß 1754		
2000 thler bey Übergabe des ganzen Wercks zu Mich. 1754		

aus der Rent-Cammer gegen Quittung vergnüget, nicht minder sowohl allhier in Dreßden, soviel gelegene geräumliche Behältnüße, als vor 10 Personen zu arbeiten erforderlich sind, auf Zwey Jahr lang, alß auch auf dem Schloße Freudenstein in Freyberg, während der Arbeit daselbst, etliche Zimmer frey und ohne Entgeld eingeräumet[18], das Orgel-Gehäuß hingegen auf Königl. Kosten erbauet, desgleichen die Bildhauer-, Tischler-, Schlößer-, Schmiede- wie auch die gänzliche Zimmer-Arbeit, und Rüstung, auch was sonst an anderer Bedürfniß hierzu erforderlich seyn möchte, ohne sein, des Contrahentens Zuthun, hergegeben werden.

Zu deßen Uhrkund gegenwärtiger Contract unter Ihro Königl. Majt.[19] Cammer-Secret[20] darüber ausgefertiget worden;

So geschehen zu Dreßden, am 27. Jul. 1750.
(LS) Johann Christian Gr[af] v[on] Hennicke[21]
Johann Friedr. Hausius

Daß vorherstehende Abschrifft mit dem wahren Originali durchgehends gleichlautend sey, wird hiermit unter vorgedrückten kleinern Cammer-Secret attestiret.

Dreßden, am 28. Jul. 1750
Johann Friedr. Hausius

Zu vorherstehenden Contract bekenne mich hierdurch allenthalben, und verspreche solchem in allen Puncten, Conditionen[22] und Clausuln[23] auf das genaueste nachzukommen, auch darwieder²⁴ in keinerley Weise noch Wege zu handeln.

Treulich und ohne Gefährde.²⁵

Freyberg, den 29. July 1750.

(Siegel) Gottfried Silbermann²⁶

Das Original befand sich in Gottfried Silbermanns Nachlaß (siehe Anm. 2600 unter b)) und ist verschollen. Im STA. Dresden befindet sich eine beglaubigte Abschrift (Loc. 35 825: Akte Die Kosten zur Erbauung eines großen Orgelwercks ... 1750, Bl. 25 ff.) und eine einfache Abschrift (Loc. 774: Akte Erbauung einer neuen Kirche ... 1738–1765, Bl. 213 ff.) des Vertrages und außerdem noch zwei Entwürfe (Bl. 11 ff. und 18 ff. der erstgenannten Akte). 1 Das war Friedrich August II. von Sachsen. Er wurde 1696 geboren, regierte ab 1733 und starb 1763. 2 sich entschlossen 3 dieses 4 Das Register »Cornet« beginnt erst mit dem Ton c¹ und geht demzufolge »durch das halbe Clavier«. Die Pfeifen dieses Registers stehen nicht in der gleichen Ebene wie die übrigen Pfeifen auf der Windlade, sondern erhöht auf besonderen Pfeifenbänken. Der Wind wird den Pfeifen mittels Röhren, sogenannten Kondukten, von den Pfeifenstöcken auf den Windladen zugeführt. Der Grund für die erhöhte Aufstellung der Pfeifen dieses Registers ist eine verbesserte Klangabstrahlung, weil das Kornett als Soloregister dient. 5 durchdringend 6 Damit wird dem Bälgetreter ein Signal gegeben, damit er weiß, wann er die Blasebälge zu treten hat. 7 Die Orgel wurde (wie die beiden anderen Dresdner Werke Silbermanns) im Kammerton gestimmt. 8 Siehe hierzu SD. 47, Anm. 7. 9 Obertasten für die Halbtöne 10 Körper der Pfeifen 11 dieser 12 süßen 13 Der Fuß einer Orgelpfeife dient nur zur Windführung. Seine Länge hat auch keinen Einfluß auf die Tonhöhe und ist oft bei allen Pfeifen eines Registers gleich (etwa 12 bis 25 cm). Bei den im Prospekt stehenden Pfeifen ist gleiche Fußlänge aus architektonischen Gründen allerdings meistens nicht erwünscht. 14 Unter Bärten versteht man kleine Metallplatten, die zu beiden Seiten des Aufschnittes bei Lippenpfeifen angelötet werden. Sie dienen insbesondere zur Verbesserung der Ansprache bestimmter (enger) Pfeifen. 15 Die Deckel verschließen bei den sogenannten gedackten Pfeifen die obere (sonst offene) Mündung. 16 Darunter sind die Röhrchen zu verstehen, die bei sogenannten halbgedackten Pfeifen oben auf dem Deckel (oder Hut) sitzen. Das bekannteste Register dieser Art ist die Rohrflöte. 17 März 18 zur Verfügung gestellt 19 Majestät 20 Siegel 21 Hennicke war damals Vizepräsident des Kammerkollegiums. 22 Bedingungen 23 Nebenbestimmungen 24 dagegen 25 Das heißt: Ehrlich und ohne Hinterlist. 26 eigenhändige Unterschrift

Nr. 49 – Gottfried Silbermanns Testament

Im Nahmen Gottes

Sey hiermit zu wißen denen es zu wißen von nöthen: Daß nachdem der Allerhöchste, durch seine Güte und Gnade mich nunmehro zu ziemlichen Jahren gelangen laßen,¹ und ich daher nicht wißen kan, wenn derselbe über mich gebiethen, und mich von dieser Welt seel[ig] abfordern möchte.

Wie denn zu der Zeit und Stunde, da es geschehen solte, auf das theure Blut und Verdienst meines Herrn und Heylandes Jesu Christi, deßen mich tröste und versichere, in wahren festen Glauben und Vertrauen, willig und frölich sterbe, auch der gewißen² Hoffnung und Zuversicht lebe, es werde meine theuer erlösete Seele zum himmlischen Freuden-Leben eingehen, am jüngsten Tage.

(LS) Gottfried Silbermann

aber mit dem Leibe wiederum vereinbahret³ werden, nebst anderen Auserwehleten, die Hochgelobte Heilige Dreyeinigkeit ewiglich zu rühmen, zu loben, zu preißen und zu dancken;

So bin ich entschloßen voriezo⁴, bey annoch gesunden Tagen, darüber kürzlich⁵ zu disponiren, auf was maße⁶ es mit meinem mir von Gottes Seegens Hand gegönneten Vermögen, nach solch meinem Todte zu halten.

Es ist also 1.) mein Wille, in so ferne etwa der grose Gott zu der Zeit über mich gebiethen dürffte, ehe mein nachstehend instituirter⁷ Erbe in hiesigen Lande zugegen,⁸ und so gleich nicht zu erlangen wäre, daß so dann Herr Johann George Schöne, Orgelmacher, hier bey mir in

464

Diensten, der etliche[9] Dreyßig Jahre hinter einander mir treu und redlich beygestanden,[10] vor meine Beerdigung besorget seyn, und was darzu nöthig und erforderlich, veranstalten solle. Hingegen seze zugleich 2.) zu meinen einzigen wahren Universal-Erben, meines geliebten Bruders, Tit. Herrn Andreas Silbermanns, gewesenen Orgelmachers in Straßburg,[11] hinterlaßenen anderen[12] Sohn, Tit. Herr Johann Daniel Silbermannen, voriezo[4] gleichfalß Orgelmachern, auch bestalten Organisten bey der neuen Kirche zu gedachten Straßburg,[13] aus mir beywohnenden Bewegungs-Uhrsachen,[14] hierdurch titulo institutionis honorabili[15], dergestalt in bester Form Rechtens ein, und ist ferner mein Wille, daß sich derselbe nach meinen tödtl. Hintritte[16], meines gesammten Vermögens, es be-

(LS) Gottfried Silbermann

stehe worinne es wolle, nichts davon ausgeschloßen, als seines wahren wohl erlangten Eigenthumes anmaßen und damit nach eigenen Belieben und Gefallen schalten und walten solle; Worneben 3.) nur auf die Fälle, wenn er vor mir mit Todte abgienge[17], oder mein Erbe nicht könnte und wolte werden, ihm seine beyden Brüder, Herr Johann Andreas Silbermann[18] und Herrn Heinrich Silbermann[19], Orgelmacher zu gedachten Straßburg, substituire. Nichts desto weniger verbinde[20] 4.) besagten meinen einzig instituireten Universal-Erben, Herr Johann Daniel Silbermann, und da derselbe mein Erbe nicht würde, die ihm substituirete zwey Brüder, besonders dahin a) obig benahmten bey mir in Diensten und Arbeit stehenden Herr Johann George

(LS) Gottfried Silbermann

Schönen, post trigesimum einen Steuer-Schein von den meinigen an Zweytausend Thalern zu extradiren und aus zu antworten[21], und zwar samt den Zinßen, die darauf zu Ostern oder Michaelis gefällig werden, Gestalt bemelten Herr Schönen, in Ansehn der mir geleisteten treuen Dienste, diesen Steuer-Schein nach 2000 Thlr. so wohl, als hierüber annoch meine gesammten Kleider, Wäsche, Geräthe und Betten,

auch den ganzen Werckzeug, mit allen und jeden meinem zum Orgel-Bau und Instrumentmachen gehörige und vorhandenen Materialien, ohne Unterschied legire[22], gleichwohl den Werckzeug und iezt angeführete Materialien insoweit, wenn zur Zeit meines Absterbens,

(LS) Gottfried Silbermann

mein einzig instituireter Universal-Erbe, oder die ihm substituirete zwey Brüder, in hiesigen Landen nicht zugegen, und darinne zu bleiben gedächten, b) habe ich den Herrn Cämmerer und Raths-Verwandten[23], Tit. Herr Johann Gottfried Krausen[24] alhier, zu Bestellung der Caution[25], bey der ihm hier von E. HochEdl. Rathe anvertrauten Cämmerey-Function, mit einen Original-Steuer-Schein von 1500 Thlr. ausgeholffen[26] oder gedienet, welcher Steuer-Schein denselben von meinen Universal-Erben, zur Cämmerey-Caution so lange zu laßen, biß er nach Gottes Willen mit Todte abgehet[27], oder berührten Steuer-Schein bey seinen Leben meinen Erben selbst zurücke giebet,

(LS) Gottfried Silbermann

Maaßen auch die darauf eingehenden Steuer-Zinßen von halben Jahren, an mehrerwehnten meinen Erben zu vergnügen[28] sind. Weiter legire ich c) Tit. Herr Elias Dietzen[29], den hiesigen Bettmeister[30], aus guter Freundschafft und zu einen Andencken, Einhundert Thaler, Ferner d) den Organist zu St. Petri hieselbst, Tit. Herr Klemmen[31], Fünffzig Thaler und e) derjenigen Magd oder Köchin, die sich zur Zeit meines Ablebens in meinen Diensten befinden, und darinnen wohl verhalten wird, ebenfalß Fünffzig Thaler, und sind sothane Legata wiederum post trigesimum von den bereitesten Mitteln abzutragen. Worinnen mein lezter Wille bestehet, darüber ich gehalten

(LS) Gottfried Silbermann

wißen will. Zu dem Ende ersuche E. HochEdl. Rath hiesigen Orthes[32], darüber nach meinen in Gottes Händen stehenden Todte zu halten und denselben zur Execution[33] zu bringen. Wolte auch solch mein lezter

Wille als ein zierliches Testament nicht bestehen; So soll er doch gelten, als ein Codicill-Schenckung unter den Lebendigen oder aufn Todtes-Fall und sonsten omni meliori modo.

Um mehrerer Beglaubigung willen habe denselben auf ieder Seite und am Ende eigenhändig unterschrieben und mein gewöhnlich Petschafft vorgedrucket.

Geschehen zu Freyberg, den 20. July

Anno 1751.

mein lezter Wille[34]
(LS) Gottfried Silbermann

Actus Insinuationis

Acto erscheinet Herr Gottfried Silbermann, Königl. Hoff-Orgelmacher alhier zu Freyberg wohnhafft, in Persohn, und übergiebet die hier eingeschloßene versiegelte Chartam[35], vermeldet dabey, wie darinnen sein lezter Wille enthalten sey, welchen er gerichtlich übergeben, und zugleich angesuchet haben wolle, solchen anzunehmen, auf dem Rath-Hauße verwahrlich beyzulegen und nach seinen in Gottes Willen beruhenden Ableben selbigen gebührend zu publiciren und darüber zu halten: Welchen Suchen auch stattgegeben, sothane Disposition auf dem Rath-Hauße alhier verwahrlich beygeleget, und darüber Schein[36] ertheilet worden.

So geschehen vor Herrn Johann Christian Pistorio, Cons. Regente[37], den 27. Juli Ao. 1751.

Carl Christian Hennig
Stadtschreiber

Johann Christian Pistorius[38], Cons. reg. Idem[39] Herr Gottfried Silbermann disponiret zu gleich, daß, wenn er nach Gottes Willen versterben möchte, so solte diese Disposition seinen Vetter, Herrn Johann Daniel Silbermannen, Orgelmachern aus Straßburg, daferne er zu solcher Zeit alhier zugegen wäre, außer dem aber seinen Gesellen Johann George Schönen so gleich nach seinem Todte publiciret werden, damit er nach seinen Willen das Begräbniß besorgen könne.

Gottfried Silbermann

Actus Publicationis

Publiciret ist dieses Testament in dem darzu anberaumten Termino den 4. Septembr. Ao. 1753

H. Johann Daniel Silbermannen aus Straßburg

H. Michael Silbermannen aus Dreßden

H. Johann George Schönen, Orgelmachern

Christian Silbermannen, Schuhmachern

Christian Gottlob Hebern von Höckendorff[40]

Gottlob Burckerten, Beckern aus Dippoldiswalde und[41]

Johann Christian Neubauern, wegen seines Eheweibes Annen Christinen gebohrner Helmertin[42], auf ihr persöhnlich Erscheinen und darum beschehenes Ansuchen, nach dem sie vorhero die mit drey Siegeln von außen und in dem inwendigen Couvert mit einen Siegel versehen, auch sonst auf allen Seiten, so weit solche beschrieben, damit bedruckte Disposition vor H. Gottfried Silbermanns Siegel und deßen Hand vor richtig recognosciret[43]; Welches denen selben von Wort zu Wort vorgelesen, denen erstern Dreyen auf ihr Ansuchen die gebethene vidimirte[44] Abschrifft davon ertheilet worden. Actum in der Raths-Stube zu Freyberg vor Herrn Johann Christian Pistorio, Cons. reg. ut supra.

Carl Christian Hennig
Stadtschreiber

Wir Bürgermeister und Rathmanne der Stadt Freyberg attestiren hiermit, daß vorstehende Abschrifft von Herr Gottfried Silbermanns, weyl[and][45] Hoff-Orgelmachers allhier am 20. July Ao. 1751 schrifftlich aufgesezten Willen mit der auf allhiesigen Rathhauß sich befindenden, von den defuncto[46] so wohl am Ende als auf allen Seiten eigenhändig unterschriebenen und besiegelten Original-Disposition von Wort zu Wort übereinkomme. Es sind auch die derselben beygefügten Registraturen dem wegen Insinuation und Publication dieses Testaments gehaltenen Original-Protocolle conform.

Deßen zu Uhrkund haben wir Unser und

gemeiner Stadt kleineres Innsiegel vorge-
druckt.
Sig. Freyberg, den 17. Septbr. Anno 1753.
      (LS) Der Rath zu Freyberg
      Carl Christian Hennigk
      Stadt-Schreiber.

Das Original ist verschollen. Es befand sich im
StA. Freiberg: Nr. 14 im Kammerkästchen 40
(vgl. Gerlach, Das Testament des Orgelbauers
Gottfried Silbermann, in: Saxonia, 3. Jg.,
Nr. 2/1878). Im Jahre 1955 teilte der damalige
Freiberger Stadtarchivar, Paul Krenkel, dem
Verfasser brieflich mit: »Das berühmte Testament Silbermanns ist, wie ich leider schon lange
festgestellt hatte, der Auslagerung [im 2. Welt-
krieg] zum Opfer gefallen; es ist nicht zurückgekommen.«
Im STA. Dresden befinden sich zwei beglaubigte Abschriften des Testaments: Acta Commissionis Des verstorbenen Hoff-Orgelmacher
Herr Gottfried Silbermanns Nachlaß betr. Ergangen beym Ambte Dreßden 1753 (Sign.
Amtsgericht Dresden Nr. 4609), Bl. 7 ff. und
Bl. 20 ff.
1 Silbermann war zur Zeit der Testaments-
errichtung achtundsechzigeinhalb Jahre alt.
2 festen 3 vereinigt 4 jetzt 5 in kurzer
Form 6 wie, auf welche Weise 7 eingesetz-
ter 8 Hieraus muß man schließen, daß Gottfried Silbermann seinen künftigen Erben nach
Sachsen gerufen hat oder Johann Daniel Silbermann sowieso die Absicht hatte, zu seinem
Onkel überzusiedeln. Vermutlich standen
Onkel und Neffe miteinander in Briefwechsel
9 mehr als 10 Demnach muß Schön um
1721 zu Silbermann gekommen sein. 11 Andreas Silbermann ist bereits 1734 gestorben.
12 zweiten 13 Johann Daniel war der einzige aus der Orgelbauerfamilie Silbermann, der
zugleich auch Organist war.
14 Das heißt: aus eigenem persönlichen Antrieb. Es ist kein Beweis dafür bekannt, daß
Gottfried und Johann Daniel sich persönlich
begegneten, bevor letzterer (im Frühjahr 1752)
zu seinem Onkel nach Freiberg kam. Johann
Daniels älterer Bruder, Johann Andreas, ist dagegen 1741 auf einer Reise in Zittau seinem
Onkel begegnet. 15 ehrenvoll eingesetzt
16 Ableben 17 sterben würde 18 Johann
Andreas Silbermann (1712–1783) erlernte bei
seinem Vater Andreas die Orgelbaukunst und
führte nach dessen Tode die Werkstatt fort.

Siehe hierzu die in Anm. 8 unter 20. genannte
Arbeit. 19 Johann Heinrich Silbermann
(1727–1799) arbeitete mit seinem Bruder Johann Andreas zusammen und spezialisierte sich
insbesondere auf den Klavierbau (vgl. die in
Anm. 8 unter 20. genannte Arbeit). Im Bach-
haus zu Eisenach befinden sich übrigens zwei
Spinette von Johann Heinrich Silbermann aus
der Zeit um 1765 (vgl. Heyde, Historische
Musikinstrumente im Bauchhaus Eisenach,
Weimar 1976). 20 verpflichte, beauftrage
21 auszuhändigen, zu übergeben 22 vermache
23 Ratsmitglied 24 Johann[es] Gottfried
Krauße wurde 1692 (Tauftag: 6. Oktober) als
Sohn des Schuhmachers Gottfried Krauße in
Freiberg geboren (St. Nicolai Freiberg: TaR.
Nr. 37/1692) und 1715 als Ratsstuhlschreiber an-
gestellt. Später war er »Kammer-Schreiber« beim
Freiberger Rat und bezog zunächst (1735/36)
eine Jahresbesoldung von 87½ Talern,
später (1750/51) aber 150 Talern (StA. Frei-
berg: RR. 1735/36 (Beleg 151) und 1750/51
(Beleg 171)). Im Jahre 1751 wurde Krauße
Kämmerer beim Freiberger Rat. Er ist am
18. März 1758 in Freiberg gestorben (Dom
Freiberg: ToR. Nr. 34/1758). Silbermann und
Krauße sind seit etwa 1711 miteinander befreundet gewesen (vgl. OWS. 43). Krauße hat
übrigens für Silbermann relativ oft geschäft-
liche Briefe geschrieben. So stammen z. B. die
an Hofrat Fickweiler in Greiz gerichteten
Briefe (SD. 34 und 36–38) zweifelsfrei von
Krauße Hand. 25 Sicherheitsleistung
26 Vgl. Anm. 2599. 27 stirbt 28 auszuzahlen
29 Anm. 2615 30 Unter »Bettmeister« ist ein
Verwalter eines Schlosses zu verstehen.
31 Anm. 164 32 Freiberg 33 Ausführung
34 Diese drei Worte stammten (nach Gerlach)
von Silbermanns Hand (vgl. Saxonia, Nr. 2/1878).
35 Urkunde 36 Hinterlegungsschein
37 regierender Bürgermeister 38 Der (lat.)
Name bedeutet einfach: Müller. 39 Derselbe
40 Ob das etwa ein weitläufiger Verwandter
Silbermanns war, ist noch nicht geklärt.
41 Welche Beziehungen er zu Silbermann
hatte, ist unbekannt. 42 Auch in diesem Falle
ist über verwandtschaftliche Beziehungen mit
Silbermann nichts bekannt. 43 anerkannt
44 beglaubigte 45 ehemals 46 dem Verstorbenen

Hochwürdiger Hochgebohrner Reichs-Graf, Gnädiger Herr,
Hochbetrauter Herr Premier Ministre.
Es wird Ew.[1] Hochgebohr[nen] Reichs Gräfl. Excellenz in gnädigster Erinnerung schweben, welchergestalt allerhöchsten Orths mir bey Renovation[2] des Contracts wegen der in der Königl. Hof-Capelle zu erbauenden neuen Orgel unter andern auch versprochen worden, die rückständigen veraccordirten 10000 Thlr.[3] alle Monathe mit 1000 Thlr. abzuführen und damit bis zu Ende continuiren[4]. Ob nun zwar wohl die 3 leztern Monathe vorigen Jahres dergestalt berichtiget worden, daß annoch nur 7000 Thlr. darauf zu bezahlen übrig.[5] So hat es doch darmit sein Bewenden gehabt, und auf dieses Jahres bereits verfloßene 6 Monate mir nichts weiter von denen verfallenen[6] 6000 Thlr. bezahlet werden wollen.
Alldieweiln aber, Gnädigster Herr Premier Ministre, ich meines Orts dem Contracte in allem am genauesten nachkomme, und, wie etwa Ew. HochReichsGräfl. Excellenz auch referiret[7] worden seyn möchte, bereits sehr weit mit meinem Wercke avanciret[8], daß es zur versprochenen Zeit fertig und vollkommen seyn möchte; Gleichwohl aber zur Unterhaltung auch Beybehaltung meiner Leute wöchentlich einen großen Aufwand machen muß. So gelanget an Ew. HochReichsgräfl. Excellenz mein unterthänigstes Bitten, HochDieselben wollen daß mir der beträchtliche Rückstand auf die bereits verfallenen[9] 6 Monathe, des fördersamsten von dem CammerMstr. zur Beförderung meines Orgel-Wercks ausgezahlet werde, die diesfalß benöthigte gnädige Anordnung ergehen zu laßen, in Gnaden geruhen.
Da Ew. HochReichsGräfl. Excellenz bereits so gnädigen und vielfältigen Antheil an diesen Wercke genommen, versehe mich nur so viel mehr einer gnädigen Hohen Resolution, und verharre übrigens Lebenslang in treuer devoter Submission[10]

    Ew. HochReichsGräfl. Excellenz
    Unterthänigster Diener[11]
    Johann Daniel Silbermann[12]
    hochverordneter Orgelbauer[13]

Dreßden am 26. Juny 1754.

Original in der Sächsischen Landesbibliothek zu Dresden: Sign. Mscr. Dresden, R 52ⁿ, Nr. 246.
1 Eurer 2 Damit ist der Eintritt Johann Daniel Silbermanns in den mit Gottfried Silbermann geschlossenen Kontrakt gemeint. 3 Die Kontraktsumme betrug 20000 Taler. Gottfried Silbermann hatte bereits 10000 Taler bekommen. 4 fortzufahren 5 Vgl. hierzu Anm. 2221. 6 rückständigen 7 berichtet, vorgetragen 8 vorangekommen 9 vergangenen 10 ergebener Untertänigkeit 11 eigenhändig 12 eigenhändige Unterschrift 13 eigenhändig

ORGELWEIHESCHRIFTEN

EINFÜHRUNG

Gottfried Silbermanns Zeitgenossen haben nicht nur die von ihm geschaffenen Orgelwerke gerühmt und bewundert, sondern auch ihn selbst als Künstler verehrt und geschätzt. Beides fand in zahlreichen Schriften, die Gottfried Silbermann anläßlich der Orgelweihen gewidmet wurden, beredten Ausdruck. Diese sogenannten Orgelcarmina sind – völlig zu Unrecht – im Laufe der Zeit in Vergessenheit geraten. Sie verdienen aber wiederentdeckt zu werden, zumal unter den Verfassern bekannte Musiker, wie Wilhelm Friedemann Bach, Johann Ludwig Krebs, Theodor Christlieb Reinhold, Johann Martin Steindorff u.a., zu finden sind. Vor allem aber beweisen die Druckschriften, viel persönlicher als amtliche Dokumente, in welch hohem Ansehen Gottfried Silbermann und seine Kunst damals standen.

Gegenwärtig sind einundsiebzig Orgelweiheschriften bekannt. Sie verteilen sich auf folgende Orte bzw. Orgeln:

Dittersbach	
Dresden (St. Sophien)	
Forchheim	
Mylau	
Nassau	
Niederschöna	je eine Schrift
Reichenbach (St. Peter und Paul)	
Reichenbach (St. Trinitatis)	
Rötha (St. Georg)	
Großhartmannsdorf	je zwei Schriften
Reinhardtsgrimma	
Fraureuth	je drei Schriften
Glauchau (St. Georg)	
Freiberg (St. Petri)	fünf Schriften
Burgk	sechs Schriften
Frauenstein	je sieben Schriften
Ponitz	
Zittau (St. Johannis)	acht Schriften
Dresden (Frauenkirche)	neun Schriften
Greiz	zehn Schriften

Gottfried Silbermann ist demnach nicht bei jeder Orgelweihe mit einem Carmen geehrt worden. Die Anzahl der im Einzelfall erschienenen Gedichte war auch recht unterschiedlich.

Als Verfasser solcher Orgelcarmina sind insgesamt achtundvierzig Persönlichkeiten namentlich bekannt. Einige haben Gottfried Silbermann mehrere Gedichte gewidmet. Unter den Autoren finden wir u.a. einundzwanzig Organisten, Kantoren und Musiker, sieben Geistliche, sieben grundherrschaftliche Beamte, je drei Lehrer, Advokaten und Studenten. Bei elf Orgelweihegedichten sind die Autoren unbekannt.

Obwohl damals von jeder Schrift vermutlich mehrere hundert Exemplare gedruckt wurden, sind heute größtenteils nur noch Einzelstücke auffindbar. Eine entsprechende Bestandsaufnahme erbrachte folgendes Resultat:

Anzahl der Schriften	Anzahl der vorhandenen Exemplare
52	je 1
15	je 2
3	je 3
1	4

Die Carmina umfassen größtenteils je vier Seiten. Es gibt aber auch umfangreichere Druckschriften. Einen genauen Überblick bietet die nachstehende Übersicht:

Seitenzahl	Anzahl der Schriften
je 1	5
je 4	52
je 8	10
12	1
je 16	3

Alles weitere geht aus den nachfolgenden vier Verzeichnissen hervor:

A) Verzeichnis der Orgelweiheschriften
B) Verzeichnis der Autoren
C) Verzeichnis der Druckereien
D) Verzeichnis der Fundstellen

Abschließend werden alle einundsiebzig Druckschriften mit der Wiedergabe des Wortlautes der Titelseiten und zahlreichen Zitaten aus dem Text vorgestellt.

A) VERZEICHNIS DER ORGELWEIHESCHRIFTEN

mit Erscheinungsjahr (Sp. 2), Ort (Sp. 3), Seitenzahl (Sp. 4) und Anzahl der vorhandenen Exemplare (Sp. 5)

1	2	3	4	5	1	2	3	4	5
1	1716	Niederschöna	4(?)	1*	30	1737	dgl.	1	1
2	1720	Dresden (St. Sophien)	8	2	31	1737	dgl.	4	1
3	1721	Rötha (St. Georg)	16	2	32	1737	dgl.	4	1
4	1725	Reichenbach	1	2	33	1737	dgl.	4	1
		(St. Peter und Paul)			34	1737	dgl.	4	1
5	1726	Forchheim	8	1	35	1738	Frauenstein	4	1
6	1726	Dittersbach	1	2	36	1738	dgl.	4	1
7	1730	Glauchau (St. Georg)	4	1	37	1738	dgl.	4	1
8	1730	dgl.	1	1	38	1738	dgl.	4	1
9	1730	dgl.	8	1	39	1738	dgl.	1	1
10	1730	Reichenbach	4	1	40	1738	dgl.	4	1
		(St. Trinitatis)			41	1738	dgl.	4	2
11	1731	Reinhardtsgrimma	8	1	42	1739	Greiz	4	2
12	1731	dgl.	4	1	43	1739	dgl.	4	2
13	1731	Mylau	4	1	44	1739	dgl.	4	2
14	1735	Freiberg (St. Petri)	4	2	45	1739	dgl.	4	2
15	1735	dgl.	4	3	46	1739	dgl.	4	1
16	1735	dgl.	4	1	47	1739	dgl.	4	1
17	1735	dgl.	4	1	48	1739	dgl.	4	1
18	1735	dgl.	4	1	49	1739	dgl.	8	1
19	1736	Dresden	4	1	50	1739	dgl.	4	1
		(Frauenkirche)			51	1739	dgl.	8	1
20	1736	dgl.	4	1	52	1741	Zittau (St. Johannis)	4	1
21	1736	dgl.	4	1	53	1741	dgl.	4	2
22	1736	dgl.	4	1	54	1741	dgl.	8	1
23	1736	dgl.	4	1	55	1741	dgl.	8	3
24	1736	dgl.	4	1	56	1741	dgl.	16	1
25	1736	dgl.	4	1	57	1741	dgl.	4	2
26	1736	dgl.	12	1	58	1741	dgl.	4	3
27	1736	dgl.	4	1	59	1741	dgl.	4	2
28	1737	Ponitz	8	1	60	1741	Großhartmannsdorf	4	1
29	1737	dgl.	4	1	61	1741	dgl.	4	1

1	2	3	4	5		1	2	3	4	5
62	1742	Fraureuth	16	4		69	1743	dgl.	4	1
63	1742	dgl.	4	2		70	1743	dgl.	4	1
64	1742	dgl.	4	1		71	1748	Nassau	4	1
65	1743	Burgk	4	2						
66	1743	dgl.	8	1						
67	1743	dgl.	4	1						
68	1743	dgl.	4	1						

* Von dieser Schrift ist nur eine Abschrift vorhanden

B) VERZEICHNIS DER AUTOREN

Lfd. Nr.	Name, Vornamen	Nr. der Schrift (nach Verzeichnis A)			
1	Bach, Wilhelm Friedemann	20			
2	Beyer, Johann Wolfgang	69			
3	Blochwitz, Johann Martin	22			
4	Brem, Johann Georg	28			
5	Bucher, Samuel Friedrich	56			
6	Centgraff, Immanuel	39			
7	Clauser, Johann Heinrich	64			
8	Dedekind, Johann Gottfried	1			
9	Donati, Johann Gottfried	44	62	68	
10	Erselius, Johann Christoph	17	24	35	59
11	Fickweiler, Christoph Ernst	47			
12	Geißler, Johann Christoph	16			
13	Geldern, Rudolph August Heinrich	66			
14	Glöckner, Johann George	14	37		
15	Gräbner, Christian Heinrich	15	25		
16	Grünrath, Gottfried	49			
17	Grünwald, Johann Christoph	54			
18	Hartwig, Johann David	60			
19	Haußdorf, Victoria Catharina	58			
20	Heinrich VI., Graf Reuß	65			
21	Heydrich, Thomas	50			
22	Jänecke, Johann Rudolph	67			
23	Kalb, Johann Heinrich	34			
24	König, Johann Ulrich	2			
25	Krauße, Johann Gottfried	43			
26	Krebs, Johann Ludwig	32	45		
27	Kummer (Vorname unbekannt)	70			
28	Küster, Carl Gottfried	10	13	48	
29	Langbein, Johann Christian	3			
30	Lehmann, Jacob	11			
31	Leopold, Johann Gerhard	31			
32	Lippmann, Johann Christoph	41			

Lfd. Nr.	Name, Vornamen	Nr. der Schrift (nach Verzeichnis A)					
33	Mäcke, Friedrich Ehregott	41					
34	Mäcke, Johann Ehrenfried	36	40				
35	Marggraff, Michael Lobegott	6					
36	Mayer, Johann Conrad	57					
37	Meischner, Johann Gottlob	7					
38	Metzler, Johann Christoph	50					
39	Reichelt, Johann George	27					
40	Reinhold, Theodor Christlieb	26					
41	Richter, Theophilus	5					
42	Rothe, Heinrich	63					
43	Schlegel, Gottlieb	12					
44	Schubarth, Johann	38	71				
45	Sensenschmidt, Christian Gotthilf	31					
46	Spieß, Johann Gabriel	18					
47	Steindorff, Johann Martin	4	8	30			
48	Stübner, Johann Gottfried	21					
49	unbekannt	9	19	23	29	33	42
		46	51	52	53	61	

C) VERZEICHNIS DER DRUCKEREIEN

Lfd. Nr.	Name und Ort	Nr. der Schrift (nach Verzeichnis A)					
1	Elias Nicolaus Kuhfuß, Freiberg	1					
2	Hofbuchdruckerei Joh. Conrad Stößel, Dresden	2	6	12			
3	Gottfried Rothe, Leipzig	3					
4	nicht angegeben	4	8	13	30	35	39
5	Christoph Matthäi, Freiberg	5	14	16	18	19	36
		37	38	40	41	60	61
		71					
6	Johann Friedrichs Witwe, Zwickau	7	10				
7	Johann Friedrich, Zwickau	9					
8	Hofbuchdruckerei Dresden	11	26				
9	Hofbuchdruckerei verw. Stößelin, Dresden	15	21	25	27		
10	Emanuel Friedrich Harpeter, Friedrichstadt (bei Dresden)	17	24				
11	Joh. Christoph Krause, Dresden	20					
12	Johann Wilhelm Harpeter, Dresden	22					
13	(?) Dresden	23					
14	Johann Friedrich Höfer, Zwickau	28	29	32	33	45	63
		64					
15	Hofbuchdruckerei Richterische Erben, Altenburg	31	34	42			

Lfd. Nr.	Name und Ort	Nr. der Schrift (nach Verzeichnis A)					
16	Hofbuchdrucker Abraham Gottlieb Ludewig, Greiz	43	44	46	47	48	49
		50	51	62			
17	verwitwete Stremelin, Zittau	52	53	54	55	56	57
		58	59				
18	Hofbuchdruckerei Joh. Gottlieb Maucke, Schleiz	65	66	67	68	69	70

D) VERZEICHNIS DER FUNDSTELLEN

Name und Ort der Institution (Akte, Signatur)	Nr. der Schrift (nach Verzeichnis A)					
(Pfarrarchiv Niederschöna Akte Sign. I A 5, Bl. 26 f.)	1					
Staatsarchiv Leipzig (Akte Sign. Amt Rochlitz Nr. 261, Bl. 206 ff./210)	2	6				
Stadtbibliothek Strasbourg (Sign. A 12 183)	2	3	4	5	6	7
	8	9	10	11	12	13
	14	15	19	20	21	22
	23	24	25	26	27	42
	43	44	52	53	54	55
	56	57	58	59	62	71
Heimatmuseum Frauenstein (Silbermann-Abteilung)	3	15	41	45	57	58
	59	62	63	65		
Pfarrarchiv Reichenbach (Akte Sign. B 7 a)	4					
Superintendenturarchiv Freiberg (Akte Sign. II I² 35)	14	15	16	17	18	
Christian-Weise-Bibliothek Zittau (Sign. Hist. 848)	28	29	30	31	32	33
	34	42				
Superintendenturarchiv Dippoldiswalde (Akte: Die Einweyhung einer neuen Orgel zu Frauenstein... 1738)	35	36	37	38	39	40
	41					
Staatsarchiv Weimar, Außenstelle Greiz (Akte Sign. a C II Ae 17 e, Bl. 66 ff.; Akte Sign. Familienarchiv v. Geldern-Crispendorf, Kap. 17, Kirche Nr. 1, Bl. 7 ff.)	43	44	45	46	47	48
	49	50	51	65	66	67
	68	69	70			
Sächs. Landesbibliothek Dresden (Sign. H. Sax. H 95, 58 und Sign. H. Sax. H 224 m, 60)	55	62				

Name und Ort der Institution (Akte, Signatur)	Nr. der Schrift (nach Verzeichnis A)
Musikbibliothek der Stadt Leipzig (Sign. I 4° 132)	62
Pfarrarchiv Fraureuth (Akte Sign. II E a 3)	63 64
Pfarrarchiv Großhartmannsdorf (in: Beschreibung von der neuen Kirche und Orgel ..., Handschrift, 18. Jahrh., ohne Sign.)	53 55 58 60 61

TITEL UND ZITATE

Bemerkung: Wortlaut und Schreibweise entsprechen dem Original. Der Text der Titelseiten wurde allerdings (aus Raumgründen) nicht zeilengetreu, sondern fortlaufend wiedergegeben. Des weiteren ist der Silbermanns Namen beigefügte Titel »Königl. Pohln. und Churf. Sächß. Hof- und Land-Orgelbauer« weggelassen worden.

Bei den Zitaten wurden nur die Passagen ausgewählt, die hinsichtlich unseres Gesamtthemas »Persönlichkeit und Werk Gottfried Silbermanns« wichtig und bemerkenswert sind.
Das Heimatmuseum Frauenstein besitzt außer zehn Originalen von allen übrigen Schriften Kopien.

Nr. 1 – Niederschöna

Meinem Jesu gebühret Dank!
Einfältige Orgel-Gedanken als auf gethanen Fürschlag und geleisteten Verlag Tit. Herrn Martin Alberts auf Troschenreit, Wiedersberg, Krummenhennersdorf und Niederschönau, KP. und KS. Raths, Creyß-Steuereinnehmer, Bürgermeister und Hospitalverwalter in Freiberg, der Kirche zu Niederschönau höchst sorgfältiger Collatoris, von der gesamten Kirchfahrt ein neues Orgel-Werck angeschaffet ward, am Tage des ersten Gebrauchs desselbigen Dom. XXIV. p. Trin.[1] als den 22. November 1716, zur Danckbarkeit gegen GOTT, Erkäntlichkeit des Herrn Collatoris Hülffe, Ermunterung gedachter Kirchfahrt, mit bisher bewiesener rühmlicher Gutthätigkeit unermüdet fortzufahren, in der Melodie eines bekandten Kirchen-Gesanges entworfen von M. Johann Gottfried Dedekind[2], P. L.

Freyberg, gedruckt bei Elia Nicolao Kuhfus.

Wohlauf, Du wehrtes Volck des Kirch-
    Spiels Nieder-Schöna,
Auf, preise Deinen GOTT mit frohen
    Lob-Gethöne,
Erkenne seine Gnad' durch einen Danck-
    gesang,
Daß Er dir nun vergönnt der neuen Orgel
    Klang.
Laß sehen in der That, daß du seyst
    zubereitet
Zum schönsten Orgelwerck. Denn was
    hier angedeutet
Mit seinem klugen Bau des Künstlers
    Kopf und Hand,
Hat viel viel weißlicher dein GOTT an
    Dich gewandt.
Dein Corpus und Gebäu hat nichts von
    Holtz noch Eisen,
Das Pfeiffwerck nicht Metall; du kannst
    Dich so beweisen,
Daß ohne fremden Rath dein Balg, Pedal,
    Clavier
Zum Klange fertig sey und thue die
    Gebühr.

Und also schone nicht, sey fort in steter
    Uebung,
Nicht, wo das Fleisch hinträgt die
    sündliche Beliebung,
Besonders, wie der Geist und innre Mensch
    dich treibt,
Daß du dem Sternen-Chor einst werdest
    einverleibt,
Dein edles Principal, die Seele sey
    befließen,
Zuerst mit dem Gedackt der Lippen Ihn
    zu grüßen.
Es schalle der Cornet der hellen Stimme
    drein,
Laß Praesto und Octav der Andacht bei
    dir seyn.
Den Quintadenen-Zug gebrauche, deine
    Sinnen,
Nach reiner FLOETEN-Art diß einig zu
    beginnen
Was Quint, Nassat, Mixtur und Cymbel
    zeigen an,
Daß du der Lieblichkeit verbleibest
    zugethan,
Der Sub-Baß, Gottes Wort, kan Dich am
    besten stärcken
Und sein Trompeten-Ton, wenn sich bey
    dir läßt mercken
Des Creutzes Tremulant; nimm an vom
    heil'gen Geist
Den Trost-Wind, daß mit Recht du Gottes
    Orgel seyst.

1 24. Sonntag nach Trinitatis 2 Der Autor
wurde 1664 in Dresden geboren und wirkte ab
1690 als Pfarrer in Niederschöna, wo er am
5. Mai 1729 starb.
Quellen: Grünberg, II/1, S. 116
PfA. Niederschöna: ToR. Nr. 13/1729

Nr. 2 – Dresden (St. Sophien)

Beschreibung Der neu-erbauten vortreff-
lichen Orgel in der Sophien-Kirche zu
Dreßden, M. DCC. XX.
Druckts daselbst Joh. Conrad Stößel,
Königl. Hof-Buchdr.

SAchsen ist allezeit eine fruchtbare Mutter
vieler berühmten Künstler, besonders in
der Werck- und Thon-Kunst gewesen.
Herr Gottfried Silbermann, von Frauen-
stein aus unserm Meissen bürtig, ist einer
von solchen geschickten Sachsen ...
An den Weitberühmten und vortreflichen
Künstler, Herrn Gottfried Silbermann,
über die von ihm neu-erbaute schöne Orgel
in der Dreßdnischen Sophien-Kirche.
WO seinen Meister je ein schönes Werck
    gepriesen,
So hat dein Kunst-Bau dieß, mein
    Silbermann, erwiesen;
Dann[1] keine Pfeiffe kan in diesem Werck
    erklingen,
Sie muß zugleich dein Lob und deine
    Kunst besingen...

Siehe auch Anm. 983.
Die Beschreibung wurde von Johann Ulrich
König[2] verfaßt (siehe S. 5 der Druckschrift).
1 Hier ist »Denn« zu lesen. 2 König wurde
1688 in Eßlingen am Neckar geboren, studierte
erst Theologie und dann die Rechte und ließ
sich in Hamburg nieder. Am 30. März 1720
wurde er mit dem Titel eines »Geheim-Secre-
tairs« als Hofpoet zu Dresden bestallt. Königs
Gemahlin war Virtuosin auf dem von Silbermann erfundenen und von Kurfürst Friedrich
August I. von Sachsen 1723 privilegierten
Musikinstrument »Cembal d'Amour«. Ab 1729
war König (als Nachfolger Johann von Bessers)
am Dresdner Hof »Ceremonienmeister«, stieg
zum Hofrat auf und wurde schließlich geadelt.
König starb (als »Wittber«) 1744 in Dresden an
der »Reißenden Gicht« und wurde am 17. März
auf dem Johanniskirchhof beerdigt.
Quellen: Allgemeine Deutsche Biographie, Leipzig 1882, Bd. 16, S. 516 ff.
STA. Dresden: Loc. 896, Bestallung verschiedener Hofbedienten, 1698–1722, Bd. 1, Bl. 138;
Confirm. Privil. ... 1718/24, XXXV, Bl. 551b
StA. Dresden: KWZ. 1744, 17. März

Nr. 3 – Rötha (St. Georg)

Kurtze Beschreibung Der schönen Orgel,
Welche Durch rühmliche Sorgfalt Der
Hoch-Freyherrl. Friesischen Herrschafft zu
Rötha, in der St. Georgen-Kirche daselbst
Anno MDCCXXI gantz neu erbauet
worden.
LEIPZIG, Gedruckt bey Gottfried Rothen.

Siehe Anm. 1043.

Die Beschreibung wurde von Johann Christian Langbein[1] verfaßt (siehe S. 9 der Druckschrift).

1 Siehe Anm. 1042.

Nr. 4 – *Reichenbach (St. Peter und Paul)*

Als Der berühmte und in der Orgel-Bau-Kunst Hocherfahrne Künstler, TIT. Herr Hr. Gottfried Silbermann ... Sein in Reichenbach im Voigt-Lande neu erbautes Orgelwerck Den 11. Maij. 1725 übergab, und solches von TIT. Herrn Hn. Johann Ernst Pesteln, Hoch-Fürstl. Sächs. Gothaischen weitberuffenen und wohlbestalten Hoff-Organisten zu Altenburg, examiniret und übernommen wurde, Solte dieses wenige wohlerwähntem Herrn Silbermannen, als seinem vornehmen Freunde, zum wohlverdienten Ruhm und Ehren schreiben, einer Der iederzeit sein Vergnügen Im Madrigal Suchet[1].

Madrigal.

Wie, nächst dem Gold, vor anderen
    Metallen
Das Silber Zweifelsfrey den Preiß behält:
So hast Du Dich schon längstens in der
    Welt
Mein Silbermann! vor vielen deines
    gleichen,
Die in der Kunst Dir nicht das Wasser
    reichen,
Micht höchstem Ruhm signalisiret,
Und trefflich renomiret.
Ich will DIR jetzt nicht schmeicheln,
Noch, als ein Schmeichler, heucheln,
Der Flatterie bin ich gar nicht gewohnt:
Dein neues Werck in Reichenbach mag
    reden,
Das durch und durch wie lauter Silber
    klingt,
Absonderlich wenn Vox humana[2] singt.
Ich bin zwar alt,[3] doch will ich noch
    erleben,
Daß Du durch Kunst ihr wirst die Sprache
    geben.
Gedruckt im Jahr JEsu Christi 1725.

1 Die Anfangsbuchstaben der drei letzten Worte »IMS« können mit Sicherheit als Monogramm des Autors gedeutet werden. Mit größter Wahrscheinlichkeit wurde das Madrigal von Johann Martin Steindorff (1663–1744) verfaßt, der (ab 1722) als Kantor an der Zwikkauer Marienkirche wirkte (vgl. Anm. 1443). Steindorff hat Gottfried Silbermann noch zwei weitere Schriften gewidmet (Nr. 8 und 30).

2 Vox humana (»Menschenstimme«) ist ein Register in dieser (und auch noch in anderen) Orgeln.   3 Der Autor (Johann Martin Steindorff) war damals zweiundsechzig Jahre alt.

Nr. 5 – *Forchheim*

Das Stehende Zion, wurde Bey der Einweyhung der neu-erbaten Kirche und Orgel zu Forchheim, welche den 23. April 1726 geschahe, vorgestellt, Und GOtt vor solche Wohlthat durch Singen und Beten gepriesen.

Freyberg, druckts Christoph Matthaei.

————

Der Textteil der Schrift enthält den Lebenslauf von Gotthard Schubarth (1686–1724), der die Orgel stiftete (vgl. Baugeschichte) und den Text der bei der Orgelweihe aufgeführten Musik. Der Name des Autors geht aus der Schrift selbst nicht hervor. In der Forchheimer Kirchrechnung 1725/26 sind sechs Taler verzeichnet, die an »H. Advocat Richtern« ausgezahlt wurden, »vor das so genannten Stehende Zion zu machen u. Drucken«. Als Urheber der Druckschrift ist demnach mit Sicherheit der »Land-Richter« Theophilus Richter (1679 bis 1767) anzunehmen. Siehe hierzu Anm. 740 und 1158.

Nr. 6 – *Dittersbach*

Als Tit. HERR Gottfried Silbermann, ... Das In den neu-auffgeführten Kirch-Thurm zu Dittersbach Wohlangebrachte Orgel-Werck Den 10. 9br. [November][1] 1726 Übergabe, Wolte Demselben wohlmeynend gratuliren, M. Michael Lobegott Marggraff, Pfarrer daselbst.[2]

ES lobt ein schönes Werck den kunsterfahrnen Meister!
Obschon der Neider Geist es hämisch
    niederschlägt,

Und solches aus Verdruß nicht nach dem
    Werthe wägt;[3]
Doch wer bekümmert sich um solche
    schlimme Geister.
Vergnügt! Herr Silbermann! hier hat ein
    künstlich Stücke,
Das seinen Meister lobt, und selber lebt
    und lacht,
Mit Approbation die kluge Hand gemacht.
GOTT gebe fernerhin zu propren volles
    Glücke!
DRESDEN, gedruckt bey Johann Conrad
Stößeln, Hof-Buchdr.

1 Das Datum wurde handschriftlich eingefügt,
weil der Übergabetag zur Zeit des Druckes
offenbar noch nicht feststand. 2 Michael
Lobegott Marggraff (1676–1731) wirkte seit
1710 in Dittersbach (vgl. Anm. 1204). 3 Diese
Worte sind sehr bemerkenswert: Gottfried
Silbermann hatte demnach nicht nur Bewunderer, sondern auch – Neider.

Nr.7 – Glauchau (St.Georg)

Als TIT.HERR Gottfried Silbermann ...
Sein allhier zu Glauchau neu-erbauetes
Orgel-Werck den 6.Junii 1730[1] übergab,
Und solches hierauf am I. Sonntag nach Tri-
nitatis[2] solenniter eingeweyhet wurde, Solte
Wohlermeldtem berühmten, und in der
Orgel-Bau-Kunst hocherfahrnem Künstler,
als seinem hochgeschätzten Gönner und
Freund, Zu dieser abermahls glücklichen,
und mit höchstem Ruhm, abgelegten Probe
seiner besondern und vortrefflichen Ge-
schicklichkeit schuldigst gratuliren, Johann
Gottlob Meischner[3], Hof- und Stadt-Or-
ganist daselbst.
Zwickau, gedruckt bey Johann Friedrichs
sel. Wittwe.

... Dein Fleiß, der manches Werck der
    klugen Welt gezeiget,
Ist Zeugniß, daß Dein Ruhm kein leeres
    Prahlen sey.
Der unverdroßnen Müh ist Dreßden ja
    geneiget,[4]
Und Freyberg leget Dir den Preiß der
    Künstler bey.[5]

Was Du in Reichenbach[6] und Rochlitz[7]
    hast erwiesen,
In Püchen[8], Tieffenau[9], Lobus[10] und
    Oderan[11],
Und wie auch Deine Kunst in Glauchau
    wird gepriesen,
Das zeigt Dein schönes Werck,
    Geschickter Silbermann!
... Was Straßburg gutes hat, was Franck-
    reich zeigen kan,
Und warum Teutschlands Kunst im
    Orgel-Werck zu preisen,
Das hast Du selbst gesehn, Erfahrner
    Silbermann!
Der Kunst folgt Haß und Neid, so wie
    dem Licht der Schatten;
Sonst hieß es: Wer was kan, den hält man
    lieb und werth;
Doch ietzo will der Neid mit Fleiß und
    Kunst sich gatten,
Dem, der was rechtes kan, ist Haß und
    Groll bescheert.
Du kanst, geschickter Mann! davon ein
    Liedlein singen,
Denn Deiner Neider Groll bereitet Fluch
    und Bann;
Allein es decken Dich die allerstärcksten
    Schwingen,
Und Du bleibst unversehrt, Geprüfter
    Silbermann!
Wo Kunst ist, da ist Hertz, das läst auch
    Du erblicken,
Du bist zwar Demuth voll, jedoch wird
    auch Dein Geist
Sich nicht vor iedem Feind und armen
    Stümper bücken,
Weil das, was Du uns zeigst, etwas
    besonders heist.   [rasen,
So laß den tollen Neid in eignem Fleische
Dieweil er nur sich selbst, sonst niemand,
    fressen kan.
Laß Feinde, Wuth und Neid ein grimmig
    Lermen blasen,
Du stehst auf Deiner Hut, Aufrichtger
    Silbermann!
Wo Kunst ist, da ist Witz, das zeigt Dein
    kluges Wesen,
Es wird von Deinem Mund kein prahlend
    Wort gehört.

Du hast Dir keinen Stoltz zum Eigenthum
    erlesen,
Drum ist Dein stilles Thun auch jedem
    lieb und werth.
Ist in dem Orgel-Werck mit Dir was zu
    vergleichen,
So nehm ich jenen Thon der reinen
    Flöthen an,
Die zwar ein sachtes nur, doch angenehmes
    Zeichen
Von Deiner Klugheit sind, Gescheider
    Silbermann!
... Wer hier den reinen Thon der
    Quintadehnen höret,
Der giebt es für ein Spiel der schönsten
    Glocken an,
Und durch die Menschen-Stimm[12] wird
    mancher Mensch bethöret,
(Doch nur zu Deinem Ruhm) Kunst-
    reicher Silbermann!
Wie öffters sucht die Kunst die Augen
    zu verblenden,
Was schön von aussen gleißt, hat in sich
    keine Pracht;
Allein man darff den Blick auf unsre
    Orgel wenden,
So findet man, daß die Treu und Kunst
    es selbst gemacht.
Wie sie von aussen gläntzt, so ist ihr
    innres Wesen,
Hier giebt kein dumpfficht Bley ein
    lahmes Thönen an,
Ein hell polirtes Zien ist nur dazu erlesen,
Das schallt von Deiner Treu, Getreuer
    Silbermann!
Jedoch, was will ich hier von Deinem
    Ruhm gedencken,
Da Deine Kunst so groß, und doch mein
    Kiel so klein?
Wer will den klugen Fleiß in enge Zeilen
    schrencken?
Was Dich erheben soll, muß etwas grosses
    seyn.
Es kan Dein Werck allein, was Du
    vermagst, uns weisen;
(So stehe schwacher Sinn mit fernern
    Dichten an,)
Denn wer Dich nach Verdienst und
    Würden sucht zu preisen,

Der müste seyn, wie DU, Geprießner
    Silbermann!

1 Das war ein Dienstag. 2 Das war der
11. Juni. 3 Johann Gottlob Meischner (1682
bis 1752) wirkte ab 1702 in Glauchau (vgl.
Anm. 1446). 4 Silbermann hatte 1720 die
Orgel in der Sophienkirche zu Dresden gebaut. 5 In Freiberg befanden sich damals
bereits drei Werke von Gottfried Silbermann.
6 Damit ist die 1725 vollendete Orgel zu
St. Peter und Paul in Reichenbach gemeint.
7 Die Rochlitzer Orgel wurde am 20. Juli 1727
geweiht. 8 Das Püchauer Werk ist Mitte
Oktober 1729 vollendet worden. 9 Die Erbauungszeit des Positivs zu Tiefenau ist nicht
genau nachzuweisen. 10 Damit ist Lebusa
(Kreis Herzberg) gemeint. 11 Die Orgel zu
Oederan hat Silbermann in den ersten Februartagen des Jahres 1727 vollendet. 12 Damit ist
das Register »vox humana« gemeint.

Nr. 8 – Glauchau (St. Georg)

Als TIT. TOT. Herr Gottfried Silbermann, Ihro Königl. Majest. in Pohlen,
und Churfürstl. Durchl. zu Sachßen, wohlbestallter Hof- und Land- auch sonst Weltberühmter Orgel-Bauer in Freyberg, In
der Stadt-Kirchen der Hoch-Gräfl. Schön-
burgl. Residenz-Stadt Glauchau, ein vortreffliches neues Orgelwerck erbauet, welches ohne sonst vorhergegangenes und ge-
wöhnliches Examen übernommen,[1] und
Dom. I. post. Trinit. 1730 mit Haltung
einer solennen Predigt eingeweyhet wurde,
Wolte mit einer hertzlichen GRATU-
LATION darbey erscheinen Johann Mar-
tin Steindorff, Ober-Cantor in Zwickau.[2]
Madrigal.
DU hasts in Deiner Kunst
Mein Hertzens-Freund, Herr Silbermann!
Gewiß sehr hoch gebracht,
Und in der Welt Dich höchst-berühmt
    gemacht.
Der gröste Künstler sieht, was Du gebaut,
Wenn er es nur von ferne schaut,
Recht mit Verwundrung und Erstaunen an.
Hört denn das Ohr die Intonation,
Darneben auch den Silber-gleichen Ton,
So wird es fast gantz ausser sich gesetzet,

Dieweil es sich an selben höchst ergötzet.
Ich setze diß, doch ohne Schmeicheley,
Zu Deinem Ruhme bey:
Du hast nunmehr Dich also renomiret,
Daß man kein Werck, so Du gebaut,
    examiniret.

1 Glauchau scheint der erste (nachweisbare) Fall gewesen zu sein, daß eine von Silbermann gebaute Orgel nicht geprüft wurde. 2 Siehe Anm. 1443.

Nr.9 – Glauchau (St. Georg)

Das durch GOttes Gnade abermahl erfreute Glauchauische Zion, Wolte bey solenner Einweyhung Des, von Tit. Herrn Gottfried Silbermannen, ... wohlbestallten und weit-berühmten Hof- und Land-Orgel-Bauern in Freyberg, Vortrefflich neu-erbauten Orgelwercks, In der Stadt-Kirchen zu Glauchau, zum schuldigen Lobe GOttes, sowohl vor, als nach geschehener öffentlicher Einweyhungs-Predigt, Dom. I. post Trin. 1730 hierdurch gebührend aufmuntern Der Chorus Musicus daselbst. Zwickau, gedruckt bey Johann Friedrichen.

————

In der Schrift sind nur die Disposition der Orgel und die Texte zur Musik vor und nach der Weihepredigt enthalten. Wer sie verfaßte, ist nicht bekannt. Auf Gottfried Silbermann selbst beziehen sich nur folgende drei Zeilen:
»Ein neues Orgelwerck,
Woran des Künstlers Klugheit, Krafft
    und Stärck
Vortrefflich sich erwiesen.«

Nr.10 – Reichenbach (St. Trinitatis)

Als TIT. Herrn Gottfried Silbermanns ... Abermahln allhier zu Reichenbach,[1] und zwar in der Kirche zur Heil. Dreyfaltigkeit, neu-erbautes Orgel-Werck, Den 10. Septembr. 1730, als am 14. Sonntage nach Trinitatis, solenniter eingeweyhet wurde, Dann Setzt Dir diß zum Ruhm, Geschickter Silbermann, Ein Diener, welcher nur Choräle Greiffen Kan.[2]
ZWICKAU, Gedruckt bey Johann Friedrichs sel. Wittw.

... Und weil (wer läugnet es) die Orgeln
    unter allen,
Was Musicalisch heist, am herrlichsten
    erschallen,
Ja die Vollkommenheit und Grund der
    Thone sind,
Da eine eintz'ge Hand unzählich
    Stimmen bindt,
Bald douce, bald charmant, bald gravitätisch thönet,
So wirst Du, Silbermann, in dieser Kunst
    gekrönet,
Denn Dein Geschicklich-seyn zeigt
    daß du Maitre seyst;
Dein Ruhm wird überall mit gröstem
    Recht gepreist.
Selbst unser ZION hier zeigt eine neue
    Probe
Von Deiner grossen Kunst, zu Deinem
    ewgen Lobe.
Nur ich alleine schweig, und schliesse
    mich daraus,
Denn jede Pfeiffe rufft selbst Deinen
    Nahmen aus.
Denn was nicht schätzbar ist, das soll
    und muß man loben,
Was aber herrlich heist, wird von sich
    selbst erhoben,
Und weil Dein Werck Dich lobt, so laß
    ich es geschehn,
Nichts! dieses eintz'ge Wort, soll an der
    Orgel stehn.
Ja Nichts an Kunst und Fleiß ist daran
    auszusetzen,
Nichts an der Harmonie, die ist sehr hoch
    zu schätzen,
Nichts, was die Ordnung heist, Nichts
    wegen des Gesichts,
Kurtz: Deiner Orgel fehlt mit einem
    Worte: Nichts.

1 Gottfried Silbermann hatte 1724/25 in der Reichenbacher Peter-Pauls-Kirche schon eine Orgel mit zwei Manualen und neunundzwanzig Stimmen gebaut, von der aber heute leider nur noch das Gehäuse existiert. 2 Die Anfangsbuchstaben »CGK« der letzten drei Worte sind in der Originaldruckschrift (durch andere Schriftart) hervorgehoben worden und müssen deshalb als Monogramm des Autors gedeutet

werden. Die Schrift stammt von Carl Gottfried Küster (1695–1773), der in Reichenbach als Advokat wirkte (vgl. Anm. 1462).

Nr. 11 – Reinhardtsgrimma

Alß Das Neu-erbaute Orgel-Werck in Reinhardtsgrimma, Welches von Tit. Tot. HERRN Gottfried Silbermannen … Hof- und Land- auch sonst weit-berühmten Orgel-Bauern, verfertiget, Den 6. Januar Anno 1731 als am Fest Epiphanias, Bey Volck-reicher Versammlung solenniter eingeweyhet wurde, Wolte Seine schuldigste Gratulation in diesen nachgesetzten schlechten Versen abstatten DESSEN aufrichtiger guter Freund, Jacob Lehmann[1], Cant[or] & Organ[ist] [zu] Dippold[iswalde]. Dreßden, gedruckt in der Königl. Hof-Buchdruckerey.

… Die ietzt galante Welt liebt Paucken
    und Trompeten,
Waldhörner, Hautbois, Travers und
    douces Flöten,
Das Harff- und Lauten-Spiel, die Geigen
    und Clavir,
Und zieht der Bergmann wohl die Cyther
    allen für.
Ein iedes lässet sich nach seiner Art gut
    hören,
Und ihre Würckung soll offt Thier und
    Menschen thören,
… O herrlicher Effect! Music macht
    guten Muth.
Nun müssen wir hierbey der Orgeln nicht
    vergessen,
Die klingen extra-fein, mit penetranten
    Bässen,
Wann sie ein Maitre spielt, so hört man
    sich kaum satt,
Weil ihr beliebter Thon was himmlisches
    bey sich hat.
… Sie sind ein lieblich Werck von zwey
    biß drey Claviren,
Worauf ihr schöner Klang sich vielmahl
    läßt mutiren,
Wenn da der Organist ein neu Register
    zieht,
Darneben mit Manier zu spielen sich
    bemüht.

Bald wird sie doucement, nach Art der
    Flöten, klingen,
Bald kan er sie charmant und con affetto
    zwingen,
Dann macht das gantze Werck besondre
    Gravität,
Wenn Bass und Manual starck durch-
    einander geht.
Und kan ein Instrument der Menschen
    Stimme gleichen,
So will die Orgel-Kunst an ihre
    Schönheit reichen,
Man hört verwundernd an, wenn vox
    humana[2] klingt,
Die Schwebung trifft so gut, als wie ein
    Mensch fast singt.
Sie sind ein völlig Werck, sie werden
    unter allen,
Was musicalisch heißt, am herrlichsten (i)
    erschallen,
Wenn da Discant und Bass recht prächtig
    klingen soll,
So nimmt man den Accord mit beyden
    Händen voll.
Sie sind das Fondament beym Kirchen-
    Musiciren,   [niren,
Ein guter Maitre weiß wohl zu accompag-
Der da mit Hand und Fuß so viele
    Stimmen bindt,
Die, weil er Praxin hat, ihm leicht zu
    greiffen sind.
Da mag er ein Concert auf seiner Orgel
    schlagen,
Auch eine Phantasie durch alle Modos
    wagen,
Und soll die Fuge schön in Quart- und
    Quinte gehn,
So muß er Contra-Punct und Bindungen
    verstehn.
Sie sind ein künstlich Werck; Ein Kluger
    wird bekennen,
Daß man sie füglich darff ein Meister-
    stücke nennen,
… Zu solchem Bau gehört Witz und
    geschickte Hand,
Eh ihn der Künstler bringt in so voll-
    kommnen Stand.
Da denckt er das Gehäuß gar weißlich
    abzupassen,

Das Schnitzwerck und Gesims muß gut
 und propre lassen,
Und daß der Pfeiffen Rang so ins Gesichte
 fällt,
Damit das Aussenwerck auch Pracht und
 Ruhm erhält.
Dann ist die meiste Kunst inwendig zu
 erblicken,
Da das Regierwerck sich muß just
 zusammen schicken,
Windstöcke, Laden, Stifft, Cancellen,
 Scheeren, Drat,
Abstracten, und was mehr, muß passen
 accurat.
Nächstdem kan die Vernunfft leicht vor
 sich selbst begreiffen,
In einer Orgel stehn viel klein- und
 grosse Pfeiffen,
Die klingen grob, die klar, die douce,
 diese schreyn,
Die lieblich, diese scharff, zusammen alle
 fein.
Wenn sich der Clavis³ drückt, sind sie
 bereit zu sprechen,
So artig intonirt, die wird nicht jene
 schwächen,
Sie müssen recht aequal, im Thone hell
 und rein,
Und jedem, wer sie hört, mit Lust zu
 hören seyn.
Zudem darff keine nicht den Wind der
 andern stehlen,
Sonst möchte der Accord im Harmoniren
 fehlen,
So läßt es eben schlecht, wenn eine irgend
 schweigt,
Da wird die Melodie nicht, wie man will,
 erreicht.
Die Temperirung weiß der Künstler so
 zu theilen,
Daß man nicht irgendwo den schlimmen
 Wolff hört heulen,
So soll auch das Ventil fest
 zugeschlossen stehn,
Daß nicht der schlaue Wind mag in die
 Pfeiffen gehn.
Gewiß, ich hätte bald den Blasebalg
 vergessen,
Da der subtile Wind so richtig abzumessen,

Daß er nicht schluckt, noch stößt, noch
 Neben-Löcher findt,
Und wenn das Werck nicht klingt:
 Patron, das macht der Wind.
Genug, ich mache nur den Leser über-
 drüßig,
Wann ich beschreiben will, was acht-
 und sechszehnfüßig,
Was Principal, Bordun, und mehr
 Mensuren seyn,   [ein,
Da mir bey dieser Kunst nicht alles fället
Du wirst, mein Silbermann, von Orgeln
 mehrers wissen,
Der Du ein Maitre bist, wie wir selbst
 sagen müssen,
Dein werther Nahme ist sehr weit und
 breit bekannt,
Die Schrifften rühmen Dich, Dich kennt
 gantz Sachsenland.
… Dein Witz hat manchen Bau aufs
 klügste ausgeführet,
Weil unser Sachsen schon bey Dreißig
 Orgeln zehlt,
Die unvergleichlich sehn, und denen gar
 nichts fehlt.
Kein Künstler ist so weit im Orgel-Bau
 gekommen,
Dem seine Arbeit wird so rühmlichst
 übernommen,
Und nicht examinirt (l), obs auch die
 Probe thut,
Warum? Herr Silbermann macht seine
 Sachen gut.
Wir können heute noch ein neues
 Kunststück sehen,
Davon wird die Censur von Klugen so
 geschehen:
Es ist vollkommen gut, und nette
 aufgebaut,
Daß ieder, wer es sieht, nur mit Ver-
 gnügen schaut.
DU weißt die Harmonie so lieblich
 anzubringen,
Daß manche Pfeiffen thun, als wenn sie
 wolten singen,
Und weil man sich daran nicht sattsam
 hören kan,
So bleibst Du, Silbermann, ein Silber
 feiner Mann.

Wir loben Deine Kunst, Dein Fleiß ist
  hochzuschätzen,
Man weiß an diesem Werck Nichts, gar
  Nichts auszusetzen,
Drum schreibt die Littern dran: Die
  Orgel klinget schön,
Wer anders raisonnirt, muß schlecht die
  Kunst verstehn.

(i) So schreibet auch Carl Gottfried Küster,
wohlberühmter Advocat zu Reichenbach, in einem nett-ausgearbeiteten
Carmine, so er bey Einweyhung der
Reichenbachischen Orgel dem Hrn.
Silbermann zu besondern Ruhme
drucken lassen.

(l) Hr. Joh. Martin Steindorff, ietziger
Ober-Cantor in Zwickau, schreibet in
einem Madrigal von Hrn. Gottfr. Silbermann, daß das von ihm in der Hoch-
gräfl. Schönburgischen Residentz-Stadt
Glauchau neu-erbaute Orgelwerck,
ohne sonst vorhergegangenes und gewöhnliches Examen übernommen, und
Dom. I. p. Trin. 1730 mit Haltung
einer solennen Predigt eingeweyhet
worden sey.

1 Lehmann wurde 1692 geboren und stammte
aus Bischofswerda, wo sein Vater, Jacob Leh-
mann, Tuchmacher war. Als Lehmann 1722 in
Dippoldiswalde Eleonora Sophia Strehle (1703
bis 1756), die einzige Tochter des dortigen
Kantors und Organisten Christoph Wilhelm
Strehle, heiratete, war er beim dortigen »Canto-
rat- und Organisten-Dienst« noch Substitutus.
Lehmann ist »in die 45 Jahr« in Dippoldiswalde
tätig gewesen und starb dort am 3. Juni 1766 im
Alter von fast vierundsiebzig Jahren.
Quellen: PfA. Dippoldiswalde: TrR. 1722
(14. Oktober) und ToR. 1766. 2 Das heißt
»Menschenstimme«. 3 Damit sind die Tasten
gemeint.

Nr. 12 – Reinhardtsgrimma

Der Durch ein abermahl abgelegtes Kunst-
Stücke ertheilte Preiß, Welchen Der Wohl-
Edle und Kunst-Hocherfahrne Herr, Herr
Gottfried Silbermann ... Wegen des zu
Reinhardtsgrimma neu-erbauten, übergebe-

nen, und Festo Epiphaniaß 1731 einge-
weyheten Orgel-Wercks erlanget, Wurde
Seinem Hochgeschätzten Gönner zu Ehren
vorgestellet und Zu weitern Proben seiner
vortrefflichen Geschicklichkeit glückliche
Progressen hertzlich angewünschet von
Gottlieb Schlegeln[1], Ludimod[erator][2] und
Organ[ist] daselbst.
DRESDEN, mit des Hof-Buchdrucker
Joh. Conrad Stößels Schrifften.

... Wie rühmet mancher seine Kunst,
Und weiß durch viel Auffschneidereyen
Sein Thun und Wesen auszuschreyen,
Macht aber Wind und blaue Dunst
Den Leuten für, sich groß zu machen,
Den man als Stümpler muß verlachen.
Wo aber wahre Pietät
Sich mit der Wissenschafft verbindet,
Und Kunst bey Tugenden sich findet,
Nur der ist groß und recht erhöht.
Wem ist ein solcher zu vergleichen?
Und wer kan größern Ruhm erreichen?
So ist Herr Silbermann auch groß,
Und vielen andern vorzuziehen,
Sein kunst-verständiges Bemühen
Verdient das beste Künstler-Looß;
Die Wercke, die Er schon erwiesen,
Die werden von der Welt gepriesen.
Es kan das gantze Sachsen-Land
Viel wunderschöne Wercke schauen,
Die durch sein kluges Orgel-Bauen
An vielen Orten sind bekannt;
... Herr Silbermann vermag vielmehr,
Der Instrumenta von Metalle
Und Holtze kan mit süssem Schalle
Beleben, zu des Höchsten Ehr.
Und durch ein anmuths-volles Klingen
Durch Menschen Ohr und Seele dringen.
Besehen wir die alte Zeit,
Und etwa wie vor tausend Jahren
Die Orgeln eingerichtet waren,
So ist ein großer Unterscheid;
Und muß man ietzigen dermaßen
Mit allem Recht den Vorzug lassen.
Man kunt in solchen dazumahl
Kaum funffzehn Orgel-Pfeiffen zehlen,
Das andre Stimm-Werck muste fehlen,
Es stunde schlecht, gering und kahl;

Biß mehr und mehr hinzu zu fügen
Ist nach und nach die Kunst gestiegen.
Dir hat vor andern GOttes Geist
Verstand und Weißheit eingepräget,
Und viel Erkäntnüß beygeleget,
Daß, wie Bezaleel[3], Du weist
Darinnen sehr kunstreiche Sachen
Recht mit Verwunderung zu machen.
Die neue Orgel wird und kan
Am besten Dich recommendiren,
Die Du allhier hast aufzuführen
So Kunst als Fleiß gewendet an;
Daß sie nun mit vielfacher Stimme
Erfreuet unser Reinhardtsgrimme.
Es ist zwar vox humana nicht,
Die an theils Orten wird vernommen,
In dieses neue Werck gekommen;
Jedoch, weil ihm sonst nichts gebricht,
Und mit Registern wohl versehen,
Kans ohne dis sehr wohl bestehen.
... Ich sage sonder Heucheley:
Wer nur Herr Silbermannen kennet,
Auch einen klugen Maitre nennet,
Dein Thun ist keine Prahlerey.
Dein Fleiß muß Renommée erwerben,
Und Dich läßt Deine Kunst nicht
      sterben ...

1 Seine Lebensdaten sind gegenwärtig noch völlig unbekannt. 2 Darunter verstand man damals einen Lehrer oder Schulmeister. 3 Bezaleel ist eine biblische Gestalt (vgl. 2. Mose 31, 2–5).

Nr. 13 – Mylau

Als HERR Gottfried Silbermann ... Sein zu Mylau neu-erbautes Orgel-Werck übergab, Und solches d. 2. Decemb. Ao. 1731 solenniter eingeweyhet wurde, Solte Seinem hochgeschätzten Gönner und Freunde Zu dieser abermahls glücklichen und mit höchstem Ruhm abgelegten Probe seiner besondern und vortreflichen Geschicklichkeit schuldigst gratuliren C. G. K.[1]

... DU brauchest nicht der blosen
      Flatterie[2],
Verlangest auch dieselbe nicht zu haben.
Ich bin gewiß, und weiß, Du hassest sie;
Allein man kan dich mit der Wahrheit
      laben,
Indem man sagt, ohn' alle Schmeicheley:
Daß Silbermann gantz unvergleichlich sey.
So spricht man auch bey diesem neuen
      Wercke:
Herr Silberman beweiset seine Stärcke.
MAn wünschet Dir, was du wohl nicht
      gedacht:
Daß Silbermann doch nur unsterblich
      wäre.
Darüber wohl Dein Hertze heimlich
      lacht;
Doch bleibet Dir hierinnen Deine Ehre,
Ja Ehre satt, daß alle Welt bekenn't,
Wie man mit Recht Dich Silbermann
      benenn't,
Da überall, wie Dir aus Kunst gelinget,
Dein Pfeiffen-Werck wie lauter Silber
      klinget.
AUch sonderlich erfährt man Deinen
      Ruhm,
Daß Du gar nicht, nicht nach Gewinsten
      bauest.
Du hast so viel an reichen Eigenthum,
Daß Du nur bloß auf GOttes Ehre
      schauest,
... DRum hat man Dich längst überall
      geehrt,
Und Deinen Ruhm schon offt in Druck
      gegeben;
Dergleichen auch ietzt Mylau mit
      vermehrt,
Wie Reichenbach[3] und Glaucha danckbar
      leben,
Daß Du so schön, so gut gebauet hast ...

1 Das Monogramm »C. G. K.« bedeutet mit größter Wahrscheinlichkeit: Carl Gottfried Küster. Er wurde 1695 geboren, war in Reichenbach »Cammer-Commissions-Actuarius« und »Advocat« und starb dort, fast achtundsiebzig Jahre alt, am 1. Februar 1773. *Quelle:* PfA. Reichenbach: ToR. Nr. 21/1773 2 frz. »Schmeichelei« 3 In Reichenbach hat Gottfried Silbermann zwei Orgeln gebaut: 1724/25 in der Peter-Paul-Kirche und 1730 in der Trinitatiskirche. Zur Weihe der letzteren hatte Carl Gottfried Küster Silbermann ein Gedicht gewidmet (Nr. 10).

Als TOT. TIT. Herr Gottfried Silbermann ... in der St. Petri Kirchen, der alten Hochlöbl. freyen Berg-Stadt Freyberg, Das vortreffliche Neue Orgel-Werck geseegnet errichtet, Und solches dem 31.Octobris 1735 Gleich an dem seel. Reformations-Fest Lutheri, Bey andächtig verrichteten Gottesdienst, Und von Sr. Hoch-Ehrwürdigen Magnificentz, Tit. Herrn D. Christian Friedrich Wilischen, Hochverdienten Superintendenten allhier, gehaltenen solennen Predigt, Mit besonderer Approbation derer Hochzuehrenden Herren INSPECTORVM u. PATRONORVM übernommen ward, Wolte seine schuldige Gratulation dabey gebührend abstatten Johann George Glöckner[1], Organist zu St. Nicolai allhier.
Freyberg, druckts Christoph Matthäi.

.. Ich gönn Euch, was ihr habt; ich
    gönne, Petre, dir,
Daß du das schönste [Orgelwerk] hast:
    doch wirds geschehen sollen,
(Es kan ja auch geschehen, wenn Theure
    Väter wollen,)
So kommt ein Silbermann noch letztens
    auch zu mir[2]:
Und kan man jetzo nicht von güldnen
    Zeiten melden,
Wird Glaube, Treue, Kunst und Tugend
    dennoch gelten.
... Sein Ruhm, Herr Silbermann, wird
    immer höher steigen,
Wo hört man nicht davon? Er dringt in
    Norden ein![3]
Doch wird Sein Nahme hier [in Freiberg]
    vor sich ein Wohnhauß bauen,
Indem die Nachwelt stets, was Er gethan,
    kan schauen.[4]

1 Siehe Anm.1732. 2 Das heißt: Der Autor, Organist an der Freiberger Nicolaikirche, hielt es für möglich, daß Gottfried Silbermann auch für diese Kirche noch eine Orgel baut. Diesem – allgemein bestehenden – Wunsch hat Superintendent Wilisch in der Weihepredigt für die Petriorgel ebenfalls Ausdruck verliehen. Wir sind an anderer Stelle darauf schon eingegangen.

3 Damit ist wohl die von dem Frauensteiner Schulrektor Centgraff bezeugte Tatsache (siehe Nr.39) gemeint, daß Silbermann nach Kopenhagen gerufen wurde. 4 Das ist in Erfüllung gegangen, denn Freiberg besitzt alle vier Orgeln noch, die Silbermann geschaffen hat.

Als Ein Hoch-Edler und Hoch-Weiser Rath der berühmten Berg-Stadt Freyberg Ihr durch Tit. HERRN Gottfried Silbermann ... Neu-erbauetes Orgel-Werck zu St. Petri Den 31.Octobr. 1735 als am Reformations-Feste solenniter einweyhen ließ, Wolte Seine schuldige Gratulation in nachgesetzten schlechten Zeilen abstatten Ein Dem Weltberühmten Herrn Silbermann verbundenster Diener, Christian Heinrich Gräbner[1], Organist bey der Kirchen zur Lieben Frauen in Dreßden.
Dreßden, gedruckt mit der verw. Hof-Buchdr. Stößelin Schrifften.

HOch-Edler, Hochgeehrt- und werth-
    geschätzter Gönner,
In Deiner schönen Kunst ein wahr- und
    ächter Kenner,
Erlaube! daß ein Freund Dir heute
    gratulirt,
Weil abermahls durch Dich ein Tempel
    wird geziert,
Den eine Feuers-Brunst erbärmlich hat
    verletzet,
Durch Freybergs Väter Sorg' ist nun der
    Schad' ersetzet,
Es scheint, ob Freyberg Dich vor's Orgel-
    Bauen hegt,
Weil GOtt ein groß Talent Dir hierinn'
    beygelegt.
Du willst die alte Stadt aufs neue wieder
    schmücken,
Und soll noch ein groß Werck von
    Deiner Hand erblicken.
Hier trifft mit allem Recht das alte
    Sprichwort ein:
Es müssen guter Ding' gewöhnlich Dreye
    seyn.
Das große Werck im Dom, das Du zu
    erst gesetzet,[2]

Wird ja von Jedermann, wie billig, hoch-
geschätzet,
Der stärckste Organist giebt diesem Werck
den Preiß,
Und saget ohne Falsch: Daß ers nicht
besser weiß.
Zwar zeigen außer dem die andern
schönen Wercke,
Daß sie nicht weniger besitzen ihre Stärcke.
Das Werck im Hospital,[3] so auch von
Deiner Hand,
Ist seiner Würckung nach mit Ruhme
uns bekandt.
Hauptsächlich praevalirt vor den erwehn-
ten allen
das Werck in Petri Kirch, dem ist das
Looß gefallen,
Daß es das schönste sey, an das des
Künstlers Hand
So viel Geschicklichkeit, Müh, Sorg und
Zeit gewandt ...
Denn was Du hast gemacht, sind lauter
Meister-Stücke,
Und daß ich diß dabey zu Deinem Lob'
einrücke,
So ist wohl niemahls nicht Dir dieser
Spuck geschehn,
Daß einigen Defect man hätte können
sehn.
Diß ist ja warrlich wohl ein großer Ruhm
zu nennen!
Man muß hingegen offt viel Stümper
lernen kennen,
Die recht auf Pfuscher-Art so gar ver-
wegen seyn,
Und bilden sich dabey die grösten Künste
ein.
... Mein werth'ster Silbermann! Dein
Ruhm ist auszubreiten,
Wiewohl er ist schon längst fast unter
allen Leuten;
Auch Deine Modestie[4] nimmt dies nicht
gerne an,
Du bleibst ohne mich ein sehr berühmter
Mann.
Dein acht und dreyßigst Werck[5] soll
GOtt zu Ehren klingen,
Dir aber auch dabey Dein großes Lob
absingen

... Der Höchste gebe Dir Gesundheit und
viel Jahre!
Und mich mach' er beglückt, damit ich
bald erfahre,
Wie meine Orgel klingt.[6] Ich bin vor
Sehnsucht kranck,
Drum Gönner! glaube nur! die Zeit wird
mir sehr lang.[7]
Hiermit so schlüsse ich mit diesem
schlechten Bogen,
Und bitte: Bleibe mir doch fernerhin
gewogen!
Denn Deine Gunst soll stets mir höchst-
erfreulich seyn,
Es ist dieselbige ja mehr als ungemein.

1 Siehe Anm. 1653.   2 Die Orgel wurde im
August 1714 vollendet.   3 Damit ist die (am
16. Juli 1719 geweihte) Orgel in der Freiberger
Johanniskirche gemeint. Sie wurde 1939 in den
Dom übergeführt.   4 frz. »Bescheidenheit«
5 Vgl. hierzu Anm. 220.   6 Damit meinte
Gräbner die von Silbermann in Arbeit genom-
mene Orgel für die Frauenkirche zu Dresden.
Der Bauvertrag war bereits am 13. November
1732 abgeschlossen worden. Das Werk sollte
innerhalb von drei Jahren gebaut werden. Da
das Orgelgehäuse aber nicht rechtzeitig fertig
war, konnte Silbermann den Termin nicht einhalten.   7 Silbermann wollte im Oktober 1734
mit dem Aufbau der Orgel beginnen, aber zu
diesem Zeitpunkt war das Gehäuse noch nicht
fertig. Er konzentrierte sich deshalb erst auf die
Freiberger Petriorgel und begann etwa Ende
Januar 1736 dann mit der Arbeit in Dresden.
Die Übergabe der Frauenkirchenorgel erfolgte
am 22. November 1736.

Nr. 16 – *Freiberg (St. Petri)*

Als Am Feste der heilsamen Reformation
Den 31. Octobr. 1735 Das Von dem be-
rühmten Silbermann zu Freyberg In der
dasigen am 1. May Anno 1728 Durch
Feuers-Brunst verunglückten S. PETRI-
Kirche Neu erbaute künstliche Orgel-
Werck solennitter eingeweyhet wurde,
Wolte durch gegenwärtiges Ehren-Ge-
dächtniß seiner Ergebenheit erweisen ein
aufrIChtiGer Freund.[1]
Freyberg, druckts Christoph Matthäi.

... AUch Dich berühmter Silbermann
Läßt Deine Kunst gewiß nicht sterben.
Sie fängt ja nicht nur itzund an,
Dir Lob und Beyfall zu erwerben;
Man kennt schon längst den Werth von
 ihr;
So manches Denckmahl, das sie Dir,
Durch manchen Orgel-Bau errichtet,
Beweiset daß die Sterblichkeit
Ob sie auch schon dem Cörper dräut,
Durch Dein Gedächtniß nicht zugleich
 mit ihm zernichtet.
DEin Ruhm ersteigt mit viel Gewinn,
Bereits die höchsten Ehren-Stuffen,
Hat Rußlands grose Kayserin,
Dich nicht vorlängst zu sich beruffen?
Doch weil Du dazumahl erkannt,
Du seyst mehr vor Dein Vaterland,
Als vor ein fremdes Volck gebohren;
So hast Du dieß hintan gesetzt,
Und unsrem Sachsen, das Dich schätzt,
Den vormahls treuen Dienst aufs neue
 zugeschworen.
UNd dies erfährt auch unsre Stadt,[2]
Da wir mit innigsten Erfreuen,
Ein Werck, das Dich zum Meister hat,
Der Ehre GOttes jauchzend weyhen ...

1 · In dem Wort »aufrIChtiGer« ist das Monogramm »ICG« verborgen. Es paßt zu drei Zeitgenossen Silbermanns: dem Zittauer Kantor
Johann Christoph Grünewald, dem Frauensteiner Amtmann Johann Christian Gensel und
dem Freiberger Stadtpfeifer Johann Christoph
Geißler (siehe Anm. 2507). Als Autor der
Schrift kommt mit großer Wahrscheinlichkeit
nur letzterer in Betracht, weil er von »unsre[r]
Stadt« (Freiberg) sprach, wo er seit 1730 als
Stadtpfeifer wirkte. 2 Damit ist Freiberg gemeint.

Nr. 17 – Freiberg (St. Petri)

Dem Durch eigene Kunst und Hoher Herren Gunst Edlen und Hochberühmten
Herrn, Herrn Gottfried Silbermann ...
Wünschte An dem Einweyhungs-Tage
Der Freybergischen Petriner Orgel, War
der 31. Octob. 1735, Zu den daran abgelegten Neuen Meister-Stücke, Aus Schuldigkeit, mit vielen Vergnügen Glück, Ein

486

durch Liebe und besondere Freundschafft
verbundenster und aufrichtig ergebenster
Freund und Diener, Johann Christoph
Erselius[1].
Friedrichstadt, Gedruckt bey Emanuel
Friedrich Harpetern.

... Berühmter Silbermann, an dem die
 kluge Welt
Erfindung, Kunst u. Witz mit Recht für
 schätzbar hält,
Es mehret deine Kunst, die Zahl
 geschickter Proben,
Und eine neue muß den großen Künstler
 loben.[2]
Gantz Sachsen sieht auf Dich. Es hält
 Dich lieb und werth,
Und ist vergnügt, wenn sich so Freund,
 als Feind, erklärt:
Du habest Deine Kunst bey uns sehr hoch
 getrieben,
Und würdest, nur mit Grund, groß und
 geschickt beschrieben.
Diß wuste wohl August, August[3], den
 nun die Grufft
Von seinem Königs-Thron zur Ruhe hat
 gerufft.[4]
Sein Scepter schützte Dich. Vor andern
 Wercken allen
Ließ seine Gnade sich die Deinen wohl-
 gefallen.[5]
August, sein Grosser Sohn, sein ächtes
 Ebenbild,[6]
... Schätzt gleichfalls Deine Kunst. Du
 zeigst Ihm Deine Stärcke,
In Deiner Wissenschafft, durch neu
 erfundne Wercke.
Durch Dein Piano-Fort[7], daß Du zuerst
 erdacht,
Dadurch des Königs Ohr selbst aufmerk-
 sam gemacht,
Hast Du Desselben Huld, Dir also zu-
 gezogen,
Daß kaum ein Künstler ist, dem ER so
 wohlgewogen.
Da Dich der König schätzt, liebt Dich
 mit Recht das Land,
Zumahl da selbiges von Deiner klugen
 Hand

Bereits zu Dreißigen noch sieben Orgeln
zehlet.[8]

Gewiß, Dich hat das Glück zu Sachsens
Ruhm erwehlet!

Sieh! wie Dein seltner Ruhm, von Deiner
weisen Hand

So gar gekommen ist, biß in der Russen
Land,

Was gäbe Petersburg! wann Du wärst
angekommen,

Und hättst die Orgel da, zu bauen
übernommen?

Nur Freyberg, wo biß ietzt die gütige
Natur

Von ihrer Fruchtbarkeit so manche
schöne Spur

An Edlen Stuffen zeigt, sieht man auf
seinen Höhen

Die vierdte Orgel schon von Dir, mein
Gönner, stehen.[9]

... Es preißt mein Silbermann, auch Dich
und Deine Kunst,

Dieweil Dein Orgel-Werck auch seiner
Andachts-Brunst

Mit zur Erweckung dient. Es wünscht,
nebst Deinem Leben,

Daß Du noch manches Werck dem Lande
mögest geben.

Berühmter Silbermann, ich trete denen bey,

Die, daß Dein Lebens-Ziel noch weit
entfernet sey,

Dir, weil sie gantz genau schon Deine
Grösse kennen,

Nebst allen Wohlergehen, von treuen
Hertzen gönnen.

Gewiß, Du bist es werth! denn sieht die
Nachwelt an,

Was Dein geschickter Fleiß an diesem
Werck gethan,

So wird sie, sollte sie den Meister gleich
nicht wissen,

Doch dessen Trefflichkeit bey sich bewundern müssen.

Ich wünsche, daß Du lebst! doch wenn
auch einst der Tod,

Wie andern Sterblichen, Dir die Ver-
wesung droht,

So wird Dein Nahme blühn, so werden
nach dem Sterben,

Die Kinder Deiner Kunst Dir annoch
Ruhm erwerben.

Wie mancher Vater lebt, der, wenn er
Kinder zieht,

Zuletzt gar wenig Lust an denen meisten
sieht!

Doch Deine Kinder[10] sind vollkommen
wohl gerathen,

Und diesem Deinem Ruhm kan auch der
Neid nicht schaden.

Du wirst ein Künstler stets auch bey der
Nachwelt bleiben,

Dein Ruhm verwelket nicht, ob Dich der
Todt gleich streckt.

1 Johann Christoph Erselius (1703–1772)
wirkte seit 1731 in Freiberg als Domorganist
(siehe Anm. 1735).   2 Damit ist die Anfang
Oktober 1735 vollendete Orgel in der Freiberger Peterskirche gemeint.   3 Friedrich
August I. (1670–1733), Kurfürst von Sachsen,
war auch König von Polen.   4 Kurfürst
August (der Starke) ist am 1. Februar 1733 gestorben.   5 August der Starke hatte am 30. Juni
1723 Gottfried Silbermann zum Hoforgelbauer
ernannt.   6 Friedrich August II. (1696–1763)
7 Damit ist das (von Silbermann wesentlich
verbesserte) Hammerklavier gemeint.   8 Hiernach soll es damals im Kurfürstentum Sachsen
bereits siebenunddreißig Orgeln von Silbermann gegeben haben, was aber nicht nachweisbar ist. Vgl. hierzu Anm. 220.   9 Es ist richtig,
daß die Petriorgel die vierte war, die Silbermann
in Freiberg gebaut hat. Die anderen befanden
sich im Dom, in der Johannis- und Jacobikirche.
10 Mit den »Kindern« (des unvermählt ge-
bliebenen Meisters) sind die Orgeln Silbermanns
gemeint.

Nr. 18 – Freiberg (St. Petri)

Herr Silbermann hat nun Sein Meister-
stück gemacht, Das in St. Petri steht zu
Freyberg wers betracht Und lieblich schallen hört, der wird vergnügt, erfreuet; Heut
übergiebt Er es, heut wird es eingeweyhet.
(Den 31. Octobr. Anno 1735 Fest Refor-
mat. Lutheri) Da Theure Väter nun, dasselbe approbiret Und dieses GOttes-Hauß damit sehr schön gezieret, So schreibet diß, der
sich des Künstlers Gunst empfiehlt, Und
dieses Orgel-Werck Jm Gotteshauße Spielt.[1]

Freyberg, druckts Christoph Matthäi.

... Wieviel Schrifften sind zu lesen,
Welcher Künstler Du gewesen,
Hochgeehrter Silbermann.
Straßburg sah' schon in der Jugend
Dein Talent, Geschicke, Tugend,[2]
Wie Du täglich noch beweist,
Wer Dich ietzt nur nennen höret,
Sagt, er sey von Dir belehret,
Daß Du längst gepriesen seyst,
Wo du hin wilst, solst Du kommen,
Und wirst freudig aufgenommen,
Als ein seltnes Künstler-Bild.
Jedermann weiß Dich zu ehren,
Um zu sehen und zu hören
Was die Kunst durch Dich erfüllt.
Moscau kennt auch Deine Gaben
Und will Dich vor andern haben,
Wie der Brieff beweisen kan,
Der aus Petersburg gesendet,
Welches sich Dich sehr verpfändet,
Weitberühmter Silbermann!
Doch Du brauchst kein frembdes Loben,
Deine wohlgerathne Proben
Zeigen Dich als Künstler an;
Eigne That muß Dich erheben,
Und Dir stets gut Zeugniß geben,
Kunsterfahrner Silbermann.
Wieviel Städte, Dörffer, Flecken,
Müssen Dir nicht Ruhm erwecken,
Weil sie Deine Kunst geschmückt?
Sachsen weiß, daß Deine Thaten
Angegeben, schon gerathen,
Silbermann, Du bist beglückt.
Freyberg prangt mit vielen Wercken,
Die uns in der Meynung stärcken,
Es sey Deines gleichen nicht:
Dom, Jacobi, offenbahren,
Auch Johann[3], was Du erfahren
Und sehr künstlich ausgericht.
Nun hat Petri aufzuweißen
Das, was sonderlich zu preißen
Und mit großen Stimmen prangt,
Hört das Principal nur singen,
Das hat Majestätisch Klingen,
Fast was himmlisches erlangt.
Quintadehn'n, Cornett, Rohrflöten,
Untersatz, Posaun, Trompeten,
Spitzflöt, Vox humana, Quint,

Auch Octaven, sind zu zeigen,
Noch viel andre zu geschweigen,
Die recht wunderwürdig sind.
Sonderlich ist hoch zu schätzen,
Und fast oben an zu setzen,
Der Fagott, so prächtig thönt,
Petri, o besondres Glücke!
Kriegt des Künstlers Meister-Stücke,
Welcher längstens schon gecrönt.
Niemand hat was auszusetzen:
Jedermann muß sich ergötzen;
Wer es ansieht, wundert sich,
Wer es hört, erstaunt vor Freuden,
Die auch so die Kunst sonst neiden
Sagen: es vergnüget mich...

1 Das war Johann Gabriel Spieß (1693–1737).
Sein Monogramm »JGS« geht aus den Anfangsbuchstaben der letzten drei Worte hervor:
»... Jm Gotteshauße Spielt.« Spieß wirkte
schon seit 1722 als Petriorganist in Freiberg
(vgl. Anm. 1585). 2 Gottfried Silbermann
hatte die Orgelbaukunst in Straßburg (bei seinem Bruder) erlernt. 3 Die Orgel der Johanniskirche befindet sich seit 1939 im Dom.

Nr.19 – Dresden (Frauenkirche)

Bey Gelegenheit Des, In der Prächtigen
Frauen-Kirche Des Weltberühmten Dreßden, Von dem künstlichen Silbermann erbaueten Und am 25. Novembr. Anno 1736
inaugurirten Neuen Bewunderungswürdi-
gen Orgel-Werckes, Wolte seine Gedancken wohlmeynend entwerffen. GR.[1]
Freyberg, druckts Christoph Matthäi.

...ES rede hier der stoltze Bau,[2]
Der nächst in dir empor gedrungen!
Kommt, Spötter, kommt und seht genau!
Was Dreßden hier vor Ruhm errungen.
Kommt, sucht das schönste GOTTes-
      Hauß,
In weit entlegnen Orten aus,
Um seines gleichen aufzuzeigen!
Doch seht, und merckt zugleich wie hier
Erfindung, Dauer, Pracht und Zier
Auch Welschlands[3] Tempel übersteigen.
DIe Ehrfurcht setzt ietzt ihren Fuß,
Geweyhtes Hauß, auf deine Schwellen,

Um deiner Schönheit Überfluß
Im Dichten lebhafft vorzustellen!
Jedoch, wie? daß sie so erschrickt,
Und gleichsam als zur Fluth[4] geschickt,
Mit viel Erstaunen rückwärts prallet?
Sie stutzt, sie wanckt, sie fliehet schon,
Da ihr ein bebend starcker Thon
Erschütternd in die Ohren schallet.
WAs ists das diesen Schall erregt,
Der mit so vieler Krafft und Leben,
An Wand und Pfeiler zitternd schlägt
Daß Wand und Pfeiler zitternd beben?
Spielt hier Amphions[5] Zauber-Hand?
Wird hier das alte Griechenland,
Vielleicht in seiner Kunst verhöhnet,
Wo sonst an des Parnaßus Fuß,
Wo einst um Aganippens Fluß,
Der Musen Sayten-Spiel gethönet?
O Nein! dort wirff die Augen hin!
Dort sieh, was diesen Klang gebieret!
Dort steht das Werck, das unsern Sinn
Zugleich auf seinen Meister führet!
Wer ists? der wackre Silbermann:
Genung gehört! so sagt Ihm an
Wie hier sein Ruhm aufs neue steige!
O sagt Ihm wie nunmehr der Neid,
Der seinen Überwinder scheut,
Mit Schaam und Reu sich vor Ihm beuge!
...WIe aber, Mann von groser Kunst!
Will denn Dein Fleiß noch nicht
    ermüden...
Was häufst Du den erworbnen Preiß?
Dein Ruhm ist voll; laß Deinen Schweiß,
Sich weiter nicht so reich ergiessen!
Gedencke nun auch auf die Ruh,
Und sieh dabey in stillen zu,
Wie schön wir Deine Müh genüssen!
DOch was? nur fahre fort o Freund,
Vor das gemeine Wohl zu leben!
Du wirst Dich dißfalls unvermeynt,
Auch über Deinen Staub erheben!
Das heist! Du wirst unsterblich seyn:
Denn, geht auch gleich Dein Cörper ein;
So wird die Zeit doch von Dir lesen,
Es sey der kluge Silbermann,
Weil ja Dein Ruhm nicht faulen kan,
Ein Meister seltner Kunst gewesen.

1 Wer sich hinter dem Monogramm »GR«

verbirgt, konnte noch nicht festgestellt werden.
Vermutlich ein Freiberger Zeitgenosse Silbermanns, weil die Schrift dort gedruckt wurde.
2 Damit ist die neuerbaute Frauenkirche gemeint. 3 Darunter verstand man Italien.
4 Das ist wohl ein Druckfehler und muß
»Flucht« heißen. 5 Das war ein griech. Heros
und Sohn der Antiope.

Nr. 20 – Dresden (Frauenkirche)

Aufrichtige Gedancken über den Kunst-
reichen Orgel-Bau In der Kirche zu unserer L. Frauen, allhier in Dreßden, Welche
Der Wohl-Edle, Großachtbare und Kunst-
Erfahrne Herr, Herr Gottfried Silbermann
... wohlbestallter Hof- und Land-Orgel-
macher, Mit vielen Ruhm und Approbation verfertiget und übergeben, Und Dom.
XXVI. post Trinitatis Anno 1736 zum
erstenmahl bey öffentlichem Gottesdienst,
angestimmet worden, Zum Zeugniß son-
derbarer Ergebenheit, mit Poetischer Feder
zu Papier gebracht, von Wilhelm Friedemann Bach[1].
DRESDEN, Gedruckt bey Johann Christoph Krausen.

SO schlecht und ohne Kunst die Orgeln
    sonst gewesen,
Wie wirs umständlich noch in den
    Geschichten lesen:
So künstlich, so geschickt wird ietzt ein
    Werck gemacht,
So hoch hat es die Kunst zu unsrer Zeit
    gebracht.
Mich dünckt: Hierinne kan die Kunst
    nicht höher steigen,
Als sie gestiegen ist. Vorietzo zu
    geschweigen,
Was Kunst und Naturel in der Music
    erweist,
So unverbesserlich mit Fug und Rechte
    heist.
Wie tieff ins Alterthum a) der Orgel-
    Brauch sich strecke,
Was für ein Wunder-Werck noch hier
    und dorten stecke, b)
Wird hier nicht untersucht: Erfahrung
    liegt mir bey,

Daß derer Orgeln Nutz in Kirchen treff-
lich sey.
Der angenehme Klang erwecket manche
Seele,
Daß sie mit Kümmerniß sich nicht zu
Tode quäle;
Der Geist ermuntert sich, und stimmt ein
Lob-Lied an;
Der freudge Geist erzehlt, was GOtt an
ihm gethan.
Ist nun der Meister nicht von einem
solchen Wercke,
(Das GOttes Ruhm erhöht und seines
Armes Stärcke,)
Des Ruhmes gleichfalls werth, da Er
Gelegenheit
Zur Freudigkeit des Geists ins Hörers
Hertze streut?
Berühmter Silbermann! Vergönne mir zu
schreiben,
Was DU mit Recht verdienst: Dein Ruhm
wird ewig bleiben,
Den DU durch Deine Kunst mit gantz
geschickter Hand
Bereits erworben hast in unserm
Sachsen-Land.
Geh, späte Nach-Welt, hin, bewundre
Seine Gaben;
Denn Seines gleichen wirst du künfftig
schwehrlich haben.
Was man vor Alters hieß ein Wunder-
Werck der Welt,
Hat unser Silbermann vollkommner
aufgestellt.
Zwey Wercke dienen Dir in Dreßden
zum Exempel,
Eins im Sophien-[2] und eins in dem
Frauen-Tempel,
Die Er zu GOttes Ruhm darinnen
aufgesetzt.
Fragt iemand nun, warum wir Ihn so
hoch geschätzt?
Kan was natürlicher, als Vox humana,
klingen,
Und besser, als Cornett mit Anmuth
scharff durchdringen?
Die Gravität, die nur in dem Fagotto liegt,
Macht, daß Herr Silbermann Natur mit
Kunst besiegt.

Gepriesner Silbermann! Dein Ruhm
steig immer höher!
Und kömmst Du der Natur von Zeit zu
Zeit noch näher,
So stimmet mir gewiß ein ieder Kenner bey,
Wie daß in Deinem Werck etwas recht
Göttlichs sey.

a) Pabst Vitalianus führte Anno 655 in der
Kirche die Orgeln ein. Und vom Kayser Constanno VI. Copronymus zuge-
nahmt, lesen wir, daß er im 8. Seculo dem
Könige im Franckreich Pipino, durch
gewiße Legaten ein Orgel-Werck offeriren lassen, welcher ebenfalls kein Bedencken getragen, solche in den Tempel
einzuführen, so schlecht und unvoll-
kommen auch die ersten Orgeln gewesen, biß man sie immer vollkommener
verfertiget, und die Venetianer das Pedal hinzugethan.

b) In Venedig soll eine gläserne Orgel
seyn, deren Pfeiffen einen durchdringenden hellen Klang haben. Zu Rothenburg
an der Tauber, in Francken, soll ein
Orgel-Werck in 3 Sitze getheilet zu finden seyn, so, daß 3 Organisten zugleich
darauff spielen können. Und in dem
Straßburgischen Münster hat das Orgel-
Werck etliche 1000 Pfeiffen, darunter
die grösseste 14 Eymer und etliche
Maaß halten soll.

1 Wilhelm Friedemann Bach, der älteste Sohn
von Johann Sebastian Bach, wurde am 22. November 1710 in Weimar geboren und war
außergewöhnlich begabt. Nach dem Tode
Christian Pezolds bewarb er sich am 7. Juni
1733 von Leipzig aus um die Sophienorganistenstelle zu Dresden. Bereits am 23. desselben
Monats wurde Bachs Bestallung ausgefertigt,
nachdem er tags zuvor »bey gehaltener Probe
seine Geschicklichkeit auf der Orgel ... dergestalt erwiesen« hatte, daß er »zu solchem
Dienste genugsam qualificiret erfunden« wurde.
Nach fast dreizehnjähriger Tätigkeit teilte Bach
am 16. April 1746 dem Rat zu Dresden mit,
»daß er seine Verbeßerung außerhalb Dreßden
gefunden und den anderweit erlangten Dienst
zu Pfingsten anzutreten mich anheischig gemacht...«. Wilhelm Friedemann Bach ging als

Organist an die Marienkirche nach Halle. Er starb am 1. Juli 1784 in Berlin. *Quellen:* Hugo Riemanns Musiklexikon, Berlin [11]1929, S. 92 StA. Dresden: Akte Sign. D XXXIV 17, Bl. 10 ff. und 19 ff. 2 Die Sophienkirchenorgel zu Dresden ist am 15. November 1720 übergeben worden.

Nr. 21 – Dresden (Frauenkirche)

Das gebührende, doch angefochtene Lob der edlen Music, Wolte Bey der Einweyhung der Neuen Orgel in der Frauen-Kirche zu Dreßden, Dom. XXVI. post Trinit. 1736, Welche Tit. Herr, Herr Gottfried Silbermann ... mit besondern Ruhm verfertiget, So nunmehro die Neun und Dreyßigste ist,[1] so Er nur in Sachßen neu aufgesetzt, in einem all-täglichen Carmine anführen, Und gegen Wiedrig-gesinnete retten Ein ergebenster Diener J. G. St. Organ. Misn.[2]
Dreßden, druckts die verw. Hof-Buchdr. Stößelin.

MEin Hochgeehrter Silbermann,
Wer solte sichs wohl träumen lassen,
Da man noch Leute finden kan,
So die Music verschmähn und hassen? ...
Und fragt man nach dem Argument,
Worauf sie ihre Sätze gründen?
So ists ein schlechtes Fundament:
Weil sich so viele Pfuscher finden;
Schreibt einer Noten, und singt fein,
Will er ein Componiste seyn:
Und jener lernt zum Biere fiedeln,
Und der auf dem Clavire lüdeln ...
So ungereimt wird niemand seyn,
Und jedes Handwerck gleich verachten,
Da sich die Pfuscher mengen ein,
Und alles nachzumachen trachten.
Kein Handwerck noch Profession
Ist ja jemahls befreyt hiervon.
Der gröste Künstler muß es leiden:
Daß andre ihm das Brodt abschneiden.
Du selbst, mein Werther Silbermann,
Kanst der Welt davon Zeugniß geben;
Du wirst, wie bißher, so fort an
Mich des Beweises überheben.
Das Werck, so Du bißher gebaut,

Wird mit Vergnügen angeschaut;
Doch gleichwohl wirst Du öffters sehen,
Wie viele Pfuscher Dir nachgehen.
Wird aber Deiner Wissenschafft
Dadurch ein Abbruch wiederfahren?
Wird Deine Orgel abgeschafft?
Ach nein! der Ruff wird offenbahren:
Daß Silbermannes Kunst und Fleiß
Vor andern allen kriegt den Preiß;
Und daß Sein unermüdet Sinnen
Wird noch viel Ehr und Ruhm gewinnen.
... Hieraus erhellet klar und frey
Der Music Nutz, und ihr Ergötzen.
Herr Silbermann trägt vieles bey
Durch Sein so prächtig Orgel-Setzen.
Die neue Orgel wird anheut
Mit schönster Music eingeweyht.
Durch Sie wird GOttes Hauß gezieret,
Das sonst schon herrlich aufgeführt.
Nun fordert meine Schuldigkeit,
Von Hertzen Dir zu gratuliren.
GOtt gebe, daß Du lange Zeit
Den Nutzen kanst von Orgeln spühren!
Er lasse ferner Dich gesund,
Daß künfftig auf dem Erden-Rund
Der Music und der Orgel Ehre
Durch Deine Kunst sich weit vermehre! ...

1 Siehe hierzu Anm. 220   2 Der Autor hat neben seinem Monogramm »J. G. St.« noch seine berufliche Stellung »Organ. Misn.«, das heißt »Organist zu Meißen«, angegeben. Es handelt es sich um Johann Gottfried Stübner. Er wurde 1689 geboren und bewarb sich am 31. Oktober 1727 mit Erfolg um die Organistenstelle an der Annenkirche zu Dresden und dann (am 15. Februar bzw. 6. April 1734) um die Stelle als Organist an der Frauenkirche und am Dom zu Meißen. Am 14. April 1734 teilte Stübner dem Rat zu Dresden mit, daß er nach Meißen berufen wurde. Er ist am 11. Januar 1770, fast zweiundachtzig Jahre alt, in Meißen gestorben. *Quellen:* StA. Dresden: Akte Sign. XXXIV 16, Bl. 1 und 16 ff. StA. Meißen: C 81, fol. 7. Domarchiv Meißen: Akte D 1090, fol. 37 PfA. Meißen (Frauenkirche): ToR. 1770

Nr. 22 – Dresden (Frauenkirche)

Billige Lobes-Erhebungen, Als die nothwendigen Früchte der Verdienste eines

ausbündigen Künstlers, Welche S. T. Herrn
Gottfried Silbermann … Bey Übergabe
Eines neuen Meister-Stücks, Der unvergleichlichen Orgel in der Kirche zu unserer
lieben Frauen In der Königl. Pohln. und
Churfl. Sächßl. Residentz Dreßden, Welches Den 25. Novembris 1736 Als am Beschluß des Kirchen-Jahrs Mit gewöhnlichen Solennitäten geschahe, Nach Vermögen und aus schuldiger Pflicht beylegte
Desselben verbundenster Diener, Johann
Martin Blochwitz[1], Königl. Pohln. und
Churfl. Sächßl. Cammer-Musicus[2].
DRESDEN, gedruckt bey Johann Wilhelm Harpetern.

Dein Wissen, Hochgeschätzter Gönner,
Der schönen Kunst, der Du Dich weyhst,
Zeigt, daß Du nicht ein blosser Kenner,
Nein! gar derselben Meister seyst.
Was andern an dem Orgel-Spiele
Zu machen gar unmöglich fiele,
War Dir, als möglich, und gantz leicht:
Drum wird Dir auch der Crantz gereicht,
Der Klugheit köstliches Gespinste,
Dir, Grosser Meister ächter Künste.
Hier steht Dein neun und dreyßigsts
    Stücke,[3]
Das Deinen Ruhm noch mehr vermehrt.
Gewiß, ein ungemeines Glücke,
So selten einem wiederfährt!
Der Höchste selbst gießt seinen Seegen,
Wie einen warmen Mittags-Regen,
Auf Deinen Fleiß und Schwitzen aus:
Warum? Du sorgest vor sein Hauß;
Er sieht sein Volck, durch Dein Bemühen
Offt in weit beßrer Andacht glühen.
Ach Schade! daß der Herbst der Jahre
Schon ietzo Deine Scheitel grüst!
Ach Schade! daß die schwartze Bahre
Auch mit vor Dich gezimmert ist!
Ach! köntest Du doch Deinem Leben
Die Dauer Deiner Wercke geben!
Denn diß hat Deine Kunst verdient:
Doch was? Dein Ruhm, Dein Nahme grünt,
Und trotzt das Schicksal flüchtger Zeiten,
Und zeigt der Nachwelt Dich von weiten.
Nun wohl! Der Witz, der Dir gantz eigen,
Wird uns gewiß noch mehr von Dir

Dergleichen schöne Kinder zeigen.
Zum Denckmahl, so erlaube mir,
Diß Deiner Orgel einzuätzen:
Seht! welch ein Ruhm! welch ein
    Ergötzen!
So offt des Höchsten Lob und Ruhm
In diesem neuen Heiligthum
Durch Psalm und Lieder wird erhoben;
Wird auch das Werck den Meister loben.

1 Es konnte bisher noch nicht festgestellt werden, wann Blochwitz geboren wurde und woher
er stammte.   2 Blochwitz ist bereits um 1711
als Mitglied der Dresdner Hofkapelle nachweisbar. Sein Name erscheint auch (um 1720)
in einem (von Kurfürst Friedrich August I.
unterschriebenen) »Verzeichnüß derer Musicorum, so in der Königl. Orchestra sich befinden«. Hiernach hatte Blochwitz als »Hautboist«
(Oboist) ein Jahresgehalt von 280 Talern. Nach
derselben Quelle betrug die Besoldung von
»Violist und Cammer-Musicus« Johann George
Pisendel 500 Taler. Blochwitz ist um 1744 gestorben. *Quellen:* STA. Dresden: Loc. 910,
Akte das kurfürstliche Orchester, Bd. I, Bl. 1, 5, 7;
Loc. 907, Akte Italienische Sänger, Bd. 3, Bl. 72.
3 Siehe hierzu Anm. 220.

Nr. 23 – *Dresden (Frauenkirche)*

Das Künstliche Orgel-Werck, Welches
Der Wohl-Edle, Großachtbare und Kunst-
Erfahrne Herr, Herr Gottfried Silber-
mann … In der Neu-erbauten Kirche zur
L. Frauen in Dreßden, aufgesetzet, Wolte
an desselben Einweyhungs-Tage, War der
XXVI. Sonntag nach Trinitatis Anno 1736,
Durch gegenwärtige Zeilen wohlmeynende
beehren Ein Bekanter Freund.[1]
Gedruckt in Dreßden.

· · Schweigt ihr Geschichte nur von
    Orgeln, welche rar,
Es zeiget Dreßden ietzt ein solches
    Kunst-Stück dar,
Dergleichen weit und breit wohl leichte
    nicht zu finden,
An welchen Witz und Kunst sich
    sonderbar verbinden.
Ein künstlich Orgel-Werck zeigt uns
    zwar auch Trient,

Das man um dieses Stück vor wunderbar
  erkennt,
Dieweil es groß gebaut, viel Stimmen von
  den Thieren,[2]
Und auch die Trommelschläg an selbigen
  zu spüren.
Allein, was nützet das? was hilfft der
  Thiere Schreyn?
Ein solch Geblöcke kan GOtt nicht
  gefällig seyn;
Hier aber lässet sich dem grossen GOtt
  zu Ehren,
Aufs allerdeutlichste die Vox humana
  hören.[3]
Es ist Herr Silbermann berühmt und weit
  bekannt,
Sein Nahme wird auch noch in spätster
  Zeit genannt,
So lang dies Orgelwerck zur Lieben
  Frauen stehet,
Biß es den letzten Tag erst mit der Welt
  vergehet.[4]
Es hat der Künstler hier, Geschicke,
  Fleiß, Verstand
Aufs möglichste durch Kunst so weißlich
  angewandt,
Daß man Ihn billig muß bewundern und
  erheben,
Weil Er durch dieses Werck der Stadt
  mehr Zier gegeben.
Der neue Thon, Schalmo[5], den man sonst
  Krumhorn hieß,
Der Baß, Fagot genannt[6], will uns ins
  Paradieß,   [setzen,
Auf unsern Sächsischen geweyhten Zion
Und beyder heller Klang ist Wunderbar
  zu schätzen.
Der tieffe Cammer-Thon der Sechzehn
  Fuß abfällt,
Zeigt wie gantz Teutschland kaum noch
  so ein Werck enthält,
Das diesem ähnlich wär an Klange, Kunst
  und Zierde,
Und gleiche künstliche Register wieß
  und führte.
Da heißt es recht: Das Werck streicht
  seinen Meister aus:
Mir fällt ein jeder bey. Wie manches
  Gottes-Hauß

Zeigt nicht Herr Silbermanns geschickte
  Kunst und Gaben,
Die sich bey diesem Werck gesammt
  vereinigt haben.
Wie kan es anders seyn, Berühmter
  Virtuos,
Verstand und Wissenschafft sind an Dir
  beyde groß,
Drum müssen aus dem Fleiß auch seltne
  Früchte kommen,
Den aus denselben wird des Baumes Art
  vernommen,
Dein Fort-Piano zeigt auch außerdem
  der Welt,
Was Dein geschicktes Haupt vor Witz
  und Kunst enthält:
Denn dieses Instrument, das Du zur erst
  erfunden,[7]
Erhält noch deinen Ruhm, wenn längst
  dein Leib verschwunden...
Was Du nur schaffst und thust das bleibet
  sonderbar,
Du stellest unserm Ohr nur Meister-
  Stücke dar,
An welchen Lieblichkeit, Anmuth und
  Lust zu spüren,
Will man nur selbige auch mit Geschicke
  rühren;
Doch hieran fehlets fast; Wiewohl auch
  mancher Mann,
Hier noch zu finden ist, der lieblich
  spielen kan,
Und denen Regeln nach auf den Clavieren
  spielet,
Daß man auch jeden Griff recht im
  Gemüthe fühlet...

1 Wer der »Bekannte Freund« war, konnte
nicht festgestellt werden.   2 Beliebte Tier-
stimmen in älteren Orgeln waren »Kuckuck«
und Vogelgesang. Mit solchen Spielereien gab
sich Gottfried Silbermann nicht ab.   3 Das
Vox-humana-Register (lat. »Menschenstimme«)
wurde in Silbermanns Orgeln immer besonders
gerühmt.   4 Diese Prophezeiung ist nur insofern in Erfüllung gegangen, als Gottfried Silbermanns Name auch heute noch genannt wird.
Die Orgel fiel 1945 einem Luftangriff zum
Opfer.   5 Das Register »Chalmeaux« (Schalmei) hatte Silbermann über den Kontrakt gelie-

493

fert (vgl. SD. 30 und Anm. 1655). 6 Das Fagott war ein 16-Fuß-Register und gehörte zum Hauptmanual. 7 Das Hammerklavier wurde von dem Italiener Cristofori erfunden, aber von Silbermann entscheidend verbessert.

Nr. 24 – Dresden (Frauenkirche)

Seiner Wohl-Edlen Herrn Gottfried Silbermannen ... Wünschte an dem Einweyhungs-Tage Der Dreßdner Frauen-Kirch-Orgel War der 25. November 1736 Zu den daran abgelegten neuen Meister-Stück mit vielen Vergnügen Glück Dessen aufrichtigst ergebener Freund Johann Christoph Erselius,[1] Organist am Dom in Freyberg.
Friedrichstadt, gedruckt bey Emanuel Friedrich Harpetern.

... O wie fruchtbar bist Du doch,
An Erfindung grosser Wercke!
Freyberg spricht anietzo noch
Nur mit Ruhm von Deiner Stärcke ...
Dreßden bleibt ein Sammel-Platz
Auserlesner Seltenheiten.
Was die Bau-Kunst schönes hat,
Weisen hier so viel Paläste ...
Dieses Wunder unsrer Welt[2]
Trotzt der Welschen Kunst im Bauen,[3]
Weil ein Deutscher aufgestellt,[4]
Was sich jene nicht getrauen.
Und damit nun auch von innen
Alles möge selten seyn,
Nimmt Dein Orgel-Werck darinnen
Einen Platz vor andern ein.
O wie gerne möchte Dich
Dieses Blatt nach Würden loben!
Doch warum bemüh ich mich?
Schon das Werck hat Dich erhoben.
Hört nur, wenn es prächtig klinget,
Hört die rührende Gewalt!
Oder, wenn es schmeichelnd singet,
Wen bewegt es nicht so bald?
Werther Gönner,[5] glaube nicht,
Daß Dein Nahme sterben werde!
Dreßdens Tempel widerspricht,
Als der Schmuck der deutschen Erde.
Denn, so lange dieser stehet,
Und der Welt ein Wunder bleibt,

Wird Dein Nahme mit erhöhet,
Und der Nach-Welt einverleibt.
... Denn die Wercke Deiner Hände
Geben alle Famen ab.
Diese rühmen Dich ohn Ende,
Decket Dich gleich Sand und Grab.
Könnte doch, Berühmter Freund,
Dieses alles Dich erweichen
Und, (er ist ja gut gemeynt,)
Unser Wunsch den Zweck erreichen!
Bleib in Sachsens schönen Grentzen[6]
Bey den Kindern edler Kunst,
Die, mit Deinem Nahmen gläntzen,
Zum Beweißthum Deiner Gunst! ...

1 Siehe Anm. 1735. 2 Damit ist die neue Frauenkirche gemeint. 3 Unter der »Welschen« Baukunst ist die italienische zu verstehen. 4 Die (bei einem Luftangriff im 2. Weltkrieg zerstörte) Frauenkirche war bekanntlich das Werk von George Bähr (1666–1738), dem berühmten Dresdner Ratsbaumeister und Architekten. 5 Damit ist Gottfried Silbermann gemeint. 6 Der Autor spielte damit wohl auf die Tatsache an, daß Silbermann nach Petersburg und Kopenhagen kommen sollte.

Nr. 25 – Dresden (Frauenkirche)

Daß Ein gutes Werck seinen Meister lobe, Wurde, Nach Erinnerung des gewöhnlichen Sprichwortes, bey solenner Einweyhung des prächtigen Orgel-Gebäudes in der neuen Kirche unserer Lieben Frauen zu Dreßden, Dem Wohl-Edlen, Groß-Achtbahr- und Kunst-Erfahrnen Herrn, Hrn. Gottfried Silbermanns ... als Verfertigern dieses unvergleichlichen Wercks, zu Ehren und Andencken, in einigen Poetischen Zeilen erörtert und besungen Durch des Welt-berühmten Herrn Silbermanns verbundensten Diener, Christian Heinrich Gräbnern[1], Organisten bey der Kirchen zur Lieben Frauen in Dreßden.
Den 25. November 1736.
Dreßden, mit der verw. Hof-Buchdr. Stößelin Schrifften.

ERfahrner Silbermann, Dein hochbegabter Fleiß

Trägt abermahl mit Recht sein schönes
    Lorber-Reiß:
Dein Wunder-würdiges und künstlich's
    Orgel-Bauen,
Worvon wir wiederum ein ächtes Muster
    schauen...
Wer wolte Dir denn nicht ein frohes
    Denckmahl stifften?
Doch nein: Es wäre nur ein kahler
    Überfluß,
Dieweil das kluge Werck den Meister
    loben muß.
Gantz Deutschland rühmet Dich und
    Deine Orgel-Wercke,
Dergleichen wenig sind an Größe, Laut
    und Stärcke,
Wovon man allereit schon Neun und
    Dreyßig schaut,[2]
Die Deine muntre Hand bald hier, bald
    dort gebaut.
...Beliebter Silbermann, Dein unver-
    gleichlichs Wissen
War eintzig und allein zu GOttes Lob
    beflissen:
Du bauetest ein Werck, das unsers Tempels
    Pracht,
Die vor sich groß genung, gedoppelt
    groß gemacht.
Man sehe sich nur um in Süden,
    West und Osten,
Du findest Orgeln, die viel tausend
    Thaler kosten:
Wo ist ein Werck so starck, so tieff,
    so delicat,
(Und zwar im Kammer-Thon), wie man
    in Dreßden hat?
...Drum mag der Neider nur die tollen
    Zähne wetzen,
Und Deinen klugen Fleiß des Tadels
    würdig schätzen:
Es ist ein Trost vor Dich, daß seine
    Raserey   [sey.
Ein ächter Probe-Stein vor Deine Tugend
Es bleibt der Pfuscher Art, was sie nicht
    selber können,
Das pflegt der Aberwitz stets mangelhafft
    zu nennen:
Dir legt die gantze Stadt das wahre
    Zeugniß bey,

Es sey Dein schönes Werck von allem
    Anspruch frey...

1 Siehe Anm. 1653.   2 Siehe Anm. 220.

Nr. 26 – *Dresden (Frauenkirche)*

Als der Wohl-Edle, Großachtbare und
Kunst-Erfahrne Herr, Herr Gottfried Silbermann ... Die zu GOttes Ehren in der
neuen Frauen-Kirche Erbauete Orgel Den
22. Novembr. 1736 mit Ruhme übergab,
Und selbige den 25. Ejusd.[1] als am XXVI.
post Trinit. Zum Dienste GOTTES eingeweyhet wurde, Schrieb Dem Herrn Verfertiger dieses schönen Wercks Zum gütigen Andencken folgendes Theodorus
Christlieb Reinholdt[2], Chor. Mus. Dir.
DRESDEN, gedruckt in der Königl. Hof-
Buchdruckerey.

...Und wer erkennet nicht, wie nützlich,
    wie bequem,
Wie unentbehrlich nun, wie schön, wie
    angenehm
Die Kirchen-Orgeln seyn? Was kan wohl
    feiner schallen,
Was kan den Ohren mehr und lieblicher
    gefallen,
Als wenn des Meisters Hand bald dies
    Register zieht,
Bald jenes wechseln läst? Ein Kunst-
    geformtes Lied,
Wo Pfeiff und Saytenspiel das Hertz zur
    Andacht treiben,
Wird sonder Orgel-Klang ein todtes
    Wesen bleiben...
Doch kommen offtermahls noch gleich-
    wohl Wercke vor,
Wo Stoltz und Prahlerey mit Worten
    zwar das Ohr,
Jedoch nicht mit der That, das, was man
    hofft, erfüllet,
Und wo der leere Schein das schöne
    Nichts verhüllet;
Wo mancher großen Wind mit Rühmen
    erst gemacht,
Jedoch den Wind hernach nicht in das
    Werck gebracht,
Bey aller Arbeit Kunst im Ordnen Fleiß
    gespahret,

Und weder das Ventil noch Züge wohl
    bewahret;
Die Laden[3] nicht besorgt, die Pfeiffen
    nach Gebühr
Nicht wohl verfertiget, Register und Clavir
Nicht richtig zugestutzt, nicht billig ein-
    getheilet,
So, daß hernach der Wolff bey allen
    Zügen heulet.
Nun unserm Silbermann ist beßrer Ruhm
    gegönnt,
Den Sachsen seinen Sohn und seine
    Zierde nennt,
Als der von GOtt ein Pfund, ein schönes
    Pfund empfangen,[4]
Damit Er nicht sowohl nach Welt-
    Gebrauch zu prangen
Als Nutz zu schaffen pflegt. Seitdem Ihn
    Straßburg zog,[5]
Und Er die edle Kunst selbst von den
    Musen sog,[6]
Wie Ihn des Bruders[7] Treu und Hand-
    Griff angeleitet,
Hat Er, o Sachsen, dir viel Orgeln
    zubereitet,
Davon die Anzahl nun auff Neun und
    Dreyßig steigt,[8]
Darunter keine nicht von seiner Ehre
    schweigt.
Es sind nun sechzehn Jahr, da Silber-
    manns Bemühen
Das schöne Gottes-Hauß, den Tempel zu
    Sophien,
Mit einer Orgel ziert,[9] die tausend
    Anmuth hat.
Es schien als hätte nun kein neuer Zusatz
    statt:
Und gleichwohl läst das Hauß, das sich
    zur Lieben Frauen,
Doch GOtt zu Ehren, nennt, noch
    größre Künste schauen …
Bewundert insgesammt, die ihr das
    Werck begreifft,
Daß alles, was ihr hört, in drey Clavire
    läufft,
Daß die Register sich auff vier und vierzig
    schwingen,[10]
Die, alle wunderschön und Regelmäßig
    klingen.

Spannt beyde Coppeln an, es wird doch
    nicht allein
Mit Vortheil, ohne Druck und leicht zu
    spielen seyn.
Auch sind die Pfeiffen gleich gelehret
    anzusprechen,
Und in geschwinder Eil durch Lufft und
    Ohr zu brechen.
Doch das hat Silbermann auch anderweit
    geschafft:
Hier aber ist das Werck von gantz
    besondrer Krafft,
Daß Deutsch-Land zweifelsfrey ihm hier
    die Palmen reichen,
Den Vorzug laßen muß, als welches seines
    gleichen
Nicht aufzuweisen hat: nicht, weil das
    Manual
Schon sechzehnfüßig ist,[11] der Baß auch
    ein Pedal
Auff zwey und dreyßig fällt[12]: Nein, was
    den Vorzug giebet,
Macht, daß des Meisters Hand den
    Cammer-Ton beliebet.[13]
Wer die Register prüft, hört durch und
    durch den Klang,
Der holden Nachdruck zeigt, der lieblich
    ohne Zwang,
Gesetzt und edel ist. Es scheint
    (nein was wir sehen,)
Was deine Faust vermag, was, Werther,
    hier geschehen,
Das lehret, daß dein Fleiß sich biß zum
    Gipffel dringt,
Und das der Aemsigkeit auch der Versuch
    gelingt;   [nommen,
Daß Du zwar alsobald von Anfang zuge-
Und dem, was Ruhm erwirbt, was herr-
    lich und vollkommen,
Nun ziemlich nahe trittst. Auff! siehe
    nur auff das,
Was acht und dreyßig mahl Dir zwar der
    Neider Haß
Doch wahres Lob gebracht; Das wünscht
    zu diesen Stücke,
Dem Neun und dreyßigsten,[14] das aller-
    schönste Glücke.
… Der Kunst des Meisters folgt sonst
    Nutz, Gewinn und Geld,

Wie der die Früchte bricht, der einen
    Baum bestellt,
DU, aber, Werthester, hast nicht viel
    volle Tonnen
Ducaten zugespinnt: Das, was Du sonst
    gewonnen,
Das, was Dir GOtt und Glück durch
    deinen Schweiß beschert,
Hastu, nachdem Du nun nach Sachsen
    umgekehrt,
Gelassen zugesetzt. Was man Dir auf-
    getragen,
Das ist dein Augen-Merck. Viel Reich-
    thum zu erjagen,
Ist gantz dein Absehn nicht. Du hast
    genung Profit,
Wenn dein Gedächtnüß nur in Sachsen-
    Lande blüht,
Dem Du zu Dienste lebst. Du hast das
    Wort erkohren,
Man sey fürs Vaterland, nicht nur für
    sich gebohren.
Dir fiel zwar ehedem wohl der Gedancke
    bey,
Du woltest künfftighin der klugen Arbeit
    frey
An deine Ruhe gehen, die Jahre zu
    versüssen,
Und dein Vermögen nicht noch völlig
    zuzubüßen.
Doch laß die Hand nicht ab, ein wahrer
    Tugend-Sohn
Erhält noch hier und da den längst
    verdienten Lohn...
Und wie dein Freyberg Dir dergleichen
    Gönner schenckt,
Als deren Redlichkeit an deine Treue
    denckt,
Daß das gevierdte Werck, so jene Stadt
    erfreuet,[15]
In Ansehn Ihrer Huld den Meister nicht
    gereuet...
So wird man auch dabey zu Deinem
    Ruhme lesen,
Der Sachßen Dädalus[16] sey Silber-
    mann gewesen.

1 desselben Monats 2 Siehe Anm. 1651.
3 Damit sind die Windladen, das »Herzstück«

einer Orgel, gemeint. 4 Unter dem »Pfund«
ist das Talent zu verstehen, das Silbermann besaß. 5 In Straßburg (Elsaß) hatte Gottfried
Silbermann die Orgelbaukunst erlernt. 6 Siehe
hierzu OWS. 58. 7 Das war Andreas Silbermann, Gottfrieds Bruder und Lehrmeister.
8 Siehe hierzu Anm. 220. 9 Die Orgel in der
Sophienkirche zu Dresden war am 18. November 1720 geweiht worden. 10 Die Orgel besaß nur dreiundvierzig klingende Stimmen. Der
Kontrakt sah einundvierzig Register vor, zwei
hat Gottfried Silbermann zusätzlich geliefert.
11 Die Orgel besaß drei Manualregister in der
16-Fuß-Lage: Prinzipal, Fagott und Quinta-
dehna. 12 Damit ist gemeint, daß die Orgel
im Pedal ein 32-Fuß-Register, den sogenannten
»Großen Untersatz«, besaß. 13 Die 1720
vollendete Sophienorgel stand ebenfalls im Kammerton. 14 Siehe hierzu Anm. 220. 15 Das
vierte Werk, das Silbermann in Freiberg schuf,
war die im Oktober 1735 vollendete Orgel der
Petrikirche. 16 Dädalus, eine Gestalt der
griechischen Mythologie, wurde als Ahnherr
aller Künstler angesehen.

Nr. 27 – Dresden (Frauenkirche)

Eylfertige Zugabe Wolte bey Übergabe der
schönen Orgel zur Lieben Frauen, Welche
der (ohne mich) Berühmte Herr Gottfried
Silbermann verfertiget, Und In der Königl.
Pohln. und Chur-Fürstl. Sächß. Residentz-
Stadt Dreßden rühmlichst hinterlassen,
unterthänig darreichen Desselben auf und
niedersteigender Johann George Reichelt[1],
Calcante.
Dreßden, mit der verw. Hof-Buchdr.
Stößelin Schrifften.

AEolus! du Gott der Winde!
Komm! ach komm doch fein geschwinde!
Steh mir bey mit deiner Krafft!
Gieb mir deine Eigenschafft!
Du siehst, daß ich Wind muß machen,
(Dieß sind ja nicht schlechte Sachen!)
Denn die Orgeln klingen nicht,
Wenn es da am Wind gebricht.
Fragst du: wer ich sey? Vagante![2]
Antwort: Ich bin ein Calcante;[3]
Ein Mensch, der nothwendig ist,
Wenn nun spielt der Organist.
Ey! wie muß ich mich nicht plagen!

Es ist würcklich kaum zu sagen;
Tret' ich einen Balcken fort,
So fehlt Wind am andern Ort.
Demnach muß ich immer traben,
Will ich anders Friede haben,
Daß der Organist nicht schilt,
Wenn das Werck nicht Wind anfüllt.
Meine Frau wird sich erbosen;
Wenn es gehet über Hosen;
Die Bewegung brauchet Krafft,
Und ist eine Leydenschafft.
Doch ich will darnach nichts fragen!
Leute müssen endlich sagen:
Daß ich keinen Wind gespahrt;
Läufft der Schweiß auch übern Barth;
So laß' ich mich willigst finden,
Wind zu blasen gantz von hinten,
Wo Calcanten hingestellt,
Wie die Mode in sich hält.
Aber, Künstler! dieser Sache,[4]
Zürne nicht! daß ich mich mache
So gemein bey diesem Fest,
(Weil es vor mich gar nicht läst,)
Mit so ausgeschweifften Räncken
Jetzt an vielen Wind zu dencken;
Doch! Du bist Calcanten gut,
Darum wächset mir der Muth.
Meine Bitte ist nur diese:
Wenn Dein Mund doch ietzt zubliese
Ein Wort, das mir nützlich sey,
Bey der schönen Gasterey:
Und wollst den Patronen sagen,
Daß Sie doch etwas beytragen
Zu den kleinen Windes-Sold.
Zum Beschluß: bleib mir nur hold.

1 Seine Lebensdaten sind unbekannt. 2 Von
lat. vagantes = die Umherschweifenden. 3 Von
lat. calcare »treten«, im übertragenen Sinne:
niedertreten, mit Füßen treten. 4 Damit ist
Gottfried Silbermann gemeint.

Nr.28 – Ponitz

Als der Wohl-Edle, Kunst-erfahrne und
Weit-berühmte HERR, Herr Gottfried
Silbermann ... Sein viertzigstes[1] Wohlgerathenes Meister-Stück Bey Übergabe der
schönen Neu-erbauten Ponitzer Orgel abgeleget, Wolte Demselben Die schuldige

und wohl-verdiente Hochachtung In nach-
stehenden Zeilen Glück-wünschend zu er-
kennen geben D. Johann Georg Brem[2],
Fürstl. Sächß. Hof-Advocat. Ordinarius in
Altenburg.
Zwickau, gedruckt bey Johann Friedrich
Höfern, den 18.November 1737.

WAnn es bey der vernünfftigen Welt un-
widersprechlich, daß grosse Künstler vor
ihre Geschicklichkeit öffentliche Lob-
Sprüche verdienen, so habe vollkommene
Ursache, den Welt-berühmten Herrn Silbermann, bey Übergabe seines nunmehrigen
viertzigsten Kunstreichen Meister-Stücks
in Erbauung einer sehr saubern und an-
muthig-klingenden Orgel zu Ponitz, damit
zu beehren. ... Wäre der Ehren-werthe
Herr Silbermann nicht schon so viele Jahre
allzu reichhaltig in Darlegung seiner Geschicklichkeit gewesen, so würde vielleicht
mir noch ein und anderer Ausdruck zu
Vermehrung seines Ruhms zum Hinter-
halt geblieben seyn, alleine so sind mir
darinnen freylich andere geschickte Federn
zuvor gekommen. Meine gröste Beruhi-
gung darüber ist diese, daß weilen solchemnach was Neues zu schreiben vor mich zu
späte, ich allen denen Clavier-Künstlern,
welche in Dreßden, Freyberg, Rochlitz,
Glaucha, Reichenbach und anderer Orten,
das Vergnügen haben, den Silbermannischen Ruhm wöchentlich durch Berührung
der Silbermannischen Arbeit auszubreiten,
die Wiederholung seiner musicalischen
Verdienste sicher überlassen kan ... Ob nun
gleich solchem nach die Ausfindigmachung
vom Ursprung und Perfectionirung derer
Orgeln in der grösten Ungewißheit be-
ruhet, so ist doch hergegen dieses ausser
allem Widerspruch, daß ein vernünfftig
angelegter Bau von einer recht wohl-
klingenden, bequem-eingerichteten, mit
Raison disponirten, und dauerhafft aufgesetzten Orgel eines von derer grösten
Künstler-Wercken sey, ja je subtiler die
Gelegenheit zu vervortheilen sich bey Erbauung kostbarer Orgeln an die Hand bietet, je preißwürdiger ist derjenige Künstler,

welcher nebst seiner ausnehmenden Wissenschafft im Bauen ein eben so starckes Gewissen besitzet, seinen Bau ohne unerlaubte Vortheile und scheltbare Hintergehung hinaus zu führen ... Es gehöret dahero zu dergleichen Männern gewiß ein vortreffliches Ingenium, Judicium, nebst vieler Zeit, Fleiß und Erfahrung ... Gewiß diese Wissenschafft hat einen so weiten Inbegriff von Musicalischen, Mathematischen, Architectischen und Mechanischen Geheimnissen, daß wenn einer nicht durch sonderbare vertrauliche Anleitung eines in der Sache selbst Meister-mäßigen Mannes zu deren Begriffen gelangen kan, selbiger wohl etliche Mannes-Alter zur gründlichen Einsicht dieser so noblen Kunst nöthig haben soll ... allein was würden die Verehrer aller dieser Künste zu der Schönheit derer Silbermannischen Gebäude sagen, in welchen alles lacht und lebt, und worinnen sich die menschlichen Stimmen[3] fast bis zum Ausdruck würcklicher Worte hören lassen ... Es mögen also Eugen. Casparini an seinem schönen Görlitzer, Sperling an seinen Hamburgischen, Goßlarischen, Quedlinburgischen, Rostockischen und Stralsundischen, Holbein an der Orgel im Münster zu Baseln, andere aber an andern Wercken alle Ehre und Ruhm eingeleget haben, so ist doch und bleibet gewiß, daß unser berühmter Silbermann ihnen in keinem Stücke nachgegeben, wohl aber in verschiedenen noch durch die Vielheit und Kunstbarkeit seiner Wercke den Vorzug abgewonnen ... unsers Kunst-reichen Herrn Silbermanns Anmuthsvolle Arbeit, hat sich weder bey Kennern noch der Music Unkundigen einige ungleiche Urtheile zu befahren. Seine Arbeit wird mit allgemeinem Beyfall begleitet, und ich wolte fast behaupten, daß sich solcher von dem Purpur der höchsten Personen, biß auf die Leinwand des geringsten Häußlers erstrecke. Wie viele Passagiers[4] höhern und geringern Standes haben nicht an allen Orten, wo dieser etwa in Aufsetzen seiner Wercke beschäfftiget gewesen, dessen Kunst und Anmuth einstimmig gerühmet, und wenn es

auf mein weniges Urtheil ankommen soll, so wüste ich einem so berühmten Künstler keinen andern Defect zu ziehen, als daß seine Person sterblicher als die Dauer seiner Wercke wäre. Ich wünsche demnach nichts mehr, als daß seine gantz besondere Kunst dereinst einen eben so würdigen Erben finden, und von diesem der Silbermannische Geist ferner auf würdige und habile Nachfolger fortgepflantzet werden möge, dem Ehren-vollen Herrn Silbermann aber selbst müsse noch ferner auf späte Zeiten, wie bisher, Glück, Wohlfahrt und Ehre, zur Seiten stehen!

1 Siehe Anm. 220. 2 Brem wurde 1689 in Altenburg geboren und starb dort 1746. Sein Vater hatte auch die Stelle des »Hof-Advocatus« bekleidet. *Quellen*: PfA. Altenburg: TaR. Nr. 29/1689 und ToR. Nr. 100/1746. 3 Damit sind die Register »vox humana« gemeint. 4 Darunter sind Reisende zu verstehen.

Nr. 29 – Ponitz

Als der Wohl-Edle, Kunst-erfahrne und Weit-berühmte HERR, Herr Gottfried Silbermann ... Bey Übergabe der saubern Neuen Orgel in Ponitz, Die 40. Probe seiner Kunst-vollen Wissenschafften dargeleget, Gratuliret Demselben Zu Bezeugung seiner sonderbaren Hochachtung Ein besonderer Und Ihm wohl-bekandter Liebhaber Künstlicher Orgel-Wercke[1].
Zwickau, gedruckt bey Johann Friedrich Höfern, den 18. November 1737.

VOllkommner Silbermann! Dich ehrt ein
   neu Gebäude,
Worinn Erfahrung, Kunst, Geist und
   Erfindung klingt,
Wohl Dir! daß es zum Trotz der Tadelsucht und Neide
Noch immer, wie vorlängst, verneutes
   Zeugniß bringt:
Daß Deine Kunst weiß Krafft und Leben,
Dem unbelebten Holtz, Zinn und Metall
   zu geben.
Ja wohl, hier lebt durch Dich dem
   höchsten GOTT zu Ehren,

Dem schönen Tempel-Bau zur ange-
    nehmen Pracht,
Und zur Ermunterung der Andacht, die
    dich hören,
Was Deine kluge Hand neu zum Beweiß
    gemacht:
Daß nur ein Silbermann zu finden,
Der Ordnung, Anmuth, Kunst, so schön
    weiß zu verbinden.
Durchwandern Reisende berühmte
    Bilder-Säle,
So merckt ihr Auge bald der Künstler
    Stärcke an,
Hergegen so verräth manch falscher Strich
    die Fehle,
Wormit sich der Verstoß vom Stümper
    vorgethan,
So läst sich auch beym Klang der
    Pfeiffen
Gar leicht ein Unterschied von Kunst
    und Schwäche greiffen.
Wär diß das erste Werck, womit Du uns
    ergötzet,
So wär es schon genung vor Dich zum
    Meister-Stück;
So aber, da Du nun schon Vierzig hast
    gesetzet,
Mit gantz besonderm Ruhm, auch Beyfall,
    Kunst und Glück,
So muß der Neid Dir selbst gestehen:
Daß keiner über Dich im Orgel-Bau wird
    gehen.
Hier heult kein wilder Wolff, hier
    kreischt kein rauh Gethöne,
Als ob sich eine Ganß zum Brüten
    angesetzt;
Die Stimmen sind egal, anmuthig, prächtig,
    schöne,
Das Auge wird bey Dir durch Symmetrie
    ergötzt;
Im Pfeiffen liegt ein Thon vergraben,
Der Deines Nahmens Klang wird völlig
    in sich haben.
Du hassest das Geschmier von Schmeer
    und andern Salben,
Womit offt Sudeley die Fehler
    überstreicht;
Du überkleckest nichts nach Art der
    Mauer-Schwalben,

Damit nur kein Defect in andrer Augen
    leucht;
Du gehst aufs Fundament im Bauen,
Drum ist bey Deiner Kunst auch nie ein
    Fehl zu schauen.
Dein Handgriff ist perfect den Wind wohl
    anzubringen,
Der, was die Seele sonst in einen Cörper,
    ist;
Derhalben muß Dir auch der Wercke
    Krafft gelingen,
Woraus der Harmonie ihr reines Wesen
    fließt.
Abstracten, Laden und Cancellen,
Die wissen Deiner Kunst satt Zeugniß
    auszustellen.
Wenn Du ein Werck gedingt, gehst Du
    nicht erst nach Stämmen,
Woran vor kurtzen noch des Waldes
    Hammer stack;
Dein Vorrath ist so reich, daß Deinen
    Fleiß nichts hemmen,
Noch Schwindung von dem Holtz die
    Sorg' erregen mag.
Kurtz: Alles, was Du brauchst zum Bauen,
Kan man auf zwantzig Jahr vorräthig
    bey Dir schauen.
... Die Arbeit lieferst Du in ächt
    gelaßnen Sorten,
Wie Zinn, Ertzt und Metall in dem
    Contracte stehn;
Durch Dich ist niemals noch der Trug
    verübet worden,
Daß man vor Zinn, schlecht Ertzt und
    schwindend Holtz gesehn.
Solt Silbermann wohl also handeln,
Gut Englisch Zinn in Bley, und Bley in
    Holtz zu wandeln?
Du rennst nach keinem Bau, Du baust nie
    eingedrungen,
Du gönnest jederman gern sein Verdienst
    und Brod;
Hergegen wenn Du auch ein Werck
    einmal gedungen,
So leidest Du auch nie an den Gehülffen
    Noth.[2]
Du weist, wie Künstler zu tractiren,
Derhalben läst Du sie auch niemals
    Mangel spüren.

Du ruinirest nie vor sich gangbare Wercke,
Um bey erfolgtem Bau Geld-giergen
      Schnitt zu thun;
Gewissen und die Kunst sind bey Dir
      gleicher Stärcke,
Dein Sinn kan guten Muths vor allen
      Vorwurff ruhn;
Daß Du, der Noth Dich zu entladen,
Zum Abbruch eines Wercks, das gangbar
      war, gerathen.
So muß denn freylich wohl, Du Mann
      von viel Meriten[3],
Bey allen Deinem Bau auch Glück und
      Seegen seyn;
O! könt Dein Lebens-Ziel ich nur von
      GOTT erbitten,
So schlöß ein Seculum[4] noch nicht die
      Jahre ein.
Wiewohl, Kunst-reicher Orgel-Bauer,
GOTT geb sie nur so lang, als Deiner
      Wercke Dauer!

1 Der Name des Autors ist leider unbekannt.
2 Das heißt: Silbermann bekam immer genügend Gehilfen.   3 Von lat. meritum = Verdienst (gutes Werk).   4 Jahrhundert

Nr. 30 – Ponitz

ORGANON HOC PRAESTANS STRV-
CIT SVPER AETHERA NOTVS SIL-
BERMANNVS, QUI VIX HABET
ARTE PAREM.

In Artificis egregii honorem bene meritum
scribebat.[1]
J. M. S.[2] Cygn. ad Div. Mar. Cant.[3]
d. 18. Nov. M. DCC. XXXVII. [1737]

1 Übersetzung ins Deutsche (von Werner
Kunath, Frauenstein): Die vor uns stehende
Orgel schuf der allberühmte Silbermann, der
kaum seinesgleichen hat. Zu Ehren der hohen
Kunstfertigkeit und Verdienste schrieb dies.
2 Das Monogramm bedeutet: Johann Martin
Steindorff (siehe Anm. 1443). Er widmete Silbermann noch weitere zwei kurze Druckschriften (oder Madrigale): Nr. 4 und 8.
3 Das heißt: Kantor an der Marienkirche zu
Zwickau.

Nr. 31 – Ponitz

Als Der Wohl-Edle und Weitberühmte
HERR Gottfried Silbermann ... in der
Kirche zu Ponitz, dem Hoch-Herrlichen
Hause Edlen von der Planitz gehörig, das
vortreffliche neue von Ihm verfertigte
Orgel-Werck, mit grössester APPRO-
BATION, den 18. Nov. Ao. 1737 über-
gab, wolten ihre sonderbahre Hochachtung
gegen diesen ihren grossen Freund und
Gönner an den Tag legen Innbenahmte.
ALTENBURG, Gedruckt in der F. S. Hof-
Buchdruckerey durch die Richterischen
Erben.

.. Hochwerter Silbermann, das waren die
      Gedancken,
Als ich in Ponitz hab' Dein Orgel-Werck
      gesehn.
Ich hielt, als unbekannt, mich dazumahl
      in Schrancken,
Und war gantz still damit. Doch liessest
      Du geschehn,
Daß ich gantz kürtzlich nur diß dorffte
      von Dir sagen:
Es treffe, was gedacht, an Dir vortrefflich
      ein.
Und nun ist mirs erlaubt, auch andere zu
      fragen,
Ob sie mit mir hierinn nicht einer
      Meynung seyn?
Und ja, ich darff hierzu nicht erst die
      Leute bitten,
Weil ieder, der Dich kennt, es unge-
      zwungen thut.
Und saget: Wenn um Dich auch Virtuose
      stritten,
So würden sie zuletzt erst seh'n, was auf
      Dir ruh't.
Es ruht auf Dir ein Geist mit sonder-
      bahren Gaben,
Wie auf Bezaleel[1] und Ahaliab[2] war,
Drum muß dein Hände-Werck auch
      nettes Ansehn haben,
Und die Erfindungen sind ungemein und
      rahr.
Du darffst nicht, wie man spricht, mit
      fremden Kalbe pflügen,

Denn Deine Wissenschafft thuts andern
    weit zuvor.
Und wieviel bleibet noch in Dir verborgen
    liegen?
Indeß hebt Dich bereits, was Du gethan,
    empor.
Nur Dreßden mag hiervon, ingleichen
    Freyberg zeugen,
Was da Dein Orgel-Bau vor schönes
    Wesen hat,
Und Ponitz darff hiervon hinführo auch
    nicht schweigen,
Geehrtster Silbermann, Dein Ruhm find
    hier auch statt.
Das Werck ist nun vollbracht...
Du aber gehest nun, mein grosser Freund,
    von hinnen,
Ey nimm doch noch zuletzt den
    Abschieds-Wunsch von mir...
Es fordert Deine Kunst von dir ein
    öffters Reisen,
Darum bestätige mein GOtt an Dir sein
    Wort ...
DER HERR BEHÜTE DICH, wenn
    Du nach Hause gehest,
Und schütze gnädig Dich FÜR ALLEN
    Ungemach,
Damit Du Freuden-voll Dein Freyberg
    wieder sehest...
So endecket hertzlich wünschend sein
    Gemüth
J. G. Leopold[3], Past. P. M.

... Hochwerther Silbermann, Dein unver-
    gleichlich Wissen,
So GOttes weise Hand in Dich geleget
    hat,
Giebt sattsam an den Tag, daß man
    daraus soll schliessen:
Es finde bey MUSIC die Ruh der Seelen
    statt.
Was schafft Dein Orgel-Bau? Und andre
    saubre Wercke?
Was Deine Nettigkeit? Dein schönes
    Fort-Pian?[4]...
Dieses wollte in aller Ergebenheit
beyfügen
Christ. Gotthülff Sensenschmidt,
Cant. Meer.[5]

1 Biblische Gestalt (vgl. 2. Mose 31, 2–5).
2 Gehilfe von Bezaleel (vgl. 2. Mose 31, 6).
3 Johann Gerhard Leopold wurde am 26. März
1684 in Stollberg (Harz) als Sohn eines Stadtsyndikus bzw. Stadtschreibers geboren, war (ab
(1709) über dreiundzwanzig Jahre Archidia-
conus in Penig und ab 1733 »Pastor prim.«
(erster Pfarrer) in Meerane, wo er am 8. April
1743 starb. *Quelle:* PfA. Meerane: ToR.
Nr. 16/1743 (mit ausführlichem Lebenslauf).
4 Damit ist das von Silbermann verbesserte
Hammerklavier gemeint.   5 Christ[ian] Gotthülff Sensenschmidt wurde am 11. November
1714 in Meerane als Sohn des Kantors Benjamin S. geboren, war »in die 44 Jahr« (etwa ab
1734) als Kantor in seiner Geburtsstadt tätig
und starb hier am 20. September 1778 »nach
einer langwierigen schmerzhaften Krankheit«.
Quellen: PfA. Meerane: TaR. Nr. 28/1714
und ToR. Nr. 43/1778.

Nr. 32 – Ponitz

Bey der Am 18. Novembr. 1737 Orgel-
Übernahme, Welche von dem Kunst-
erfahrnen und Welt-berühmten HERRN
Herrn Gottfried Silbermann ... zu Ponitz
erbauet, Wolte seine Hochachtung gegen
diesen grossen Künstler, In einem Gespräch-Gedicht, bezeigen, Desselben aufrichtiger Freund und Diener, Johann Ludwig Krebs[1], Organ. ad Div. Mar. Cygn.[2]
Zwickau, gedruckt bey Johann Friedrich
Höfern.

... Bewölcktes Alterthum! dein Glantz
    muß fast verbleichen,
Und vor der Nachwelt weit an Ruhm
    und Ehre weichen.
Was hegt sie nicht an Kunst und an
    Geschicklichkeit
An Ihrem Silbermann, der übertrifft
    noch weit
Der vorgen Künstler Händ, die nur die
    Augen weiden,
Doch aber das Gemüth, nicht so wie Er,
    erfreuten.
Es ist ein Orgel-Werck so künstlich auf-
    gebaut,
So, daß es mir fast selbst hier zu erzehlen
    graut.

Denn so ich dessen mich gleich wolte
  unterfangen,
So zweifle, daß ich nicht möcht zu dem
  Zweck gelangen.
Nachdem ich hin und her in Sachsen
  gangen war,
Nahm ich in Ponitz diß mit eignen
  Augen wahr.
Hier muß Verstand und Witz nicht seyn
  gesparet blieben,
Ja hier da kan man sehn, wie hoch man
  es getrieben …
Vollkommner Silbermann! den alle Welt
  verwundert,
Weil Du durch deine Kunst dieselbe hast
  ermuntert,
Fahr fort in Deinem Thun, Dein Nahme
  wird stets seyn
In meinem hohlen Ertz, biß daß dein
  Ruhm und Schein
In aller Welt erthönt. GOtt woll dich
  ferner schützen,
Daß du dem Vaterland noch lange Zeit
  kanst nützen …

1 Siehe Anm. 2455 2 Organist an der Marienkirche zu Zwickau

Nr. 33 – Ponitz

Bey der Am 18.November 1737 geschehenen Übergabe und Einweyhung Der
von TIT. Herrn Gottfried Silbermann …
In diesem Jahre zu Ponitz Neu-erbauten
schönen Orgel, Wolte Selbigem Zu dem
dabey erworbenen unvergeßlichen Ruhm
gratuliren, Und seine Ergebenheit gegen
diesen habilen Und berühmten Künstler In
nachfolgenden schlechten Zeilen bezeigen,
F. E. L.[1]
Zwickau, gedruckt bey Johann Friedrich
Höfern.

DEr Künste Wissenschafft lernt alle Tage
  steigen,
So lange Menschen-Witz und Fleiß die
  Hände regt,
Ein jeder mühet sich was Neues uns zu
  zeigen,

Wozu sein kluger Sinn den ersten Grund
  gelegt.
Besonders siehet man ein emsiges
  Bemühen,
Wie der und jener sucht zu einem Orgel-
  Werck,
Ein neu und künstlich Stück ans Tage-
  Licht zu ziehen,
Das zwar das Auge seh, noch mehr das
  Ohr vermerck …
Was die, und andre mehr, gesuchet zu
  ergründen,
Wie sehr sie sich bemüht, was sie gebaut,
  gethan,
Das kan man sämtlichen anjetzt in Einem
  finden,
Fragt man, wer ists? genug: Der Künstler,
  Silbermann.
Wer ist? dem nicht bekandt, wer hätte
  nicht vernommen?
Wie hie, und da, und dort, von der
  geschickten Hand,
Manch unvergleichlich Werck zu gutem
  Stande kommen,
Darüber sich erfreut so manche Stadt und
  Land.
Ja Dessen Ruhm bereits biß Norden ist
  erschollen,[2]
Da man Denselben gar dahin verlanget hat,
Doch nein! wir müssen Ihm noch
  mehrers Rühmen zollen,
Wir sind und bleiben auch, und werden
  Sein nicht satt.
Geprießner Silbermann! Der nie genug
  zu ehren,
Du hast uns abermal ein neues Werck
  erbaut,
Es muß Dein Lob und Ruhm sich auch
  noch täglich mehren,
Weil sich kein Auge nie noch gnug
  daran geschaut.
… So öffters als man nun diß Werck wird
  hören klingen,
Zu GOttes Lob und Ehr, zu GOttes
  Preiß und Ruhm,
So öffters als man wird mit Andacht
  Lieder bringen,
Und heilig, heilig singt, in seinem
  Heiligthum.

So offt, mein Silbermann, wird auch Dein
  Ruhm erhaben,
Den dieses schöne Werck aufs neue Dir
  gebracht,
Freund, Feind, ja alle Welt, die wird
  Dich müssen loben,
Wenn sie Dein Werck besieht, behöret
  und betracht.
So zeig uns fernerhin noch Deine
  Wissenschafften,
Geprießner Silbermann, beweise Deine
  Kunst,
Dein Nahme wird uns stets in dem
  Gedächtniß hafften,
Dich preiset unser Mund, Dich krönt
  des Himmels Gunst.

1 Das Monogramm konnte bisher nicht aufgelöst werden, so daß der Autor unbekannt
bleibt. 2 Damit war wohl der Ruf nach
Kopenhagen gemeint.

Nr. 34 – Ponitz

Kunstreicher Silbermann! Dein netter
Orgel-Bau hat sich nun viertzigmahl[1] in
Wercken ausgewiesen, da den Beweiß
hiervon ich ietzt nun gründlich schau; So
wird Dein grosser Geist in diesem Blatt
gepriesen. Durch einen ergebensten Bewunderer der Silbermannischen Kunstreichen Erfindung, Johann Heinrich Kalb[2],
Lud[imoderator] & Organist in Ponitz.
Den 18ten Novembr. 1737.
Altenburg, Gedruckt in der Fürstl. Sächs.
Hof-Buchdruckerey durch die Richterischen Erben.

Von eines Künstlers Geist, Erfindung,
  Fleiß und Hand
Macht sich hier abermahls ein Meister-
  Stück bekannt;
Man brauchet solchen nicht mit Nahmen
  zu benennen,
Der Edle Silbermann läst sich durchs
  Werck erkennen.
Der Bau ist ordentlich, vernünfftig,
  nicht gemein,
Der Klang scharff, lieblich, süß, durch-
  dringend, prächtig, rein,
Die Stimmen ausgesucht, bequem das
  Wind-Verführen[3],
Die Arbeit dauerhafft, anmuthig das
  Poliren[4].
Hier hat kein Stümpler-Griff die Pfeiffen
  zugekleckt,
Kein Sudler sein Verseh'n im Schnitz-
  Werck wo versteckt,
Kein Stein- noch Bley-Gewicht braucht
  hier herbey zu eilen,
Um einen matten Balg an Lungensucht
  zu heilen;
Hier darff kein Pfriemen-Stich den falschen
  Thon erhöh'n,[5]
Hier läst kein Pfeiffen-Klang durch
  Druck und Beugung schön,
Kein aufgeritztes Holtz verwahrt sich
  durchs verstopffen,
Wachs, Werck[6] und Splittergen braucht
  man hier nicht zu pfropffen.
Kurtz alles ist allhier nett, künstlich,
  schön im Spiel,
Pedal wohl angelegt, wohl gangbar das
  Ventil,
Bey leicht ansprechenden sanfft sinckenden
  Claviren
Wird keines Spielers Hand Krampf,
  Schwulst noch Blasen spühren.
Wiewohl was preiß ich viel des Werckes
  Anmuth an?   [mann
Der Weltgepriesene Kunstreiche Silber-
Weiß mehr zu seinem Ruhm im Klange
  beyzutragen,
Als ich vermögend bin in langer Schrifft
  zu sagen.
Ich blick vielmahls entzückt der Orgel
  Kunst-Bau an,
Doch wird durch meinen Ruhm ihm
  niemahls satt gethan,
Ein solcher Virtuos wird nie durch
  Menschen Zungen,
Nein, bloß nur durchs Metall von seiner
  Hand, besungen.
Zwar lässet sich die Kunst, ein Orgel-
  Werck zu baun,
Schon in dem Tage-Buch begrauter Zeiten
  schaun,
Doch was nur damahls kont in niedrer
  Schwäche kriechen,

Ist biß ans Gipffels Pracht in Silbermann
  gestiegen.
Ihr Kenner nehmt nur wahr, wie thönt
  sein Principal?
Welch Nachdruck voller Krafft erhebt
  sich überall?
Wie männlich und gesetzt sind allerwärts
  die Spuhren
Von unsers Silbermanns pathetischen
  Mensuren?
Wie füllet sein Bordun dis schön gewölbte
  Hauß
Mit frischen Gegenhall in allen Winckeln
  aus?
Wie weiß sein Gamben-Werck nebst
  Quintathenen-Zügen
Des Hörers Hertz und Ohr Lust-reitzend
  zu vergnügen?
Der Nahme Menschen-Stimm[7] behauptet
  hier die That,
Die so viel eigenes von einen Menschen hat;
Die hohen Pfeiffen gehn auf Sopranisten-
  Weise,
Die Pfeiffen in dem Bass sind Stimmen
  alter Greisse.
Der Flöten Schmeichel-Thon und
  Honig-süsser Hall
Enthält viel ähnliches von einer
  Nachtigall;
Und der so so muntre Klang starck
  hebender Octaven
Kan Neid und Tadelsucht mit Scham-
  Erröthung strafen.
Der Quinten, Tertien, Cornett, Mixtur,
  Nassat
Stehn alle aufgesetzt an ächter Zeugen-
  Statt:
Daß nichts erdichtetes vons Künstlers
  Ruhm zu lesen,
Und daß ein Silbermann ihr Ursprung sey
  gewesen.
Die Soufflets legen hier voll Lieblichkeit
  an Tag:
Was unsers Silbermanns Erfindungs-Geist
  vermag;
Die Cymbeln klingen zwar dem grossen
  GOTT zu Ehren,
Doch wird ihr Künstler auch nichts dran
  zur Schande hören.

Das Gemshorn nimmt sich aus nach
  Silbermannischer Art,
Das ist, wie all sein Werck, rein, lieblich,
  nett und zart,
Der Bass zum Principal, Octaven und
  Posaunen
Setzt einen, der sie hört, in freudiges
  Erstaunen.
Nun kommt ihr Tadler her! komm
  neidischer Zoilus![8]
Seht ob euch nicht der Muth zum Tadeln
  sincken muß,
Wenn euch zu eurer Schmach hier mehr
  als tausend Pfeiffen
Ins geifernde Gebiß, wie tollen
  Hengsten, greiffen.
Kommt, wenn ihr euchs getraut, zeigt
  welche Mängel an!
Und ob hier dem Contract sein Recht
  nicht satt gethan?
Ob unser Künstler wo dem Fleiß was
  abgebrochen?
Und ob Er nicht weit mehr gehalten, als
  versprochen?
Ihr kommt, ich sehs im Geist, doch
  leider! gantz beschämt,
Der Mund der Lästerung befindet sich
  gelähmt;
In unsers Silbermanns kunstreich-erbauten
  Sachen,
Steckt die geheime Krafft: Die Tadler
  stumm zu machen.
Wohlan Berühmter Mann! so weit hast
  Dus gebracht,
Daß Dich nun viertzigmahl Dein Fleiß
  berühmt gemacht,
Daß Deiner Bau-Kunst Ruhm weit
  Abend-werts geflogen,
Und nun sich auch nach Süd, und Ost und
  Nord gezogen.[9]
Ich wünsch Dir solchemnach beym neuen
  Meister-Stück,
Viel tausend Wohlergehen, lang Leben,
  Ehr und Glück!
Diß ist mein eintzger Trost bey Deinen
  Abschieds-Schmertzen:
Du gehst nach Freyberg ab, und bleibst
  mir doch im Hertzen.

1 Siehe hierzu Anm. 220. 2 Kalb wurde um 1686 (angeblich in Hohenkirchen) geboren. Leider fehlt im dortigen Pfarrarchiv das entsprechende Taufregister. Johann Heinrich Kalb war über achtundvierzig Jahre (etwa ab 1708) in Ponitz als Schulmeister und Organist tätig und starb hier, über siebzig Jahre alt, im Jahre 1756 (Bestattungstag: 27. September). *Quellen:* PfA. Ponitz: TrR. Nr. 3/1709 und ToR. Nr. 13/1756. 3 Darunter ist die Zuleitung des (von den Blasebälgen erzeugten) Windes zu den Pfeifen zu verstehen. 4 Des schöneren Ansehens willen wurden die im Orgelprospekt stehenden Pfeifen poliert. 5 Der Autor spielte damit wohl auf die von manchen Orgelbauern angebrachten sogenannten »Kernstiche« an (vgl. hierzu: Adelung, S. 48 und 71). 6 Hier ist Werg (Flachs- und Hanfabfälle) gemeint. 7 Damit ist das Register »Vox humana« gemeint. 8 Zoilus war ein griechischer Rethor, der die Gedichte Homers auf kleinliche Weise tadelte. 9 Der Autor spielte hier wohl auf die Tatsache an, daß Gottfried Silbermann nach Prag, Petersburg und Kopenhagen kommen sollte.

Nr. 35 – *Frauenstein*

Aufrichtige Gedancken, Welche Dem WohlEdlen und Kunst-erfahrnen HERRN, Herrn Gottfried Silbermannen … Bey der Uebergabe der Frauensteinischen Orgel, Welche am Tage Mariä Heimsuchung den 2ten Julii 1738 geschahe, In nachfolgenden Zeilen entdeckte, Ein Demselben nICht unbEkannter[1] ergebener Freund und Diener.

Beliebter Silbermann! nunmehro lenck
    ich ein,
Von nun an mag Dein Ruhm ein Werck
    vor andre seyn!
Es singe, wer da will, zu Deinen Ehren
    Lieder!
Ich stimme wenigstens die Sayten niemahls
    wieder.
Befremdet Dich mein Schluß, Du weit-
    berühmter Freund:
Ach zürne nicht mit mir! Es ist recht gut
    gemeynt.
Ich schone Deines Ruhms, weil Deine
    seltnen Gaben

Nicht andere, nicht mich, zum Herold
    nöthig haben…
Und das beweget mich zu diesem festen
    Schluß:
Es lobe, wer da will, es lobe, wer da muß!
Ich will der Freunde Hertz und seltne
    Gaben ehren:
Doch keiner soll von mir ein Lob-Lied
    jemahls hören.
Auch Du, beliebter Freund, auch Du
    hörst keines von mir,
Denn, o! was sag ich wohl der klugen
    Welt von Dir
Vor Neuigkeiten vor, wenn ich mit
    froher Seele
Der Proben Deiner Kunst auf Ein und
    Viertzig zehle?[2]
Was sag ich, als was schon Europa
    längstens weiß,
Wenn ich die seltne Kunst, und Deinen
    edlen Fleiß,
Und Deine Redlichkeit, und hundert
    andre Dinge,
Die sehr zu rühmen sind, in Vers und
    Reime zwinge?
… Drum schweig ich, werther Freund,
    drum schweig ich ietzo gantz,
Mein Lied besinget nicht den frischen
    Ehren-Krantz,
Den ietzt Dein Frauenstein, wo Du die
    Welt erblicket,
Aus reger Danckbarkeit um Deine
    Schläffe drücket.
Es rühme, wer da will, des Werckes
    Nettigkeit,
Das Deine Hand gebaut, und das in
    später Zeit
Noch Dessen Ruhm erhöht, der selbiges
    gesetzet!
Es sage Frauenstein, wie glücklich es sich
    schätzet,
Daß Deine Redlichkeit nicht nur gar
    nichts vergißt,
Nein! sondern über diß so groß und gütig
    ist,
Daß Du noch vielmehr thust, als Du
    vorher versprochen!
Daß Deine Liebe sey besonders aus-
    gebrochen,

Da Du, nachdem bereits, fast nebst der
    gantzen Stadt,
Dein erstes Werck allhier ein Brand
    vernichtet hat,[3]
Bereit und willig bist, ein anderes zu bauen!
... Drum schweigt mein Lied allhier. Was
    hast Du es vonnöthen?
Willst Du erhaben seyn, laß Deine
    Wercke reden!

1 Das in den Worten »nICht unbEkannter«
verborgene Monogramm »ICE« deutet mit
Sicherheit auf Johann Christoph Erselius als
Autor der Schrift, zumal er die Frauensteiner
Orgel übernommen und geprüft hat. Erselius
wirkte in Freiberg als Domorganist (vgl.
Anm. 1735). 2 Siehe hierzu Anm. 220.
3 Die erste Orgel ist 1711 vollendet worden
und verbrannte am 12. März 1728 bei der
großen Feuersbrunst.

Nr. 36 – *Frauenstein*

Als Der Wohl-Edle, Kunsterfahrne und
Weitberühmte Herr, HERR Gottfried
Silbermann ... ein wohlgerathenes Meister-
stück seiner Kunst berühmten Wissenschafften Bey Übergabe Einer Neuen Orgel
in seiner Geburths-Stadt Fraunstein d.
2. Jul. Fest. Visitat. Mariae abgelegt,
Wolte Demselben ihre schuldige Verbun-
denheit zu erkennen geben, Die sämtliche
Kirchfahrt zu Fraunstein.[1]
Freyberg, gedruckt bey Christoph Matthäi.

... Berühmter Silbermann, nimm die
    Erklärung auf,
Die Fraunstein heute thut, es sey fast
    stoltz darauf,
Daß es Dich einst gezeugt, und da die
    seltne Ehre
Von Deinem Auferziehn, von Deiner
    ersten Zeit,
Die Du noch jung gelebt, vor seinen
    Preiß gehöre...
Die Vorsicht[2], die uns einst, wir dencken
    noch daran,
Durch einen starcken Brand empfindlich
    weh gethan,[3]
Der Stadt und Häuser fraß, und selbst den
    Bau verschlungen,

Den Andacht und Gebeth vor ihren
    Dienst geweyht,[4]
Die hat uns wiederum die frohe Zeit
    bedungen,
Da sich des Bürgers Lust ergäntzter
    Wohnung freut,[5]
Und da des Tempels Zier, der Andacht
    zum Vergnügen
Aus Fall und Asch und Schutt beglückt
    empor gestiegen.
Nur fehlte diesem noch zu seiner ersten
    Zier,
Daß, Werther Silbermann, ein Orgel-
    Werck von Dir,
Ihm den verlohrnen Glantz zu Deinem
    Ruhm ertheilte,
Du kamst und sahst den Riß, der
    unergäntzet blieb,
Biß endlich Deine Hand ihn durch ein
    Mitleid heilte,   [trieb,
Zudem die Liebe Dich des Vaterlandes
Die Liebe, die hiebey die Kosten so
    gemindert,
Daß sie der Kirchfarths Last durch
    eignen Zuschuß lindert.[6]
Du weist noch, wie sich einst Dein
    Vaterland ergötzt,
Als Du Dein erstes Werck in Fraunstein
    aufgesetzt,[7]
Nachdem Dein Schicksal Dich aus
    Straßburg rückwärts schickte,[8]
Doch, da Dein erster Bau in jener Gluth
    verdarb,
Die die bewiesne Kunst fast jämmerlich
    erstickte,
Wodurch sich dazumahl Dein Fleiß
    schon Ruhm erwarb,
So hat Dein andres Werck, das noch
    vielmehr gelungen,[9]
Der gantzen Kirchfarths Hertz mit
    gleicher Lust bezwungen.
Hier steht nunmehr der Bau, der Dich
    durch seine Pracht,
Nun ein und viertzig mahl[10] zum grösten
    Künstler macht,
Durch welchen Du zugleich ein
    Denckmahl später Zeiten
Von Deiner Mildigkeit bey uns gegründet
    hast...

Die Schickung schreibe selbst den Theuren
   Silbermann
Die Wohlthat Seiner Hand zu reichem
   Wucher an,
Sie seegne Sein Bemühn, sie fördre Sein
   Geschäffte,
Sie treibe Seinen Ruhm biß auf die
   spätste Zeit...

1 Der Autor der Schrift war mit größter Wahrscheinlichkeit Johann Ehrenfried Mäcke, denn
laut Orgelbaurechnung ist ein Taler »Discretion
für 1 Bogen Verse der Kirchfarth zu machen«
ausgegeben worden. Da kein Empfänger angegeben wurde, ist anzunehmen, daß der
Rechnungsführer (Johann Ehrenfried Mäcke)
diese Vergütung bekommen hat, weil er die
Schrift verfaßte. Mäcke wurde am 22. August
1678 in Frauenstein als Sohn des Stadtrichters
Johann Mäcke geboren. Er besuchte zunächst
die Dresdner Annenschule und dann ab 1698
das Zittauer Gymnasium, wo er u.a. »in der
teutschen Poesie vieles profitirte«. Außerdem
studierte er in Leipzig noch Rechtswissenschaft
und wirkte dann in Frauenstein als Amtssteuereinnehmer und starb am 28. April 1747 (vgl.
Anm. 1743). *Quellen:* Bahn, S. 93; PfA.
Frauenstein: TaR. Nr. 28/1678, TrR. Nr. 21/
1719 und ToR. Nr. 15/1747. 2 Damit ist die
sogenannte »Vorsehung« gemeint. 3 Der Autor meinte damit den großen Stadtbrand von
1728. 4 Mit dem »Bau« ist die Stadtkirche
gemeint, die bei der Feuersbrunst eingeäschert
wurde. 5 Das heißt, daß die Bürgerhäuser
wieder aufgebaut waren. 6 Mit diesen Worten spielte der Autor auf die Tatsache an,
daß Gottfried Silbermann für die Orgel nur
500 Taler verlangt hat, während er für ein
gleiches Werk sonst 800 Taler forderte.
7 Gottfried Silbermanns erste Frauensteiner
Orgel war 1711 geweiht worden. 8 Silbermann hatte in Straßburg (bei seinem Bruder Andreas) die Orgelbaukunst erlernt und
war im Frühjahr 1710 dann in seine Heimat
zurückgekehrt. 9 Die erste Orgel war nur
einmanualig und besaß fünfzehn Register. Das
zweite Werk hatte dagegen zwei Manuale und
zwanzig Register. 10 Siehe hierzu Anm. 220.

Nr. 37 – Frauenstein

Als Am Feste der Heimsuchung Mariae
Den 2. Julii 1738 TIT. TOT. Herr Gott-

fried Silbermann ... Bey Übergabe der
saubern Neuen Orgel in Frauenstein, Die
41. Probe[1] seiner Kunst-vollen Wissenschafften dargeleget, Wolte seine schuldige
GRATVLATION dabey gebührend abstatten Johann George Glöckner[2], Organist zu St. Petri in Freyberg.
Freyberg, druckts Christoph Matthäi.

GEh Tod! wie hast du mich erschreckt?
Jedoch, du hast dein Würge-Messer,
Nunmehro wieder eingesteckt,
Du siehst nun selbst, es sey viel besser,
Wenn der berühmte Silbermann,
Noch manche Orgel bauen kan.
Es sinckt, es ruht die muntre Hand,
Eh wir auf wohl erfundnen Chören,[3]
Des neuen Wercks vollkommnen Stand,
Von unsern grossen Künstler hören,
Er soll dem Tode nahe seyn:
Das war die Post von Frauenstein.[4]
Ich ward bestürtzt, mein Orgel-Spiel,
Schien mir betrübt und matt zu
   schwirren,
Wenn ich in Dissonantzen fiel,
Die Menschen-Stimme solte girren;
Wie lieblich aber war der Klang,
Da meine Orgel dieses sang:
Manual Und Pedal! Stimmen zusammen
   mit lieblichem Klange,
Höret an! Silbermann Lebet und blühet
   auf Erden noch lange.
Durch diesen Thon ward ich vergnügt,
Ich zoge die Register munter,
Die Post, daß Du den Tod besiegt,[5]
Gab meiner Freude neuen Zunder,
Ich koppelte mir das Clavier,
Und suchte alle Kunst herfür...
So rühmet auch Dein Frauenstein,
Die Vater-Stadt, wo Du gebohren,
Im Feuer schoß ihr Tempel ein,
Da gieng das Orgel-Spiel verlohren,[6]
Jedoch, was ehedem verbrannt,
Steht schöner da, durch Deine Hand.
Wer wird nicht durch den Bau vergnügt?
Der Pfeiffen reitzendes Gethöne,
Da grosse Kunst verborgen liegt,
Klingt lieblich, scharf, klingt rein und
   schöne,

Wer dieses Werck zu prüfen weiß,[7]
Erstaunet über Kunst und Fleiß...
Komm her, hier stehet Silbermann,
Komm laß dich diesen Meister lehren,
Was Menschen Witz erfinden kan,
Und wilst du Ihn gebührend ehren,
So ruf, wie hier ein Organist:
Vivat! was Silbermannisch ist
Wenn sich, Bezaleel! Dein Geist,
Wie jener Gottes-Mann im Wetter,[8]
Dereinst der Sterblichkeit entreist:
So ruh er nur auf Deinem Vetter[9],
Damit, wenn Dich GOtt zu sich führt,
Die Welt nicht Deine Kunst verliehrt.

1 Siehe hierzu Anm. 220.   2 Siehe Anm. 1732.
3 Damit ist die Empore gemeint, auf welcher
die Orgel errichtet wurde.   4 Diese Zeilen
sind die einzige Quelle, wonach Silbermann
während des Baues der Orgel schwer erkrankt
sein muß. Näheres ist leider nicht nachweisbar.
5 Wie lange Gottfried Silbermann krank war
bzw. wann die Genesung eintrat, wissen wir
nicht.   6 Damit ist der große Stadtbrand vom
12. März 1728 gemeint, bei welchem die Stadtkirche nebst der (1711 geweihten) Orgel Silbermanns zerstört wurden.   7 Die Orgel ist
von einem Kollegen des Autors, dem Freiberger
Domorganisten Erselius, geprüft worden. Es ist
anzunehmen, daß Glöckner auch selbst das
Werk kennengelernt hat.   8 Gottfried Silbermann ist oft mit dem biblischen Bezaleel verglichen worden.   9 Damit war Johann George
Silbermann gemeint, der bei Gottfried Silbermann gelernt und dann als Geselle gearbeitet
hat. Er starb bereits 1749, vier Jahre vor Gottfried, und konnte dessen Werk nicht fortsetzen.

Nr. 38 – Frauenstein

Als Der Wohl-Edle, Kunsterfahrne, und
Weitberühmte Herr, Herr Gottfried Silbermann ... zum andernmahl[1] ein neu und
vortreffliches Orgel-Werck in Frauenstein
seiner Geburths-Stadt[2] mit grössesten Ruhm
d. 2. Julii 1738 übergab, Wolte seine
schuldige Hochachtung gegen diesen grossen Freund und Gönner an den Tag legen
Johann Schubarth[3], Cant[or].
Freyberg, gedruckt bey Christoph Matthäi.

...Da nun Dein grosser Ruhm so weit
    erschollen ist,
Daß gantz Europa fast um Dich mit
    Recht certiret;
Man weiß schon aus dem Werck, daß Du
    ein Künstler bist:
Drum ists nicht Noth, daß man Dein Lob
    mit Lob auszieret.
Wenn ich auch nichts gedenck von
    Deiner Ehr und Ruhm;
So schwiegen dennoch nicht die Menge
    derer Schrifften,[4]   [thum,
Die dahin sind gericht, und ist ihr Eigen-
Daß sie nur Deiner Kunst ein Ehren-
    Denckmahl stifften...
...Frauenstein kan sich recht glücklich
    preisen;
Weil dieser Ort zuerst den Künstler
    machte kund,
Und darff auch öffentlich sich seine
    Mutter heissen.
Da nun vor allen sie so glücklich ist
    gemacht,
Daß Er durch GOttes Güt hat hier das
    Licht erblicket:
So wird auch solche nun von Ihm so
    werth geacht,
Daß Er mit Wohlthat sie hat wiederum
    erquicket.
Als Er von Straßburg sich nach
    Sachsenland begab;[5]
So hat sie gleich von Ihm das erste Werck
    genossen[6]:
Und da die Feuers-Gluth es senckte in
    das Grab;
Ist auch das andere gar mild von Ihm
    entsprossen.[7]
So hefftig liebt Er noch Sein liebes
    Frauenstein,
Er hats auch in der That sehr reichlich
    ihr erzeiget;
...Der hohe Seegens-GOtt, der Dich von
    Jugend auf
Hat wunderlich geführt, woll Dich noch
    ferner leiten:
Er stärcke künfftig noch den schwachen
    Lebens-Lauff:
Die Seegens-Hand steh Dir in Kranckheit
    stets zur Seiten.[8]
Er seegne Seel und Leib, daß Du je mehr
    und mehr

Kanst starck und kräfftig seyn in Deinem
Stuffen-Jahren.
Er seegne Deinen Ruhm, er schütze
Deine Ehr,
Er lasse niemahls Dir was wiedriges
erfahren.
So lang der Seegens-GOtt Dir gönnt die
Lebens-Zeit:
So lange seegn' er auch die Wercke
Deiner Hände;
Er mache Dich auch stets nach Deinem
Wunsch bereit,
Den ich gar offt gehört: Gieb HErr ein
seeligs Ende!

1 Silbermann hatte bereits 1710/11 für Frauenstein eine Orgel gebaut, die aber 1728 einem
Brand zum Opfer gefallen war. 2 Bemerkenswerterweise bezeichnete man Frauenstein als
Geburtstadt Silbermanns, obwohl er in dem
(nach Frauenstein gepfarrten) Dorf Kleinbobritzsch geboren wurde. 3 Siehe Anm. 2168.
Da Schubarth 1717 als Kantor nach Frauenstein berufen worden war, hatte er Silbermanns
erste Orgel noch kennengelernt. 4 Damit
sind wohl die Silbermann gewidmeten Orgelcarmina gemeint. 5 Silbermann hatte etwa
von 1702 an in Straßburg (bei seinem Bruder
Andreas) die Orgelbaukunst erlernt und war im
Frühjahr 1710 in seine erzgebirgische Heimat
zurückgekehrt. 6 Die Orgel war im Juli 1711
geweiht worden. 7 Für die erste Orgel hatte
Silbermann keinen Lohn beansprucht. Das
zweite Werk baute er für 500 Taler. Sonst verlangte er für ein gleiches 800 Taler. 8 Diese
Zeilen sind wohl eine Anspielung auf die Tatsache, daß Silbermann während des Orgelbaues
schwer erkrankt war (vgl. Nr. 37).

Nr. 39 – Frauenstein

HErr Silbermann ist werth, von wegen
seiner Gaben,
Die Er im Orgel-Bau besitzt, damit Er
kann
Freyberg und Frauenstein, und noch mehr
Oerther a) laben,
Daß man in Gold Ihn faß, den weitberühmten Mann. b)
a) Diese kan ich nicht alle nahmhafft
machen, weil sie mir nicht alle bekannt
sind, und es auch vielleicht zu weit-

läufftig, und also unangenehm fallen
dürffte.[1] So viel aber kan ich sagen, und
ist gewiß, daß die Frauensteinische die
41ste Orgel sey,[2] die Tit. Plen. Herr
Gottfried Silbermann, Königl. Pohln.
und Churfürstl. Sächß. Hof- und Land-
Orgel-Bauer verfertiget.
b) Allerdings ist sein Ruhm sehr weit erschollen. Denn so ist bekannt, und auch
gewiß, daß Ihro Rußische Kayserl.
Majest. nach Petersburg, und Ihro
Königl. Majest. in Dännemarck nach
Coppenhagen denselben verlanget, um
Orgeln daselbst zu bauen: Welches Er
aber der vielen Verrichtungen in hiesigen Landen, der weiten beschwerlichen
Reisen, und seines angehenden Alters
wegen, in aller Unterthänigkeit depreciren müssen.

Dieses waren bey Einweyhung der Orgel zu
Frauenstein, war der 2. Juli 1738, die zwar
einfältigen, doch hoffentlich unverwerf-
lichen Gedancken, Immanuel Centgraffs[3],
Rect[or] daselbst.

1 Der Autor konnte nicht ahnen, wie wichtig es
für die spätere Silbermannforschung gewesen
wäre, damals ein Verzeichnis der von Silbermann geschaffenen Orgeln aufzustellen.
2 Trotzdem erscheint diese Angabe heute
zweifelhaft (vgl. Anm. 220). 3 Er wirkte (zunächst als Substitut) ab 1726 in Frauenstein
(vgl. Anm. 1746), hat demnach Silbermanns
erste Orgel noch kennengelernt.

Nr. 40 – Frauenstein

Als Der Wohl-Edle, Groß-Achtbare und
Kunsterfahrne Herr, HERR Gottfried
Silbermann ... Durch Aufrichtung Eines
Neuen Orgel-Werckes in seiner Vater-
Stadt Frauenstein Seinen Ruhm in der
Welt vermehrete, Wolte bey derselben
Übergabe und Einweyhung So geschah den
2. Julii 1738 als Am Fest Mariae Heim-
suchung aus alter Freundschafftlicher Liebe
gegen Ihn seine Gratulation in diesen
Zeilen abstatten Dessen ergebener Freund
Johann Ehrenfried Mäcke[1].
Freyberg, druckts Christoph Matthäi.

BErühmter Silbermann, die mehr als
    edlen Gaben,
Womit Dich die Natur vor andern hat
    geziert,
Hast Du wahrhafftig nicht in tieffen
    Sand vergraben,
Du hast Sie angewandt, so wie es sich
    gebührt.
Die erste Probe, die von Dir gemachet
    worden,
Dieselbe muste man in diesem Hause
    sehn,[2]
Woselbst man Dich gebracht zum wahren
    Christen-Orden.[3]
Allein, da leider! nun durch unsre Schuld
    geschehn,
Daß GOtt in Zorn entbrandt, die Stadt
    in Asche kehrte,[4]
So kam die Feuers-Wuth, auch in diß
    Gottes-Hauß.
Es halff kein Löschen nicht, das diesem
    Feuer wehrte,
Es schien, als wolte GOtt es mit uns
    machen aus.
Doch, GOtt hat seinen Zorn, in Gnad
    und Huld verkehret,
Und unsre Häuser sind von neuen
    aufgebaut...
Du Hochgeehrter Mann, hast nun auch
    das ersetzet,
Und uns durch Deine Kunst zum
    andernmahl gezeigt,
Was bey dem Gottesdienst so Hertz als
    Ohr ergötzet,
Ein Werck' dem keines fast an Pracht
    und Schönheit gleicht.
Schon ein und viertzig mahl hast Du der
    Welt bewiesen,[5]
Daß was besonderes in Deiner Seelen ist.
Dein wohlverdientes Lob, das täglich
    wird gepriesen,
Beweiset, daß Du ietzt, der gröste Meister
    bist.
Wie rühmt nicht Deinen Ruhm die
    Mutter der Sudeten,
Sie ists, die Deine Kunst nicht sattsam
    loben kan.[6]
Es rufft Dich Dännemarck[7] und das
    entlegne Schweden,[8]

Komm endlich doch zu uns, o grosser
    Silbermann,
Die Russen, die nur was von Deiner
    Kunst gehöret,
Die möchten gerne Dich in ihren
    Gräntzen sehn,
Allein da Deine Kunst nur Teutschlands
    Ruhm vermehret
Wird jener Wunsch und Will, nicht in
    Erfüllung gehn.
Dein Vaterland kan sich besonders
    glücklich nennen,
Da ietzt ein solches Werck in dessen
    Tempel steht,
An welchen man alsbald den Meister
    kan erkennen...
Aus diesem Wercke schallt lebhafftes
    Menschen-Singen
Ein sanffter Flöthen-Thon begeistert
    unsre Brust
Hier höret man gewiß kein rauhes
    Schnarr-Werck klingen,[9]
Die Thöne wechseln ab mit höchst
    beliebter Lust.
Da nun Dein grosser Ruhm bey uns sich
    doppelt mehret,
So muß ich werther Freund mich
    hertzlich drüber freun
Und da man überall von Deinem
    Wercke höret
So kan der Geist in mir nicht ohne
    Regung seyn.
Hoch-Edler Hertzens-Freund, Du
    kennest mein Gemüthe,
Weil ich von Jugend auf mit Dir
    verbunden bin...
Der Höchste lasse Dich noch viele Jahre
    leben,
Es sey Dein edler Geist beständig
    Freuden-voll
Es müsse Deine Kunst noch viel
    Vergnügen geben.
Kurtz: Lebe stets vergnügt! Geliebter
    Freund, leb wohl!

1 Siehe Anm. 1743. 2 Damit ist die 1710/11
für die Frauensteiner Stadtkirche erbaute (und
1728 verbrannte) Orgel gemeint. 3 Mit diesen Worten wurde die Tatsache umschrieben,
daß Gottfried Silbermann (am 16. Januar 1683)

in der Stadtkirche zu Frauenstein getauft worden ist. 4 Wenn hier, was die Feuersbrunst von 1728 betrifft, von »unsre Schuld« gesprochen wird, so muß allerdings festgestellt werden, daß die Ursache des Brandes damals, trotz der von Amtmann Gensel angestellten Erörterungen und Vernehmungen, nicht geklärt werden konnte. 5 Daß die Frauensteiner Orgel Silbermanns einundvierzigstes Werk war, erscheint zweifelhaft (vgl. Anm. 220). 6 Vielleicht spielte der Autor mit seinen Worten auf die Tatsache an, daß Gottfried Silbermann (im Juni 1723) nach Prag gerufen worden war. 7 Siehe hierzu Nr. 39, Fußnote b). 8 Ein Ruf nach Schweden ist sonst nirgends belegt. 9 Unter Schnarrwerk verstand man ein aus Zungenpfeifen bestehendes Register.

Nr. 41 – *Frauenstein*

Als der Wohl-Edle, Kunsterfahrne und Weitberühmte Herr, HERR Gottfried Silbermann ... Das Ein und Viertzigste[1] Vortreffliche Meisterstück Durch das Neuverfertigte Orgelwerck in Frauenstein, Den 2. Julii 1738, Am Fest Mariä Heimsuchung rühmlichst abgeleget, Wolten ihre sonderbahre Hochachtung gegen diesen grossen Freund und Gönner durch diese schlechte Zeilen an den Tag legen Innengenannte.
Freyberg, gedruckt bey Christoph Matthäi.

WAhr ist es, Adam hat die Herrlichkeit
    verlohren
Womit ihn GOtt zuvor so gnädig
    ausgezieret,
Doch wird dem Menschen noch ein
    Etwas angebohren
Das seinen muntern Geist zum steten
    Dencken führt,
Dadurch hat nun der Mensch viel Gutes
    ausgedacht,
Das er zu seiner Lust hernach ans Licht
    gebracht.
So ists mit der Geburth der Orgeln zu
    gegangen:
Der Vogel hat zuerst uns die Music
    gelehrt,
Denn diesem hat der Mensch zu folgen
    angefangen,

Weil, als er diesem Thier, bedächtig
    zugehört,
Er ihm die schöne Kunst mit Nutzen
    abgelernt,
Die Sorg' und Kummer bald von unsern
    Geist entfernt.
Es muste erst der Hals die beste Orgel
    heissen,
Durch den er Ton mit Ton verändert
    und verband,
Mit diesem Ton und Klang kunt' er den
    Schöpfer preisen
Biß Jubal[2] was zuerst zu dieser Kunst
    erfand,
Denn dieser brachte ietzt aus Rohr und
    Schilff den Klang
Den jeder Mensch vorher aus seiner Kehle
    sang.
Die Orgeln sind hernach aus diesem
    Fund gekommen,
Daß man die Pfeiffen erst zusammen
    hingesetzt,
Und einen fremden Wind zu ihren
    Klang genommen;
Und weil die Harmonie derselben sie
    ergötzt,
So hat man Müh und Fleiß,
    Geschicklichkeit, Verstand,
Nebst Silber, Gold und Guth, auf deren
    Bau gewand.
Und solche Wercke kan man noch
    vorietzo hören,
Und sich an ihren Klang und Harmonie
    erfreun;
...Wo ist denn aber wohl ein solcher
    Mann zu finden,
Der ein so grosses Werck zu Ende
    bringen kan?
Wer kan denn so geschickt Verstand und
    Fleiß verbinden?
Das kan wohl keiner sonst als unser
    Silbermann,
Der ietzo wiederum in meiner Vater-Stadt
Ein treflich Meister-Stück durch Kunst
    verfertigt hat.
Wo kan man irgendwo ein solch Gebäude
    schauen
Woran man lauter Pracht und Kostbarkeit
    erblickt?

Wer kan denn sonsten wohl ein solches
    Werck erbauen,
Das so wie diß den Geist bezaubert und
    entzückt?
Da auch das stumme Holtz und Ertzt
    beständig lebt,
Und was das Auge sieht, sich rührt,
    erthönt und schwebt.
... Von Dir, mein Theurer Mann, wird
    noch die Nachwelt sagen
Daß Du der Arhimed[3] des Sachsen-Landes
    seyst,
Und gehest Du dereinst in Salems Auen
    ein
So wird Dein Nahme doch bey uns
    unsterblich seyn.
    Friedrich EhreGott Mäcke, B. A. C.[4]

Sonnet.

MAn hört ein neues Werck, zu GOttes
    Ehr erschallen
Das unser Silbermann durch Kunst und
    Fleiß vollbracht.
Wer es von aussen nur bemercket und
    betracht't
Dem muß die Schönheit schon, die Pracht
    und Zier gefallen.
Von innen aber sieht und mercket man
    an allen
Daß es ein hoher Geist mit vieler Müh
    gemacht.
Dem, welcher die Music nur etwas wenig
    acht't
Muß doch, wenn er es hört, das Blut in
    Adern wallen.
Wohlan erfreue dich, beglücktes
    Frauenstein!
Du must die Wertheste des grossen
    GOttes seyn,
Weil du als Phoenix heut aus deiner
    Asche steigest.[5]
Und Dir, mein Silbermann, wünsch ich
    Glück, Heyl und Ruh;
GOtt setze Deiner Zeit noch viele Jahre
    zu,
Daß Du hinführo noch viel solche Kinder
    zeugest!
                J. F. C. M.[6]

... Du kanst ja dem Metall und Zinn die
    Sprache geben,
Durch Dich wird Holtz und Ertzt gantz
    wunderbar bewegt,
Was unbeweglich lag kriegt ietzt ein
    klingend Leben,
Den Pfeiffen wird so gar ein Odem
    eingelegt.
Beglücktes Frauenstein, du kanst dich
    glücklich schätzen,
Daß sich Herr Silbermann in dir
    gebohren nennt,
Die Bürger können sich an seinem Werck
    ergötzen,
Da jeder Ihn, die Kunst, und seine Arbeit
    kennt.
GOtt aber lasse Ihn noch viele Jahre
    leben,
Nichts als nur Freud und Heyl
    empfinde seine Brust,
Er lasse lauter Glück um seinem Haupte
    schweben!
So ist Herr Silbermann des gantzen
    Landes Lust.
       Johann Christoph Lippmann,[7]
                B. A. C.

1 Siehe hierzu Anm. 220. 2 Das ist eine biblische Gestalt (vgl. 1. Mose 4, 21). 3 Damit
ist Archimedes, der berühmte Physiker und
Mathematiker des Altertums gemeint. Mit ihm
wurde Silbermann verglichen. 4 Friedrich
EhreGott Mäcke wurde am 4. Juni 1722 als
Sohn des Steuereinnehmers Johann Ehrenfried
Mäcke (siehe Nr. 36 und 40; vgl. auch An-
merkung 1743) in Frauenstein geboren. Im
Jahre 1734 »zog er nach Freyberg und 1740
nach Leipzig und hörte die berühmtesten Leh-
rer in der Juristen-Facultät«. 1745 wirkte
Mäcke als »Accis-Inspector« der Städte Berg-
gießhübel, Gottleuba und Liebstadt und als
Gerichtsschreiber in Glashütte, wo er am
4. Juni 1785 als »General-Accis-Inspector«,
Stadtschreiber und »jurispracticus« starb. Quellen:
Bahn, S. 133; PfA. Frauenstein: TaR. Nr. 29/
1722, Aufgebotsregister Nr. 10/1745; PfA.
Glashütte: ToR. Nr. 13/1785. 5 Mit diesen
Worten spielte der Autor auf die nach dem
Stadtbrand von 1728 völlig wiederaufgebaute
Stadt an. 6 Wer sich hinter diesem Mono-
gramm verbarg, konnte noch nicht geklärt wer-

den. 7 Er wurde am 29. Oktober 1718 als Sohn eines Huf- und Waffenschmiedes in Frauenstein geboren, besuchte ab 1730 das Freiberger Gymnasium und ab 1739 die Universität zu Leipzig. Nach Beendigung des Studiums (1743) ging Lippmann nach Dresden, ließ »sich examiniren und nahm Information [Hauslehrerstelle?] an bey dem Herrn Saltz-Inspector und Renth-Secretario Fischern«. Ab 1750 wirkte Lippmann als Diaconus in Pausa und dann (ab 1757) in Gersdorf, wo er 1770 starb. *Quellen:* PfA. Frauenstein: TaR. Nr. 43/1718; Bahn, S. 132; Grünberg, II/1, S. 539.

Nr. 42 – Greiz

Als Der Wohl-Edle, Kunsterfahrne und Weltberühmte Herr, HERR Gottfried Silbermann ... das neu-erbaute künstliche Orgel-Werck in Graitz Den 4. Sonntag nach Trinitatis 1739 übergab, Wollte Zu Dessen Hochverdienten Ruhm Hertzlich und schuldigst gratuliren Ein AufriChtiger Freund und LiebHaber der Silbermannischen Orgel-Wercke.[1]
ALTENBURG, Gedruckt in der Fürstl. Sächß. Hof-Buchdruckerey bey den Richterischen Erben.

Wenn Silber siebenmahl durchs Probe-
    Feuer geht,
Und bey des Schmeltzers Glut in seinem
    Werthe steht,
So muß es jedermann, nach ausgestandnen
    Proben,
Als sechzehn-löthig, gut und ächtes
    Silber loben.
Bewährter Silbermann, wie vielmahl
    siebenmahl
Erfüllet Deine Kunst die angesetzte Zahl?
Dir kan schon Sachsen-Land desselben
    Zeugniß geben,
Und diesen stimmen bey, die ausser
    Sachsen leben.
Das ferne Russen-Volck bewundert Deine
    Kunst,
Und mancher Stümper weicht mit seiner
    Nebel-Dunst.
Wenn Dreßden stille schweigt, wenn
    Freyberg nichts will sagen,

So darff man nur bey uns das einzge
    Ponitz fragen,
Wo mit besonderm Ruhm ein schöner
    Tempel steht,
In dem das Orgelwerck des Künstlers
    Ruhm erhöht.[2]
... Die Wahrheit bleibet doch der
    Unschuld Rächerin;
Drum macht es noch so arg und lästert
    immerhin.
Was fragt der Monden-Schein nach toller
    Hunde Bellen?
Wie kan ein Läster-Hauch dein Silber-
    Licht verstellen,
Davon ein neuer Strahl aus Graitz
    entgegen blickt?
Man rufft: Herr Silbermann sey ferner
    höchst beglückt!
GOtt rette diesen Mann aus sechs
    Betrübnis-Nöthen,
Und in der siebenden soll Ihn kein Übel
    tödten.

1 Bei den Worten »AufriChtiger Freund und LiebHaber der Silbermannischen Orgel-Wercke« sind folgende Buchstaben durch andere Schriftart hervorgehoben worden: ACFLHSO. Zweifellos verbirgt sich dahinter (unter anderem) das Monogramm des Autors. Eine Auflösung ist noch nicht gelungen. Vermutlich stammt die Schrift von einem Altenburger Freund Silbermanns, weil sie in der dortigen Hofbuchdruckerei hergestellt wurde. 2 Die Orgel zu Ponitz hat Silbermann im Jahre 1737 gebaut.

Nr. 43 – Greiz

Als der im Orgel-Bau hoch-erfahrne Tot. Tit. HERR Gottfried Silbermann ... nach dem glücklich-zurückgelegten Sieben mahl Achten Jahre seines Alters,[1] Das unter Göttlichen Seegen vollbrachte Sechs mahl Siebende Orgel-Werck[2] in der Kirchen zu Greitz in Voigtlande aufgesetzet, Und solches darauf bey andächtig-verrichteten GOttes-Dienst den 4. [Sonntag] post Trinit. Ao. 1739 solenniter eingeweyhet wurde, Wolte aus schuldiger Observanz hierzu hertzlich gratuliren und zugleich alles fernere Wohlseyn auf noch viele Jahre wohlmeynend anwünschen Ein durch Liebe und besondere Freundschafft Von Vier mahl Sieben Jahren her[3] wohlbekandter und aufrichtig-ergebener Freund[4].

Graitz, druckts Abraham Gottlieb Ludewig, Hoch-Gräfl. Hof-Buchdr.

Silbermann! Geehrter Freund, in der
    Orgel-Kunst erfahren,
Du bist mir sehr wohl bekandt, nun vor
    Vier mahl Sieben Jahren,[5]
Und ich hab in solcher Zeit liebenswürdig
    Dich geacht,
Weil wir in Vergnügsamkeit manches
    Stündgen zugebracht...
Wer wolt Dich, mein Silbermann, nicht
    der Liebe werth auch schätzen,
Deine Kunst und Wissenschafft pfleget
    manchen zu ergötzen,
GOtt hat Dir Bezaleels[6] Weißheit und
    Verstand geschenckt,
Deine Klugheit ist sehr groß, wenn man
    recht daran gedenckt.
Immer höher steigt Dein Ruhm in der
    Fern und in der Nähe,
Und es wünscht noch manche Stadt, daß
    sie eine Orgel sehe,
Welche die geschickte Hand nach der
    klugen Kunst erbaut,
Weil manch schön Register da, mit
    Vergnügen wird geschaut.
Denckt man an den schönen Klang,
    welcher sich daselbst läst hören,
Wenn die Pfeiffen hier und dort durch
    verwechseln sich vermehren,
Ey so wird der, so es hört, in Ver-
    wunderung gesetzt,
Kommt die Vox human[7] darzu, wird der
    Geist noch mehr ergötzt.
Deine Orgeln mehren sich und es kommt
    die Zahl ins Steigen,
Also, daß sie insgesamt Sechs mahl Sieben
    nun erreichen,
Welche bey dem Gottesdienst Gottes Lob
    und Ruhm vermehrn,
Wenn sich bey dem Musicirn läst das
    Echo lieblich hörn.
Wer von diesen Orgeln nun Vier der-
    selben gern will sehen,

Darff in der Stadt Freyberg nur zu den
    Gottes-Häußern gehen,
Denn in Dom und Petri-Kirch, zu Sanct
    Jacob und Johann,
Ihren angenehmen Klang höchst-vergnügt
    man hören kan.
Wolte man in andre Städt und auch auf
    die Dörffer gehen,
Wo von Dieses Künstlers Hand Orgeln
    wohl erbauet stehen,
Würden Sie, nach dem der Platz sich
    befindet groß und klein,
Durch das gantze Werck hindurch
    künstlich anzutreffen seyn.
Jetzo will ich eben nicht alle nach der
    Reih erzehlen,
Und es möchte mir vielleicht an der
    Zierlichkeit auch fehlen,
Diese Orgeln, nebst dem Ort, anzuführen,
    wo sie stehn,
Weil Dieselben nach der Zahl ietzt
    auf zwey und Vierzig gehn.[8]
Ey wer wolte denn nun nicht diesen
    Künstler glücklich nennen?
Und sein Wünschen lassen seyn, daß er
    Ihn doch möchte kennen,
Denn wenn Er vom Orgel-Bau nur zu
    reden fänget an,
Er gewiß viel Nützliches aus Erfahrung
    sagen kan.
Aber wer die Wissenschafft in der Jugend
    will anfangen,
Kan auf keine andre Art, als durch Fleiß,
    darzu gelangen,
Nicht ein jeder ist geschickt Orgeln
    künstlich zu erbaun,
Denn es läst sich in dem Werck sehr viel
    Müh und Arbeit schaun.
Ein so kluger Mann verdient, daß man
    sein mit Ruhm gedencke,
Wünschend dabey, daß Ihm GOtt Wohl-
    seyn und Gesundheit schencke,
So wird noch in mancher Kirch unter
    völligen Gesang,   [Orgel Klang.]
Mit Vergnügen auch gehört angenehmer
Da Du nun, mein Silbermann, abermahls
    hast aufgesetzt,
Ein geschicktes Orgel-Werck, so die Kirch
    in Greitz ergötzet,

Und derselben Zahl nunmehr mit der
    Sechs mahl Sieben prangt
Hast Du abermahl dadurch großen Ruhm
    und Ehr erlangt.
Wie nun Deiner Orgeln Bau nach und
    nach sich hat vermehret,
Und Derselben heller Klang hier und
    dorten wird gehöret,
So hat auch der große GOtt, der an Dich
    in Gnaden denckt,
Nach den Zahlen, Siebn mahl Acht
    Lebens-Jahre Dir geschenckt.
Drum so laß auch künfftighin Deinen
    GOtt noch ferner walten,
Mein Wunsch ist, Er wolle Dich in
    beglücktem Wohl erhalten,
Damit Deiner Jahre Zahl auch die Siebn
    mahl Neun erreich,
Ja wenns Ihm gefällig ist, Siebn mahl Zehn
    sich freudig zeig,[9]
Nun der Höchste lasse sich dieses Werck
    sehr wohl gefallen,
Zu Desselben Lob und Ehr müß allzeit
    der Klang erschallen...
Auch der Künstler, der diß Werck
    abermahl beglückt vollführet,
Sey mit Seegen und Weißheit Lebenslang
    von GOtt gezieret,
GOtt erhalte fernerweit Fried in unsern
    Sachßen Land,
So kan jedermänniglich loben GOtt
    in seinem Stand.

1 Gottfried Silbermann war damals sechsundfünfzig Jahre alt. 2 Die Orgel zu Greiz wurde
als zweiundvierzigstes Werk Silbermanns gezählt (siehe hierzu Anm. 220). 3 Der Autor
war demnach seit achtundzwanzig Jahren, also
seit dem Jahre 1711, mit Silbermann befreundet. 4 Der Name des Freundes ließe sich
heute nicht mehr feststellen, wenn er nicht (von
Hofrat Fickweiler?) auf der Druckschrift handschriftlich vermerkt worden wäre: »Der Autor
ist Joh. Gottfr. Krauß, Raths-Cammer-Schrei-
ber in Freyberg«. Seine Lebensdaten sind in
Anm. 24 zu SD. 49 zu finden. Er wurde 1692 in
Freiberg geboren und starb daselbst im Jahre
1758. 5 Krauße und Silbermann müssen sich
demnach gleich kennengelernt haben, als letzterer im Jahre 1711 in Freiberg seine Werkstatt
gründete und mit dem Bau der Domorgel begann. 6 Bezaleel ist eine biblische Gestalt
(vgl. 2. Mose 31, 2–5). 7 Das heißt »Menschenstimme«. Dieses Register befindet bzw.
befand sich nur in größeren Werken Silbermanns und wurde besonders gerühmt, u.a. auch
von Wilhelm Friedemann Bach (vgl. Nr. 20).
8 An sich gibt es keinen Grund, die Angaben
des Autors anzuzweifeln, zumal er mit Silbermann von Anfang an befreundet und über dessen Schaffen – vermutlich – gut informiert gewesen ist. Trotzdem können wir heute nicht
nachweisen, daß die Orgel zu Greiz das zwei-
undvierzigste Werk Silbermanns war. Wir müssen es bedauern, daß Krauße damals es unter-
lassen hat, Silbermanns Werke »nach der Reih«
aufzuzählen, zumal auch von anderer Seite kein
solcher Versuch unternommen worden ist.
Siehe hierzu Anm. 220. 9 Dieser Wunsch ist
in Erfüllung gegangen, denn Gottfried Silbermann ist reichlich siebzig Jahre alt geworden.

Nr. 44 – Greiz

Als der Wohl-Edle, Großachtbare und
Kunsterfahrne HERR Gottfried Silbermann... Die zu GOttes Ehren in der Stadt-
Kirche zu Greitz neu-erbauete schöne Orgel
am 19. Junii 1739 mit Ruhm übergab,
Und selbige am 21. ejusd. als den 4. [Sonn-
tag] post Trinit. Zum Dienst GOttes eingeweyhet wurde, Wolte Demselben in nachgesetzter ODE hierzu schuldigst gratuliren
Johann Gottfried Donati[1], Organ[ist] und
Stadt-Schreiber.
Graitz, druckts Abraham Gottlieb Ludewig, Hoch-Gräfl. Hof-Buchdr.

...Ich sehe die besondern Gaben
Die Deinen Geist erfüllet haben
Mit innigster Verwunderung an,
Ich höre immer mit Erstaunen,
Wie Deine Wercke ausposaunen
Was Deine Kunst erheben kan.
Und was hegt nicht vor Lieblichkeiten
Dein Werck, so Du uns hier gemacht,
Diß wird noch einst in späten Zeiten
Zu Deinem Ruhm gehört, betracht.[2]
Ich kan niemahlen ohn Ergötzen
Auf sein Clavier die Hände setzen,
Ich bin darüber fast entzückt;
Ja wer dasselbe höret spielen,

Muß in sich süsse Regung fühlen,
Und daß sein Geist recht wird erquickt.
Der Neider selber muß bekennen,
Und wer es nur gespielt und hört,
Das Deiner Kunst ein Ruhm zu gönnen,
Den keiner Zeiten Zahn verzehrt.
Gleicht unser Bau nicht an die Wercke,
Die Du von ungleich größrer Stärcke
Sonst da und dort hast aufgeführt;[3]
Ist er doch zierlich, reinlich, nette,
Als wenn man ihn gegossen hätte,
Und nach Proportion geziert.
Wer aber fragt nach äußrer Schöne,
Da dessen Innres edel ist,
Und ein recht reitzendes Gethöne
Aus einer jeden Stimme fließt.
Ich will weitläufftig nicht zu heißen
Hier iede Stimme abzureißen,
In keine Wege mich bemühn;
Ich will nur kürtzlich dieses sagen:
Je mehr Dir Orgeln aufgetragen,
Je mehr sie zur Verwundrung ziehn,
Weil Du bey jedem Werck probirest,
Wie iedes zu verbessern sey.
Und wenn es fertig, noch studirest,
So sieht man klährlich Deine Treu.
Hier wird kein eigennützges Wesen,
Noch was die Ehrsucht sich erlesen,
Noch wen'ger Unverstand geschaut.
Du hältst noch mehr als Du versprochen,
Du machts noch mehr in 50 Wochen,
Als mancher in 6 Jahren baut,
Das dennoch schlimm genug gerathen,
O schlechter Trost! vor eine Stadt,
Die offt zu ihrem grösten Schaden,
Dergleichen armen Stümper hat.
GOtt mehre ferner Deine Tage,
Befreye sie von Schmertz und Plage,
Sehr werth-geschätzter Silbermann,
Er laß Dich stets im Seegen stehen,
Und cröne Dich mit Wohlergehen,
Biß auf die spätste Zeit hinan.
Er laß noch ferner Deinen Händen
Manch schönes Werck zu seinem Preiß
Sehr wohl gerathen, Dich vollenden,
Und stehn, biß bricht der Erden Kreiß.

1 Seine Lebensdaten sind in Anm. 1812 zu finden.
2 Diese Worte haben sich – leider – nicht erfüllt,

denn die Orgel fiel bereits im Jahre 1802 einem Stadtbrand zum Opfer. 3 Der Autor mag dabei an die beiden dreimanualigen Orgeln gedacht haben, die Silbermann im Dom zu Freiberg bzw. in der Frauenkirche zu Dresden gebaut hatte. Ansonsten war das Greizer Werk das zweitgrößte mit zwei Manualen, denn es wurde hinsichtlich der Stimmenzahl nur von der Freiberger Petriorgel übertroffen, die zweiunddreißig Stimmen besitzt, während die Greizer Orgel (aber auch die Sophienorgel zu Dresden) nur eine Stimme weniger hatten.

Nr. 45 – Greiz

Bey der Übergabe Des neu-erbaueten und vortrefflichen Orgel-Wercks, zu Graitz im Voigtlande, Welches Durch GOTTES Gnade, und des weitberühmten Künstlers, (TIT.) Herrn Gottfried Silbermanns ... Gantz besondern Geschicklichkeit, und grossen Fleiß ist verfertiget, Und den 21.[1] Junii, 1739. übergeben worden, Wolte, Diesem grossen Künstler zu Ehren, Seine Schuldigkeit bezeigen, und zugleich seine Freude hierüber In folgenden Versen zu erkennen geben, Ein ergebenster Freund, den Derselbe gar wohl Kennet.[2]
Zwickau, Gedruckt bey Johann Friedrich Höfern.

...Verblendet mich ein Vorurtheil?
Betrüg ich mich vielleicht? Sind Lob und
    Lieder feil?
Hat dumme Schmeicheley diß Lob zu
    hoch getrieben?
Hab' ich, aus Unverstand, vielleicht zu
    viel geschrieben?
...Nun, grosser Silbermann! Nun mache
    selbst den Schluß,
Was man von Deinem Fleiß und Gaben
    sagen muß.
Wer hat, so tief als Du, diß alles
    eingesehen?
Du bist den Alten gleich, ihr Recht muß
    dir geschehen.
Und wüstest Du nur diß allein,
So würdest Du gewiß dadurch unsterblich
    seyn.
Allein, Dein seltner Geist hat sich so
    hoch erhoben,

Daß man kaum Worte findt, Dich, wie
    man soll, zu loben.
Betrog Parrhasens Kunst ein gantzes
    Vogel-Heer,
So war es würcklich viel. Allein, Du
    thust noch mehr:
Hier irrt des Menschen Ohr, wenn Deine
    Pfeiffen klingen,
So hört man, wie uns dünckt, ein Chor
    von Menschen singen.
O sage! wie diß möglich ist?
Ein Werck von Deiner Hand, macht, daß
    man sich vergißt;
Man denckt, man sinnet nach, und kan es
    nicht ergründen,
Man sucht, und will wohl gar versteckte
    Menschen finden.
Allein, ein neuer Zug bringt neue Thöne
    vor.
Jetzt hört man, wie mich dünckt, ein
    gantz Schalmeyen-Chor:
O Himmel! was geschicht? Jetzt hör ich
    Glocken klingen,
Was hör' ich? Dieser Schall muß Hertz
    und Geist bezwingen.
O solte doch ein Silbermann,
Eh' uns das Schicksal noch denselben
    rauben kan,
die schon geehrte Stadt, durch sein
    geschickt Bemühen,
Zu meiner grösten Lust, noch grössern
    Ruhm zuziehen.
Auf! reißt den alten Cram verstimmter
    Orgeln ein;
Jetzt kan ein Silbermann der Bau-Herr
    neuer seyn.[3]
Die Nach-Welt wird gewiß noch manchen
    Künstler zehlen,
Allein, ein Silbermann wird ihr,
    vermuthlich, fehlen.

1 Das Datum ist handschriftlich eingesetzt
worden. Vermutlich war der Übergabetag zu
der Zeit, als die Schrift gedruckt wurde, noch
nicht bekannt. 2 Der Name des Autors ließe
sich heute nicht mehr feststellen. Glücklicherweise wurde er aber (von Hofrat Fickweiler?)
handschriftlich auf dem Orgelcarmen vermerkt: »Krebs, Organist zu Zwickau«. Seine
Lebensdaten sind in Anm. 2455 zu finden.

3 Mit diesen Worten spielte Johann Ludwig
Krebs darauf an, im Zwickauer Dom von Silbermann eine neue Orgel bauen zu lassen. Leider ist dieser Plan aus finanziellen Gründen gescheitert.

Nr. 46 – Greiz

Als Der Wohl-Edle, Großachtbare und
Kunsterfahrne HERR Gottfried Silbermann ... Durch die in der Kirche zu
Greitz neu-erbauete schöne Orgel abermahls eine Probe seiner berühmten Geschicklichkeit abgeleget, und dieselbe am
4. [Sonntag] post Trinit. 1739 GOtt zu
Ehren eingeweyhet wurde, Wolte Demselben in nachgesetzter ODE hierzu gratuliren C. H. S.[1]
Graitz, druckts Abraham Gottlieb Ludewig, Hoch-Gräfl. Hof-Buchdr.

... Allein, berühmter Silbermann,
Dein Orgel-Werck zeigt alles an,
Was mir und allen muß gefallen,
Da hört man nette Harmonie,
Da muß sich Ton mit Ton vertragen,
Da wird die ächte Stimmung nie
Den mindsten falschen Klang ansagen.
Du weist geschicklich ieden Ton
Und darnach iede Pfeiffe schon
Recht mathematisch abzumessen;
Du suchst mit gröstem Fleiß die Spur,
Um jedes Instruments Natur
Durch deine Stimmen zu erpressen,
GOtt seegnet auch, was du ersinnst,
Und läßt dir alles wohl gerathen,
Du baust allein zu seinem Dienst,
Drum fördert er auch deine Thaten.
Ey deine große Redlichkeit
Die muß wohl ausser allen Streit,
Auch lauter Glück und Seegen haben.
Man hört, Dein nettes Werck ist rein,
Man schließt, Dein Hertz muß gleich
    so seyn,
Und liebt nicht eigennützge Gaben.
Genug, du hast den Bau vollführt
Zu aller Menschen Wohlgefallen,
Dein großer Ruhm, der dir gebührt,
Bleibt hier so lang dein Werck wird
    schallen.

GOtt seegne Deine Wissenschafft,
Noch viel durch seines Geistes Krafft,
So schöne Orgeln aufzurichten,
Er fördre selbst zu seinem Preiß
Den redlich angewandten Fleiß,
In Deinem GOtt-geweyhten Dichten;
So wird man Dich Bezaleel[2]
Nach deinen edlen Künsten nennen…

1 Es ist bisher nicht gelungen, dieses Monogramm aufzulösen und damit den Namen des
Autors festzustellen. Vermutlich war es ein
Freund (oder Schüler) des Greizer Organisten
Johann Gottfried Donati, denn in der Schrift
heißt es: »… Mein Donat, wärst du doch bey
mir, Und sagtest mir nur etwas für Von Dingen,
die hierzu gehörten; So möcht es doch wohl
etwan seyn, Daß ich auf einge Art den Schein
Hätt eines solchen halb Gelehrten. Doch Zeit
und Arbeit hindert mich Hier guten Rath von
dir zu nehmen…« 2 Vgl. hierzu 2. Mose 31,
2–5.

Nr. 47 – Greiz

Den großen Vorzug der jezigen vor der
vorigen Zeit in denen Künsten und der
Music, Wolte an dem rühmlichen Exempel des Tot. Tit. HERRN Gottfried Silbermanns … Als Derselbe in der Stadt-
Kirchen zu Greitz ein unvergleichliches
Orgel-Werck erbauet, und am 21. Junii
1739 zur Einweyhung übergeben, in
gegenwärtiger Ode kürzlich zeigen, Und
zugleich seine schuldige Gratulation abstatten Christoph Ernst Fickweiler,[1] B. A. C.
Greitz, druckts Abraham Gottlieb Ludewig, Hochgräfl. Hoff-Buchdr.

… Mein Silbermann, die schönen Wercke,
Die uns Dein kluger Sinn erdacht,
Und auch zur Würcklichkeit gebracht,
Die zeugen einst der Welt von Deines
    Geistes Stärcke.
Sieh, Du mehrst unsers Deutschlands
    Ruhm,
Drum wird so lang Dein Nachruf grünen,
Biß einst der letzte Tag erschienen…
Doch nein! Du brauchest keine Schrifft,
Vermehrt GOtt Deines Lebens Länge,
So weiß ich, daß der Orgeln Menge,

Dir, kluger Silbermann, ein ewig
    Denckmahl stifft.

1 Er wurde um 1723 geboren, war demnach
bei Erscheinen seiner Schrift erst sechzehn
Jahre alt. Fickweiler starb als »Fürstl. Reuß.
Pl. Regierungs-, Consistorial- und Cammer-
Präsident« und im sechsundsechzigsten Lebens-
jahr stehend, am 1. Mai 1789 in Greiz (PfA.
Greiz: ToR. Nr. 61/1789). Vermutlich war er
mit dem (1740 verstorbenen) Greizer Hofrat
Johann Oßwald Fickweiler verwandt.

Nr. 48 – Greiz

Als der Wohl-Edle, Großachtbare und
Kunst-erfahrne HERR Gottfried Silbermann … sein Meister-Stück in der Stadt-
Kirchen zu Graitz, zur Probe seiner Kunst-
reichen Wissenschafft den 21. Junii 1739
öffentlich zeigte, Wolte seine aufrichtige
Congratulation dabey abstatten ein un-
genannter doch seinem Symbolo, und denen
ersten Buchstaben nach, Christus Giebt
Krafft[1], wohlbekannter Freund.
Graitz, druckts Abraham Gottlieb Ludewig, Hoch-Gräfl. Hof-Buchdr.

Glück zu! Glück zu! zu Ehr und Ruhm
des Kunst-erfahrnen Meisters, an dem
Meister-Stück der neu-verfertigten Orgel;
diese spielet und klinget Meisterlich, und
hat ein laut-klingendes Leben, Wenn in der
neu-reparirten Evangelischen Kirchen der
Odem die künstlich-gefertigten Pfeiffen lebendig machet, Manual und Pedal zusammen stimmen, Stimmen, Register, und alle
Claviere, sich Silbermannisch hören lassen; …
Solcher massen wird das Verdienst des
Ruhm- und Kunst-vollen Orgel-Meisters,
Herrn Gottfried Silbermanns, über Gold
und Silber beehret, sein Name verewiget,
und sein löblich zusammen gerichteter
Orgel-Bau der Nach-Welt zur Verwunderung bekannt gemacht, und nimmer unbekannt verbleiben.

1 Auf dem Originaldruck befindet sich der
handschriftliche Vermerk: »Küster, Advocat.

immatr. zu Reichenbach«. Der Autor der Schrift war Carl Gottfried Küster. Er hatte Gottfried Silbermann noch zwei weitere Schriften gewidmet (vgl. Nr. 10 und 13).

Nr. 49 – Greiz

Als der Wohl-Edle Kunst-erfahrne und weitberühmte Herr, HERR Gottfried Silbermann ... Sein ein und viertzigstes wohl-gerathnes Meister-Stück[1] zu Greitz im Voigtlande am 21. Junii 1739 übergeben, Wolte Demselben dazu wolmeynend gratuliren, und seine Freude über die gnädige Hülfe GOttes bey dem hiesigen Kirchen-Bau zugleich an den Tag legen Gottfried Grünrath[2], Hoch-Gräfl. Reuß-Pl. Hoff- und Bau-Commissarius zu Unter-Greitz, wie auch Burgemeister allhier. Greitz, druckts Abraham Gottlieb Ludewig, Hochgräfl. Hoff-Buchdr.

... Hier bewunderst du die Kräffte
Eines menschlichen Verstands;
Hier erhebst du das Geschäffte
Eines Meisters, der an Glantz,
An der Ordnung, an der Schöne,
An dem süssen Lust-Gethöne,
Das aus ieder Pfeife lacht,
Seine Kunst wohl angebracht...

1 Siehe Anm. 220. 2 Er war von 1733 bis 1753 Bürgermeister zu Greiz und ist dort 1756 (Bestattungstag: 13. November) gestorben. Weitere Lebensdaten sind nicht bekannt. Unbekannt ist auch sein Geburtsdatum, zumal in der Todesbeurkundung die Altersangabe fehlt. *Quellen*: Auskunft vom STA. Weimar, Außenstelle Greiz, und PfA. Greiz: ToR. Nr. 146/1756.

Nr. 50 – Greiz

Als in der Kirche zu Greitz Salv. Tit. HERR Gottfried Silbermann ... Die zwey und viertzigste Probe[1] seiner besondern Geschicklichkeit durch die von ihm neuerbaute Orgel abgeleget, Und dieselbe am 4. [Sonntag] post Trinit. Ao. 1739 Zum Dienste GOttes eingeweyhet wurde, Wolten ihm dieserwegen ihre Gratulation abstatten Zwey gute Freunde[2].

Graitz, druckts Abraham Gottlieb Ludewig, Hoch-Gräfl. Hof-Buchdr.

Geehrter Silbermann! was ein besondrer
        Fleiß
Und Kunst-Erfahrenheit nur auszuüben
        weiß,
Zeigt Dein sehr nettes Werck, das du
        uns aufgeführet,
Das nicht nur äusserlich hier unsre
        Kirche zieret;
Weil dessen Bau so schön und auserlesen
        ist.
Nein, wer das Innre noch mit allem
        Fleiß beschauet,
Wird recht genöthiget, daß er recht
        sicher schließt:
Die Orgel hat gewiß ein Meister
        aufgebauet,
Der redlich, klug, geschickt, erfahren sey
        zu nennen,
Den keines Neiders Zahn den Ruhm wird
        rauben können.
Wir meynten auch nicht hier die artige
        Gestalt,
Die es von außen zeigt; Der innere
        Gehalt,
Die Ordnung, die es dort an seinem
        Pfeiff-Werck zeiget,
Ist auch zwar werth, daß man davon nicht
        stille schweiget.
Denn wer sieht wohl nicht da die
        schönste Symetrie,
Die artgen Führungen des Windes in
        Cannälen,
Des Pfeif-Wercks ordentlich gesetzte
        Harmonie?
Allein was wollen wir von einem Werck
        erzehlen,
Das alle beyde wir zwar recht bewundern
        müssen,
Doch dessen ächten Werth nicht zu
        benennen wissen.
Allein die Schaale wird nicht Deinen
        Ruhm erhöh'n,
Sein Zinn sey noch so blanck, das
        Holtzwerck noch so schön,
So wird doch dieses Dir so großes Lob
        nicht bringen,

Als deines Werckes starck, scharff, doch
 auch lieblich Klingen.
Diß ists, was uns ergötzt, diß macht uns
 fast entzückt,
Diß dringt durchs Ohr ins Hertz, diß
 labet das Gemüthe!
...Wo aber ist der Quell von solcher
 Lieblichkeit?
Ist er im dürren Holtz? Metall? Doch
 ausser Streit,
Ists wohl der bloße Wind, der hier in
 Röhren wühlet,
Und wie sie eng und weit verschiedne
 Tone spielet.
Doch diß Register klingt scharff,
 schneidend, und dabey
Sehr rein, da es bey dem, so gleich an
 Zeug und Größe,
Verschieden lieblichen und ohne starck
 Geschrey,
Scheint, wie ein mildrer Ton aus seinem
 Pfeiff-Werck flöße.
Hier muß ja stumm Metall gleich
 Menschen-Stimmen singen,
Und Holtz den prächtgen Ton der
 tieffen Bässe bringen.
Doch sieh't man hier auf Dich,
 geschickter Silbermann,
Und was Dein kluger Fleiß an diesem
 Werck gethan;
So wird ein ieder gleich den edlen
 Ursprung haben,
Und schließen, diß entspringt aus deines
 Geistes Gaben.
Allein, wie sich bey Dir kein böser Eigen-
 Nutz,
Und an dem gantzen Werck kein falscher
 Vortheil zeiget;
So eben hassest Du den übertünchten Putz,
Der Eigen-Ehre heißt, und GOttes Ruhm
 verschweiget.
Denn Dein bescheidner Mund spricht:
 GOtt ist es gewesen,
Der mich zum Werckzeug nur hierzu hat
 auserlesen.
Der sey denn auch davor gelobt, erhöh't,
 gerühmt,
Dir aber bleibt demnach das Lob, das Dir
 geziemt.

Diß wird, so lange hier das Orgel-Werck
 wird klingen,
Dir Deinen Ruhm hinnaus auf späte
 Zeiten bringen.
Wir gratuliren Dir hierzu, sehr werther
 Freund,
Und wünschen, daß GOtt Dich noch
 lange leben lasse,
Daß seine Weißheit sey noch stets mit
 Dir vereint,
Und Dich sein Gnaden-Schutz zu
 iederzeit umfasse!
Ja will Er Dich einst spät in seinen
 Himmel heben,
So laß Er Dich noch lang in Deinen
 Wercken leben.

1 Andere hatten die Greizer Orgel als einundvierzigstes Werk Silbermanns bezeichnet (vgl.
Nr.49). Siehe hierzu auch Anm.220.   2 Auf
der Originaldruckschrift wurde (von Hofrat
Fickweiler?) handschriftlich vermerkt: »Autoren Amtm. Heydrich und Reg. Secr. Mezler.«
Thomas Heydrich wurde 1691 in Fröbersgrün
als Sohn eines Rittergutsbesitzers geboren. Er
starb 1759 (Bestattungstag: 20.Mai) in Greiz
als »Gräfl. Reuß. Pl. Regierungs- und Consistorial-Rath«. Johann Christoph Mezler wurde
um 1690 geboren und ist 1769 (Bestattungstag:
15.Juli) in Greiz als »Hochgräflich-Reuß-
Plauischer Regierungs-, Consistorial- und Amts-
Secretair« (im Alter von neunundsiebzig Jahren)
verstorben. *Quellen:* Auskunft vom STA. Weimar, Außenstelle Greiz; PfA. Greiz: ToR.
Nr.103/1759 und Nr.80/1769.

Nr.51 – Greiz
Bey der am 21.Junii 1739 geschehenen
Einweyhung und Übergabe[1] einer von
Herrn, HERRN Gottfried Silbermann ...
erbaueten neuen Orgel, als seines 41sten
wohlgerathenen Meister-Stücks,[2] Wolte
diesem großen Künstler wohlmeynend
gratuliren und zugleich mit der Betrachtung der Vortreflichkeit einer zu Ehren
GOttes angestimmten Music sich vergnügen das sämtliche Raths-Collegium zu
Greitz[3].
Graitz, druckts Abraham Gottlieb Ludewig, Hoch-Gräfl. Hof-Buchdr.

...Belebet hier ein eintz'ger Wind
So viele hundert todte Pfeiffen,
Daß sie mit Lust beschäfftigt sind,
In Hertz und Ohren einzugreiffen,
Ja daß wir, wenn ein Künstler spielt,
Und Geist und Lufft das Werck durch-
    wühlt,
Gerührt von tausend holden Stimmen
In einem Meer der Wollust schwimmen...
Dich aber grosser Künstler soll
Die Hülffe GOttes stets begleiten!
...Er lasse Dich noch lange Zeit
Zu GOttes Ehren Orgeln bauen...

1 Nach der von Donati stammenden Druckschrift (Nr. 44) erfolgten Übergabe und Weihe
nicht am selben Tage, sondern am 19. bzw.
21. Juni. 2 Bürgermeister Grünrath hatte die
Orgel ebenfalls als einundvierzigstes Werk Silbermanns gezählt, andere aber als das zweiund-
vierzigste (vgl. Nr. 49 und 50). Siehe hierzu
Anm. 220. 3 Der eigentliche Autor der
Schrift ist unbekannt.

Nr. 52 – Zittau (St. Johannis)

Ein Werck, das Sillbermann erbaut, und
ZITTAU sich zur Andacht weyhet, Das
Vaeter, Volck und Welt erfreuet und man
zu St. JOHANNIS schaut. Ein Werck,
Voll Kunst und schöner Proben, Das soll
hier Seinen Meister loben.[1]
Den 3. Aug. An. 1741.
ZITTAU, Gedruckt bey der verwittweten
Stremelin.

Gottlob! mein Silbermann, o Du mein
    andrer Schöpffer,
Mein Vater, und Gottlob! nun ist die
    Müh vollbracht,
Die Arbeit ist nun aus, dadurch Du, als
    ein Töpffer,
Mich Deiner Hände Werck, gebildet und
    gemacht.
Ich steh vollkommen hier, die Proben
    sind vollendet,
Ich bin gesehn, gehört, das Weyh-Fest ist
    geendet.
Wie aber soll ich Dir, o Du, mein
    Meister dancken?

Vor Deinen Fleiß und Schweiß, so Du an
    mich gewandt,
Vor Wachen und vor Zeit, vor Sorgfallt
    und Gedancken,
Daß ich durch Deinen Geist mein
    schönes Wesen fand?
Ich soll Dir meine Pflicht, als treues Kind,
    erweisen,
Und Dich nach aller Krafft, als theuren
    Vater, preisen.
Die Triebe reitzen mich, die sich in mir
    bewegen,
Zur treusten Danckbegier, an Dich, mein
    Sillbermann,
Die Winde brechen durch, die sich sonst
    in mir regen,
Daß Krafft, und Treu, und Pflicht, sich
    nicht verbergen kan.
So hoch und breit ich bin, so häuffig sind
    die Zeugen,
Die nun zu Deinem Ruhm nicht länger
    wollen schweigen.
Ein ieder Orgel-Zug wird von sich selber
    offen,
Das gantze Pfeiff-Werck rührt schon ein
    verborgner Thon,
Die Glieder mercket man auf Winck und
    Eindruck hoffen,
Und o! wie wallen nicht die innern
    Kräffte schon!   [ben,
Ja, alles will sich nun recht ehrerbietig he-
Um Seinen Meister recht verdientes Lob
    zu geben.
Der grosse Principal tritt auf den hohen
    Füssen,
Voll Glantz in das Gesicht, Ermuntrungs-
    voll ins Ohr.
Das groß- und klein-gedackt ist unge-
    säummt beflissen,
Und hällt sich unverrückt an das vereinte
    Chor.
Wie lieblich rühren doch die stillen
    Trauer-Flöthen,
Wie dringt die Kuppel ein, wie thönen
    die Trompeten!
Wie fleißig drehn sich nicht die hellen
    Cornettinen,
Wie schlägst und rufft und lockt das Stahl-
    und Glocken-Spiel,

Hier steigt ein Troup empor auf den
    erhöhten Bühnen,
Da schreyet die Mixtur den Ohren bald
    zu viel.
Hier bläset die Schallmey in den
    verborgnen Röhren,
Wie fein und angenehm kan man die
    Zimbeln hören!
O! welche Donner-Macht regiert die
    weiten Baesse,
Ihr Brummen rührt mich selbst, ihr
    Schnarchen schreckt die Nacht,
Ich fürcht' ihr Rasen fast, daß ich mich
    selbst vergesse,
Weil mich schon ihre Wuth vor
    Aengsten zitternd macht.
Wie murret der Fagott, wie schäumen
    die Posaunen,
Und drängen sich in mir, daß Holtz und
    Stein erstaunen.
Nun Meister! diese Schaar, und diese
    Pfeiffen alle,
Bekennen Deine Kunst, beweisen Deine
    Krafft,
Berühmter Sillbermann, Dich loben sie
    mit Schalle,
Vor Schönheit und vor Klang, aus Deiner
    Wissenschafft.
Ja möchten sie sich nur, in mir zusammen
    freuen,
Sie würden: habe Danck! Mein Vater!
    ewig schreyen...   [hören,
Hier, hier ist Deine Kunst, lebendig anzu-
Du deutscher Ardalus! Du Welt-
    berühmter Mann,
Hier kan man Lufft und Rohr, als
    Menschen-Stimmen hören,
Wo Menschen Sinn und Geist sich leicht
    bezaubern kan,
Wenn hier durch eintzeln Thon das
    schönste Lied erklinget,
Und wenn ein gantzes Chor, wohl recht
    natürlich singet...
Doch, o mein Sillbermann! den Kunst
    und Bau erheben.
Eines rührt und ängstet mich, darauf die
    Hoffnung schaut,
Du hast mich Ehren-Voll, vollbracht
    und übergeben,

Und einer fremden Hand und Sorgfalt
    anvertraut,
Du aber lässest hier, bey Deinen
    Abschieds-Blicke
Mich, Deiner Hände Werck, nun schon
    betrübt zurücke...

1 Der Name des Autors ist völlig unbekannt. Es bietet sich auch keinerlei Anhaltspunkt für Vermutungen, wer die Schrift verfaßt haben könnte.

Nr. 53 – Zittau (St. Johannis)

Die Posaunen Israelis, Als Ein Bild wohl-eingerichteter Orgeln, Wolte Als Tot. Tit. Herr Gottfried Silbermann ... Sein grosses und schoenes Werck, Den 3. August 1741 übergab, besingen, und zugleich dem Herrn Verfertiger von Hertzen gratuliren ein auf-richtiger Landsmann.[1]
ZITTAU, Gedruckt bey der verwittweten Stremelin.

Grosser Meister deiner Kunst,
Den des Himmels Huld und Gunst
Zum Bezaleel[2] erkohren,
Weitberühmter Silbermann,
Hör' den neuen Zuruff an,
Den Dir Dein Verdienst gebohren,
Wie die schönsten Singe-Weisen,
Die Metall und Holtz erhebt,
Welches Deine Hand belebt,
Deine Kunst und Wissen preisen.
...Ordnung, Schönheit, Ton und Krafft,
Welche Deine Hand verschafft,
Kan kaum Aug' und Ohr begreiffen,
Rundung, Glantz, Metall und Guß,
Und dem alles weichen muß,
Klang und Schwebung Deiner Pfeiffen,
Auch die Fassung von den Winden,
Ihrer Gänge Trieb und Schooß,
Ihre Würckung sonder Stoß,
Kan nicht ihres gleichen finden.
...Aber eben dieses Werck
Der Bewundrung Augenmerck,
Wird dir statt Posaunen dienen,
Denn so lange noch die Welt
Was von Deiner Kunst behält,
Wird Dein Ruhm und Nahme grünen,

Jedes Orgel-Werck läst lesen,
Jede Pfeiffe ruffet laut:
Welcher mich so schön gebaut,
Das ist Silbermann gewesen.

1 Der Name des Autors ist unbekannt. Möglicherweise war er mit dem »aufrichtigen Landsmann« identisch, der im gleichen Jahr zur Weihe der Großhartmannsdorfer Orgel eine Schrift drucken ließ (Nr.61). 2 Bezaleel war eine biblische Gestalt (vgl. 2.Mose 31, 2–5), mit der Silbermann oft verglichen wurde.

Nr.54 – Zittau (St.Johannis)

ODE Bey der Solennen Einweyhung Des Neuen Orgel-Wercks zu St.Johannis in Zittau. Den 3. Aug. An. 1741. ZITTAU, Gedruckt bey der verwittw. Stremelin.
An Tit. deb. HERRN Carl Hartwig[1], Wohlverdienten Direct. Chori Musici allhier.
Johann Christoph Grünwald[2], Cantor.

…Da zeigt von Aussen und von Innen,
Sich ein vollkommnes Meister-Stück,
Da thun die Kunst-begiergen Sinnen,
Stets einen neuen Wunder-Blick.
Da pranget alles groß und reichlich,
Da ist die Ordnung unvergleichlich.
Die Augen sehn sich hier nicht satt,
Die Sinnen haben volle Weyde,
Und was man schon beschauet hat,
Das sieht man zehnmahl noch, und stets
    mit neuer Freude.
…Bald lassen sich ermunternd hören
Cornett, Mixtur und Principal.
Bald singt die Lufft mit gantzen Chören
Durch Menschen-Stimmen den Choral.
Jetzt regen sich, doch wie im Stillen,
Die Flöthen nach des Hörers Willen.
Wie rauschen und rollen die Winde mit
    Macht,
Hier im Fagott, und dort in Baessen,
Als wolten sie, da alles kracht,
Sich selbst, den gantzen Bau, zertrümmern,
    brechen, fressen.
Die angenehm' und Helle Stärcke,
Der Stimmen feine Lieblichkeit,
Giebt diesem groß- und schönen wercke

Verwunderns-würdge Seltenheit.
Der frischen Thone schallend Wesen
Ist rührend, ächt und auserlesen.
Kurtz: Alles, was die Wahrheit hier
Bemerckt und lobt, ist wohlgegründet,
Daß man an Klang' und voller Zier,
An Dauer und an Kunst kaum seines
    gleichen findet.
Man mag nun Rom und Welschland[3]
    preisen,
Von Kirchen und von Orgel-Pracht,
Weiß doch auch Deutschland aufzuweisen,
Was schon die Kunst hier nachgemacht.
Nur Freyberg, Dreßden mögen zeigen,[4]
Wie Kunst und Lust zu Orgeln steigen,
Und nun wird ZITTAU vor der Welt
Der Orgel wegen so geehret,
Daß der, dem die Music gefällt,
Die Stadt ja nicht verläßt, wo Er sie nicht
    gehöret.
Von wem diß Werck? Woher diß Glücke,
Womit nun ZITTAU prangen kan?
Der Mann von diesen Meister-Stücke
Ist der Berühmte Silbermann.
Ein Mann von Kunst und seltnen Gaben,
Den Welsch- und Deutschland nicht
    mehr haben,
Hat, nach vollkommner Wissenschafft,
Diß schöne Werck, erdacht, erbauet,
Daran man seines Geistes Krafft,
Erfahrung und Verstand, bewundert und
    beschauet.
So offt sich Wind und Thone regen,
So lange noch das Pfeiff-Werck klingt,
Wird man des Meisters Kunst erwegen,
Dem Fleiß und Arbeit Ehre bringt.
Die Nachwelt wird hieran noch lesen,
Wie sinnreich Silbermann gewesen…
Nun sieht man Dich, Geehrter Gönner,
An dieser Edlen Werckstatt stehn,
Ein Meister baut ja nur vor Männer,
Die in der Kunst ihm gleiche gehn.
Drum wird die Krafft sich recht erheben,
Wenn DU ihr wirst den Nachdruck geben.
Wenn Hartwig[5] und ein Silbermann
In Kunst und Freundschafft sich verbinden,
So steigen Beyde; Denn es kan
Das beste Meister-Stück nicht beßre
    Meister finden…

524

1 Seine Lebensdaten sind in Anm. 1831 zu finden. 2 Er wurde 1696 in Ullersdorf (jetzt VR Polen) als Sohn des Lehrers (später Gutsverwalters) Johann Georg Grünwald geboren und heiratete 1735 die Zittauer Kaufmannstochter Johanna Eleonora Ricker. Grünwald starb am 17. September 1751 in Zittau. *Quellen:* Oskar Friedrich: Album des Gymnasiums Zittau, Zittau 1886; PfA. Zittau: TrR. Nr. 114/ 1735, ToR. Nr. 390/1751. 3 Unter »Welschland« verstand man damals Italien. 4 In Freiberg gab es vier und in Dresden zwei Orgeln, die Gottfried Silbermann gebaut hatte. 5 Damit ist Musikdirektor Hartwig gemeint (vgl. Anm. 1831). Ihm war die Druckschrift gewidmet, denn er spielte auch Silbermanns Werk. Möglicherweise ist Hartwig der »aufrichtige Landsmann« gewesen, der Silbermann die beiden Carmina (Nr. 53 und 61) widmete. Hartwig stammte aus Olbernhau und war demnach ein (erzgebirgischer) Landsmann des Orgelbauers.

Nr. 55 – Zittau (St. Johannis)

Das Wunder der Orgel, Bey feyerlicher Einweyhung Eines neuen Werckes In der Kirche zu St. Johannis in Zittau, In einer Ode besungen, Und mit einem Glücks-Wuntsche An dessen berühmten Meister Cum Tit. HERRN Gottfried Silbermann... verbunden von Denen Deputirten ad pias causas: D. Johann Gottlieb Wentzeln, Scab., D. Johann Gottlieb Hornig, Senat., D. Johann Conrad Nesen, Jacob Friedrich Knebel, Benjamin Schrot, Actuar. ZITTAU, Gedruckt bey der verwittweten Stremelin.

... Und diß, Berühmter Silbermann,
Ist auch ein Kleinod von dem Glücke,
Damit die Orgel prangen kan,
Die Orgel, als Dein Meister-Stücke,
Denn, laß sie den vollkommnen Stand,
Worein Dein Witz und Deine Hand
Nächst GOtt ihr Mannes-Alter setzen,
Nur gegen ihre Kindheit schätzen,[1]
Da Größe, Zeug, Gestalt, Gehör,
Und alles kindisch war; Sie kennt sich
    nimmermehr.
Sie lebte zwar vor Noah[2] schon,
Sie ward zu Jubals[3] Zeit gebohren;

Ihr Vater war ein schlechter Ton,
Der zeugte sie mit reinen Ohren;
Sie war ein holes Wasser-Graß[4],
Der Hirte, der am Ufer saß,
Ergriff den Stengel aus dem Schlamme;
So kam das Kind zu seiner Amme,
Bey dieser sog es kaum den Mund,
So machte sein Geschrey der Welt sein
    Leben kund.
Doch blieb es auch viel hundert Jahr
Bey dieser schlechten Art zu schreyen,
Man wird sein Wachsthum kaum gewahr,
Es wollte nimmermehr gedeyen;
Zum höchsten trat es ohngefähr
Mit sieben Gliederchen einher;
... Was macht sich leichter, als der Schluß,
Daß auch die Orgel stocken muß,
So bald wir sie vertraulich fragen:
Auf was für Art, in welchen Tagen,
Durch wessen Hand, in welcher Stadt,
Weßwegen, und wie bald sie sich
    gebessert hat?
Man schreibt sie zwar schon irgendswo
zu Davids[5] heiliger Cappelle;
Man denckt ihr an den Salomo[6],
Und rühmet ihr den Rang der Stelle,
Woran einmahl ihr weisses Bley
Des Tempels Schmuck gewesen sey:
Man meynt: Sie habe bey den Flüssen
Zu Babylon verstummen müssen,
Da Zions Volck ins Elend gieng,
Und seine Lust mit ihr an fremde Weiden
    hieng.
Man untersucht den Juvenal[7]
Und ihre Spur in seinen Schrifften;
Man will ihr auch ein Ehren-Mahl
Mit Julians[8] Gedichte stifften;
Man macht sie von gelehrter Hand
Mit dem Prudentius[9] bekannt;
Man spricht: Sie sey nach Rom gekommen,
Und habe da so zugenommen,
So bald sie Petrus weyhen ließ,
Und Pabst Vitalian[10] ihr Pflege-Vater
    hieß. (b
Ach! aber, nach so langer Zeit
Behauptet sie von diesem allen
Fast nichts mit rechter Sicherheit,
Es ist ihr aus der Acht gefallen.
Nur, daß sie eine Reise that,

Als Griechenland die Francken bat,
Ihm seine Reiche zu gewinnen,
Das kan sie sich noch gut besinnen;
Sein Kayser ließ sie von sich ziehn,
Und übersandte sie dem Fränckischen
    Pipin. (c
Und von denselben Zeiten an
Biß auf den ietzt-erlebten Morgen,
Ist ihr kein Schritt, den sie gethan,
Kein Schmuck, kein Zuwachs mehr
    verborgen;
Bey dem sie, wenn man sechzig schreibt,
Schon tausend und drey Jahr bekleibt,
Ja durch den Fleiß der Europäer
Noch leichter, künstlicher, und höher,
Als sonst im Oriente schallt,
Je mehr der Wind, wie Blut, in ihren
    Adern wallt.
Was hat man ihr nicht noch zuletzt,
In unsern weisen Abend-Ländern,
An ihren Gliedern zugesetzt,
Verbessert, und gesucht zu ändern?
Man reicht ihr nicht nur Holtz und Zinn,
Zur täglichen Bekleidung hin;
Man läßt ihr Silber und Cypressen
Nach ihrem schlancken Leibe messen;
Man hängt ihr Porcellan und Rohr,
Man giebt ihr Gold, und Glaß, und
    Alabaster, vor.
Dort, wo der Steuer-Mann das Meer
Vom Ufer Adriatisch nennet;
Dort, wo die Gondel durch ein Heer
Von angebauten Insuln rennet;
Dort, wo die welsche Weißheit sitzt,
Und Deutschen Fleiß und Ruhm
    beschmitzt;
Dort hat ein Ausbund kluger Geister,
Ein Deutsch-gebohrner Orgel-Meister,
Ein Bernhard, ihren Fuß erdacht,
Und hat ihn so beredt, als ihren Mund,
    gemacht. d)
Nun war kein Künstler mehr so groß,
Als Silbermann, der Preiß der Sachsen;
Der nahm sie an, als Vaterloß,
Dem ist sie völlig aufgewachsen;
... Drum will sie auch sein Kind
    verbleiben,
Und will sich seine Tochter schreiben;
So wahr sie nun am schönsten singt,

Ja endlich durch und durch nach seinem
    Nahmen klingt.
Und dieses Wunder nehmen wir,
O Freund! ietzt auch aus Deinen Händen;
... Der Danck, damit wir Dich erfreun,
Wird Dessen treue Wartung seyn;
So lang es nur vermag zu leben,
So soll es Dich und sich erheben;
Nur leb auch Du noch lange Zeit,[11]
Und nütze Dir und ihm, und bau der
    Ewigkeit.
... So dürffen wir uns gar nicht scheuen,
Hier gleich soviel zu prophezeyen:
Wenn vier und eins nach achtzehn stehn,[12]
So wird Dein Orgel-Bau sein Jubel-Fest
    begehn.[13]

b) Dem Pabst Vitalian wird die Erfindung
    der Orgel ... zugeschrieben.
c) Constantinus Copron. sandte Pipino der
    Francken Könige im Jahre 757 die erste
    Orgel zum Geschencke.
d) Das Pedal hat ein Deutscher, Nahmens
    Bernhard im 15. Jahrhundert zu Venedig
    erfunden.

1 Mit der »Kindheit« ist der Anfang der Entwicklungsgeschichte der Orgel gemeint.
2 Noah war eine biblische Gestalt (vgl. 1. Mose
5, 29). 3 Jubal wird in 1. Mose 4, 21 erwähnt.
4 Damit ist wohl ein Schilfrohr gemeint.
5 David war ein israelitischer König (1004 bis
965 v. Chr.) 6 Salomo war der berühmteste
israelitische König (etwa 965–926 v. Chr.)
7 Das war ein römischer Satirendichter (etwa
58–138 n. Chr.). 8 Damit ist ein römischer
Kaiser (361–363) gemeint. 9 Das war der
bedeutendste christl.-lat. Dichter älterer Zeit.
10 Papst Vitalian regierte von 657–672.
11 Gottfried Silbermann ist bereits zwölf Jahre
später gestorben. 12 Damit ist das Jahr 1841
gemeint. 13 Die Prophezeiung hat sich leider
nicht erfüllt, da die Orgel bereits im Jahre 1757
zerstört wurde.

Nr. 56 – Zittau (St. Johannis)

MENAZZEHHIM, Die Capellmeister
der Hebräer, betrachtete, Bey der am 3. Aug.
1741 in der Johannis-Kirche Der Königl.
Sächß. Sechs-Stadt ZITTAU angesetzten
solemnen Einweihung Des fürtreflichen

neu angelegten Orgelwercks, Und ermun-
terte Das Zittauische GYMNASIVM
zum Lobe GOttes Samuel Friedrich Bucher[1], Gymnasii Con-Rector.
ZITTAU, gedruckt bey der verwittweten
Stremelin.

…sondern auch durch die bewunderungs-
würdige Erfahrung und Mühwaltung des
weltberühmten Künstlers, Herrn Gottfried Silbermanns, ein herrliches Orgel-
werck erbauet, dergleichen man nicht leicht
in Teutschland antreffen wird…

1 Er wurde am 16. September 1692 als Sohn
des Pfarrers Christoph Friedrich Bucher in
Rengersdorf geboren, wirkte ab 1728 als Gym-
nasialkonrektor in Zittau und starb dort am
13. Mai 1765. *Quellen:* PfA. Rengersdorf: TaR.
Nr. XLI/1692. PfA. Zittau: ToR. Nr. 153/
1765. Friedrich: Album des Gymnasiums Zittau, Zittau 1886

Nr. 57 – Zittau (St. Johannis)

Als Tit. honor. deb. HERR Gottfried Silbermann … Den neuen Orgel-Bau in der
Haupt-Kirchen S. JOHANNIS in ZIT-
TAU Und mit demselben Sein vier und
viertzigstes Werck[1] rühmlich und glücklich vollendet hatte, Wolte Bey der solennen Einweyhung desselben, Welche den
3. August 1741 geschahe, Dem berühmten
Erbauer in folgenden Zeilen ergebenst
gratuliren Johann Conrad Mayer[2]. S.T.C.
und Orphan. Informator.
ZITTAU, gedruckt bey der verwittweten
Stremelin.

…Ich darff, mein Silbermann, nur
    Deinen Nahmen nennen,…
So nenn ich auch den Ruhm, den weite
    Länder kennen,
Und der Dir sonderlich vor andern mehr
    gebührt.
Dein neu erbautes Werck von so viel
    tausend Pfeiffen,
Das Deine Kunst erfand, und täglich
    mehr erhöht,
Vermehrt auf ieden Griff, den Musici
    darauf greiffen,

Dein wohlverdientes Lob, das nimmer-
    mehr vergeht…
Was uns Italien und Franckreich schönes
    zeiget,
An Orgeln netter Art, die man bewundern
    kan,
Das alles überwiegt, das alles übersteiget,
Und übertrifft noch weit der deutsche
    Silbermann…

1 Siehe hierzu Anm. 220.   2 Mayer wurde am
5. Mai 1705 als Leineweberssohn in Zittau geboren. Er wirkte ab 1731 als »Waisen-Informator« in seiner Geburtsstadt und dann (ab 1742)
als Pfarrer in Neugersdorf, wo er 1757 starb.
Mayer hatte 1742 die Zittauer Pfarrerstochter
Victoria Catharina Haußdorff geheiratet (vgl.
Anm. 1945). *Quellen:* PfA. Zittau: TaR. Mai/
1705; TrR. Nr. 70/1742. PfA. Neugersdorf:
ToR. Nr. 81/1757. Christian Adolph Pescheck:
Handbuch der Geschichte von Zittau, Zittau
1837. Grünberg: II/2, S. 598.

Nr. 58 – Zittau (St. Johannis)

Als der weitberühmte Tit. deb. Herr Gott-
fried Silbermann … abermahls Ein schönes
neues Orgel-Werk in der löblichen Sechs-
Stadt ZITTAU zu Stande gebracht, Wolte
Demselben wohlmeinend Glück wünschen
eine VerpfliCHtete Freundin[1].
ZITTAU, Gedruckt bey der verwittweten
Stremelin.

DU hast es wohl mit Recht verdienet,
Du Daedalus[2] der deutschen Welt,
Daß Deines Nahmens Ehre grünet,
Daß man Dich für ein Kleinod hält…
Doch bist Du noch nicht gnung erhoben,
Ob hundert grosse Dichter Dich
In auserlesnen Liedern loben…
Baust Du denn Deine Wunder-Werke,
An welchen Kunst und Witz und Fleiß,
Die Ohren zu bezaubern weiß,
Ja gar die Hertzen selbst entzücket,
Für Männer eintzig und allein?
…Meinst Du, ein weiblich Ohr und
    Hertze,
Sey gäntzlich von Empfindung frey…
Demnach so stammet von den Musen
Der gröste Theil von Deiner Kunst,

Die Pfeiffen in der Orgel Busen
Sind Meister-Stücke deren Gunst.
Sie lehrten Dich den Circul führen,
Sie theilten Dir den Maßstab ein,
Sie stimmen Deine Töne rein,
Durch deren Zauberwerk uns Deine
 Pfeiffen rühren.
Da Musen nun von dem Geschlechte,
Zu dem auch uns der Schöpffer zehlt:
So dencken wir, und zwar mit Rechte,
Daß, was noch Deinem Lobe fehlt,
Weil noch kein Glied von unsern Orden
Dasselbige besungen hat,
Weil noch kein einzig Lorber-Blat
Durch eine Weiber-Hand für Dich
 geweyhet worden…

1 Das in dem Wort »VerpfliCHtete« verborgene Monogramm »VCH« deutet mit größter Wahrscheinlichkeit auf Victoria Catharina Haußdorff (vgl. Anm. 1945). 2 In der Mythologie war Daedalus der älteste griechische Künstler.

Nr. 59 – *Zittau (St. Johannis)*

Glueckwuntsch an Sr. Wohl-Edlen HERRN Gottfried Silbermannen, … Bey Gelegenheit Der am 3. August 1741 von Ihm übergebenen Zittauer grossen Orgel, Von einem Bewunderer und vielfachen Zeugen der Silbermannischen Geschick-lIChkEit[1] abgefasset.
ZITTAU, Gedruckt bey der verwittweten Stremelin.

…Lobt Dich doch selbst das Werck.
Drum trag ich billig Scheu
Ein mehrerers, als das, zu Deinem Ruhm
 zu sagen:
Mit Dir kan keiner mehr noch einen
 Wett-Streit wagen,
Den Vortritt in der Kunst läßt Dir wohl
 jedermann.
Drum streitest Du mit Dir, beliebter
 Silbermann,
Und denckst von Zeit zu Zeit auf immer
 größre Proben,
Als ob die erstern Dich nicht sattsam
 schon erhoben,
Drum ist von selbiger, die Zittau ein-
 geweyht,

Die Zwey und viertzigste[2], von solcher
 Seltenheit,
Daß alle, die sie sehn, nicht etwas
 schöners wissen,
Und dieß zu Deinem Ruhm, mein Zittau,
 sagen müssen…

1 In dem Wort »GeschicklICHkEit« ist das Monogramm ICE enthalten und durch Großbuchstaben und andere Schriftart hervorgehoben worden. Die Schrift stammt mit größter Wahrscheinlichkeit von dem Freiberger Domorganisten Johann Christoph Erselius, zumal er nach Zittau berufen wurde, um die Orgel mit zu prüfen. Erselius hat auch die Werke zu St. Petri in Freiberg und Frauenstein übernommen und sich dabei von Silbermanns Geschicklichkeit überzeugen und dessen Kunst bewundern können. Erselius' Lebensdaten sind in Anm. 1735 zu finden. 2 Siehe hierzu Anm. 220

Nr. 60 – *Großhartmannsdorf*

Als in der Zur Ehre des Allerhöchsten unter Hochadel. Carlowitzischer Herrschafft von Grundauf ausgebauten neuen Kirche zu Großhartmannsdorf Ein von Tit. Tot. HERRN Gottfried Silbermann … Neu aufgeführtes Orgelwerck Am 1. Advent-Sonntage 1741 bey volckreicher Versammlung Unter Aufführung einer von Herrn Carl Hartwig[1] weitberühmten Directore Musices in Zittau componirten annehmlichen Kirchen-Musique Zum Erstenmahle öffentlich gespielet wurde, Sollte dem weltberühmten Herrn Erbauer zu glücklicher Vollendung seines Fünf und Vierzigsten Meisterstücks[2] von Herzen Glück wünschen M. Johann David Hartwig[3], Past-Freyberg, gedruckt mit Matthäischen Schriften.

DArf man, grosser Silbermann,
Was von Deinem Lobe singen?
Darf man, was Dein Witz gethan,
In der Dichtkunst Schrancken zwingen?
Wo die Thaten selber reden,
Braucht es da wohl der Poeten?
Guter Wein braucht keinen Wisch,
Wahre Schönheit keine Schmincke,
Ein Großhartmannsdorfer Fisch,

Und ein Westphälingscher Schincke,
Aechte Kremnitzer Ducaten
Können unser Lob entrathen.
... Silbermann, Du bist es werth,
Daß Dich alle Künstler neiden ...
Sucht man aus der alten Welt
Männer mit Dir zu vergleichen;
Wird selbst Jubal[4] aufgestellt,
Und soll Dir den Grundriß reichen,
Woraus alles, was da klinget,
In der ganzen Welt entspringet;
... Doch man laß das Alterthum
Mit noch grössern Männern prangen,
Ihr unstreitig grosser Ruhm
Wird an Deinen doch nicht langen;
Laß mich sagen, wie ichs meyne,
Silbermann, Du bists alleine.
Straßburg stimmt mir willig bey,[5]
Und bekennt, daß Deines gleichen
Nicht in jenen Mauern sey,
Die bis an den Himmel reichen,
Wo so viele Künstler sitzen,
Als die Seine f) braucht zu schützen ...
Doch da Sachsen Dich gezeugt ...
Da man sich mit Herzenswonne
Pflegt an Deiner Kunst zu laben,
Soll kein ander Land Dich haben.
Freyberg, der beglückte Ort,
Der Dich seinen Bürger nennt,[6]
Hört fast nie des HErren Wort,
Da man nicht mit Lust bekennet,
Daß, wenn Deine Orgeln klingen,
Selbst die Wände möchten singen ...
Und was spricht die schöne Stadt,
Die von allen Deiner Wercke
Bis hieher das Größte hat?[7]
Wo sich Deines Geistes Stärcke
Hat fast selber übertroffen;
Was soll man von Zittau hoffen?
... Ich seh meinen Hartwig[8] dort
Seine Kunst so schön beweißen,
Daß die Hörer immerfort
Sich um St. Johannis reißen,
Um bey Deiner Orgel Klingen
GOTT ein singend Herz zu bringen.
Nun Großhartmannsdorf, wohlauf!
... Denn nun schallt in Deinem Tempel
Auch ein solches Kunstexempel.
Nicht an Größe noch an Pracht,

Nicht an Kostbarkeit und Stärcke,
Wird es jenen gleich gemacht,
Kleine Orte, kleine Wercke;
Das macht Deine Orgel schöne:
Es ist Silbermanns Gethöne ...

f) Der Vers würde also reiner geflossen
seyn: als man braucht Rhein zu schützen.
Allein es sollte die Seine seyn, weil von
Paris die Rede ist.[9]

1 Siehe Anm. 1831. 2 Hier zeigt sich, daß diese
Angaben nicht zuverlässig sind, denn die unmittelbar vorher gebaute Zittauer Johannisorgel
wurde als zweiundvierzigstes Werk Silbermanns
bezeichnet (vgl. Nr. 59). Siehe hierzu auch
Anm. 220. 3 Hartwig wurde 1701 als Sohn
eines Köhlers in Blumenau bei Olbernhau geboren und wirkte ab 1733 als Pfarrer in Großhartmannsdorf, wo er 1767 starb. Er scheint mit
dem Zittauer Musikdirektor Carl Hartwig verwandt gewesen zu sein. *Quelle:* Grünberg, II/1,
S. 304. 4 Jubal war eine biblische Gestalt und
wird in 1. Mose 4, 21 erwähnt. 5 Gottfried
Silbermann hatte in Straßburg bei seinem Bruder die Orgelbaukunst erlernt und einige Jahre
mit ihm zusammengearbeitet. 6 Im Freiberger Bürgerbuch ist der Name Gottfried Silbermanns nicht zu finden. Er hat demnach das
Bürgerrecht der Bergstadt nicht erworben.
7 Hinsichtlich der Zahl der Stimmen war die
Orgel im Dom zu Freiberg Silbermanns größtes
Werk (45 Stimmen). Die Zittauer Orgel hatte
allerdings nur eine Stimme weniger. Die Dresdner Frauenkirchenorgel besaß dreiundvierzig
Stimmen. 8 Auch aus diesen Worten ist auf
ein Verwandtschaftsverhältnis zwischen dem
Großhartmannsdorfer Pfarrer und dem Zittauer Musikdirektor zu schließen. 9 Möglicherweise ist Gottfried Silbermann (nachdem
er seinen Bruder verlassen hatte) selbst kurze
Zeit in Paris gewesen.

Nr. 61 – Großhartmannsdorf

Die Liebe zum Heiligthum, als der höchste Grad wohlgebauter Orgelwercke, Als
Tit. Tot. HERR Gottfried Silbermann ...
wiederum ein schönes Orgelwerck in der
Gemeinde zu Großhartmannsdorff erbauet,
und solches den 3. Decembr. 1741 übergab, Wollte hierbey vorstellen, und Dem-

selben wohlmeynend und von Herzen gratuliren ein aufrichtiger Landsmann[1]. Freyberg, gedruckt mit Matthäischen Schriften.

... Man wird nunmehro heut Großhart-
    mannsdorff beweisen,
Da dieses Orgelwerck den Meister selbst
    wird preißen,
Das aus Verstand und Sinn mit grossen
    Fleiß vollbracht,
zu hohen Ehr und Ruhm der Nachwelt
    wohl gemacht.
Nunmehr hast Du so hoch die Staffeln
    schon bestiegen,
Das Vier und Vierzigst Werck[2] muß
    wieder glücklich siegen,
Wer so viel hat gethan, muß in der
    Künste Schrein,
Wie Du, o Silbermann, in Gold
    gezeichnet seyn...

1 Der Name des Autors ist unbekannt. Vermutlich war er mit dem »aufrichtigen Landsmann« identisch, der Silbermann ein halbes Jahr vorher, zur Weihe der Zittauer Johannisorgel, eine Druckschrift gewidmet hatte. Ein Exemplar dieser Schrift befindet sich – bemerkenswerterweise – auch im Pfarrarchiv zu Großhartmannsdorf. Möglicherweise war der Zittauer Musikdirektor Carl Hartwig (vgl. Anmerkung 1831) der Autor beider Schriften. Er wurde in Olbernhau geboren und war demnach ein »Landsmann« Gottfried Silbermanns.
2 Der Großhartmannsdorfer Pfarrer, Johann David Hartwig, hat in seiner gleichzeitig erschienenen Schrift (siehe Nr. 60) die Orgel als fünfundvierzigstes Werk Silbermanns bezeichnet. Siehe hierzu auch Anm. 220.

Nr. 62 – Fraureuth

Einige Discurse Zweyer Orgel-Freunde, Welche bey Gelegenheit des von Tit. HERRN Gottfried Silbermannen ... Am I. Advent dieses 1742sten Jahres zu Fraureuth im Voigtlande verfertigten schönen Orgelwecks geführet worden, Wolte Demselben wohlmeynend eröffnen und zu glücklich vollbrachten Bau ergebenst gratuliren ein auffrichtiger Freund und Diener,

Welcher Hn. Silbermann Unter währender Arbeit Offters ZuGesprochen.[1] Greitz, druckts Abraham Gottlieb Ludewig, Hoch-Gräfl. Hof-Buchdr. Zitate aus dieser Druckschrift sind in Anm. 722, 1952, 2088 und 2091 zu finden.

1 Als Autor der Schrift kann mit ziemlicher Sicherheit der Greizer Organist und Stadtschreiber Johann Gottfried Donati angenommen werden. Siehe hierzu Anm. 2090.

Nr. 63 – Fraureuth

Bey der Solennen Übergabe Und Einweyhung Der neuen Orgel, Welche in dem Hoch-Gräfl. Reußischen Unter-Graitzischen Flecken Fraureuth, Beym Antritt des neuen Kirchen-Jahres, 1742 dem ersten Sonntag des Advents, als am andern Tage des Christ-Monats,[1] Unter GOttes Gnade und Seegen, In Gegenwart Der Hochgräflichen Herren Räthe Und der versammleten Christlichen Kirch-Gemeine geschahe, Suchte dem gütigen GOtt im Himmel, Hoher Herrschafft, Und Der Gemeine Wie selbst Dem unvergleichlichen Künstler, gebührenden Danck abzustatten, M. Heinrich Rothe[2], Past[or] in Fraureuth. Zwickau, gedruckt bey Johann Friedrich Höfern.

...So ein Werckzeug hoher Dinge, Die
    man nie satt rühmen kan,
Ist der Theure Silbermann,
Ach! mein Kiel ist zu geringe, Daß er
    dieses Künstlers Preiß
Würdig zu erheben weiß...

1 Mit dem »andern Tage« ist der zweite Tag des Monats gemeint. In diesem Falle also der 2. Dezember. 2 Rothe wurde 1680 in Gera geboren, hatte (1703–1706) die Universität Jena besucht, und dann als »Informator« (Hauslehrer) auf dem gräflichen Schloß Untergreiz und (ab März 1711) als Pfarrer in Crispendorf (bei Burgk) gewirkt. Im Dezember 1725 kam Rothe als Pfarrer nach Fraureuth, wo er am 8. September 1763 starb. Quelle: Briefliche Mitteilungen von Pfarrer Heller, Fraureuth, an den Verfasser.

Wohl-verdientes Ehren-Gedächtniß, Welches Dem Hoch-Wohl-Edlen, Großachtbaren, und in der Orgelbau-Kunst Hocherfahrnen HERRN, Herrn Gottfried Silbermannen ..., Da Er Sein Vortrefflich Orgel-Werck Von 20 Stimmen und 2 Clavieren, Zu Fraureuth im Voigtlande, In Gegenwart unterschiedlicher Virtuosen, und berühmter Music-Verständigen,[1] Am ersten Sonntage des Advents, 1742. Ohne eintzigen Defect übergab, Zu gebührendem Ruhm stifften solte und wolte, Ein der Silbermannischen Kunst und Namens Sonderlicher Verehrer, Johann Heinrich Clauser[2], Cant[or] in Fraureuth.
Zwickau, gedruckt bey Johann Friedrich Höfern.

Was bestrebe ich mich doch,
Das Geringste beyzutragen,
Was zu Deinem Ruhme noch
Und zum Preiß man könte sagen?
Wer nur Deine Wercke höret,
Und derselben Klang betracht,
Wird dadurch fast gantz bethöret,
Und erstaunt für deren Pracht.
Du, o schönes Sachsen-Land!
Magst für allen andern prangen,
Weil da eines Künstlers Hand
Schöne Wercke angefangen,
Auch so prächtig ausgeführet,
Daß man sich verwundern muß,
Wer davon nur was berühret,
Fasset schon den festen Schluß:
Dieser ist Herr Silbermann,
Und der Künstler dieses Orden,
Schauet mit Verwundrung an!
Hier und vielen andern Orten,
Seine Wercke, die schon schallen,
Müssen Dessen Ruhm erhöhn,
Weil sie mehr, als wohlgefallen
Allen, die sie hören gehn.
O! wie mancher Virtuos
Seufzt nach einem solchen Wercke,
Ey! Warum? Dieweil es bloß
Zeiget Lieblichkeit und Stärcke.
Denn der Pfeiffen charmand Klingen
Kützeln Hertze und Gehör,

Es ist, als ob Menschen singen,
Zu des grossen GOttes Ehr.
Auch in unserm Reussen-Land
Können wir uns hertzlich freuen,
Weil Herr Silbermannens Hand
Abermal ein Werck vom neuen,
Durch Sein Wissen, aufgebauet,[3]
Welches unsern Tempel ziert,
Wer es nur mit Augen schauet,
Wird dadurch zum Lob geführt.
...Nun, wie gerne möcht ich Dich,
Silbermann, nach Würden loben,
Doch, warum bemüh ich mich?
Dein Werck hat Dich selbst erhoben.
Unsre sämtliche Gemeinde
Fügt Dir diß zum Ruhme bey,
Und rufft zum Trotz Deiner Feinde,
Daß nicht Deines gleichen sey.
...Ich gleiche Dich, Du Grosser Silbermann,
Bezaleel, dem Künstler alter Zeiten,[4]
Mit dem Du um den Preiß annoch kanst streiten,
Wem unter euch derselbige gebühre?
Du bist bereits, bey nah an fünfzig Orten,*
Im Orgel-Bau berühmt vor andern worden,
Drum ist der Schluß gewiß, und wird bestehn:
Dein Ruhm wird erst einst mit der Welt vergehn.

* Besonders in Zittau, allwo Derselbe, im verflossenen Jahr, ein sehr prächtiges und kostbares Orgelwerck, vor 14 000 Rthlr. aufgeführet.[5]

1 Leider sind ihre Namen unbekannt. 2 Clauser wurde 1703 geboren. Sein Vater war Bürger und Schneider zu Greiz. Johann Heinrich Clauser heiratete 1735, damals bereits »wohlbestalter Cantor« in Fraureuth, Christiane Sophia Steindorff, die älteste Tochter des Zwikkauer Oberkantors Johann Martin Steindorff (siehe Anm. 1443). Clauser ist am 10. März 1775, nachdem er »über 42 Jahre in hiesiger Schule mit vielem Fleiß gearbeitet hatte«, im Alter von fast zweiundsiebzig Jahren, in Fraureuth gestorben. *Quellen:* PfA. Fraureuth, TrR. Nr. 1/1735 und ToR. Nr. 4/1775. 3 Silbermann hatte im Reußenland schon eine Orgel gebaut und zwar in Greiz. Sie wurde Mitte Juni

1739 vollendet. 4 Bezaleel war eine biblische Gestalt und wird in 2. Mose 31, 2–5 erwähnt. 5 Silbermann hat für das Zittauer Werk nur 7000 Taler bekommen (vgl. SD. 44). Insgesamt beliefen sich die Baukosten auf über 11 000 Taler (vgl. Anm. 1888).

Nr. 65 – Burgk

Als S. T. HERR Gottfried Silbermann … Anno 1743 abermahls ein künstliches und nettes Orgel-Werck in der Burgkischen Schloß-Capelle erbauet und übergeben, wolte Demselben hierzu, in nachstehenden gratuliren, ein guter Freund, H. VI. R.[1] Schleitz, druckts Joh. Gottlieb Maucke, Hoch-Gräfl. Reuß-Pl. privil. Hof-Buchdrucker.

Mein werth'ster Silbermann, Dein
    niedlich schönes Werck
Zeigt viel Annehmlichkeit, und Deiner
    Künste Stärck,
Theils wenn es in dem Bass recht
    gravitätisch klinget,
Theils wenn es im Discant recht hoch
    und niedlich singet;
Die gantze Harmonie ist rein und
    ungemein,
Drum glaube, daß davon das Hertz
    erweckt muß seyn
… Ich wenigstens gesteh' ohn aller Worte
    Dunst,
Daß ich bewundere an diesem Werck die
    Kunst,
Doch noch mehr Deinen Geist, und
    dessen Munterkeiten,
Die mich belustigen an allen Ort und
    Zeiten.
Geehrter Silbermann, leb glücklich,
    lebe lang,
Nimm reich an Alter zu, wie an der
    Künste Klang …

1 Auf einem im Besitz des Heimatmuseums Frauenstein befindlichen Exemplar der Druckschrift befindet sich der handschriftliche Vermerk: »D[as] i[st] Heinrich der VI.ste Graf Reuß«. Er war der (nichtregierende) Bruder von Heinrich III., welcher von Silbermann die Orgel bauen ließ (vgl. hierzu Hüllemann, S. 62).

Nr. 66 – Burgk

Als Tot. Tit. HERR Gottfried Silbermann … ein neues Orgel-Werck, welches das Sieben und Viertzigste von seiner Arbeit ist,[1] in der Hoch-Gräflichen Schloß-Capelle zur Burgk verfertiget, Und solches am 14. April 1743 als am ersten Heil. Oster-Tag eingeweihet wurde, wolte seine dabey gehabte Gedancken in einem Gespräch zwischen zweyen guten Freunden entdecken, und seine Gratulation zugleich abstatten Rudolph August Heinrich Geldern[2], Gräfl. Reuß-Pl. Amts-Verwalter auf der Burgk.
Schleitz, gedruckt bey Joh. Gottlieb Maucken, Hoch-Gräfl. Reuß-Pl. privil. Hof-Buchdrucker.

… Absonderlich, da fast von neuen
Die angenehme Burgk allhier
So schön und räumlich ausgebaut,
Daß jeder frey gesteht: (so bald
Er solche nur einmal geschauet)
Hier sey der Sinnen Lust, der Anmuth
    Auffenthalt.
Hierunter wird nun sonder Streit
(Woran es noch bisher gefehlet:)
Die schöne Orgel mitgezehlet,
Mit deren netten Seltenheit
Die hießge Schloß-Capelle pranget,
Wodurch Dieselbe fast allein
Gantz eine sondre Zierd' erlanget.
Wer muß der Meister denn von diesem
    Wercke seyn?
Ich nenne dir denselben nicht,
Ich will nur bey der Orgel bleiben,
Und dir sie ohngefehr beschreiben,
So, wie sie jedem ins Gesicht
Und nachher in die Ohren fället:
Alsdenn so rathe ohngefähr,
Wenn du es dir recht vorgestellet,
Wer von dem schönen Werck etwa der
    Meister wär.
Die Pfeiffen sind dermassen schön,
Aus allerbesten Zinn formiret,
Und unvergleichlich auspolieret,
An welchem sonderlich zu sehn
Daß sie durchgehends nach den Sätzen
Der Mathematic eingericht't,

Daher nicht ohne viel Ergötzen
Die schönste Symmetrie aus allen Stücken
    spricht.
Sieht man nun das Regier-Werck an,
Wie solches, da der Raum so enge,
Ohn alles schädliche Gedränge,
Doch frey getrieben werden kan,
Und wie daher an vielen Orten
Der Wind darinnen wunderbar
Bald hin, bald her geführet worden,
So leget diß allein ein grosses Wissen dar.
Recht prächtig ist auch die Gestalt,
Die sich dabey von aussen zeiget;
Jedennoch dieses alles weichet
Mit Recht dem inneren Gehalt.
Weil es so scharff, doch lieblich klinget,
Daß der so gravitätsche Thon
So schön in aller Ohren dringet,
Und ich versichre Dich, mein werther
    Telamon,
Er ist von einer solchen Stärck',
Daß welcher es nicht anders wüste,
Und höret s, dennoch glauben müste,
Es sey ein grosses Orgel-Werck.
Nun wirst du bald bekennen müssen,
Der Künstler, der diß Werck erbaut,
Sey gar nicht von gemeinen Wissen,
Daß GOtt ihm vielen Witz und Gaben
    anvertraut.
Er selbst ist ein erfahrner Mann,
Der Manches Instrument erfunden,
Und denckt noch jetzt zu vielen Stunden,
Ob er was neu's entdecken kan.
So viele ungemeine Gaben
Kan einer wohl nicht leicht allein
Beysammen so vollkommen haben,
Drum muß es Silbermann, Es kan kein
    andrer seyn.
Sein Nahme ist, wie schon bekannt,
Bereits an viel und grossen Orten,
Durch seine Kunst gepriesen worden,
Er hat in mancher Stadt und Land
Dahin man sehnlich ihn begehret,
Dieselbe öffters dargethan,
Und damit offenbar gelehret,
Daß Menschen Witz und Fleiß gar hoch
    es bringen kan.
Ja, ja, ich muß es selbst gestehn,
Daß ich von seinen Ruhm gehöret,

Der sich nachher bey mir gemehret,
Als ich mit Augen selbst gesehn,
Wie unvergleichlich seine Wercke,
Die fast den höchsten Grad erreicht,
Und daß an Witz, Verstand und Stärcke
Geschicklichkeit und Kunst ihn leichtlich
    keiner gleicht.
...Sag' auch dem werthen Silbermann:
Ich wünschte ihm so vielen Seegen,
Als Pfeiffen, die er selbst gelötet, zehlen
    kan.
...Damit nun auch nach späten Jahren,
Die, so alsdann die Orgel sehn,
Wer deren Meister sey, erfahren,
So soll die Überschrifft daran, wie folget,
    stehn:
Dieses wohlgestimmte Werck, und recht
    niedliche Gebäude,
Welches von des grossen Künstlers seltnen
    Gaben zeugen kan,
Setzt den, der es hört und sieht, in
    Verwunderung und Freude,
Fragst du, wer hats denn erbauet?
    Der berühmte Silbermann.

1 Siehe hierzu Anm. 220. 2 Geldern wurde
1691 geboren und starb (im siebenundsiebzig-
sten Lebensjahr) am 12. Dezember 1768 in
Schleiz als »hochgräfl. Reuß-Pl. hochbestallt gewesener Rath und Amtmann zur Burgk«.
Quelle: PfA. Schleiz, ToR. Nr. 108/1768.

Nr. 67 – Burgk

Den falschen und wahren Gebrauch der
Music wolte, Als Tot. Tit. HERR Gottfried Silbermann ... ein neues Orgel-Werck
auf der Hoch-Gräflichen Schloß-Capelle
zur Burgk erbauet, und solches am 14. April
1743 zum erstenmahl gespiehlet wurde
kurtz entwerffen, und dem hochberühmten
Herrn Werckmeister wahres Heyl anwünschen Johann Rudolph Jänecke[1], Gräfl.
Reuß-Pl. Hof-Prediger zur Burgk und Pastor in Möschlitz.
Schleitz, druckts Joh. Gottlieb Maucke,
Hoch-Gräfl. Reuß-Pl. privil. Hof-Buchdrucker.

...Herr Silbermann, Sie sind vor andern
    ausersehen,

Mit Dero Orgel-Bau, im Reiche der Natur,
Des grossen Königs Ruhm und Weisheit
    zu erhöhen,
Dis zeugen viele Werck, die Burgk giebt
    neue Spuhr...

1 Jänecke wurde vermutlich um 1713 geboren und war der Sohn eines Predigers aus Gardessen bei Braunschweig. Er hat sein Amt »mit bewundernswürdiger Treue und in großem Segen verwaltet, dabey hat er viele Krankheiten und anhaltende Schwachheiten des Leibes ertragen und in den letzten 13 Jahren nur noch eine kurze Zeit einige Amtsarbeiten verrichten können«. Jänecke starb am 13. August 1787. *Quelle: PfA. Möschlitz, ToR. 1787.*

Nr. 68 – Burgk

Als der Wohl-Edle, Großachtbare und Kunsterfahrne Herr, HERR Gottfried Silbermann ... in der Hoch-Gräflichen Schloß-Capelle zur Burgk wiederum, ein, von gantz besonderer Kunst, verfertigtes Orgel-Werck aufgesetzet, wolte, Als selbiges am Heil. Oster-Feste Anno 1743 eingeweihet wurde, diesen grossen Künstler durch gegenwärtige Zeilen glückwünschend beehren J. G. Donati[1].
Schleitz, druckts Joh. Gottlieb Maucke, Hoch-Gräfl. Reuß-Pl. privil. Hof-Buchdrucker.

Berühmt geehrtster Silbermann!
Glaub, meine schwache Feder kan
Nicht gnugsam Deinen Ruhm erheben.
Da abermahls von Deiner Hand
Ein künstlich Werck nun steht im Stand,
Den nettsten Klang von sich zu geben.
Du bist in kleinen ja so groß,
Als sonst in Deinen grösten Wercken,
Das stellest Du zur Burgk jetzt bloß,
Um Deine Kunst hier zu bestärcken.
...So ists auch mit der Orgeln Thon
Und ihrem Bau, da manche schon
Recht prächtig siehet, auch beschaffen,
Da nicht mit äussern Pracht und Schein
Der innre Klang stimmt überein,
Will man auch gleich zusammen raffen,
Von der Register grossen Schaar,

534

Die beyden Hände voller Thöne,
So wird man leider! doch gewahr,
Nur stumpffen Klang, nicht scharffe
    Schöne.
Welch ungemeine Nettigkeit
Muß aber sonder allen Streit,
An diesem kleinen Werck erscheinen;
Da Klang und Zierath ungemein,
Und sein recht Unvergleichlichseyn,
Zeigt Deine grosse Kunst im Kleinen.
O lieblich-süsse Harmonie!
O Silber-Klang! der gantz entzücket.
O! Ordnung, Schmuck, Glantz, Fleiß
    und Müh,
Die man wohl selten wo erblicket...
Da, Gönner, Deine Kunst so groß;
So hat sie nicht nur dieses Schloß
Und seine Anmuth müssen mehren;
Es zeigt ja Greitz, es hat Fraureuth,
Schon Wercke Deiner Trefflichkeit,[2]
Die dort sich herrlich lassen hören;
Durch Anstalt unsers grossen Reuß,
Der Deine Künste weiß zu schätzen.
Du wirst noch, glaub ich, GOtt zum Preiß
Manch Werck im Reussen-Lande setzen[3]...

1 Der Autor, Johann Gottfried Donati, wirkte in Greiz als Organist und Stadtschreiber. Seine Lebensdaten sind in Anm. 1812 zu finden.
2 Die Orgeln in Greiz und Fraureuth wurden 1739 bzw. 1742 vollendet. 3 Diese Hoffnung hat sich nicht erfüllt.

Nr. 69 – Burgk

Bey der am ersten Heil. Oster-Tage 1743 erfolgten solennen Einweihung Des in der Hoch-Gräfl. Schloß-Kirche zur Burgk neuerbauten Orgel-Werckes, Welches auf gnädigste Vorsorge und hohe Stifftung Des Hochgebohrnen Grafen und Herrn, HERRN Heinrichs des Dritten, Eltern Reussen, Grafen und Herrn von Plauen, Herrn zu Greitz, Crannichsfeld, Gera, Schleitz und Lobenstein, Seines gnädigsten Grafen und Landes-Vaters, Der ungemeine Künstler und Erbauer desselben Tot. Tit. Hr. Gottfried Silbermann ... abermals verfertiget hatte, wolte Dem Kunst-berühmten Erbauer bey Übernehmung dieses Wercks

seinen schuldigen Glück-Wunsch und danckbare Hochachtung gebührend abstatten Johann Wolffgang Beyer[1], Cantor auf der Burgk und in Möschlitz.
Schleitz, gedruckt bey Joh. Gottlieb Maucken, Hoch-Gräfl. Reuß-Pl. privil. Hof-Buchdrucker.

Das Werck lobet seinen Meister,
Saget Sirachs kluger Mund,[2]
... Dieses zeigt das Kunst-Gebäude
Unsrer neuen Orgel klar.
Hier wird Sirachs Ausspruch wahr.
Jedermann erhebet heute
Unsers Landes-Vaters Gnad,
Die den Bau befördert hat.
Und bey diesem schönen Werck
Rühmt man auch des Künstlers Stärcke...
Und wer kan die Orgel hören,
Daß er nicht des Künstlers Preiß,
Und den angewandten Fleiß
Sollte mit Verwundrung ehren?
Jede Stimm' und Thon beweist,
Welcher ungemeine Geist
Und Geschicke in Ihm wohnet,
Wie Er keine Mühe schonet.
Sieht man die Register ziehen,
Wie so scharff, wie nett, wie rein
Dabey alle Thone seyn;
So hört man die Harmonien
Mit der grösten Rührung an.
Weil man fast nicht glauben kan,
Wie man wohl zu solchen Singen
Weiß Metall und Holtz zu bringen.
Nun das Werck lobt seinen Meister,
Welches in der Kirche wird
Jetzt das erstemahl gerührt.
Fraget jemand mich: Wie heißt er?
Silbermann hat es gemacht,
Und in diesen Stand gebracht.
O wer nur den Namen höret,
Diesen klugen Künstler ehret.
Und wolt ich sein Lob verschweigen;
O so kan ja hier und dort
Manche Stadt und mancher Ort
Seiner Hände Wunder zeigen.
... Doch mein Kiel ist zu geringe,
Daß er, theurer Silbermann,
Dich nach Würden rühmen kan...

1 Beyer wurde um 1692 geboren und starb, zweiundachtzig Jahre alt, am 20. März 1774. Er war ein Mann, »der sich durch seine guten Eigenschaften, besonders durch seinen Fleiß, Vorsichtigkeit, gute Sitten und pünktlichen Gehorsam gegen seinen Vorgesetzten, bei allen Liebe und Achtung erworben« hat. *Quelle:* PfA. Möschlitz, ToR. 1787. 2 Sirach war ein Jerusalemischer Jude (um 200 v. Chr.), der eine Sammlung religiös wertvoller und praktisch kluger Sinnsprüche veranstaltete.

Nr. 70 – Burgk

Die Reitzung zur Andacht, durch ein wohlgebautes Orgel-Werk, Wurde am ersten heiligen Oster-Feyer-Tage 1743 bey der solennen Übergabe des in der Hoch-Gräfl. Schloß-Capelle zur Burgk fürtrefflich neuerbauten Orgel-Werks Welches durch GOttes Beystand und besondere Geschicklichkeit von Tot. Tit. HERRN Gottfried Silbermann ... verfertiget, kürtzlich erwogen und dabey diesen grossen Künstler schuldigst gratuliret und ferneres Wohlergehen angewünschet von einem Ihm nicht unbeKannten Freund[1].
Schleitz, druckts Joh. Gottlieb Maucke, Hoch-Gräfl. Reuß-Pl. privil. Hof-Buchdrucker.

... Was iedes Instrument kan schönes
    an sich haben,
Wird bey dem Orgel-Bau recht wohl in
    eins gebracht:
Alleine darzu braucht man gantz besondre
    Gaben,
Ein rechts Orgel-Werk ist nicht so leicht
    gemacht.
Die Künstler sind gar rar, so gute
    Orgeln bauen,
So daß man nach den Raum die Werke
    selbst abmißt,
Von aussen lässet sich wohl manche
    schön anschauen,
Die doch dem innern nach sehr wenig
    nütze ist.
Doch habe ich das Glück noch einen
    Mann zu kennen,
Der alles nach der Kunst an Orgeln
    bauen kan.

Ist mir es wohl erlaubt, denselbigen zu
  nennen?
Es ist der weit und breit berühmte
  Silbermann.
Freyberg und Dreßden wird mir ihren
  Beyfall schenken,
Greitz, Zittau und Fraureuth stimmt
  auch vor andern bey;
Jedoch, was brauche ich so weit herum
  zu denken,
Wer leugnet denn, daß er ein grosser
  Künstler sey?
Er hat es deutlich gnug hier auf der
  Burgk erwiesen,
Da Er ein kostbar Werk vor unsre Augen
  stellt;
Wer dessen Schönheit schaut, von dem
  wirds uns gepriesen,
Wer es nur einmahl hört, sagt, daß es
  ihm gefällt.
Fürwahr, der reine Thon und
  schmeichlerischen Stimmen,
Wenn man die Claves[2] schnell und zierlich
  angedrückt,
Die können Hertz und Ohr in Andacht
  bald entglimmen,
Der gantze Mensch wird ja von diesem
  Klang entzückt.
…Und darum müssen wir Dich, groser
  Künstler, preisen,
Daß Du besondern Fleiß an dieses Werk
  gewandt;
Du wirst nunmehro zwar bald von der
  Burgk abreisen,
Doch bleibt Dein grosser Ruhm uns
  allezeit bekannt.
So reise glücklich hin, noch andern mehr
  zu dienen…

1 IK wurde in anderer Schriftart gedruckt. Offensichtlich handelt es sich um das Monogramm
des Autors. Mit großer Wahrscheinlichkeit
stammt die Schrift von Hofverwalter Kummer.
Seine Lebensdaten sind unbekannt. Kummer
hat an der anläßlich der Orgelweihe veranstal-
teten Festmahlzeit teilgenommen. 2 Tasten

Nr. 71 – Nassau

Bey Einweyhung der neuen Orgel in Nassau bey Frauenstein, welche als ein liebliches Räuchwerk, Von Dem Wohl-
Edlen, Großachtbaren und Hoch-Kunst-
erfahrnen Herrn, HERRN Gottfried Silbermann … am Dom. VIII. p. Trinitat.
1748[1] GOtt zu Ehren, und der ganzen
Kirchfahrt zur grossen Freude wohlrüchend angezündet wurde, wollte aus
alter Bekannt- und Freundschaft Demselben hierdurch schuldigst gratuliren, Johann Schubarth[2], Cant. Emerit.[3] in Frauenstein.
Freyberg, gedruckt bey Christoph Matthäi.

…Der edle Wohlgeruch von Deinen
  Orgelwerken,
Hat in der ganzen Welt, sich herrlich
  ausgebreit't:
Der kann den schwachen Sinn, in seiner
  Ohnmacht stärken,
Daß er auf reiner Gluth, Dir, Ehren-
  Weyhrauch streut.
Du hast zwar manchen Dampf schon
  öfters ausgestanden,
Den Dir der Feinde Hand gar bitter
  angesteckt;
Doch aber Dein Geruch macht sie
  geschwind zu Schanden,
Daß sie nun haben sich nur vielmehr
  Stanck erweckt.
Nur zu bedauern ists, und ernstlich zu
  beklagen,
Daß diese Weyhrauchs-Kraft schon bald
  verschwunden ist!
Und daß der kalte Nord, will dessen
  Gluth zerschlagen[4] …

1 Der 8. Sonntag nach Trinitatis fiel damals auf
den 4. August. 2 Seine Lebensdaten sind in
Anm. 2168 zu finden. 3 Das heißt: Kantor
im Ruhestand. 4 Diese Worte sind wohl als
Anspielung auf die Tatsache zu verstehen, daß
Silbermann damals fünfundsechzig Jahre alt
war.

WORTERKLÄRUNGEN

Die nachstehende Zusammenstellung bietet stichwortartige Erklärungen für die wichtigsten im Text- und Anmerkungsteil der vorliegenden Dokumentation vorkommenden Fachausdrücke und Fremdwörter und für andere aus den Quellen zitierte und heute ungebräuchliche Ausdrücke und Wörter.

acceptiren – annehmen
Accidentia – Gelegenheitseinnahmen
Accise – Verbrauchssteuer
accompagniren – begleiten
Accord – Übereinkunft, Vertrag
accordiren – vereinbaren, übereinkommen
accurat – genau
Accuratesse – Genauigkeit
ad interim – inzwischen
Adjunct – Stellvertreter
adjungiren – als Vertreter einsetzen
Admiration – Bewunderung
admiriren – bewundern
Aequalite – Gleichheit
agiren – handeln
agnosciren – anerkennen
anhero – hierher
anitzo – gegenwärtig, jetzt
annehmlich – annehmbar, geeignet
appliciren – anwenden
Applikation – Anwendung
Approbation – Bestätigung
approbiren – anerkennen, bestätigen
Assecuration – Sicherheit
Attention – Achtung, Aufmerksamkeit
Attestat – (schriftliches) Zeugnis
attestiren – bestätigen, bezeugen
aufgegangen – (an Geld) aufgewendet
avansiren – (mit etwas) vorankommen
avantage – Vorteil, Vorzug

beniemt – (bereits) benannt, aufgeführt
beständig – dauerhaft

Calcant – Bälgetreter

Calvonium – Harzprodukt
Carmen – Gedicht (zur Orgelweihe)
Caution – Sicherheitsleistung
citiren – (herbei)rufen
Clavichord – → Anm. 85
Clavicin – → Anm. 85
Clavis – Taste der Orgelklaviatur
Commission – Auftrag
communiciren – Verbindung aufnehmen (oder halten)
concipiren – entwerfen
conferiren – beraten, besprechen
Confidence – Vertrauen
conserviren – erhalten
Consideration – Betrachtung, Erwägung
consumiren – verbrauchen
continuiren – fortsetzen
Contract – Vertrag
contrahiren – einen Vertrag schließen
confundiren – irritieren
curieus – seltsam, (wißbegierig)

Defect – Fehler
Defuncto – Verstorbener
Deliberation – Beratung, Erwägung
delicat – zart
Delicatesse – Zartheit, Schönheit
deplorabel – bejammernswert
depreciren – (etwas) ausschlagen, ablehnen
Dero – Ihre (in Briefen)
desideriren – beanstanden
Diaconus – Hilfsgeistlicher
Dilation – Aufschub, Verzögerung
Discretion – besondere (zusätzliche) Vergütung

537

distinguirt – ausgezeichnet
Douceur – (gutwillige) Zuwendung, Geschenk

Effect – Erfolg, Ergebnis
effectuirung – Verwirklichung
ermangeln – fehlen
Estim – Hochachtung
estimiren – achten, schätzen
Ew. – »Euer« (in Briefen)
Examination – Prüfung (einer Orgel)
Examinator – Prüfer
exerciret – gelernt, (aus)geübt
exponirt – ausgesetzt
extraordinair – außergewöhnlich

favorabel – günstig
firm – fest
Forcé – Kraft
forciren – zwingen
Fuß (8-Fuß usw.) – → Anm. 1057

gedachter – genannter, erwähnter
gedungen – bestellt
gemeldter – genannter
geraum – geräumig
Gewehr – Garantie, Gewährleistung
Gulden – Münze (– 21 Groschen)

habil – befähigt
Hüfner – Bauer (Eigentümer einer »Hufe«)

iezo – jetzt, zur Zeit
immasen – weil
incomporabel – unvergleichlich
informiren – lehren, unterrichten
Intention – Absicht
Intonation (der Orgelpfeifen) – → Anm. 1144
inventiren – erfinden
investiren – (in ein Amt) einweisen
itzt – jetzt

Johannis – (24. Juni) → Anm. 1300
judiciren – urteilen

Kirchfahrt – Kirchspiel
kostbar – wertvoll, kostspielig, teuer
künstlich – kunstvoll

Lection – Unterricht
Logiament – Quartier, Wohnung

maaßen – weil
Maculathur – Altpapier
Magister – (früherer) akademischer Grad
magnifique – herrlich, prächtig
Maitre – Meister
Manual – Klaviatur für die Hände
Martini – (11. November) → Anm. 1223
Medicus – Arzt
Menage – Beköstigung
Mensur – Maße der Orgelpfeifen
Metier – Beruf
Michaelis – (29. September) → Anm. 1027
Movement – Bewegung, Antrieb
mundiren – ins Reine schreiben

notificiren – mitteilen

obligiren – verpflichten
offeriren – anbieten
Officium – Amt, Dienst
ordinair – allgemein, gewöhnlich

Pardon – Verzeihung
Patron – Gönner, Schutzherr
Pedal – Klaviatur für die Füße
perfection – Vollendung
perfectioniren – vervollkommnen
Positiv – kleine Orgel (ohne Pedal)
Posterität – Nachwelt
Prädicat – Rangbezeichnung, Titel
praestiren – leisten
pränumerando – im voraus (bezahlen)
prätendiren – beanspruchen
Privilegium – (Urkunde über ein) Vor- oder Sonderrecht
produciren – an- oder ausfertigen
Profession – Beruf
promittiren – versprechen, zusichern
prosperiren – vorankommen

raisoniren – Einwände vorbringen, widersprechen
Recommendation – Empfehlungsschreiben
recomendiren – empfehlen
Recompens – Ausgleich, Vergütung
reconvalesciren – (von Krankheit) genesen
renomeé – Ansehen, Ruf
renomirt – angesehen, berühmt
requiriren – (mit etwas) beauftragen, heranziehen

Resolution – Entscheidung, Entschluß
Retour – Rückkehr

Salarium – Besoldung, Gehalt
solenn – feierlich, festlich
sonderbar – ganz besonders
sonderlich – insbesondere
spediren – (etwas wohin) schicken
Stimme (oder Register) – Gruppe von Orgelpfeifen gleicher Klangfarbe
Stimmen (der Orgelpfeifen) – → Anm. 1145
stipulirt – vertraglich vereinbart
sufficient – ausreichend, genügend
superiren – übertreffen
supprimiren – etwas unterdrücken, (vorläufig) nicht beachten

Taler – Münze (= 24 Groschen)
tractiren – behandeln, (auch) bewirten
tüchtig – einwandfrei, gut

unpaß – unwohl, krank

Unpäßlichkeit – Unwohlsein, leichte Krankheit
unterschiedene – verschiedene

veraccordirt – in Auftrag gegeben, bestellt
verdungen – bestellt, ausbedungen
vergnüget – (finanziell) befriedigt, bezahlt
verwichen – vergangen
Victualien – Lebensmittel
visitieren – besichtigen, in Augenschein nehmen
Vocation – Berufung (in ein Amt)

wandelbar – schadhaft
welsch – italienisch
Windlade – → Anm. 1132
Wissenschaft – Kenntnisse, Fähigkeiten
Witz – Geist, Verstand, Wissen
wohlfeil – billig, günstig

zeithero – bisher
Zien – Zinn
zierlich – kunstvoll, zur Zierde

FAKSIMILES UND ABBILDUNGEN

UNTERSCHRIFTEN VON UND UM
GOTTFRIED SILBERMANN

Auf den folgenden Seiten werden von Gottfried Silbermann und von zahlreichen Persönlichkeiten, die im Leben des berühmten Orgelbauers eine besondere Rolle spielten, die Unterschriften wiedergegeben.

Die Handschrift eines Menschen ist unzweifelhaft der Ausdruck seiner Persönlichkeit. Hellmut Kretzschmar (1893 bis 1965) schrieb sehr richtig: »Wer kennt nicht die charakterologische Bedeutung der menschlichen Handschrift? Aus der eigenen Niederschrift vermag oft die Wesenheit eines Menschen mit der zwingenden Kraft eines betreffenden Bildnisses zum Leser zu sprechen.«[1] In diesem Sinne sollen die Unterschriften uns ein »Bild« von Persönlichkeiten vermitteln, denen Gottfried Silbermann während seines Lebens und jahrzehntelangen Schaffens begegnete. Der Namenszug soll »die ganze Kontur des aus dem Schattenreich der Vergangenheit Hervorgerufenen zeigen«.[2]

Bei einer Handschrift spielen sowohl individuelle Momente, zum Beispiel der Beruf, das Alter und die Bildung des Betreffenden, als auch der allgemeine Zeitgeschmack eine Rolle. Es kann aber keinen Zweifel darüber geben, daß erstere, also die individuellen Merkmale, die dem Schreiber ganz allein eigen sind, überwiegen.

Wer die Unterschrift von »Michel Sillberbermann« betrachtet, sieht den Frauensteiner Hofzimmermann vor sich. Die einfachen und kräftigen Buchstaben erscheinen fast wie »Balken«, die er mit der Axt bearbeitet hat. Der Namenszug von Schulrektor Christian Liebe, der Andreas Silbermanns Lehrer war, läßt hinsichtlich Klarheit und schlichter Eleganz nichts zu wünschen übrig.

Bei der Unterschrift des Bürgermeisters Gottfried Kaden, in dessen kinderreichem Haushalt Gottfried Silbermanns Mutter »diente«, tritt der Familienname gegenüber dem Vornamen ganz zurück. Betrachtet man die »barocke« Unterschrift von Gottfried Dannebergk, der Gottfried Silbermann bei der Taufe den Vornamen gab, ahnt man nicht, »nur« einen Leineweber vor sich zu haben. Schlicht, aber würdevoll wirkt der Namenszug des Diaconus Heinrich Homilius, der Gottfried Silbermanns »Vetter« und späteren Mitarbeiter Johann George taufte. Die Unterschrift von Christian Leipoldt, Schulrektor und Organist und Lehrer Gottfried Silbermanns, läßt ahnen, daß er sich des hohen Ansehens bewußt war, das er in der kleinen Stadt genoß. Die Männer, die im Jahre 1711, als Gottfried Silbermann sein erstes Orgelwerk übergab, dem Frauensteiner Rat angehörten, hatten ausnahmslos recht eigenwillige Unterschriften.

Welch ein Gegensatz: Der »gekünstelte« Namenszug des Frauensteiner Diaconus Stolze, der Andreas Silbermann getauft hat, und die »einfache« Unterschrift des Freiberger Superintendenten Christian Lehmann, der Gottfried Silbermanns erste Orgel weihte. Die »korrekte« Unterschrift von Elias Lindner, Domorganist zu Freiberg, läßt auch den »Mathematicus« erkennen, der die Risse für »seine« Orgel selbst ge-

---

[1] Vgl. Dokumente zur Deutschen Geschichte aus dem Sächsischen Landeshauptarchiv Dresden, Berlin 1957, Vorwort, Seite VIII.
[2] Ebenda, Seite XI.

zeichnet hatte. Neben dem »stolzen« Namenszug Augusts des Starken, der Gottfried Silbermann zum Hof- und Landorgelbauer ernannte, wirkt die Unterschrift des Preußenkönigs Friedrich, der Silbermanns Klaviere schätzte, sehr flüchtig, aber trotzdem selbstbewußt.

So können und sollen die Namenszüge der Persönlichkeiten aus der Zeit Gottfried Silbermanns uns ein wenig zum »Meditieren« anregen.

Abschließend noch einige Bemerkungen. Es war damals üblich, der Unterschrift noch die Abkürzung »mpp« o. ä. hinzuzusetzen. Das bedeutet »mit eigener Hand (geschrieben)« oder lat. manu propria. Es gibt allerdings auch viele eigenhändige Unterschriften ohne diesen Zusatz. Die Faksimiles entsprechen übrigens nicht in jedem Falle der Originalgröße der Unterschrift. Die Unterschriften wurden nach der Stellung bzw. dem Beruf des Schreibers geordnet. Soweit sie dem Verfasser bekannt sind, wurden dem Namen die Geburts- und Sterbejahre hinzugefügt. Die eingeklammerte Zahl hinter Stellung bzw. Beruf bezeichnet das Jahr, aus welchem die Unterschrift stammt. Das Auffinden einer bestimmten Unterschrift wird durch das nachstehende alphabetische Verzeichnis erleichtert.

ALPHABETISCHES VERZEICHNIS ZU DEN FAKSIMILES

GOTTFRIED SILBERMANN UND SEINE VERWANDTEN

1 Michael Silbermann (1640–1713)
Amtszimmermann in Frauenstein (1682)

2 Michael Silbermann jun. (1666–1733)
Zimmermann in Frauenstein (1697)

3 Andreas Silbermann (1678–1734)
Orgelbauer in Straßburg (1707)

4 Gottfried Silbermann (1683–1753)
Orgelbauer in Freiberg (1711)

5 Johann George Silbermann (1698–1749)
Orgelbauer in Freiberg (1745)

6 Michael Silbermann (1696–?)
Tischlerobermeister in Dresden (1753)
7 Christian Silbermann (1710–?)
Schuhmacher in Freiberg (1753)

8 Johann Daniel Silbermann (1717–1766)
Hoforgelbauer in Dresden (1754)

9 Andreas Silbermann (1678–1734)
10 Gottfried Silbermann (1683–1753)
Orgelbauer in Straßburg
Die ersten bekannten Unterschriften des
berühmten Brüderpaares (Januar 1707)

11 Gottfried Silbermann
(Oktober 1710)

12 Gottfried Silbermann
(November 1723)

13 Gottfried Silbermann
(September 1724)

14 Gottfried Silbermann
(Juli 1750)
Die letzte bekannte Unterschrift des
berühmten Orgelbaumeisters

DIE MITGLIEDER
DES
FRAUENSTEINER RATES
(1711)

15 Johann Mäcke, Bürgermeister
16 Theodor Schmidt
17 Johann Jeremias Mäcke
18 Gottfried Stenzel
19 Abraham Wolf
20 Andreas Schlintzigk
21 Gottfried Schindler
22 Johann Georg Süße
23 Andreas Zacharias
24 Johann Fritzsche
25 Stephan Greiff
26 Johann Salomon Zacharias
27 Christoph Weynoldt

KÖNIGE, GRAFEN
UND ADLIGE

28 Ludwig Alexander von Seebach
Vorsitzender des Geheimen Ratskollegiums
zu Dresden (1723)

29 Friedrich August I. (1670–1733)
Kurfürst von Sachsen (1714)

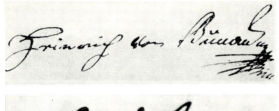

30 Heinrich von Bünau
kurfürstl. Geheimer Rat und Kreishauptmann (1729)

31 Heinrich III. (1701–1768)
Graf Reuß-Untergreiz (1739)

32 Friedrich II. (1712–1786)
König von Preußen (1763)

33 Friedrich August II. (1696–1763)
Kurfürst von Sachsen (1750)

34 Heinrich von Brühl (1700–1763)
kursächsischer Premierminister (1755)

35 Johann Christian Graf von Hennicke
Vizepräsident des kurfürstl. Kammerkollegiums (1750)

AMTMÄNNER,
BÜRGERMEISTER,
BEAMTE U. A.

36 Johann Gottfried Gau
Amtmann zu Frauenstein (1686)

37 Gottfried Kaden (1637–1705)
Bürgermeister zu Frauenstein (1684)

38 Gottfried Dannebergk (1639–1702)
Ratsmitglied und Leineweber zu Frauenstein (1687)

39 Michael Häber (1635–1703)
Amtsvogt zu Frauenstein (1694)

40 Hans Grimmer (?–1685)
Lehnrichter zu Kleinbobritzsch (1682)

41 Georg Gottfried Hoffmann (1674–?)
Amtsaktuar zu Frauenstein (1711)

42 Johann Ehrenfried Mäcke (1678–1747)
Amtssteuereinnehmer zu Frauenstein
(1738)

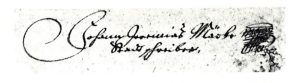

43 Johann Jeremias Mäcke (1672–1744)
Stadtschreiber zu Frauenstein (1711)

44 Immanuel Lehmann (1676–?)
Arzt in Freiberg (1710)

45 Martin Albert
Bürgermeister zu Freiberg (1714)

46 Michael Weidlich (1659–1731)
Kreisamtmann zu Freiberg (1715)

47 Johann Gottfried Krauße (1692–1758)
Ratskammerschreiber zu Freiberg (1736)

48 Johann Ulrich König (1688–1744)
kurfürstl. Hofpoet zu Dresden (1723)

49 Carl Erdmann Weidlich
Amtmann zu Rochlitz (1725)

50 Johann Christian Gensel (1670–1748)
Amtmann zu Frauenstein (1711)

51 Johann Salomon Zacharias
Bürgermeister zu Frauenstein (1738)

52 Salomo Friedrich Seyfried
Bürgermeister zu Freiberg (1735)

53 Johann Oßwald Fickweiler (?–1740)
Hofrat zu Untergreiz (1739)

54 Thomas Heydrich (1691–1759)
Regierungsrat zu Greiz (1747)

55 Johann Nicolaus Herold
Ratsaktuar zu Dresden (1741)

56 Benjamin Schroth (1703–1767)
Ratsaktuar zu Zittau (1738)

57 Johann Christoph Knoeffel
(1686–1752)
Oberlandbaumeister zu Dresden (1750)

58 Traugott Friedrich Langbein
Notar zu Dresden (1753)

59 Johann Sigmund Stolze (1640–1722)
Diaconus und Pfarrer zu Frauenstein
(1684)

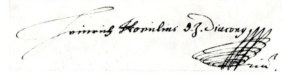

60 Caspar Satler (1651–1717)
Diaconus zu Frauenstein (1684)

61 Heinrich Homilius (1656–1700)
Diaconus zu Frauenstein (1697)

62 Christian Weber (1651–1714)
Pfarrer zu Frauenstein (1699)

63 Christian Lehmann (1642–1723)
Superintendent zu Freiberg (1715)

64 Johann Caspar Loescher (1677–1751)
Superintendent zu Rochlitz (1725)

65 Christian Friedrich Wilisch
(1684–1759)
Superintendent zu Freiberg (1748)

66 Valentin Ernst Löscher (1673–1749)
Superintendent zu Dresden (1742)

67 Friedrich Ehrenreich Weiner
(1685–1730)
Pfarrer zu Püchau (1729)

68 Christian August Bahn (1703–1755)
Diaconus zu Frauenstein (1738)

69 Siegfried Beck (1680–1762)
Superintendent zu Zwickau (1737)

70 Heinrich Rothe (1680–1763)
Pastor zu Fraureuth (1739)

MUSIKER, ORGANISTEN UND KANTOREN

71 Christian Liebe
Organist zu Frauenstein (1684)

72 Christian Leipoldt (1652–1733)
Organist zu Frauenstein (1699)

73 Gottfried Siegismund Nitzsche
(1657–1702)
Kantor zu Frauenstein (1699)

74 Gabriel Müller (1647–1697)
Stadtpfeifer zu Frauenstein (1687)

75 Samuel Schubert (1674–1755)
Stadtmusikus zu Frauenstein (1699)

76 George Menzer (1652–1711)
Organist zu Freiberg (1710)

77 Elias Lindner (1677–1731)
Organist zu Freiberg (1722)

78 Gottfried Ernst Bestel (1654–1732)
Hoforganist zu Altenburg (1714)

79 Johann Samuel Beyer (1668–1744)
Kantor und Musikdirektor zu Freiberg
(1722)

80 Christian Pezold (1677–1733)
Sophienorganist zu Dresden (1721)

81 Jean Baptiste Voulmyer (1665–1728)
Konzertmeister zu Dresden (1723)
82 Christian Pezold (1677–1733)
Kammerorganist zu Dresden (1723)
83 Johann Georg Pisendel (1687–1755)
Kammermusiker zu Dresden (1723)

84 Gottfried Wiedemann (1669–1746)
Organist zu Rochlitz (1728)

85 Theodor Gerlach (?–1768)
Organist zu Rochlitz (1727)

86 Johann Gottlieb Görner (1697–1778)
Musikdirektor und Organist zu Leipzig
(1729)

87 Johann Christoph Erselius
(1703–1772)
Organist zu Freiberg (1741)

88 Johann Gabriel Spieß (1693–1737)
Organist zu Freiberg (1736)

89 Johann George Glöckner (1704–1742)
Organist zu Freiberg (1734)

90 Sebald Pezold (1684–1747)
Organist zu Gera (1735)

91 Christian Heinrich Gräbner
(1705–1769)
Organist zu Dresden (1736)

92 Theodor Christlieb Reinhold
(1679–1755)
Kreuzkantor zu Dresden (1741)

93 Johann Sebastian Bach (1685–1750)
Thomaskantor zu Leipzig (1746)

94 Wilhelm Friedemann Bach
(1710–1784)
Organist zu Dresden (1746)

95 Johann Gottfried Stübner
(1689–1770)
Organist zu Dresden und Meißen (1734)

96 Johann Heinrich Kalb (1686–1756)
Organist zu Ponitz (1737)

97 Immanuel Centgraff (1682–1748)
Organist zu Frauenstein (1738)

98 Johann Christoph Benjamin Schubarth
(1686–1757)
Kantor zu Frauenstein (1738)

99 Johann Martin Angermann
(1691–1742)
Stadtorganist zu Altenburg (1738)

100 Johann Martin Steindorff
(1663–1744)
Oberkantor in Zwickau (1699)

101 Johann Ludwig Krebs (1713–1780)
Organist zu Zwickau (1742)

102 Johann Gottfried Donati
(1702–1781)
Organist zu Greiz (1741)

103 Johann Georg Pisendel (1687–1755)
königl. Konzertmeister zu Dresden (1741)
104 Carl Hartwig (1709–1750)
Musikdirektor zu Zittau (1741)
105 Johann Christoph Erselius
(1703–1772)
Organist zu Freiberg (1741)
106 Johann Friedrich Fleischer
(1700–1757)
Organist zu Zittau (1741)

107 Johann Christoph Richter
(1700–1785)
Hoforganist zu Dresden (1747)

108 Johann Christoph Klemm
(1711–1761)
Organist zu Freiberg (1744)

ORGELBAUER

109 Zacharias Hildebrandt (1688–1757)
(1724)

110 Johann Georg Schön (1706–1764)
(1763)

111 Johann Ernst Hähnel (1697–1777)
(1734)

112 Tobias Heinrich Gottfried Trost
(1673–1759)
(1735)

113 Tobias Schramm (1701–1771)
(1740)

114 Johann Gottlieb Tamitius
(1690–1769)
(1741)

115 David Schubert (1719–1772)
(1753)
116 Adam Gottfried Oehme (1719–1789)
(1753)

117 Johann Heinrich Gräbner
(1664–1739)
(1712)

118 Johann Gottfried Hildebrandt
(1724–1775)
(1753)

119 Adam Gottfried Oehme (1719–1789)
(1785)

120 Gabriel Fuhrmann (1660–1747)
Schlosser in Frauenstein (1711)

121 Adam Haupt
Zimmerer in Freiberg (1711)

122 George Enderlein
Maurer in Freiberg (1711)

123 George Lampertius
Tischler in Freiberg (1712)

124 Johann Adam Georgi (1681–1719)
Bildhauer in Freiberg (1712)

125 Johann Christian Buzäus
(1671–1734)
Jagdmaler in Dresden (1720)

126 Johann Friedrich Knötzschker
Schlosser in Freiberg (1713)

560

127 Eutelius Steindecker
Drechsler in Freiberg (1713)

128 Gottfried Fritzsche
Gerber in Freiberg (1711)

129 Paulus Kühne
Weißgerber in Freiberg (1711)

130 Christian Polycarpus Buzäus
(1707–1764)
Maler in Freiberg (1738)

131 George Bähr (1666–1738)
Ratszimmermeister zu Dresden (1733)

132 Johann Jacob Gothier
Tischler in Dresden (1720)

133 Johann Georg Adler
Bildhauer in Dresden (1720)

134 Johann Christian Feige (1689–1751)
Bildhauer in Dresden (1735)

135 Johann George Reichelt
Kalkant in Dresden (1747)

136 Georg Friedrich Winkler
(1704–1762)
Ratszimmermeister zu Dresden (1742)
137 Johann Gottfried Fehre (1685–1753)
Ratsmaurermeister zu Dresden (1742)

138 Johann Christoph Langner
(1705–1778)
Tischler in Zittau (1738)

139 Johann Gottlob Anders
(1697–1753)
Bildhauer in Zittau (1740)

140 Dietrich Christian Vierling (?–1756)
Maler und Lackierer in Zittau (1741)

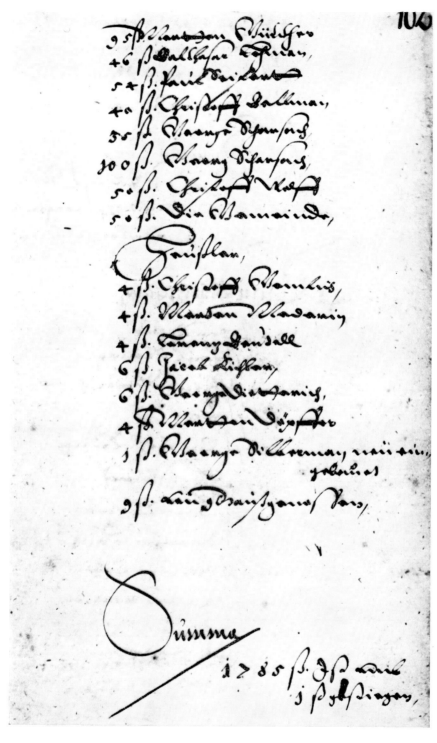

1 George Silbermann, der Urahn der Orgelbauerfamilie, wird 1612 im Landsteuerregister als »Heußler« (Hausbesitzer) zu »Klein Bobritzschaw« erwähnt (vgl. Anm. 16)

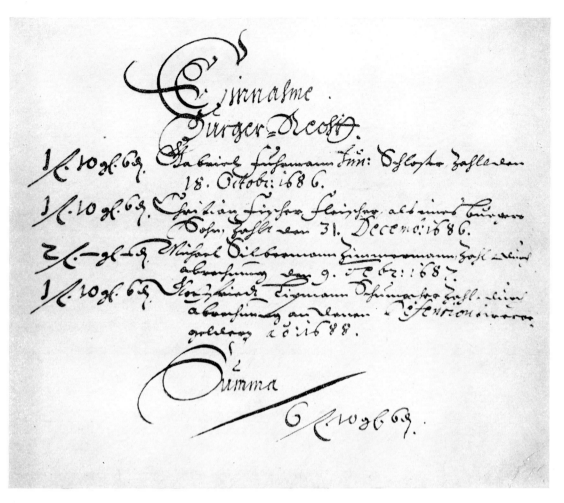

3 Eintragung in der Frauensteiner Ratsrechnung von 1686 über Michael
Silbermanns Bürgerrecht (vgl. Anm. 41)

4 Siegel des Zimmermanns Michael
Silbermann (vergrößert; vgl. Anm. 26)

2 Verzeichnis der nach dem Dreißigjährigen Krieg (1655) in Kleinbobritzsch
noch ansässigen Bauern und Häusler
(vgl. Anm. 19)

5 Geburtshaus Gottfried Silbermanns
in Kleinbobritzsch nach einer Zeichnung
von Max Eckardt (Oktober 1886)
Original verschollen
6 Gedenktafel von 1861 an Gottfried
Silbermanns Geburtshaus in Kleinbobritzsch bei Frauenstein

7 Ansicht der Stadt Frauenstein um 1720
nach einer Zeichnung von Rosenlöcher (?)
Original verschollen

8 Ansicht der Stadt Freiberg um 1720
nach einem Stich von F.B.Werner

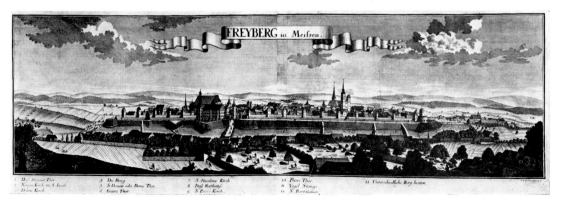

Habe mich auch in Gottes Nahmen über das Bau
gemacht, das alte Werck abgebrochen und das
Neüe angefangen, worüber ich 33 Wochen
gebohren zugebracht, binnen welcher Zeit ich
verlegt.

37 ℔ Dachsen Kost vor mich, die Woche 28 gℓ.

32 ℔ — Kost geld vor den einen Gesellen, auff
32 Wochen, wöchentl. 1 ℔.

22 ℔ 8 gℓ. diesen Gesellen Lohn geben, auff
32 Wochen, die ersten 29 Wochen,
wöchentl. 16 gℓ. die letzten 3 aber
wöchentl. 1 ℔.

18 ℔ — vor den andern Gesellen Kostgeld, auff
18 Wochen.

12 ℔ — diesen Gesellen Lohn geben, auff
18 Wochen; die Woche 16 gℓ.

18 ℔ — Kostgeld vor den Jungen, auff
27 Wochen, wöchentl. 16 gℓ.

7 ℔ — den Calcanten geben auff 3 Wochen.

6 ℔ — beym Tischhauer verlegt, vor die
Schütz-Werck.

10 ℔ — vor Leucht, Draht, Meßingen
Blech, auch 3 Metz Calcanien
etc. verlegt.

1 ℔ — 8 gℓ. Unkosten; als 3 ich vor das Holtz
zur Windladen verehrt.

Vor Leim, Sultz und Eisen-Draht
zum Clavir habe nichts verlangt.

Suma. 160 ℔ 19 gℓ.

10 Ehemaliges Wohn- und Werkstatthaus
Gottfried Silbermanns am Schloßplatz
in Freiberg (Anfang des 20. Jahrhunderts)

11 Gedenktafel von 1953 an der ehemaligen Werkstatt Gottfried Silbermanns
in Freiberg

9 Zweite Seite des
»Auffsazes« über Gott-
fried Silbermanns
Auslagen für die erste
Frauensteiner Orgel
(Juli 1711; vgl.
SD. Nr. 3)

An Materialien brauche ich
von Ihro Hoch Edlen Hochadel.
Rath.

20 Linden Holz
18 Linden Blöcke
100 Buchs Stelle
1½ Linden Klaude
8 ℔ Orgel Metall
12 ℔ Calvonium

300 Eichen bohlen Spundel zur Wind
laden, 4 Ellen lang, 7 Zoll
breit und 3 Zoll dick, von
milden geschnittnen Holz
150 Tännene Dielen
50 Eichen Dielen
2 Linden Leim
12 ℔ Eben Holz zu 3 Clavir
3 ℔ Messing Drath zum Semitonien
41 Schrauben zum Blasebälgen
20 ℔ Messingen Blech
24 ℔ Messingen Drath
36 Ellen Leder zum Blättern Ziehen
1 Linden Kasten zum Löthen.

Gottfried Silbermann
Orgel Macher.

Lobet den Herrn mit Posaunen, lobet ihn mit Psalter und Harfen,
lobet ihn mit Pauchen und Reigen, lobet ihn mit Seiten und Pfeifen,
lobet ihn mit hellen Cymbeln, lobet ihn mit wohlklingenten Cymbeln,
alles was Othem hat lobe den Herrn Halleluja. Psalm 150.

Neues
Orgel-Werck
in der Dom-Kirchen
zu Freyberg.

E. Lindener inv. et delin.   J. G. Krügner sc. Leip.

12 Aufstellung über die von Gottfried
Silbermann vom Rat zu Freiberg
für die Domorgel geforderten Materialien
(vgl. Anm. 642)

13 Silbermannorgel im Dom zu Freiberg
nach einer Zeichnung von Elias Lindner
um 1714 (vgl. Anm. 678)

14 Silbermannorgel im Dom zu Freiberg   15 Pfeifen vom Oberwerk
(1714 vollendet)   16 Geöffneter Spielschrank

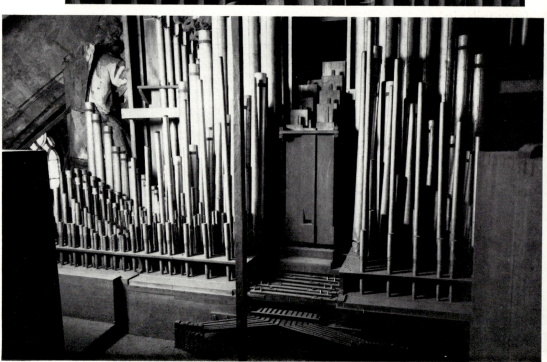

574

Vorausgehende Doppelseite:
17 Silbermannorgel im Dom zu Freiberg:
Pfeifen vom Hauptwerk mit fünffachem
Kornett
18 Pfeifen vom Oberwerk mit Windladen
19 untere Bälgekammer mit einzelnem
Blasebalg
20 Teilansicht des Pfeifenwerks mit Windkanal und Wellenbrett

21 Siegel Gottfried Silbermanns (bis 1715)
(vergrößert; vgl. Anm. 761)
22 Siegel Gottfried Silbermanns (ab 1716)
(vergrößert; vgl. Anm. 767)
23 Siegel des Orgelbauers Johann George
Silbermann (vergrößert; vgl. Anm. 366)
24 Siegel des Orgelbauers Johann Georg
Schön (vergrößert; vgl. Anm. 406)

25 Silbermannorgel zu Oberbobritzsch (1716 vollendet, 1915/16 umgebaut)

26 Silbermannorgel zu Pfaffroda
(1715 vollendet)

27 Silbermannorgel zu Pfaffroda:
Pfeifen mit fünffachem Kornett

28 Silbermannorgel zu Niederschöna (1716 vollendet)

29 Silbermannorgel zu Großkmehlen
(1718 vollendet)

30 Eigenhändige Quittung Gottfried
Silbermanns vom 20. November 1718
(vgl. Anm. 843)

31 Prospektentwurf für die Orgel
zu St. Jacobi in Freiberg von Elias Lindner
(um 1715; vgl. Anm. 798)

32 Silbermannorgel zu St. Jacobi
in Freiberg (1717 vollendet)

33 Kleine Silbermannorgel im Dom zu Freiberg (1719 für die Johanniskirche
erbaut und 1939 in den Dom übergeführt)

731 385
132
382 258
118 ‖ 76

34 Silbermannorgel der ehemaligen Sophienkirche zu Dresden
(1720 vollendet, 1945 zerstört)

35 Quittung von Johann George Silbermann vom 18. Oktober 1729 über acht
Taler Trinkgeld (vgl. Anm. 1409)

36 Quittung des Orgelbauergesellen
Johann George Silbermann vom
20. November 1720 über sechs Taler
Trinkgeld (vgl. Anm. 985)

Kurtze
Beschreibung
Der schönen
Orgel,
Welche
Durch rühmliche Sorgfalt
Der Hoch-Freyherrl. Friesischen
Herrschafft
zu Rötha,
in der
St. Georgen-Kirche
daselbst
Anno MDCCXXI.
gantz neu erbauet worden.

LEIPZIG,
Gedruckt bey Gottfried Rothen.

37 Titelseite einer 1721 gedruckten Beschreibung der Silbermannorgel
der Georgenkirche zu Rötha (vgl. Anm. 1043 und OWS. Nr. 3)

auch durch und durch auf die Arbeit allen, und
zwar gar besondern Fleiß gewendet, an denen
Materialien, nehmlich an Zinn Meßing und
solche keine Kosten gesparet, wie er denn nicht
allein zur Herstellung und Auszierung der Facciata sehr viel überlege Sachen angehänget, sondern auch sogar zu denen Schrauben und Hütern,
die sonsten nur aus schlechten Metall pflegen
gemachet zu werden, Silber dazu Zinn genommen.
Da nun das Werck mit so großen Fleiße gemachet,
die aus dicken wohl gehämmerten guten Zinnernen Blö-
chen verfertigte Schrauben sonderlich an denen, und
in der Facciata stehenden Principalen auf das
schönste und beste poliret, façonniret und intoniret sind, kan es nicht anders seyn, als daß das
Werck schmahl es mit der Temperatur und Intonation ihrer Schrauben, denen Windladen, Bälgen und
andern Pertinenzien allenthalben seine richtigkeit
hat seinen angenehmen und silbernen Klang von sich
geben müßte. Und dieses ist also dasjenige, was wir nach beschehener Untersuchung dieses Meisters gute Arbeit hiernach unterthänig

38 Zweite Seite des Berichtes vom
10. November 1721 über die Prüfung der
Silbermannorgel der Georgenkirche
zu Rötha (vgl. SD. Nr. 12)

39 Letzte Seite des Berichtes über die
Prüfung der Silbermannorgel der
Georgenkirche zu Rötha mit den Unter-
schriften von Johann Kuhnau und
Gottfried Ernst Bestell (vgl. SD. Nr. 12)

40 Georgenkirche zu Rötha mit Silbermannorgel (1721 vollendet)

41 Silbermannorgel in der Marienkirche zu Rötha (1722 vollendet)

42 Silbermannorgel der Kilianskirche zu Bad Lausick (1722 für die Johanniskirche zu Chemnitz erbaut, 1791 erweitert, 1958 in Bad Lausick aufgestellt)

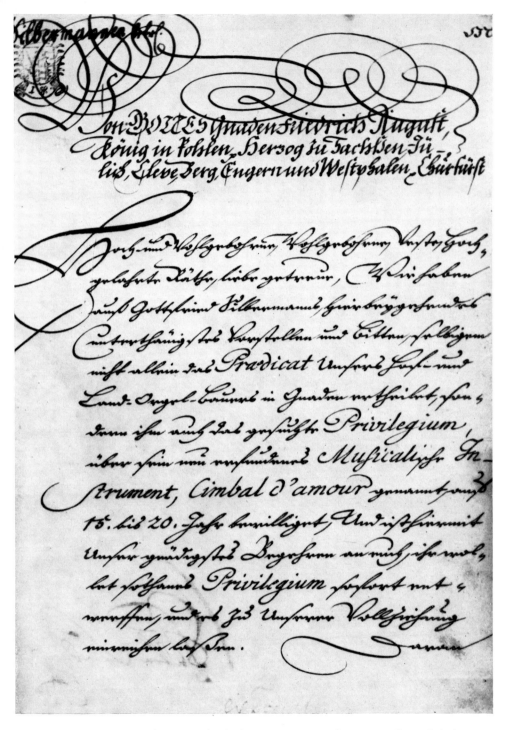

Von Gottes Gnaden Friedrich August,
König in Pohlen, Herzog zu Sachßen, Jülich, Cleve, Berg, Engern und Westphalen, Churfürst

Hoch- und Wohlgebohrne, Wohlgebohrne, Wohlgeb-
gelehrte Räthe, liebe getreue, Wir haben
denen Gottfried Silbermann, Hinterbrigesenden
Untertänig, der Vorstellen und Bitten, selbigem
nicht allein das Prædicat Unsers Hof- und
Land- Orgel-bauers in Gnaden ertheilet, sondern ihm auch das gesuchte Privilegium,
über sein von erfundenes Musicalisch Instrument, Cimbal d'amour genannt, auf
15. bis 20. Jahr bewilliget, Und ist hiermit
Unser gnädiges Begehren an euch, ihr wol-
let solches Privilegium verferti- und
vermachen, und es zu Unserer Vollziehung
vorrichten lassen.

43 Befehl des Geheimen Ratskollegiums vom 21. Juni 1723 an die sächsische
Landesregierung zur Ausfertigung der Urkunde über die Verleihung des Titels
»Hof- und Landorgelbauer« an Gottfried Silbermann

44 Silbermann-Positiv zu Ringethal
(vermutlich um 1723 erbaut)

45 »Silbermannorgel« der Peter-Pauls-Kirche
zu Reichenbach (1725 vollendet, 1927 umgebaut, 1972 Neubau, nur Gehäuse original)

595

596

46 Forchheim (1726 vollendet)   47 Dittersbach (1726 vollendet)
48 Lebusa (um 1727 vollendet)

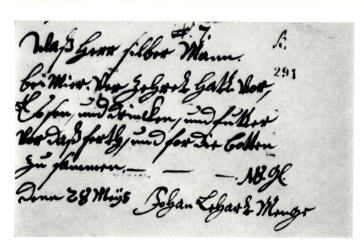

49 Quittung des Gastwirts »Zum Schwarzen Bär« in Rochlitz vom 28. Mai 1725 über achtzehn Groschen für Unterkunft und Verpflegung Gottfried Silbermanns (vgl. Anm. 1280)

50 Antworten Gottfried Silbermanns vom 18. Februar 1727 auf die von Amtmann Weidlich gestellten Fragen wegen des zeitweiligen Quartiers für den Orgelbauer und seine Gesellen in Rochlitz (vgl. Anm. 1327)

51 Quittung Gottfried Silbermanns vom 18. Juli 1727 über 635 Taler
für die Orgel der Peterskirche zu Rochlitz (vgl. SD. Nr. 23)

52 Silbermannorgel zu Oederan (vor 1890)
(1727 vollendet, um 1892 mit neu-
gotischem Gehäuse versehen)

53 Eigenhändige Quittungen Gottfried
Silbermanns über insgesamt 430 Taler für
die Orgel zu Helbigsdorf (vgl. SD. Nr. 19)

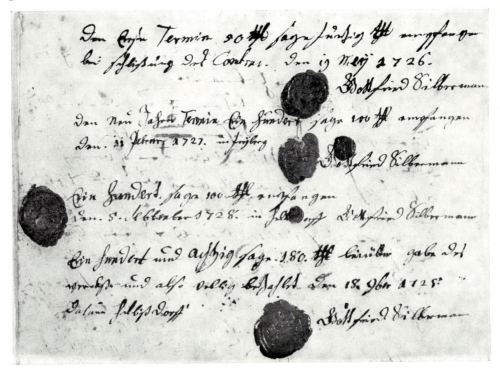

55 Silbermannorgel zu Reinhardtsgrimma
(1731 vollendet)

Vorausgehende Seite:
54 Silbermannorgel zu Helbigsdorf
(1728 vollendet)

56 Silbermannorgel der Georgenkirche
zu Glauchau
(1730 vollendet)

57 Inneres der alten Kirche zu Mylau
mit der 1731 vollendeten Silbermannorgel
(Reproduktion eines alten Fotos)
Die Orgel wurde zunächst abgebrochen,
um 1890 in der neuen Kirche wieder

aufgestellt, aber mit einem neugotischen
Gehäuse versehen

58 Silbermannorgel zu Crostau
(1732 vollendet)

Als

Am Feste der heilsamen Reformation

Den 31. Octobr. 1735.

Das

Von dem berühmten

Silbermann

zu Freyberg

In der dasigen am 1. May Anno 1728.
Durch Feuers-Brunst verunglückten

S. PETRI-Kirche

Neu erbaute künstliche

Orgel=Werck

solenniter eingeweyhet wurde,

Wolte durch gegenwärtiges Ehren-Gedächtniß

seine Ergebenheit erweisen

ein aufrIChtiGer Freund.

Freyberg, druckts Christoph Matthäi.

59 Titelseite einer 1735 zur Weihe der
Freiberger Petersorgel gedruckten Schrift
(vgl. OWS. Nr. 16)

60 Silbermannorgel der Petrikirche
zu Freiberg (1735 vollendet)

61 Silbermannorgel der ehem. Frauenkirche zu Dresden (1736 vollendet, 1945 zerstört)

62 Silbermannorgel zu Pönitz (1737 vollendet)

Hier heult kein wilder Wolff, hier kreischt kein rauh Gethöne,
Als ob sich eine Ganß zum Brüten angesetzt;
Die Stimmen sind egal, anmuthig, prächtig, schöne,
Das Auge wird bey Dir durch Symmetrie ergötzt;
Im Pfeiffen liegt ein Thon vergraben,
Der Deines Nahmens Klang wird völlig in sich haben.

Du hassest das Geschmier von Schmeer und andern Salben,
Womit offt Sudeley die Fehler überstreicht;
Du überkleckest nichts nach Art der Mauer-Schwalben,
Damit nur kein Defect in andrer Augen leucht;
Du gehst aufs Fundament im Bauen,
Drum ist bey Deiner Kunst auch nie ein Fehl zu schauen.

Dein Handgriff ist perfect den Wind wohl anzubringen,
Der, was die Seele sonst in einen Cörper, ist;
Derhalben muß Dir auch der Wercke Krafft gelingen,
Woraus der Harmonie ihr reines Wesen fließt.
Abstracten, Laden und Cancellen,
Die wissen Deiner Kunst satt Zeugniß auszustellen.

Wenn Du ein Werck gedingt, gehst Du nicht erst nach Stämmen,
Woran vor kurtzen noch des Waldes Hammer stack;
Dein Vorrath ist so reich, daß Deinen Fleiß nichts hemmen,
Noch Schwindung von dem Holtz die Sorg' erregen mag.
Kurtz: Alles, was Du brauchst zum Bauen,
Kan man auf zwantzig Jahr vorräthig bey Dir schauen.

Du kennst die Welt durchs Sehn, Dich kennt die Welt durchs Hören,
Die Deiner Hände Kunst längst weit und breit gerührt;
Ein solcher Dædalus ist billig zu verehren,
Der seine Wissenschafft so hoch hinaus geführt,
Wolt jener nur aus Creta fliegen,
So ist Dein Nahmens Ruhm durch halbe Welt gestiegen.

Die Arbeit lieferst Du in åcht gelaßnen Sorten,
Wie Zinn, Ertzt und Metall in dem Contracte stehn;
Durch Dich ist niemals noch der Trug verübet worden,
Daß man vor Zinn, schlecht Ertzt und schwindend Holtz gesehn.
Solt Silbermann wohl also handeln,
Gut Englisch Zinn in Bley, und Bley in Holtz zu wandeln?

Als Der

Wohl-Edle, Kunsterfahrne, und Weitberühmte Herr,

Herr

Gottfried Silbermann,

Königl. Pohln. und Chur-Fürstl. Sächß. wohlbestalter
Hof- und Land-Orgel-Bauer in Freyberg,

zum andernmahl ein neu und vortrefliches

Orgel-Werck

in Frauenstein

seiner Geburths-Stadt mit grössesten Ruhm d. 2. Julii 1738. übergab,

Wolte

seine schuldige Hochachtung gegen diesen

grossen Freund und Gönner

an den Tag legen

Johann Schubarth,

Cant.

_____

Freyberg,
gedruckt bey Christoph Matthäi.

64 Titelseite eines Frauensteiner Orgelgedichts aus dem Jahre 1738 (vgl. OWS. Nr. 38)

derselbe verspricht ein vollständiges tüchtiges Orgelwerck nach folgender
Disposition:

Im Haupt Werk
von Gravitätischen Mensuren,

1. Principal 8. Fuß von Engl. Zinn, blanck polirt,
2. Viol de Gambe 8 Fuß vorg.
3. Spitz Flöt 8. Fuß vorg.
4. Bordun 16. Fuß ½ Octav Holz, das übrige Metall
5. Rohr flöt 8 Fuß Metall
6. Octava 4 Fuß
7. Spitz Flöt 4 Fuß
8. Quinta 3 Fuß,
9. Octava 2 Fuß
10. Tertia aus 2 Fuß
11. Flach Flöt 1 Fuß
12. Mixtur 3 fach,
13. Cymbel 2 fach,
14. Cornet 3 fach durchs halbe Clavir
15. Trompet 8 Fuß,

von Engl. Zinn,

Im obern Wercke
von delicaten, und lieblichen Mensuren

1. Principal 8 Fuß Engl. Zinn, Ti und Vorsätze blanck polirt,
   die 4 untersten Claves von guten Holz inwendig,
2. Octava 4 Fuß Engl. Zinn.
3. Quintadena 8. Fuß, Engl. Zinn,
4. grob gedackt 8. Fuß die untersten 8va Holz, das übrige metall,

65 Zweite Seite des Bauvertrages vom 18. Oktober 1735
über die (1802 zerstörte) Silbermannorgel zu Greiz

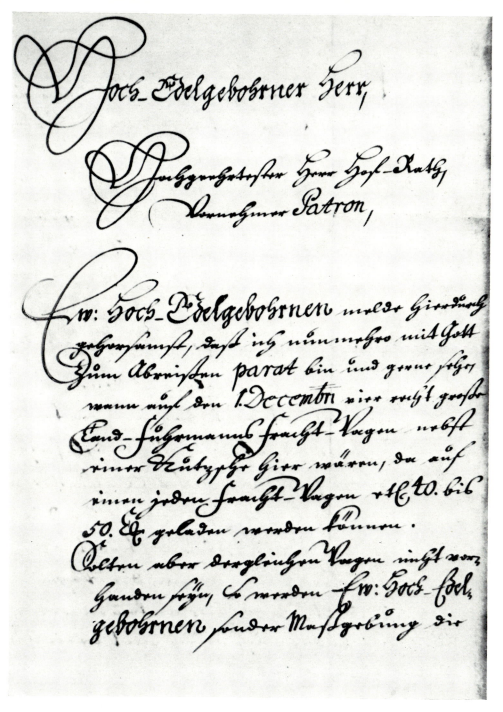

66 Erste Seite eines Briefes Gottfried Silbermanns vom 8. November 1738 an Hofrat
Fickweiler in Greiz wegen Abholung der Orgelteile in Freiberg (vgl. SD. Nr. 37)

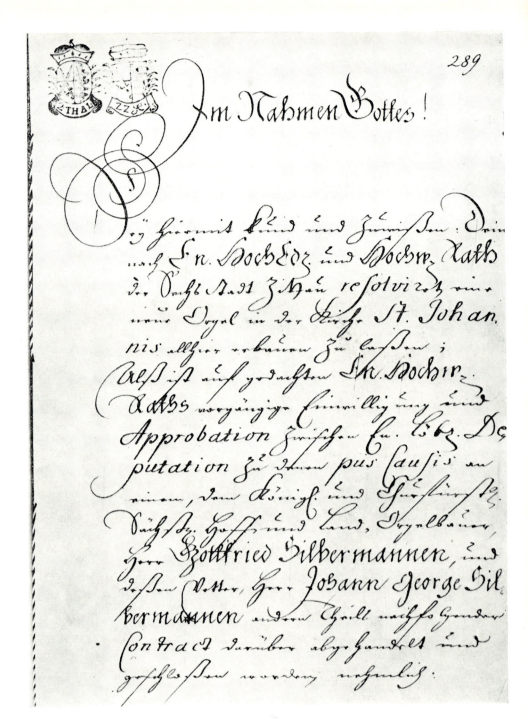

67 Erste Seite des Bauvertrages vom 12. Februar 1738
über die (1757 zerstörte) Orgel der Johanniskirche zu Zittau

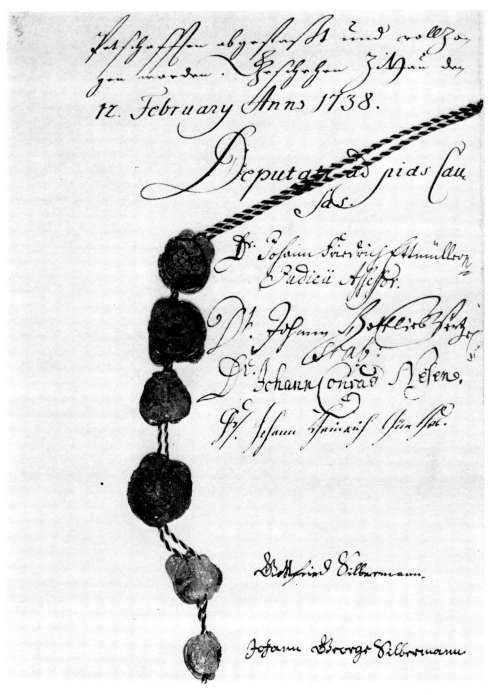

68 Letzte Seite des Bauvertrages über die Orgel der Johanniskirche zu Zittau mit den Unterschriften der Deputierten Gottfried und Johann George Silbermann

69 Silbermannorgel der Johanniskirche zu Zittau (1741 vollendet,
1757 zerstört) nach einem Stich von Johann Daniel de Montalegre

Als in der

Zur Ehre des Allerhöchsten

unter Hochadel. Carlowitzischer Herrschafft

von Grundauf ausgebauten

neuen Kirche zu Großhartmannsdorf

Ein von Tit. Tot.

HERRN

Gottfried Silbermann,

Königl. Pohln. und Churfürstl. Sächs. Hof- und Land-
Orgel-Bauer

Neu ausgeführtes Orgelwerck

Am I. Advent-Sonntage 1741. bey volckreicher Versamlung

Unter Aufführung einer

von Herrn Carl Hartwig

weitberühmten Directore Musices in Zittau componirten

annehmlichen Kirchen-Musique

Zum Erstenmahle öffentlich gespielet wurde,

Sollte

dem weltberühmten Herrn Erbauer

zu glücklicher Vollendung seines Fünf und Vierzigsten Meisterstücks

von Herzen Glück wünschen

M. Johann David Hartwig, Past.

Freyberg, gedruckt mit Matthäischen Schriften.

70 Titelseite eines Gedichts von 1741 zur Weihe
der Orgel zu Großhartmannsdorf (vgl. OWS. Nr. 60)

618

71 Silbermannorgel zu Großhartmannsdorf   72 Pfeifen vom Oberwerk mit Spiel-
(1741 vollendet)   mechanik

73 Zöblitz (1742 vollendet)   74 Fraureuth (1742 vollendet)

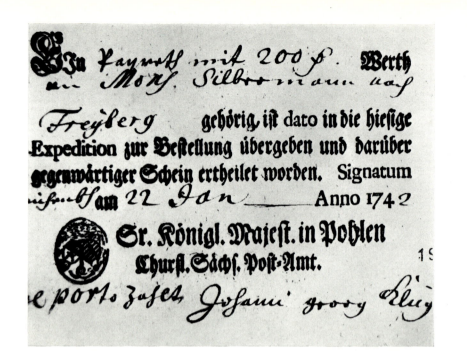

75 Postquittung vom 22. Januar 1742
über ein Paket mit zweihundert Talern
für Gottfried Silbermann
(vgl. SD. Nr. 45)

76 Quittung Gottfried Silbermanns vom
24. Januar 1742 über zweihundert Taler
Abschlagszahlung für die Orgel zu Fraureuth (vgl. SD. Nr. 45)

77 Silbermannpositiv zu Schweikershain
(Erbauungszeit nicht genau nachweisbar)

78 Letzte Seite des Entwurfs vom
29.November 1742 für eine Orgel in die
Marienkirche zu Zwickau

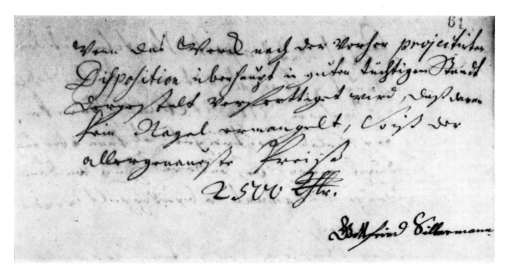

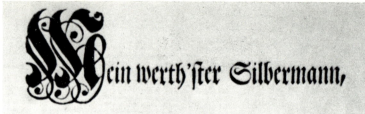

Mein werth'ster Silbermann,

Dein niedlich schönes Werck
Zeigt viel Annehmlichkeit, und Deiner Künste Stärck,
Theils wenn es in dem Baß recht gravitätisch klinget,
Theils wenn es im Discant recht hoch und niedlich singet;
Die gantze Harmonie ist rein und ungemein,
Drum glaube, daß davon das Hertz erweckt muß seyn.
Das kleine Pfeiffen-Werck in seinem schönen Häusgen
Klingt ja so zart und hoch, als wie die kleinen Mäusgen,
Was meynst Du: Sollt darob wohl manches Kätzgen nicht
Das Maul zerfletschen, daß es gar, wohl miau, spricht?
Und daß Dein Silber-Thon, der aller Hertzen Meister
In gantz entzückte Lust versetzet ihre Geister.
Ich wenigstens gesteh' ohn aller Worte Dunst,
Daß ich bewundere an diesem Werck die Kunst,
Doch noch mehr Deinen Geist, und dessen Munterkeiten,
Die mich belustigen an allen Ort und Zeiten.

Geehrter Silbermann, leb glücklich, lebe lang,
Nimm reich an Alter zu, wie an der Künste Klang,
Und mach' als wie verjüngt mit gantzer Krafft und Stärcke
Noch manchem Kätzelgen zur Lust, viel schöne Wercke!

79 Gedicht von Graf Heinrich VI. zur
Weihe der Silbermannorgel in der Schloßkapelle Burgk (vgl. OWS. Nr. 65)

80 Silbermannorgel in der Schloßkapelle
Burgk (1743 vollendet)

626

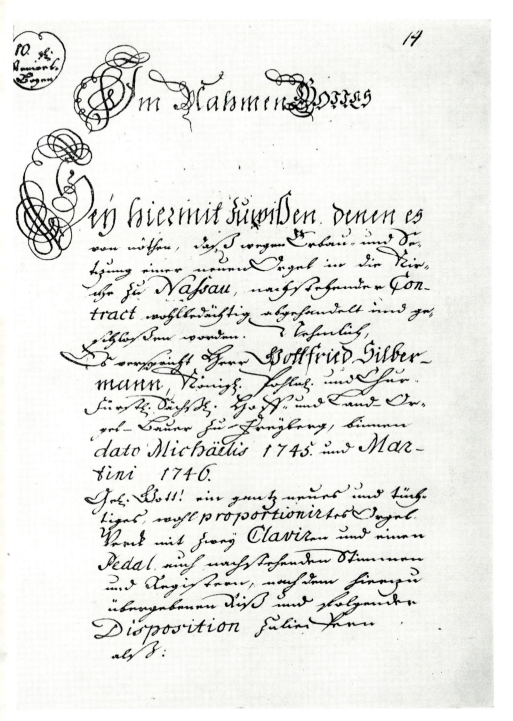

Im Nahmen Gottes

Seÿ hiermit kundt gethan, denen es
von nöthen, daß wegen Erbau- und Verfertigung einer neuen Orgel in die Kirche zu **Naßau**, nach befundenem Contract wohlbedächtig abgehandelt und geschloßen worden. Nehmlich,
der vornehme Herr **Gottfried Silbermann**, Königl. Pohln. und Churfürstl. Sächs. Hof- und Land-Orgel-Bauer zu **Freyberg**, binnen
dato Michäelis 1745. und Mar-
tini 1746.
Jtz. Gott! ein gantz neues und tüchtiges, wohl **proportionirtes** Orgel-
Werk mit **zwey** Clavieren und einem
Pedal, auch nach befundenen Stimmen
und Registern, nach dem hinzu
übergebenen dieß und folgenden
Disposition haben kann
als ß:

---

81 Silbermannpositiv in der Krypta
des St.-Pauli-Domes zu Bremen (BRD)

82 Erste Seite des Bauvertrages vom
24. August 1745 für die Orgel zu Nassau
(vgl. SD. Nr. 47)

628

83 Silbermannorgel zu Nassau
(1748 vollendet)

84 Klaviatur, Abstrakten und Wellatur
des Hauptwerks sowie Regierwerk

85 Prospektentwurf für die Silbermannorgel der katholischen Hofkirche zu
Dresden (um 1750) mit Signum »AR«
von Kurfürst Friedrich August II.

86 Silbermannorgel der katholischen
Hofkirche zu Dresden (um 1935)
Letztes und größtes Werk Gottfried
Silbermanns
(1755 vollendet, 1944 ausgelagert,
bis 1971 wiederhergestellt)

88 Zwingerhof zu Dresden nach einem
Gemälde von Bernardo Belotto genannt
Canaletto (1720–1780)
Links im Hintergrund die alte katholische
Kirche, wo Gottfried Silbermann während
des Baues der Hofkirchenorgel sein zeit-
weiliges Quartier hatte und am 4. August
1753 starb.

89 Mitteilung über das am 4. August 1753
erfolgte Ableben Gottfried Silbermanns
in Nr. XXXIII der »Dresdnischen
wöchentlichen Frag- und Anzeigen«
vom 14. August 1753

Dreßden. Hieselbst ist am 4ten dieses der
berühmte Künstler und K. P. u. C. Sächs.
Hof-Orgelbauer, Hr. Silbermann, von
Freyberg, so sich allhier in Dreßden, wegen
des Orgelbaus in der Königl. Hofkapelle, aufgehalten, in dem Hause seines Vätters, etl. 70
Jahr alt, verstorben, und am 6. dito beygesetzt worden.

87 Silbermannorgel zu Frankenstein
(um 1753 von Johann Daniel Silbermann
vollendet)

90 Titel des Buches »Warhaffte und gründliche Cur« von 1722 (vgl. Anm. 2601)

D. Heinrich Eliæ Hundertmarcks,
Physici & Ord. Sen. in Zeitz,

Natur und Cur
Der

Gicht und des Podagra,
Oder/
wie diese sonst vor unheilbar=gehalte=
ne Kranckheiten beschaffen / auch/ bey
Jungen Personen gantz unfehlbar, sicher,
gründlich und beständig;
bey Alten aber/ und wo diese Kranckhei=
ten erblich, oder lange Jahre gewähret, und
tieff eingewurtzelt,
ohne Gebrauch des Opii,
oder anderer gefährl. Dinge/
dennoch gantz gewiß in so weit zu curiren/
daß der sonst schmertzliche paroxysmus lange Zeit
auſſen bleibet / oder/ wenn er nach langer Zeit wieder
kömt/ viel erträglicher/ und gar bald wieder
vorbey gehet/
Ende mit vielen merckwürdigen Exempeln
erleuchtet/
Nebst einem Anhang
von 12. theils groſſen Kranckheiten/
als Podagra, Epilepsia habituali, Griebel=Kranck=
heit/ Raserey/ Frantzosen/ solche ohne salivation
zu tilgen rc. rc.
Ohne und vor deren glücklichen Cur der Autor
keine Bezahlung verlanget.

LEIPZIG
bey Friedrich Groschuffs Wittwen, An. 1719.

91 Titel des Buches »Natur und Cur der Gicht« von 1719 (vgl. Anm. 2601)

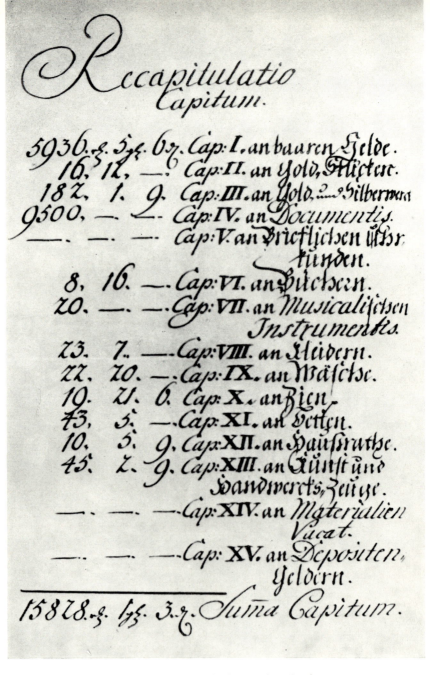

92 Summarische Aufstellung über den Wert
des Nachlasses von Gottfried Silbermann (Oktober 1753)

QUELLENNACHWEIS

Quellenverzeichnis zum Faksimileteil

Stadtarchiv Frauenstein: 1, 2, 4, 15–27, 36, 37, 38, 39, 40, 41, 42, 43, 50, 51, 59, 60, 61, 62, 68, 71, 72, 73, 74, 75, 97, 98, 120

Stadtarchiv Strasbourg: 3, 9, 10

Pfarrarchiv Nassau: 5

Staatsarchiv Dresden: 6, 7, 14, 28, 32, 33, 35, 48, 57, 58, 66, 69, 81, 82, 83, 111

Sächs. Landesbibliothek Dresden: 8, 29

Stadtarchiv Freiberg: 11, 12, 34, 44, 45, 47, 52, 76, 78, 88, 89, 100, 108, 109, 130

Stadtarchiv Oederan: 13

Staatsarchiv Leipzig: 30, 49, 64, 67, 84, 85, 86

Staatsarchiv Weimar (Außenstelle Greiz): 31, 53, 54, 70, 90, 102

Stadt- und Bergbaumuseum Freiberg: 46, 63, 77, 79

Stadtarchiv Dresden: 55, 80, 91, 92, 94, 95, 101, 107, 113, 115, 116, 117, 118, 119, 131, 132, 133, 134, 135, 136, 137

Pfarrarchiv Zittau: 56, 87, 103, 104, 105, 106, 114, 138, 139, 140

Heimatmuseum Frauenstein: 65

Stadtarchiv Naumburg: 93

Staatsarchiv Weimar (Außenstelle Altenburg): 96, 99, 112

Superintendenturarchiv Meißen: 110

Superintendenturarchiv Freiberg: 121, 122, 123, 124, 125, 126, 127, 128, 129

Urheberverzeichnis zum Faksimileteil

Alfred Gössel †, Sayda: 1, 2, 15–27, 36, 37, 38, 40, 59, 60, 61, 62, 71, 72, 73, 74, 75

Stadtarchiv Strasbourg: 3, 9, 10

Harald Kiel, Frauenstein: 4, 13, 39, 41, 42, 43, 50, 51, 65, 68, 97, 98, 110, 120

Johannes Lohse, Nassau: 5

Staatsarchiv Dresden: 6, 7, 14, 28, 32, 33, 35, 48, 57, 58, 66, 69, 81, 82, 83, 91, 92, 93, 111

Sächs. Landesbibliothek Dresden: 8, 29

Heinz Metzger, Freiberg: 11, 12, 34, 44, 45, 47, 52, 76, 78, 88, 89, 100, 108, 109, 130

Staatsarchiv Leipzig: 30, 49, 64, 67, 84, 85, 86

Staatsarchiv Weimar: 31, 53, 54, 70, 90, 96, 99, 102, 112

Uwe Kolls, Freiberg: 46, 63, 77, 79

Stadtarchiv Dresden: 55, 80, 94, 95, 101, 107, 113, 115, 116, 117, 118, 119, 131, 132, 133, 134, 135, 136, 137

Erich Pröwig, Eckartsberg bei Zittau: 56, 87, 103, 104, 105, 106, 114, 138, 139, 140

Hans Hesky, Freiberg: 121, 122, 123, 124, 125, 126, 127, 128, 129

Quellenverzeichnis zum Bildteil

Cämmerswalde, Pfarrarchiv: 24
Dippoldiswalde, Ephoralarchiv: 64
Dresden, Gemäldegalerie: 88
Dresden, Institut für Denkmalpflege: 85
Dresden, Sächsische Landesbibliothek: 91
Dresden, Staatsarchiv: 1, 43, 89, 92
Dresden, Stadtarchiv: 36
Frauenstein, Heimatmuseum: 2, 4, 9, 37, 79
Frauenstein, Stadtarchiv: 3
Freiberg, Stadtarchiv: 12
Freiberg, Stadt- und Bergbaumuseum: 8, 13, 21, 31
Freiberg, Superintendenturarchiv: 59

Großhartmannsdorf, Pfarrarchiv: 70
Großkmehlen, Pfarrarchiv: 30
Helbigsdorf, Pfarrarchiv: 53
Leipzig, Staatsarchiv: 35, 49, 50, 51
London, Britisches Museum: 90
Nassau, Pfarrarchiv: 82
Rötha, Pfarrarchiv: 38, 39
Weimar, Staatsarchiv, Außenstelle Greiz: 22, 23, 65, 66, 75, 76
Zittau, Christian-Weise-Bibliothek: 63
Zittau, Pfarrarchiv: 67, 68
Zittau, Stadtmuseum: 69
Zwickau, Stadtarchiv: 78

Urheberverzeichnis zum Bildteil

Walter Kiel, Frauenstein 3, 4
Deutsche Fotothek Dresden 5, 7, 8, 13, 14, 15, 16, 17, 18, 19, 20, 21, 25, 26, 27, 28, 31, 32, 34, 47, 52, 54, 57, 60, 61, 69, 71, 72, 73, 83, 84, 86, 87, 88
Reinhard Thiem, Leipzig 6
Stadt- und Bergbaumuseum Freiberg 10, 11
Alfred Gössel †, Sayda 24, 37
Siegmar Schröder, Ortrand 29, 30
Institut für Denkmalpflege Dresden 33
Foto-Geuther, Rötha 38, 39
B. Steinbach, Rötha 40, 41
Foto-Pippig, Grimma 42
Fotoatelier Schlegel und Vogt, Mittweida 44
Dieter Oertel, Reichenbach 45

Foto-Schmidt, Olbernhau 46
Siegfried Lehmann, Doberlug-Kirchhain 48
Gert Breidenstein, Freiberg 53
Konrad Mann, Reinhardtsgrimma 55
Gabriele Thomas, Glauchau 56
Foto-Krenz, Schirgiswalde 58
Johannes Richter, Gößnitz 62
Günter Trommler, Dippoldiswalde 64
HO-Foto Zittau 67, 68
Wolfgang Ihlberg, Großhartmannsdorf 70
Gerhard Kroll, Fraureuth 74
Andreas Hofmann, Erlau 77
Foto-Winkelmann, Zwickau 78
Winfried Mann, Gera 80
Dompfarramt Bremen 81

PERSONENVERZEICHNIS

Die Gliederung der Fundstellen entspricht den vier Hauptteilen des vorliegenden Werkes. Zuerst stehen die Seitenzahlen des Textteiles, dann folgen die Nummern der jeweiligen Anmerkungen, der Silbermann-Dokumente und endlich die der Orgelweiheschriften. Die einzelnen Fundstellengruppen werden durch einen Schrägstrich (/) voneinander getrennt. Sind Namen in einer oder mehreren Fundstellengruppen nicht vertreten, wird das durch einen Querstrich (–) kenntlich gemacht:

Orgelbauer werden durch ein Sternchen (*) vor dem Namen gekennzeichnet. Wichtige Stellen werden kursiv hervorgehoben.

Behrisch, Burckhardt Leberecht (Dresden) –/892, *938*, 971, 976, 980/–/–

Beier, Wilhelm (Dresden) 358/2268/–/–

Bellmann, George Friedrich (Frauenstein) –/540/–/–

*–, Johann Gottlob Friedrich (Frauenstein) 107/540/–/–

–, Justina (Kleinbobritzsch) –/20/–/–

Benisch, Emanuel jun. (Dresden) 63, *244/1490*, 1491, 1492, 1653, 2460/24, 26/–

–, Emanuel sen. (Dresden) –/*1490*/–/–

Berger, Alfred (Nossen) –/2390/–/–

*Bernhard –/–/–/55

Besser, Johann von (Dresden) –/–/–/2²

Bestel, Gottfried Ernst (Altenburg) 63, *134*, 135, *178*, *195*/693, 701, 702, 706, 707, 713, 716, 1039, 1040, 1065, 1107, 1149, *1150*, 1151, *1344*, 1438, 1460, 2335/12/4

–, Johann Christoph (Berga) –/702/–/–

Beuthner, Simon (Freiberg) 128/–/–/–

Beyer, Andreas (Freiberg) 365/2327/1/–

–, Anna Catharina (Freiberg) –/828/–/–

–, Johann Samuel (Freiberg) 63, 80, *151*, *156*/164, 170, 311, 738, 825, 826, *828*, *830*, 870, 1379, 1585, 1732/9/–

–, Johann Wolffgang (Burgk) –/2130/–/69, 69¹

–, Martin (Freiberg) –/828/–/–

Bezaleel 40/131, 1590, 2167/–/12, 31, 37, 43, 46, 53, 64

Blechschmidt (Zwickau) 386/–/–/–

Bley, Johann Christian (Freibergsdorf) –/555/–/–

–, Magdalena (Freiberg) 72, 109/555, 1635/–/–

Blochwitz, Johann Martin (Dresden) –/–/–/22, 22²

Böhme, Adam (Freiberg) –/801/–/–

*Bohr, Christoph Henrich (Dresden) –/623/–/–

Bonitz, Eberhard (Lingen) –/2274, 2275/–/–

Börner, Jacob (Herrndorf) –/760/6/–

Bottner, Michael jun. (Freiberg) 72, 79, *104*/512, 514, 515, 532, 1635

–, Michael sen. (Nürnberg) –/515/–/–

Brause, Johanne Eleonore von *152*, 153, *371*/*843*, 2368/–/–

Breitkopf, Johann Gottlob Immanuel (Leipzig) *13*/–/–/–

Brem, Johann Georg (Altenburg) 40, *89*, *272*/133, 384, *1693*/–/28, 28²

Brosche, Barbara Susanne (Zittau) –/1951/–/–

–, Frantz Anton (Zittau) –/1951/–/–

–, Johann (Kuckusbad) –/1951/–/–

Brühl, Heinrich von (Dresden) 345, 346, 349, *355*, 357/164, 1661, 2192, 2205, 2250/50/–

Bucher, Christoph Friedrich (Rengersdorf) –/–/–/56¹

–, Samuel Friedrich (Zittau) –/–/–/56, 56¹

Bünau, Heinrich von *230*, 231/1389, 1390, 1395, 1398, 1406/16/–

–, Martha und Christina –/16/–/–

Burckert, Gottlob (Dippoldiswalde) –/2586/49/–

Burckhart, Christoph (Freiberg) 128/–/–/–

Büttner, David –/2601/–/–

Buzäus, Christian Polycarp (Freiberg) 111, *137*, 255, 292, 314/579, 580, 724, 725, 727, *1580*, 1827, 1954, 1961/41²⁷/–

–, Johann Christian (Dresden) 111, *156*, *165*, *166*, *177*, *198*, 224/578, 580, 687, 724, 727, 736, 763, 867, 886, 929, 953, 954, 955, 957, 958, 966, 1036, *1037*, 1174, 1336, *1580*, 1827/41/–

Carlowitz, Carl Adolph von *313*, 317/1954, *1955*, 1956, 1995/–/–

–, Friedrich August von –/1995, 1997, 2000/–/–

Carolsfeld, Ernst Schnorr von (Dresden) –/754/–/–

*Casparini, Eugen (Görlitz) –/372, 1863, 1864/–/28

Centgraff, Christian Gottfried (Zabeltitz) –/1746/–/–

–, Immanuel (Frauenstein) 279, *391*, 1746/–/14³, 39

Chiaveri, Gaetano (Dresden) 346/2185, 2190, 2531/–/–

Clauser, Johann Heinrich (Fraureuth) 323/2035, 2087, 2092/–/64, 64²

Clemm(e), (Randeck) –/58/–/–

Constantin –/–/–/20

Gössel, Johann Christian (Dresden) –/990, *1013*/–/–

Gothier, Johann David (Dresden) –/944/ –/–

–, Johann Jacob (Dresden) *164*/566, 886, 928, *944, 945,* 946, *948,* 949/–/–

Götzelt, Christoph (Randeck) –/1354/–/–

*Gräbner, Christian (Dresden) 114, 121/ 587, 633, 644/–/–

*–, Christian Heinrich (Dresden) 63, 135, *157,* 267/434, 998, 1001, *1013, 1615,* 1641, 1648, *1653,* 1667, *2460,* 2600/ 30/15, 25

–, Johann Christoph (Dresden) –/537/–/–

*–, Johann Heinrich (Dresden) 63, 121, *159,* 260, 267/*301,* 631, 633, 644, *890,* 891, 897, *1614, 1615, 1616, 1653,* 2452/30/–

Gräfe, Johann Jacob (Dresden) 52/–/–/–

Grahl (Reinhardtsgrimma) –/1471/–/–

Graichen, Jacob (Oberwiesa) 93/–/–/–

–, Johann (Waldenburg) –/415/–/–

*–, Johann Jacob 47, 79, *92–94,* 110/75, *257,* 258, 414, *418,* 419, 421, *422,* 1109/17/–

Green, George Siegmund (Chemnitz) *183,* 186/–/13/–

Greiff (Frauenstein) –/–/3/–

Grimmer, Hanns (Kleinbobritzsch) –/36/ –/–

–, Hiob (Frauenstein) –/356/–/–

–, Sophia (Kleinbobritzsch) –/36/–/–

Grübler, Johann Samuel –/678/–/–

Grundig, Christoph Gottlob (Freiberg) 92/–/–/–

Grünrath, Gottfried (Greiz) 290, 291/ 374, 551, *1818,* 1819, 2078, 2101, 2115/–/49, *49*[2], 51[2]

Grünwald, Johann Christoph (Zittau) –/ –/–/16[1], 54, *54*[2]

–, Johann Georg (Ullersdorf) –/–/–/54[2]

Günther, Anna (Weißenfels) –/828/–/–

–, George von –/1212, 1238/–/–

–, Johann Heinrich (Zittau) –/1833, 1874/ –/–

Haan, Wilhelm (Leisnig) –/37/–/–

Haase, Johann Gottlob (Großhartmannsdorf) –/1999/–/–

Haase, Nicolaus –/2601/–/–

–, Rebecca Elisabeth (Dresden) –/376, *1012*/–/–

Häber, Michael (Frauenstein) –/36/–/–

Hackel, (Johann) Josef (Dresden) 346/ *2185,* 2600/–/–

–, Wolfram (Dresden) –/539/–/–

*Hähnel, Johann Ernst 37, 79, 97, 100, 101, 108/61, 100, *303,* 450, 452, 480, 483, 484, 490, 491, *542,* 546, 1219, 2232, 2233, 2389, 2396/24[7]/–

Hanisch, Günter (Dresden) –/2270/–/–

Harpeter, Emanuel Friedrich (Dresden) –/–/–/17, 24

–, Johann Wilhelm (Dresden) –/–/–/22

Hartenstein, Werner (Freiberg) 158/–/–/–

Hartmann, Johanna Regina (Leipzig) –/ 508/–/–

–, Thomas (Frauenstein) –/54/–/–

Hartwig, Carl (Zittau) 63, 292, 304, *308,* 309, 310, 316/1831, 1834, 1897, 1933, 1940, 1979, 1987/41, 43/54, 54[5], 60[3], 61[1]

–, Christoph (Olbernhau) –/1831/–/–

–, Franz Gotthold (Großhartmannsdorf) 317/*1993,* 1996/–/–

–, Johann David (Großhartmannsdorf) 312, 317/1831, 1956, 1959, 1963, 1980, 1981, *1985,* 1993/–/60, *60*[3], 61[2]

Hasse, Hermann Gustav (Frauenstein) –/1748/–/–

–, Johann Adolf –/989/–/–

Haupt, Adam (Freiberg) 126, 128/675, 685, 2530/–/–

–, Ernst Benno (Frauenstein) –/1750/–/–

–, Marie (Frauenstein) –/1750/–/–

Hauschild, Christian (Dresden) 398/2572/ –/–

Hausius, Johann Friedrich (Dresden) 347/ 2202, 2250/48/–

Haußdorff, Urban Gottlieb (Zittau) –/ 1945/–/–

–, Victoria Catharina (Zittau) –/1942, 1945/–/57[2], 58[1]

Hebe(n)streit, Pantaleon (Dresden) 37/ *103,* 977, *2464,* 2600/–/–

Heber, Christian Gottlob (Höckendorf) –/ 2586/49/–

Heckel, Christoph (Dresden) 127/–/–/–

646

Nitzsche, Gottfried Sigmund (Frauenstein) 30/53, 54/–/–
Noah –/–/–/55
Nürnberger, Michael (Zwickau) –/2482/–/–

*Oehme, Adam Gottfried 47, 69, 74, 78, 79, 89, 91, 96–100, 101, *138*, *186*, *318*, *352*, 397, 407/207, 287, 290, 291, 379, 404, 405, 409, 410, 429, 431, 443, *445*, 446, *450*, *454*, *460*, *461*, *463*, *464*, *465*, 466, 468, *471*, *472*, *473*, *476*, *488*, *490*, *491*, *532*, *728*, *784*, *812*, *1089*, *1350*, 1414, 1974, *1990*, 1991, 1994, 1997, 1999, *2000*, 2178, 2231, *2232*, 2233, 2256, 2396, 2541, 2610, *2614*, 2621/ 5[47]/–
–, Johann August 359/–/–/–
Öhm, Adam (Grünhainichen) 96/–/–/–
Ohndorff, Johann Gottlieb (Freiberg) 387/ –/–/–
Olischer, Johann Balthasar (Reichenbach) 36, 52, 191, 195/1098, 1099, 1115, 1116, 1117, 1125, 1134, 1137, 1150, 1151, 1152, *1153*, 1463/–/–
Oswald, Erwin –/882/–/–
Ötler, Johann Michael (Mylau)–/1502/–/–
Ottewitz, Gottfried (Forchheim) –/1171/ –/–

Pallmer, R. A. (Crostau) –/1551/–/–
Peinemann, Johann Gottfried (Leipzig) –/ 2610/–/–
–, Johann Tobias (Leipzig) 47/2610/–/–
Pestel, siehe Bestel
Peter I. von Rußland 393/2508, *2528*/–/–
Pezold, Christian (Dresden) 36, *38*, 63, *154*, *168*, *169*, *178*, 202/89, *850*, *852*, *890*, 973, 980, *986*, 990, 1045, 1065, *1201*, 1203, 1533, 1548, 1653, 1831, 2419, *2464*/14, 15[12], 16[4]/20[1]
–, George (Weißig) –/850/–/–
–, Sebald (Gera) 281, *285*/1583, 1584, *1586*, *1655*, *1753*, 1755, 1756, 1758, 1759, 1760, 1768, 1784, 1785, 1789, 1812, *1815*, 2054/–/–
Pfeil, Johann (Freiberg) 126, 128/–/–/–
–, Johann Samuel (Freiberg) –/126/–/–/–
*Pfennig, Johann Christian –/2389/–/–

Pflugk, von –/2366/–/–
–, Elisabeth Friderike von –/2293/–/–
Pipin –/–/–/20, 55
Pisendel, Johann Georg (Dresden) 38, 63, *266*, *308*, 309/89, *1650*, 1933, 1940, 1941, *2464*, 2600/14, 15[12], 16[4], 22[2], 30, 43/–
–, Simon (Cadolzburg) –/1650/–/–
Pistorius, Johann Christian (Freiberg) –/–/ 49/–
Planitz, Christian Ludwig von 245, 246, 376/1500/35/–
–, Christiana Sybille von –/–/35/–
–, Gottlob Heinrich von –/2408/35/–
Platner, Georg Albin (Freiberg) 146, 147/ 801/–/–
Poigk, Hans Christoph von –/2289/–/–
Poltermann, Anna Magdalena (Freiberg) *109*, 398/564, *2614*, *2615*/–/–
–, Maria Rosina (Freiberg) 109/–/–/–
–, Michael (Freiberg) 109/–/–/–
Pöppelmann, Matthäus Daniel (Dresden) –/819/–/–
Praetorius, Michael (Wolfenbüttel) –/ 2601/–/–
Preißler, Reinhold (Frauenstein) –/1750/ –/–
Preußler, Anna Maria (Frauenstein) 24/ 29, 30/–/–
–, Caspar (Großwaltersdorf) 24/32, 33, 37, 58/–/–
–, Margaretha (Großwaltersdorf) –/32/–/–
*Prockhardt, Albert –/2389/–/–
Prudentius –/–/–/55

Rämpe, Gottfried (Wurzen) 231/–/–/–
Rechenberg, Adam (Leipzig) 365/2326/1/–
Rechenbergk, Martin (Frauenstein) –/51/ –/–
Reichelt, Caspar (Frauenstein) –/26/–/–
–, Johann Christoph (Glauchau) –/1429/ –/–
–, Johann George (Dresden)–/*1012*, 1631/ –/27
Reinhard, Justina (Freiberg) 72, 109/–/–/–
Reinhold, Gottfried Samuel (Eppendorf) –/ 1651/–/–
–, Theodor Christlieb (Dresden) 63, *267*/ 990, *1013*, *1651*, 1831/30/26

Reitzenstein, von –/2130/–/–
Resch, Fritz (Glauchau) 235/–/–/–
Richter, Christian (Dresden) –/968/–/–
Richter, George (Neubau) –/601/–/–
–, Johann (Colditz) 126/–/–/–
–, Johann Christoph (Dresden) 171/998, 1006, 1007, 1008, 1010, 1013/–/–
–, Johann Christoph (Großhartmannsdorf) –/1990/–/–
–, Johann George (Zwickau) 387/–/–/–
–, Theophilus (Olbernhau) 139/740, 1158/–/5
Richterische Erben (Altenburg) –/–/–/31, 34, 42
Ricker, Johanna Eleonora (Zittau) –/–/–/54²
Riedel, Johann Christoph (Glauchau) –/1429/–/–
Rietz, Julius (Dresden) –/1610/–/–
*Ring, Friedrich 33, 34/67, 69, 70, 77/–/–
Ritterlin, Carl August (Augustusburg) 209/1238/–/–
Roeder (Oederan) 205, 207/–/–/–
Römer, Carl Christoph von 370/2361/–/–
Rösch, Christoph (Marienberg) –/164/–/–
Rosenfeld, Andreas (Freiberg) –/680/–/–
Rothe, Gottfried (Leipzig) 178/–/–/3
–, Heinrich (Fraureuth) 323, 324, 325, 327, 328, 329/1949, 1952, 1965, 2020, 2033, 2034, 2040, 2041, 2052, 2054, 2056, 2061, 2065, 2069, 2072, 2074, 2083, 2086, 2092/40/63, 63²
–, Johann George (Zittau) –/1841, 1856/–/–
Rubardt, Paul (Leipzig) 187/–/–/–
Rudolph, Helmut (Freiberg) –/209/–/–
–, Johann Adam (Rochlitz) 223/1328, 1330/–/–
*Rühle, Wilhelm –/741, 1648, 2296/–/–
Rümmler, Maria Elisabeth (Dresden) 397/–/–/–
Rupp, Emile (Straßburg) –/248/–/–

Saher, Simon (Frauenstein) –/52/–/–
Salomo –/–/–/55
Sander, Georg (Frauenstein) –/16/–/–
Satler, Caspar (Frauenstein) –/36/–/–
Säuberer –/–/41²¹/–

Seebach, Ludwig Alexander von (Dresden) 389/2503/–/–.
Segnitz, Hieronimus (Dresden) 348, 350/2217/–/–
Seiber –/–/41²¹/–
Seifert, Justina (Kleinbobritzsch) –/19/–/–
–, Paul (Kleinbobritzsch) –/19, 20/–/–
Seitz, Efarist (Dresden) –/2225/–/–
Sensenschmidt, Benjamin (Meerane) –/–/–/31⁵
–, Christian Gotthilf (Meerane) 40/–/–/31, 31⁵
Seyfert, Christian Friedrich (Oberbobritzsch) 140/745, 746, 747/–/–
Seyfried, Friedrich Gottlieb (Frauenstein) –/58/–/–
–, Salomo Friedrich (Freiberg) 253/–/28, 33/–
Silbermann, Abraham (Freiberg) 72, 79, 105/63, 519, 521, 523, 524, 1635, 2579, 2598/–/–
–, Abraham (Kleinbobritzsch) –/21/–/–
–, Andreas I (Kleinbobritzsch) –/21, 359/–/–
*–, Andreas II (Straßburg) 24, 32, 33, 34, 49, 107/15, 33, 45, 64, 65, 66, 69, 82, 144, 183, 188, 2249, 2518/15⁶, 49/26⁷, 36⁸, 38⁵
–, Anna Maria 24/27, 29, 32, 33, 36/–/–
–, Christian (Freiberg) 400/382, 523, 525, 2545, 2579, 2585, 2590, 2591, 2601, 2613, 2625/49/–
–, Christian (Wilmsdorf) –/24, 26/–/–
–, Christina (Frauenstein) –/22, 356/–/–
–, Christoph (?) –/1438/–/–
–, Dorothea Elisabeth (Freiberg) –/525, 528/–/–
–, Franze (Freiberg) –/14/–/–
–, Georg I (Kleinbobritzsch) 20/16, 18/–/–
–, Georg II (Glashütte) –/24, 2539/–/–
–, George Friedrich (Frauenstein) –/540/–/–
–, Georg Friedrich (Glashütte) –/25, 39, 2579/–/–
–, Gottlieb (?) –/926/–/–
–, Greger (Freiberg) –/14/–/–
–, Immanuel (Schönfeld/Freiberg) –/63, 525, 2579/–/–

Schneider, George (Frauenstein) –/600/–/–
–, Friedrich (Dessau) –/1414/–/–
–, Johann (Görlitz) –/1414/–/–
–, Johann (Dresden) –/37/–/–
Schön, Johann Adolph (Freiberg) –/403/
–/–
–, Johann Georg (Hainewalde/Niederoder-
witz) –/389, 391, 403, 1945/–/–
*–, Johann Georg (Freiberg) 46, 47, 72,
74, 78, 79, 88–92, 97, 99, 138, 352,
397, 399/207, 256, 257, 258, 266, 283,
379, 391, 392, 397, 398, 400, 403, 406,
408, 411, 434, 461, 462, 464, 532, 537,
1635, 1841, 1894, 1905, 1945, 1973,
1991, 2231, 2232, 2246, 2252, 2256,
2610, 2612, 2614, 2615, 2627/5⁴⁷, 49/–
Schönberg, Abraham von –/653/–/–
–, Caspar Dietrich von 226/–/–/–
–, Caspar Heinrich von 139/1356/–/–
–, Dorothea Elisabeth von –/–/35/–
–, Friedrich August von –/2173/–/–
–, Heinrich von –/16, 42, 52/–/–
–, Wolff Rudolph von –/653, 731/–/–
Schöneveldt, Johann Stephan von –/651,
687, 727/–/–
Schönlebe, von –/653/–/–
Schramm, Christoph (Schandau) –/499/–/–
*–, Johann August (Dresden) –/499/–/–
*–, Tobias 95, 103, 170, 171, 172, 269/
434, 493, 495, 499, 501, 991, 996, 998,
999, 1001, 1002, 1006, 1007, 1008,
1667, 1668, 1671, 2389/–/–
Schröter, Christian (Naumburg) –/321/–/–
–, Christoph Gottlieb –/118/–/–
Schroth, Benjamin (Zittau) 295, 302, 304/
1833, 1838, 1853, 1855, 1856, 1871,
1902, 1914, 1933, 1947, 2047/41/55
Schubart, Tobias Heinrich (Altenburg)
376/–/–/–
Schubarth, Gotthard (Leipzig) 196/1160,
1163, 1165, 1169, 1172/–/5
–, Johann Christoph Benjamin (Frauenstein) 342, 391/2168, 2169, 2516/–/
38, 71
*Schubert, David 74, 78, 79, 88, 97, 100
bis 102, 173, 352, 354, 395, 397/230,
291, 450, 459, 478, 479, 482, 483, 484,
488, 490, 491, 494, 495, 532, 753,
2161, 2231, 2233, 2236, 2245, 2248,

2396, 2543, 2549, 2600, 2610, 2614
–/–
–, Johann Samuel 31/60, 600/–/–
Schuberth, Adam (Forchheim) –/1173,
1733/–/–
Schulze, Claus-Peter (Beilstein) –/333, 343/
–/–
–, Georg Friedrich (Frauenstein) 119/
600/–/–
–, Isidor Oscar (Niederschöna) –/781/–/–
Schwartzbach, Christian Gottlieb (Dres-
den) –/1013/–/–
–, Johann Christian (Dresden) –/150, 1601,
1608/27/–
Schwarz, Regina (Dresden) –/132/–/–
Schwarze, Julius Heinrich (Dresden) 350,
356/2223, 2250, 2253/–/–
Schwarzenberg, Christoph (Crostau) –/
1547, 1551, 1552/–/–
Schweitzer, Albert 46/85, 169/–/–
Starcke, Friedrich Heinrich (Delitzsch) –/
1414/–/–
Starke, Bruno (Frauenstein) –/541/–/–
Steinbach, Wilhelm (Zöblitz) 320, 321,
322/285, 2004, 2005, 2016, 2022/–/–
Steindorff, Johann Martin (Zwickau) 235,
237/828, 1065, 1154, 1443, 1445,
1447, 2167/–/4, 4¹, 8, 11, 30², 64²
–, Michael (Deutleben) –/1443/–/–
Stempel, Christian Karl (Pirna) –/1466,
1480, 1494/–/–
Stoltze, Johann Siegemund (Frauenstein)
–/33/–/–
Stößel, Johann Conrad (Dresden) 41/–/–/
2, 6, 12
Stößelin verw. (Dresden) –/–/–/15, 21,
25, 27
Strehle, Christoph Wilhelm (Dippoldiswalde) –/–/–/11¹
–, Eleonora Sophia (Dippoldiswalde) –/–/
–/11¹
Stremelin verw. (Zittau) –/–/–/52, 53, 54,
55, 56, 57, 58, 59
Strohbach, Johann Georg (Reinhardtsgrimma) –/1466, 1470, 1472, 1474,
1475, 1480, 1494/–/–
Stübner, Johann Gottfried (Meißen) –/–/–/
21²

Wendler, Carl Gottlieb (Crostau) 249, 250/1534, 1538, 1541/–/–

Wentzel, Johann Gottlieb (Zittau) –/1833, 1874/–/55

Werckmeister, Andreas (Halberstadt) –/722/–/–

Werner, Christian August (Frauenstein) –/600/–/–

–, Friedrich –/2601/–/–

Wiedemann, Gottfried (Rochlitz) *211*, 216/1255, *1260*, 1281, 1288, 1290, 1294, 1342/–/–

Wiesener, Christian (Reichenau) –/1705/ –/–

–, Martin (Neubau) –/33/–/–

Wiesner, Christoph (Reichenau) 117/–/–/–

Wilisch, Christian Friedrich (Freiberg) 88, *136*, 137, *199*, *209*, 226, 252, *257*, *278*, 339, *342*, *379*/326, 1161, 1178, 1238, 1556, 1590, 1701, 1705, 1739, 2144, 2148, 2163, 2164, 2167, 2177/28, 47/14

–, Christian Gotthold (Freiberg) 196, 203, 252/259, 1163, 1165, 1245/–/–

Willhelmi (?). (Dresden) –/*1655*/–/–

Winckler, Daniel u. Hartmann (Leipzig) –/660/–/–

–, Hans (Freiberg) –/665/–/–

Winkler, Georg Friedrich (Dresden) 268/434, 1667, 1671/–/–

Woldegen, Johann (Zittau) –/*1856*/–/–

Wolf, Caspar (Reichenau) –/601/–/–

–, Johann Heinrich (Nassau) –/2145/–/–

Wolff, Michael (Chemnitz) –/1084/–/–

–, Samuel (Freiberg) 128/–/–/–

Wunderlich, Johann Michael (Fraureuth) 326/–/–/–

–, Michael (Fraureuth) 324/2033/–/–

Wünsch, Michael (Kleinbobritzsch) –/33/–/–

Zacharias, Johann (Frauenstein) –/44/–/–

–, Johann Salomon (Frauenstein) –/1705, 1727/–/–

Zandt, Karl Christoph (Nossen) 374/*2391*, *2395*/–/–

Zedler, Johann Heinrich 13, 37, 39, 41, 44/2, 12, 463/–/–

Zeiß, Christian (Freiberg) *131*, 368/691, 692, 1732, *2343*, 2346/4/–

–, Nickel (Colditz) –/*2343*/–/–

Zeller, George (Niederschöna) –/760/6/–

*Zencker, Bartholomäus (Eilenburg) 29, 114, 118/595/3[3]

Zierold (?), (Fraureuth) 332/2082/–/–

Zilliger, Christoph (Frauenstein) 278/–/–/–

Zimmermann, Jacob (Kleinbobritzsch) –/359/–/–

–, Johann Michael (Freiberg) 126/–/–/–

–, Johann Paul (Freiberg) –/*2297*/–/–

Zincke, Gottlob (Nassau) 342/–/–/–

Zoilus –/–/–/34, 34[8]

*Zschugk, Joachim –/*2459*/–/–

Zürner, Adam Friedrich (Dresden) –/42/–/–

ORTSVERZEICHNIS

In das nachstehende Verzeichnis wurden fast ausnahmslos nur Orte aufgenommen, die sich auf Leben und Wirken Gottfried Silbermanns, seiner Verwandten und Gesellen beziehen. Die Gliederung der Fundstellengruppen ist die gleiche wie beim Personenverzeichnis.

Altenberg 181/663/–/–

Altenburg 109, 229/1101/–/–

Altenburg (Schloßkirche) 83, 93, 375–378, 385/1686, 2397–2430/–/–

Auligk 187/–/–/–

Bad Lausick 182, 187/1268/–/–

Bad Schandau –/499, 1219/–/–

Bayreuth 94/–/–/–

Berlin (Garnisonorgel) 84/–/–/–

Berlin (St. Marien) 83/332, 343, 345/–/–

Böhmisch-Einsiedel 24/–/–/

Brandenburg 83/–/–/–

Bremen (Dom) 55, 362/–/–/–

Buchsweiler 33/66/–/–

Burgk 55, 56, 57, 59, 63, 65, 67, 68, 74, 75, 78, 87, 96, 109, 333–339/160, 163, 220, 515, 567, 1059, 1459, 1596, 1810, 2033, 2097–2141, 2307, 2428, 2466/–/65–70

Cämmerswalde 91, 99/406, 408, 445, 468, 2232, 2256/–/–

Chemnitz –/1080, 1098, 1114, 1431/–/–

Chemnitz (St. Johannis) 54, 56, 57, 58, 61, 64, 66, 75, 108, 182–187, 212/256, 1059, 1064, 1069–1092, 1101, 1190, 1192, 1235, 1269, 1350, 1363, 1510, 2162, 2291, 2403, 2415/13/–

Clausnitz –/405/–/–

Colditz 126/–/–/–

Conradsdorf 55, 56, 57, 59, 63, 65, 67,

359–360/581, 738, 771, 2279–2287, 2290, 2294, 2300, 2306, 2312/–/–

Crostau 54, 56, 58, 59, 65, 66, 113, 249–252, 260/908, 1164, 1482, 1504, 1515, 1531–1552, 1596, 1703, 2209, 2386/–/–

Dänemark 392/–/–/40

Deutschland 392/1902/–/7, 23, 25, 26, 40, 47, 54, 56

Dittersbach 54, 56, 57, 58, 63, 64, 66, 67, 71, 75, 87, 200–202, 208, 219/264, 292, 422, 827, 1086, 1121, 1143, 1166, 1184–1209, 1225, 1239, 1244, 1276, 1299, 1310, 1314, 1315, 1317, 1318, 1346, 1355, 1373, 1374, 1418, 1421, 1548, 2291, 2597/20/6

Döbeln 211/–/–/–

Dresden 35, 95, 102, 104, 167, 171, 293, 372, 373, 377, 395/147, 205, 208, 449, 519, 1222, 1431, 1533, 2502, 2534/15, 24/7, 28, 31, 42, 54, 70

Dresden (Frauenkirche) 40, 41, 52, 54, 56, 58, 59, 62, 63, 65, 66, 72, 75, 78, 86, 90, 94, 104, 105, 251, 255, 258–270, 285, 297, 375, 381, 393/137, 149, 152, 197, 220, 275, 291, 292, 434, 555, 567, 686, 690, 720, 907, 911, 962, 969, 1001, 1012, 1037, 1111, 1143, 1545, 1546, 1577, 1579, 1582, 1597–1672, 1683, 1684, 1703, 1718, 1768, 1776, 1780, 1786, 1788, 1790, 1843, 1847, 1850, 1851, 1861, 1868, 1869, 1870, 1875, 1876, 1891, 1899, 1926, 1948, 1971, 2008, 2016, 2018, 2064, 2181, 2209, 2259, 2262, 2403, 2446, 2461, 2598/27, 29, 30, 31, 32, 46/15, 19–27

Dresden-Friedrichstadt 96, 379–381/1786, 1839, 1852, 2176, 2436–2452/–/–